DIE GEHEIMLEHRE

ADYAR STUDIENAUSGABE
zusammengestellt und herausgegeben
von
Hank Troemel

Das Umschlagbild repräsentiert die beiden Hauptteile der *Geheimlehre*: Kosmogenesis und Anthropogenesis, i.e. die Entstehungsgeschichte von Kosmos und Mensch. "Man", der Mensch oder die Menschheit, nannte der Kwakiutl-Künstler Mungo Martin seine vor dem Hintergrund des Weltalls abgebildete Skulptur

HELENA PETROVNA BLAVATSKY

DIE GEHEIMLEHRE

**Die Synthese
von
Wissenschaft, Religion und Philosophie**

Bearbeitete und erweiterte Fassung
der von Elizabeth Preston und Christmas Humphreys
herausgegebenen englischsprachigen Ausgabe

**ADYAR
Theosophische Verlagsgesellschaft**

THE SECRET DOCTRINE:

THE SYNTHESIS
OF
SCIENCE, RELIGION, AND PHILOSOPHY.

BY

H. P. BLAVATSKY,

AUTHOR OF "ISIS UNVEILED."

सत्यात् नास्ति परो धर्मः ।

"There is no Religion higher than Truth."

VOL. I.—COSMOGENESIS.

London:
THE THEOSOPHICAL PUBLISHING COMPANY, LIMITED.
7, Duke Street, Adelphi, W.C
WILLIAM Q. JUDGE,
117, Nassau Street, New York.
THE MANAGER OF THE *THEOSOPHIST*,
Adyar, Madras.

1888.

Titelseite der Originalausgabe der *Geheimlehre*

INHALTSVERZEICHNIS

ZU DIESER AUSGABE

I. EINFÜHRUNGEN

H.P. BLAVATSKY
DIE GEHEIMLEHRE

Die Stanzen des Dzyan

1. Buch:
Kosmogenesis

1. Teil
Kosmische Evolution

2. Teil
Die Entwicklungsgeschichte der Symbolik

3. Teil
Addenda: Wissenschaft und Geheimlehre im Vergleich

2. Buch
Anthropogenesis

1. Teil

H.P. BLAVATSKY
DIE PROTOKOLLE DER LONDONER STUDIENKONFERENZEN ZUR *GEHEIMLEHRE*

II. HINTERGRÜNDE UND QUELLEN

* auszugsweise
** in dieser Ausgabe nicht enthalten

III. INTERPRETATION UND ANALYSE

NACHWORT

GLOSSAR

ANHANG

H. P. Blavatsky

ZU DIESER AUSGABE

EDITORISCHE ANMERKUNGEN

Die Geheimlehre von H.P. Blavatsky war 1888 in New York erschienen, aber erst die dritte, *veränderte* Auflage von 1893 kam elf Jahre nach dem Erscheinen der Originalausgabe in einer "autorisierten" deutschen Übersetzung von Dr. Robert Froebe in Leipzig heraus. Das heißt, es hat bis 1999, dem Erscheinungsjahr der vorliegenden Studienausgabe, keine authentische deutsche Übersetzung des 1888 zu Lebzeiten H.P. Blavatskys erschienenen Originalwerkes gegeben – trotz aller als unseriös zu bezeichnenden Behauptungen, die Froebesche Version von 1899 sei die Übersetzung des Originals von 1888. Seit 1899 gab und gibt es zwar kontinuierlich weitere deutsche Ausgaben, aber praktisch alle benutzen die Froebe-Übersetzung in zumindest unter fragwürdigen Gesichtspunkten zusammengestrichenen "Auswahlbänden" (so fehlen z.B. in der regelmäßig neu nachgedruckten Ausgabe des von einem pseudonymen "Capricornus" zusammengestellten Auswahlbandes von 1932 die zum Verständnis der Stanzen des Dzyan unerläßlichen Stanzenkommentare Blavatskys; in einem anderen Taschenbuch-"Auswahlband", der zwar nicht die Froebesche Übersetzung übernimmt, sind sogar die Stanzen selbst drastisch gekürzt wiedergegeben) – oder in Übersetzungen, die so "frei" sind, daß bedeutende Unterschiede zum Originaltext bestehen bzw. kein vernünftiger Zusammenhang mit dem Original mehr zu erkennen ist. Das betrifft z.B. die Übersetzung der Stanzen von Franz Hartmann, der meinte, das Werk dafür entschuldigen zu müssen, daß darin nirgendwo die Rede von der "Gnade des Heiligen Geistes" sei, obwohl auch er, immerhin, *Die Geheimlehre* "gewissermaßen" dem Buddhismus zurechnete; und noch mehr betrifft es die Version von Victor Eckert.

Die Übersetzung Froebes war 1895, vier Jahre nach Blavatskys Tod, von Annie Besant autorisiert worden. Allerdings betraf diese Autorisierung die dritte, 1893 erschienene englischsprachige Auflage, die von Besant und Mead so "überarbeitet" oder verschlechtbessert, auf jeden Fall so verändert worden war, daß Boris de Zirkoff, der Herausgeber von Blavatskys Gesamtwerk, zahlreiche sinnentstellende Textpassagen beanstandete. Unerwähnt können in diesem Zusammenhang Einzelheiten zu der nach wie vor kontroversen Entscheidung Besants bleiben, aus hinterlassenen Schriften H.P.B.s einen dritten Band der *Geheimlehre* zusammenzustellen.* Die Froebesche Übersetzung (und damit jeder deutsche Nachdruck die-

* Neueste Forschungsergebnisse Daniel Caldwells belegen jedoch überzeugend, daß der 3. Band als solcher von H.P.B. geplant war. Siehe S. 640 Fußnote Nr. 49

ser Übersetzung, ob der von "Capricornus" veranstaltete oder andere) enthält aber nicht nur inhaltliche Ungenauigkeiten, die durch die Veränderungen des Blavatskyschen Originals unausbleiblich waren, sondern reflektiert auch eine bemerkenswerte Unbefangenheit im Umgang mit den idiomatischen Nuancen der englischen Sprache.

Daß eine Neuübersetzung des Blavatskyschen Meisterwerks längst überfällig war, aber nicht in Angriff genommen wurde, hatte mehrere praktische Gründe. Einerseits war – und ist – der Umfang des ungekürzten Originalwerkes – 1500 Seiten, ohne Index und den "dritten Band" – aus Kostengründen eine nicht zu unterschätzende Hürde. Andererseits konnte offensichtlich seit 1899 in den deutschsprachigen Ländern kein geschulter Übersetzer gefunden werden, der gleichzeitig mit der komplizierten theosophischen Materie vertraut war. Ob aus Kosten- oder anderen Gründen, jedenfalls kam von den naheliegenden Auftraggebern einer Neuübersetzung, den theosophischen Gruppierungen in den deutschsprachigen Ländern, seit einhundert Jahren keine wirklich authentische Ausgabe. Aber was diese theosophischen Organisationen betrifft, so war und ist man sich außerdem immer noch nicht ausreichend bewußt, in welchem Ausmaß die bisher einzige deutsche Übersetzung, die Froebesche, welche – sei es in gekürzter Form oder in der vierbändigen Ausgabe[1] – zum Studium benutzt wurde und wird, die erwähnten textlichen Veränderungen und Unklarheiten enthält.

***

Bei unserer Neuübersetzung der *Geheimlehre* in dieser Studienausgabe ist dagegen folgendes hervorzuheben: Sie hält sich streng an den 1888 erschienenen Originaltext, und somit liegt nun nach 111 Jahren erstmals eine deutsche Übersetzung der wesentlichen Teile der Originalausgabe vor. Es wurden folgende Ausgaben benutzt bzw. konsultiert: die 1993 in Wheaton erschienene Ausgabe in drei Bänden, der 1988 in Pasadena erschienene Faksimilenachdruck der Originalausgabe von 1888, und die sechsbändige indische Adyar Edition von 1938, die eine frühe Version der sieben Kosmogenesis-Stanzen aus dem Jahr 1886 enthält. Unsere Ausgabe folgt weitgehend der Struktur der von Christmas Humphreys, dem Gründer der Buddhistischen Gesellschaft in England, und Elizabeth Preston besorgten gekürzten Ausgabe, in welcher u.a. Wiederholungen vermieden und viele der oft sehr umfangreichen Zitate aus naturwissenschaftlichen Werken des 18. und 19. Jahrhunderts

[1] die nach wie vor von historischem Interesse und als leinengebundene Reprint-Ausgabe in vier Bänden lieferbar ist.

gekürzt oder ausgelassen wurden. Dabei handelt es sich zumeist um inzwischen durch die rasanten Entwicklungen der letzten 100 Jahre in fast allen Bereichen der "exakten" Wissenschaften von neueren Erkenntnissen überholte Wissenschaftsliteratur der vergangenen beiden Jahrhunderte. Sylvia Cranston führt aber in ihrem Beitrag zu unserer Studienausgabe, "Die Naturwissenschaften und *Die Geheimlehre*", wesentliche neue naturwissenschaftliche Entwicklungen an, die Aussagen und Prophezeiungen der *Geheimlehre* auf oft frappierende Weise bestätigen. Um eine einigermaßen handliche Ausgabe zu schaffen, mußten naturgemäß auch manche wertvolle Stellen ausgelassen werden. Aber es handelt sich, wie Humphreys und Preston betonen, um Texte, die "nicht zur zentralen Entwicklungslinie des Buches gehören, z.B. religionswissenschaftliche Ausführungen und naturwissenschaftliche Theorien des 19. Jahrhunderts, die nicht essentiell zum Verständnis der dargestellten Kosmogenese und Anthropogenese beitragen." Die Textselektion wurde von einem Expertenteam[2] sorgfältig geprüft und für gut befunden. Um dabei dem Leser jederzeit einen Vergleich mit dem Originalwerk zu ermöglichen, wurden im Inhaltsverzeichnis auch die Titel der ausgelassenen Abschnitte aufgenommen und mit einem entsprechenden Hinweis versehen.

***

Aber eine authentische Übersetzung der *Geheimlehre* allein wird auch bei ernsthaftestem Studium der Fülle auftauchender Fragen und Verständnisprobleme nicht gerecht. Das immense Panorama der dargebotenen Kosmogonie und Anthropogonie wirft eine so überwältigende, gänzlich originelle Weltbetrachtung auf, daß die Lektüre mit Unterstützung von Studienhilfen in Form von Erläuterungen und Kommentaren erfahrener Theosophen sowie anderer relevanter Sekundärliteratur wohl für jeden Studenten der Theosophie unverzichtbar ist. Anlaß und Anliegen des vorliegenden Buches ist es nicht nur, dem Lernenden anhand einer neuen, dem Originaltext wirklich entsprechenden deutschen Übersetzung das Studium der *Geheimlehre* zu erleichtern, sondern dieses Studium auch durch eine Vielfalt von positiven Ansatzpunkten und durch die Betrachtung aus verschiedenen Blickwinkeln so zu stimulieren, daß vielleicht sogar eine Neugier nach weiterführenden und vertiefenden Studien geweckt wird.

In unserer Bearbeitung der Humphreys-Preston-Ausgabe haben wir deren Auswahl um mehrere Textpassagen des Blavatskyschen Originals erweitert, um an

[2] bestehend aus Wallace Slater, dem damaligen Generalsekretär der Theosophischen Gesellschaft in England, dessen Nachfolger Leslie Leslie-Smith, Elsie Benjamin, der ehemaligen Mitarbeiterin Dr. de Puruckers, und Boris de Zirkoff, dem Herausgeber der *Collected Writings*, des Gesamtwerks H.P. Blavatskys.

wichtigen Stellen durch größere Ausführlichkeit größere Klarheit zu gewinnen. Und größere Klarheit beim Studium der Kosmogenese in den Stanzen des Dzyan verschaffen dem Leser "Die Protokolle der Londoner Studienkonferenzen zur *Geheimlehre*", ein äußerst wichtiger und umfangreicher Text von Blavatsky, der seit 1890, dem Jahr seiner Erstveröffentlichung in London, also seit über einhundert Jahren, auch in Deutschland nur im englischen Original zur öffentlichen Verfügung stand. Er liegt nun in unserer Ausgabe erstmals in deutscher Übersetzung einer breiten Leserschaft vor. Festgehalten in den Protokollen sind in stenographischen Mitschriften sehr ausführliche Verbatim-Erklärungen Blavatskys zu den kompliziertesten Einzelheiten der Stanzen der Kosmogenesis. Zur selben Serie der Londoner Studienkonferenzen gehört auch der Text "Über das Träumen". Mit den Erläuterungen in beiden Texten entsprach Blavatsky dem oft geäußerten Wunsch ihrer Schüler nach Details über die Evolution des Kosmos, das zyklische Erscheinen und Vergehen von Welten, die Funktion und Bedeutung Fohats und des Âkâsha, über Elemente und Elementale, das Symbolhafte religiöser Darstellungen, Erkenntnisse der okkulten Psychologie etc., etc. Auch die Form ihrer Äußerungen wird erhellt durch die Mitschriften: Bei dem gelegentlich hervorscheinenden, durch die geistigen Konventionen ihrer Zeit geprägten Unverständnis der Fragesteller wiederholt sie, gelegentlich mit ungeduldiger Emphase, bereits gegebene Erklärungen, zeigt sich zumeist aber verständnisvoll, ja liebevoll; man merkt, wie gern sie ihre eigene geistige Offenheit und Beweglichkeit auch in ihren Schülern sehen möchte.

Die Geheimlehre ist das Resultat von Studien Blavatskys, die sie unter ungewöhnlichen Umständen lebenslang unternahm, von Informationen, die ihr unter ebenso ungewöhnlichen Umständen zuteil wurden, und natürlich dürfen wir nicht vergessen, daß ihre äußere Form den Stil einer anderen Zeit, einer anderen Gesellschaft, einer anderen Kultur reflektiert. Aber in der Wiedergabe einer inhaltlich korrekten, lesbaren Ausgabe kann das Werk dem interessierten modernen Leser zumindest ohne unnötige Formfehler detailgetreu nähergebracht werden. Unser Beitrag "Zur Sprache der Theosophie: Mißverständnis und Mißbrauch" befaßt sich mit den wesentlichen Problemen, die sich durch die Komplexität und die Ausdrucksformen des Werkes für heutige Leser ergeben.

Die Begleitmaterialien unserer Studienausgabe zur *Geheimlehre* präsentieren in ihrer Aufteilung in die Bereiche "Einführungen", "Hintergründe und Quellen" und "Interpretation und Analyse" sowie mit einem detaillierten Glossar eine strukturierte Herangehensweise zum Studium der historischen, semantischen, psychologischen und thematischen Elemente des Blavatskyschen Werkes. Die Essays der Abteilung "Hintergründe und Quellen" erhellen einige der Impulse, die zum Schreiben der *Geheimlehre* geführt haben. Hier, ebenso wie in der Abteilung "Interpretation und Analyse", nehmen die Forschungsergebnisse des Tibetologen David Reigle einen breiten Raum ein. Seine Dokumentation wird entscheidend für die Entschlüsselung des

Geheimnisses der Stanzen des Dzyan sein. Dabei handelt es sich um Arbeiten, die den Boden von Wissenschaftlichkeit, klarer Argumentation und brillanter Beweisführung nie verlassen.[3] Sie sind von extremer Wichtigkeit für ein adäquates Verständnis und für die längst überfällige Akzeptanz der Echtheit und Herkunft der Stanzen des Dzyan. Als Quelle dienen ihm bisher weitgehend übersehene textimmanente Hinweise in Blavatskys Gesamtwerk sowie buddhistische Überlieferungen, insbesondere spezifische Schlüsseltexte zu dem geheimen Kâlachakra-Tantra.

David Reigle absolvierte sein Studium an der University of California, Santa Barbara, und widmet sich seither zusammen mit seiner Frau Nancy in dem unter seiner Leitung stehenden "Eastern Tradition Research Institute" in Cotopaxi der Analyse relevanter Sanskrit- und tibetischer Texte als Vorbereitung auf die Entdeckung und wissenschaftliche Bearbeitung des Sanskrit-/tibetischen Originalmanuskripts der Stanzen des Dzyan, deren Urtext die Quelle der *Geheimlehre* ist. David Reigle dazu in einer privaten Kommunikation an den Herausgeber: "Um eines Tages eine kommentierte Ausgabe des Originalmanuskripts des 'Buches des Dzyan' und des 'Buches der Goldenen Regeln' zu erstellen, haben wir systematisch die Schriften des antiken Indien in ihren Originalsprachen gesammelt, insbesondere die frühe Literatur des Buddhismus, des Hinduismus und des Jainismus. Eingeschlossen sind hier Druckausgaben aller vorhandenen buddhistischen Sanskrittexte, des buddhistischen Kanons Tibets, des Pali-Kanons, der Sanskrit-Vedas und anderer Hindu-Texte, des Jaina-Kanons in Prakrit und Sanskrit sowie englische Übersetzungen, soweit vorhanden."

Der besondere Wert des Essays über "Die Menschheitsentwicklung in den Lehren der Theosophie" von Dr. Robert Ellwood und Dr. John Algeo liegt in der klar formulierten Zusammenfassung der komplizierten Struktur der Anthropogenese; sie dient nicht nur als eine übersichtliche Rekapitulation bzw. als einführender Überblick zur Materie, sondern erklärt besonders eingehend die Bedeutung der sogenannten Wurzelrassen als Evolutionsperioden der verschiedenen Menschheiten (mehr dazu in unserem Beitrag "Zur Sprache der Theosophie").

Die Bezeichnungen "Wurzelrassen" und "Sub- oder Nebenrassen", die sich, zurückgehend auf die wörtliche Übersetzung Froebes, seit einhundert Jahren im

---

[3] Bei der Plazierung von Anmerkungen in Blavatskys Texten und in den Beiträgen der anderen Autoren unserer Ausgabe wurde bewußt auf Einheitlichkeit insofern verzichtet, als wir die Form der Originale beibehalten haben. Das heißt, daß in Blavatskys Texten generell die Fußnoten und in anderen Beiträgen die originalen Endnoten übernommen wurden, anstatt für unsere Ausgabe nur eine dieser Formen zu wählen. Es schien uns vorrangig, Blavatskys Fußnoten als solche beizubehalten; dagegen hätte aber speziell bei den Beiträgen D. Reigles die Umwandlung der besonders umfangreichen Endnoten in Fußnoten die Textseiten unübersichtlich gestaltet und damit die Lesbarkeit beeinträchtigt. Weil Numerierung und Chronologie der Mahatma-Briefe in den verschiedenen englischsprachigen Ausgaben sowie in der dreibändigen deutschsprachigen Ausgabe sehr unterschiedlich gehandhabt wurden, haben wir in den Fußnoten und Anmerkungen der Beiträge David Reigles die Quellenhinweise unverändert übernommen. So wird ein schneller Zugriff auf die zitierten Briefe in den jeweils benutzten englischsprachigen Ausgaben sichergestellt. Ähnlich mußten wir gelegentlich mit Davids Quellenangaben zu den verschiedenen englischsprachigen Ausgaben der *Geheimlehre* verfahren.

theosophischen Sprachgebrauch der deutschsprachigen Länder zwar weitgehend "eingebürgert" haben, aber eine äußerst ambivalente und erwiesenermaßen mißverständliche Wiedergabe von Blavatskys Evolutionskonzept der Menschheit und deren Verzweigungen sind, werden in unserer Neuübersetzung der *Geheimlehre* als das bezeichnet, was die englischen Begriffe wirklich bedeuten: "Root Races" sind "Evolutionsperioden oder -stadien der Menschheit(en)", wobei die die Sieben Evolutionsperioden der Menschheiten bezeichnenden Zahlwörter große Anfangsbuchstaben haben, um sie von den kleineren Menschheitszweigen zu unterscheiden: "Erste", "Zweite", "Dritte Menschheit" etc. "Sub races" dagegen sind die verschiedenen "Menschheitszweige", welche sich innerhalb der Sieben Menschheiten oder Menschheitsstadien entwickelt haben. Die Korrektheit dieser Wiedergabe im Deutschen wird in mehreren expliziten Textbeispielen von Blavatsky in dem Beitrag "Zur Sprache der Theosophie" belegt.

Letztlich ergänzt das von dem gelehrten Theosophen Geoffrey Barborka erstellte und von dem Indologen Dr. Hans-Georg Türstig überarbeitete Glossar das Studium durch seine knappe, übersichtliche Form mit Erläuterungen der Sanskrit-, Pâli-, tibetischen, chinesischen und griechischen Terminologie in der *Geheimlehre*.

Alle Materialien in den drei Abteilungen unserer Studienausgabe sind neu übersetzt, und die meisten der Beiträge erscheinen hier erstmals auf deutsch. Sie bieten dem modernen Leser einen weitgehenden Einblick in den Wissens- und Forschungsstand zu diesem komplexen Werk, aber sie wurden nicht zusammengestellt mit dem Anspruch, Blavatskys Werk letztendlich und vollständig zu erschließen. Vielmehr sollen mit ihnen Verständnishilfen bereitgestellt werden, und sie sollen Anleitung und Ansporn zum weiterführenden Studium sein.

Als Annie Besant *Die Geheimlehre* zum ersten Mal las, erfuhr sie "die Wahrheit" in einem, wie sie schrieb, "blitzartigen Moment der Erleuchtung." Später allerdings mußte sie ihr 'Heureka, ich fand die Wahrheit!' durch die ernüchternde Einsicht relativieren, daß das Ziel, die Wahrheit, für normale Sterbliche innerhalb der Spanne einer Lebenszeit ohne ein solides, systematisches und alle Kraft erforderndes Erarbeiten des Erkenntnisweges nicht erreicht werden kann. Weil deshalb für viele Studenten der Esoterischen Philosophie der Weg, das Lernen, in diesem Leben das einzige zu erhoffende Ziel bleibt, haben die klugen Worte des großen Aufklärers Lessing noch immer positive Bedeutung und Gültigkeit: "Nicht die Wahrheit, in deren Besitz irgendein Mensch ist oder zu sein vermeint, sondern die aufrichtige Mühe, die er angewandt hat, hinter die Wahrheit zu kommen, macht den Wert des Menschen. Denn nicht durch den Besitz, sondern durch die Nachforschung der Wahrheit erweitern sich seine Kräfte, worin allein seine immer wachsende Vollkommenheit besteht."

H.T.

David Reigle

ZU DIESER AUSGABE

Dieses Buch enthält die Lehren einer einst universalen "Weisheitsreligion", des Urquells aller bekannten Religionen und Philosophien der Welt. Um diese lange verborgene, geheimnisvolle Lehre darzustellen und zu veröffentlichen, mußte H.P. Blavatsky die Grundideen der Weisheitsreligion in den längst zu Einzelreligionen und -philosophien zersplitterten Systemen der Welt suchen, mußte sie sammeln, ordnen und ihnen eine zusammenhängende Form geben. Weiterhin mußte sie die Ideen der Weisheitsreligion den Naturwissenschaften gegenüberstellen und damit insgesamt einer Wissenschaftsgläubigkeit, die im 19. Jahrhundert (*Die Geheimlehre* erschien 1888) zur dominanten Ideologie der westlichen Welt geworden war. Aber es war gerade diese zur Rekonstruktion der sogenannten Weisheitsreligion und ihrer antiken Überlieferungen notwendige Vorgehensweise der Autorin, welche einem eingehenden Verständnis der nun wiederhergestellten und veröffentlichten Lehren im Wege stand, ja sie zum Teil verwirrend, schwierig und unklar erscheinen ließ. Leser der *Geheimlehre* konnten leicht den Faden verlieren und sich bei dem Versuch, die dargestellten Ideen nachzuvollziehen, in einem scheinbaren Labyrinth von Religionen und philosophischen Systemen verirren. Ähnliche Schwierigkeiten bereiteten dem Leser die vergleichenden und kontrastierenden Gegenüberstellungen der Ideen der Weisheitsreligion und der Erkenntnisse der Wissenschaften. Beides, die religiösen und philosophischen Systeme der Welt und die Bereiche der Wissenschaften, war der Allgemeinheit oft nicht im nötigen Umfang vertraut oder bekannt. Und das betrifft den heutigen Leser in gewisser Weise sogar in noch größerem Maß, weil so viele der wissenschaftlichen Theorien des 19. Jahrhunderts längst und weitgehend überholt sind. Das sind die Gründe dafür, daß diese Studienausgabe um die Teile der über 1500 Seiten langen *Geheimlehre* von 1888 gekürzt wurde, die, weitgehend durch neuere wissenschaftliche Erkenntnisse überholt, dem Verständnis der ursprünglichen Lehre und ihrer Zusammenhänge im Wege stehen können und für ihr Verständnis nicht essentiell sind. Damit aber auch die Naturwissenschaften den ihnen gebührenden Platz im Gesamtbild einnehmen können, sei auf Sylvia Cranstons Beitrag in dieser Ausgabe verwiesen, der die neuen, von Blavatsky vorausgesehenen und im Zusammenhang mit der *Geheimlehre* wichtigen und relevanten wissenschaftlichen Erkenntnisse darstellt.

Der Essay von Cranston in dieser Studienausgabe ist übrigens beispielhaft für eine weitere Notwendigkeit, wenn dem Leser eine seinem besseren Verständnis dieses monumentalen Werkes dienende Präsentation geboten werden soll – und das ist Sinn und Zweck dieser Ausgabe. Wie können die grundlegenden Ideen der Überlieferungen der Weisheitsreligion, selbst in einer gekürzten Fassung, hervorgehoben und festgehalten werden? Nur durch das Wissen dieser Grundlagen wird ihr Auffinden und Nachvollziehen in den Weltreligionen und philosophischen Systemen sowie ein Vergleich mit den Wissenschaften möglich. Auch hier kommt diese Studienausgabe dem ernsthaften Studenten entgegen, und zwar anfänglich durch die einführenden, von Robert Bowen festgehaltenen Hinweise Blavatskys zur richtigen Vorgehensweise beim Studium der *Geheimlehre*. Sie weist dort auf vier bedeutsame Teile ihres Werkes hin, auf drei fundamentale Lehrsätze, die verinnerlicht werden müssen, "selbst wenn das Jahre dauern sollte", weiterhin auf ihre aus didaktischen Gründen präsentierte "Rekapitulation" im ersten Buch (in der Kosmogenese) sowie auf zwei spezifische Teile des zweiten Buches (in der Anthropogenese). Empfohlen sei in diesem Zusammenhang als Ergänzung die Lektüre der drei wohl wichtigsten, weil richtungsweisenden Briefe der Mahatmas, die diese Ausgabe ebenfalls enthält. Erst wenn ein grundsätzliches Verständnis dieser zur Vorbereitung vorgeschlagenen Abschnitte der *Geheimlehre* erreicht wurde (was übrigens leichter erscheinen mag, als es wirklich ist; nicht umsonst sagt Blavatsky: "Selbst wenn das Jahre dauern sollte" – was auf so manchen von uns zutrifft), dann sollte der Kern des Werkes, um den sich alles dreht, die Stanzen des Dzyan, in Angriff genommen werden – und wirklich erst dann.

Sie, die Stanzen des Dzyan, sind es, die der *Geheimlehre* ihren großen, zeitlosen Wert geben. Wenn in Zukunft die tatsächliche Existenz der einst universalen Weisheitsreligion allgemein bekannt und anerkannt sein wird und per se keine Neuigkeit mehr birgt, werden die Stanzen des Dzyan nichts von ihrem Wert und ihrer Bedeutung verloren haben. Denn was ihre Bedeutung ausmacht, ist genau dies, daß sie der Menschheit mit ihrer Darstellung des Ursprungs und der Evolution des Kosmos (Kosmogenese) und des Ursprungs und der Evolution des Menschen (Anthropogenese) die erste, die Urlehre aller überlieferten Entstehungsgeschichten präsentieren. Alle bekannten Schöpfungsberichte der Welt sind nur ein mehr oder weniger schwaches Echo dieser in ihrer detaillierten Breite, in Umfang und Originalität einmaligen Urlehre.

Es mag sein, daß eine fachsprachlich verbesserte oder wörtlichere Übersetzung der Stanzen des Dzyan möglich wäre, aber ich bezweifle, daß Blavatskys lyrische Wiedergabe je ihre Berechtigung verlieren könnte. Zum Verständnis dieser poetischen, aber oft kryptischen Strophen ist ihre Kommentierung unerläßlich, und nur die von Blavatsky den einzelnen Stanzen und Shlokas hinzugefügten Kommentare erfüllen diesen Zweck. Aber schon zu ihren Lebzeiten gab es doch die Meinung, daß diese Erläuterungen nicht ausreichend seien. Aus diesem Grund wurden in London Studienkonferenzen abgehalten, in denen H.P.B. sich den Fragen der Studierenden stellte. Durch die stenographisch festgehaltenen Sitzungsberichte dieser Konferenzen sind der Nachwelt zusätzlich wichtige Verbatim-Kommentare Blavatskys erhalten geblieben. Ihre erste deutsche Übersetzung wird in dieser Ausgabe erstmals einer breiten Öffentlichkeit zugänglich gemacht.

Mit dieser von Hank Troemel sorgfältig vorbereiteten und übersetzten Studienausgabe der *Geheimlehre* liegt nun nicht nur die seit einhundert Jahren erste deutsche Neuübersetzung von Blavatskys Hauptwerk vor; darüber hinaus enthält das Buch ein breites Panorama oft schwer zugänglicher, weil weit verstreut vorhandener ernsthafter Literatur zum Thema – auch sie zum größten Teil zum ersten Mal in deutschen Übersetzungen. So wird mit diesem Buch in einer umfangreichen, aber vergleichsweise handlichen, in ihrer Qualität und Form weltweit einmaligen Ausgabe der nach wie vor von Blavatskys großem Werk faszinierten Öffentlichkeit eine einzigartige Studienhilfe vorgelegt. Es liegt nun beim Leser, sie effektiv zu nutzen. Ihrem *Schlüssel zur Theosophie* schickte Blavatsky die warnende Feststellung voraus, daß "für geistig träge und stumpfsinnige Menschen die Theosophie immer ein Rätsel bleiben wird. In der Welt des Denkens und der Spiritualität macht man Fortschritte nur durch eigene Anstrengungen." Und in ihren Commander Bowen diktierten Anweisungen zum Studium der *Geheimlehre* wiederholte sie mit Nachdruck: "Die Theosophie ist nur etwas für Menschen, die denken können bzw. für die, die sich dazu bringen können zu denken, nicht für geistige Faulpelze." Dazu Bowen: "Sie ist seit einiger Zeit recht mild geworden – früher bezeichnete sie schon ihre durchschnittlichen Schüler als Dummköpfe."

Wichtig ist mir letztlich der Hinweis, daß der Herausgeber ein besonderes Problem ausführlich mit mir diskutiert hat, das die Wiedergabe der im englischen Original verwendeten Wörter "Root Race" und "sub race" im Hinblick auf die Bedeutung betrifft, die das Wort "Rasse" in unserer Zeit spezifisch im deutschen Sprachgebrauch, aber auch allgemein in anthropologischen und diversen politischen und anderen Zusammenhängen, angenommen hat. Ich stimme völlig mit der Entscheidung des Herausgebers überein, das Wort in Blavatskys Werk durchweg mit dem Begriff "Menschheit(en)" bzw. "Menschheitszweig(e)" bzw. "Evolutionsperioden der Menschheit(en)" wiederzugeben, denn genau darum handelt es sich, und so hat Blavatsky das selber hin und wieder wörtlich erklärt, weil diese Bezeichnungen die Idee der Anthropogonie in der *Geheimlehre* viel genauer, viel präziser repräsentieren. In theosophischen Kreisen dürfte bekannt sein, daß die Mahatmas, die verantwortlich waren für die in Blavatskys Werk wiedergegebenen Informationen, große Schwierigkeiten hatten, passende englische Ausdrücke für ihre Lehren zu finden: "Unsere mystischen Bezeichnungen sind in ihren umständlichen Zweitübersetzungen aus dem Sanskrit ins Englische für uns ebenso verwirrend wie für Sie." Nun, da alle wesentlichen Texte des nördlichen Buddhismus in ihrer ursprünglichen Sanskrit-Version verfügbar geworden sind, wird uns bestätigt, daß die vier Menschheiten (die schweißgeborene, die eigeborene, die schoßgeborene und die elternlose), die Blavatskys "Wurzelrassen" entsprechen, von Vasubandhu als "nara" und in seiner Kommentierung als "mânushya" bezeichnet wurden (*Abidharmakosha* und *Bashya* 3.9). Diese Begriffe werden heutzutage generell als "Menschen" oder "Menschheit" übersetzt.

Abschließend möchte ich meiner Freude und Genugtuung über die Mitarbeit an dieser Ausgabe Ausdruck geben. Deutsche Gelehrsamkeit steht in der Welt immer noch in hohem Ansehen, und ich bin überzeugt davon, daß diese umfassend informative und sehr tiefgehende Studienausgabe, zu der es kein entsprechendes Gegenstück im englischen Sprachraum gibt, von größtem Wert für Studierende der Theosophie in den deutschsprachigen Ländern sein wird.

I.

EINFÜHRUNGEN

Boris de Zirkoff

H.P. BLAVATSKY UND DIE GEHEIME WISSENSCHAFT DES OKKULTISMUS

Schon immer und in allen Ländern der Erde gab es den Glauben, daß Menschen unter gewissen Voraussetzungen ein göttliches Wissen erlangen können. Und als eine natürliche Folge dieses Glaubens lebt in den Herzen der Menschen die Überzeugung, daß Weise unter uns sind, die dieses Wissen besitzen. Im Altertum wurden Teile dieses höheren Wissens in Mysterienschulen gelehrt, und Überreste davon gibt es bei allen Völkern der Erde. In neueren Zeiten waren es intuitiv begabte Denker, die die Existenz eines solchen Wissens vermutet und es, neben anderen Bezeichnungen, "Weisheitsreligion", "Gnosis" oder "Esoterische Philosophie" genannt haben.

Es ist das Anliegen der beiden Bücher der *Geheimlehre*, Aufschluß zu geben über die Lehren dieser "Weisheitsreligion" und sie zu erläutern. In den Worten H.P. Blavatskys:

> Diese Wahrheiten werden weder als *Offenbarungen* dargestellt, noch behauptet die Autorin, sie enthülle irgendwelche mystischen Inhalte, die jetzt der Welt erstmalig eröffnet werden ... Sie stellt in diesem Werk hauptsächlich Teile von Lehren dar, die sie selbst von weiter fortgeschrittenen Forschern erlernt hat und die nur durch einige wenige Details aus eigenen Studien und Erfahrungen ergänzt werden. Dieses Werk enthält nicht die Gesamtheit der Geheimlehre, sondern nur eine fragmentarische Auswahl ihrer grundlegenden Lehrsätze ... Ziel dieses Werkes ist es, zu zeigen, daß die Natur nicht "ein zufälliges Zusammenspiel von Atomen" ist und, weiterhin, dem Menschen seinen rechtmäßigen Platz im Weltenplan zuzuordnen. Außerdem will es die archaischen Wahrheiten, die allen Religionen zugrunde liegen, vor einem Bedeutungsverfall bewahren und die fundamentale Einheit, der alle Religionen entsprungen sind, wenigstens teilweise aufzeigen. Letztlich ist sein Ziel, den Nachweis zu bringen, daß die okkulte Seite der Natur von der modernen Wissenschaft bisher völlig unbeachtet geblieben ist.
>
> Sollte der Autorin diese Aufgabe bis zu einem gewissen Grad gelungen sein, so wäre sie zufrieden. Das Buch soll der Menschheit dienen, und von der Menschheit und den zukünftigen Generationen muß es beurteilt werden. Dabei stellt sich die Autorin keiner unbefugten Gerichtsbarkeit; an

> Verleumdungen hat sie sich gewöhnt, sie erlebt sie täglich – und mit einem Lächeln und mit schweigender Verachtung setzt sie sich darüber hinweg. (Aus dem Vorwort)

Mit diesem offenen, unmißverständlichen Bekenntnis wurde das wichtigste Werk H.P. Blavatskys der Öffentlichkeit übergeben.

Das erste Buch der *Geheimlehre* behandelt hauptsächlich die Evolution des Kosmos, das Erwachen der siebenfachen Hierarchien zu einem neuen kosmischen Tag nach einer Latenzperiode sowie Wachstum und Entwicklung der Planetenketten.

H.P.B.s äußerst wichtige "Einführung" bildet dazu den Hintergrund, vor dem alles Weitere entwickelt wird. Die Geheimlehre wird als die "universell verbreitete Religion der antiken und prähistorischen Welt" bezeichnet, und das Werk selbst, weit davon entfernt, etwa nur eine konventionelle Monographie oder "eine Ansammlung vager Theorien" zu sein, gilt als ein Werk, das "alles enthält, was der Welt in diesem Jahrhundert (dem 19.) mitgeteilt werden kann." Und in einer prophetischen Aussage wird angekündigt, im 20. Jahrhundert werde "ein weit besser informierter und geeigneterer Schüler von den Meistern der Weisheit beauftragt werden, der Welt endgültige und unschlagbare Beweise für die Existenz einer *gupta-vidyâ* genannten Wissenschaft zu geben."

Das darauf folgende "Proem" enthält die inzwischen berühmt gewordenen Drei Fundamentalen Lehrsätze der Geheimlehre, die in der "Schlußbetrachtung" ausführlicher beschrieben werden. Der Ausgangspunkt des ersten Buches der *Geheimlehre* sind die sieben übersetzten Stanzen aus dem geheimen *Buch des Dzyan*, das im Original im Senzar, der geheiligten Sprache der Initiierten, geschrieben ist. Die Stanzen sowie die dazugehörigen Kommentare und Erklärungen machen den ersten Teil des ersten Buches aus. Der zweite Teil befaßt sich mit Erläuterungen zu den grundlegenden Symbolen der großen Weltreligionen und der okkulten Bedeutung geheimnisvoller Ideogramme und Hieroglyphen. Im dritten Teil werden dann die gegensätzlichen Anschauungen von Wissenschaft und Geheimlehre dargestellt, wobei die zu erwartenden wissenschaftlichen Einwände vorausgesehen und angesprochen werden. Dieser Teil dient gleichsam als Bindeglied zwischen den beiden Büchern.

Der Aufbau des zweiten Buches entspricht dem des ersten. Es befaßt sich hauptsächlich mit der Evolution des Menschen auf diesem Planeten. Die "Einleitenden Anmerkungen über die archaischen Stanzen und die vier prähistorischen Kontinente" bereiten den Leser auf diesen Themenbereich vor.

Der erste Teil des zweiten Buches behandelt zwölf Stanzen aus dem *Buch des Dzyan*, in welchen die Evolutionsgeschichte der Menschheit in ihren zahlreichen okkulten Stadien sowie die Ursprünge der niederen Bereiche der Natur und versunkene urzeitliche Kontinente beschrieben werden. Insgesamt präsentiert dieser Teil ein interessantes Panorama untergegangener Zivilisationen.

Im zweiten Teil des zweiten Buches wird die archaische Symbolik der Weltreligionen beschrieben, wobei die siebenfältige und die vierfache Klassifikation der Elemente und Energien ausführlich behandelt wird. Der dritte Teil kontrastiert nochmals die Lehren der Weisheitsreligion und die damaligen Postulate der Wissenschaft, hauptsächlich die der Anthropologie und der Geologie.[1]

Nachdem H.P. Blavatsky mehr als 1500 Seiten über diese wenig bekannten und faszinierenden Dinge geschrieben hatte, schloß sie mit dem Hinweis, die beiden Bände seien "nur ein PROLOG, der die geistige Aufnahmefähigkeit des Lesers auf das vorbereiten sollte, was noch folgen wird." Mit der traditionellen Bescheidenheit des wahren Jüngers betont sie, es sei nur ihre Aufgabe gewesen "den Boden zu bereiten. Und wir glauben, daß uns das gelungen ist." Nun, da sie den Augen des Lesers eine gediegene Vision kosmischer Erhabenheit geboten und seinen geistigen und spirituellen Horizont erweitert hat für das grandiose Panorama evolvierender Systeme, einander durchdringender Hierarchien und unendlicher Evolutionszyklen, beendet sie ihr Werk mit diesen Worten:

> Diese beiden Bände sind nur das Werk eines Pioniers, der sich seinen Weg durch das nahezu undurchdringliche Dickicht der unberührten Wälder eines Landes erkämpft hat, das wir Okkultismus nennen. Ein Anfang ist gemacht worden, endlich jene tödlichen, giftsprühenden Gewächse zu entwurzeln, deren Namen Aberglaube, Vorurteil, Einbildung und Ignoranz sind. Und damit übergeben wir dem Lernenden eine verständliche Einführung zum dritten und vierten Band unseres Werkes. Aber nicht ehe der Geist der Theosophen, denen dieses Werk gewidmet ist, von dem Abfall und verderblichen Einfluß ganzer Zeitalter befreit ist, können die mehr praktisch ausgerichteten Lehren des dritten Bandes verstanden werden. Ob die beiden letzten Bände je erscheinen werden – obwohl sie bereits fast abgeschlossen sind –, kommt ganz auf die Rezeption an, die diese beiden ersten Bände von Theosophen und Mystikern erfahren.[2]

Aus den verschiedenen hier zitierten Dokumenten geht übrigens ganz klar hervor, daß *Die Geheimlehre* wesentlich mehr ist als nur eine Erläuterung und fortlau-

---

[1] (Dieser zweite und der dritte Teil sind in unserer Studienausgabe nicht enthalten. Soweit an der erwähnten Symbolik und Klassifikation oder auch am Stand der Wissenschaften des 19. Jahrhunderts und deren Widersprüchlichkeit zu okkulten Lehren ein über die in unserer Studienausgabe bereits enthaltenen Angaben und Beispiele hinausgehendes Interesse besteht, sei auf den zweiten Band der vierbändigen Ausgabe der *Geheimlehre* verwiesen. H.T.)

[2] Wheaton Edition, Bd. 2, S. 797–798

fende Kommentierung ausgewählter Stanzen aus dem *Buch des Dzyan*. Ihre Seiten enthalten zahlreiche prägnant formulierte, direkt und unzweideutig dargestellte okkulte Tatsachen in Passagen, die gewöhnlich mit den Worten beginnen: "Der Okkultismus lehrt", "die Geheimlehre führt aus", "die Esoterische Philosophie erklärt", "die Wissenschaft des Okkultismus stellt fest" etc., etc. Wenn man diese Passagen zusammennimmt und sinnvoll verbindet, dann wird offensichtlich, daß *Die Geheimlehre* in ihrer Gesamtheit eine umfassende Darstellung der bislang geheimen Wissenschaft oder Philosophie des Okkultismus ist, die hier zum ersten Mal von zwei oder mehr Initiierten der Bruderschaft von Adepten über das Medium ihrer persönlichen Botschafterin H.P. Blavatsky der Öffentlichkeit übergeben wird.

Der Text des Werkes ist vielschichtig, es lassen sich mehrere verschiedenartige, aber doch verwandte Ebenen ausmachen, die von der wissenschaftlichen Argumentationsweise und den philosophischen Dissertationen der Studentin mystischer Überlieferungen H.P. Blavatsky bis zu den intuitiv hervorgebrachten Ideen, eindringlichen Denkmustern und prophetischen Äußerungen der initiierten Okkultistin reichen. Aber darüber hinaus finden wir hier viele unmittelbar dem Geist hoher Okkultisten entspringende souveräne Proklamationen und zutiefst bewegende Passagen, die gelegentlich wie die mächtigen Akkorde einer in den Weiten des Weltalls widerhallenden Orgelmusik auf den Leser wirken. Nur wer die komplexe Struktur des Werkes begreift, kann das innere Wesen und die wirkliche Bedeutung der *Geheimlehre* verstehen.

Es gibt Leser, die so beeindruckt sind von der Fülle der parallelen und zur näheren Erläuterung angeführten Informationen in diesem Werk, daß sie sich hauptsächlich auf das aus den verschiedenen Religionen, Philosophien und Mythologien der Welt zusammengetragene Beweismaterial für die aufgestellten Thesen berufen und deshalb *Die Geheimlehre* als ein synkretistisches Werk einschätzen, in dem eine Masse von scheinbar nicht verwandten Lehren und Ideen auf clevere Art verwoben sei, um ein mehr oder weniger zusammenhängendes Ganzes entstehen zu lassen. Nichts könnte weiter entfernt von der Wahrheit sein als eine solche Einschätzung.

Die Absicht hinter H.P.B.s *Magnum opus* ist eine in großen Zügen kohärent zusammengefaßte Präsentation einer zeitlosen Lehre, eines gedanklichen Systems, das von okkulten Tatsachen und universell gültigen Wahrheiten ausgeht, welche der Natur innewohnen, und die ebenso exakt und definitiv sind wie jedes mathematische Theorem. Zwar können die Lehren dieses Systems in ihrer Gesamtheit nicht aus den uns bekannten exoterischen Religionen oder philosophischen Schulrichtungen der Antike oder der neueren Zeit abgeleitet oder gar in ihnen gefunden werden, aber in den Werken antiker Schriftsteller tauchen doch gelegentlich bestimmte Ideen und einzelne Lehrsätze auf, die auf die Existenz einer sorgfältig im Verborgenen gehaltenen ursprünglichen Lehre schließen lassen.

Die großartige Kosmogonie und Anthropogonie, die unserem Blick hier erstmalig für unser Studium präsentiert werden, sind vollständig *sui generis*, sie wurden nicht aus irgendeiner der heiligen Schriften dieser Welt kopiert, und es sind keine zusammengesetzten Teile aus mehreren dieser Schriften. Vielmehr sind sie in der Tat eine Herausforderung an die Menschheit, sich mit diesem höchst komplexen und wohl ungewöhnlichsten literarischen Werk unseres Zeitalters auseinanderzusetzen. Wenn H.P.B.s eigene Erklärungen über die Quellen für ihr Werk nicht akzeptiert werden, dann können andere Erklärungen mit Sicherheit keinen Wert haben.

Bereits 1883 wies H.P.B. in einem Beitrag im *Theosophist* (Jahrg. IV, im Mai-Heft), wo sie die fehlerhaften Ansichten westlicher Orientalisten über den Buddhismus darstellte, darauf hin, daß

> ihre einzige Möglichkeit, die erwähnten Probleme zu lösen, darin liegt, sich ernsthaft mit den Originallehren der *Geheimlehre* zu befassen, welche jetzt, zum ersten Mal in der Geschichte dieser Materie, in den Seiten dieser Zeitschrift (*The Theosophist*) der Welt eröffnet werden.

Die Geheimlehre ist in einem Zeitraum von *mehreren tausend Jahren* das erste Werk von Bedeutung, dessen Intention und tatsächlich erreichtes Ziel die Beschreibung der grundlegenden Prinzipien dieser universal gültigen okkulten Lehre in einer logisch und klar zusammenhängenden Darstellung ist. Es ist eine Darstellung der *brahma-vidyâ*, der *Gnosis pneumatikos,* der Urform des Wissens der *mânasa-putras,* die es an die sich entwickelnde Menschheit in dieser Runde weitergaben und es als einen ewigen Quell spiritueller Wahrheiten der Obhut der höchsten Vertreter jener Menschheit überließen.

Wir müssen uns aber immer der Tatsache bewußt sein, daß *Die Geheimlehre* nur einen kleinen Teil dieser von H.P.B. "die gesamte Weisheit aller Zeitalter" genannten universellen okkulten Überlieferung umfaßt. Ihr Werk erlaubt nur einen flüchtigen Blick hinter den mystischen Schleier, der die höheren Grade und Stadien dieses Wissens verbirgt. Es wäre also naiv, zu glauben, ihr Werk sei schon das letzte Wort, das über dieses Wissen gesprochen worden ist, denn im Grunde erhellt es nur einige seiner grundlegenden Strukturen.

Anhand des vorliegenden Beweismaterials – des gedruckten und des mündlich überlieferten – ist ersichtlich, daß die Hauptquellen für *Die Geheimlehre*, wie überhaupt für große Teile des literarischen Gesamtwerks Blavatskys, die Mitglieder der Bruderschaft der Adepten sind, für die sie eine direkte Botschafterin war, und spezifisch waren es zwei oder mehr Initiierte, die zu dieser Bruderschaft gehören. Sie hatten entschieden, einen Teil ihres traditionell geheimgehaltenen Wissens in unserer Zeit zum Nutzen von Menschen zu enthüllen, die die notwendige Reife haben.

Die zum Zweck der Verbreitung dieser Wahrheiten vorgesehene Institution – von Menschen aufgebaut und somit alles andere als perfekt – war die Theosophische Gesellschaft, die 1875 als Folge einer direkten Anweisung aus der Bruderschaft gegründet wurde. Und trotz all ihrer Fehler und Versäumnisse ist diese Bewegung in unserer ignoranten und konfusen Welt noch immer die beste Verfechterin der zeitlosen Lehren der *gupta-vidyâ*. Um ihrer ursprünglichen Intention und ihren Gründungsprinzipien treu bleiben zu können und die Wahrheit für die Zukunft der Welt aufrecht zu erhalten, ist zwingend, daß sie ihr Mandat wahrnimmt und die Gesamtheit jener "Lehren der Geheimwissenschaft in ihrer Urfassung" beschützt und unverändert bewahrt, die die wirklichen Gründer der Bewegung – die Bruderschaft der Adepten des Transhimalaya – der Gesellschaft anvertraut haben.

Robert Bowen

H. P. BLAVATSKYS ANWEISUNGEN ZUM STUDIUM DER *GEHEIMLEHRE*

Die Geheimlehre, sagte H.P.B., stellt nur einen Bruchteil jener esoterischen Lehre dar, die den höher entwickelten Mitgliedern okkulter Bruderschaften bekannt ist. Sie enthält nicht mehr als das, was die Welt im kommenden Jahrhundert aufzunehmen vermag. Meine Frage beantwortete sie folgendermaßen: "Welt" bezeichne hier die Menschen als personale Wesen. Diese "Welt" kann in den beiden Bänden der *Geheimlehre* gerade so viel finden, wie sie unter Aufbietung ihrer höchsten Verstandeskraft begreifen kann, mehr nicht. Aber das bedeute nicht, sagte sie, daß es Schülern, die nicht "in der Welt" leben, nicht gelingen könne, mehr in dem Buch zu finden, als dies der normalen "Welt" möglich sei. In jeder Form, wie unfertig sie auch sei, verberge sich das Abbild ihres "Schöpfers". Und genauso verberge sich auch im Werk eines Autors, und sei es noch so dunkel, ein Abbild seines ganzen Wissens.

Dieser Aussage entnehme ich, daß *Die Geheimlehre* alles wiedergibt, was H.P.B. selber weiß, und wenn man bedenkt, daß ein großer Teil des Inhalts von Menschen stammt, die ein weit umfassenderes Wissen haben als sie, dann enthält das Werk auch noch wesentlich mehr. H.P.B. machte außerdem unmißverständliche Andeutungen, daß andere ein Wissen in ihrem Buch finden könnten, das sie selbst nicht besitzt. Ein aufregender Gedanke, daß sogar ich in ihren Worten ein Wissen entdecken könnte, dessen sie sich selbst nicht bewußt ist; jedenfalls hielt sie sich längere Zeit bei dieser Überlegung auf, und X sagte hinterher: "H.P.B. muß ihre Selbstsicherheit verloren haben", womit er wahrscheinlich ihr Vertrauen in ihr eigenes Wissen meinte. Aber ich glaube, Y und Z und ich haben besser verstanden, was sie meint. Zweifellos will sie uns zu verstehen geben, daß wir uns nicht an ihr als eine letzte Instanz festklammern sollen, sondern vielmehr auf unser eigenes, immer größer werdendes Verstehen bauen. (Spätere Anmerkung: Ich hatte recht. Als ich sie darauf ansprach, lächelte sie und nickte zustimmend. Wie schön, ihr anerkennendes Lächeln zu sehen!)

Endlich haben wir H.P.B. dazu bringen können, uns Hinweise zum Studium der *GL* zu geben. Ich will sie aufschreiben, solange ich sie frisch in Erinnerung habe. Wenn man die *GL* wie jedes andere Buch einfach durchliest, sagte sie, dann kann das Ergebnis nur verwirrend sein. Zu allererst muß man lernen, die drei fundamentalen Lehrsätze (im "Proem") zu verinnerlichen, selbst wenn das Jahre dauern sollte. Dann nehme man sich die Rekapitulation vor, das sind die numerierten Absätze in der "Zusammenfassung" des ersten Buches (1. Teil). Danach sollten die "Einleitenden Anmerkungen" und die "Schlußbetrachtung" des zweiten Buches gelesen werden.

H.P.B. schien sehr überzeugt von der Wichtigkeit jener Lehren zu sein, die sich mit den Zeiten befassen, in denen das Auftreten der Menschheiten und Menschheitszweige (in der "Schlußbetrachtung") behandelt wird. Sie betonte nachdrücklich, daß es ein zukünftiges "Kommen" von Menschheiten nicht gibt. "Es gibt kein KOMMEN und kein VERGEHEN, sondern nur ein ewiges WERDEN", sagte sie. Die Vierte Menschheit existiert noch. Ebenso auch die Dritte, die Zweite und die Erste – d.h. deren Manifestationen sind auf unserer gegenwärtigen Substanzebene vorhanden. Ich glaube, daß ich weiß, was sie meint, aber es fällt mir schwer, es in Worte zu fassen. Ebenso sind auch der sechste Menschheitszweig und die Sechste Menschheit anwesend, und auch die Siebte, und sogar Menschen der kommenden RUNDEN. Das ist insofern verständlich, als die unter uns weilenden Jünger, Brüder und Adepten nicht Menschen des derzeitigen Menschheitszweigs sein können – denn das Wort Menschheit bezeichnet eine Evolutionsstufe der Menschheit. Was aber die Menschheit insgesamt betrifft, läßt sie keinen Zweifel aufkommen, daß wir sogar von dem sechsten Menschheitszweig noch Hunderte von Jahren (zeitlich und räumlich) entfernt sind. Ich hatte den Eindruck, daß H.P.B. mit besonderem Nachdruck auf diesem Punkt bestand. Sie machte Andeutungen über "Gefahren und wahnhafte Ideen", die durch die Vorstellung entstünden, die Welt erlebe bereits jetzt den Beginn des neuen Menschheitszweigs. Im Gesamtbild der Menschheit, so sagte sie, entspricht die Dauer eines Menschheitszweigs der Dauer eines siderischen Jahres (einer Umdrehung der Erdachse, ca. 25.000 Jahre). Und das bedeutet, daß die neue Menschheit noch weit entfernt ist.

Sie sprach noch sehr ausgiebig über die "FUNDAMENTALEN LEHRSÄTZE" und sagte, die Erwartung, das Studium der *Geheimlehre* könne eine befriedigende Vorstellung von der Konstitution des Universums vermitteln, müsse in Frustration enden. Das Werk sei nicht mit dem Vorsatz geschrieben worden, eine solch endgültige Erklärung über das Dasein abzugeben, sondern um ZUR WAHRHEIT ZU FÜHREN. Sie wiederholte diese Worte mehrmals.

Weiter sagte sie, daß es völlig nutzlos sei, sich mit der Bitte um "Interpretationen" der *GL* an andere zu wenden, die wir für fortgeschrittene Schüler halten. Sie seien dazu nicht in der Lage. Wenn sie es versuchten, dann würden sie nichts anderes als vorgefertigte exoterische Darstellungen von sich geben, die nicht das Geringste mit der WAHRHEIT zu tun hätten. Wer solchen Interpretationen glaube, klammere sich an fixe Ideen; die WAHRHEIT aber liege jenseits aller Ideen, die von uns formuliert oder ausgedrückt werden können. Exoterische Interpretationen haben für H.P.B. eine gewisse Berechtigung, und sie verwirft sie nicht, solange sie als Hilfsmittel für Anfänger dienen und die Lernenden ihnen keine höhere Bedeutung beimessen.

Viele derzeitige oder zukünftige Mitglieder der Theosophischen Gesellschaft haben natürlich nicht das Potential, sich über die allgemeine Bandbreite exoterischer Vorstellungen hinaus weiterzuentwickeln. Aber es gibt andere und wird sie auch in Zukunft geben. Sie sind es, für die H.P.B. im folgenden die wahre Herangehensweise an die *GL* beschreibt.

Befasse dich mit der *GL*, sagte sie, ohne das Verlangen, in ihr letztendliche Wahrheiten über das Dasein zu finden und ohne irgendwelche anderen Vorstellungen, außer einer einzigen, nämlich erfahren zu wollen, wie weit sie dich zur Wahrheit HINFÜHREN wird. Sieh in ihrem Studium einen Weg, auf dem du deinen Verstand so schulen und entwickeln wirst, wie es durch keine anderen Studien jemals möglich wäre, und beachte die folgenden Regeln. Welchen Teil der *GL* man auch studiert, der Geist muß dabei als Grundlage für seine Ideenbildung immer an den folgenden Ideen festhalten:

1. DIE GRUNDLEGENDE EINHEIT ALLEN SEINS. Diese Einheit ist etwas ganz anderes als die gewöhnliche Vorstellung, die man von dem Begriff Einheit hat – z.B. wenn wir von der Einheit einer Nation oder einer Armee sprechen oder sagen, der eine Planet bilde mit dem anderen Planeten durch die Verbindung ihrer magnetischen Kraftlinien eine Einheit. Darum geht es in dieser Lehre nicht. In ihr geht es darum, daß das Dasein eins ist, also nicht eine Ansammlung von zusammenhängenden Dingen, sondern EIN DING.

Grundsätzlich gibt es EIN SEIN. Dieses SEIN besitzt zwei Aspekte, einen positiven und einen negativen. Der positive Aspekt ist Geist oder BEWUSSTSEIN. Der negative Aspekt ist SUBSTANZ, das Objekt des Bewußtseins. Das Dasein ist das Absolute in seiner ersten Manifestation. Und weil es absolut ist, existiert nichts außerhalb von ihm. Es ist das ALL-SEIN, und ist deshalb unteilbar – sonst wäre es nicht absolut. Könnte ein Teil davon abgetrennt werden, so wäre das, was dann übrig bliebe, nicht mehr absolut, denn dann käme sofort die Frage des VERGLEICHS zwischen dem abgetrennten und dem übriggebliebenen Teil auf. Vergleichbarkeit ist unvereinbar mit der Idee des Absoluten. Somit leuchtet ein, daß die grundsätzliche EINE EXISTENZ oder das Absolute Sein die REALITÄT ist, die jeder existenten Form unterliegt.

Ich sagte, das leuchte mir zwar ein, daß es aber meiner Meinung nach nur wenige Logenmitglieder gebe, die das begreifen könnten. "Die Theosophie", erwiderte sie, "ist etwas für Menschen, die denken können bzw. für die, die sich dazu bringen können zu denken, nicht für geistige Faulpelze." Sie ist seit einiger Zeit recht mild geworden – früher bezeichnete sie schon durchschnittliche Schüler als Dummköpfe.

Sie sagte: Sowohl separat als auch kollektiv sind Atom, Mensch und Gott in letzter Konsequenz – also in ihrer WAHREN INDIVIDUALITÄT – Absolutes Sein. Das ist die grundsätzliche Idee, auf der jede gedankliche Konstruktion, die sich aus dem Studium der *GL* ergibt, errichtet sein muß. Vernachlässigt man diesen Grundsatz (und das kann bei der Beschäftigung mit den zahlreichen komplexen Aspekten der esoterischen Philosophie leicht passieren), dann gewinnt die Vorstellung des GETRENNTSEINS die Oberhand, und dadurch wird das Studium wertlos.

2. Die zweite grundsätzlich festzuhaltende Idee ist diese: ES GIBT KEINE TOTE MATERIE. Jedes Atom lebt. Es kann nicht anders sein, weil auch jedes Atom grundsätzlich selbst Absolutes Dasein ist. Es gibt also keinen aus Äther bestehenden "Raum" oder *âkâsha*, oder wie immer man es nennen will, in dem sich Engel und Elementale wie Fische im Wasser tummeln. Das ist zwar eine populäre Vorstellung, hat aber nichts mit der Wirklichkeit zu tun, in der jedes einzelne Atom der Substanz, auf welcher Ebene auch immer, selbst ein LEBEN ist.

3. Der dritte unverzichtbare Grundsatz besagt, daß der Mensch der MIKROKOSMOS ist. Und weil das so ist, existieren in ihm alle Hierarchien der Himmel. Aber in Wirklichkeit gibt es nicht Makrokosmos und Mikrokosmos, sondern EIN DASEIN. Nur in der Betrachtungsweise eines begrenzten Bewußtseins gibt es scheinbar Großes und Kleines.

Der 4. und letzte Grundsatz, der immer bedacht werden muß, wird in dem großen hermetischen Axiom ausgedrückt. Es faßt alle anderen Grundsätze zusammen und ist ihre Synthese. Wie innen, so außen; wie das Große, so das Kleine; wie oben, so unten: Es gibt nur EIN LEBEN UND GESETZ; und der es ausführt, ist EINER. In der göttlichen Ordnung ist nichts innen und nichts außen, ist nichts groß, nichts klein, nichts hoch und nichts niedrig.

Dies sind die grundlegenden Ideen, die man in jedem Teil der *GL*, den man studiert, einbringen und berücksichtigen muß.

Ich sagte, daß eine derartige geistige Disziplin wohl extrem anstrengend sein müsse. H.P.B. lächelte und nickte: Man darf nicht so unvernünftig sein, sich am Anfang gleich zu viel zuzumuten, sonst landet man im Irrenhaus. Das Gehirn ist ein Instrument des Wachbewußtseins, und jedes bewußt erstellte geistige Bild bedeutet Veränderung und Zerstörung von Atomen im Gehirn. Jede normale gedankliche Betätigung bewegt sich auf bereits erschlossenen Bahnen des Gehirns und zwingt es deshalb nicht zu plötzlichen Veränderungen und Zerstörungen in seiner Substanz. Aber diese neue Art geistiger Anspannung verlangt etwas ganz anderes, nämlich das Betreten "neuer Gehirnwege" und eine Neuordnung der bisherigen Arbeitsweise des Gehirns. Wenn hier unüberlegt etwas erzwungen wird, kann dem Gehirn ernsthafter physischer Schaden zugefügt werden.

"Diese Art des Denkens wird in Indien *Jñâna-yoga* genannt", sagte sie und fuhr fort zu erklären, daß bei Fortschritten in der Ausübung des *Jñâna-yoga* Vorstellungen entstehen, die man zwar bewußt erkennt, aber weder ausdrücken noch als irgendeine Art von geistigen Bildern beschreiben kann. Im Lauf der Zeit formieren sich diese Vorstellungen aber zu geistigen Bildern, und dann muß man auf der Hut sein und sich nicht einer Selbsttäuschung hingeben, indem man der Illusion verfällt, diese wunderbaren neuen Bilder repräsentierten die Wirklichkeit. Das tun sie nicht. In der weiteren Ausübung des *Jñâna-yoga* bemerkt man dann, wie diese bewunderten Bilder immer undeutlicher und unbefriedigender werden und endlich verblassen oder ganz wegfallen. Dies ist ein weiterer Gefahrenpunkt, weil man in diesem Moment ohne Vorstellungen ist und im Leeren steht. Dann ist die Versuchung groß, die bereits entfernten Bilder zu erneuern, weil nichts Besseres da ist, das einem Halt geben könnte. Der wahre Schüler wird aber unbeeindruckt weiterarbeiten, und schon leuchten neue formlose Lichtschimmer auf, die, wieder nach einer gewissen Zeit, noch größere und schönere Bilder entstehen lassen. Der Lernende weiß aber inzwischen, daß kein Bild jemals die WAHRHEIT repräsentieren kann. Auch diese neuen, wunderschönen Bilder werden verblassen wie die anderen. Und so geht es weiter, bis der Lernende das Denken und seine Bilder schließlich transzendiert und in die Welt des FORMLOSEN, wovon alle Formen nur karge Reflexionen sind, eingeht und dort verbleibt.

Der wahre Schüler der *Geheimlehre* ist ein *Jñâna-yogin*. Dieser *Yoga*-Weg ist der wahre Pfad für Lernende in der westlichen Welt, und *Die Geheimlehre* wurde geschrieben, damit er Wegweiser auf diesem Pfad finden kann.

(Spätere Anmerkung: Ich las H.P.B. diese Darstellung ihrer Lehre vor und fragte, ob ich sie richtig verstanden hätte. Sie erwiderte, ich sei ein alberner Dummkopf, wenn ich meinte, daß jemals etwas in Worten richtig festgehalten werden könne. Aber dann lächelte sie, nickte zustimmend und sagte, ich hätte tatsächlich alles besser verstanden, als andere dies bisher konnten und sogar besser, als sie selbst es könne.)

H.P. BLAVATSKY

DIE GEHEIMLEHRE

DIE STANZEN DES DZYAN

KOSMOGENESIS

KOSMISCHE EVOLUTION

SIEBEN STANZEN AUS DEM BUCH DES DZYAN

STANZE 1

1. DIE EWIGE ALLMUTTER, EINGEHÜLLT IN IHRE IMMER UNSICHTBAREN GEWÄNDER, HATTE WIEDER SIEBEN EWIGKEITEN IN TIEFEM SCHLAF VERBRACHT.

2. ZEIT WAR NICHT, DENN SIE SCHLIEF IM UNENDLICHEN SCHOSS DER DAUER.

3. DER UNIVERSALGEIST WAR NICHT, DENN ES GAB KEINE AH-HI, IN DENEN ER SEIN KONNTE.

4. DIE SIEBEN WEGE ZUR SELIGKEIT WAREN NICHT. DIE GROSSEN URSACHEN DES LEIDENS WAREN NICHT, DENN NIEMAND WAR DA, SIE HERVORZUBRINGEN UND SICH IN IHNEN ZU VERFANGEN.

5. FINSTERNIS ALLEIN WAR IM GRENZENLOSEN ALL, DENN VATER, MUTTER UND SOHN WAREN WIEDER EINS, UND DER SOHN WAR NOCH NICHT ERWACHT ZU SEINER PILGERFAHRT AUF DEM NEUEN LEBENSRAD.

6. DIE SIEBEN ERHABENEN HERRSCHER UND DIE SIEBEN WAHRHEITEN HATTEN AUFGEHÖRT ZU SEIN, UND DAS UNIVERSUM, SOHN DER NOTWENDIGKEIT, WAR VERSUNKEN IM PARINISHPANNA*, AUF DASS ES AUSGEATMET WERDE DURCH DAS, WAS IST UND DOCH NICHT IST. NICHTS WAR.

7. DIE URSACHEN DES DASEINS WAREN BESEITIGT; WAS SICHTBAR WAR UND WAS UNSICHTBAR IST, RUHTE IM EWIGEN NICHTSEIN – DEM EINEN SEIN.

8. ALLEIN VORHANDEN, ERSTRECKTE SICH DIE EINE FORM DES SEINS GRENZENLOS, UNENDLICH, UNVERURSACHT UND IN TRAUMLOSEM SCHLAF, UND LEBEN PULSIERTE OHNE BEWUSSTSEIN IM UNIVERSALEN RAUM, IN JENER ALLGEGENWART, DIE DAS GEÖFFNETE AUGE DES DANGMA WAHRNIMMT.

---

* (Zur korrekten Schreibweise dieses Ausdrucks siehe David Reigles “Forschungsberichte zu den Fachausdrücken im Buch des Dzyan, Zur Stanze 1 der Kosmogenesis” in dieser Ausgabe. H.T.)

9. Aber wo war der Dangma, als der Alaya des universums sich im zustand des Paramârtha befand, und als das grosse rad Upapâduka[1] war?

STANZE 2

1. ...Wo waren die baumeister, die leuchtenden söhne des Manvantarischen erwachens? ... In unergründlicher finsternis in ihrem Ah-hi Parinishpanna. Die erzeuger von form aus dem formlosen – der wurzel der welt –, die Devamâtri und das Svabhâvat ruhten in seligem nichtsein.

2. ...Wo war stille? Wo ohren, sie wahrzunehmen? Nein, es gab weder stille noch laut, gab nichts, nur unaufhörlichen ewigen atem, der sich selbst nicht kennt.

3. Noch hatte die stunde nicht geschlagen; noch war der strahl nicht in den Keim eingedrungen; noch war Mâtripadma nicht angeschwollen.

4. Ihr herz hatte sich noch nicht geöffnet, um den einen strahl eindringen und ihn dann, von der dreiheit zur vierheit werdend, in den schoss Mâyâs fallen zu lassen.

5. Noch waren die sieben söhne nicht aus dem lichtgewebe geboren. Allein das dunkel war vater-mutter, Svabhâvat; und Svabhâvat war im dunkel.

6. Diese beiden sind der Keim, und der Keim ist eines. Noch war das Universum verborgen im Göttlichen denken und im Göttlichen schoss ...

STANZE 3

1. ... Die letzte schwingung der siebten ewigkeit durchbebt die unendlichkeit. Die mutter schwillt an und entfaltet sich von innen nach aussen gleich der knospe des lotus.

---

1 (oder: aupapâduka. Siehe David Reigle, "Forschungsberichte zum Buch des Dzyan, Stanzen I und II", S. 641 ff. H.T.)

2. Die Schwingung jagt dahin, berührt mit ihren schnellen Flügeln das ganze Universum und den Keim, der in der Finsternis wohnt: in der Finsternis, die über den ruhenden Wassern des Lebens atmet ...

3. Dunkelheit verbreitet Licht, und Licht wirft einen einzigen Strahl in die Mutter-Tiefe. Der Strahl durchdringt das jungfräuliche Ei; durch den Strahl erbebt das ewige Ei und lässt den nicht-ewigen Keim fallen, der sich zum Weltenei verdichtet.

4. Dann fallen die Drei in die Vier. Der strahlende Wesenskern wird Sieben innen, Sieben aussen. Das leuchtende Ei, das in sich selbst Dreiheit ist, gerinnt und verbreitet sich in milchweissen Flocken durch die Tiefen der Mutter, zur Wurzel, die tief im Ozean des Lebens wächst.

5. Die Wurzel bleibt, das Licht bleibt, die Flocken bleiben, aber noch immer ist Oeaohoo Eins.

6. Die Wurzel des Lebens war in jedem Tropfen des Ozeans der Unsterblichkeit, und der Ozean war strahlendes Licht, welches Feuer und Wärme und Bewegung war. Finsternis schwand dahin und war nicht mehr, sie verschwand in ihr eigenes Wesen, den Körper aus Feuer und Wasser, aus Vater und Mutter.

7. Siehe, o Lanu! Das strahlende Kind der Beiden in unvergleichlicher, strahlender Pracht: Leuchtender Raum, Sohn Dunklen Raumes, der sich erhebt aus den Tiefen der grossen dunklen Wasser. Es ist Oeaohoo, der Jüngere, der *** . Er erstrahlt als die Sonne; er ist der feurige Göttliche Drache der Weisheit; das Eine ist Vier, und Vier holt Drei[2] zu sich, und ihre Vereinigung bringt die Sapta hervor, in welcher die Sieben sind, die zu Tridasha (den Heerscharen und den Vielen) werden. Siehe, er hebt den Schleier und öffnet ihn von Osten nach Westen. Er verbirgt das Oben und lässt das Unten sichtbar sein als die grosse Täuschung. Er bezeichnet die Orte für die Strahlenden und verwandelt das Obere in ein uferloses Feuermeer und das Eine manifestierte in die Grossen Wasser.

8. Wo war der Keim, und wo war jetzt Finsternis? Wo, o Lanu, ist der Geist der Flamme, die in deiner Lampe brennt? Der Keim ist Das, und Das ist Licht, der weiss strahlende Sohn des dunklen, verborgenen Vaters.

9. Licht ist kalte Flamme, Flamme ist Feuer, und Feuer erzeugt Wärme, die Wasser hervorbringt: das Wasser des Lebens in der grossen Mutter.

---

[2] (In der englischen Übersetzung werden die Zahlen im Sanskrit belassen, also Eka, Chatur, etc. H.T.)

10. Vater-Mutter spinnen ein Gewebe, das oben am Geist – dem Licht der einen Finsternis – befestigt ist, und unten an des Geistes schattenhaftem Ende, der Materie. Dieses Gewebe ist das Universum, gesponnen aus den zwei Substanzen, zu einer verbunden, und die Svabhâvat ist.

11. Es dehnt sich aus, wenn der Atem des Feuers über ihm ist; es zieht sich zusammen, wenn der Atem der Mutter es berührt. Dann trennen und zerstreuen sich die Söhne, um am Ende des grossen Tages zurückzukehren in den Schoss ihrer Mutter und wieder eins mit ihr zu werden. Beim Abkühlen wird es leuchtend, und die Söhne dehnen sich aus und ziehen sich zusammen durch ihr eigenes Selbst und ihre eigenen Herzen – sie umschlingen die Unendlichkeit.

12. Svabhâvat entsendet nun Fohat, die Atome zu härten. Alle sind Teile des Gewebes, und indem sie, spiegeln gleich, den "Aus Sich Selbst Existenten Herrn" reflektieren, verwandelt sich ein jedes in eine Welt.

STANZE 4

1. ... Höret, ihr Söhne der Erde, auf eure Lehrer, die Söhne des Feuers. Lernet, dass es weder Erstes noch Letztes gibt, denn alles ist eins: Zahl, hervorgegangen aus Nicht-Zahl.

2. Lernet, was wir, von der Ursprünglichen Siebenheit abstammend und geboren aus der Urflamme, von unseren Vätern erfahren haben ...

3. Dem hell strahlenden Glanz des Lichtes – dem Strahl der immerwährenden Dunkelheit – entsprangen im Raum die wiedererwachten Energien: die Eins aus dem Ei, die Sechs und die Fünf. Dann die Drei, die Eins, die Vier, die Eins, die Fünf – die zweimal Sieben, die Gesamtsumme. Und sie sind die Wesenskerne, die Flammen, die Elemente, die Baumeister, die Zahlen, das Arûpa, das Rûpa, und die Kraft des Göttlichen Menschen – die Gesamtsumme. Und aus dem Göttlichen Menschen gingen hervor die Formen, die Funken, die heiligen Tiere und die Botschafter der heiligen Väter innerhalb der heiligen Vier.

4. Das war das Heer der Stimme – der göttlichen Mutter der Sieben. Die Funken der Sieben sind abhängige und dienende des Ersten, des Zweiten, des Dritten, des Vierten, des Fünften, des Sechsten und des Siebten der Sieben. Diese "Funken" werden genannt Kugelformen, Dreiecke, Würfel, Linien und Gestaltende; denn so ist das Ewige Nidâna – das Oeaohoo, welches ist:

5. "Finsternis", grenzenlos, oder die nicht-zahl, Âdi-Nidâna Svabhâvat: der ○

I. Âdi-Sanat, die zahl, denn er ist eins.

II. Die stimme des Herrn Svabhâvat, die zahlen, denn er ist eins und neun.

III. Das "formlose quadrat."

Und diese drei, eingeschlossen im ○, sind die heiligen vier; und die zehn sind das arûpa-universum. Dann kommen die "söhne", die sieben kämpfer, der Eine, der achte ausgelassen, und sein Atem, der Erzeuger des Lichts.

6. Dann die durch die drei hervorgebrachten zweiten sieben, die Lipikas. Der abgewiesene sohn ist einer. Die "Sohn-sonnen" sind unzählig.

STANZE 5

1. Die Ursprünglichen Sieben, die Ersten Sieben Atemzüge des Drachens der Weisheit, erzeugen nun ihrerseits durch ihre Heiligen Rotierenden Atemzüge den Flammenden Wirbelwind.

2. Ihn machen sie zum botschafter ihres willens. Dgyu wird Fohat; der schnellfüssige sohn der Göttlichen söhne, deren söhne die Lipikas sind, vollbringt kreise ziehend seine aufgabe. Fohat ist ross, der gedanke reiter. Blitzschnell zieht er durch die feurigen wolken, macht drei und fünf und sieben riesenschritte durch die sieben oberen regionen und durch die sieben unteren. Er erhebt seine stimme, ruft die unzähligen funken und verbindet sie miteinander.

3. Er ist ihr mentor und ihr führer. Zu beginn seines werkes sondert er die funken des Unteren Reiches ab, die bebend in ihren leuchtenden heimen schweben, und bildet aus ihnen die substanz von rädern. Diese stellt er in die sechs richtungen des raumes und eins in die mitte – das zentrale rad.

4. Fohat verbindet das sechste mit dem siebten – der krone – durch spirallinien; ein heer von Söhnen des Lichts steht an jedem winkel und die Lipikas im mittleren rad. Sie sagen: "Dieses ist gut." Die erste Göttliche welt ist fertiggestellt, die erste ist nun die zweite. Das "Göttliche Arûpa" spiegelt sich im Chhâyâ Loka, dem ersten gewand des Upapâduka.

5. Fohat macht fünf Schritte und erbaut an jeder Ecke des Quadrats ein beflügeltes Rad für die vier Heiligen und ihre Heere.

6. Die Lipikas umgrenzen das Dreieck, das Erste, den Würfel, das Zweite und das Fünfeck innerhalb des Eies. Es ist der Ring, der "Nicht-Überschreiten" heisst – für jene, die auf- und absteigen ebenso wie für jene, die im Laufe des Kalpa Fortschritte machen auf dem Weg zu dem grossen Tage "Sei-bei-uns". So wurden Rûpa und Arûpa gebildet: von einem Licht sieben Lichter; von jedem der sieben sieben mal sieben Lichter. Die Räder wachen über den Ring ...

STANZE 6

1. Durch die Kraft der Mutter der Barmherzigkeit und des Wissens, Kuan-yin, die im Kuan-yin-Tien wohnende "dreifache" Kuan-shi-yin: Fohat, der Atem ihrer Nachkommenschaft, der Sohn der Söhne, der die täuschende Form von Hsien-chan und die Sieben Elemente aus dem unteren Abgrund hervorgerufen hat:[3]

2. Der Strahlende, Schnelle errichtet die Sieben Laya-Zentren, die niemand überwinden kann bis zum grossen Tage "Sei-bei-uns", er stellt das Universum auf dieses Ewige Fundament und umgibt Hsien-chan mit den Elementarkeimen.

3. Von den Sieben – zuerst Eins manifestiert, sechs verborgen; zwei manifestiert, fünf verborgen; drei manifestiert, vier verborgen; vier hervorgebracht, drei versteckt; vier und ein Tsan sichtbar, zweieinhalb verborgen; sechs noch zu manifestieren, eins zur Seite. Schliesslich drehen sich sieben kleine Räder, und eins gebiert das andere.

4. Er baut sie nach dem Vorbild älterer Räder und stellt sie auf die Unvergänglichen Zentren.

Wie baut Fohat sie? Er sammelt feurigen Staub, formt Feuerbälle, durchfährt sie, umrundet sie und füllt sie so mit Leben; dann bewegt er sie in diese und in jene Richtung. Sie sind kalt – er gibt ihnen Wärme. Sie sind trocken – er gibt ihnen Feuchtigkeit. Sie leuchten – er fächelt und

[3] Shloka 1 der 6. Stanze datiert viel später als die anderen Stanzen, ist aber ebenfalls sehr alt. Der Originaltext dieses Verses enthält Namen, die den Orientalisten völlig unbekannt und für den Studierenden ohne Bedeutung sind.

kühlt sie ab. So wirkt Fohat von einer dämmerung zur nächsten, Sieben Ewigkeiten lang.

5. In der vierten wird den söhnen gesagt, sie sollen ihre ebenbilder erschaffen. Ein drittel weigert sich – zwei drittel gehorchen.

Ein fluch wird ausgesprochen: Sie werden in der vierten geboren werden, werden leiden und leid verursachen. Das ist der erste kampf.

6. Die älteren räder drehten sich abwärts und aufwärts ... Das ganze füllte sich mit der nachkommenschaft der mutter. Kämpfe wurden geführt zwischen den Schöpfern und den Zerstörern, und kämpfe um raum; die samen kamen, und immer wieder erneut kamen sie.

7. Mach deine kalkulationen, o Lanu, wenn du das wahre alter des kleinen rades erfahren willst. Seine vierte speiche ist unsere mutter. Wenn du die vierte "frucht" des zum Nirvâna führenden vierten pfades des wissens erreichst, wirst du verstehen, denn du wirst sehen ...

STANZE 7

1. Siehe, der beginn des ungeformten fühlenden lebens.
Zuerst das Göttliche, das eine aus dem Muttergeist; dann das Geistige; die drei aus dem einen, die vier aus dem einen, und die fünf, von denen die drei, die fünf und die sieben – dies sind die dreifachen und die vierfachen abwärts, die "geistgeborenen" söhne des ersten Herrn, die leuchtenden sieben. Sie sind es, o Lanu, die du, ich und er sind – Sie, die dich und deine mutter, die erde, schützen.

2. Der eine strahl vervielfältigt die kleineren strahlen. Leben kommt vor form, und leben überdauert das letzte formpartikel. Der lebensstrahl, der eine, zieht sich durch die zahllosen strahlen wie die schnur einer perlenkette.

3. Wenn aus dem einen zwei werden, erscheint die dreiheit, und diese drei sind eins; und es ist unsere schnur, o Lanu, das herz der menschenpflanze, Saptaparna genannt.

4. Es ist die wurzel, die nie stirbt, die dreizüngige flamme auf vier dochten ... Die dochte sind die funken, die ihre flamme erhalten von der dreizüngigen flamme, welche hervorschiesst aus den sieben. Wie die strahlen und funken eines einzigen mondes, die in den strömenden wellen aller flüsse der erde reflektiert werden.

5. Der funke hängt an der flamme an einem feinem Fohat-faden. Er durchwandert die Sieben Mâyâ-Welten. Hält an in der ersten und ist metall und stein; wandert weiter zur zweiten, und siehe – eine pflanze. Die pflanze durchwirbelt sieben veränderungen und wird zum heiligen tier. Durch die verbindung ihrer eigenschaften wird Manu, der denker, geformt. Wer formt ihn? Die sieben leben und das eine leben. Wer vollendet ihn? Der fünffache Lha. Und wer macht die letzte verkörperung vollkommen? Fisch, sünde und soma ...

6. Seit den Erstgeborenen wird die verbindung zwischen dem Schweigenden Wächter und seinem Schatten mit jedem Wechsel stärker und leuchtender. Die morgendämmerung ist zum hellichten tag geworden ...

7. Dieses ist dein gegenwärtiges rad, sprach die Flamme zum Funken. Du bist ich, mein ebenbild und mein schatten. Du bist mein gewand, und du bist mein Vâhana bis zum tage “Sei-bei-uns”, wenn du wieder ich und andere wirst, du selbst und ich. Dann werden die baumeister, gekleidet in ihr erstes gewand, zur strahlenden erde hinabsteigen und über die menschen herrschen – die sie selbst sind ...

So endet dieser Teil des archaischen Berichts – dunkel, verworren, nahezu unverständlich. Wir wollen aber versuchen (siehe S. 89 ff.), Licht in das Dunkel zu bringen, den Sinn des scheinbar Sinnlosen zu verstehen.

ANTHROPOGENESIS

Zwölf Stanzen aus dem Buch des Dzyan
(Verbatim, in Auszügen)[4]

STANZE 1

1. Der Lha, der den vierten bewegt, ist den Lhas der Sieben untergeordnet, jenen, die kreisend ihre wagen um ihren Herrn, das Eine Auge, lenken. Sein atem gab leben den Sieben. Er gab leben dem ersten.

2. Die Erde sprach: "Herr des Strahlenden Angesichts, mein haus steht leer ... Sende deine söhne, dieses rad zu bevölkern. Du hast deine sieben söhne zum Herrn der Weisheit gesandt. Er sieht dich siebenmal näher bei Sich, siebenmal mehr spürt Er dich. Verboten hast Du Deinen untergebenen, den kleinen ringen, Dein licht und Deine wärme einzufangen, Deine grosse Wohltätigkeit auf ihrem wege aufzuhalten. Sende sie nun Deiner untergebenen!"

3. Da sprach der "Herr des Strahlenden Angesichts": "Ich werde dir ein feuer schicken, wenn dein werk begonnen hat. Lass andere Lokas deine stimme hören; bitte deinen vater, den Herrn des Lotus, um seine söhne ... Dein volk sei unter der herrschaft der Väter. Deine menschen werden sterblich sein. Die menschen des Herrn der Weisheit, nicht die Mondsöhne, sind unsterblich. Beende dein klagen. Noch hast du deine sieben häute ... Du bist nicht bereit. Deine menschen sind nicht bereit."

4. Unter grossen anstrengungen warf sie ihre drei alten häute ab und legte ihre sieben neuen an – und befand sich in ihrer ersten.

---

[4] Von insgesamt mehreren hundert Shlokas sind hier nur 49 wiedergegeben. Nicht jeder Vers wurde verbatim übersetzt. Wo eine wörtliche Übersetzung weitgehend unverständlich wäre, wurde paraphrasiert, um Klarheit und eine bessere Verständlichkeit zu erreichen.

STANZE 2

5. Weiter wirbelte das rad durch 300 millionen jahre. Es erbaute rûpas: Weiches gestein, das hart wurde, hartes gewächs, das weich wurde. Sichtbares aus unsichtbarem, insekten und kleine lebewesen. Wenn sie sich auf der mutter ausbreiteten, schüttelte sie sie ab ... Nach 300 millionen jahren wendete sie sich. Sie lag auf ihrem rücken, auf ihrer seite ... Keine söhne des Himmels wollte sie rufen, keine Söhne der Weisheit wollte sie verlangen. Sie erschuf aus ihrem eigenen schoss. Sie erzeugte wassermenschen, schrecklich und böse.

6. Sie selbst schuf die wassermenschen, schrecklich und böse, formte sie aus den resten von anderen, aus unrat und schleimresten der ersten, zweiten und dritten. Die Dhyânis kamen und schauten ... Die Dhyânis, sie kamen aus der hellen Vater-Mutter-substanz, aus den weissen regionen kamen sie, aus den bereichen der unsterblich-sterblichen.

7. Sie waren nicht erfreut. Es ist nicht unser fleisch. Kein geeignetes rûpa für unsere brüder von der fünften. Keine wohnungen für die lebensformen. Reine, nicht trübe wasser sollen sie trinken. Wir wollen sie austrocknen.

8. Die flammen kamen. Feuer und funken, nachtfeuer und tagfeuer. Sie trockneten die dunklen, trüben wasser aus, sie zerstörten sie mit ihrer hitze. Es kamen die Lhas aus der Höhe und die Lhamayin von unten. Sie vernichteten die zwei- und viergesichtigen formen. Sie bekämpften die bockmenschen, die menschen mit hundeköpfen und die menschen mit fischkörpern.

9. Mutter-wasser, das grosse meer, weinte. Sie erhob sich, sie verschwand im mond, der sie gehoben, der sie geboren hatte.

10. Als sie zerstört waren, blieb Mutter-erde entblösst. Sie verlangte getrocknet zu werden.

STANZE 3

11. Der Herr der Herren kam. Von ihrem körper trennte er die wasser, und das war der Himmel oben, der erste Himmel.

12. Die grossen Chohans riefen die Herren des Mondes mit den luftförmigen körpern. “Bringt menschen hervor, menschen von eurer natur. Gebt ihnen ihre inneren formen. Sie wird die äusseren hüllen schaffen. Männlich-weiblich werden sie sein und auch Herren der Flamme ...”

13. Sie gingen ein jeder in das ihm zugewiesene land: Sieben, jeder an seine stelle. Die Herren der Flamme blieben zurück, sie wollten nicht gehen, wollten nicht erschaffen.

STANZE 4

14. Angetrieben vom Geist des Leben-Schenkens, sondern die Sieben Scharen, die “durch Willen geborenen” Herren, menschen von sich ab, jeder in seinem eigenen gebiet.

15. Siebenmal sieben Schatten von zukünftigen menschen wurden geboren, jeweils in ihrer eigenen farbe und beschaffenheit. Ein jeder geringer als sein vater. Die väter, knochenlos, konnten nicht wesen mit knochen zum leben bringen. Ihre nachkommen waren Bhûta, ohne gestalt oder geist, weshalb sie die Chhâyâ-geburten genannt wurden.

16. Wie werden die Manûshyas geboren? Die Manus mit Geist, wie werden sie erschaffen? Die väter riefen und nahmen ihr eigenes feuer zu hilfe, das feuer, das in der Erde brennt. Der Geist der Erde rief das Sonnenfeuer zu hilfe. Durch ihre gemeinsamen anstrengungen schufen diese drei ein gutes Rûpa. Es konnte stehen, gehen, laufen, sich hinlegen und fliegen. Aber es war trotzdem noch immer nur ein Chhâyâ, ein schatten ohne verstand ...

17. Der atem brauchte eine form – die Väter gaben sie. Der atem brauchte einen festen körper – die Erde formte ihn. Der atem brauchte den geist des lebens – die Sonnen-Lhas hauchten ihn in seine form. Der atem brauchte einen Spiegel seines Körpers – “wir gaben ihm unseren eigenen”, sagten die Dhyânis. Der Atem brauchte einen Träger der Begierden – “er hat einen”, sagte der Beseitiger der Wasser. Aber der Atem brauchte einen verstand, das Universum zu umfassen – “den können wir nicht geben”, sagten die Väter. “Ich hatte nie einen”, sagte der Geist der Erde. “Die form würde zerstört, wenn ich ihm meinen gäbe”, sagte das Grosse Feuer ... Der mensch blieb ein leeres, vernunftloses Bhûta ... So schenkten die knochenlosen denen leben, die in der dritten zu menschen mit knochen wurden.

STANZE 5

18. Die erste waren die Söhne des Yoga. Und deren söhne waren die kinder des Gelben Vaters und der Weissen Mutter.

19. Die zweite menschheit[5] war das produkt einer sprossung und ausdehnung; die ungeschlechtliche aus dem geschlechtslosen.[6] So, o Lanu, wurde die Zweite Menschheit geschaffen.

20. Ihre Väter waren die selbstgeborenen. Die selbstgeborenen, die Chhâyâs aus den strahlenden körpern der Herren, der Väter, der Söhne der Dämmerung.

21. Als die Menschheit alt wurde, mischten sich die alten wasser mit den frischeren wassern. Als die tropfen trüb wurden, verschwanden sie in dem neuen strom, in dem heissen strom des lebens. Das äussere der ersten wurde zum inneren der zweiten. Der alte Flügel wurde der neue Schatten, er wurde der Schatten des Flügels.

STANZE 6

22. Die zweite entwickelte nun die Eigeborene, die dritte. Der schweiss nahm zu, seine tropfen wurden grösser, wurden hart und rund. Die Sonne erwärmte ihn, der Mond kühlte und gestaltete ihn, der wind ernährte ihn bis zur reife. Vom sternenhimmel überschattete der weisse schwan den grossen tropfen: Das ei der zukünftigen menschheit, der Menschen-schwan der späteren dritten. Zuerst männlich-weiblich, dann mann und frau.

23. Die Selbstgeborenen waren die Chhâyâs, die Körperschatten der Söhne der Dämmerung. Weder wasser noch feuer konnte sie zerstören. Aber ihre söhne wurden.

---

[5] (Im Original "the Second Race". Wie in den "Editorischen Anmerkungen" und in dem Essay "Zur Sprache der Theosophie" erklärt, gibt unsere Neuübersetzung in dieser Studienausgabe den Begriff so wieder, wie Blavatsky ihn gemeint hat: als Evolutionsperiode oder Entwicklungsstadium der verschiedenen Menschheiten, also nicht als Bezeichnung einer ethnischen oder Bevölkerungsgruppe. H.T.)

[6] Nur Idee und Geist dieses Satzes können hier wiedergegeben werden, da eine wörtliche Übersetzung dem Leser kaum etwas sagen würde.

STANZE 7

24. Die Söhne der Weisheit, die Söhne der Nacht, bereit zur wiedergeburt, kamen herab. Sie sahen die abstossenden formen des ersten drittels. “Wir haben die wahl”, sagten die Herren, “wir haben weisheit.” Einige drangen ein in die Chhâyâs, einige entsendeten einen funken. Einige warteten bis zur Vierten. Aus ihrem eigenen wesen füllten sie den Kâma. Die eindrangen, wurden Arhats. Die nur einen funken erhielten, blieben ohne erkenntnis. Der funken war schwach. Das drittel blieb ohne geist. Ihre Jîvas waren nicht bereit. Innerhalb der Sieben wurden sie abgesondert. Sie, die vernunftlosen. Ein drittel aber war bereit. “In ihnen wollen wir wohnen”, sagten die Herren der Flamme und der Dunklen Weisheit.

25. Was taten die Mânasas, die Söhne der Weisheit? Sie lehnten die Selbstgeborenen ab, denn diese sind nicht bereit. Sie verschmähten die Schweissgeborenen, denn sie sind noch nicht ganz bereit. Sie wollten nicht eindringen in die ersten Eigeborenen.

26. Als die Schweissgeborenen die Eigeborenen hervorbrachten, jene zweifältigen, die Mächtigen und Starken mit knochen, da sagten die Herren der Weisheit: “Jetzt wollen wir erschaffen.”

27. Die Dritte menschheit wurde zum Vâhana der Herren der Weisheit. Sie schuf “Söhne des Willens und des Yoga” – durch Kriyâshakti schuf sie sie, die Heiligen Väter, die Vorfahren der Arhats ...

STANZE 8

28. Aus den schweisstropfen, aus rückständen der substanz von toten menschen und tierkörpern des vorherigen rades und aus hinterlassenem staub entstanden die ersten tiere.

29. Tiere mit knochen, drachen der tiefe und fliegende Sarpas kamen zu den kriechenden tieren hinzu. Die am boden kriechenden erhielten flügel. Jene im wasser mit den langen hälsen wurden die vorfahren der vögel des himmels.

30. Im Verlauf der dritten Menschheit wuchsen die knochenlosen tiere und veränderten sich: sie wurden tiere mit knochen, ihre Chhâyâs verfestigten sich.

31. Die tiere teilten sich zuerst. Sie begannen zu zeugen. Dann teilte sich der zweifältige mensch ebenfalls. Er sagte: “So wie sie wollen wir. Wir wollen uns vereinigen und geschöpfe zeugen.” Das taten sie ...

32. Die ohne funken geblieben waren, liessen sich mit riesigen weiblichen tieren ein. Mit ihnen zeugten sie stumme rassen. Sie selber waren auch stumm. Aber dann lösten sich ihre zungen. Die zungen ihrer nachkommen jedoch blieben unbeweglich. Sie brachten monstren hervor, eine rasse von unförmigen Monstren mit roten fellen, die auf allen vieren gingen. Eine stumme rasse, auf dass die schande unbekannt bleibe.

STANZE 9

33. Als die Lhas, die keine menschen geschaffen hatten, das sahen, weinten sie und sagten:

34. “Die Amânasa haben unsere wohnungen der zukunft entweiht. Das ist Karma. Lasst uns in den anderen wohnen. Wir wollen sie besser belehren, so dass nicht schlimmeres geschehe.” Und das taten sie ...

35. Dann wurde allen menschen Manas gegeben. Sie erkannten die sünde der vernunftlosen.

36. Die Vierte Menschheit entwickelte sprache.

37. Aus Einem wurden Zwei. Ebenso alle lebenden und kriechenden tiere, die noch eins waren, die riesenfische, vögel und schlangen mit schalenköpfen.

STANZE 10

38. So gebar die Dritte Menschheit in den sieben gebieten, jeweils zu zweit, die menschen der Vierten Menschheit. Aus den göttern wurden nicht-götter: die suras wurden a-suras.

39. Die erste in jedem gebiet war mondfarben, die zweite gelb wie gold, die dritte rot, die vierte braun, aber sie wurde durch sündhaftigkeit schwarz. Die sieben ersten menschlichen sprossen hatten alle die gleiche hautfarbe. Die folgenden sieben begannen ihre farben zu vermischen.

40. Dann aber erhöhte die Dritte und die Vierte sich selbst voller Hochmut. Wir sind Könige, wir sind Götter.

41. Die Frauen der "Vernunftlosen", der Beschränkten, waren schön anzusehen, und sie nahmen sie sich zum Weibe, und sie gebaren Monstren: Böse Dämonen, männliche und weibliche, und Khados (Dâkinî) mit wenig Verstand.

42. Tempel bauten sie dem menschlichen Körper, dem männlichen und dem weiblichen, und beteten ihn an. Da verlor ihr Drittes Auge seine Kraft.

STANZE 11

43. Sie erbauten riesige Städte, erbauten sie aus kostbaren Erden und Metallen. Aus ausgespienen Glutmassen, aus dem weissen Stein der Berge und aus schwarzem Stein meisselten sie lebensgrosse Figuren von sich selbst und beteten sie an.

44. Sie bauten grosse Bildnisse – neun Yatis hoch, in der Grösse ihrer Körper. Unterirdische Feuer hatten das Land ihrer Väter zerstört. Wasser bedrohte die Vierte.

45. Die ersten grossen Fluten kamen. Sie verschlangen die sieben grossen Inseln.

46. Alle Heiligen gerettet, die Unheiligen vernichtet. Und mit ihnen die meisten der aus dem Schweiss der Erde entstandenen Riesentiere.

STANZE 12

47. Nur wenige Menschen überlebten. Ein paar gelbe, ein paar braune und schwarze, und ein paar rote blieben übrig. Die Mondfarbigen waren verschwunden für immer.

48. Die aus Heiligem Ursprung stammende Fünfte blieb; sie wurde beherrscht von den ersten göttlichen Königen,

49. ... die wieder hinabstiegen, die Frieden schlossen mit der Fünften, und die sie lehrten und unterwiesen ...

VORWORT

Die Verfasserin hofft sich nicht entschuldigen zu müssen für die offensichtlichen stilistischen Mängel dieses in unvollkommenem Englisch verfaßten Buches. Als Ausländerin erlernte sie diese Sprache erst verhältnismäßig spät, benutzt sie aber trotzdem, weil Englisch das Medium mit der größten Reichweite für die Veröffentlichung der Wahrheiten ist, deren Verbreitung ihr zur Pflicht gemacht wurde.

Diese Wahrheiten werden weder als *Offenbarungen* dargestellt, noch behauptet die Autorin, sie enthülle irgendwelche mystischen Inhalte, die jetzt der Welt erstmalig eröffnet werden. Denn dieses Werk enthält nichts anderes, als die in Tausenden von heiligen Schriften verstreuten Wahrheiten der großen asiatischen und frühen europäischen Religionen, die, verborgen unter einem Schleier von Zeichen und Symbolen, bisher unbemerkt geblieben sind. Was hier unternommen wird, ist der Versuch, diese ältesten Lehren so zusammenzustellen, daß sie als harmonisches und zusammenhängendes Ganzes erkannt werden können. Der einzige Vorteil, den die Autorin gegenüber ihren Vorgängern hat, ist die Tatsache, daß sie nicht auf persönliche Mutmaßungen und Theorien zurückgreifen muß, denn sie stellt in diesem Werk hauptsächlich Teile von Lehren dar, die sie selbst von weiter fortgeschrittenen Forschern erlernt hat und die nur durch einige wenige Details aus eigenen Studien und Erfahrungen ergänzt werden.

Dieses Werk enthält nicht die Gesamtheit der Geheimlehre, sondern nur eine fragmentarische Auswahl ihrer grundlegenden Lehren. Es sei hier mit Nachdruck darauf hingewiesen, daß die festgehaltenen Lehren, so fragmentarisch und unvollständig sie sind, von keiner Religion exklusiv beansprucht werden können – weder von der indischen, der zoroastrischen, chaldäischen oder ägyptischen, noch vom Buddhismus, dem Islam, dem Judentum oder dem Christentum. Die Geheimlehre ist die Quintessenz aller Religionen. Alle haben sie als Ursprung. Die verschiedenen religiösen Lehren werden hier nun zurückgeführt in ihr ursprüngliches Element, dem jedes Mysterium und jedes Dogma entwuchs, aus dem es sich entwickelte und aus dem es sich materialisierte.

Die Verfasserin übernimmt die Verantwortung für den gesamten Inhalt dieses Werkes und ist auch bereit, sich der Anschuldigung zu stellen, es sei insgesamt nichts weiter als eine Erfindung. Sie kennt seine Unzulänglichkeiten und behauptet auch nicht mehr, als daß logischer Zusammenhang und Folgerichtigkeit des Aufbaus diese neue Genesis gleichberechtigt auf eine Stufe stellen mit den von der Wissenschaft so gern akzeptierten sogenannten "Arbeitshypothesen". Außerdem hat das Werk ein Recht auf ernsthafte Prüfung und Kritik, nicht weil es sich auf die Autorität irgendeines Dogmas beruft, sondern weil es nie die Nähe zur Natur verliert und sich an die Regeln der Analogie ebenso hält wie an das Uniformitäts- oder Gesetzmäßigkeitsprinzip[1] der Welt.

Ziel dieses Werkes ist es, zu demonstrieren, daß die Natur nicht "ein zufälliges Zusammenspiel von Atomen" ist und, weiterhin, dem Menschen seinen rechtmäßigen Platz im Weltenplan zuzuordnen. Außerdem will es die archaischen Wahrheiten, die allen Religionen zugrunde liegen, vor Bedeutungsverfall bewahren und die fundamentale Einheit, der alle Religionen entsprungen sind, wenigstens teilweise aufzeigen. Letztlich ist sein Ziel, den Nachweis zu bringen, daß die okkulte Seite der Natur von der modernen Wissenschaft bisher völlig unbeachtet geblieben ist.

Sollte der Autorin diese Aufgabe bis zu einem gewissen Grad gelungen sein, so wäre sie zufrieden. Das Buch soll der Menschheit dienen, und von der Menschheit und den zukünftigen Generationen muß es beurteilt werden.

London, im Oktober 1888 H. P. B.

[1] (Eine 1832 von William Whewell eingeführte uniformitaristische Bezeichnung für natürliche geologische Prozesse; eine Lehre, die dem zur damaligen Zeit vorherrschenden "Katastrophismus" widersprach. H.T.)

EINLEITUNG

Seit der Einführung theosophischer Literatur in England ist es zur Gewohnheit geworden, die darin enthaltenen Lehren "esoterischer Buddhismus" zu nennen. *Esoteric Buddhism* von A.P. Sinnett (1883) war ein sehr gutes Buch mit einem sehr unglücklichen Titel, obwohl er nichts anderes bedeutet als der Titel dieses Werkes, nämlich *Die Geheimlehre*. Das hat sich als unglücklich erwiesen, weil Menschen die Gewohnheit haben, Dinge nach ihrem Äußeren und nicht nach ihrer Bedeutung zu beurteilen. Anfangs gab es Proteste gegen den Titel von Brahmanen und anderen, und zur eigenen Rechtfertigung muß ich sagen, daß *Esoteric Buddhism* mir als fertiges Buch vorgelegt wurde und ich keine Kenntnis davon hatte, wie der Autor das Wort "Budh-ismus" schreiben würde. Das muß denen zur Last gelegt werden, die versäumt haben, den Unterschied klarzustellen zwischen "Buddhismus", der religiösen Ethik, die Gautama, der Herr, predigte, und die nach seinem Titel Buddha, "Erleuchteter", benannt wurde, und *budha*, "Weisheit" oder Wissen (*vidyâ*), d.i. Erkenntnisfähigkeit von der Sanskritwurzel "budh", *wissen, erkennen*.

Es ist wichtig, dies gleich am Anfang unseres Werkes zu erklären, denn die "Weisheitsreligion" ist das Erbe aller Völker der Welt. Fälschlicherweise wurde im Vorwort der Erstausgaben von *Esoteric Buddhism* von A.P. Sinnett behauptet, "noch vor zwei Jahren kannte weder ich noch irgend ein anderer heute lebender Europäer das Alphabet jener Wissenschaft, die hier zum ersten Mal eine wissenschaftliche Darstellung erhält." Dieser Irrtum muß sich unabsichtlich eingeschlichen haben, denn alles was in *Esoteric Buddhism* "enthüllt" wurde – und darüber hinaus noch wesentlich mehr –, war mir schon viele Jahre bekannt, ehe es mir 1880 zur Pflicht gemacht wurde, zwei europäischen Gentlemen einen kleinen Teil meines Wissens weiterzugeben – einer der beiden war der Autor von *Esoteric Buddhism*.

Etymologisch sind die Wörter *Adi* und *Adhi-Budha*, die *eine* (oder erste) und "höchste Weisheit" eine von Aryasangha in seinen geheimen Abhandlungen benutzte Bezeichnung, die jetzt in der Mystik des nördlichen Buddhismus allgemein gebräuchlich ist. Es handelt sich um ein Sanskritwort und eine Bezeichnung der frühesten Âryas für die unbekannte Gottheit. In den Vedas und den frühen Werken kommt das Wort Brahmâ nicht vor. Es bedeutet absolute Weisheit. In Fitzedward Halls Übersetzung ist "âdi-bhûta" "die uranfängliche unerschaffene Ursache von allem". Äonen von unermeßlicher Dauer müssen vergangen sein, ehe der Beiname Buddha so weitgehend sozusagen auf den Menschen gekommen war, daß die Bezeichnung auch Sterblichen gegeben werden konnte, dann aber letztendlich für jemanden galt, der wegen seiner einmaligen Tugendhaftigkeit und Erkenntnis die Bezeichnung "Buddha der unbewegten Weisheit" erhielt. *Bodha* bezeichnet den angeborenen Besitz von göttlichem Intellekt bzw. "Verstehen", *Buddha* den Erwerb desselben durch persönliches Bemühen und durch Verdienst. *Buddhi* ist die Fähigkeit des Erkennens, der Weg, auf dem göttliches Wissen das "Ego" erreicht, die Unterscheidungsfähigkeit von Gut und Böse, und ist auch "göttliches Bewußtsein" ebenso wie "Geistseele", das Behältnis des *Âtman.* "Wenn *Buddhi* unseren Egoismus mit all seinen *Vikâras* absorbiert (ihn zerstört), manifestiert sich Avalokiteshvara für uns, und Nirvâna, d.h. *Mukti* ist erreicht." Mukti ist dasselbe wie Nirvâna, nämlich Freisein von den Fesseln "Mâyâs", Freisein von aller *Illusion.*

Unklug sind jene Menschen, die aus mangelnder Offenheit gegenüber dem Buddhismus, und damit auch gegenüber dem "Budhismus", dessen esoterische Lehren (die auch die der Brahmanen sind) ablehnen. Denn nur der Esoterischen Philosophie kann in diesem Zeitalter des ungezügelten und jeder Logik entbehrenden Materialismus zugetraut werden, den ständigen Angriffen zu widerstehen, denen alles ausgeliefert ist, das dem Menschen in seinem inneren, spirituellen Leben wichtig, ja heilig ist. Dem wahren Philosophen, dem Schüler der Esoterischen Weisheit, sind Dinge wie Persönlichkeit, Dogmen und spezifische Religionen bedeutungslos geworden. Darüber hinaus stellt die Esoterische Philosophie den grundsätzlichen Zusammenhang zwischen den großen Religionen durch den Nachweis ihrer ursprünglichen Identität wieder her und entkleidet jede einzelne Religion ihrer äußeren, vom Menschen erzeugten Gewänder. Sie bringt den Nachweis eines der Natur als notwendige Bedingung innewohnenden absoluten göttlichen Prinzips. Sie leugnet Göttlichkeit ebensowenig, wie sie die Sonne leugnet. Die Esoterische Philosophie hat niemals Gott in der Natur abgelehnt, noch das Göttliche als das absolute und abstrakte *Ens.* Abgelehnt werden von ihr allerdings all die Götter der sogenannten monotheistischen Religionen, Götter, die der Mensch nach seinem eigenen Bild geschaffen hat, und die nichts als lästerliche und traurige Karikaturen des Ewig-Unkennbaren sind. Außerdem enthalten die in unserem Werk vorgelegten Zeugnisse die esoterischen Lehren der ganzen Welt seit Anbeginn der Menschheit – der buddhistische Okkultismus hat darin nur den ihm zukommenden Stellenwert, nicht mehr. Tatsächlich stellen die geheimen Teile von Gautamas "*Dan*" oder "*Jan-na*"[1] nur einen verschwindend kleinen Anteil des Ganzen dar, obwohl sie natürlich Lesern, die mit den Lehren der Weisheitsreligion des Altertums nicht vertraut sind, besonders großartig erscheinen mögen. Der große Hindu-Reformator beschränkte sich in seinen öffentlichen Lehren auf die

[1] *Dan* ist die in der Phonetik des heutigen China und Tibet zu *ch'an* gewordene allgemeine Bezeichnung für die esoterischen Schulen und deren Literatur. Die alten Bücher definieren das Wort *Janna* als "Reform des Selbst durch Meditation und Erkenntnis", eine zweite, innere Geburt. Daher Dzan, phonetisch *Djan*, das "Buch des Dzyan".

rein moralischen und physiologischen Aspekte der Weisheitsreligion, d.h. auf ethische und andere allein den MENSCHEN betreffende Inhalte. "Unsichtbare und unkörperliche" Dinge, das Mysterium des Seins außerhalb unseres irdischen Bereichs, ließ der große Lehrer in seinen öffentlichen Vorträgen gänzlich unberührt und beschränkte die verborgenen Wahrheiten auf einen ausgewählten Kreis seiner Arhats.

Zeit und menschliche Phantasie verfälschten die Reinheit und Bedeutung dieser Lehren, nachdem die Arhats aus ihrem geheimen und geheiligten Kreis aufgebrochen waren, um in Ländern, die weniger empfänglich für metaphysische Ideen waren als Indien, ihrer missionarischen Tätigkeit nachzugehen, wodurch die Lehren nach China, Japan, Siam und Burma verpflanzt wurden. Was aus der ursprünglichen Reinheit dieser großartigen Offenbarungen gemacht wurde, ist leicht zu erkennen, wenn man so manche der sogenannten "esoterischen" buddhistischen Schulen des Altertums in ihren modernen Ausdrucksformen betrachtet – nicht nur in China und anderen buddhistischen Ländern übrigens, sondern sogar in nicht wenigen Schulen Tibets, die uneingeweihten Lamas und einfallsreichen mongolischen Neuerern überlassen wurden.

Der Leser möge also den sehr wichtigen Unterschied zwischen dem *orthodoxen* Buddhismus, d.h. den öffentlichen Lehren Gautamas, und dem esoterischen *Budhismus* nicht übersehen. Seine Geheimlehre unterschied sich in keiner Weise von jener der initiierten Brahmanen seiner Zeit. Der Buddha war ein Kind seiner Ârya-Umwelt, ein als Kshatriya geborener Hindu und Jünger der "zweimal Geborenen", der initiierten Brahmanen. Seine Lehren konnten sich deshalb von denen dieser Brahmanen nicht unterscheiden, und die buddhistische Reform war ja nichts weiter als die Veröffentlichung eines Teils der Inhalte, die von den "magischen" Kreisen der Tempel-Eingeweihten und Asketen vor der Außenwelt geheimgehalten wurden. Wegen seiner Gelübde war ihm die Möglichkeit genommen, *alles* weiterzugeben, was ihm anvertraut worden war. So gab der Buddha der Welt nur die Hülle, den äußeren, sozusagen materiellen Körper einer Philosophie, die auf dem Fundament wahren esoterischen Wissens aufbaute, behielt ihre *Seele* aber seinen Auserwählten vor.

Zu Anfang dieses Jahrhunderts erschien eine bestimmte Art von Literatur, deren Grundlagen, so hieß es, die wissenschaftlichen Forschungen von Sanskritgelehrten und generell von Orientalisten waren, und die man deshalb für wissenschaftlich fundiert hielt. Indische, ägyptische und andere alte Religionen, Mythen und Embleme wurden darin aber so beliebig ausgelegt, daß ihre Bedeutungen zwar den jeweiligen Vorstellungen und Wünschen der Symbolik-Experten entsprachen. Dadurch wurden aber so oft nur die primitiven *äußeren* Formen an Stelle ihrer *inneren* Bedeutungen in Erfahrung gebracht, daß dies möglicherweise der wahre Grund für die Erlaubnis ist, jetzt, nach Jahrtausenden absoluten Schweigens und größter

Geheimhaltung, in einem Überblick einige wenige fundamentale Wahrheiten aus der Geheimlehre der Vorzeit ans Licht der Öffentlichkeit zu bringen. Mit Bedacht spreche ich von "*einigen wenigen* Wahrheiten", denn all das, was ungesagt bleiben muß, könnten auch hundert Bände nicht fassen, und ebensowenig könnte es der gegenwärtigen Generation von Sadduzäern[2] mitgeteilt werden. Aber selbst die nun möglich gewordene begrenzte Veröffentlichung ist dem gänzlichen Schweigen über diese wichtigen Wahrheiten vorzuziehen. In ihrem kopflosen Fortschrittsdrang ins Unbekannte, das immer dann mit dem Unergründbaren verwechselt wird, wenn sich Problemlösungen dem Fassungsvermögen unserer Physiker entziehen, bewegt sich die heutige Welt in rasantem Tempo in die entgegengesetzte Richtung, denn sie befindet sich auf der Ebene einer rein materiell aufgefaßten Spiritualität. Und sie ist so zu einer riesigen Nekropolis, einem veritablen Tal der Zwietracht und der Streitereien geworden, wo die höchsten und heiligsten Verlangen unserer Geistseele begraben liegen.

Der am meisten ernstzunehmende Einspruch gegen die Richtigkeit und Verläßlichkeit des ganzen Werkes wird wegen der einleitenden STANZEN erhoben werden: Wie kann ihr Wahrheitsgehalt geprüft werden? In der Tat, obwohl große Teile der in diesem Buch zitierten chinesischen, mongolischen und Sanskrit-Werke einigen Orientalisten bekannt sind, findet sich das wichtigste Werk, nämlich das, aus dem die wiedergegebenen Stanzen stammen, in keiner Bibliothek der westlichen Welt. Das Buch des Dzyan (oder "Dzan") ist unseren Philologen völlig unbekannt, oder ist ihnen zumindest unter seinem gegenwärtigen Namen kein Begriff. Große Teile der aufgeführten Lehren sind in Hunderten, ja Tausenden von Sanskrit-Manuskripten zerstreut enthalten, wovon einige in Übersetzungen vorliegen, andere noch nicht. Jeder ernsthafte Wissenschaftler hat deshalb die Möglichkeit, die Aussagen unseres Werkes und die meisten der verwendeten Zitate nachzuprüfen. Es wird schwierig sein, einige neue Fakten (wirklich *neu* allerdings nur für unaufgeklärte Orientalisten) und aus den Kommentaren zitierte Textstellen zurückzuverfolgen. Auch sind einige der Lehren bisher nur mündlich überliefert worden, aber selbst diese werden in jedem einzelnen Fall in den zahllosen Bänden der brahmanischen, chinesischen und tibetischen Tempelliteratur in Andeutungen erwähnt.

Die Mitglieder mehrerer esoterischer Schulen, deren Zentrum hinter dem Himalaya liegt und deren Einfluß bis nach China, Japan, Indien, Tibet und sogar Syrien und Südamerika reicht, versichern, in ihrem Besitz befände sich die *Gesamtheit* aller heiligen und philosophischen Schriften in gedruckter oder Manuskriptform, also tatsächlich alle Werke, die seit der Erfindung der Schrift je

[2] (Eine Anspielung auf die Einstellung der aristokratischen Priesterklasse im antiken Israel zur Zeit des zweiten Tempels. Im Gegensatz zu den Pharisäern, die die biblische Gesetzgebung kreativ den in Jahrhunderten entwickelten Traditionen des jüdischen Volkes anpaßten und entsprechend interpretierten, hielten sich die konservativen Sadduzäer strikt an das geschriebene Wort der Bibel. H.T.)

aufgezeichnet worden sind, in welcher Sprache und in welcher Schriftart auch immer, von den ideographischen Hieroglyphen bis zum Alphabet des Kadmos und dem Deva-nâgarî-Skript.

Zu allen Zeiten wurde erzählt, nach der Zerstörung der Bibliothek von Alexandria (siehe *Isis entschleiert*, Band 2, S. 27) hätten sich Mitglieder der Bruderschaften mit vereinten Kräften und ohne Unterlaß auf die Suche nach all den Werken gemacht, die es gewöhnlichen Menschen ermöglichen könnten, letztendlich verborgene Lehren aus der Geheimwissenschaft zu entdecken und zu verstehen. Von denen, die es wissen müssen, wird hinzugefügt, daß die gefundenen Werke bis auf je drei Exemplare, die man in Sicherheit brachte, restlos zerstört wurden. In Indien wurden die letzten der kostbaren Manuskripte zur Zeit des Kaisers Akbar geborgen und versteckt.

Die großen und reichen Lamaklöster besitzen unterirdische Gewölbe, und die im Gebirge liegenden *gonpa* (Klöster) und *lha-khang* (Tempel) in Felsen gehauene *Höhlenbibliotheken*. Hinter dem westlichen Teil des Tsaidam-Kessels, in den einsamen *Kuen-lun*[3]-Pässen befinden sich mehrere solcher Verstecke. In der Altyn-Tagh-Gebirgskette, die bisher von keinem Europäer je betreten wurde, liegt ein gewisses Dorf tief in einer Schlucht verborgen. Es handelt sich mehr um eine kleine Ansammlung von Häusern, eher ein Dorf als ein Kloster, in dessen Mitte ein armseliger Tempel liegt, der von einem alten, in der Nähe lebenden Einsiedler, einem Lama, bewacht wird. Pilger berichten, daß die unter diesem Tempel gelegenen Gänge und Hallen Büchersammlungen beherbergen, die so umfangreich sind, daß sie selbst im Britischen Museum nicht genug Platz finden würden.[4]

Die Überreste einer großen, zweifellos *prähistorischen* Zivilisation sind selbst in Zentralasien noch zu finden. Kann es eine Zivilisation geben ohne eine Literatur, in welcher Form auch immer, ohne Annalen oder Chroniken? Gesunder Menschenverstand allein sollte es möglich machen, die Lücken in der Geschichte vergangener Völker auszufüllen. Die gigantischen Gebirgsketten, die das gesamte Hochland von Tibet vom Oberlauf des Khuan-Khè-Flusses bis zu den Karakorum-Bergen umschließen, haben auf eine Jahrtausende lang existierende Zivilisation herabgeblickt und könnten der Menschheit ungewöhnliche, geheimnisvolle Dinge erzählen. In den im Osten und in der Mitte gelegenen Nan-Shan- und Altyn-Tagh-

[3] Das Karakorum-Gebirge im Westen Tibets.

[4] Nach derselben Überlieferung waren die jetzt verödeten Regionen des wasserlosen unteren Tarim-Beckens – eine wahre Wildnis im Herzen Turkistans – in vergangenen Zeiten voll blühender und reicher Städte. Heutzutage wird die tote Einsamkeit dieser Gegend kaum durch ein paar grünende Oasen gemildert. Eine davon, die dem Grabhügel einer einst riesigen, vom Wüstensand verschluckten und begrabenen Stadt entsprungen ist, ist ein herrenloser Flecken, der aber oft von Mongolen und Buddhisten besucht wird. Die Überlieferung spricht weiterhin von immens großen unterirdischen Räumen und großen Korridoren voller Ziegel und Rollen. Vielleicht nichts als ein Gerücht, vielleicht aber auch Wirklichkeit ...

Regionen gab es vor langer Zeit zahlreiche Städte, die sich durchaus mit Babylon messen konnten. Eine ganze geologische Periode ist seit dem Untergang der Städte über dieses Land gezogen, wie die wandernden Sanddünen und der sterile, längst tote Boden der riesigen Zentralebenen des Tarim-Beckens bezeugen. Nur die Grenzgebiete sind dem Reisenden oberflächlich bekannt. Innerhalb der Sandebenen ist Wasser vorhanden, und es blühen erfrischende Oasen, die aber ebensowenig wie der heute so trügerische Boden je von einem Europäer betreten wurden.

Sowohl die Spuren solcher Zivilisationen, als auch diese und ähnliche Überlieferungen berechtigen uns dazu, auch anderen von gebildeten Einwohnern Indiens und der Mongolei verbürgten Legenden Glauben zu schenken, wenn sie von riesigen Bibliotheken erzählen, die zusammen mit verschiedenen Überresten aus uraltem magischen Wissen dem Sand wieder entrissen und in Sicherheit gebracht werden konnten.

Zusammenfassend hier nochmals unsere Aussage, daß die Geheimlehre die universal verbreitete Religion der antiken und prähistorischen Welt war. Beweise für ihre Verbreitung, authentische Aufzeichnungen ihrer Geschichte und eine komplette Sammlung von Dokumenten, aus denen ihre Eigenart und ihr Vorhandensein in jedem Land sowie die Lehren ihrer großen Adepten hervorgehen, all das existiert bis zum heutigen Tag in den geheimen Kammern der Bibliotheken der Okkulten Bruderschaft. Im zwanzigsten Jahrhundert unseres Zeitalters werden Gelehrte am Anfang der Erkenntnis stehen, daß *Die Geheimlehre* weder erfunden noch übertrieben, sondern im Gegenteil ganz einfach nur eine faktische Darstellung ist und, letztlich, daß sie noch vor den Vedas datiert.[5] Ein Werk wie dieses kann nicht mit einem einfachen Vorwort eingeführt werden, sondern es bedarf eines ganzen Bandes, der *Fakten* anführt anstatt sich in generellen Untersuchungen auszubreiten. DIE GEHEIMLEHRE ist keine Erzählung und auch keine Ansammlung von mehr oder weniger vagen Theorien, sie enthält viel mehr alles, was der Welt in diesem Jahrhundert enthüllt werden kann.

Dieses Buch ist nicht – wie ursprünglich geplant – eine neue Version von *Isis entschleiert*, sondern es ist ein unabhängiges Werk, das ersteres erläutern soll, das sich aber in der Tat als unentbehrlicher logischer Folgeband zum früheren Werk ergibt. Ein großer Teil des Inhalts von *Isis* konnte damals von den Theosophen kaum verstanden werden. *Die Geheimlehre* befaßt sich mit vielen ungelösten Problemen des ersten Buches und erhellt insbesondere seine ersten Seiten, die völlig unverstanden geblieben sind.

[5] Dies ist keine Prophezeiung, sondern eine einfache Tatsachenfeststellung. In jedem Jahrhundert wird der Versuch unternommen, der Welt zu zeigen, daß der Okkultismus kein anmaßender Aberglauben ist. Ist das Tor erst einmal ein Stück weit geöffnet, dann wird diese Öffnung mit jedem neuen Jahrhundert etwas größer werden.

Da die beiden Bände von *Isis entschleiert* sich mit den Philosophien unserer eigenen geschichtlichen Epoche und der jeweiligen Symbolik einzelner untergegangener Nationen befaßt, konnte nur ein flüchtiger Blick auf das Panorama des Okkultismus geworfen werden. Im vorliegenden Werk wird nun eine detaillierte Kosmogonie sowie die Evolution der Vier Menschheiten dargestellt, die unserer eigenen Fünften Menschheit vorausgegangenen sind. Hier wird also in zwei umfangreichen Büchern das erklärt, was auf einer einzigen Seite (der ersten) in *Isis entschleiert* stand und sonst im ganzen Werk nur gelegentlich angedeutet wurde.

Der erste Band von *Isis* beginnt mit dem Hinweis auf "ein altes Buch". Dieses "sehr alte Buch" ist das ursprüngliche Werk, aus dem die zahlreichen Bände des *Kiute* zusammengestellt wurden. Auch das *Siphrah Dzeniuta* und sogar das *Sepher Jezirah*, welches die jüdischen Kabalisten dem Patriarchen Abraham (!) zugeschrieben haben, das Buch *Shuking*, Chinas urtümliche Bibel, die heiligen Schriften des ägyptischen Toth-Hermes, die *Purânas* Indiens, das chaldäische *Buch der Zahlen*, und selbst der *Pentateuch* – sie alle haben ihren Ursprung in jenem kleinen Band. Es gibt eine Überlieferung, die erklärt, dieses Buch beruhe auf einem Diktat göttlicher Wesen und es sei in der geheimgehaltenen Priestersprache *Senzar* von den Söhnen des Lichts zu Beginn der Fünften (unserer eigenen) Menschheitsperiode in Zentralasien niedergeschrieben worden. Es gab eine Zeit, als die Initiierten aller Völker *Senzar* beherrschten, als die Vorväter der Tolteken diese Sprache ebenso gut verstanden wie die Bewohner des untergegangenen Atlantis, die sie selbst von den Weisen der Dritten Menschheit, den *Mânushis* übernahmen, nachdem letztere sie direkt von den *Devas* der Zweiten und Ersten Menschheit erlernt hatten. Die in *Isis* erwähnte Illustration betrifft den Entwicklungsverlauf dieser menschlichen Evolutionsperioden und den der Vierten und Fünften Menschheit im Verlauf des Vaivasvata-Manvantaras (d.h. der Vaivasvata-"Runde"). Jede Runde besteht aus den Yugas der sieben Menschheiten oder Menschheitsperioden, von denen vier bis in *unseren* Lebenszyklus hinein durchlaufen wurden: Jetzt haben wir beinahe die Hälfte der fünften erreicht.

Das alte Buch endet, nachdem es die Evolution des Kosmos beschrieben und den Ursprung aller Dinge auf dieser Erde erklärt hat, einschließlich der Herkunft des Menschen und der Geschichte der einzelnen Entwicklungsperioden der Menschheiten, von der ersten bis zu unserer eigenen, der Fünften Menschheit. Es schließt mit dem Beginn des *Kali Yuga* vor 4989 Jahren zum Zeitpunkt des Todes von Krishna, dem strahlenden "Sonnengott", dem Helden und Reformator. Aber es existiert ein weiteres Buch. Keiner seiner Besitzer hält es für besonders alt, denn sein Ursprung geht zurück auf den Beginn des Schwarzen Zeitalters vor ca. 5000 Jahren. In etwa neun Jahren endet der erste Zyklus der ersten fünf Jahrtausende, der mit dem großen Zyklus des Kali Yuga begann. Und dann wird sich die letzte Prophezeiung dieses Buches (des ersten Bandes der für das Schwarze Zeitalter geltenden Prophezeiungen) erfüllen. Es wird also nicht mehr lange dauern, bis viele von uns die Morgendämmerung des neuen Zyklus erleben werden. Zum Ende dieser Periode der Morgendämmerung wird die Zeit gekommen sein für Ausgleich und Beendigung vieler Auseinandersetzungen unter den Menschen.

Es muß noch eine wichtige Tatsache erwähnt werden, eine Tatsache, die besonderer Erwähnung bedarf in der langen Beweiskette, die für die Existenz einer anfänglichen, universalen Weisheitslehre steht – zumindest was christliche Kabalisten und Studenten dieses Bereichs betrifft. Diese Lehren waren wenigstens teilweise mehreren Kirchenvätern bekannt. Es gibt zwingende historisch belegte Gründe für die Annahme, daß Origen, Synesius und sogar Klemens Alexandrinus Eingeweihte der Mysterien waren, noch ehe sie den Neuplatonismus der Alexandrier durch gnostisches Gedankengut – natürlich in christlichem Gewand – ergänzten. Manche der Lehren der Geheimschulen – bei weitem natürlich nicht alle – wurden sogar im Vatikan aufbewahrt und sind längst Teil der christlichen Mysterien geworden: Sie wurden, allerdings in entstellter Form, von Rom dem ursprünglichen Programm der Kirche einverleibt. So ist z.B. das Dogma von der unbefleckten Empfängnis zustande gekommen, und das ist der Hintergrund für die großen Verfolgungen von Okkultismus, Freimaurerei und ganz generell jeder Form *heterodoxer* Mystik durch die römisch-katholische Kirche.

Die Zeit Konstantins war der letzte Wendepunkt unserer Geschichte. Es war die Periode der großen Auseinandersetzungen, die in der westlichen Welt mit der Auslöschung der alten Religionen zugunsten der neuen endete, welche auf den Fundamenten der alten errichtet wurde. So wurden "indiskrete" Rückblicke der Nachwelt auf die weit entfernte, weit hinter der "Sintflut" und dem Garten von Eden liegende Vergangenheit durch alle zur Verfügung stehenden Mittel und Wege unbarmherzig und gewalttätig unterbunden. Alle Äußerungen wurden unterdrückt, alle erreichbaren Aufzeichnungen zerstört. Aber es sind uns genügend Überreste der alten verstümmelten Aufzeichnungen geblieben, um unsere Behauptung zu untermauern, daß sie jeden nur möglichen Beweis über die wirkliche Existenz einer ursprunghaften Lehre enthalten. Die Fragmente haben geologische und politische Umwälzungen überstanden und erzählen uns von dem Geschehenen, sie sind Beweisstücke für eine jetzt *geheime* Weisheitslehre, die einst der alleinige Urquell war, die ewig fließende, nie versiegende Quelle, aus der alle aus ihr entstandenen Ströme – die späteren Religionen der Menschheit – gespeist wurden. Diese mit Buddha und Pythagoras beginnende und mit dem Neuplatonismus und Gnostizismus endende Periode ist der einzige noch übriggebliebene Zeitraum der Geschichte, in dem die hellen Lichtstrahlen vergangener Äonen zum letzten Mal unbehindert von Frömmelei und Fanatismus aufleuchten.

Meinen früheren und zukünftigen Richtern, seien sie nun seriöse Literaturkritiker oder jene heulenden Literaturwölfe, deren Beurteilungen sich nach der fehlenden oder vorhandenen Popularität von Autoren richten, habe ich nichts zu sagen. Für die Allgemeinheit und die Leser der *Geheimlehre* aber wiederhole ich, was ich schon oft gesagt habe und in die Worte Montaignes kleiden will: "(Man könnte über mich sagen) ich hätte hier lediglich von andrer Leute Blumen einen großen Strauß gebündelt und selbst nichts als den Bindfaden beigesteuert."[6]

[6] Übersetzung von Hans Stilett, Frankfurt, 1998

ERSTES BUCH

KOSMOGENESIS

KOSMOGENESIS

PROEM

BLÄTTER AUS PRÄHISTORISCHER ZEIT

Vor der Autorin liegt ein uraltes Manuskript, eine Sammlung von Palmblättern, die durch ein unbekanntes spezielles Verfahren gegen Einwirkungen von Wasser, Feuer und Luft geschützt sind. Auf der ersten Seite ist eine makellose weiße, kreisförmige Fläche vor matt-schwarzem Hintergrund abgebildet. Auf der nächsten Seite dieselbe Fläche mit einem Punkt in der Mitte. Forscher wissen, daß das erste eine bildliche Darstellung des Kosmos in der Ewigkeit ist – vor dem erneuten Erwachen jener noch ruhenden, in späteren Systemen als "Wort" bezeichneten Energien. Der Punkt bezeichnet den Beginn der Differenzierung in der zuvor makellosen Fläche, die Raum und Ewigkeit im Pralaya-Zustand darstellte. Der Punkt ist der Keim im Welten-Ei, der Keim, der periodisch und abwechselnd latent und aktiv ist und zum Universum, dem ALL, dem grenzenlosen, periodischen Kosmos werden wird. Der Kreis repräsentiert das eine göttliche Sein, aus dem alles hervorgeht und in das alles zurückkehrt. Seine Peripherie – im Hinblick auf die Begrenztheit des menschlichen Geistes ein gezwungenermaßen begrenztes Symbol – weist hin auf die abstrakte, immer unergründliche GÖTTLICHE ALLGEGENWART; und die Fläche repräsentiert die Universalseele, obwohl beide natürlich eine Einheit sind. Die Tatsache, daß nur die Kreisfläche weiß ist, das gesamte Umfeld aber schwarz, macht deutlich, daß diese Fläche der einzige Bereich ist, in dem der Mensch erkenntnisfähig ist – wenn diese Fähigkeit auch nur unvollkommen ist. Das ist auch der Bereich, in dem die manvantarischen Manifestationen beginnen, weil das göttliche Denken, das den Plan aller zukünftigen Kosmogonien und Theogonien birgt, hier während des Pralayas ruht.

Es ist das EINE LEBEN, ewig und unsichtbar, aber allgegenwärtig, ohne Anfang oder Ende, aber periodisch in seinen regelmäßigen Manifestationen, zwischen denen das dunkle Geheimnis des Nichtseins waltet; unbewußt, aber absolutes Bewußtsein; nicht realisierbar, aber dennoch die eine selbstexistente Realität; wahrhaftig "ein Chaos für die Sinne, aber ein Kosmos für die Vernunft". Sein einziges absolutes Attribut ist ES SELBST, ist ewige, unablässige Bewegung – im esoterischen Sprachgebrauch: "Der Große Atem", d.h. unaufhörliche Bewegung des Universums im Sinne von endlosem, allgegenwärtigem RAUM. Das Unbewegliche kann nicht göttlicher Natur sein, und in der Tat ist innerhalb der Universalseele nichts ganz ohne Bewegung.

Seit den Anfängen des menschlichen Erbgutes, d.h. seit dem ersten Erscheinen der Architekten des Heimatplaneten der Menschheit, wurde das nicht offenbarte Göttliche erkannt und erwogen unter dem ihm allein zustehenden philosophischen Aspekt, nämlich als allumfassende Bewegung, als das Beben des schöpferischen Atems in der Natur. Folgendermaßen faßt der Okkultismus das "Eine Sein" zusammen: "Das Göttliche ist ein verborgenes, lebendiges (bzw. bewegtes) FEUER, und Licht, Wärme und Feuchtigkeit sind das ewige Zeugnis dieser unsichtbaren Allgegenwart." Diese drei sind Ursache und Bestandteil aller Phänomene der Natur.

Innerkosmische Bewegung ist ewig, ist ohne Ende; kosmische Bewegung (alle sichtbaren bzw. der Wahrnehmung unterworfenen Gegebenheiten) ist endlich und periodisch. Als Abstraktion des Ewigen ist innerkosmische Bewegung das EWIG GEGENWÄRTIGE, als Manifestation ist sie sowohl in kommender als auch in entgegengesetzter Richtung endlich. Beide Richtungen sind das Alpha und das Omega aufeinanderfolgender Rekonstruktionen. Der Kosmos, das NOUMENON, hat nichts zu tun mit den kausalen Zusammenhängen der phänomenalen Welt. Nur in bezug auf die innerkosmische Seele, den Kosmos als Ideal im unwandelbaren göttlichen Denken, können wir sagen: "Er hatte keinen Anfang, und er wird kein Ende haben." Obwohl von seiner Gestalt oder kosmischen Struktur nicht gesagt werden kann, er habe jemals eine erste gehabt, oder er werde eine letzte haben, kann die Struktur, die er hat, doch in jedem neuen Manvantara als erste und letzte in ihrer besonderen Eigenart bezeichnet werden, denn diese individuelle Struktur entwickelt sich ja jedes Mal auf einer höheren Ebene weiter ...

Erst vor wenigen Jahren wurde folgendes gesagt:

> Ebenso wie der Buddhismus, der Brahmanismus und die Kabalah, postuliert die esoterische Lehre die ewige Existenz des einen, unendlichen und unerkannten absoluten Seins, das in regelmäßiger und harmonischer Folge entweder aktiv oder passiv ist. In der poetischen Sprache Manus werden diese Zustände als "Tage" und "Nächte" Brahmâs bezeichnet. Brahmâ ist entweder "wach" oder er "schläft". Die Svâbhâvikas, die Philosophen der ältesten Schule des Buddhismus (die in Nepal noch existiert), spekulieren ausschließlich über den aktiven Zustand des von ihnen Svabhâvat genannten "absoluten Seins", denn sie halten es für unsinnig, Theorien über den passiven Zustand dieser abstrakten und "nicht erkennbaren" Macht aufzustellen. Deshalb werden sie von christlichen Theologen und modernen Wissenschaftlern als Atheisten bezeichnet, denn weder die einen noch die anderen sind in der Lage, die profunde Logik dieser Philosophie zu verstehen. Erstere akzeptieren keinen anderen Gott, als die sekundären, personifizierten Mächte, die das sichtbare Universum gestaltet haben und aus denen sie den anthropomorphen christlichen Gott Jehova machten – einen männlichen, unter Sturmgewittern wütenden Jehova. Die rationalistische Wissenschaft dagegen vereinnahmt die

> Buddhisten und Svâbhâvikas als “Positivisten” der Vorzeit. Eine einseitige Betrachtungsweise der Philosophie der letzteren gibt unseren Materialisten sogar recht. Die Buddhisten lehnen einen Schöpfergott ab und postulieren dagegen unendlich viele schöpferische Kräfte, die in ihrer Gesamtheit eine ewige Substanz sind, deren Wesenskern aber unerforschlich und deshalb für den wahren Philosophen kein Spekulationsobjekt ist. Sokrates hat sich Argumenten über das Mysterium des absoluten Seins stets verweigert, aber trotzdem wurde ihm nie vorgeworfen, Atheist zu sein – außer von jenen Zeitgenossen, die ihn vernichten wollten. Am Anfang einer aktiven Periode, so die Geheimlehre, beginnt nach ewigem, unveränderlichem Gesetz eine Ausdehnung des göttlichen Wesenskerns von außen nach innen und von innen nach außen, und das phänomenale oder sichtbare Universum ist das letztendliche Resultat einer langen Reihe kosmischer Kräfte, die dadurch fortschreitend in Bewegung gesetzt werden. Wenn der passive Zustand eintritt, kommt es zum Zusammenziehen des göttlichen Wesenskerns, und das vorangegangene Schöpfungswerk wird allmählich und fortlaufend aufgelöst. Das sichtbare Universum zerfällt, seine Materie wird zerstreut, und “Finsternis”, allein, einsam, ist wieder über der “Tiefe”. Eine Metapher aus den geheimen Schriften macht die Idee noch klarer: Ein Ausatmen des “unerkannten Wesenskerns” läßt die Welt entstehen und sein Einatmen verursacht ihre Auflösung. Diesen Prozeß gibt es seit Ewigkeit. Unser derzeitiges Universum ist nur eins in einer unendlichen Reihe, die ohne Anfang ist und kein Ende haben wird.[1]

Dieser Text wird, soweit das möglich ist, in unserem Werk erklärt werden, das in seiner vorliegenden Form nichts Neues für Orientalisten enthält, dessen Interpretation unter esoterischen Gesichtspunkten jedoch viele Dinge erklären kann, die Forschern in der westlichen Welt völlig unbekannt geblieben sind.

Während die erste der erwähnten Abbildungen nur einen einfachen Kreis ○ zeigt, enthält dieser Kreis im zweiten Bild einen Punkt in seiner Mitte ⊙, wodurch dieses archaische Symbol die erste Differenzierung in den periodischen Manifestationen der ewigen Natur illustriert und wobei der Punkt in der Kreismitte die geschlechtslose und unendliche “Aditi im TAT” (*Rig Veda*), d.h. potentiellen Raum im abstrakten Raum repräsentiert. In der dritten Stufe verwandelt sich der Punkt zum Durchmesser des Kreises: ⊖. Dadurch wird eine göttliche unbefleckte Mutter-Natur innerhalb der allumfassenden absoluten Unendlichkeit symbolisiert. Wird die Linie des Durchmessers von einer vertikalen Linie durchkreuzt ⊕, so entsteht das Weltenkreuz. Die Menschheit hat das Stadium ihrer Dritten Evolutionsperiode erreicht: Es ist das Zeichen für Ursprung

[1] *Isis entschleiert*, Band 2, S. 264–265

und Entwicklungsbeginn des menschlichen Lebens. Wenn die Umkreislinie verschwindet und nur das + zurückbleibt, haben wir das Zeichen dafür, daß der Fall des Menschen in die Materie abgeschlossen ist und die Vierte Menschheit ihren Anfang nimmt. Das Kreuz im Kreis symbolisiert reinen Pantheismus. Als das Kreuz nicht mehr im Kreis einbeschrieben wurde, wurde es phallisch. Es hatte dieselbe Bedeutung – und andere dazu –, wie das im Kreis einbeschriebene TAU ⊖, auch "Thors Hammer", das sogenannte Jaina-Kreuz oder einfach der Svastika im Kreis ࿋.

Das dritte Symbol, der durch die horizontale Linie zweigeteilte Kreis, bezeichnete die erste Manifestation der schöpferischen – noch passiven, weil weiblichen – Natur. Die erste schattenhafte Wahrnehmung des Menschen im Zusammenhang mit seiner Zeugung ist das Weibliche, denn der Mensch erkennt seine Mutter eher als seinen Vater. Deshalb waren weibliche Gottheiten heiliger als männliche. Die Natur ist somit weiblich und bis zu einem gewissen Grad objektiv und stofflich und wird vom verborgenen Geist-Prinzip befruchtet. Durch Hinzufügung einer senkrechten Linie im Kreis mit der horizontalen Linie wurde das Tau geformt – T–, die älteste Form des Buchstabens. Es war das Zeichen der Dritten Menschheit bis zum Zeitpunkt ihres symbolischen Falls (als die Geschlechtertrennung durch natürliche Evolution stattfand). Damit änderte sich das Zeichen zum Doppelbildzeichen oder Symbol, eine Änderung bzw. Trennung des Kreises ⦶, d.h. des geschlechtslosen Lebens anzeigend. In der Symbolik der zu unserer Fünften Menschheit gehörenden Menschheitszweige wurde es das Sacr', auf Hebräisch N'cabvah, der zuerst geformten Menschheitszweige, veränderte sich dann zum ägyptischen ☥ (Lebenszeichen) und danach zum Zeichen der Venus, ♀ Dann kommt der Svastika (Thors Hammer, inzwischen auch das Hermetische Kreuz), der, losgelöst von seinem Kreis, rein phallisch wurde. Das esoterische Symbol des Kali Yuga, der umgekehrte fünfzackige Stern ⛧, bezeichnet mit seinen beiden nach oben zeigenden Spitzen (Hörnern) menschliche Zauberei. Wie jeder Okkultist weiß, ist er in dieser Position ein Zeichen der in der zeremoniellen Magie angewandten "linken Hand".

Es ist zu hoffen, daß die falschen Vorstellungen, die die Allgemeinheit generell vom Pantheismus hat, durch die Lektüre dieses Werkes korrigiert werden. Falsch ist auch die Annahme, Buddhisten und Advaita-Okkultisten seien Atheisten. Wenn sie auch nicht alle als Philosophen bezeichnet werden können, so sind sie aber zweifellos alle Logiker, deren Einspruchs- und Argumentationsweise immer auf strikter Beweisführung fußt. In der Tat, betrachtet man das Parabrahman der Inder als repräsentativ für die verborgenen, namenlosen Gottheiten anderer Völker, dann wird man finden, daß dieses Prinzip des Absoluten der Prototyp ist, dem alle anderen nachgebildet wurden. Parabrahman ist nicht "Gott", denn es ist nicht ein Gott. "Es ist dasjenige, welches das Höchste und nicht das Höchste (*parâvara*) ist", erklärt die

Mândûkya Upanischade (2.28). Es ist das Höchste als URSACHE, aber ist nicht das Höchste als Wirkung. Parabrahman ist ganz einfach als "Wirklichkeit ohne Zweites" der alles einschließende Kosmos oder, besser, ist endloser kosmischer Raum in der höchsten spirituellen Bedeutung des Wortes. Da Brahman (neutrum) die unwandelbare, reine, freie, unvergängliche Wurzel, "das EINE wahre Sein, Paramârthika", das absolute Chit und Chaitanya (Intelligenz, Bewußtsein) ist, kann es nicht Erkennender sein, "denn TAT kann kein erkennendes Subjekt haben". Kann man die Flamme als das Wesenhafte des Feuers bezeichnen? Dieses Wesenhafte ist "LEBEN und LICHT des Universums, während das sichtbare Feuer, die Flammen, Zerstörung, Tod und das Böse sind." "Feuer und Flamme zerstören den Körper des Arhats, aber ihr Wesenskern macht ihn unsterblich." (*Bodhi-mur, 2. Buch*) "Das Erkennen des absoluten Geistes ist, wie der Glanz der Sonne oder wie die Wärme des Feuers, nichts anderes als der absolute Wesenskern selbst," sagt Shankarâchârya. ES ist "der Geist des Feuers", nicht das Feuer selbst; deshalb "sind die Eigenschaften des letzteren, Wärme oder Flamme, nicht die des Geistes, sondern sind die Eigenschaften des vom Geist unbewußt Verursachten." Ist dieser Satz nicht der Grundton der späteren Philosophie der Rosenkreuzer? Kurz gesagt bedeutet Parabrahman eine zum unbegrenzten und ewigen Kosmos vereinigte Gesamtheit, das "TAT" und das "Dieses", worauf Gesamtheiten in ihrer vollen logischen Ausdehnung nicht bezogen werden können. "Am Anfang war DIESES das Selbst, eins allein" (*Aitareya Upanischade*). Der große Shankarâchârya erklärt, daß "DIESES" das Universum bezeichnet, und daß die Wörter "am Anfang" bedeuten: vor der Neuerschaffung des Universums.

Der Okkultismus stimmt in diesem Lehrsatz somit mit der Philosophie des Advaita-Vedânta überein. Es wird darin gezeigt, daß aus philosophischer Sicht die Vorstellung eines absoluten ALLS nicht möglich ist, welches das "Goldene Ei" erschafft oder auch nur entwickelt und in das es dann eindringt, wie behauptet wird, um sich selbst in Brahmâ zu verwandeln. Brahmâ ist der Schöpfer, der sich später ausweitet und zu Göttern und dem ganzen sichtbaren Universum wird. Es wird weiterhin gezeigt, daß die absolute Einheit nicht in die Unendlichkeit übergehen kann, weil Unendlichkeit die grenzenlose Ausbreitung und Dauer von *etwas* voraussetzt. Und gezeigt wird auch, daß das eine All – gleich dem Raum, der die einzige geistige und physische Repräsentation dieses einen Alls auf dieser Erde, also auf unserer Existenzebene ist –, weder Objekt noch Subjekt der Wahrnehmung sein kann. Würde man das Ewige Grenzenlose All, die Allgegenwärtige Einheit als ein durch periodische Manifestation werdendes vielfältiges Universum postulieren, sozusagen als eine multiple Persönlichkeit, anstatt als Sein in Ewigkeit, dann würde diese Einheit aufhören eine solche zu sein. Lockes Idee, "reiner Raum (sei) weder zum Widerstand noch zur Bewegung fähig," ist nicht korrekt. Raum ist weder "grenzenlose Leere" noch "begrenzte Fülle", sondern beides, denn er ist im Bereich absoluter Abstraktion die niemals ergründbare Gottheit, leer nur für den begrenzten Verstand, und im

Bereich *mâyâvischer* Wahrnehmung ist er das Gefäß, das alles Seiende enthält, ob manifestiert oder nicht: deshalb ist er das ABSOLUTE ALL. Es besteht kein Unterschied zwischen den Worten des christlichen Apostels: "In Ihm leben, weben und sind wir" und denen der indischen Rishis: "In Brahman (Brahmâ) lebt das Universum, aus ihm kommt es, und zu ihm kehrt es zurück," denn Brahman (neutrum), das nicht Manifestierte, ist das Universum *in abscondito*, und Brahmâ, das Manifestierte, ist der Logos, männlich-weiblich in der Symbolik orthodoxer Dogmen, während der Gott des initiierten Apostels und des Rishis sowohl der unsichtbare als auch der sichtbare RAUM ist. In der esoterischen Symbolik wird Raum als "siebenhäutiges Ewiges Mutter-Vater"-Prinzip dargestellt. Von seiner Undifferenziertheit bis zu seiner differenzierten Oberfläche besteht es aus sieben Schichten.

"Was ist es, das war, ist und sein wird, ob es ein Universum gibt oder nicht, ob es Götter gibt oder nicht?," fragt der esoterische Senzar-Katechismus. Seine Antwort ist: "RAUM".

Was wir ablehnen, ist nicht der eine, unbekannte, allgegenwärtige Gott in der Natur bzw. die Natur *in abscondito*, sondern wir lehnen den Gott des menschlichen Dogmas und sein *vermenschlichtes* "Wort" ab. Der Mensch hat es in seiner grenzenlosen Einbildung, seinem ihm eigenen Hochmut und seiner Eitelkeit mit lästerlicher Hand selbst geschaffen, aus Dingen, die er in seiner kleinen Gehirnmasse vorfand, und die er dann der Menschheit aufzwang als direkte Offenbarung des einen nicht offenbarten RAUMES. Okkultisten akzeptieren Offenbarung, betrachten sie aber als etwas, das zwar von göttlichen, aber doch endlichen, manifestierten Wesen kommt, niemals jedoch von dem nichtmanifestierbaren EINEN LEBEN. Sie kommt von Wesenheiten, die als uranfängliche Menschen, Dhyâni-Buddhas oder Dhyâni-Chohans bezeichnet werden, von den Rishi-Prajâpatis Indiens, den Elohim oder Söhnen Gottes, den Planetengeistern aller Völker, die für die Menschen zu Göttern wurden. Außerdem betrachten Okkultisten Âdi-Shakti – die direkte Emanation von Mûlaprakriti, der ewigen Wurzel von TAT, und weiblicher Aspekt der schöpferischen Ursache Brahmâ in ihrer Âkâsha-Form der Universalseele – philosophisch als eine Mâyâ und als Ursache der menschlichen Mâyâ. Aber diese Auffassung von der Offenbarung hindert uns weder daran, an ihre Existenz zu glauben so lange sie andauert, d.h. während eines Mahâmanvantaras, noch an der praktischen Anwendung Âkâshas, der Ausstrahlung Mûlaprakritis, denn es besteht ja ein Zusammenhang zwischen der Weltseele und allen Phänomenen der Natur, ob diese nun der Wissenschaft bekannt sind oder nicht.

Aus exoterischer Sicht sind die ältesten Religionen die indische, die ägyptische und der Mazdaismus – obwohl sie alle natürlich nur e i n e r esoterischen Wurzel entsprungen sind. Als Folge oder Ergebnis dieser drei kommt dann die Religion der Chaldäer, die aber vollständig untergegangen ist, auch wenn die Archäologie sie heute in ihrer entstellten Form des Sabäismus wieder hervorgebracht hat. Es folgt, wenn wir einige Religionen vorerst übergehen, die später erwähnt werden sollen, die jüdische Religion, die, der Magie Babyloniens folgend, esoterisch in der Kabalah ihren Niederschlag gefunden hat. Exoterisch ist sie eine Sammlung allegorischer Legenden, festgehalten z.B. im ersten Buch Mosis und dem restlichen Pentateuch. Aus der Sicht des Sohar enthalten die ersten vier Genesis-Kapitel die Fragmente einer höchst philosophischen Darstellung der Entstehungsgeschichte unserer Welt. Wenn man von diesen Fragmenten den symbolischen Schleier nicht lüftet, dann haben wir nichts als Ammenmärchen vor uns, ein Dorn im Fleisch von Wissenschaft und Logik und die offensichtlichen Auswirkungen von Karma. Daß die Rabbis tatenlos zusahen, als ihre heilige Schrift als Prolog für das Christentum benutzt wurde, war ihre grausame Rache, denn ihnen war die wirkliche Bedeutung des Pentateuch bekannt. Es war ihr stillschweigender Protest gegen diesen Raub, und die Vergeltung der Rabbis hat heute zweifellos ihre Auswirkungen in der biblischen Exegese der traditionellen Verfolger der Juden. Die bisher erwähnten exoterischen Glaubensrichtungen werden im weiteren Verlauf dieses Werkes vom Standpunkt der Universallehre betrachtet werden.

Der Okkulte Katechismus enthält folgende Fragen und Antworten:

Was ist das, was immer ist? – Raum, das ewige Upapâduka (wörtlich: elternlos). Was ist das, was immer war? – Der Keim in der Wurzel. Was ist das, was immer kommt und geht? – Der große Atem. Dann gibt es also drei ewige Prinzipien? – Nein, die drei sind eins. Das, was immer ist, ist eins, das, was immer war, ist eins, das, was immer Sein und Werden ist, ist auch eins: Und das ist Raum.*

Erläutere, o Lanu. – Das Eine ist ein ungebrochener Kreis (Ring) ohne Peripherie, denn es ist nirgendwo und überall; das Eine ist die grenzenlose Fläche des Kreises, der einen Durchmesser nur in manvantarischen Perioden manifestiert. Das Eine ist der unteilbare Punkt, der nirgends gefunden, aber während dieser Perioden überall wahrgenommen wird. Es ist die Vertikale und die Horizontale, ist Vater und Mutter, ist Gipfel und Fundament des Vaters, die zwei äußersten Bereiche der Mutter, die in Wirklichkeit nirgends hinreichen, denn das Eine ist sowohl der Ring als auch die Ringe, die innerhalb des Rings sind. Licht in Dunkelheit und Dunkelheit im Licht: der "Atem, der ewig ist". Es kommt von außen nach innen, und dann ist es überall und von innen nach außen, und dann ist es nirgendwo – d.i. Mâyâ,[2] *eines der*

---

* (Zur Korrektur der Schreibweise dieses von Blavatsky selbst unterschiedlich geschriebenen Begriffs ["Anupapādaka", "Anupādaka", "Aupapāduka", vgl. *Theosophical Glossary*] siehe David Reigles "Forschungsbericht zur Stanze 1 der Kosmogenesis", S. 640 ff. in dieser Ausgabe. H.T.

[2] Weil die esoterische Philosophie jedes endliche Ding als Mâyâ (d.h. auf Nichtwissen beruhende Illusion) betrachtet, sieht sie logischerweise jeden innerkosmischen Planeten oder Körper genauso, nämlich als etwas Strukturiertes und daher Endliches. Der mit "Es kommt von außen nach innen" beginnende Satz bezieht sich in der ersten Satzhälfte also auf die Morgendämmerung der mahâman vantarischen Periode, d.h. auf die große Neuentwicklung nach einer der vollständigen periodischen Auflösungen einer jeden konstruierten Form in der Natur (vom Planeten bis zum Molekül) in ihr ursprüngliches Wesen oder Element. Der zweite Teil des Satzes betrifft ein partielles oder lokales Manvantara, das ein solares oder sogar ein planetarisches sein kann.

Zentren.[3] *Es dehnt sich aus und zieht sich zusammen (Ausatmen und Einatmen). Beim Ausdehnen ergießt sich die Mutter und verteilt sich, beim Zusammenziehen zieht sich die Mutter zurück und sammelt sich. So werden die Perioden der Evolution und der Auflösung erzeugt, Manvantara und Pralaya. Der Keim ist unsichtbar und feurig, die Wurzel (Fläche des Kreises) ist kühl, aber während der Evolution, im Manvantara, ist ihr Gewand kalt und strahlend. Heißer Atem ist der Vater, der die Nachkommen des vielgesichtigen Elements (heterogen) verschlingt und die Eingesichtigen (homogen) übrig läßt. Kühler Atem ist die Mutter, die sie empfängt, formt, hervorbringt, in ihren Schoß zurücknimmt, um sie neu zu formen in der Morgendämmerung (von Brahmâs Tag, dem Manvantara) ...*

Zum besseren Verständnis sei erwähnt, daß der Okkultismus *sieben* kosmische Elemente kennt – vier rein physische, das teilmaterielle fünfte (Äther), das gegen Ende unserer vierten Runde in der Luft sichtbar wird und während der ganzen fünften alle anderen an Bedeutung überragt, und letztlich zwei weitere, die aber für das menschliche Wahrnehmungsvermögen bis jetzt noch völlig unerreichbar sind. Letztere werden aber im Verlauf der Sechsten und Siebten Menschheiten dieser Runde im menschlichen Vorstellungsvermögen als Vorahnung auftauchen und dann in den beiden folgenden Runden erkannt werden – eins in der sechsten und das andere in der siebten. Mit ihren zahllosen Teilelementen, von denen es weit mehr gibt, als der Wissenschaft bekannt sind, sind diese sieben Elemente nichts weiter als *bedingte* modifizierte Formen und Aspekte des einen einzigen Elements. Letzteres ist nicht *Äther* und auch nicht *Âkâsha*, sondern deren Quelle. Das fünfte, inzwischen von der Wissenschaft offen diskutierte Element ist nicht Sir Isaac Newtons hypothetischer "Ether", obwohl er wahrscheinlich diese Bezeichnung wählte, weil er einen Zusammenhang mit dem "Vater-Mutter"-Äther des Altertums vermutete. Newton wußte intuitiv, daß "die Natur in einem ständigen Kreislauf wirkt; sie erzeugt Flüssiges aus Festem, gebundene Dinge aus flüchtigen und flüchtige Dinge aus gebundenen, Feines aus Kompaktem und Kompaktes aus Feinem ... So könnte vielleicht alles aus Ether entstanden sein." (*Hypot.*, 1675) Vergessen wir nicht, daß es in den veröffentlichten Stanzen nur um die Kosmogonie unseres eigenen Planetensystems und dessen sichtbare Umgebung nach einem solaren Pralaya geht. Die geheimen Lehren von der Evolution der Gesamtheit des Kosmos dürfen nicht preisgegeben werden, denn selbst die größten Geister unseres Zeitalters würden sie nicht verstehen, und sogar unter den größten Eingeweihten scheint es nur sehr wenige zu geben, die sich mit diesen Dingen

[3] "Zentrum" bedeutet Energiezentrum oder kosmischer Brennpunkt. Wenn die "Schöpfung" oder Gestaltung eines Planeten von jener Kraft ausgeht, die im Okkultismus LEBEN und von der Wissenschaft Energie genannt wird, ist das ein Vorgang von innen nach außen, wobei jedes Atom die schöpferische Energie des göttlichen Atems in sich trägt. Während also nach einem absoluten Pralaya, in welchem das präexistente Material nur aus EINEM Element besteht, und ATEM, der "überall" ist, von innen nach außen wirkt, beginnt nach einem kleinen Pralaya – in dem alles in *statu quo*, sozusagen in einem eingefrorenen, dem Mond ähnlichen Zustand verharrt – die Wiederauferstehung des oder der Planeten zum Leben von innen nach außen.

spekulativ beschäftigen dürfen. Außerdem erklären die großen Lehrer offen, daß selbst von den höchsten Dhyâni-Chohans keiner über die Geheimnisse jenseits der Grenzen, die die Milliarden Sonnensysteme von der sogenannten "Zentralsonne" trennen, etwas erfahren konnte. Was hier veröffentlicht wird, bezieht sich also nur auf unseren sichtbaren Kosmos nach einer "Nacht Brahmâs".

Ehe der Leser sich nun mit der Lektüre der Stanzen aus dem Buch des Dzyan beschäftigt, die im Mittelpunkt dieses Werkes stehen, ist es unerläßlich, ihm die wenigen grundlegenden Konzepte zu erläutern, die das gesamte Gedankengebäude, das ihm hier dargeboten wird, bestimmen und befruchten. Da es nur um wenige Grundideen geht, die ohne Einschränkung begriffen werden müssen, wenn alles Folgende verständlich sein soll, muß die Autorin sich nicht entschuldigen für ihre Bitte an den Leser, sich mit diesen Konzepten vertraut zu machen, ehe er mit dem Studium des Werkes beginnt.

Die Geheimlehre stellt drei fundamentale Lehrsätze auf: a) Die Existenz eines allgegenwärtigen, ewigen, grenzenlosen und unveränderlichen Prinzips; b) Die Ewigkeit und die Unbegrenztheit des Universums *in toto* ; c) Die grundlegende Identität aller Seelen und der universalen Überseele.

a) Ein allgegenwärtiges, ewiges, grenzenloses und unveränderliches PRINZIP, das sich jeder Spekulation entzieht, weil es die Kraft des menschlichen Vorstellungsvermögens übersteigt und durch jeden menschlichen Darstellungsversuch und Vergleich nur herabgesetzt würde. Es ist jenseits aller gedanklichen Reichweite – ist in den Worten der Mândûkya-Upanischade "unausdenkbar und unaussprechlich".

Damit dem Leser diese Ideen verständlicher werden, möge er sich anfangs eine absolute Wirklichkeit vorstellen, die v o r jedem manifestierten, bedingten Sein existiert. Dieser unendliche und ewige Ursprung – in der derzeitigen europäischen Philosophie schwach wiedergegeben als das "Unbewußte" und "Unergründliche" –, ist die wurzellose Wurzel von "allem, das war, ist oder je sein wird". Dieser Ursprung ist natürlich eigenschaftslos und wesentlich ohne jede Beziehung zum manifestierten, endlichen Sein. Er ist eher "Seinheit" als Sein (Sanskrit *Sat*) und jenseits von Denkbarkeit und Spekulation.

Diese "Seinheit" wird in der Geheimlehre unter zwei Aspekten symbolisiert: einerseits als absoluter abstrakter Raum, der reine Subjektivität repräsentiert – das ist etwas, das der Verstand des Menschen weder als Begriff ausschließen, noch sich aus sich selbst heraus vorstellen kann. Andererseits ist sie als absolute abstrakte Bewegung symbolisiert, wodurch ein nicht bedingtes Bewußtsein repräsentiert wird. Selbst unsere westlichen Denker haben bewiesen, daß Bewußtsein ohne Veränderung unvorstellbar ist, und daß Veränderung durch Bewegung, ihre wesentliche Eigenschaft, am besten symbolisiert wird. Diese letztere Eigenschaft der Einen Wirklichkeit wird außerdem durch den Begriff "Der große Atem" bildhaft gemacht – ein Symbol, das so anschaulich ist, daß es keiner weiteren Erklärung bedarf. So wird also das erste (without a parent)(8)

Commentary on Stanza I.

[In order not to break the Stanzas by making the comments too long, the reader is referred for further explanations to the glossary in the Appendices attached to every chapter.]

The Secret Doctrine postulates three propositions:—

(a) An Omnipresent, Eternal & boundless Principle, beyond the reach of words or thought, or in the words of Mandukya "unthinkable & unspeakable". In the Aitareya Upanishad this Principle is referred to as the Self, the only one — as just shown.

(b) The Eternity of the Universe as a fixed abstraction, with periodical appearances & disappearances of objective manifestation; like a regular tidal ebb of flux & reflux; coeval with, as being in one sense identical with the One Principle.

(c) The Unity of all the Souls with the Over Soul or the unknown Root, & the continuous transmigration of each ray ~~of~~ the One infinite Light, in accordance with cyclic & Karmic Law, during the whole Cycle of Necessity, that is to say from the beginning of Manvantara to that of Pralaya, (the ~~Mayava~~ "Self" ‡ starting as a pure Emanation ~~(Dhyan Chohan or Angel)~~ and ~~ending~~ returns as a purified Paramârthika Self, merged in the One Being (or non-Being) — the absolute "Paramârthika." ✕

In its absolute abstraction, the One Principle though seemingly dual (Parabrahmam & Mulaprâkriti) is sexless, unconditioned, absolute. Its periodical radiation is as a primal Emanation One, androgynous & finite. When the "radiation radiates in its turn, all the secondary radiations are also androgynes to become male & female principles in their lower aspects. Pralaya — whether the great or the minor, which leaves things status quo ‖ — the first that reawakens

* The "Eye of Siva", the inner or spiritual Eye of the Seer or clairvoyant.

† Dangma — a purified Soul, the highest adept. ‡ Mayava Self, is the term given to the divine Ego of man, who labours under a delusion of he mistakes his Self, as separated from the One Self, the absolute. Nevertheless it is his own, individual & non-personal Self throughout the Manvantaric eternities that returns into the absolute Self, like a drop of water into its Ocean, to reemerge from it at the following Manvantara.

‖ It is not the physical, organized body that remains status quo, not even the Soul of things during the great Cosmic or even Solar Pralayas, but only their Akasic ideal or photograph. But during the planetary or minor pralayas, once overreached by the "Night, the planets remain intact though dead, "like a huge animal caught between the polar ices stands frozen for ages"

Faksimile einer Manuskriptseite in Blavatskys Handschrift

Grundaxiom der Geheimlehre, das metaphysische EINE ABSOLUTE – DIE SEINHEIT – von der begrenzten Intelligenz theologisch als Dreieinigkeit symbolisiert.

Parabrahman (die Eine Wirklichkeit, das Absolute) ist der Bereich absoluten Bewußtseins, d.h. jener Wesenskern, der ohne jede Beziehung zur bedingten Existenz ist, und wovon bewußte Existenz ein bedingtes Symbol ist. Aber sobald wir uns gedanklich von dieser (für uns) absoluten Negation entfernen, tauchen wir ein in die durch den Kontrast von Geist (oder Bewußtsein) und Materie, von Subjekt und Objekt bestimmte Welt der Dualität. Geist (oder Bewußtsein) und Materie dürfen aber nicht als unabhängige Realitäten aufgefaßt werden, sondern als die beiden Seiten oder Aspekte des Absoluten (Parabrahman), die die Grundlage des bedingten, subjektiven und objektiven Seins sind.

Betrachtet man diese metaphysische Dreiheit als die Wurzel, aus der jede Manifestation hervorgeht, so nimmt der große Atem die Wesensmerkmale präkosmischer Ideation an. Er ist *fons et origo* jeglicher Energie und allen individuellen Bewußtseins und ist wegweisende Intelligenz in dem riesigen Entwurf kosmischer Evolution. *Mûlaprakriti*, die präkosmische Wurzelsubstanz, dagegen ist der Aspekt des Absoluten, der allen objektiven Bereichen der Natur zugrundeliegt.

Ebenso wie präkosmische Ideation Wurzel allen individuellen Bewußtseins ist, ist also präkosmische Substanz Grundlage aller Materie in ihren verschiedenen Differenzierungsgraden.

Aus dem Gesagten wird deutlich, daß der Kontrast dieser beiden Aspekte des Absoluten Voraussetzung für die Existenz des "manifestierten Universums" ist. Ohne kosmische Substanz könnte kosmische Ideation nicht als individuelles Bewußtsein manifest werden, denn nur durch eine stoffliche Grundlage kann Bewußtsein als das "Ich bin ich" hervorkommen. Denn es bedarf einer physischen Basis, um auf einer gewissen Komplexitätsstufe einen Strahl des Universalgeistes zu aktivieren und ihm Richtung zu geben. Nochmals sei erwähnt, daß kosmische Substanz also ohne kosmische Ideation eine leere Abstraktion bliebe und daß deshalb kein Bewußtsein entstehen könnte.

Somit ist Dualität überall im manifestierten Universum vorhanden, denn sie ist sozusagen essentielle Voraussetzung für dessen EX-istenz als "Manifestation". Den Positionen von Subjekt und Objekt oder Geist und Materie gleich, die zwar polarisiert, aber doch nur zwei Aspekte der sie zur Synthese bringenden Einen Einheit sind, gibt es auch im manifestierten Universum ein "Etwas", das Geist mit Materie und Subjekt mit Objekt verbindet. Dieses der westlichen Philosophie bislang unbekannte "Etwas" wird im okkultistischen Sprachgebrauch Fohat genannt. Fohat ist die "Brücke", über die im "göttlichen Denken" existierende "Ideen" sich der kosmischen Substanz als "Gesetze der Natur" einprägen. Fohat ist somit die dynamische Energie der kosmischen Ideation oder, anders ausgedrückt, ist das intelligente Medium, die lenkende Kraft aller Manifestation, ist das über die

Dhyâni-Chohans,[4] die Architekten der greifbaren Welt übermittelte und manifestierte "göttliche Denken". Unser Bewußtsein geht also hervor aus dem Geist, der kosmischen Ideation, und aus der kosmischen Substanz kommen die verschiedenen Gefäße, in welchen dieses Bewußtsein individualisiert und zu reflektivem Bewußtsein, d.h. zu Selbstbewußtsein wird. In seinen verschiedenen Manifestationen ist Fohat das geheimnisvolle Bindeglied zwischen Geist und Materie, das beseelende, jedes Atom zum Leben bringende Prinzip.

Die folgende Zusammenfassung soll dem Leser eine klarere Vorstellung geben:

1. DAS ABSOLUTE, das *Parabrahman* des Vedânta, die eine Wirklichkeit, SAT, die – wie Hegel sagt – sowohl absolutes Sein als auch Nichtsein ist.

2. Die erste Manifestation, der unpersönliche, philosophisch ausgedrückt: *nicht manifestierte Logos*, der Vorläufer des "manifestierten". Dies ist die "erste Ursache", das "Unbewußte" der westlichen Pantheisten.

3. Geist-Materie, LEBEN; der "Geist des Universums, Purusha und Prakriti, der *zweite* Logos.

4. Kosmische Ideation, MAHAT oder Intelligenz, die universale Weltseele; das kosmische Noumenon der Materie, die Basis für alles intelligente Wirken in und seitens der Natur, auch MAHÂ-BUDDHI genannt.

Die EINE WIRKLICHKEIT und ihre *zwei* Aspekte im bedingten Universum.

Weiterhin postuliert die Geheimlehre:

b) Die Ewigkeit und die Unbegrenztheit des Universums *in toto*, einen periodisch auftretenden "Spielplatz zahlloser Universen, die sich unaufhörlich manifestieren und auflösen", "manifestierende Sterne" und "Funken der Ewigkeit" genannt. "Die Ewigkeit des Pilgers"[5] ist wie ein Funkeln des Auges der Selbst-Existenz (*Buch des Dzyan*). "Das Erscheinen und Verschwinden von Welten gleicht dem Kommen und Gehen von Ebbe und Flut." (Siehe Teil II: "Die Tage und Nächte Brahmâs").

Diese zweite Behauptung der Geheimlehre stellt die absolute Universalität des Gesetzes der Periodizität fest, von Kommen und Gehen, von Ebbe und Flut – Dinge, die auch die Naturwissenschaft überall in der Natur bemerkt und akzeptiert hat. Die wechselseitige Folge von Tag und Nacht, Leben und Tod, Schlaf und Wachsein, etc. ist eine so alltägliche Realität, so vollkommen allumfassend und ohne Ausnahme, daß offensichtlich ist, weshalb wir hier von einem absolut fundamentalen Gesetz des Universums sprechen.

---

[4] In der christlichen Theologie sind dies die Erzengel, Seraphim, etc.

[5] "Pilger" ist eine Bezeichnung für unsere *Monade* (die zwei in einem) während sie ihren Inkarnationszyklus durchläuft. Weil sie untrennbarer, integraler Teil des Ganzen, des Universalgeistes ist, von dem sie ausstrahlt und von dem sie am Ende des Zyklus wieder absorbiert wird, ist die Monade das einzige unsterbliche und ewige Prinzip in uns. Wenn gesagt wird, sie strahle von dem Einen Geist aus, dann wird damit eine etwas umständliche, ja unkorrekte Bezeichnung benutzt, weil in unserer Sprache passende Ausdrucksmöglichkeiten einfach nicht vorhanden sind. Im Vedânta heißt es Sûtrâtman (Schnur-Seele), aber die vedantische Erläuterung unterscheidet sich etwas von der des Okkultismus. Wir müssen es den Vedântins überlassen, den Unterschied zu erklären.

Darüber hinaus postuliert die Geheimlehre:

c) Die grundsätzliche Identität aller Seelen und der universalen Überseele (diese ist selbst ein Aspekt der unbekannten Wurzel) sowie die obligatorische Pilgerfahrt jeder Seele (die ein Funken der Überseele ist) durch den Inkarnationszyklus, die "Notwendigkeit", während seiner ganzen Dauer, entsprechend dem zyklischen und karmischen Gesetz. In anderen Worten, keine rein spirituelle Buddhi (göttliche Seele) kann unabhängig (bewußt) existieren, ehe der aus der reinen Essenz des universalen sechsten Prinzips (der Überseele) hervorgetretene Funken (a) jede Elementalform der phänomenalen Welt des jeweiligen Manvantaras durchschritten und (b) Individualität erlangt hat – zuerst durch natürlichen Impuls und dann durch eigenes, selbst herbeigeführtes und selbst erdachtes Bemühen (im Rahmen seines Karma). So durchläuft sie alle Intelligenzgrade, vom niedrigsten bis zum höchsten Manas, vom Mineral- und Pflanzenreich bis hinauf zum heiligsten Erzengel (Dhyâni-Buddha). Die zentrale Lehre der Esoterischen Philosophie schließt Privilegien oder besondere Begabungen des Menschen aus, bis auf solche, die sein eigenes Ego durch persönliches Bemühen und als verdiente Werte in einer langen Reihe von Metempsychosen und Reinkarnationen gewonnen hat. Deshalb sagt der Hinduismus, daß das All sowohl Brahman als auch Brahmâ ist; denn Brahman ist in jedem Atom unseres Universums, wo die sechs Prinzipien in der Natur alle das Resultat, d.h. die unterschiedlich differenzierten Aspekte des SIEBTEN und des EINEN sind, der einzigen Wirklichkeit im Universum – im kosmischen wie im mikrokosmischen Universum. Das ist auch der Grund, weshalb die auf der Manifestations- und Formebene stattfindenden psychischen, spirituellen und physischen Veränderungen des SECHSTEN (Brahmâ, das Werkzeug von Brahman) in der Antiphrase der Metaphysik als illusorisch und mâyâvisch bezeichnet werden. Denn obwohl die Wurzel eines jeden individuellen Atoms und jeder kollektiven Gestaltung das siebte Prinzip, also die Eine Wirklichkeit ist, ist letztere in ihrer manifestierten dinglichen und zeitlichen Erscheinung nicht mehr als eine flüchtige Illusion unserer Sinne.

In seiner Absolutheit ist das Eine Prinzip in seinen beiden Aspekten (Parabrahman und Mulaprakriti) geschlechtslos, unbedingt und ewig. Auch seine periodische (manvantarische) Emanation oder ursprüngliche Ausstrahlung ist Eins, androgyn und phänomenal, also endlich. Und alle aus dieser ursprünglichen Ausstrahlung dann entstehenden Strahlungen sind ebenfalls androgyn, werden aber männliche und weibliche Prinzipien in ihren niedrigeren Aspekten. Das erste, was nach einem großen oder kleineren Pralaya (letzteres beläßt die Welten in *statu quo*[6]) wiedererwacht zum akti-

[6] Nicht die physischen Organismen verharren in *statu quo* während der großen kosmischen oder gar solaren *Pralayas*, und noch viel weniger deren psychische Prinzipien, sondern nur ihre astralen oder im Âkâsha festgehaltenen "Fotografien". Aber sobald die "Nacht" während der kleineren Pralayas angebrochen ist, bleiben die Planeten zwar intakt, sind aber tot – ähnlich den im Polareis gefangenen und eingefrorenen Riesentieren, die Jahrtausende unverändert erhalten bleiben.

ven Leben, ist der Âkâsha, Vater-Mutter, Geist und Seele des Äthers, d.h. der Oberflächenbereich des Kreises. Vor seiner kosmischen Aktivierung wird Raum als "Mutter" bezeichnet und zu Beginn seines Wiedererwachens "Vater-Mutter"...

Soweit die Grundgedanken, auf denen die Geheimlehre beruht. Beweise für die Richtigkeit der in ihnen enthaltenen Einsichten anzuführen, würde den Rahmen dieser Arbeit sprengen. Ebenso ist es nicht möglich, hier zu zeigen, daß sie in jedem philosophischen System, das diese Bezeichnung verdient, enthalten sind – wenn auch allzu oft in irreführender Form.

Sobald der Leser diese Grundkonzepte verstanden und folglich eingesehen hat, daß sie alle Probleme des Lebens berühren und erhellen, werden auch keine weiteren Rechtfertigungen nötig sein, denn ihr Wahrheitsgehalt wird ihm sonnenklar vor Augen stehen. Deshalb werde ich nun mit einigen Erläuterungen zu den in diesem Werk enthaltenen Stanzen fortfahren. Ich tue dies in der Hoffnung, damit die Aufgabe des Lernenden in einem allgemeinen Überblick, der die Grundzüge ihres Inhalts in wenigen Worten erklärt, etwas zu erleichtern.

Die in den Stanzen aufgezeichnete Geschichte der kosmischen Evolution ist sozusagen die abstrakte algebraische Formel dieser Evolution. Der Leser darf deshalb hier nicht eine Aufstellung aller Stufen und Transformationen erwarten, die zwischen den ersten Anfängen der "universalen" Evolution und unserem gegenwärtigen Zustand liegen. Eine solche Aufzählung wäre ebenso unmöglich wie unverständlich für Menschen, die noch nicht einmal in der Lage sind, das Wesen jenes Existenzbereichs zu verstehen, der ihrem eigenen Bereich, auf den ihr Bewußtsein zur Zeit beschränkt ist, am nächsten liegt.

Die Stanzen enthalten also eine abstrakte Formel, die – *mutatis mutandis* – auf jede Evolution anwendbar ist: auf die Entwicklung unserer winzigen Erde ebenso wie auf die des Planetensystems, zu dem diese Erde gehört, bis hin zum solaren Universum, dem dieses Planetensystem angehört – und so fort in aufsteigender Reihenfolge, bis zur Erschöpfung unserer Vorstellungskraft.

Die sieben Stanzen des ersten Buches ("Kosmogenesis") repräsentieren die sieben Begriffe dieser abstrakten Formel. Sie behandeln und beschreiben die sieben großen Stufen des Evolutionsprozesses, die in den *Purânas* als die "sieben Schöpfungen" und in der Bibel als die "Tage" der Schöpfung erwähnt werden.

Die erste Stanze beschreibt den Zustand des EINEN ALLS im Pralaya vor der ersten Bewegung neuerwachender Manifestation. Daß ein solcher Zustand nur symbolisch dargestellt, nicht aber beschrieben werden kann, bedarf keiner langen Überlegung. Auch kann er nicht anders als im Negativen symbolisiert werden, denn da es sich um den Zustand von Absolutheit *per se* handelt, treffen auf ihn keine jener spezifischen positiven Attribute zu, die wir normalerweise benutzen, um die Welt, in der wir leben, zu beschreiben. Man kann also jenen Zustand nur andeuten durch Benutzung der Negativform all der extrem abstrakten Eigenschaften, die der

Mensch als äußerste, mit seinem Vorstellungsvermögen gerade noch erreichbaren Grenzen mehr erfühlen als begrifflich verstehen kann.

Die zweite Stanze beschreibt einen Zustand, der für westliche Begriffe praktisch so gleichbedeutend mit dem in der ersten Stanze ist, daß eine ganze Abhandlung nötig wäre, um die Feinheiten des vorhandenen Unterschieds zu vermitteln. Es bleibt also der Intuition und den höheren geistigen Fähigkeiten des Lesers überlassen, den Sinn der allegorischen Ausdrucksweise so weit wie möglich zu erfassen. Und es darf in der Tat nicht vergessen werden, daß die Stanzen sich viel mehr an die innere Aufnahmefähigkeit des Menschen wenden, als an seinen alltäglichen Verstand.

In der dritten Stanze wird das Wiedererwachen des Universums zum Leben nach dem Pralaya beschrieben. Sie entwirft ein Bild vom Hervorkommen der "Monaden" aus ihrer Versunkenheit im Innern des EINEN. Es ist dies die früheste und höchste Stufe in der Formierung von "Welten", und der Ausdruck Monade kann gleichermaßen für das gewaltigste Sonnensystem und das kleinste Atom verwendet werden.

Die vierte Stanze zeigt den Ablauf des Differenzierungsprozesses des "Keims" des Universums zur siebenfachen Hierarchie bewußter göttlicher Mächte, den aktiven Manifestationen der Einen Höchsten Energie. Sie sind die Rahmengebenden und Formenden, sind letztendlich die Schöpfer des gesamten manifestierten Universums – Schöpfer im einzig richtigen Sinn des Wortes. Sie sind die intelligenten Wesen, die das Universum beleben und leiten, die der Evolution Ordnung und Richtung geben. Sie selbst sind Manifestationen des EINEN GESETZES, welches wir unter der Bezeichnung "Naturgesetze" kennen. Sie sind unter dem Sammelbegriff "Dhyâni-Chohans" bekannt, obwohl jede einzelne der verschiedenen Gruppierungen ihre eigene Bezeichnung hat.

In der indischen Mythologie wird diese Evolutionsstufe "Erschaffung" der Götter genannt.

Die fünfte Stanze beschreibt den Vorgang der Weltgestaltung. Zuerst ausbreitende kosmische Materie, dann der "feurige Wirbelwind", die erste Stufe in der Formung eines kosmischen Gasnebels. Dieser Gasnebel kondensiert und wird nach mehreren Transformationen entweder ein solares Universum oder ein Planetensystem oder ein einzelner Planet.

Die weiteren Formationsstufen einer "Welt" werden in der sechsten Stanze angedeutet, in der die Evolution einer solchen Welt bis zu ihrer vierten großen Periode weitergeführt wird, welche der Periode entspricht, in der wir zur Zeit leben.

In der siebten Stanze wird der Abstieg des Lebens bis hin zum Erscheinen des Menschen fortgeführt. Und damit endet das erste Buch der *Geheimlehre.*

Die Entwicklungsgeschichte des "Menschen", von seinem ersten Auftreten auf dieser Erde in dieser Runde bis zu seinem jetzigen Zustand, ist das Thema des zweiten Buches.

Die Stanzen, die als Thesen der einzelnen Abschnitte jeweils am Anfang stehen, werden ausschließlich in einer zeitgemäßen, unserem Sprachgebrauch angepaßten Übersetzung wiedergegeben, denn es wäre schlechterdings unmöglich und würde auch dem Verständnis nicht dienen, die archaische Ausdrucksweise des Originals mit all seinen verwirrenden Wortkonstruktionen einzubringen. Angeführt werden ins Chinesische, Tibetische und Sanskrit übertragene Fassungen von Auszügen aus den im Original im Senzar geschriebenen Kommentaren und Anmerkungen zum *Buch des Dzyan*. Sie werden hier erstmalig in einer europäischen Sprache wiedergegeben. Es ist beinahe überflüssig zu erwähnen, daß wir nur Teile der sieben Stanzen veröffentlichen, denn komplett würden sie niemandem außer ein paar höher entwickelten Okkultisten verständlich sein. Auch ist es unnötig, dem Leser zu versichern, daß die Autorin, oder besser: die bescheidene Berichterstatterin, diese untersagten Textpassagen ebenso wenig wie jeder andere Laie versteht. Um die Lektüre zu erleichtern und Anmerkungen und Fußnoten auf ein Minimum zu beschränken, wurde es für richtig erachtet, Texte und erläuternde Kommentare miteinander zu verbinden, wobei der Benutzung von tibetischen und Sanskrit-Eigennamen und Sachbezeichnungen immer dann der Vorzug gegeben wurde, wenn dies zum besseren Verständnis unvermeidbar erschien. Dies um so mehr, als die erwähnten Ausdrücke ausnahmslos als Synonyme anerkannt und die Originale nur zwischen Meister und Chela (Jünger) gebräuchlich sind.

Da dieses Werk nicht für philologische Zwecke, sondern als Lehrbuch für Studenten des Okkultismus konzipiert wurde, haben wir Bezeichnungen aus fremden Sprachen vermieden, soweit das möglich war. Nur unübersetzbare und ohne Erklärung unverständliche Ausdrücke wurden beibehalten, aber in ihren Sanskritformen wiedergegeben. Es sind dies fast immer spät entwickelte Formen dieser späteren Sprache, die zur Fünften Menschheit gehören. Sanskrit, wie wir es jetzt kennen, wurde von den Atlantiern nicht gesprochen, und die meisten der philosophischen Ausdrücke der indischen Systeme der nach-mahâbhâratischen Periode gibt es nicht in den Vedas, und es gibt sie auch nicht in den ursprünglichen Stanzen, wohl aber Wörter, die ihren Bedeutungen entsprechen.

Nochmals sei gesagt, daß der Leser, wenn er will, alles nun folgende als Märchen abtun kann – vielleicht als noch unbewiesene Spekulationen von *Träumenden* oder, schlimmstenfalls, als eine weitere unter den vielen aktuellen oder bereits wieder aufgegebenen wissenschaftlichen Hypothesen aus Vergangenheit, Gegenwart oder Zukunft. Auf keinen Fall jedoch ist es wertloser als viele Theorien der Wissenschaft, jedenfalls ist es philosophischer und wahrscheinlicher.

Erster Teil

Kommentare

KOSMISCHE EVOLUTION

In sieben Stanzen aus dem Buch des Dzyan

STANZE 1

DIE NACHT DES UNIVERSUMS

1. DIE EWIGE ALLMUTTER (Raum), EINGEHÜLLT IN IHRE IMMER UNSICHTBAREN GEWÄNDER, HATTE WIEDER SIEBEN EWIGKEITEN IN TIEFEM SCHLAF VERBRACHT (a).

Der "Mutter-Raum" ist ewige, allgegenwärtige Ursache aller Dinge, das unbegreifliche Göttliche, dessen "unsichtbaren Gewänder" der mystische Urgrund jeglicher Materie und des Universums sind. Raum kann man sich am leichtesten als das *eine ewig Vorhandene* vorstellen. In seiner Abstraktion ist er bewegungslos. Er ist unbeeinflußt von dem Vorhandensein oder dem Nichtvorhandensein eines objektiven Universums in ihm. Raum ist in jeder Hinsicht dimensionslos und existiert in und durch sich selbst. Geist ist die erste Differenzierung aus dem TAT, der ursachlosen Ursache des Geistes und der Materie. Nach dem Esoterischen Katechismus ist Raum weder begrenzte Leere, noch bedingte Fülle, sondern beides. Er war und wird ewig sein.

Die "Gewänder" sind also das Noumenon undifferenzierter kosmischer Materie. Es handelt sich nicht um Materie, wie wir sie kennen, sondern um das spirituelle Wesen der Materie, das mit dem Raum ewig und im Sinne der Abstraktion des Raumes sogar eins mit ihm ist. Diese Ursprungs-Natur ist auch die Quelle der feinen, unsichtbaren Merkmale der sichtbaren Materie. Sie ist sozusagen die Seele des EINEN unendlichen Geistes. Von den Indern wird sie Mûlaprakriti genannt und als Ursubstanz verstanden, als die Basis von Upâdhi, welcher der alle physischen, geistigen und psychischen Phänomene tragende Faktor ist. Sie ist der Urgrund, aus dem Âkâsha erstrahlt.

(a) Die sieben Ewigkeiten sind die sieben Perioden bzw. sind eine Periode, die in ihrer Dauer den sieben Perioden eines Manvantaras entspricht und während eines Mahâ-Kalpas oder "großen Zeitalters" andauert – einhundert Jahre des Brahmâ –, insgesamt 311,040.000,000.000 Jahre. Jedes Jahr des Brahmâ setzt sich aus 360 Tagen und der gleichen Anzahl von Nächten Brahmâs zusammen, wobei ein Tag Brahmâs 4.320,000.000 menschliche Jahre enthält.

2. Zeit war nicht, denn sie schlief im unendlichen Schoss der Dauer.

Zeit ist eine Illusion, die durch die Aufeinanderfolge unserer Bewußtseinszustände auf unserer Reise in der ewig währenden Dauer entsteht. Wo kein Bewußtsein existiert, durch welches diese Illusion hervorgebracht wird, existiert Zeit nicht, sondern "liegt schlafend." "Gegenwart" ist nur eine mathematische Markierung, die den von uns "Zukunft" genannten Teil der ewigen Dauer von dem "Vergangenheit" genannten Teil trennt. Auf Erden gibt es nichts, das wirkliche Dauerhaftigkeit besitzt, denn nichts bleibt auch nur für den Bruchteil einer Sekunde unverändert. Unsere Empfindung der Wirklichkeit des uns als "Gegenwart" vertrauten Zeitabschnitts rührt her von der Flüchtigkeit des kurzen Eindrucks bzw. der aufeinanderfolgenden Eindrücke, die unsere Sinneswahrnehmung uns von Dingen vermittelt, die sich von dem Bereich der Ideale, die wir Zukunft nennen, zum Bereich der Erinnerungen, von uns Vergangenheit genannt, hinbewegen. Genauso haben wir auch das Gefühl von Dauer im Falle eines blitzschnellen elektrischen Funkens: Es entsteht durch die unscharfe und länger andauernde Einwirkung auf die Netzhaut unseres Auges. Die wirklichen Personen und Dinge sind nicht nur das in einem bestimmten Augenblick Gesehene, sondern setzen sich zusammen aus der Summe ihrer verschiedenen, fortwährend auftretenden und wechselhaften Zustände, vom Beginn ihres körperlichen Erscheinens auf Erden bis zu ihrem Verschwinden. Diese "Gesamtsummen" sind es, die in Ewigkeit in der "Zukunft" existieren, graduell materielle Zustände durchlaufen und dann ebenso ewig in der "Vergangenheit" sind. Niemand könnte behaupten, ein ins Meer geworfenes Metallstück würde im Fallen seine Existenz beim Verlassen des Luftraums beginnen und beim Eintauchen ins Wasser wieder verlieren, oder daß das Stück Metall selbst nur aus einem Querschnitt dessen besteht, was in einem beliebigen Moment dem mathematischen Bereich entspricht, der Atmosphäre und Meer zugleich trennt und verbindet. Und genauso ist es bei allen Menschen und Dingen. Im Fallen aus dem "Sein-Werden" ins "Gewesen-Sein", aus der Zukunft in die Vergangenheit, bieten sie unseren Sinnen auf ihrer Reise von einer Ewigkeit zur anderen durch Zeit und Raum (in der Form von Materie) sozusagen einen Querschnitt der Gesamtheit ihres Selbst dar. Und diese beiden – das "Sein-Werden" und das "Gewesen-Sein", Zukunft und Vergangenheit – machen jene "Dauer" aus, in welcher allein alle Dinge wahre Existenz haben – wenn unsere Sinne sie nur wahrnehmen könnten.

3. ... Der Universalgeist war nicht, denn es gab keine Ah-hi (Himmelswesen), in denen er sein (und durch die er so manifestiert werden) konnte.

Geist ist die Bezeichnung für die Summe von Bewußtseinszuständen, die aus Denken, Willen und Gefühl bestehen. Im Tiefschlaf endet die Fähigkeit zur Ideenbildung im physischen Bereich, und das Erinnerungsvermögen ist vorläufig außer Kraft gesetzt. In diesem Zustand, also vorübergehend, "ist der Geist nicht", denn das Organ, das dem Ego zum Hervorbringen von Ideen und Erinnerungen im materiellen Bereich dient, führt vorübergehend seine Funktionen nicht aus. Ein Noumenon kann nur dann zum Phänomen in den Daseinsbereichen werden, wenn es sich in diesen Bereichen auf einer passenden Basis, durch ein geeignetes Ausdrucksmittel manifestieren kann. Während der langen Nacht, d.h. in der Ruheperiode des Pralaya, wenn alles Dasein aufgelöst ist, bleibt der "UNIVERSALGEIST" als permanent vorhandene Möglichkeit geistiger Aktivität oder, anders gesagt, als abstrakter, absoluter Gedanke, dessen konkrete, relative Manifestation das Denken ist. AH-HI (Dhyâni-Chohans) ist der Sammelbegriff für spirituelle Wesen – die himmlischen Heerscharen des Christentums, die Elohim und "Botschafter" des Judentums –, für die zur Manifestation des göttlichen oder Universaldenkens und -willens nötigen Vermittler. Sie sind die Intelligenzkräfte, die der Natur "Gesetze" geben und diese durchsetzen, während sie selbst nach den ihnen auf ähnliche Weise von einer noch höheren Macht gegebenen Gesetzen leben. Sie sind jedoch nicht die "Personifizierung" von Naturkräften. Diese Hierarchie geistiger Wesen, durch die der Universalgeist aktiv wird, gleicht einer Armee – gleicht wirklich einer "Heerschar" ...

4. DIE SIEBEN WEGE ZUR SELIGKEIT (Moksha oder Nirvâna) WAREN NICHT (a). DIE GROSSEN URSACHEN DES LEIDENS (Nidâna[1] und Mâyâ) WAREN NICHT, DENN NIEMAND WAR DA, SIE HERVORZUBRINGEN UND SICH IN IHNEN ZU VERFANGEN (b).

(a) Es gibt sieben "Pfade" oder "Wege" zur Seligkeit des Nichtexistierens. Nichtexistenz ist absolutes Sein, Dasein und Bewußtsein. Die Wege "waren nicht", weil das Universum noch leer war und nur im göttlichen Denken existierte.

(b) Die zwölf Nidânas sind die Ursachen des Daseins. Jedes einzelne Nidâna ist die Wirkung der ihm vorangegangenen Ursache und ist dann seinerseits Ursache für das nachfolgende Nidâna. Die Gesamtsumme der Nidânas geht auf die Vier Wahrheiten zurück, eine besonders für das Hînayâna-System charakteristische Lehre. Sie sind Bestandteil der Theorie des bedingten Entstehens,[2] durch sie werden Verdienst und Schuld erzeugt und kommt Karma letztendlich zur vollen Wirkung. Dieses Gesetz des Entstehens in Abhängigkeit entspringt der großen

[1] Die "12" Nidânas (Tibetisch: Ten-brel chug-nyi) sind die 12 Ursachen des Daseins, sind selbst aber auch die durch Verkettung mit den hergestellten Ursachen resultierenden Wirkungen.

[2] (auch das "Entstehen in Abhängigkeit" oder "Konditionalnexus": Pratîtya-Samutpâda. H.T.)

Wahrheit, daß Reinkarnation schrecklich ist, weil das Dasein in dieser Welt für den Menschen Leiden, Elend und Schmerz bedeutet, und auch der Tod den Menschen davor nicht schützen kann: Der Tod ist nichts anderes als ein Tor, durch das der Mensch nach einer kurzen Ruhepause, dem Devachan, ein neues Erdenleben betritt. Hînayâna, das "kleine Fahrzeug", ist ein Lehrsystem bzw. eine Schule uralter Herkunft. Mahâyâna entstand in einer späteren Zeit, nach dem Tode Buddhas. Und doch stammen auch die Mahâyâna-Lehren aus unvorstellbar lange zurückliegenden Zeiten. Beide Schulen (Mahâyâna bedeutet "großes Fahrzeug") vertreten in Wirklichkeit ein und dieselbe Lehre (*Yâna*, Fahrzeug – Sanskrit: Vâhana – ist eine mystische Bezeichnung): Sie betonen die Befreiung des Menschen von den Leiden der Wiedergeburt, und Befreiung sogar von dem nicht wirklich als Seligkeit geltenden Zustand im Devachan, allein durch das Erlangen von Weisheit und Wissen – nur so können die Früchte von Täuschung und Ignoranz ausgemerzt werden.

Mâyâ, Illusion, ist eine Eigenschaft aller endlichen Dinge, denn alles Existierende besitzt nur eine relative, keine absolute Wirklichkeit, weil die Erscheinungsformen des verborgenen Noumenon der Erkenntnisfähigkeit des Betrachters entsprechen. Außer der einen verborgenen, absoluten Existenz, die die Noumena aller Wirklichkeiten in sich birgt, gibt es keine Permanenz. Die auf jeder Stufe des Daseins vorhandenen Existenzformen, bis hinauf zu den höchsten Dhyâni-Chohans, sind in einem gewissen Sinn wie die auf eine farblose Wand geworfenen Schatten einer Laterna magica. Alle Dinge aber besitzen eine relative Wirklichkeit, weil der Erkennende ebenfalls nur eine Reflexion ist, und deshalb die von ihm erkannten Dinge, wie er selbst, somit relativ wirklich sind. Die den Dingen eigene Wirklichkeit muß in ihnen selbst gesucht werden, und zwar bevor oder nach ihrem blitzartigen Zug durch die materielle Welt. Eine solche Wirklichkeit kann von uns Menschen solange nicht auf direktem Wege wahrgenommen werden, wie die Instrumente unserer Sinneswahrnehmung unserem Bewußtseinsbereich nur das materiell Existierende vermitteln. Egal auf welcher Stufe unser Bewußtsein aktiv ist, alle zu dieser Stufe gehörenden Menschen und Dinge sind vorläufig unsere einzige Wirklichkeit. Bei unserer Weiterentwicklung wird klar, daß wir auf den hinter uns gelassenen Stufen Schatten mit Realitäten verwechselt haben. Weil nun die nach oben gerichtete Entwicklung des Egos eine Serie progressiven Erwachens ist, vermittelt uns jeder Fortschritt die Vorstellung, nun endlich die "Wirklichkeit" erreicht zu haben. Aber erst wenn wir das absolute Bewußtsein erreicht und unser eigenes eingebracht und mit ihm vereint haben, werden wir befreit sein von den Illusionen Mâyâs.

5. FINSTERNIS ALLEIN WAR IM GRENZENLOSEN ALL (a), DENN VATER, MUTTER UND SOHN WAREN WIEDER EINS, UND DER SOHN WAR NOCH NICHT ERWACHT ZU SEINER PILGERFAHRT AUF DEM NEUEN LEBENSRAD[3] (b).

(a) "Dunkelheit ist Vater-Mutter, Licht ihr Sohn", sagt ein altes Sprichwort des Ostens. Licht ist nur vorstellbar als etwas, das aus einer Quelle kommt, die es verursacht. Weil die das uranfängliche Licht hervorbringende Quelle zwar nach Vernunft und Logik zweifellos vorhanden sein muß, aber unbekannt ist, nennen wir dieses Licht aus unserer intellektuellen Sicht "Finsternis". "Geborgtes" oder sekundäres Licht, von welcher Quelle auch immer, kann nur begrenzte, mâyâvische Eigenschaften haben. Finsternis ist also die ewige Grundsubstanz, in der die Lichtquellen erscheinen und verschwinden. Hier in unserem Existenzbereich wird der Dunkelheit nichts hinzugefügt, um Licht zu produzieren, und nichts dem Licht, um Dunkelheit hervorzubringen. Sie sind austauschbar. Aus wissenschaftlicher Sicht ist Licht nur eine Form der Dunkelheit und *vice versa.* Und doch sind beide Phänomene desselben Noumenon. Dieses Noumenon ist für den Wissenschaftler absolute Dunkelheit, für den durchschnittlichen Mystiker ein Zwielicht, für die Wahrnehmung durch das geistige Auge des Eingeweihten aber ist es absolutes Licht. Als das Universum in einen Schlafzustand versank, also zurückkehrte zu seinem einzigen und uranfänglichen Element, gab es weder eine zentrale Helligkeit, noch Augen zum Wahrnehmen von Licht. Im grenzenlosen All herrschte unvermeidliche Finsternis.

(b) "Vater-Mutter" repräsentiert das männliche und weibliche Prinzip in der Urnatur – die in allen Dingen und in allen Bereichen des Kosmos manifestierte Polarität. Etwas weniger allegorisch ausgedrückt, handelt es sich um Geist und Substanz. Aus diesen resultierend: das Universum, der Sohn. Sie sind "wieder eins", wenn in der Nacht Brahmâs, im Pralaya, alles im objektiven Universum zurückgekehrt ist zu der einen, primären und ewigen Ursache, um dann im darauffolgenden Morgendämmern wieder zu erscheinen – so, wie das periodisch geschieht. "Kârana", ewige Ursache, war allein. Einfacher ausgedrückt: Während der Nächte Brahmâs ist Kârana allein. Das vorhergegangene Universum hat sich in seine einzige, primäre und ewige Ursache aufgelöst und befindet sich sozusagen in Auflösung im Raum, um in die folgende Manvantarische Morgendämmerung hinein zu differenzieren, abzusondern, zu kristallisieren. Dies ist der Anfang eines neuen Tages, neuer Aktivitäten Brahmâs, des Symbols des Universums. Esoterisch gesprochen ist Brahmâ Vater-Mutter-Sohn oder, anders gesagt, er ist Geist, Seele und Körper in

---

[3] "Rad" ist die symbolische Bezeichnung für eine Welt oder einen Planeten. Der Ausdruck beweist, daß die Alten unsere Erde als rotierenden Planeten kannten. "Das große Rad" bezeichnet die Gesamtdauer unseres Daseinszyklus, des Mahâ-Kalpa, d.h. den ganzen Kreislauf unserer speziellen Reihe von sieben Planeten oder Sphären vom Anbeginn bis zum Ende. "Die kleinen Räder" sind die Runden, von denen es ebenfalls sieben gibt.

einem. Jede der Personen symbolisiert eine Eigenschaft, und jede dieser Eigenschaften oder Qualitäten ist das allmähliche nach innen und nach außen gerichtete Verströmen göttlichen Atems in seiner zyklischen Differenziertheit. In seiner kosmisch-physischen Bedeutung ist Brahmâ das Universum, die Reihe der Planeten und der Erde; seine spirituelle Bedeutung betrifft die unbekannte Gottheit, den Planetengeist und den Menschen, den Sohn der beiden. Dieser Sohn, der Mensch, ist Kreatur aus Geist und Materie und ist im Verlauf seines periodischen Auftretens auf Erden, während der "Räder" oder Manvantaras, Manifestation der unbekannten Gottheit und des Planetengeistes.

6. DIE SIEBEN ERHABENEN HERRSCHER UND DIE SIEBEN WAHRHEITEN HATTEN AUFGEHÖRT ZU SEIN (a), UND DAS UNIVERSUM, SOHN DER NOTWENDIGKEIT, WAR VERSUNKEN IM PARINISHPANNA (b) (absolute Vollkommenheit, Parinirvâna, d.i. Yong-Grüb), AUF DASS ES AUSGEATMET WERDE DURCH DAS, WAS IST UND DOCH NICHT IST. NICHTS WAR.

(a) Die sieben erhabenen Herrscher sind die sieben schöpferischen Geister, die Dhyâni-Chohans, die den biblischen Elohim entsprechen. Es handelt sich hier um die gleiche Hierarchie von Erzengeln, zu der auch in der christlichen Theogonie St. Michael, St. Gabriel und andere gehören. Im esoterischen System wachen die Dhyânis über jeweils eine der Runden und großen menschheitlichen Evolutionsperioden in unserer Planetenkette. Es wird außerdem berichtet, daß sie ihre Bodhisattvas, die menschlichen Verkörperungen der Dhyâni-Buddhas (über diese *vide infra*), in jeder Runde und Menschheit aussenden.

Bisher, so die Hindus und Buddhisten, "gibt es nur vier Wahrheiten und vier Vedas." Ähnlich bestand Irenäus darauf, daß es notwendigerweise vier Evangelien gibt. Aber am Anfang einer Runde braucht jede neu auftretende Menschheit ihre Offenbarung und deren Verkünder. Deshalb kommt mit der nächsten Runde die fünfte (Offenbarung), mit der darauffolgenden die sechste usw.

(b) "*Parinishpanna*" ist der Zustand absoluter Perfektion, der von allen Existenzen am Ende einer großen Aktivitätsperiode, einem Mahâ-Manvantara, erreicht wird und in dem sie während der dann folgenden inaktiven Periode ruhen.

Die Geheimlehre lehrt die fortschreitende Entwicklung aller Dinge, von ganzen Welten und dem kleinsten Atom. Diese grandiose Entwicklung hat weder erklärbare Anfänge noch ein vorstellbares Ende. Unser "Universum" ist nur eins aus einer unbegrenzten Zahl von Universen, die alle Glieder einer großen kosmischen Kette von Universen und deshalb "Söhne der Notwendigkeit" sind, und ein jedes ist Wirkung des ihm vorangegangenen, und Ursache des ihm folgenden.

Erscheinen und Vergehen eines Universums werden dargestellt als das Aus- und Einatmen des ewigen "großen Atems". Weil dieser aber endlose Bewegung ist, ist er einer der drei Aspekte des Absoluten, neben abstraktem Raum und Dauer. Wird der "große Atem" nach außen gerichtet, so wird er "göttlicher Atem" genannt und stellt das Atmen der unergründlichen Gottheit – der einzigen Existenz – dar, die sozusagen einen Gedanken ausatmet, der zum Kosmos wird. Und wird der göttliche Atem nochmals inspiriert, so verschwindet das Universum im Schoß der "großen Mutter", die dann schläft – "eingehüllt in ihre unsichtbaren Gewänder".

(c) Die Wörter "das, was ist und doch nicht ist" bezeichnen den großen Atem, von dem wir zwar als 'absolute Existenz' sprechen können, ohne aber die Vorstellungskraft zur Unterscheidung dieser Existenzform von Nichtexistenz zu haben. In der Esoterischen Philosophie werden die drei Zeitkonzepte Gegenwart, Vergangenheit und Zukunft als ein einziger Zeitverbund betrachtet, denn Zeit ist eine Zusammensetzung von drei Abschnitten nur in bezug auf die phänomenalen Lebensbereiche, während sie im noumenalen Bereich keine abstrakte Gültigkeit haben. So auch die Aussage eines klassischen Textes: "Vergangenheit ist Gegenwart und ist Zukunft, und auch wenn diese noch nicht existiert, so ist sie doch."[4] Kurz gesagt gehen alle menschlichen Vorstellungen über Dauer und Zeit, den Assoziationsgesetzen entsprechend, auf unsere Sinneseindrücke zurück. Aber da diese Vorstellungen unvermeidlicher Bestandteil des nur konventionellen menschlichen Wissens sind, existieren sie ausschließlich in der Erfahrung des individuellen Egos und verschwinden, wenn durch dessen evolutionären Fortschritt die Mâyâ (Illusion) der phänomenalen Existenz vernichtet wird. Was ist denn Zeit anderes, als das fortlaufende Panorama unserer Bewußtseinszustände –?

7. DIE URSACHEN DES DASEINS WAREN BESEITIGT (a); WAS SICHTBAR WAR UND WAS UNSICHTBAR IST, RUHTE IM EWIGEN NICHTSEIN – DEM EINEN SEIN (b).

(a) "Die Ursachen des Daseins" sind nicht nur die wissenschaftlich bekannten physischen Ursachen, sondern auch die metaphysischen, deren hauptsächliche der Drang nach Dasein ist – das Resultat von Nidâna und Mâyâ. Dieses Verlangen nach empfindungsvermögendem Leben zeigt sich überall, vom Atom bis zur Sonne, und reflektiert das in objektive Existenzformen drängende göttliche Denken, reflektiert das Gebot, das Universum solle existieren. Nach der esoterischen Lehre bleibt die wahre Ursache des mutmaßlichen Dranges und allen Daseins für immer verborgen. Für den menschlichen Verstand ist das erste Erstrahlen dieses Verlangens höchste Abstraktion, und es ist unausweichlich, daß es diese Abstraktion ist, die als Ursprung des materiellen, unseren Sinnen und unserem Verstand dargebotenen Universums gilt. Und sie ist auch der Hintergrund der sekundären, untergeordne-

---

[4] In *Mani-bkah-hbum*, "Book of the 100.000 Precious Commandments". Und vgl. V.P. Vasilev, *Der Buddhismus*, 1860, S. 327, 357.

ten und anthropomorphisierten Naturkräfte, die in jedem Zeitalter von den Massen als Gott oder als Götter angebetet wurden. Die Vorstellung, es könnte etwas ohne Ursache existieren, scheint nicht möglich zu sein – allein der Versuch einer solchen Vorstellung verursacht ein Aussetzen der normalen Funktionsweise des Verstandes, und das ist auch buchstäblich der Zustand unseres Verstandes, wenn wir versuchen, die Kette von Ursachen und Wirkungen zurückzuverfolgen. Aber sowohl die Wissenschaft als auch die Religionen klammern sich voreilig, also unnötig schnell an diesen so hervorgebrachten Zustand der Leere des Verstandes, denn sie ignorieren die einzig möglichen Ursachen für physische Konkretisierungen, nämlich: metaphysische Abstraktionen. Diese Abstraktionen durchlaufen beim Annähern an unseren Existenzbereich einen Prozeß der immer größer werdenden Konkretisierung, und letztendlich nehmen sie die Formen des materiellen Universums an –, sie machen also eine Konversion vom Metaphysischen zum Physischen durch, analog der Verwandlung von Dampf durch Kondensation zu Wasser und von Wasser durch Kälte zu Eis.

(b) Nur wer vergißt, daß unsere Vorstellungen vom Sein durch unser gegenwärtiges Existenzbewußtsein begrenzt sind, wird die Idee des ewigen Nicht-Seins, das das Eine Sein ist, als paradox empfinden. Wir reduzieren sozusagen einen Gattungsbegriff zur Bezeichnung einer spezifischen Sache.

8. Allein vorhanden, erstreckte sich die eine Form des Seins (a) grenzenlos, unendlich, unverursacht und in traumlosem Schlaf (b), und Leben pulsierte ohne Bewusstsein im universalen Raum, in jener Allgegenwart, die das "Geöffnete Auge" des Dangma[5] wahrnimmt.

(a) Zurückgreifend auf eine archaische Idee, tendiert das moderne Denken zu der Vorstellung einer homogenen Basis der scheinbar unterschiedlichsten Dinge, also einer von Homogenität oder Gleichartigkeit ausgehenden Entwicklung zur Verschiedenartigkeit. Biologen forschen nach dem homogenen Protoplasma, Chemiker sind auf der Suche nach dem Protyl, dem Urstoff der Atome, andere Wissenschaftler suchen die Kraftquelle, aus der Elektrizität, Magnetismus, Wärme, etc. hervorgehen. Die Geheimlehre überträgt diese Idee auf die Metaphysik und postuliert "Eine Daseinsform" als Ausgangspunkt aller Dinge. Aber vielleicht ist die Bezeichnung "Eine Daseinsform" nicht ganz korrekt. Die Kommentatoren der

---

[5] Ein Dangma ist eine geläuterte Seele, jemand, der zum Jîvanmukta geworden ist, ein Adept der höchsten Stufe, ein sogenannter Mahâtma. Sein "geöffnetes Auge" ist das innere, spirituelle Auge des Sehers. Die durch dieses "Auge" manifestierte Fähigkeit hat nichts mit der gewöhnlichen Gabe des Hellsehens, also der Überbrückung großer Entfernungen zu tun, sondern ist die Befähigung zu geistiger Intuition, durch welche direktes, sicheres Wissen erlangt wird. Sie ist eng verbunden mit dem "dritten Auge", das mythologische Überlieferungen bestimmten Menschen zuschreiben. Ausführlichere Erklärungen dazu im zweiten Buch dieses Werkes.

Purânas sprechen von Kârana, "Ursache", die Esoterische Philosophie jedoch von dem *vollkommenen Geist dieser Ursache.* Es handelt sich um das von diesem vollkommenen Geist abgeleitete, in der buddhistischen Philosophie Svabhâvat genannte ewige Prinzip Ursache-Wirkung, allgegenwärtig und doch abstrakt: die selbstexistente schöpferische Essenz und Wurzel aller Dinge.

(b) Traumloser Schlaf ist in der östlichen Esoterik einer der sieben Bewußtseinszustände. In jedem dieser Zustände wird ein jeweils anderer Teil des Geistes aktiviert. In der Vedânta-Philosophie würde man sagen, das Bewußtsein des Individuums befindet sich in einem anderen Bereich seines Daseins. In unserem Zusammenhang ist der Ausdruck "traumloser Schlaf" allegorisch gemeint und bezieht sich auf das Universum. Es soll so ein Zustand ausgedrückt werden, der etwa jenem menschlichen Bewußtseinszustand entspricht, der scheinbar nicht vorhanden ist, weil im Wachzustand keine Erinnerung daran vorhanden ist.

9. ABER WO WAR DER DANGMA, ALS DER ÂLAYA DES UNIVERSUMS *(Seele als Grundlage für alles Existierende, Anima mundi)* SICH IM ZUSTAND DES PARAMÂRTHA (a) BEFAND *(Absolutes Sein und Bewußtsein ist gleich Absolutes Nicht-Sein und Nicht-Bewußtsein),* UND ALS DAS GROSSE RAD UPAPÂDUKA WAR (b)?

(a) Hier handelt es sich um etwas, worüber es jahrhundertelang spitzfindige akademische Auseinandersetzungen gegeben hat. Die Termini "Âlaya" und "Paramârtha" waren der Grund für Spaltungen in philosophischen Schulen, und der Wahrheitsbegriff hat durch sie mehr unterschiedliche Aspekte bekommen, als durch jeden anderen mystischen Begriff. Âlaya ist *Anima mundi,* die Weltseele, Emersons "Überseele". In der esoterischen Lehre ändert sich ihre Natur periodisch. Seinem inneren Wesen nach und in den Bereichen, die weder kosmischen Göttern (Dhyâni-Buddhas) noch Menschen zugänglich sind, ist Âlaya ewig und unwandelbar, verändert sich aber während der aktiven Lebensperiode in bezug auf die niederen Bereiche, einschließlich des unseren. Während dieser Periode besteht nicht nur eine Seelen- und Wesensidentität der Dhyâni-Buddhas mit Âlaya. Selbst Menschen, die Seelentiefe durch Yoga (mystische Meditation) erlangt haben, "sind in der Lage, ihre Seelen mit ihm zu vereinen" (Âryâsangha). Die Meinungsverschiedenheiten kommen deshalb auf, weil es sich hier nicht um Nirvâna handelt, sondern um den diesem am nächsten liegenden Zustand. Die Yogâchâra-Schule (des Mahâyâna-Buddhismus) behauptet, der Âlaya sei nicht nur die Personifikation der Leere, sondern auch die Basis aller sichtbaren und unsichtbaren Dinge, und weiterhin, daß er sich trotz seines ewigen und unwandelbaren Wesens in jedem Objekt des Universums spiegelt "wie der Mond auf ruhigem, klarem Wasser." Andere Schulen bestreiten das. Das betrifft auch Paramârtha: Die Yogâcharas interpretieren diesen Begriff als die Bezeichnung für etwas, das auch mit anderen Dingen in

Abhängigkeit verbunden ist (*paratantra*). Die Mâdhyamika-Schule dagegen sieht Paramârtha als ausschließlich Parinishpanna, also absoluter Perfektion zugehörig. In der Darstellung der "zwei Wahrheiten" (von vier) glauben und behaupten die Yogâcharas also, daß es, zumindest in unserem Existenzbereich, nur Samvritisatya, d.h. eine relative Wahrheit gibt, während die Lehre der Mâdhyamikas die Existenz von Paramârthasatya, also von "absoluter Wahrheit" postuliert.[6]

Die Esoterische Philosophie lehrt zwar, daß alles Existente Leben und Bewußtsein besitzt, aber nicht, daß auch jede Lebens- und Bewußtseinsform der menschlichen oder auch der tierischen ähnlich ist. Wir betrachten Leben als "die eine Daseinsform", die sich manifestiert in einer stofflichen Substanz, die, als Materie bezeichnet, und im Menschen Geist, Seele und Körper genannt wird, obwohl es nicht korrekt ist, diese drei zu trennen. In unserem Daseinsbereich wird Seele durch das Mittel Materie manifestiert. In einem höheren Bereich ist Seele das Mittel zur Manifestation von Geist. Und es ist Leben, das diese drei durchdringt und sie zur Einheit zusammenfaßt. Die Idee der Universalität des Lebens gehört zu den philosophischen Konzepten der Antike, die sich unserem Denken in diesem Jahrhundert dank der Befreiung von der anthropomorphen Theologie wieder erschließen. Unsere Wissenschaft jedoch gibt sich damit zufrieden, die Anzeichen für die Universalität des Lebens zu beobachten und zu klassifizieren. Und bisher hat sie noch nicht einmal den Mut gefunden, auch nur ganz leise die Worte "Anima mundi" auszusprechen. Die Behauptung, es könne kristallines Leben geben, wäre noch vor einem halben Jahrhundert unter Hohn und Spott abgelehnt worden – heutzutage ist es der Wissenschaft wohlbekannt. In der Botanik erforscht man heute pflanzliche Nervensysteme, nicht etwa weil man glaubt, Pflanzen könnten fühlen und denken wie Tiere. Der Grund ist vielmehr die Überzeugung, daß eine Struktur vorhanden sein muß, die Wachstum und Ernährung in der Pflanzenwelt erklären kann, und die im Leben der Pflanzen eine Funktion einnimmt, die der Funktion der Nerven in der Tierwelt gleicht. Es ist unwahrscheinlich, daß es der Wissenschaft noch auf längere Zeit gelingen wird, einfach durch den Gebrauch von Bezeichnungen wie "Kraft" und "Energie" die Augen zu verschließen vor der Tatsache, daß Dinge, die Leben haben, seien es Atome oder Planeten, auch lebende Dinge sind.

(b) Der Ausdruck UPAPÂDUKA, wörtlich "elternlos", ohne Erzeuger, ist eine mystische Bezeichnung mit verschiedenen Bedeutungen. Generell werden so die himmlischen Wesen, die Dhyâni-Chohans oder Dhyâni-Buddhas, genannt. Da jedoch eine mystische Entsprechung besteht zwischen den letzteren und den

[6] "Paramârtha" bedeutet Selbst-Bewußtsein im Sanskrit, Svasamvedanâ oder "selbstanalysierende Reflexion", zusammengesetzt aus den Wörtern *parama* (alles überragend) und *artha* (Verstehen). Satya bedeutet absolut wirkliches Sein, d.h. *Esse*. Das Gegenteil dieser absoluten Wirklichkeit ist Samvrittisatya, die relative Wahrheit oder Wirklichkeit – Samvriti hat die Bedeutung von "falsche Auffassung" und ist der Ursprung von Mâyâ, Illusion.

menschlichen Buddhas und Bodhisattvas, erhalten diese "Mânushi"- (d.h. menschlichen) Buddhas ebenfalls die Bezeichnung UPAPÂDUKA. Das ist der Zustand, in dem ihre ganze Persönlichkeit mit ihrem eigenen Âtman-Buddhi-Bereich, ihren vereinigten sechsten und siebten Prinzipien, verschmolzen ist, und in dem sie zu "diamantenen Seelen" (Vajra-sattvas, vollständige Mahâtmas) geworden sind. "Der verborgene Herrscher", "der eins ist mit dem Absoluten", kann keine Eltern haben, denn er existiert in und durch sich selbst. Er ist eins mit dem Universalgeist (Svayambhû), d.h. mit dem höchsten Aspekt von Svabhâvat. Die Hierarchie der UPAPÂDUKA birgt ein großes Mysterium; ihr Gipfel ist die universale Geistseele, auf einer tieferen Stufe steht der Mânushi-Buddha. Und sogar jeder mit einer Seele begabte Mensch ist UPAPÂDUKA in latentem Zustand. Daher also der Ausdruck "Das große Rad war Upapâduka", wenn wir vom Universum in seinem formlosen, ewigen bzw. absoluten Zustand sprechen, d.h. ehe es von den "Erschaffern" gestaltet wurde.

STANZE 2

DIFFERENZIERUNG

1. ... WO WAREN DIE BAUMEISTER, DIE LEUCHTENDEN SÖHNE DES MANVANTARISCHEN ERWACHENS (a)? ... IN UNERGRÜNDLICHER TIEFE IN IHREM AHHI (chohanischen, dhyâni-buddhischen) PARINISHPANNA. DIE ERZEUGER VON FORM (Rûpa) AUS DEM FORMLOSEN (Arûpa) – DER WURZEL DER WELT – , DIE DEVAMÂTRI[7] UND DAS SVABHÂVAT RUHTEN IN SELIGEM NICHTSEIN (b).

(a) Die "Baumeister", "Söhne des Manvantarischen Erwachens", sind die wahren Schöpfer des Universums; in dieser Lehre, die sich nur mit unserem Planetensystem beschäftigt, dessen Architekten sie sind, werden sie auch "Wächter" der sieben Sphären genannt. Exoterisch betrachtet sind das die sieben Planeten; und esoterisch betrachtet sind sie auch die sieben Erden oder Sphären (Planeten) unserer Kette. Wenn im ersten Satz der ersten Stanze die "sieben Ewigkeiten" erwähnt werden, so bezieht sich das sowohl auf den *Mahâ-Kalpa*, d.h. "das (große) Zeitalter Brahmâs", als auch auf den Sonnen-*Pralaya* und die anschließende Wiederauferstehung unseres Planetensystems auf einer höheren Ebene. Daß es viele verschiedene Arten von *Pralaya* gibt, d.h. die Auflösung eines sichtbaren Dinges, wird an anderer Stelle dargestellt werden.

(b) Parinishpanna bezeichnet "das Absolute", hat also dieselbe Bedeutung wie Parinirvâna. Hier handelt sich nicht nur um den Endzustand; es ist auch jene Form von Subjektivität, die zu nichts in Beziehung steht, außer zu der Einen Absoluten Wahrheit in ihrem Bereich. Es ist dies ein Zustand, der dazu führt, daß man Nicht-Sein in seiner vollen Bedeutung korrekt erfaßt. Wie bereits erklärt, ist Nicht-Sein *absolutes* Sein. In Wirklichkeit wird alles jetzt *scheinbar* Existierende früher oder später im Zustand des Parinishpanna sein. Es besteht aber ein großer Unterschied zwischen *bewußtem* und *unbewußtem* "Sein". Ohne Paramârtha, also ohne selbstanalysierendes Bewußtsein, ist der Parinishpanna-Zustand nicht Seligkeit, sondern ganz einfach nur Ausgelöschtsein (sieben Ewigkeiten lang). Während also z.B. ein Mensch die Wärme von Sonnenstrahlen als wohltuend empfindet, fühlt oder empfindet ein durch Sonneneinwirkung erwärmtes Stück Eisen diese Wärme nicht.

[7] "Mutter der Götter", Aditi oder kosmischer Raum. Im Sohar wird sie Sephirah genannt, Mutter der Sephiroth sowie Schekhina in ihrer Urform, *in abscondito*.

2. ... WO WAR STILLE? WO OHREN, SIE WAHRZUNEHMEN? NEIN, ES GAB WEDER STILLE, NOCH LAUT (a), GAB NICHTS, NUR UNAUFHÖRLICHEN EWIGEN ATEM (*Bewegung*), DER SICH SELBST NICHT KENNT (b).

(a) Ein grundsätzlicher Gedanke in der Psychologie des Ostens ist die Vorstellung, daß Dinge, die aufhören zu existieren, trotzdem noch DASEIN haben. Hinter diesem offensichtlichen Widerspruch verbirgt sich ein Naturzustand, und es ist wichtig, diesen Zustand geistig zu erfassen, anstatt über die konventionelle Bedeutung der einzelnen Wörter zu streiten. Ähnlich paradox ist ein bekanntes Beispiel aus dem Bereich der chemischen Verbindungen: Hören Wasserstoff und Sauerstoff auf zu existieren, wenn aus ihrer Verbindung Wasser wird? Man kann sagen, daß für Wasserstoff und Sauerstoff die Existenzform Wasser einen Zustand des Nicht-Seins bedeutet, der aber ein Sein von "größerer Wirklichkeit" ist, als ihre Existenz als Gase. Dieses Beispiel kann in etwa als Symbol dienen für die Nächte Brahmâs, für den Zustand des einschlafenden Universums – wenn es aufhört zu sein. Erwachen oder wieder in Erscheinung treten wird es dann erst, wenn die Morgendämmerung des neuen Manvantaras es zu dem von uns Existenz genannten Zustand erweckt.

(b) In der archaischen Esoterik wird der Ausdruck "Atem des Einen Seins" nur zur Bezeichnung des spirituellen Aspektes der Kosmogonie benutzt. Ansonsten steht anstelle dieses Ausdrucks die ihm im Bereich der Materie entsprechende Bezeichnung "Bewegung". Das eine ewige Element, bzw. das element-enthaltende Behältnis ist der in jeder Beziehung dimensionslose Raum und koexistent mit diesem: endlose Dauer, ursprüngliche, also unzerstörbare Materie und Bewegung – absolute, "unaufhörliche Bewegung", die der "Atem" des "Einen" Elements ist. Wie wir gesehen haben, kann dieser Atem nie aufhören, auch nicht während der Ewigkeiten des Pralaya.

Selbsterkenntnis setzt das zum Erkennen nötige Bewußtsein sowie Wahrnehmungsvermögen voraus. Beide, Bewußtsein und Wahrnehmung, sind begrenzte Eigenschaften in Bezug auf jedes Subjekt, außer auf Parabrahman. Daher der "ewige Atem, der sich selbst nicht kennt": Unendlichkeit kann Endlichkeit nicht erfassen. Das Unbegrenzte kann in keiner Beziehung stehen zum Begrenzten und Bedingten. In den Lehren des Okkultismus ist das Unerkannte, der unergründliche BEWEGER oder das Selbstexistente, die absolute, göttliche Essenz. Es ist als *absolutes* Bewußtsein und *absolute* Bewegung – für die dieses Unbeschreibliche beschreibenden Menschen mit ihrem begrenzten Fassungsvermögen – Unbewußtheit und Unbewegtheit. Ein konkretes Bewußtsein kann nicht Eigenschaft eines abstrakten Bewußtseins sein –, ebensowenig wie der Ausdruck "feucht" als Prädikat von Wasser gelten kann. Feuchtigkeit ist die Ursache für die

Eigenschaft des Feuchten in anderen Dingen. Bewußtsein impliziert Begrenzung und Bestimmung, nämlich ein Objekt, dessen man sich bewußt ist, und ein Subjekt, das ein Bewußtsein davon hat. Aber Erkennender, Erkanntes und das Erkennen selbst – alle drei sind enthalten und sind *eins*, im absoluten Bewußtsein. Das Bewußtsein des Menschen erfaßt nie mehr als den Teil seines Wissens, der in einem beliebigen Moment aus seiner Erinnerung hervorgeholt wird. Aber die Unzulänglichkeit unserer Sprache ist so groß, daß wir keine Bezeichnung haben für den Unterschied zwischen dem nicht aktiv gedachten (aber vorhandenen) Teil unseres Wissens und einem Wissen, das wir uns nicht ins Gedächtnis rufen können. Vergessen ist gleichbedeutend mit nicht erinnern. Und wieviel größer muß die Schwierigkeit sein, sprachliche Ausdrucksformen zu finden, die es uns möglich machen, abstrakte metaphysische Gegebenheiten oder Unterschiede zu beschreiben bzw. festzustellen. Vergessen wir auch nicht, daß wir Dinge nach den Erscheinungsformen benennen, die sie für uns annehmen. Absolutes Bewußtsein nennen wir "Unbewußtsein", weil wir meinen, es könne sich nur um ein solches handeln, und das Absolute bezeichnen wir als "Finsternis" oder "Dunkelheit", weil es unserer begrenzten Vorstellungskraft völlig unfaßbar erscheint. Aber trotz alledem wissen wir, daß unser Wahrnehmungsvermögen diesen Dingen nicht gerecht wird. Unwillkürlich unterscheiden wir z.B. zwischen unbewußtem absoluten Bewußtsein und Nichtbewußtsein, indem wir ersterem insgeheim eine undefinierbare Eigenschaft zuschreiben, die auf einer uns gedanklich nicht faßbaren höheren Stufe unserem eigenen Bewußtsein entspricht. Dabei handelt es sich aber nicht um eine Art von Bewußtsein, die wir unterscheiden könnten von dem uns als Nichtbewußtsein erscheinenden Zustand.

3. NOCH HATTE DIE STUNDE NICHT GESCHLAGEN; NOCH WAR DER STRAHL NICHT IN DEN KEIM (a) EINGEDRUNGEN; NOCH WAR MÂTRIPADMA (Mutter-Lotus) NICHT ANGESCHWOLLEN (b).

(a) Sobald der Strahl des "Ewig-Dunklen" erscheint, wird er zu einem glänzenden Licht- oder Lebensstrahl und dringt blitzartig ein in den "Keim" – an dem Punkt des Welteneis, der durch die Materie im abstrakten Sinn repräsentiert wird. Aber das Wort "Punkt" darf nicht so verstanden werden, als handele es sich um eine spezifische Stelle im Raum: Ein Keim existiert im Mittelpunkt eines jeden Atoms, und die Atome sind es, die in ihrer Gesamtheit "den Keim" bilden. Anders ausgedrückt: Da Atome für unser nacktes, körperliches Auge nicht sichtbar sind, stellt ihre Gesamtheit (soweit dieser Ausdruck überhaupt angewandt werden kann für etwas, das unbegrenzt und unendlich ist) das Noumenon ewiger und unzerstörbarer Materie dar.

(b) Der *Padma*, die indische Wasserlilie, ist eines der Symbole für die duale schöpferische Kraft in der Natur (im Bereich der Materie: Stoff und Energie). Der Lotus wird aus Wärme (Feuer) und Wasser (Dampf oder Äther) erzeugt. Feuer repräsentiert in jedem philosophischen und religiösen System den Geist der Gottheit, das aktive, männliche, zeugende Prinzip; Äther, die Seele der Materie, das Licht des Feuers, repräsentiert das passive, weibliche Prinzip, dem alles im Universum entsprungen ist. Somit ist Äther oder Wasser die Mutter und Feuer der Vater. Das erklärt die Aussage "Noch war die Mutter nicht angeschwollen"; dabei wird in der archaischen Symbolik zumeist die Form zugunsten der Grundidee geopfert.

4. IHR HERZ HATTE SICH NOCH NICHT GEÖFFNET, UM DEN EINEN STRAHL EINDRINGEN UND IHN DANN, VON DER DREIHEIT ZUR VIERHEIT WERDEND, IN DEN SCHOSS MÂYÂS FALLEN ZU LASSEN.

Die Ursubstanz hatte sich noch nicht aus ihrer präkosmischen Latenz zur differenzierten Objektivität verwandelt, noch war sie das (für den Menschen bisher unsichtbare) Protyl[8] der Wissenschaft. Aber wenn die Zeit reif ist, öffnet sie sich der fohatischen Einprägung des göttlichen Gedankens (d.h. des Logos, des männlichen Aspekts der *Anima mundi*, des Alaya) – sie öffnet ihr "Herz". Die Ursubstanz differenziert, sondert ab, und die DREI (Vater, Mutter, Sohn) werden zur Vier transformiert. Hier ist der Ursprung des zweifachen Mysteriums der Dreieinigkeit und der unbefleckten Empfängnis. Die erste und grundlegende Lehre des Okkultismus ist Universale Einheit (oder Homogenität) unter drei Aspekten. Dadurch wurde das Konzept einer Gottheit ermöglicht, die in ihrer absoluten Einheit für den begrenzten Verstand ewig unfaßbar bleiben muß.

So wird auf Erden das Mysterium wiederholt, das sich nach den Aussagen von Sehern im Bereich des Göttlichen vollzieht. Der "Sohn" der unbefleckten himmlischen Jungfrau (bzw. des undifferenzierten kosmischen Protyls, der Materie in ihrer Unendlichkeit) wird auf Erden nun noch einmal geboren als Sohn der irdischen Eva, unserer Mutter Erde, und wird zur Menschheit insgesamt – in der Vergangenheit, der Gegenwart und der Zukunft –, denn Jehova ist sowohl männlich als auch weiblich.[9] Oben bezeichnet "Sohn" den gesamten KOSMOS, unten die MENSCHHEIT. Auf Erden wird die Triade oder das Dreieck zur Tetraktys, der heiligen Pythagoräischen Zahl (Vier), zum vollkommenen Quadrat und zum sechsseitigen Würfel. Makroprosopus (das große Gesicht) ist nun Mikroprosopus (das kleine Gesicht); die Kabalisten sagen, der "Alte an Tagen",[10] der zu Adam-Kadmon hinabsteigt, um sich durch die-

[8] (Hypothetischer Urstoff der Atome. H.T.)

[9] (Hier nimmt H.P.B. Bezug auf das "'Mensch-gleich-Jehova'-Maß" in Skinners *The Source of Measures*, wo eine Äquivalenz der Zahlenwerte des Menschen und des Tetragrammatons dargestellt wird. H.T.)

[10] (biblisch; auch der "Hochbetagte" oder "Einer, der alt war an Tagen", cf. *Daniel* 7. 9, 13, 22: gemeint ist Gott oder die Gottheit. H.T.)

sen zu manifestieren, wird zum Tetragrammaton transformiert. Es befindet sich nun in den Fängen Mâyâs, der großen Illusion, und zwischen ihm und der Wirklichkeit ist das Astrallicht, das die begrenzten Sinne des Menschen täuscht, wovon ihn nur Erkenntnis durch Paramârthasatya befreien kann.

5. NOCH WAREN DIE SIEBEN SÖHNE NICHT AUS DEM LICHTGEWEBE GEBOREN. ALLEIN DAS DUNKEL WAR VATER-MUTTER, SVABHÂVAT; UND SVABHÂVAT WAR IM DUNKEL.

In den hier wiedergegebenen Stanzen befaßt sich die Geheimlehre hauptsächlich, praktisch ausschließlich, mit unserem Sonnensystem, und besonders mit unserer Planetenkette. Die "sieben Söhne" sind also die Schöpfer der letzteren.

Svabhâvat, die das Universum ausfüllende "formende Essenz", ist der Ursprung aller Dinge. Im Buddhismus ist Svabhâvat sozusagen der konkrete Aspekt der im Hinduismus *Mûlaprakriti* genannten Abstraktion. Es ist der Körper für die Seele, ist das, was der Äther im Verhältnis zu Âkâsha ist, denn Âkâsha ist das den Äther beseelende Prinzip.

6. DIESE BEIDEN SIND DER KEIM, UND DER KEIM IST – EINES. NOCH WAR DAS UNIVERSUM VERBORGEN IM GÖTTLICHEN DENKEN UND IM GÖTTLICHEN SCHOSS ...

"Das *göttliche Denken*" hat nichts mit der Vorstellung eines göttlichen Denkers zu tun, sondern das Universum i s t das in einer sekundären oder manifestierten Ursache reflektierte Denken selbst. Und zwar ist dieses Denken das Universum in seiner Gesamtheit, d.h. nicht nur in Vergangenheit, Gegenwart und Zukunft, wie es der begrenzte menschliche Verstand sich vorstellt, sondern es ist das *Sat* (ein unübersetzbares Wort), das absolute Sein, wo Vergangenheit und Zukunft zu einer ewigen Gegenwart kristallisiert sind. Brahman (als Neutrum) ist, gleich dem *Mysterium magnum* des Paracelsus, für das menschliche Begriffsvermögen ein vollkommenes Geheimnis. Sein anthropomorpher Aspekt als männlich-weiblicher Brahmâ ist für den blinden Glauben faßbar, wird aber verworfen, sobald der menschliche Verstand mündig geworden ist.

So erklärt sich die Äußerung, das Universum oder der "Sohn" befände sich – sozusagen während des Prologs des Schöpfungsschauspiels, also am Anfang der kosmischen Evolution – noch "verborgen im Göttlichen Denken", welches noch nicht "in den Göttlichen Schoß" eingedrungen war. Hier – und dies ist wichtig zu wissen – liegt die Wurzel, der Ursprung aller Allegorien von "Söhnen Gottes", die von unbefleckten Jungfrauen geboren werden.

STANZE 3

DAS ERWACHEN DES KOSMOS

1. ... DIE LETZTE SCHWINGUNG DER SIEBTEN EWIGKEIT DURCHBEBT DIE UNENDLICHKEIT (a). DIE MUTTER SCHWILLT AN UND ENTFALTET SICH VON INNEN NACH AUSSEN GLEICH DER KNOSPE DES LOTUS (b).

(a) Die scheinbar paradoxe Aussage "die siebte Ewigkeit", durch die ja das Unteilbare geteilt wird, wird in der Esoterischen Philosophie als legitim bestätigt. Bezüglich des Begriffs "endlose Dauer" unterscheidet diese Philosophie zwischen bedingungslos ewiger, universaler Zeit und bedingter Zeit (*Khandakâla*). Zum einen also die Abstraktion oder das Noumenon unendlicher Zeit (*Kâla*), zum anderen deren phänomenales, periodisches Erscheinen als Auswirkung von *Mahat* (der universalen, durch die manvantarische Dauer begrenzten Intelligenz).

(b) "Die letzte Schwingung der siebten Ewigkeit" war also "vorbestimmt" – nicht etwa durch irgendeinen Gott, sondern als Ausdruck des ewigen und unwandelbaren GESETZES, das die großen aktiven und ruhenden Perioden verursacht. Es sind dies die Perioden, die so bildhaft und gleichzeitig so voller Poesie als "die Tage und Nächte Brahmâs" bezeichnet werden. Die Ausdehnung der Mutter "von innen nach außen", an anderer Stelle auch "die Wasser des Raumes", "Universalmatrix", usw. genannt, deutet aber nicht eine von einem zentralen Punkt oder Fokus ausgehende Entfaltung an, sondern hat – ohne Bezug auf Größe, Begrenzung oder Bereich – die Bedeutung eines Entwicklungsprozesses von grenzenloser Subjektivität zu einer ebenso grenzenlosen Objektivität. "Die für uns immer unsichtbare und immaterielle, aber in Ewigkeit vorhandene Substanz warf ihren Schatten periodisch aus ihrem eigenen Bereich in den Schoß Mâyâs." Hier wird gesagt, daß diese Ausdehnung eine Zustandsveränderung war, nicht aber eine Vergrößerung, denn grenzenlose Ausdehnung kann nicht vergrößert werden. Die Substanz erweiterte sich "wie die Knospe des Lotus": Diese Pflanze existiert nicht nur als Miniaturembryo in ihrem Samen – das ist ein physisches Charakteristikum –, sondern ist als Prototyp, als Idealform bereits im Astrallicht vom "Morgengrauen" bis zur "Nacht" während der manvantarischen Periode vorhanden, wie alles andere im objektiven Universum, vom Menschen bis hinab zum kleinsten Wurm, von den größten Baumriesen bis zum winzigsten Grashalm.

Dies alles ist, so lehrt die verborgene Wissenschaft, die zeitlich begrenzte Reflexion, der Schatten des ewigen idealen Prototyps im göttlichen Denken. Es ist wichtig zu wissen, daß das Wort "Ewigkeit" hier nur für "Äon" steht, also für das in einem scheinbar grenzenlosen, aber in Wirklichkeit begrenzten Zyklus der Aktivität

Andauernde. Es ist der Zyklus, den wir Manvantara nennen. Was aber ist die wirkliche esoterische Bedeutung des Wortes Manvantara, oder, besser: Manu-Antara? Esoterisch bedeutet es "zwischen zwei Manus", von welchen es insgesamt vierzehn innerhalb eines jeden Tages des Brahmâ gibt. Ein solcher Tag besteht aus den 1000 Aggregatzuständen von vier Zeitaltern, das bedeutet, er besteht aus 1000 "großen Zeitaltern" oder Mahâyugas. Wir sollten nun das Wort oder den Namen Manu betrachten. Orientalisten und ihre Fachwörterbücher behaupten, der Ausdruck sei aus der Wurzel *man*, "denken", hervorgegangen, und bedeute somit "der denkende Mensch". In seiner esoterischen Bedeutung jedoch ist jeder Manu der anthropomorphisierte Schutzherr seines speziellen Zyklus' (d.h. seiner Runde), ist also nur die personifizierte Idee des "göttlichen Denkens". Daraus geht hervor, daß jeder Manu der spezielle Gott, Schöpfer und Formgebende aller Erscheinungen seines eigenen Daseinszyklus' bzw. Manvantaras ist. Fohat entfaltet seine Aktivität für die Manus (die Dhyâni-Chohans), veranlaßt in ihrem Auftrag die Entfaltung der idealen Prototypen von innen nach außen, d.h. Fohat aktiviert ihr Erblühen in abwärts gerichteter Reihenfolge, vom Noumenon bis zum niedrigsten Phänomen. Auf der letzten Stufe dann wird die vollständige Objektivität erreicht, der Höhepunkt der Illusion, die dichteste Stofflichkeit.

2. DIE SCHWINGUNG JAGT DAHIN, BERÜHRT MIT IHREN SCHNELLEN FLÜGELN (gleichzeitig) DAS GANZE UNIVERSUM UND DEN KEIM, DER IN DER FINSTERNIS WOHNT: IN DER FINSTERNIS, DIE ÜBER DEN RUHENDEN WASSERN DES LEBENS ATMET (sich bewegt)...

Der "Atem" der Finsternis über den "ruhenden Wassern des Lebens", wobei letztere als gleichbedeutend mit der Urmaterie und dem in ihr latenten Geist gesehen werden können, erinnert an das erste Kapitel des ersten Buches Mosis. Diese Vorstellung geht zurück auf den Nârâyana der Brâhmanas, den (sich selbst) über den Wassern Bewegenden. Im östlichen Okkultismus ist er die Personifizierung des ewigen Atems des unbewußten Absoluten (Parabrahman). Die Wasser des Lebens, Chaos, symbolisch das weibliche Prinzip, sind der aus unserer mentalen Sicht als Vakuum begreifbare Bereich, der Geist und Materie latent einschließt.

In allen Kosmogonien spielt "Wasser" immer eine wichtige Rolle als Basis und Quelle des materiellen Daseins. Wissenschaftler verwechseln das Wort mit der Sache selbst und haben unter Wasser ausschließlich die chemische Verbindung von Sauerstoff und Wasserstoff verstanden. Damit haben sie einer Bezeichnung, die für Okkultisten ein Sammelbegriff ist, eine festumrissene Bedeutung gegeben – einem Begriff, der in der Kosmogonie im metaphysischen und mystischen Sinn gebraucht wird. Eis ist kein Wasser, Dampf auch nicht, obwohl alle drei die gleiche chemische Zusammensetzung haben.

3. Dunkelheit verbreitet Licht, und Licht wirft einen einzigen Strahl in die Wasser, in die Mutter-Tiefe. Der Strahl durchdringt das jungfräuliche Ei; durch den Strahl erbebt das ewige Ei und lässt den nicht-ewigen (periodischen) Keim fallen, der sich zum Weltenei verdichtet.

Der einzelne in die Mutter-Tiefe geworfene Strahl sollte als das göttliche Denken oder die göttliche Intelligenz verstanden werden, die das Chaos durchdringt. Das geschieht allerdings im Bereich metaphysischer Abstraktion, oder, anders gesagt, in dem Bereich, wo die von uns so genannte metaphysische Abstraktion Wirklichkeit ist. Das jungfräuliche Ei ist ewig und immer das gleiche, es ist gewissermaßen abstrakte Eiheit, d.h. es ist die Kraft, durch Befruchtung entwickelt zu werden. Und in der gleichen Weise, wie die Befruchtung eines Eis erfolgt, ehe es gelegt wird, so enthält auch der nicht-ewige, periodische Keim, der in der späteren Symbolik als Welten-Ei bezeichnet wird, im Moment des Fallens aus dem erwähnten Symbol[11] bereits "Verheißung und Entwicklungsfähigkeit" des gesamten Universums. Obwohl die Idee *per se* natürlich eine Abstraktion, eine symbolische Ausdrucksform ist, ist sie doch ein wahres Symbol, denn dieses vermittelt die Vorstellung der Unendlichkeit als endlosen Kreis. Vor unserem geistigen Auge entsteht das Bild des a u s dem grenzenlosen Raum und i n ihm erscheinenden Kosmos – eines Universums uferlos in seiner Größe, wenn auch nicht endlos in seiner objektiven Manifestation. Der Vergleich mit einem Ei drückt weiterhin die okkulte Lehre von der runden Urform jeglicher Manifestation aus – vom Atom bis zur Erde, vom Menschen bis zum Engel. Bei allen Völkern war der Kreis schon immer das Zeichen für Ewigkeit und Unendlichkeit: Eine Schlange, die ihren Schwanz verschlingt. Um die richtige Bedeutung zu erfassen, muß man sich den Blick auf den Kreis von seinem Mittelpunkt aus vorstellen. Unser Seh- oder Gedankenumfeld ähnelt einem Kreis, dessen Radien wie Speichen von uns selbst in alle Richtungen ausgehen und, im Raum fortgeführt, nach allen Seiten grenzenlose Perspektiven darbieten. Hier handelt es sich um den symbolischen Kreis Pascals und der Kabalisten, "dessen Mittelpunkt überall, dessen Peripherie nirgendwo" ist. Dies ist ein Konzept, das Gemeinsamkeiten mit den gebündelten Bedeutungsinhalten unseres besprochenen Sinnbildes aufweist.

[11] (d.i. "das jungfräuliche Ei" oder der von H.P.B. an anderer Stelle erwähnte mâtripadma. Vgl. "Die Protokolle der Londoner Studienkonferenzen zur *Geheimlehre* mit H. P. Blavatsky" zu Stanze 2, Shloka 3. H.T.)

4. DANN FALLEN DIE DREI (Dreieck) IN DIE VIER (Vierheit). DER STRAHLENDE WESENSKERN WIRD SIEBEN INNEN, SIEBEN AUSSEN (a). DAS LEUCHTENDE EI (Hiranyagarbha), DAS IN SICH SELBST DREIHEIT IST (die dreifache Hypostase von Brahmâ oder Vishnu, die drei "Avasthâs"), GERINNT UND VERBREITET SICH IN MILCHWEISSEN FLOCKEN DURCH DIE TIEFEN DER MUTTER, ZUR WURZEL, DIE TIEF IM OZEAN DES LEBENS WÄCHST (b).

(a) Der Gebrauch geometrischer Zeichen und die häufigen Hinweise auf Zahlen in den alten Schriften bedürfen der Erklärung. Im "Buch des Dzyan" ebenso wie in der Kabalah müssen zwei Arten von Zahlen unterschieden werden – Zahlen, die oft ganz einfach zur bewußten Irreführung dienen sollen, und heilige Zahlen, deren Bedeutungen Okkultisten durch Einweihungen kennen. Erstere sind konventionelle Hieroglyphen, letztere grundlegende, allumfassende Symbole. Das heißt, die einen betreffen rein physische Dinge, und die anderen sind rein metaphysisch zu verstehen. Beide stehen in der gleichen Beziehung zueinander wie Materie zum Geist – es sind die beiden Pole der einen Ursubstanz.

Balzac, der unbewußte Okkultist der französischen Literatur, hat irgendwo gesagt, die Zahl sei für den Verstand dasselbe wie für die Materie, nämlich "ein unfaßbarer Faktor". (Vielleicht ist sie das für den weltlich orientierten, keineswegs aber für den erleuchteten Verstand.) Zahl ist, wie der große Dichter glaubte, ein reales Ding und gleichzeitig ein Atem, der von Gott kommt – so nannte er das, was wir das ALL nennen: Es ist der Atem, der allein das ordnende Prinzip des physischen Kosmos sein konnte, "wo nichts Form erhält, außer durch die Gottheit, welche eine von Zahl ausgehende Wirkung ist."

(b) "Das strahlende absolute Sein gerinnt und verbreitet sich durch die Tiefen des Raumes." Aus astronomischer Sicht ist das leicht zu erklären: Es handelt sich um die "Milchstraße", den Weltenstoff, die uranfängliche Materie in ihren ersten Formen. Schwieriger aber ist eine Erklärung, besonders wenn sie in wenigen Worten ausgedrückt werden soll, vom Standpunkt der okkulten Wissenschaft und im Hinblick auf symbolische Bedeutungen, denn hier handelt es sich um äußerst komplizierte Zeichen. Der Satz enthält über ein Dutzend der verschiedensten Symbole ...

5. DIE WURZEL BLEIBT, DAS LICHT BLEIBT, DIE FLOCKEN BLEIBEN, ABER NOCH IMMER IST OEAOHOO (a) EINS (b).

(a) In den Kommentaren wird OEAOHOO erklärt als "*Vater-Mutter der Götter*" und als die SECHS IN EINEM, oder auch als *die siebenfältige Wurzel, aus der alles hervorgeht*. Es kommt darauf an, welche Betonung diesen sieben Vokalen gegeben wird. Sie können als eine, drei oder, durch Hinzufügung des Buchstabens *e* nach dem *o*, sogar als sieben Silben ausgesprochen werden. Dieser mystische Name wird hier der Öffentlichkeit preisgegeben, weil er ohne die korrekte Beherrschung der dreifältigen Aussprache auf jeden Fall wirkungslos bleibt.

(b) Hier wird Bezug genommen auf das Nicht-getrennt-Sein alles Lebenden, alles Daseins, egal ob es sich in einem aktiven oder passiven Zustand befindet. Einerseits ist Oeaohoo die "wurzellose Wurzel allen Seins", ist also gleichbedeutend mit Parabrahman, andererseits ist es eine Bezeichnung für das manifestierte EINE LEBEN, die ewige, lebende Einheit. Wie schon erklärt, bedeutet "Wurzel" reine Erkenntnis, ewige, grenzenlose Wirklichkeit oder SAT, wobei es keine Rolle spielt, ob wir von Parabrahman oder Mûlaprakriti sprechen, denn dies sind die beiden Aspekte des EINEN. Das "Licht" ist der allgegenwärtige Geistesstrahl, der in das göttliche Ei eindrang und es befruchtete, und die kosmische Materie veranlaßt, ihren langen Differenzierungsverlauf zu beginnen. Als erste Differenzierung (Absonderung) erscheinen die "Flocken", die wahrscheinlich auch jene kosmische Materie darstellen, aus der die "Milchstraße" entstand. Es ist dies die uns bekannte Materie. Durch die Offenbarungen der ursprünglichen Dhyâni-Buddhas ist bekannt, daß diese "Materie" während der Perioden des schlafenden Universums von einer selbst für das Auge des perfekten Bodhisattva kaum erkennbaren, extremen Feinheit ist. Es ist die Materie, die sich – wurzelhaft und kühl – beim ersten Wiedererwachen kosmischer Bewegung im Raum ausbreitet. Von der Erde aus gesehen, erscheint diese Materie in Anhäufungen und Verdichtungen – wie Flocken in dünner Milch. Sie sind der "Rohstoff der Sterne", der Samen zukünftiger Welten.

6. DIE WURZEL DES LEBENS WAR IN JEDEM TROPFEN DES OZEANS DER UNSTERBLICHKEIT, UND DER OZEAN WAR STRAHLENDES LICHT, WELCHES FEUER UND WÄRME UND BEWEGUNG WAR. FINSTERNIS SCHWAND DAHIN UND WAR NICHT MEHR, SIE VERSCHWAND IN IHR EIGENES WESEN, DEN KÖRPER AUS FEUER UND WASSER, AUS VATER UND MUTTER.

Weil die Essenz der Finsternis absolutes Licht ist, wird Finsternis als passende Allegorie zur Bezeichnung des Universums im Zustand des Pralaya verwendet. Das ist der unserem begrenzten Verstand als Periode absoluter Ruhe oder des Nicht-Seins erscheinende Zustand. Die hier verwendeten Bezeichnungen Feuer, Wärme und Bewegung sind natürlich nicht Feuer, Wärme und Bewegung wie die Naturwissenschaften diese Begriffe verstehen, sondern sie sind die diesen zugrundeliegenden Abstraktionen, die Noumena oder die Seele des Wesenskerns dieser materiellen Erscheinungsformen. Es sind die "Dinge an sich", die unerreichbar für die Laborinstrumente der modernen Wissenschaft sind, wie diese selbst zugibt, und die auch für den menschlichen Verstand nicht faßbar sind. Aber ebensowenig kann derselbe Verstand der Schlußfolgerung entrinnen, daß diese den Dingen zugrundeliegenden Wesenskerne existieren müssen. Feuer und Wasser bzw. Vater und Mutter haben hier die Bedeutung "göttlicher Strahl" und "Chaos".

In den Lehren der Rosenkreuzer, so wie sie von weltlich orientierten Menschen endlich einmal wenigstens teilweise korrekt wiedergegeben werden, sind "Licht und Finsternis identisch. Nur der menschlichen Verstand trennt sie". Robert Fludd schrieb: "Dunkelheit nahm Helligkeit an, um sich selbst sichtbar zu machen."[12] Nach den Lehren des östlichen Okkultismus ist FINSTERNIS die eine wahre Wirklichkeit, ist die Grundlage und Herkunft des Lichts. Ohne Finsternis könnte das Licht sich weder manifestieren, noch existieren. Licht ist Materie, FINSTERNIS reiner Geist. Weil die Grundlage der Finsternis pur und nicht-physisch ist, ist sie subjektives und absolutes Licht, während das Licht bei allem scheinbaren Glanz und trotz all seiner Herrlichkeit nichts weiter als eine Masse von Schatten ist; es kann niemals ewig sein, ist nur Illusion, Mâyâ.

Sogar im biblischen Buch *Genesis*, einer unsere Rationalität überfordernden und unser Wissenschaftsverständnis irritierenden Schrift, wird Licht aus dem Dunkel erschaffen – "...und Finsternis war über der Tiefe", (1, 2) –, und nicht etwa umgekehrt. "In ihm (im Dunkel) war Leben, und das Leben war das Licht der Menschen" (*Joh.* 1, 4). Der Tag wird kommen, wenn den Menschen die Augen aufgehen werden, und dann werden sie auch den folgenden Vers des *Johannes-Evangeliums* verstehen: "Und das Licht scheint in der Finsternis, und die Finsternis hat es nicht erfaßt" (*Joh.* 1, 5). Dann werden sie verstehen, daß mit dem Wort "Dunkelheit" oder "Finsternis" nicht das spirituelle Erkennen des Menschen gemeint ist, sondern in der Tat die "FINSTERNIS", das Absolute, welches vergängliches Licht nicht erfassen (erkennen) kann, wie erhaben dieses Licht für das menschliche Auge auch sein mag. *Daemon est Deus inversus.* Der Teufel wird von der Kirche heute Finsternis genannt, aber die Bibel nennt ihn einen "Sohn Gottes" (im Buch *Iob*), glänzender Stern des frühen Morgens, und Luzifer (im Buch *Jesaia*). Eine ganze Philosophie dogmatischer Gerissenheit steckte hinter der Begründung, weshalb der erste Erzengel, der aus der Tiefe des Chaos kam, Lux (Luzifer) genannt wurde, der "strahlende Sohn des Morgens", d.h. der manvantarischen Morgendämmerung. Die Kirche verwandelte ihn, machte ihn zu Luzifer, dem Satan, weil er höherstehend und älter als Jehova ist, weshalb er dem neuen Dogma geopfert werden mußte.

---

[12] *Tractatus apologeticus integritatem Societatis Rosae Cruce defendens*, Leiden, 1617, S. 50.

7. SIEHE, O LANU![13] DAS STRAHLENDE KIND DER BEIDEN IN UNVERGLEICHLICHER, STRAHLENDER PRACHT: LEUCHTENDER RAUM, SOHN DUNKLEN RAUMES (a), DER SICH ERHEBT AUS DEN TIEFEN DER GROSSEN DUNKLEN WASSER. ES IST OEAOHOO, DER JÜNGERE, DER *** *(den du jetzt als Kuan-shi-yin kennst)* (b). ER ERSTRAHLT ALS DIE SONNE, ER IST DER FEURIGE GÖTTLICHE DRACHE DER WEISHEIT (c); EKA IST CHATUR (vier), UND CHATUR HOLT DREI ZU SICH, UND IHRE VEREINIGUNG BRINGT DIE SAPTA HERVOR, IN WELCHER DIE SIEBEN SIND, DIE ZU TRIDASHA[14] (dreimal zehn), DEN HEERSCHAREN UND VIELEN WERDEN. SIEHE, ER HEBT DEN SCHLEIER UND ÖFFNET IHN VON OSTEN NACH WESTEN. ER VERBIRGT DAS OBEN UND LÄSST DAS UNTEN SICHTBAR SEIN ALS DIE GROSSE TÄUSCHUNG. ER BEZEICHNET DIE ORTE FÜR DIE STRAHLENDEN *(die Sterne)* UND VERWANDELT DAS OBERE *(den Raum)* IN EIN UFERLOSES FEUERMEER (d) UND DAS EINE MANIFESTIERTE *(Element)* IN DIE GROSSEN WASSER.

(a) "Leuchtender Raum, Sohn dunklen Raumes" entspricht dem Strahl, der beim ersten Aufleuchten der neuen "Morgendämmerung" in die große Tiefe eindringt, aus welcher er in differenzierter Form, nämlich als "Oeaohoo der Jüngere" (das "neue LEBEN"), wieder auftaucht, um bis zum Ende des Lebenszyklus der Keim aller Dinge zu sein. Aus folgenden Gründen wird er "feuriger göttlicher Drache der Weisheit" genannt: 1., weil er das in der griechischen Philosophie als Logos bezeichnete Wort des göttlichen Denkens ist, und 2., weil er in der esoterischen Philosophie als erste Manifestation Oeaohoo, "Sohn des Sohnes", d.h. die Synthese universaler Weisheit ist und in sich selbst die Sieben Schöpferischen Kräfte – die Sephiroth – birgt, womit er die Essenz der manifestierten Weisheit ist. "Wer vom Licht des Oeaohoo umgeben ist, wird der Täuschung durch den Schleier Mâyâs nie verfallen."

(b) Kuan-shi-yin ist identisch und gleichbedeutend mit *Avalokiteshvara* (Sanskrit) und ist eine androgyne Gottheit, wie das Tetragrammaton und alle Logoi[15] des Altertums. Nur von einigen Sekten in China wird er anthropomorphi-

---

[13] Ein Lanu ist ein Studierender, ein Chela, der die praktische Esoterik erlernt.

[14] Tridasha: 3x10 = 30. Die Zahl (abgerundet) spielt an auf die Gottheiten der Vedas; genauer ausgedrückt sind es 33, und dies ist eine heilige Zahl. Es handelt sich um die 12 Âdityas, die 8 Vasus, die 11 Rudras und 2 Ashvins; letztere sind die Zwillingssöhne der Sonne und des Himmels. 33 ist die Grundzahl des Hindu-Pantheons, welches über 330 Millionen Götter und Göttinnen zählt.

[15] Deshalb waren alle höheren Götter des Altertums "Söhne der Mutter", ehe sie zu "Söhnen des Vaters" wurden. Logoi wie Jupiter bzw. Zeus, Sohn des Kronos-Saturn, "unendliche Zeit" (Kâla), waren ursprünglich Repräsentationen des Männlich-Weiblichen. Zeus wurde "schöne Jungfrau" genannt, Venus mit Bart dargestellt. Apollo war ursprünglich bisexuell, ebenso wie Brahmâ-Vâch im Manu (in der *Manu-Samhita*, dem Gesetzbuch Manus. H.T.) und in den *Purânas*. Osiris und Isis waren austauschbar, Horus war zweigeschlechtlich. In Johannes' Vision in der *Offenbarung des Johannes* war der jetzt mit Jesus in Verbindung gebrachte Logos ein Hermaphrodit, denn er wird mit weiblichen Brüsten dargestellt. Auch das Tetragrammaton (= Jehova) wurde als männlich-weiblich verstanden. In den Lehren der Esoterik aber existieren zwei Avalokiteshvaras: der erste und der zweite *Logos*.

siert und mit weiblichen Merkmalen versehen: Dann wird er, in seinem weiblichen Aspekt, zu Kuan-yin, zur Göttin der Barmherzigkeit, auch "die göttlichen Stimme" genannt. Sie ist eine schützende Gottheit in Tibet und auf der zu China gehörenden Insel Puto. Dort sind beiden Gottheiten mehrere Klöster geweiht.

(c) Der "Drachen der Weisheit" ist das Eine, das "Eka" (Sanskrit) oder Saka. Der Drachen, d.h. die Schlange, wurde von Jesus als Synonym für Weisheit akzeptiert und kommt in seinen Lehren vor: "Seid klug (weise) wie die Schlangen" (*Mt.* 10: 16).[16] "Im Anfang, ehe Mutter zu Vater-Mutter wurde, regte sich allein der feurige Drache in den Unendlichkeiten" *(Das Buch Sarparâjñî)*. Ehe unsere Erde und das Universum eiförmig wurden, schwebte und wand sich ein langer Schweif aus kosmischem Staub (oder Feuernebel) "schlangengleich durch den Raum." "Der Geist Gottes, der über dem Chaos schwebte," wurde bei allen Völkern symbolisch dargestellt als eine feurige Schlange, die Feuer und Licht über den uranfänglichen Wassern ausatmete und dadurch solange auf die kosmische Materie einwirkte, bis sie dieser Materie die ringförmige Figur einer Schlange geben konnte, die ihren Schwanz im Mund hat. So wurden nicht nur Ewigkeit und Endlosigkeit symbolisiert, sondern auch die aus dem Feuernebel gebildete kugelförmige Gestalt aller Körper innerhalb des Universums. Und schlangengleich werfen Universum, Erde und Mensch periodisch ihre alte Haut ab, um nach einer Zeit der Ruhe eine neue anzunehmen.

(d) Das "Feuermeer" ist das super-astrale (d.h. das noumenale) Licht, also die erste Ausstrahlung aus der *Wurzel*, der Mûlaprakriti, der undifferenzierten Substanz, die zur astralen Materie wird. Es wird auch "der feurige Drache" genannt, wie oben erwähnt. Wer die okkulte Kosmologie beherrschen will, darf nicht vergessen, daß nur e i n universales Element existiert, welches unendlich, ungeboren und unsterblich ist.[17] Die größte Schwierigkeit zum Verständnis dieser Lehre ist beseitigt, wenn weiterhin Klarheit darüber herrscht, daß alles andere, d.h. also, daß die weltlichen Phänomene nur die verschiedenen abgesonderten Aspekte und Transformationen – oder, wie man heute sagt: Korrelationen – dieses Einen sind. Das betrifft alle Bereiche, von den kosmischen bis zu den mikrokosmischen Auswirkungen, von den über dem Menschen existierenden Wesen bis zum derzeitigen Menschen und weiter zu den Lebensbereichen unterhalb des Menschen, kurz: es betrifft die Gesamtheit des objektiven Daseins. In der Kabalah und im westlichen und östlichen Okkultismus gilt das Postulat der Identität von "Vater-Mutter" und des uranfänglichen Äthers oder Âkâshas (d.i. das astrale Licht) sowie zweitens das

---

[16] (In der King James Version der Bibel steht: "Be wise...", ebenso in der moderneren Revised Standard Version. Deutsche Bibeln übersetzen das Wort seit Luther mit "klug". H.T.).

[17] In der ägyptischen und indischen Theogonie gab es eine *verborgene* Gottheit, das EINE, und den schöpferischen androgynen Gott. Es gab Schu, den Schöpfergott, und Osiris, der in seiner ursprünglichen, ersten Form der Gott war, "dessen Name nicht bekannt ist".

Postulat des h o m o g e n e n Zustands von "Vater-Mutter" v o r der Evolution des "Sohnes" (dem kosmischen *Fohat*), denn dieser ist kosmische Energie: "Fohat verfestigt sich und zerstreut die sieben Brüder" (Buch III, Dzyan).[18] Das heißt, die uranfängliche, energetische, "elektrifizierende" Substanz – der östliche Okkultismus besteht auf der Feststellung, daß diese elektrifizierende Energie Substanz hat – aktiviert sich elektrifizierend zum Leben. Und dadurch wird die uranfängliche Stofflichkeit, d.h. die prägenetische Materie, in Atome aufgelöst, welche die Quelle aller Lebens- und Bewußtseinsäußerungen sind. In alten Zeiten wurde Fohat durch eine Schlange repräsentiert, denn "Fohat macht zischende Geräusche, während er sich schlängelnd im Zickzack hin und her bewegt".

8. Wo war der Keim, und wo war jetzt Finsternis? Wo, o Lanu, ist der Geist der Flamme, die in deiner Lampe brennt? Der Keim ist Das, und Das ist Licht, der weiss strahlende Sohn des dunklen, verborgenen Vaters (a).

(a) Die Antwort auf die erste Frage wird in der zweiten, der Antwort des Lehrers, angedeutet. Diese enthält in einem einzigen Satz eine der wesentlichsten Wahrheiten der okkulten Philosophie. Es ist der Hinweis auf die Existenz von Dingen, die für unsere körperlichen Sinne nicht wahrnehmbar, aber von weitaus größerer Wichtigkeit, Wirklichkeit und Dauer sind, als die durch unsere Sinneswahrnehmung erfahrbaren Dinge. Ehe der Schüler das in der ersten Frage enthaltene transzendent-metaphysische Problem begreifen kann, muß er in der Lage sein, die zweite Frage zu beantworten. In deren Beantwortung liegt der Hinweis auf die korrekte Antwort zur ersten, seiner eigenen Frage.

Der Sanskrit-Kommentar zu dieser Stanze enthält eine Vielzahl von Ausdrücken zur Darstellung dieses verborgenen und nicht offenbarten Prinzips. In den frühesten Manuskripten der indischen Literatur hat diese nicht offenbarte, abstrakte Gottheit keinen Namen Es wird allgemein "*Das*", *Tat* im Sanskrit, genannt und hat die Bedeutung: Alles, was ist, war und sein wird bzw. was dem menschlichen Verstand so erscheint.

Den ganzen Umfang dieses Mysteriums erklären zu wollen, ist zwecklos. Materialisten und Wissenschaftler unserer Zeit werden es nie begreifen, denn um eine klare Vorstellung davon zu bekommen, sind drei Einsichten nötig: Erstens muß das Postulat einer die ganze Welt durchdringenden, omnipräsenten und ewigen Gottheit akzeptiert werden; zweitens muß das Geheimnis elektrischer Energie in seiner ganzen Tiefe ergründet worden sein; drittens muß der Mensch erkannt werden als das siebenfältige Symbol (im irdischen Bereich) der Einen Großen

[18] (Laut Boris de Zirkoff, dem Herausgeber des Blavatskyschen Gesamtwerks, ist dies ein Hinweis auf den geplanten, aber nicht mehr realisierten 3. Band der *Geheimlehre*. H.T.)

EINHEIT (des Logos), welches das Zeichen mit den sieben Vokalen, also der zum Wort kristallisierte Atem ist.

9. LICHT IST KALTE FLAMME, FLAMME IST FEUER, UND FEUER ERZEUGT WÄRME, DIE WASSER HERVORBRINGT: DAS WASSER DES LEBENS IN DER GROSSEN MUTTER (Chaos).

Es muß bedacht werden, daß die Übersetzer der Stanzen die darin vorkommenden Wörter "Licht", "Feuer" und "Flamme" aus dem Wortschatz der alten "Feuerphilosophen"[19] übernommen haben, um so die Bedeutung der archaischen Ausdrücke und Symbole des Originals verständlicher zu machen.

"Licht", "Flamme", "heiß", "kalt", "Feuer", "Wärme", "Wasser" sowie "Wasser des Lebens" – sie alle sind, in unserem Existenzbereich, die Nachkommen oder, in der Sprache der heutigen Physik, die Korrelationen ELEKTRISCHER ENERGIE. Ein wichtiges Wort und ein noch wichtigeres Symbol! Es ist Ausdruck des heiligen Prinzips, das ebenso heilige Nachkommen erzeugt und welches das Feuer – den Schöpfer, Erhalter und Zerstörer – erzeugt; das das Licht erzeugt – das Wesen unserer göttlichen Vorfahren; das die Flamme – als Seele aller Dinge – erzeugt. Es ist Ausdruck jener elektrischen Energie, die das EINE Leben am höchsten Gipfel des Seins ist, und die das astrale Fluidum, das Athanor[20] der Alchemie, auf des Seins niedrigster Stufe ist, und: GOTT und TEUFEL, GUT und BÖSE ...

Warum wird "Licht" nun in den Stanzen "kalte Flamme" genannt? Weil im Verlauf der kosmischen Evolution die als Antrieb wirkende Energie, die die Materie nach deren erster Atomisierung in Gang bringt, in unserem Existenzbereich durch kosmische Wärme hervorgebracht wird. Und weil es vor dieser Periode den Kosmos als losgelöste Materie noch nicht gab. So die Lehre des Okkultismus. Die erste, uranfängliche Materie, "ohne Anfang oder Ende" und ewig und zeitenlos wie der Raum, ist "weder warm noch kalt", sondern hat eine eigene, spezielle Natur – so der Kommentar (2. Buch). Wärme und Kälte sind relative Eigenschaften und gehören in die Bereiche der manifestierten Welten. Ehe die uranfängliche Materie also aus dem Bereich des niemals Manifestierenden heraustritt und unter dem Einfluß von Fohat zu bebender Aktivität erwacht, ist sie "ein kühler Schein, farblos, formlos, geschmacklos, bar jeglicher Eigenschaften oder Aspekte." Und entsprechend sind auch ihre Erstgeborenen, die "vier Söhne", die "eins sind und sieben werden". Es sind dies jene Wesenheiten, nach deren Eigenschaften und Namen die Okkultisten

[19] Hiermit sind nicht die Alchemisten des Mittelalters gemeint, sondern die Magi (zoroastrische Priester, H.T.) und Feueranbeter, von denen die Rosenkreuzer oder Philosophen *per ignem* als Nachfolger der Theurgie all ihre Vorstellungen vom Feuer als mystisches, göttliches Element geborgt haben.

[20] (Exoterisch: der Ofen der Alchemisten. H.T.)

des Ostens vier der sieben ursprünglichen "Kraftzentren" oder Atome benannten, die später zu den großen kosmischen "Elementen" werden. Und diese sind aufgeteilt in die ungefähr 70 Unterelemente, die der heutigen Wissenschaft bekannt sind.

Die vier ursprünglichen Wesensmerkmale der ersten Dhyâni-Chohans werden im praktischen Okkultismus – in Ermangelung treffenderer Bezeichnungen – "âkâshisch", "ätherisch", "wasserartig" und "feuerartig" genannt. Diese vier Eigenschaften entsprechen den wissenschaftlichen Definitionen von Gasen, die, wenn sie sowohl von Laien als auch von Okkultisten verstanden werden sollen, wie folgt benannt werden müssen: parahydrogenetisch,[21] paraoxygenetisch, oxyhydrogenetisch und ozonisch oder eventuell nitroozonisch. Diese im Okkultismus als übersinnliche und doch atomische Substanzen erkannten Kräfte oder Gase sind am effektivsten und aktivsten, wenn sie im Bereich der dichter differenzierten Materie zur ihrer energetischen Wirkung kommen.[22] Sie sind sowohl elektrisch positiv als auch elektrisch negativ.

10. VATER-MUTTER SPINNEN EIN GEWEBE, DAS OBEN AM GEIST (Purusha) – DEM LICHT DER EINEN FINSTERNIS – BEFESTIGT IST, UND UNTEN AN DES GEISTES SCHATTENHAFTEM ENDE, DER MATERIE (Prakriti). DIESES GEWEBE IST DAS UNIVERSUM, GESPONNEN AUS DEN ZWEI SUBSTANZEN, ZU EINER VERBUNDEN, UND DIE SVABHÂVAT IST.

In der *Mândûkya Upanischade* steht: "Wie die Spinne ihr Netz auswirft und wieder einzieht, wie die Pflanzen aus dem Boden sprießen ..., so entstand das Universum aus dem Unverweslichen" (I. 1. 7). Brahmâ, als "Keim der unbekannten Finsternis", ist das Material, aus dem alles hervorkommt und sich entwickelt, wie "das Netz aus der Spinne, wie Schaum aus Wasser", etc. Brahmâ, der "Schöpfer", ist ein Wort, das aus der Sanskritwurzel *brih*: "wachsen", "ausdehnen", abgeleitet ist. Brahmâ "dehnt sich aus" und wird zum aus Brahmâs eigener Substanz gewebten Universum. Dieselbe Idee hat Goethe ausgedrückt in den schönen Worten:

So schaff' ich am sausenden Webstuhl der Zeit,
Und wirke der Gottheit lebendiges Kleid.[23]

---

[21] para: jenseits, außerhalb.

[22] Jede dieser Substanzen (Kräfte, Gase) und viele weitere sind wahrscheinlich die fehlenden Verbindungsglieder der Chemie. Unter Alchemisten und Okkultisten, die sich mit phänomenalen Kräften abgeben, sind sie unter anderen Namen bekannt. Die größten Phänomene werden durch Verbindungen und Rückverbindungen auf bestimmte Art und Weise (oder durch die Auflösung von Verbindungen) der "Elemente" unter Zuhilfenahme von astralem Feuer produziert.

[23] *Faust* I, 508.

11. ES (das Gewebe) DEHNT SICH AUS, WENN DER ATEM DES FEUERS (des Vaters) ÜBER IHM IST; ES ZIEHT SICH ZUSAMMEN, WENN DER ATEM DER MUTTER (der Wurzel der Materie) ES BERÜHRT. DANN TRENNEN UND ZERSTREUEN SICH DIE SÖHNE (die Elemente mit ihren jeweiligen Eigenschaften bzw. Kapazitäten), UM AM ENDE DES GROSSEN TAGES ZURÜCKZUKEHREN IN DEN SCHOSS IHRER MUTTER UND WIEDER EINS MIT IHR ZU WERDEN (a). BEIM ABKÜHLEN WIRD ES (das Gewebe) LEUCHTEND, UND DIE SÖHNE DEHNEN SICH AUS UND ZIEHEN SICH ZUSAMMEN DURCH IHR EIGENES SELBST UND IHRE EIGENEN HERZEN – SIE UMSCHLINGEN DIE UNENDLICHKEIT (b).

Im Hinblick auf die "Feuernebel"-Periode ist die "Ausdehnung" des Universums unter dem "Atem des FEUERS" eine vielsagende Bezeichnung. Der Kommentar erklärt:

(a) Durch die Einwirkung großer Hitze werden die zusammengesetzten Elemente getrennt und die Himmelskörper in das eine Urelement zurückversetzt, aus dem sie entstanden waren. Sobald ein Himmelskörper, tot oder lebendig, durch die Anziehungskraft eines der vielen im Raum umhertreibenden Wärme- oder Energiezentren in den Einflußbereich eines solchen Zentrums gekommen ist, wird er zurückversetzt in sein Urelement. So verbleibt er in zerstäubtem Zustand im "Schoß der Mutter", bis Fohat einige der kosmischen Materie-Ansammlungen (Nebel) anhäuft und den Körper durch Impulsgebung erneut in Bewegung setzt, die nötige Wärme entwickelt und ihn dann seinem eigenen Wachstum überläßt.

(b) Die Ausdehnung und das Zusammenziehen des Gewebes, also des Stoffs oder der Atome der Welt, soll hier eine pulsierende Bewegung ausdrücken. Es handelt sich nämlich um den regelmäßigen Wechsel von Zusammenziehen und Ausbreiten jenes endlosen, uferlosen Ozeans, den wir das von Svabhâvat ausstrahlende Noumenon der Materie nennen können. Das ist es, wodurch das allumfassende Vibrieren der Atome verursacht wird. Aber aussagekräftig und beziehungsreich ist es noch in einem anderen Zusammenhang. Es wird hier offensichtlich, daß man in vergangenen Zeiten etwas kannte, das heutigen Wissenschaftlern und besonders unseren Astronomen rätselhaft erscheint, nämlich den ursächlichen, ersten Zündstoß, den die Materie oder der Weltenstoff erhielt, das Paradoxon einer Wärme, die durch den abkühlenden Vorgang des Zusammenziehens entstanden ist und andere, ähnlich rätselhafte Dinge im Kosmos. Hier wird zweifellos auf die Kenntnis solcher Phänomene in alten Zeiten hingewiesen. "In jedem Atom gibt es innere Wärme und äußere Wärme," steht in den von der Autorin eingesehenen Manuskripten der Kommentare, "der Atem des Vaters (oder: Geistes) und der Atem (oder: die Wärme) der Mutter (Materie)." Und es wird weiter erklärt, weshalb die Theorie des Erlöschens der solaren Feuer durch einen von Strahlungen erzeugten Hitzeverlust falsch ist.

12. SVABHÂVAT ENTSENDET NUN FOHAT, DIE ATOME ZU HÄRTEN. ALLE SIND TEILE DES GEWEBES (Universums), UND INDEM SIE, SPIEGELN GLEICH, DEN "AUS SICH SELBST EXISTENTEN HERRN" (uranfängliches Licht) REFLEKTIEREN, VERWANDELT SICH EIN JEDES IN EINE WELT.[24]

"Fohat härtet die Atome", indem er sie mit Energie lädt. Er verstreut die Atome, d.h. die uranfängliche Materie. "Er streut sich selbst aus, während er Materie in Form von Atomen verstreut" (Manuskript der Kommentare).

Durch Fohat werden die Ideen des Universalgeistes der Materie aufgeprägt. Die für Fohat gelegentlich benutzte Bezeichnung "elektrische Energie des Kosmos" mag eine schwache Vorstellung von seinem Wesen vermitteln. Aber dann müssen zusätzlich zu den allgemein bekannten Eigenschaften der elektrischen Energie weitere hinzugefügt werden, einschließlich Intelligenz. Interessant ist die Tatsache, daß die moderne Wissenschaft selbst erkannt hat, daß alle Denkprozesse und Gehirnaktivitäten von elektrischen Phänomenen begleitet werden.

---

[24] Das soll bedeuten, daß die Flamme eines Feuers unerschöpflich ist, und daß die Lichter des ganzen Universums an einer einzigen Kerzenflamme entzündet werden könnten, ohne ihr Licht zu mindern.

STANZE 4

DIE SIEBENFACHEN HIERARCHIEN

1. ... HÖRET, IHR SÖHNE DER ERDE, AUF EURE LEHRER, DIE SÖHNE DES FEUERS (a). LERNET, DASS ES WEDER ERSTES NOCH LETZTES GIBT, DENN ALLES IST EINS: ZAHL, HERVORGEGANGEN AUS NICHT-ZAHL (b).

(a) Die Bezeichnungen "Söhne des Feuers", "Söhne des Feuernebels", usw. müssen erklärt werden. Sie stehen im Zusammenhang mit einem großen uranfänglichen und universalen Mysterium. Es ist nicht leicht, Klarheit über diese Begriffe herzustellen. In der *Bhagavadgîtâ* erklärt Krishna, im 8. Kapitel, symbolisch und *esoterisch*:

> Zu welcher Zeit aber hinscheidend die Yogins zur Nichtwiederkehr oder aber zur Wiederkehr gelangen, die Zeit, o Stier der Bhârata, will ich dir sagen.
>
> Das Feuer als Licht, der Tag, die helle Monatshälfte, die sechs Monate, da die Sonne nach Norden geht, – auf diesem Weg (dem Götterweg) fortziehend, gehen die brahmanwissenden Menschen zu Brahman ein.
>
> Der Rauch, die Nacht, die dunkle Monatshälfte, die sechs Monate, da die Sonne nach Süden geht, – auf diesem Weg (dem Väterweg) gelangt der Yogin zu dem Lichtreich des Mondes und muß wieder zurückkehren.
>
> Diese beiden Wege, der helle und der dunkle (...), bestehen ewig für die Welt der Lebenden, auf dem einen gelangt man zur Nichtwiederkehr, auf dem andern kehrt man wieder zurück.[25]

Ausdrücke wie "Feuer", "Flamme", "Tag", "helle Monatshälfte" etc., und "Rauch", "Nacht" und andere mehr, weisen nur auf das Ende des lunaren Pfades hin, und sie sind ohne esoterische Kenntnisse unverständlich. Alle hier erwähnten Bezeichnungen sind *Namen verschiedener Gottheiten*, die über die kosmisch-psychischen Kräfte herrschen. Oft erwähnen wir die Hierarchie der "Flammen" (siehe Buch II) und die "Söhne des Feuers" etc. Shankarâchârya, der größte unter den Meistern der indischen Esoterik, erklärt, daß das Wort Feuer eine Gottheit bezeich-

[25] (Übersetzung von Paul Deussen in *Vier philosophische Texte des Mahabharatam*, Leipzig, 1906, S. 68, 69. H.T.)

net, die über die Zeit herrscht. Kâshinâth Trimbak Telang, der ausgezeichnete Übersetzer der *Bhagavadgîtâ*, gibt zu, daß er "keine klare Vorstellung vom Sinn dieser Verse" hat.[26] Für Kenner der okkulten Philosophie ist die Stelle dagegen klar und verständlich. Es besteht ein Zusammenhang dieser Verse mit der mystischen Bedeutung solarer und lunarer Symbole: Die Pitris sind lunare Gottheiten und unsere Vorfahren, denn sie sind die Schöpfer des *physischen Menschen*. Die Agnishvâttas und die Kumâras (die sieben mystischen Weisen) sind solare Gottheiten, obwohl die Agnishvâttas auch Pitris sind. Sie sind es, die den "*inneren* Menschen gestaltet haben" (siehe Buch II). Sie sind:

"Die Söhne des Feuers", weil sie die ersten Wesen sind (in der Geheimlehre werden sie "Geistträger" genannt), die aus dem uranfänglichen Feuer hervorkamen. "Der Herr, dein Gott, ist ein verzehrendes Feuer" (*Deut.* 4:24).[27] Feuer ist Äther in seiner reinsten Form, weshalb man es nicht als materiell ansah. Es ist vielmehr ätherische Einheit – die zweite manifestierte Gottheit – in ihrer Universalität. Aber in der okkulten Lehre gibt es zwei unterschiedliche "Feuer". Das eine, rein *formlose* und *unsichtbare*, in der *zentralen Geist-Sonne* verborgene Feuer wird (im metaphysischen Sinn) als *dreifach* bezeichnet; das andere, das Feuer des manifestierten Kosmos, ist siebenfältig, sowohl im gesamten Universum als auch in unserem Sonnensystem. "Das Feuer der Erkenntnis vernichtet jede Aktivität im Bereich der Illusion," sagt der Kommentar. "Deshalb werden alle, die es erreicht haben und dadurch befreit sind, 'Flammen' genannt."

(b) "Alles ist eins: Zahl, hervorgegangen aus Nicht-Zahl:" Hier wird nochmals Bezug genommen auf die im Kommentar zu Shloka 4 der Stanze 3 erklärte universelle philosophische Lehre. Das Absolute ist natürlich Nicht-Zahl. Aber in seiner späteren Bedeutung erscheint das Absolute als Zeit im Raum. Das bedeutet nicht nur, daß jede Zeiterweiterung Teil einer größeren Zeiterweiterung ist, bis hin zu der größten, für den menschlichen Verstand noch vorstellbaren, unendlich verlängerten Dauer. Es bedeutet auch, daß jedes manifestierte Ding nur als Teil eines größeren Ganzen vorstellbar ist. Die Gesamtheit aller Teile ist das eine manifestierte Universum, das aus dem Unmanifestierten oder Absoluten, d.i. das Nicht-Sein oder eben "Nicht-Zahl", hervorgeht, und durch diese Benennung unterschieden wird vom DASEIN oder der "Einen Zahl".

2. LERNET, WAS WIR, VON DER URSPRÜNGLICHEN SIEBENHEIT ABSTAMMEND UND GEBOREN AUS DER URFLAMME, VON UNSEREN VÄTERN ERFAHREN HABEN ...

---

[26] (*Bhagavadgîtâ*, Kapitel 8, übersetzt von K.T. Telang in *Sacred Books of the East*, Band VIII, S. 80-81, 2. Auflage, Unesco Collection of Representative Works – Indian Series, Reprint 1990. H.T.)

[27] Und siehe weitere Beispiele in der Bibel: *2 Thess.* 1: 7,8; *Apg.* 2: 3; *Offb.* 19: 11, 13.

Der Unterschied zwischen den "ursprünglichen" und den späteren sieben Erschaffern ist folgender: Erstere sind Strahl und direkte Emanation der ersten "heiligen Vier", der *Tetraktys*, des ewig selbstexistenten Einen (wohlgemerkt: ewig nur *im Wesenskern*, nicht als Manifestation, und im Unterschied zu dem universalen EINEN). Im Pralaya latent, aktiv während des Manvantara, gehen die "Ursprünglichen" aus "Vater-Mutter" hervor; die andere manifestierte Vierheit und die Sieben dagegen entstammen nur der Mutter. Diese Mutter ist die unbefleckte Jungfrau-Mutter, die vom universalen MYSTERIUM nicht durchdrungen, sondern überschattet wird, und zwar dann, wenn sie aus dem Laya-Zustand, also aus ihrer Undifferenziertheit hervortritt. In Wirklichkeit sind sie alle natürlich eine Einheit, nur die verschiedenen Aspekte dieses Einen in den verschiedenen Daseinsbereichen sind unterschiedlich.

Die ersten "Ursprünglichen" sind die höchsten Wesen im gesamten Existenzbereich. Im Christentum sind sie die Erzengel, die es ablehnen, schöpferisch zu sein bzw. sich zu vermehren – z.B. Michael. Und wie die ältesten der "geistgeborenen Söhne" Brahmâs.

3. DEM HELL STRAHLENDEN GLANZ DES LICHTS – DEM STRAHL DER IMMERWÄHRENDEN DUNKELHEIT – ENTSPRANGEN IM RAUM DIE WIEDERERWACHTEN ENERGIEN (Dhyâni-Chohans): DIE EINS AUS DEM EI, DIE SECHS UND DIE FÜNF (a). DANN DIE DREI, DIE EINS, DIE VIER, DIE EINS, DIE FÜNF – DIE ZWEIMAL SIEBEN, DIE GESAMTSUMME (b). UND SIE SIND DIE WESENSKERNE, DIE FLAMMEN, DIE ELEMENTE, DIE BAUMEISTER, DIE ZAHLEN, DAS ARÛPA (das Formlose), DAS RÛPA (mit Körpern), UND DIE KRAFT DES GÖTTLICHEN MENSCHEN – DIE GESAMTSUMME. UND AUS DEM GÖTTLICHEN MENSCHEN GINGEN HERVOR DIE FORMEN, DIE FUNKEN, DIE HEILIGEN TIERE UND DIE BOTSCHAFTER DER HEILIGEN VÄTER (Pitris) (c) INNERHALB DER HEILIGEN VIER.[28]

(a) Hier wird Bezug genommen auf die hohe Wissenschaft der Zahlen, die für das Studium des Okkultismus so heilig und von so großer Wichtigkeit ist, daß dieses Thema nicht oberflächlich abgehandelt werden kann, auch in diesem Werk nicht. Es sind die Hierarchien und korrekten Zahlen dieser für uns (außer in ganz seltenen Fällen) unsichtbaren Wesen, auf denen das Mysterium des ganzen Universums beruht. Obwohl sie in Wirklichkeit sieben sind, werden die *Kumâras* z.B. als "Vier" bezeichnet, weil Sanaka, Sananda, Sanâtana und Sanat-Kumâra die wichtigsten Vaidhâtra (ein von ihren Vorfahren abgeleiteter Name) sind und dem

[28] Die 4, das heilige oder perfekte Quadrat, das im okkulten Zahlensystem durch die Tetraktys repräsentiert wird, ist eine von allen Mystikern aller Völker als heilig betrachtete Zahl. Sie hat die gleiche Bedeutung im Brahmanismus, im Buddhismus, in der Kabalah und in den numerischen Systemen der Ägypter, der Chaldäer u.a.

"vierfachen Mysterium" entstammen. Aus "Die Eins aus dem Ei, die Sechs und die Fünf" ergibt sich die Zahl 1065, die den (Zahlen-) Wert des Erstgeborenen darstellt (später entwickelt zum männlich-weiblichen Brahmâ-Prajâpati), der den Zahlen 7, 14 und 21 entspricht ...

(b) "Die Drei, die Eins, die Vier, die Eins, die Fünf" (insgesamt zweimal Sieben) repräsentieren die Zahl 31415 – die numerische Hierarchie der verschiedenen Größenordnungen angehörenden Dhyâni-Chohans, und die der inneren, umgrenzten Welt. Wenn diese Zahl auf der Eingrenzung des großen Kreises "Nicht-Überschreiten"[29] (siehe Stanze 5, Shloka 6) positioniert wird, dann bleibt sie, soweit sie nicht durch Veränderungen oder Ausbreitung vergrößert wird, anagrammatisch und kabalistisch immer 31415, denn sie ist beides, die Zahl des Kreises und die Zahl des Svastika. Sie ist wieder zweimal die Sieben, denn wie immer man die beiden Zahlenreihen zusammenzählt, ob eine nach der anderen, ob kreuzweise, von rechts oder von links – das Resultat ist immer vierzehn. Mathematisch stellen sie die bekannte Kalkulation dar, wonach das Verhältnis eines Kreisdurchmessers zum Kreisumfang gleich 1 : 3,1415 oder der Wert von π (pi) ist, wie dieses Verhältnis genannt wird. Das Symbol π wird in mathematischen Formeln verwendet, um dies auszudrücken. Diese Zahlen müssen dieselbe Bedeutung haben, denn 1: 314.159 ebenso wie 1 : 3 : 1,415.927[30] werden in den Geheimkalkulationen verwendet, um die verschiedenen Zyklen und Zeitalter der "Erstgeborenen" auszudrücken (oder 311 040 000 000 000 mit Bruchteilen), mit demselben Ergebnis, nämlich 13.415. Dies wird anhand eines Vorgangs errechnet, mit dem wir uns hier aber nicht abgeben können.

Während in der metaphysischen Welt der Kreis mit dem einen zentralen Punkt ohne Zahl ist und Upapâduka (ohne Eltern und ohne Zahl) genannt wird, also keiner Kalkulation unterworfen werden kann, ist in der manifestierten Welt das Welten-Ei oder der Kreis innerhalb der Gruppierungen, die Linie, Dreieck, Fünfeck, zweite Linie und Würfel (oder 13514) genannt werden, umgrenzt. Und wenn dann der Punkt eine Linie erzeugt hat und so zum Durchmesser geworden ist, der den androgynen Logos darstellt, dann werden die Zahlen zu 31415, zu Dreieck, Linie, Würfel, zweiter Linie und Fünfeck. "Wenn der Sohn sich von der Mutter löst, wird er zum Vater," wobei der Durchmesser für die Natur, für das weibliche Prinzip steht. Deshalb wird gesagt: "In der Welt des Seins befruchtet der eine Punkt die Linie – den jungfräulichen Nährboden des Kosmos (die eiförmige Null) – und

[29] Das ist der Kreis, der auch Dhyânipâsha genannt wird, das "Seil der Engel", das "Seil", das den phänomenalen Kosmos vom noumenalen Kosmos, welcher außerhalb unseres derzeitigen objektiven Bewußtseins liegt, abgrenzt.

[30] (So im Original. Laut Boris de Zirkoff enthält diese Zeile im englischen Originaltext höchstwahrscheinlich einen Satzfehler. Aber, so de Zirkoff, "weil H.P.B. bei der Behandlung des Themas Andeutungen über gewisse 'Geheimkalkulationen' macht, halten wir es für ratsam, keine Korrektur vorzunehmen, wo es sich, wie hier, offensichtlich nur um einen Druckfehler handelt." H.T.)

die unbefleckte Mutter gebiert die FORM, die alle Formen in sich trägt." Prajâpati wird als erster zeugender Mann bezeichnet und als "Gatte seiner Mutter". Das ist das Urbild aller göttlichen Söhne "unbefleckter Mütter", was weitgehend bestätigt wird durch die Tatsache, daß Anna, der Name der Mutter der Jungfrau Maria, die laut katholischer Lehre ihre Tochter unbefleckt empfangen hatte ("Maria wurde ohne Sünde empfangen"), eine Ableitung des chaldäischen Ana, Himmel oder Astrallicht oder Anima mundi, ist. Daher wird Anaitis, Devî-durgâ, die Frau Shivas, auch Annapûrna genannt; und Kanyâ, die Jungfrau, mit dem esoterischen Namen "Umâ-Kanyâ", bedeutet "Jungfrau des Lichts", das ist das Astrallicht in einem seiner vielen Aspekte.

(c) Die Devas, Pitris, Rishis, Suras, Asuras, Daityas, Âdityas, Dânavas und Gandharvas und viele andere mehr haben alle in unserer Geheimlehre ihre synonymen Bezeichnungen. Viele von ihnen finden sich auch in der Hierarchie göttlicher, himmlischer Mächte des Christentums. All jene Throne und Reiche, Tugenden und "Fürsten,"[31] Cherubim und Seraphim und Dämonen, die vielen Bewohner der Sternenwelt – sie alle sind Abbilder archaischer Prototypen.

Und "heilige Tiere" gibt es in der Bibel ebenso wie in der Kabalah. Ihre sehr profunde Bedeutung geht zurück auf die Anfänge des Lebens.

4. DAS WAR DAS HEER DER STIMME – DER GÖTTLICHEN SIEBENHEIT. DIE FUNKEN DER SIEBEN SIND ABHÄNGIGE UND DIENENDE DES ERSTEN, DES ZWEITEN, DES DRITTEN, DES VIERTEN, DES FÜNFTEN, DES SECHSTEN UND DES SIEBTEN DER SIEBEN (a). DIESE "FUNKEN" WERDEN GENANNT KUGELFORMEN, DREIECKE, WÜRFEL, LINIEN UND GESTALTENDE, DENN SO IST DAS EWIGE NIDÂNA – DAS OI-HA-HOU (die Umwandlung von Oeaohoo) (b).[32]

(a) In diesem Shloka sollen die Hierarchien der Dhyâni-Chohans, die in Indien Devas (Götter) genannt und als bewußte Intelligenzkräfte der Natur bezeichnet werden, nochmals kurz analysiert werden. Die derzeitig vorhandenen Men-

[31] (Eine der neun Rangstufen der Engel. Überweltliche Mächte, die oft im Konflikt mit Gott stehen. Vgl. *Eph.* 6:12: "Geister der Bosheit in der Himmelswelt". H.T.)

[32] Bei den Okkultisten des Nordens (Indiens) ist die buchstäbliche Bedeutung des Wortes "kreisender Wind", "Wirbelwind", aber hier soll endlose kosmische Bewegung ausgedrückt werden bzw. die die Bewegung verursachende Kraft. Diese Kraft wird stillschweigend als Gottheit akzeptiert, aber nicht benannt. Es handelt sich um das ewige Kârana, die immer wirkende Ursache.

(Boris de Zirkoff erklärt dazu, er sei darauf hingewiesen worden, daß *Oeaohoo* und die dazugehörigen Veränderungen dieses Wortes in ziemlich verschleierten Andeutungen in der *Chhandogya Upanischade*, I Prapathaka, 13. Khanda, Verse 1–3, behandelt werden. Die Verse enthalten Ausdrücke, die den Blavatskyschen Vokalen sehr ähnlich sind und mit verschiedenen Bedeutungen dargestellt werden: "1. Die Silbe Hau ist diese Welt (die Erde), die Silbe Hai die Luft, die Silbe Atha der Mond, die Silbe Iha das Selbst, die Silbe I ist Agni, Feuer," in *The Upanishads*, Part 1, Seite 22. Ins Englische übersetzt von Max Müller, *The Sacred Books of the East*, Band 1, Reprint, Delhi 1993. H.T.)

schentypen entsprechen diesen Hierarchien, denn die Menschheit ist in der Tat deren materialisierte, wenn auch noch nicht perfekte Ausdrucksform. "Das Heer der Stimme" ist ein mit den Geheimnissen von Ton und Sprache eng verbundener Ausdruck, und zwar als Auswirkung und natürliche Folge des ursächlichen göttlichen Denkens.

P. Christian schreibt, daß "Namen (und Wörter) entweder wohltuende oder bösartige Wirkungen haben. Dem verborgenen Einfluß entsprechend, den die höchste Weisheit auf die Wortelemente, d.h. auf ihre Buchstaben sowie auf die mit den Buchstaben korrespondierenden *Zahlen* ausübt, wirken sie in gewisser Weise entweder wie Gift oder gesundheitsfördernd."[33]

Es ist dies eine Feststellung, die von allen Schulen des östlichen Okkultismus als eine wahre esoterische Lehre akzeptiert wird. Im Sanskrit-Alphabet und im hebräischen wie in allen anderen Alphabeten besitzt jeder Buchstabe seine eigene okkulte Bedeutung und logische Erklärung, bestehend aus Ursachen und Wirkungen früherer Ursachen. Eine Kombination dieser Faktoren kann sehr oft sehr magische Auswirkungen haben. Besonders die Vokale besitzen die zutiefst okkulten und stärksten Kräfte. Mantras (die im esoterischen Sinn mehr magischer als religiöser Natur sind) und die Vedas sowie andere heilige Schriften werden von den Brahmanen gesungen.

(b) Als nächstes sehen wir die Ausbreitung kosmischer Materie und ihre Formierung zu Elementen sowie deren Gruppierung in die mystische Vier innerhalb des fünften Elements, des Äthers, der die stoffliche Bekleidung des Âkâsha, der Anima mundi, der Mutter des Kosmos, ist. "Punkte, Linien, Dreiecke, Würfel, Kreise" und, letztlich, "Kugelformen" – warum und wieso? Weil, so der "Kommentar", dieses das erste Gesetz der Natur ist, weil die Natur überall und in all ihren Manifestationen geometrisiert. Nach einem der Natur innewohnenden Gesetz, das nicht nur für die Urmaterie, sondern auch für die manifestierte Materie unserer phänomenalen Welt Gültigkeit hat, stellt die Natur Wechselbeziehungen zwischen ihren geometrischen Formen und später auch ihren zusammengefügten Elementen her – in dieser Gesetzmäßigkeit sind Zufälle ausgeschlossen. Und ein grundlegendes Gesetz des Okkultismus stellt fest, daß es Ruhe oder das Aufhören von Bewegung in der Natur nicht gibt. Was wie Ruhe aussieht, ist die Veränderung von einer Form zur anderen, wobei Veränderung der Substanz Hand in Hand geht mit Veränderung der Form. Diese Lehre der okkulten Physik hat offensichtlich die Entdeckung der "Erhaltung der Materie" um beträchtliche Zeit vorweggenommen. Dazu der archaische Kommentar[34] zur Stanze 4:

---

[33] P. Christian, Autor der *Histoire de la Magie* und von *L'homme rouge des Tuileries*.

[34] Diesen uralten Kommentaren zu den Stanzen sind moderne Glossare beigefügt, weil sie wegen ihrer symbolträchtigen Sprache zumeist ebenso schwer zu verstehen sind wie die Stanzen selbst.

*Die Mutter ist der feurige Fisch des Lebens. Sie legt ihren Laich, und der Atem (Bewegung) wärmt und belebt ihn. Die Laichkörner ziehen sich schon bald gegenseitig an und bilden Flocken im Ozean (des Raumes). Die größeren Klumpen verschmelzen und empfangen neue Laichkörner – in feurigen Punkten, Dreiecken und Würfeln, die reifen. Zum vorbestimmten Zeitpunkt sondern sich die Klumpen ab und nehmen Kugelformen an – ein Vorgang, der nur unternommen wird, wenn sie von den anderen nicht behindert werden. Dann tritt Gesetz Nr. *** in Kraft. Bewegung (der Atem) wird zum Wirbelwind, der sie zum Kreisen bringt.*[35]

5. ... DAS OEAOHOO, WELCHES IST:
"FINSTERNIS", GRENZENLOS, DIE NICHT-ZAHL, ÂDI-NIDÂNA SVABHÂVAT: DER ○ (für x, die unbekannte Größe):

I. ÂDI-SANAT, DIE ZAHL, DENN ER IST EINS (a).
II. DIE STIMME DES WORTES, SVABHÂVAT, DIE ZAHLEN, DENN ER IST EINS UND NEUN.[36]
III. DAS "FORMLOSE QUADRAT". (Arûpa), (b).

UND DIESE DREI, EINGESCHLOSSEN IM ○ (dem grenzenlosen Kreis), SIND DIE HEILIGEN VIER; UND DIE ZEHN SIND DAS ARÛPA- (das subjektive, formlose) UNIVERSUM. DANN KOMMEN DIE "SÖHNE", DIE SIEBEN KÄMPFER, DER EINE, DER ACHTE AUSGELASSEN (c), UND SEIN ATEM, DER ERZEUGER DES LICHTS (Bhâskara), (d).

(a) Wörtlich übersetzt bedeutet "Âdi-Sanat" der erste oder "ursprüngliche Alte", und dieser Name identifiziert den "Alten an Tagen" der Kabalah und den "Heiligen Alten" (Sephirah und Adam-Kadmon) mit dem Schöpfer Brahmâ, dessen Name, neben anderen Namen und Titeln, auch *Sanat* ist.

Svabhâvat ist der mystische Wesenskern, d.i. die eine potentielle Formbarkeit[37] enthaltende Wurzel der physischen Natur. Manifestiert handelt es sich um

---

[35] Die okkulte Lehre stellt fest: "Bewegung ist im Unmanifestierten ewig und im Manifestierten periodisch." Und "wenn die Wärme, die entstanden ist beim Abstieg der FLAMME in die Urmaterie, deren Partikel in Bewegung setzt, wird diese Bewegung zum Wirbelwind." Ein Tropfen Flüssigkeit nimmt Kugelform an, weil seine Atome sich aufgrund ihres letztendlichen, unerklärlichen und noumenalen Wesenskerns um sich selbst drehen. Unerklärlich jedenfalls für die moderne Physik.

[36] Die Summe ist also zehn, die für den "Schöpfer" stehende vollkommene Zahl. "Der Schöpfer" ist die Bezeichnung für alle im Monotheismus zu e i n e m Schöpfer verschmolzenen Schöpferkräfte. So wurden die "Elohim", Adam-Kadmon oder Sephirah – d.i. die Krone – zur androgynen Synthese der 10 Sephiroth, die in der popularisierten Fassung der Kabalah das manifestierte Universum symbolisieren. Die esoterische Kabalah dagegen folgt dem östlichen Okkultismus und unterscheidet zwischen der oberen Dreiheit der Sephiroth (Sephirah, Hokhmah und Binah) und den restlichen sieben Sephiroth. Und Svabhâvat wird von den Orientalisten, die dabei wahrscheinlich auch ein wenig an den Äther der Wissenschaft denken, als ein Ausdruck für die im Raum verteilte formbare Materie erklärt. Der Okkultismus jedoch identifiziert Svabhâvat als das mystische "VATER-MUTTER".

[37] (Im Original "plastic root". "Plastic" bedeutet in unserem Zusammenhang sowohl 'formbar' als auch 'erschaffend'. H.T.)

“Zahlen”, auf höchster Ebene aber um die Zahl als Ausdruck der wesenhaften Einheit aller Substanz. Svabhâvat ist ein im Buddhismus gebräuchliches Wort, ein Synonym für die vierfältige Anima mundi, die kabalistische “archetypische Welt”, aus der die “schöpferischen, formgebenden und materiellen Welten” hervorgehen.

(b) ○ Dies bedeutet, daß der “grenzenlose Kreis” (Null) nur dann Figur oder Zahl wird, wenn eine der neun anderen Zahlen ihr vorangeht und so ihren Wert und ihre potentielle Kraft manifestiert. Das Wort oder der Logos im Verein mit Stimme und Geist (Ausdruck und Quelle des Bewußtseins) steht für die neun Zahlen und stellt so, zusammen mit der Null, die Dekade dar, in der das ganze Universum enthalten ist. Die Triade im Kreis bildet die Tetraktys oder heilige Vier. Das Quadrat im Kreis ist die mächtigste aller magischen Figuren.

(c) Der “Ausgestoßene’ ist die Sonne unseres Systems. Der Okkultismus verwirft die aus der Nebulartheorie hervorgegangene Hypothese des Entstehens der sieben großen Planeten aus der zentralen Masse der Sonne – zumindest der sichtbaren Sonne unseres Systems. Natürlich entstand die erste Kondensation kosmischer Materie im Umfeld eines zentralen Kerns, einer die Kondensation erzeugenden Sonne. Aber, so die okkulte Lehre, unsere Sonne war nur zuerst da, sie sonderte sich also nur früher als die anderen von der sich zusammenziehenden rotierende Masse ab: Sie ist der ältere Bruder der Planeten, nicht ihr Vater.

(d) Es existiert eine sehr poetische Darstellung der prägenetischen Kämpfe, die die wachsenden Planeten vor der endgültigen Gestaltung des Kosmos untereinander austrugen, aus denen die scheinbar beeinträchtigten Zustände in den Systemen einiger Planeten resultieren: So z.B. die gekippte Lage der Satelliten einiger Planeten (u.a. Neptun und Uranus, von deren Existenz man in archaischen Zeiten, so wird behauptet, nichts wußte), wodurch der Eindruck ihrer Rückläufigkeit entsteht. Nachdem die Sonne aus dem kosmischen Raum entstanden war und noch bevor die Hauptplaneten ihre endgültige Gestalt angenommen hatten und die Ringbildung der Planetennebel abgeschlossen war, zog sie alle kosmische Lebenskraft, die sie erreichen konnte, in die Tiefen ihrer Masse hinein. So drohte sie ihre schwächeren “Brüder’ zu verschlingen, bis sich das Gesetz von Anziehung und Abstoßung auf diese Situation eingestellt hatte und endgültig wirksam wurde. Danach ernährte sie sich vom “Ausschuß und Schweiß der Mutter”, also von jenen Teilen des Äthers (des “Atems der Universalseele”), von deren Vorhandensein und Konstitution die Wissenschaft bisher keinerlei Kenntnis hat. W. Mattieu Williams hat die Theorie aufgestellt, daß die ausgebreitete Materie, der Äther, die Wärmestrahlungen des Universums aufnimmt und dadurch in die Tiefen der solaren Masse gezogen wird. Von dort wird der bereits vorhandene verdichtete und durch Wärmeeinwirkung geschwächte Äther ausgestoßen. Selbst komprimiert und seiner Wärme entledigt, wird er nun seinerseits in verfeinertem und abgekühltem Zustand ausgestoßen und absorbiert erneut einen Wärmevorrat, der, so Williams’

Theorie, auf diese Art vom Äther aufgenommen wird, um dann von den Sonnen des Universums erneut konzentriert und verbreitet zu werden.[38]

Hier ist die Wissenschaft den Lehren des Okkultismus näher gekommen, als sie sich wohl vorstellen kann, denn im Okkultismus wird dieser Vorgang erklärt als Mârtândas Zurückgeben des "toten Atems" und als seine Ernährung durch "Schweiß und Ausschuß" von "Mutter Raum". Was auf Neptun, Saturn und Jupiter nur einen geringfügigen Einfluß haben konnte, hätte vergleichsweise kleine "Häuser" wie Merkur, Venus und Mars zerstört. Da Uranus vor Ende des 18. Jahrhunderts unbekannt war, bleibt die Erwähnung des vierten Planeten in der Allegorie vorerst geheimnisvoll.

Der "Atem" der "Sieben" wird Bhâskara (Licht Erzeugender) genannt, weil alle Planeten ursprünglich Kometen und Sonnen waren. Sie entwickeln sich aus dem uranfänglichen Chaos (jetzt: das Noumenon der nicht auflösbaren Nebel) zu manvantarischem Leben durch Anhäufung der ersten Differenzierungen der ewigen Materie. In der poetischen Ausdrucksweise des Kommentars heißt das: "So kleideten sich die Söhne des Lichts in das Gewand der Dunkelheit." Allegorisch werden sie auch als "himmlische Schnecken" bezeichnet, weil sie ihre in ihren Sternen- und Planetenwohnungen unsichtbar befindlichen (und für unser Erkenntnisvermögen formlosen) INTELLIGENZEN bei ihrem Umlauf im All mit sich tragen – wie Schnecken ihre Häuser. Es ist offensichtlich, daß archaische Astronomen die Lehre vom gemeinsamen Ursprung aller Himmelskörper und Planeten lange vor Kepler, Newton, Leibnitz, Kant, Herschel und Laplace berücksichtigt haben. Wärme (der "Atem"), Anziehung und Abstoßung – die drei großen Bewegungsfaktoren – sind die Voraussetzung für Geburt, Entwicklung, Tod und Wiedergeburt aller Mitglieder dieser ersten Familie. Ihre Wiedergeburt folgt der "Nacht Brahmâs", jener Periode, in der die ewige Materie in ihren ursprünglichen, undifferenzierten Zustand zurückfällt. Das wahre Wesen dieses Zustands können moderne Physiker auch nicht anhand von höchst verfeinerten Gasen erkennen. Anfangs sind die unsichtbaren Funken der[39] Uratome Kraftzentren, die sich zu Molekülen differenzieren und in einem Prozeß allmählicher Objektivierung Sonnen werden, und gasförmig, strahlend, kosmisch gibt der eine "Wirbelwind" (oder Bewegung) letztlich den Impuls zur Formwerdung und ersten Bewegung, gesteuert und erhalten vom ruhelosen Atem – den Dhyâni-Chohans.

---

[38] W. Mattieu Williams, *The Fuel of the Sun*, 1870. Vgl. A. Winchell, *World Life*, 1883, S. 56 ff.

[39] (Lt. Christmas Humphreys und E. Preston könnte das englische Wort "or" = "oder" gemeint sein. H.T.)

6. DANN DIE DURCH DIE DREI (Wort, Stimme, Geist) HERVORGEBRACHTEN ZWEITEN SIEBEN, DIE LIPIKAS. DER ABGEWIESENE SOHN IST EINER. DIE "SOHN-SONNEN" SIND UNZÄHLIG.

Das Wort *Lipi-kas* (von *lipi* = schreiben) bedeutet, wörtlich übersetzt, "Schreiber" oder "Schriftführer".[40] Im mystischen Sinn sind diese göttlichen Wesen in Verbindung mit Karma, dem Vergeltungsgesetz, zu verstehen, denn sie sind die Aufzeichnenden, die auf den für uns unsichtbaren Tafeln des Astrallichts – auf der "großen Bildergalerie der Ewigkeit" – getreue Aufzeichnungen aller Taten, ja aller Gedanken eines jeden Menschen festhalten, alles, was im manifestierten Universum war, ist oder jemals sein wird. In *Isis entschleiert* wurde bereits darauf hingewiesen, daß diese göttliche, unsichtbare Bildfläche das BUCH DES LEBENS ist. Da die Lipikas den ideellen Entwurf des Universums aus der Passivität des Universalgeistes in die Objektivität projizieren, wodurch die "Erschaffenden" nach jedem Pralaya den Kosmos neu konstruieren, sind sie eine Parallele zu den sieben Engeln der Gottesgegenwart, welche das Christentum als die sieben "Planetengeister" oder "Sternengeister" kennt. Und so sind sie unmittelbar die Ausführenden der Ewigen Ideation, bzw. des von Platon so genannten "göttlichen Gedankens". Die ewige Chronik ist kein phantastischer Traum; es gibt derartige Aufzeichnungen auch in der grobstofflichen Welt. "Kein Schatten fällt auf eine Wand, ohne auf ihr eine bleibende Spur zu hinterlassen, die durch die Anwendung geeigneter Prozesse sichtbar gemacht werden kann," erklärt Dr. Draper: "Auf ihrer empfindlichen Oberfläche mögen die Abbilder unserer Freunde oder Landschaftsbilder unsichtbar vorhanden sein, die durch die Anwendung geeigneter Entwicklungsmethoden sichtbar gemacht werden können. Und an den Wänden unserer intimsten Gemächer, die wir für absolut sicher vor neugierigen Blicken wähnen, wo unsere Ruhe von niemandem gestört werden kann, sind die Spuren, die Silhouetten all unserer Taten vorhanden."[41]

[40] Es handelt sich um die im *Atharva Veda* (I. 31. 1–4) erwähnten vier "Unsterblichen", die "Wächter" der vier Himmelsrichtungen.

[41] Draper, *Conflict between Religion and Science*, S. 132, 133.

STANZE 5

FOHAT: KIND DER SIEBENFACHEN HIERARCHIEN

1. DIE URSPRÜNGLICHEN SIEBEN, DIE ERSTEN SIEBEN ATEMZÜGE DES DRACHENS DER WEISHEIT, ERZEUGEN NUN IHRERSEITS DURCH IHRE HEILIGEN ROTIERENDEN ATEMZÜGE DEN FLAMMENDEN WIRBELWIND.

Möglicherweise ist dies die Stanze, die am schwersten zu erklären ist. Nur wer vollkommen vertraut mit östlichen Allegorieformen und ihrer absichtlich undeutlichen Ausdrucksweise ist, wird sie verstehen. Zweifellos wird gefragt werden, ob Okkultisten an all die 'Erschaffer', 'Lipikas' und 'Söhne des Lichts' als wirkliche Wesen glauben oder sie für rein bildliche Darstellungen halten. Darauf gibt es eine ebenso klare Antwort: "Trotz der sicherlich angebrachten Berücksichtigung der begrenzten bildlichen Darstellungsweisen personifizierter Mächte, müssen wir auf der tatsächlichen Existenz dieser Wesen bestehen, denn sonst müßten wir auch die Existenz einer Spiritualität der menschlichen Natur innerhalb der physischen Menschheit ablehnen. Und die Scharen dieser Söhne des Lichts und die 'geistgeborenen Söhne' des ersten manifestierten Strahls aus dem UNBEKANNTEN ALL sind der direkte Ursprung des spirituellen Menschen." Wenn wir das unphilosophische Dogma einer speziell für jede Menschengeburt geschaffenen Seele nicht akzeptieren wollen – also einer seit Adams Zeiten täglich frischen Zufuhr neuer Seelen – , dann müssen wir die Gültigkeit der Lehren des Okkultismus anerkennen.

Um zum höchsten, zum vollkommen bewußten Gott zu werden, so lehrt der Okkultismus, müssen die uranfänglichen spirituellen INTELLIGENZKRÄFTE die Stufe des Menschseins durchlaufen. Mit 'Menschsein' meinen wir nicht nur unsere irdische Menschheit, sondern Sterbliche in allen bewohnten Welten, also jene Intelligenzkräfte, die die richtige Ausgewogenheit zwischen Materie und Geist erreicht haben, so wie das jetzt bei *uns* der Fall ist, seit wir den Mittelpunkt der Evolutionsperiode der Vierten Menschheit in der vierten Runde hinter uns gelassen haben. Nur durch Selbsterfahrung erhält jedes einzelne Wesen das Recht göttlich zu werden. Der große Philosoph Hegel muß diese Wahrheit gewußt oder intuitiv erkannt haben, als er sagte, das Unbewußte habe das Universum nur in der Hoffnung hervorgebracht, dadurch "eine klare Selbstbewußtheit zu erlangen", d.h. MENSCH zu werden. Das ist auch die geheime Bedeutung der oft wiederholten Aussage in den Purânas über Brahmâ, nämlich daß dieser ständig "von dem Verlangen bewegt wird, zu erschaffen." Und so wird auch die verborgene kabalistische Bedeutung des folgenden Spruchs erhellt: "Der Atem wird Stein, der Stein eine Pflanze, die Pflanze ein Tier, das Tier ein Mensch, der Mensch ein Geist und der

Geist ein Gott." Die geistgeborenen Söhne, die Rishis, die Erschaffer, etc., sie alle waren Menschen – in welchen Erscheinungsformen oder Gestalten auch immer – in anderen Welten und in den vergangenen Manvantaras.

Der "feurige Wirbelwind" ist weißglühender kosmischer Staub, magnetisch angezogen nur durch den lenkenden Gedanken der "schöpferischen Kräfte" und ihm folgend, so wie Eisenspäne von einem Magneten angezogen werden. Dieser kosmische Staub ist aber noch mehr, denn jedes Atom des Universums besitzt das Potential zum Selbstbewußtsein, es ist, den Monaden Leibnitz' gleich, ein Universum in sich und *für* sich selbst. *Es ist ein Atom und ein Engel.*

2. IHN MACHEN SIE ZUM BOTSCHAFTER IHRES WILLENS (a). DGYU WIRD FOHAT (b); DER SCHNELLFÜSSIGE SOHN DER GÖTTLICHEN SÖHNE, DEREN SÖHNE DIE LIPIKAS SIND, VERRICHTET KREISE ZIEHEND SEINE AUFGABE. FOHAT IST ROSS, DER GEDANKE REITER (d.h. er steht unter dem Einfluß ihres lenkenden Gedankens). BLITZSCHNELL ZIEHT ER DURCH DIE FEURIGEN WOLKEN (kosmische Nebel), MACHT DREI UND FÜNF UND SIEBEN RIESENSCHRITTE DURCH DIE SIEBEN OBEREN REGIONEN UND DURCH DIE SIEBEN UNTEREN (die zukünftige Welt). ER ERHEBT SEINE STIMME, RUFT DIE UNZÄHLIGEN FUNKEN (Atome) UND VERBINDET SIE MITEINANDER (c).

(a) Hier wird erklärt, daß die "ursprünglichen Sieben" Fohat als ihr *Vâhana* (ihr Vehikel oder manifestiertes Subjekt, das zum Symbol der Energie wird, durch die es geführt wird) nutzen, weshalb Fohat "Botschafter ihres Willens" – oder "feuriger Wirbelwind" – genannt wird.

(b) "Dgyu wird Fohat' – der Ausdruck erklärt sich selbst. *Dgyu* bedeutet das einzige wahre (magische) Wissen, ist okkulte Weisheit, die, richtig angewendet, durch ihre Inhalte ewiger Wahrheiten und erster Ursachen fast zur Allmacht führt. Die Antithese ist *Dgyu-mi*, jedes nur von Illusionen und falschen Erscheinungsformen ausgehende Wissen, wie das unserer exoterischen modernen Wissenschaften. In unserem Zusammenhang bedeutet *Dgyu* die Summe aller Weisheit der Dhyâni-Buddhas.

Da eine Vertrautheit unserer Leser mit den Dhyâni-Buddhas nicht vorausgesetzt werden kann, soll hier gleich gesagt werden, daß es nach *Auffassung unserer Orientalisten* fünf Dhyânis gibt, "himmlische" Buddhas, deren Manifestation in der Welt der Form und Materie die menschlichen Buddhas sind. Esoterisch betrachtet gibt es jedoch sieben Dhyâni-Buddhas, von denen bisher nur fünf in manifestierter Form erschienen sind,[42] zwei weitere aber in den Evolutionsstufen der Sechsten und Siebten Menschheit kommen werden. Es handelt sich hier sozusagen um die ewigen Prototypen der in der Welt erscheinenden Buddhas, von welchen ein jeder sei-

[42] cf. A. P. Sinnett, *Esoteric Buddhism*, S. 171–173.

nem eigenen göttlichen Prototyp entspricht. So ist z.B. Amitâbha der Dhyâni-Buddha Gautama Shâkyamunis. Amitâbha manifestiert sich auf Erden, sooft diese große Seele inkarniert, wie sie es in Tsong-kha-pa[43] tat. Avalokiteshvara, die Synthese der sieben Dhyâni-Buddhas, war der erste Buddha (der Logos), und Amitâbha ist der innere "Gott" Gautamas, der in China Amita (-Buddha) genannt wird. Sie sind, wie Rhys Davids es richtigerweise ausdrückt, "in der mystischen Welt die strahlenden Gegenüber" eines jeden irdischen, sterblichen Buddhas, "frei von den erniedrigenden Bedingungen des materiellen Lebens." Sie sind die befreiten Manûshi-Buddhas, deren Bestimmung es ist, die Erde in dieser Runde zu leiten. Und sie sind die "Buddhas der Sammlung", sind alle Upapâduka (elternlos), d.h. selbstgeboren aus göttlichem Wesen.

(c) Fohat, ein wichtiger, wenn nicht gar der wichtigste Teil der esoterischen Kosmogonie, muß genauestens beschrieben werden. Fohat ist im noch nicht manifestierten Universum etwas anderes als in der phänomenalen kosmischen Welt. In der phänomenalen kosmischen Welt ist er die okkulte, elektrisch-energetische Lebenskraft, die, den Willen des schöpferischen Logos erfüllend, alle Formen zusammenführt und vereint und ihnen den ersten Impuls gibt, der später zum Gesetz wird. Aber im unmanifestierten Universum ist Fohat anders, etwa so wie Eros etwas anderes ist als der spätere geflügelte Cupido, d.h. die Liebe. Fohat hat noch nichts mit dem Kosmos zu tun, denn der Kosmos ist ja noch nicht geboren, und die Götter schlafen noch im Schoß von "Vater-Mutter". Er ist eine abstrakte philosophische Idee. Er stellt noch nichts selbst her, sondern ist einfach die potentielle schöpferische Kraft, durch deren Aktivität sich das NOUMENON aller zukünftigen Phänomene sozusagen teilt, um sich dann in einem mystischen, übersinnlichen Vorgang wieder zu vereinen und den schöpferischen Strahl auszusenden. Wenn der "göttliche Sohn" hervorbricht, wird Fohat zur treibenden Kraft, zur tätigen Macht, welche bewirkt, daß das EINE im kosmischen Manifestationsbereich ZWEI und DREI wird. Das dreifache Eine differenziert sich zur Vielheit, und dann wird Fohat transformiert in jene Energie, durch die die elementalen Atome zusammengeführt und veranlaßt werden, sich zu zusammenzuschließen und zu verbinden.

Fohat steht in enger Verbindung mit dem "EINEN LEBEN". Dem unbekannten Einen, der unendlichen TOTALITÄT, entströmt das manifestierte eine, die periodische manvantarische Gottheit. Und diese Gottheit ist der nun von seiner Quelle getrennte Universalgeist, der Demiurg oder schöpferische Logos der Kabalah des Westens und der viergesichtige Brahmâ des Hinduismus. Vom Standpunkt der eso-

[43] Der erste und größte Reformator, der die "Gelbmützen", die Gelugpas, gründete. Er wurde 1355 in Amdo geboren und war der *Avatâra* des Amitâbha. Dies ist der himmlische Name Gautamas des Buddha.

terischen Lehre über das manifestierte göttliche Denken betrachtet, repräsentiert dieses in seiner Totalität die Scharen der höheren schöpferischen Dhyâni-Chohans. Gleichzeitig mit der Evolution des Universalgeistes manifestiert sich die verborgene Weisheit des Âdi-Buddha – des höchsten und ewigen – als Avalokiteshvara (der manifestierte Îshvara). Er ist der Osiris Ägyptens, der Ahura-Mazda des Zoroastrianismus, der himmlische Mensch der hermetischen Philosophie, der Logos Platons und der Âtman des Vedânta.[44] Durch die Aktivität der von diesen unzähligen spirituellen Energiezentren im Kosmos repräsentierten manifestierten Weisheit, auch Mahat genannt, wird die Reflexion des Universalgeistes objektiv zum Fohat der esoterischen Philosophie des Buddhismus. Die Reflexion des Universalgeistes ist zugleich kosmische Ideation und die diese Ideation begleitende intellektuelle Kraft. Fohat hält sich an die sieben Prinzipien des ÂKÂSHA und wirkt, wie oben erklärt, auf die manifestierte Substanz, das Eine Element, ein, wodurch das Gesetz der kosmischen Evolution in Gang gesetzt wird. Und indem dieses Gesetz die Ideengebung des Universalgeistes befolgt, bringt es die verschiedenen Daseinszustände im manifestierten Sonnensystem zum Existieren.

Das durch diese Kräfte ins Dasein gerufene Sonnensystem besteht, wie alles andere innerhalb der Zentren, aus sieben Prinzipien. Das lehrt die Esoterik der transhimalayischen Region, aber diese Prinzipien werden von den verschiedenen Philosophien unterschiedlich aufgeteilt.

In den sichtbaren und den unsichtbaren Bereichen ist Fohat also die personifizierte, elektrisch-energetische und vitale Kraft und ist damit die transzendentale, Zusammenhalt gewährende Einheit aller kosmischen Energien. Deren Aktivitäten ähneln – in einer immensen Größenordnung – den Aktivitäten einer durch WILLENSEINWIRKUNG geschaffenen lebendigen Energie, die in jenen Phänomenen wirksam ist, wo das scheinbar Subjektive auf das scheinbar Objektive einwirkt und diesem den Antrieb gibt, tätig zu werden. Fohat ist nicht nur Symbol und Gefäß für diese Energie, sondern wird von Okkultisten als Wesenheit angesehen. Die Kräfte, auf die er einwirkt, sind kosmische, menschliche und irdische, die ihren Einfluß in den entsprechenden Bereichen ausüben. Im irdischen Bereich macht sich der Einfluß des Fohat in der magnetischen, aktiven Kraft bemerkbar, die durch das starke Verlangen des Magnetisierenden entsteht. Im kosmischen Bereich ist dieser Einfluß in der konstruktiven Energie vorhanden, die durch ihre formgebende Aktivität den im Geist der Natur, im göttlichen Denken vorhandenen Entwicklungs- und Wachstumsplan für alle Dinge ausführt: vom Planetensystem bis zum kleinsten Insekt. Metaphysisch ausgedrückt ist Fohat der objektivierte Gedanke der Götter, er ist in den unteren Bereichen "das Wort, das Fleisch gewor-

[44] Subba Row scheint ihn mit dem Logos zu identifizieren und auch so zu nennen (vgl. seine vier Vorlesungen über die *Bhagavadgîtâ* im *Theosophist*, 8. Jahrgang).

den" ist und der Überbringer kosmischer und menschlicher Ideengebungen: Fohat ist die ausführende Energie im universalen Leben. In seinem sekundären Aspekt ist Fohat Sonnenenergie, das elektrisch-vitale Fluidum und das erhaltende vierte Prinzip, sozusagen die animalische Seele der Natur oder – elektrische Energie.

In der esoterischen Lehre beziehen sich die drei und fünf "Riesenschritte" auf die sieben vom Menschen bewohnten Sphären und auf die sieben Regionen der Erde.[45]

3. ER IST IHR MENTOR UND IHR FÜHRER. ZU BEGINN SEINES WERKES SONDERT ER DIE FUNKEN DES UNTEREN REICHES (mineralische Atome) AB, DIE BEBEND IN IHREN LEUCHTENDEN HEIMEN (gasförmigen Wolken) SCHWEBEN, UND BILDET AUS IHNEN DIE SUBSTANZ VON RÄDERN. DIESE STELLT ER IN DIE SECHS RICHTUNGEN DES RAUMES UND EINS IN DIE MITTE – DAS ZENTRALE RAD (a).

(a) Wie bereits erwähnt, sind unter "Rädern" die Kraftzentren zu verstehen, in deren Umfeld sich kosmische Urmaterie ausbreitet. Beim Durchlaufen aller sechs Festigungsstufen nimmt diese Materie sphäroide Formen an und wird letztlich in kugelförmige Himmelskörper verwandelt. Ein fundamentaler Lehrsatz der esoterischen Kosmogonie stellt fest, daß BEWEGUNG, die während der großen Ruhezeiten "in jedem schlafenden Atom pulsiert und bebt" (Kommentar zu Dzyan), im Verlauf der Kalpas (Äonen) des Lebens, beginnend mit dem ersten kosmischen Erwachen zu einem neuen "Tag", eine immer stärker werdende Tendenz zum Kreislauf hat. Das "Göttliche wird zum WIRBELWIND".

Dieses Gesetz der Kreiselbewegung der Urmaterie gehört zu den ältesten Vorstellungen der griechischen Philosophie – die meisten der ersten historisch bekannten Weisen Griechenlands waren Eingeweihte der Mysterien. Die Griechen haben das Konzept von den Ägyptern, die es selbst von den Chaldäern hatten, übernommen. Die Chaldäer aber waren Schüler der esoterischen Schule der Brahmanen. Leukippos und Demokrit von Abdera, letzterer ein Schüler der persischen Magi, lehrten bereits, daß die kreisförmige Bewegung der Atome und Sphären ewig existiert.

Mit "sechs Richtungen des Raumes" ist hier das "Doppeldreieck" gemeint, der Berührungs- und Verbindungspunkt von reinem Geist und Materie, von Arûpa und Rûpa. Deren Symbol ist das Dreieck.

---

[45] Metaphysisch nehmen die drei Schritte Bezug auf das Eintauchen des Geistes in die Materie. Logos fällt als Strahl in den menschlichen Geist, dann in die menschliche Seele und letztlich in die physische Gestalt des Menschen, wo er LEBEN wird.

4. FOHAT VERBINDET DAS SECHSTE MIT DEM SIEBTEN – DER KRONE (a) – DURCH SPIRALLINIEN; EIN HEER VON SÖHNEN DES LICHTS STEHT AN JEDEM WINKEL UND DIE LIPIKAS IM MITTLEREN RAD (b). SIE (die Lipikas) SAGEN: "DIESES IST GUT." DIE ERSTE GÖTTLICHE WELT IST FERTIGGESTELLT, DIE ERSTE IST NUN DIE ZWEITE (Welt). DAS "GÖTTLICHE ARÛPA" (das formlose Universum des Gedankens) SPIEGELT SICH IM CHHÂYÂ LOKA (die schattenhafte Welt der Urform, des Intellektuellen), DEM ERSTEN GEWAND DES UPAPÂDUKA (c).

(a) Dieses Verbinden durch "Spirallinien" bezieht sich auf die Evolution der Prinzipien des Menschen und der Natur; es ist dies eine Evolution, die graduell verläuft, wie auch alles andere in der Natur (siehe Buch II über die Erschaffung der ersten Menschengeschlechter). Obwohl das sechste Prinzip des Menschen für unser Vorstellungsvermögen nicht mehr als ein schwacher Hauch ist, ist es doch im Vergleich zum göttlichen "Geist" (Âtman) etwas Materielles. Es fungiert als Gefäß oder Träger des letzteren. Allegorisch wird Fohat, in seiner Eigenschaft als GÖTTLICHE LIEBE (*Eros*) – die elektrische Kraft der Neigung und des Mitgefühls – dargestellt in seinem Versuch, eine Einheit herzustellen zwischen reinem Geist – dem Strahl, der untrennbar verbunden ist mit dem einen Absoluten – und der Seele. Diese beiden bilden die MONADE im Menschen, und in der Natur werden sie zum ersten Bindeglied zwischen dem ewig Bedingungslosen und dem Manifestierten. Darauf bezieht sich auch die Feststellung "die erste ist jetzt die zweite" (Welt) – die der Lipikas.

(b) Das "Heer" an jedem Winkel ist die Schar der Engelwesen (Dhyâni-Chohans), die den Auftrag haben, jede der einzelnen Regionen vom Anfang bis zum Ende eines Manvantaras zu führen und zu schützen.

(c) Die "erste ist die zweite" deshalb, weil die "erste" nicht wirklich mitgezählt und als erste angesehen werden kann, denn es handelt sich um den Bereich der Noumena in seiner Urmanifestation: Dieser Bereich ist die Schwelle zur Welt der Wahrheit, SAT, über welche die aus der EINEN WIRKLICHKEIT strahlende unmittelbare Energie – das namenlos Göttliche – uns erreicht, und er ist koexistent mit dem Einen Leben und von gleicher Dauer, "ohne zweites". Aber als Manifestation ist dieser Bereich doch Mâyâ – wie alles andere Manifestierte. Und diese "Welt der Wahrheit" kann nur in den Worten der Kommentars beschrieben werden: "Ein heller Stern, gefallen aus dem Herzen der Ewigkeit. Licht der Hoffnung, an dessen sieben Strahlen befestigt sind die sieben Welten des Seins." Wahrhaftig! Denn es sind die sieben Lichter, deren Widerschein die unsterblichen menschlichen Monaden sind – Âtman oder der jedes einzelne menschliche Wesen erleuchtende Geist. Anfangs also dieses siebenfache Licht, dann:

Die "göttliche Welt" – die zahllosen am Urlicht entfachten Lichter – die Buddhis oder formlosen göttlichen Seelen der letzten Arûpa (= formlosen) Welt, oder, in der geheimnisvollen Sprache der alten Stanze, die "Gesamtsumme". Im Katechismus fragt der Meister den Schüler:

"Schau nach oben, Lanu. Siehst du über dir, am dunklen Himmel der Mitternacht, ein einziges nur oder zahllose Lichter strahlen?"

"Ich nehme eine Flamme wahr, Gurudeva, und in ihr sehe ich das Leuchten zahlloser miteinander verbundener Funken."

"Deine Antwort ist richtig. Und nun schau umher und in dich hinein. Empfindest du das Licht, das in dir brennt, in irgendeiner Weise anders als das Licht, das in deinen Menschenbrüdern leuchtet?"

"Es ist in keiner Weise anders, wenn auch der vom Karma Gefangene in Fesseln gehalten wird, und obwohl die äußeren Gewänder, in denen es leuchtet, die Unwissenden verführen zu sagen: 'Deine Seele und meine Seele.'"

Das erste, fundamentale Gesetz des Okkultismus ist die absolute Unteilbarkeit des Wesenskerns eines jeden Bestandteils aller in der Natur vorhandenen Dinge, und zwar in der vollen Bedeutung des Wortes: ob Stern oder geringstes Mineral, vom höchsten Dhyan-Chohan bis zum kleinsten Wurm, ob in der geistigen, intellektuellen oder physischen Welt. "Das Göttliche ist grenzenlose und unendliche Weite," so die Lehre des Okkultismus. Wenn das Göttliche, das absolut Eine, die ewige und unendliche Substanz ("der Herr, dein Gott ist ein verzehrendes Feuer") ist und selbst nie verzehrt wird, dann kann dem folgenden okkulten Lehrsatz eine philosophische Qualität nicht abgesprochen werden: "So wurden die Arûpa- und Rûpa-Welten gebildet: aus EINEM Licht sieben Lichter, aus jedem der sieben sieben mal sieben" etc.

5. FOHAT VOLLZIEHT FÜNF SCHRITTE (nachdem er die ersten drei bereits getan hat) (a) UND ERBAUT AN JEDER ECKE DES QUADRATS EIN BEFLÜGELTES RAD FÜR DIE VIER HEILIGEN UND IHRE HEERE (Scharen) (b).

(a) Wie schon im Kommentar zur vierten Stanze erklärt, wird mit der Bezeichnung "Schritte" hingewiesen auf die kosmischen und auf die menschlichen Prinzipien. Die letzteren bestehen in der exoterischen Aufteilung aus drei (Geist, Seele, Körper), und in der esoterischen Betrachtungsweise aus sieben Prinzipien, nämlich drei aus dem Wesenskern hervorgehende Strahlen und vier Aspekte.[46] Wer

[46] Die vier Aspekte sind der Körper, dessen Lebenskraft und der "Doppelgänger" des Körpers. Diese drei lösen sich beim Tod des Menschen auf, und das Kâma-rûpa löst sich im Kâma-loka auf.

A.P. Sinnetts *Esoteric Buddhism* kennt, wird die Bezeichnungen leicht verstehen. Es gibt zwei esoterische Schulen, oder besser gesagt, zwei Unterteilungen einer einzigen Schule. Der eine Teil betrifft die inneren Lanus, der andere ist für die äußeren, jenseits des Himalaya lebenden Chelas, die halbe Laien sind. Die erste Schule lehrt eine siebenfache Aufteilung der menschlichen Prinzipien, die letztere eine sechsfache.

Vom kosmischen Gesichtspunkt aus bezeichnen die "fünf Schritte" Fohats hier die fünf oberen Bereiche des Bewußtseins und des Daseins; der astrale und der irdische Bereich sind der sechste und der siebte (von oben gerechnet), d.h. dies sind die beiden niederen Bereiche.

(b) "An jeder Ecke ... ein beflügeltes Rad für die vier Heiligen und ihre Heere (Scharen)." Es sind dies die "vier Mahârâjahs", d.h. die großen Könige der Dhyâni-Chohans, die Devas, von denen jeder die Regentschaft über eine der vier Himmelsrichtungen innehat. Als Regenten oder Engel beherrschen sie die kosmischen Kräfte des Nordens, Südens, Ostens und Westens. Jede dieser Kräfte besitzt eine bestimmte okkulte Eigenschaft. Es besteht auch eine Verbindung zwischen diesen WESEN und Karma, denn zur Auswirkung karmischer Verfügungskraft sind physische, materielle Mittel nötig.

Es gibt je drei Hauptgruppen von Baumeistern, Planetengeistern und Lipikas, und jede dieser Gruppen ist nochmals unterteilt in sieben Untergruppen. Die "Baumeister" sind Ausführende im Auftrag der ersten "geistgeborenen Wesenheiten". Sie sind es, die nach einer "Nacht" jedes "System" bauen, oder, besser gesagt, wieder aufbauen. Die zweite Gruppe von Baumeistern erfüllt in ihrer Gesamtheit die Aufgabe des Architekten, und zwar ausschließlich für unsere Planetenkette. Die dritte ist Vorläufer unserer Menschheit – der makrokosmische Prototyp des Mikrokosmos.

Die Planetengeister sind die die Sterne im allgemeinen und die Planeten im besonderen beseelenden Geister. Sie bestimmen die Lebensabläufe der Menschen, die unter dem einen oder dem anderen ihrer Konstellationen geboren werden. Die zweite und dritte Gruppe führt dieselben Funktionen im Hinblick auf andere Systeme aus. Sie alle beherrschen verschiedene Bereiche der Natur.

Die Lipikas (siehe den Kommentar zu Stanze 4, Shloka 6) sind die Geister des Universums, die Baumeister dagegen nur unsere eigenen planetaren Gottheiten. Es besteht eine Verbindung zwischen den Lipikas und Karma, weil sie dessen Wirken in Aufzeichnungen unmittelbar festhalten.

6. DIE LIPIKAS UMGRENZEN DAS DREIECK, DAS ERSTE (die vertikale Linie oder die Zahl 1), DEN WÜRFEL, DAS ZWEITE UND DAS FÜNFECK INNERHALB DES EIES (Kreis) (a). ES IST DER RING, DER "NICHT-ÜBERSCHREITEN" HEISST – FÜR JENE, DIE AUF- UND ABSTEIGEN EBENSO WIE FÜR JENE, DIE IM LAUFE DES KALPA FORTSCHRITTE MACHEN AUF DEM WEG ZU DEM GROSSEN TAGE "SEI-BEI-UNS" (b) ... SO WURDEN ARÛPA UND RÛPA (die formlose Welt und die Welt der Formen) GEBILDET: VON EINEM LICHT SIEBEN LICHTER; VON JEDEM DER SIEBEN SIEBEN MAL SIEBEN LICHTER. DIE "RÄDER" WACHEN ÜBER DEN RING ...

Im Verlauf dieser Stanze wird eine detaillierte Gliederung der Hierarchie der Engel aufgeführt. Die "geisterzeugte" Gruppe der Zehn, Zwölf, Einundzwanzig, usw. ist eine Emanation aus der Gruppe der Vier und der Sieben. Und sie alle sind wiederum aufgeteilt in Untergruppen, bestehend aus sieben, neun, zwölf usw., bis der Verstand dieser endlosen Zahlenkette himmlischer Scharen und Wesen nicht mehr folgen kann. Aber sie alle haben ihre eigene Aufgabe zu erfüllen beim Lenken des sichtbaren Kosmos, solange dieser existiert.

(a) In seiner esoterischen Bedeutung weist der erste Satz dieses Shlokas darauf hin, daß die Lipikas, die das Wirken des karmischen Gesetzes in Aufzeichnungen festhalten, eine unüberbrückbare Schranke zwischen dem personalen Ego und dem nicht-personalen SELBST, also dem Noumenon, dem Urquell des personalen Egos, errichten. Das wird in der Allegorie ausgedrückt. Innerhalb des "nicht überschreitbaren" RINGES umgrenzen sie die manifestierte Welt der Materie. Diese Welt ist ein (objektives) Symbol des Âdi (das "Erste") oder auch Eka (Eins) genannten EINEN, das in den Bereichen der Illusion zur Vielheit wird. Die Allegorie drückt aus, daß dieses Eine die Totalität, das Kollektiv der wichtigsten Schöpfer oder "Architekten" unseres sichtbaren Universums ist.

Die Lipikas grenzen die Welt (den Bereich) des reinen Geistes von der Welt der Materie ab. Diejenigen, die "auf- und absteigen", sind inkarnierte Monaden, und es sind Menschen, die nach Reinheit streben und "aufsteigen", aber das Ziel noch nicht ganz erreicht haben. Sie können den "Kreis des Nichtüberschreitens" zwar überschreiten, aber nur am Tage "Sei-bei-uns". Dies ist der Tag, an dem der Mensch sich von den Fesseln des Nichtwissens befreit und die vollkommene Erkenntnis hat, daß das innerhalb seiner Personalität befindliche Ego – welches er irrtümlicherweise als sein eigenes betrachtet hatte – von dem UNIVERSAL-EGO untrennbar ist. Dadurch erreicht er das Eine Sein und wird nicht nur zur Einheit mit dem "Bei-uns" (den manifestierten universalen Leben, die "EIN" LEBEN sind), sondern er wird dieses Leben selbst.

Durch den "UNÜBERSCHREITBAREN RING", also die Umgrenzung, mit der die Lipikas die Figuren des Dreiecks, des Ersten, des Würfels, des Zweiten und des Fünfecks umgeben, wird in astronomischer Hinsicht gezeigt, daß dieser Ring die symbolische Zahl 31415 enthält. Das ist der Koeffizient, der in mathematischen Tabellen ständig gebraucht wird (der Wert π, pi), wobei die geometrischen Figuren hier numerische Ziffern repräsentieren.

(b) Außer den "Aufzeichnenden", den Lipikas, hat noch nie ein Geist diese verbotene Grenze überschritten und keiner wird sie überschreiten bis zum Tage des nächsten Pralayas, denn sie ist die Grenzlinie, durch die das Endliche – wie unendlich dieses dem Menschen auch erscheinen mag – von dem wirklich UNENDLICHEN getrennt wird. Die erwähnten "auf- und absteigenden Geister" sind die "Heerscharen" jener von uns etwas ungenau als "himmlisch" bezeichneten "Wesen". In Wirklichkeit jedoch sind sie nichts Derartiges, sondern es handelt sich vielmehr um Wesenheiten der höheren Welten, die uns in der Hierarchie des Seins so unvorstellbar fern sind, daß sie uns als Götter vorkommen bzw. als – GOTT.

Auch der einzige wirkliche Wert der Bezeichnung "Der große Tag Sei-bei-uns" liegt in ihrer wörtlichen Übersetzung. Es ist nicht leicht, die wahre Bedeutung dieses Ausdrucks einer Welt klarzumachen, die nicht vertraut ist mit den mystischen Inhalten des Okkultismus bzw. des "Budhismus", der esoterischen Weisheitslehre. Es ist ein Ausdruck, der nur im "Budhismus" gebräuchlich ist und dessen Bedeutung deshalb für Uneingeweihte ebenso verschwommen ist, wie die identische Bedeutung des "Tages KOMM-ZU-UNS"[47] der alten Ägypter. Es wäre allerdings insofern besser, das Verb "sei" durch "bleib" oder "Ruhe-bei-uns" zu ersetzen, denn hier ist die lange Ruheperiode, genannt Parinirvâna, gemeint.

[47] (Vgl. *Das ägyptische Totenbuch*, Kap. 17. H.T.)

STANZE 6

WACHSTUM UND ENTWICKLUNG UNSERER WELT

1. DURCH DIE KRAFT DER MUTTER DER BARMHERZIGKEIT UND DER WEISHEIT (a), KUAN-YIN,[48] DIE IM KUAN-YIN-TIEN (b) WOHNENDE "DREIFACHE" KUAN-SHI-YIN: FOHAT, DER ATEM IHRER NACHKOMMENSCHAFT, DER SOHN DER SÖHNE, DER DIE TÄUSCHENDE FORM VON HSIEN-CHAN (unser Universum) UND DIE SIEBEN ELEMENTE AUS DEM UNTEREN ABGRUND (Chaos) HERVORGERUFEN HAT:

(a) Die Mutter der Barmherzigkeit und der Weisheit wird als "dreifache" Kuan-shi-yin bezeichnet, weil sie in metaphysischen und kosmischen Zusammenhängen "Mutter, Weib und Tochter" des *Logos* ist, geradeso wie sie in den späteren Übersetzungen der Theologen zum "Vater, Sohn und (weiblichen) Heiligen Geist" wurde: zur *Shakti* oder Energie, dem Wesenskern der drei.

(b) *Kuan-yin-Tien* bedeutet "melodischer Himmel der Töne", das ist der Bereich Kuan-yins, der, wörtlich, "*Göttlichen Stimme*". Und diese "Stimme" ist ein Synonym für das *Verbum*, das Wort: "Sprechen" als Ausdruck des Denkens.

2. DER STRAHLENDE, SCHNELLE ERRICHTET DIE SIEBEN LAYA[49]-ZENTREN (a), DIE NIEMAND ÜBERWINDEN KANN BIS ZUM GROSSEN TAGE "SEI-BEI-UNS", ER STELLT DAS UNIVERSUM AUF DIESES EWIGE FUNDAMENT UND UMGIBT HSIEN-CHAN MIT DEN ELEMENTARKEIMEN (b).

(a) Die sieben *Laya*-Zentren sind die sieben Nullpunkte, wobei die Bezeichnung Null wie in der Chemie verwendet wird, um – allerdings nun wieder im esoterischen Sinn – einen Punkt zu bezeichnen, wo die Bandbreite der Differenzierungen beginnt. Von diesen Zentren – hinter welchen wir durch die Esoterische Philosophie andeutungsweise die metaphysischen Umrisse der "sieben Söhne" des Lebens und des Lichts, der sieben Logoi der hermetischen und aller anderen Philosophien erkennen kön-

---

[48] Diese Stanze wurde aus dem chinesischen Text übersetzt und die dort als Äquivalente der Originalbezeichnungen verwendeten Namen wurden beibehalten. Kein exoterisches religiöses System hat jemals einen weiblichen Schöpfer hervorgebracht, weshalb die Frau auch seit dem ersten Auftreten der Volksreligionen als dem Mann untergeordnet betrachtet und behandelt wurde. Nur in China und Ägypten stehen Kuan-yin und Isis auf der gleichen Stufe wie männliche Götter. In der Esoterik sind die beiden Geschlechter ohne Bedeutung. Das höchste Göttliche der esoterischen Lehre ist geschlechts- und formlos, weder Vater noch Mutter, und die ersten manifestierten Wesen, sowohl die himmlischen als auch die irdischen, werden dieser Lehre zufolge erst allmählich androgyn, ehe sie letztendlich unterschiedliche Geschlechter annehmen.

[49] Von dem Sanskritwort *Laya*; so wird der Zustand der Materie beschrieben, in dem jede Differenzierung aufgehört hat.

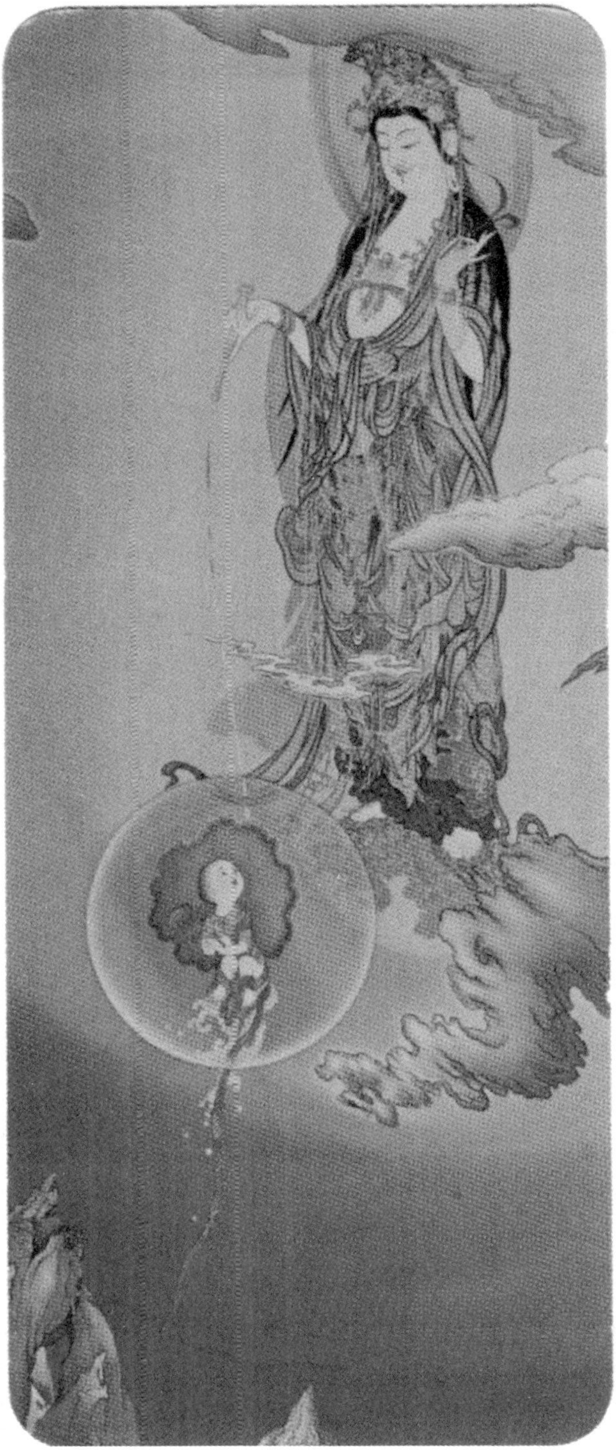

Kuan-yin, Mutter, Gemahlin und Tochter des Logos, Weltenmutter, weibliches Schöpfungsprinzip, weiblicher Aspekt Padmapanis. Ein uraltes chinesisches Symbol.

nen –, von diesen Zentren geht die Differenzierung der Elemente aus, welche in die Struktur unseres Sonnensystems eingehen. In den *Bhagavadgîtâ*-Vorlesungen[50] wird sehr passend erklärt, daß "der ganze Kosmos notwendig in dem Einen Ursprung aller Energie existiert, von dem dieses Licht (*Fohat*) herkommt." Es gibt sieben Kräfte, die in der physischen Natur vorhanden und durch diese wirksam sind, einerlei, ob wir von sieben oder nur vier kosmischen und menschlichen Prinzipien sprechen. Denn "ebenso wie der Mensch aus sieben Prinzipien besteht, so ist auch die differenzierte Materie des Sonnensystems in sieben verschiedenen Zuständen vorhanden."[51] Das gilt auch für Fohat.[52] Er ist eins und sieben; im Bereich des Kosmos steht er hinter Manifestationen wie Licht, Wärme, Ton, Zusammenhalt, etc., etc. Er ist der "Geist" der ELEKTRISCHEN ENERGIE – der Energie, die das Universum mit LEBEN erfüllt. Abstrakt bezeichnen wir dieses als DAS EINE LEBEN. Die objektiv vorhandene Wirklichkeit des Lebens beschreiben wir als eine siebenfältige Manifestationsskala, die von der Einen Unergründlichen KAUSALITÄT als obere Stufe bis hin zum allgegenwärtigen, also auch in jedem Atom der Materie immanenten Geist und Leben reicht. Während also für die Wissenschaft die Evolution des Lebens in reiner Stofflichkeit, blinder Energie und vernunftloser Bewegung stattfindet, weist der Okkultismus nach, daß diese Evolution im Gegenteil nach einem sinnvollen GESETZ und in beseeltem LEBEN abläuft. Und Fohat, so der weitere Hinweis, ist die alles lenkende Kraft.

(b) Diese "Elementarkeime", mit denen er Hsien-chan (das "Universum") aus T'ien-hsin (wörtlich: aus dem "Himmel des Geistes", d.h. aus dem Absoluten) füllt, sind das, was die Wissenschaft Atome nennt; und Leibnitz nannte sie Monaden.

3. VON DEN SIEBEN (Elementen) – ZUERST EINS MANIFESTIERT, SECHS VERBORGEN; ZWEI MANIFESTIERT – FÜNF VERBORGEN; DREI MANIFESTIERT – VIER VERBORGEN; VIER HERVORGEBRACHT – DREI VERSTECKT; VIER UND EIN TSAN (Bruchteil) SICHTBAR, ZWEIEINHALB VERBORGEN; SECHS NOCH ZU MANIFESTIEREN, EINS ZUR SEITE (a). SCHLIESSLICH DREHEN SICH SIEBEN KLEINE RÄDER, UND EINS GEBIERT DAS ANDERE (b).

(a) Diese Stanzen betreffen natürlich das ganze Universum nach einem Mahâpralaya (allumfassende Auflösung), aber für jeden Schüler des Okkultismus ist offensichtlich, daß dieser Satz sich als Analogie auch auf die Evolution und endgültige Formation der anfänglichen (aber zusammengefügten) Sieben Elemente unse-

---

[50] Veröffentlicht in *The Theosophist*, 8. Jahrgang, Februar 1887, S. 305.

[51] T. Subba Row, "A Personal and an Impersonal God", *The Theosophist*, 4. Jahrgang, Februar 1883, S. 105.

[52] "Fohat" hat mehrere Bedeutungen. Vgl. Stanze 5, Kommentar *et infra*. Er wird "Baumeister der Baumeister" genannt, denn die Kraft, die er personifiziert, hat unserer siebenfache Kette Form gegeben.

rer Erde bezieht. Von diesen Elementen sind vier inzwischen vollständig manifestiert, nur das fünfte – Äther – ist erst partiell in manifestierter Form vorhanden, denn wir haben gerade erst die zweite Hälfte der vierten Runde begonnen. In vervollständigter Manifestation wird dieses Element deshalb folgerichtig in der fünften Runde existieren. Alle Welten, unsere eigene eingeschlossen, wurden hauptsächlich als Keime aus dem EINEN, in seiner zweiten Stufe befindlichen Element entwickelt, wobei es egal ist, ob man dies, wie das die moderne Wissenschaft zu tun pflegt, kosmischer Staub oder Feuernebel nennt, oder, nach okkultistischem Sprachgebrauch, Âkâsha, Jîvâtman, göttliches Astrallicht oder "Weltseele". Diesem ersten Schritt in der Evolution folgte zu gegebener Zeit der zweite. Es wäre nicht möglich gewesen, eine Welt oder irgendeinen Himmelskörper im Bereich der Objektivität zu strukturieren, wenn die Elemente sich nicht bereits von ihrem uranfänglichen, im *Laya* ruhenden *Ilus*[53] ausreichend differenziert hätten. Laya ist ein Synonym für Nirvâna. In der Tat, Laya ist die nirvanische Auflösung aller Substanzen, welche nach einem Lebenszyklus zurückkehren in ihren ursprünglichen Zustand der Latenz. Es ist dies der Bereich des Negativen, in welchem die aktiven Kräfte des Universums während ihrer Ruheperiode latent vorhanden sind, der Bereich des leuchtenden, aber körperlosen Schattens der Materie, *die einmal war.*

Der Okkultismus lehrt, daß jetzt, nachdem die Bedingungen und Gesetze, die unser Sonnensystem beherrschen, vollständig entwickelt sind und unsere Erdatmosphäre wie die jedes anderen Planeten sozusagen als ihre eigene Retorte fungiert, im Weltraum ein fortwährender Austausch von Molekülen, oder richtiger, von Atomen stattfindet. Das geschieht durch deren Beziehungen zu ihren Verbindungsäquivalenten auf jedem vorhandenen Planeten. Und diese Korrelationen bewirken entsprechende Veränderungen. Einige Wissenschaftler, unter ihnen die bedeutendsten Physiker und Chemiker der Welt, vermuten inzwischen, daß dies eine Tatsache sein könnte. Okkultisten ist sie seit Urzeiten vertraut. Spektroskopische Untersuchungen müssen sich auf den Augenschein verlassen und können nur eine Ähnlichkeit von irdischen Substanzen und denen der Gestirne andeuten. Weitergehende Beweise können sie nicht hervorbringen; sie sind nicht in der Lage, aufzuzeigen, ob Atome sich physikalisch und chemisch auf dieselbe Art und Weise und unter denselben Bedingungen gegenseitig anziehen, wie sie das auf unserem Planeten tun. Man sollte davon ausgehen können, daß Temperaturunterschiede, vom höchsten bis zum niedrigsten vorstellbaren Grad, für das ganze Universum gleichermaßen gelten. Aber abgesehen von ihren assoziativen und dissoziativen Variablen, sind die Temperaturfaktoren nichtsdestoweniger auf jedem Planeten verschieden. Deshalb nehmen Atome neue Existenzformen an, die für unsere Physik unvorstellbar und nicht zu erkennen sind. Schon in *Five Years of*

[53] (Griechisch *Hyle* = Stoff, Materie, Ursubstanz, steht hier für "Vater-Mutter". H.T.)

Theosophy[54] wurde dargestellt, daß die Materie von Kometen "chemische und physikalische Eigenschaften besitzt, die völlig verschieden sind von denen, die unseren Wissenschaftlern bekannt sind." Und auch diese Materie unterliegt einer gewissen Veränderung ihrer Natur während der hohen Geschwindigkeit, mit der sie unsere Atmosphäre durchfliegt. Nicht nur die Elemente unseres Planeten, sondern auch die Elemente aller Planeten des Sonnensystems unterscheiden sich also in ihren Verbindungen ebenso weitgehend voneinander, wie von den kosmischen Elementen außerhalb der Grenzen unseres Systems. Sie können deshalb nicht als Maßstab beim Vergleich mit den Elementen anderer Welten dienen.[55] Jedes Atom befindet sich in seinem anfänglichen, unberührten Zustand im sicheren Schoß der Ewigen Mutter. Wird es aber in die Umgebung jenseits der Schwelle des mütterlichen Bereichs hineingeboren, so ist es zu unaufhörlicher Differenzierung verurteilt. "Die Mutter schläft, aber sie atmet fortwährend." Und mit jedem Atemzug sendet sie ihre vielgestaltigen, wandelbaren Produkte hinaus in den Bereich der Manifestation, wo sie auf den ausströmenden Wogen fortgetragen werden, zerstreut von Fohat und weitergetrieben in unsere oder eine andere planetarische Atmosphäre. Ist das Atom eingefangen in einer solchen Atmosphäre, so ist es verloren. Seine ursprüngliche Reinheit ist für immer verloren – es sei denn, das Schicksal trennt es und führt es hin zu einer "ausfließenden Strömung".[56] Dadurch kann es zurückgetragen werden in den Grenzbereich, in dem es seine Reinheit verloren hatte, und wenn es nun seinen Weg nicht in den Raum *oben*, sondern in den *inneren* Raum nimmt, dann erreicht es einen Gleichgewichtszustand mit gleichzeitiger Wechselwirkung und wird problemlos wieder absorbiert. Wenn ein hochgebildeter Okkultist/Alchemist das "Abenteuerliche Leben eines Atoms" schreiben würde, könnte er der Geringschätzung moderner Chemiker sicher sein – vielleicht aber auch ihrer späteren Wertschätzung![57] Der Kommentar jedenfalls lehrt: *"Der Atem von Vater-Mutter strömt kalt und strahlend und wird heiß und unrein, kühlt wieder ab und wird gereinigt im ewigen Schoß des inneren Raumes."* Auf einem Berggipfel absorbiert der

[54] S. 242 in der 1885 erschienenen Ausgabe.

[55] "Jede Welt hat ihren eigenen, in seinem Wirkungskreis allgegenwärtigen Fohat. Es gibt ebenso viele Fohats wie Welten, und sie alle unterscheiden sich durch ihre eigenen Kräfte und Manifestationsstufen. Die einzelnen Fohats bilden zusammen einen kollektiven, universalen Fohat, und der ist die aspektbehaftete Wesenheit der einen absoluten Nicht-Wesenheit, welche das unwandelbare, absolute Sein ist: 'SAT'." Es wird gesagt, daß "jedes Manvantara Millionen und Abermillionen von Welten hervorbringt." Es müssen deshalb viele der von uns als bewußte und *intelligente* Kräfte angesehenen Fohats existieren. Zweifellos werden wissenschaftliche Gemüter das ablehnen. Aber Okkultisten haben gute Gründe, alle Kräfte in der Natur als wirkliche, wenn auch übersinnliche Zustände der Materie zu betrachten, die von Wesenheiten mit dem entsprechenden Wahrnehmungsvermögen objektiv erkannt werden können.

[56] Eine okkulte Bezeichnung, die eine ganz andere als die konventionelle Bedeutung des Wortes hat.

[57] Besäßen diese hypothetischen Chemiker tatsächlich auch noch Intuition und würden gelegentlich, wenn auch nur für einen Moment, wie die Alchemisten vergangener Zeiten, die ausgefahrenen Bahnen ihrer "exakten" Wissenschaft verlassen, dann könnte das äußerst vorteilhaft für sie sein.

Mensch kalte, reine Luft und stößt sie unrein, heiß und transformiert wieder aus. Weil die höhere Atmosphäre der Mund, die niedere die Lunge eines jeden Planeten ist, hat der Mensch auf unserem Planeten nur den Abfall der "Mutter" zum Atmen, und deshalb ist er auch "verdammt, daran zu sterben".[58]

(b) "Die sieben kleinen Räder ... eins gebiert das andere" beschreibt einen Vorgang in der sechsten Region (von oben gezählt), im Bereich der Welt mit der dichtesten Materie im ganzen Kosmos – in unserem irdischen Bereich. Die "sieben Räder" sind unsere Planetenkette. Generell weist "Räder" hin auf die verschiedenen Kreise und Kraftzentren, aber hier ist unser siebenfacher Ring gemeint.

4. Er baut sie nach dem Vorbild älterer Räder (Welten) und stellt sie auf die Unvergänglichen Zentren (a).

Wie baut Fohat sie? Er sammelt feurigen Staub, formt Feuerbälle, durchfährt sie, umrundet sie und füllt sie so mit Leben; dann bewegt er sie in diese und in jene Richtung. Sie sind kalt – er gibt ihnen Wärme. Sie sind trocken – er gibt ihnen Feuchtigkeit. Sie glühen – er fächelt und kühlt sie ab (b). So wirkt Fohat von einer Dämmerung zur nächsten, sieben Ewigkeiten lang.[59]

(a) Die Welten werden gebaut "nach dem Vorbild älterer Räder", d.h. nach dem Vorbild von Welten, die in vergangenen Manvantaras existierten und ins Pralaya übergingen. Denn so wirkt das Gesetz, das Eines ist, welches für alle im Kosmos vorhandenen Dinge Geburt, Wachstum und Vergehen bestimmt – von der Sonne bis zum Glühwürmchen im Grase. Mit jedem neuen Erscheinen geschieht ein immerwährendes Werk der Perfektion, aber die Substanz, die Materie und die Kräfte sind immer die gleichen. Dieses Gesetz wirkt aber auf jedem Planeten durch kleinere und wechselnde Gesetze. Von großer Wichtigkeit sind die "unvergänglichen Laya-Zentren", ihre Bedeutung sollte deshalb ganz verstanden werden. Die Welten werden nicht *auf, über* oder *in* den Laya-Zentren erbaut, denn der Nullpunkt ist ein Zustand, kein mathematischer Punkt.

(b) Vergessen wir nicht, daß über Fohat, die konstruktive Energie kosmischer Elektrizität, metaphorisch gesagt wird, er sei "dem Kopf des Vaters und dem Schoß der Mutter" entsprungen, ehe er sich selbst in einen männlichen und einen weiblichen Teil verwandelte, also eine Polarität, positive und negative elektrische Energie schuf. Er hat *sieben Söhne*, die *seine Brüder* sind. Und Fohat ist immer dann gezwungen, neu geboren zu werden, wenn zwei seiner Sohn-Brüder sich einen zu *nahen*

[58] Wer simplen Sauerstoff bis zum Grad alchemistischer Aktivität in Ozon verwandeln und auf seine reine Essenz reduzieren könnte (es gibt dazu entsprechende Mittel), hätte damit einen Ersatz für das "Lebenselixier" entdeckt und könnte es zur praktischen Anwendung bringen.

[59] Nach Kalkulationen der Brahmanen eine Zeitspanne von 311,040.000,000.000 Jahren.

Kontakt erlauben – sei es als Umarmung oder als Kampf. Damit dies vermieden wird, fesselt und vereinigt er einerseits solche mit ungleichen Naturen und trennt andererseits solche, die sich in ihren Temperamenten ähneln. Es ist leicht zu sehen, daß hier Bezug genommen wird auf durch Reibungskraft entstandene Elektrizität und auf das Gesetz der Anziehungskraft zwischen zwei Objekten ungleicher Polarität und der Abstoßung zwischen zwei Objekten gleicher Polarität. Mit den sieben "Söhnen" bzw. "Brüdern" werden die sieben Formen des kosmischen Magnetismus dargestellt, welche im praktischen Okkultismus als die "sieben Grundformen" bezeichnet werden, und deren kooperierende und agierende Auswirkungen, neben anderen Energieformen, Elektrizität, Magnetismus, Klang, Licht, Wärme, Kohäsion u.a. sind. In der Wissenschaft des Okkultismus werden diese in ihrem verborgenen Verhalten als übersinnliche Auswirkungen und als objektiv in der Welt der Sinne auftretende Phänomene definiert. Zum Erkennen der übersinnlichen Auswirkungen bedarf es abnormer Fähigkeiten, während die objektiven Phänomene durch unsere normalen physischen Sinne erfahren werden. Sie alle aber sind als zusammenhängend mit noch höheren übersinnlichen geistigen Qualitäten zu sehen, deren Emanationen sie sind. Diese höheren Qualitäten gehören zu wirklichen und mit Bewußtsein versehenen URSACHEN, sie entziehen sich aber jeder Darstellung. Schon allein der Versuch, solche ENTITÄTEN zu beschreiben, wäre völlig sinnlos.

Der Leser muß sich immer vor Augen halten, daß das physische Universum in unserer Lehre als eine große *Illusion* verstanden wird. Je näher man der UNBEKANNTEN SUBSTANZ ist, desto weiter hat man sich entfernt von dieser Welt der *Mâyâ* – und ist der *Wirklichkeit* um so näher. Deshalb kann die molekulare Konstitution der Körper dieser Entitäten oder Wesenheiten durch ihre Manifestationen in unserem Bewußtseinsbereich auf deduktivem Wege nicht erkannt werden. Nichtsdestoweniger aber haben sie (aus der Sicht des okkultistischen Adepten) eine klar ausgeprägte objektive, wenn auch nicht materielle Struktur in dem relativ noumenalen – im Gegensatz zum phänomenalen – Universum. Die Wissenschaft mag von materiell erzeugter Energie oder Kräften sprechen oder von "Bewegungsarten" der Materie; der Okkultismus erkennt in den Auswirkungen "Elementale" (Kräfte), und in ihren unmittelbaren Ursachen intelligente GÖTTLICHE Baumeister. Durch die direkte Verbindung dieser Elementale (sie stehen unter der Führung unfehlbarer Regenten) mit den rein materiellen Elementen – oder die Korrelation zwischen beiden – werden unsere irdischen Phänomene hervorgebracht, wie z.B. Licht, Wärme, Magnetismus usw. Natürlich werden wir uns hüten, jede Kraft und jede Energie – ob Licht, Wärme, Elektrizität oder Kohäsion – als "Entität", als Wesenheit zu bezeichnen. Damit würden wir z.B. behaupten, die von einer fahrenden Kutsche verursachten Geräusche seien eine *Entität*. So würden die Fahrgeräusche identifiziert und verwechselt mit ihren tatsächlichen Verursachern, dem außerhalb auf dem Kutschbock sitzenden Kutscher und der im Innern des Wagens befindlichen richtunggebenden Intelligenz. Aber wir bezeichnen die "Kutscher" und die richtungsweisenden Intelligenzen sehr wohl als Wesenheiten, namentlich als die bereits erwähnten lenkenden Dhyâni-Chohans. Die "Elementale", die Kräfte der Natur, sind die ausführenden, aber unsichtbaren, besser: nicht wahrnehmbaren, sekundären Ursachen, die selbst wiederum Auswirkungen primärer Ursachen hinter dem Schleier der irdischen Phänomene sind. Elektrische Energie, Licht, Wärme, etc. wurden treffend bezeichnet als der "Geist oder Schatten bewegter Materie", d.h. es handelt sich um übersinnliche Zustände der Materie, von denen wir nicht mehr als ihre Wirkungen erkennen können. Wir führen das oben erwähnte Gleichnis weiter, wenn wir sagen, daß Lichtempfindung vergleichbar mit dem Geräusch rollender Räder ist: Es ist eine rein phänomenale Wirkung, die außerhalb des Beobachters nicht existiert. Die unmittelbare Ursache der Wahrnehmung ist mit dem Kutscher vergleichbar – ein übersinnlicher Zustand von sich bewegender Materie, eine Naturkraft oder ein Elemental. Aber hinter dieser Naturkraft, hinter diesem Elemental befinden sich – vergleichbar einem dem Kutscher aus dem Innenraum Anweisungen gebenden Eigentümer des Wagens – die höheren, *noumenalen* Ursachen, die *Intelligenzen*, deren Wesen diese *"Mutter"*-Zustände ausstrahlen und die zahllosen Milliarden von Elementalen oder psychischen Naturgeistern erzeugen – so wie jeder Wassertropfen seine mikroskopisch kleinen körperlichen Infusorien erzeugt. (Siehe "Götter, Monaden und Atome" im 3. Teil.) Fohat lenkt die Übertragung der Prinzipien von einem Planeten zum anderen, von einem Stern zu einem anderen – heranwachsenden Stern. Wenn ein Planet stirbt, werden seine beseelenden Prinzipien auf ein *Laya-* oder schlafendes Zentrum, das potentielle, aber latente Energie enthält, übertragen, und diese wird dadurch zum Leben erweckt und beginnt nun, die Form eines neuen Himmelskörpers anzunehmen. (Siehe den folgenden Abschnitt "Aufklärung einiger Mißverständnisse ...")

Okkultisten lehren – wenn sie sich korrekt ausdrücken – nicht die Unzerstörbarkeit der Materie, sondern nur, daß die *Substanz*, die *Essenz* der Materie (also *Mulaprakriti*, die Wurzel) unzerstörbar und ewig ist. Sie behaupten allerdings, daß alle sogenannten Naturkräfte wie Elektrizität, Magnetismus, Licht, Wärme, etc. nicht Bewegungsvorgänge materieller Partikel sind, sondern in ihrer innersten Konstitution differenzierte Aspekte jener Universalbewegung sind, die am Anfang diese Buches erörtert wurde (siehe *Proem*). Wenn gesagt wird, Fohat produziere "sieben Laya-Zentren", dann ist das ein Hinweis darauf, daß das GROSSE GESETZ (Theisten nennen es Gott) zum Zweck der Formgebung und Schöpfung seine fortwährende Bewegung an sieben unsichtbaren Stellen innerhalb des Manifestationsbereichs des Universums beendet, oder richtiger: modifiziert. *"Durch den Raum gräbt der große Atem sieben Löcher in den Laya und erwirkt ihr Kreisen während des*

Manvantara" (aus dem *"okkulten Katechismus"*). Wir haben erklärt, daß der Laya dem Nullpunkt der Wissenschaft entspricht. Es ist der Bereich des absolut Negativen, ist die eine wirklich absolute Kraft, das NOUMENON des siebten Zustands des von uns ignoranterweise als "Kraft" Bezeichneten und Erkannten. Und es ist das Noumenon undifferenzierter kosmischer Substanz – jenes für unsere begrenzte Wahrnehmungsfähigkeit unerreichbare und unergründbare Objekt, Wurzel und Basis aller Objektivitäts- und Subjektivitätszustände, die neutrale Achse, nicht als einer von vielen Aspekten, sondern ihr Zentrum. Um den Sinn dieser Aussage besser hervorzuheben, mag es hilfreich sein, wenn man sich ein neutrales Zentrum vorstellt, so wie es der Wunschtraum von der Entdeckung des Perpetuum mobile voraussetzt. In einer Hinsicht ist ein "neutrales Zentrum" der Grenzpunkt der Sinneswahrnehmungen. Stellen wir uns also zwei zusammenhängende, bereits geformte Ebenen der Materie vor, von denen jede einer passenden Kombination von Wahrnehmungsorganen entspricht. Wir kommen nicht umhin zu erkennen, daß zwischen diesen beiden materiellen Ebenen ein kontinuierlicher Kreislauf stattfindet, und wenn wir die Atome und die Moleküle der, sagen wir, niederen Ebene auf dem Weg ihrer Transformation nach oben verfolgen, dann werden wir sehen, daß sie einen Punkt erreichen, wo sie die Reichweite unserer der niederen Ebene entsprechenden Wahrnehmungsmöglichkeiten überschreiten. Ja, für unsere Sinne verschwindet an diesem Punkt die Materie der niederen Ebene ins Nichts. Oder vielmehr: an diesem Punkt geht sie zur höheren Ebene über, und der Zustand der Materie an einem solchen Übergangs- oder Grenzpunkt besitzt zweifellos ganz besondere und nicht leicht zu entdeckende Eigenschaften. Dies beschreibt in etwa die "sieben neutralen Zentren", wie sie von Fohat produziert werden, der die Materie zu Aktivität und Evolution erweckt, wenn, in Miltons Worten,

"Guter Grund gelegt (ist), darauf zu bauen ..."

Mit diesen Versen – dem 4. Shloka der 6. Stanze – endet der Teil der Stanzen, die die universale Kosmogonie nach dem vergangenen Mahâpralaya, der universalen Zerstörung, beinhalten. Wenn dieser Pralaya kommt, fegt er den Raum leer von allen differenzierten Dingen, von Göttern und Atomen, als seien sie nicht mehr als dürre Blätter im Wind. Von diesem Vers an behandeln die Stanzen nur unser Sonnensystem im allgemeinen und im Zusammenhang damit die darin enthaltene Planetenkette sowie letztlich und speziell die Geschichte unseres Planeten (des 4. in der Kette). Alle in diesem ersten Buch noch folgenden Stanzen und Shlokas befassen sich ausschließlich mit der Evolution unserer Erde selbst und mit der Evolution, die auf ihr stattfand.

Da die kosmischen Perioden, die die bisherigen Shlokas von den folgenden trennen, von immenser Dauer sind, wollen wir hier eine kurze Pause einlegen. Wir nutzen diese Unterbrechung, um aus der Vogelperspektive einen Überblick zu gewinnen über einige Dinge, über die die Öffentlichkeit im Zusammenhang mit der Geheimlehre zum Teil ungenau, ja, sogar manchmal falsch informiert worden ist.

AUFKLÄRUNG EINIGER MISSVERSTÄNDNISSE ÜBER PLANETEN, RUNDEN UND DEN MENSCHEN

Unter den elf nicht veröffentlichten Stanzen befindet sich eine mit einer ausführlichen Beschreibung der fortlaufenden Bildung der Planetenketten, nachdem die erste kosmische und atomare Differenzierung im ursprünglich akosmischen Zustand begonnen hatte. Es ist müßig, von "Gesetzen" zu sprechen, die "entstehen, wenn das Göttliche sich auf den Schöpfungsvorgang vorbereitet," denn (a) Gesetze oder vielmehr DAS GESETZ ist ewig und unerschaffen, und (b) das Göttliche i s t DAS GESETZ, und umgekehrt. Weiterhin ist es das eine ewige GESETZ, das alles in der (zukünftigen) Natur Vorhandene nach einem siebenfältigen Prinzip erstellt, unter anderem die unzähligen kreisförmigen, in den vier niederen Bereichen der Welt der Formen gestaffelt angesiedelten, aus jeweils sieben Himmelskörpern bestehenden Weltenketten (die restlichen drei gehören zum archetypischen Universum). Von diesen sieben Himmelskörpern können wir nur einen mit den uns zur Verfügung stehenden Wahrnehmungsmöglichkeiten erkennen, nämlich *den am tiefsten stehenden mit der dichtesten Materie.* Die sechs anderen liegen außerhalb unserer Wahrnehmung und sind deshalb für unser irdisches Auge unsichtbar. Eine jede Weltenkette ist hervorgegangen oder geschaffen worden aus einer anderen, *niedrigeren* und *toten* Kette – somit ist jede Weltenkette sozusagen die *Reinkarnation* einer früheren. Um es noch klarer auszudrücken: Es wird berichtet, daß jeder bekannte und auch jeder uns unbekannte Planet eine Siebenheit ist, geradeso wie die Kette, zu der unsere Erde gehört, eine Siebenheit darstellt (siehe *Esoteric Buddhism*).[60] Zum Beispiel sind Planeten wie Merkur, Venus, Mars, Jupiter, Saturn, etc. ebenso sichtbar für uns wie unser eigener Planet für die Bewohner, soweit es sie gibt, anderer Planeten wahrscheinlich sichtbar ist, denn sie alle nehmen dieselbe Ebene ein. Die zu ihnen gehörenden, aber höherstehenden Himmelskörper befinden sich auf anderen, völlig außerhalb unseres irdischen Wahrnehmungsbereichs liegenden Ebenen.

[60] Übrigens wurden in alten Zeiten nur sieben Planeten als heilig und als beherrscht von Regenten oder Göttern betrachtet, und das nicht etwa deshalb, weil die anderen in jenen Zeiten nicht bekannt waren – in den geheimen Büchern werden weitaus mehr Planeten aufgeführt, als in modernen Werken der Astronomie.

Da ihre relative Lage weiter unten angegeben und auch in dem zum Kommentar des 6. Shloka der 6. Stanze gehörenden Diagramm dargestellt wird, begnügen wir uns hier mit ein paar kurzen Erklärungen. Diese unsichtbaren, in höheren Bereichen befindlichen Planeten entsprechen interessanterweise den von uns so genannten "menschlichen Prinzipien". Die planetarischen Sieben (im Diagramm rechts) befinden sich in drei materiellen Bereichen und einem spirituellen Bereich und entsprechen damit den drei *Upâdhis* (materielle Grundlagen) und einem spirituellen Träger oder Vehikel (*Vâhana*) in unseren sieben menschlichen Prinzipien (im Diagramm links). Um uns einen besseren Begriff machen zu können, stellen wir uns die menschlichen Prinzipien in der folgenden Anordnung vor und vergleichen sie mit den ihnen gegenübergestellten planetarischen Entsprechungen.

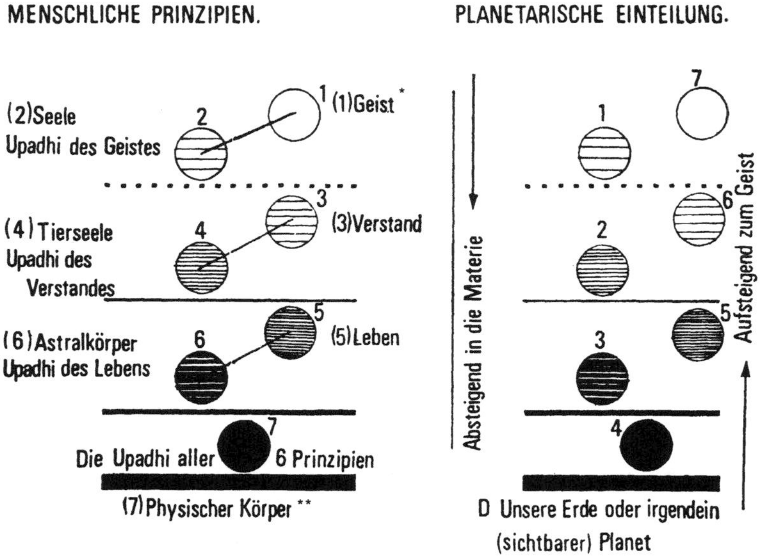

DIAGRAMM 1

* Da wir hier, anstatt der induktiven oder Aristotelischen Methode zu folgen, von den Universalien zu den Partikularien vorgehen, ist die Reihenfolge der Zahlen umgekehrt: Geist bekommt also die Nummer 1 anstatt 7, und das ist die Numerierung, die zwar meistens angewandt wird, aber *eigentlich falsch* ist.

** Lt. *Esoteric Buddhism* und anderen Werken wird gewöhnlich die folgende Nomenklatur benutzt: 1. Âtman, 2. Buddhi (oder Geistseele), 3. Manas (Menschenseele), 4. Kâma Rûpa (Träger der Wünsche und Begierden), 5. Linga Sharira, 6. Prâna, 7. Sthûla Sharîra.

Die schwarzen Querlinien der niederen Bereiche sind einerseits die Upâdhis und auf der anderen Seite die Bereiche der Planetenkette. Auf der Seite der menschlichen Prinzipien stellt das Diagramm die Bereiche zwar nicht ganz in der richtigen

Anordnung dar, zeigt aber die Analogie und Entsprechungen, um die es uns hier geht. Wie ersichtlich, handelt es sich um einen Abstieg in die Materie, um das gegenseitige Anpassen der beiden – sowohl im mystischen als auch physischen Sinn –, und um ihre Vermischung als Vorbereitung auf das kommende große "Ringen ums Dasein", das auf beide *Wesenheiten* (Entitäten) zukommt. Es ist sicherlich ungewöhnlich, einen Himmelskörper als "Wesenheit" zu bezeichnen. Aber die Philosophen der Alten Welt, welche die Erde als ein riesiges "Tier" betrachteten, waren weiser als unsere modernen Geologen. Die Planetenketten, so wurde erzählt, haben ihre "Tage" und "Nächte", also aktive Perioden des Lebens und untätige Perioden des Todes, und verhalten sich am Himmel wie die Menschen auf Erden – sie pflanzen sich fort, werden alt, erlöschen als Personalitäten, und nur ihre geistigen Prinzipien überleben in ihren Nachkommen.

Ohne den sehr schwierigen Versuch einer Beschreibung des ganzen Geschehens in all seinen kosmischen Einzelheiten zu unternehmen, wollen wir hier aber wenigstens eine annähernde Vorstellung von diesem Vorgang vermitteln. Hat eine Planetenkette ihre letzte Runde erreicht, dann gibt ihr Globus A, ehe er endgültig *abstirbt*, all seine Energie und "Prinzipien" an ein neutrales Zentrum latenter Energie, also ein "Laya-Zentrum", ab. Und damit beseelt er einen Kern undifferenzierter Substanz oder Materie, d.h. er erweckt diesen Kern zur Aktivität – er gibt ihm Leben. Nehmen wir als Beispiel einmal an, daß ein solcher Prozeß in der lunaren Planetenkette stattgefunden hat, und nehmen wir weiterhin an, der Mond sei weit älter als die Erde. Wenn wir uns nun noch vorstellen, daß die sechs zum Mond gehörenden Globen – lange bevor der erste unserer sieben sich entwickelt hatte – genauso zueinander positioniert sind, wie die Globen unserer Kette im Verhältnis zu unserer Erde stehen,[61] dann können wir uns ebenso leicht weiterhin vorstellen, wie der Globus A der lunaren Kette den Globus A der Erdenkette beseelt und – stirbt. Danach sendet Globus B der lunaren Kette seine Energie zu Globus B der neuen Kette, und der lunare Globus C schafft sich das Umfeld für seine Nachkommenschaft im Bereich C der Erdenkette. Dann folgt der Mond (unser Satellit[62]) und schüttet all sein Leben, seine Energie und Kräfte in den niedrigsten

[61] Vgl. "Die Konstitution des Menschen" und "Planetenketten" in *Esoteric Buddhism*.

[62] Er ist ohne Zweifel ein Satellit. Aber diese Tatsache ändert nichts an der Gültigkeit der Theorie, die besagt, er habe der Erde alles gegeben – außer seinen toten Körper. Wenn der Mond wirklich nichts anderes als ein Splitter unserer Erde ist, warum dann nicht ähnliche Schlußfolgerungen über die Monde anderer Planeten ziehen? Warum sollten Venus und Merkur k e i n e Satelliten haben? (Und falls sie existieren, wodurch und wie wurden sie gebildet?) Die Astronomen "wissen es nicht". Weil, so unsere Antwort, die Wissenschaft nur einen einzigen Schlüssel zu den Mysterien der Natur besitzt, und das ist der Schlüssel der Materie. Dagegen gibt es in der okkulten Philosophie sieben Schlüssel, und sie hat Erklärungen für alles, was die Wissenschaft nicht erkennen kann. Merkur und Venus haben zwar keine Satelliten. Aber sie hatten "Eltern", genauso wie die Erde. Beide sind übrigens älter als die Erde, und ehe letztere ihre siebte Runde erreicht haben wird, wird ihr Mutterplanet, der Mond, sich in Luft aufgelöst haben. So erging es den "Monden" anderer Planeten – oder auch nicht, was immer der Fall nun im einzelnen sein mag, denn es gibt ja Planeten mit *mehreren* Monden.

Himmelskörper unserer Kette – den Planeten D, unsere Erde. Nun, nachdem er sein Leben in ein neues Zentrum überführt hat, wird er praktisch zu einem *toten Planeten*, der seit der Geburt unserer Erde kaum noch Umdrehungen vollführt.

Die folgende kurze Zusammenstellung mag hilfreich für Leser sein, die die Lehre von den siebenfachen Weltenketten im solaren Kosmos anhand der theosophischen Literatur noch nicht studieren oder in ihrer Komplexität verstehen konnten:

1. Alles im metaphysischen und im physischen Universum ist siebenfältig. Deshalb gehören zu jedem Himmelskörper, zu jedem Planeten, einerlei ob er sichtbar oder unsichtbar ist, sechs weitere Himmelskörper (oder Globen). Die Evolution des Lebens verläuft über diese sieben Himmelskörper, vom ersten bis zum siebten, in sieben RUNDEN bzw. sieben Zyklen.

2. Diese Himmelskörper werden durch einen Vorgang gebildet, der im Okkultismus die "Wiedergeburt planetarer Ketten (oder Ringe)" genannt wird. Sobald die siebte und letzte Runde eines solchen Ringes erreicht worden ist, beginnt das Absterben des höchsten, ersten Himmelskörpers "A" und, in der Folge, aller anderen, bis hin zum letzten. Dies erfolgt ohne das Eintreten einer bestimmten Ruheperiode, d.h. eines vorübergehenden "Verschwindens", wie es in ihren früheren Runden geschah. Die "planetare" Auflösung (Pralaya) hat begonnen, ihre Zeit ist gekommen. Nun muß jeder Himmelskörper sein Leben und seine Energie auf einen anderen Planeten übertragen (siehe das 2. Diagramm auf S. 158).

3. Unsere Erde, die sichtbare Stellvertreterin ihrer unsichtbaren, höheren Himmelskörper, ihrer "Herren" oder "Prinzipien" (siehe das 1. Diagramm auf S. 148), muß, wie vor ihr die anderen, ihren Lebensverlauf durch sieben Runden vollbringen. Während der ersten drei Runden formt und konsolidiert sie sich, in der vierten richtet sie sich ein und wird fest, und im Verlauf der letzten drei kehrt sie allmählich zu ihrer ersten, ätherischen Form zurück – man kann sagen, sie wird vergeistigt.

4. Die Menschheit der Erde entwickelt sich erst in der vierten, derzeitigen Runde vollständig. Bis dieser vierte Lebenszyklus erreicht ist, wird sie als "Menschheit" nur deshalb bezeichnet, weil kein passenderer Ausdruck zur Verfügung steht. Wie eine Raupe, die zur Puppe und dann zum Schmetterling wird, durchläuft der Mensch, oder richtiger: das später zum Menschen werdende Wesen, in der ersten Runde alle Formen und Reiche und in den beiden folgenden Runden alle menschlichen Erscheinungsformen. Zu Beginn der vierten Runde der gegenwärtigen Reihe von Lebenszyklen und Menschheiten auf der Erde angekommen, ist der MENSCH die erste auf ihr erscheinende Form. Vor ihr waren nur die Mineral- und Pflanzenreiche vorhanden; letzteres muß *seine weitere Evolution sogar durch den Menschen fortsetzen*. Im Verlauf der folgenden drei Runden wird die Menschheit, ebenso wie der Planet, auf dem sie lebt, immer dazu tendieren, ihre eigene uran-

fängliche Beschaffenheit, die der Schar der Dhyâni-Chohans, wieder anzunehmen. Der Mensch tendiert dazu, *ein* Gott zu werden und dann – GOTT, so wie jedes andere Atom im Universum.

"Schon frühzeitig, in der zweiten Runde, setzt sich die Evolution nach einem ganz anderen Plan fort. Nur im Verlauf der ersten Runde wird der (himmlische) Mensch zum menschlichen Wesen auf Himmelskörper A; auf den Himmelskörpern B und C, etc. (wird er wieder) Mineral, Pflanze und Tier. Ab der zweiten Runde ändert sich der Prozeß völlig ..." (Auszug aus den Briefen des Lehrers über verschiedene Themen).[63]

5. Auf Planet D (unserer Erde[64]) besteht jeder Lebenszyklus aus Sieben Menschheiten. Vom Beginn der irdischen Runde bis zu ihrem Ende sind sie auf der doppelten Linie physischer und moralischer Evolution anfangs ätherischer und am Ende geistiger Natur. Eine der Runden ist eine "planetarische Runde", von Himmelskörper A bis zum siebten, dem Himmelskörper G, die andere ist die "Himmelskörper-" oder *irdische* Runde. Da dies in *Esoteric Buddhism* sehr treffend dargestellt ist, sind hier keine weiteren Erläuterungen nötig.

6. Die ersten Menschen der Evolutionsperiode der Ersten Menschheit, d.h. die ersten "Menschen" der Erde, waren – ungeachtet ihrer Erscheinungsform – Nachkommen der "himmlischen Menschen". In der indischen Philosophie werden letztere als "lunare Vorfahren" oder Pitris, von denen es sieben Klassen oder Hierarchien gibt, bezeichnet.

Die Lehren über das periodische "Verschwinden" der Himmelskörper und die Reihenfolge ihrer "Runden" in kreisförmigen Ketten haben einige Verwirrung und erste Mißverständnisse hervorgebracht. Ein solches Mißverständnis betrifft z.B. die Frage der Zugehörigkeit einiger Menschen zur fünften oder sogar zur sechsten Runde. Gautama Buddha, so meinte man, gehörte der sechsten Runde an und Platon und einige andere der großen Philosophen der fünften. Wie konnte es dazu kommen? Einer der Meister lehrte und bekräftigte, daß Menschen der fünften Runde sogar auf der derzeitigen Erde seien, und obwohl man *annahm, er habe einerseits gesagt,* die Menschheit befinde sich noch "in der vierten Runde", *schien* er aber andererseits gesagt zu haben, wir seien in der fünften. Ein anderer Lehrer gab darauf eine "apokalyptische Antwort": "Ein paar Regentropfen sind noch kein Monsun – aber sie kündigen ihn an." Und: "Nein, wir befinden uns nicht in der fünften Runde, aber Menschen der fünften Runde sind schon seit mehreren tausend Jahren angekommen."

Jede Runde bedeutet eine neue Entwicklungsstufe, ja, eine umfassende Veränderung in der geistigen, psychischen, spirituellen und sogar körperlichen

[63] (Dieses Zitat ist eine Paraphrase aus Brief 23B in *Die Mahatma-Briefe an A.P. Sinnett.*)

[64] Die anderen Planeten spielen in diesem Werk nur eine nebensächliche Rolle.

Konstitution des Menschen, weil all diese Prinzipien sich in einer ständig aufwärts führenden Richtung entwickeln. Das erklärt, weshalb Personen wie Konfuzius und Platon, die psychisch, geistig und spirituell den höheren Stufen der Evolution angehören, in unserer vierten Runde so erschienen, wie der durchschnittliche Mensch in der fünften Runde sein wird. Und diese Menschheit der fünften Runde wird auf der Evolutionsskala wesentlich höher stehen als unsere derzeitige Menschheit. Diesem Entwicklungsmaßstab entsprechend, stand Gautama Buddha – die fleischgewordene Weisheit – noch höher und besaß mehr Größe, als alle von uns erwähnten Menschen, die als Menschen der fünften Runde bezeichnet werden. Buddha und Shankarâchârya dagegen werden allegorisch Menschen der sechsten Runde genannt.

Nun wird auch die Wahrheit der Aussage des Autors von *Esoteric Buddhism* vollkommen einleuchtend: *"Wenn ungeschulte Menschen zum ersten Mal mit den komplizierten Einzelheiten einer völlig unbekannten Wissenschaft konfrontiert werden sollen*, ist es unmöglich, diese mit all ihren speziellen Details ... und ungewöhnlichen Entwicklungsabläufen zu präsentieren ... Wir müssen uns damit begnügen, zu Anfang die generellen Regeln darzustellen und die Ausnahmen auf einen späteren Zeitpunkt zu verschieben. Dies ist der Fall besonders bei okkulten Studien, *wobei die im allgemeinen angewandte traditionelle Lehrmethode darauf abzielt, neue Ideen dadurch ins Gedächtnis einzuprägen, daß zuerst ein Zustand des Erstaunens und der Verwirrung bewußt provoziert wird, welcher dann am Ende durch diese neuen Ideen beseitigt wird."*

Laien-Chelas der westlichen Welt gaben sich gelegentlich willkürlichen Spekulationen hin, wie z.B. der irrigen Behauptung, zwei der höheren Himmelskörper der irdischen Kette seien uns wohlbekannte Planeten: "... *neben unserer Erde gibt es nur zwei weitere Welten unserer Kette, die sichtbar sind* ... Mars und Merkur ..." (*Esoteric Buddhism,*[65] S. 159).

Das war ein großer Irrtum. Aber schuld daran ist ebensosehr die Ungenauigkeit und Unvollständigkeit der Antwort des Meisters wie die Frage des Studierenden, die genauso vage und ungenau war.

Es war gefragt worden: "Welche von den der Wissenschaft bekannten Planeten, außer Merkur, gehören zu unserem Weltensystem?" Wenn der Fragende mit dem Ausdruck "Weltensystem" nun unsere *irdische Kette* im Sinn hatte, anstatt das "sola-

---

[65] Ausgenommen natürlich alle Planeten wie unsere Erde, der Mond, etc., die an vierter Stelle stehen. Die Autorin ist im Besitz von Kopien aller jemals abgeschickten und erhaltenen Briefe – außer ein paar, die privater Natur sind, welche aber, so der Meister, "kein Lehrmaterial enthielten". Weil es anfangs ihr Auftrag war, gewisse Punkte, die darin nicht enthalten waren, zu beantworten und zu erklären, ist es mehr als wahrscheinlich, daß die Autorin, trotz der vielen Anmerkungen auf den Briefkopien und wegen ihrer mangelhaften englischen Sprachkenntnisse sowie ihrer Befürchtung, zuviel zu sagen, die übermittelten Informationen durcheinandergebracht hat. *In jedem derartigen Fall übernimmt sie dafür die volle Verantwortung.* Sie empfindet es nun aber als unerträglich, wenn Studierende noch länger falsche Eindrücke hätten, oder gar meinen könnten, das Problem liege im esoterischen System (siehe *Die Mahatma-Briefe an A.P. Sinnett*, Brief 23B).

re Weltensystem", was richtiger gewesen wäre, dann mußte die Antwort natürlich mißverständlich sein. Denn sie war: "Mars und vier andere Planeten, von denen unsere Astronomie nichts weiß. Weder A oder B, noch Y oder Z sind bekannt, und sie können selbst mit den ausgefeiltesten materiellen Hilfsmitteln nicht gesehen werden."[66] Soviel ist ganz offensichtlich: (a) In Wirklichkeit weiß die Astronomie bisher nichts über die Planeten, weder von den in alten Zeiten, noch von den in neuerer Zeit entdeckten. (b) Keiner der den Ketten des Sonnensystems zugehörigen Planeten, also der oberen Himmelskörper von A bis Z, kann gesehen werden. Mars, Merkur und "die vier anderen Planeten" stehen in einer Beziehung zur Erde, über die kein hoher oder Meister-Okkultist je sprechen, geschweige denn deren Wesen erklären würde.

Es muß also in aller Klarheit gesagt werden: Die aufgestellte Theorie ist nicht realistisch – ob mit oder ohne das zusätzlich von der modernen Astronomie vorgelegte Beweismaterial. Die physischen Wissenschaften können zwar Indizienbeweise vorlegen, die aber nicht nur sehr unsicher sind, sondern auch nur die Himmelskörper betreffen können, welche zu demselben Materialitätsbereich gehören wie unser objektives Universum. Mars, Merkur, Venus und Jupiter repräsentieren *per se*, wie alle bisher entdeckten (und auch die noch nicht entdeckten) Planeten, derartige Ketten in unserem Bereich. "Es gibt innerhalb und außerhalb unseres Solarsystems unzählige andere manvantarische Ketten von Himmelskörpern, auf denen intelligente Wesen leben," so die klare Aussage des Lehrers in einem seiner vielen Briefe an A.P. Sinnett. Aber weder Mars noch Merkur gehören *zu unserer Kette*. Sie sind, wie alle Planeten, siebenfältige *Einheiten* in der großen Menge von "Ketten" in unserem System. Sie alle sind so sichtbar, wie ihre *oberen* Himmelskörper unsichtbar sind.

Als die Autorin ihre Arbeit an diesem Buch begann, war sie überzeugt von der Unrichtigkeit der Spekulationen über Mars und Merkur und bat die Lehrer *brieflich* um Aufklärung und eine definitive Aussage. Beides kam erwartungsgemäß. Auszüge davon sollen hier *verbatim* wiedergegeben werden.

"Es ist richtig, daß Mars zur Zeit in einem Zustand der Verdunkelung ist, während Merkur gerade aus einem solchen heraustritt. Hinzuzufügen wäre, daß Venus sich in ihrer letzten Runde befindet. ... Die Gründe dafür, daß weder Merkur noch Venus Satelliten haben, sind ... (siehe die Anmerkung weiter oben, dort sind die Gründe aufgeführt), *... und auch weil Mars zwei Satelliten hat, die rechtmäßig nicht zu ihm gehören ... Phöbus, angeblich sein* INNERER *Satellit, ist überhaupt kein Satellit ... Nochmals, beide (Mars und Merkur) sind siebenfache Ketten und ebenso unabhängig*

[66] Im selben Brief wird direkt auf die Unmöglichkeit hingewiesen: "Sie müssen versuchen zu verstehen, daß Sie mir Fragen stellen, die die höchste Initiation betreffen, und *daß ich Ihnen (nur) eine generelle Übersicht verschaffen kann, aber es nicht wage und auch nicht gewillt bin, auf Einzelheiten einzugehen ...*", schrieb einer der Lehrer an den Autor des *Esoteric Buddhism*. (*Die Mahatma-Briefe an A.P. Sinnett*, Brief 23B).

von den siderischen Regenten der Erde, wie Sie unabhängig sind von den 'Prinzipien' des Däumlings (Tom Thumb), die vielleicht seine sechs Brüder, mit oder ohne Schlafmützen, waren ... 'Für manche Menschen ist die Befriedigung der Neugierde das Ende der Erkenntnis,' hat Bacon gesagt. Er hatte natürlich recht mit dieser Binsenwahrheit, genauso wie andere, die sie schon vor ihm kannten und deshalb zwischen WEISHEIT *und Wissen unterschieden und das einschränkten, was zu bestimmten Zeiten offenbart werden darf. Merken Sie sich dies:*

> *'Wissen wohnt in Köpfen voll der Gedanken anderer,*
> *Weisheit im Herzen, das den eigenen lauscht.*[67]

Es ist von größter Wichtigkeit, daß Sie dies immer wieder besonders eindringlich all denen vermitteln, die Sie in Teilen der esoterischen Lehren unterrichten ..."

Es folgen weitere Auszüge aus einem anderen Brief derselben Autorität. Hier handelt es sich um Antworten auf Einwände, mit denen die Lehrer konfrontiert wurden.

"Von Anfang an wurde gelehrt, daß unser Globus am tiefsten Punkt des Abstiegsverlaufs steht, dort, wo sich die durch unsere Sinneswahrnehmung erkennbare Materie in ihrer dichtesten Form zeigt. ... Es ist somit nur logisch, daß die unsere Erde überschattenden Globen sich in anderen, höheren Bereichen befinden müssen. Kurz, als Himmelskörper stehen sie MIT UNSERER ERDE IN VERBINDUNG, SIND ABER NICHT VON GLEICHER SUBSTANZ WIE SIE. Deshalb befinden sie sich in einem ganz anderen Bewußtseinsbereich. Unser Planet (wie alle anderen, die wir sehen können) ist den besonderen Gegebenheiten seiner menschlichen Bevölkerung angepaßt, also den Gegebenheiten, die es uns ermöglichen, mit nacktem Auge jene Himmelskörper zu sehen, die wesensgleich mit unserem irdischen Bereich und dessen Substanz sind. Ebenso können die Bewohner der Planeten Jupiter und Mars, etc. unsere kleine Welt wahrnehmen, denn unsere Bewußtseinsbereiche, die zwar graduell unterschiedlich, aber von der gleichen Art sind, befinden sich auf derselben Ebene der verschiedenen Materiezustände. ... Ich hatte geschrieben: 'Ein kleiner Pralaya betrifft nur unser kleines BAND VON HIMMELSKÖRPERN.' (Ketten nannten wir in jener Zeit der Sprachverwirrung 'Bänder'). Unsere Erde gehört zu einem solchen Band. Das müßte eigentlich ausreichend gewesen sein, um ganz klarzumachen, daß die anderen Planeten ebenfalls aus 'Bändern' oder KETTEN bestehen. ... Wenn er (der den Einwand hervorgebracht hat) auch nur die undeutlichen Umrisse eines solchen 'Planeten' der höheren Bereiche wahrnehmen wollte, müßte er zuerst die dünnen Wolken astraler Materie beseitigen können, die zwischen ihm und dem nächsten Bereich stehen ..."

---

[67] (Aus William Cowper, *The Task*, 1785, 4. Buch: "The Winter Walk at Noon".)

Es ist offensichtlich, weshalb wir selbst mit den besten irdischen Teleskopen Dinge, die außerhalb unserer Welt der Materie liegen, nicht wahrnehmen können. Allein jene Menschen, die wir Adepten nennen und die ihre geistige Sicht und ihr physisches und psychisches Bewußtsein auf andere Daseinsebenen richten, respektive übertragen können, haben die Autorität, sich über solche Dinge zu äußern. Sie sagen ganz klar:

"Führe das zum Erreichen eines derartigen Wissens und solcher Kräfte notwendige Leben, dann erlangst du Weisheit auf ganz natürliche Weise. Sobald dein Bewußtsein mit den sieben Saiten des 'Universalen Bewußtseins' harmonisch zusammenklingt, jenen Saiten am Klangkörper des Kosmos, die von einer Ewigkeit zur anderen schwingen, und wenn du die 'Musik der Sphären' gründlich erlernt hast – dann, und nur dann, darfst du dein Wissen anderen mitteilen, aber auch nur solchen Menschen, bei denen das ohne Gefahr möglich ist. Aber sei vorsichtig. Weihe die gegenwärtige Generation nicht in die großen Wahrheiten ein, die das Erbe zukünftiger Menschengeschlechter sind. Unternimm nicht den Versuch, die Geheimnisse des Seins und Nichtseins jenen zu enthüllen, die unfähig sind, die verborgene Bedeutung von Apollos HEPTACHORD *zu verstehen – der Lyra des strahlenden Gottes, in deren sieben Saiten der Geist und die Seele und der astrale Körper des Kosmos lebt, von welchem nur die äußere Hülle in die Hände der modernen Wissenschaft gefallen ist. ... Wir sagen dir, sei umsichtig, sei besonnen, sei klug, und vor allen Dingen beachte sehr sorgfältig, was diejenigen glauben, die von dir lernen, denn wer irregeführt wird, führt auch andere auf den falschen Weg ... denn das ist ja das Schicksal, das bisher noch jeder Wahrheit widerfahren ist, die dem Menschen neu und unbekannt ist ... Es ist besser, Planetenketten und andere super- und subkosmische Mysterien bleiben Stoff zum Träumen für alle, die selbst nicht erkennen, noch glauben können, daß andere dies können ..."*

"*Stellen wir uns vor*", schrieb derselbe Meister an seine beiden 'Laien-Chelas', wie er den Autor von *Esoteric Buddhism* und einen Mitschüler nannte, "*stellen wir uns vor*, UNSERE ERDE GEHÖRTE ZU EINER GRUPPE VON SIEBEN PLANETEN BZW. VON MENSCHEN BEWOHNTEN WELTEN ... *(Es handelt sich bei den* SIEBEN *Planeten um die heiligen Planeten des Altertums, die alle siebenfältig sind). Und nun erreicht der Lebensimpuls A, oder richtiger: das, was dazu bestimmt ist, A zu werden, bisher aber nichts als kosmischer Staub ist* (ein "Laya-Zentrum) ... *etc.*"[68]

In diesen frühen Briefen mußten Bezeichnungen erfunden und Wörter geschaffen werden. "Ringe" wurden oft als "Runden" bezeichnet, letztere wurden zu Lebenszyklen und umgekehrt. Einem Briefpartner, der eine "Runde" einen "Welten-Ring" nannte, schrieb der Lehrer: "Ich glaube, daß das noch mehr Verwirrung stiften wird. Wir stimmen überein, wenn die Passage einer Monade von Himmelskörper A zu Himmelskörper G oder Z als Runde bezeichnet wird ... Die

[68] Brief Nr. 15 in *Die Mahatma-Briefe an A.P. Sinnett.*

Bezeichnung 'Welten-Ring' ist korrekt ... Raten Sie Mr. Sinnett eindringlich, einer einheitlichen Nomenklatur zuzustimmen, ehe er weiterarbeitet ..."[69]

Aber trotz dieser Zustimmung schlichen sich wegen der allgemeinen Unklarheiten viele Fehler in die anfänglichen Unterweisungen ein. Selbst die Evolutionsstufen der Sieben Menschheiten wurden gelegentlich mit "Runden" und "Ringen" verwechselt, was zu entsprechenden Fehlern in *Man, Fragments of a Forgotten Truth* führte. Von Anfang an hatte der Meister geschrieben: "Da es mir nicht erlaubt ist, Ihnen *die ganze Wahrheit* oder die genaue Einteilung mitzuteilen ..., bin ich nicht in der Lage Sie zufrieden zu stellen."[70] Dies war die Antwort auf die Frage: "Wenn wir es richtig verstehen, dann ist die Anzahl der Existenzformen vor der Menschheitsperiode 637," etc. Auf alle Fragen, die mit Zahlen zu tun haben, war die Antwort: "Versuchen Sie, das Problem der 777 Inkarnationen zu lösen ... *Obwohl ich verpflichtet bin, Informationen zurückzuhalten ..., ist es aber, wenn Sie das Problem wirklich gelöst haben, auch meine Pflicht, Ihnen das zu bestätigen.*"[71]

ERGÄNZENDE INFORMATIONEN UND ERKLÄRUNGEN ZU DEN HIMMELSKÖRPERN UND MONADEN

A.P. Sinnetts *Esoteric Buddhism* enthält zwei Aussagen, die Beachtung verdienen und zitiert werden sollen. Auf Seite 58 heißt es: "Die geistigen Monaden ... vollenden ihre Mineralexistenz auf dem Himmelskörper A nicht ganz, sondern erst auf dem Himmelskörper B, und so fort. Mehrmals legen sie den ganzen Kreislauf als Minerale zurück, danach mehrmals als Pflanzen, dann mehrmals als Tiere. Wir unterlassen es hier absichtlich, Zahlen zu nennen," etc., etc.

Wegen der umfassenden Geheimhaltung gerade in bezug auf Zahlen, war es weise, so vorzugehen. Aber diese Zurückhaltung wurde inzwischen teilweise aufgegeben. Jedoch wäre es vielleicht besser gewesen, die wirklichen Zahlen im Zusammenhang mit Runden und evolutionären Kreisläufen entweder gleich vollständig zu veröffentlichen, oder sie ebenso vollständig zu verschweigen. A.P. Sinnett war sich der Problematik durchaus bewußt, denn er sagt weiter:

"Aus Gründen, die für Außenstehende nicht leicht nachzuvollziehen sind, sind die Besitzer okkulten Wissens besonders zurückhaltend bezüglich kosmogonischer

---

[69] *Die Mahatma-Briefe*, Brief Nr. 14.
[70] *Ibid.*
[71] *Ibid.*

Daten. Für Menschen, die nicht initiiert worden sind, ist kaum verständlich, weshalb dies so ist." Daß es Gründe dafür gab, ist jedoch offensichtlich. Es ist diese Zurückhaltung, die die meisten konfusen Ideen der Studierenden im Osten wie im Westen verursacht hat. Die Schwierigkeiten, die der Akzeptanz der beiden hier thematisierten Lehren im Wege standen, schienen wegen der fehlenden Daten besonders groß zu sein. Aber so war es. Denn die für okkulte Kalkulationen herangezogenen Zahlen, das haben die Meister oft genug erklärt, dürfen außerhalb des Kreises von Chelas, die durch Gelübde gebunden sind, nicht öffentlich gemacht werden. Auch die Chelas müssen sich an diese Regel halten.

Um mehr Klarheit zu schaffen, auch ohne die mathematischen Aspekte der Lehre zu berühren, können wir aber auf die bereits gemachten Belehrungen näher eingehen und einige obskure Stellen erhellen. Weil die Evolution der Himmelskörper und die der Monaden so eng verknüpft sind, wollen wir die beiden Lehren in einer einzigen zusammenfassen. Was die Monaden betrifft, bitten wir den Leser zu beachten, daß die Philosophie des Ostens das westliche theologische Dogma einer neugeschaffenen Seele für jeden neugeborenen Menschen mit der Begründung ablehnt, es sei unphilosophisch und im Haushalt der Natur eine Unmöglichkeit. Es muß in jedem neuen Manvantara eine begrenzte Zahl von Monaden geben, die sich entwickeln und durch ihre Assimilation vieler aufeinanderfolgender Personalitäten immer perfekter werden. Dies ist eine absolute Notwendigkeit im Hinblick auf die Lehren von Wiedergeburt, Karma und der stufenweise verlaufenden Rückkehr der menschlichen Monade zu ihrem Anfang – zur *absoluten* Göttlichkeit. Obwohl die Scharen mehr oder weniger weit entwickelter Monaden zwar nahezu unzählbar sind, sind sie aber doch begrenzt – wie alles in diesem Universum der Differenziertheit und Endlichkeit.

Wie im Diagramm der menschlichen Prinzipien und aufsteigenden Himmelskörper der Weltenketten dargestellt (Seite 148), besteht eine ewige Abhängigkeit zwischen Ursachen und Wirkungen und eine alle Evolutionslinien durchlaufende und verbindende vollkommene Analogie dazu. Das eine wird vom anderen erzeugt – Himmelskörper ebenso wie Personalitäten. Aber fangen wir am Anfang an.

Eine allgemeine Darstellung des Vorgangs der Formierung aufeinanderfolgender Planetenketten wurde hier zwar bereits gegeben, um aber zukünftigen Mißverständnissen vorzubeugen, wollen wir weitere Details erwähnen, die gleichzeitig die Geschichte der Menschheit in unserer eigenen Kette, der Nachkommenschaft der Mondkette, erhellen.

Im folgenden Diagramm zeigt die rechte Seite die Mondkette von sieben Planeten (Himmelskörpern) am Beginn ihrer siebten oder letzten Runde. Die linke Seite zeigt die "Erdkette", die noch nicht existiert, aber entstehen wird. Die sieben Himmelskörper jeder der beiden Ketten werden durch die Buchstaben A bis G in ihrer zyklischen Folge bezeichnet; die Körper unserer Erdkette sind zusätzlich durch ein Kreuz, das Symbol der Erde, gekennzeichnet. Wir erinnern daran, daß die Monaden in jeder der siebenfältigen Ketten, die sie umkreisen, entsprechend ihren jeweiligen Evolutions-, Bewußtseins- und Verdienststufen in sieben Klassen oder Hierarchien aufgeteilt sind. Verfolgen wir also die Reihenfolge ihres Erscheinens in der ersten Runde auf Planet A. Die Zeiträume zwischen den Erscheinungsperioden dieser Hierarchien auf jedem einzelnen der Himmelskörper sind so angelegt, daß beim Erscheinen der letzten, der Klasse Nr. 7, auf dem Himmelskörper A, die erste, die Klasse Nr. 1, bereits zum Himmelskörper B übergegangen ist, usw., Stufe für Stufe, rund um die Kette.

Und weiter, wenn die letzte Klasse, die Nr. 7, in der siebten Runde auf der Mondkette den Himmelskörper A verläßt, dann beginnt dieser Körper abzusterben und in seinen Planeten-Pralaya[72] überzugehen, anstatt, wie in den vorhergehenden Runden, in einen Schlafzustand zu verfallen. Im Sterben überträgt er, wie erwähnt,

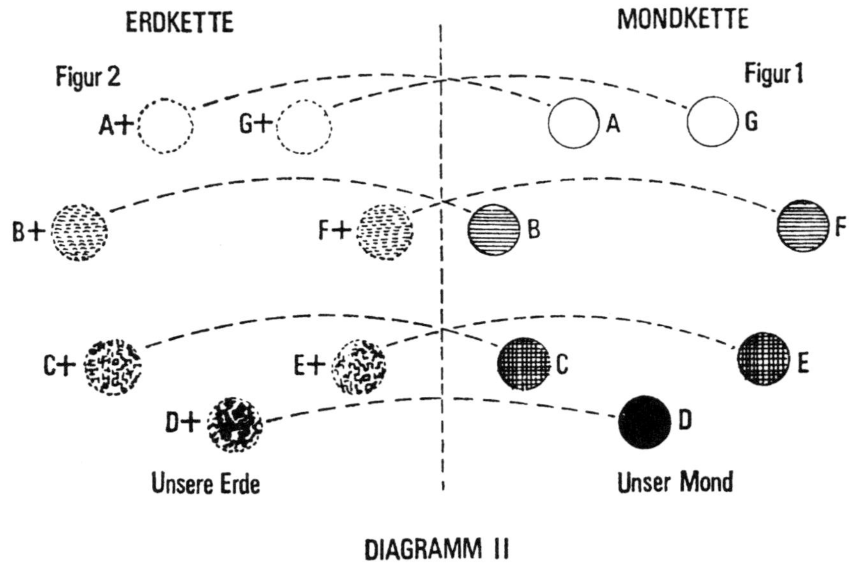

DIAGRAMM II

[72] Der Okkultismus lehrt verschiedene Arten von Ruheperioden (Pralaya). Es gibt den *individuellen* Pralaya eines jeden Himmelskörpers, wenn Menschheit und Leben zum nächsten übergehen, also sieben kleinere Pralayas in jeder Runde; es gibt den *planetarischen* Pralaya, wenn die sieben *Runden* beendet sind; den *solaren* Pralaya, wenn das gesamte System am Ende ist; und letztlich gibt es den universalen Mahâ- oder Brahmâ-Pralaya zum Ende eines Zeitalters Brahmâs. Dies sind die Haupt-*Pralayas* oder "Zerstörungsperioden". Daneben gibt es noch viele andere, kleinere, mit denen wir uns aber hier nicht befassen.

seine "Prinzipien" oder Lebenselemente und Energie, etc., der Reihe nach auf ein neues "Laya-Zentrum", womit die Bildung des Körpers A der Erdkette beginnt. Jeder Himmelskörper der Mondkette durchläuft einen ähnlichen Prozeß, einer nach dem anderen, und jeder bildet einen neuen Himmelskörper der Erdkette. Unser Mond war der vierte Himmelskörper der Serie und befand sich im selben Wahrnehmungsbereich wie unsere Erde. Aber Himmelskörper A der Mondkette ist erst vollkommen "tot", wenn die ersten Monaden der ersten Klasse vom Körper G oder Z, dem letzten der Mondkette, in das Nirvâna übergewechselt sind, das sie zwischen den beiden Ketten erwartet. Dieser Vorgang trifft, wie gesagt, auf alle anderen Himmelskörper zu – jeder gebiert den korrespondierenden Himmelskörper der Erdkette.

Wenn dann Himmelskörper A der neuen Kette bereit ist, inkarniert die erste Klasse oder Hierarchie der Mondkette auf ihm im niedrigsten Bereich, und so fort in Reihenfolge. Daraus resultiert, daß nur die erste Monadenklasse während der ersten Runde die menschliche Entwicklungsstufe erreicht, denn die zweite Klasse auf jedem Planeten kann diese Stufe nicht erreichen, weil sie später ankommt. So erreichen die Monaden der Klasse 2 das menschliche Anfangsstadium also erst in der zweiten Runde – und so fort bis zur Mitte der vierten Runde. An diesem Punkt aber – in dieser vierten Runde, in welcher die menschliche Stufe *vollständig* entwickelt sein wird – schließt sich das "Tor" zum Menschenreich, und von nun an sind die "menschlichen" Monaden, also die Monaden auf der menschlichen Entwicklungsstufe, zahlenmäßig vollständig vorhanden. Monaden, die diesen Punkt nicht erreicht haben, sind aufgrund des menschlichen Evolutionsablaufs so weit zurückgeblieben, daß sie die menschliche Stufe erst am Ende der siebten und letzten Runde erreichen. Deshalb sind sie in dieser Kette keine Menschen. Sie werden aber die Menschheit eines zukünftigen Manvantaras sein und haben den Vorteil, als karmische Entschädigung "Menschen" in einer höheren Kette zu werden. Es gibt nur *eine einzige Ausnahme* von dieser Regel, und das aus gutem Grund. Wir werden später davon sprechen. So jedenfalls erklären sich die Unterschiede zwischen den einzelnen Menschheiten.

Es ist nun ganz offensichtlich, wie perfekt die Analogie zwischen den Naturvorgängen im Kosmos und im individuellen Menschen ist. Letzterer stirbt, nachdem er seinen Lebenszyklus durchlaufen hat. Seine "höheren Prinzipien", die im Entwicklungsablauf einer Planetenkette den kreisenden Monaden entsprechen, gehen ein in das Devachan, das seinerseits dem "Nirvâna" und den Ruheperioden zwischen zwei Ketten entspricht. Die "niederen" Prinzipien des Menschen zerfallen mit der Zeit, und die Natur verwendet sie zur Bildung neuer menschlicher Prinzipien. Derselbe Prozeß findet statt bei der Auflösung und Bildung von Welten. Wir sehen, daß die Analogie das beste Mittel zum Verstehen okkulter Lehren ist.

Man kann die Gesamtheit der Monaden in drei große Klassen aufteilen:

1. Die am weitesten entwickelten Monaden (Mondgötter oder "Geister", in Indien Pitris genannt), deren Funktion es ist, in der ersten Runde den ganzen dreifachen Zyklus der Mineral-, Pflanzen- und Tierreiche in ihren ätherischsten, feinsten und rudimentärsten Formen zu durchlaufen, um sich so der Natur der neugeformten Kette anzupassen und sich mit ihr zu "bekleiden". Dies sind die Monaden, die auf dem Himmelskörper A in der ersten Runde die menschliche Form zuerst annehmen (soweit man im Bereich des nahezu Subjektiven von Form überhaupt sprechen kann). So repräsentieren sie das menschliche Element im Verlauf der zweiten und dritten Runde und führen es weiter, bis sie dann zu Beginn der vierten Runde ihre Schatten für die nachkommende zweite Klasse entwickeln.

2. Monaden, die im Verlauf der dreieinhalb Runden als erste die menschliche Stufe erreichen und "Menschen" werden.[73]

3. Nachzügler. Das sind in der Entwicklung zurückgebliebene Monaden, die wegen karmischer Behinderungen die menschliche Stufe während dieser Runde – mit einer Ausnahme – nicht erreichen. Auf diese Ausnahme werden wir, wie bereits angekündigt, an anderer Stelle zurückkommen.

Die Evolution der *äußeren* Form oder des Körpers wird, den inneren, *astralen* Bereich umhüllend, durch die irdischen Kräfte bewirkt, genauso wie dies in den niederen Reichen der Fall ist. Dagegen ist die Entwicklung des inneren oder wahren MENSCHEN rein geistiger Natur. Es handelt sich jetzt nicht mehr, wie bei der äußeren Evolution, um eine Reise der nichtpersönlichen, bestenfalls mit dem Instinkt und Bewußtsein eines ganz anderen Bereichs begabten Monade durch die vielen unterschiedlichen Materieformen, sondern um eine Reise der "Pilger-Seele" durch verschiedene *Zustände, nicht nur der Materie,* sondern der Selbstbewußtheit und Selbstwahrnehmung oder der Wahrnehmung durch Erkenntnis (siehe "Götter, Monaden und Atome").

Die MONADE löst sich aus ihrem Zustand der spirituellen und intellektuellen Unbewußtheit und begibt sich direkt in den Bereich mentaler Aktivität, wobei sie die ersten zwei Bereiche überspringt, denn diese sind in zu großer Nähe zum ABSOLUTEN, in dessen Umkreis keine wie auch immer geartete Beziehung zu tieferen Ebenen möglich ist. Im ganzen Universum existiert aber kein Bereich, der breiter angelegt ist bzw. einen größeren Spielraum in seiner beinahe grenzenlosen Bandbreite von Wahrnehmungs- und Erkenntniseigenschaften hat, als diese Ebene.

[73] Leider können wir hier das irreführende Wort "Menschen" nicht vermeiden. Es leuchtet ein, daß diese "Menschen" keine Ähnlichkeit mit den heutigen Menschen hatten, weder in der Form, noch im Wesen. Wenn nun gefragt wird, warum wir sie dann so nennen, so müssen wir antworten, daß es in keiner der westlichen Sprachen einen Ausdruck gibt, der die zu vermittelnde Idee auch nur annähernd deutlich machen könnte. "Menschen" deutet zumindest an, daß diese Wesen "MANUS" waren, denkende Wesenheiten, wie sehr sie sich auch durch Form und Verstandeskapazität von uns unterschieden. In Wirklichkeit jedoch waren sie hinsichtlich ihrer Spiritualität und ihres Verstandesvermögens eher "Götter" als "Menschen".

Und diese Ebene enthält ihrerseits eine passende kleinere Ebene für jede "Form", von der "mineralischen" Monade bis hin zu deren durch die Evolution erfolgendes Erblühen zur GÖTTLICHEN MONADE. Aber während dieses ganzen Verlaufs – aufwärts in die Bereiche spiritueller Geistigkeit oder abwärts in die Tiefen der Materialität – handelt es sich immer um ein und dieselbe Monade. Sie ist unterschiedlich nur in ihren Inkarnationen während ihrer stetig weiterlaufenden Zyklen partieller oder totaler geistiger Verdunkelung einerseits oder der partiellen oder totalen Verdunkelung der Materie andererseits – zwei polaren Antithesen.

Wir kehren zum *Esoteric Buddhism* zurück, dessen Autor sich zu dem immensen Zeitraum zwischen der mineralischen Epoche auf Himmelskörper A und der Menschenepoche[74] wie folgt äußert: "Die vollständige Entwicklung der mineralischen Epoche auf Himmelskörper A ist die Vorbereitung auf die pflanzliche Entwicklung. Sobald diese beginnt, geht der mineralische Lebensimpuls auf den Himmelskörper B über. Nachdem dann die pflanzliche Entwicklung auf dem Himmelskörper A abgeschlossen ist und die animalische Entwicklung beginnt, fließt der pflanzliche Lebensimpuls über zum Himmelskörper B und der mineralische Impuls geht über auf den Himmelskörper C. Dann folgt schließlich der menschliche Lebensimpuls auf Himmelskörper A."

Das ist der Ablauf durch drei Runden. Dann tritt eine Verzögerung ein, und an der Schwelle zu unserem Himmelskörper, in der vierten Runde, kommt es zum Ende, weil die siebte, die menschliche Periode (des zukünftigen, wirklich körperlichen Menschen) nun erreicht ist. Das muß wohl so sein, denn, wie der Autor weiter ausführt: "Es gibt Evolutionsprozesse, die dem Mineralreich vorangehen. Eine Evolutionswoge, ja, mehrere Evolutionswogen gehen der mineralischen Woge auf ihrem Weg um die Sphären voran."

Im Zusammenhang steht das folgende Zitat aus dem Buch *Five Years of Theosophy*:[75]

> "Es gibt sieben Reiche. Die erste Gruppe umfaßt drei Grade von Elementalen oder entstehenden Kraftzentren – von der ersten Stufe der Differenzierung der Mûlaprakriti (oder besser: Pradhâna, der homogenen Urmaterie) bis zum dritten Grad, also von vollständiger Unbewußtheit bis zu einem Zustand halbbewußter Wahrnehmung. Die zweite, höhere Gruppe

[74] Die Bezeichnung "Menschenepoche" wird hier benutzt, weil das vierte, auf das animalische folgende Reich benannt werden muß. In Wirklichkeit ist dieser "Mensch" auf Himmelskörper A während der ersten Runde kein Mensch, sondern sein Prototyp bzw. sein dimensionsloses Vor-Bild aus den Astralregionen.

[75] (das einen Nachdruck enthält aus "Frage V" in dem umfangreichen Beitrag "Some Impulses suggested by A.P. Sinnett's *Esoteric Buddhism*." Wie der Herausgeber der Schriften H.P. Blavatskys in seiner Einführung schreibt, enthält dieser Beitrag einige der "tiefschürfendsten Lehren der esoterischen Philosophie". Siehe B. de Zirkoff, Hg., *H.P. Blavatsky Collected Writings*, 1883, Band V, S. 129–275. H.T.)

umfaßt die Reiche von den Pflanzen bis zum Menschen. Somit ist das Mineralreich der zentrale oder Wendepunkt in der Gradierung des 'monadischen Wesenskerns', der als evolutionäre Energie aufgefaßt werden kann. Drei (vorphysische) Stufen auf der Seite der Elementale, das Mineralreich, drei Stufen auf der objektiven, physischen[76] Seite – das sind die (ersten oder anfänglichen) sieben Glieder der Evolutionskette."

"Anfänglich" deshalb, weil sie vorbereitender Natur sind, und obwohl sie eigentlich zur natürlichen Evolution gehören, wäre es doch richtiger, sie der vornatürlichen Evolution zuzurechnen. Dieser stufenartige Prozeß hält auf der dritten Stufe, an der Schwelle zur vierten, an und wird im Bereich der natürlichen Evolution zur ersten wirklich auf den Menschen gerichteten Stufe. Damit bildet er zusammen mit den drei elementalen Reichen die Zahl 10, die Zahl der Sephiroth. An diesem Punkt beginnt "ein Abstieg des Geistes in die Materie – das Äquivalent zu einem Anstieg in physischer Evolution, ein Wiederaufsteigen aus den tiefsten Abgründen der Materialität (der mineralischen) hin zu seinem *Status quo ante*, mit einer entsprechenden Verflüchtigung konkreter Organismen – bis hin zum Nirvâna, d.h. dem Entschwinden differenzierter Materie." (*Ibid.*)

Nun ist also klar, warum der in *Esoteric Buddhism* zutreffend als "Evolutionswoge" und als "Mineral-, Pflanzen-, animalischer oder Tier- und Menschenimpuls" bezeichnete Prozeß in seinem vierten Zyklus, der vierten Runde, vor der Tür unseres Himmelskörpers haltmacht. An diesem Punkt vereint sich die kosmische Monade (Buddhi) mit dem Âtman-Strahl und wird zu dessen Vehikel, d.h. sie (Buddhi) erwacht zu einer Erkenntnis des Âtman. Und so betritt sie die erste Stufe einer neuen siebenfältigen Evolutionsleiter, die sie schließlich zum zehnten Zweig (von unten gezählt) des Sephirothbaumes, der Krone, führt.

Alles im Universum folgt dem Prinzip der Analogie: "Wie oben, so unten". Der Mensch ist der Mikrokosmos des Universums. Das Geschehen auf der spirituellen Ebene wiederholt sich auf der kosmischen Ebene. Das Konkrete folgt dem Abstrakten. Dem Höchsten entspricht das Tiefste, das Materielle dem Geistigen.

Was ist eine "Monade"? Welche Beziehung besteht zwischen ihr und einem Atom? Die folgende Antwort entspricht den Erklärungen der Autorin in "Frage V" des oben erwähnten Beitrags.[77]

"Es besteht keine wie auch immer geartete Beziehung zu Atomen oder Molekülen, so wie letztere in den wissenschaftlichen Vorstellungen zur Zeit existieren," wird auf die zweite Frage geantwortet. "Sie kann weder mit dem mikroskopi-

[76] "Physisch" bedeutet hier: differenziert für kosmische Zwecke und Wirksamkeit. Die "physische Seite" ist nichtsdestoweniger für uns auf unserer Ebene ganz subjektiv, obwohl sie für die Erkenntnis von Wesen auf anderen Ebenen objektiv ist.

[77] *H.P. Blavatsky Collected Writings, op. cit.*, S. 173–174.

schen Organismus verglichen werden, der früher als zu den polygastrischen Infusorien gehörend betrachtet wurde und neuerdings als pflanzlich und als Alge klassifiziert wird, noch ist es ganz richtig, sie als die *Monas* der Peripatetiker zu identifizieren. Physisch oder strukturell unterscheidet sich die mineralische Monade natürlich von der menschlichen Monade, denn diese ist weder physisch, noch kann ihre Struktur durch chemische Symbole und Elemente dargestellt werden." Kurz, so wie die geistige Monade eins, universal, grenzenlos und ungeteilt ist, deren Strahlen aber nichtsdestoweniger formgebend auf das einwirken, was wir ignoranterweise die "individuellen Monaden" der Menschen nennen, so ist die mineralische Monade – am gegenüberliegenden Punkt des Kreises – ebenfalls eins. Und ihr entspringen die zahllosen physischen Atome, die von der Wissenschaft neuerdings als individualisiert betrachtet werden.

"Wie könnte man sonst den evolutionären und spiralförmigen Fortschritt der vier Reiche verständlich machen und erklären? Die 'Monade' ist eine Kombination der beiden höchsten menschlichen 'Prinzipien', des sechsten und siebten. Und genau gesagt trifft der Ausdruck 'menschliche Monade' auf die d u a l e Seele (Âtman-Buddhi) zu und nicht allein auf ihr höchstes geistiges und lebenspendendes Prinzip, Âtman. Weil aber die geistige Seele ohne Âtman nicht existieren, nicht sein könnte, ist sie so genannt worden. Obwohl nun der monadische oder, besser, der kosmische Wesenskern (wenn diese Bezeichnung denn erlaubt ist) im Mineralischen, Pflanzlichen und Animalischen in den Zyklen vom tiefsten elementalen bis hin zum höchsten Devareich ein und derselbe ist, besteht aber doch ein Unterschied im Verlauf der Weiterentwicklung. Es wäre höchst irreführend, wenn man sich eine Monade als separate Wesenheit vorstellte, die in aller Langsamkeit einem festgelegten Pfad durch die niederen Reiche folgt und nach unermeßlich vielen Transformationen letztlich zu einem menschlichen Wesen erblüht, daß also etwa die Monade eines Alexander von Humboldt zurückzuführen wäre auf die Monade eines gesteinsbildenden Minerals. Anstatt von einer 'mineralischen Monade' zu sprechen, wäre die korrektere Wortwahl für die jedes einzelne Atom differenzierende Naturwissenschaft gewesen: 'Die in der als Mineralreich bezeichneten Prakriti-Form manifestierende Monade.' Das Atom, wie es in der herkömmlichen wissenschaftlichen Hypothese dargestellt wird, ist nicht ein durch ein psychisches Etwas beseeltes Teilchen von einem Etwas, dessen Bestimmung es ist, nach Äonen als Mensch zu erblühen. Es ist vielmehr eine konkrete Manifestation der Universalenergie, die selbst noch nicht individualisiert worden ist. Es ist eine Manifestationsabfolge der einen universalen Monas. Der Ozean (der Materie) löst sich erst dann in die in ihm potentiell vorhandenen Tropfen auf, wenn die Woge des Lebensimpulses die Evolutionsstufe der Menschheitsgeburt erreicht. Die Tendenz zur Spaltung in individuelle Monaden äußert sich in einem graduellen Vorgang, der in den höheren Tieren fast zum Abschluß kommt. Die Peripatetiker bezeichneten mit dem Wort Monas den gesamten Kosmos – im pantheistischen Sinn. Die Okkultisten akzeptieren diesen Gedanken der Einfachheit halber, unterscheiden die fortlaufenden Evolutionsstufen des Konkreten aus dem Abstrakten aber durch den Gebrauch von Ausdrucksformen wie 'mineralische, pflanzliche, tierische (etc.) Monade'. Diese Ausdrücke bezeichnen nur den jeweilige Teil des Kreislaufs, den die Woge der geistigen Evolution gerade durchläuft. Im Pflanzenreich beginnt der 'monadische Wesenskern' unbemerkbar einen auf individuelles Bewußtsein gerichteten Differenzierungsprozeß. Da Monaden absolut einfach, d.h. ohne Teile sind, wie Leibnitz richtigerweise dargelegt hat, ist es der sie in ihren verschiedenen Differenzierungsgraden beseelende geistige Wesenskern, der die Monaden in Wirklichkeit bildet. Dies geschieht also nicht durch die Anhäufung von Atomen. Diese Anhäufung dient nur als Träger und ist die Substanz, welche von den niederen und höheren Intelligenzgraden durchdrungen wird."

Über den Mond ist noch folgendes zu sagen. In Wirklichkeit ist er der Satellit der Erde nur in einer Hinsicht, nämlich weil er körperlich die Erde umläuft. In jeder anderen Beziehung aber ist das Verhältnis gerade umgekehrt, es ist die Erde, die der Satellit des Mondes ist. So überraschend diese Aussage sein mag, ist sie doch nicht ohne wissenschaftliche Bestätigung. Es ist nachweislich so, wenn wir Ebbe und Flut betrachten, oder die zyklischen Veränderungen in vielen Krankheitsformen, die mit den Mondphasen zusammenfallen, es kann im Wachstum der Pflanzen verfolgt werden und ist bemerkbar in Erscheinungen menschlicher Schwangerschaft und Empfängnis.

Es ist der Mond, der die größte und wichtigste Rolle bei der Bildung der Erde selbst und bei ihrer Bevölkerung mit Menschen spielt. Die "Mondmonaden" oder lunaren Pitris, die Vorfahren des Menschen, werden in Wirklichkeit selbst zu Menschen. Sie sind die Monaden, die auf dem Himmelskörper A in den Evolutionszyklus eintreten und, wie gerade dargestellt wurde, in ihrem Lauf durch die Planetenkette die menschliche Form entwickeln. Zu Beginn der menschlichen Entwicklungsstufe, in der vierten Runde auf diesem Himmelskörper, "entfließt" ihr astraler Doppelgänger den "affenähnlichen" Formen, die sie in der dritten Runde entwickelt hatten. Und diese subtile, feinere Form, dient als Modell, wenn die Natur sie mit dem von ihr geschaffenen körperlichen Menschen umhüllt. Diese Monaden oder göttlichen Funken sind also die lunaren Vorfahren, die Pitris selbst. Diese lunaren Geister müssen "Menschen" werden, um so zu erreichen, daß ihre "Monaden" auf eine höhere Tätigkeits- und Bewußtseinsebene kommen, d.h. auf die Ebene der Mânasa-Putras. Die Mânasa-Putras statten die von den Pitris geschaffenen und beseelten, aber "vernunftlosen" Hüllen gegen Ende der Evolutionsperiode der Dritten Menschheit mit "Geist" aus.

Nachdem unsere eigenen Himmelskörper A, B, C, D, *et seq.*, mit ihrer Lebensenergie andere Laya-Zentren beseelt und zum Leben erweckt haben, deren

Bestimmung es ist, in einem noch höheren Daseinsbereich zu leben und zu wirken, werden die "Monaden" oder Egos der Menschen der siebten Runde unserer Erde, also die Erd-"Vorfahren", auf dieselbe Art und Weise eine ihnen überlegene, höherstehende Nachkommenschaft erzeugen.

Es ist nun klar, daß es in der Natur ein dreifaches Evolutionsschema für die Bildung der drei *periodischen Upâdhis* gibt – beziehungsweise drei separate Evolutionsschemen, die in unserem System überall unauflöslich miteinander verbunden und verwoben sind: Die monadische (oder geistige), die intellektuelle und die physische Evolution. Diese drei sind die endlichen Aspekte oder die Reflexionen des ÂTMAN, des siebten Aspekts, d.h. der EINEN WIRKLICHKEIT im Bereich kosmischer Illusion.

1. Die monadische Evolution betrifft, wie der Name andeutet, das Wachstum und die Entwicklung der Monade hin zu immer höheren Wirkungsphasen, im Zusammenhang mit:

2. der intellektuellen Evolution, repräsentiert durch die Mânasa-Dhyânis (die Sonnen-Devas oder Agnishvâtta Pitris), die dem Menschen Intelligenz und Bewußtsein spenden, und:

3. der physischen Evolution, repräsentiert durch die Chhâyâs der Mond-Pitris, welche die Natur mit dem konkretisierten gegenwärtigen physischen Körper bekleidet hat. Dieser Körper dient als Gerüst für das "Wachstum" (ein irreführendes Wort) und die Transformation durch Manas und, als Folge angesammelter Erfahrungen, des Endlichen zum UNENDLICHEN, des Vergänglichen zum Ewigen und Absoluten.

Jedes dieser drei Systeme hat seine eigenen Gesetze und steht unter der Leitung und Führung verschiedener Gruppen höchster Dhyânis oder "Logoi". Alle drei Systeme sind in der Konstitution des Menschen, diesem Mikrokosmos des großen Makrokosmos, vertreten, und es ist die Vereinigung dieser drei Ströme, die den Menschen zu dem komplexen Wesen macht, das er heute ist.

"Natur", diese Kraft physischer Evolution, könnte niemals ohne Hilfe Intelligenz hervorbringen, sie kann nur "vernunftlose" Formen erschaffen, wie unsere "ANTHROPOGENESIS" zeigen wird. Die "lunaren Monaden" können sich nicht weiterentwickeln, weil sie noch nicht genügend Berührung mit den von der "Natur" geschaffenen Formen hatten, deren Vermittlung sie aber brauchen, um Erfahrungen sammeln zu können. Diese Lücke wird von den Mânasa-Dhyânis gefüllt. Sie repräsentieren in dieser Runde die evolutionäre Verstandes- und Intelligenzkraft, das Bindeglied zwischen Geist und Materie.

Wir müssen bedenken, daß sich die Monaden, die in der ersten Runde den Evolutionszyklus auf Himmelskörper A beginnen, in den unterschiedlichsten Entwicklungsstadien befinden. Dadurch wird die Sache etwas kompliziert ... Wiederholen wir also.

Die am weitesten entwickelten Monaden (die lunaren) erreichen die menschliche Keimungsstufe in der ersten Runde, werden irdische, aber sehr ätherische Menschenwesen gegen Ende der dritten Runde, verbleiben (auf dem Himmelskörper) in der "Verdunkelungs"-Periode als Samen der kommenden Menschheit der vierten Runde, d.h. sie werden zu Wegbereitern der Menschheit am Anfang der gegenwärtigen, der vierten Runde. Andere erreichen die menschliche Stufe erst in späteren Runden, d.h. in der zweiten, dritten oder der ersten Hälfte der vierten Runde. Die am weitesten zurückgebliebenen, die also nach dem Wendepunkt in der Mitte der vierten Runde immer noch Tierformen haben, werden in diesem Manvantara keine Menschen mehr werden. Sie erreichen die Grenze zur Menschheit erst am Ende der siebten Runde und werden dann, nach dem Pralaya, zu einer neuen Kette gebracht, und zwar von jenen älteren Wegbereitern, welche die Vorfahren der Menschheit bzw. die Samen-Menschheit (*Shishta*) selbst sind – die Menschen, die am Ende dieser Runden allen voran an der Spitze stehen.

In den vorangegangenen Diagrammen, *mutatis mutandis* zutreffend auf Runden, Himmelskörper oder Menschheiten, ist ersichtlich, daß das vierte Glied einer Reihe eine besondere Position einnimmt. Im Unterschied zu den anderen hat dieses vierte Glied keinen Zwillings-Himmelskörper auf seiner Ebene. Es ist deshalb das Zünglein an der Waage, ist der Angelpunkt in der Ausgewogenheit, die diese Kette insgesamt charakterisiert. Dieser Himmelskörper ist der Bereich endgültiger evolutionärer Regulierung, die Welt karmischer Abwägung, der Gerichtssaal, wo Bilanz gezogen wird, und wo der weitere Weg der Monade durch ihre restlichen Inkarnationen in diesem Zyklus sich entscheidet. Das ist der Grund dafür, daß keine Monade das Menschenreich mehr betreten kann, nachdem dieser zentrale Drehpunkt im großen Kreislauf überschritten wurde, d.h. nachdem der Mittelpunkt der Entwicklung der Vierten Menschheit in der vierten Runde auf unserem Himmelskörper erreicht worden ist. Der Zugang ist, in diesem Kreislauf, geschlossen, die Entscheidungen sind gefallen. Wenn es nicht so wäre, wenn für jeden der unzähligen Milliarden Menschen nach deren Tod eine neue Seele geschaffen worden wäre und es keine Reinkarnation gegeben hätte –, dann wäre es in der Tat schwierig, für all die entkörperten "Geister" Platz zu schaffen. Und es wäre unmöglich, die Herkunft und Ursache des Leidens zu erklären. Durch die Unkenntnis okkulter Lehren und das Durchsetzen falscher Vorstellungen unter dem Deckmantel religiöser Erziehung entstanden Materialismus und Atheismus als Ausdruck des Protestes gegen die angeblich göttliche Weltordnung.

Einzige Ausnahmen zur soeben aufgestellten Regel sind die "stummen Rassen", deren Monaden bereits innerhalb des menschlichen Bereichs angekommen sind. Der Grund dafür ist, daß diese "Tiere" später als der Mensch, und sogar zur Hälfte von ihm abstammend, erscheinen. Ihre letzten Nachkommen sind die Anthropoiden und andere Affen. Diese "menschlichen" Erscheinungen sind in Wirklichkeit Zerrbilder der frühen Menschheit. Im nächsten Buch werden wir uns diesem Thema detailliert widmen.

In großen Zügen dargestellt, entnehmen wir dem "Kommentar" folgendes:

*1. "Im Bemühen um Selbstgestaltung strebt jede irdische Form, jedes Partikel (Atom) im Raum danach, sich dem Modell anzupassen, das im '*HIMMLISCHEN MENSCHEN*' für sie angelegt ist .. Involution und Evolution des Atoms, sein äußeres und inneres Wachstum sowie seine äußere und innere Entwicklung, haben ein einziges Ziel – den Menschen. Den Menschen als die höchste und vollendete Form auf dieser Erde, die* MONADE *– in ihrer absoluten Ganzheit, ihrem erwachten Zustand – als Höhepunkt göttlicher Inkarnationen auf Erden."*

2. "Die Dhyânis (Pitris) haben ihre BHÛTAS *(Doubles oder 'Doppelgänger') aus sich selbst entwickelt. Dieses* RÛPA, *diese Form wurde zum Gefäß für Monaden (7. und 6. Prinzip), die den Kreislauf ihrer Pilgerschaft in den drei vorangegangenen Kalpas (Runden) vollendet hatten. Dann wurden sie (die astralen Doubles oder 'Doppelgänger') die Menschen der ersten Menschheit der Runde. Sie waren aber nicht vollkommen, und sie waren ohne Verstand."*

Der Mensch, oder richtiger, seine Monade, existiert auf der Erde seit dem Beginn dieser Runde. Aber bis zu unserer eigenen Fünften Menschheit machten die äußeren Formen, welche diese göttlichen astralen Doubles umhüllten, mit jedem Menschheitszweig Veränderungen und Anpassungen durch. Gleichzeitig änderten sich die Formen und physischen Strukturen der Fauna, denn sie mußten sich den fortwährenden Veränderungen der Lebensbedingungen auf diesem Planeten im Verlauf der geologischen Perioden seines formativen Zyklus' anpassen. Und mit jeder der Sieben Menschheiten und *jedem großen Menschheitszweig*, bis hin zum letzten der Siebten Menschheit in dieser Runde, werden sie weitere Veränderungen durchmachen.

3. "Der innere, jetzt verborgene Mensch war damals (in den Anfängen) der äußere Mensch. Als Abkömmling der Dhyânis (Pitris) war er 'der Sohn, der seinem Vater gleicht'. Gleich dem Lotus, dessen äußere Gestalt allmählich die Form seines inneren Modells annimmt, entwickelte sich am Anfang die Gestalt des Menschen von innen nach außen. Nach dem Zyklus, in dem der Mensch begann, seine Gattung nach der Art des gegenwärtigen Tierreichs fortzupflanzen, trat das Gegenteil ein. Der menschliche Fötus durchläuft nun in seinen Transformationen alle Formen, welche der physische Rohbau des Menschen im Verlauf der drei Kalpas (Runden) annahm, während die vernunftlose, weil unvollkommene Materie erste Versuche einer Formgestaltung zur Umhüllung der blindlings vorantreibenden Monade unternahm. In unserem Zeitalter ist der physische Embryo Pflanze, Reptil und Tier, ehe er schließlich Mensch wird und nun seinerseits in sich selbst sein eigenes ätherisches Gegenbild entwickelt. Anfangs war es dieses Gegenbild (der astrale Mensch), welches sich, vernunftlos wie es war, in den Maschen der Materie verfing."

Aber dieser "Mensch" gehört zur vierten Runde. Wir haben gezeigt, daß die MONADE in jedem der Naturreiche im Verlauf der drei vorangegangenen Runden alle Übergangsformen durchlief, in ihnen umherzog und gefangen war. Aber die menschlich werdende Monade *ist nicht der Mensch.* In dieser Runde werden keine der Wesenheiten der Naturreiche mehr von solchen Monaden beseelt, die dazu bestimmt sind, auf ihrer nächsten Stufe menschlich zu werden, sondern nur noch von den niederen Elementalen der jeweiligen Bereiche – mit einer Ausnahme. Diese Ausnahme betrifft die nach dem Menschen höchsten Säugetiere, die Anthropoiden.[78] Sie werden im Verlauf unseres Menschheitszweiges aussterben, wobei ihre Monaden freigesetzt werden und in die astralen Menschenformen (oder höchsten Elementale[79]) der Sechsten und Siebten Menschheiten überwechseln, und dann weiter in niedrigste menschliche Formen[80] in der fünften Runde.

Die letzte menschliche Monade inkarnierte vor dem Beginn der Evolutionsperiode der Fünften Menschheit. Sie hat den Zyklus der *Metempsychose* abgeschlossen, denn wir befinden uns bereits in der vierten Runde der Fünften Menschheit. Unsere Leser – zumindest jene, die *Esoteric Buddhism* kennen – müssen sich immer bewußt sein, daß die in diesem und dem zweiten Buch folgenden Stanzen nur die Evolution in unserer vierten Runde zum Thema haben. Diese Runde ist der Wendepunkt. Hier hat die Materie ihren Tiefstpunkt erreicht und beginnt ihr Aufwärtsstreben. Jede neue Menschheit, jeder neue Zyklus vergeistigt sie. Der Leser sollte sich also nicht irritieren lassen – in *Esoteric Buddhism* werden Runden ganz generell behandelt, während unser Werk nur von der derzeitigen, vierten Runde spricht. In ersterem ging es um Formation, Formbildung, in letzterem um Reformation, Umbildung und um Vervollkommnung durch Evolution.

Jede Runde wiederholt auf einer höheren Stufe das evolutionäre Werk der vor-

---

[78] Die Natur wiederholt sich niemals; auch unsere heutigen Anthropoiden haben zu keiner Zeit seit der Mitte der Miozänperiode existiert, denn seither unterlagen sie, wie alle aus Kreuzungen verschiedener Arten hervorgegangene Wesen, einer im Verlauf der Zeit immer stärker werdenden Tendenz zur Rückentwicklung zum Typus ihres ersten Ahnen, dem gigantischen schwarzgelben Lemuro-Atlantier. Es wäre nutzlos, nach dem "fehlenden Glied" (in einer Kette zwischen Mensch und Affe, H.T.) zu suchen. In vielen Millionen von Jahren, am Ende der Evolutionsperiode der Sechsten Menschheit, wird die Wissenschaft die Fossilien der derzeitigen Menschen für die Überreste einer kleinen, unwichtigen Affenart halten – einer erloschenen Art des *Genus homo.*

[79] Diese "Elementale" werden selbst erst im nächsten großen planetarischen Manvantara zu menschlichen Monaden.

[80] Derartige Anthropoiden sind eine Ausnahme. Die Natur hat sie nicht beabsichtigt, sie sind direktes Erzeugnis und Schöpfung des "vernunftlosen" Menschen. Vgl. *Isis entschleiert,* Band 2, S. 279, wo der Leser bereits darauf hingewiesen wurde, "daß die *physische* Natur, diese sich unablässig in Richtung Perfektion vorwärts bewegende großartige Kombination physischer Kräftekorrelationen, sich des vorhandenen Materials bedienen muß. Es dient ihr zum Gestalten und Umgestalten, während sie sich weiterbewegt, und endet mit der Krönung ihres Werkes, dem Menschen. Ihn präsentiert sie als den Schrein, der allein würdig ist, vom Schatten des göttlichen Geistes berührt zu werden." Unberührt davon, daß diese Affen also vom Menschen abstammen, bleibt die Tatsache bestehen, daß die menschliche Monade nie wieder in der Gestalt eines Tieres inkarnieren kann, sobald sie die Stufe der Menschheit erreicht hat.

hergegangenen Runde. Mit Ausnahme einiger höherer Anthropoiden, die wir oben erwähnt haben, endet das Einfließen der Monaden, ist die innere Evolution bis zum nächsten Manvantara beendet. Es kann gar nicht oft genug wiederholt werden, daß zu Beginn des nächsten Zyklus auf diesem Globus die vollständig entwickelten menschlichen Monaden entfernt sein müssen, ehe die Kandidaten einer neuen Generation hier erscheinen können. Deshalb entsteht eine Pause, und das ist der Grund, wie noch näher zu beschreiben sein wird, weshalb der Mensch während der vierten Runde früher als jede Tierschöpfung auf der Erde erscheint.

Es wird aber immer noch behauptet, der Autor von *Esoteric Buddhism* habe von Anfang an nichts anderes getan, als Darwinismus zu "predigen". Sicherlich kann man durch gewisse Passagen seines Buches einen solchen Eindruck bekommen, und außerdem sind Okkultisten durchaus bereit, *Teile* der Darwinschen Hypothese als korrekt zu bezeichnen – in späteren Einzelheiten und sekundären Erscheinungsformen der Evolution, und nachdem die mittlere Wegstrecke der Evolution der Vierten Menschheit überschritten wurde. Aber daß der Mensch *in dieser oder irgendeiner anderen Runde ein Affe* war oder je gewesen sein könnte – trotz aller "Ähnlichkeit" –, wurde und wird von Okkultisten niemals akzeptiert.

Die Lehre stellt folgendes fest:

"Runde 1. In der ersten Runde und Ersten Menschheit auf dem Himmelskörper D, unserer Erde, war der Mensch ein ätherisches Wesen (ein lunarer Dhyâni, aber als Mensch) ohne Intellekt, aber höchst geistig, und so auch, dem Gesetz der Analogie folgend, in der Ersten Menschheit der vierten Runde. In jeder der folgenden Menschheiten und Menschheitszweige ... wird er mehr und mehr zu einem umschlossenen oder inkarnierten Wesen, das aber überwiegend noch ätherisch ist ... Er ist geschlechtslos und entwickelt, so wie das Tier und die Pflanze, riesige, der groben Umgebung entsprechende Körper.

Runde 2. Der Mensch ist immer noch von gigantischer Größe und ätherisch, wird aber körperlich fester, kondensierter – wird mehr physisch. Er ist aber immer noch weniger intelligent als durchgeistigt (1), denn die Evolution des Verstandes verläuft langsamer und schwieriger als die des physischen Rohbaus ...

Runde 3. Er hat nun einen ganz konkreten, kompakten Körper, anfangs noch in der Gestalt eines Riesenaffen, und ist inzwischen mehr intelligent, oder besser gesagt, schlau, als durchgeistigt. Denn auf dem nach unten führenden Bogen hat er jetzt den Punkt erreicht, wo seine uranfängliche Geistigkeit von dem nun entstehenden Verstand, der Mentalitätsfunktion, überholt und überschattet wird (2). In der zweiten Hälfte der dritten Runde verringert sich seine riesige Gestalt, sein Körperzustand verbessert sich, und er gewinnt an Rationalität, obwohl er immer noch mehr Affe als Deva ist... (Dieser ganze Vorgang wiederholt sich fast genauso in der Dritten Menschheit der vierten Runde.)

Runde 4. In dieser Runde entwickelt sich der Intellekt enorm. Die (bisher) stummen Wesen erhalten auf diesem Himmelskörper unsere (gegenwärtige) menschliche

Sprachfähigkeit und ihre Sprache wird, beginnend mit der Vierten Menschheit, vollkommen, ebenso wie der Umfang ihres Wissens erweitert wird. Hier, auf halbem Wege in der vierten Runde (vom Beginn der Vierten oder atlantischen Menschheit an) überschreitet die Menschheit die Achse des kleineren manvantarischen Kreislaufs ..., und die Welt ist erfüllt mit den Resultaten intellektueller Aktivität und gleichzeitiger geistiger Schwächung ...[81]

Dies ist dem authentischen Brief entnommen. Die folgenden Zitate sind von derselben Hand als spätere Anmerkungen und zusätzliche Erklärungen in Fußnoten hinzugefügt worden.

(1). "... Der ursprüngliche Brief enthält allgemeine Lehren – sozusagen aus der Vogelperspektive, ohne auf Einzelheiten einzugehen ... Wenn man vom 'physischen Menschen' nur im Bezug auf die frühen Runden spräche, so hieße das zurückzufallen in Vorstellungen von 'Hautschichten' oder Umhüllungen, die wie durch ein Wunder und augenblicklich entstanden sind ... Was gemeint war ist jedoch dies: Die erste 'Natur', der erste 'Körper', der erste 'Verstand' in dem ersten Wahrnehmungsbereich auf dem ersten Himmelskörper in der ersten Runde.

(2). Wenn Sie hier die folgenden Ergänzungen einfügen, haben Sie die korrekte Bedeutung der Aussage: Per Analogie, und gleich der Dritten Menschheit in der vierten Runde, wo seine (d.h. des 'Engel'-Menschen) uranfängliche Geistigkeit durch die beginnende menschliche Verstandesfähigkeit oder Mentalitätsfunktion verdunkelt und überschattet wird ..."

Dies sind die Worte des Lehrers, sein Text, seine Sätze, in Klammern und Fußnoten. Es leuchtet ein, daß die Unterschiede enorm sein müssen, wenn dieselben Bezeichnungen (wie "Objektivität", "Subjektivität", "Materialität" und "Geistigkeit") auf verschiedene Daseins- und Wahrnehmungsebenen angewendet werden. Man muß das alles in seiner relativen Bedeutung verstehen.

Diese "Menschen" der Dritten Menschheit – die Vorfahren der Atlantier – waren genauso affenähnliche, intellektuell unbedarfte Riesen wie jene Wesen, die in der dritten Runde die Menschheit repräsentierten. Moralisch unverantwortlich, und als Resultat wahlloser Geschlechtsbeziehungen mit tieferstehenden Tierarten, schufen diese "Menschen" der Dritten Menschheit jenes fehlende Bindeglied, das nach vielen Zeitaltern dann der weit entfernte Vorfahr des wirklichen, zur Familie der Pithekoiden gehörenden Affen wurde.[82]

Wir fahren nun mit den Stanzen fort.

---

[81] *Die Mahatma-Briefe an A.P. Sinnett*, Brief Nr. 14.

[82] Sollte der Leser nun meinen, diese Aussage stimme nicht mit der anderen Feststellung überein, wonach der Mensch vor dem Tier erscheint, dann muß er sich vor Augen halten, daß nur die *plazentalen Säugetiere* gemeint sind. Damals gab es Tiere, die sich die Zoologie heutzutage überhaupt nicht vorstellen kann. Auch *deren Reproduktionsweisen waren nicht so*, wie die heutige Physiologie sich Fortpflanzung vorstellt.

5. IN DER VIERTEN *(Runde, dem Kreislauf des Lebens und Daseins um "die sieben kleineren Räder")* (a) WIRD DEN SÖHNEN GESAGT, SIE SOLLEN IHRE EBENBILDER ERSCHAFFEN. EIN DRITTEL WEIGERT SICH – ZWEI DRITTEL GEHORCHEN.

EIN FLUCH WIRD AUSGESPROCHEN (b): SIE WERDEN IN DER VIERTEN (Menschheit) GEBOREN WERDEN, WERDEN LEID UND LEIDEN VERURSACHEN. DAS IST DER ERSTE KAMPF (c).

Zwischen den in diesem und dem 4. Shloka derselben Stanze beschriebenen Vorgängen liegen lange Zeitalter. Hier dämmert schon der Morgen und der Sonnenaufgang eines neuen Zeitalters. Das Schauspiel, das auf unserem Planeten stattfindet, ist am Beginn seines vierten Aktes. Aber um eine klarere Vorstellung vom Inhalt des ganzen Stücks zu bekommen, muß der Leser erst zurückblicken, ehe er weitergehen kann, denn dieser Vers gehört zur generellen Kosmogonie der archaischen Bücher. Unser zweites Buch enthält dann eine detaillierte Beschreibung der "Schöpfung" bzw. ein Bild vom Entstehen der ersten menschlichen Wesen, denen die Zweite und die Dritte Menschheit folgt, oder, wie man auch sagt, die "erste, zweite und dritte Wurzelrasse". So wie die feste Erde anfangs eine Kugel flüssigen Feuers, feurigen Staubes und ihr eigenes protoplasmisches Phantom war, so entwickelte sich auch der Mensch.

(a) Daß mit der Bezeichnung "die Vierte" die vierte Runde gemeint ist, geht allein auf die Autorität der "Kommentare" zurück. Es könnte ebenso gut vierte "Ewigkeit" oder sogar vierter (unser) Himmelskörper bedeuten wie vierte Runde, denn wie immer wieder gezeigt wird, handelt es sich um den vierten Kreis im vierten oder tiefsten Bereich des materiellen Lebens. Und Tatsache ist, daß wir uns in der vierten Runde befinden, an deren Mittelpunkt das perfekte Gleichgewicht zwischen Geist und Materie hergestellt sein mußte.[83] So erklärt "Der Kommentar" den Shloka:

"Die heiligen Jünglinge (die Götter) wollten sich nicht vermehren und weigerten sich, Gattungen nach ihrem Ebenbild und ihrer eigenen Art zu erschaffen. Ihre Formen (rûpas) sind nicht für uns geeignet. Sie müssen wachsen. Sie weigern sich, in die chhâyâs (Schatten oder Abbilder) von denen einzudringen, die geringer sind als sie selbst. So gab es egoistische Gefühle von Anfang an, selbst unter den Göttern, und sie entgingen nicht der Aufmerksamkeit der karmischen Lipikas."

Sie mußten dafür in späteren Geburten leiden.

---

[83] Wie wir noch sehen werden, hatte die Vierte, atlantische Menschheit in dieser Periode den Zenit ihrer Zivilisation und Wissenschaft, ihrer menschlichen Intellektualität erreicht. Zur gleichen Zeit verursachte die letzte krisenhafte physiologisch-geistige Veränderung die Spaltung des Weges der Menschheit in zwei völlig entgegengesetzte Richtungen: den Pfad der RECHTEN und der LINKEN Hand der Erkenntnis, der Vidyâ. *"So wurden in jenen Tagen die Keime der weißen und der schwarzen Magie gesät. Die Keime blieben eine Zeit lang latent und trieben ihre ersten Sprossen erst in der frühen Periode der Fünften, unserer eigenen Menschheit."* (Aus dem *"Kommentar"*).

Einer universalen Überlieferung nach unterlag die Weiterführung der Arten, der menschlichen und der tierischen, vor dem physiologischen "Fall" dem WILLEN der Schöpfer oder ihrer Abkömmlinge. Es war dies der Fall des Geistes in die Fortpflanzung, nicht der Fall des sterblichen Menschen. Um Selbstbewußtsein zu erlangen, muß der Geist, wie bereits ausgeführt wurde, alle Daseinszyklen durchlaufen. Deren Höhepunkt auf der Erde wird im Menschen erreicht. Geist *per se* ist eine unbewußte, negative ABSTRAKTION. Seine Reinheit ist inhärent, nicht durch Verdienste erworben. Um zum höchsten Dhyâni-Chohan zu werden, muß deshalb jedes Ego vollständige Selbstbewußtheit als menschliches, d.h. als bewußtes Wesen erlangen, das für uns im Menschen zur Synthese gebracht wurde. "Ein Dhyâni muß eine Âtman-Buddhi sein. Sobald das Buddhi-Manas sich von seinem unsterblichen Âtman, dessen Vehikel oder Gefäß Buddhi ist, löst, geht der Âtman in den Zustand des NICHTSEINS, in das absolute Sein über." Das bedeutet, daß der reine Nirvâna-Zustand eine Übergangsphase des Geistes zurück zur idealen Abstraktion der Seinheit ist. Diese hat keinerlei Beziehung zu dem Bereich, in welchem unser Universum seinen Kreislauf vollzieht.

(b) "Der Fluch wird ausgesprochen" bedeutet in diesem Zusammenhang nicht, daß ein persönliches Wesen, Gott oder höherer Geist ihn ausgesprochen hätte. Der Satz bedeutet ganz einfach, daß eine Ursache hervorgebracht worden war, die nichts anderes als schlechte Wirkungen schaffen konnte, und daß Wesen, die sich gegen die Gesetze der Natur gestellt und dadurch deren planmäßigen Fortschritt behindert haben, durch die Auswirkungen einer karmischen Verursachung nur zu schlechten Inkarnationen, d.h. zum Leiden geführt werden konnten.

(c) "Kampf" bezeichnet das Ringen in geistigen, kosmischen und astronomischen Anpassungsabläufen, hauptsächlich aber ist damit das Mysterium der Evolution, die den jetzigen Menschen hervorgebracht hat, gemeint.

6. DIE ÄLTEREN RÄDER DREHTEN SICH ABWÄRTS UND AUFWÄRTS (a) ... DAS GANZE (der Kosmos)[84] FÜLLTE SICH MIT DER NACHKOMMENSCHAFT DER MUTTER. KÄMPFE WURDEN GEFÜHRT ZWISCHEN DEN SCHÖPFERN UND DEN ZERSTÖRERN, UND KÄMPFE UM RAUM; DIE SAMEN KAMEN, UND IMMER WIEDER ERNEUT KAMEN SIE (b).[85]

(a) Wir beenden nun vorerst unsere Exkurse, die zwar den Erzählfluß unterbrechen, aber nötig zum Verständnis des Gesamtschemas sind, und der Leser muß an dieser Stelle nochmals zur Kosmogonie zurückkehren. Der Ausdruck "ältere Räder"

[84] Wir erinnern den Leser daran, daß mit dem Wort "Kosmos" in unseren Stanzen oft nur unser eigenes Sonnensystem gemeint ist, nicht das unendliche Universum.

[85] Das ist rein astronomisch zu verstehen.

bezeichnet die Welten oder Himmelskörper unserer Kette in ihrem Dasein während der "früheren Runden". Die esoterische Erklärung der vorliegenden Stanze ist vollständig in den Werken der Kabalah wiederzufinden. Dort findet man die ganze Evolutionsgeschichte jener zahllosen Himmelskörper, die sich nach einem periodischen Pralaya entwickeln und aus altem Material zu neuen Formen aufgebaut werden: Die früheren Himmelskörper lösen sich auf und erscheinen transformiert und für eine neue Lebensphase vervollkommnet wieder.

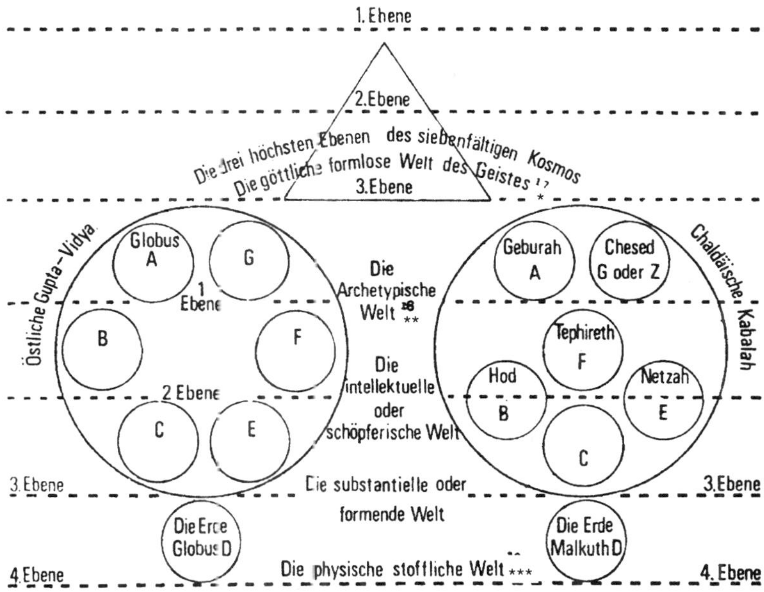

* Die Arûpa oder "formlose" Welt dort, wo die Form auf der objektiven Ebene zu existieren aufhört.
** Das Wort "archetypisch" darf hier nicht in dem Sinn verstanden werden, welchen ihm die Platoniker gaben, nämlich der Welt, wie sie im Denken des Göttlichen existierte, sondern im Sinne einer Welt, die als ein erstes Modell geschaffen wurde, gefolgt und verbessert von den Welten, die diesem physisch folgen – wenn auch verschlechtert in bezug auf Reinheit.
*** Dies sind die vier niederen Ebenen des kosmischen Bewußtseins; die drei höheren Ebenen sind für den menschlichen Intellekt, so wie er gegenwärtig entwickelt ist, unzugänglich. Die sieben Zustände des menschlichen Bewußtseins sind ein ganz anderes Thema.

Dieses Diagramm zeigt die Identität des kabalistischen und des östlichen Systems. Die drei oberen Ebenen sind die drei höheren Bewußtseinsbereiche, die von beiden Schulen nur Initiaten offenbart und erklärt werden, während die unteren Ebenen die vier unteren Bereiche darstellen – der niedrigste davon ist unser eigener Bereich, das sichtbare Universum.

Diese sieben *Bereiche* entsprechen den sieben Bewußtseins*zuständen* im Menschen. Es bleibt ihm überlassen, seine eigenen höheren Zustände mit den drei höheren Bereichen im Kosmos in Einklang zu bringen. Aber ehe er den Versuch dieser Harmonisierung unternehmen kann, muß er diese drei "Sitze" zum Leben erwecken und aktivieren.

(b) "Die Samen kamen, und immer wieder erneut kamen sie." "Samen" steht hier für den "Weltenkeim", den die Wissenschaft als hochgradig verdünnte Materiepartikel betrachtet. Die okkulte Physik dagegen spricht von "Geistespartikeln", d.h. es handelt sich um übersinnliche Materie in einem Zustand uranfänglicher Differenzierung. Die Theogonie lehrt, daß jeder Same ein ätherischer Organismus ist, aus dem sich später ein himmlisches Wesen – ein Gott – entwikkelt.

"Im Anfang" entwickelt sich ein in der Ausdrucksweise der Mystik so genanntes "kosmisches *Verlangen*" zum Absoluten Licht. Ein Licht ohne Schatten wäre ein absolutes Licht – in anderen Worten absolute Dunkelheit –, was die Physik zu beweisen sucht. Der Schatten erscheint in der Form der ursprünglichen Materie; allegorisch ausgedrückt hieße das, er erscheint in der Gestalt des Geistes des schöpferischen Feuers oder der schöpferischen Wärme. Wenn die Wissenschaft diese poetische und allegorische Ausdrucksweise aber ablehnt und es vorzieht, hier von ursprünglichen Feuernebeln zu sprechen, so soll uns das recht sein. So oder so, ob "Fohat" oder die ENERGIE der Wissenschaft, dieses Etwas hat "die kreisförmige Bewegung des Universums veranlaßt," wie Platon meinte. Die okkulte Lehre drückt es so aus:

"Die Zentralsonne bewirkt, daß Fohat uranfänglichen Staub in der Form von Kugeln ansammelt und diese dazu bewegt, konvergierende Richtungen einzuschlagen, um sich dann einander anzunähern und sich zusammenzufügen." (Buch des Dzyan)... Im Raum verteilt ohne Ordnung oder System, kollidieren die Weltenkeime häufig, bis sie sich letztendlichen zusammenfügen. Dann werden sie Wanderer (Kometen). Und beginnen zu kämpfen und zu ringen. Die älteren (Körper) ziehen die jüngeren zu sich heran, andere stoßen sie ab. Viele gehen zugrunde, sie werden von ihren stärkeren Gefährten verschlungen. Die, welche entkommen, werden Welten."

Die Geburt der Himmelskörper im Raum wird mit einer "Pilgerschar" auf dem Fest der "Feuer" verglichen. Auf der Schwelle des Tempels erscheinen sieben Asketen mit sieben brennenden Weihrauchkerzen. An ihren Flammen entzünden die Pilger in der ersten Reihe ihre Weihrauchkerzen. Danach beginnt jeder Asket, seine Kerze in der Luft um seinen Kopf zu wirbeln und den anderen Feuer abzugeben. So geschieht es auch mit den Himmelskörpern. Ein Laya-Zentrum wird durch die Feuer eines anderen "Pilgers" entzündet und zum Leben erweckt, worauf das neue "Zentrum" hinaus in den Raum eilt und zum Kometen wird. Erst nachdem er Geschwindigkeit und damit seinen Schweif verloren hat, läßt sich der "feurige

Drachen" nieder zu einem ruhigen und steten Lebenswandel als ein normales und angesehenes Mitglied der Sternenfamilie. Daher heißt es:

Geboren in den unermeßlichen Tiefen des Raumes aus dem homogenen Element, das Weltenseele genannt wird, beginnt jedes der plötzlich ins Dasein geschleuderten Kernstücke kosmischer Materie sein Leben in einer äußerst feindseligen Umgebung. Im Verlauf von zahllosen Zeitaltern muß es sich einen Platz in der Unermeßlichkeit erringen. Es zieht seine Runden zwischen dichteren und bereits fertigen Körpern, es bewegt sich stoßweise und nimmt Richtung auf einen festen Punkt, ein Zentrum, dessen Anziehungskraft es unterliegt. Wie ein Schiff, das in ein mit Riffen und Unterwasserfelsen übersätes Fahrwasser gerät, versucht es anderen Körpern auszuweichen, von denen es abwechselnd angezogen und abgestoßen wird. Dabei gehen viele zugrunde. Ihre Masse zerfällt durch die Einwirkungen stärkerer Massen, und wenn sie innerhalb eines Systems geboren wurden, findet der Zerfall meistens in dem unersättlichen Magen einer der verschiedenen Sonnen statt (vgl. "Kommentar" zur Stanze 4). Die langsameren, die in eine elliptische Bahn getrieben werden, sind früher oder später dem Untergang geweiht. Andere, die sich in parabolisch geformten Bahnen fortbewegen, entgehen wegen ihrer hohen Geschwindigkeit zumeist der Vernichtung.

Vielleicht meinen nun manche Leser, die hier wiedergegebene Lehre über den Kometenzustand, den alle Himmelskörper zu durchlaufen haben, stehe im Widerspruch zu der gerade gemachten Aussage über den Mond als "Mutter" der Erde. Möglicherweise meinen sie, es gehöre Intuition dazu, diese beiden Lehren zur Übereinstimmung zu bringen. Aber in Wirklichkeit ist keine Intuition nötig. Was weiß denn die Wissenschaft über Kometen, über ihr Entstehen, ihr Wachstum und wirkliches Verhalten? Und warum soll es so unmöglich für ein Laya-Zentrum sein, also für einen Klumpen homogenen und latenten kosmischen Protoplasmas, plötzlich belebt oder angefeuert, aus seinem Bett im Raum fortzurasen und durch die unergründlichen Tiefen zu wirbeln, um so seinen homogenen Organismus durch Akkumulation und Aufnahme differenzierter Elemente zu stärken? Und warum sollte solch ein Komet nicht zur Ruhe kommen, leben und ein bewohnter Himmelskörper werden?

"Fohat hat viele Wohnungen", heißt es. "Er stellt seine vier feurigen (elektrisch-positiven) Söhne in die 'vier Kreise'." Diese *Kreise* sind der Äquator, die Ekliptik und die beiden Deklinationsparallelen, d.h. die beiden Wendekreise, und es ist die Bestimmung der vier mystischen Wesen, über die *Klimata* dieser vier Kreise zu herrschen. Und weiter: "Andere sieben (Söhne) wurden eingesetzt, über die sieben heißen und die sieben kalten *lokas* an den beiden Endpunkten des Materie-Eis (unsere Erde und ihre Pole) zu herrschen." Die sieben *lokas* werden auch, an anderer Stelle, "Ringe" genannt und "Kreise".

Eine der Stanzen enthält die folgenden sonderbaren Aussagen: "Die Gesänge

Fohats und seiner Söhne waren so *strahlend* wie die Mittagssonne und der Mond gemeinsam." Weiterhin wird dort gesagt, daß die vier Söhne auf dem *mittleren* vierfachen Kreis "die Gesänge ihres Vaters *sahen* und seinen solar-selenischen Glanz *hörten*." Der "Kommentar" gibt dazu die folgende Erklärung:

"Die Fohat-Kräfte, durch deren Bewegungen an den beiden kalten Enden (den beiden Polen) der Erde in der Nacht ein vielfarbiger Strahlenglanz hervorgebracht wurde, besitzen mehrere der Eigenschaften des Âkâsha *(Äther), Farbe und auch Ton.*

Ton ist das Charakteristikum Âkâshas (des Äthers). *Er erzeugt Luft, deren Eigenschaft Berührung ist, die (durch Reibung) Farbe und Licht hervorbringt."*[86]

Vielleicht wird das so mancher als archaischen Unsinn abtun. Die Sache wird aber sicherlich einleuchtender, wenn man an das südliche und das nördliche Polarlicht denkt. Beide treten genau in den Zentren der elektrischen und magnetischen Kräfte der Erde auf. Den beiden Polen wird nachgesagt, sie seien zugleich Schatzkammern kosmischer und irdischer Vitalität (Elektrizität) und auch die Orte, die diese Vitalität empfangen und freisetzen. Durch den vorhandenen Überfluß dieser Vitalkraft wäre die Erde schon längst in Stücke gerissen worden, wenn sie die beiden Pole nicht als "Sicherheitsventile" hätte. Es gibt inzwischen aber auch eine zum Axiom gewordene Theorie, die erklärt, daß die Polarlichter von starken Pfeif-, Zisch- und polternden Geräuschen begleitet werden und diese selbst erzeugen.

7. MACH DEINE KALKULATIONEN, O LANU, WENN DU DAS WAHRE ALTER DEINES KLEINEN RADES (Kette) ERFAHREN WILLST. SEINE VIERTE SPEICHE IST UNSERE MUTTER (Erde) (a). WENN DU DIE VIERTE "FRUCHT" DES ZUM NIRVÂNA FÜHRENDEN VIERTEN PFADES DES WISSENS ERREICHST, WIRST DU VERSTEHEN, DENN DU WIRST SEHEN (b).

(a) Das "kleine Rad" bezeichnet unsere Kette von Himmelskörpern, und die "vierte Speiche" unsere Erde, die sich an vierter Stelle in der Kette befindet. Sie gehört zu den Himmelskörpern, auf die der "heiße (positive) Atem der Sonne" direkt einwirkt.[87]

Ihr Alter zu errechnen, wozu der Lernende in der Stanze aufgefordert wird, ist schwierig, weil uns die Zahlen des großen Kalpas nicht genannt werden, und weil es uns nicht erlaubt ist, außer Hinweisen auf ihre ungefähre Dauer, die Zahlen

[86] (Aus *Vishnu-Purâna*, Buch I, Kap. 2, paraphrasiert.)

[87] Die sieben fundamentalen Transformationen der Himmelskörper, oder vielmehr ihrer einzelnen Materiepartikel, werden wie folgt beschrieben: 1) *homogen*, 2) *luftförmig und strahlend* (gasartig), 3) *flockig* (nebelartig), 4) *atomisch, ätherisch* (Bewegungsbeginn und damit der Beginn des Differenzierungsprozesses), 5) *keimartig, feurig* (differenziert, aber zusammengesetzt nur aus den Keimen der Elemente in ihren frühesten Stadien. Insgesamt haben sie sieben solche Stadien durchlaufen, wenn sie auf unserer Erde vollständig entwickelt sind), 6) *vierfach, dampfförmig* (die Erde der Zukunft), 7) *kalt und abhängig* (von der leben- und lichtspendenden Sonne).

unserer kleinen Yugas zu veröffentlichen. "Die älteren Räder drehten sich eine und eine halbe Ewigkeit lang," heißt es. Wir wissen, daß mit einer Ewigkeit der siebte Teil von 311,040.000,000.000 Jahren oder ein Zeitalter Brahmâs gemeint ist. Aber hat das irgendeine praktische Bedeutung für uns? Wenn wir die erwähnten Zahlen als grundlegend akzeptieren, wissen wir auch, daß wir zuerst von den 100 Jahren Brahmâs (das sind jene 311,040.000,000.000 Jahre) *zwei* Jahre abziehen müssen, die für die Sandhyâs (Dämmerungsperioden) gebraucht werden. Bleiben 98, womit wir auf die mystische Zahlenkombination 14 x 7 kommen. *Wir* haben aber keinerlei Informationen über den genauen Zeitpunkt des Beginns der Evolution und Formgebung unserer kleinen Erde. Deshalb ist es unmöglich, ihr Alter zu errechnen, bis wir den Zeitpunkt ihrer Geburt erfahren – aber den verweigern uns die LEHRER vorerst. Wir dürfen auch nicht übersehen, daß Analogieschlüsse für die Entwicklung der Welten ebenso zutreffend sind, wie für die Entwicklung des Menschen. Und, um es in aller Kürze zu sagen, ebenso wie uns gelehrt wird, daß "das EINE (Göttliche) zur *Zwei* wird (Deva oder Engel) und die *Zwei* zur *Drei* (zum Menschen)", etc., so wird uns auch gelehrt, daß die *Flocken* (die Weltenmaterie) zu Wanderern (Kometen) werden, und diese dann zu Sternen –, und die Sterne (die Zentren von Wirbelbewegungen) werden *unsere Sonne und Planeten*.

(b) In exoterischen Werken werden vier Initiationsstufen erwähnt, die im Sanskrit als "Srotâpanna", "Sakridâgâmin", "Anâgâmin" und "Arhat" bekannt sind. Die vier Pfade zum Nirvâna in unserer vierten Runde haben dieselben Bezeichnungen. Der Arhat, der zwar die Vergangenheit, die Gegenwart und die Zukunft sehen kann, ist aber noch nicht der höchste Eingeweihte. Der Adept selbst, der *initiierte* Kandidat, wird Chela (Schüler) eines höheren Initiaten. Noch drei höhere Grade muß der Arhat, der die Spitze der Arhatschaft erringen will, überwinden, und es existieren tatsächlich welche, die diesen Gipfel schon in dieser, unserer eigenen Fünften Menschheit erreicht haben. Aber die zum Erlangen dieser höheren Grade nötigen Fähigkeiten werden in durchschnittlichen Asketen erst am Ende dieser Menschheit sowie in der Sechsten und Siebten vollständig zur Entfaltung kommen. So werden *in diesem Lebenszyklus*, bis zum Ende dieses kleinen Manvantaras, immer sowohl Initiierte als auch weltlich orientierte Menschen existieren. Die *Arhats* des "Feuernebels" der siebten Stufe sind nur einen Schritt vom Wurzelgrund ihrer Hierarchie entfernt – der höchsten auf Erden und unserer irdischen Kette. Dieser "Wurzelgrund" hat einen Namen, der im Englischen (und Deutschen, H.T.) nur durch mehrere zusammengesetzte Wörter übersetzt werden kann: "Der-ewig-lebende-menschliche-Banyan". Es wird gesagt, daß dieses "phantastische Wesen" in der Anfangsphase des dritten Zeitalters, noch vor der Trennung der Geschlechter der Dritten Menschheit, herabgestiegen ist aus einer "hohen Region".

Diese Dritte Menschheit wird manchmal kollektiv als "die Söhne des *passiven*

Yoga" bezeichnet, d.h. sie wurde von der Zweiten Menschheit unbewußt hervorgebracht, und da die Zweite Menschheit intellektuell inaktiv war, nimmt man an, sie habe sich ständig in einem den Bedingungen des Yoga entsprechenden leeren bzw. abstrakten Kontemplationszustand befunden. In der Frühzeit dieser Dritten Menschheit, als sie sich noch im Zustand der Reinheit befand, produzierten die in dieser Menschheit inkarnierten[88] "Söhne der Weisheit" durch *Kriyâshakti* eine Nachkommenschaft, die "Söhne des Ad" oder "des Feuernebels", "Söhne des Willens und des Yoga" etc. genannt wurde. Sie waren bewußt hervorgebracht worden, denn ein Teil der Menschheit war bereits beseelt mit dem göttlichen Funken geistiger, hochgradiger Intelligenz. Diese Nachkommenschaft kann man jedoch nicht wirklich als Menschheit bezeichnen. Es handelte sich anfänglich um ein phantastisches Wesen, den "Initiator", und nach ihm um eine Gruppe halb göttlicher und halb menschlicher Wesen. In den archaischen *Anfängen* zu bestimmten Zwecken "abgesondert", handelt es sich hier um jene, von denen gesagt wird, daß in ihnen die höchsten Dhyânis – "Munis und Rishis aus früheren Manvantaras" – inkarnierten, und zwar *als Hort zukünftiger menschlicher Adepten* auf dieser Erde und in diesem Zyklus. Es wird weiterhin erklärt, daß diese sozusagen unbefleckt geborenen "Söhne des Willens und des Yoga" vollkommen abgesondert von der restlichen Menschheit blieben.

Das soeben erwähnte, namenlos bleibende "WESEN" ist der *Baum*, dem in nachfolgenden Zeitaltern alle großen und *historisch* nachweisbaren Weisen und Hierophanten entsprungen sind – so z.B. der Rishi Kapila, Hermes, Enoch, Orpheus, etc. Als *objektiver* Mensch ist er die geheimnisvolle (für Uneingeweihte die immer unsichtbare), aber immer präsente Persönlichkeit, um die sich im Osten eine Vielzahl von Legenden rankt – besonders unter Okkultisten und den Studierenden der heiligen Wissenschaften. Er verändert seine Form, bleibt aber immer derselbe. Er hat die geistige Herrschaft über die *initiierten* Adepten der ganzen Welt. Er ist, wie gesagt, der "Namenlose" mit den vielen Namen, die jedoch ebenso wie seine wirkliche Natur unbekannt sind. Er ist der "Initiator", der "DAS GROSSES OPFER" genannt wird. Denn er sitzt an der Schwelle des LICHTS und schaut aus dem Kreis der Dunkelheit, den er nicht überschreitet, ins Licht. Und bis zum letzten Tag dieses Lebenszyklus' wird er diese Stelle nicht verlassen. Warum bleibt der einsame Wächter auf seinem selbstgewählten Posten? Warum sitzt er am Brunnen der uranfänglichen Weisheit, von dem er nicht mehr trinkt, weil es nichts mehr gibt, was er noch lernen könnte – weder auf dieser Erde, noch in ihrem Himmel? Weil die einsamen Pilger mit ihren wundgelaufenen Füßen auf dem Rückweg *nach Hause* bis zum letzten Moment nie sicher sein können, ihren Weg durch die "Erdenleben" genannte endlose Wüste der Illusion und der Materie nicht zu verlieren. Weil es sein

[88] Dies wird weiter unten noch erklärt werden.

Verlangen ist, jedem Gefangenen, dem es gelungen ist, sich von den Fesseln des Fleisches und der Illusion zu befreien, den Weg zu jener Region der Freiheit und des Lichts zu weisen, aus der er sich freiwillig selbst verbannt hat. Einfach deshalb, weil er sich geopfert hat für das Wohl der Menschheit, obwohl doch dieses GROSSE OPFER nur den wenigen Auserwählten zugute kommt.

Seit dem ersten Erwachen menschlichen Bewußtseins standen alle anderen, weniger göttlichen Lehrenden und Unterweisenden unter der direkten, stillen Führung dieses MAHÂ GURU und wurden selbst Führer der frühen Menschheit. Diese "Söhne Gottes" waren es, die der noch jungen Menschheit erste Vorstellungen nicht nur von den Künsten und Wissenschaften, sondern auch von geistigen Erkenntnissen vermittelten. Sie waren es auch, die die ersten Grundsteine jener uralten Zivilisationen legten, die unserer heutigen Generation von Akademikern soviel Kopfzerbrechen bereiten.[89]

[89] Es waren die Schüler der inkarnierten Rishis und Devas der Dritten Menschheit, die ihr Wissen von Generation zu Generation weitergaben, an Ägypten und an Griechenland mit dessen verlorengegangenem *Proportionalitätskanon* – gerade so wie die Jünger der Vierten, der Atlantier, ihr Wissen weitergaben an ihre *Zyklopen*, die "Söhne der Zyklen" oder des "Unendlichen", von welchen der Name an die späteren Generationen gnostischer Priester überging. "Durch die göttliche Perfektion ihrer architektonischen Proportionsregeln konnten die Alten jene Weltwunder der folgenden Zeitalter erbauen, die Sakralbauten, Pyramiden, Höhlentempel, druidischen Steinkreise, Hügelgräber und Altäre. Sie bewiesen damit Kenntnisse der Mechanik und den Besitz maschineller Kräfte, denen gegenüber moderne Fertigkeiten wie Kinderspiel wirken. Man nannte damals diese *Fähigkeiten* selbst 'die Werke hundertarmiger Riesen'." (Kenealy, *The Book of God*, S. 118) Die heutige Architektur vernachlässigt diese Regeln vielleicht nicht ganz, es wurden aber so viele empirische Neuerungen hinzugefügt, daß die wahren Maße zerstört wurden. Vitruvius gab der Nachwelt die Konstruktionsregeln für die den unsterblichen Göttern geweihten griechischen Tempel, und die zehn Bücher über die Architektur von Marcus Vitruvius Pollio, *einem Eingeweihten*, können nur esoterisch studiert und verstanden werden. Die druidischen Steinkreise, die Dolmen, die Tempel Indiens, Ägyptens und Griechenlands (...) und die 127 Städte Europas, welche das Französische Institut als "zyklopischen Ursprungs" identifiziert hat – sie alle sind das Werk initiierter Priester-Architekten, der Nachfolger jener ursprünglichen Schüler der "Söhne Gottes", die mit Recht "Baumeister" genannt werden. Folgendes sagt die Nachwelt voller Anerkennung über diese Nachfolger: "Sie benutzten weder Mörtel noch Zement, weder Stahl noch Eisen zum Schneiden der Steine. Und trotzdem wurden diese so kunstvoll bearbeitet, daß an manchen Stellen keine Fugen sichtbar sind, obwohl viele der Steine, wie z.B. in Peru, ca. 14 m lang, 6 m breit und 2 m hoch sind. Und in den Mauern der Festung von Cuzco befinden sich Steine von noch größerem Umfang." (J. de Acosta, *The Natural and Moral History of the Indies*, 6. Buch, Kap. 14).

STANZE 7

DER URSPRUNG DES MENSCHEN AUF ERDEN

1. SIEHE, DER BEGINN DES UNGEFORMTEN FÜHLENDEN LEBENS (a).

ZUERST DAS GÖTTLICHE (Vehikel) (b), DAS EINE AUS DEM MUTTERGEIST (Âtman); DANN DAS GEISTIGE (Âtman-Buddhi, Geistseele)[90] (c); (wiederum) DIE DREI AUS DEM EINEN (d), DIE VIER AUS DEM EINEN (e), UND DIE FÜNF (f), UND VON DENEN DIE DREI, DIE FÜNF UND DIE SIEBEN (g) – DIES SIND DIE DREIFACHEN UND DIE VIERFACHEN ABWÄRTS, DIE "GEISTGEBORENEN" SÖHNE DES ERSTEN HERRN (Avalokiteshvara), DIE LEUCHTENDEN SIEBEN (die "Baumeister").[91]

SIE SIND ES, O LANU, DIE DU, ICH UND ER SIND – SIE, DIE DICH UND DEINE MUTTER, BHÛMI (die Erde), SCHÜTZEN.

(a) Esoterisch wird die Hierarchie der schöpferischen Kräfte innerhalb der zwölf (in den zwölf Tierkreiszeichen dargestellten) großen Systeme in sieben aufgeteilt (oder 4 und 3). Die sieben Manifestationsabstufungen stehen außerdem in Verbindung mit den sieben Planeten. All dies ist wiederum aufgeteilt in zahllose Gruppen göttlich-geistiger, -halbgeistiger und -ätherischer Wesen.

(b) Wie in der japanischen, ägyptischen und jeder anderen alten Kosmogonie werden an dieser göttlichen FLAMME, an dem "Einen", die drei absteigenden Gruppen entzündet.

(c) Die mit vielen Namen versehenen himmlischen Wesen der *zweiten* Gruppierung, jene aus Feuer und Äther (die Geist und Seele oder Âtman-Buddhi entsprechen), sind zwar noch formlos, aber doch schon "substantiell". In der sekundären Evolution oder "Schöpfung" (ein irreführendes Wort) sind sie die erste Differenzierung. Ihre Namen weisen darauf hin, daß sie der Prototyp der inkarnierenden Jîvas oder Monaden sind und aus dem feurigen Geist des Lebens bestehen. Wie ein reiner Strahl der Sonne durchscheint sie jener Strahl, dem sie sein zukünftiges Gefäß, die göttliche Seele oder Buddhi, geben. Sie haben unmittelbar zu tun mit den Scharen der höheren Welt *unseres* Systems. Aus diesen zweifachen *Einheiten* emanieren die *dreifachen Einheiten*.

Aber zurück zu den esoterischen Erklärungen, die in jeder Kosmogonie enthalten sind:

---

[90] Hier wird Bezug genommen auf die kosmischen Prinzipien.

[91] Die sieben schöpferischen Rishis, die jetzt mit dem Sternbild des großen Bären in Verbindung gebracht werden.

(d) Die *dritte* Gruppierung entspricht *Âtman-Buddhi-Manas:* Geist, Seele, Intellekt, genannt die "Triaden".

(e) Die *vierte* Gruppierung besteht aus substantiellen Wesenheiten. Sie sind die höchste Gruppe der *Rûpas* (der atomischen Formen). Es handelt sich hier um den ersten Schulungs- und Entwicklungshort für die menschlichen, bewußten, geistigen Seelen. Diese werden "unvergängliche Jîvas" genannt und sind, durch die unter ihnen befindliche Gruppierung, die erste Gruppe der ersten siebenfachen Scharen – das große Mysterium der bewußten, intellektuellen menschlichen Existenz. Denn letztere ist der Bereich, in welchem der Keim, verborgen *in seiner Isolation, in die Fortpflanzung fallen wird.* Dieser Keim wird zur innerhalb der physischen Zelle liegenden geistigen Potenz, welche die Entwicklung des Embryos lenkt, und die das verursachende Prinzip der Vererbung von Talenten und allen anderen dem Menschen gegebenen Eigenschaften ist. Dagegen findet die Darwinsche Vererbungstheorie keine Akzeptanz im Okkultismus. In den esoterischen Lehren verläuft die Evolution ganz anders, nämlich so, daß alles Physische sich allmählich aus Geistigem, Mentalem und Psychischem entwickelt. Diese der physischen Zelle innewohnende Seele, dieses das Keimplasma dominierende "geistige Plasma", wird eines Tages der Schlüssel sein zu den Toren jener biologischen *Terra incognita*, die noch immer ein "tiefes Geheimnis der Embryologie" ist.

(f) Die *fünfte* Gruppierung ist insofern sehr geheimnisvoll, als hier eine Verbindung zum mikrokosmischen Pentagon, dem fünfzackigen Stern als Symbol für den Menschen besteht. Man nimmt an, daß diese fünfte Gruppe himmlischer Wesen die je zwei Attribute des geistigen und des physischen Aspekts des Universums in sich trägt – also sozusagen sowohl die beiden Pole Mahats, der universalen Intelligenz, als auch die zweifache Natur des Menschen, die geistige und die physische. Deshalb ist die Fünf die Zahl der Gruppe; mit der Zwei zur Zehn multipliziert, entsteht die Verbindung zu *Makara*, dem zehnten Zeichen des Tierkreises.

(g) Die *sechste* und *siebte* Gruppierung haben Anteil an den niederen Eigenschaften der Vierheit. Es handelt sich um bewußte ätherische Wesenheiten, die unsichtbar wie der Äther sind und, wie die Zweige eines Baumes, der zentralen Gruppierung der Vier entwachsen. Ihnen wiederum entwachsen zahllose Nebengruppen, deren tieferstehende die zahllosen und vielfältigen Arten von Naturgeistern oder Elementalen sind. Diese reichen von form- und substanzlosen Organismen – den idealen GEDANKEN ihrer Erschaffer – bis hin zu den atomischen, für das menschliche Wahrnehmungsvermögen unsichtbaren Organismen. Letztere werden als "Geister der Atome" angesehen, denn sie sind – als fühlende, wenn nicht gar intelligente Wesen – die direkte Vorstufe zu den physischen Atomen. Sie unterliegen dem Karmagesetz und müssen ihr Karma in jedem Zyklus aufarbeiten. Denn es gibt, so die Lehre, im Universum keine Wesenheiten mit Privilegien, wie die Engel der Religion des Westens: Es gibt sie nicht in unserem oder einem anderen System, nicht in den äußeren oder inneren Welten.[92] Ein Dhyâni-Chohan muß man werden – er wird nicht geboren und erscheint auch nicht plötzlich im Leben als ausgewachsener Engel. Die Hierarchie des Himmels des gegenwärtigen Manvantaras wird im nächsten Lebenszyklus in höhere, vollkommenere Welten versetzt und schafft damit Raum für eine neue, aus den Auserwählten unserer Menschheit bestehende Hierarchie. Das Dasein ist ein endloser Kreislauf innerhalb der einen, absoluten Ewigkeit, und in diesem Kreislauf bewegen sich zahllose innere, endliche und bedingte Zyklen. Göttern, die als solche erschaffen wären, würde ihr Gottsein keinerlei persönliches Verdienst bringen. Deshalb müssen die "Vier" und die "Drei", ebenso wie alle anderen Wesen, inkarnieren. Und diese sechste Gruppe bleibt fast unlösbar verbunden mit dem Menschen, denn von ihr erhält der Mensch alles – außer seinem höchsten und seinem niedrigsten Prinzips, d.h. seinem Geist und Körper. Die fünf mittleren menschlichen Prinzipien machen das wirkliche Wesen dieser Dhyânis aus.[93]

2. Der eine Strahl vervielfältigt die kleineren Strahlen. Leben kommt vor Form, und Leben überdauert das letzte Formpartikel (des Sthûla-sharîra, des äußeren Körpers). Der Lebensstrahl, der Eine, zieht sich durch die zahllosen Strahlen wie die Schnur einer Perlenkette (a).

(a) Dieser Shloka drückt das Konzept einer Lebensschnur aus, *Sûtrâtman*, die sich durch aufeinanderfolgende Generationen[94] zieht. Wie kann das erklärt werden?

---

[92] Wird eine Welt als "höher" bezeichnet, so bedeutet das nicht, daß sie räumlich höher liegt, sondern daß sie wesenhaft oder qualitativ höher steht. Profanerweise wird jedoch im allgemeinen angenommen, eine solche Welt sei als "Himmel" über unseren Köpfen lokalisierbar.

[93] Paracelsus nennt sie die *Flagae*, Christen sprechen von "Schutzengeln", Okkultisten von "Vorfahren, Pitris". Es handelt sich um die *sechsfachen* Dhyâni-Chohans, deren Körper aus sechs geistigen Elementen bestehen – in der Tat Menschen ohne den physischen Körper.

[94] Prof. Weissmann, einst ein überzeugter Anhänger Darwins, ließ Hippokrates und Aristoteles links liegen und kehrte direkt zu den Lehren der alten Âryas zurück, als er nachwies, daß eine unvorstellbar kleine Zelle, die wie Millionen andere an der Gestaltung eines Organismus arbeitet, ganz allein und ohne Hilfe, durch fortwährende Spaltung und Vermehrung, das richtige Bild des zukünftigen Menschen (oder Tieres) in all seinen physischen, mentalen und psychischen Charakteristika bestimmt. Diese einzelne Zelle ist es, die dem neuen Individuum die Gesichtszüge und körperlichen Merkmale der Eltern oder eines Verwandten gibt. Und diese Zelle übermittelt ihm die intellektuellen und mentalen Idiosynkrasien seiner Erzeuger. Ganz einfach durch eine Reihe von Assimilationen stellt dieses Plasma den unsterblichen Teil unserer Körper dar. Dadurch wird Darwins Theorie widerlegt, wonach die embryonale Zelle Essenz oder Extrakt aus allen anderen Zellen ist: Sie kann Vererbungsvorgänge nicht erklären. Es gibt nur zwei Möglichkeiten, das Geheimnis der Vererbung zu erklären: Entweder ist die Substanz der Keimzelle fähig, den ganzen Zyklus von Transformationen zu durchlaufen, die zur Konstruktion eines separaten Organismus und danach zur Reproduktion identischer Keimzellen führen, oder *die Keimzellen haben ihren Ursprung nicht im Körper des Individuums, sondern kommen direkt aus ihrer vorväterlichen Keimzelle, die vom Vater zum Sohn in langen Generationsfolgen übertragen wird.* Diese letztere Hypothese ist die Grundlage von Weissmanns Arbeit, auf diese Zelle führt er den unsterblichen Teil des Menschen zurück. So weit, so gut; und wenn diese nahezu korrekte Theorie akzeptiert wird, wie will die Biologie dann das erste Auftreten dieser ewig existierenden Zelle erklären? Wie hätte diese embryonale Zelle denn im Menschen entstehen sollen, wenn nicht dadurch, daß er, anstatt geboren zu werden, von selbst "heranreifte", also sozusagen vom Himmel gefallen ist?

Am besten durch einen Vergleich, durch ein vertrautes Bild, das dann allerdings, wie alle uns zur Verfügung stehenden Analogien, nicht ganz ins Schwarze trifft.

Und nun das versprochene Gleichnis:

Wenn wir das in der letzten Fußnote erwähnte physische Plasma, die "Keimzelle" des Menschen mit all ihren materiellen Möglichkeiten, mit dem, nennen wir es "geistiges Plasma" oder Fluidum ergänzen, welches fünf Prinzipien (außer dem höchsten, dem sechsten Prinzip) der Dhyânis enthält – dann haben wir des Rätsels Lösung! Aber natürlich gehört zum Verstehen eine gewisse spirituelle Sensibilität.

Aus einem Werk über okkulte Embryologie: "Der in den Boden der animalischen Frau gepflanzte Samen des animalischen Mannes kann nicht keimen, wenn er nicht von den fünf Tugenden (dem Fluidum oder der Emanation der Prinzipien) des aus sechs Prinzipien bestehenden himmlischen Menschen befruchtet wird. Deshalb wird der Mikrokosmos dargestellt als Pentagon innerhalb des sechszackigen Sterns, des Makrokosmos." Und weiter: "Die Funktionen des *Jîva* auf dieser Erde sind fünffacher Natur. Im mineralischen Atom ist das *Jîva* verbunden mit den niedrigsten Prinzipien der Geister der Erde (der Dhyânis mit ihren sechs Prinzipien), im vegetativen Partikel mit deren zweitem Prinzip – *Prâna* (Leben), im animalischen (Partikel oder Atom) mit all diesen plus dem dritten und dem vierten Prinzip (der Dhyânis oder Geister der Erde), und im Menschen muß der Keim die Früchte von allen fünf aufnehmen. Nur so kann er oberhalb der animalischen Stufe geboren werden." Somit ist nur im Menschen das Jîva vollkommen. Sein siebtes Prinzip ist nur einer der Strahlen der universalen Sonne – denn nur als Leihgabe empfängt das vernunftbegabte Wesen das, was zu seinem Ursprung zurückkehren muß. Sein physischer Körper aber wird in den niedrigsten irdischen Lebensformen durch physische, chemische und physiologische Evolution gestaltet.

Der ganze Entwicklungsprozeß kann so zusammengefaßt werden: In ihrer ersten, prototypischen, schattenhaften Form ist die Menschheit die Nachkommenschaft der Elohim des Lebens (der Pitris). In ihren Eigenschaften und physischen Aspekten ist sie der direkte Nachwuchs der "Vorfahren", der niedrigsten Dhyânis oder Geister der Erde. Ihre moralische, psychische und geistige Natur verdankt sie einer Gruppe göttlicher Wesen, deren Namen und Charakteristika im zweiten Buch beschrieben werden.

In ihrer Gesamtheit sind die Menschen das Werk einer großen Schar von verschiedenen Geistern, und jeder einzelne Mensch ist ihr Tabernakel. Und gelegentlich sind einzelne Individuen Vehikel und Werkzeug dieser Geister. In unserer gegenwärtigen vollkommen materiellen Fünften Menschheit ist der irdische Geist der Vierten noch stark vorhanden. Aber wir nähern uns der Zeit, wenn das Pendel der Evolution sich unaufhaltsam aufwärts bewegen wird, wodurch die Menschheit in ihrer Spiritualität zurückgeführt wird auf eine parallele Linie mit der primitiven

Dritten Menschheit. Ehe die Menschheit erwachsen wurde, bestand sie gänzlich aus der Engelschar, jenen innewohnenden Geistern, durch welche die monströsen und riesigen, aus Ton geformten Hüllen der Vierten Menschheit beseelt wurden – jene aus Myriaden von Lebewesen gestalteten (wie auch heute noch) und zusammengefügten Wesen.[95] Die Symmetrie der Formen und die Beschaffenheit dieser "Hüllen" verbesserten sich, sie wuchsen und entwickelten sich mit dem Himmelskörper, der sie trug. Aber diese physischen Verbesserungen traten ein auf Kosten des inneren Menschen und seiner Natur. Mit jeder Menschheit wurde die Beschaffenheit der drei mittleren Prinzipien der Erde und des Menschen immer materieller, während die Seele auswich, um Platz zu machen für den physischen Intellekt, und dabei entwickelte sich der Wesenskern der Elemente zu den heute bekannten materiellen und zusammengesetzten Elementen.

Der Mensch ist nicht das vollkommene Produkt "Gottes, des Herrn", noch könnte er es jemals sein. Aber er *ist* das Kind der *Elohim*, die leider so willkürlich zur maskulinen Einzahl verwandelt wurden. Die ersten Dhyânis, die den Auftrag hatten, den Menschen nach ihrem Ebenbild zu "erschaffen", konnten nichts weiter tun, als ihre Schatten werfen, die den Naturgeistern der Materie als feine Modelle dienen konnten. (Siehe Buch II). Zweifellos wurde der Körper des Menschen aus dem Staub der Erde geformt, aber er hatte zahlreiche Schöpfer und Gestalter. Es stimmt auch nicht, wenn gesagt wird, "Gott, der Herr (habe) ihm den Atem des Lebens in seine Nase gehaucht" – es sei denn, dieser Gott ist identisch mit dem allgegenwärtigen, aber unsichtbaren "EINEN LEBEN", und auch nur, wenn "Gott" dieselbe Tat bezüglich jeder *lebenden Seele (Nephesch)* zugeschrieben wird, d.h. jeder Lebens-Seele, die aber nicht identisch ist mit dem heiligen Geist oder *Ruach*, welcher nur dem Menschen ein göttliches Maß an Unsterblichkeit zusichert, das jedoch keinem Tier in diesem Inkarnationszyklus jemals zugestanden wird.

3. WENN AUS DEM EINEN ZWEI WERDEN, ERSCHEINT DIE "DREIHEIT" (a), UND DIESE DREI SIND (ZUSAMMEN) EINS; UND ES IST UNSERE SCHNUR, O LANU, DAS HERZ DER MENSCHENPFLANZE, SAPTAPARNA (b) GENANNT.

(a) "Wenn aus dem EINEN zwei werden, erscheint die Dreiheit," d.h. wenn das Eine Ewige seine Reflexion auf die Region der Manifestation wirft, dann wird das "Wasser des Raumes" durch diese Reflexion differenziert. In den Worten des

[95] Die Wissenschaft mag, dunkel die Wahrheit ahnend, Bakterien und andere kleinste Dinge im menschlichen Körper finden und sie für nichts anderes als zufällige und unnatürliche Besucher halten, die Krankheiten verursachen. Der Okkultismus dagegen, der ein Lebewesen in jedem Atom und Molekül erkennt – ob im Mineral oder im menschlichen Körper, in Luft, Feuer oder Wasser –, weiß, daß unser ganzer Körper aus solchen Lebewesen besteht, für welche die mikroskopisch kleinste Bakterie so groß ist wie ein Elefant gegenüber den winzigsten Infusorien.

Totenbuches: "Chaos wird beendet durch den hellen Strahl des Urlichts, wodurch die tiefe Dunkelheit dank der großen magischen Kraft des WORTES der (zentralen) Sonne vertrieben wird." Chaos wird männlich-weiblich, wird Wasser durch das Brüten des Lichts, und das "dreifaltige Wesen erscheint als sein Erstgeborenes."

Diese metaphysische Erklärung bezieht sich auf den Uranfang der Evolution. Um eine klare Vorstellung zu bekommen, was gemeint ist, wenn gesagt wird, das Eine werde Zwei und dann transformiert zur "Dreiheit", muß der Leser vollständig vertraut sein mit den von uns so genannten "Runden". In *Esoteric Buddhism*, dem ersten Versuch einer allgemeinen Darstellung archaischer Kosmogonie, kann nachgelesen werden, daß eine "Runde" die regelmäßig weiterführende Evolution der entstehenden materiellen Natur ist, nämlich der sieben Himmelskörper unserer Kette mit ihren Mineral-, Pflanzen- und Tierreichen im Verlauf eines kompletten Lebenszyklus. Der Mensch ist Teil des Tierreiches, an dessen Spitze er steht. Ein solcher Lebenskreislauf wird von den Brahmanen "ein Tag Brahmâs" genannt. Es handelt sich also um eine Umdrehung des "Rades", d.h. unserer Planetenkette, die aus sieben Himmelskörpern oder, diesmal in einem anderen Sinne, sieben einzelnen "Rädern" besteht. Eine Runde ist vollendet, wenn der Evolutionsverlauf abwärts in die Materie, also vom Planeten A zum Planeten G, abgeschlossen ist. In der Mitte der vierten Umdrehung, d.h. in unserer gegenwärtigen Runde, "hat die Evolution den Höhepunkt physischer Entwicklung erreicht und krönt ihr Werk mit dem perfekten physischen Menschen. Und hier beginnt sie nun, ihr Werk hin zum Geistigen auszurichten."

Nun ist jede tiefere Runde nur eine Wiederholung der vorhergegangenen Runde in konkreterer Form. Und jeder Himmelskörper – bis hinab zum vierten, unserer Erde – ist ebenfalls eine festere, materiellere Kopie des ihm in der Reihenfolge auf den drei höheren Ebenen vorausgegangenen schattenhafteren Himmelskörpers (vgl. das Diagramm im Kommentar zum Shloka 6 der 6. Stanze). Auf dem Weg nach oben, auf dem aufwärts führenden Bogen des Kreislaufs, vergeistigt und ätherisiert die Evolution sozusagen die generelle Natur aller vorhandenen Dinge, wodurch sie diese auf dieselbe Ebene führt, auf welcher auf der anderen Seite der Zwillingsglobus steht. Daraus resultiert, daß die Natur aller Dinge, sobald der siebte Himmelskörper – in welcher Runde auch immer – erreicht wird, zurückkehrt zu ihrem Anfangsstadium, wobei sie aber jedesmal mit einem neuen und höheren Grad an Bewußtsein ausgestattet wird. Damit ist klar, daß "der Ursprung des Menschen" in unserer gegenwärtigen Runde, d.h. im Lebenskreislauf auf diesem Planeten, denselben Platz in derselben Ordnung einnimmt, wie in der vorhergegangenen Runde – abgesehen von einigen durch örtliche und zeitliche Umstände verursachte Einzelheiten. Außerdem darf dabei nicht vergessen werden, daß die in jeder Runde und auf jedem Himmelskörper zu leistende Arbeit einer jeweils anderen Gruppe sogenannter "Schöpfer" oder "Architekten" zugewiesen ist. Das heißt, jeder Himmelskörper steht unter der Aufsicht und Führung besonderer "Baumeister" und "Wächter".

Die Gruppe aus der Hierarchie, deren Auftrag die "Schöpfung"[96] der Menschen ist, ist also eine besondere Gruppe, aber sie hat den schattenhaften Menschen in diesem Zyklus genauso entwickelt, wie eine höhere und noch geistigere Gruppe ihn in der dritten Runde entwickelt hatte. Weil es sich aber um die in der nach unten führenden Richtung, also bei geringer werdender Geistigkeit, befindliche sechste Gruppe handelt, entwickelt sie nicht mehr, als nur die schattenhafte Form des zukünftigen Menschen, eine hauchdünne, kaum sichtbare Kopie von sich selbst. Die siebte und letzte Gruppe besteht dann aus irdischen Geistern (Elementalen), die den menschlichen Körper allmählich formen, gestalten und verdichten. Die fünfte Hierarchie – das sind jene geheimnisvollen Wesen, die die Konstellation des Steinbocks, das Makara oder "Krokodil" Indiens und Ägyptens, überwachen – hat die Aufgabe, die leere, ätherische animalische Form zu beseelen und so aus ihr den vernunftbegabten Menschen zu machen. Es ist dies einer der Themenbereiche, über die nur sehr wenig veröffentlicht werden darf. Und sicherlich ist es ein GEHEIMNIS – aber doch nur für Menschen, die es für möglich halten, das Vorhandensein intelligenter und bewußter geistiger Wesen im Universum zu leugnen, und die nur dem Menschen ein vollständiges Bewußtsein zugestehen, allerdings auch das nur als eine "Gehirnfunktion". Viele der geistigen Wesenheiten haben sich seit dem Erscheinen des Menschen in Menschenform inkarniert, existieren aber trotzdem wie vorher in völliger Unabhängigkeit in der Endlosigkeit des Raumes ...

Um es klarer auszudrücken: Die unsichtbare Wesenheit kann körperlich auf der Erde anwesend sein, ohne ihren Status und ihre Funktionen in den übersinnlichen Regionen aufzugeben. Wenn weitere Erklärungen nötig sind, so können wir den Leser nur auf entsprechende spiritistische Fälle hinweisen, die allerdings selten vorkommen, zumindest was die Natur der inkarnierenden[97] Wesenheit oder deren zeitweilige Inbesitznahme eines Mediums betrifft.

(b) Der letzte Satz dieses Shlokas zeigt uns, wie archaisch die Überzeugung und die Lehre von der siebenfältigen Konstitution des Menschen sind. Der Faden des Seins, der den Menschen beseelt und all seine Personalitäten oder Wiedergeburten auf dieser Erde durchzieht (ein Hinweis auf Sûtrâtman), der Faden an dem darüber hinaus auch all seine "Geister" hängen – dieser Faden wurde aus dem Wesen der "Dreifältigen", der "Vierfältigen" und der "Fünffältigen" gesponnen. Sie enthalten

[96] Schöpfung ist das falsche Wort, denn außerhalb der jüdisch-christlichen Tradition glaubt keine Religion an eine Schöpfung *ex nihilo* – nicht einmal die Vishishta-Advaita-Sekte in Indien, die sogar Parabrahman anthropomorphisiert hat –, sondern an eine aus präexistenter Materie hervorgehende Evolution.

[97] Die sogenannten "Geister", die gelegentlich die Körper von Medien übernehmen, sind nicht die Monaden oder höheren Prinzipien entkörperter Persönlichkeiten. Es kann sich bei einem solchen "Geist" nur um ein Elementarwesen oder – einen Nirmânakâya handeln.

alle Vorhergegangenen. Weiter unten werden wir den Zusammenhang zwischen den "zölibatären", den keuschen Söhnen Brahmâs, die sich weigern "zu zeugen", und den irdischen Sterblichen erfahren. Offensichtlich ist nun auch, daß die "Menschenpflanze" Saptaparna ein Hinweis auf die sieben Prinzipien ist. Der Mensch wird mit der siebenblättrigen Saptaparna-Pflanze verglichen, die den Buddhisten heilig ist.

4. Es ist die Wurzel, die nie stirbt, die dreizüngige Flamme auf vier Dochten (a) ... Die Dochte sind die Funken, die ihre Flamme erhalten von der dreizüngigen Flamme (ihrer oberen Triade), welche hervorschiesst aus den Sieben. Wie die Strahlen und Funken eines einzigen Mondes, die in den strömenden Wellen aller Flüsse der Erde ("Bhûmi" oder "Prithivî") reflektiert werden (b).

(a) Die "dreizüngige Flamme", die nie stirbt, ist die unsterbliche geistige Triade – Âtman-Buddhi und Manas –; die Entfaltung des letzteren wird von den beiden ersten nach jedem irdischen Leben assimiliert. Die "vier Dochte", die ausgehen können und ausgelöscht werden, sind die vier niederen Prinzipien, einschließlich des Körpers.

(b) Dem milliardenfachen Funkeln eines einzigen über den Wogen des Meeres scheinenden Mondes gleich glitzern und tanzen unsere vergänglichen Personalitäten – jene trügerischen Hüllen des unsterblichen monadischen Egos – auf den Wellen der Mâyâ. Wie die tausendfachen Funken der Mondstrahlen gibt es sie nur, solange die Königin der Nacht ihren Glanz auf die "strömenden Wasser" des Lebens ausschüttet: für die Dauer eines Manvantaras. Und dann verschwinden sie. Die "Strahlen" allein – diese Symbole unserer ewigen geistigen Egos – überleben, verschmelzen wieder mit dem Urgrund und sind eins mit ihm, wie zuvor.

5. Der Funke hängt an der Flamme an einem feinen Fohat-Faden. Er durchwandert die sieben Mâyâ-Welten (a). Hält an im ersten (Reich) und ist Metall und Stein; wandert weiter zum zweiten (Reich), und siehe – eine Pflanze. Die Pflanze durchwirbelt sieben Veränderungen und wird zum heiligen Tier (das ist der erste Schatten des physischen Menschen) (b).

Durch die Verbindung ihrer Eigenschaften wird Manu (Mensch), der Denker geformt.

Wer formt ihn? Die sieben Leben und das eine Leben (c). Wer vollendet ihn? Der fünffache Lha. Und wer macht die letzte Verkörperung vollkommen? Fisch, Sünde und Soma (der Mond) (d).

(a) Die Bezeichnung "durch die sieben Mâyâ-Welten" bedeutet hier die sieben Himmelskörper der Planetenkette und die sieben Runden, d.h. die 49 Stationen aktiver Existenz, die es am Beginn eines jeden Lebenszyklus' oder Manvantaras vor dem "Funken", also vor der Monade gibt. Der "feine Fohat-Faden" ist der bereits erwähnte Lebensfaden.

Hier wird das größte Problem der Philosophie berührt: die physische, substantielle Natur des Lebens, deren natürliche Unabhängigkeit von der modernen Wissenschaft geleugnet wird, weil diese Wissenschaft nicht fähig ist, sie zu verstehen. Aber Menschen, die an Reinkarnation und Karma glauben, können wenigstens undeutlich erkennen, daß das ganze Geheimnis des Lebens in der ununterbrochenen Serie seiner Manifestationen liegt, egal ob sich diese Manifestationen in physischen Körpern oder ohne diese äußern. Selbst wenn

Leben, einem Dom vielfarb'gen Glases gleich,
Trübet den weißen Glanz der Ewigkeit,[98]

so ist es doch ein integraler Teil dieser Ewigkeit. Nur Leben kann Leben verstehen.

Was ist der "Funke", der "an der Flamme hängt"? Es ist JÎVA, die MONADE im Zusammenhang mit MANAS oder besser: mit dessen Duft. Damit ist das gemeint, was von jeder Personalität, soweit sie es verdient hat, übrigbleibt, und am Lebensfaden, am Âtman-Buddhi, der Flamme, hängt. Unabhängig von der Anzahl der Prinzipien, in die der Mensch eingeteilt wird, und unabhängig von der Interpretationsmethode ist der Nachweis mühelos zu erbringen, daß diese Lehre von allen alten Religionen bestätigt wird – von der vedischen zur ägyptischen, von der zoroastrischen bis zur jüdischen.

(b) Ein wohlbekannter kabalistischer Aphorismus lautet: "Ein Stein wird eine Pflanze, eine Pflanze ein Tier, ein Tier ein Mensch, ein Mensch ein Geist, und der Geist ein Gott." Der "Funke" beseelt nacheinander alle Reiche, ehe er in den göttlichen Menschen eindringt und auch ihn beseelt. Zwischen diesem und seinem Vorgänger, dem tierhaften Menschen, sind die Unterschiede so groß, daß sie größer nicht sein könnten.

Am Anfang wird die Monade, das Jîva, durch das Evolutionsgesetz hinab in die niedrigste Materieform, die mineralische, geführt. Nachdem sie, eingeschlossen im Stein (oder dem in der vierten Runde zum Mineral und Stein Werdenden), eine siebenfache Umkreisung vollbracht hat, kriecht sie z.B. als Flechte hervor. Von nun an durchläuft sie alle Formen der vegetativen Materie, dringt dann in die animalische Materie ein und hat damit den Punkt erreicht, wo sie sozusagen zu dem Keim im

---

[98] (Shelley, *Adonais*, S. 460. H.T.)

Tier geworden ist, der sich später zum physischen Menschen entwickeln wird. Bis zur dritten Runde spielt sich das alles als Materie formlos und als Bewußtheit empfindungslos ab. Das ist so, weil die Monade, das Jîva, *per se* nicht mal Geist genannt werden kann. Es handelt sich nur um einen Strahl, einen Hauch des ABSOLUTEN, besser: der Absolutheit, und die absolute Homogenität ist in unserem Bereich unbewußt, weil zwischen ihr und der bedingten, relativen Endlichkeit keinerlei Beziehung besteht. Deshalb braucht die Monade neben dem für ihre zukünftige menschliche Form nötigen Material 1. ein geistiges Modell, einen Prototyp, nach dem das Material sich gestalten kann, und 2. ein intelligentes Bewußtsein zur Leitung ihrer Entwicklung, ihres Fortschritts. Weder das eine noch das andere besitzen die homogene Monade und die lebendige, aber vernunftlose Materie. Dem aus Staub geformten Adam muß die *Seele des Lebens* eingehaucht werden, nämlich die beiden mittleren Prinzipien, das *empfindende* Leben des irrationalen Tieres und die menschliche Seele, denn das erstere ist irrational, solange es die letztere nicht hat. Erst wenn der Mensch aus seinem potentiellen, noch androgynen Zustand in einen männlichen und weiblichen Menschen getrennt worden ist, wird er diese bewußte, rationale, individuelle Seele *(Manas)*, "das Prinzip oder die Intelligenz der Elohim," erhalten. Um sie zu bekommen, muß er die Frucht der Erkenntnis vom Baum des Guten und Bösen essen. Wie soll er das alles bewältigen? Nach den Lehren des Okkultismus entwickeln sich genau diese Elohim (die Pitris oder niederen Dhyâni-Chohans) gleichzeitig mit der abwärts in die Materie kreisenden Monade, aber auf höherer und geistigerer Ebene, indem sie auf ihrer eigenen Bewußtseinsebene ebenfalls und relativ zur Materie absteigen. An einem bestimmten Punkt angelangt, treffen sie auf die empfindungslose inkarnierende, noch in der tiefsten Materie gefangene Monade. Die beiden Potenzen – Geist und Materie – verschmelzen, und durch diese Verbindung resultiert das irdische Symbol des "himmlischen Menschen" im Raum – der PERFEKTE MENSCH. Obwohl Geist und Materie in ihrem Ursprung ein und dasselbe sind, beginnen sie ihre Evolution in entgegengesetzten Richtungen, sobald sie den Bereich der Differenzierungen erreicht haben. Der Geist fällt allmählich in die Materie, und die Materie steigt auf zu ihrem ursprünglichen Zustand, reiner geistiger Substanz. Beide sind untrennbar, aber immer getrennt. Im physischen Bereich bedeutet Polarität, daß zwei gleiche Pole sich immer abstoßen werden, während ein negativer und ein positiver sich gegenseitig anziehen. So stehen Geist und Materie zueinander – die beiden Pole derselben homogenen Substanz. Dies ist das Urprinzip des Universums.

Der Mensch der ersten 2½ Menschheiten war zwar der *erste*, aber nur ein rudimentärer Mensch, der sich graduell zum *vollkommensten Säugetier* entwickelt hatte. Wenn nun die Zeit für Purusha gekommen ist, sich auf Prakritis Schultern zur Bildung des vollkommenen Menschen aufzumachen, dann treten die himmlischen "Vorfahren" in unserer Ebene auf den Plan, so wie es die Pitris vorher zur

Gestaltung des physischen oder Tier-Menschen getan hatten, und inkarnieren in den letzteren. Der Unterschied ist deshalb groß zwischen den beiden Abläufen der beiden *Schöpfungen*, der des Tieres und der des göttlichen Menschen. Die Pitris entsenden aus ihren ätherischen Körpern Ebenbilder von sich selbst, die noch ätherischer und schattenhafter sind als ihre eigenen Körper; wir nennen sie heutzutage "Doppelgänger" oder "Astralformen".[99] Dadurch bekommt die Monade ihre erste Behausung und die blinde Materie ein Modell, das sie fortan zur Gestaltung nutzen kann. Aber *der Mensch ist noch immer unvollkommen.*

(c) "Wer gestaltet Manu (den Menschen), und wer gestaltet seinen Körper? DAS LEBEN und DIE LEBEN. Sünde[100] und der MOND." Manu steht hier für den geistigen, himmlischen Menschen, für das wahre und nicht sterbliche EGO in uns, welches die direkte Emanation des "Einen Lebens", des absolut Göttlichen ist.

Es wurde bereits gesagt, daß der Okkultismus im Kosmos nichts Anorganisches kennt. Die wissenschaftliche Bezeichnung "anorganisch" benennt in Wirklichkeit einfach unerkennbares, in den Molekülen sogenannter "träger Materie" schlummerndes latentes Leben. ALLES IST LEBEN, sogar jedes Atom in mineralischem Staub ist EIN LEBEN.

"Für profane Menschen", so der Kommentar, *"sind die Welten aus den bekannten Elementen erbaut. Im Verständnis eines Arhats aber sind diese Elemente kollektiv selbst ein göttliches Leben. Verbreitet im Manifestationsbereich gibt es millionenfaches Leben. Feuer allein ist* EIN *Leben im Bereich der Einen Wirklichkeit. Im Bereich des manifestierten, also illusorischen Seins besteht es aus Teilchen, die alle feurige Lebensformen sind und ihre Existenz auf Kosten all der Lebensformen haben, die sie verschlingen. Sie werden deshalb die 'VERSCHLINGENDEN' genannt ... Jedes einzelne sichtbare Ding in diesem Universum wurde aus solchen* LEBENSFORMEN *erbaut, vom bewußten und göttlichen Ur-Menschen bis hinab zu den Kräften, die ohne Bewußtsein Materie strukturieren."*

"Dem formlosen und unerschaffenen EINEN LEBEN *entspringt das Universum aller Lebensformen. Aus der Tiefe (Chaos) manifestierte sich am Anfang kaltes, leuchtendes Feuer* (gasartiges Licht?) *und formte die Flocken im Raum* (möglicherweise die nicht auflösbaren Nebel?) ... *Diese Flocken bekämpften sich, und durch ihr Aufeinandertreffen und resultierende Zusammenstöße entwickelte sich große Hitze, wodurch Rotation erzeugt wurde. Daraufhin wurde das erste* MATERIELLE FEUER *manifestiert, heiße Flammen, Himmelswanderer* (Kometen). *Hitze erzeugt feuchten Dampf, der festes Wasser (?) erzeugt, dann trockene Nebel, dann flüssige, wässrige Nebel, welche den leuchtenden Glanz der Pilger* (Kometen?) *auslöschten, und wodurch feste wässrige Räder* (die MATERIELLEN Himmelskörper) *geformt wurden. Bhûmi* (die ERDE)

---

[99] vgl. *Isis entschleiert,* 2. Band, S. 295-303. In der dort wiedergegebenen Lehre des *Codex Nazaräus* findet man jeden unserer Lehrsätze, nur in anderer Form und Allegorie.

[100] Das Wort "Sünde" ist eigenartig, hat aber eine besondere okkulte Beziehung zum Mond und ist außerdem dessen chaldäisches Äquivalent.

erscheint mit sechs Geschwistern.[101] *Sie erzeugen durch ihre ständige Bewegung das geringere Feuer, Wärme und einen wasserhaltigen Nebel, wovon das dritte Weltelement,* WASSER, *erzeugt wird. Und aus dem Atem all dieser wird die* LUFT (Atmosphäre) *geboren. Diese vier sind die vier Leben der ersten vier Perioden* (Runden) *des Manvantaras. Die drei letzten folgen."*

Das bedeutet, daß in jeder neuen Runde eins der zusammengesetzten Elemente entwickelt wird. Die heutige Wissenschaft kennt diese Elemente zwar, lehnt aber die ursprünglichen Bezeichnungen ab und zieht es vor, sie in ihre einzelnen Bestandteile zu zerlegen.

Da die Natur im Bereich der Manifestation das "Ewig-Werdende" ist, müssen die Elemente genauso betrachtet werden: Sie müssen sich entwickeln, fortschreiten und wachsen bis zum manvantarischen Ende. Entsprechend wurde uns folgendes gelehrt: Die erste Runde entwickelte nur ein Element sowie auch Natur und Menschheit in einer Beschaffenheit, die man als einen Aspekt der Natur bezeichnen könnte (und von manchen sehr unwissenschaftlich "eindimensionaler Raum" genannt wird, was aber *de facto* sogar stimmen mag). Die natürlichen Entwicklungsprozesse, die wir hier betrachten, können die Spekulationen über die Eigenschaften des *zwei-*, *drei-* und *vier*dimensionalen Raumes gleichzeitig erhellen und diskreditieren. Nebenbei bemerkt ist es interessant, auf die Wichtigkeit der von Spiritisten, Theosophen und, nicht zu vergessen, auch von einigen großen Wissenschaftlern gehegten sinnvollen, aber unvollständigen Vorstellungen hinzuweisen, auf die der Gebrauch der heutigen Bezeichnung "die vierte Dimension des Raumes" zurückzuführen ist. Erstens ist natürlich die oberflächliche und absurde Annahme, der Raum selbst sei meßbar, recht bedeutungslos. Die gebräuchliche Bezeichnung kann nur eine Abkürzung der vollständigeren Aussage sein, nämlich: "*die vierte Dimension* DER MATERIE *im Raum*". Aber trotzdem bleibt auch diese erweiterte Feststellung unbefriedigend, denn obwohl es durchaus wahr ist, daß wir durch den Evolutionsablauf neue Eigenschaften der Materie kennenlernen, sind ihre uns schon bekannten Charakteristika wahrhaftig zahlreicher als diese drei Dimensionen. Die Fähigkeiten, aber wahrscheinlich ist es zutreffender zu sagen, die Charakteristika der Materie müssen selbstverständlich immer in einer direkten Beziehung zur Sinneswahrnehmung des Menschen stehen. Materie hat Ausdehnung, Farbe, Bewegung (molekulare Bewegung), Geschmack

---

[101] Eine Lehre der Vedas besagt, daß "es drei Erden (gibt), die drei Himmeln entsprechen, und unsere Erde (die vierte) wird Bhûmi genannt," – so die Erklärung exoterisch orientierter westlicher Orientalisten. Aber die esoterische Bedeutung und der entsprechende Hinweis in den *Vedas* ist, daß es sich um unsere Planetenkette handelt, nämlich um die drei im Abstieg befindlichen "Erden" und drei "Himmel", wobei mit letzteren ebenfalls die drei Erden oder Himmelskörper gemeint sind, die sich aber, in weitaus ätherischerem Zustand, im aufsteigenden, geistigen Abschnitt des Kreislaufs befinden: Auf den drei ersten sinken wir in die Materie, auf den drei anderen steigen wir auf zum Geist. Dabei ist der untere Himmelskörper, *Bhûmi*, unsere Erde, sozusagen der Wendepunkt. *Potentiell* hat sie ebenso viel Anteil am Geist wie an der Materie. Mehr darüber später.

und Geruch, was den vorhandenen Sinnen des Menschen entspricht. Und wenn sie ihr nächstes Charakteristikum vollständig entwickelt hat – nennen wir es vorerst DURCHLÄSSIGKEIT –, wird dieses Charakteristikum dem nächsten Sinn des Menschen entsprechen – nennen wir ihn NORMALES HELLSEHEN. Wenn also so mancher kühne Denker eine vierte Dimension herbeigesehnt hat, die es erlauben würde, Materie durchlässig für Materie zu machen oder Knoten auf einer endlosen Schnur zu knüpfen – was ihm in Wirklichkeit fehlte, war ein *sechstes Charakteristikum der Materie*. Die drei Dimensionen gehören eigentlich nur zu e i n e m Merkmal oder Charakteristikum der Materie – der Ausdehnung. Und der gesunde Menschenverstand wehrt sich zu Recht gegen die Vorstellung, es könne – unter welchen Verhältnissen auch immer – mehr Dimensionen geben, als Länge, Breite und Höhe. Aber ebenso wie das Wort "Dimension" gehören all diese Bezeichnungen nur e i n e m Bereich der Denkfähigkeit an, einer Evolutionsstufe, einem Charakteristikum der Materie. Solange dieser Kosmos uns die Möglichkeit eröffnet hat, anhand von Maßstäben Messungen an der Materie vorzunehmen, solange wird die Menschheit sie auf drei Arten messen – und nicht mehr. Und seit die Idee des Messens in der menschlichen Vorstellung auftauchte, konnte nur in drei Richtungen gemessen werden – nicht mehr. Aber diese Einsichten können nicht über die sichere Tatsache hinwegtäuschen, daß im Laufe der Zeit mit der Vervielfältigung der menschlichen Fähigkeiten auch die Charakteristika der Materie vervielfältigt werden.

Wir kehren nun zurück zur Betrachtung der Evolution der Materie im Verlauf der Runden. Materie in der *zweiten* Runde kann, wie schon gesagt, bildhaft als zweidimensional bezeichnet werden. Aber auch das muß hier unter Vorbehalt gesagt werden. In einem Bereich der Denkfähigkeit könnte, wie wir gerade gesehen haben, dieser bildhafte Ausdruck wegen seiner Ungenauigkeit als gleichbedeutend mit dem zweiten Charakteristikum der Materie angesehen werden, das dem zweiten Wahrnehmungsvermögen oder Sinn des Menschen entspricht. Aber diese zwei miteinander verbundenen Evolutionsstufen betreffen die Vorgänge innerhalb der Grenzen einer einzigen Runde. Die Aufeinanderfolge der primären Aspekte der Natur, die in der Aufeinanderfolge der Runden abläuft, ist, das wurde bereits angedeutet, im okkulten Sinn in Verbindung mit der Entwicklung der "Elemente" zu sehen: Feuer, Luft, Wasser,[102] Erde. Wir sind erst in der vierten Runde angelangt, und unsere Aufzählung bricht hier vorerst ab. Die Bewußtseinszentren der dritten

[102] Für die Zwecke der Esoterik und der Geheimlehren ist dies die korrekte Reihenfolge der Elemente. Milton hatte recht, als er von den "Kräften des Feuers, der Luft, des Wassers und der Erde" sprach. Die Erde, wie wir sie jetzt kennen, existierte vor der vierten Runde nicht, d.h. sie hatte ihren geologischen Anfang vor Hunderten von Millionen Jahren. Der Himmelskörper war "*feurig, kühl und strahlend* wie seine ätherischen Menschen und Tiere in der ersten Runde," sagt der *Kommentar*, was nach Auffassung unserer heutigen Wissenschaft widersprüchlich, paradox ist. "*Leuchtend*, dichter und schwerer in der zweiten Runde, *wässrig* in der dritten!" Das ist also die Umkehrung der Elemente.

Runde, deren Bestimmung die Weiterentwicklung zur Menschheit war, wie wir sie jetzt kennen, hatten in ihrer Wahrnehmungsbildung die Stufe erreicht, wo sie das dritte Element, Wasser, wahrnahmen. Die Zentren der vierten Runde konnten ihren Fähigkeitskatalog um die Wahrnehmung der Erde als einen Zustand der Materie ebenso erweitern, wie um die Wahrnehmung der drei anderen Elemente in ihrem gegenwärtigen Umwandlungszustand. Also waren die sogenannten Elemente in den drei vorangegangenen Runden anders als jetzt. FEUER könnte *reiner* ÂKÂSHA gewesen sein, die erste Materie des großen Werkes der Schöpfer und "Baumeister" ..., LUFT einfach Stickstoff ..., WASSER jenes Urfluidum, das – laut Moses – da sein mußte vor der Herstellung einer *lebendigen Seele*.

Die Elemente, ob in einfacher oder zusammengesetzter Form, konnten im Verlauf der Evolution unserer Kette nicht unverändert bleiben. Im Großen Kreislauf bewegt sich alles im Universum ständig weiter, wobei in kleineren Zyklen ein unaufhörliches Auf- und Absteigen stattfindet. Im Manvantara steht die Natur nie still, weil sie nicht einfach nur *Dasein* hat, sondern immer im *Werden* begriffen ist. Das mineralische, pflanzliche und menschliche Leben paßt seine Organismen immer den jeweils vorhandenen Elementen an, und deshalb waren die *damaligen* Elemente für die damaligen Minerale, Pflanzen und Menschen geeignet, so wie die jetzigen für das Leben der derzeitigen Menschheit geeignet sind. Erst in der nächsten Runde, der fünften, wird das fünfte Element, der Äther (den man vielleicht als gröbere Form des Âkâsha bezeichnen könnte), keine Hypothese oder irgendein auf alle möglichen Dinge einwirkendes "Prinzip" mehr sein, was er ja jetzt noch ist, sondern wird der Menschheit als Teil der Natur ebenso selbstverständlich sein, wie uns die Luft. Und ebenfalls erst in der fünften Runde werden jene höheren Sinne, deren Wachstum und Entwicklung durch Âkâsha unterstützt wird, empfänglich sein für ihre vollständige Erweiterung. Wir deuteten bereits an, daß ein erstes, eingeschränktes Erkennen des Entstehens von Durchlässigkeit, dieser sich zusammen mit dem sechsten Sinn entwickelnden Eigenschaft der Materie, im richtigen Moment in dieser Runde zu erwarten ist. Aber durch das neue Element, das die uns zur Verfügung stehenden Mittel in der nächsten Runde erweitert, wird diese *Durchlässigkeit* eine so normale Eigenschaft der Materie sein, daß ihre dichteste Form kein größeres Hindernis sein wird, als ein dichter Nebel.

Wir betrachten nun den Lebenskreislauf erneut, befassen uns aber nicht vorrangig mit der überlieferten Beschreibung *höherer* Leben, sondern richten unsere Aufmerksamkeit jetzt nur auf die irdischen Lebewesen und die Erde selbst. Wir erfahren, daß die Erde in der ersten Runde von den "Verschlingenden" aufgebaut wird, indem letztere die Keime anderer in den Elementen enthaltener Lebensformen auflösen und absondern. Es ist anzunehmen, daß dies im derzeitigen Zustand der Welt etwa vergleichbar ist mit *Aeroben*, die in die chemische Struktur eines Organismus eindringen und diese lockern, wodurch sie tierische Stoffe umwandeln und so Substanzen von unterschiedlicher Konstitution schaffen. Wo immer ein Atom, Partikel oder Molekül ist, selbst in feinstem gasförmigem Zustand, da ist Leben – wenn auch latent und unbewußt. *"Alles, was den Laya-Zustand verläßt, wird aktives Leben. Es folgt dem Sog der* BEWEGUNG (das alchemistische Lösungsmittel des Lebens). *Geist und Materie sind die beiden Zustände des* EINEN, *das weder Geist noch Materie ist –, denn beide sind, latent, das Absolute Leben."* (Buch des Dzyan, Kommentar III, Absatz 18) ... *"Geist ist die erste Differenzierung des* RAUMES (innerhalb des Raumes), *Materie die erste Differenzierung des Geistes. Das, was weder Geist noch Materie ist – das* ES –, *ist die ursachlose* URSACHE *von Geist und Materie, welche die Ursache des Kosmos sind. Und* DAS *nennen wir das* EINE LEBEN *oder den innerkosmischen Atem."*

Wir sagen es nochmals: *Gleiches muß Gleiches hervorbringen.* Das Absolute Leben kann kein anorganisches Atom hervorbringen, sei es nun einfach oder komplex, und selbst im *Laya* ist Leben, genauso wie ein Mensch im Zustand tiefer Katalepsie – dem äußeren Anschein nach ein toter Körper – immer noch ein lebendes Wesen ist.

Nachdem die "Verschlingenden" die "Feueratome" durch einen besonderen Teilungsprozeß ausgesondert haben, werden diese Feueratome zu Lebenskeimen, die sich nach den Gesetzen der Kohäsion und Affinität zusammenschließen. (Übrigens: Wenn unsere Wissenschaftler die "Verschlingenden" vernünftigerweise als Atome des Feuernebels erkennen würden, dann hätten Okkultisten nichts dagegen einzuwenden.) Die Lebenskeime produzieren dann andere Lebewesen, die an der Struktur unserer Himmelskörper arbeiten.

Nachdem die primitiven Feuerleben unseren Himmelskörper erbaut, d.h. zur Sphäre gemacht, also gerundet hatten, besaß er, in der ersten Runde, noch keine Festigkeit und außer einer kalten Helligkeit keine Merkmale, keine feste Form und keine Farbe. Erst gegen Ende der ersten Runde entwickelte er ein Element, aus dessen anorganischem, besser gesagt: einfachem Wesenskern jetzt in unserer Runde das Feuer wurde, wie wir es im ganzen System kennen.

In der zweiten Runde kommt das zweite Element zur Manifestation: die LUFT. Die Reinheit dieses Elements würde jedem, der es nutzen könnte, fortwährendes Leben schenken. In Europa hat es nur zwei Okkultisten gegeben, die dieses Element entdeckt und teilweise praktisch anwenden konnten, seine Zusammenstellung war jedoch unter den höchsten Initiierten des Ostens seit jeher bekannt. Das Ozon der modernen Chemie ist Gift, verglichen mit dem echten universalen Lösungsmittel, welches gar nicht vorstellbar wäre, wenn es in der Natur nicht vorhanden wäre. *"Mit der zweiten Runde begann die wirkliche Existenz der Erde, die bisher ein Fötus im Raum gewesen war: Sie entwickelte individuelles, fühlendes Leben, ihr zweites Prinzip. Das zweite Prinzip entspricht dem sechsten. Das zweite ist fortwährendes Leben, das andere zeitgebunden."*

Die dritte Runde entwickelte das *dritte* Prinzip – WASSER; die vierte verwandelte die gasförmigen Flüssigkeiten und die plastische Form unseres Himmelskörpers in die harte, verkrustete, grobstoffliche Kugel, auf der wir leben. "Bhûmi" hat ihr *viertes* Prinzip erreicht. Hier könnte der Einwand erhoben werden, das so nachdrücklich betonte Gesetz der Analogie werde verletzt. Das ist aber keineswegs der Fall. Die Erde erhält ihre körperliche Schale, ihre wirkliche, endgültige Form (im Gegensatz zum Menschen) erst gegen Ende des Manvantaras, nach der siebten Runde.

Nicht der Molekularzustand der Materie – am allerwenigsten der menschliche Körper *(Sthûla-sharîra)* – ist das gröbste der uns eigenen "Prinzipien", sondern in Wirklichkeit ist dies das *mittlere* Prinzip, das eigentliche animalische Zentrum. Unser Körper ist nur seine Schale, ist als verantwortungsfreier Faktor das Medium, durch welches das Tier in uns lebenslang handelt. Für den wahren Mystiker hat die Vorstellung nichts Abstoßendes, daß das menschliche "Tabernakel", genauso wie die felsige Erdkruste, aus zahllosen Lebensformen erbaut worden ist. Und die Wissenschaft kann diese okkulte Lehre nicht einfach deshalb ablehnen, weil sie das ultimative, lebende Atom, das Leben selbst, niemals unter dem Mikroskop entdecken kann.

Die Wissenschaft lehrt, daß sowohl im lebenden als auch im toten Organismus von Mensch und Tier Schwärme von hunderterlei verschiedenen Bakterien enthalten sind. Aber die Erkenntnisse der Wissenschaft sind bisher noch nie so weit gegangen, sich der Einsicht der okkulten Lehre anzunähern, daß unsere Körper selbst und die von Tieren, Pflanzen und Steinen tatsächlich aus solchen Dingen aufgebaut sind, die – außer den größeren Arten – kein Mikroskop entdecken kann. Was den rein tierischen und materiellen Teil des Menschen betrifft, ist die Wissenschaft aber gerade dabei, Entdeckungen zu machen, die diese Theorie weitgehend bestätigen werden. Die beiden großen Zauberer der Zukunft werden Chemie und Physiologie sein, sie werden der Menschheit die Augen öffnen für die großen physikalischen Tatsachen. Mit jedem Tag wird die Identität von Tier und körperlichem Menschen, von Pflanze und Mensch, und sogar vom Reptil und seinem Nest, dem Gestein, und dem Menschen immer offensichtlicher. Da die Identität aller physikalischen und chemischen Bestandteile feststellbar ist, kann die Chemie leicht sagen, daß kein Unterschied bestehe zwischen der Materie eines Ochsen und der eines Menschen. Aber der Okkultismus lehrt weitaus Genaueres. Seine Lehre stellt dar, daß nicht nur die chemischen Bestandteile dieselben sind, sondern daß die Atome der Körper von Bergen und von Blumen, von Mensch und Ameise, von Elefant und Baum aus denselben unvorstellbar kleinen, *unsichtbaren Lebensformen* zusammengesetzt sind. Jedes Partikel, ob wir es als organisch oder anorganisch bezeichnen, *ist ein Leben*. Jedes Atom, jedes Molekül im Universum *gibt* diesen Formen *Leben* und *bringt* ihren *Tod*, denn durch Aggregationsprozesse erbaut es Universen und die zur Aufnahme der wandernden Seelen vorbereiteten vergänglichen Körper, aber es zerstört und verändert die *Formen* auch immer wieder und vertreibt die Seelen aus ihren vorübergehenden Wohnungen. Es erschafft, und es tötet, es ist selbsterzeugend und selbstzerstörend, es verleiht dem größten aller Geheimnisse, dem *lebenden Körper* von Mensch, Tier und Pflanze in jeder Sekunde in Zeit und Raum Dasein, und es vernichtet es. Es bringt gleichermaßen Leben und Tod hervor, das Schöne und das Häßliche, das Gute und das Schlechte, ja sogar die angenehmen und die unangenehmen, die wohlwollenden und die übelwollenden Empfindungen. Es ist dieses kollektiv durch eine unermeßliche Pluralität von Leben bestätigte mysteriöse LEBEN, welches auf seine ihm eigene sporadische Art und Weise dem bislang unverständlichen Gesetz des Atavismus folgt, welches Familienähnlichkeiten weitergibt und Ähnlichkeiten, die es in der Aura der Zeugenden eines jeden zukünftigen Menschen vorfindet. Da die Wissenschaft nun die Auswirkungen entdeckt hat, muß sie deren ERSTE Ursachen finden. Das aber wird ihr niemals ohne Hilfe der alten Wissenschaften der Alchemie, der okkulten Botanik und Physik gelingen. Es wurde uns gelehrt, daß alle physiologischen Veränderungen zurückzuführen sind auf jene unsichtbaren SCHÖPFER und ZERSTÖRER, die so ungenau und verallgemeinernd Mikroben[103] genannt werden. Diese Veränderungen schließen auch alle pathologischen Phänomene, Krankheiten, ja, das Leben selbst bzw. die objektiv erfaßbaren Phänomene des Lebens ein, oder zumindest gewisse im Körpergewebe auftretende Umstände und Veränderungen, wodurch das Leben gezwungen wird bzw. es ihm ermöglicht wird, im Körper Aktivitäten zu entwickeln.

(d) Was aber hat der Mond mit all diesen Dingen zu tun? Was haben "Fisch, Sünde und Mond" in dieser apokalyptischen Aussage der Stanze gemeinsam mit den "Lebensmikroben"? Mit letzteren nichts, außer ihrem Zugriff auf das Tabernakel aus Ton, das diese für sie bereitgestellt haben. Aber mit dem göttlich-vollkommenen Menschen alles, denn zusammen sind "Fisch, Sünde und Mond" die drei Symbole dieses unsterblichen Wesens.

---

[103] Man könnte annehmen, diese "feurigen Leben" und Mikroben seien identisch. Das stimmt aber nicht. Die feurigen Leben sind die siebte und höchste Unterabteilung des Materiebereichs. Im Individuum entsprechen sie, nur in diesem Bereich, dem Einen Leben des Universums. Die Mikroben der Wissenschaft sind die erste und niedrigste Unterabteilung im zweiten Bereich, dem Bereich des materiellen *Prâna* (Leben). Der physische Körper des Menschen erfährt alle sieben Jahre eine komplette Strukturveränderung, und seine Zerstörung und Erhaltung resultieren aus der abwechselnd auftretenden Funktion der feurigen Leben als "Zerstörer" und "Baumeister". Sie bauen auf, indem sie sich selbst als Lebenskraft opfern, um den zerstörerischen Einfluß der Mikroben zu hemmen. Sie zwingen die Mikroben aber, den materiellen Körper und seine Zellen aufzubauen, indem sie ihnen trotz dieses hemmenden Einflusses geben, was zum Aufbau nötig ist. Sie fungieren auch als Zerstörer, wenn der hemmende Einfluß aufgehoben ist und es den Mikroben, nunmehr ohne die Gabe konstruktiver Lebensenergie, überlassen wird, als ungebändigte destruktive *Kräfte* zu wuchern. Deshalb sind die feurigen Leben während der ersten Hälfte des menschlichen Lebens (in den ersten *fünf* Sieben-Jahres-Perioden) indirekt damit beschäftigt, den materiellen Körper des Menschen aufzubauen. Das Leben befindet sich in seiner aufsteigenden Periode, und die Kraft wird zur Konstruktion und zum Aufbau eingesetzt. Nachdem der Höhepunkt dieser Periode erreicht ist, beginnt die Zeit des Rückschritts, und gleichzeitig beginnt, nun da das Werk der feurigen Leben ihre Kraft verbraucht hat, das Werk der Zerstörung und des Abbaus.

Mehr darf öffentlich nicht gesagt werden. Die Autorin kann auch nicht behaupten, mehr über dieses seltsame Symbol zu wissen, als man den exoterischen Religionen entnehmen kann. Es ist enthalten im Geheimnis, das dem *Matsya* (Fisch) *Avatâra* des Vishnu innewohnt, dem chaldäischen Oannes, jenem Menschenfisch, der im unvergänglichen *Pisces*-Sternzeichen festgehalten ist, in den beiden Testamenten in den Persönlichkeiten des Joschua, "Sohn des Fisches (Nun)", und des Jesus, in der allegorischen "Sünde", d.h. dem Fall des Geistes in die Materie, und, letztlich, im Mond, weil er in Beziehung steht zu den "lunaren" Vorfahren, den Pitris.

6. SEIT DEN ERSTGEBORENEN (ursprünglichen, ersten Menschen) WIRD DIE VERBINDUNG ZWISCHEN DEM SCHWEIGENDEN WÄCHTER UND SEINEM SCHATTEN BEI JEDEM WECHSEL (Reinkarnation) STÄRKER UND LEUCHTENDER (a). DIE MORGENDÄMMERUNG IST ZUM HELLICHTEN TAG GEWORDEN ...

Der Satz: "Die Verbindung zwischen dem *schweigenden* Wächter und seinem *Schatten* (dem Menschen) wird stärker" (mit jeder Reinkarnation) ist ein weiteres psychologisches Geheimnis, dessen Aufklärung in unserem zweiten Buch steht. Für den Augenblick genügt der Hinweis, daß der "Wächter" und seine "Schatten" eins sind. Die Anzahl der letzteren entspricht der Anzahl der Reinkarnationen der Monade. Der Wächter oder der göttliche Prototyp befindet sich auf der höchsten Sprosse der Leiter des Daseins, der Schatten auf der tiefsten. Die Monade eines jeden Lebewesens ist im übrigen – wenn dieses Lebewesen die Verbindung nicht durch moralische Verworfenheit löst, sich vom Weg entfernt und, okkult ausgedrückt, "irrend auf den lunaren Pfad kommt" –, ist also, in einem spezifischen Manvantara, *ein individueller, von anderen zu unterscheidender Dhyâni-Chohan, der seine eigene geistige Individualität besitzt.* Natürlich ist sein *Höchstes,* sein Geist (Âtman) eins mit *Paramâtman* (dem einen Universalgeist), aber das Gefäß (Vâhana), das ihn enthält, die *Buddhi,* ist direkter Bestandteil des Dhyâni-Chohanischen Wesenskerns, jener *Allgegenwart,* die wir vor kurzem besprochen haben. "Mein Vater, der im Himmel ist, und ich – sind eins," steht in der christlichen Bibel. Dies wenigstens ist ein getreues Echo des esoterischen Lehrsatzes.

7. DIESES IST DEIN GEGENWÄRTIGES RAD, SPRACH DIE FLAMME ZUM FUNKEN. DU BIST ICH, MEIN EBENBILD UND MEIN SCHATTEN. DU BIST MEIN GEWAND, UND DU BIST MEIN VÂHANA (Vehikel) BIS ZUM TAGE "SEI-BEI-UNS", WENN DU WIEDER ICH UND ANDERE WIRST, DU SELBST UND ICH (a). DANN WERDEN DIE BAUMEISTER, GEKLEIDET IN IHR ERSTES GEWAND, ZUR STRAHLENDEN ERDE HINABSTEIGEN UND ÜBER DIE MENSCHEN HERRSCHEN – DIE SIE SELBST SIND (b).

(a) Der Tag, an dem "der Funke wieder zur Flamme wird (d.h. wenn der Mensch in seinen Dhyâni-Chohan versinken wird), ich und andere, du selbst und ich, ...": Was die Stanze hier ausdrückt, hat folgende Bedeutung: Im *Parinirvâna* – nachdem der *Pralaya* nicht nur die materiellen und die psychischen Körper, sondern sogar die geistigen *Egos* auf ihr ursprüngliches Prinzip reduziert hat – werden die vergangenen, die gegenwärtigen und die zukünftigen Menschheiten, wie alle Dinge, ein und dasselbe sein. Alles wird in den *Großen Atem* eingegangen sein. Es wird hier gesagt, daß alles "zum Brahman zurückgekehrt", d.h. in die göttliche Einheit eingegangen sein wird.

Bedeutet das Vernichtung, wie so mancher denkt? Oder *Atheismus*, was wiederum andere Kritiker vermuten, die eine *persönliche* Gottheit anbeten und an ein unphilosophisches Paradies glauben? Weder das eine, noch das andere. Wo es sich um die reinste und höchste *Spiritualität* handelt, die vorstellbar ist, ist es völlig nutzlos, nochmals auf die Frage eines angeblichen Atheismus einzugehen. In Nirvâna Vernichtung zu sehen, ist gleichbedeutend mit der Behauptung, ein Mensch sei vernichtet, der sich in einem tiefen, *traumlosen* Schlaf befindet, einem Schlaf, der *keine Eindrücke im physischen Gedächtnis oder Gehirn zurückläßt, weil das höhere Selbst des Schlafenden in seinem ursprünglichen Zustand absoluten Bewußtseins ist.* Dieser Vergleich ist aber nur eine Antwort auf die erste, mehr im materiellen Bereich liegende Frage, denn das *Zurückversinken*, die *Resorption*, ist keineswegs ein Versinken in einen "traumlosen Schlaf", sondern ist, ganz im Gegenteil, eine Rückkehr in die absolute Existenz, d.h. in eine bedingungslose Einheit, einen bedingungslosen Zustand, für dessen Beschreibung die Sprache des Menschen absolut ungeeignet und hoffnungslos überfordert ist. Die einzige Herangehensweise, die versucht werden kann, um eine annähernd umfassende Vorstellung von diesem Zustand zu bekommen, liegt ausschließlich in den durch geistige Ideenbildungen der göttlichen Monade hervorgebrachten panoramaartigen Visionen der Seele. Durch das Zurückversinken geht auch die Individualität nicht verloren – ja, *nicht einmal der Kern der Personalität*, sollte er zurückgelassen worden sein, geht verloren. Denn so grenzenlos der parinirvânische Zustand in der menschlichen Vorstellung auch ist, in der Ewigkeit hat er eine Begrenzung. Sobald sie diese Grenze erreicht hat, tritt dieselbe Monade wieder aus der Ewigkeit hervor, und zwar auf einer weit höheren Ebene, und beginnt dort erneut ihren Kreislauf nun vervollkommneter Aktivitäten. Auf seiner derzeitigen Entwicklungsstufe ist es dem menschlichen Geist nicht möglich, diese Denkfähigkeitsebene zu transzendieren, ja, er kann sie kaum erreichen. Taumelnd nähert er sich hier der äußeren Grenze unvorstellbarer Absolutheit und Ewigkeit.

(b) Die "Wächter" beherrschen die Menschheit während der ganzen *Satya-Yuga*-Periode und während der folgenden kleineren Yugas bis zum Beginn der Dritten Menschheit. Danach herrschen die Patriarchen, die Heroen und die

Manen, die inkarnierten Dhyânis einer tieferstehenden Gruppe, bis hin zu König Menes und den menschlichen Königen anderer Völker.

Dhyâni-Buddhas der beiden höheren Gruppen – die "Wächter" oder "Baumeister" – gaben den vielen unterschiedlichen Menschheitszweigen göttliche Könige und Führer. Letztere lehrten die Menschheit ihre Künste und Wissenschaften, erstere offenbarten den inkarnierten Monaden – die gerade ihre Hüllen aus den niederen Reichen abgeschüttelt hatten und damit jede Erinnerung an ihren göttlichen Ursprung verloren – die hohen geistigen Wirklichkeiten der übersinnlichen Welten.

Wie die Stanze sagt, stiegen die Wächter also zur Erde hinab und beherrschten die Menschen, *"die sie selbst sind"*. In den vorangegangenen Runden hatten die herrschenden Könige ihren Zyklus auf der Erde und anderen Welten beendet, und in zukünftigen Manvantaras werden sie zu Systemen aufgestiegen sein, die höher sind als unsere planetare Welt. Die Auserwählten unserer Menschheit, die Pioniere auf dem schweren und mühevollen Weg des Fortschritts, werden die Plätze ihrer Vorgänger einnehmen. Im nächsten großen Manvantara werden Menschen unseres eigenen Lebenszyklus' Lehrer und Leiter einer Menschheit sein, deren Monaden jetzt noch – in halbbewußtem Zustand – in den Intelligentesten des Tierreiches eingekerkert sein mögen, während ihre niederen Prinzipien aber möglicherweise bereits die höchsten Arten der Pflanzenwelt beseelen.

So verläuft der Fortschritt der siebenzähligen Evolutionszyklen in der von der Siebenheit beherrschten Natur, nämlich der geistigen oder göttlichen, der psychischen oder halbgöttlichen, der intellektuellen, der gefühlvollen, der instinktiven oder *kognitiven* Natur und letztlich der halbkörperlichen und der rein materiellen oder physischen Natur. Sie alle schreiten voran und entwickeln sich zyklisch, wobei eine in die andere auf zweifache Art und Weise übergeht, nämlich vom Zentrum fortstrebend und zum Mittelpunkt hinstrebend. Aber sie sind in ihrem Wesen letztendlich *eins*, wenn auch als *siebenfache* Aspekte. Am niedrigsten ist natürlich der Aspekt, der unseren fünf physischen Sinnen[104] untergeordnet und von ihnen abhängig ist. Soweit ist jeder für das individuelle, fühlende, menschliche und das Tier- und Pflanzenleben der Mikrokosmos seines höheren Makrokosmos. Dasselbe betrifft das Universum, das sich zum Zweck des kollektiven Fortschritts der zahllosen *Leben* periodisch als Ausatmen des *Einen Lebens* manifestiert. So soll durch das *ewige* Werden jedes kosmische Atom in diesem endlosen Universum von der Formlosigkeit und Unkörperlichkeit, über die verschiedenartigen Naturen des Halbirdischen, bis hinab zur Materie in vollständigem Ablauf geführt werden. Dann folgt die Rückkehr durch den in jeder neuen Periode weiterführenden, dem höchsten Ziel näherkommenden Wiederaufstieg, so daß jedes Atom *durch indivi-*

---

[104] In Wirklichkeit sind es *sieben*, wie wir später zeigen werden.

duelles Streben und Verdienst jene Stufe erreichen kann, wo es wieder zu dem einen bedingungslosen ALL wird. Aber zwischen diesem Alpha und Omega erstreckt sich der schwere, dornenreiche "Weg", der zuerst nach unten führt. Aber dann

Führt der Weg hinauf zur Bergesspitze
Ja, zum höchsten Gipfel...[105]

Nachdem er die lange Reise unbefleckt begonnen hatte und tiefer und tiefer in die sündhafte Materie sank, nachdem er sich mit jedem Atom im manifestierten *Raum* verbunden und in allen Lebens- und Daseinsformen gekämpft und gelitten hat –, der *Pilger* erreicht erst dann die tiefste Stelle des Tals der Materie und damit die Hälfte seines Kreislaufs, wenn er sich als Teil der gesamten Menschheit erkannt und mit ihr identifiziert hat. *Er hat sie in seinem Ebenbild geschaffen.* Um Fortschritte auf seinem Heimweg nach oben zu machen, muß der "Gott" nun den mühevollen, steilen Golgatha-Pfad des Lebens beschreiten. Das ist das Martyrium selbstbewußter Existenz. Wie Vishvakarman muß er *sich vor sich selbst opfern*, um alle Kreaturen zu erlösen, um aus der Vielheit auferstehen zu können zu dem *Einen Leben*. Dann, in der Tat, steigt er auf zum Himmel. Dort, versunken im unbegreiflichen Absoluten Sein und der Seligkeit des Parinirvâna, herrscht er uneingeschränkt. Und von dort wird er hinabsteigen zur nächsten "Wiederkehr" – von einem Teil der Menschheit als die *zweite Wiederkunft* erwartet, von dem anderen Teil als der letzte "Kalki Avatar".

---

[105] Christina Rossetti, *Uphill*, 1861.

ZUSAMMENFASSUNG

"Die Geschichte der Schöpfung und dieser Welt, von ihrem Anbeginn bis zur gegenwärtigen Zeit, besteht aus *sieben* Kapiteln. Das *siebte* Kapitel ist noch nicht zu Ende."
– T. Subba Row

Wir haben versucht, das erste der sieben Kapitel wiederzugeben; es ist nun abgeschlossen. Unsere Darstellung hat sicherlich Schwächen und ist unvollständig, sie hat aber einen gewissen Näherungswert – im mathematischen Sinn des Wortes – zur ältesten Basis aller nachfolgenden Kosmogonien. Der Versuch einer Darstellung des grandiosen Panoramas des in Perioden ewig wiederkehrenden Gesetzes in den bekannten Sprachen ist ein Wagnis, denn außer Sanskrit, der *Sprache der Götter*, ist dafür keine menschliche Sprache auch nur annähernd ein adäquates Kommunikationsmittel. Mögen deshalb die Unzulänglichkeiten dieses Werkes der Autorin vergeben werden, und möge ihr die Motivation für den unternommenen Versuch zugute gehalten werden.

Wir wollen nun rekapitulieren und werden damit zeigen, wie schwierig, wenn nicht unmöglich es wegen des riesigen Umfangs ist, eine Darstellung zu verfassen, die der Weitläufigkeit der behandelten Themenbereiche angemessen ist.

1. Die Geheimlehre besteht aus der gesammelten Weisheit aller Zeitalter. Ihre Kosmogonie allein ist ein gewaltiges und höchst kompliziertes System. Aber dank der geheimnisvollen Aussagekraft okkulter Symbolik konnten die Tatsachen einer in ihrem Umfang verwirrenden Reihe von evolutionären Schritten, mit deren Bewältigung, Aufzeichnung und Erklärung sich zahllose Generationen von initiierten Sehern und Propheten beschäftigt haben, alle auf nur wenigen Blättern in geometrischen Figuren und Hieroglyphen festgehalten werden. Wir werden der Sache nicht gerecht, wenn wir lediglich sagen, dieses System könne nicht das Phantasieprodukt eines einzelnen oder mehrerer Individuen sein. In der Tat handelt es sich um die lückenlosen Aufzeichnungen Tausender Generationen von Sehern. Anhand der einzelnen Erfahrungen dieser Seher wurden die von den frühen Menschheitszweigen untereinander mündlich weitergegebenen Überlieferungen der Lehren höherer, erhabener Wesen, die über das Kindheitsstadium der Menschheit gewacht hatten, geprüft und auf ihren Wahrheitsgehalt untersucht. "Die Weisen" der Fünften Menschheit, die zu den Nachfahren jenes Teils der Menschheit gehörten, der aus den letzten verheerenden geologischen Umwälzungen und Verschiebungen der Kontinente gerettet wurde, verbrachten ihr Leben in vielen Zeitaltern *nicht lehrend, sondern lernend.* Wie taten sie das? Die Antwort lautet: Indem sie die Überlieferungen aus alten Zeiten auf allen Gebieten der Natur anhand der unabhängigen Visionen großer Adepten prüften, testeten und verifizierten. Diese Adepten hatten ihre eigene physische, mentale, psychische und gei-

stige Konstitution zum höchsten Grad entwickelt und perfektioniert. Jede einzelne Vision eines jeden einzelnen Adepten wurde erst akzeptiert, nachdem sie durch Jahrhunderte alte Erfahrungswerte und durch die Visionen anderer Adepten, die als unabhängige Beweisstücke gelten konnten, methodisch geprüft und bestätigt worden war.

2. Das grundlegende Gesetz dieses kosmogonischen Systems, der zentrale Punkt, aus dem alles entstanden ist, um den alles kreist und dessen Gravitation alles unterliegt, und von dem, letztlich, alle restlichen Prinzipien des Daseins ausgehen, ist das Eine homogene göttliche SUBSTANZ-PRINZIP, die eine wurzelhafte Ursache. Es heißt "Substanz-Prinzip", weil es im Bereich des manifestierten Universums zur *Substanz*, zur Illusion wird, während es aber im anfangs- und endlosen, im abstrakten, sichtbaren und unsichtbaren RAUM *Prinzip* bleibt. Es ist die allgegenwärtige Wirklichkeit, es ist unpersönlich, weil es alle Dinge enthält. *Seine Unpersönlichkeit ist das grundlegende Konzept* des Systems. Es ist latent in jedem Atom des Universums. Es ist das Universum selbst.

3. Das Universum ist die periodische Manifestation dieses unbekannten absoluten Seins. Am besten bezeichnet man dieses "Es" weder als Geist noch als Materie, sondern als beides. "Parabrahman und Mûlaprakriti" sind also zwar in Wirklichkeit ein und dasselbe, jedoch zwei in der allgemeinen Vorstellung des Manifestierten, ja sogar im Konzept des Einen Logos, der ersten Manifestation des "Es". Aus der objektiven Sicht des Einen Logos erscheint "Es" als Mûlaprakriti, nicht als Parabrahman, erscheint als sein *Schleier* und nicht als die dahinter verborgene, bedingungslose und absolute EINE WIRKLICHKEIT.

4. Das Universum und alles in ihm Enthaltene wird MÂYÂ genannt, weil alles darin Enthaltene, sei es das kurze Leben einer Eintagsfliege oder das der Sonne, nur vorübergehender Natur ist. Für den Philosophen ist es eine notwendige Wahrheit, daß das Universum in seiner Wechselhaftigkeit und Vergänglichkeit im Vergleich mit der ewigen Unwandelbarkeit des EINEN, diesem unveränderlichen Prinzip, nichts weiter als eine Täuschung ist. Aber trotzdem besitzt dieses Universum Wirklichkeitscharakter für die in ihm lebenden, mit Bewußtsein ausgestatteten Geschöpfe, obwohl sie selbst natürlich genauso unwirklich sind wie das Universum.

5. Jedes Ding, in allen Reichen des Universums, besitzt BEWUSSTSEIN, hat sein eigenes, sein spezifisches Bewußtsein im Bereich seiner ihm eigenen Wahrnehmungsfähigkeit. Nur weil es *uns* z.B. nicht möglich ist, Anzeichen von Bewußtsein in Steinen zu erkennen, sollten wir nicht behaupten, *dort gäbe es kein Bewußtsein*. Ebensowenig wie es eine "unbewußte" oder "blinde" Gesetzmäßigkeit[106] gibt, gibt es "tote" oder "blinde" Materie. Es gibt nichts Derartiges in der Philosophie des Okkultismus. Sie hält sich nie an der Oberfläche der Er-

[106] (in der Natur. H.T.)

scheinungswelt auf, sondern erkennt in den *noumenalen* Wesenskernen eine größere Wirklichkeit als in deren objektiv erscheinenden Ausdrucksformen. Darin ähnelt sie dem Standpunkt der *Nominalisten*[107] des Mittelalters, für die einzig die Universalien Wirklichkeit besaßen, während die Partikularien nur als Namen und in der menschlichen Einbildung existierten.

6. Wirkungsrichtung und *Leitung* des Universums erfolgt von *innen nach außen.* Wie oben, so unten, wie im Himmel, so auf Erden. Der Mensch, der Mikrokosmos, das Miniaturabbild des Makrokosmos, ist der beste Beweis für die Wahrheit dieses universalen Gesetzes und seiner Wirkung. Wir wissen, daß jede *externe* Bewegung, jede Tat, jede Geste, ob gewollt oder mechanisch ausgeführt, ob organischer oder mentaler Natur, durch vorhergehende innere Vorgänge wie Gefühle, Empfindungen, Willen oder Gedanken hervorgebracht werden. Keine äußere Bewegung, keine Veränderung im Körper des Menschen kann, unter normalen Umständen, stattfinden, ohne von einem aus den drei erwähnten Funktionen hervorgehenden inneren Impuls veranlaßt worden zu sein. Und genauso ist es mit dem externen oder manifestierten Universum. Der ganze Kosmos unterliegt der Führung, Kontrolle und Belebung durch eine endlose Reihe von Hierarchien fühlender Wesen. Jedes dieser Wesen hat eine Aufgabe zu erfüllen, und ob wir sie nun Dhyâni-Chohans oder Engel nennen, sie alle sind nur insofern "Sendboten", als sie karmische und kosmische Gesetze erfüllen. Sie sind sehr unterschiedlich in ihrem jeweiligen Bewußtseinsgrad und ihrer Intelligenz, und wenn sie als "reine Geister" bezeichnet werden, so ist das nur ein etwas extravaganter poetischer Ausdruck. Ein jedes dieser Wesen war ein Mensch oder ist im Begriff, einer zu werden – wenn nicht im gegenwärtigen Zyklus (Manvantara), dann in einem vergangenen oder zukünftigen. Sie sind entweder bereits *vervollkommnete* Menschen oder befinden sich erst *im Anfangsstadium* des Menschseins und unterscheiden sich in ihren höheren (weniger materiellen) Sphären vom irdischen Menschen moralisch nur durch das ihnen fehlende Gefühl von Personalität und das Fehlen *menschlicher* Emotionalität – beides rein irdische Charakteristika. Erstere, die "vervollkommneten" Menschen, sind frei von derartigen Gefühlen, weil sie a) keine Körper aus Fleisch, diese die Seele lähmende Last, mehr haben, und weil sie b) dank ihres unbehinderten und freieren geistigen Elements dem Einfluß von *Mâyâ* weniger ausgesetzt sind, als das bei dem Menschen je der Fall sein wird, wenn er nicht ein Adept ist, der seine beiden Personalitäten – die geistige und die physische – vollständig getrennt hält.

In ihrem Anfangsstadium haben die Monaden kein Gefühl für Personalität oder EGOismus, denn sie hatten ja noch nie irdische Körper. Keines dieser Wesen,

[107] (So im Original; ich verdanke Peter Heiniger den Hinweis, daß hier möglicherweise eine Wortverwechslung vorliegt und die "Realisten" gemeint sind. H.T.)

egal ob hochstehend oder nicht, besitzt Individualität oder Personalität als separate Elemente. Das heißt, sie besitzen keine Individualität im allgemeinen Sinn des Wortes, etwa wenn ein Mensch sagt: "*Ich bin ich* und kein anderer." Sie haben, in anderen Worten, kein Bewußtsein von der Getrenntheit der Menschen und Dinge auf Erden. Individualität ist ein Charakteristikum der Hierarchien, nicht der einzelnen Wesen in diesen Hierarchien. Die Charakteristika aber unterscheiden sich nur graduell, nämlich der Ebene entsprechend, zu der eine Hierarchie gehört: Je näher die Hierarchie der Region der Homogenität und des Einen Göttlichen ist, um so feiner und weniger betont ist die Individualität in ihr. Die einzelnen Wesen sind in jeder Beziehung endlich – mit einer Ausnahme: Ihre höheren Prinzipien – die unsterblichen Funken aus der universalen Flamme des Göttlichen – sind nur in der Sphäre der Illusion individualisiert und getrennt, und zwar durch eine Differenzierung, die so illusorisch ist, wie alles in dieser Sphäre. Sie sind "Lebende", mit Leben ausgestattete Wesen, weil sie dem ABSOLUTEN LEBEN entströmen und diese Ströme auf der kosmischen Bildfläche der Illusion reflektiert werden. Sie sind Wesen, deren Leben solange nicht ausgelöscht werden kann, bis das Feuer der Ignoranz, des Nichtwissens ausgelöscht wurde in denen, die diese "Leben" spüren.

Edward Young hatte recht, als er sagte, Engel seien "Menschen einer höheren Art" und nicht mehr. Sie sind weder "dienende" noch "schützende" Engel, noch "Werkzeuge des göttlichen Willens", und noch weniger sind sie "Boten eines zornigen Gottes", der sowieso nur ein Phantasieprodukt des Menschen ist. Ihren Schutz zu erflehen ist so töricht wie der Glaube, ihre Sympathie könne durch irgendwelche Sühneopfer erlangt werden, denn sie sind, genauso wie der Mensch, Geschöpfe, die dem unveränderlichen karmischen und kosmischen Gesetz unterliegen. Der Grund dafür ist einleuchtend. Da keine Personalitätselemente in ihrem Wesenskern enthalten sind, können sie keine persönlichen Eigenschaften besitzen, wie sie z.B. der Mensch in den exoterischen Religionen seinem anthropomorphen Gott zuschreibt – einem eifersüchtigen, exklusiven Gott, der Freude und Zorn empfindet, sich über Opfer freut und in seiner Eitelkeit despotischer ist als der dümmste sterbliche Mensch. Wie im 2. Buch gezeigt wird, kann es dem Menschen gelingen, sich selbst in einer gewissen Hinsicht über jede Hierarchie oder Klasse, ja sogar über jede Kombination dieser beiden zu erheben, denn er besteht aus den Wesenskernen aller himmlischen Hierarchien. "Der Mensch kann die *Devas* nicht besänftigen, und er kann nicht über sie verfügen", heißt es. Aber wenn er seine niedere Personalität ausschalten kann, wodurch er vollständige Erkenntnis der *Untrennbarkeit* seines höheren Selbst von dem Einen absoluten Selbst erlangt, dann kann er sogar in seinem irdischen Leben gleich "Einem von Uns" werden. Durch das Essen von der Frucht der Erkenntnis überwindet der Mensch sein Nichtwissen und wird gleich einem der Elohim oder Dhyânis; und sobald er deren Höhe erreicht hat, schützt ihn in jeder

Hinsicht der Geist der Solidarität und vollkommenen Harmonie, der in allen Hierarchien herrscht.

Es ist eine nüchterne Tatsache, daß jeder sogenannte "Geist" entweder ein *entkörperter oder ein zukünftiger Mensch* ist. Vom höchsten Erzengel (Dhyâni-Chohan) bis hin zum letzten bewußten "Baumeister" (das ist die geringere Klasse geistiger Wesenheiten) – sie alle sind *Menschen*, die vor Äonen in anderen Manvantaras auf dieser Sphäre oder auf einer anderen gelebt haben. Und gleichermaßen sind alle tieferstehenden, halbintelligenten und intelligenzlosen Elementale *zukünftige* Menschen. Allein die Tatsache, daß ein Geist Intelligenz besitzt, ist für den Okkultisten schon Beweis dafür, daß ein solches Wesen ein *Mensch* gewesen sein muß, der sein Wissen und seine Intelligenz im Verlauf des menschlichen Zyklus' erlangt hat. Es gibt nur eine unteilbare und absolute Allweisheit und Intelligenz im Universum –, sie vibriert in jedem Atom und in jedem kleinsten Punkt des ganzen begrenzten Kosmos –, die keine Grenzen kennt, vom Menschen RAUM genannt und unabhängig von allen in ihm enthaltenen Dingen betrachtet wird. Aber die erste Absonderung ihrer *Reflexion* in der manifestierten Welt ist eine rein geistige, und den Wesen, die in ihr entstehen, ist kein Bewußtsein gegeben, das in irgendeiner Beziehung zu der Art von Bewußtsein steht, das wir uns vorstellen können. Ein menschliches Bewußtsein (oder Intelligenz) können sie erst besitzen, wenn sie es persönlich und individuell erworben haben.

Die ganze Ordnung der Natur ist so angelegt, daß sie den Hinweis einer vorwärtsgerichteten Bewegung in Richtung auf ein *höheres Leben* enthält. Der Evolutionsprozeß mit all seinen endlosen Anpassungsformen ist ein Beweis dafür. Allein die Tatsache, daß Adaptationen wirklich stattfinden, und daß die Tauglichsten im Kampf ums Dasein tatsächlich überleben, zeigt, daß die sogenannte "unbewußte Natur"[108] in Wirklichkeit eine von halbintelligenten Wesen (Elementalen) manipulierte Bündelung von Energien ist. Die Elementale werden ihrerseits von hohen planetaren Geistern (Dhyâni-Chohans) geleitet, deren Vereinigung kollektiv das manifestierte *Verbum* des unmanifestierten LOGOS formt und gleichzeitig den GEIST des Universums und dessen unveränderliches GESETZ darstellt.

Die Esoterische Philosophie prägt unserem Denken drei charakteristische Repräsentationen des Universums in drei verschiedenen Aspekten ein: das PRÄEXISTENTE, hervorgegangen aus dem EWIG EXISTENTEN und das PHÄNOMENALE – die Welt der Illusion, der Reflexion, des Schattens der ersteren. In Indien und Chaldäa wurden diese drei Universen in den exoterischen Lehren allegorisch als die drei aus

[108] In ihrer abstrakten Bedeutung kann Natur nicht ohne Bewußtheit sein, denn sie ist eine Emanation und deshalb ein Aspekt (im Manifestationsbereich) des absoluten Bewußtseins. Wer könnte so vermessen sein, Pflanzen und sogar dem Mineralreich nicht ihre *eigenen Bewußtseinsformen* zuzugestehen? Bestenfalls könnte man doch sagen, daß solche Bewußtseinsformen sich dem normalen Verständnis entziehen.

dem zentralen ewigen Keim hervorgegangenen Trinitäten dargestellt, die mit dem ewigen Keim eine höchste Einheit bilden: Die *anfängliche*, die *manifestierte* und die *schöpferische* Triade – drei in Einem. Die letzte ist nur das konkret ausgedrückte Symbol der beiden ersten *idealen*. So vermeidet die Esoterische Philosophie den Determinismus dieses rein metaphysischen Konzepts und bezeichnet nur die erste als ewig existierend. Dies ist auch die Lehre, die jeder einzelnen der sechs großen Schulen der indischen Philosophie zugrunde liegt – diesen sechs Prinzipien der einen Verkörperung der WEISHEIT, deren siebtes Prinzip, die "Gnosis", das *verborgene* Wissen ist.

Es ist die Hoffnung der Autorin, trotz der Oberflächlichkeit der Kommentare zu den sieben Stanzen in diesem kosmogonischen Teil des Werkes ausreichend dargestellt zu haben, daß diese archaischen Lehren schon in ihrer äußeren Form *wissenschaftlicher* (im modernen Wortsinn) sind, als jedes andere archaische Schrifttum, das überliefert wurde und in seinen exoterischen Aspekten geprüft und beurteilt wird. Weil aber, wie bereits zugegeben wurde, dieses Werk dem Leser *weit mehr Wissen vorenthält, als es präsentiert,* sei der Studierende ermuntert, seine intuitiven Fähigkeiten zu gebrauchen. Was immer nun das Schicksal dieses Werkes in ferner Zukunft sein mag, wir hoffen, die folgenden Tatsachen bewiesen zu haben:

a) Außer in der Bedeutung des hinduistischen *nâstika*, d.h. außer der Ablehnung von Götzendienerei und anthropomorphen Göttern, enthält die Geheimlehre keinen *Atheismus*. In diesem Sinne ist jeder Okkultist ein *nâstika*.

b) Dagegen enthält sie die Lehre vom Logos oder kollektiven "Schöpfer" des Universums, einem *Demiurgos*, vergleichbar einem Architekten, den man als "Schöpfer" eines Gebäudes bezeichnen kann, obwohl er keinen einzigen Stein des Bauwerks berührt, denn er erarbeitet die Pläne, überläßt die körperliche Arbeit aber den Maurern. In unserem Fall kam der Plan aus der Ideationskraft des Universums, und die Bauarbeiten wurden Scharen von intelligenten Kräften überlassen. Der *Demiurgos* ist jedoch keine *persönliche* Gottheit, die ja die Bedeutung eines unvollkommenen, *nicht-kosmischen Gottes* hat, sondern nur die Gesamtheit der Dhyâni-Chohans und anderer Kräfte. Über letztere folgendes:

c) Sie haben eine doppelte Eigenart, weil sie aus zweierlei Dingen bestehen, nämlich 1. aus der der Materie innewohnenden irrationalen *rohen Energie* und 2. aus der intelligenten Seele oder dem kosmischen Bewußtsein, das diese Energie leitet und lenkt. Diese Seele, dieses kosmische Bewußtsein ist der *dhyâni-chohanische Gedanke, der die Ideation des Universalgeistes reflektiert.* Während der manvantarischen Perioden führt dies auf der Erde zu einer endlosen Serie physischer Manifestationen und *moralischer Auswirkungen*, die alle dem Karmagesetz unterliegen. Weil dieser Prozeß aber nicht immer fehlerlos abläuft, und weil er trotz aller Beweise einer unsichtbaren, leitenden Intelligenz lückenhaft und unvollkommen bleibt, ja, weil sogar oft Mißerfolge auftreten, deshalb ist weder das Kollektiv der

"Scharen", also der Demiurgos, noch irgendeine der aufbauenden Energien als Objekt göttlicher Verehrung oder Anbetung geeignet. Allen aber sollte die Menschheit Dankbarkeit entgegenbringen, und der Mensch sollte immer bemüht sein, die göttliche Evolution der *Ideen* zu unterstützen, indem er nach bestem Können zum *Mitarbeiter der Natur* im Vollbringen ihrer zyklischen Aufgabe wird. Nichts anderem als dem immer unergründlichen, unfaßbaren *Kârana*, der *unverursachten* Ursache aller Ursachen, sollte die heilige und ewig reine Tiefe unseres Herzens als Schrein und Altar dienen –, denn es ist unsichtbar, unberührbar, unbeschreiblich – und wahrzunehmen nur als "Ton eines leisen Wehens"[109] in unserem spirituellen Bewußtsein. Wer es anbetet, tue dies in der Stille und Abgeschiedenheit seiner Seele,[110] und allein der Geist des Betenden sei sein Mittler zum *Universalgeist;* seine guten Taten seien seine Priester, und seine sündhaften Neigungen die einzigen *der göttlichen Allgegenwart* erkennbar und wirklich dargebrachten Opfer.

d) Materie ist *ewig.* Sie ist der *Upâdhi,* die physische Basis, welche dem Einen grenzenlosen Universalgeist als Grundlage für die Entfaltung seiner Ideationen dient. Deshalb bleiben Esoteriker bei ihrer Behauptung, daß es in der Natur keine anorganische oder tote Materie geben kann. Der von der Wissenschaft postulierte Unterschied zwischen organischen und anorganischen Stoffen ist so unbegründet wie willkürlich und bar jeder Vernunft.

e) Das Universum wurde entwickelt nach dem Plan, der als Idee ewig bewahrt wird im Unbewußten des von Vedântins so genannten Parabrahman. Diese Vorstellung ist praktisch identisch mit den Schlußfolgerungen der am weitesten entwickelten Philosophie der westlichen Welt – den angeborenen, ewigen und selbstexistenten Ideen Platons.

Die aktive Kraft – "die immerwährende Bewegung des Großen Atems" – erweckt den Kosmos erst, wenn der Morgen einer neuen Periode dämmert. Sie setzt ihn durch die Aktivierung der beiden entgegengesetzten Kräfte[111] in Bewegung und bewirkt damit das Werden des objektiven Kosmos im Bereich der Illusion. Anders gesagt: Diese zweifache Bewegung überträgt den Kosmos aus dem Bereich der Ewigen Idee in den Bereich der endlichen Manifestation, also aus dem *noumenalen* in den *phänomenalen* Bereich. Was *ist, war* und *sein wird,* IST in Ewigkeit, selbst die

---

[109] (Im Original "a still small voice", aus *1. Kön.*, 19:12., King James Version. H.T.)

[110] "Und wenn du betest, sollst du nicht sein wie die Heuchler ... , (sondern) geh in deine (innere) Kammer, und nachdem du deine Tür geschlossen hast, bete zu deinem Vater, der im Verborgenen ist." (*Matt.* 6: 5–6). Unser Vater ist *in uns* "im Verborgenen", unserem 7. Prinzip, in der "inneren Kammer" unserer Seelenwahrnehmung. "Das Reich der Himmel" und Gottes *"ist in uns"*, nicht *außerhalb*, sagt Jesus. Warum sind Christen so vollkommen blind gegenüber der offensichtlichen Bedeutung dieser Weisheitsworte, die sie andererseits so gern und mechanisch immer wieder gebrauchen?

[111] Die zum Zentrum hinstrebende und die vom Zentrum fortstrebende Kraft, die eine männlich, positiv und körperlich, die andere weiblich, negativ und geistig. Beide zusammen sind e i n e *ursprüngliche* Kraft.

zahllosen Formen, die endlich und vergänglich nur in ihrer objektiven Existenz, nicht aber in ihren *idealen* Formen sind. In der Ewigkeit[112] existierten sie als Ideen, und wenn sie vergehen, werden sie als deren Reflexionen weiterexistieren. Weder die Form des Menschen noch die irgendeines Tieres, einer Pflanze oder eines Steins ist je *erschaffen* worden. Erst in unserem Daseinsbereich begann das "Werden", d.h. der Prozeß der Objektivierung zur gegenwärtigen Materialität, erst in unserem Daseinsbereich begann die Ausbreitung *von innen nach außen*, von dem feinsten und übersinnlichsten Wesenskern zur gröbsten Erscheinungsform als Materie. So ist ersichtlich, daß *unsere* menschlichen Formen in der Ewigkeit als astrale oder ätherische Prototypen existiert haben, welche den Geistwesen (oder Göttern), deren Aufgabe es war, sie ins objektive Sein und ins terrestrische Leben zu transformieren, als Modelle dienten, als sie die protoplasmischen Formen zukünftiger *Egos aus ihrem eigenen Wesenskern* entwickelten. Nachdem dann dieser menschliche *Upâdhi*, diese erste grundlegende oder Urform fertiggestellt war, begannen die natürlichen Kräfte der Erde ihr gestalterisches Werk an diesen geistigen Formen, die *außer ihren eigenen Elementen die Elemente aller vergangenen pflanzlichen und aller zukünftigen Tierformen dieser Erdkugel enthielten.* So durchlief die äußere Hülle des Menschen alle pflanzlichen und tierischen Körperformen, ehe sie die menschliche Gestalt annahm.

[112] Es ist eine Lehre des Okkultismus, daß weder die Natur noch der Mensch formgebend auf irgendwelche Dinge einwirken kann, wenn deren Formtypen nicht bereits als Ideen im subjektiven Bereich vorhanden sind. Noch darüber hinausgehend wird gelehrt, daß keine Form, keine Gestalt im Bewußtsein des Menschen überhaupt auftreten oder in seiner Phantasie entwickelt werden könnte, wenn sie nicht bereits als Prototyp zumindest annähernd existiert.

ZWEITER TEIL

DIE ENTWICKLUNGSGESCHICHTE DER SYMBOLIK

1. SYMBOLIK UND IDEOGRAPHIE

Die Verfasserin dieses Werkes hat den größeren Teil ihres Lebens dem Studium des verborgenen Bedeutungsgehaltes in den religiösen und weltlichen Legenden aller Völker – insbesondere in den Überlieferungen des Ostens – gewidmet. Sie gehört zu den Forschern, die überzeugt sind, daß keine in der Mythologie eines Volkes enthaltene Geschichte, kein in der Folklore überliefertes Ereignis jemals nur reine Erfindung war, sondern daß alle derartigen Erzählungen einen wahren historischen Hintergrund haben.

Die Beweise, durch welche die alten Lehren bestätigt werden, sind weit verstreut in zahlreichen alten Schriften vergangener Kulturen. Viele sind enthalten in den *Purânas*, im *Zend Avesta* und in unseren Klassikern. Aber bisher hat niemand sich die Mühe gemacht, diese Fakten zusammenzustellen und zu vergleichen, weil alle Ereignisse in diesen Schriften in symbolischer Form dargestellt wurden und selbst die brillantesten Köpfe, unter ihnen Spezialisten der Geschichte der Âryas und Ägyptologen, durch vorgefaßte Meinungen und einseitige Interpretationen der darin enthaltenen geheimen Bedeutungen belastet waren. Aber auch eine Parabel hat symbolische Bedeutung, ist also ein Symbol, obwohl so mancher sie für etwas Erfundenes oder ein Märchen hält. Wir jedoch verstehen darunter eine allegorische Repräsentation von wirklichen Lebenssituationen, von Vorkommnissen, von Fakten. Und ebenso wie Parabeln gewöhnlich eine Moral enthalten, die einer Wahrheit, einer Wirklichkeit des menschlichen Lebens entspricht, so deduzierten Experten der priesterlichen Wissenschaften wirkliche historische Ereignisse aus gewissen Emblemen und Symbolen, die in alten Tempelarchiven erhalten sind. Die religiöse und esoterische Geschichte aller Völker wurde in symbolische Ausdrucksformen gekleidet, niemals wurde diese Geschichte in der buchstäblichen Bedeutung der gebrauchten Wörter ausgedrückt. Alle Gedanken und Gefühle, alles Erlernte, alles offenbarte und erworbene Wissen der frühen Menschheitszweige fand bildhaften Ausdruck in Allegorien und Parabeln. Weshalb? Weil das gesprochene Wort eine große Kraft besitzt – die unseren ahnungslosen "Weisen" unbekannt ist, und an die sie, ihrem Naturell entsprechend, auch nicht glauben –, und weil Ton und Rhythmus eng verwandt sind mit den vier Elementen der Alten, und weil derartige Schwingungen in der Luft mit Sicherheit korrespondierende Mächte erwecken. Und die Vereinigung mit diesen Mächten zeitigt entweder gute oder schlechte Resultate.

Wir wären ungerecht, wenn wir unsere esoterischen Erklärungen symbolischer Ausdrucksformen begännen, ohne J. Ralston Skinner die ihm gebührende

Erwähnung zuteil werden zu lassen. Er entdeckte u.a. den Hauptschlüssel zu der alten hebräischen Symbolik. In einem unveröffentlichten, in den Adyar-Archiven aufgehobenen Manuskript erklärt er: "Es ist offensichtlich, daß in der Geschichte der Menschheit der Ausfall oder der Verlust einer ursprünglichen, perfekten Sprache und eines perfekten Wissenschaftssystems durch Ursachen eingetreten ist, die wir bisher nicht nachvollziehen können. Waren sie perfekt vielleicht deshalb, weil sie göttlichen Ursprungs, göttlicher Herkunft waren?"

Göttlicher Ursprung" hat hier nicht die Bedeutung einer Offenbarung eines anthropomorphen Gottes, mitgeteilt auf einem Berg inmitten von Blitz und Donner, sondern, so unser Verständnis, es handelt sich vielmehr um eine Sprache und ein Wissenschaftssystem, die der frühen Menschheit von einer höher entwickelten *Menschheit* weitergegeben wurden, von einer Menschheit, die aber so weitgehend höher entwickelt war, daß die junge Menschheit sie als *göttlich* ansah. Es handelte sich also um eine "Menschheit" aus anderen Sphären. Diese Idee enthält nichts Übernatürliches, ihre Akzeptanz oder Ablehnung hängt allerdings ab vom Ausmaß menschlicher Einbildung und Arroganz. Der materialistische Unglaube hätte heutzutage weniger Einfluß, wenn die Bekenner moderner Wissenschaftlichkeit wenigstens ebenfalls bekennen würden, daß es trotz ihrer Unkenntnis über die Zukunft des entkörperten Menschen möglich ist, daß diese Zukunft auch für sie voller Überraschungen und unerwarteter Offenbarungen sein könnte, sobald ihre Egos ihre grobstofflichen Körper hinter sich gelassen haben. Wer von ihnen kann wissen, was geschehen wird, wenn der Lebenszyklus unseres Himmelskörpers sein Ende erreicht und unsere Mutter Erde in ihren letzten Schlaf versinkt? Wer wäre so vermessen zu behaupten, daß die in unserer Menschheit vorhandenen *göttlichen Egos* – zumindest die Erwählten aus den in andere Sphären weiterziehenden Scharen – nicht die "göttlichen" Unterweisenden einer neuen Menschheit sein werden, die sie selbst hervorbringen werden, und zwar auf einem neuen Himmelskörper, welcher durch die entkörperten "Prinzipien" unserer Erde ins Leben und zur Aktivität gerufen wurde.[1] All dieses mag zu den Erfahrungen der VERGANGENHEIT gehört haben, deren geheimnisvolle Aufzeichnungen vergraben sind in der "Mysteriensprache" vorgeschichtlicher Zeiten, jener Sprache, die wir heute als SYMBOLIK bezeichnen.

2. DIE MYSTERIENSPRACHE UND IHRE SCHLÜSSEL

Neuere Entdeckungen bedeutender Mathematiker und Kabalisten beweisen (...), daß alle theologischen Systeme, von den frühesten bis zu den neuesten, nicht nur einen gemeinsamen Ursprung in abstrakten Glaubensinhalten haben, sondern auch

[1] vgl. Stanze VI.

in einer universalen esoterischen oder "Mysterien"-Sprache verwurzelt sind. Die Gelehrten besitzen den Schlüssel zu dieser Universalsprache vergangener Zeitalter, und sie haben ihn sogar schon mit Erfolg, aber nur *einmal*, im Schloß der hermetisch verschlossenen Tür umgedreht, die zur Halle der Mysterien führt. Das große archaische System, seit prähistorischen Zeiten bekannt als heilige Weisheitswissenschaft, die sowohl in allen alten als auch in allen neueren Religionen enthalten ist und nachgewiesen werden kann, hatte immer – und hat nach wie vor – ihre eigene Universalsprache. Es ist die Sprache der Hierophanten, und sie besteht sozusagen aus sieben "Dialekten", von denen sich jeder einzelne speziell auf eines der sieben Mysterien der Natur bezieht und dafür auch besonders geeignet ist. Jeder Dialekt besaß seine eigene Symbolik. So war es möglich, die Natur entweder als Ganzes zu "lesen" oder unter einem ihrer speziellen Aspekte zu betrachten.

Der Beweis dafür ist ersichtlich in den enormen Schwierigkeiten, mit denen Orientalisten – besonders Indologen und Ägyptologen – bis zum heutigen Tage konfrontiert sind in ihren Interpretationen der allegorischen Schriften der Âryas und der priesterlichen Aufzeichnungen des alten Ägypten. Das liegt an ihrer Unfähigkeit, sich daran zu erinnern, daß alle archaischen Aufzeichnungen in einer Sprache festgehalten wurden, die zwar allen Völkern in vergangenen Zeiten gemeinsam und bekannt war, die heute aber nur noch von wenigen verstanden wird.

Man sagt, *Indien* – nicht in seinen heutigen Grenzen, sondern einschließlich aller Gebiete, die in alten Zeiten dazugehörten – sei das einzige Land der Welt, wo es noch Adepten gibt, die alle sieben *Teilsysteme* und den Schlüssel zum Gesamtsystem kennen. Mit der Zerstörung von Memphis begann der allmähliche Verlust dieser Schlüssel in Ägypten. Nur drei davon wurden in Chaldäa in der Zeit des Berossos noch bewahrt. Die Hebräer bewiesen in ihren Schriften nur eine gründliche Kenntnis der astronomischen, geometrischen und numerischen Symbolisierungssysteme aller menschlichen – besonders der physiologischen – Funktionen. Sie besaßen nie die höheren Schlüssel.

3. URSUBSTANZ UND GÖTTLICHES DENKEN

Äther gehört zu den niedrigeren "Prinzipien" der von uns so genannten URSUBSTANZ (im Sanskrit Âkâsha). Diese Ursubstanz gehörte zu den *traumhaften Vorstellungen* der Vorzeit, und auch die moderne Wissenschaft träumt von ihr. Es handelt sich um die größte und kühnste der noch überlebenden Spekulationen der Philosophen des Altertums. Aber für Okkultisten sind beide, *Äther* und Ursubstanz, Wirklichkeit. Um es ganz klar auszudrücken: ÄTHER ist das Astrallicht, und die Ursubstanz ist ÂKÂSHA, der *Upâdhi* des GÖTTLICHEN DENKENS.

Heutzutage würden wir letzteres als KOSMISCHE IDEATION bezeichnen, als Geist; Äther würden wir KOSMISCHE SUBSTANZ oder einfach Materie nennen. Sie sind das Alpha und das Omega des Daseins, sind nichts anderes als die beiden Aspekte des einen Absoluten Seins.

Eine Definition oder Erklärung des göttlichen Denkens ist nur möglich durch die zahllosen Manifestationen in kosmischer Substanz, wo es durch ein spirituelles *Gespür* von denen, die es besitzen, wahrgenommen werden kann. Das göttliche Denken ist als Darstellung enthalten in den alten, ursprünglichen Listen, die die Symbole aufführen. Es wird dort repräsentiert durch eine grenzenlose Dunkelheit, auf deren Hintergrund ein erster Mittelpunkt in Weiß erscheint, wie unser Text bereits erwähnte. Er symbolisiert das Erscheinen der von allem Anfang koexistenten und gleich-ewigen GEIST-MATERIE in der Welt der Phänomene vor ihrer ersten Differenzierung. Erst wenn "das Eine Zwei wird", können wir von Geist *und* Materie sprechen. Jede Manifestation eines reflektierenden oder direkten Bewußtseins und *unbewußter Zielgerichtetheit* (...) ist zurückzuführen auf "Geist", wie es durch das vitalistische Prinzip[2] und durch die Unterwerfung der Natur unter den großartigen Ablauf unwandelbarer Gesetzmäßigkeit nachgewiesen wird. "Materie" müssen wir als Objektivität in reinster Abstraktion verstehen, als selbstexistente Basis, deren siebenfache manvantarische Differenzierungen die den Phänomenen jeder bewußten Daseinsphase zugrunde liegende objektive Wirklichkeit ausmachen. In der Periode eines universalen Pralayas existiert keine kosmische Ideation, und die verschiedenen Differenziertheitszustände der kosmischen Substanz lösen sich auf in den Urzustand abstrakter, potentieller Objektivität.

Der manvantarische Impuls beginnt mit dem Wiedererwachen kosmischer Ideation, des "Universalgeistes", bei gleichzeitigem In-Erscheinung-Treten kosmischer Substanz aus ihrem undifferenzierten pralayaischen Zustand. Letztere ist manvantarisches Ausdrucksmittel für die kosmische Ideation. Und nun reflektiert Absolute Weisheit sich selbst in ihrer Ideation, und dadurch entsteht – in einem transzendentalen Vorgang, der jedes menschliche Verständnis bei weitem übertrifft und ihm auch unverständlich bleiben muß – kosmische Energie (*Fohat*). *Fohat* durchbebt den Schoß der trägen Substanz, drängt sie zur Aktivität und lenkt ihre anfänglichen Differenzierungsvorgänge auf allen sieben Ebenen kosmischen Bewußtseins. Es bestehen also *sieben Protyle* oder Zustände, von denen jeder einzelne dazu beiträgt, die *verhältnismäßig* homogenen Grundlagen zu stellen, welche im Verlauf zunehmender Verschiedenartigkeit (in der Evolution des Universums) durch ihre Differenzierungen die wunderbare Komplexität der Phänomene in den verschiedenen Wahrnehmungsbereichen erlangen. Wir sagen absichtlich "verhältnismäßig", weil uns schon allein die Existenz eines solchen Prozesses, in dem undif-

---

[2] (Ein auch vom Vitalismus propagiertes immaterielles Prinzip als Träger alles Lebendigen. H.T.)

ferenzierte Substanz erste Differenzierungsvorgänge erfährt und damit ihre siebenfachen Evolutionsgrundlagen erschafft, dazu zwingt, das *Protyl*[3] eines jeden Bereichs nur als eine *Zwischenphase* der Substanz anzusehen, welche sie auf ihrem Weg von abstrakter zu vollständiger Objektivität durchläuft.

Was also ist diese "Ursubstanz"? Wir berühren sie, fühlen sie aber nicht, wir schauen sie an, sehen sie aber nicht, wir atmen sie, aber spüren sie nicht, wir hören und riechen sie, aber ohne die geringste Erkenntnis, daß sie präsent ist. Der Grund ist das Vorhandensein dieser Ursubstanz in jedem Molekül der von uns in unserer illusionsbestimmten und ignoranten Verfassung so genannten Materie in ihren verschiedenen Zuständen, oder in den Zuständen, die wir als Gefühle, Gedanken oder Emotionen auffassen. Es ist, kurz gesagt, der *Upâdhi*, das Vehikel oder der Träger aller vorkommenden Phänomene, seien sie physischer, geistiger oder seelischer Natur. Überall, in den ersten Sätzen des Buches *Genesis*, in der Kosmogonie Chaldäas, in den *Purânas* Indiens und im *Ägyptischen Totenbuch* steht dieses Vehikel am Beginn des jeweiligen Manifestationskreislaufs. Es wird "Chaos" genannt oder "über den Wassern", und wird hervorgebracht vom Geist, der aus dem Unbekannten kommt – unter welchem Namen auch immer.

Geist oder kosmische Ideation und kosmische Substanz – Äther ist eins der Prinzipien dieser Substanz – sind also *eins*, und sie schließen die ELEMENTE ein, und zwar in dem Sinn, den Paulus ihnen gab.[4] Diese Elemente sind die verschleierte Synthese der Dhyâni-Chohans, Devas, Sephiroth, Erzengel, etc. Was die Wissenschaft "Äther" nennt – das Protyl der Chemie – ist sozusagen das relativ *rohe* Material, aus welchem die bereits erwähnten "Baumeister" die Systeme im Kosmos gestalten – nach dem Plan, der ihnen in Ewigkeit im GÖTTLICHEN DENKEN vorgegeben ist. Man sagt uns, das seien "Mythen", und wir antworten: "Nicht mehr als Äther und Atome". Äther und Atome sind *absolute* Notwendigkeiten für die Naturwissenschaften. Und die "Baumeister" sind eine ebenso absolute Notwendigkeit für die Metaphysik.

In allen alten Lehren über die Evolution des Kosmos und die erste "Schöpfung" unseres eigenen Globus, einschließlich all seiner organischen und *anorganischen*[5] Erzeugnisse, ist die am klarsten und deutlichsten ausgeprägte und herausragende

[3] Der Ausdruck *Protyl* geht auf den hervorragenden Chemiker Sir William Crookes zurück, der damit eine *Vormaterie* bezeichnete, wenn es denn korrekt ist, uranfängliche, rein homogene Substanzen so zu nennen. Die Wissenschaft hat diesen Urstoff zwar bisher noch nicht gefunden, vermutet sein Vorhandensein aber in der letztendlichen Zusammensetzung des Atoms. Aber die Teilung der Urmaterie in Atome und Moleküle beginnt erst nach der Entwicklung der sieben *Protyle*. Crookes suchte das letzte dieser sieben.

[4] (Diese Bemerkung nimmt Bezug auf eine Fußnote – in *The Secret Doctrine*, Band 1, S. 338, Quest Edition, Wheaton 1993 – über die mythologischen Darstellungen der kosmischen Elemente, deren Bedeutung dem Evangelisten geläufig war, und über die "euhemerisierten", d.h. rationalistischen Erklärungen der Wissenschaft. Blavatsky verweist dort auf den *griechischen* Bibeltext und erklärt: "In der *Apostelgeschichte* bezeichnet Paulus die unsichtbaren Wesen als 'Elemente'". Möglicherweise meint sie jedoch *Galater* und *Kolosser*, nicht *Apg*. H.T.)

[5] Ein sonderbares Wort im Sprachgebrauch eines Okkultisten!

Idee, daß der ganze Kosmos dem GÖTTLICHEN DENKEN entsprungen ist. Dieses Denken durchdringt die mit der EINEN WIRKLICHKEIT gleich-ewige Materie, und alles, was lebt und atmet, entwickelt sich aus den Emanationen des EINEN *Unwandelbaren*: aus Parabrahman-Mûlaprakriti, der ewigen einen Wurzel. Parabrahman ist sozusagen jener Aspekt des zentralen Punktes, der nach innen und damit auf Regionen gerichtet ist, die dem menschlichen Intellekt vollständig unzugänglich sind. Es ist absolute Abstraktion. Aber sein anderer Aspekt, der *Mûlaprakriti*, d.h. die ewige Wurzel von allem, was ist, gibt uns wenigstens andeutungsweise eine Vorstellung vom Mysterium des Seins.

Die uns erhaltenen Fragmente der (kosmogonischen) Systeme werden als absurde Märchen abgetan. Aber unberührt davon bleibt die Tatsache, daß die Wissenschaft des Okkultismus, die sogar die große Flut überlebt hat, in der die vorsintflutlichen Riesen und damit die Erinnerungen an sie untergegangen sind (außer was in den Berichten der Geheimlehre, der Bibel und anderer heiliger Schriften erhalten ist), – daß die Wissenschaft des Okkultismus allein noch den Schlüssel zur Lösung sämtlicher Weltprobleme hält.

Nutzen wir also diesen Schlüssel, indem wir ihn auf die seltenen Fragmente längst vergessener Kosmogonien anwenden. Anhand ihrer verstreuten Teile wollen wir versuchen, die einst universale Kosmogonie der Geheimlehre wieder herzustellen. Der Schlüssel paßt zu all ihren Teilen. Niemand kann die alten philosophischen Systeme ernsthaft studieren, ohne die auffallende Gleichartigkeit ihrer Konzepte zu bemerken. Sie erscheint oft in ihrer exoterischen Form, ausnahmslos aber in ihrem verborgenen Sinngehalt. Das ist nicht etwa reiner Zufall, sondern das Resultat eines einheitlichen Planes. Und weiterhin wird der ernsthaft Studierende erkennen, daß es in der Frühzeit der Menschheit nur eine Sprache, eine Erkenntnis, eine Universalreligion, aber keine Kirchen, Glaubensbekenntnisse oder Sekten gab, sondern jeder Mensch sein eigener Priester war. Und wenn gezeigt wird, wie sich schon zu Zeiten, die unseren Blicken durch das unaufhaltsame Wuchern von Traditionen inzwischen verschlossen sind, das religiöse Denken der Menschen in Harmonie und Übereinstimmung in allen Teilen unseres Erdballs entwickeln konnte, in welchen Breitengraden sie auch lebten, dann wird offensichtlich, daß dieses Denken von denselben Offenbarungen inspiriert war, und daß die Menschheit unter dem beschützenden Schatten desselben BAUMES DER ERKENNTNIS ihre Erziehung fand.

5. CHAOS – THEOS – KOSMOS

Die Natur verabscheut Leere", sagten die Peripatetiker, die zwar auf ihre eigene Art Materialisten waren, aber trotzdem wohl verstanden hatten, weshalb Demokrit und sein Lehrer Leukippos lehrten, daß die ersten Prinzipien aller Dinge im Universum

Atome und ein Vakuum waren. Vakuum bedeutet ganz einfach *latente* Göttlichkeit oder Kraft. In ihrer ersten Manifestation wurde sie WILLE und gab den Atomen den ersten Impuls; *vor* ihrer Manifestation aber war diese Kraft oder Göttlichkeit das große *Nichts*, Ain-Soph, war somit für jedes Empfinden Leere, war – CHAOS.

Dieses Chaos aber wurde, laut Platon und den Pythagoräern, zur "Weltseele". In den Lehren des Hinduismus durchdringt das Göttliche in der Form von Äther (Âkâsha) alle Dinge, weshalb die Theurgen es als "lebendiges Feuer", als "Geist des Lichts" und manchmal als *Magnes* bezeichneten. Es war die höchste Gottheit, die – wieder laut Platon – das Universum in der geometrischen Form des Dodekaeders schuf, und ihr "Erstgeborener" wurde geboren aus Chaos und dem Urlicht (der zentralen Sonne) ...

Chaos-Theos-Kosmos sind nichts anderes als die drei Aspekte ihrer Synthese – des RAUMES. Das Geheimnis dieser Tetraktys zu entschlüsseln ist selbst anhand der uns verbliebenen Schriften der alten philosophischen Systeme – in ihren toten Buchstaben – unmöglich. Aber sogar in diesen uns vorliegenden Darstellungen werden CHAOS-THEOS-KOSMOS = RAUM in alle Ewigkeit als der Eine Unbekannte Raum identifiziert. Eine letztendlich gültige Aussage darüber wird wahrscheinlich vor dem Beginn unserer siebten Runde gar nicht möglich sein. Aber nichtsdestoweniger sind selbst die in den exoterischen *Purânas* enthaltenen Allegorien und metaphysischen Symbole, die den ursprünglichen, *perfekten* Würfel beschreiben, bemerkenswert.

Chaos-Theos-Kosmos, die dreifältige Gottheit, ist *Alles in Allem*, weshalb man sie männlich und weiblich, gut und böse, positiv und negativ nennt, ihr also alle gegensätzlichen Eigenschaften zuschreibt. Im Pralaya ist sie im Zustand der Latenz und unerkennbar; so ist sie die *jenseits menschlicher Erkenntnis befindliche Gottheit.* Nur in ihren aktiven Funktionen kann sie als *materieverbundene Energie* und als *lebendiger Geist* erkannt werden. D.h. sie kann auf der sichtbaren Ebene erkannt werden als Korrelation und Ergebnis bzw. als Ausdruck der ultimativen und ewig unerkannt bleibenden EINHEIT.

7. DIE TAGE UND NÄCHTE BRAHMÂS

MANVANTARA (*Manuantara*, d.h. zwischen den Manus) und PRALAYA (Auflösung) sind die beiden Perioden, denen die Namen "Tage und Nächte Brahmâs" gegeben wurden. Manvantara bezeichnet die aktiven Perioden des Universums, Pralaya die Zeiten relativer und vollständiger *Ruhe*. Relativ, wenn es sich um die Zeit am Ende eines "Tages" Brahmâs handelt, vollständig, wenn sie am Ende eines "Zeitalters" (eines Lebens) Brahmâs beginnt. Diese in regelmäßigem Wechsel auftretenden Perioden werden auch *Kalpas* genannt. Es gibt kleine und große, d.h. geringere und

Mahâ-Kalpas. Genau gesagt ist ein Mahâ-Kalpa kein "Tag", sondern ein ganzes Leben oder Zeitalter Brahmâs.

Von den vielen verschiedenen Arten von Pralayas werden in den alten indischen Schriften drei als besonders wichtig hervorgehoben. Das erste wird NAIMITTIKA genannt, das heißt soviel wie "gelegentlich" oder "nebensächlich" und wird verursacht durch die zwischenzeitlichen "Tage Brahmâs". Naimittika steht für die Zerstörung der Geschöpfe, aller mit Leben und Form ausgestatteten Dinge, nicht aber der Substanz, welche *in statu quo* verharrt bis zur neu aufscheinenden MORGENDÄMMERUNG am Ende der "Nacht". Die zweite Art wird PRÂKRITIKA genannt. Dieser Pralaya erscheint am Ende eines *Zeitalters* oder Lebens Brahmâs. Hier löst sich alles Existierende in das Urelement auf. Es wird neu geformt am Ende dieser längeren Nacht. Die dritte Art, *Âtyantika,* hat keinen Bezug zu den Welten oder dem Universum, sondern ausschließlich zu der Individualität einzelner Menschen: Es ist also individueller Pralaya oder NIRVÂNA. Für den, der Nirvâna erreicht hat, gibt es keine Möglichkeit einer zukünftigen Existenz, gibt es keine Wiedergeburt bis zur Zeit nach dem *Mahâ-Pralaya.* Eine solche Nacht, die ja eine Dauer von 311,040.000,000.000 Jahren hat, und die für den *Jîvanmukta,* der das Glück hatte, Nirvâna zu Beginn eines Manvantara zu realisieren, immerhin bedeutet, beinahe zweimal so lange zu dauern – eine solche Nacht ist so lang, daß sie als *ewig,* ja als endlos angesehen werden kann. Das *Bhâgavata-Purâna* (Skandha XII, iv, 35) erwähnt eine vierte Art von Pralaya, den *Nitya,* d.h. fortwährende Auflösung, und erklärt dies als die Veränderungen, die unbemerkbar und ohne Unterlaß in allen im Universum vorhandenen Dingen – vom gesamten Globus bis hin zum letzten Atom – stattfinden. Es ist Wachstum und Verfall – Leben und Tod.

Der letztendliche PRALAYA[6] bedeutet den Tod des Kosmos. Danach ruht dessen Geist im Nirvâna, im DAS, für welches es weder Tag noch Nacht gibt. Alle anderen Pralayas treten periodisch auf. Regelmäßig folgen sie den Manvantaras, so wie die Nacht dem Tag einer jeden menschlichen und tierischen Kreatur und Pflanze folgt. Der Schöpfungszyklus der *Lebensperioden* des Kosmos kommt zu seinem Ende, denn die Energie des manifestierten "Wortes" hat ihre Zeit des Wachsens, des Höhepunktes und des Verfalls wie alle zeitgebundenen Dinge – wie lang ihre Dauer auch sei. Die Schöpfungskraft als Noumenon ist ewig; als phänomenale Manifestationen ihrer verschiedenen Aspekte hat sie aber einen *Anfang* und muß deshalb auch ein Ende haben. In diesem zeitlichen Intervall befindet sie sich in Perioden der Aktivität und in Perioden der Ruhe. Und das sind die "Tage und Nächte Brahmâs". Aber Brahman, das Noumenon, ruht niemals. ES ist ohne Veränderung, und ES ist ewig, obwohl man nicht sagen kann, ES sei irgendwo ...

---

[6] Weil es der *Mahâ,* der große oder sogenannte endgültige PRALAYA ist, der hier beschrieben wird, wird alles in das ursprüngliche EINE Element resorbiert. "Die Götter selbst, Brahmâ und alle anderen", so heißt es, sterben und entschwinden während dieser langen NACHT.

DRITTER TEIL

ADDENDA:

WISSENSCHAFT UND GEHEIMLEHRE IM VERGLEICH

1. EINIGE GRÜNDE FÜR DIESE ADDENDA

Viele der in den ersten sieben Stanzen und Kommentaren enthaltene Lehren sind von Theosophen der westlichen Welt studiert und kritisch untersucht worden, wobei festgestellt wurde, daß einige der okkulten Lehrsätze vom Standpunkt moderner wissenschaftlicher Erkenntnisse fehlerhaft seien. Was die Akzeptanz dieser Lehrsätze betraf, schien man auf unüberwindliche Schwierigkeiten zu stoßen, und im Hinblick auf die wissenschaftliche Kritik schien deshalb ihre nochmalige Überprüfung unausweichlich zu sein. Einige unserer Freunde bedauerten schon, daß es so oft nötig war, Postulate der modernen Wissenschaft zu hinterfragen. Sie meinten – und hier gebe ich nur ihre eigenen Aussagen wieder – : “Wenn man sich gegen die Erkenntnisse ihrer hervorragendsten Vertreter stellt, dann wird man damit in den Augen der westlichen Welt nur vorschnell Verwirrung stiften.” Für die Autorin, die hier nicht der Meinung ihrer Freunde ist, erscheint es deshalb wünschenswert, ein für allemal die Position zu erläutern, die sie auch weiterhin vertritt.

Solange die Wissenschaft bleibt, was sie in den Worten Prof. Huxleys ist, nämlich “geordneter gesunder Menschenverstand”, solange sie ihre Schlüsse aus korrekten Prämissen zieht und ihre Verfahren der Verallgemeinerung auf einer rein induktiven Grundlage aufbaut – solange heißt jeder Theosoph und Okkultist ihren Beitrag auf dem Gebiet kosmologischer Gesetzmäßigkeit respektvoll willkommen. Wo die Schlußfolgerungen der sogenannten exakten Wissenschaften auf der Grundlage unanfechtbarer Tatsachen beruhen, dort kann es keinen wie auch immer gearteten Konflikt zwischen ihnen und der okkulten Wissenschaft geben. Erst wenn übereifrige Vertreter der Naturwissenschaften die Grenzen wahrnehmbarer Phänomene überschreiten, weil sie zu den Geheimnissen des Seins vordringen wollen und dabei versuchen, den Aufbau des Kosmos und seine *lebendigen* Kräfte von allem Geistigen zu trennen, um das ganze einer blinden Materie zuzuschreiben, erst dann nehmen Okkultisten das Recht für sich in Anspruch, solche Theorien zu bestreiten und zu hinterfragen. Es liegt in der Natur der Dinge, daß es der Wissenschaft nicht möglich ist, das Mysterium des uns umgebenden Universums zu entschleiern. Sicherlich kann die Wissenschaft sammeln, klassifizieren und aufgrund erkannter Phänomene generalisieren. Der Okkultismus aber, ausgehend von Daten, die, zugegebenermaßen, metaphysischer Natur sind, erklärt, daß der Forscher, der den Mut hat, die verborgensten Geheimnisse der Natur zu ergründen, die engen Grenzen der Sinneswahrnehmungen transzendieren muß. Er muß sein Bewußtsein in die Region der Noumena und die Sphäre der ersten Ursachen versetzen. Und um dies zu erreichen, muß er Fähigkeiten entwickeln, welche in der Konstitution der Abkömmlinge unserer derzeitigen Fünften Menschheit, in Europa und Amerika (von einigen wenigen Ausnahmen abgesehen), noch absolut brachliegen. Auf keine andere Art kann der Forscher die als Grundlage für seine Spekulationen notwendigen Daten sammeln.

Es ist hier nicht möglich, eine systematische und lückenlose Version der archaischen Stanzen darzubieten. Eine Lücke von 43 Stanzen muß zwischen der 7. (bereits angeführten) und der 51. offen bleiben. Letztere ist Teil des zweiten Buches dieses Werkes; die darin enthaltenen Stanzen beginnen aber der Einfachheit halber und zum leichteren Auffinden mit der Nummer 1.

Und hier, letztlich, ein weiterer Grund für diese Addenda: Nur ein bestimmter Teil der geheimen Lehren darf in unserem Zeitalter der Öffentlichkeit übergeben werden. Würden die Lehren ohne Erklärungen und Kommentare veröffentlicht, dann könnten selbst Theosophen sie nicht verstehen. Deshalb müssen sie mit den Spekulationen der modernen Wissenschaft kontrastiert werden, und archaische Axiome müssen Seite an Seite mit modernen Hypothesen stehen, so daß dem klugen Leser der Vergleich erleichtert wird.

4. IST SCHWERKRAFT GESETZ?

Heutzutage spricht niemand mehr von der Korpuskulartheorie des Lichtes; aber Gravitation (Schwerkraft), das Prinzip, daß Körper sich gegenseitig mit einer Kraft anziehen, die in direktem proportionalen Verhältnis zu ihrer Masse und im umgekehrten Verhältnis zum Quadrat des zwischen ihnen liegenden Abstandes steht – die Gravitation beherrscht weiterhin und unangefochten die vermuteten ätherischen Wellen des Raumes. Für Astronomen ist die Gravitation eine bequeme Lösung für viele Probleme und eine *universal* vorhandene Kraft, die es ihnen ermöglicht, die Bewegungen der Planeten zu kalkulieren. Aber sie sind nicht daran interessiert, die Ursache der Anziehungskraft zu finden. Sie sprechen von einem Gravitationsgesetz, von einer *Ursache* in sich selbst, während wir die Aktivität der so benannten Kräfte als *Wirkungen*, und zwar nur ganz sekundäre Wirkungen, bezeichnen. Eines Tages wird man feststellen, daß die wissenschaftliche Hypothese letztendlich doch nicht zutrifft, und dann wird sie, wie die Korpuskulartheorie des Lichtes, für Äonen in den Archiven unhaltbarer Spekulationen verschwinden. Gleich am Anfang seiner "Principia" war Sir Isaac Newton bemüht, seinen Lesern deutlich zu machen, daß er das Wort "Anziehung" in der Beschreibung der Wechselwirkung, die die Körper aufeinander ausüben, nicht im physikalischen Sinn gebraucht. Er sagte, für ihn sei klar, daß es sich um ein rein mathematisches Konzept handle, unberührt von realen und primären physikalischen Ursachen. In "Principia" (*Defin. 8, B. I. Prop. 69, "Scholium"*) sagte er ganz deutlich, daß Anziehungskräfte, vom physikalischen Standpunkt aus betrachtet, eher als *Impulse* zu bezeichnen sind. Im Abschnitt XI ("Einführung") äußerte er seine Überzeugung, daß "es eine subtile *geistige Kraft* gibt, *deren Aktivität* alle Bewegungen der Materie bestimmt,"[1] und in seinem dritten Brief an Bentley schrieb er: "Es kann nicht sein, daß eine unbelebte, rohe Materie (ohne die Vermittlung von etwas anderem, *das nicht materiell ist)* eine andere Materie ohne gegenseitige Berührung aktivieren und auf sie einwirken kann, was aber der Fall sein müßte, wenn Gravitation, im Sinne Epikurs, essentiell und inhärent zur Materie gehörte ... Daß Gravitation der Materie innewohnend und wesenhaft sein soll, wodurch eine Wechselwirkung zwischen zwei voneinander entfernten, durch ein Vakuum getrennten Körpern möglich sein soll, und zwar ohne die beeinflussende Tätigkeit von etwas anderem, von dem und durch das die Aktivität oder die Kraft der Körper von einem zum anderen übertragen würde, das halte ich für eine so große Absurdität, daß ich mir nicht vorstellen kann, wie ein im philosophischen Denken geschulter Mensch ihr verfallen könnte. Die Gravitation muß durch eine Antriebskraft verursacht werden, die beständig und nach bestimmten Gesetzen wirkt. Ob diese Antriebskraft aber *materiell oder immateriell* ist, überlasse ich der Reflexion meiner Leser."[2]

Sprechen Okkultisten von Fohat, der im universalen elektrischen oder Vitalfluidum wohnenden energiespendenden und lenkenden Intelligenz, dann werden sie gewöhnlich ausgelacht. Dabei wird, wie sich jetzt zeigt, weder das Wesen der Elektrizität, noch des Lebens oder wenigstens des Lichtes bis zum heutigen Tage verstanden. Aber Okkultisten erkennen in den in der Natur vorkommenden Manifestationen einer jeden Energie das Wirken der Eigenschaft bzw. des besonderen Charakters des dahinterstehenden Noumenons. Dieses Noumenon ist eine ausgeprägte und intelligente Individualität *auf der anderen Seite des manifestierten mechanischen Universums*. Der Okkultismus leugnet nicht – im Gegenteil, er unterstützt – die Feststellung, Licht, Wärme, Elektrizität usw. seien Einwirkungen auf die Materie, nicht ihre Merkmale oder Eigenschaften. Um es noch klarer zu sagen: Materie ist die Voraussetzung, die notwendige Basis oder Grundlage für die Manifestation dieser Kräfte auf dieser Ebene.

Wir erinnern an Sir William Groves kluge "abschließende Bemerkungen" über die wirkliche Struktur der Materie. Er gibt hier eine rein okkulte Erkenntnis wieder:

---

[1] vgl. Wm. F. Wilkinson, *Modern Materialism*.

[2] Brief vom 25. Februar, 1692. Vgl. Newtons *Correspondence*, Hg. H.W. Turnbull, 1959, Bd. 2. Als sie das lasen, wurde Newtons Zeitgenossen angst und bange, denn hier schienen *okkulte* Ursachen wiederzukehren und das Reich der Physik zu erobern!

> Der Ausdruck "immerwährende Bewegung", den ich in diesen Seiten oft gebraucht habe, ist fragwürdig, denn wenn die hier aufgeführten Lehren korrekt fundiert sind, dann *ist Bewegung überhaupt, in einer Hinsicht zumindest, immerwährend.* In Massen, deren Bewegung durch gegenseitigen Zusammenprall gehemmt wird, wird Wärme oder Bewegung ihrer Partikel hervorgebracht. Und damit wird Bewegung fortgesetzt. Wenn wir diesen Gedanken nun auf das Universum ausdehnen, können wir annehmen, daß die Menge oder der Umfang einer Bewegung eine gleiche Menge bzw. einen gleichen Umfang von Materie endlos beeinflußt.[3]

Sollte also das Konzept der Anziehungskraft oder Gravitation aufgegeben und durch die Idee ersetzt werden, daß die Sonne ein *riesiger Magnet* ist – einige Physiker haben eine solche Theorie bereits akzeptiert –, ein Magnet, der auf die Planeten so einwirkt, wie das bisher von der Anziehungskraft angenommen wird, dann könnte man fragen, wohin, oder wie weit über ihren derzeitigen Wissensstand hinaus, würde das die Astronomie denn bringen? Sicherlich keinen Zentimeter weiter. Kepler stellte schon vor 300 Jahren diese "seltsame Hypothese" auf. Er war nicht der Entdecker der Theorie der Anziehung und Abstoßung im Kosmos, denn sie war schon seit den Tagen des Empedokles bekannt. Der nannte die beiden gegensätzlichen Kräfte "Haß" und "Liebe" – Worte, die denselben Gedanken ausdrücken. Aber Kepler gab uns eine recht gute Beschreibung des kosmischen Magnetismus. Daß ein solcher Magnetismus in der Natur existiert, ist ebenso sicher wie die Tatsache, daß eine Gravitation nicht existiert, zumindest nicht so, wie die Wissenschaft dies lehrt. Denn die Wissenschaft hat versäumt, die verschiedenen Aktionsformen zu berücksichtigen, durch die sich jene zweifache Kraft, die im Okkultismus Anziehung und Abstoßung genannt wird, in unserem Sonnensystem, der Erdatmosphäre und *darüber hinaus* im Kosmos äußern kann.

Befreit man die Ideen Keplers von ihrer theologischen Tendenz, so sind sie einwandfrei okkult. Er wußte, daß

> a) die Sonne ein großer Magnet ist. Davon sind auch einige bedeutende moderne Wissenschaftler ebenso wie die Okkultisten überzeugt;
> b) die solare Substanz immateriell ist.[4]

---

[3] *Correl. Phys. Forces*, S. 173. Genau das ist die Aussage des Okkultismus. Und nach demselben Prinzip erklärt er: "Wo eine Kraft einer anderen entgegenwirkt und dadurch ein statisches Gleichgewicht hervorbringt, wird die Ruhe eines bereits vorher vorhandenen Gleichgewichts gestört und *neue Bewegung beginnt*, welche das Äquivalent jener Bewegung ist, die sich nun in einen 'Wartezustand' zurückgezogen hat." Durch Pralayas wird dieser Prozeß periodisch unterbrochen, aber er ist der "Atem", der ewig und unaufhörlich ist, selbst wenn der manifestierte Kosmos ruht.

[4] natürlich nur, weil es Formen von Materie gibt, die der Wissenschaft unbekannt sind. Siehe auch *Isis entschleiert*, Band I, S. 270, 271.

c) Und er postulierte einen durch einen Geist oder Geister gewährten, immerwährenden Schutz der ständigen Bewegung und Erneuerung der Sonnenenergie und der Bewegungen der Planeten. Im Altertum war dies eine allgemein verbreitete Vorstellung. Okkultisten sagen nicht "Geist", sondern *Schöpferische* Kräfte, denen sie *Intelligenz zuschreiben.* Aber sie können auch Geister genannt werden.

9. DIE SOLARTHEORIE

In seiner Erwiderung auf Dr. Gulls Reaktion auf die Theorie der Lebenskraft, die so untrennbar verbunden ist mit den in der okkulten Philosophie gelehrten Elementen der Urzeit, drückte der große Physiologe Lionel S. Beale in wenigen, aber bedeutsamen und schönen Worten folgendes aus:

> Das Leben enthält ein Mysterium – ein nie ergründetes Mysterium, das umso großartiger auf uns wirkt, je eingehender die Phänomene des Lebens erforscht und betrachtet werden. In Lebenszentren, die weitaus zentraler sind als die durch unsere stärkste Vergrößerungstechnologie sichtbaren Zentren –, in diesen Zentren lebendiger Materie, die das Auge nicht erreichen kann, welchen sich aber unsere Erkenntnisfähigkeit annähern kann, dort finden Veränderungen statt, von deren Bedeutung uns weder die größten Koryphäen der Physik noch der Chemie eine Vorstellung geben können. Und es besteht nicht die geringste Veranlassung anzunehmen, die Natur dieser Veränderungen könne durch physikalische Forschungen erkannt werden, denn sie ist mit Sicherheit so andersartig, daß es unmöglich ist, dieselben Rückschlüsse zu ziehen, die uns bei anderen, uns bekannten Phänomenen zur Verfügung stehen.

Dieses "Mysterium", diesen Ursprung der LEBENSESSENZ lokalisiert der Okkultismus in demselben Zentrum, in dem der Kern der *Prima materia* des Sonnensystems sich befindet – denn beide sind eins!

"Die Sonne ist das Herz des solaren Weltensystems, dessen Gehirn sich hinter der (sichtbaren) Sonne verbirgt. Von dort her strahlen Empfindungen in jedes Nervenzentrum des großen Körpers, und Wellen der Lebensessenz fließen in seine Adern ... Die Planeten sind seine Glieder und sein Pulsschlag ... " (Aus dem *Kommentar)*

Die Ansicht, die Sonne sei eine Kugel im Verbrennungszustand, wird von der okkulten Philosophie abgelehnt. Vielmehr wird sie einfach als eine Welt, eine leuchtende Sphäre definiert, hinter der die *wirkliche* Sonne verborgen ist: Diese sichtbare Sonne ist nur die Reflexion, die *Hülle* der wirklichen Sonne. Die "Weidenblätter"

Nasmyths,[5] von Sir W. Herschel fälschlicherweise als "Sonnenbewohner" bezeichnet, dienen als Speicher solarer Lebensenergie, der *lebenswichtigen* Elektrizität, welche das ganze System versorgt. Die Sonne *in abscondito* ist also die Vorratskammer für unseren kleinen Kosmos, die ihr vitales Fluidum selbst erzeugt und immer so viel empfängt, wie sie abgibt. Die *sichtbare* Sonne dagegen ist nur ein im Palast, im Dasein der *wirklichen* Sonne *angebrachtes* Fenster, das jedoch die Vorgänge im Inneren getreulich widerspiegelt.

Vergleichbar mit der Blutzirkulation im menschlichen Körper gibt es also in der manvantarischen Solar- oder Lebensperiode eine regelrechte Zirkulation des lebenspendenden Fluidums in unserem ganzen System, dessen Herz die Sonne ist. Und wie das menschliche Herz beim Blutkreislauf zieht sich die Sonne bei jedem Rücklauf des Fluidums rhythmisch zusammen. Nur durchläuft das solare Blut die Runde nicht in Sekundenschnelle, sondern es braucht dazu zehn Sonnenjahre und ein weiteres ganzes Jahr, um das *atrioventrikulare System*[6] zu durchbluten, ehe es die *Lungen* reinigt und weiterfließt zu den großen Adern und Arterien des Systems.

Die Wissenschaft wird das nicht leugnen können, denn die Astronomie kennt den feststehenden Kreislauf von elf Jahren, in welchem die Zahl der Sonnenflecken zunimmt. Und diese Zunahme ist *zurückzuführen auf das Zusammenziehen* des solaren HERZENS. Das Universum (hier ist unsere Welt gemeint) atmet, so wie jedes Lebewesen, jede Pflanze und sogar jedes Mineral auf der Erde, und wie auch unsere Erdkugel selbst alle vierundzwanzig Stunden atmet. Dies ähnelt dem regelmäßigen und gesunden Pulsieren des Herzens, wenn der Lebenssaft seine Muskeln durchfließt. Wenn man das menschliche Herz erleuchten könnte und dadurch dieses lebendige, pulsierende Organ sichtbar machen und auf eine Leinwand projizieren würde, dann könnte jeder sehen, wie das Sonnenflecken-Phänomen sich im Sekundenabstand, veranlaßt durch das Zusammenziehen des Herzens und das Fließen des Blutes, wiederholt.

Wir lesen in einem Werk über Geologie, es sei der *Traum der physikalischen Wissenschaftsphilosophie*, eines Tages festzustellen, daß "alle bekannten chemischen Elemente *nur Modifikationen eines einzigen materiellen Elements sind.*" (A. Winchell, *World-Life*, S. 48) Die Philosophie des Okkultismus lehrt dies schon, seit es menschliches Ausdrucksvermögen und Sprachen gibt, wobei aber als Ausdruck des unveränderlichen Analogieprinzips – "Wie oben, so unten" – ein weiteres Axiom hinzugefügt wird, nämlich daß es in Wirklichkeit weder Geist noch Materie gibt, sondern nur zahllose Aspekte des Einen verborgenen Seins (*Sat*). Das homogene Urelement ist *nur im irdischen Bewußtseins- und Empfindungsbereich einfach und ein-*

[5] (Die leuchtenden Faserungen an der Sonnenoberfläche. H.T.)

[6] (Orig.: *"auricles"* und *"ventricles"*; betrifft in der menschlichen Anatomie den Herzabschnitt zwischen Vorhof und Kammer. H.T.)

zig, denn Materie ist ja letztendlich nichts anderes als Ausdruck des Ablaufs unserer eigenen Bewußtseinszustände, und Geist eine Vorstellung unserer psychischen Intuition. Dieses *einzige* Element, das von unserer derzeitigen irdischen Wissenschaft als nicht weiter zerlegbarer Bestandteil einer Art von Materie definiert wird, würde in der Tat selbst im nächsthöheren Bereich, also in einer Welt mit höheren geistigen Wahrnehmungsfähigkeiten, als äußerst komplex bezeichnet werden.

Es ist also ganz klar, daß die uns zur Zeit bekannten Elemente, so wie sie verstanden und definiert werden, nicht die *Urelemente* sind, ja gar nicht sein können. Letztere wurden "*aus den Flocken der kalt strahlenden Mutter*" und dem "*Feuersamen* des heißen Vaters" – welche "eins sind" – geformt. Um es in der einfacheren Sprache der modernen Wissenschaft auszudrücken: Die Genese dieser Elemente lag in den Tiefen des ursprünglichen Feuernebels – in den Massen glühenden Dampfes der *unauflösbaren* Nebel.

Die uns derzeit bekannten Elemente erlangten ihren Zustand der Permanenz in dieser vierten Runde, im Verlauf der Entwicklungsperiode der Fünften Menschheit. Sie befinden sich in einer kurzen Ruheperiode, bevor sie in ihrer geistigen Evolution erneut aufwärts getrieben werden. Dann trennt das "lebendige Feuer des Orkus" die am wenigsten auflösbaren und zerstreut sie wieder im ursprünglichen EINEN.

Wie in den Kommentaren zu den sieben Stanzen ersichtlich ist, geht der Okkultismus jedoch darüber hinaus, indem er lehrt, daß Geist und Materie zwei ASPEKTE der nicht erkennbaren EINHEIT sind. Der scheinbare Kontrast zwischen diesen beiden Merkmalen ist zurückzuführen auf a) die verschiedenen Differenzierungsstufen der Materie und b) die Bewußtseinsstufe, die der Mensch erreicht hat.

"Materie ist ewig", stellt die esoterische Lehre fest. Aber was im Okkultismus als Materie in ihrem *Laya-* oder *Nullzustand* aufgefaßt wird, ist nicht die Materie der heutigen Wissenschaft – nicht einmal in ihrem höchstgradig verfeinerten gasförmigen Zustand. William Crookes' "strahlende Materie" würde im Bereich der Anfänge wie Materie der gröbsten Art erscheinen, denn Materie wird zu reinem Geist, noch ehe sie zurückgekehrt ist zu ihrem ersten Differenzierungspunkt. Wenn der Adept oder Alchemist also nun hinzufügt, Atome würden *mit jedem neuen Manvantara*, dem Wiederaufbau des Universums, *geboren*, obwohl Materie, weil sie PRADHÂNA ist, ewig existiert, so ist das keineswegs so widersprüchlich, wie Materialisten meinen könnten, die ja an nichts jenseits des Atoms glauben. Es besteht ein Unterschied zwischen *manifestierter* und *unmanifestierter* Materie, also zwischen *Pradhâna*, der Ursache ohne Anfang und ohne Ende, und *Prakriti*, der manifestierten Wirkung. Hören wir, wie das *Vishnu-Purâna* es uns erklärt:

Das, was unerzeugte (ursachlose) Ursache ist, wird von den größten Weisen nachdrücklich *Pradhâna, erste Grundlage,* genannt, *das ist* die feine *prakriti,* nämlich das, was ewig ist, und was gleichwohl ist und nicht ist bzw. was *nur Vorgang* ist.[7]

Was in der heutigen Ausdrucksweise als Geist und als Materie bezeichnet wird, ist in Ewigkeit EINS und immerwährende Ursache. Es ist weder Geist noch Materie, sondern DAS – TAT im Sanskrit – , es ist alles, was ist, war oder sein wird.

Der Okkultismus weiß und bedarf keiner wissenschaftlichen Beweise dafür, daß das Eine Ewige Element in der Natur existiert, und daß jeweils bei dessen erster Differenzierung die Wurzeln des Lebensbaumes wachsen. Er weiß auch und sagt, daß die uralte Weisheit dieses Problem bereits vor vielen Zeitaltern gelöst hat. Die Wissenschaft nähert sich langsam, aber sicher unserer Domäne des Okkulten, ja ihre eigenen Entdeckungen zwingen sie, *nolens volens,* unsere Ausdrucksweise und unsere Symbole zu benutzen. So wie die Dinge liegen, kommt man in der Chemie z.B. nicht umhin, sogar unsere graphische Darstellung der Evolution der Götter und Atome zu akzeptieren, die so treffend und unmißverständlich in der Figur des Caduceus, des Schlangenstabes Merkurs – des Gottes der Weisheit – und in der allegorischen Sprache der archaischen Weisen versinnbildlicht wird. In einem Kommentar der Esoterischen Philosophie steht:

... Der Stamm des ASHVATTHA *(des Baumes des Lebens und Daseins, der Caduceus-*STAB*) wächst bei jedem neuen Anfang (jedem neuen Manvantara) aus den zwei dunklen Flügeln des Schwans des Lebens* (HAMSA) *und steigt herab. Die beiden Schlangen, die eine das Immer-Lebende, die andere dessen Trugbild (Geist und Materie), deren zwei Köpfe dem einen Haupt zwischen den Flügeln entwachsen, bewegen sich eng umschlungen am Stamm entlang nach unten. Die beiden Schwänze verbinden sich auf Erden (im manifestierten Universum) zu einem, und das, o Lanu, ist die große Täuschung!*

Die Bedeutung des Caduceus ist allgemein bekannt. Er wurde bereits von den Griechen verändert, als das ursprüngliche Symbol – mit dem dreifachen Kopf der Schlange – zu einem mit einem Knauf versehenen Stab wurde. Dabei wurden die beiden unteren Köpfe getrennt dargestellt, was die ursprüngliche Bedeutung etwas entstellte. Trotzdem ist dieser von zwei Schlangen umwundene Laya-Stab für unsere Zwecke ein recht brauchbares Beispiel.

[7] 1. Buch, 2. Kap.; Wilson, 1. Bd., Fußnote S. 20.

[An dieser Stelle zitiert Blavatsky aus einer Vorlesung des prominenten Wissenschaftlers Sir William Crookes, wo interessante Parallelen zur oben erwähnten Lehre aufgestellt werden. Crookes erwähnt die im Zusammenhang mit der Bewegungsrichtung der "neugeborenen Elemente" relevante Form der Zahl 8, die sogenannte Lemniskate, worauf H.P. Blavatsky weiterführt, daß die Darstellung der okkulten Fakten über die Richtung, die die Evolution nimmt, in der Tat dargestellt wird durch eine] *Lemniskate*, für die abwärts führende Evolution, vom Geist in die Materie. Vielleicht auch durch eine andere *Spiralform* in ihrem weiterführenden *Reinvolutionsweg*, von der Materie in den Geist und zur notwendigen allmählichen und endgültigen Resorption in den *Laya*-Zustand. Die Wissenschaft nennt diesen Zustand den "neutralen Punkt in bezug auf die Elektrizität", etc., oder den *Nullpunkt*. Das ist eine Feststellung okkulter Fakten. Wir sind sicher und zuversichtlich, daß wir es der Wissenschaft überlassen können, sie eines Tages zu bestätigen.

Es klingt wie eine Bestätigung des von der okkulten Wissenschaft und der indischen Philosophie aufgestellten Postulats von den beiden *Aspekten* der unergründlichen Gottheit ("der Schwan in der Dunkelheit", Prakriti und Purusha, die Natur oder Materie in all ihren Formen und als Geist), die zur Stunde des Pralayas nicht weiterbestehen, sondern *vollständig* aufgelöst werden, wenn wir die überzeugende wissenschaftliche Schlußfolgerung des großen Chemikers Sir William Crookes hören, der seine Beweisführung mit folgender Aussage krönt: "Wir haben nun die Herkunft der chemischen Elemente in deren Bildung aus Anhäufungen und Lücken in einer ursprünglichen, formlosen Flüssigkeit nachvollzogen. Wir haben die Möglichkeit, ja Wahrscheinlichkeit aufgezeigt, daß Atome nicht unbegrenzt existieren, sondern mit allen anderen Wesen der Schöpfung die Eigenschaften des Verfalls und des Todes teilen."

Dazu können Okkultisten nur *Amen* sagen, denn für sie sind die wissenschaftlichen "Möglichkeiten" und "Wahrscheinlichkeiten" Fakten, die bereits erwiesen sind, und für die weitere Beweise und äußere physische Bestätigungen deshalb unnötig sind. Aber nichtsdestoweniger wiederholen sie – mit unverminderter Bestimmtheit: "MATERIE IST EWIG, nur periodisch wird sie atomisch (zu ihrem atomischen Aspekt)." Dies ist ebenso sicher, wie die Tatsache, daß eine andere Behauptung, so wie sie von der Wissenschaft dargestellt wird, ein Irrtum ist, nämlich jenes von Astronomen und Physikern nahezu einstimmig vertretene Postulat von der unaufhaltsamen Abnutzung des körperlichen Universums, welche letztendlich zum Verlöschen der Sonnenfeuer und zur Vernichtung des Universums führen wird. Wie schon immer, in Zeit und Ewigkeit, wird es periodische Auflösungen des manifestierten Universums geben, 1. als Teil-Pralaya nach jedem "Tage Brahmâs", und 2. als Universal-Pralaya – das MAHA-PRALAYA –, dies aber nur jeweils am Ende der "Zeitalters Brahmâs". Die wissenschaftlichen Gründe, die für die Auflösungen vorgebracht werden, haben nichts mit den wirklichen Ursachen zu tun.

Es ist, nebenbei bemerkt, auffällig und interessant, daß auch unsere Siebenfältigkeits-Lehre der Wissenschaft ihren Stempel aufgedrückt hat. Wenn wir es richtig verstehen, dann spricht die Chemie von vierzehn Gruppierungen ursprünglicher Atome – Lithium, Beryllium, Bor, Kohlenstoff, Stickstoff, Sauerstoff, Fluor, Natrium, Magnesium, Aluminium, Silicium, Phosphor, Schwefel und Chlor. Und William Crookes erwähnt sieben Gruppen im Zusammenhang mit dem "dominanten Atomvolumen". Er sagt:

> In der Aktivität der mit großer Zielgerichtetheit wirkenden schöpferischen Energie erkennen wir, daß sie in aufeinanderfolgenden Zyklen in einem Teil des Raumes Lithium, Potassium, Rubidium und Caesium aussät, in einem anderen Teil Chlor, Brom und Jod, in einem dritten Teil Natrium, Kupfer, Silber und Gold, in einem vierten Schwefel, Selen und Tellur, in einem fünften Beryllium, Kalzium, Strontium und Barium, in einem sechsten Magnesium, Zink, Kadmium und Quecksilber, in einem siebten Phosphor, Arsen, Antimon und Wismut. (Das sind sieben Gruppierungen einerseits. Und nachdem er in anderen Teilen des Raumes Aluminium, Gallium, Indium und Thallium, weiterhin Silicum, Germanium und Zinn, und weiterhin Kohlenstoff, Titanium und Zirkon aufgezeigt hat, erklärt er, daß) sich ein natürlicher Platz nahe der neutralen Achse für die drei Gruppen von Elementen findet, welche von Mendelejew in eine Art Krankenhaus für unheilbare Fälle verwiesen wurden – seine achte "Familie".

Es dürfte interessant sein, diese sieben Gruppen und die achte "Familie unheilbarer Fälle" mit den Allegorien zu vergleichen, womit die sieben ursprünglichen Söhne der "Mutter, unendlicher Raum" (oder Aditi) und der *achte*, von ihr verstoßene Sohn beschrieben werden. So könnten viele bemerkenswerte Übereinstimmungen gefunden werden zwischen "den 'Meta-Elemente oder Elementoide' genannten Zwischengliedern" und den von der okkulten Wissenschaft als deren *Noumenoi* bezeichneten intelligenten Geistern und Herrschern dieser Gruppierungen von Monaden und Atomen. Um sich Laien gegenüber verständlich machen zu können, bedient sich die Wissenschaft nun also in einer hohen und repräsentativen Person der Ausdrucksweise so alter Adepten wie Roger Bacon und findet zurück zum "Protyl"! Das scheint ein Zeichen der Zeit zu sein und läßt hoffen.

Es gibt viele solche "Zeichen", und es werden täglich mehr. Keine sind jedoch wichtiger als die hier erwähnten. Wenigstens einer der wenigen bedeutenden Chemiker unserer Tage bewegt sich im Bereich der unbegrenzten Möglichkeiten des

Okkultismus. Jeder seiner Schritte wird ihn näher an das mysteriöse Zentrum führen, das die unzähligen Pfade ausstrahlt, durch die Geist zur Materie hingeführt wird, und auf denen Götter und lebendige Monaden zu Menschen und zu empfindender Natur werden.

11. ELEMENTE UND ATOME

Im Okkultismus hat das Wort *Element* immer die Bedeutung von *Rudiment*. Sprechen wir vom "elementaren Menschen", so meinen wir einerseits den vorläufigen, ersten Entwurf des noch unvollkommenen, unentwickelten Menschen, der die Form hat, die sich während seiner Lebenszeit latent in seinem Körper befindet und nur gelegentlich und unter bestimmten Bedingungen Gestalt annimmt. Andererseits meinen wir jene Form, die den physischen Körper eine Zeitlang überlebt, und die besser bekannt ist unter der Bezeichnung "Elementarwesen".[8] Wird das Wort "Element" in metaphysischen Zusammenhängen gebraucht, so bezeichnet es, als Gegensatz zum sterblichen Menschen, den beginnenden *göttlichen* Menschen. Im nicht-metaphysischen, normalen Gebrauch des Wortes bezeichnen wir damit die anfängliche Materie in ihrer ersten, undifferenzierten Verfassung, d.h. im Laya-Zustand, welcher der ewige und *normale* Zustand aller Substanz ist, und wo Differenzierungen nur periodisch auftreten. So lange die Differenzierungen andauern, ist Substanz dagegen in einem *anormalen* Zustand, ist, anders gesagt, eine vergängliche Sinnestäuschung.

Okkultisten sprechen von sogenannten "elementalen Atomen", und die Bedeutung dieser Bezeichnung ist analog der Bedeutung, die die Anhänger des Hinduismus dem Brahmâ geben, wenn sie ihn ANU, das "Atom", nennen. Ein jedes elementales *Atom*, nach dem übrigens schon so mancher Chemiker unter Anwendung alchemistischer Regeln gesucht hat, ist, wenn nicht als Wissen, dann in der festen Überzeugung der Okkultisten, eine SEELE, d.h. nicht unbedingt eine entkörperte Seele, sondern ein (in Indien so genanntes) *Jîva*, ein Zentrum POTENTIELLER LEBENSKRAFT, ausgestattet mit einer latenten Intelligenz. Bei zusammengesetzten Seelen handelt es sich – vom höchsten bis hinab zum niedrigsten Kompositionsgrad – um eine mit Intelligenz begabte aktive EXISTENZ, eine aus einmal mehr, einmal weniger Differenzierungen zusammengefügte Form. Diese Atom-Seelen sind Differenzierungen aus dem EINEN und stehen zu letzterem in derselben Verbindung wie die *göttliche* Seele – Buddhi – zu ihrem beseelenden und untrennbaren Geist, dem *Âtman*.

[8] Wo Platon von vernunftlosen, ungestümen Elementen spricht, die zusammengesetzt sind "aus Feuer, Luft, Wasser und Erde" (*Timäus*, 42 d), meint er elementare Dämonen.

Der Stern, unter dem das menschliche Wesen geboren wird, so eine Lehre des Okkultismus, wird während des ganzen Zyklus seiner Inkarnationen in einem Manvantara immer sein Stern bleiben. *Dieser ist aber nicht sein astrologischer Stern.* Letzterer hat nur Bezug und Verbindung zur *Personalität* des Menschen, ersterer dagegen zu seiner INDIVIDUALITÄT. Der "Engel" dieses Sterns, der Dhyâni-Buddha, ist entweder der führende, schützende, oder er ist einfach der allgemein richtungsweisende "Engel" in jeder neuen Wiedergeburt der Monade. *Diese hat zwar Anteil an seiner eigenen Essenz*, aber ihr Vehikel, der Mensch, mag sich dieser Tatsache nie bewußt werden. Alle Adepten haben einen eigenen Dhyâni-Buddha, eine eigene ältere "Zwillingsseele"; sie sind sich dessen bewußt und nennen sie "Vaterseele" oder auch "Vaterfeuer". Aber erst während ihrer letzten und höchsten Initiation erfahren sie davon, nämlich dann, wenn sie von Angesicht zu Angesicht dem strahlenden "Ebenbild" gegenüberstehen. Wieviel wußte Bulwer-Lytton von dieser mystischen Gegebenheit, als er in einem Moment höchster Inspiration Zanoni von Angesicht zu Angesicht mit seinem *Augoeides* beschrieb?

Logos ist zugleich das unmanifestierte und das manifestierte WORT. Von den Hindus wird es Îshvara, "Herr", genannt, im Okkultismus aber gibt es eine andere Bezeichnung dafür. Der Vedânta sagt, Îshvara sei höchstes Bewußtsein in der Natur, während der Okkultismus dagegenhält, daß "dieses höchste Bewußtsein nur eine in der Welt des manifestierten Logos, d.h. *im Bereich der Täuschung*, vorhandene *synthetische Einheit* ist, bestehend aus der Gesamtsumme des Dhyâni-Chohanischen *Bewußtseins*." Âtman ist *Nicht-Geist* in seiner endgültigen Parabrahmischen Verfassung; *Îshvara* oder *Logos* ist Geist oder, wie die okkultistische Lehre ausführt, ist die Einheit zusammengefügter Manifestationen lebendiger Geister. Diese (Einheit) ist zugleich elterliche Quelle und schützender Hort für alle weltlichen, irdischen Monaden (*einschließlich* ihrer *göttlichen* Reflexion), die aus dem Logos hervorgehen und dann, auf dem Höhepunkt ihrer Zeit, zu ihm zurückkehren. Es gibt insgesamt sieben Hauptgruppierungen solcher Dhyâni-Chohans; das sind Gruppierungen, die in jeder Religion zu finden sind, denn es handelt sich um die ursprünglichen SIEBEN Strahlen. Nach der okkultistischen Lehre besteht die Menschheit aus sieben unterschiedlichen Gruppen und deren mentalen, spirituellen und physischen Unterteilungen.[9]

---

[9] Daher auch die sieben Hauptplaneten, also die *Sphären* der dort beheimateten sieben Geister, unter denen jeweils eine Menschheitsgruppe geboren wird, und die auf diese individuellen Menschheitsgruppen Einfluß ausüben und sie führen. Es gibt zwar nur sieben Planeten, die in *spezieller* Beziehung zur Erde stehen, sowie sieben Häuser, aber die Kombinationsmöglichkeiten ihrer Aspekte sind endlos. Da jeder Planet zu jedem anderen Planeten in zwölf verschiedenen Aspekten stehen kann, müssen die resultierenden Kombinationen praktisch unendlich sein, so unendlich, in der Tat, wie die spirituellen, psychischen, geistigen und körperlichen Erscheinungsformen in den zahllosen Spielarten des *Genus homo*. Jede einzelne dieser Spielarten wird unter einem der sieben Planeten und einer der erwähnten zahllosen planetarischen Kombinationen geboren. Siehe *The Theosophist*, August 1886.

Als EINHEIT betrachtet, nimmt die Monade also eine Position über dem siebten Prinzip des Menschen und des Kosmos ein. Als Triade ist sie die strahlende, direkte Nachkommenschaft der erwähnten Einheit (die aus den zusammengefügten Manifestationen lebendiger Geister besteht), nicht aber der Atem Gottes (wie diese Einheit genannt wird) oder Gottes *Schöpfung* aus dem *Nichts*. Letzteres ist eine sehr unphilosophische Vorstellung, in der das Göttliche erniedrigt und in eine endliche, attributive Verfassung gezwungen wird. Der Übersetzer des *Viveka-Chudamani*[10] sagt richtig: Obwohl Îshvara Gott ist, "unverändert in den tiefsten Abgründen des *Pralaya* und den heftigsten Aktivitäten der *Manvantaras*", so ist (aber trotzdem) "ÂTMAN, um dessen Wohnstatt die tiefe Dunkelheit MÂYÂS herrscht, (noch) jenseits (von ihm)".[11] Die unter demselben Mutterplaneten geborenen, oder, besser ausgedrückt, die von ein und demselben Planetengeist (Dhyâni-Buddha) kommenden *Ausstrahlungen*, sind in all ihren nachfolgenden Leben bzw. Wiedergeburten "*Zwillingsseelen*" auf dieser Erde.[12]

Jedem hohen Eingeweihten in jedem Zeitalter und Land war das bekannt: "Ich und mein[13] Vater sind eins", sagte Jesus (*Joh.* 10, 30).[14] Wenn er an anderer Stelle (*Joh.* 20, 17) sagt: "Ich fahre auf zu *meinem* Vater und zu eurem Vater," so hat das dieselbe Bedeutung wie die soeben gemachte Aussage. Damit sollte ganz einfach gezeigt werden, daß Jesu Jünger und die Menschen, die sich von ihm angezogen fühlten, zum selben Dhyâni-Buddha, Stern oder Vater, zum selben planetarischen Bereich gehörten

---

[10] (dt. *Das Kleinod der Unterscheidung*. H T.)

[11] (*The Crest-Jewel of Wisdom*, übersetzt von Mohini M. Chatterji, in *The Theosophist*, Vols. VII (1885–86) und IX (1887–88). Nachdruck Adyar, 1932; 6. Auflage 1995, Fußnote zu Vers 255 über Brahman, S. 99. H.T.)

Daß den Alten nur sieben Planeten bekannt gewesen seien, ist ein heute weit verbreiteter Irrtum, der einfach damit zusammenhängt, daß nur sieben von ihnen erwähnt wurden. Dieser Irrtum entspricht der allgemeinen Ignoranz, die heutzutage über die archaischen okkulten Lehren vorherrscht. Aber es geht nicht darum, ob die Alten die später entdeckten Planeten kannten oder nicht, sondern die Frage ist vielmehr, ob ihre Ehrfurcht vor den vier exoterischen und den drei geheimen großen Göttern – den Sternenengeln – nicht einen besonderen Grund hatte. Die Autorin glaubt, daß es einen solchen Grund gab: Selbst wenn sie ebenso viele Planeten gekannt hätten wie wir heute (eine Frage, die zur Zeit sicherlich nicht entschieden werden kann), hätten sie trotzdem nur die sieben mit ihren Gottesdiensten in Verbindung gebracht, weil diese sieben in einem direkten und ganz speziellen Zusammenhang mit unserer Erde stehen, oder, esoterisch ausgedrückt, mit unserem siebenfachen Sphärenkreis.

[12] Es ist dieselbe, jedoch weitaus metaphysischere Idee, wie die der christlichen Dreieinigkeit, der "Drei-in-Einem". D.h. es handelt sich um den Universalgeist, den "Über-Geist", um dessen Manifestation auf den beiden höheren Ebenen von Buddhi und Mahat. Es sind dies die drei metaphysischen Hypostasen, die jedoch *niemals persönlich* zu verstehen sind.

[13] (King James Version; in den neueren Bearbeitungen / Übersetzungen – Revised Standard Version und Jerusalem Bible – heißt es "der Vater". H.T.)

[14] Die Identität der *Engel*-Monade und der *Menschen*-Monade, aber gleichzeitig auch die verwirrende Unterscheidung zwischen den beiden, wird durch die folgenden Zitate offenbar: "... denn der Vater ist *größer* als ich", (*Joh.* 14, 28); "Laßt euer Licht leuchten vor den Leuten, daß sie eure guten Werke sehen und *euren* Vater *im Himmel* preisen", (*Mt.* 5, 16); "Dann werden die Gerechten *leuchten* wie die Sonne in dem Reich *ihres* Vaters," (nicht *unseres* Vaters), (*Mt.* 13, 43); "Wißt ihr nicht, daß ihr Gottes *Tempel* seid und der *Geist Gottes in euch wohnt*?", (*1. Kor.* 3, 16), etc., etc.

wie Jesus selbst. Es war die *Kenntnis* dieser Lehre des Okkultismus, die Ausdruck fand in Subba Rows Rezension des Werkes *Das Idyll des weißen Lotus*, wo er sagt: "Während seiner letzten Initiation begegnet jeder Buddha allen großen Adepten, die in den vergangenen Zeitaltern Buddhaschaft erreicht haben ... Jede der verschiedenen Klassen von Adepten knüpft ihr eigenes Band spiritueller Zusammengehörigkeit, das ihnen Zusammenhalt gibt ... Nur indem man sich selbst dem Einfluß des geistigen Lichts aussetzt, welches *von dem eigenen Logos ausstrahlt*, findet man den einzig möglichen und wirksamen Weg, einer solchen Bruderschaft beizutreten. Ich möchte hier noch betonen, ... daß eine solche Verbindung nur möglich ist *für Personen, deren Seelen ihr Leben und ihre Unterstützung von demselben göttlichen* STRAHL erhalten. Und weil sieben einzelne Strahlen von der 'zentralen geistigen Sonne' ausgehen, sind *alle Adepten und Dhyâni-Chohans in sieben Klassen aufgeteilt*, von denen eine jede *durch eine der sieben Formen* oder Manifestationen der göttlichen Weisheit geführt, beaufsichtigt und überschattet wird." (*The Theosophist*, August 1886).

14. SIND ENERGIEN BEWEGUNGSARTEN ODER AUSDRUCKSFORMEN EINER INTELLIGENZ?

Nur in ihrem eigenen Bereich, innerhalb der Grenzen unseres Sonnensystems, ist die moderne Wissenschaft kompetent. Außerhalb dieses Systems ist alles, ist jedes Materieteilchen anders als die unserer Wissenschaft bekannte Materie. Und von der Art dieser anderen Materie kann sie sich keine Vorstellung machen. *Diese* Materie, die wirklich homogen ist, entzieht sich der menschlichen Wahrnehmungsfähigkeit, soweit die Wahrnehmungsfähigkeit sich auf die fünf Sinne beschränkt. Durch die INTELLIGENZEN, Dhyâni-Chohans genannt, die als Resultat der ersten Differenzierung dieser Materie entstanden sind, spüren wir aber ihre Auswirkungen.

Von den *Göttern* zum Menschen, von Welten zum Atom, vom Stern zum Kerzenlicht, von der Sonne zur lebenspendenden Wärme des geringsten organischen Lebewesens – die Welt der Formen und des Daseins ist eine immense Kette, deren Glieder ausnahmslos zusammenhängen. Das Gesetz der Analogie ist der erste Schlüssel zur Lösung der Welträtsel, und dazu ist ein koordiniertes Studium der Glieder in ihren okkulten Beziehungen zueinander notwendig.

Wie lange hat es gedauert, bis die Welt ihren jetzigen Zustand erreicht hat? Wenn gesagt werden kann, daß kosmischer Staub, "der noch nie Teil der Welt war",[15] uns bis zum heutigen Tage erreicht, wieviel logischer ist dann die Überzeugung der Okkultisten, daß im Verlauf von zahllosen Zeitaltern und Jahrmillionen, die vergangen sind, daß also seit dem Anbeginn, als sich dieser Staub angesammelt

[15] A. Winchell, *World-Life, or Comparative Geology*, Chicago, 1883

und unserem Himmelskörper um seinen Kern intelligenter Ursubstanz Form gegeben hat –, daß in all diesen Jahrmillionen viele Menschheiten entstanden sind, die unserer gegenwärtigen Menschheit so unähnlich sind, wie eine in zukünftigen Jahrmillionen entstehende Menschheit sich von unseren derzeitigen Menschheitstypen unterscheiden wird. All die Menschheiten waren entstanden und wieder von der Erde verschwunden, so wie dies mit unserer eigenen Menschheit geschehen wird. Man leugnet die Existenz dieser ursprünglichen und in einer weit zurückliegenden Vergangenheit lebenden Menschheiten, von denen keine für die Geologen erkennbaren Überreste vorhanden sind. Weil jede Spur von ihnen verloren ist, sollen sie auch nicht existiert haben. Aber ihre Überreste – nur sehr wenige, in der Tat – können gefunden werden. Die geologische Forschung muß sie nur finden. Aber es besteht kein Grund für die Behauptung, in jenen geologischen Perioden, denen ihr Dasein zugeordnet wird, hätten keine Menschen leben können. Denn ihre Organismen benötigten weder warmes Blut, noch Atmosphäre oder Nahrung.

Wenn wir also von Menschen sprechen, die unseren Himmelskörper vor 18 Millionen Jahren bewohnten, so meinen wir weder Menschen, wie sie in unseren gegenwärtigen Menschheitstypen vorkommen, noch die gegenwärtigen atmosphärischen und thermischen Zustände, etc. Erde und Menschheit haben ihr Wachstum, ihre Veränderungen und Entwicklungen, ihre graduelle Evolution ebenso wie Sonne, Mond und Planeten in deren Lebensperioden. Sie werden geboren, sind Kinder, Jugendliche, Erwachsene, sie werden alt und sterben. Weshalb sollte die *Menschheit* diesem allgemeinen Gesetz nicht unterworfen sein? Im *Buch Enoch* (Kap. 79) sagt Uriel zu Enoch: "Siehe, ich habe dir alle Dinge gezeigt, o Enoch ... Du siehst die Sonne, den Mond und jene, welche die Sterne des Himmels führen, *welche alle ihre Tätigkeiten*, Zeiten und das Eintreffen ihrer Rückkehr *verursachen. In den Tagen der Sünder* werden die Jahre verkürzt werden ... alles, was auf der Erde geschieht, wird verkehrt sein ... der Mond wird seine Gesetze ändern."

Mit den "Tagen der Sünder" ist die Zeit gemeint, wenn die Materie auf Erden beherrschend sein, und der Mensch den Höhepunkt körperlicher Entwicklung an Gestalt und Animalität erreicht haben würde. Das war während der Periode der Atlantier, etwa halbwegs im Verlauf ihrer Menschheitsentwicklungsstufen (der vierten), die unterging und ertrank, so wie Uriel es prophezeit hatte. Zu jenem Zeitpunkt begann sich die physische Größe, Stärke und Lebenszeit des Menschen zu verringern. Da wir aber den mittleren Punkt in der Entwicklung unseres Menschheitszweigs innerhalb der Fünften Menschheit erreicht haben – das ist der Gipfel der Materialität in beiden –, sind unsere animalischen Neigungen zwar sublimiert, aber deshalb keineswegs weniger entwickelt. Und das hauptsächlich in zivilisierten Ländern.

15. GÖTTER, MONADEN, ATOME

“Jedes Atom wird zur sichtbaren komplexen Einheit (einem Molekül), und sobald die monadische Essenz in den Bereich terrestrischer Aktivität hineingezogen worden ist und die Mineral-, Pflanzen- und Tierreiche durchlaufen hat, wird sie zum Menschen” *(Esoterischer Katechismus).* Und weiter: “Gott, Monade und Atom sind die Entsprechungen von Geist, Seele und Körper *(Âtman, Manas und Sthûla-Sharîra)* im Menschen.” In ihrer siebenfachen Zusammensetzung sind sie der “Himmlische Mensch” (dieser Ausdruck wird in der *Kabalah* erklärt), und damit ist der terrestrische Mensch eine provisorische Reflexion des Himmlischen ... “Die Monaden (*Jîvas*) sind die Seelen der Atome, und beide zusammen sind der Stoff, in welchen sich die Chohans (Dhyânis, *Götter*) hüllen, wenn eine Form benötigt wird.” *(Esoterischer Katechismus).*

Wir sprechen hier von den kosmischen und subplanetaren Monaden, nicht aber von der superkosmischen *Monas* (die pythagoräische Monade), wie die pantheistischen Peripatetiker sie wegen ihres synthetischen Charakters nennen. In unserer Erörterung werden die Monaden im Hinblick auf ihre Individualität als *atomische Seelen* betrachtet, d.h. so wie diese Atome sind, ehe sie in die reine terrestrische Form hinabsinken, denn dieser Abstieg in die konkrete Materie markiert den Punkt, an dem sie ihre eigene individuelle Pilgerfahrt zur Hälfte zurückgelegt haben. An dieser Stelle, im Mineralreich, verlieren sie ihre Individualität und beginnen ihren Aufstieg durch die sieben Stadien der irdischen Evolution bis hin zu dem Punkt, wo eine feste Beziehung zwischen dem menschlichen und dem *Deva*-Bewußtsein (dem göttlichen) vollständig erreicht ist. Im Moment interessieren uns ihre irdischen Metamorphosen und Komplikationen aber noch nicht, wir befassen uns vorerst vielmehr mit ihrem Leben und ihren Verhaltensweisen im Weltenraum, in Bereichen, wo sie selbst dem mit Intuition begabten Chemiker oder Physiker unerreichbar bleiben – es sei denn, er entwickelte bedeutende hellseherische Fähigkeiten.

Diese Evolution – im Hinblick auf die *universale* und die *individualisierte* Monade und gleichfalls im Hinblick auf die Hauptaspekte der sich nach dem Differenzierungsvorgang entwickelnden Energie, also die rein geistigen, intellektuellen, psychischen und physischen Aspekte dieser Energie – diese Evolution also kann folgendermaßen als unwandelbares Gesetz formuliert werden: Es gibt eine Abwärtsbewegung des Geistes in die Materie, der eine Aufwärtsbewegung in der physischen Evolution entspricht, sowie einen Wiederaufstieg aus den Tiefen der Materialität hin zu dem *Status quo ante* des Geistes, bei entsprechender Auflösung der konkreten Form und Substanz bis zum LAYA-Zustand, dem von der Wissenschaft so genannten “Nullpunkt”, und weiter, darüber hinaus.

Das Auge des Sehers erkennt die höheren planetaren Kräfte unter zwei Aspekten, unter dem subjektiven Aspekt als *Einflüsse*, und unter dem objektiven

Aspekt als mystische Formen, die, karmischem Gesetz folgend, zu einem erkennbaren Gegenwärtigsein, einer Erscheinung werden, denn Geist und Materie sind eins, wie wir schon oft erklärt haben. Geist ist Materie *auf der siebenten Ebene*, Materie ist Geist – auf dem tiefsten Punkt seiner zyklischen Aktivität. Und beide sind – *Mâyâ* ...

Die Unermeßlichkeit des Raumes ist voller Atome. Ihre unaufhörlichen Schwingungen *sind* jene BEWEGUNG, durch die die Räder des Lebens ihren ewigen Antrieb erhalten. Und dieser innere Vorgang ist es, der Naturphänomene hervorbringt, die wir als Wechselwirkung von Kräften bezeichnen. Nur befindet sich am Ursprung einer jeden "Kraft" ihr eigenes, *bewußtes* und lenkendes Noumenon, egal ob wir es nun Engel oder Gott, Geist oder Dämon nennen – jedenfalls handelt es sich immer um lenkende Mächte.

So unvollkommen und lückenhaft diese Erklärungen zu "Göttern, Monaden und Atomen" sein mögen, so besteht doch die Hoffnung, wenigstens einigen Studierenden und Theosophen das Gefühl vermittelt zu haben, daß es in der Tat eine enge Verbindung zwischen materialistischer Wissenschaft und Okkultismus gibt. Der Okkultismus ist die Ergänzung, er ist die Seele, die der Wissenschaft fehlt.

16. ZYKLISCHE EVOLUTION UND KARMA

Die geistige Evolution des *inneren*, unsterblichen Menschen ist der erste Grundgedanke der Wissenschaft des Okkultismus. Um einen solchen Prozeß zumindest im Ansatz zu verstehen, muß der Studierende 1.) an das EINE, allumfassende Leben glauben, das unabhängig von der Materie (oder was immer die Wissenschaft unter Materie versteht) existiert, und 2.) muß er an die Existenz individueller Intelligenzkräfte glauben, die die verschiedenen Manifestationen dieses Prinzips beseelen.

Das EINE LEBEN ist eng verbunden mit dem *einen* Gesetz, das die Welt des Daseins beherrscht – KARMA. Exoterisch bedeutet Karma ganz einfach und buchstäblich "Tat", oder, besser gesagt: "Wirkung erzeugende Ursache". Esoterisch bedeutet Karma in seinen weitreichenden moralischen Auswirkungen aber etwas ganz anderes. Es ist das unfehlbare GESETZ DER AUSGLEICHENDEN GERECHTIGKEIT.

Mit dem Beginn der ersten Regung entstehenden Lebens ändert Svabhâvat, "die wandelbare Ausstrahlung der in Ewigkeit unbewußten unwandelbaren Dunkelheit," bei jeder neuen Wiedergeburt des Kosmos seinen ruhenden Zustand in einen Zustand intensiver Aktivität. Es differenziert sich und beginnt sein Wirken durch diese Differenzierung. Und dieses Wirken ist KARMA.

Auch die Zyklen unterwerfen sich den Auswirkungen dieser Aktivität. "Aus dem einen kosmischen Atom werden im materiellen Bereich sieben Atome, und jedes wird in ein Energiezentrum verwandelt. Im spirituellen Bereich kommen sieben Strahlen aus dem einen kosmischen Atom, und die vom Wurzel-Wesenskern ausstrahlenden sieben schöpferischen Kräfte der Natur ... folgen – eine dem rechten Pfad, die andere dem linken – getrennt bis zum Ende des Kalpas, dabei aber trotzdem eng umschlungen. Was eint sie? KARMA." Die dem zentralen Punkt entströmten Atome emanieren nun ihrerseits neue Energiezentren, und unter dem mächtigen Atem *Fohats* beginnt das Wirken dieser neuen Energiezentren von innen nach außen, wobei sie eine Vielzahl anderer, kleinerer Zentren hervorbringen. Diese gestalten dann ihrerseits im Verlauf von Evolution und Involution die Wurzeln oder die sich entwickelnden Ursachen für neue Wirkungen – "von Menschen bewohnten" Himmelskörpern bis hinab zu den Gattungen, Arten und Klassen aller *sieben* Reiche.[16]

Der wahre Buddhist, der keinen "persönlichen Gott" oder "Vater" oder einen "*Schöpfer* des Himmels und der Erde" anerkennt, glaubt jedoch an ein *absolutes Bewußtsein*, nämlich "Âdi-Buddhi", und der buddhistische Philosoph *weiß*, daß es Planetengeister, die "Dhyâni-Chohans" gibt. Aber obwohl er die Existenz "geistiger Lebensformen" zugibt, sind diese zeitgebunden in der Ewigkeit und sind deshalb, laut seiner Philosophie, die "Mâyâ des Tages", die *Illusion* eines "Tages des Brahmâ", ein kurzes Manvantara von 4.320,000.000 Jahren. Die Dhyâni-Chohans und alle unsichtbaren Wesen – die *sieben* Zentren und ihre unmittelbaren Emanationen, die *kleinen* Energiezentren – sind die direkte Reflexion des Einen Lichts, die Menschen aber sind weit entfernt von ihnen, denn der *sichtbare* Kosmos besteht in seiner Ganzheit aus "*selbst-produzierten* Wesen, den Geschöpfen des *Karma*." Im Hinblick auf einen persönlichen Gott, der "nur ein riesiger Schatten ist, den die Phantasie unwissender Menschen auf die Leere des Raumes wirft,"[17] wird gelehrt, daß nur "zwei Dinge objektiv ewig sind, nämlich *Âkâsha* und *Nirvâna*," und daß diese beiden in Wirklichkeit EINS sind. Geteilt sind sie nichts weiter als eine *Mâyâ*. "Buddhisten lehnen die Schöpfung ab und können sich einen Schöpfer nicht vorstellen." "Alles ist aus Âkâsha (oder, auf unserer Erde, Svabhâvat) hervorgegangen, einem ihm eigenen Bewegungsgesetz folgend, und nach einer gewissen Existenzdauer vergeht es wieder. Es ist nie etwas aus dem Nichts hervorgegangen." *(Buddhistischer Katechismus)*.

Fragt man einen Anhänger des Advaita Vedânta, ob er an Gott glaubt, so ist seine Antwort wahrscheinlich dieselbe, die Jacolliot gegeben wurde: "Ich selbst bin 'Gott'". Ein singhalesischer Buddhist würde lachen und erwidern: "Es gibt keinen Gott, keine Schöpfung." Aber im Grundsatz ist die Philosophie des Advaita und des Buddhismus ein und dieselbe; beide empfinden Ehrfurcht vor dem tierischen Leben, denn beide sind überzeugt, daß jede irdische Kreatur, auch die kleinste und

---

[16] Siehe Stanze 6 des ersten Buches und den dazugehörigen Kommentar.
[17] H. S. Olcott, *Buddhistischer Katechismus*.

unbedeutendste, "ein unsterblicher Teil einer unsterblichen Materie ist" (Materie hat in dieser Philosophie eine völlig andere Bedeutung als in der christlichen oder materialistischen Weltanschauung), und beide sind überzeugt davon, daß jede Kreatur dem Karmagesetz unterliegt.

Jeder Philosoph der antiken Welt, jeder Kabalist und jeder Gnostiker der Frühzeit würde mit der Antwort des Vedantisten übereinstimmen. Sie enthält ohne Einschränkung den Geist der delphischen und der kabalistischen Gebote. Denn schon vor langer Zeit hat die Esoterische Philosophie das Problem gelöst, was der Mensch war, ist und sein wird, die Frage seiner Herkunft und seines Lebenszyklus – grenzenlos in der Dauer aufeinanderfolgender Inkarnationen oder Wiedergeburten – und, letztlich, seiner Rückkehr zur Quelle, aus der er kam.

Wenn wir beim Studium der Herkunft und Evolution des Menschen dem Lernenden die Funktion des Karmagesetzes in der periodischen Erneuerung des Universums klarer, verständlicher machen wollen, müssen wir nun die esoterische Bedeutung untersuchen, die die karmischen Zyklen für eine Universalethik haben.

Es stellt sich die Frage, ob diese mysteriösen Zeiteinteilungen – von den Hindus Yugas und Kalpas, von den Griechen so bildhaft Zyklus, Ring oder Kreis genannt – bedeutungsvoll für das menschliche Leben sind bzw. in direkter Beziehung zu ihm stehen. Selbst die exoterische Philosophie lehrt die ständige, in Raum und Ewigkeit stattfindende periodische und intelligente Rückkehr dieser fortwährenden Zeit-Kreise in und zu sich selbst. Es gibt "Zyklen der Materie"[18] und es gibt "Zyklen geistiger Evolution", Menschheits-, Volks- und individuelle Zyklen.

Es wird gelehrt, daß Mâyâ, die täuschenden Erscheinungen geschichtlicher Ereignisse und Taten auf dieser Erde, Veränderungen unterworfen sind, wechselhaft je nach den verschiedenen Völkern und Orten. Aber die Hauptmerkmale eines Lebens stimmen immer überein mit der "Konstellation", unter der es geboren wurde, oder, besser gesagt, mit den Charakteristika des beseelenden Prinzips bzw. der Gottheit, die über jedes individuelle Leben wacht, und es spielt keine Rolle, ob wir diese nun, wie in Asien, Dhyâni-Chohan nennen, oder Erzengel, wie in der griechischen und römischen Kirche. In der alten Symbolik war es immer die SONNE (gemeint war die geistige, nicht die sichtbare Sonne), von der man annahm, daß sie die bedeutenden Erlöser und Avatâras aussandte. So werden die Verbindungen zwischen den Buddhas, den Avatâras und den vielen anderen Inkarnationen der höchsten SIEBEN verständlich. Je direkter die Hinwendung zu seinem *Prototyp* "im Himmel", um so besser für den Sterblichen, dessen Personalität von seiner eigenen *persönlichen* Gottheit (dem siebten Prinzip) als irdisches Gefäß auserwählt wurde. Denn mit jeder Willensanstrengung, um Reinheit und Vereinigung mit diesem

[18] "Cycles of Matter" ist der Titel eines 1860 veröffentlichten Essays von Prof. Alexander Winchell.

"Selbst-Gott" zu erlangen, bricht einer der niederen Strahlen, und des Menschen geistiges Wesen wird höher und immer höher emporgezogen zu dem Strahl, der den ersten ablöst, bis der innere Mensch von Strahl zu Strahl zu dem einen und höchsten Lichtstrahl der Ursprungs-SONNE gelangt.

Ja, "in den Sternen steht unsere Bestimmung geschrieben." Aber je enger die Verbundenheit zwischen der sterblichen Reflexion MENSCH und seinem himmlischen PROTOTYP, um so gefahrloser sind die äußeren Bedingungen und die nachfolgenden Inkarnationen –, denen kein Buddha und kein Christus entkommen kann. Dies ist kein Aberglaube, und am allerwenigsten ist es Fatalismus. Fatalismus bedeutet das blinde Vorgehen einer blinden Macht, der Mensch aber kann im Verlauf seines Lebens auf Erden frei entscheiden. Er kann zwar seiner ihn beherrschenden Bestimmung nicht entkommen, hat aber die Wahl zweier Wege, die in die vorbestimmte Richtung führen. Wenn Elend sein unausweichliches Ziel ist, dann kann er es entweder im schneeweißen Gewand des Märtyrers erreichen oder in den schmutzigen Lumpen des freiwilligen Mitläufers auf schlechten Wegen, denn es sind *externe* und *interne* Bedingungen, die den Einfluß unseres Willens auf unsere Taten bestimmen. Es liegt in unserer Macht zu entscheiden, welchem der beiden Bedingungsbereiche wir folgen wollen. Wer an Karma glaubt, muß an die Bestimmung glauben, welche jeder Mensch von der Geburt bis zum Tode wie ein Spinnennetz Faden für Faden um sich selbst webt. Und diese Bestimmung wird entweder von der himmlischen Stimme des unsichtbaren Prototyps gelenkt, also von außen, oder von dem vertrauteren *astralen*, inneren Menschen, der leider viel zu oft der böse Dämon jener Verkörperung ist, die wir Mensch nennen. Beide wollen den äußeren Menschen beherrschen, aber nur einer kann siegreich sein. Und schon beim ersten Anfang des unsichtbaren inneren Kampfes schreitet das strenge, unerbittliche *Gesetz ausgleichender Gerechtigkeit* ein und verfolgt unbeirrt den Verlauf der Auseinandersetzung. Wenn der letzte Faden gesponnen wurde, und ersichtlich ist, daß der Mensch in seinem selbstgewebten Netz gefangen ist, befindet er sich vollständig unter der Herrschaft dieser *selbst geschaffenen* Bestimmung. Und die hält ihn so unweigerlich fest wie der unbewegliche Felsen eine an ihm haftende Muschel, oder sie trägt ihn hinweg gleich einer Feder im Wirbelwind seiner eigenen Taten, und das ist – KARMA.

Karma-Nemesis ist ein Synonym für VORSEHUNG, aber ohne *Plan*, Güte oder irgendwelche anderen *begrenzten* Eigenschaften und Einschränkungen, die dem Begriff "Vorsehung" in so unphilosophischer Weise zugeordnet werden. Okkultisten und Philosophen reden nicht von der Güte oder Grausamkeit der Vorsehung; aber da sie letztere mit Karma-Nemesis gleichsetzen, lehren sie, daß die Vorsehung bzw. Karma-Nemesis den guten Menschen schützt und über ihn wacht – in diesem und allen zukünftigen Leben –, und daß sie den Übeltäter straft – und zwar bis zu seiner siebten Wiedergeburt, oder, kurz gesagt, so lange, bis selbst das kleinste von ihm aus dem Gleichgewicht gebrachte Atom in der unendlichen Welt der Harmonie wieder ungestört existieren kann. Denn das einzige Gesetz des Karma ist unbedingte Harmonie, sowohl in der Welt der Materie als auch in der Welt des Geistes. Dieses Gesetz ist ewig und unwandelbar. Nicht Karma belohnt oder bestraft also, sondern wir belohnen oder strafen uns selbst, wobei entscheidend ist, ob wir mit der Natur, durch sie und in ihr handeln, indem wir uns an die Gesetze halten, auf denen diese Harmonie beruht – oder ob wir sie brechen.

Die Funktionsweisen des Karma wären auch nicht unergründlich, wenn die Menschen in Einigkeit und Harmonie zusammenarbeiten würden, anstatt in Uneinigkeit und Streit zu leben. Unsere Ignoranz würde mit Sicherheit verschwinden, wenn wir diese Funktionsweisen nur auf ihre richtigen Ursachen zurückführten. Aber ein Teil der Menschheit hält die Wege der Vorsehung für etwas Dunkles, Kompliziertes; andere meinen in ihr das Wirken eines blinden Determinismus zu erkennen, und wieder andere einfach nur Zufall – ohne lenkende Götter oder Teufel. Hätten wir das rechte Wissen, oder zumindest die Zuversicht, daß unser Nachbar uns ebenso wenig schaden will, wie wir ihm schaden wollen, dann würden sich Dreiviertel des Bösen in der Welt in Luft auflösen. Würde niemand seinen Mitmenschen verletzen, dann hätte Karma-Nemesis weder Grund noch Mittel aktiv zu werden. Es sind Streit und Widerspenstigkeit unter den Menschen, es ist die Situation von Kain und Abel zwischen ethnischen Gruppen, Nationen, Stämmen, Gesellschaften und Individuen, ist die Trennung in Wölfe und Lämmer, welche die "Wege der Vorsehung" verursachen. Mit unseren eigenen Händen schaffen wir täglich die zahllosen Windungen und Komplikationen unserer Bestimmung, während wir uns der Illusion hingeben, wir befänden uns auf dem Wege von Respektabilität und Pflichterfüllung. Und dann beklagen wir uns, daß dieser Weg so dunkel und schwierig sei. Verwirrt stehen wir vor einem selbstgeschaffenen Rätsel, vor Lebensrätseln, zu deren Lösung wir *nicht fähig* sind. Und wir beschuldigen die große Sphinx, daß sie uns verschlingt. Aber tatsächlich gibt es in unserem Leben keinen Zufall, keinen mißratenen, unnützen Tag, kein Unglück, das nicht zurückzuführen wäre auf unsere eigenen, in diesem oder einem früheren Leben vollbrachten Taten. Verletzt man die Gesetze der Harmonie, oder, wie ein theosophischer Autor dies ausdrückte, "die Gesetze des Lebens", so muß man damit rechnen, in ein selbstgeschaffenes Chaos zu stürzen. "Die einzige Schlußfolgerung, die man ziehen kann," so derselbe Autor, "ist, daß diese Gesetze des Lebens ihre eigenen Rächer sind, und daß deshalb jeder rächende Engel nur eine Typisierung der Reaktionen dieser Gesetze ist."

Die logische Folgerung daraus ist, daß es diese Engel, diese Hüter der Harmonie sind, die diesen unwandelbaren Gesetzen hilflos ausgeliefert sind, und nicht wir, die wir unsere Bestimmung ja selbst in der Hand haben. Karma-Nemesis ist nichts anderes als die (geistige) dynamische Auswirkung von Ursachen und Kräften, welche durch unsere Taten zur Aktivität erweckt wurden. Es ist ein Gesetz okkulter Dynamik, daß "eine auf der spirituellen oder Astralebene freigesetzte Energiemenge weitaus umfangreichere Ergebnisse produziert, als eine gleiche Menge, die im physisch-objektiven Existenzbereich freigesetzt wird."

Dies ist der Zustand, der andauern wird, bis die spirituellen Intuitionsfähigkeiten des Menschen vollständig entwickelt sind. Aber das wird erst dann passieren, wenn wir uns unserer dicken Materieschichten wirklich entledigen, und wenn wir anfangen, aus *innerer* Motivation zu handeln anstatt immer *äußeren* Impulsen nachzugeben, jenen Impulsen also, die von unseren physischen Sinnen und unserem groben, selbstsüchtigen Körper hervorgebracht werden. Bis dies geschieht, sind Einigkeit und Harmonie die einzigen Waffen gegen das Böse im Leben, also eine Brüderlichkeit IM HANDELN und ein aktiver Altruismus. Wird nur eine einzige schlechte *Ursache* unterdrückt, so wird nicht nur eine, sondern eine ganze Reihe von schlechten Wirkungen unterdrückt. Und selbst wenn eine Bruderschaft oder sogar mehrere Bruderschaften nicht vermeiden können, daß Nationen oder Völker sich hin und wieder gegenseitig zerfleischen, so wird aber Einigkeit im Denken und im Handeln und werden aktive philosophische Erforschungen der Geheimnisse des Lebens allein schon durch den Versuch, das bisher Rätselhafte zu erkennen, immer einige davon abhalten können, noch mehr Ursachen zu schaffen in einer Welt, die schon so voller Unheil und Schlechtigkeit ist. Durch die Erkenntnis, daß Karma eine Tatsache ist, kommt man zu der Überzeugung, daß die Zeilen

> Tugend verzweifelnd, Laster triumphierend,
> zu Gottesleugnern machen sie die Menschheit[19]

nur deshalb wahr sein können, weil diese Menschheit schon immer die Augen verschlossen hat vor der großen Wahrheit, daß der Mensch sein eigener Erlöser und sein eigener Zerstörer ist, und daß es deshalb sinnlos ist, den Himmel und die Götter, die Nornen oder die Vorsehung wegen der scheinbaren Ungerechtigkeit zu beschuldigen, die die Menschheit beherrscht. Es wäre besser, wenn der Mensch sich der folgenden Weisheit der alten Griechen erinnerte, die ihn ermahnt, nicht *Das* anzuklagen, das uns

> gerecht, aber mysteriös, ohne Irren, auf unerkennbaren Wegen
> von Schuld zur Strafe führt.

Es sind die Wege, auf denen die großen Nationen der westlichen Welt heute wandeln.

---

[19] John Dryden, *Cleomenes*, Akt 4, Szene 1.

ZWEITES BUCH

ANTHROPOGENESIS

EINLEITENDE ANMERKUNGEN ÜBER DIE ARCHAISCHEN STANZEN UND DIE VIER PRÄHISTORISCHEN KONTINENTE

Die Stanzen dieses Buches und die dazugehörigen Kommentare stammen aus denselben archaischen Aufzeichnungen wie die kosmogonischen Stanzen des ersten Buches. Zur Evolution der Menschheit stellt die Geheimlehre drei neue Postulate auf, die in direktem Widerspruch zu den Erkenntnissen der modernen Naturwissenschaft und den gängigen religiösen Dogmen stehen: a) Die gleichzeitige Entwicklung von sieben Menschheitsgruppen in sieben verschiedenen Teilen unserer Erde; b) die Entstehung des *astralen* Körpers vor dem *physischen* Körper, wobei ersterer das Modell des letzteren ist; c) in dieser Runde entstand der Mensch v o r allen Säugetieren, auch vor den Anthropoiden.

Ehe wir uns der *Anthropogenesis* der prähistorischen Menschheiten zuwenden, sollten wir die Benennung der Kontinente klären, auf denen die Evolutionsperioden der vier großen Menschheiten, die vor unserer eigenen *adamischen* Menschheit existierten, entstanden, lebten und ausstarben. Sie hatten die unterschiedlichsten archaischen und esoterischen Namen, entsprechend den jeweiligen Sprachen der Völker, in deren Annalen und Schriften sie erwähnt wurden.

Um Verwirrung zu vermeiden, halten wir es deshalb für angebracht, den vier Kontinenten Namen zu geben, die dem gebildeten Leser vertraut sind. Deshalb nennen wir den ersten Kontinent bzw. die erste *Terra firma*, wo die Erste Menschheit von den göttlichen Vorfahren hervorgebracht wurde:

I. Das Unvergängliche Heilige Land.

Es werden folgende Gründe für diesen Namen gegeben: Gesagt wird, daß dieses "Unvergängliche Heilige Land" nie das Schicksal der anderen Kontinente teilen mußte, daß es allein die Bestimmung habe, vom Beginn bis zum Ende des Manvantaras alle Runden zu überdauern. Es ist die Wiege des ersten Menschen und Wohnstatt des letzten *göttlichen* Sterblichen. Wenig kann gesagt werden über dieses geheimnisvolle, heilige Land. Aber in der poetischen Sprache der Kommentare heißt es, der "Polarstern behütet es mit wachsamen Augen, vom Morgengrauen bis zum Ende der Abenddämmerung eines 'Tages' des GROSSEN ATEMS."

II. "Hyperboräisch" soll die Bezeichnung des zweiten Kontinents sein, des Landes, dessen Gestade sich südlich und westlich des Nordpols ausdehnten, und das die Zweite Menschheit aufnahm; es schließt das gesamte Gebiet ein, das heute als Nordasien bezeichnet wird.

III. Nennen wir den dritten Kontinent Lemuria. Der Name wurde von P.L. Sclater erfunden, der zwischen 1850 und 1860 behauptete, aufgrund zoologischer Forschungen auf die prähistorische Existenz eines Kontinents schließen zu können, der sich von Madagaskar bis Ceylon und Sumatra erstreckt habe. Eingeschlossen waren Teile des heutigen Afrika, aber ansonsten ist diese riesige, einst vom Indischen Ozean bis nach Australien reichende Landmasse bis auf einige Hochlandgipfel, heutige Inseln, gänzlich in den Wassern des Pazifik versunken.

IV. "Atlantis" ist der vierte Kontinent. Platons berühmte Insel gleichen Namens war nur ein Überbleibsel dieses großen Kontinents (vgl. Sinnett, *Esoteric Buddhism*).

V. Der fünfte Kontinent war Amerika. Aber wegen dessen antipodischer Lage, und weil Europa und Kleinasien fast gleichen Alters sind, sind es meistens letztere, die von den Okkultisten der indischen Âryas als fünfter Kontinent bezeichnet werden. Würden ihre Lehren der geologischen und geographischen Reihenfolge des Erscheinens folgen, so müßte diese Klassifizierung geändert werden. Aber weil man sich bei der Reihenfolge der Kontinente nach der Evolutionsfolge der Menschheiten richtete, von der ersten bis zu unserer Ârya-Evolutionsstufe, der Fünften Menschheit, muß Europa als der fünfte große Kontinent bezeichnet werden. Die Oberfläche der Erde hat sich seit der Zerstörung des großen Atlantis-Kontinents oft verändert. Das Nildelta und Nordafrika waren Teile Europas, ehe die Straße von Gibraltar entstand und weitere Umwälzungen das Aussehen Europas vollkommen veränderten. Die letzte große Veränderung trat vor etwa 12 000 Jahren ein, in deren Folge Platons kleine Insel im Atlantik unterging, die er nach ihrem Mutterkontinent Atlantis nannte. Die Geographie gehörte in vergangenen Zeitaltern zu den Mysterien.

Daß der Mensch ursprünglich ein kolossaler, vortertiärer Riese gewesen sei und vor 18 Millionen Jahren gelebt haben soll, muß Anhängern moderner Gelehrsamkeit geradezu ungeheuerlich erscheinen. Das ganze Aufgebot von Biologen wird die Vorstellung eines solchen in der dritten Evolutionsstufe des zweiten Zeitalters lebenden Titanen brüsk ablehnen, eines Wesens, das stark genug war, sich der riesigen Monstren der Luft, in den Meeren und auf dem Land ebenso erfolgreich zu erwehren, wie es seine Vorfahren – die ätherischen Prototypen der Atlantischen Menschheit – nicht nötig hatten, sich vor Dingen zu fürchten, die ihnen nicht gefährlich werden konnten.

Wesentlich für uns ist nicht die Zustimmung oder Ablehnung der Naturwissenschaften bezüglich der Dauer geologischer Perioden, sondern ihre vollkommene Übereinstimmung in einem bestimmten, sehr wichtigen Punkt. Alle stimmen zu, daß Grönland und selbst Spitzbergen, also die Überreste unseres zweiten oder hyperboreischen Kontinents, während der Miozänperiode – einerlei ob vor 1 oder 10 Millionen Jahren – ein "fast tropisches Klima" hatten.

ERSTER TEIL

KOMMENTARE

STANZE 1[1]

DIE ANFÄNGE DES EMPFINDENDEN LEBENS

1. Der *Lha* oder Erdgeist. 2. Anrufung der Sonne durch die Erde.
3. Die Antwort der Sonne. 4. Transformation der Erde.

1. Der Lha (a), der den vierten (Himmelskörper, unsere Erde) bewegt, ist den Lhas der sieben (Planetengeister) (b) untergeordnet, jenen, die kreisend ihre Wagen um ihren Herrn, das eine Auge (*Loka-Chakshu*) (unserer Welt) lenken. Sein Atem gab Leben den sieben (*gibt den Planeten Licht*) (c). Er gab leben dem ersten. "Sie alle sind Drachen der Weisheit", fügt der Kommentar hinzu (d).

(a) Lha ist in den transhimalayischen Regionen ein altes Wort für "Geist", für jedes himmlische oder *übermenschliche* Wesen, und schließt alle Himmels-Hierarchien ein, vom Erzengel oder Dhyâni bis hinab zum Engel der Dunkelheit, oder dem irdischen Geist.

(b) Dieser Ausdruck erklärt in einfacher Sprache, daß der schützende Geist unseres Himmelskörpers, des vierten in der Kette, dem höchsten Geist (oder Gott) der sieben planetarischen Schutzgeister untergeordnet ist.

Ein Kommentar erklärt: "Die sieben Höheren veranlassen die sieben Lhas, die Welt zu erschaffen," was bedeutet, daß unsere Erde von irdischen Geistern *geschaffen* oder gestaltet wurde. Die "Regenten" hatten nur eine überwachende Funktion.

(c) "Sein Atem gab Leben den Sieben" bezieht sich sowohl auf die Sonne, die den Planeten Leben spendet, als auch auf die "Hohe", die *geistige Sonne*, die den ganzen Kosmos mit Leben erfüllt.

---

[1] Wörter und Sätze in Klammern stammen von der Autorin. Aus der Sichtweise des Hinduismus mögen diese Erklärungen an manchen Stellen unvollständig oder ungenau sein, aber vom Standpunkt der Esoterik des transhimalayischen Gebiets ist ihre Bedeutung korrekt. In jedem Fall jedoch ist die Autorin für eventuelle Fehler verantwortlich. Sie hat nie Unfehlbarkeit für sich in Anspruch genommen, deshalb sind ihre eigenen Darstellungen in Fällen von besonders schwierigen metaphysischen Zusammenhängen wahrscheinlich sehr unvollkommen. Die Lehren werden hier so dargestellt, wie sie verstanden wurden. Da es für jedes Symbol und jede Allegorie sieben Interpretationsschlüssel gibt, werden dort, wo z.B. keine passenden psychologischen oder astronomischen Bedeutungen entschlüsselt werden können, sicherlich korrekte physische oder metaphysische Erläuterungen gefunden.

In der Zusammenfassung der Stanzen im ersten Buch wurde gezeigt, daß die Genese[2] von Göttern und Menschen in und aus ein und demselben Punkt heraus, d.h. in der einen, universalen, unwandelbaren, ewigen und absoluten EINHEIT begann. In ihrem ursprünglichen Manifestationsaspekt wurde sie, wie wir gesehen haben, 1) in der Sphäre von Objektivität und Physik zur Ursprünglichen Substanz und Energie (vom Mittelpunkt fortstrebend und zum Mittelpunkt hinstrebend, positiv und negativ, männlich und weiblich etc., etc.); und 2) wurde sie in der Welt der Metaphysik der GEIST DES UNIVERSUMS oder kosmische Ideation, manchmal auch LOGOS genannt.

Am Anfang eines großen Manvantaras manifestiert sich Parabrahman zuerst als Mûlaprakriti und dann als Logos. Dieser Logos ist das Äquivalent des "unbewußten Universalgeistes", etc., des Pantheismus der westlichen Welt. Er ist die Basis der SUBJEKT-Seite des manifestierten Seins und die Quelle aller Manifestationen individuellen Bewußtseins. Mûlaprakriti oder die ursprüngliche kosmische Substanz ist die Grundlage der OBJEKT-Seite aller Dinge – die Basis aller objektiven Evolution und Kosmogenese. Kraft kommt also nicht mit der ursprünglichen Substanz aus der parabrahmanischen Latenz hervor, sondern sie ist die *Transformation des überbewußten Gedankens des Logos* in Energie, welche sozusagen eine Infusion aus der Urpotenz der Einen Wirklichkeit hinein in die Objektivierung des überbewußten Gedankens des Logos ist.[3] Hier entstehen die erstaunlichen Gesetze, denen die Materie unterworfen ist. Kraft ist somit *nicht synchron mit der ersten Objektivierung*

[2] In Dr. Alexander Wilders kluger Definition bezeichnet das Wort Genese, Genesis, nicht einen Erzeugungsvorgang, sondern "*ein Hervorkommen aus dem Ewigen* hinein in Kosmos und Zeit." In theosophischer Ausdrucksweise würde man sagen: "Ein Kommen aus dem *esse* in das *existere*" oder "aus dem SEIN in das Dasein".

[3] (Im Original, *The Secret Doctrine,* First Quest Ed., Wheaton, 1993, Bd. II, S. 24: "... infused, so to speak, into the objectivation of the (supra-conscious thought of the Logos) out of potential latency in the One Reality." Im Englischen kann man von "latent potential" oder auch "hidden potential" sprechen, nicht aber von "potential latency". Letzteres ist ein Pleonasmus, der von H.P.B. möglicherweise nicht gewollt war. Es besteht die Wahrscheinlichkeit, daß die Autorin "latent potentiality" meinte in dem Sinn, in dem der Mahatma K.H. diese Bezeichnung in seinen "Cosmological Notes" gebrauchte, wo er schrieb: "There comes a time when the whole infinitude sleeps or rests, when all is reimmersed in the one eternal and uncreated sum of all. The sum of the latent unconscious potentiality." Vgl. *The Mahatma Letters to A.P. Sinnett,* arranged and edited by V. Hao Chin, Jr., Quezon City, 1993, S. 517. An derselben Stelle finden wir außerdem K.H.s Erwiderung auf Fragen von Sinnett und Hume. Deren Vorschlag, kosmische Materie als "potential" zu bezeichnen, erhielt K.H.s kategorische Antwort: "Potentiality is a possibility not an actuality. Find a better word." Und im Brief Nr. 65, erklärt er, daß die Bezeichnung "latent potential energy" eine Absurdität sei. Eine weitere Bestätigung, daß H.P.B. "latent potentiality" gemeint hat, ist in ihren eigenen Worten in den "Protokollen der Londoner Studienkonferenzen zur *Geheimlehre*" zu finden, wo sie erklärt: "Wenn die Stunde schlägt für das Erscheinen des dritten Logos, dann strahlt die latente Potentialität ein tiefer liegendes Feld differenzierten Bewußtseins aus." Siehe S. 433 in dieser Studienausgabe. Im Zusammenhang erschien uns deshalb konsequenterweise die Übertragung von "potential latency in the One Reality" als "Urpotenz der Einen Wirklichkeit" am sinnvollsten. Vgl. "Urpotenz" in Schelling, *Werke* 13.294, und die "unendliche Potenz alles Seyns" in SW 13.76. Ich danke David Reigle für den Hinweis auf die Mahatma-Briefe und Peter Heiniger für den Verweis auf H.P. Sturm, *Weder Sein noch Nichtsein,* Würzburg, 1996, S. 457 ff. H.T.)

der Mûlaprakriti. Weil Mûlaprakriti aber ohne sie *eine reine Abstraktion* und deshalb absolut und notwendigerweise wirkungslos ist, besteht keine Notwendigkeit, sich in allzu fein gesponnenen Details über die Reihenfolge zu verlieren, in der die kosmischen Urdinge erscheinen. Energie kommt *nach* der Mûlaprakriti. Aber *ohne* Energie ist Mûlaprakriti praktisch nicht existent.[4]

Der "Himmlische Mensch" (Tetragrammaton), der Protogonos oder Tikkun, Erstgeborener der passiven Gottheit und die erste Manifestation des Schattens dieser Gottheit, ist die universale Form und Idee, durch welche der manifestierte Logos erzeugt wird. Es ist Adam-Kadmon, das Vier-Buchstaben-Symbol *des Universums* in der Kabalah, auch *zweiter* Logos genannt. Der zweite entspringt dem ersten und entwickelt das dritte Dreieck (vgl. den Sephiroth-Baum), und aus diesem letzten der Dreiecke (der unteren Engelschar) entsteht der MENSCH. Mit diesem dritten Aspekt wollen wir uns jetzt beschäftigen.

Der Leser darf nicht vergessen, daß ein großer Unterschied besteht zwischen dem LOGOS und dem *Demiurgos* – der eine ist *Geist*, der andere *Seele*. Außerdem wurde der Mensch in mehreren philosophischen Systemen als *dritter Logos* betrachtet. Die esoterische Bedeutung des Wortes *Logos* (Sprache oder Wort, *Verbum*) ist die Wiedergabe des verborgenen Gedankens in gegenständlicher Darstellungsweise, wie etwa in einer Fotografie. Der *Logos* ist der Spiegel, der den GÖTTLICHEN GEIST reflektiert, und das Universum ist der Spiegel des Logos, obwohl letzterer das *esse* dieses Universums ist. Dem Logos gleich, der *alles* in diesem Universum der Fülle göttlicher Kraft Enthaltene reflektiert, so reflektiert auch der Mensch in sich selbst alles, was er in *seinem* Universum, der Erde, sieht und vorfindet.

(d) Die Fohi-Menschen Chinas (Fohi = der "Himmlische Mensch") werden als die zwölf *Tien-Hoang* bezeichnet, das sind die zwölf Hierarchien der Dhyânis oder Engel, die menschliche Gesichter und Drachenkörper haben. Der Drachen ist eine Repräsentation der *göttlichen Weisheit* oder des göttlichen Geistes.

Diese Allegorien verweisen auf einen einzigen Ursprung: die zwei- und dreifache Natur des Menschen. Zweifach, insofern er männlich und weiblich ist, dreifach, weil er *innen* einen geistigen und einen psychischen Wesenskern und außen eine materielle Hülle hat.

2. DIE ERDE SPRACH: "HERR DES STRAHLENDEN ANGESICHTS (der Sonne), MEIN HAUS STEHT LEER ... SENDE DEINE SÖHNE, DIESES RAD (die Erde) ZU BEVÖLKERN. DU HAST DEINE SIEBEN SÖHNE ZUM HERRN DER WEISHEIT (a) GESANDT. ER SIEHT DICH SIEBENMAL NÄHER BEI SICH, SIEBENMAL MEHR SPÜRT ER DICH. VERBOTEN HAST DU DEINEN UNTERGEBENEN, DEN KLEINEN RINGEN, DEIN LICHT UND DEINE WÄRME

[4] Genauere Erklärungen über die Uranfänge, wie sie durch eine esoterische Deutung der *Bhagavad-gîtâ gefunden* werden können, sind enthalten in T. Subba Rows "Anmerkungen zur *Bhagavad-gîtâ*" in *The Theosophist*, 8. Jahrgang, März, April und Juli 1887.

EINZUFANGEN, DEINE GROSSE WOHLTÄTIGKEIT AUF IHREM WEGE (b) AUFZUHALTEN. SENDE SIE NUN DEINER UNTERGEBENEN!" (c).

(a) Der "Herr der Weisheit" ist Merkur oder *Budha*.

(b) Der moderne Kommentar erklärt dies als Hinweis auf die bekannte astronomische Tatsache, "daß Merkur siebenmal mehr Licht und Wärme von der Sonne erhält, als die Erde, und daß sogar auf die schöne Venus nur doppelt soviel Licht und Wärme fällt wie auf unsere unbedeutende Erdkugel." In den Worten des Kommentars:

"Die vom Geist der Erde und seinen sechs Helfern angetriebene Erdkugel erhält all ihre wichtigen Kräfte, ihr Leben und ihre Macht – übermittelt durch die sieben planetaren Dhyânis – vom Geist der Sonne. Sie sind seine Botschafter des Lichts und des Lebens."

"*Wie jede der sieben Regionen der Erde erhält jedes der sieben*[5] *Erstgeborenen* (die ursprünglichen Menschengruppen) *sein geistiges Licht und Leben von seinem eigenen, speziellen Dhyâni, und sein physisches Licht und Leben vom Palast* (Haus, Planet) *dieses Dhyânis. Und ebenso verhält es sich mit den Sieben Großen Menschheiten, die auf ihr geboren werden. Die Erste wird geboren unter der Sonne, die Zweite unter Brihaspati* (Jupiter), *die Dritte unter Lohitânga* ("die mit dem Feuerkörper", Venus oder Shukra), *die Vierte unter Soma* (dem Mond, wozu auch unsere Himmelskugel gehört, denn der vierte Kreis wird unter und aus dem Mond heraus geboren) *und Shani, Saturn, dem Krûra-lochana* (mit dem bösen Blick) *und Asita* (dem Dunklen), *die Fünfte unter Budha* (Merkur)."

"*Das betrifft auch den Menschen und jeden 'Menschen'* (jedes Prinzip) *im Menschen. Jedes* (Prinzip) *erhält seine spezielle Eigenart von seinem hauptsächlichen (Planetengeist), und deshalb ist jeder Mensch eine Siebenheit* (bzw. eine Kombination von Prinzipien, von denen jedes einzelne seinen Ursprung in einer Eigenart des speziellen Dhyânis hat). *Jede auf der Erde aktive Kraft kommt von einem der sieben Herren. Licht kommt über Shukra* (Venus), *die eine dreifache Menge erhält, wovon sie ein Drittel der Erde abgibt.*[6] *Deshalb werden die beiden 'Zwillingsschwestern' genannt, aber der Erdgeist ist dem 'Herrn' von Shukra untertan. Unsere Weisen stellen die beiden*

---

[5] "Wie oben, so unten" ist das grundlegende Axiom der okkulten Philosophie, d.h. in allem, was die Erde betrifft, muß es eine Siebenfältigkeit geben – ebenso wie der Logos siebenfältig ist, d.h. im ganzen Kosmos als sieben Logoi unter sieben verschiedenen Formen erscheint, oder, wie gelehrte Brahmanen das ausdrücken, ebenso wie "eine jede von diesen (Formen) die zentrale Gestalt einer der sieben großen Systeme der uralten Weisheitsreligion" ist, und ebenso, weiterhin, wie die den sieben unterschiedlichen Verfassungen von *Prajñâ* oder Bewußtsein entsprechenden sieben Prinzipien verbunden sind mit sieben Zuständen der Materie und den sieben Ausdrucksformen von Kräften.

[6] Die Wissenschaft lehrt, daß der Planet Venus zweimal mehr Licht und Wärme von der Sonne erhält als die Erde. So wird von diesem am stärksten leuchtenden und unsere Morgen- und Abenddämmerung ankündigenden Planeten gesagt, er gebe der Erde ein Drittel des Lichts ab und behalte zwei Drittel für sich selbst. Dies ist von okkulter und von astronomischer Bedeutung.

Himmelskörper übereinander dar, einen über und einen unter dem doppelten Zeichen (dem uralten Svastika, dem Kreuz ohne seine vier Arme: ✛)."

Das "doppelte Zeichen" ist, das weiß jeder, der sich mit dem Okkultismus befaßt, Symbol für das männliche und weibliche Prinzip in der Natur, für das Positive und Negative – aber der Svastika 卐 hat noch weit mehr Bedeutungen. Seit den Anfängen der Astronomie – sie wurde der Vierten Menschheit von einem ihrer göttlichen Könige aus der Götter-Dynastie beigebracht – und auch der Astrologie wurde Venus in den astronomischen Tafeln des Altertums als eine *über einem Kreuz ruhende Kugel* dargestellt, und die *Erde als Kugel unter einem Kreuz.* Die esoterische Bedeutung dieses Symbols: "Der Fall der Erde in die Fortpflanzung, in das Hervorbringen ihrer Gattung durch sexuelle Vereinigung." Von allen Planeten ist Venus der okkulteste, mächtigste und geheimnisvollste. Sein Einfluß auf die Erde und seine Beziehung zu ihr sind von größter Bedeutung. Die gesamte Geschichte Shukras in den *Purânas* betrifft die Dritte und die Vierte Menschheit. Wie der Kommentar aussagt:

"*Durch Shukra entstanden die 'Zweifachen'* (die Hermaphroditen) *der Dritten* (Menschheit) *aus den ersten 'Schweißgeborenen'. Deshalb repräsentiert ihn während der Dritten* (Menschheit) *das Symbol* ⊖ (der Kreis mit Durchmesser) *und während der Vierten das Symbol* ⊕ .

Das bedarf einer Erklärung. Wenn sich im Kreis nur die waagerechte Linie des Durchmessers befindet, so repräsentiert dieses Zeichen die weibliche Natur, die erste *ideale* Welt, die vom überall vorhandenen Geist des Lebens *selbsthervorgebracht* und *selbstbefruchtet* ist – und so wird auch ein Bezug hergestellt zur Ersten, ursprünglichen Menschheit. Wenn die Menschheiten, zusammen mit allem anderen auf der Erde, beginnen, sich zu physischen Formen zu entwickeln, geht damit diese ideale Welt in einen androgynen Zustand über. Und nun verändert sich das Symbol in einen Kreis mit Durchmesser und eine von diesem ausgehende vertikale Linie, wodurch das noch nicht getrennte Männlich-Weibliche dargestellt wird: Es ist die erste und früheste Darstellung des Tau T . Danach wird dieses T zum ✛ mit der Bedeutung der Trennung[7] des Männlich-Weiblichen und deren Fall in die Zeugung. Das Symbol der Venus, ein Kreis über dem Kreuz, läßt erkennen, daß diesem Planeten die natürliche Zeugung des Menschen zugeordnet wird. Im alten Ägypten wurde *Ankh*, das Leben, durch das Henkelkreuz ☥ symbolisiert, eine andere Form des Venus-(Isis-)Symbols ♀ , mit der esoterischen Bedeutung, daß die Menschheit und alles animalische Leben den göttlichen, geistigen Kreis verlassen hatte, und daß ihr Fall in die physische männlich-weibliche Fortpflanzung stattgefunden hatte. Seit dem Ende der Dritten Menschheit hat dieses Symbol dieselbe phallische Bedeutung wie der "Baum des Lebens" im Garten Eden.

---

[7] So gesehen ist das christliche Kreuz, wenn man dessen religiös-metaphysischen Aspekt beiseite läßt, viel mehr phallisch als der heidnische Svastika. Vgl. die ersten Seiten des ersten Buches.

"Jede Welt hat einen elterlichen Stern und einen geschwisterlichen Planeten. Die Erde ist Adoptivkind und jüngerer Bruder der Venus, aber die Erdbewohner sind eine eigenständige Art ... Allen vollständigen, fühlenden Wesen (vollständig siebenfältigen Menschen bzw. höheren Wesen) *werden gleich zu Beginn Formen und Organismen mitgegeben, die in perfekter Harmonie mit der Natur und dem Zustand der von ihnen bewohnten Sphäre stehen."*

"Die Daseinssphären oder Lebenszentren sind zahllose isolierte Kerne, die ihre eigenen Menschen und Tiere hervorbringen. Nicht ein einziger hat Ähnlichkeit mit seinem geschwisterlichen Gefährten oder irgendeinem anderen aus der eigenen Sippe."

"Alle besitzen eine doppelte Natur – eine physische und eine geistige."

"Die Kernkörper (Nukleoli) *sind ewig, immerwährend; die Kerne* (Nuklei) *periodisch und endlich. Die Kernkörper gehören zum Absoluten und ist wie Maueröffnungen in jener schwarzen, undurchdringlichen Festung, die dem menschlichen und sogar dem dhyânischen Anblick ewiglich verborgen bleibt. Die Kerne sind das Licht der Ewigkeit, das durch diese Öffnungen hervorbricht."*

"Es ist dieses LICHT, *welches sich zu den Formen der 'Herren des Seins' verdichtet – deren erste und höchste kollektiv der* JÎVÂTMAN *oder Pratyag-âtman ist* (der, bildlich gesprochen, aus dem Paramâtman hervorkommt. Es ist dasselbe wie der Logos der griechischen Philosophie, der zu Beginn jedes neuen Manvantaras erscheint). *Ausgehend von diesen* ('Herren des Seins') *werden in absteigender Folge die zahllosen Hierarchien der schöpferischen Kräfte hervorgebracht. Sie erhalten ihre Formen aus der immer stärker werdenden Verdichtung der Wellen jenes Lichts, welches letztendlich auf der objektiven Ebene zu grober Materie wird. Manche sind formlos, andere haben eigene, charakteristische Formen, wieder andere, die tiefsten (Elementale), nehmen jede Form an, die sich den Gegebenheiten ihrer Umwelt am besten anpaßt."*

"Es gibt also nur einen Absoluten Upâdhi (Basis) *im geistigen Sinne. Von, auf und in dieser Basis sind – zur Ausführung manvantarischer Funktionen – die zahllosen basalen Zentren erbaut worden, auf denen die universalen, die zyklischen und die individuellen Evolutionen im Verlauf einer aktiven Periode stattfinden."*

"Die beseelenden Intelligenzkräfte, die diesen Seinszentren Leben geben, werden von den jenseits des großen Gebirges [8] *lebenden Menschen unterschiedslos Manus, Rishis,*

[8] In diesem Fall ist mit dem Hinweis "jenseits des großen Gebirges" Indien gemeint, denn von Tibet aus gesehen liegt Indien hinter der himalayischen Gebirgskette. (Boris de Zirkoff erklärt zusätzlich: "Viele Theosophiestudenten haben es sich angewöhnt, die Meister und ihre esoterischen Lehren als trans-himalayisch – also jenseits des Himalaya beheimatet – zu bezeichnen. Für die meisten von uns, die ja *diesseits* des Himalaya leben, ist das logisch. Wir sollten uns aber immer vergegenwärtigen, daß viele der Aussagen und Erklärungen in der *Geheimlehre* der Autorin von dem einen oder anderen der zur Bruderschaft gehörenden Initiierten diktiert wurden, und von deren Standpunkt aus bedeutet 'jenseits' des Gebirges natürlich Indien oder ein anderes geographisches Gebiet in derselben Richtung." *The Secret Doctrine*, First Quest Edition, Wheaton, 1993, Band 2, S. 800. H.T.)

Pitris[9] *oder Prajâpatis usw. genannt, und diesseits werden sie als Dhyâni-Buddhas, Chohans, Melhas* (Feuergötter), *Bodhisattvas*[10] *usw. bezeichnet. Die wirklich Nichtwissenden nennen sie Götter; gebildete, aber unerleuchtete Menschen sprechen von dem einen Gott, während die Weisen, die Initiierten, in ihnen nur die manvantarisch bedingten Manifestationen von* Tat *verehren, worüber weder unsere Schöpfer* (die Dhyâni-Chohans) *noch deren Geschöpfe jemals etwas wissen oder aussagen können. Das* ABSOLUTE *kann nicht definiert werden, kein Sterblicher und kein Unsterblicher hat es in seinen Lebensperioden je zu Gesicht bekommen oder erfassen können. Der Veränderung Unterworfene können das Unveränderliche nicht kennen, und nichts Lebendes kann das absolute Leben wahrnehmen."*

"So kommt es, daß der Mensch keine höheren Wesen kennen kann als seine eigenen 'Vorfahren'." *"Und er soll sie nicht anbeten"*, aber er soll lernen, *wie* er in die Welt kam.

(c) Die Sieben, die von den Kosmogonien bis hinab zum Menschen die grundlegende Zahl unter allen anderen Zahlen der religiösen Systeme aller Völker ist, muß ihren *raison d'être* haben.

Die uralten Symbole haben ihre Ursprünge in den in unserem "Proem" des ersten Buches aufgeführten Zeichen aus dem dort erwähnten alten Manuskript. Das mystische System enthält den •, den zentralen Punkt, die Drei oder △, die Fünf, ⛤ und die Sieben oder ⧈ oder ✡, d.h. das Dreieck im Viereck und den vereinigenden Punkt im verschlungenen doppelten Dreieck. Soweit zur Welt der Archetypen. In der Welt der Phänomene ist der MENSCH Höhepunkt und Reflexion von allem, er ist – in seinem metaphysischen Aspekt – das mystische Viereck, die Tetraktys. Auf der schöpferischen Ebene wird er der *Würfel.* Sein Symbol ist der entfaltete Würfel, wobei die Sechs zur Sieben wird: ✠, d.h. *drei* quer (das Weibliche) und *vier* vertikal. Das ist der Mensch, die Kulmination des Göttlichen auf Erden. Sein Körper ist das Kreuz des Fleisches. *Auf, durch* und *in* diesem Kreuz kreuzigt und tötet er immer wieder den göttlichen Logos, sein HÖHERES SELBST.

Im Okkultismus gibt es drei Arten von Licht: 1) Das abstrakte und absolute Licht, welches Finsternis ist, 2) das Licht des Manifestierten-Unmanifestierten, von manchen Logos genannt, und 3) die Reflexion des letzteren Lichts in den Dhyâni-Chohans, den geringeren *logoi* (kollektiv sind das die Elohim), welche es ihrerseits auf das objektive Universum werfen.

---

[9] In diesen Shlokas benutzen wir das Wort "Pitris" des besseren Verständnisses wegen. In den ursprünglichen Stanzen tun wir das jedoch nicht, dort haben sie, neben ihrer Bezeichnung als "Väter" und "Vorfahren", ihre eigenen, speziellen Bezeichnungen.

[10] Es ist falsch, die Anbetung menschlicher Bodhisattvas oder Mañjushrîs wörtlich zu verstehen. Wahr ist, daß der exoterische Mahâyâna-Buddhismus ihre Verehrung unterschiedslos lehrt, und daß Hiuen-Tsang von der Anbetung einiger Jünger des Buddha spricht. Aber in esoterischer Betrachtungsweise ist es nicht der Jünger oder der gelehrte Mañjushrî, der diese Ehrungen *persönlich* empfängt, sondern der göttliche Bodhisattva und der Dhyâni-BUDDHA, der seiner menschlichen Form Leben gab (Mongolisch *amilakha*).

Ehe der Mensch zu dem wird, was er ist, muß die Natur (im Menschen) zu einem Zusammenschluß aus Geist und Materie kommen, und der in der Materie latente Geist muß allmählich zu Leben und Bewußtsein erweckt werden. Die Monade muß ihre Erscheinungsformen in den Mineral-, Pflanzen- und Tierreichen durchlaufen, ehe das Licht des Logos im menschlichen Tier erweckt werden kann. Deshalb kann letzteres bis dahin nicht als MENSCH bezeichnet werden, sondern muß als eine in immer wieder wechselnden Erscheinungsformen gefangene Monade betrachtet werden. Nicht *Schöpfung* durch WORTE, sondern *Evolution* ist die Erkenntnis östlicher Philosophien – selbst in ihren exoterischen Schriften. *Ex oriente lux.*

Für viel Verwirrung hat die Art und Weise gesorgt, in der halbinitiierte brahmanische und biblische Autoren der Welt die Eigenschaften und Genealogien der Götter in deren Theogonien – dem Alpha und Omega der Aufzeichnungen dieser symbolischen Wissenschaft – präsentiert haben. Keinerlei Verwirrung hervorrufen können dagegen die Darstellungen der frühesten Völker, der Nachkommen und Schüler der göttlichen Lehrer. In ihren Darstellungen standen sowohl die Eigenschaften als auch die Genealogien in einem unauflöslichen Zusammenhang mit kosmogonischen Symbolen, denn die "Götter" waren Leben und lebenspendendes "Seelen-Prinzip" der verschiedenen Regionen des Universums. Nirgendwo, bei keinem Volk waren Spekulationen erlaubt, die *über die manifestierten* Götter *hinausgingen.* Die grenzenlose, unendliche EINHEIT war allen Völkern ein jungfräulicher, verbotener Bereich, den kein menschlicher Gedanke, keine nutzlose Spekulation berühren durfte. Der einzige Hinweis, der je gemacht wurde, betraf ein einfaches Konzept dieser Einheit als diastolisches und systolisches Prinzip, also ihre periodische Ausdehnung oder Erweiterung und Zusammenziehung. Im Universum mit seinen immer wieder verschwindenden und neu erscheinenden unzähligen Systemen und Welten mußten deren Seelen, die anthropomorphisierten Mächte oder Götter, zusammen mit ihren Körpern verschwinden. Unser Kommentar drückt es so aus: "Der Atem kehrt zurück in den ewigen Urgrund, der sie ausstößt und einzieht."

In jeder Kosmogonie steht hinter und über der *schöpferischen* Gottheit eine höhere, planende Gottheit, ein Baumeister, *für den* der Schöpfer nur ausführendes Organ ist. Aber noch höher, *darüber* und *rundum* und *innen* und *außen* – ist das UNERGRÜNDBARE, das *Unbekannte*, Urquell und Ursache all dieser Emanationen ...

3. DA SPRACH DER "HERR DES STRAHLENDEN ANGESICHTS": "ICH WERDE DIR EIN FEUER SCHICKEN, WENN DEIN WERK BEGONNEN HAT. LASS ANDERE LOKAS DEINE STIMME HÖREN; BITTE DEINEN VATER, DEN HERRN DES LOTUS (*Kumuda-pati*) (a), UM SEINE SÖHNE ... DEIN VOLK SEI UNTER DER HERRSCHAFT DER VÄTER (*pitri-pati*). DEINE MENSCHEN WERDEN STERBLICH SEIN. DIE MENSCHEN DES HERRN DER

WEISHEIT (*Budha, Merkur*) SIND UNSTERBLICH (b), NICHT ABER DIE SÖHNE DES SOMA (*des Mondes*). BEENDE DEIN KLAGEN. NOCH HAST DU DEINE SIEBEN HÄUTE ... DU BIST NICHT BEREIT. DEINE MENSCHEN SIND NICHT BEREIT (c)."

(a) *Kumuda-pati* ist die Bezeichnung für den Mond, den Vorfahr der Erde, in seiner Soma-loka-Region. Die Pitris (die "Väter") sind allgemein bekannt als "lunare" Vorfahren, obwohl sie die Söhne der Götter (anderswo auch Söhne Brahmâs oder sogar Söhne der Rishis) sind.

(b) Pitri-pati ist der Herr bzw. König der *Pitris*, Yama, Gott des Todes und Richter der Sterblichen. Im metaphorischen Gebrauch des Wortes sind die Menschen des Budha (Merkur) *unsterblich* dank ihrer Weisheit. Dies wird allgemein von denen geglaubt, die jeden Stern oder Planet als bewohnt betrachten. Weil der Mond ein sogar der Erde untergeordneter Körper ist – von anderen Planeten ganz zu schweigen –, können die von den Mondmenschen oder "Mondvorfahren" – den Söhnen des Mondes – aus der Mondoberfläche, aus dem Mondkörper hervorgebrachten irdischen Menschen nicht unsterblich sein. Es ist ihnen unmöglich, wirkliche, selbstbewußte und intelligente Menschen zu werden, wenn sie durch die anderen Schöpfer nicht sozusagen *vervollständigt* werden. Wieder metaphorisch ausgedrückt, ist Merkur der ältere Bruder der Erde – als Kind des *Geistes* sozusagen ihr Stiefbruder –, während die Erde Sproß des *Körpers* ist. Diese Allegorien haben eine tiefere und wissenschaftlich relevantere Bedeutung (für die Astronomie und die Geologie), als unsere modernen Wissenschaftler gewillt sind zuzugeben.

Das Wort "Mensch" bezieht sich hier auf die himmlischen Menschen, d.h. auf die in Indien so genannten *Pitris*, also die Väter, die Vorfahren der Menschen. Aber angesichts der heutigen wissenschaftlichen Theorien bleibt die scheinbare Problematik einer Lehre bestehen, die diese Vorfahren als Schöpfer der ersten Menschen[11] – in der Form astraler Schatten – aus ihren eigenen Körpern beschreibt. Obwohl diese Beschreibung besser ist als die Geschichte von der Rippe Adams, werden geologische und klimatische Einwendungen nicht ausbleiben – aber so und nicht anders ist die Darstellung der okkulten Lehre.

(c) In jeder Evolutionsstufe der Menschheiten paßte sich der menschliche Organismus seiner Umwelt an. Die Erste Menschheit war ebenso hochgradig ätherisch wie unsere materiell ist. Die Nachkommen der sieben Schöpfer, welche die sieben ursprünglichen Menschen[12] entwickelten, haben sicherlich keine bereinigten Gase zum Atmen und Leben gebraucht, und Okkultisten sind sicher, daß dies – wie beschrieben – sogar schon Äonen von Jahren vor der Evolution der Lemurier der

[11] (Orig.: "the first human Adams". H.T.)
[12] (Orig.: "the seven primordial Adams". H.T.)

Fall war, also vor der Evolution des ersten körperlichen Menschen, einer Entwicklung, die vor 18 Millionen Jahren stattfand.

Archaische Schriften lehren die Wiedergeburt der Erde zu Beginn eines jeden lokalen Kalpas, d.h. einer jeden Runde. "Gleich dem menschlichen *Jîva* (der Monade), das beim Eintritt in einen neuen Schoß von einem neuen Körper umhüllt wird, so ergeht es auch dem Jîva der Erde. Mit jeder neuen Runde, nachdem es erneut aus der Grundsubstanz des Raumes in die Gegenständlichkeit hervortritt, erhält es eine perfektere und festere Umhüllung." Dieser Prozeß wird natürlich von den Wehen der neuen Geburt – geologischen Umwälzungen – begleitet. Der einzige Hinweis auf diese Begleitumstände findet sich in einem Vers des uns vorliegenden Bandes des *Buches des Dzyan* mit folgendem Wortlaut:

4. Unter grossen Anstrengungen warf sie (die Erde) ihre drei alten Häute ab und legte ihre sieben neuen an – und befand sich in ihrer ersten (a).

(a) "Nachdem die wandellose (avikâra) *unveränderliche Natur* (sadaika-rûpa, Wesenheit) *erwacht war und sich in* (den Zustand der) *Kausalität* (avyakta) *versetzt* (differenziert) *hatte und dann aus Ursache* (kârana) *zu ihrer eigenen ausgeprägten Wirkung* (vyakta) *geworden war, wurde die Unsichtbare sichtbar. Das Kleinste des Kleinen* (das atomischste der Atome, anîyamsâm aniyasâm) *wurde zum Einzelnen und Vielfachen* (ekâneka-svarûpa), *und im Hervorbringen des Universums brachte es auch den vierten Loka* (unsere Erde) *im Kranz der sieben Lotusse hervor. Das Achyuta wurde das Chyuta."* [13]

Der Text sagt, die Erde habe ihre *drei* alten Häute abgeworfen, weil sie bereits drei vorherige Runden durchlaufen hat. Die derzeitige Runde ist die *vierte* von sieben. Einer Schlange gleich streift die Erde am Anfang einer jeden neuen Runde nach einer Periode der "Verdunkelung" (ebenso wie die sechs anderen "Erden") ihre alten Häute ab – so jedenfalls stellt man es sich vor. Deshalb nennt das *Aitareya Brâhmana* sie *Sarpa Râjñî*, "Königin der Schlangen" und "Mutter von allem, was sich bewegt."[14] Die "sieben Häute" – sie befindet sich jetzt in der ersten der sieben – bezeichnen die sieben geologischen Veränderungen, von denen die Evolution der Sieben Menschheiten begleitet wird und deren Stufen sie entsprechen.

Stanze 2, die von dieser Runde spricht, gibt uns zu Anfang einige Informationen über das Alter unserer Erde.

---

[13] *Achyuta* ist nahezu unübersetzbar. Der Ausdruck beschreibt etwas, das keinem Fall bzw. keiner negativen Veränderung, keiner Verschlechterung unterworfen ist. Also der/das Nichtfallende – im Gegensatz zum *chyuta*, dem "Gefallenen". Die Dhyânis, die in den menschlichen Formen der Dritten Menschheit inkarnieren und diesen Intellekt (Manas) geben, werden *chyuta* genannt, denn sie fallen in den Zeugungszustand.

[14] *Aitareya Brâhmanam*, in der Ausgabe von Haug, 5. Buch, 4. Kap., § 23.

STANZE 2

ICH SELBST ÜBERLASSEN, VERSAGT DIE NATUR

5. Nach enorm langen Perioden erschafft die Erde Monstren. 6. Die "Schöpfer" sind ungehalten. 7. Sie trocknen die Erde aus. 8. Sie zerstören die Formen. 9. Die ersten großen Fluten. 10. Beginn der Krustenbildung.

5. WEITER WIRBELTE DAS RAD DURCH 300 MILLIONEN JAHRE. ES ERBAUTE RÛPAS (Formen): WEICHES GESTEIN, DAS HART WURDE (Minerale), HARTES GEWÄCHS, DAS WEICH WURDE (Vegetation). SICHTBARES AUS UNSICHTBAREM, INSEKTEN UND KLEINE LEBEWESEN (sarîsripa, svapada). WENN SIE SICH AUF DER MUTTER AUSBREITETEN, SCHÜTTELTE SIE (die Erde) SIE AB ... NACH 300 MILLIONEN JAHREN WENDETE SIE SICH. SIE LAG AUF IHREM RÜCKEN, AUF IHRER SEITE ... (a). KEINE SÖHNE DES HIMMELS WOLLTE SIE RUFEN, KEINE SÖHNE DER WEISHEIT WOLLTE SIE VERLANGEN. SIE ERSCHUF AUS IHREM EIGENEN SCHOSS. SIE ERZEUGTE WASSERMENSCHEN, SCHRECKLICH UND BÖSE.

(a) Hier handelt es sich um eine Neigungsveränderung der Erdachse (wovon es mehrere gab) und um daraus resultierende Überflutungen und Chaos auf Erden (wobei aber kein Bezug genommen wird auf das uranfängliche Chaos). In ihm entstanden Monstren, halb Mensch und halb Tier.

Aus unseren Stanzen geht deutlich hervor, daß die "Wassermenschen, schrecklich und böse", das Resultat einer Fehlentwicklung waren. Sie wurden allein von der physischen Natur als Resultat des "evolutionären Impulses" hervorgebracht. Dies war der erste Versuch, den *Menschen* als "Krone", Daseinszweck und Erfüllung alles tierischen Lebens auf Erden zu erschaffen.

6. SIE SELBST SCHUF DIE WASSERMENSCHEN, SCHRECKLICH UND BÖSE, FORMTE SIE AUS DEN ÜBERRESTEN VON ANDEREN (aus mineralischen, pflanzlichen und tierischen Resten), AUS DER ERSTEN, ZWEITEN UND DRITTEN (Runde). DIE DHYÂNIS KAMEN UND SCHAUTEN ... DIE DHYÂNIS, SIE KAMEN AUS DER HELLEN VATER-MUTTER-SUBSTANZ, AUS DEN WEISSEN (solar-lunaren) REGIONEN KAMEN SIE, AUS DEN BEREICHEN DER UNSTERBLICH-STERBLICHEN.

So wird in den Stanzen gezeigt, daß die physische Natur versagt hat, als sie bei der Erschaffung von Tier und Mensch sich selbst überlassen blieb. Sie kann die ersten beiden Reiche und das niedere Tierreich hervorbringen, aber sobald der Mensch an der Reihe ist, sind für seine Erschaffung, neben den "Hautschichten" und dem "Atem des tierischen Lebens", geistige, unabhängige und intelligente Kräfte notwendig. Um ihre Personalität aufzubauen, brauchen die Monaden nach den vorhergegangenen Runden nun etwas Höheres als ein rein physisches Material, sonst droht ihnen der Verbleib auf einer Stufe, die sogar unterhalb von "Frankenstein"-ähnlichen Tieren liegt.

7. SIE WAREN NICHT ERFREUT. ES IST NICHT UNSER FLEISCH (sagten sie). KEIN GEEIGNETES RÛPA FÜR UNSERE BRÜDER VON DER FÜNFTEN. KEINE WOHNUNGEN FÜR DIE LEBENSFORMEN.[15] REINE, NICHT TRÜBE WASSER SOLLEN SIE TRINKEN (a). WIR WOLLEN SIE (die Wasser) AUSTROCKNEN.

(a) Aus dem Katechismus (den Kommentaren):

"Sie, die den physischen Menschen in den neuen Manvantaras formen, steigen herab von den materiellen Welten. Sie sind untergeordnete Lhas (Geister) *mit doppelten Körpern* (d.h. mit einer astralen Form innerhalb einer ätherischen Form). *Sie sind Formgebende und Schöpfer unseres Körpers der Täuschung."* ...

"In die von den Lhas (Pitris) entworfenen Formen hinein senken sich die zwei Buchstaben[16] (die Monade wird auch als 'doppelter Drache' bezeichnet) *aus den Sphären der Erwartung.*[17] *Aber sie gleichen einem Dach ohne Wände und ohne stützende Säulen."* ...

"Um zum Erdenmenschen zu werden, braucht der Mensch vier Flammen und drei Feuer, und um Vollkommenheit zu erreichen, braucht er das innere Wesen der neunundvierzig Feuer. Diejenigen, welche die höheren Sphären, die Götter des Willens,[18] *verlassen haben, vervollständigen den Manu der Täuschung, denn der 'doppelte Drache' findet keinen Halt auf der bloßen Form. Er gleicht einem Windstoß, der weder von Baum noch Zweig empfangen und beherbergt wird. Wo keine übertragende Kraft* (Manas, die "höhere Intelligenz") *vorhanden ist, erkennt die Form ihn nicht, und er kann keinen Einfluß auf sie haben."*

"In den höchsten Welten sind die Drei eins.[19] *Auf Erden werden aus dem Einen (zu Anfang) Zwei. Sie gleichen den zwei (*seitlichen*) Linien eines Dreiecks, das seine Grundfläche (-linie) verloren hat – letztere ist das dritte Feuer."*

---

[15] Die Monaden der Vorstellungen von den Menschen der dritten Runde, riesige affenartige Gestalten.

[16] In der Esoterik werden die sieben Prinzipien des Menschen durch sieben Buchstaben repräsentiert. Die beiden ersten besitzen einen *höheren* Heiligkeitsgrad als die vier Buchstaben des Tetragrammatons.

[17] Man sagt, dies seien die Zwischenbereiche oder -sphären, wo Monaden, welche Nirvâna nicht erreicht haben, zwischen den Manvantaras in bewußtloser Inaktivität verharren.

[18] Die *Suras*, die später zu A-Suras werden.

[19] Âtman, Buddhi und Manas. Im Devachan muß das höhere manasische Element vorhanden sein, damit es als Wahrnehmungs- und Bewußtseinsfunktion für die entkörperte *Monade* zur Verfügung steht.

8. DIE FLAMMEN KAMEN. FEUER UND FUNKEN, NACHTFEUER UND TAGFEUER (a). SIE TROCKNETEN DIE DUNKLEN, TRÜBEN WASSER AUS, SIE ZERSTÖRTEN SIE MIT IHRER HITZE. ES KAMEN DIE LHAS (Geister) AUS DER HÖHE UND DIE LHAMAYIN (das sind jene) VON UNTEN (b). SIE VERNICHTETEN DIE ZWEI- UND VIERGESICHTIGEN FORMEN. SIE BEKÄMPFTEN DIE BOCKMENSCHEN, DIE MENSCHEN MIT HUNDEKÖPFEN UND DIE MENSCHEN MIT FISCHKÖRPERN.

(a) Die "Flammen" sind eine Hierarchie von Geistern, die als Parallele zu – wenn nicht als identisch mit – den "brennenden", feurigen Seraphim (*Jesaja* 6, 2–6) zu verstehen sind, die nach der jüdischen Theogonie über dem "Thron des Allmächtigen" stehen.

(b) Das Wort "unten" hat nichts zu tun mit einer Höllenregion, sondern bezeichnet einfach nur ein geistiges oder, besser, ein ätherisches Wesen tieferen Grades, insofern es der Erde näher ist, d.h. eine Stufe über unserer terrestrischen Sphäre steht. Die Lhas dagegen sind Geister der höchsten Sphären – daher übrigens der Name der Hauptstadt Tibets, *Lhasa*.

Neben seiner Aussage über rein physische Phänomene im Zusammenhang mit der Evolution des Lebens auf der Erde, enthält dieser Shloka möglicherweise eine andere, allegorische Bedeutung oder, wie in der Tat gelehrt wird, sogar mehrere. Die FLAMMEN oder "Feuer" repräsentieren Geist, das männliche Element, und "Wasser" Materie, also das entgegengesetzte Element. Auch hier, in dem Vorgang der Tötung der rein materiellen Form durch den Geist, finden wir, neben wissenschaftlichen, kosmischen Phänomenen, wieder einen Hinweis auf den ewigen Kampf zwischen Geist und Materie, der sich in den physischen und psychischen Bereichen abspielt – denn, so der nächste Vers:

9. MUTTER-WASSER, DAS GROSSE MEER, WEINTE. SIE ERHOB SICH, SIE VERSCHWAND IM MOND, DER SIE GEHOBEN, DER SIE GEBOREN HATTE.

Was kann dieser Vers bedeuten? Enthält er nicht einen klaren Hinweis auf das Phänomen der Gezeiten in der Frühgeschichte unseres Planeten während seiner vierten Runde? Nach Darwins Theorie wurde der Mond vor nicht weniger als 52 000 000 Jahren – und wahrscheinlich weit früher – von der beweglichen Masse der Erde abgetrennt.

Der Okkultismus aber lehrt das genaue Gegenteil. Der Mond ist viel älter als die Erde, und die Erde verdankt ihr Dasein dem Mond – wie auch immer Astronomie und Geologie diese Tatsache erklären mögen. Dadurch werden die Gezeiten und die Anziehungskraft des Mondes verursacht, erkennbar am unablässigen Drang des flüssigen Teils der Erde, sich zu seinem Ursprung hin zu heben. Das ist die Bedeutung des Satzes "Mutter-Wasser ... erhob sich (und) verschwand im Mond, der sie gehoben, der sie geboren hatte."

10. ALS SIE (DIE RÛPAS) ZERSTÖRT WAREN, BLIEB MUTTER-ERDE ENTBLÖSST. SIE VERLANGTE GETROCKNET ZU WERDEN.

Die Krustenbildung der Erde setzte ein. Die Wasser hatten sich geteilt, der Vorgang begann. Es war der Beginn eines neuen Lebens. Das wird uns durch einen der Schlüssel offenbart. Ein anderer enthält die Lehre von der Entstehung des Wassers, seiner Verbindung mit Feuer (der Schlüssel nennt es "flüssiges Feuer") und enthält eine alchemistische Beschreibung der Nachkommenschaft dieser beiden: Feste Materie, wie z.B. Mineralien und Erden. Aus den "Wassern des Raumes" kam die Nachkommenschaft des männlichen Geist-Feuers und des weiblichen (gasförmigen) Wassers: die Weiten der Ozeane auf der Erde.

Im Kosmos wie auch in der Gestaltung des kleinsten Himmelskörpers verläuft die Evolution nach den Regeln der Analogie. Also betreffen die hier beschriebenen Vorgänge über die Zeit, als das Universum in Erscheinung trat, auch die Abläufe bei der Formation unserer Erde.

STANZE 3

VERSUCHE DER ERSCHAFFUNG DES MENSCHEN

11. Der Abstieg des Demiurgen. 12. Aufforderung zur Schöpfung an die lunaren Götter. 13. Die höher gestellten Götter weigern sich.

11. DER HERR DER HERREN KAM. VON IHREM KÖRPER TRENNTE ER DIE WASSER, UND DAS WAR DER HIMMEL OBEN, DER ERSTE HIMMEL (die Atmosphäre oder die Luft, das Firmament).

Hier haben wir es wieder mit einer universellen Überlieferung zu tun. Die früheste, in den *Purânas* wiedergegebene Version stimmt überein mit der neuesten in der biblischen Erzählung. Erstere hat folgenden Wortlaut:

> Als die Welt ein einziger Ozean geworden war, da vermutete Er (Gott als Brahmâ), daß eingeschlossen in die Wasser die Erde liege. Im Verlangen, sie emporzuheben (sie vom Wasser zu trennen), gab Er sich eine neue Gestalt. Wie Er im vorherigen Kalpa (Manvantara) die Form einer Schildkröte angenommen hatte, so nahm er in diesem Kalpa die Form eines Ebers an, etc.[20]

In der elohistischen Version der "Schöpfung"[21] erschafft "Gott" "eine Wölbung mitten in den Wassern" und sagt: "... es werde das Trockene sichtbar." Und hier folgt nun der traditionelle Ausgangspunkt für den esoterischen Teil der Auslegung in der Kabalah.

12. DIE GROSSEN CHOHANS (Herren) RIEFEN DIE HERREN DES MONDES MIT DEN LUFTFÖRMIGEN KÖRPERN (a). "BRINGT MENSCHEN HERVOR (wurde ihnen gesagt), MENSCHEN VON EURER NATUR. GEBT IHNEN (d.h. den *Jîvas* oder *Monaden*) IHRE INNEREN FORMEN. SIE (Mutter Erde oder die Natur) WIRD DIE ÄUSSEREN HÜLLEN (physischen Körper) SCHAFFEN. (Denn) MÄNNLICH-WEIBLICH WERDEN SIE SEIN UND AUCH HERREN DER FLAMME ..."

(a) Wer sind die Herren des Mondes? In Indien werden sie *Pitris* oder "lunare Vorfahren" genannt, aber in den hebräischen Schriftrollen ist Jehova selbst der

[20] *Harivamsha*, I, 36.
[21] *Genesis* I, 6–9.

"Herr des Mondes", wird kollektiv "die himmlischen Heerscharen" genannt, ist als einzelner aber auch einer der Elohim.

13. SIE (die Mondgötter) GINGEN EIN JEDER IN DAS IHM ZUGEWIESENE LAND: SIEBEN, JEDER AN SEINE STELLE. DIE HERREN DER FLAMME BLIEBEN ZURÜCK, SIE WOLLTEN NICHT GEHEN, WOLLTEN NICHT ERSCHAFFEN.

Die geheimen Lehren erklären, daß die göttlichen Vorfahren Menschen in sieben Teilen der Erde erschaffen – "jeder an seiner Stelle", also jeder erschafft in seinem eigenen Gebiet jeweils eine äußerlich und innerlich andere Menschheit. Auf diese polygenetische Theorie wird an anderer Stelle noch eingegangen (siehe Stanze 7). Aber wer sind "sie", die erschaffen, und wer die "Herren der Flamme", die "nicht (erschaffen) wollten"? Der Okkultismus teilt die "Schöpfer" in zwölf Klassen ein. Davon haben vier am Ende des "großen Zeitalters" *Befreiung* erlangt, die fünfte ist bereit sie zu erlangen, bleibt aber auf den intellektuellen Ebenen vorerst aktiv, während sieben noch direkt unter karmischem Gesetz stehen. Letztere wirken auf die von Menschen bewohnten Himmelskörper unserer Kette ein.

In der exoterischen Literatur der Hindus werden sieben Klassen von Pitris erwähnt, unter denen es zwei spezifische Arten von Vorfahren gibt: die *Barhishad* und die *Agnishvâtta*. Erstere sind die Besitzer des "heiligen Feuers", letztere diejenigen, die es nicht haben. Der Unterschied geht auf die *Vedas* zurück. Die (esoterisch gesehen) erste und höchste Klasse, die *Agnishvâtta*, werden in exoterischer Allegorie als *Grihastha* (brahmanische Haushälter) dargestellt, die alle Anrechte auf ihnen normalerweise zustehende und mit Feuer verbundene Opferhandlungen verwirkt haben, weil sie in früheren Inkarnationen, in anderen Manvantaras, ihre häuslichen Feuer und Brandopfer vernachlässigt haben. Die Barhishad aber, Brahmanen, die die heiligen Feuer in ihren Häusern einwandfrei unterhalten haben, werden bis zum heutigen Tag entsprechend geehrt. So kommt es, daß die *Agnishvâtta* als feuerlos, die *Barhishad* aber als das Feuer besitzend dargestellt werden.

In der esoterischen Philosophie jedoch werden die ursprünglichen Merkmale zurückgeführt auf die naturgegebenen Unterschiede zwischen den beiden Klassen: Die *Agnishvâtta* sind ohne Feuer (d.h. ohne Zeugungstrieb), weil sie zu göttlich und zu rein dafür sind, während die Barhishad – als lunare Geister enger mit der Erde verbunden – zu den form-schöpferischen Elohim, also den Schöpfern des aus Staub geformten Adam wurden.

Weil den *Agnishvâtta* ohne das grobe *schöpferische Feuer* die Fähigkeit zur Erschaffung des physischen Menschen fehlte, und weil sie wegen ihrer *Formlosigkeit* keine "Doppelgänger", d.h. keine Astralkörper projizieren konnten, deshalb werden sie in den exoterischen Allegorien als Yogis, als Kumâras (in Keuschheit lebende Jugendliche) dargestellt, die zu "Rebellen", *Asuras*, wurden, den Göttern entgegentraten und sie bekämpften etc.[22] Aber nur sie konnten den Menschen vervollständigen, d.h. nur sie konnten ihn in ein sich selbst bewußtes, beinahe göttliches Wesen verwandeln – in einen Gott auf Erden. Die *Barhishad* besaßen zwar schöpferisches Feuer, es fehlte ihnen aber das höhere MAHAT-Element. Weil sie sich auf einer Stufe mit den niederen Prinzipien befanden – also auf der Stufe, die noch vor dem Erscheinen der groben, objektiven Materie kommt –, konnten sie nur den äußeren Menschen oder, besser gesagt, das Modell für den physischen Menschen, nämlich den astralen Menschen gebären. Obwohl ihnen von Brahmâ (dem kollektiven *Mahat* oder göttlichen Universalgeist) dies als Aufgabe anvertraut worden war, ist das "Mysterium der Schöpfung" auf Erden somit nur eine Wiederholung, aber im umgekehrten, sozusagen *spiegelbildlichen* Sinn. Die vernunftlose Form (das *Astral*) des körperlichen Wesens wird projiziert von denen, die unfähig sind, den geistigen, unsterblichen Menschen zu erschaffen, während die anderen, die sich nicht vermehren wollten, sich opferten zum Wohl und zum Heil der *geistigen Menschheit.* Denn um den *siebenfältigen Menschen* zu vervollständigen, um seinen drei niederen Prinzipien die geistige Monade hinzuzufügen, die unter keinen Umständen eine solche Form anders als in einem *absolut latenten Zustand* bewohnen könnte, und um diese Verbindung zu verfestigen, sind zwei verbindende Prinzipien notwendig: *Manas* und *Kâma.* Ebenfalls nötig dazu ist ein lebendiges *Feuer des Geistes* aus dem mittleren Prinzip vom *fünften* und *dritten* Zustand des Pleroma.[23] Dieses Feuer aber ist im Besitz der *Dreiecke*, es gehört nicht den (perfekten) *Würfeln*, welche die Engelwesen[24] symbolisieren. Die Dreiecke hatten sich das Feuer bei der ersten Schöpfung angeeignet und es, so die Sage, wie in der Prometheus-Allegorie zum eigenen Gebrauch bestimmt. Sie sind die Wesen, die aktiv wurden und deshalb im Himmel nicht mehr als "rein" gal-

[22] Sie taten das, weil die Götter sie verleumdet hatten – so die allegorische Darstellung. Die Götter, die selbst ohne eigene, persönliche Verdienste waren, verabscheuten die Frömmigkeit dieser selbstmotivierten inkarnierten Wesen, die *Asketen* und Yogis geworden waren und durch ihre *selbstentwickelten* Kräfte die Macht der Götter bedrohten. Dies alles ist von tiefer philosophischer Bedeutung, es betrifft die Entwicklung und Aneignung göttlicher Kräfte durch *eigenes Bemühen.* In den Purânas gibt es Rishi-Yogis, die weit mächtiger als die Götter sind. Das Verschwinden der zweitrangigen Götter, der vorübergehend vorhandenen Kräfte der Natur, ist vorbestimmt. Nur durch das in ihm vorhandene geistige Potential kann der Mensch eins werden mit der UNENDLICHKEIT und dem ABSOLUTEN.

[23] (Pleroma bedeutet "Göttliche Fülle". Ein ursprünglich von Paulus, später in der Gnosis verwendeter Begriff. Gershom Scholem schreibt in *Ursprünge und Anfänge der Kabbala*, S. 59-60, Berlin, 1963: "Dieser Begriff hat zwei Bedeutungsnuancen. Die 'Fülle' ist manchmal der Bezirk des wahren Gottes selber, manchmal der Bezirk, in den er hinabsteigt oder in dem der verborgene Gott sich in verschiedenen Gestaltungen manifestiert. Es ist der Ort, 'wo Gott wohnt'. Das Pleroma ist eine Welt der Vollkommenheit und der absoluten Harmonie, die sich aus einer Reihe von Wesenheiten und göttlichen Emanationen heraus entwickelt, die in der Geschichte der Gnosis unter dem Namen Äonen, 'Ewigkeiten', oberste Wirklichkeiten, bekannt sind." Für H.P. Blavatsky ist das Pleroma "*Träger des Lichts* und Behältnis aller Formen, eine im ganzen Universum vorhandene Kraft mit ihren direkten und indirekten Auswirkungen ..." Vgl. *The Secret Doctrine*, Bd. 2, S. 511, Wheaton, 1993. H.T.)

[24] Vgl. Buch I, Stanzen 3 bis 5. Das Dreieck wird zum Fünfeck (wird fünffältig) auf Erden.

ten. Sie wurden die unabhängigen und freien Intelligenzen, die in jeder Theogonie vorkommen und um ihre Unabhängigkeit und Freiheit kämpfen. Deshalb sind sie – im herkömmlichen Sinn – "Rebellen gegen das passive göttliche Gesetz." Sie sind die "Flammen" (die *Agnishvâtta*), die "zurückbleiben", anstatt den anderen zu folgen und die Menschen auf der Erde zu erschaffen (vgl. Shloka 13). Aber in ihrer korrekten esoterischen Deutung waren die meisten von ihnen dazu bestimmt, als die Egos der bevorstehenden Menschheit zu inkarnieren. Das menschliche Ego ist weder Âtman noch Buddhi, sondern das höhere *Manas*, das intellektuelle Erblühen und die Entfaltung des intellektuellen, sich selbst bewußten *Egoismus* – eines Egoismus im höheren, spirituellen Sinn. In den alten Werken wird es als *Kârana-Sharîra* auf der Ebene des *Sûtrâtman* bezeichnet. Letzterer ist die goldene Schnur, auf der perlengleich die verschiedenen Personalitäten dieses höheren *Egos* aufgereiht sind.

Würde dem Leser nun erklärt, und das tun die *halb-esoterischen* Allegorien, diese Wesen seien wiederkehrende *Nirvânîs* aus vergangenen *Mahâ-Manvantaras* – das sind Zeitalter von nicht berechenbarer Dauer, die vor noch viel weniger vorstellbaren Zeiten in die Ewigkeit verschwunden sind –, dann würde er die Texte kaum richtig verstehen können. Und würde ein Vedânta-Anhänger jetzt erwidern: "Das stimmt nicht. Ein Nirvânî kann nicht wiederkehren," so trifft das zwar zu für das Manvantara, in dem der Nirvânî lebt. Im Hinblick auf die Ewigkeit aber ist diese Aussage falsch. Die heiligen Shlokas sagen uns:

"Die Schnur aus strahlendem Glanz, welche unvergänglich ist und sich im Nirvâna nur auflöst, tritt unversehrt wieder daraus hervor an dem Tage, an dem das Große Gesetz alle Dinge in die Aktivität zurückruft ..."

Weil die höheren "Pitris" oder "Dhyânis" bei der Erschaffung des ursprünglichen physischen Menschen nicht beteiligt waren, weil er somit nur aus den Körpern seiner *geistig feuerlosen* Erzeuger hervorkam, wird seine Beschaffenheit als luftförmig, ohne Kompaktheit und als *vernunftlos* beschrieben. Weil er kein *Manas* besaß, fehlte ihm das mittlere Prinzip als Bindeglied zwischen dem *Höchsten* und dem *Tiefsten*: zwischen dem geistigen Menschen und dem physischen Gehirn. Die Monaden, die sich in diesen *leeren* HÜLLEN inkarnierten, blieben ebenso bewußtlos wie sie es in ihrem Zustand der Trennung von ihren früheren unfertigen Formen und Trägern waren. Auf unserer Existenzebene ist in einem *reinen* Geist ohne die kraftspendende Vermischung mit einem bereits differenzierten Wesenskern kein schöpferisches Wirkungsvermögen oder potentielles Bewußtsein vorhanden, weil die Natur dieses Geistes zu homogen und, weil göttlich, zu vollkommen ist. Nur von der unteren Linie des Dreiecks – der Repräsentation der ersten aus der universalen MONADE entströmenden Triade – kann dieses notwendige Bewußtsein im Bereich der differenzierten Natur kommen. Diesem Prinzip entsprechend müssen diese reinen Emanationen ursprünglich selbst *ohne Bewußtsein* (in der von uns hier gebrauchten Bedeutung) gewesen sein. Wie war es ihnen dann aber möglich, bei der

Beschaffung des erforderlichen Prinzips nützlich zu sein, wenn sie es selbst kaum besessen haben können?

Es wird schwierig sein, die Beantwortung dieser Frage zu verstehen, wenn man nicht sehr gute Kenntnisse hat über die metaphysische Lehre von der anfangs- und endlosen Reihe der Wieder-Geburten des Kosmos, und wenn man nicht wohlvertraut ist mit jenem unveränderlichen Gesetz der Natur, der EWIGEN BEWEGUNG, die zyklisch und spiralförmig ist und deshalb auch dann fortschreitet, wenn sie dem Anschein nach rückläufig ist. Das göttliche Prinzip, das namenlose TAT der Vedas, ist die universale Ganzheit, welche weder in ihren geistigen Aspekten und Emanationen, noch in ihren physischen Atomen jemals in *"absolutem Stillstand"* verharrt – dies geschieht ausschließlich während der "Nächte" Brahmâs. Deshalb sind es auch die "Erstgeborenen", die am Anfang eines Manvantaras zuerst Bewegung erfahren und deshalb als erste hinabsinken in die niederen Sphären der Materialität. Sie, die in der Theologie als "Throne" bezeichnet werden und die der "Thron Gottes" sind, müssen die ersten inkarnierten Menschen auf der Erde sein. Und wenn wir an die endlose Reihe vergangener Manvantaras denken, können wir verstehen, weshalb die letzten die ersten und die ersten die letzten waren. Kurz, wir erfahren, daß die höheren Engel vor zahllosen Äonen die "sieben Kreise" durchbrochen und ihnen dadurch ihr heiliges Feuer *geraubt* hatten. Einfach ausgedrückt heißt das, sie assimilierten in ihren früheren Inkarnationen in niederen wie in höheren Welten deren ganze Weisheit, also die Reflexion des MAHAT in seinen verschiedenen Intensitätsgraden. Kein Wesen, weder Engel noch Mensch, erreicht Nirvâna, den Zustand absoluter Reinheit, ohne vorher Äonen von Leid erfahren und die *Erkenntnis* des BÖSEN sowie des Guten gewonnen zu haben, denn sonst würde letzteres unerklärlich bleiben.

Zwischen Mensch und Tier – deren Monaden (oder Jîvas) im Grunde identisch sind – existiert eine unüberbrückbare Kluft, verursacht durch geistige Beschaffenheit und Selbstbewußtsein. Was ist denn die menschliche Vernunft in ihrem höheren Aspekt, und woher soll sie kommen, wenn sie nicht Teil des Seins – in ganz seltenen Inkarnationen sogar *das Sein selbst* – eines höheren Wesens ist, eines Wesens aus höheren, göttlichen Bereichen? Wenn wir sehen, daß die intellektuellen Fähigkeiten von Mensch und Tier so unterschiedlich sind wie das Licht der Sonne und das eines Glühwürmchens, ist es dann vorstellbar, daß der Mensch – ein Gott in einem tierartigen Körper – nicht mehr als ein Evolutionsprodukt der materiellen Natur sein soll, gleich einem Tier, unterschiedlich nur in der äußeren Gestalt, aber sicherlich nicht in der materiellen Beschaffenheit des Körpergewebes, gleich einem Tier also, das von derselben, wenn auch unentwickelten Monade beseelt wird? Worin sollen diese Unterschiede begründet sein, wenn nicht darin, daß der Mensch in seinem physischen Körper zugleich ein Tier *und ein lebendiger Gott* ist?

STANZE 4

DIE ERSCHAFFUNG DER ERSTEN MENSCHENGESCHLECHTER

14. Die Erschaffung der Menschen. 15. Sie sind leere Schatten. 16. Die Unsicherheit der Schöpfer über die Erschaffung eines Denkenden Menschen. 17. Was zur Formgebung eines perfekten Menschen nötig ist.

14. ANGETRIEBEN VOM GEIST DES LEBEN-SCHENKENS (*Fohat*), SONDERN DIE SIEBEN SCHAREN, DIE "DURCH WILLEN (*oder Geist*) GEBORENEN" HERREN, MENSCHEN VON SICH AB, JEDER IN SEINEM EIGENEN GEBIET.

Sie warfen ihre "Schatten" oder *Astralkörper* ab – wenn es denn vorstellbar ist, daß ein so ätherisches Wesen wie der "Mondgeist" außer seinem kaum faßbaren Körper noch einen astralen Körper hatte. Ein anderer Kommentar erklärt, die "Vorfahren" hätten den ersten Menschen ausgeatmet, so wie Brahmâ die *Suras* (Götter) ausgeatmet haben soll, wodurch sie in "*Asuras*" (von *Asu*, Atem) verwandelt wurden. Ein weiterer Kommentar nennt die neugeschaffenen Menschen "die Schatten der SCHATTEN."

Der Satz "Sie waren die Schatten der SCHATTEN" soll etwas näher erklärt werden. Dieser erste Vorgang im Evolutionsablauf der Menschheit ist viel leichter zu verstehen, als der darauf folgende. Ein gewisser Teil der Studierenden wird immer den aus dem Staub der Erde erschaffenen "Adam" einem aus dem ätherischen Körper seines Schöpfers projizierten vorziehen. Aber der hier zuerst erwähnte Erzeugungsvorgang ist allgemein unbekannt, während jeder weiß, daß der letztere vielen Spiritisten in der westlichen Welt nicht nur wohlbekannt ist, sondern auch gerade von ihnen verstanden werden sollte. Denn wer jemals Zeuge des Phänomens einer den Poren eines Mediums, manchmal auch dessen *linker Körperhälfte* entfließenden, sich materialisierenden Form war, kann zumindest die Möglichkeit einer solchen *Geburt* nicht abstreiten. Wenn es im Universum Wesen wie Engel oder Geister gibt, deren *körperloses* Dasein eine intelligente Existenzform darstellt, auch wenn sie keinen (für uns) erkennbaren Organismus besitzen; und wenn es, weiterhin, Menschen gibt, die glauben, ein Gott habe den ersten Menschen aus Staub erschaffen und diesem dann eine lebendige Seele eingehaucht – Millionen und Abermillionen glauben beides –, was enthält denn dann unsere Lehre, das so unmöglich sein soll? Die okkulte Philosophie lehrt, daß höhere und halbgöttliche Wesen die erste Menschheit aus ihrem eigenen inneren Wesenskern heraus projiziert haben. Wenn ein solcher Vorgang auch als unnatürlich oder gar als unvorstellbar bezeichnet wird – weil er im derzeitigen Stadium der Evolution in der Natur nicht vorkommt –, so ist er nichtsdestoweniger aufgrund gewisser "spiritistischer" TATSACHEN nachweislich möglich. Welche der drei Hypothesen, so fragen wir nun, ist die vernünftigere, die am wenigsten absurde Theorie? Sicherlich kann niemand – außer einem seelenblinden Materialisten – ernstzunehmende Einwendungen gegen die okkulte Lehre hervorbringen.

Wir entnehmen der dargestellten okkulten Lehre also, daß der Mensch nicht als das fertige Wesen, das er jetzt ist, "erschaffen" wurde – wenn er auch nach wie vor unvollkommen ist. Es gab eine geistige, eine psychische, eine intellektuelle und eine tierische Evolution, die von der höchsten bis zur tiefsten Ebene und einschließlich einer physischen Entwicklung verlief, d.h. vom Einfachen und Homogenen bis hin zum Komplexen und Heterogenen. Dies geschah aber nicht so wie die moderne Evolutionslehre es darstellt! Eine derartige doppelte, in zwei entgegengesetzten Richtungen verlaufende Evolution braucht mehrere, in ihrer Natur und den erreichten Stufen der Spiritualität und Intellektualität unterschiedliche Zeitalter, um das Wesen herzustellen, das wir heute als Menschen bezeichnen. Das eine, absolute, immer tätige und niemals irrende Gesetz führt das Manifestierte, das von uns als große Täuschung (*Mahâ-Mâyâ*) bezeichnet wird, in einem immer gleichbleibenden Vorgang von einer Ewigkeit (oder Manvantara) zur nächsten und leitet es dadurch ständig aufwärts. Dabei stürzt das Gesetz einerseits den Geist zwar immer tiefer in die Materialität, *erlöst* ihn aber andererseits *durch das Fleisch* und befreit ihn. Um dies alles durchzuführen, setzt das Gesetz die Geschöpfe anderer, höherer Bereiche ein: Menschen bzw. *geistige Wesen* (Manus), in Übereinstimmung mit deren karmischen Erfordernissen.

Im nun folgenden Abschnitt machen wir nochmals einen kleinen Abstecher in die Philosophie und Religion Indiens, denn deren Esoterik stimmt trotz der unterschiedlichen äußeren Formen mit unserer Geheimlehre überein.

DIE INKARNIERENDEN KRÄFTE – IDENTITÄT UND UNTERSCHIEDE

Die Stammeltern der Menschheit, die "Väter", Pitaras oder Pitris Indiens, sind die Schöpfer unserer Körper und unserer niederen Prinzipien. Sie sind *wir* als *erste Personalitäten* und *wir sind sie.* Hätten sie Gebein und Fleisch gehabt, wäre der ursprüngliche Mensch "Gebein von ihrem Gebein und Fleisch von ihrem Fleisch." Sie waren jedoch, wie dargestellt, "*lunare* Wesen".

Die Ausstattung des Menschen mit seinem bewußten, unsterblichen EGO geschah durch die "solaren Engel" – wobei keine Rolle spielt, ob diese Bezeichnung wortwörtlich oder als Metapher aufgefaßt wird. Groß sind die Geheimnisse des bewußten EGOS, der menschlichen Seele. Der esoterische Name dieser "solaren Engel" ist, wörtlich, "Herren (*Nâthas*) der ausdauernden, unaufhörlichen Hingabe (*pranidhâna*)." Deshalb scheinen die Wesenheiten des *fünften* Prinzips (*Manas*) mit dem System der *Yogis*, welche *pranidhâna* zu ihrer fünften Regel[25] gemacht haben, in Verbindung zu stehen oder es verursacht zu haben. Wir erklärten bereits, weshalb die Okkultisten in den Gebieten jenseits des Himalaya sie als nachweislich identisch mit denen betrachten, die in Indien *Kumâras*, *Agnishvâttas* und *Barhishads* genannt werden.

Wie wahr und präzise, wie tiefschürfend und philosophisch ist doch Platons Bemerkung über die (menschliche) Seele (oder das EGO), wenn er sie als "zusammengefügt aus dem *Selben* und dem *Anderen*" beschreibt. Und wie wenig wurde dieser Wink von einer Welt verstanden, die meinte, die Seele sei der Atem Gottes, Jehovas. Sie ist "das *Selbe* und das *Andere*", wie der große Initiierte und Philosoph es ausdrückte, weil das EGO (das mit der göttlichen Monade verschmolzene und in ihr befindliche "höhere Selbst") Mensch ist und doch das "Selbe" wie das "ANDERE", nämlich der in ihm inkarnierte Engel, der wesensgleich ist (der eins ist) mit dem universalen MAHAT. Unsere großen Klassiker und Philosophen haben diese Wahrheit geahnt, denn sie sagten, daß "es in uns etwas geben muß, das unsere Gedanken hervorbringt – etwas sehr Subtiles, ein Atemhauch, ein Feuer, Äther, Quintessenz. Es ist ein zartes Abbild, ein Begreifen, eine Zahl – es ist Harmonie ..." (Voltaire).

Dies sind die *Mânasa* und die *Râjasas*: Die *Kumâras*, die *Asuras* und andere Herrscher sowie die *Pitris*, welche in der Dritten Menschheit inkarnierten und dadurch – und auf verschiedenen anderen Wegen – der Menschheit Geist schenkten.

Es gibt sieben Klassen von Pitris – drei unkörperliche und vier körperliche – und zwei Arten, die Agnishvâttas und die Barhishads. Hinzuzufügen wäre, daß es auch, ebenso wie es zwei Arten von Pitris gibt, eine doppelte und eine dreifache Gruppierung von Barhishads und Agnishvâttas gibt. Erstere werden als *Söhne Atris* wiedergeboren, nachdem sie ihre astralen "Doppelgänger" hervorgebracht haben. Sie sind die "Pitris der Dämonen" oder, aufgrund der Autorität Manus,[26] körperliche Wesen. Die Agnishvâttas, wiederum, werden als Söhne Marîchis (eines Sohnes Brahmâs) wiedergeboren und sind die Pitris der Götter.

Die Namen der Gottheiten einer bestimmten mystischen Art wechseln mit jedem Manvantara. Es sind die *Jayas*, die zwölf großen Götter, die Brahmâ erschaffen hatte, damit sie ihn bei seinem Schöpfungswerk zu Beginn des Kalpas unterstützen, die aber, verloren im Samâdhi-Zustand, versagten und nichts erschufen

---

[25] siehe *Yoga Sûtra* II, 32.
[26] *Mânava-dharma-shâstra*, III, 196.

und daraufhin dazu verdammt wurden, in jedem Manvantara – bis zum siebten – erneut geboren zu werden. Diese zwölf großen Götter hießen der Reihe nach, vom ersten bis zum siebten Manvantara, *Ajitas, Tushitas, Satyas, Haris, Vaikunthas, Sâdhyas* und *Âdityas,*[27] sie sind also *Tushitas* im zweiten Kalpa und *Âdityas* in dieser *Vaivasvata*-Periode;[28] für die anderen Zeitalter gelten die anderen Namen. Diese Götter aber sind identisch mit den *Mânasas* oder *Râjasas*, und diese wiederum mit unseren inkarnierenden Dhyâni-Chohans. Sie alle gehören zu den Klassen der *Jñâna-devas.*

Neben den Wesen, die, wenn wir sie als Individuen betrachten, gleich den Yakshas, Gandharvas, Kimnaras, etc., etc. im Astralbereich beheimatet sind, gibt es wirkliche *Devajñânins*, zu deren *Deva*-Klasse die *Âdityas*, die *Vairâjas*, die *Kumâras*, die *Asuras* sowie all jene hohen Himmelswesen gehören, welche in den okkulten Lehren als *Manasvins*, als die höchst Weisen, bezeichnet werden. Und wären sie wegen ihrer Pflichtvergessenheit nicht zum Fall in die Fortpflanzung und zur Wiedergeburt als Sterbliche "verdammt" worden, dann hätten sie alle Menschen zu den mit *Selbstbewußtheit* begabten, spirituell-intellektuellen Wesen gemacht, die sie einmal sein werden.

15. Siebenmal sieben Schatten (chhâyâs) von zukünftigen Menschen (oder Amânasas) (a) wurden (so) geboren, jeweils in ihrer eigenen Farbe (Hautfarbe) und Beschaffenheit (b). Ein jeder (außerdem) geringer als sein Vater (Schöpfer). Die Väter, knochenlos, konnten nicht Wesen mit Knochen zum Leben bringen. Ihre Nachkommen waren Bhûta (Phantome), ohne Gestalt oder Geist, weshalb sie die Chhâyâ-(Bild- oder Schatten-)Wesen genannt wurden.

(a) Hier erscheint wieder die mystische Zahl: Die Pitris werden in sieben Klassen eingeteilt. Fast alle *Purânas* stimmen darin überein, daß drei dieser Klassen *arûpa* sind, also formlos, und vier körperlich. Erstere besitzen Intellekt und Geist, letztere sind materiell und ohne Intellekt.

"Wenn sie ihre Schatten projiziert und Menschen aus einem Element (Äther) erschaffen haben, steigen die Vorfahren wieder auf in den Mahâ-Loka. Von dort steigen sie periodisch – wenn die Welt erneuert wird – hinab und bringen neue Menschen hervor."

"Bis zur Ankunft der Suras (Götter), *die jetzt Asuras* (Nicht-Götter) *genannt werden, bleiben die feinstofflichen Körper ohne Verstand* (Manas)," sagt der *Kommentar.*

"Nicht-Götter" sind sie vielleicht für Brahmanen. Für Okkultisten jedoch sind sie der höchste *Atem*, denn die *Pitris*, die formlosen und Intellekt besitzenden

[27] Wilson, *op. cit.*, Bd. II, S. 26.
[28] siehe Zitat aus *Vâyu Purâna* in Wilson, Bd. II, S. 226.

Vorfahren, weigern sich zwar, den Menschen zu erbauen, schenken ihm aber Geist. Die vier körperlichen Klassen erschaffen nur seinen Körper.

Die Esoterische Philosophie lehrt, daß *ein Drittel* der Dhyânis ganz einfach *vom Karma- und Evolutionsgesetz dazu verdammt war*, auf der Erde *wiedergeboren* (inkarniert) zu werden.[29] Dieses Drittel sind die drei Klassen von *Arûpa*-Pitris, die Intelligenz besaßen – "welche ein formloser, aus *intellektuellen*, nicht elementaren Substanzen bestehender Atem ist." Einige davon waren *Nirmânakâyas* aus anderen Manvantaras. Deshalb wird in allen *Purânas* ihr Wiedererscheinen auf diesem Himmelskörper *im dritten Manvantara* (in der Periode der Dritten Menschheit) als Könige, Rishis und Heroen beschrieben.

Das Karmagesetz zwang die vermeintlichen "Rebellen" also, den bitteren Kelch bis auf den Grund zu leeren, d.h. sie *mußten* erneut *inkarnieren*, um dadurch verantwortungsbewußte, denkende Wesen aus den astralen Figuren zu machen, die ihre tieferstehenden Brüder projiziert hatten. Einige sollen sich geweigert haben, mit der Begründung, sie seien *Arûpas* und besäßen als solche nicht das nötige Material – einen Astralkörper. Andere weigerten sich, weil sie in weit zurückliegenden Manvantaras Adepten und Yogis waren. Eine mysteriöse Sache. Später jedoch, als *Nirmânakâyas*, opferten sie sich, um Monaden, die bereits darauf warteten, zu erlösen. Diese Monaden hätten sonst noch in unzähligen Zeitaltern in nicht verantwortungsbewußten, zwar äußerlich menschlichen, aber wesentlich tierhaften Formen verbleiben müssen. Es ist möglich, daß wir es hier mit einer Parabel, mit einer *Allegorie innerhalb einer Allegorie* zu tun haben. Der Studierende wird ihre Bedeutung intuitiv erkennen, wenn er das folgende mit seinem *geistigen Auge* liest.

Ihre formgebenden "Vorfahren" – jene gesetzestreuen Engel in den exoterischen Legenden – müssen identisch sein mit den Barhishad Pitris, den Pitar-Devatâs, *die das physisch schöpferische Feuer besaßen*. Sie konnten nicht mehr tun, als die menschlichen Monaden mit ihrem eigenen astralen Selbst zu erschaffen oder, besser, zu umhüllen. Sie konnten den Menschen nicht als ihr eigenes Ebenbild erschaffen. Ihre Schöpfung der äußeren Gestalt des Menschen aus ihrem eigenen göttlichen Wesenskern hat die esoterische Bedeutung, daß sie selbst die Erste Menschheit wurden und deren Bestimmung und weitere Evolution teilten. Den heiligen Funken, der aufflammt und zur Blüte menschlicher Vernunft und Selbstbewußtheit wächst, *konnten* sie dem Menschen nicht schenken, denn sie besaßen ihn nicht. Das war jener Klasse von Devas überlassen, die in Griechenland unter dem Namen Prometheus symbolisiert wurden, und die nichts mit dem physischen Körper, aber alles mit dem rein geistigen Menschen zu tun hatten.

---

[29] Daher auch die spätere Darstellung in den Visionen des Johannes in *Offenbarung* 12, 3–4: "... ein großer, feuerroter Drache, der sieben Köpfe und *zehn* Hörner und auf seinen Köpfen sieben Diademe hatte; und sein Schwanz zieht den *dritten Teil* der Sterne des Himmels fort; und er warf sie auf die Erde." (Hervorhebungen durch die Autorin. H.T.)

Jede Klasse von Schöpfern schenkt dem Menschen, was sie zu geben hat. Eine baut seine äußere Form, eine andere gibt ihm ihr inneres Wesen, welches später das menschliche *höhere Selbst* durch das eigene Streben des Individuums wird. Aber sie konnten den Menschen nicht ebenbürtig mit sich selbst machen, also ohne Sünde und deshalb vollkommen. Ohne Streben kein Verdienst.

Die Menschheit – "von der Erde ..., irdisch"[30] – war nicht dazu bestimmt, von den Engeln des ersten göttlichen Atems erschaffen zu werden. Daher die Aussage, sie hätten sich *geweigert*, sie zu erschaffen, weshalb der Mensch dann von Schöpfern geformt wurde, deren Natur materieller war[31] und die ihrerseits auch nur das geben konnten, was in ihrer eigenen Natur vorhanden war, nicht mehr. Weil die reinen Götter dem ewigen Gesetz unterworfen waren, konnten sie nur *schattenhafte* Menschen aus sich herausprojizieren, die etwas weniger ätherisch und spirituell, weniger *göttlich und vollkommen* als sie selbst, aber doch ihre Schatten waren. So war die erste Menschheit nur ein blasses Abbild ihrer Vorfahren – sogar in ihrer Ätherhaftigkeit war sie zu materiell für eine Götterhierarchie –, aber weil sie in *negativer*[32] Vollkommenheit (*Nirguna*) existierte, war sie auch zu spirituell und rein, um MENSCHEN zu sein. Um ihrem Namen gerecht zu werden, muß Vollkommenheit aus Unvollkommenem entstehen, das Unvergängliche muß dem Boden des Vergänglichen entwachsen, wobei das Vergängliche dem Unvergänglichen als Grundlage und Kontrast dient. Absolutes Licht ist absolute Dunkelheit und *vice versa*. In der Tat ist es so, daß es im Bereich des Wahren weder Licht noch Dunkelheit gibt. Gut und Böse sind Zwillinge, entstanden durch Raum und Zeit unter der Herrschaft der Mâyâ. Werden sie voneinander getrennt, dann werden beide vernichtet, keines der beiden existiert *per se*, weil das eine aus dem anderen erzeugt und erschaffen werden muß, um zu existieren. Beide müssen erkannt und verstanden werden, ehe sie Objekte unserer Wahrnehmung sein können. Deshalb sind es für den vergänglichen Verstand des Menschen zwei getrennte Dinge.

---

[30] (*Joh.* 3, 31. H.T.)

[31] Nachdem sie sich die esoterische Darstellung der Erschaffung des Menschen aus der jüdischen Bibel angeeignet hat und *wörtlich* nimmt, gelingt es der christlichen Theologie trotz ihrer vielseitigen Versuche nicht, eine vernünftige Erklärung für ihren "Gott und Schöpfer" zu geben, der einen Menschen ohne Sinn und Verstand herstellt. Außerdem kann sie die Bestrafung einer Tat nicht rechtfertigen, für die Adam und Eva sich als *non compos mentis* (unzurechnungsfähig. H.T.) betrachten könnten. Denn wenn das Paar vor dem Verzehr der verbotenen Frucht Gut und Böse nicht kannte, wie konnte dann von ihm die Einsicht erwartet werden, daß *Ungehorsam böse ist*? Wenn beabsichtigt war, daß der erste Mensch halbwegs oder gar ganz ohne Verstand bleiben sollte, dann war seine Erschaffung durch einen Gott, der allmächtig und vollkommen ist, zwecklos, ja sogar *grausam*. Aber auch in *Genesis* wird dargestellt, daß Adam und Eva von einer niederen Klasse göttlicher Wesen, den *Elohim*, erschaffen werden, welche ihre persönliche Vorrangstellung als vernunftbegabte und intelligente Geschöpfe dermaßen eifersüchtig bewahren wollen, daß sie die Möglichkeit, der Mensch könne "wie einer von uns" werden, nicht zulassen. Das ist ganz offensichtlich – selbst im buchstäblichen Sinn der biblischen Darstellung. Demnach hatten die Gnostiker recht, den biblischen Schöpfergott einer tiefer angesiedelten Klasse materieller und nicht besonders heiliger Bewohner der unsichtbaren Welt zuzurechnen.

[32] (d.h. eigenschaftsloser. H.T.)

(b) Diese "Schatten" wurden "jeder in seiner eigenen Farbe und Beschaffenheit" geboren, und ein jeder war "geringer als sein Schöpfer", weil letzterer in seiner eigenen Art oder Beschaffenheit ein vollkommenes Wesen war. Laut den Kommentaren bezieht sich der erste Satz dieses Shlokas auf die Hautfarbe, auf das Aussehen jedes so hervorgebrachten Menschentyps.

16. WIE WERDEN DIE (wirklichen) MANÛSHYAS GEBOREN? DIE MANUS MIT GEIST, WIE WERDEN SIE ERSCHAFFEN? (a) DIE VÄTER *(die Barhishads?)* RIEFEN UND NAHMEN IHR EIGENES FEUER (*Kavyavâhana*, elektrisches Feuer) ZU HILFE, DAS FEUER, DAS IN DER ERDE BRENNT. DER GEIST DER ERDE RIEF DAS SONNENFEUER (*Shuchi*, den Geist in der Sonne) ZU HILFE. DURCH IHRE GEMEINSAMEN ANSTRENGUNGEN SCHUFEN DIESE DREI (die Pitris und die zwei Feuer) EIN GUTES RÛPA. ES (die Form) KONNTE STEHEN, GEHEN, LAUFEN, SICH HINLEGEN UND FLIEGEN. ABER ES WAR TROTZDEM NOCH IMMER NUR EIN CHHÂYÂ, EIN SCHATTEN OHNE VERSTAND (b)...

(a) Die Bezeichnungen *Mânushyas* (Menschen) und *Manus* bedeuten hier dasselbe wie "Adam" im Chaldäischen, nämlich die *Menschheit* insgesamt. Laut Kommentar handelt es sich um jene vier der sieben Gruppierungen oder Klassen von Dhyâni-Chohans, "die die Vorfahren des *verborgenen* Menschen", d.h. des subtilen, des inneren Menschen waren. Wie wir bereits sagten, waren die "Lhas" des Mondes, die lunaren Geister, nur die *Vorfahren der Form* des Menschen, also des Modells, nach welchem die Natur ihre Arbeit an seiner äußeren Gestaltung begann. So war der ursprüngliche Mensch bei seinem Erscheinen also nur ein vernunftloses "Phantom". Diese "Schöpfung" war ein Fehlschlag.

(b) Auch dieser Versuch war ein Fehlschlag. Hier wird sinnbildlich auf die Anmaßung der *physischen* Natur hingewiesen, deren eigenständiger Schöpfungsversuch nicht einmal ein vollkommenes *Tier* hervorbringen kann – von einem Menschen ganz zu schweigen. Die "Väter" nämlich, niedere Engel, sind alle Naturgeister, und die höheren Elementale besitzen zwar auch eine eigene Intelligenz, aber das reicht zur Konstruktion eines DENKENDEN Menschen nicht aus. Dazu war das "*lebende* Feuer" nötig, das Feuer, durch welches der menschliche Geist seine Fähigkeit zur Selbstwahrnehmung und Selbstbewußtheit (*Manas*) erhält. Außerdem haben *Pâvaka* und *Shuchi* das *tierisch-elektrische* und das solare Feuer erzeugt, durch welche Tiere erschaffen werden. Deshalb konnten sie dem ersten astralen Modell des Menschen nicht mehr als ein physisches Gerüst zum Leben geben. So waren die ersten Schöpfer gleichsam der Pygmalion des ursprünglichen Menschen, denn es gelang ihnen nicht, ihre Statue auch *intellektuell* zu beleben.[33]

[33] (Pygmalion war ein zypriotischer Bildhauer und König, der eine Frauenstatue aus Elfenbein schuf und sich in sie verliebte. Aphrodite erhörte seine Gebete und gab der Statue Leben. H.T.)

Dies ist eine sehr aufschlußreiche Stanze, denn sie erhellt das Mysterium des den Menschen beseelenden Prinzips – des HÖHEREN SELBST bzw. der menschlichen Monade – und beseitigt die Kluft zwischen der letzteren und der tierischen Monade: Beide sind ein und dasselbe Prinzip, obwohl das höhere Selbst oder die menschliche Monade mit *göttlicher* Intelligenz begabt ist, die tierische aber nur *Instinkt* besitzt. Wie wird nun der Unterschied zwischen den beiden erklärt und das Vorhandensein jenes HÖHEREN selbst im Menschen begründet?

"Die Söhne des MAHAT *sind die Lebensspender der menschlichen Pflanze. Sie sind die Wasser, die auf den trockenen Boden latenten Lebens fallen, sie sind der Funken, der das menschliche Tier belebt. Sie sind die Herren des ewigen Lebens des Geistes."* ... *"Im Anfang* (in der Evolutionsperiode der Zweiten Menschheit) *hauchten einige* (der Herren) *den Mânushyas* (Menschen) *nur von ihrem inneren Wesen ein, und einige nahmen im Menschen Wohnung."*

Das läßt erkennen, daß nicht alle Menschen Inkarnationen der "göttlichen Rebellen" wurden, sondern nur wenige. Das fünfte Prinzip der übrigen wurde einfach nur durch den empfangenen Funken belebt, und das erklärt die großen Unterschiede in den intellektuellen Fähigkeiten der Menschheit. Hätten die "Söhne Mahats" – wieder allegorisch ausgedrückt – in ihrem Drang nach intellektueller Freiheit nicht die Zwischenwelten übersprungen, dann wäre der animalische Mensch niemals in der Lage gewesen, von dieser Erde aus aufwärts zu streben und durch sein eigenes Bemühen sein endgültiges Ziel zu erreichen. Halb unbewußt, wenn nicht gar den Tieren gleich, völlig ohne Bewußtsein, hätte er seine zyklische Pilgerfahrten durch alle Existenzbereiche absolvieren müssen.

Durch diese Rebellion des intellektuellen Lebens gegen die extreme Tatenlosigkeit des reinen Geistes sind wir das geworden, was wir sind: selbstbewußte, denkende Menschen mit den Attributen und den Fähigkeiten der Götter – sowohl Gutes als auch Böses zu vollbringen. Die REBELLEN sind unsere Erlöser. Philosophen sollten dies wohl überdenken, sie könnten dadurch zur Lösung so mancher Rätsel kommen. Nur durch die Anziehungskraft der Gegensätze können die beiden Kontraste – Geist und Materie – auf Erden zusammenfinden und gefestigt werden. Verschmolzen und gestählt im Feuer selbstbewußten Erfahrens und Leidens sind sie in Ewigkeit miteinander verbunden. Hier liegt die Erklärung für viele bisher unverständliche Allegorien, die dummerweise als Märchen abgetan wurden.

Zum Beispiel wird so die Prometheus-Allegorie verständlich und, wichtiger noch, werden die vielen allegorischen Berichte über Kämpfe, die im Himmel stattfinden, erhellt – einschließlich die Darstellung in der *Offenbarung* des Johannes im Hinblick auf das christliche Dogma von den *gefallenen Engeln*, und so wird weiterhin auch die "Rebellion" der ältesten und höchsten Engel erklärt sowie die Bedeutung ihres Hinauswurfs aus dem Himmel hinab in die Tiefen der Hölle, d.h.

in die MATERIE. Auch den Assyriologen wird Klarheit verschafft, wie wir dem Werk George Smiths[34] entnehmen können:

"Mein erster Eindruck (über die Rebellion)," so schreibt er, "war die Vorstellung, daß der Kampf mit den Mächten des Bösen *vor der Schöpfung stattfand*; jetzt aber glaube ich, daß er dem Bericht vom Fall folgt."[35] Smiths Buch enthält die Abbildung eines frühen babylonischen Rollsiegels mit dem heiligen Baum, der Schlange und mit einem Mann und einer Frau. Der Baum hat sieben Zweige: *drei* auf der Seite des Mannes und *vier* auf der Seite der Frau. Diese Zweige sind ein typischer Hinweis auf die Sieben Menschheiten, von denen es die *Dritte* war, in deren Endzeit die Geschlechtertrennung und der Fall in die Zeugung stattfand. Die frühesten Drei Menschheiten waren zuerst geschlechtslos, dann hermaphroditisch; die anderen Vier unterscheiden sich als männlich und weiblich. G. Smith schreibt: "Der Drache, der in dem chaldäischen Schöpfungsbericht den Menschen zur Sünde verleitet, ist ein Geschöpf Tiamats, ein bei der Schöpfung der Welt in Opposition zu den Gottheiten stehendes, verkörpertes Prinzip von Meer und Chaos."[36] Hier irrt der Autor. Der Drache ist das Prinzip des Männlichen, der personifizierte oder, besser gesagt, der *animalisierte* Phallus. Tiamat, die "Verkörperung des Chaos-Geistes", der Tiefe, des Abgrunds, ist der Schoß, das Prinzip des Weiblichen. Der "Geist des *Chaos* und der *Unordnung*" bezieht sich auf die mentale Verwirrung, die dieser Geist erzeugte. Es ist das sinnliche, das magnetisch-anziehende Prinzip, welches fasziniert und verführt, es ist das immer präsente aktive Element, das die ganze Welt in Unordnung, Chaos und Sünde stürzt. Die Schlange verführt die Frau, die dann den Mann verführt, wodurch beide teilhaben an der karmischen Verdammung – die aber nur die natürliche Folge eines ursächlichen Geschehens ist. George Smith sagt weiter:

> Klar ist, daß auch der Drache der durch den Fall verursachten Verdammung anheimfällt, und daß die Götter (die wie die Elohim eifersüchtig sind auf einen Menschen aus Lehm, der selbst zum Schöpfer wird ...) das Menschengeschlecht mit all den Übeln beladen, unter denen die Menschheit leidet: Weisheit und Wissen sollen (dem Menschen) Schaden zufügen, er soll Streit in seiner Familie haben ... er wird den Zorn der Götter erregen, soll Tyrannen unterworfen sein ... in seinen Wünschen soll er enttäuscht werden, *nutzlose Gebete* soll er zum Himmel senden ... auch in der Zukunft soll er sündigen. Weitere Zeilen (so setzt G. Smith seine Darstellung fort) führen dieses Thema zweifellos weiter, aber die Erzählung ist unterbrochen bis zu

[34] *Chaldean Accounts of Genesis*, S. 92.
[35] *ibid.*, S. 91.
[36] *ibid.*

den Vorbereitungen der Götter auf den Kampf mit den Mächten des Bösen, welche von Tiamat angeführt werden ...[37]

Dieser Bericht ist aus dem *1. Buch Mosis* wegen monotheistischer Erwägungen entfernt worden. Aber es ist eine falsche Vorgehensweise, wenn man versucht – zweifellos aus Sorge um den Erhalt religiöser Dogmen und des dazugehörigen Aberglaubens –, die chaldäischen Fragmente anhand der *Genesis* zu rekonstruieren. Denn es ist natürlich im Gegenteil der viel jüngere *Genesis*-Bericht, der anhand der chaldäischen Fragmente erklärt werden könnte.

17. DER ATEM (die menschliche Monade) BRAUCHTE EINE FORM – DIE VÄTER GABEN SIE. DER ATEM BRAUCHTE EINEN FESTEN KÖRPER – DIE ERDE FORMTE IHN. DER ATEM BRAUCHTE DEN GEIST DES LEBENS – DIE SONNEN-LHAS HAUCHTEN IHN IN SEINE FORM. DER ATEM BRAUCHTE EINEN SPIEGEL SEINES KÖRPERS (einen astralen Schatten) – "WIR GABEN IHM UNSEREN EIGENEN", SAGTEN DIE DHYÂNIS. DER ATEM BRAUCHTE EINEN TRÄGER DER BEGIERDEN (*Kâma-Rûpa*) – "ER HAT EINEN", SAGTE DER BESEITIGER DER WASSER (*Shuchi*, das Feuer der Begierde, der tierische Instinkt). ABER DER ATEM BRAUCHT EINEN VERSTAND, DAS UNIVERSUM ZU UMFASSEN – "DEN KÖNNEN WIR NICHT GEBEN", SAGTEN DIE VÄTER. "ICH HATTE NIE EINEN", SAGTE DER GEIST DER ERDE. "DIE FORM WÜRDE ZERSTÖRT, WENN ICH IHM MEINEN GÄBE," SAGTE DAS GROSSE (Sonnen-) FEUER ... DER (entstehende) MENSCH BLIEB EIN LEERES, VERNUNFTLOSES BHÛTA ... SO SCHENKTEN DIE KNOCHENLOSEN DENEN LEBEN, DIE (später) IN DER DRITTEN (Menschheit) ZU MENSCHEN MIT KNOCHEN WURDEN.

Die 5. Stanze enthält ausführliche Erläuterungen, deshalb wollen wir uns hier kurz fassen. Der "Vater" des ursprünglichen körperlichen Menschen, bzw. der Vater seines Körpers, ist das in der Sonne vorhandene lebenspendende elektrische Prinzip. Seine "Mutter" ist der Mond, dessen geheimnisvolle Kräfte auf die menschliche Fortpflanzung einen ebenso ausschlaggebenden, regulierenden Einfluß ausüben, wie auf das pflanzliche und tierische Wachstum. Der "Wind" oder Äther, der hier als Übermittler diese von den beiden Lichtkörpern ausgehenden Einflüsse abwärts trägt und auf der Erde verbreitet, wird als "Ernährender"[38] bezeichnet; aber es ist allein das "geistige Feuer", durch welches der Mensch zum göttlichen, vollkommenen Wesen wird.

Was ist nun dieses "geistige Feuer"? In der Alchemie ist es generell WASSERSTOFF, aber in der esoterischen Realität ist es eine Emanation, nämlich der aus seinem

---

[37] *Chaldean Accounts,* S. 91

[38] (Im Original "nurse". Im Hinblick auf die Textstelle: "... der Wind ernährte ihn bis zur Reife ..." in Shloka 22, haben wir davon abgesehen, hier im Deutschen "Amme" o.ä. zu gebrauchen. H.T.)

Noumenon, dem "Dhyâni des ersten Elements" kommende Strahl. Wasserstoff ist nur in unserem Erdenbereich ein *Gas*. Er ist sozusagen Vater, Erzeuger oder, noch besser ausgedrückt, der *Upâdhi*, die Basis, sowohl von LUFT als auch WASSER. Tatsächlich ist es "Feuer, Luft und Wasser", d.h. es sind drei Aspekte einer *Ein*heit, und daher kommt die chemische und alchemistische Dreiheit. In der manifestierten Welt, in der Welt der Materie ist es ein gegenständliches Symbol und die materielle Emanation aus dem subjektiven und rein geistigen, wirklich wesenhaft vorhandenen Dasein in der Region der *Noumena*.

Die folgende parallele Anordnung finden wir in der Evolution der Elemente und Sinne bzw. im kosmisch-irdischen "MENSCHEN" oder "Geist" und im sterblichen, körperlichen Menschen:

1. Äther	Gehör	Ton
2. Luft	Tastsinn	Ton und Berührung
3. Feuer od. Licht	Sehvermögen	Ton, Berührung, Farbe
4. Wasser	Geschmackssinn	Ton, Berührung, Farbe, Geschmack
5. Erde	Geruchssinn	Ton, Berührung, Farbe, Geschmack, Geruch

Wie wir sehen, fügt jedes Element seinen eigenen Merkmalen die seines Vorgängers hinzu, und ebenso wird jeder neuen Evolutionsperiode der Menschheit die Sinneswahrnehmung hinzugefügt, die das Merkmal der vorhergehenden Menschheit ist. Derselbe Vorgang trifft auch auf den siebenfältigen Schöpfungsvorgang des Menschen zu, der sich, denselben Prinzipien entsprechend, schrittweise in sieben Stufen entwickelt.

STANZE 5

DIE EVOLUTIONSPERIODE DER ZWEITEN MENSCHHEIT

18. Die Söhne des Yoga. 19. Die geschlechtslose Zweite Menschheit. 20. Die Söhne der Söhne der Dämmerung. 21. Der "Schatten", der astrale Mensch, zieht sich nach innen zurück, und der Mensch entwickelt einen physischen Körper.

18. DIE ERSTE (Menschheit) WAREN DIE SÖHNE DES YOGA. UND DEREN SÖHNE WAREN DIE KINDER DES GELBEN VATERS UND DER WEISSEN MUTTER.

In dem späteren Kommentar wird dieser Satz wie folgt übersetzt:
"Die Söhne der Sonne und des Mondes, vom Äther (oder Wind) *gepflegt (a) ... Sie waren die Schatten der* SCHATTEN *der Herren (b). Sie* (die Schatten) *breiteten sich aus. Die Geister der Erde bekleideten sie, die solaren Lhas wärmten sie* (d.h. sie bewahrten das lebenswichtige Feuer in den werdenden physischen Formen). *Die Atem besaßen Leben, aber keinen Verstand. Sie besaßen weder eigenes Wasser noch eigenes Feuer (c).*

(a) Erinnern wir uns in diesem Zusammenhang an die *Tabula Smaragdina* des Hermes. In ihrer esoterischen Bedeutung sind sieben Schlüssel enthalten. Das darin erwähnte "eine Ding" ist der MENSCH. Es heißt dort: "Der Vater DES EINEN EINZIGEN DINGES ist die Sonne, seine Mutter der Mond. Der Wind trägt es in seinen Armen, und beim Heranwachsen wird es gepflegt von der geisterfüllten Erde." In der okkulten Version derselben Stelle wird hinzugefügt: "und *geistiges* Feuer ist sein Lehrer (Guru)."

Das Feuer ist das höhere Selbst, das geistige Ego, welches unter dem Einfluß seiner niederen, persönlichen Selbste und erfüllt von *Tanhâ*, der Begierde zu leben, ewiglich reinkarniert und sich mit jeder Wiedergeburt verändert. Es ist eines der seltsamen Gesetze der Natur, daß die höhere (geistige) Natur auf dieser Stufe sozusagen der niedrigeren unterworfen sein soll. Wenn das Ego nicht Zuflucht im Âtman, dem ALL-GEIST, sucht und vollkommen in dessen Wesen aufgeht, dann wird das personale Ego es bis zum bitteren Ende verfolgen und antreiben. Es ist unmöglich, dieses Konzept vollständig zu verstehen, wenn wir uns nicht vorher vertraut machen mit dem Mysterium der Evolution, die ja auf einer dreifachen Spur verläuft – einer geistigen, einer psychischen und einer physischen.

Was die Evolution vorwärts drängt und antreibt, d.h. was die Evolution zu Wachstum und Entwicklung hin zur Vollkommenheit zwingt, ist (a) die Monade bzw. das in ihr durch eine eigene, inhärente Kraft unbewußt Wirkende, und ist (b) der niedere, astrale Körper, das *personale* SELBST. Durch die Identität mit der ALLKRAFT, die, wie soeben erwähnt, der Monade inhärent ist, ist diese in dem formlosen *Arûpa*-Bereich allmächtig. Und sie bleibt allmächtig in unserem eigenen Bereich, ist aber, weil ihr Wesenskern zu rein ist, im einzelnen inaktiv – geradeso wie die Sonnenstrahlen, die zum Wachstum der Vegetation beitragen, nicht die eine oder die andere Pflanze auserwählen, um nur auf sie zu scheinen. Würde die Pflanze entwurzelt und an anderer Stelle, wo der Sonnenschein sie nicht erreichen kann, wieder eingepflanzt, so würden die Sonnenstrahlen ihr sicherlich nicht folgen. Dasselbe gilt für den Âtman, denn wenn das höhere Selbst oder EGO nicht zu seiner Sonne – der Monade – hinstrebt, wird das niedere *Ego*, das *personale* Selbst, immer die Oberhand haben. Dieses Ego, besessen von wilder Selbstsucht und seiner animalischen Begierde nach sinnlosem Leben (*Tanhâ*, ist "der Erbauer des Hauses", wie der Buddha es im *Dhammapada* (153, 154) nennt. Deshalb heißt es auch: "Die Geister der Erde bekleideten die Schatten und verbreiteten sie." Zeitweilig gehören die menschlichen astralen Selbste zu diesen "Geistern", und sie sind es, die das physische "Haus" des Menschen erbauen, damit die Monade und Manas, ihr bewußtes Prinzip, eine Wohnstatt haben. Und die "solaren" *Lhas* oder Geister wärmen sie, die Schatten. Das ist buchstäblich, d.h. physisch, der Fall. Metaphysisch, d.h. im psychischen und geistigen Bereich, ist ebenso wahr, daß nur der Âtman allein den inneren Menschen *wärmt*, ihn also erleuchtet mit dem Strahl göttlichen Lebens, und daß nur der Âtman allein imstande ist, dem inneren Menschen, dem reinkarnierenden Ego, seine Unsterblichkeit zu geben. Wie wir noch sehen werden, sind es somit die astralen Schatten der "Vorfahren", die lunaren Pitris, welche während der ersten dreieinhalb Evolutionsperioden der Menschheit, bis zum Mittel- oder Wendepunkt, die formgebenden Kräfte der Menschheiten sind und welche die physische Form aufbauen und stufenweise zur Vollkommenheit antreiben. Dies geschieht aber auf Kosten eines gleichzeitig und in gleichem Maße stattfindenden Verlusts von Spiritualität. Und beginnend am Wendepunkt ist es das höhere Ego – das inkarnierende Prinzip, *nous* oder *Geist* –, das das animalische Ego beherrscht und das es lenkt, solange es von letzterem nicht hinabgezogen wird. Kurz, die Spiritualität befindet sich im Aufstieg, und das Animalische oder Physische stört und hindert ihren beständigen Fortschritt auf dem Evolutionspfad nur dann, wenn die Eigensucht der Personalität den inneren Menschen so stark überwältigt hat, daß der Drang nach oben seinen ganzen Einfluß auf den denkenden, vernünftigen Menschen verloren hat.

(b) Der Satz: "Sie waren die Schatten der Schatten der Herren," die Aussage also, daß die Vorfahren den Menschen aus ihren eigenen Astralkörpern erschufen, drückt einen weit verbreiteten Glauben aus. Den *Devas* wird im Osten nachgesagt, sie hätten keine eigenen Schatten: "Die Devas werfen keine Schatten," und das ist das sichere Zeichen eines *guten und heiligen Geistes*.

(c) Weshalb hatten sie "weder eigenes Feuer noch eigenes Wasser"? Aus folgendem Grund: Was für die Elemente und Gase im Bereich der Objektivität Wasserstoff ist, das ist in der Welt mentaler oder subjektiver Phänomene dessen Noumenon, und das ist so, weil seine latente dreifältige Natur in ihren drei aktiven Emanationen aus den drei höheren Prinzipien des Menschen, nämlich "Geist, Seele und Verstand" oder *Âtman*, *Buddhi* und *Manas*, widergespiegelt wird. Er ist die geistige und die materielle menschliche Basis. Der von der "Luft" bzw. dem "Wind" ernährte rudimentäre Mensch wird später zum vollkommenen Menschen, dann nämlich, wenn er – mit der Entwicklung des "geistigen Feuers", dem Noumenon des in seinem Selbst befindlichen "Drei in Einem" – aus seinem inneren Selbst, seinem Instruktor, die Weisheit der Selbstbewußtheit erlangt hat, welche er am Anfang nicht besitzt.

19. DIE ZWEITE MENSCHHEIT WAR DAS PRODUKT EINER SPROSSUNG UND AUSDEHNUNG; DIE UNGESCHLECHTLICHE (Form) AUS DEM GESCHLECHTSLOSEN (Schatten). SO, O LANU, WURDE DIE ZWEITE MENSCHHEIT GESCHAFFEN.

Was die Wissenschaft vehement ablehnen wird, ist diese ungeschlechtliche Zweite Menschheit, also die Väter der sogenannten "Schweißgeborenen", und mehr noch vielleicht die Dritte Menschheit, die "aus dem Ei Geborenen", die Androgynen. Diese beiden Fortpflanzungsarten sind besonders für die westliche Welt völlig fremdartig, und offensichtlich sind Erklärungsversuche nutzlos, wenn keine Kenntnisse der okkulten Metaphysik vorhanden sind. In den europäischen Sprachen gibt es keine Wörter für Dinge, die die Natur auf der derzeitigen Stufe der Evolution nicht mehr wiederholt und die deshalb, vom Standpunkt des Materialisten, bedeutungslos sind. Aber es gibt Analogien. So wird zum Beispiel zugegeben, daß es am Anfang der physischen Evolution Prozesse in der Natur gegeben haben muß, spontane Zeugungsvorgänge etwa, die inzwischen erloschen sind, sich aber in anderer Form wiederholen. So hat die mikroskopische Forschung erwiesen, daß es keine biologische Regenerationsart gibt, die permanent ist: "Erwiesenermaßen durchläuft ein Organismus in seinem Lebenskreislauf mehrere Metamorphosen. In einigen dieser Metamorphosen mag er *geschlechtlich*, in anderen *ungeschlechtlich* sein, d.h. Regeneration kann abwechselnd durch das Zusammenwirken zweier Wesen mit unterschiedlichem Geschlecht, und durch *Spaltung* oder Sprossung aus einem Einzelwesen, welches geschlechtslos ist, stattfinden."[39] Und "Sprossung" ist auch das in der Stanze gebrauchte Wort! Wie sonst hätten die Chhâyâs sich vermehren können, wie sonst hätten sie die Zweite Menschheit zeugen können, denn sie waren ja ätherisch, ungeschlechtlich und, bis zu diesem

[39] Laing, *Modern Science and Modern Thought*, S. 90.

Zeitpunkt, ohne Kâma Rûpa, den Sitz ihrer Begierde, der sich erst in der Evolutionsperiode der Dritten Menschheit bildete? Sie entwickelten die Zweite Menschheit unbewußt – so wie Pflanzen dies tun, oder auch den *Amöben* ähnlich, aber ätherischer, in einem Maßstab, der bedeutender und größer ist. Wenn die Wissenschaft die mikroskopischen Zellen tatsächlich als unabhängige, lebende Wesen ansieht – so wie der Okkultismus die "feurigen Leben" betrachtet –, dann ist der ursprüngliche Zeugungsprozeß problemlos vorstellbar.

Betrachten wir die anfänglichen Entwicklungsstadien einer Keimzelle. Der Zellkern wächst, verändert sich und bildet einen doppelten Kegel oder eine Spindel ⧖ *innerhalb* der Zelle. Diese Spindel wächst, eine ihrer Hälften durchstößt die Zellwand und erscheint an der Oberfläche in einer Form, die als "Polkappe" (der Zelle) bezeichnet wird. Diese Polkappe stirbt jetzt, und der Embryo entwickelt sich aus dem Wachsen und der Segmentierung des übriggebliebenen Teils des Zellkerns, der von der Substanz der Zelle *ernährt* wird. Warum sollen die Wesen ganz am Anfang der *Evolution von Mensch und Säugetier* nicht so gelebt haben, warum sollen sie nicht *auf diese Art erschaffen* worden sein?

Vielleicht kann die folgende Analogie uns helfen, den Prozeß zu erläutern, in dem die Zweite Menschheit aus der Ersten gebildet wurde. Die die Monade umhüllende Form war, und ist übrigens noch immer, umgeben von ihrer eiförmigen *Aura*-Sphäre, welche der Substanz der Keimzelle oder des *Ovums* entspricht. Die Astralform selbst ist – jetzt ebenso wie damals – der vom Lebensprinzip erfüllte Kern.

Wenn die Zeit zur Fortpflanzung gekommen ist, preßt das *Teil*-Astral – durch die umhüllende eiförmige Aura hindurch – eine Miniatur seiner selbst heraus. Dieser Keim wächst auf der Aura und ernährt sich von ihr, bis er vollständig entwickelt ist und sich allmählich von seiner elterlichen Form trennt, wobei er seine eigene Aura-Sphäre mit sich fortträgt – ganz so, wie lebende Zellen durch Wachstum und darauffolgende Zweiteilung ihre Art reproduzieren.

Die Polkappen-Analogie ist wohl zutreffend, denn deren Tod würde *jetzt* ja der durch die Trennung der Geschlechter eingetretenen Veränderung entsprechen, wodurch die Schwangerschaft *in utero, d.h. innerhalb der Zelle* zur Regel wurde.

"Die Väter der 'Schweißgeborenen' waren die frühe Zweite Menschheit; die 'Schweißgeborenen' selbst waren die spätere Zweite Menschheit."

Hier spricht der Kommentar über das Wirken der Evolution vom Beginn einer Menschheit bis zu ihrem Ende. Die "Söhne des Yoga" – die ursprüngliche, astrale Menschheit – durchliefen als Gesamtheit sieben Evolutionsstufen, genauso wie jedes Einzelwesen – damals und jetzt. Die ersten Menschheitszweige der Zweiten Menschheitsperiode wurden also anfangs in dem von uns analog beschriebenen Vorgang geboren, während die letzten dieser Menschheitszweige, gleichlaufend mit der Evolution des menschlichen Körpers, allmählich auf andere Weise geformt wurden. Auch der Fortpflanzungsvorgang verlief in jeder Menschheitsperiode in sieben Stufen, wobei jede dieser Stufen eine Dauer von vielen Zeitaltern hatte.

Uranfänglich aufgetretene menschliche Hermaphroditen waren eine den Alten wohlbekannte Naturerscheinung – und sind heutzutage für Darwin äußerst rätselhaft. Aber trotzdem ist die Existenz von Hermaphroditen in der Evolution der frühen Menschheiten nicht nur nicht unmöglich, sondern im Gegenteil sogar höchst wahrscheinlich. Ja aufgrund der Analogieregel und der Tatsache eines einheitlichen und universal gültigen, die physische Evolution regelnden Gesetzes, das unterschiedslos den Aufbau von Pflanzen, Tieren und Menschen betrifft, muß es so sein. Die falschen Theorien einer Monogenese und der Abstammung des Menschen vom Säugetier – statt umgekehrt – sind im Sinne der Vollständigkeit der Darwinschen Evolutionslehre verhängnisvoll und sollten wegen der unüberwindlichen Schwierigkeiten, auf die sie stoßen, aufgegeben werden. Allein die okkulte Überlieferung ist imstande, die Widersprüche aufzuheben und die entstandene Kluft zu überbrücken.

In der *Abstammung des Menschen* gibt es eine Passage, aus der hervorgeht, wie weit sich Darwin dieser uralten Lehre schon genähert hatte:

> Seit langem wissen wir, daß im Reich der Wirbeltiere das eine Geschlecht Rudimente der verschiedenen, eigentlich dem reproduktiven System des anderen Geschlechts zugehörigen Teile aufweist ... Es hat den Anschein, daß irgendein weit entfernter Vorfahr des ganzen Wirbeltierreiches hermaphroditisch oder androgyn gewesen ist[40]... Aber hier stoßen wir auf eine *überragende Schwierigkeit. Männliche Säugetiere besitzen die Rudimente einer Gebärmutter mit den angrenzenden Gängen in den vesiculae prostaticae, außerdem sind auch Brüste rudimentär vorhanden. Und einige männliche Beuteltiere haben Spuren eines Brutsacks.* Weitere analoge Fakten könnten angeführt werden. Müssen wir deshalb annehmen, daß ein Säugetier aus extrem alter Zeit androgyn blieb, nachdem es die Hauptmerkmale seiner Klasse angenommen hatte und sich damit von den niedrigeren Klassen des Wirbeltierreichs getrennt hatte? Das ist höchst unwahrscheinlich,[41] denn um noch existente androgyne Formen vorzufinden, *müssen wir uns der niedrigsten aller Klassen, den Fischen zuwenden.*

Warum erkennt man nicht offen die Beweiskraft des Arguments für einen hermaphroditischen Zustand der alten Fauna an? Der Okkultismus bietet eine Lösung

[40] Aber warum nur *ein* "weit entfernter Vorfahr"? Warum nicht alle ersten Menschheiten und tierischen Ursprungsrassen?

[41] Sicherlich – wenn man Anhänger der Evolutionstheorie ist, denn die führt ja die Säugetiere zurück auf amphibische Vorfahren.

an, die allen Fakten auf höchst umfassende und einfache Art gerecht wird. Diese Überreste eines früheren androgynen Zustands gehören zur selben Kategorie wie die Zirbeldrüse und andere, ebenso mysteriöse Organe. Sie sind stumme Zeugen dafür, daß einst Funktionen existiert haben, die im Verlauf der tierischen und menschlichen Weiterentwicklung längst verkümmert sind, die aber einmal eine wichtige Rolle in der allgemeinen ursprünglichen Lebensordnung gespielt haben.

20. IHRE VÄTER WAREN DIE SELBSTGEBORENEN. DIE SELBSTGEBORENEN, DIE CHHÂYÂS AUS DEN STRAHLENDEN KÖRPERN DER HERREN, DER VÄTER, DER SÖHNE DER DÄMMERUNG.

Man nennt die "Schatten" oder *Chhâyâs* Söhne der "Selbstgeborenen", weil diese Bezeichnung allen Göttern und Wesen gegeben wird, welche durch den WILLEN einer Gottheit oder eines Adepten geboren wurden. Die Bezeichnung "Söhne der Dämmerung" kennzeichnet die Identität der "Selbstgeborenen" unserer Lehre und der Pitris des Brahmanischen Systems, denn dieser "Titel" nimmt Bezug auf die Art ihrer Geburt: Nach der Darstellung in den *Purânas* werden die Pitris aus "Brahmâs Körper der Dämmerung" hervorgebracht.

21. ALS DIE MENSCHHEIT ALT WURDE, MISCHTEN SICH DIE ALTEN WASSER MIT DEN FRISCHEREN WASSERN (a). ALS DIE TROPFEN TRÜB WURDEN, VERSCHWANDEN SIE IN DEM NEUEN STROM, IN DEM HEISSEN STROM DES LEBENS. DAS ÄUSSERE DER ERSTEN WURDE ZUM INNEREN DER ZWEITEN (b). DER ALTE FLÜGEL WURDE DER NEUE SCHATTEN, ER WURDE DER SCHATTEN DES FLÜGELS (c).

(a) Die alte (ursprüngliche) Menschheit vermischte sich mit der Zweiten und ging in ihr auf.

(b) Hier handelt es sich um den mysteriösen Transformations- und Evolutionsprozeß der Menschheit. Das schattenhafte, ätherische und negative "Material" der ersten Formen wurde von den Formen der Zweiten Menschheit angezogen bzw. absorbiert und vervollständigte sie damit. Im *Kommentar* wird erklärt, daß die Wesen dieser Ersten Menschheit *nie ausgestorben* sind, weil sie nur aus den astralen Schatten der schöpferischen Vorfahren bestanden und natürlich weder ihre eigenen physischen Körper noch eigene Astralkörper hatten. Diese "Menschen" der Ersten Menschheitsperiode schmolzen allmählich dahin und wurden in die Körper ihrer eigenen "schweißgeborenen" Nachkommenschaft absorbiert. Deren Körper waren in festerer Verfassung als ihre eigenen. Die alte Form schwand also dahin, bis sie durch Absorption in der neuen, menschenähnlicheren und körperlicheren Form ganz aufgegangen war. In jener Periode, in der es mehr Glückseligkeit gab als selbst im Goldenen Zeitalter, gab es keinen Tod, sondern das erste oder elterliche "Material" wurde zur Formgestaltung des neuen Wesens genutzt, um den Körper und sogar die inneren, *niederen* Prinzipien oder Körper der Nachkommen zu gestalten.

(c) Wenn der "Schatten" sich zurückzieht, d.h. wenn der Astralkörper mehr und mehr und mit immer solider werdendem Fleisch umhüllt wird, dann – und damit – beginnt die Entwicklung des physischen Körpers des Menschen. Der "Flügel", d.h. die ätherische Form, die ihren Schatten, ihr Abbild hervorgebracht hatte, wurde nun der Schatten des Astralkörpers und damit Teil seiner eigenen Nachkommenschaft.

EIN GÖTTLICHER HERMAPHRODIT

Nach dem Untergang der letzten Überreste der atlantischen Menschheit – vor ungefähr 12 000 Jahren – wurden die okkulten und religiösen Mysterien unter einem undurchdringlichen Schleier der Geheimhaltung weitergegeben, um zu verhindern, daß sie in die falschen Hände geraten und dadurch entweiht würden. Mehrere dieser Lehren wurden inzwischen in exoterische Wissenschaften umgewandelt, z.B. die Astronomie, und zwar durch Hervorhebung ihrer rein mathematischen und physischen Aspekte. Die wahren Lehren aber sind verlorengegangen, ihre Bedeutung wurde pervertiert. Trotzdem finden sich in den heiligen Schriften und Überlieferungen fast aller Völker Hinweise auf Hermaphroditen. Woher sollten derartige Übereinstimmungen kommen, wenn es sich nur um eine reine Erfindung handelte?

Geheimhaltung war auch der Grund für die Einführung oder, besser gesagt, die erneute Einführung der religiösen Mysterienkulte durch die Fünfte Menschheit. So sollten den kommenden Generationen uralte Weisheitslehren, verborgen in allegorischen und symbolischen Ausdrucksformen, weitergegeben werden. Denken wir nur an die ägyptische Sphinx, jenen rätselhaften, unvergänglichen Beweis für die Herkunft der Menschheiten aus der göttlichen, und ganz spezifisch aus der androgynen Menschheit! Göttliche Weisheit – inkarniert auf Erden und gezwungen, nur auf dieser Erde unter dem Schatten des Baumes der Erkenntnis Leid und Schmerz als bittere persönliche Erfahrung zu erdulden: Dies ist ein Geheimnis, das ursprünglich nur den Elohim, den SELBSTINITIIERTEN "höheren Göttern" offenbar war.[42]

Im Buch *Enoch* erfahren wir, daß Adam, der erste göttliche Androgyne, sich aufteilt in Mann und Frau und in einer Form oder Menschheit zu YAH-HAVAH wird, und zu Kain und Abel[43] (männlich und weiblich) in seiner anderen Form oder Menschheit: Das ist der doppelgeschlechtliche Jehova,[44] sozusagen ein Echo des pro-

---

[42] Vgl. Das Buch *Enoch*.

[43] Abel kommt von *Chebel*: Geburtswehen, Empfängnis.

[44] Vgl. *Isis entschleiert*, Bd. II, S. 398, wo Jehova als Vereinigung von Adam und Eva erklärt wird, und Havah – und Abel – als *weibliche Schlange*.

totypischen Brahmâ-Vâch der Âryas. Darauf folgte die Dritte und die Vierte Evolutionsperiode der Menschheit,[45] d.h. es folgten Menschheiten als Männer und Frauen, als Geschöpfe unterschiedlichen Geschlechts. Die geschlechtslosen Halbgeister und die Androgynen der ersten beiden Menschheiten gab es nicht mehr.

[45] Vgl. *Isis entschleiert*, Bd. I, S. 305: "Durch die Vereinigung dieser beiden Menschheiten entstand eine *Dritte* – die Menschheit Adams."

STANZE 6

DIE EVOLUTION DER "SCHWEISSGEBORENEN"

22. Die Evolution der Drei Menschheiten geht weiter.
23. Die Zweite Menschheit erschafft die Dritte und vergeht.

22. DIE ZWEITE ENTWICKELTE NUN DIE EIGEBORENE, DIE DRITTE (Menschheit). DER SCHWEISS NAHM ZU, SEINE TROPFEN WURDEN GRÖSSER, WURDEN HART UND RUND. DIE SONNE ERWÄRMTE IHN, DER MOND KÜHLTE UND GESTALTETE IHN, DER WIND ERNÄHRTE IHN BIS ZUR REIFE. VOM STERNENHIMMEL ÜBERSCHATTETE DER WEISSE SCHWAN (der Mond) DEN GROSSEN TROPFEN: DAS EI DER ZUKÜNFTIGEN MENSCHHEIT, DER MENSCHEN-SCHWAN (Hamsa) DER SPÄTEREN DRITTEN (a). ZUERST MÄNNLICH-WEIBLICH, DANN MANN UND FRAU (b).

(a) Aus dem Text der Stanze geht deutlich hervor, daß der menschliche Embryo von außen durch kosmische Kräfte ernährt wurde und daß von der "Vater-Mutter"-Kombination anscheinend der Keim hinzukam, der dann das Reifestadium erlangte. Aller Wahrscheinlichkeit nach handelte es sich um ein "schweißgeborenes Ei", das auf mysteriöse Weise – unabhängig von seinem "Doppel"-Erzeuger – ausgebrütet werden mußte. Eigentlich ist es verhältnismäßig leicht, sich eine eigebärende Menschheit vorzustellen, denn sogar jetzt ist der Mensch ja in gewisser Weise "eigeboren".

(b) Die Kommentare halten dies für eine besonders merkwürdige Aussage. Um es klar auszudrücken: Nachdem die Erste Menschheit die Zweite durch "Sprossung" hervorgebracht hatte, gebar die Zweite Menschheit die Dritte, und diese wiederum teilte sich in drei separate Gruppen von unterschiedlich erzeugten Menschen auf. Die ersten beiden dieser Menschengruppen wurden durch eine eigebärende Methode hervorgebracht. Die frühen Menschheitszweige der Dritten Menschheit dagegen erzeugten ihre Spezies durch eine Art von Feuchtigkeitsausscheidung, durch eine lebenspendende Flüssigkeit, deren Tropfen sich verbanden und eine eiförmige Kugel – oder sollten wir sagen: ein Ei? – bildeten. Diese Kugel spielte die Rolle eines externen Gehäuses, in welchem ein *Fötus* und Kind sich entwickeln konnte. Die Fortpflanzungsart der späteren Menschheitszweige aber war anders – auf jeden Fall in ihren Resultaten. Die Kinder der frühen Menschheitszweige waren vollkommen geschlechtslos,[46] die der späteren androgyn. Die Trennung der

[46] vielleicht sogar ohne feste Formen, wir wissen es nicht. Aber vgl. *Timäus*, 42 A und *Symposion*, 189 D, E und 190.

Geschlechter aber geschah im Evolutionsverlauf der Dritten Menschheit. Die zuvor ungeschlechtliche Menschheit wurde rein hermaphroditisch, d.h. bisexuell; aber dann begannen die menschentragenden Eier Wesen zu gebären, stufenweise und kaum bemerkbar im Verlauf ihrer evolutionären Entwicklung, Wesen, in denen anfangs ein Geschlecht überwog, die dann aber eindeutig männlich oder weiblich wurden.

Angesichts der unterschiedlichen Theorien über den Ursprung des Menschen ist uns hier die Feststellung wichtig, daß seine Evolution in der folgenden Reihenfolge verlief: 1. war er ungeschlechtlich, wie alle frühen Formen, dann wurde er, 2., in einem natürlichem Übergangsprozeß zum "solitären Hermaphroditen", einem bisexuellen Wesen, und 3. fand die Geschlechtertrennung statt, und er wurde der Mensch, der er jetzt ist.

Die Menschheiten entwickelten sich in Koordination mit und parallel zu den vier Elementen, wobei sich jede neue Menschheit physiologisch dem jeweils zusätzlich auftretenden Element anpaßte. Unsere Fünfte Menschheit nähert sich unaufhaltsam dem fünften Element – dem man die Bezeichnung "interstellarer Äther" geben könnte –, aber dieses neue Element ist mehr im Bereich der Psychologie anzusiedeln als in der Physik. Wir Menschen haben ja gelernt, uns an jedes Klima anzupassen, von polarer Kälte bis zu tropischer Hitze, aber bei den ersten beiden Menschheiten war das anders, Klima spielte für sie keine Rolle, sie unterlagen keiner Temperatur und damit keinem Temperaturwechsel. So verbrachten die Menschen ihr Leben bis zum Ende der Evolutionsperiode der Dritten Menschheit in einem den ganzen Globus überziehenden ewigen Frühling, gleich dem, den die Bewohner des Jupiter noch immer genießen. Dabei dürfen wir natürlich nicht vergessen, daß der "ewige Frühling", von dem wir hier sprechen, ein Zustand ist, *den als solchen nur die Bewohner des Jupiter erkennen*. Es handelt sich *nicht* um einen Frühling, wie *wir* ihn kennen.[47]

23. DIE SELBSTGEBORENEN WAREN DIE CHHÂYÂS, DIE KÖRPERSCHATTEN DER SÖHNE DER DÄMMERUNG. WEDER WASSER NOCH FEUER KONNTE SIE ZERSTÖREN. ABER IHRE SÖHNE WURDEN (so zerstört).

[47] (Zu dieser Stelle weist Boris de Zirkoff auf die Resultate des Jupiterprojekts der 'Pioneer'-Raumsonde hin und zitiert den zuständigen, als Projektleiter für die NASA arbeitenden Wissenschaftler John Wolfe: "'Jupiter ist in vieler Hinsicht ein Planet, aber auch eine kleine Sonne.'" Boris de Zirkoff weiter: "Kein anderer Planet des Sonnensystems strahlt wie Jupiter zweimal mehr Wärme aus, als er von der Sonne empfängt. Fortwährend sendet der Planet Energiestürme in den Weltraum, manchmal aus riesigen elektrisch geladenen Blitzen ... mit der Stärke mehrerer Wasserstoffbomben. Anscheinend haben so manche der uralten Überlieferungen über die enge Beziehung zwischen Jupiter und der Sonne eine wissenschaftliche Basis und sollten deshalb sorgfältig untersucht werden." Vgl. *The Secret Doctrine*, Wheaton, IL, 1993, Bd. 2, S. 801. H.T.)

Dieser Vers ist ohne Zuhilfenahme der Kommentare unverständlich. Er sagt uns, daß die Erste Menschheit, die "Schatten" der Vorfahren, weder verletzt, noch durch den Tod vernichtet werden konnte. Ihre Verfassung war so ätherisch, ihre Konstitution so wenig menschlich, daß ihr kein Element – Flut oder Feuer – etwas anhaben konnte. Aber ihre "Söhne" (die Zweite Menschheit) waren gegen die Elemente nicht gefeit und wurden durch sie vernichtet. So wie die "Vorfahren" vollständig in ihren eigenen Astralkörpern aufgingen – ihre Astralkörper waren ihre Nachkommen –, ebenso wurden diese Nachkommen wiederum von ihrer eigenen Nachkommenschaft , den "Schweißgeborenen", absorbiert. Letztere waren die Zweite Menschheit, die aus den unterschiedlichsten riesenhaften, halbmenschlichen Monstren bestand. Sie waren das Resultat des ersten Versuchs der materiellen Natur, menschliche Körper selbst herzustellen. Die immergrünen Länder des zweiten Kontinents (Grönland war eins davon) mit ihrem ewigen Frühling verwandelten sich zum hyperboreischen Hades. Diese Verwandlung entstand durch die Verlagerung der großen Wasser des Erdballs, durch Veränderungen der Meeresküsten. Der größte Teil der Zweiten Menschheit ging zugrunde in den ersten in dieser Menschenperiode stattfindenden Umwälzungen, die in der Evolution und Verdichtung des Erdballs auftraten. Bisher gab es vier solche großen Umwälzungen. Eine fünfte steht uns zu gegebener Zeit bevor ...

"SINTFLUTEN"

Die "Sintflut" ist ohne Zweifel eine weltweite Überlieferung. Es gab verschiedene Ursachen für eine Vielzahl von "Eiszeitaltern" und "Sintfluten". Die Arbeiten von Stockwell und Croll führen ein halbes Dutzend Eiszeiten und anschließende Überflutungen auf; die früheste geschah nach Meinung der beiden Autoren vor 850 000 Jahren, die letzte vor ungefähr 100 000 Jahren.[48] Welche davon war unsere Flut? Mit Sicherheit die erstere. Sie ist es, die die letzten Halbinseln von Atlantis endgültig fortschwemmte, angefangen mit Ruta und Daitya bis hin zu der verhältnismäßig kleinen Insel, welche von Platon erwähnt wird, und sie ist es, die vom frühesten Altertum bis zum heutigen Tage in den Überlieferungen aller Völker erhalten ist. Man weiß dies, weil alle Sintflut-Legenden in gewissen Einzelheiten übereinstimmen. Aber sie war die letzte mit derart gigantischen Ausmaßen. Die kleine Flut, deren Spuren Baron Bunsen in Zentralasien fand, und für deren Auftreten er ca. 10 000 Jahre v.u.Z. angibt, kann nicht mit der nur teiluniversalen Flut, d.h. der Sintflut Noahs, in Zusammenhang gebracht werden. Letztere war eine rein mytho-

[48] Stockwell in *Smithsonian Contributions to Knowledge*, Bd. XVIII; R.W. McFarland in *American Journal of Science*, III, xi, 456; Croll, *Climate and Time*. Lemuria ging nicht durch Überflutungen unter, sondern versank, nachdem es durch vulkanische Eruptionen zerstört worden war.

logische Darstellung alter Überlieferungen. Auch mit dem Versinken der letzten zu Atlantis gehörenden Insel hat die von Bunsen erforschte Flut nichts zu tun – ein Zusammenhang besteht nur in moralischer Hinsicht.

Unsere Fünfte Menschheit (der nicht-initiierte Teil) hörte von den vielen Fluten und brachte sie durcheinander, mit dem Resultat, daß sie jetzt nur noch die eine kennt. Allerdings veränderte diese Flut durch die von ihr verursachten Land- und Meeresbewegungen das Aussehen des Planeten weitgehend.

Die der geologischen Wissenschaft bekannte *teil*universale Flut (erste Eiszeit) muß genau zu der in der Geheimlehre angegebenen Zeit stattgefunden haben, also rund 200 000 Jahre nach dem ersten Auftreten unserer FÜNFTEN MENSCHHEIT, d.h. ungefähr zu der Zeit, die Croll und Stockwell für die erste Eiszeit angesetzt haben: vor rund 850 000 Jahren. Da nun die zuletzt genannte Störung von Geologen und Astronomen "einer extremen Exzentrizität der Erdbahn" zugeschrieben wird und die Geheimlehre sie derselben Ursache zuschreibt – wobei die Geheimlehre allerdings als zusätzlichen Faktor eine Verlagerung der Erdachse erwähnt –, sind hier genug Anzeichen dafür vorhanden, daß die Alten einige der "Entdeckungen der modernen Wissenschaft" bereits kannten.

KONNTEN MENSCHEN SCHON VOR 18 MILLIONEN JAHREN EXISTIEREN?

Der Okkultismus bejaht diese Frage – trotz aller Einwände seitens der modernen Wissenschaft. Obendrein betrifft diese Zeit nur den Vaivasvata-Manu-Menschen, d.h. das männlich-weibliche Wesen, als es bereits in zwei separate Geschlechter getrennt war. Bei dem Wenigen, das die moderne Wissenschaft darüber zu sagen weiß, ist es durchaus möglich, daß die diesem Geschehen vorangegangenen zweieinhalb Menschheiten bereits vor 300 Millionen Jahren gelebt haben. Alle geologischen und physikalischen Einwände gegen diese Theorie sind gegenstandslos bei einem *uranfänglich ätherischen* Menschen, wie ihn die okkulte Lehre darstellt. *Die Crux der Auseinandersetzung zwischen den weltlichen und den esoterischen Wissenschaften ist der Glaube an die Existenz eines innerhalb des physischen Körpers – und unabhängig von diesem – vorhandenen Astralkörpers sowie der Nachweis seiner Existenz.*

Die Geheimlehre bleibt bei ihrem Postulat, daß die Menschheit in ihrem physischen Zustand seit mindestens 18 Millionen Jahren auf unserem Himmelskörper existiert – und zwar trotz der weitgreifenden Umwälzungen und Unruhen, die auf ihm stattfanden. Diese waren viel schrecklicher und intensiver als die Umwälzungen der drei vorherigen Runden (d.h. der Zyklen des früheren psychischen und geistigen Lebens und halbätherischen Zustands unseres Himmelskörpers), weil in dieser vierten Runde die Mitte des für ihn vorgesehenen Lebenszyklus und damit die Periode seiner umfangreichsten physischen Entwicklung erreicht war. Vor dieser Periode aber lagen 300 Millionen Jahre mineralischer und pflanzlicher Entwicklung. Natürlich wird dies von all denen bestritten werden, die die Theorie eines "knochenlosen", rein ätherischen Menschen ablehnen. Die Wissenschaft, die ja nur physische Organismen kennt, wird protestieren, und noch mehr unsere materialistisch orientierte Theologie. Von dem Vorurteil ausgehend, daß alle lebenden Organismen schon immer und ausschließlich im Bereich der Materialität existieren, argumentiert die Wissenschaft dabei logisch und vernünftig, die Theologie aber steht auf dem brüchigen Boden ihrer absurden Erfindungen. Die unsinnigen Behauptungen, mit denen Theologen gewöhnlich aufwarten, haben als Ausgangspunkt die Annahme, daß der Menschheit (sprich den Christen) dieses Planeten die Ehre zukomme, im ganzen Kosmos die einzigen menschlichen Wesen zu sein, die einen Himmelskörper bewohnen und daß sie also folgerichtig die Besten ihrer Art seien.

Der Okkultismus seinerseits hält fest an seinem Postulat, daß die damals wahrscheinlich sogar an den Polen herrschende unerträgliche Hitze, die mehrfach auftretenden Fluten, die Anhebungen von Tälern, die fortwährenden Veränderungen der Ozeane und Seen –, daß all diese Zustände das menschliche Leben und dessen Strukturen, *so wie sie in den okkulten Lehren über die frühe Menschheit aufgeführt sind*, nicht behindern konnten. Weder die Verschiedenartigkeit ihrer mit schädlichen Gasen erfüllten Umwelt, noch die Gefahren einer kaum gefestigten Erdkruste konnten das Auftreten der Ersten und der Zweiten Menschheit verhindern, nicht einmal in der Karbon- oder Silurperiode.

Die Monaden, dazu bestimmt, die zukünftigen Menschheiten zu beseelen, waren bereit zur nächsten Transformation. Sie hatten ihre Phasen der "Immetallisation"[49] und des pflanzlichen und tierischen Lebens von der tiefsten bis zur höchsten Stufe durchlaufen und erwarteten nun ihre menschliche, intelligentere Form. Und was konnten die Formgebenden anderes tun, als den Gesetzen der evolutionären Natur zu folgen? Konnten sie, wie der "Herrgott" im biblischen Wortsinn, oder wie Pygmalion in der griechischen Allegorie, Adam bzw. Galatea aus vulkanischem Staub formen und dem Menschen eine "lebendige Seele" einhauchen? Nein, denn die Seele war bereits latent in der *Monade*, sie brauchte nur noch eine *Hülle*. Die Esoterische Philosophie enthält die Lehre von der Urzeugung[50] und erklärt, daß die niederen Engel den *physischen Menschen* selbst mit Hilfe der Natur erst konstruieren konnten, nachdem sie die ätherische Form aus sich selbst heraus entwickelt hatten, worauf sich dann die physische Form allmählich aus ihrem äthe-

---

[49] ('Immetallisation' ist eine theosophische Wortschöpfung, die den Vorgang der Beseelung des Mineralreichs durch die Lebenswelle beschreibt, ehe sie das Pflanzenreich, das Tierreich und zuletzt die Menschheit beseelt. H.T.)

[50] ("spontaneous generation" oder Abiogenese, griech. *a* = "nicht" + *bios* = "Leben" + *genesis* = Zeugung, Entstehung. H.T.)

rischen, oder wie wir heute sagen würden: aus ihrem *protoplasmischen* Modell entwickelte.

Obwohl die Urzeugung vielleicht mittlerweile wegen der Menge des inzwischen entstandenen und angesammelten Materials andere, kaum erkennbare Formen angenommen haben mag, so besteht doch kein Zweifel, daß sie bei der Entstehung des irdischen Lebens uneingeschränkt wirkte. Selbst anhand einfacher physischer Formen und der Evolution der Arten können wir sehen, wie die Natur vorgeht. Der schuppengepanzerte Saurier, der geflügelte Pterodactylus, der Megalosaurus und das 30 Meter lange Iguanodon einer späteren Periode sind Transformationen der frühesten, in den Ablagerungen der Urepoche vorgefundenen Formen des Tierreiches. Es gab in der Tat eine Zeit, als die gerade erwähnten "vorsintflutlichen" Monstren als fadenähnliche Infusorien ohne Schalen oder Krusten sowie ohne Nerven, Muskulatur, Organe oder Geschlecht in Erscheinung traten und sich durch Knospung fortpflanzten – geradeso wie es z.B. jene mit den Lehren der Wissenschaft übereinstimmenden mikroskopisch kleinen Tiere tun, die unsere Bergketten erbauen und formen. Warum nicht auch der Mensch? Warum sollte nicht auch der Mensch denselben Wachstumsgesetzen unterworfen, d.h. in einem allmählichen Verdichtungsprozeß entstanden sein?

Anstatt zu glauben, die Menschheit sei aus dem Staub (buchstäblich!) der Erde erschaffen worden oder stamme von einem unbekannten anthropoiden Vorfahren ab, würde wohl jede unvoreingenommene Person es vorziehen zu glauben, daß die ursprüngliche Menschheit anfänglich eine ätherische oder, falls das einleuchtender ist, eine riesige fibröse, gallertartige Form hatte. Diese von Göttern oder "Kräften" der Natur hervorgebrachte Form wuchs und verdichtete sich im Verlauf von Millionen von Zeitaltern und nahm, angetrieben von ihren physischen Impulsen, riesige Ausmaße an, bis sie letztlich zu der gigantischen Körperform des Menschen in der Evolutionsstufe der Vierten Menschheit wurde.

Alles Geschehen in der Natur steht unter dem Leitsatz der *Analogie*. Die Natur ist eine unendliche, schöpferische Potenz, und trotz der Gleichförmigkeit der Gesetze, denen sie folgt, wird es der Naturwissenschaft niemals gelingen, ihr Wirken und ihre Methoden vollständig zu erfassen oder nachvollziehen zu können. Wir können uns einen Feuernebel vorstellen, der sich in Äonen von Jahren durch den interstellaren Raum bewegt und allmählich zum Planeten wird, zu einem selbstleuchtenden Himmelskörper, einer letztendlich *menschenbewohnten* Welt oder Erde. Die Verwandlung eines weichen, formbaren Gebildes zum felsenbewehrten Planeten übersteigt keineswegs unsere Vorstellungskraft. Weiterhin sehen wir, wie sich alles auf diesem Planeten vom kernlosen Gallertpartikel zur Sarkode[51] der

---

[51] Allgemein als Protoplasma bekannt. Die Substanz erhielt den Namen "Sarkode" von Prof. Dujardin Beaumetz. (Sarkode = Fleisch, Moneren = Organismen ohne Zellkern; veraltete biologische Bezeichnungen. H.T.)

Moneren, und dann von diesem Einzeller[52] zur Tierform entwickelt und weiter wächst bis hin zu den riesigen, reptilartigen Monstren der mesozoischen Periode, welche sich danach aber wieder in das (vergleichsweise) zwergenhafte und heute nur noch in tropischen Gegenden vorhandene Krokodil sowie die weitverbreitete Eidechse[53] verkleinert. Wenn all dies unsere Vorstellungskraft nicht übersteigt, weshalb sollte dann allein der Mensch diesem Gesetz nicht unterworfen sein? "In jenen Tagen waren die Riesen auf der Erde," erklärt *Genesis* und wiederholt damit die Aussagen aller anderen heiligen Schriften des Ostens. Und auch die *Titanen* haben als Hintergrund anthropologische und physiologische Tatsachen.

Und die äußere Hülle, die frühe "Haut" des ursprünglichen Menschen entsprach der harten Schale des Krustentiers, das einmal ein gallertartiges Partikel, ein "einzelnes, vollkommen homogenes Eiweißpartikel in einem festverwachsenen Zustand" war, aber *zusätzlich* dazu befanden sich innerhalb dieser Schale des ursprünglichen Menschen die unsterbliche Geist-Monade und eine vorübergehende, psychisch bedingte Körperform. Vielleicht war der festgefügte muskulöse Mensch unserer Zeit, der beinahe jedem Klima widerstehen kann, vor 25 Millionen Jahren genau das, was die Haeckelsche Monere ist, nämlich nichts anderes als "ein Organismus ohne Organe," eine gänzlich homogene, einen strukturlosen Eiweißkörper beherbergende Substanz, welche nur äußerlich menschliche Formen besaß. Deshalb glauben wir, daß selbst die folgende Stanze eines Tages von der Wissenschaft anerkannt werden wird: "Die Geistgeborenen, die Knochenlosen, gaben Dasein denen mit Knochen, den aus dem Willen Geborenen," mit dem Zusatz, daß dies vor 18 Millionen Jahren geschah, also im mittleren Abschnitt des Evolutionsverlaufs der Dritten Menschheit.

Dem Denken des 19. Jahrhunderts entsprechend wird man uns sagen, eine solche Feststellung sei absurd. Noch unwahrscheinlicher aber wird unser zusätzlicher Hinweis erscheinen, daß das Alter der *Ersten* Menschheit noch Millionen von Jahren vor diese Zeit zurückzudatieren ist. Denn obwohl die genauen Zahlen geheimgehalten werden und es falsch wäre, den Beginn der Evolution der ursprünglichen göttlichen Menschheiten auf das frühe sekundäre oder das primäre geologische Zeitalter *festzulegen*, so ist doch eindeutig klar, daß die Zahl 18 Millionen, welche die Lebensspanne des *geschlechtlichen, physischen* Menschen einschließt, gewal-

[52] Die Moneren sind tatsächlich Einzeller. Sie seien weder Tiere "noch Pflanzen", schreibt Haeckel: "... der ganze Körper der Monere stellt nichts weiter dar als ein einzelnes, vollkommen homogenes Eiweißpartikel in festverwachsenem Zustand," in *Journal of Microscopical Science*, Januar 1869, S. 28.

[53] Denken wir nur an das Iguanodon der mesozoischen Periode – ein 30 Meter langes Ungeheuer –, von welchem heute nur noch die kleine Iguana-Echse Südamerikas übriggeblieben ist. Eines Tages wird sich herausstellen, daß die in allen Mythologien – einschließlich der Bibel – enthaltenen volkstümlichen Überlieferungen von Riesen, die in alten Zeiten gelebt haben, auf Tatsachen gründen. Schon wegen der Logik des in der Natur waltenden Analogiegesetzes sollten wir diese *Überlieferungen* als wissenschaftliche Wahrheiten akzeptieren.

tig vergrößert werden muß, wenn man den ganzen geistigen, astralen und physischen Entwicklungsprozeß mit einbeziehen will. Die damals vorherrschenden irdischen Zustände hatten keinerlei Berührungspunkte mit dem Bereich, in welchem die Evolution der *ätherisch-astralen Menschheiten* stattfand. Erst in relativ jungen geologischen Perioden wurde die Menschheit durch den spiralförmigen Ablauf des zyklischen Gesetzes auf den tiefsten Punkt ihrer physischen Evolution geworfen: in den Bereich grob-materieller Kausalität. In dieser frühen Zeit gab es nur einen *astralen* Evolutionsablauf, und der astrale und der physische Bereich[54] hatten keinerlei Kontakt, obwohl sie sich parallel entwickelten. Es ist einleuchtend, daß ein schattenhafter *ätherischer* Mensch wegen seiner "Konstitution" – wenn man sich so ausdrücken will – eine Verwandtschaft nur mit dem Bereich haben kann, dem die Substanz seines *Upâdhi* entsprungen ist.

Nochmals zurück zur Frage der "Urzeugung". Leben hat es, wie die Wissenschaft nachweist, im terrestrischen Bereich nicht immer gegeben. Es gab eine Zeit, als auch die Haeckelsche Monere, also ein einfaches kugelförmiges Stück Protoplasma, noch nicht auf dem Meeresboden erschienen war. Woher kam der *Impuls*, der die Kohlenstoff-, Stickstoff- und Sauerstoffmoleküle u.a. veranlaßte, sich zu dem neuerdings Protoplasma genannten organischen "Urschleim" zusammenzufügen? Was waren die Prototypen der Moneren? Zumindest sie können nicht in Meteoriten von anderen, bereits ausgeformten Himmelskörpern herabgefallen sein. Und selbst wenn sie so auf unseren Planeten gekommen wären, wenn also unsere Erde ihre Lebenskeime von anderen Planeten erhalten hätte – wer oder was hätte sie denn auf diese Planeten bringen sollen? Wenn wir die diesbezügliche Lehre des Okkultismus ablehnen, so sind wir auch hier schon wieder mit einem *Wunder* konfrontiert. Dann müssen wir die Theorie eines *persönlichen, anthropomorphen Schöpfers* akzeptieren, dessen von den Monotheisten beschriebene Attribute und Definitionen ebenso jeglichen philosophischen, logischen Erkenntnissen widersprechen, wie sie der Vorstellung einer unendlichen Univeralgottheit Gewalt antun, vor deren unermeßlicher Größe selbst der höchste menschliche Intellekt verschwindend gering ist.

Die notwendigen Voraussetzungen für das Entstehen der frühesten Menschheit schließen keine Elemente ein, weder in einfacher noch in zusammengesetzter Form. Eine geistige ätherische Wesenheit brauchte keine "Elemente". Sie lebte in Raumwelten, welche der Erde unbekannt waren, und zwar schon vor dem Entstehen des ersten "gallertartigen" Sternenpunktes im Ozean roher kosmischer

---

[54] Zu beachten ist, daß die astralen und physischen Bereiche der Materie, selbst in den frühesten geologischen Perioden, parallel zueinander verliefen, daß sie sich damals aber nicht in denselben Manifestationsphasen befanden, in denen sie *heute* sind. Ihren derzeitigen *Dichtigkeitsgrad* erreichte die Erde erst vor 18 Millionen Jahren, und seither hat sich sowohl der physische als auch der astrale Bereich vergröbert.

Materie – Billionen und Trillionen von Jahren, ehe unser in der Unendlichkeit schwimmendes kugelförmiges Pünktchen, genannt Erde, entstanden war und die Monere in seinen Tropfen, genannt Ozeane, erzeugte. Der "Manu mit weichen Knochen" konnte leicht auf Kalziumphosphat verzichten, denn er hatte, außer im übertragenen, bildlichen Sinn, keine Knochen. Während sogar die Moneren trotz ihres homogenen Organismus gewisse physische Lebensbedingungen benötigten, um auf ihrem evolutionären Weg voranzukommen, blieb das Wesen, welches nach seiner Entwicklung auf Existenzebenen, die sich die Wissenschaft nicht vorstellen kann, zum uranfänglichen Menschen und dem "Vater der Menschen" wurde, völlig unberührt von allen atmosphärischen Verhältnissen seiner Umgebung.

STANZE 7

DIE ENTWICKLUNG VON DEN HALBGÖTTLICHEN WESEN ZU DEN ERSTEN MENSCHHEITEN

24. In ihrem Stolz mißbilligen die höheren Schöpfer die von den "Söhnen des Yoga" entwickelten Formen. 25. Sie weigern sich, in den frühen "Eigeborenen" zu inkarnieren ... 26. Sie erwählen die späteren Androgynen. 27. Der erste mit Verstand ausgestattete Mensch.

24. Die Söhne der Weisheit, die Söhne der Nacht (hervorgekommen aus Brahmâs Körper, als dieser Nacht wurde), bereit zur Wiedergeburt, kamen herab. Sie sahen die (intellektuell) abstossenden Formen des ersten Drittels (der Menschheit, welche noch ohne Verstand war) (a) . "Wir haben die Wahl," sagten die Herren, "wir haben Weisheit." Einige drangen ein in die Chhâyâs, einige entsendeten einen Funken. Einige warteten bis zur Vierten (Menschheit). Aus ihrem eigenen Wesen füllten (stärkten) sie den Kâma (den Träger der Begierde). Die eindrangen, wurden Arhats. Die nur einen Funken erhielten, blieben ohne (höhere) Erkenntnis. Der Funken war schwach. Das Drittel blieb ohne Geist. Ihre Jîvas (Monaden) waren nicht bereit (b). Innerhalb der Sieben (ersten menschlichen Arten) wurden sie abgesondert. Sie (wurden) die Vernunftlosen. Ein Drittel aber war bereit. "In ihnen wollen wir wohnen," sagten die Herren der Flamme und der Dunklen Weisheit (c).

Diese Stanze enthält den Schlüssel zum Geheimnis des Bösen, zum sogenannten Fall der Engel, und zu den daraus folgenden zahllosen Problemen, mit denen Philosophen sich plagen, seit der Mensch ein Erinnerungsvermögen besitzt. Sie löst das Geheimnis der später auftretenden Ungleichheit intellektueller Fähigkeiten und sozialer Stellung und enthält eine logische Erklärung des *per se* unbegreiflichen karmischen Verlaufs in den nachfolgenden Äonen.

(a) Der *Mensch* – wenn man denn diese irreführende Bezeichnung wählen wollte für die immer wieder wechselnden Formen, mit denen die Monaden im Verlauf der ersten drei Runden und der ersten zweieinhalb Menschheitszweige der gegenwärtigen Runde ausgestattet waren –, der Mensch also besitzt bis zur vierten Runde, und sogar bis zum späteren Teil der Dritten Menschheit in dieser Runde, nur die Intelligenz des Tieres. Erst in der derzeitigen Runde, also *in der Mitte* des Weges, entwickelt er das vierte Prinzip vollständig, womit es zur passenden Grundlage für das fünfte Prinzip wird. Manas dagegen wird erst in der nächsten Runde relativ *vollständig* entwickelt sein, dann nämlich, wenn es die Gelegenheit wahrnehmen kann, bis zum Ende der Runden vollständig göttlich zu werden.

(b) *"Ihre Jîvas waren nicht bereit"* deutet darauf hin, daß die karmische Entwicklung dieser Monaden noch nicht weit genug fortgeschritten war, um es ihnen zu ermöglichen, in jene menschlichen Formen einzudringen, deren Bestimmung die Inkarnation in intellektuell bereits höher entwickelten Menschheitsstufen war.

(c) Der *Sohar* spricht von "schwarzem Feuer", welches *absolutes* Licht, Weisheit ist. Wenn nun anhand alter theologischer Vorurteile behauptet würde: "Aber die Asuras sind rebellierende Devas, Widersacher der Götter, und deshalb Teufel und Geister des Bösen," dann wäre die Antwort, daß es in der Esoterischen Philosophie weder gut noch böse *per se* als unabhängig voneinander in der Natur existierend gibt. Das verursachende Prinzip für beide liegt, was den Kosmos betrifft, in der Notwendigkeit der Gegensätzlichkeit, des Kontrastes, und, den Menschen betreffend, in dessen Natur, in seiner Ignoranz und seiner Leidenschaftlichkeit. Es gibt keinen Teufel oder das gänzlich Böse, und es gibt keine Engel in absoluter Vollkommenheit. Allerdings mögen Geister des Lichts und der Dunkelheit existieren. So ist z.B. LUZIFER – der Geist intellektueller Erleuchtung und der Freiheit der Gedanken –, metaphorisch ausgedrückt, das rettende Leuchtfeuer, das den Menschen durch die gefährlichen Klippen im Ozean des Lebens führt. Luzifer ist in seinem höchsten Aspekt der LOGOS, und in seinem tiefsten Aspekt ist er der "Widersacher". Reflexionen beider Aspekte finden sich in unserem *Ego*.

Die Esoterische Philosophie also identifiziert die vorbrahmanischen Asuras, Rudras, Râkshasas und all die "Widersacher" der Götter in den Allegorien als jene Egos, die dem noch vernunftlosen Menschen der Dritten Menschheit dadurch, daß sie in ihm inkarnierten, das *Bewußtsein* der Unsterblichkeit gaben. So sind sie im Zyklus der Inkarnationen der wahre *duale Logos* – das sich widerstreitende doppelgesichtige Prinzip des Göttlichen im Menschen. Der folgende Kommentar und die nächsten Stanzen werden uns dieses schwierige Konzept etwas verständlicher machen, aber die Autorin hält sich andererseits nicht für berechtigt, es vollständig zu veröffentlichen. Der Kommentar äußert sich wie folgt über die Reihenfolge, in der die Menschheiten auftreten:

"*Zuerst erscheinen die SELBSTEXISTENTEN auf der Erde. Sie sind die in der Morgendämmerung einer jeden Wiedergeburt der Welten aus absolutem WILLEN und absoluter GESETZMÄSSIGKEIT projizierten 'Geistleben'. Diese LEBENSFORMEN sind die göttlichen 'Shishtas'* (die Samen-Manus oder Prajâpatis und Pitris)." Aus ihnen gehen hervor:

1. Die Erste Menschheit, die "Selbstgeborenen" – das sind die (astralen) *Schatten ihrer Vorfahren. Ihr Körper entbehrte jeder Verständnisfähigkeit* (Geist, Intelligenz, Wille). *Obwohl das innere Wesen* (das höhere Selbst oder die Monade) *sich innerhalb der irdischen Gestalt befand, fehlte eine Verbindung zwischen den beiden. Noch nicht vorhanden war das Bindeglied Manas.*

2. Aus der Ersten (Menschheit) *entstand die Zweite, welche als "schweißgeboren" und "knochenlos" bezeichnet wird. Diese ist die Zweite Menschheit, der die Beschützer* (Râkshasas) *und die inkarnierenden Götter* (Asuras und Kumâras) *den ersten, ursprünglichen und schwachen Funken* (den Keim der Intelligenz) *gaben ... Und dieser Zweiten Menschheit entsprang dann:*

3. die Dritte Menschheit, die "zweifältige" (die Androgynen). *Die ersten Menschheitszweige*[55] *sind schalenförmig, bis die letzte von den Dhyânis "bewohnt"* (beseelt) *wird.*

Die Zweite, wie oben schon gesagt, ebenfalls geschlechtslose Menschheit entwickelte in ihren Anfängen die Dritte Androgyne Menschheit aus sich selbst in einem analogen, aber bereits komplizierteren Prozeß. Der *Kommentar* beschreibt die ersten dieser Menschheit als:

"Die 'Söhne des passiven Yoga'.[56] *Sie entstanden aus den zweiten Mânushyas* (Menschheit) *und wurden eigebärend. Was während der Fortpflanzungsperioden aus ihren Körpern hervorkam, war eiförmig. Die kleinen kugelförmigen Kerne entwickelten sich zu einem großen, weichen und eiähnlichen Körper, der allmählich härter wurde und nach einer Reifungsperiode auseinanderbrach. Ohne äußere Hilfe kam das junge menschliche Tier daraus hervor, so wie wir es heute von Küken kennen, die ihren Eiern entschlüpfen."*

Vielleicht erscheint das unseren Lesern lächerlich und absurd. Trotzdem liegt hier eine genaue Evolutionsanalogie vor, wie sie die Wissenschaft in der Entwicklung lebender Tierarten erkennt. Zuerst die *moneron*-artige Fortpflanzung durch Selbstteilung *(vide Haeckel)*, dann, einige Stufen später, Eigebärende, wie die Reptilien, und in der Folge die Vögel. Und zum Schluß die Säugetiere mit aus Eiern hervorkommenden entwickelten Embryonen.

Die von der Wissenschaft bestätigte progressive Folge in den Fortpflanzungsmethoden ist zugleich eine großartige Bestätigung der esoterischen Ethnologie. Wir brauchen die Daten nur tabellarisch aufzuführen, um den Beweis der Richtigkeit unserer Darstellung zu bringen.

---

[55] (der Dritten Menschheit. H.T.)

[56] Die in der Geheimlehre dargestellte stufenartige Evolution des Menschen zeigt, daß alle späteren (für Uneingeweihte die frühesten) Menschheiten ihren *physischen* Ursprung in der frühen Vierten Menschheit haben. Aber als die *geistigen* Vorfahren unserer gegenwärtigen Generationen, und besonders der Âryas des Ostens, wird jener Menschheitszweig angesehen, der demjenigen voranging, in welchem die Geschlechtertrennung stattfand. Webers Postulat, nach dem die Indogermanen vor den vedischen Âryas auftraten, ist für Okkultisten in höchstem Grad grotesk.

1. *Spaltung:*

(a) wie erkenntlich aus der Zweiteilung des als Moneron oder Amöbe bekannten homogenen Protoplasma-Punktes;

(b) wie zu erkennen in der Teilung des Zellkerns, wobei dieser sich in zwei Teile spaltet, die sich entweder innerhalb der ursprünglichen Zellwand entwickeln oder sie sprengen, um sich daraufhin außerhalb der Zellwand als unabhängige Wesen zu vermehren (cf. die Evolutionsstufe der Ersten Menschheit);

2. *Keimung:*

Ein kleiner Teil der elterlichen Struktur tritt als Schwellung der Oberfläche auf, trennt sich schließlich ab und wächst an bis zu einer Größe, die dem ursprünglichen Organismus entspricht, wie z.B. zahlreiche Pflanzen, die See-Anemone, etc. (cf. die Evolutionsstufe der Zweiten Menschheit);[57]

3. *Sporen:*

Eine einzelne, von dem ursprünglichen, elterlichen Organismus abgesonderte Zelle entwickelt sich selbst zu einem mehrzelligen Organismus, der die Merkmale des elterlichen Organismus reproduziert, wie z.B. Bakterien und Moosarten;

4. *Hermaphroditisches Zwischenstadium:*

Männliche und weibliche Organe innerhalb eines einzelnen Organismus, wie in den meisten Pflanzen, Würmern, Schnecken etc. – verwandt der Keimung (cf. die Evolutionsstufe der Zweiten und frühen Dritten Menschheit);

5. *Rein sexuelle Vereinigung:*

(cf. die spätere Evolutionsstufe der Dritten Menschheit).

Wir kommen nun zu einem wichtigen Punkt in der zweifachen Evolution der Menschheit. Durch ihre Berührung mit der Materie hatten die Söhne der Weisheit, die *geistigen* Dhyânis, "Intellekt" erhalten, denn schon während ihrer früheren Inkarnationszyklen hatten sie eine Verstandesstufe erreicht, die sie befähigte, *in diesem Bereich* der Materialität unabhängige und selbstbewußte Wesenheiten zu werden. Ihre Wiedergeburt erfolgte ausschließlich aufgrund karmischer Einwirkungen. Sie *gingen ein* in diejenigen, die "aufnahmebereit" waren und wurden die oben erwähnten Arhats, die *Weisen*. Das muß näher erklärt werden.

Es bedeutet nicht, daß Monaden in Formen eingingen, in denen bereits andere Monaden vorhanden waren. Es handelte sich vielmehr um "Wesenheiten",[58] "Intelligenzen" und *mit Bewußtsein begabte Geister*; Wesenheiten, welche durch ihre Verbindung mit weiter entwickelter Materie versuchten, noch mehr Bewußtsein zu erlangen. Ihr Wesenskern war so rein, daß er sich nicht von dem universalen

[57] Jeder Heilungs- und Vernarbungsvorgang findet in den höheren Tierarten – selbst im Fall des Wiederherstellungsprozesses verstümmelter Glieder bei den Amphibien – durch Spaltung und Knospung der grundlegenden morphologischen Elemente statt.

[58] ('Substanzen' im philosophischen Sinn. H.T.)

Wesenskern unterschied, jedoch ihre "Egos" oder Manas (denn sie werden *Manâsaputra* genannt, d.h. aus "Mahat" oder Brahmâ geboren) mußten erdgebundene menschliche Erfahrungen durchlaufen, um *allweise* zu werden und um den zurückführenden, aufsteigenden Teil ihres Zyklus beginnen zu können. Die Monaden sind keine einer Begrenzung oder Bedingtheit unterliegenden *eigenständigen* Prinzipien, sondern sie sind Ausstrahlungen des einen universalen *absoluten* Prinzips. Man kann es bildlich vergleichen mit einem Sonnenstrahl, der aber, einem ersten Sonnenstrahl durch eine Öffnung in einen dunklen Raum folgend, doch kein zweiter Strahl, sondern nur die Intensivierung des einen Sonnenstrahls ist.

Es entspricht nicht dem Ablauf des Naturgesetzes, daß der Mensch ein *perfektes* siebenfältiges Wesen wird, ehe er die Evolutionsstufe der Siebten Menschheit der siebten Runde erreicht hat. Aber all diese Prinzipien sind von Geburt an latent in ihm. Ebenso soll nach dem Evolutionsgesetz das fünfte Prinzip (*Manas*) seine vollständige Entwicklung nicht vor der fünften Runde erlangen. Alle diesbezüglich vor ihrer Zeit – in unserer Menschheit – intellektuell (im *geistigen* Bereich) entwickelten Wesen sind *anomal*, und wir nennen sie deshalb "die Fünftrunder". Selbst in dem am Ende dieser vierten Runde kommenden siebten Menschheitszweig, wenn unsere vier niederen Prinzipien vollständig entwickelt sein werden, wird das *Manas*-Prinzip nur einen proportionalen Entwicklungsgrad erreicht haben. Diese Beschränkung betrifft jedoch nur die geistige Entwicklung. Die im physischen Bereich stattfindende intellektuelle Entwicklung wurde im Evolutionsverlauf der Vierten Menschheit erreicht. Somit machen die, die nur "halb bereit" waren, die "nicht mehr als einen Funken" empfangen hatten, die durchschnittliche Menschheit aus. Sie muß ihre Intellektualität im Verlauf der gegenwärtigen manvantarischen Evolution erlangen. Erst danach, in der darauffolgenden manvantarischen Evolution, wird diese Menschheit zur uneingeschränkten Aufnahme der "Söhne der Weisheit" fähig sein. Diejenigen aber, die überhaupt "nicht bereit" waren, die Monaden, welche zuletzt kamen, die sich am Ende der dritten Runde kaum über ihre letzten Übergangs- und niederen tierischen Formen hinaus entwickelt hatten, blieben die Beschränkten oder "Vernunftlosen" der Stanze. Sie, die "nicht bereit" waren, waren also die letzten der menschlichen Monaden, und deshalb müssen sie sich in der gegenwärtigen Runde und auf den drei verbleibenden Globen (also auf vier verschiedenen Daseinsebenen) noch weiter entwickeln, damit sie den "Klassendurchschnitt" bis zum Beginn der fünften Runde erreichen.

Rekapitulieren wir: Wir sagten, die Geheimlehre postuliert 1. des Menschen polygenetischen Ursprung, 2. mehrere verschiedene Fortpflanzungsarten, die der normalen Zeugungsmethode der Menschheit vorangingen, 3., daß die Evolution der Tiere – auf jeden Fall die der Säugetiere – nach der Evolution des Menschen stattfand, letzterer also nicht voranging, sondern folgte.

Die Frage eines Daseins des Menschen v o r dem Erscheinen der Tiere im Evolutionsablauf wird dann auch ohne Umschweife erklärt. Wenn der Mensch wirklich der Mikrokosmos des Makrokosmos ist, dann ist unsere Lehre äußerst logisch: Der Mensch wird zum Makrokosmos für die drei niedrigeren, unter ihm befindlichen Reiche. Die physische Entwicklung betreffend wird festgestellt, daß die Strukturen aller niedrigeren Reiche – vom Pflanzenreich bis zu den Geschöpfen, die vor den Säugetieren kamen, aber außer den Mineralien, denn letztere sind nichts anderes als das kristallisierte und immetallisierte Licht selbst – zusammengefügt wurden aus dem "abgefallenen Staub" dieser Mineralien und *aus den Materie-Überresten lebender oder toter menschlicher Körper, von denen sie sich ernährten, und durch die sie so ihre äußeren Körper erhielten.* Der Mensch selbst erhielt seine größere körperliche Festigkeit, indem er das, was von ihm gekommen war und in den lebenden tierischen Schmelztigeln transformiert wurde, wieder in sein System zurückführte. Es gab damals Tiere, wie sie sich unsere modernen Naturalisten nicht vorstellen können, und je kräftiger der körperliche, stoffliche Mensch wurde – die Riesen jener Tage –, umso mächtiger war seine Ausstrahlung. Als die androgyne Menschheit ihre Geschlechtertrennung durchmachte und von der Natur in Nachwuchs gebärende Maschinen umgewandelt wurde, pflanzte sie sich nicht mehr durch die ihren Körpern entfließenden Tropfen lebenspendender Energie fort. Während der Mensch noch nichts von seiner eigenen Fortpflanzungskraft auf der Menschheitsebene wußte, nutzte die Natur jedoch diese lebenspendende Energie, die er überall und weitverbreitet von sich gab, zur Herstellung der ersten Säugerformen[59] des Tierreichs.

Es heißt, die Evolution sei ein *ewiger Zyklus des Werdens.* Die Natur läßt kein einziges Atom ungenutzt. Außerdem strebt seit dem Beginn der Runde alles in der Natur hin zur Menschwerdung. Alle Impulse der dualen, zentripetalen und zentrifugalen Kraft sind auf einen Punkt gerichtet – den MENSCHEN.

25. WAS TATEN DIE MÂNASAS, DIE SÖHNE DER WEISHEIT? SIE LEHNTEN DIE SELBSTGEBORENEN (die Knochenlosen) AB, DENN DIESE SIND NICHT BEREIT. SIE VERSCHMÄHTEN DIE (ersten) SCHWEISSGEBORENEN, DENN SIE SIND NOCH NICHT GANZ BEREIT. SIE WOLLTEN NICHT EINDRINGEN IN DIE ERSTEN EIGEBORENEN.

26. ALS DIE SCHWEISSGEBORENEN DIE EIGEBORENEN HERVORBRACHTEN, JENE ZWEIFÄLTIGEN (die androgyne Dritte Menschheit), DIE MÄCHTIGEN UND STARKEN MIT KNOCHEN, DA SAGTEN DIE HERREN DER WEISHEIT: "JETZT WOLLEN WIR ERSCHAFFEN" (a).

[59] (Im Original: "the first mammal-animal forms". H.P.B. benutzt diese Formulierung bzw. "animal mammalians" auch im weiteren Text, um unmißverständlich auszudrücken, daß nur die Säugetiere der tierischen oder animalischen Stufe gemeint sind. H.T.)

Warum "jetzt", warum nicht früher? Der folgende Shloka enthält die Erklärung dazu.

27. DIE DRITTE MENSCHHEIT WURDE (dann) ZUM VÂHANA (Träger) DER HERREN DER WEISHEIT. SIE SCHUF "SÖHNE DES WILLENS UND DES YOGA" – DURCH KRIYÂ-SHAKTI (b) SCHUF SIE SIE, DIE HEILIGEN VÄTER, DIE VORFAHREN DER ARHATS ...

(a) Wie konnten sie *erschaffen*, wenn doch die "Herren der Weisheit" identisch sind mit den hinduistischen Devas, die sich "weigerten zu erschaffen"? Offensichtlich handelt es sich um die *Kumâras* des Hindu Pantheons und der *Purânas*, um jene älteren Söhne Brahmâs, die dieser bereits früher erschaffen hatte, und die "ohne Begierde oder Leidenschaft waren und keusch blieben, nur erfüllt mit heiliger Weisheit und ohne den Wunsch nach Nachkommenschaft."[60]

Die Kraft, die sie zum ersten Mal zum Erschaffen einsetzten, ist genau jene Kraft, durch die sie seitdem von ihrem hohen Status zum Dasein als böse Geister degradiert wurden, Geister, die wiederum in der Phantasie exoterischer Glaubensrichtungen als Satan und dessen Sippschaft deklariert wurden. Es war *Kriyâ-shakti*, eine mysteriöse göttliche Kraft, latent in der Willenskraft eines jeden Menschen, eine Kraft, die in 99 von hundert Menschen inaktiv bleibt und verkümmert, wenn sie nicht hervorgerufen, belebt und durch Yoga-Schulung entwikkelt wird. In den "Zwölf Tierkreiszeichen"[61] wird sie erklärt als

(b) "eine geheimnisvolle *Gedankenkraft*, die durch eine inhärente Energie wahrnehmbare Resultate in den äußeren Erscheinungen hervorrufen kann. In alten Zeiten war man überzeugt, daß jede Idee durch Zielgerichtetheit (des Willens) und Konzentration *extern* manifestiert werden kann. Auch ein intensiver Willensentschluß kann so das gewünschte Resultat hervorbringen. Yogis vollbringen ihre Wunder generell durch Icchhâ-shakti (Willenskraft) und Kriyâ-shakti."

So hatte die Dritte Menschheit auf eine wahrhaft *makellose* Weise die sogenannten SÖHNE DES WILLENS UND DES YOGA, die "Vorfahren" (die *geistigen* Urväter) aller darauf folgenden und gegenwärtigen Arhats oder Mahâtmas erschaffen. Im Gegensatz zu ihren nach der Geschlechtertrennung, nach dem *Fall des Menschen*, sexuell gezeugten Brüdern der Vierten Menschheit, wurden sie wirklich *erschaffen*, und nicht, wie letztere, *gezeugt*. Denn wahre Schöpfung ist allein das Ergebnis einer Willenseinwirkung auf die Materie der phänomenalen Welt, ist das Hervorrufen des in der phänomenalen Materie ruhenden ursprünglichen göttlichen

[60] *Vishnu Purâna*, 1. Buch, Kap. 7 (Wilson-Übersetzung Bd. 1, S. 100–102)

[61] T. Subba Row in *The Theosophist*, 3. Jg., November 1881, S. 41–44. Nachdruck in *Five Years of Theosophy*, S. 111

Lichts und ewigen *Lebens*. Sie, die "Vorfahren", waren die "heilige Aussaat" für die zukünftigen Erlöser der Menschheit.

Der Evolutionsablauf der Menschheiten wird, wie von uns bereits angeführt, im fünften Buch der Kommentare in folgenden Worten wiedergegeben:

Die ersten Menschen waren Chhâyâs, die zweiten die "Schweißgeborenen", die dritten waren die "Eigeborenen" und die durch die Kriyâ-shakti-Kraft geborenen heiligen Väter, die vierten waren die Kinder des Padmapâni (Chenresi).

Was die letzte Aussage in diesem Satz aus dem Kommentar zu Stanze 27 über die Vierte Menschheit als Kinder Padmapânis bedeutet, wird in dem Brief eines Korrespondenten, der das Buch *Esoteric Buddhism* inspiriert hat, so erklärt: "Der größte Teil der Menschheit gehört zum siebten Menschheitszweig der Vierten Menschheit – die erwähnten Chinesen sowie deren Zweiggruppen und weiteren Verzweigungen (Malaien, Mongolen, Tibeter, Ungarn, Finnen und sogar die Eskimos sind alle Reste dieser letzten Abzweigung)."[62]

Padmapâni – Avalokiteshvara im Sanskrit – ist im Tibetischen Chenresi. Avalokiteshvara ist der große *Logos* in seinem höheren Aspekt und in den göttlichen Regionen, aber in den manifestierten Bereichen ist er, wie Daksha, Vorfahr (im geistigen Sinn) der Menschen. Heutzutage wird er generell als größter Beschützer Asiens, und besonders Tibets angesehen. Diesem himmlischen Wesen wird nachgesagt, es manifestiere sich in jedem Zeitalter in menschlicher Gestalt, um den Tibetern und den Lamas Führung in ihrem Wandel auf den Pfaden der Heiligkeit zu gewähren und um der Welt die großen Arhats zu erhalten. Wann immer der Glaube in der Welt nachläßt, so erzählt eine populäre Legende, geht ein strahlendes Licht von ihm aus und Padmapâni Chenresi, der "Träger des Lotus", inkarniert in einem der beiden großen Lamas – dem Dalai Lama oder dem Tashi Lama.[63] Letztlich, so wird geglaubt, werde er als "der vollkommenste Buddha" in Tibet inkarnieren –, nicht in Indien, wo seine Vorläufer, die großen Rishis und Manus, zu Beginn unserer Menschheit erschienen waren, jetzt aber nicht mehr erscheinen werden. Offensichtlich ist er, wie Daksha, die Synthese aller vorherigen Menschheiten sowie der Vorfahr aller *Menschheiten* nach der Dritten.[64]

---

[62] A. P. Sinnett, *Esoteric Buddhism*, S. 68 der 5. englischen und der 6. amerikanischen Auflage.

[63] (auch Panchen Lama genannt. H.T.)

[64] (Menschheit. H.T.)

STANZE 8

DIE EVOLUTION DER SÄUGER DES TIERREICHS – DER ERSTE FALL

28. Wie die ersten Säugetiere entstanden. 29. Quasi eine Darwinsche Evolution. 30. Die Tiere bekommen feste Körper. 31. Ihre Geschlechtertrennung. 32. Die erste Sünde der vernunftlosen Menschen.

28. AUS DEN SCHWEISSTROPFEN (a), AUS RÜCKSTÄNDEN DER SUBSTANZ VON TOTEN MENSCHEN UND TIERKÖRPERN DES VORHERIGEN RADES (der vorherigen, dritten Runde) UND AUS HINTERLASSENEM STAUB ENTSTANDEN DIE ERSTEN TIERE (dieser Runde).

(a) Die okkulte Lehre postuliert die Säugetiere als ein in dieser Runde n a c h dem Menschen auftretendes Resultat der Evolution. Die Evolution verläuft zyklisch. Der große manvantarische Zyklus von sieben Runden beginnt in der ersten Runde mit Mineral, Pflanze und Tier, und mitten im Evolutionsverlauf der Vierten *Menschheit*, am Ende der ersten Hälfte der vierten *Runde*, bricht er sein auf dem abwärts führenden Bogen des zyklischen Weges befindliches evolutionäres Werk ab und bringt es zum Stillstand. Und es ist unsere Erde (die vierte und niedrigste Sphäre), auf der dieser mittlere Abschnitt in der gegenwärtigen *Runde* erreicht wird. Und weil die Monade – nach ihrer ersten "Immetallisation" auf dem Himmelskörper A – die Mineral-, Pflanzen- und Tierwelten in jedem Grad der drei Materiezustände durchlaufen hat (außer dem letzten Grad des dritten oder soliden Zustands, den sie erst an dem Punkt erreichte, der die *"Mitte der Evolution"* darstellt), ist es nur logisch und natürlich, daß am Anfang der vierten Runde, auf Himmelskörper D, der Mensch als erster erscheint und daß seine Gestalt aus der feinsten Materie besteht, welche mit der Gegenständlichkeit vereinbar ist. Noch klarer ausgedrückt: Wenn der Verlauf der Inkarnationen der Monade am Anfang durch die drei auf der absteigenden Kurve des Zyklus liegenden objektiven Reiche führt, dann muß sie notwendigerweise auch die wieder aufsteigende Kurve des Kreises als Mensch beginnen. Auf der nach unten führenden Kreislinie wird das Geistige graduell ins Materielle transformiert. Am mittleren Punkt der Basis des Kreislaufs erreichen Geist und Materie dann einen Gleichgewichtszustand im Menschen. Auf der aufwärts führenden Linie des Bogens erlangt der Geist aber auf Kosten der Materie langsam wieder immer mehr Geltung und ist am Ende der Siebten Menschheit, in der siebten Runde, so frei von Materie und all ihren

Eigenschaften, wie er am Anfang war. Und zusätzlich bleiben ihm Erfahrung und Weisheit als Frucht all der durchlaufenen persönlichen Leben, jedoch ohne die Versuchungen und das Böse dieser Lebenserfahrungen.

Dieser Evolutionsablauf findet sich auch in den ersten beiden Kapiteln des Buches *Genesis*, wenn man sie nur in ihrer wahren esoterischen Bedeutung versteht. Das erste Kapitel enthält die Geschichte der ersten drei Runden sowie der ersten Drei Menschheiten der vierten Runde, bis hin zum Zeitpunkt der Erweckung des Menschen zu bewußtem Leben durch die Elohim der Weisheit. Im selben Kapitel werden "Tiere auf dem Erdboden", "große Seetiere" und "gefiederte Vögel" vor dem androgynen Adam[65] erschaffen. Im zweiten Kapitel erscheint (der geschlechtslose) Adam zuerst, die Tiere kommen nach ihm. Sogar die Lethargie und das fehlende Bewußtsein der ersten beiden Menschheiten und der ersten Hälfte der Dritten Menschheit wird, im zweiten Kapitel, durch *Adams tiefen Schlaf* symbolisiert. Gemeint ist der traumlose Schlaf geistiger Untätigkeit, der Schlaf der Seele und des Verstandes.

In der Geheimlehre sind die ersten *Nâgas* – das sind Wesen, die mehr Weisheit besitzen als die Schlangen – die vor der letztendlichen Geschlechtertrennung geborenen "Söhne des Willens und des Yoga". Sie "reiften heran in den durch die Kraft (Kriyâ-shakti) der heiligen Weisen (der frühen Dritten Menschheit) entstandenen menschentragenden Eiern."

Durch einige Nachkommen der ursprünglichen Nâgas, der Schlangen der Weisheit, wurde Amerika bevölkert, als dieser Kontinent während der Blütezeit des großen Atlantis auftauchte.

29. Tiere mit Knochen, Drachen der Tiefe und fliegende Sarpas (Schlangen) kamen zu den kriechenden Tieren hinzu. Die am Boden kriechenden erhielten Flügel. Jene im Wasser mit den langen Hälsen wurden die Vorfahren der Vögel des Himmels (a).

(a) In diesem Punkt stimmen unsere Lehren und heutige biologische Theorien vollkommen überein. Die fehlenden Glieder, die diesen Übergangsprozeß vom Reptil zum Vogel markieren, sollten sogar dem frömmsten Fundamentalisten offensichtlich sein, besonders in den *Ornithoscelidae*, dem *Hesperornis* und dem *Archaeopteryx*.

[65] Ein allegorischer Hinweis auf die "heiligen Tiere" des Zodiaks und andere Himmelskörper. Es gibt Kabalisten, die in ihnen die Prototypen der Tierwelt sehen.

30. Im Evolutionsverlauf der Dritten Menschheit wuchsen die knochenlosen Tiere und veränderten sich: Sie wurden Tiere mit Knochen (a), (auch) ihre Chhâyâs verfestigten sich.

(a) Wirbeltiere, und danach Säugetiere. Vorher waren die Tiere, ebenso wie der Mensch, ätherische Protoorganismen.

31. Die Tiere teilten sich zuerst (in männliche und weibliche) (a). Sie (die Tiere) begannen zu zeugen. Dann teilte sich der zweifältige Mensch ebenfalls. Er (der Mensch) sagte: "So wie sie wollen wir. Wir wollen uns vereinigen und Geschöpfe zeugen." Das taten sie ...

(a) Die Geschlechtertrennung ehemals hermaphroditischer Säugetiere ist eine inzwischen auch von der Wissenschaft unbestrittene Tatsache.

32. Die ohne Funken geblieben waren (die "Vernunftlosen"), liessen sich mit riesigen weiblichen Tieren ein (a). Mit ihnen zeugten sie stumme Rassen. Sie selber (die "Vernunftlosen") waren auch stumm. Aber dann lösten sich ihre Zungen (b). Die Zungen ihrer Nachkommen jedoch blieben unbeweglich. Sie brachten Monstren hervor, eine Rasse von unförmigen Monstren mit roten Fellen, die auf allen vieren gingen.[66] Eine stumme Rasse, auf dass die Schande unbekannt bleibe.[67]

(a) Shloka 31 sagt aus, daß die Tiere "die ersten" waren, die "sich teilten". Die Menschen, das dürfen wir nicht vergessen, waren in jener Zeit anders – auch physiologisch – als heute, nun da sie die Hälfte der Evolutionsdauer der Fünften Menschheit hinter sich gelassen haben. Was die "riesigen weiblichen Tiere" waren, erfahren wir nicht, aber mit Sicherheit war der Unterschied zu heutigen Tieren ebenso groß, wie der Unterschied zwischen den damaligen Menschen und den heutigen.

Dies war der erste körperliche "Fall in die Materie" einiger der damals existierenden und noch weniger entwickelten Wesen. Wir erinnern an Shloka 24: Die "Söhne der Weisheit" verabscheuten die frühe, nicht entwickelte, *Dritte* Menschheit und inkarnierten erst im *späteren* Entwicklungsverlauf dieser Dritten Menschheit, wodurch sie letzterer Intelligenz gaben. Die Sünde der gehirnlosen, d.h. der "vernunftlosen" Menschheiten, denen der "Funke" und Verantwortlichkeit fehlte,

[66] Diese "Tiere" oder "Monstren" waren weder Menschenaffen noch andere Affenarten, sondern in der Tat das, was Anthropologen das "fehlende Glied" nennen könnten – sie waren die ursprünglichen, primitiven Menschen.

[67] Nämlich die Schande ihres tierischen Ursprungs.

haben also diejenigen zu verantworten, die ihnen gegenüber ihre karmische Pflicht vernachlässigt hatten.

(b) Weiter unten befassen wir uns mit den Anfängen der menschlichen Sprache.

MÖGLICHE EINWÄNDE GEGEN DIESE DARSTELLUNGEN

Aus dem oben Gesagten geht klar hervor, daß der Okkultismus die Vorstellung von einer Natur zurückweist, in der der Mensch vom Affen oder auch von einem den beiden gemeinsamen Vorfahren abstammt. Er führt im Gegenteil die Entwicklungslinie einiger der menschenähnlichsten Arten zurück zur Menschheit der Dritten Menschheit in der frühen Atlantis-Periode. Weil diese These an anderer Stelle behandelt und gerechtfertigt wird, genügt es, wenn wir uns hier nur kurz darüber auslassen. Der größeren Klarheit wegen wollen wir aber wiederholen, was bereits zur 6. Stanze des ersten Buches gesagt wurde.

Nach unserer Lehre ist die Annahme durchaus korrekt, daß die Natur die menschliche Astralform einmal mit einer *affenähnlichen äußeren* Gestalt umgeben hat. Aber ebenso korrekt ist, daß diese Gestalt genausowenig das "fehlende Glied" ist, wie es die verschiedenen Umhüllungen waren, in denen diese Astralform in ihrer natürlichen Evolution die verschiedenen Naturreiche durchlaufen hat. Und diese Evolution fand auch nicht auf diesem Planeten der vierten Runde statt, sondern nur während der ersten, zweiten und dritten Runde, als der MENSCH abwechselnd "ein Stein, eine Pflanze und ein Tier" war, bis er das wurde, was er in der Ersten Evolutionsperiode der gegenwärtigen Menschheit war. Der wirkliche Verlauf der Evolution ist anders als der von Darwin beschriebene, und die beiden Systeme sind unvereinbar, es sei denn, Darwins System würde sich vom Dogma der "natürlichen Zuchtwahl" und dergleichen trennen. Zwischen der *Monere* eines Haeckel und dem *Sarîsripa*[68] des Manu befindet sich aber der *Jîva* als unüberbrückbarer Abgrund, denn die "menschliche" Monade ist und wird immer eine göttliche, und damit auch eine MENSCHLICHE Monade sein, egal ob sie jeweils im Atom eines Steines *metallisiert*, in der Pflanze *vegetalisiert* oder im Tier *animalisiert* ist. Erst wenn sie *vollkommen göttlich* geworden ist, ist sie nicht mehr menschlich. Die Bezeichnungen "mineralische", "pflanzliche" und "tierische" Monade werden nur benutzt, um eine generelle Unterscheidung zu ermöglichen; es gibt keine Monade *(Jîva)*, die nicht göttlich ist, und die aus diesem Grund nicht menschlich war oder menschlich werden muß. Diese letztere Bezeichnung wird solange sinnlos erscheinen, bis der Unterschied tatsächlich verstanden wird. Die Monade gleicht einem Tropfen aus dem uferlosen jenseitigen Ozean, oder, genauer ausgedrückt, sie ist dieser Tropfen *innerhalb* des Bereichs der ursprünglichen Differenzierung. Sie ist göttlich in ihrem

[68] (wörtlich: Schlange)

höheren, und *menschlich* in ihrem niedrigeren Zustand – wobei die Adjektive "höher" und "niedriger" in Ermangelung treffenderer Wörter gebraucht werden –, und sie wird, außer im Zustand des Nirvâna, unter allen Umständen und in jeder äußeren Form immer eine Monade bleiben. So wie der Logos das Universum im Universalgeist reflektiert, und wie das manifestierte Universum sich selbst in jeder seiner Monaden reflektiert, so muß die Monade im Verlauf ihres Inkarnationszyklus' in sich selbst jede *Grundform* eines jeden Reiches reflektieren. Deshalb sagen die Kabalisten richtigerweise: "Der MENSCH wird Stein, Pflanze, Tier, Mensch, Geist und letztlich Gott, womit er seinen Zyklus vollendet und dorthin zurückkehrt, wo er seinen Kreislauf als der *himmlische* MENSCH begonnen hatte." Aber mit dem Wort "Mensch" ist die göttliche Monade gemeint, nicht das denkende Wesen – und noch viel weniger dessen physischer Körper. Diesen versuchen unsere Wissenschaftler, die die Existenz einer unsterblichen Seele leugnen, jetzt auf eine Entwicklungslinie tierischer Formen, von der niedrigsten bis hin zur höchsten, zurückzuführen. In Wirklichkeit jedoch geht die gesamte gegenwärtige Fauna zurück auf jene anfänglichen Monstren, von denen die Stanzen sprechen. Die Tiere – die auf dem Lande "kriechenden" sowie die in den Wassern, welche vor dem Menschen in dieser vierten Runde da waren, und auch die gleichzeitig mit der Dritten Menschheit lebenden Tiere und ebenfalls die Säugetiere, die erst nach der Dritten und Vierten Menschheit erschienen sind –, sie alle sind entweder direkt oder indirekt gemeinsam das (physische) Produkt des Menschen und mit ihm verwandt. Es ist korrekt zu sagen, der Mensch dieses Manvantaras, d.h. der drei bisherigen Runden, habe alle Naturreiche durchlaufen, und daß er "Stein, Pflanze und Tier" war. Aber erstens waren dies die Prototypen – erste dünnhäutige Erscheinungen – von Steinen, Pflanzen und Tieren der folgenden vierten Runde, und zweitens waren sogar diese am Anfang der vierten Runde nur die von Okkultisten so genannten astralen Schatten unserer gegenwärtigen Mineralien, Pflanzen und Tiere. Letztlich waren weder die menschlichen, tierischen und pflanzlichen Formen, noch die Gattungen Mensch, Tier, Pflanze damals das, was sie später wurden. Die astralen Prototypen der tieferstehenden Lebewesen im Tierreich der vierten Runde, welche *vor den* (Chhâyâs der) *Menschen* existierten, waren somit die kompakteren, aber doch sehr ätherischen Hüllen für die noch weit ätherischeren Formen oder Modelle, die am Ende der dritten Runde auf dem Himmelskörper D[69] produziert worden waren.

"Entstanden ... aus Rückständen der Substanz (Materie) von toten Menschen und (anderen *ausgestorbenen*) Tieren des vorherigen Rades," d.h. der vorangegangenen dritten Runde – so erklärt es Stanze 8, Shloka 28. Deshalb waren also jene konturlosen, keinem bestimmten Typus zugehörigen "Tiere", die am Anfang des der-

---

[69] Siehe *Esoteric Buddhism*, 3. Kapitel.

zeitigen Lebenszyklus auf unserer Erde vor dem astralen Menschen existierten, jedenfalls sozusagen die Nachkommen des Menschen der dritten Runde, und die Säugetiere dieser Runde verdanken ihr Dasein weitgehend wieder dem Menschen. Darüber hinaus ist der "Vorfahr" des heutigen anthropoiden Tieres, des Affen, das direkte Erzeugnis des noch vernunftlosen *Menschen*, der seine Menschenwürde selbst verletzte, indem er sich physisch mit dem tierischen Bereich einließ.

So viel über einige der angeblichen physiologischen Beweise, die die Anthropologie als Nachweis für die Abstammung des Menschen vom Tier hervorbringt.

Worauf die Anhänger der Evolutionstheorie am meisten und nachdrücklich bestehen, ist, daß "die Entwicklungsgeschichte des Embryos die Quintessenz der Entwicklungsgeschichte der Menschheit" ist, daß "jeder Organismus in seiner Entwicklung aus dem Ei eine Reihe von Formen durchläuft, welche seine Vorfahren in der langen Geschichte der Erde in der gleichen Reihenfolge durchlaufen haben. Die Entwicklungsgeschichte des Embryos ... ist ein Miniaturbild und Abriß der Entwicklungsgeschichte der Menschheit. *Dieses Konzept ist Grundsatz und Kernpunkt der Biogenetik, von dem jede Forschungsarbeit über die Grundzüge organischer Entwicklung von Anfang an ausgehen* muß."[70]

Diese moderne Theorie kannten die Weisen und Okkultisten lang vergangener Zeiten bereits als Tatsache, und obendrein wurde sie von ihnen als Evolutionsphilosophie weit besser dargestellt.

Aber wenn das so ist, wie kann dann der große Unterschied zwischen menschlicher und tierischer Intelligenz erklärt werden? Wie konnten die geistigen Fähigkeiten der beiden Gruppen so weit voneinander abweichen, wenn der Anthropoide und der *Homo primigenius* doch, *argumenti gratia*, einen gemeinsamen Ahnen hatten? Natürlich kann man dem Okkultisten antworten, die Wissenschaft wiederhole ja nur, was der Okkultismus konstatiert, nämlich daß Affe und Mensch einen *gemeinsamen* Vorfahren haben, wenn ersterer vom ursprünglichen Menschen abstammt. Aber dieser "ursprüngliche Mensch" war nur in der äußeren Form *Mensch*. Er war *ohne Verstand* und *seelenlos*, als er mit einem weiblichen Tierungeheuer den Urvater einer Reihe von Affen zeugte. Diese Hypothese – wenn es in der Tat nicht mehr als das wäre – ist zumindest logisch und überbrückt die Kluft zwischen den geistigen Fähigkeiten von Mensch und Tier. Sie begründet und erklärt das bisher Unergründbare und Unerklärliche. An anderer Stelle werden wir uns mit der nahezu sicheren Annahme der Wissenschaft befassen, daß bei einer Verbindung zwischen Mensch und Tier im gegenwärtigen Evolutionsstadium die Möglichkeit einer Nachkommenschaft ausgeschlossen ist.

[70] Haeckel in einer Vorlesung über "Beweise für die Evolution".

STANZE 9

DIE LETZTE EVOLUTIONSSTUFE DES MENSCHEN

33. und 34. Die Schöpfer bereuen und sühnen für ihr Versäumnis. 35. Den Menschen wird Geist gegeben. 36. Die Vierte Menschheit entwickelt vollkommenes Sprachvermögen. 37. Alle androgynen Wesen teilen sich und werden bisexuell.

33. ALS DIE LHAS (die Geister, die "Söhne der Weisheit"), DIE KEINE MENSCHEN GESCHAFFEN HATTEN (die sich geweigert hatten zu erschaffen), DAS (die mit Tieren begangene Sünde) SAHEN, WEINTEN SIE UND SAGTEN:

34. "DIE AMÂNASAS (die "Vernunftlosen") HABEN UNSERE WOHNUNGEN DER ZUKUNFT ENTWEIHT (a). DAS IST KARMA. LASST UNS IN DEN ANDEREN WOHNEN. WIR WOLLEN SIE BESSER BELEHREN, SO DASS NICHT SCHLIMMERES GESCHEHE." UND DAS TATEN SIE ...

35. DANN WURDE ALLEN MENSCHEN MANAS (Geist) GEGEBEN. SIE ERKANNTEN DIE SÜNDE DER VERNUNFTLOSEN.

Aber sie hatten sich schon *getrennt* und hatten *gesündigt*, noch ehe der Strahl göttlicher Vernunft die Dunkelheit ihres bis dahin schlafenden Geistes erleuchten konnte. Das heißt, sie hatten unbewußt Böses getan, indem sie etwas bewirkt hatten, das unnatürlich war. Aber wir müssen herausfinden, ob die "Tiere", mit denen man sich eingelassen hatte, zu denselben Arten gehörten, die die Zoologie kennt.

(a) Nach den Zeugnissen der Uralten Weisheit und in den alten Aufzeichnungen fand der "Fall" statt, sobald der Daksha (der reinkarnierte Schöpfer der Menschen und Dinge in der frühen Evolutionsphase der Dritten Menschheit) sich zurückzog, um Platz zu machen für den Teil der Menschheit, der sich "abgetrennt" hatte. Der *Kommentar* erläutert die dem "Fall" vorausgegangenen Einzelheiten so:

"In der Anfangsperiode der Vierten Evolution der Menschheit breiteten sich Zweige des Menschenreichs in die verschiedensten Richtungen aus. Das Äußere der ersten Gestalten in diesem Menschenreich war nicht einheitlich, denn noch ehe sich dieses Äußere (die eiförmigen Hüllen, in welchen der zukünftige, vollständig körperliche Mensch heranreifte) *erhärten konnte, griffen oft riesige Tiere in diesen Prozeß ein, Tiere von einer Art, die das Resultat unvollendeter Versuche der Natur war, und die heutzutage unbekannt ist. Als Ergebnis entstanden monströse Zwitterrassen, halb Tier, halb Mensch. Als Fehlgeburten wurde ihnen zwar bald die Fähigkeit des Atmens – und somit*

zu leben – genommen, aber weil die Kraft der psychischen Natur, die vom Wesen her größer ist als die der physischen Natur, noch sehr schwach entwickelt, noch nicht gefestigt war, hatten sich die 'eigeborenen' Söhne mit mehreren weiblichen Wesen dieser Zwitterrasse gepaart und weitere menschliche Monstren gezeugt. Als die Tier- und Menschenarten später allmählich eigenständiger wurden, trennten sie sich, und es fanden keine Paarungen mehr statt. Der Mensch erschuf nicht mehr, er zeugte. Aber er zeugte sowohl Tiere als auch Menschen in jenen vergangenen Zeiten. Wahrhaft und wohlweislich sprachen deshalb die Weisen von Menschen männlichen Geschlechts, die keine durch Willenskraft hervorgebrachten Nachkommen mehr hatten, sondern mit weiblichen Wesen anderer Arten verschiedene Tiere und Dânavas (Riesen) *zeugten, Tiere, die eigentlich als ihre Söhne zu betrachten sind. Sie* (die Menschen männlichen Geschlechts) *wollten jedoch im Lauf der Zeit nicht mehr als die Väter stummer Kreaturen angesehen werden. Als die Könige und Herren der letzten Menschheiten* (der Dritten und Vierten) *das* (diese Zustände) *sahen, sprachen sie ein Verbot dieser sündhaften Begattungen aus, denn sie bedeuteten eine störende karmische Einmischung, bedeuteten das Hervorbringen von neuem* (Karma).[71] *Sie* (die göttlichen Könige) *bestraften die Übeltäter mit Unfruchtbarkeit. Die rote und die blaue Rasse zerstörten sie."*[72]

In einem anderen Kommentar lesen wir, daß es

"sogar in späteren Zeiten blaugesichtige und rotgesichtige Tiermenschen gab – nicht als Resultat direkten Geschlechtsverkehrs (zwischen Menschengattung und Tiergattung), *sondern durch Abstammung."*

Und eine weitere Textstelle erwähnt

"dunkelhäutige rothaarige Menschen, die auf allen Vieren gehen, sich beugen und nicht beugen (aufrecht stehen und wieder auf ihre Hände fallen), *die wie ihre Vorväter sprechen und wie ihre riesenhaften Vormütter auf ihren Händen laufen."*

(Dies waren) die menschlichen Monstren – jene "Fehlgeburten", die der erste Kommentar erwähnt. Viel später, während der Endperiode von Atlantis, erschienen die Anthropoiden. Orang-Utang, Gorilla, Schimpanse und Pavian sind die jüngsten und rein physischen Resultate der Entwicklungen aus niederen anthropoiden Säugetieren. Sie besitzen einen Funken des menschlichen Wesenskerns, aber in den Adern des Menschen fließt kein einziger Tropfen des Blutes von Affen – so die Aussage der Uralten Weisheit und weltweiter Überlieferungen.

Oft wird gefragt: Wie kam es zur Geschlechtertrennung? Sollen wir glauben, daß Eva aus Adams Rippe hergestellt wurde, wie es uns die alte biblische Fabel weismachen will? Die Erklärung ist einfach. Die Rippe ist ein Knochen, und wenn wir

[71] Es ist praktisch unmöglich, viele dieser alten Kommentare wörtlich zu übersetzen. Oft können wir nichts anderes tun, als den Sinngehalt der Texte wiederzugeben, also wörtliche Übersetzungen neu zu übersetzen.

[72] Als einer der Kumâras ist Rudra *Nîlalohita* – rot und blau.

im Buche *Genesis* lesen, Eva sei aus einer Rippe gemacht worden, so bedeutet das nichts weiter, als daß die *Menschheit mit Knochen* aus einer früheren "knochenlosen" Menschheit oder Menschheiten hervorgebracht wurde.

Wenn wir noch einmal die Geschichte der Dritten Menschheit, der "Schweißgeborenen", der "Eierlegenden", und der "Androgynen" betrachten, sehen wir sie in ihrer frühesten Anfangsperiode als beinahe geschlechtslos. Dann wurde diese Menschheit – in einer sehr langsamen Entwicklung – bisexuell oder androgyn. Der Transformationsprozeß von dem einen zum anderen Zustand dauerte zahllose Generationen, in deren Verlauf die aus dem frühesten elterlichen Ursprung (d. h. aus dem Zwei-in-Einem) hervorgegangene einfache Zelle sich zuerst zu einem zweigeschlechtlichen Wesen entwickelte. Danach wurde die Zelle ein regelrechtes Ei und brachte eine eingeschlechtliche Kreatur hervor. Die Menschheit der Dritten Evolutionsperiode ist zwar die geheimnisvollste der bisher entstandenen Fünf Menschheiten, offensichtlich aber ist, daß die einzelnen Wesen dieser Menschheit sich schon in ihren vorgeburtlichen Schalen oder Eiern teilten und als separate männliche und weibliche Geburten aus diesen Schalen hervorkamen; dies geschah allerdings erst viele Zeitalter nach dem ersten Auftreten ihrer frühen Vorfahren. Im Verlauf langer geologischer Perioden verloren die neu aufgetretenen Menschheitszweige dann jedoch ihre angeborenen Fähigkeiten, und am Ende des vierten *Menschheitszweigs* hatte das neugeborene Kind auch seine Fähigkeit verloren, aufrecht zu gehen, sobald es sich von seiner Schale befreit hatte. Am Ende des fünften *Menschheitszweigs* waren die geburtlichen Bedingungen und der Geburtsvorgang dann genau so, wie in unseren historischen Generationen – aber diese Entwicklung erforderte natürlich Millionen von Jahren.

Wir nähern uns nun dem Wendepunkt in der Evolution der verschiedenen Menschheiten und wollen erfahren, was die okkulte Philosophie über den Ursprung der menschlichen Sprache lehrt.

36. Die Vierte Menschheit entwickelte Sprache.

Nach den Erklärungen der Kommentare besaß die Erste Menschheit – die ätherischen oder astralen Söhne des Yoga, die auch die "Selbstgeborenen" genannt werden – keine Sprache, wie wir sie kennen, denn sie besaß auch nicht den unserer Daseinsebene eigenen Verstand. Die Zweite Menschheit bediente sich einer "Tonsprache", wobei es sich um gesangsähnliche,[73] nur aus Vokalen bestehende Töne handelte. Die Dritte Menschheit begann dann mit der Entwicklung einer Art von Sprache, die sich aber nur wenig von den verschiedenen Tönen abhob, welche in der Natur zu hören waren, wie der Schrei gigantischer Insekten oder die

[73] (orig.: chanted. H.T.)

Geräusche, die die ersten, in der Zeit der "Schweißgeborenen" (der *frühen* Dritten Menschheit) gerade erst aufkommenden Tiere von sich gaben. Erst im Verlauf der zweiten Hälfte der Dritten Menschheit – als die "Schweißgeborenen" die "Eigeborenen" (die *mittlere* Dritte Menschheit) hervorbrachten, und als diese androgynen Wesen, anstatt zu "brüten", damit begannen, sich in zwei Geschlechter zu trennen, und als, weiterhin, das Evolutionsgesetz dazu führte, daß sie zur geschlechtlichen Fortpflanzung übergingen – ein Vorgang, durch den, vom Karmagesetz gezwungen, die schöpferischen Götter in *verstandlosen* Menschen inkarnieren mußten –, erst dann entwickelte sich wirkliches Sprachvermögen. Aber es war immer noch nicht mehr als ein vorläufiger Versuch. Damals besaß die gesamte Menschheit noch "einerlei Zunge und Sprache", was aber die beiden letzten Menschheitszweige der Dritten Menschheit nicht daran hinderte, Städte zu gründen, und unter der Führung ihrer göttlichen Lehrer und dank ihres eigenen inzwischen erwachten Verstandes weitverbreitet die ersten zivilisatorischen Grundsteine der Welt zu legen. Wir müssen auch bedenken, daß jede, selbst die kleinste Unterabteilung der Menschheiten, genauso wie jede der großen Sieben Menschheiten, in vier Zeitalter aufgeteilt ist – das Goldene, Silberne, Bronze- und Eisenzeitalter. Sprache entwickelte sich nach der Lehre des Okkultismus in dieser Reihenfolge:

1. *Einsilbiges Sprechen* der ersten beinahe vollständig entwickelten "goldfarbigen", gelbhäutigen Menschen am Ende der Evolutionsperiode der Dritten Menschheit, nachdem sie ihre Geschlechtertrennung durchgemacht hatten und ihr Verstand vollständig erweckt war. Vor diesem Zeitpunkt fand ihre Kommunikation untereinander auf einem Wege statt, den wir heute als Gedankenübertragung bezeichnen würden. Außer in der als "Söhne des Willens und des Yoga" bezeichneten Menschheit – das war die erste Menschheit, in der die "Söhne der Weisheit" sich inkarnierten – war die Denkfähigkeit im entstehenden physischen Menschen allerdings noch nicht sehr weit entwickelt. Während ihre physischen Körper mit der Erde verbunden waren, blieben ihre Monaden gänzlich in einem höheren Bereich. Sprache konnte erst richtig entwickelt werden, nachdem diese Menschen im Besitz vollständiger Denk- und Urteilsfähigkeit waren. Dieses einsilbige Sprechen war sozusagen die vokalische Mutter der mit harten Konsonanten vermischten Einsilben-Sprachen, die noch immer von dem in der Anthropologie als gelb bezeichneten Menschentypus gesprochen werden.

2. Aus diesen sprachlichen Eigenschaften entwickelten sich die *agglutinierenden Sprachen*, die von einigen der atlantischen Menschheitszweige gesprochen wurden; andere der Ursprungsstämme der Vierten Menschheit bewahrten die Muttersprache. Weil Sprachen aber ihrer eigenen zyklischen Evolution unterliegen, mit einem Kindheitsstadium, mit Reinheits- und Wachstumsstufen, ihrem *Fall in die Materialität* und Vermischungen mit anderen Sprachen sowie mit Stufen der Reife,

des Verfalls und des Sterbens –, deshalb verfiel auch die ursprüngliche Sprache der zivilisiertesten atlantischen Zweige und starb fast vollständig aus. Während die am weitesten entwickelten Menschen der Evolutionsstufe der Vierten Menschheit mehr und mehr zum Gipfel physischer und intellektueller Vollendung hinstrebten und so der entstehenden Fünften Menschheit ihre flektierenden, hochentwickelten Sprachen als Vermächtnis hinterließen, degenerierten die agglutinierenden Sprachen und blieben als zerstreute Fragmente eines fossilen Idioms zurück.

3. Die *flektierende Sprache* – die Wurzel des Sanskrit – war die erste Sprache (und ist noch jetzt die Geheimsprache der Initiierten der Fünften Menschheit). Die semitischen Sprachen sind das Resultat von Vermischungen der ersten phonetischen Veränderungen der ältesten Abkömmlinge des frühen Sanskrit. Die okkulte Wissenschaft erkennt keine Unterscheidungen zwischen "semitisch" und "arisch" an, ja sie steht sogar dem Altaischen mit Skepsis gegenüber. Die Semiten sind die späteren Âryas.[74] Zu ihnen gehören alle Juden und Araber. Erstere stammen von den indischen Chandâlas ab, in der Verbannung lebenden Indern – unter ihnen viele ehemalige Brahmanen –, die Zuflucht in Chaldäa, in Sindh und im Iran suchten und deren Urvater wahrhaftig, etwa 8000 v.u.Z., A-bram (Nicht-Brahmane) war. Die Araber sind Abkömmlinge jener Âryas, die zur Zeit der Völkerwanderungen nicht in Indien eindrangen, sondern teilweise an den Grenzen zu Indien, in Afghanistan und Kabul und entlang des Oxus[75] verblieben, während andere in Arabien eindrangen.

37. Aus Einem (Androgynen) wurden Zwei. Ebenso alle lebenden und kriechenden Tiere, die noch eins waren, die Riesenfische, Vögel und Schlangen mit Schalenköpfen.

Hier handelt es sich offensichtlich um das sogenannte Zeitalter der amphibischen Reptilien, also um Zeiten, in denen nach der Lehrmeinung der Naturwissenschaften *keine Menschen existierten!* Nichtsdestoweniger enthält eine Passage im 6. Buch der Kommentare folgenden Text (frei übersetzt):

"Als die Dritte sich teilte und durch die Zeugung von Menschen-Tieren der Sünde verfiel, wurden letztere (die Tiere) *wild, und Menschen und Tiere zerstörten sich gegenseitig. Vorher hatte es keine Sünde gegeben, kein Leben wurde zerstört. Nach* (der Teilung) *kam das Satya* (Yuga)[76] *zu seinem Ende. Aus dem ewigen Frühling wurde dauernde Wechselhaftigkeit, und die Jahreszeiten begannen. Kälte zwang den Menschen, schützende Unterkünfte zu bauen und wärmende Kleidung herzustellen. Da wandten*

[74] (Inder und Iraner, vom indoiranischen *ârya* = edel. H.T.)
[75] (Amu Darya, ein zentralasiatischer Fluß. H.T.)
[76] (Wörtlich: Das Zeitalter der Wahrheit und Rechtschaffenheit. H.T.)

die Menschen sich hilfesuchend an die höheren Väter (die höheren Götter oder Engel). *Die Nirmânakâyas der Nâgas, die weisen Schlangen und Drachen des Lichts und die Vorläufer der Erleuchteten* (Buddhas) *kamen. Göttliche Könige stiegen herab und lehrten die Menschen die Wissenschaften und handwerkliche Fertigkeiten, denn der Mensch konnte nicht länger in dem ersten Land* (Âdi-Varsha, der Garten Eden der Ersten Menschheit) *leben, das wie ein weißer, zugefrorener Leichnam geworden war.*

Was dieser Text andeutet, sollte uns nachdenklich stimmen. Wir werden sehen, welche Schlüsse aus seiner kurzen Aussage zu ziehen sind. So mancher Leser mag ahnen, daß er mehr enthält, als auf den ersten Blick zu erkennen ist.

STANZE 10

DIE GESCHICHTE DER VIERTEN MENSCHHEIT

38. Die Geburt der Vierten (atlantischen) Menschheit.
39. Die Menschheitszweige der Vierten Menschheit beginnen sich zu teilen und zu vermischen. 40. Der Hochmut der atlantischen Menschheit.
41. Ihr Sündenfall und ihre Zeugung von Kindern und Monstren.
42. Erste Anzeichen eines beginnenden Anthropomorphismus und sexueller Religion. Der Verlust des "dritten Auges".

38. So gebar die Dritte Menschheit in den sieben Gebieten, jeweils zu zweit, die Menschen der Vierten Menschheit. Aus den Göttern wurden Nicht-Götter: Die Suras wurden A-Suras (a).

39. Die Erste (Menschheit) in jedem Gebiet war mondfarben (gelblichweiß), die Zweite gelb wie Gold, die Dritte rot, die Vierte braun, aber sie wurde durch Sündhaftigkeit[77] schwarz. Die sieben ersten menschlichen Sprossen hatten anfangs alle die gleiche Hautfarbe. Die folgenden sieben (Menschheitszweige) begannen ihre Farben zu vermischen (b).

Um den 38. Shloka richtig zu verstehen, muß er im Zusammenhang mit den Shlokas der Stanze 9 gelesen werden. Bis zu diesem Punkt im Evolutionsablauf ist der Mensch zum größeren Teil metaphysischer Natur, er gehört also weniger der physischen als der metaphysischen Natur an. Erst nach dem sogenannten Fall begannen die Menschen ihre rasante Entwicklung hin zur rein physischen Gestalt. Um aber diesen so mystischen und transzendenten "Fall" in seiner wahren Bedeutung wirklich zu verstehen, muß der Lernende zuerst die Einzelheiten erfahren, die diesem Ereignis vorangingen, einem Ereignis, das der modernen Theologie als Dreh- und Angelpunkt für ihre schädlichsten und absurdesten Lehren und Glaubenssätze dient.

Der Leser wird sich an die Ausführungen in den archaischen Kommentaren erinnern, die erklären, daß es in der großen Schar der Dhyânis einige gab, die (dem Evolutionsgesetz) ohne Zögern "gehorchten", als sie den Punkt erreicht hatten, wo sie als die *Egos* der unsterblichen, aber *auf dieser Stufe vernunftlosen Monaden* inkarnie-

[77] Streng genommen kann man vom Menschen nicht vor der Zeit der gigantischen braunen und gelben Menschentypen der Atlantier sprechen, denn erst die Vierte Menschheit war die *erste vollständig menschliche Art* – auch wenn ihre Menschen viel größere körperliche Ausmaße hatte als wir.

ren sollten, sobald die Menschen der Dritten Menschheitsperiode physiologisch und physisch bereit waren, d.h. sobald ihre Geschlechtertrennung stattgefunden hatte. Dies waren jene frühen Wesen mit Bewußtsein, die nun der ihnen innewohnenden göttlichen Reinheit Erkenntnisbewußtsein und -willen hinzufügten und durch *Kriyâ-shakti* den halbgöttlichen Menschen *erschufen*, der dann zum Samen für die zukünftigen Adepten der Erde wurde. Die anderen dagegen, die ihre damals von keiner Fessel der Materie behinderte intellektuelle Freiheit nicht aufgeben wollten und deshalb sagten: "Wir haben die Wahl ..., wir haben Weisheit" (Shloka 24), und die dann erst viel später inkarnierten – ihnen war ihre erste karmische Strafe sicher. Die Körper, die sie bekamen, erreichten (physiologisch) nicht die Vollkommenheit ihrer astralen Vorbilder, weil ihre *Chhâyâs* geringer entwickelten Vorfahren aus den sieben Klassen gehört hatten. Die "Söhne der Weisheit", die mit ihrer Inkarnation bis zur Vierten Menschheit "warteten", der Menschheit, welche ja bereits durch Sünde und Unreinheit (physiologisch) mit einem Makel behaftet war – diese "Söhne der Weisheit" schufen damit eine schreckliche Ursache, deren karmische Auswirkungen bis zum heutigen Tag auf ihnen lasten. In sich selbst schufen sie diese Ursache, und damit trugen sie den Samen des Bösen zukünftiger Äonen in sich, denn die Körper, die sie beseelen mußten, waren bereits durch ihr Hinauszögern befleckt (siehe Shlokas 32 und 34). Das also war der "Fall der Engel", verursacht durch ihre Auflehnung gegen das Karmagesetz. Es war nicht der "Fall des *Menschen*", der kein Fall sein konnte, weil *der Mensch keine Eigenverantwortlichkeit besaß*.

Nach dem ewigen Gesetz zyklischer Wiedergeburten sind es die höchsten und frühesten *Nirvânîs*, die beim Heraufdämmern eines neuen Manvantaras die Serie der Wiedergeburten beginnen. Diese "Götter" hatten sich von ihren Reinkarnationen in früheren Kalpas für unermeßlich lange *Äonen* ausgeruht, und nun war die Zeit für sie gekommen, sich im gegenwärtigen Manvantara zu inkarnieren. Das ist der Grund für ihr Dasein auf der Erde und für die entsprechenden Allegorien, und daher kommen auch die Verfälschungen der ursprünglichen Bedeutung dieser Allegorien. Das betraf z.B. die Darstellung der Götter, die in den Zeugungsvorgang *gefallen* waren, und deren Sendung es war, den *göttlichen* Menschen zu vervollkommnen. Sie wurden später als Dämonen dargestellt, als böse Geister, die die Götter bekämpfen, und als verantwortungslos handelnd in der Betreuung des Einen Ewigen Gesetzes. Aber es kann keine Rede davon sein, daß die vielen Allegorien der Âryas jemals Vorstellungen zeitigen wollten, wie sie in Kreaturen wie den Teufeln oder dem Satan der christlichen und der jüdischen Religion und im Islam zum Ausdruck kamen.[78]

[78] Einer der Mahatma-Briefe enthält einen direkten Hinweis auf diese inkarnierenden Engel. Dort heißt es: "Es gibt in den ätherischen Wesen der vielen Klassen von Dhyâni-Chohans oder Devas (*fortgeschrittenen Wesenheiten einer früheren* planetarischen Periode) ebenso wie unter den Menschen einzelne, die Mängel aufweisen – es *muß* sie geben. Aber weil diese Wesenheiten trotz ihrer Mängel zu weit fortgeschritten und vergeistigt sind, um aus ihrer Dhyâni-Chohanschaft mit Gewalt in den Wirbel

Der Verlauf aller Dinge ist zyklisch, auch die menschliche Evolution. Der Entstehungsprozeß des Menschen wird in den östlichen Lehren sehr detailliert beschrieben, während die Kabalah sich mit Andeutungen begnügt. Das *Buch des Dzyan* sagt folgendes über den ursprünglichen Menschen zum Zeitpunkt seiner ersten Projektion durch die "Knochenlosen", seine körperlosen Schöpfer: *"Zuerst wurde der Atem, dann Buddhi und der Sohn des Schattens* (der Körper) 'ERSCHAFFEN'. *Aber wo befand sich der Kardinalpunkt* (Manas, das mittlere Prinzip)? *Der Mensch ist verloren. Allein gelassen, wird das Nichtgetrennte* (das undifferenzierte Element) *und das Vâhana* (Buddhi) – *die Ursache des Ursachlosen – vom manifestierten Leben wegbrechen ..., wenn es nicht vom mittleren Prinzip – dem Gefäß des personalen Bewußtseins des* JÎVA – *festgefügt und zusammengehalten wird,"* – so die Erklärung des Kommentars. Mit anderen Worten: Die beiden höheren Prinzipien *können auf der Erde keine Individualität erlangen,* können nicht *Mensch* sein, wenn (a) der Verstand fehlt, also das sich selbst erkennende *Manas-Ego,* und wenn (b) die *falsche* irdische Personalität (der Körper egoistischer Verlangen und des personalen Willens) nicht vorhanden ist, denn durch sie muß das Ganze wie um einen Brennpunkt herum (was dieses mittlere Prinzip ja wirklich ist) mit der physischen Form des Menschen fest verbunden werden. Zur Erlangung einer vollständigen irdischen Existenz müssen zwei Prinzipien sich eng miteinander verbinden: *Manas* und *Kâma-rûpa,* das fünfte und das vierte Prinzip.[79] Beide enthalten die duale Personalität, nämlich das wirkliche, unsterbliche Ego (*wenn es sich selbst geläutert hat durch Verschmelzung mit den beiden höheren Prinzipien*) und die falsche, vergängliche Personalität, das sogenannte *Mâyâvirûpa* oder den Astralkörper, auch als *tierisch-menschliche* Seele bezeichnet. Inkarnierte die geistige Monade eines Newton und würde sie der geistigen Monade selbst des größten Heiligen dieser Welt hinzugefügt, und dies auch noch im perfektesten physischen Körper, den man sich vorstellen kann, also einem Körper, der zwei oder sogar drei Prinzipien besitzt, *Sthûla-Sharîra, Prâna* (Lebensprinzip) und *Linga-Sharîra* – wenn all das gegeben wäre, aber das mittlere und das fünfte Prinzip fehlte, dann wäre *ein Idiot* entstanden, bestenfalls eine schöne aber seelenlose, leere und bewußtseinslose Erscheinung. Im Gehirn einer solchen Kreatur wäre kein Platz für das "*Cogito ergo sum*" – jedenfalls nicht auf dieser Ebene.

---

einer neuen Anfangsevolution durch all die niederen Reiche zurückgeworfen zu werden, geschieht folgendes: Dort wo ein neues Sonnensystem entstehen soll, werden diese Dhyâni-Chohans durch Einströmungen hineingetragen, und zwar vor den Elementalen (den Wesenheiten, welche sich in einer *zukünftigen* Periode zur Menschheit entwickeln werden), und verbleiben als eine latente oder untätige geistige Kraft im Bereich der Aura einer entstehenden Welt ... solange, bis die Stufe der menschlichen Evolution erreicht wird ... Dann *verwandeln sie sich in eine aktive Kraft* und verbinden sich mit den Elementalen, *um so Schritt für Schritt den vollkommenen Typus der Menschheit zu entwickeln.*" Das heißt, um sich im Menschen zu entwickeln und ihm seine Selbstbewußtheit, Verstand oder *Manas,* zu geben. Siehe Brief Nr. 14 in: *Die Mahatma-Briefe,* Satteldorf 1994, Bd. 2, S. 121.

[79] Beginnend mit dem physischen Körper, also von unten gezählt, ist es das vierte und das fünfte Prinzip; von oben, vom Âtman her, das dritte und vierte.

Der Kommentar XIV bestätigt:

"Bei der Entstehung des Daseins kann Gleiches nur von Gleichem hervorgebracht werden, von nichts anderem; die Evolution mit ihren begrenzten Gesetzen kommt erst später. Die Selbstexistenten[80] *werden* SCHÖPFUNGEN *genannt, denn sie erscheinen in dem Geistesstrahl, der sie manifestiert durch die Potenz, die seiner* UNGEBORENEN *Natur innewohnt, seiner Natur, die jenseits von Zeit und* (begrenztem oder bedingt vorhandenem) *Raum ist. Produkte der Erde, ob beseelt oder unbeseelt und einschließlich der Menschheit, werden fälschlicherweise Schöpfung und Geschöpfe genannt: Sie sind in Wirklichkeit die Entwicklung* (Evolution) *der einzelnen Elemente."*

Und weiter:

"Der himmlische Rûpa (Dhyâni-Chohan) *erschafft* (den Menschen) *nach seiner eigenen Form. Dies ist eine geistige Ideation als Folge der ersten Differenzierung und des ersten Erwachens der universalen* (manifestierten) *Substanz. Diese Form ist ihr eigener urbildlicher Schatten: Es ist der* MENSCH DER ERSTEN MENSCHHEIT.*"*

Das wird noch besser verständlich, wenn wir die Erklärungen auf unsere Erde beschränken. Es war die Aufgabe der ersten "differenzierten Egos" – von der Kirche Erzengel genannt –, die Urmaterie mit dem evolutionären Impuls zu durchdringen und die formgebenden Kräfte dieses Impulses bei der Gestaltung seiner Erzeugnisse zu führen. Genau darum geht es, wenn sowohl die östlichen als auch die westlichen Überlieferungen davon sprechen, daß "den Engeln *befohlen wurde zu erschaffen.*" Nachdem die Erde von den *niederen* und materielleren Kräften vorbereitet worden war und ihre drei Reiche ohne Umschweife begonnen hatten, der Aufforderung "Seid fruchtbar und mehret euch" Folge zu leisten, wurden die höheren Kräfte – die Erzengel oder Dhyânis – durch das Gesetz der Evolution gezwungen, sich zur Erde hinabzubegeben und die Krone ihrer Evolution zu fertigen – den MENSCHEN. So kam es, daß die "Selbsterschaffenen" und die "Selbstexistenten" begannen, schwache Schatten von sich selbst zu projizieren. Nur die dritte Gruppe, die Feuerengel, *rebellierten und weigerten sich*, es den anderen Devas gleichzutun.

Im exoterischen Hinduismus werden sie alle als *Yogis* dargestellt, die sich aus Frömmigkeit weigerten zu *erschaffen*, denn sie wollten für immer *Kumâras* bleiben, "jung und unberührt", um, wenn irgend möglich, die anderen Yogis auf dem Weg zum Nirvâna – zur letztendlichen Befreiung – zu überflügeln. Aber in Wahrheit, und diese esoterische Interpretation ist einleuchtend, handelte es sich um eine Selbstopferung zum Wohl der Menschheit. Die "Rebellen" wollten keine willenlosen und verantwortungslosen Menschen erschaffen, wie es die "gehorsamen" Engel taten. Sie konnten den Menschen auch nicht einfach nur vorübergehend Eigenschaften geben, die ihren eigenen entsprochen hätten. Denn letztere gehören

[80] Engelhafte geistige Wesenheiten, die in der Ewigkeit ohne Bedingung existent und deshalb in ihrem Dasein unsterblich sind. In ihren manvantarischen Manifestationen existieren sie dagegen periodisch und bedingt.

ja einem ganz anderen, viel höheren Bewußtseinsbereich an, und deshalb würden sie den Zustand der fehlenden Eigenverantwortlichkeit des Menschen nicht ändern, sondern ihm im Gegenteil damit jede Möglichkeit einer höherführenden Entwicklung nehmen. Auf der Erde, der tiefsten und materiellsten Stufe, ist keine geistige und psychische Entwicklung möglich – jedenfalls nicht für ein Wesen, welches seiner inneren Natur entsprechend auf dieser Stufe sicherlich *vollkommen* ist und so weder Verdienste noch Vergehen ansammeln kann. Der Mensch blieb ein schwacher Schatten der untätigen, unveränderlichen und unbeweglichen Vollkommenheit – der einzigen negativen und passiven Eigenschaft des wahren *Ich bin, der ich bin* – und wäre dazu verdammt gewesen, sein Leben auf Erden wie in einem schweren, traumlosen Schlaf zu verbringen –, wäre insofern also auf dieser Existenzebene eine Fehlentwicklung gewesen.

Die Geheimlehre hält fest, daß die Feuerdevas (die Rudras) und die Kumâras (die "jungfräulichen Engel"), zu denen auch die beiden Erzengel Michael und Gabriel gehören, daß diese göttlichen "Rebellen" es vorzogen, den *Fluch der Inkarnation* und damit die langen Zyklen irdischer Existenz und Wiedergeburt auf sich zu nehmen, als den Anblick des – wenn auch *unbewußt* erlittenen – Elends dieser Wesen zu ertragen, die aus den Schatten ihrer Brüder durch die halbpassive Energie ihrer *allzu geistigen* Schöpfer entwickelt worden waren. Deshalb spricht die Überlieferung von den himmlischen *Yogis,* die sich freiwillig opferten, um die ursprünglich göttergleich und vollkommen erschaffene Menschheit zu erlösen und mit menschlichen Gefühlen und menschlichem Streben auszustatten. Um das durchzuführen, mußten sie ihre unpersönliche Individualität aufgeben und individuelle Personalitäten annehmen. Sie gaben ihren natürlichen Status auf, weil sie auf unseren Globus herabsteigen mußten, um sich hier für den ganzen Zyklus des Mahâyuga niederzulassen. Damit opferten sie die Seligkeit ihrer himmlischen Existenz und nahmen den Fluch irdischen Lebens auf sich. Die exoterischen Theologien aber haben dieses freiwillige Opfer der feurigen Engel, deren Natur *Erkenntnis* und *Liebe* war, so ausgelegt, daß es hieß: "Die rebellischen Engel wurden vom Himmel gestürzt in die Finsternis der Hölle" – auf unsere Erde.

"Unsere Erde und der Mensch", erklärt der Kommentar, *"sind aus den drei Feuern entstanden,"* deren Bezeichnungen im Sanskrit dem *"elektrischen, dem solaren und dem durch Reibung erzeugten Feuer"* entsprechen. Auf der kosmischen und menschlichen Ebene bedeuten diese drei Feuer Geist, Seele und Körper, das sind die drei großen Wurzelgruppen zusammen mit ihren vier ergänzenden Teilen. Im metaphysischen Sinn stellt das "durch Reibung erzeugte Feuer" die Vereinigung des sechsten und des fünften Prinzips dar, also von *Buddhi*, dem sechsten, und *Manas*, dem fünften, wobei das fünfte partiell mit der *Monade* verschmilzt und ein Teil von ihr wird. Im physischen Sinn bezeichnet der Ausdruck den *schöpferischen Funken* oder Keim, der fruchtbar wird und den Menschen erzeugt.

(b) Shloka 39 befaßt sich ausschließlich mit den verschiedenen Menschheitstypen. Genaugenommen lehrt die Esoterische Philosophie eine modifizierte Polygenese, denn während sie zwar einen gemeinsamen Ursprung der Menschheit postuliert, weil ihre Vorfahren oder "Schöpfer" alle göttlicher Natur waren – allerdings in unterschiedlichen Vollkommenheitsstufen innerhalb der göttlichen Hierarchie –, wurden die Menschen aber in sieben verschiedenen Gebieten des Kontinents jener Periode geboren. Und aus den erwähnten Gründen waren ihr Wirkungsvermögen und ihre geistigen Fähigkeiten, ihre äußeren, physischen Formen und die in ihnen angelegten Eigenschaften trotz des gemeinsamen Ursprungs sehr verschieden.[81] Zu ihren Hautfarben gibt es eine bedeutsame Allegorie im *Linga-Purâna*. Die *Kumâras* – die sogenannten Rudra-Götter – werden dort als Inkarnationen Shivas (auch Vâmadeva genannt), des *Zerstörers* (der *äußeren Formen*), bezeichnet. Als ein *Kumâra*, als "ewiger Zölibatär", als keuscher, unberührter Jüngling, entspringt letzterer dem Brahmâ in jedem großen Manvantara und "wird jedesmal erneut vier" – ein Hinweis auf die *vier großen Teile*, aus der die Menschen im Hinblick auf Typus und Hautfarbe bestehen, und auf deren drei Hauptvariationen. Im 29. Kalpa – in diesem Zusammenhang ein Hinweis auf die Transformation und Evolution der menschlichen Gestalt, die Shiva periodisch zerstört und bis zu dem großen manvantarischen Wendepunkt, ungefähr in der Mitte der Vierten (atlantischen) Menschheit, immer wieder neu formt –, in diesem 29. Kalpa verwandelt sich Shiva (als Shvetalohita, der Wurzel-*Kumâra*) von seiner bisherigen Mondfarbe zur *weißen* Farbe. In seiner nächsten Transformation ist er *rot* (darin weicht die exoterische Version von der esoterischen Lehre ab), in der dritten ist er *gelb*, und in der vierten *schwarz*.

Weil in der esoterischen Lehre die erste Rasse nicht berücksichtigt wird – sie war weder ein definitiver, ausgeprägter Typus, noch besaß sie Farbe und war außerdem von riesenhafter, aber kaum objektiv erkennbarer Form –, teilt die Esoterik heute diese aus vier großen Teilen bestehenden sieben Variationen in nur *drei* definitive urzeitliche Menschheiten ein. Die Evolution, Gestaltung und Entwicklung dieser Menschheiten fand gleichzeitig, in parallelem Verlauf mit der Evolution, Gestaltung und Entwicklung von drei geologischen Strata statt, welche die menschlichen Hautfarben ebenso beeinflußten, wie dies die verschiedenen klimatischen Verhältnisse dieser Regionen taten. Die Lehre erwähnt drei große Gruppierungen, die ROTGELBE, die SCHWARZE und die BRAUNWEISSE.[82] Zum Beispiel haben die Âryas trotz ihrer hautfarblichen Vielfalt – von dunkelbraun, beinahe schwarz, über rot-

---

[81] Einige weiter, andere weniger weit entwickelt – ganz nach dem Karma der verschiedenen reinkarnierenden Monaden, welche in ihren letzten Leben in anderen Welten nicht alle den gleichen Entwicklungsgrad erreicht haben konnten.

[82] "Es gibt drei grundlegende Farbelemente im menschlichen Organismus", schreibt der Anthropologe Topinard, "rote, gelbe und schwarze, die, in unterschiedlichen Zusammensetzungen vermischt mit dem Weiß der Gewebe, die vielen Schattierungen der Menschheitsfamilie hervorbringen." (*Anthropology*, S. 344). Wieder einmal bestätigt die Wissenschaft unbeabsichtigt die okkulte Lehre.

braun-gelb bis hin zum hellsten Weiß – alle eine einzige Herkunft, nämlich die Fünfte Menschheit, und ihre Abstammung geht auf einen einzigen Vorfahr zurück, der im exoterischen Hinduismus als Gattungsgründer den Namen Vaivasvata Manu hat. Er ist die Gründerpersönlichkeit, der Weise, von dem man sagt, er habe vor über 18 Millionen Jahren und auch vor 850 000 Jahren gelebt – zu der Zeit, als die letzten Überreste des großen Kontinents Atlantis versanken.[83] Von ihm wird außerdem gesagt, er lebe sogar *jetzt* noch in seiner Menschheit.[84]

Helles Gelb war die Hautfarbe der ersten FESTGEFORMTEN Menschen. Sie erschienen, nachdem der Mittelpunkt des Evolutionsverlaufs der Dritten Menschheit überschritten war *(nach ihrem Fall* in die Zeugung, wie oben erklärt), und brachten die letzten Veränderungen mit sich. Denn in der Tat, erst in dieser Periode fand die letzte Transformation statt, aus der der Mensch so hervorging, wie er jetzt aussieht – allerdings war er von größerer Statur. Und diese Menschheit gebar die Vierte Menschheit; "Shiva" bewirkte eine allmähliche Veränderung des "aus Sündhaftigkeit schwarz" gewordenen Teils der Menschheit in Menschen mit rotgelben und letztlich mit braun-weißen Hautfarben. Aus ihnen besteht, zusammen mit den Menschen gelber Farbe, der größte Teil der heutigen Menschheit.

Wenn von der "letzten Transformation" gesagt wird, sie habe vor 18 Millionen Jahren stattgefunden, sollte der Leser an dieser Stelle kurz innehalten und versuchen sich vorzustellen, wieviel größer die Zahl der Jahrmillionen gewesen sein muß, um diesen Endzustand zu erreichen! Und wieviele Millionen von Jahren im Verlauf der *Ersten*, *Zweiten* und der ersten Hälfte der *Dritten* Menschheit vergangen sein müs-

---

[83] Die hier erwähnten "letzten Überreste" sind die damals noch nicht versunkenen Teile des "großen Kontinents", es handelt sich also nicht um die zahlreichen Inseln, welche gleichzeitig mit dem Kontinent existierten. Platons "Insel" war zum Beispiel einer jener Überreste; andere waren in verschiedenen Perioden versunken. Nach einer okkulten Überlieferung finden solche Untergänge immer dann statt, wenn eine Finsternis der "geistigen Sonne" eintritt.

[84] Ein Beitrag in der Zeitschrift *"The Theosophist"* (Jahrgang IV, Juli 1883) erklärt, wie die okkulte Lehre sich in diesem Zusammenhang von den *Brahmanas* unterscheidet:

"Wer war Manu, der Sohn Svâyambhuvas? In der Geheimlehre erfahren wir, daß dieser Manu kein Mensch, sondern eine Repräsentationsfigur für die ersten, mit Unterstützung der Dhyâni-Chohans (Devas) zu Beginn der ersten Runde entstandenen Menschheiten war. (...) Die heiligen Schriften des Hinduismus erklären: 'Der erste Manu brachte sechs weitere Manus hervor (es gab also insgesamt *sieben* ursprüngliche Manus), und ein jeder von diesen erschuf sieben weitere Manus' (*Manu*, Buch I, 61–63). In den okkulten Abhandlungen werden letztere als '7 x 7' erwähnt. Somit leuchtet ein, daß der letzte Manu, der Vorfahr unserer Menschheit der vierten Runde, der *siebte* Manu sein muß, und daß es einen *Wurzel*-Manu auf Himmelskörper A und einen *Samen*-Manu auf Himmelskörper G gibt. So wie jede planetarische Runde mit dem Erscheinen eines 'Wurzel-Manu' (Dhyâni-Chohan) beginnt und mit einem 'Samen-Manu' endet, so erscheint ein Wurzel- und ein Samen-Manu zu Beginn bzw. am Ende der Menschheitsperiode auf jedem einzelnen Planeten. Das erklärt auch die Bedeutung der Bezeichnung *manu-antarische* Periode; es handelt sich um die Zeitspanne *zwischen* dem Erscheinen zweier Manus oder Dhyâni-Chohans ... Der Leser möge also nicht vergessen, daß Manu kein Mensch ist, sondern eine gesamte Menschheit."

(Dieses Zitat wurde dem in der gekürzten Fassung der *Geheimlehre* nicht enthaltenen Kapitel "Die ursprünglichen Manus der Menschheit" entnommen. Vgl. *The Secret Doctrine*, Quest Edition, Bd. II, S. 307–309. H.T.)

sen, wenn der allmähliche Verdichtungsprozeß des Menschen *pari passu* mit der Entwicklung der Erde stattfand! Die Beschaffenheit der Erde war nämlich vergleichsweise ätherisch, ehe sie ihren endgültigen festen Zustand erreichte. Außerdem erklären die archaischen Lehren, daß in der mittleren Periode der lemurisch-atlantischen Menschheitsentwicklung, also dreieinhalb Menschheitsperioden nach der Entstehung des Menschen, alles auf Erden, die Erde selbst sowie der Mensch, doch von festerer, materiellerer Natur war, während Dinge wie Korallen und die Schalen einiger Muschelarten noch halb gallertartig, astral waren. Die seit jener Zeit abgelaufenen Zyklen haben uns natürlich weitergeführt, und wir befinden uns bereits auf der anderen, aufwärts führenden Seite des Kreislaufs, womit wir *unserer Dematerialisation* einige Schritte näher gekommen sind. Seitdem haben alle Dinge eine Verweichlichung durchgemacht – die Erde und wir selbst, ja in der Tat auch unsere Gehirne!

Nun kam aber aus den Reihen der Theosophen der Einwand, eine ätherische Erde – selbst vor 15 oder 20 Millionen Jahren – *widerspräche den Erkenntnissen der Geologie*, denen zufolge es alle Naturereignisse, die uns heute bekannt sind, schon damals gab, d.h. schon "*in den frühesten geologischen Perioden* der ältesten paläozoischen Felsformationen" hinterließen Regenfälle, Stürme, die Küsten verändernde Meereswogen, Sandtreiben und -anhäufungen, etc. ihre Einwirkungen. Darauf können folgende Antworten gegeben werden. Erstens in Form der Frage: Welches Datum gibt die Geologie den "ältesten paläozoischen Felsformationen"? Und zweitens, warum sollen auf einer halb-astralen, d.h. viskosen, zähstofflichen Erde Stürme, Regenfälle und an den Küsten brandende Wogen (vielleicht von Kohlensäure – wissenschaftlichen Theorien zufolge) nicht möglich gewesen sein? Das Wort "astral" bedeutet in okkulter Terminologie ja nicht nur hauchdünn, sondern auch "sternenartig", strahlend, durchsichtig in den verschiedensten Abstufungen – von einer recht dünnen bis zu zähstofflicher Beschaffenheit, wie gerade erwähnt. In einem weiteren Einwand wird gefragt, wie es möglich sei, daß eine astrale *Erde* die anderen Planeten dieses Systems beeinflussen konnte – würde nicht das ganze System seine Funktionsfähigkeit verlieren, sobald die Anziehungskraft eines Planeten plötzlich ausfiele? Dieser Einwand entbehrt offensichtlich jeder Beweiskraft, denn unser System besteht aus jüngeren und älteren Planeten, von denen manche tot (wie der Mond), andere im Entstehen sind – auch wenn die Astronomie vom Gegenteil überzeugt ist. Außerdem hat die Astronomie, soweit wir wissen, selbst nie behauptet, alle in unserem System vorhandenen Körper seien gleichzeitig entstanden und hätten sich gleichzeitig entwickelt. Die geheimen Lehren aus dem diesseits[85] des Himalaya gelegenen Gebiet unterscheiden sich hier von den indischen. Der Hindu-Okkultismus lehrt, die Vaivasvata Manu-

[85] (Siehe Fußnote 34, *supra*. H.T.)

Menschheit sei etwas mehr als 18 Millionen Jahre alt. Wir sagen: Ja, aber das betrifft nur den *physischen* oder beinahe physischen Menschen, der vom Ende der Evolutionsperiode der Dritten Menschheit datiert. Und es ist durchaus möglich, daß der MENSCH vor dieser Periode schon 300 Millionen Jahre existiert hat – wir wissen es nicht, denn *man teilt uns keine Zahlen mit*, die geheim sind und immer das Geheimnis der Meister der Wissenschaft des Okkultismus bleiben werden.

Als nächstes nun einige Anmerkungen zur physischen Entwicklung des Menschen.

DIE ARCHAISCHEN LEHREN IN DEN *PURÂNAS* UND IM BUCH *GENESIS*

Da der MENSCH in jeder der sogenannten "sieben Schöpfungen" war – es ist dies ein allegorischen Ausdruck für die sieben evolutionären Veränderungen oder, wie wir sie auch nennen können, die sieben *Zweige der Ersten Menschheit* –, existierte er auf der Erde seit Anbeginn dieser Runde. Und nachdem er alle Naturreiche in den vorherigen drei Runden durchlaufen hatte, war sein den Wärmebedingungen dieser frühen Perioden angepaßter physischer Körper beim ersten Aufdämmern menschlichen Lebens – vor 18 Millionen Jahren – aufnahmebereit für den *göttlichen Pilger*. Aber erst in der Mitte der Dritten Menschheit wurde dem Menschen *Manas* gegeben. Durch ihre Vereinigung wurden zuerst die *Zwei* und dann die *Drei* eins, denn die niederen Tiere – von der Amöbe bis zum Menschen – empfingen zwar ihre *eigenen Monaden*, welche alle höheren Eigenschaften bereits potentiell enthalten, diese müssen aber so lange inaktiv bleiben, bis eine jede ihre Menschenform erreicht hat. Vor dieser Stufe kann *Manas* (der Verstand) sich in ihnen nicht entwickeln.

Die Frage "Welche Verbindung besteht zwischen den astralen Prototypen der dritten Runde und der normalen physischen Entwicklung im Entstehungsprozeß der organischen Arten, die den Säugetieren vorausgingen?" ist leicht zu beantworten. Die Monaden haben auf jedem Himmelskörper in den drei *vorangegangenen* Runden alle Erscheinungsformen des Seins bis hin zum Menschen durchlaufen, wobei jede Runde, ebenso wie jeder Himmelskörper in der Reihenfolge von A bis G, der Schauplatz derselben Evolution war bzw. noch sein wird. Jeder dieser sich wiederholenden Entwicklungsprozesse findet jedoch auf einer jeweils solideren materiellen Grundlage statt. Das eine ist der schattenhafte Prototyp des anderen, ist wie ein vorläufiger, kaum ausgefeilter und flüchtiger Entwurf auf einer Leinwand von Objekten, die darauf warten, vom Maler ihre profilierte, endgültige Form zu erhalten. Der Fisch entwickelte sich zur Amphibie – dem Frosch – in den *Schatten* von Teichen, und der Mensch durchlief all seine Metamorphosen auf diesem Himmelskörper in der dritten Runde, gerade so wie er diesen, seinen vierten Zyklus durchlaufen hat. Die Typen der dritten Runde trugen zur Formgebung der Typen der gegenwärtigen Runde bei. Der Zyklus der sieben Runden, in denen die allmähliche Gestaltung des Menschen in seinem Entwicklungsverlauf durch jedes der Naturreiche erfolgt, wiederholt sich, in strikter Analogie, im vergleichsweise mikroskopisch Kleinen in den ersten sieben Monaten des Entstehungsprozesses eines zukünftigen menschlichen Wesens im Mutterleib. Der Studierende sollte sich diese Analogie gut merken!

Gerade so wie das sieben Monate alte Kind im Mutterleib eigentlich bereits vollständig entwickelt ist, aber noch zwei Monate braucht, um stärker zu werden und sich zu festigen, so verbleibt auch der Mensch für zwei weitere Perioden im Schoß von Mutter Natur, ehe er geboren – oder besser: als Dhyâni wiedergeboren – wird, obwohl er seine Entwicklung im Verlauf von sieben Runden eigentlich abgeschlossen hat. Als Dhyâni ist sein Zustand nun noch vollkommener als vor dem Beginn seiner Reise als Monade auf der neu errichteten Kette von Welten. Wenn der Lernende sich in dieses Geheimnis vertieft und darüber nachdenkt, so wird er sich bewußt werden, daß es festumrissene Bereiche gibt, wo sich die astrale mit der physische Evolution verbindet, gerade so wie es ja auch physische Bindeglieder zwischen vielen Klassen gibt.

Es ist eine seit Jahrtausenden gültige okkulte Wahrheit, daß der Mensch, wie andere Tiere, seinen Ursprung in einer Zelle hat und "sich in Stadien entwickelt, die sich von denen der Fische, Reptilien und Säugetiere solange nicht unterscheiden, bis die Zelle in diesem Prozeß die besonders nuancierte Entwicklung des Vierhänders und *letztendlich des Menschen* erreicht." Auch das kabalistische Axiom hat im Verlauf langer Zeitalter seine Gültigkeit behalten: "Ein Stein wird eine Pflanze, eine Pflanze ein Tier, ein Tier ein Mensch, ein Mensch ein Gott."

Die Vorstellung, daß der Orang-Utan ein Vorfahr unserer physischen Form ist, hat nichts besonders Erniedrigendes an sich, wenn man der Meinung ist, der Mensch sei, wie wir glauben, aus den niedrigsten Lebensformen auf Erden – pflanzlichen und tierischen – entstanden und habe diese Formen (in den vergangenen Runden) durchlaufen. Ganz im Gegenteil enthält diese Vorstellung eine kaum widerlegbare Bestätigung der okkulten Lehre von der letztendlichen Entwicklung aller in der Natur der Erde vorkommenden Erscheinungen hin zum Menschen. Es wäre auch interessant herauszufinden, weshalb Biologen und Anthropologen bei ihrer Akzeptanz der Theorie von der Abstammung des Menschen vom Affen, es bisher versäumt haben, sich mit der zukünftigen Entwicklung der gegenwärtigen Affen zum Menschen zu befassen. Das wäre nur logisch, als Fortsetzung ihrer ersten Theorie, es sei denn, die Wissenschaft wiese dem Menschen eine Sonderstellung zu, indem sie seine Entwicklung zum präzedenzlosen Sonderfall der Natur erklärte, also als eine *besondere* und einmalige Erscheinung. Und genau das ist es, wohin diese Gegebenheiten die Naturwissenschaften noch führen werden. Die Okkultisten lehnen die Darwinsche und besonders die Haeckelsche Hypothese nur deshalb ab, weil in Wahrheit nicht der Mensch, sondern der Affe eine besondere und einmalige Erscheinung ist. Der Pithekantropus ist eine *Zufallsschöpfung*, ist etwas erzwungen Gewachsenes, das Resultat eines unnatürlichen Prozesses.

Wir glauben, daß die Lehre des Okkultismus logischer ist. Sie postuliert ein zyklisches, unveränderliches Naturgesetz, das, frei von einer spezifischen persönlichen Zielsetzung, einem gleichbleibenden Plan folgt, der die ganze manvantarische Periode bestimmt und Wurm und Mensch gleichermaßen betrifft. Keiner von beiden hat sich sein Dasein ausgesucht, denn beide stehen unter demselben Evolutionsgesetz, und beide unterliegen in ihrer Entwicklung dem Karmagesetz. Beide kommen aus demselben neutralen Lebenszentrum, und beide müssen nach der Beendigung ihres Zyklus dorthin zurückkehren.

Wir haben außerdem gelernt, daß die Transformationen, die der Mensch auf dem nach unten führenden Teilstück des Kreises – zentrifugal für den Geist, zentripetal für die Materie – hinter sich hat, ebenso wie die Transformationen, die er auf seinem aufwärts führenden Pfad noch vor sich hat – wo die Richtung der beiden Kraftströme umgekehrt verläuft, d.h. zentrifugal für die Materie und zentripetal für den Geist, und auf die er sich nun vorbereitet –, daß all diese Transformationen der Lehre entsprechend *als nächstes auch den anthropoiden Affen bevorstehen*. Sie stehen zumindest jenen Anthropoiden bevor, welche die dem Menschen nächstliegende Stufe in dieser Runde erreicht haben. Sie werden in der fünften Runde alle zu Menschen werden – auch die gegenwärtige Menschheit hatte in der vorherigen Runde, der dritten, noch affenähnliche Formen.

Der Affe erscheint Millionen von Jahren später als der sprechende Mensch, er ist der späteste Zeitgenosse unserer Fünften Menschheit. Es ist deshalb wichtig, nicht zu vergessen, daß die *Egos* der Affen Wesenheiten sind, deren Karma sie zur Inkarnation in jenen Tiergestalten zwang, die das Resultat der Sodomie der Menschen des letzten Evolutionsabschnitts der Dritten sowie der frühesten Menschen der Vierten Menschheit waren. Es handelt sich um Wesenheiten, die schon vor dieser Runde die "menschliche Stufe" erreicht hatten, und folglich sind sie eine Ausnahme von der allgemeinen Regel. Sie sind wahrlich "sprachlose Menschen" und werden erst in der fünften Runde zu sprechenden Tieren (bzw. Menschen einer tieferstehenden Ordnung). Dazu sei erwähnt, daß die Adepten einer gewissen Schulrichtung das Wiederauftreten der Egos einiger der intelligenteren Affen zum Ende der Sechsten Menschheit erhoffen. Die Frage ihrer zukünftigen Form ist dabei von geringer Wichtigkeit, denn die Form als solche ist bedeutungslos. Die Gattungen und Arten der Flora, der Fauna und der Krone des höchsten Tieres – des Menschen – erfahren Veränderungen nicht nur mit jeder Runde, sondern auch mit jeder Evolutionsperiode der Menschheit sowie nach geologischen Umwälzungen, durch welche die Menschheit entweder ausgelöscht wird oder zu einem Wendepunkt kommt. In der Evolutionsperiode der Sechsten Menschheit werden die Überreste des Orang-Utans, des Gorillas und des Schimpansen die Fossilien der ausgestorbenen vierhändigen Säugetiere sein. Neue Formen – allerdings immer weniger und im Verlauf der Zeitalter, wenn das Ende des Manvantaras naht, in immer größeren Abständen – werden sich aus den "abgeworfenen" Typen jener Menschenarten entwickeln, die sich vom Sumpf des physischen Lebens befreien und wieder zurückkehren zu ihrer astralen Lebensform. Es gab sie nicht als Vorläufer des Menschen, und sie werden ausgestorben sein, noch ehe sich die Siebte Menschheit entwickelt. Karma wird die Führung der Monaden von jenen Menschen unserer Gattung übernehmen, die in ihrer Entwicklung zurückgeblieben sind, und wird sie in die neu entwickelten menschenähnlichen Gestalten des Pavians hineintragen, der dadurch physiologisch regeneriert wird.

Es wird natürlich noch Millionen von Jahren dauern, bis das stattfindet. Jedenfalls ist das Bild eines zyklischen Verlaufs, in den sich alle auf Erden lebenden und atmenden Arten einordnen, ein einleuchtendes Bild, das keine spezielle "Schöpfung" nötig hat oder auf wundersamen Schilderungen über die Herstellung *ex nihilo* von Menschen, Tieren und Pflanzen beruht.

So erklärt die Wissenschaft des Okkultismus das Fehlen eines Bindegliedes zwischen dem Affen und dem Menschen und zeigt die Entstehung des ersteren aus letzterem.

40. Dann aber erhöhte die Dritte und die Vierte (Menschheit) sich selbst voller Hochmut. Wir sind Könige, wir sind Götter (a).

41. Die Frauen der "Vernunftlosen", der Beschränkten, waren schön anzusehen, und sie nahmen sie sich zum Weibe, und sie gebaren Monstren: Böse Dämonen, männliche und weibliche, und Khados (*Dâkinî*) mit wenig Verstand (b).

42. Tempel bauten sie dem menschlichen Körper, dem männlichen und dem weiblichen, und beteten ihn an (c). Da verlor ihr Drittes Auge seine Kraft (d).

(a) So waren sie, die ersten wirklich physischen Menschen. Ihre erste Eigenschaft war – Hochmut! Sie waren die Dritte Menschheit und die riesenhaften Atlantier, und die Erinnerung an sie blieb erhalten von einer Generation und Menschheit zur nächsten, bis hin zur Zeit Mosis. Sie fanden ihre Verkörperung in den vorsintflutlichen Riesen, in jenen äußerst verfälschten Darstellungen schrecklicher Zauberer und Magier in den kirchlichen Legenden. Durch das Studium der Kommentare zu den archaischen Lehren ist es leicht, in den Atlantiern die Prototypen eines Nimrod, oder der Erbauer des Turms von Babel, der Völker der

Hamiten und, *tutti quanti*, jener Figuren "bösen Angedenkens" so mancher theologischer Schriften zu erkennen – kurz, die Prototypen, aus denen die Nachwelt den Typus des Satans der Orthodoxie erschuf. Und das bringt uns natürlich dazu, die religiöse Ethik dieser frühen Menschheiten – auch wenn sie in den Bereich des Mythos gehören – zu erörtern.

Welcher Art war die Religion der Dritten und Vierten Menschheit? So wie der Begriff, normalerweise verstanden wird, hatten weder die Lemurier noch ihre Nachkommen, die Lemuro-Atlantier, eine Religion: Sie kannten weder ein religiöses Dogma, noch hatten sie es nötig, *gläubig* zu sein, denn das Auge des menschlichen Verstandes war kaum geöffnet, da fühlte die Dritte Menschheit bereits ihr Einssein mit dem ebenso immer gegenwärtigen, wie ewig nicht zu ergründenden und unsichtbaren ALL, der Einen Universalen Gottheit. Mit göttlichen Kräften begabt und in sich seinen inneren Gott spürend, empfand jeder Mensch seine Natur als menschlich-göttlich, aber als tierhaft in seinem physischen Selbst. Der Kampf zwischen den beiden Naturen begann, sobald die Menschen von der Frucht des Baumes der Weisheit gegessen hatten, ein Überlebenskampf zwischen Geist und Psyche, Psyche und Physis. Diejenigen, die durch Herrschaft über ihre Körper die niederen Prinzipien besiegten, gingen über zu den "Söhnen des Lichts". Die anderen, die von ihrer niederen Natur unterworfen wurden, wurden zu Sklaven des Materiellen. Aus "Söhnen des Lichts und der Weisheit" wurden sie schließlich zu "Söhnen der Finsternis". Sie waren die Opfer, die gefallen waren im Kampf zwischen sterblichem Leben und dem Unsterblichen Leben, sie, die Gefallenen, wurden zum Samen der zukünftigen Generationen von Atlantiern.[86]

So besaß die Dritte Menschheit beim ersten Erwachen des menschlichen Bewußtseins keine als *religiös* zu bezeichnenden Glaubensformen. Definieren wir dagegen Religion als ein Verbundensein der Massen in einem gemeinsamen Gefühl der Verehrung denen gegenüber, die als höherstehend empfunden werden – einem Gefühl ähnlich der Verehrung, die Kinder liebenden Eltern entgegenbringen –, dann hatten in der Tat schon die frühesten Lemurier seit dem Beginn ihrer Intellektualität eine Religion, und zwar eine sehr hohe. Sie lebten ja nicht nur inmitten ihrer strahlenden Götter der Elemente, sondern trugen sie sogar in sich selbst.[87] Und hatten sie nicht eine behütete Kindheit verbracht, umsorgt von ihren Lebensspendern, von denen sie zum intelligenten, bewußten Leben geführt wurden? So sei es gewesen, wird uns versichert, und wir glauben das auch, denn es wäre niemals möglich gewesen, daß sich Geist in die Materie hinein entwickeln konnte

[86] Dieser Name wird hier im Sinne von "Hexer" oder "Zauberer" benutzt. Es gab eine Vielzahl atlantischer Menschheitstypen, deren Entwicklung Millionen von Jahren dauerte. Nicht alle waren übrigens schlecht, das wurden sie erst gegen Ende ihrer Entwicklung, so wie auch wir (die Fünfte Menschheit) es jetzt unaufhaltsam werden.

[87] Die "Götter der Elemente" sind nicht identisch mit den Elementalen. Letztere sind allenfalls Gefäße bzw. sind Material, welches die Götter der Elemente als Hüllen benutzen.

und daß der erste Impuls zu dieser Entwicklung entstanden wäre, wenn die strahlenden Geister nicht jeweils ihr eigenes superätherisches Wesen geopfert hätten, um den Menschen aus Lehm zu beseelen, indem sie jedem seiner inneren Prinzipien eines Teils, oder besser: einer Reflexion dieses superätherischen Wesens teilhaftig werden ließen. Die Dhyânis der sieben Himmel (der sieben Seinsebenen) sind die NOUMENA der gegenwärtigen und der zukünftigen Elemente. Sie sind dies im selben Sinn, in dem die Engel der sieben Naturkräfte die noch höheren Noumena noch höherer Hierarchien sind. Es sind die gröberen Auswirkungen dieser Naturkräfte, die wir in den von der Wissenschaft so genannten "Bewegungszuständen", den "unbestimmbaren" Kräften usw. wahrnehmen.

Es war das "Goldene Zeitalter" in jenen längst vergangenen Tagen, als "die Götter auf Erden wandelten und unter den Sterblichen weilten," sich dann jedoch entfernten (d.h. unsichtbar wurden). Und die späteren Generationen beteten die Reiche dieser Götter an – die Elemente.

Die Atlantier, erste Nachkommenschaft des *halbgöttlichen* Menschen nach dessen geschlechtlicher Zweiteilung und damit die erstgeborenen, menschlich gezeugten Sterblichen, waren die ersten, die dem *Gott der Materie* Opfer darbrachten. Sie sind der Prototyp, entstanden in dunkelster Vergangenheit, aus dem der symbolische Kain hervorging, der erste Form und Materie anbetende Anthropomorphist. Diese Art der Anbetung degenerierte schon bald zur reinen *Selbstanbetung* und weiter zum Phallizismus, d.h. zu jener Form, die bis zum heutigen Tage in der Symbolik jeder exoterischen Religion in ihren Ritualen, Dogmen und anderen Ausdrucksformen vorherrscht.

Die ersten atlantischen Menschheitszweige, geboren auf dem lemurischen Kontinent, trennten sich also in jene Pantheisten, die den einen unsichtbaren Geist der Natur anbeteten, dessen Ausstrahlung der Mensch in sich spürt, und jene anderen, die sich in fanatischer Anbetung den Geistern der Erde, den dunklen kosmischen, anthropomorphisierten Mächten unterwarfen, mit denen sie sich verbündeten. Und hier finden wir den Ursprung der zwei- und dreifachen Natur des Menschen. Die Legende von den "gefallenen Engeln" enthält in ihrer esoterischen Auslegung den Schlüssel zu den vielen Widersprüchen im menschlichen Charakter und weist außerdem hin auf das Mysterium des menschlichen Selbstbewußtseins. Es handelt sich hier um den zentralen Punkt, der den gesamten Lebenszyklus des Menschen bestimmt – die Geschichte seiner Entwicklung und seines Wachstums. Ein wirkliches Verstehen der esoterischen Anthropogenese setzt voraus, daß diese Lehre vollständig erfaßt worden ist, denn sie enthält Andeutungen und Gründe zur Klärung der schwierigen Frage über den Ursprung des Bösen. Sie zeigt, daß der Mensch selbst die Zertrennung des EINEN in verschiedene kontrastierende Aspekte verursacht hat.

Unsere Leserinnen und Leser werden verstehen, weshalb unser Versuch, Licht in diese schwierigen und diffusen Zusammenhänge zu bringen, so umfangreich ist. Die Notwendigkeit, tiefer in die symbolischen Aspekte einzudringen, ist offensichtlich, weil dem aufmerksamen Schüler dadurch Hinweise für seine eigenen Studien gegeben werden können, und weil er so auch einen besseren Durchblick erhält, als dies in der spezialisierten Sprache einer formalen philosophischen Exposition möglich wäre. Was als "gefallene Engel" bezeichnet wird, ist die *Menschheit selbst.* Der Dämon des Stolzes, der Lust, der Rebellion und des Hasses hatte *kein Dasein vor* dem Auftreten des physischen, mit Bewußtsein begabten Menschen. Erst der Mensch hat diesen Unhold erzeugt, hat ihn genährt und ihm erlaubt, sich in seinem Herzen zu entwickeln. Und der Mensch ist es auch, der den ihm innewohnenden Gott beschmutzt hat, indem er den reinen Geist mit dem unreinen Dämon der Materie verband. Der *göttliche* Mensch lebte im tierischen Menschen, und das war der Grund für den *Fall dieser Menschheit,* als nämlich im natürlichen Verlauf der Evolution die physiologische Trennung stattfand und auch "die gesamte Tierwelt *auseinandergebunden*" wurde und Männliches sich zum Weiblichen hingezogen fühlte. Der Fall ist nicht das Ergebnis des Essens von der Frucht der Erkenntnis und weil die Menschen nun gut und böse unterscheiden konnten, sondern er trat ein, weil es den Menschen an Einsicht mangelte. Angetrieben vom geschlechtslosen Schöpfungsinstinkt hatten die frühen Menschheitszweige eine Zwischenstufe entwickelt, in welcher die höheren Dhyâni-Chohans – wie in den Stanzen angedeutet wird – inkarnierten. "Sobald wir den Umfang des Universums und alles, was es enthält, ermittelt und erkannt haben, werden wir unsere Art vermehren," antworten *die Söhne des Willens und des Yoga* ihren Brüdern derselben Art und fordern sie auf, das gleiche zu tun wie sie. Das bedeutet, daß die großen Adepten und initiierten Asketen sich "vermehren" wollen, also nochmals *geistgeborene* unbefleckte Söhne hervorbringen werden – in der Siebten Menschheit.

(b) Die erste Kriegshandlung auf dieser Erde, das erste Blutvergießen unter den Menschen war das Ergebnis des Öffnens der Augen und Sinne des Menschen – so sah er, daß die Töchter und auch die Frauen seiner Brüder schöner als seine eigenen waren ...

DIE RIESEN: DICHTUNG ODER WAHRHEIT?

Da es mir nicht erlaubt ist, eine vollständige, detaillierte Geschichte der Dritten und Vierten Menschheit zu veröffentlichen, müssen wir nun all die Fakten zusammenstellen, die in diesem Zusammenhang relevant sind und freigegeben wurden. Mit der fortschreitenden Verdichtung seiner Hautschichten verfiel der Mensch immer mehr der körperlichen Sünde, und die bestehenden Verbindungen zwischen dem physischen und dem ätherischen *göttlichen* Menschen konnten nicht fortgeführt werden, weil die Dichte des Materieschleiers, der sich zwischen den beiden Ebenen gebildet hatte, so undurchlässig wurde, daß selbst der innere Mensch ihn nicht mehr durchdringen konnte. Die Mysterien des Himmels und der Erde, die der Dritten Menschheit, als sie noch rein war, von ihren himmlischen Lehrern enthüllt wurden, waren eine große Lichtquelle geworden, deren Strahlen aber zwangsläufig schwächer wurden, als sie sich ausbreiteten und auf einen unzuträglichen, weil zu materiellen Boden stießen. Massenhaft verfielen diese Menschen der Zauberei und später auch exoterischen Religionsformen, dem Götzendienst, dem Aberglauben und der Menschen- und Heldenverehrung. Nur in einer Handvoll der ursprünglichen Menschen glühte der Funke göttlicher Weisheit ungehindert, wurde sogar immer heller und intensiver, während er im Verlauf der Zeitalter in jenen anderen immer schwächer wurde, die ihn für ihre schlechten Absichten mißbrauchten. Diese Handvoll, diese Wenigen blieben die erlesenen Hüter der Mysterien, welche die göttlichen Lehrer der Menschheit offenbart hatten. Unter ihnen gab es einige, die von Anfang an in ihrem *kumârischen* Zustand blieben, und die geheimen Lehren bestätigen, was als dunkle Andeutung in den Überlieferungen enthalten ist: Diese Auserlesenen waren die ersten Keime einer Hierarchie, *die nie ausgestorben ist:*

*"Der innere Mensch der ersten *** veränderte seinen Körper nur von Zeit zu Zeit; er ist immer derselbe, kennt weder Ruhe noch Nirvâna, verschmäht Devachan und bleibt beständig auf der Erde zur Erlösung der Menschheit ...!*

Von den sieben jungfräulichen Menschen (Kumâras) *opferten sich vier für die Sünden der Welt und zur Unterweisung der Unwissenden, wozu sie bis zum Ende des gegenwärtigen Manvantaras dableiben."* (Aus: "Katechismus der inneren Schulen").

Das *Linga Purâna* allegorisiert und symbolisiert diese heiligen "Vier", indem es erklärt, daß Vâmadeva (Shiva) als Kumâra in jedem Kalpa (hier: in jeder *Menschheit*) in der Gestalt von vier Jugendlichen wiedergeboren wird: vier weißen, vier roten, vier gelben und vier dunklen oder schwarzen. Wenn wir uns vor Augen halten, daß Shiva hauptsächlich ein Asket ist, der Schutzherr aller Yogis und Adepten, dann wird die Allegorie einleuchtend und verständlich: Es ist der Geist göttlicher Weisheit und keuschen Asketentums selbst, der in diesen Auserlesenen reinkarniert. Erst nachdem er *sich vermählt* hat und von den Göttern seinem harten Leben als Asket entrissen worden war, wird aus Rudra Shiva, der zwar ein Gott des Hindu-Pantheons ist, aber nicht einer des besonders tugendhaften oder barmherzigen Typs. Auf Erden und im Himmel ist nur EINER höher als die "Vier" – es ist das noch weit mysteriösere und abgeschiedenere Wesen, das wir in der "Kosmogenesis" beschrieben haben.[88]

---

[88] (Siehe den Kommentar (b) zu Shloka 7 der 6. Stanze. H.T.)

Mit der Evolutionsperiode der Vierten Menschheit wird nun die rein menschliche Stufe erreicht. Die halbgöttlichen Wesen, bisher in der selbst verursachten Gefangenschaft von Körpern, welche menschlich nur dem Aussehen nach waren, veränderten sich physiologisch. Sie nahmen sich Frauen zum Weibe, die rein menschlich und recht schön anzusehen waren, in denen sich jedoch *niedrigere, materiellere* (aber siderische) Wesen inkarniert hatten.

(c) Dies war der Beginn einer Art von Anbetung, die in späteren Zeiten zu Phallizismus und sexuell differenzierten Anbetungspraktiken degenerierte. Am Anfang stand die allgemeine Ehrfurcht gegenüber dem menschlichen Körper – jenes von einem englischen Autor so genannten "Wunders aller Wunder" – und zuletzt die Anbetung seiner beiden Geschlechter.

Zu den Eigenschaften der "Lemurier" und Atlantier, jenen "Kindern des Himmels und der Erde", gehörte in der Tat etwas, das als ZAUBEREI bezeichnet werden kann, und gerade das ist es, was die esoterische Lehre ihnen vorwirft. Und wenn man diese Lehre nur akzeptieren würde, dann wären auch die Probleme beseitigt, welche die Wissenschaft in bezug auf den Ursprung des Menschen hat, oder, genauer gesagt, mit den anatomischen Ähnlichkeiten des Menschen und des *anthropoiden Affen*. Diese Lehre macht ihnen den Vorwurf, ein (für uns) schreckliches Verbrechen begangen zu haben, als sie sich mit den sogenannten "Tieren" paarten und eine (inzwischen ausgestorbene) wirklich pithekoide Art zeugten.

Ein sorgfältiges Studium der Kommentare legt den Gedanken nahe, daß die Wesen, mit denen die neuen "Inkarnierten" sich paarten, nicht etwa deshalb "Tiere" genannt werden, weil sie keine menschlichen Wesen waren, sondern weil sie physisch und geistig den vollkommeneren Wesen, deren physiologische Entwicklung in einer früheren Periode stattgefunden hatte, so unähnlich waren. Wir müssen uns hier an die Aussage in dem 24. Shloka der 7. Stanze erinnern: Als die "Söhne der Weisheit" zum ersten Mal inkarnierten, taten dies einige vollständig, andere projizierten nur *einen Funken* in die Formen, während einige der Schatten gar nicht *gefüllt* und vervollkommnet, sondern bis zur Vierten Menschheit übergangen wurden. Unverändert also, selbst nach ihrer natürlichen Geschlechtertrennung noch, blieben jene Wesen, die "ohne Geist" waren und "ohne Erkenntnis" blieben. Sie sind es, welche sozusagen durch eine erste Bastardierung Monstren hervorbrachten. Und unter denen, die von diesen Monstren abstammten, erwählten sich die Atlantier ihre Frauen. Der *Kommentar* beschreibt die Art (oder Rasse) von Tieren, welche "schön anzuschauen" war, als zweifüßig und erklärt, sie hätten *"eine menschliche Gestalt, deren untere Gliedmaße, von der Körpermitte abwärts, behaart sind."* Es könnte sich hier um die Rasse der *Satyrn* handeln.

Wenn Menschen vor zwei Millionen Jahren existierten, müssen sie physisch und anatomisch ganz anders gewesen sein als die Menschen, zu denen sie sich später entwickelten; sie entsprachen damals dem rein tierischen Typus des Säugers mehr als heute. Was wir jedenfalls lernen, ist die Tatsache, daß die ausschließliche *Inter-se*-Paarung in der Tierwelt, d.h. die Paarung innerhalb der eigenen tierischen Gattung und Art, erst mit dem Auftreten der atlantischen Menschenart *auf dieser Erde* einsetzt.

(d) ... Danach *"wirkte das dritte Auge nicht mehr"*, so die Stanze, weil der MENSCH zu tief im Sumpf der Materie versunken war. Was bedeutet diese unheimliche, seltsame Aussage in dem Shloka 42 über das "dritte Auge der Dritten Menschheit, das gestorben war und nicht mehr wirkte"?

In diesem Zusammenhang müssen wir nun einige zusätzliche Lehren des Okkultismus erwähnen, die auch andere Bereiche mit einschließen. Die Evolutionsgeschichte der Dritten und Vierten Menschheit muß näher betrachtet werden, wenn wir etwas mehr Licht auf die Entwicklung unserer gegenwärtigen Menschheit werfen und zeigen wollen, wie der Mensch seinen früheren Status in geistiger Wahrnehmungsfähigkeit und Bewußtheit durch Eigenschaften, die in okkulten Übungen erlangt werden, wieder erreichen kann. Zuerst aber muß das Phänomen des dritten Auges erklärt werden.

MENSCHEN MIT DEM "DRITTEN AUGE"

Schon oft haben kundige Autoren erklärt, daß "der Ursprung praktisch aller populären Mythen und Legenden nahezu ausnahmslos zurückgeführt werden kann auf tatsächliche Erscheinungsformen in der Natur." Diese phantasievollen, überschwenglichen und subjektiven Schöpfungen enthalten immer auch Elemente des Objektiven und Realen. Die Phantasie der Massen, so ordnungs- und zügellos sie auch sein mag, hätte niemals *ex nihilo* eine solche Vielzahl an monströsen Figuren erfinden und gestalten können, einen derartigen Reichtum an ungewöhnlichen Geschichten, wenn es nicht als zentrale Quelle obskure, vage und dunkle Erinnerungen gäbe, welche eine Kontinuität in der Kette der Zeitalter sicherstellen und die geheimnisvolle, traumhafte Grundlage unseres kollektiven Bewußtseins sind.

Es gibt auch wissenschaftliche Hinweise, daß die Menschen der frühen Vierten Menschheit im Verlauf ihrer Entwicklung – also noch vor der endgültigen Konsolidierung des menschlichen Organismus, der ja erst im Stadium der Fünften Menschheit seine perfekte Symmetrie erhielt – möglicherweise drei Augen hatten, wobei das dritte Auge nicht unbedingt in der Mitte der Stirn – wie bei den Zyklopen der Mythologie – gewesen sein muß.

Für Okkultisten, die überzeugt von der parallel zur physischen *Evolution* verlaufenden geistigen und psychischen *Involution* sind, und die an das Verkümmern der – den ersten Menschheiten noch angeborenen – *inneren* Sinne im Verlauf des menschheitlichen Wachstums und der physischen Entwicklung der äußeren Sinne glauben, und, letztlich, für jeden, der sich ernsthaft mit der esoterischen Symbolik befaßt – für sie ist diese Feststellung keine Vermutung oder Wahrscheinlichkeit, sondern ganz einfach Ausdruck eines *Teils des das Wachstum leitenden Gesetzes, eine erwiesene Tatsache.* Sie verstehen die Bedeutung der folgenden Passage in den *Kommentaren*:

"Es gab vierarmige menschliche Kreaturen in jenen frühen Tagen der Männlich-Weiblichen (der Hermaphroditen), *sie hatten einen Kopf, aber drei Augen. Sie konnten nach vorn und nach hinten sehen.*[89] *Ein* KALPA *später* (nach der Geschlechtertrennung) *hatte der Fall der Menschen in die Materie stattgefunden, und mit dem beginnenden Verlust der Kräfte des dritten Auges wurde ihre geistige Sehfähigkeit schwächer ... Als die Vierte* (Menschheit) *ihr mittleres Alter erreicht hatte, mußte die innere Sehfähigkeit neu erweckt* und durch künstliche Anreize wieder erlangt *werden. Dies geschah durch einen Prozeß, der den Weisen alter Zeiten bekannt war ... Das dritte Auge selbst begann zu* VERSTEINERN[90] *und war bald verschwunden. Die Zweigesichtigen wurden Eingesichtige, und das Auge wurde tief in den Kopf verlagert. Es ist jetzt unter dem Haar vergraben. Wenn der Innere Mensch aktiviert wird* (im Trancezustand und bei geistigem Schauen), *schwillt das Auge an und vergrößert sich. Der Arhat sieht und spürt es und richtet sich in seinem Tun entsprechend danach. Dem unbefleckten Lanu* (Jünger) *droht keine Gefahr; wer nicht in Reinheit* (in Keuschheit) *lebt, dem wird das 'Deva-Auge' nicht helfen."*

Leider nicht. Für die Mehrheit der Menschheit existiert das "Deva-Auge" nicht mehr. *Das dritte Auge ist tot* und hat seine Wirkung verloren. Aber es hat ein Beweisstück für sein Vorhandensein hinterlassen. Dieses Beweisstück ist die ZIRBELDRÜSE.

Die Entwicklung des menschlichen Auges ist in viel größerem Maß eine Bestätigung der okkulten Anthropologie als der Theorien der Physiologie. "Im menschlichen Embryo wachsen die Augen *von innen nach außen,*" aus dem Gehirn, sie sind nicht, wie etwa bei Insekten oder dem Tintenfisch, Teil der Haut. Nach den Lehren des Okkultismus entwickeln sich die Sinnesorgane aus astralen Prototypen: Das *dritte Auge zieht sich nach innen zurück*, wenn seine Zeit abgelaufen ist.

So erfährt die allegorische Ausdrucksweise ihre Berechtigung, ihr *raison d'être*, wenn die Mystiker des Hinduismus vom "Auge Shivas", dem *Tri-lochana* ("dreiäugig") sprechen. Die Plazierung der Zirbeldrüse (jenes ehemaligen "dritten Auges") auf der Stirn ist eine exoterische Verfremdung. Das wirft auch ein Licht auf das –

---

[89] d.h. das dritte Auge befand sich am Hinterkopf. Die Aussage über die letzte hermaphroditische Menschheit mit vier Armen erklärt wahrscheinlich auch die Darstellungen und Figuren der exoterischen Götter Indiens.

[90] "Versteinern" anstatt "verknöchern" – ein bemerkenswerter Ausdruck. Das "rückwärtige Auge" ist natürlich die heutzutage sogenannte *Zirbeldrüse*, jene erbsengroße, an der Rückseite des dritten Gehirnventrikels liegende graue Nervensubstanz, von der gesagt wird, sie enthalte fast ausnahmslos *mineralische Verhärtungen* und eine *sandartige Substanz* und "weiter nichts" (siehe unten).

für so manchen völlig unerklärliche – Mysterium der Beziehung zwischen dem anomalen oder geistigen Schauen und der physiologischen Reinheit des Schauenden. Oft wird gefragt, warum ein zölibatäres Leben, warum Keuschheit Voraussetzung und *sine qua non* für die normale Chelaschaft oder die Entwicklung psychischer, okkulter Kräfte sei. Der Kommentar gibt die Antwort. Diese Voraussetzung leuchtet ein, wenn wir erfahren, daß das "dritte Auge" einst ein physisches Organ war, das später wegen des allmählichen Verlustes der Geistigkeit und der gleichzeitigen Zunahme der Materialität verkümmerte (die geistige Natur wurde von der physischen Natur ausgelöscht). Die Funktionsweise unserer physischen Sinne im Verlauf des menschlichen Lebens ist das größte Hindernis auf dem Weg geistiger Entwicklung und behindert besonders das Erlangen von *Yoga*-Fähigkeiten. Überflüssig, sexuelle Aktivitäten zu erwähnen, denn diese sind durch gegenseitige Einwirkungen eng mit dem Rückgrat und der Gehirnsubstanz verbunden. Natürlich übt sowohl der normale als auch der abnorme Zustand des Gehirns sowie der Grad der Aktivitäten im verlängerten Rückenmark einen starken Einfluß auf die Zirbeldrüse aus. Diese Einwirkung der *Medulla oblongata*, des verlängerten Rückenmarks, auf die Zirbeldrüse muß auch deshalb sehr groß sein, weil die beiden eng beieinander liegen und weil dieser Bereich viele "Zentren" enthält, in denen die meisten physiologischen Aktivitäten des tierischen Körperhaushalts geregelt werden.

Unter Berufung auf wissenschaftliche Erkenntnisse wurde übrigens festgestellt, daß viele Tiere, besonders in den niedrigeren Bereichen der Wirbeltiere, ein drittes Auge haben, das jetzt zwar verkümmert ist, aber in seinem ursprünglichen Zustand ganz natürlich funktionierte. Viele Paläontologen sind auch heute noch, sicherlich zu Recht, fest von der Stichhaltigkeit dieser Theorie überzeugt.

Alle Klassen oder Familien der ursprünglichen Arten von Lebewesen waren hermaphroditisch und tatsächlich einäugig. Ehe die Körper der Tiere und der Menschen ihre Hautschichten entwickelten, d.h. ehe sich eine dicke Hülle aus physischer Substanz bzw. aus Materie mit ihrem internen physiologischen Mechanismus *von innen heraus nach außen* entwickelte, war die Gestalt der Tiere genauso astral-ätherisch wie die des Menschen. Und im Tier wie im Menschen war das dritte Auge ursprünglich das einzige Sehorgan. In beiden entwickelten sich die zwei physischen, nach vorn gerichteten Augen erst später. Zu Beginn der Evolutionsperiode der Dritten Menschheit befand sich das physische Sehorgan des Menschen, wie in einigen der blinden Wirbeltierarten unserer Zeit, unter einer undurchsichtigen Hautschicht. Aber die Stadien des *einen* ursprünglichen Auges in Mensch und Tier sind jetzt insofern umgekehrt, als dieses ursprüngliche Auge im Menschen das tierische *nicht-rationale* Stadium bereits in der dritten Runde überwunden hat und so der rein tierischen Schöpfung um eine ganze Bewußtseinsstufe voraus ist. Während also das "Zyklopenauge" im Menschen das Organ *spirituellen*

Sehens war (und *ist*), war es im Tier das objektive Sehorgan. Und als letzteres seine Funktion erfüllt hatte, wurde es im Verlauf der vom Einfachen zum Komplexen strebenden physischen Evolution durch zwei Augen ersetzt. So wurde dieses Auge von der Natur stillgelegt, die es nun aufbewahrt für seinen erneuten Gebrauch in zukünftigen Äonen.

So erklärt sich, weshalb die Zirbeldrüse ihre höchste Entwicklungsstufe proportional zum tiefsten Stand der physischen Entwicklung erreichte. In den Wirbeltieren ist sie objektiv am auffallendsten vorhanden, im Menschen dagegen am verborgensten, nur dem Anatomen zugänglich. Durch diesen Umstand wird auch die physische, geistige und intellektuelle Verfassung der Menschheit in zukünftigen Perioden erhellt, die parallel zu anderen, vergangenen Perioden und immer in zyklischer, auf- und wieder absteigender Evolution verlaufen werden. So wurde schon einige Jahrhunderte vor dem *Kali-yuga*, dem vor fast 5000 Jahren begonnenen "dunklen Zeitalter", folgendes gesagt (hier zum besseren Verständnis paraphrasiert):

"*Wir* (die Fünfte Menschheit)*, in unserer ersten Hälfte* (der Dauer) *aufwärts* (im jetzt AUFSTEIGENDEN Teil des Zyklus), *befinden uns am mittleren Punkt* (oder zwischen) *der Ersten und der Zweiten Menschheit, fallend* (d.h. diese Menschheiten befanden sich damals im abwärts führenden Teil des Zyklus). ... *Mach deine Kalkulation,* Lanu, *und verstehe.*"

Wenn wir, dem Rat folgend, unsere Kalkulation machen, dann kommen wir zu dem Ergebnis, daß der entstehenden Menschheit in dieser Übergangsperiode – nämlich während der zweiten Hälfte der Ersten Geistigen, ätherisch-astralen Menschheit – das intellektuelle Gehirnelement fehlte. Uns dagegen fehlt das geisti-

DIE ENTWICKLUNG DER MENSCHHEITEN IN DER VIERTEN RUNDE

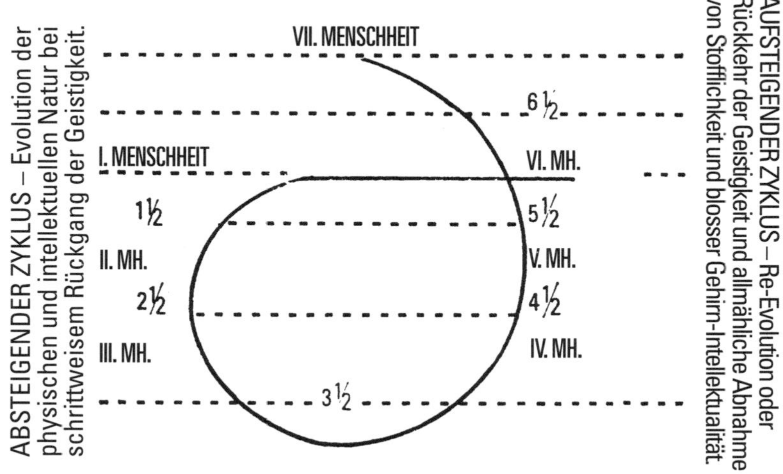

ge Element, das jetzt durch das intellektuelle ersetzt wird, weil wir uns auf dem *aufsteigenden* Teil des Kreises befinden, der parallel zum *abwärtsführenden* Teil des Kreisbogens verläuft, auf dem sich die Menschheit damals befand. Wir dürfen hier nicht vergessen, daß wir uns in der *mânasa*-Periode im Zyklus unserer Menschheit befinden, d.h. in der Fünften, wo wir den Kulminationspunkt vollkommener Ausgeglichenheit von Geist und Materie überschritten haben, jenem Gleichgewicht der Intellektualität unseres Gehirns und unserer geistigen Wahrnehmungsfähigkeit. Und noch ein weiterer wichtiger Punkt muß bedacht werden.

Wir befinden uns noch in der vierten Runde – erst in der fünften wird die Entwicklung des *Manas*, der direkten, von keiner Materie behinderten Ausstrahlung des universalen MAHAT, vollendet sein. Dann wird unsere Menschheit den Äquator des Zyklus überschritten haben und sich auf der spirituellen Seite weiterbewegen. Aber einige unserer Menschheitszweige befinden sich noch immer auf dem dunkleren, abwärts führenden Bogen ihres Zyklus; andere hingegen – die ältesten – haben den kritischen Punkt bereits überschritten, der allein entscheidet, ob ein Menschheitszweig, ein Volk oder Stamm weiterleben oder untergehen wird. Sie haben den Höhepunkt ihrer spirituellen Entwicklung als Menschheitszweige erreicht.

So wird verständlich, weshalb das dritte Auge sich nach dem physischen Fall der von uns so genannten "Lemurier" langsam in eine einfache Drüse verwandelt hat. Und wer Okkultismus studiert, muß wissen, daß DAS "DRITTE AUGE" UNTRENNBAR MIT KARMA VERBUNDEN ist. Dieser Lehrsatz ist so geheimnisvoll, daß nur die wenigsten davon gehört haben.

Das "Auge des Shiva" war vor dem Ende der Evolutionsperiode der Vierten Menschheit noch nicht völlig verkümmert. Als aber die Spiritualität und alle göttlichen Kräfte und Eigenschaften des Deva-Menschen der Dritten Menschheit nur noch zu Handlangerdiensten für die neu erwachten physiologischen und psychischen Leidenschaften des physischen Menschen eingesetzt wurden, da verlor das Auge seine Kraft. Das aber entsprach der evolutionären Gesetzmäßigkeit, es war, genaugenommen, kein FALL. Die Sünde bestand nicht in der Nutzung der neu entwickelten Kräfte, sondern in ihrem *Mißbrauch*; sündhaft war die Verwandlung des Tempels, der einem Gott dienen sollte, in die Herberge einer allgemeinen *geistigen* Lasterhaftigkeit. Und wenn wir "Sünde" sagen, so nur zum besseren Verständnis unserer Behauptung; *Karma*[91] wäre in diesem Fall die korrekte Bezeichnung. Diejenigen unserer Leser, für die es verwirrend sein mag, wenn wir von "geistiger"

---

[91] Das Wort Karma hat viele Bedeutungen, und für praktisch alle seiner Aspekte gibt es einen speziellen Ausdruck. Als Synonym für Sünde bedeutet Karma das Unternehmen einer Tat mit dem Ziel, eine weltliche, also selbstsüchtige Begierde zu befriedigen, die unausweichlich einer anderen Person Schaden zufügt. Karma ist Tat, ist Ursache; aber Karma ist auch "das Gesetz ethischer Ursächlichkeit" ebenso wie das *Resultat* einer egoistisch motivierten Tat, denn die Grundlage des großen Gesetzes der Harmonie ist der Altruismus.

anstatt "physischer" Lasterhaftigkeit sprechen, möchten wir daran erinnern, daß es keine physischen Laster geben kann. Der Körper ist nur ein ausführendes Organ ohne Eigenverantwortlichkeit, er ist ein Instrument des *psychischen*, wenn nicht sogar des "geistigen Menschen". Im Fall der Atlantier war es gerade das geistige Wesen, das sündigte, denn das Geist-Element war noch immer das "Meisterprinzip" im Menschen. So schufen damals unsere Monaden das schlimmste Karma für die Fünfte Menschheit. Weil dieser Satz nun wieder einigermaßen rätselhaft sein mag für Leser, die nicht mit den Lehren der Theosophie vertraut sind, müssen wir hier einige Erläuterungen einfügen.

Fragen über *Karma* und *Wiedergeburt* kommen immer wieder auf – es scheint in der Tat viel Verwirrung gerade über diesen Komplex zu geben. Die größte Verwirrung herrscht wohl unter Menschen, die in der christlichen Welt geboren wurden und eine christliche Erziehung hatten, denn sie sind mit der Vorstellung aufgewachsen, Gott erschaffe eine neue Seele für jedes neugeborene Kind, und stellen also die Frage, ob bei Wiedergeburten die Zahl der auf Erden inkarnierenden Monaden nicht begrenzt sein müsse. Und die Antwort auf diese Frage kann nur bejahend sein, denn trotz der für unser Vorstellungsvermögen zahllosen inkarnierenden Monaden, und selbst wenn wir die Tatsache einbeziehen, daß die jeder Evolutionsperiode einer Menschheit zugehörigen sieben Menschheitszweige schon seit der Evolutionsperiode der Zweiten Menschheit Körper erhielten und daß, weiterhin, für jede Sekunde der bereits vergangenen Äonen ebenfalls mehrere Geburten und Tode einbezogen werden müssen – selbst wenn wir das alles berücksichtigen, müssen wir doch zugeben, daß die Zahl der inkarnierenden Monaden begrenzt ist.

Von der Karma-Nemesis, der die ganze Natur unterliegt, wurde gesagt, sie ordne alle Dinge in größter Harmonie, und das war der Grund, weshalb keine neuen Monaden mehr einströmen oder ankommen konnten, sobald die physische Entwicklung der Menschheit vollendet war. Seit die Hälfte der Zeit der Atlantier überschritten war, wurden keine weiteren Monaden mehr inkarniert. Da außerdem keine spirituelle Wesenheit reinkarnieren kann, ehe eine längere Periode von vielen Jahrhunderten vergangen ist – wobei wir natürlich die Ausnahmen nicht vergessen dürfen, d.h. Fälle von Kindern und anderen Individuen, deren Leben durch Unfälle o.ä. gewaltsam beendet wurden –, beweisen solche zeitlichen Zwischenräume allein schon, daß die Zahl der inkarnierenden Monaden notwendigerweise begrenzt ist. Außerdem muß man vernünftigerweise auch den anderen Tieren für ihre evolutionären Fortschritte nachvollziehbare zeitliche Räume zugestehen.

Diese Ausführungen begründen unsere Annahme, daß viele von uns heute die Auswirkungen jenes schlechten Karmas erfahren und abarbeiten, welches wir in unseren atlantischen Körpern selbst erzeugt haben. Die Gesetze von KARMA und Reinkarnation stellen eine untrennbare Einheit dar.

Nur unser Wissen über die ständigen Wiedergeburten ein und derselben Individualität im Verlauf eines Lebenszyklus; nur die Versicherung, daß dieselben MONADEN – unter ihnen viele Dhyâni-Chohans, d.h. die "Götter" selbst – den "Kreislauf der Notwendigkeit" durchlaufen müssen und durch diese Wiedergeburten für ertragene Leiden oder begangene Verbrechen in früheren Leben entweder belohnt oder bestraft werden; nur unser Wissen, daß die Monaden, die in die leeren, vernunftlosen Hüllen oder astralen Gestalten der ersten, von den Pitris emanierten Menschheiten eindrangen, dieselben sind, welche heute unter uns leben, ja vielleicht wir selbst sind – nur diese Lehre allein macht es möglich, das mysteriöse Problem der Existenz von Gut und Böse zu erklären und den Menschen mit den schrecklichen, aber nur *scheinbaren* Ungerechtigkeiten des menschlichen Lebens zu versöhnen. Nur ein solch sicheres Wissen kann unseren empörten Gerechtigkeitssinn beruhigen. Denn wenn jemand, der diese erhabene Lehre nicht kennt, um sich schaut und die durch Geburt, Vermögen und geistige Anlagen verursachten Ungleichheiten unter den Menschen erkennen muß und dazu sieht, wie Dummköpfe und ruchlose Individuen allein wegen ihrer privilegierten Herkunft mit Ehren überhäuft werden, während andere trotz hoher Intelligenz und Tugendhaftigkeit aus Mangel und fehlendem Mitgefühl der Gesellschaft zugrunde gehen, obwohl sie Ehre und Unterstützung viel eher verdient hätten – wer all das sieht und hilflos mit wehem Herzen vor soviel unverdientem Leid steht, den hält allein das segensreiche Wissen vom Karma davon ab, das Leben und die Menschen und ihren angeblichen Schöpfer zu verfluchen.[92] Von all den furchtbaren Lästerungen und Anklagen, mit denen Monotheisten ihrem Gott entgegentreten, ist keine größer oder unverzeihlicher als die (fast immer) falsche Demut, mit der ein – vermutlich "frommer" – Christ bei jedem erdenklichen Übel und jedem unverdienten Schicksalsschlag behauptet: "Es ist Gottes *Wille.*"

Vergleichen wir diesen blinden Glauben mit dem auf umfassenden vernünftigen Nachweisen und auf Lebenserfahrungen beruhenden philosophischen Glauben an Karma-Nemesis. Dieses Gesetz prädestiniert – bewußt oder unbewußt – niemanden und nichts. Es existiert wahrlich seit Ewigkeiten und in Ewigkeit. Es ist die EWIGKEIT selbst. Und weil keine Tat, kein Handeln der Ewigkeit ebenbürtig sein kann, kann nicht gesagt werden, dieses Gesetz handle, denn es selbst i s t Tat. Nicht die Meereswoge läßt den Menschen untergehen, sondern die eigenen, *persönlichen* Taten des Unglücklichen, der sich gewollt den *unpersönlichen* Aktivitäten von Gesetzen unterwirft, durch die die Bewegungen des Ozeans verursacht werden.

[92] Gegner der Karmalehre sollten einsehen, daß der Versuch einer Erwiderung auf die von Pessimisten anhand anderer Daten hervorgebrachten Einwände nutzlos wäre. Eine umfassende, wirkliche Kenntnis der Prinzipien karmischer Gesetzmäßigkeit zerstört die Grundlagen, auf denen das ganze von den Anhängern Schopenhauers und von Hartmanns scheinbar so eindrucksvoll errichtete Gedankengebäude fußt.

Karma verursacht und plant nichts. Es ist der Mensch, der plant und Ursachen schafft – das karmische Gesetz ordnet diesen Ursachen nur die entsprechenden Auswirkungen zu. Dieses Zuordnen bedeutet jedoch nicht, daß Karma handelt – es ist vielmehr ein Ausdruck der universalen Harmonie, die immer dazu neigt, ihre ursprüngliche Position wieder zu erlangen, ganz ähnlich einem nach unten gedrückten Ast, der mit einer Kraft, die dem ausgeübten Druck entspricht, wieder zurückschnellt. Würden wir sagen, es sei der Ast gewesen, der dabei unseren Arm verletzt hat, oder daß es unser eigenes Tun war, durch das wir uns die Verletzung zugezogen haben –? Karma hat niemals versucht, die geistige und persönliche Freiheit des Menschen zu unterdrücken, wie dies der erfundene Gott der Monotheisten tut. Es hat niemals seine Gesetze absichtlich und zur großen Verwirrung der Menschen im Dunkeln belassen, und es bestraft niemanden, der es wagt, seine Geheimnisse zu enthüllen. Ganz im Gegenteil handelt für das Wohl seiner Mitmenschen, wer durch Studium und Meditation den komplizierten Verlauf karmischer Wege aufzeigt und die komplexen Umstände erhellt, in denen so viele Menschen umkommen, weil sie sich durch ihr eigenes Unwissen im Labyrinth des Lebens verlieren. Karma ist ein absolutes und ewiges Gesetz in der manifestierten Welt. Und weil nur e i n Absolutes, ein Unbedingtes die eine, ewige, immer präsente Ursache sein kann, kann man Menschen, die an das Wirken von Karma glauben, nicht vorwerfen, Atheisten oder Materialisten zu sein – und noch weniger kann man sie des Fatalismus bezichtigen: denn Karma ist eins mit dem Unergründlichen, ist der Aspekt, durch den dieses Unergründliche auf die phänomenale Welt einwirkt.

Eng, ja unauflöslich verbunden mit Karma ist also das Gesetz der Wiedergeburt bzw. der Reinkarnation ein und derselben geistigen Individualität in einer langen, beinahe endlosen Reihe von Personalitäten. Alle diese Personalitäten gleichen den verschiedenen Kostümen und Charakteren eines einzigen Schauspielers, mit denen er sich identifiziert, und mit denen er von der Öffentlichkeit in den paar Stunden einer Vorstellung identifiziert wird. Der *innere*, der wirkliche Mensch, der diese Charaktere personifiziert, weiß selbstverständlich, daß er Hamlet nur in den Szenen eines Theaterstücks ist, die aber in der Phantasie der Menschen das ganze Leben Hamlets darstellen. Und er weiß auch, daß er am Abend davor King Lear war, der wiederum eine Transformation des in einer früheren Aufführung dargestellten Othello war. Aber der äußere, sichtbare Charakter muß diese Tatsache natürlich ignorieren. Im täglichen Leben nimmt dieses Ignorieren, diese Ignoranz nur leider allzu große Wirklichkeit an. Die *permanente* Individualität ist sich dessen jedoch vollkommen bewußt, aber wegen der Verkümmerung des "geistigen" Auges im physischen Körper kann sich ein solches Wissen dem Bewußtsein der falschen Personalität nicht mitteilen.

STANZE 11

ÜBER DIE ZIVILISATION UND VERNICHTUNG DER DRITTEN UND VIERTEN MENSCHHEIT

43. Die Lemuro-Atlantier bauen Städte und verbreiten ihre Zivilisation. Anfänge des Anthropomorphismus. 44. Ihre Statuen sind Zeugen ihrer Körpergröße. Lemuria wird durch Feuer, 45. Atlantis durch Wasser zerstört. Die Flut. 46. Die Vernichtung der Vierten Menschheit und der letzten vorsintflutlichen Tierungeheuer.

43. SIE (die Lemurier) ERBAUTEN RIESIGE STÄDTE, ERBAUTEN SIE AUS KOSTBAREN ERDEN UND METALLEN. AUS AUSGESPIENEN GLUTMASSEN (Lava), AUS DEM WEISSEN STEIN DER BERGE (Marmor) UND AUS SCHWARZEM STEIN (der unterirdischen Feuer) MEISSELTEN SIE LEBENSGROSSE FIGUREN VON SICH SELBST UND BETETEN SIE AN.

In der Beschreibung des weiteren Entwicklungsverlaufs der Geschichte der ersten beiden Menschheiten – d.h. der Ausläufer der lemurischen und der Anfänge der zukünftigen atlantischen Menschheit – haben wir einen Punkt erreicht, wo wir beide zusammenführen und gemeinsam betrachten müssen. Dabei müssen wir auch auf die *göttlichen* Dynastien hinweisen, von denen die Ägypter, die Chaldäer, die Griechen u.a. behaupten, sie seien ihren *menschlichen* Königen vorausgegangen. Hindus glauben heute noch an diese in ihren heiligen Schriften aufgeführten Götterdynastien. Während dieses Thema an anderer Stelle zu behandeln sein wird, wollen wir hier nur erwähnen, daß die Geologen unserer Zeit praktisch gezwungen sind, das offensichtliche Vorhandensein versunkener Kontinente zuzugeben. Aber ihre Existenz einzugestehen, bedeutet natürlich noch lange nicht, auch zu akzeptieren, daß sie während der frühen geologischen Perioden von Menschen bevölkert waren. Und zwar nicht etwa nur von vorzivilisatorischen Ureinwohnern des Paläolithikums, sondern auch von Völkern, die unter der Führung ihrer *göttlichen* Herrscher große Städte erbauten, die Künste und Wissenschaften pflegten und die Astronomie, Architektur und Mathematik perfekt beherrschten. Diese ursprüngliche Zivilisation entstand aber nicht, wie man annehmen könnte, gleich nach den physiologischen Veränderungen der Menschen. Zwischen dem Endstadium der menschlichen Entwicklung und dem Bau der ersten Stadt lag eine Periode von vielen Hunderttausenden von Jahren. Aber wir stellen fest, daß die Lemurier in ihrem sechsten Menschheitszweig erste

Felsenstädte aus Stein und Lava bauten.[93] Eine dieser großen, einfach strukturierten und vollständig aus Lava erbauten Städte befand sich etwa 50 Kilometer westlich von der schmalen, unfruchtbaren Osterinsel und wurde durch mehrere Vulkanausbrüche völlig zerstört. Die ältesten Überreste zyklopischer Bauten waren alle das Werk von Lemuriern der letzten Menschheitszweige, und deshalb sind Okkultisten nicht überrascht zu hören, die steinernen Überreste, die Kapitän Cook auf dem kleinen Stück Land, genannt Osterinsel, fand, hätten "eine sehr große Ähnlichkeit mit den Mauern des Tempels von Pachacamac oder den Ruinen von Tia-Huanaco in Peru," (Robert Brown, *The Countries of the World,* Bd. 4, S. 43), und daß sie außerdem im ZYKLOPISCHEN STIL erbaut wurden. Die ersten wirklich großen Städte entstanden jedoch in dem Gebiet des Kontinents, das wir heute als die Insel Madagaskar kennen.

Es gab damals wie jetzt weiter entwickelte und weniger entwickelte Völker. Erst mit dem Erscheinen der göttlichen Dynastien entstanden die ersten Zivilisationen, und während Teile der Menschheit in einigen Gegenden der Welt ein nomadisches und patriarchales Leben vorzogen, und Menschen in anderen Gebieten kaum gelernt hatten, Feuer zu machen und sich gegen die Elemente zu schützen, erbauten ihre Brüder, durch ihr Karma mehr begünstigt als sie, und unter Nutzung der ihnen gegebenen göttlichen Intelligenz, Städte und pflegten die Künste und Wissenschaften.

Aber allmählich verringerte sich die Körpergröße der Menschen, denn schon ehe die Vierte oder atlantische Menschheit wirklich erschienen war, war der größte Teil der Menschheit der Frevelhaftigkeit und Sünde verfallen. Eine Ausnahme bildete nur die Hierarchie der "Erlesenen", der Jünger der "Söhne des Willens und des Yoga", die später als "Söhne des Feuernebels" bezeichnet wurden. Dann folgten die Atlantier: Riesen, deren körperliche Schönheit und Kraft ihren Höhepunkt, in

---

[93] Einige der besten unter den heutigen Romanschriftstellern, denen man nicht nachsagen kann, sie seien Theosophen oder Spiritualisten, haben neuerdings sehr psychologische und bezeichnenderweise sogar okkulte Träume – zum Beispiel Louis Stevenson mit seinem Roman *Dr. Jekyll and Mr. Hyde*, einem psychologischen Meisterwerk okkulter Provenienz. Und hatte auch Rider Haggard einen prophetischen oder einen im Rückblick hellseherischen Traum, ehe er *Sie* schrieb? Kor, sein kaiserlicher Stadtstaat der Toten, deren überlebende Menschen nordwärts segelten, nachdem beinahe das ganze Volk der Pest zum Opfer gefallen war, scheint den unzerstörbaren Seiten uralter Aufzeichnungen entnommen zu sein. Ayesha deutet an, daß "jene Männer, die nach Norden segelten, die Väter der frühesten Ägypter gewesen sein könnten" und unternimmt außerdem den offensichtlichen Versuch einer Zusammenfassung gewisser Briefe eines MEISTERS aus Sinnetts *Esoteric Buddhism.* Denn, so Ayesha, "immer wieder hat es Völker gegeben, ja, große und starke Völker, einst reich und aller Künste mächtig, aber nun vergangen und vergessen, und keine Erinnerung zeugt von ihnen. Dieses (das Volk von Kor) ist nur eins von vielen, denn die Zeit zerstört die Werke des Menschen – es sei denn, er vergräbt sich, wie das Volk von Kor, in Höhlen, *die vielleicht von der See verschlungen oder von Erdbeben verschüttet werden* ... So, glaube ich, wurden diese Menschen nicht vollständig vernichtet. Einige wenige von ihnen überlebten in anderen Städten, denn sie besaßen viele Städte. Aber die Barbaren ... überfielen sie und nahmen sich ihre Frauen zum Weibe, und die Rasse der Amahagger, die heute noch lebt, ist die bastardisierte Nachkommenschaft der mächtigen Söhne von Kor. Und wisse, sie leben in Gräbern bei den Gebeinen ihrer Väter ..." (Kapitel 16).

Übereinstimmung mit dem Evolutionsgesetz, in der mittleren Entwicklungsperiode ihres vierten Menschheitszweigs erreichte. Aber, so der Kommentar:

"Die letzten Überlebenden des schönen Kindes der weißen Insel (des ursprünglichen Shveta-dvîpa) *waren schon vor vielen Zeitaltern zugrunde gegangen. Ihre* (Lemurias) *Erlesenen hatten sich auf die heilige Insel gerettet* (jetzt das berühmte Shambhala in der Wüste Gobi), *während einige ihrer mit einem Fluch beladenen Menschheitszweige, die sich von der Hauptgruppe abgesondert hatten, jetzt in Urwäldern und im Untergrund* ("Höhlenmenschen") *lebten – zur selben Zeit, als die golden-gelbe Menschheit* (die Vierte) *nun ihrerseits "aus Sündhaftigkeit schwarz" wurde. Von Pol zu Pol hatte die Erde ihr Antlitz zum dritten Mal verändert ... Die Halbgötter der Dritten hatten Platz gemacht für die Halbdämonen der Vierten Menschheit."*

Die ersten Pioniere der Vierten Menschheit waren keine Atlantier, und sie waren auch noch nicht die menschlichen *Asuras* und *Râkshasas*, die sie später wurden. In jenen Tagen waren große Teile des zukünftigen Kontinents von Atlantis noch Meeresgrund. Der Kontinent der Dritten Menschheit, den wir Lemuria genannt haben, war damals eine riesige Landmasse.[94] Sie reichte vom Fuß des Himalaya-Gebirges, das eine natürliche Trennungslinie zu dem Binnengewässer bildete, dessen Umfang sich über die Gebiete des heutigen Tibet, der Mongolei und der großen Wüste von Shamo (Gobi) erstreckte, von Chittagong westlich bis Hardwar und östlich bis Assam. Von dort erstreckte das Land sich nach Süden über das uns heute als Südindien, Ceylon und Sumatra bekannte Gebiet; weiter südlich schloß diese Landmasse das heutige Madagaskar rechter Hand, und Australien und Tasmanien linker Hand ein und reichte, noch weiter südlich, beinahe bis zum antarktischen Polarkreis. Von Australien, das damals eine Region im Innern des Mutterkontinents war, erstreckte sich das Land in den Pazifischen Ozean hinein, weit über Rapa-nui (Teapy Island = die Osterinsel) hinaus, dessen Position jetzt 26 Grad südlicher Breite und 110 Grad westlicher Länge ist. Diese Aussage scheint ihre wenn auch nur partielle wissenschaftliche Bestätigung dadurch zu finden, daß in der Diskussion über Kontinentalverschiebungen und die generelle Tendenz des

[94] Atlantis und Lemuria sind nicht die wirklichen *archaischen* Namen der untergegangenen Kontinente; wir benutzen sie nur, um Verwirrung zu vermeiden. Als Atlantis wurden die Teile des versunkenen Kontinents der Vierten Menschheit bezeichnet, welche "jenseits der Säulen des Herkules" lagen und nach den verheerenden Umwälzungen über der Wasseroberfläche blieben. Deren letzte Überreste – Platons *Atlantis* bzw. "Poseidonis" (ein weiterer Ersatzname oder, besser gesagt, eine Übersetzung des wirklichen Namens) – waren vor ca. 11.000 Jahren damit die letzten Überreste des einstigen Kontinents. Die meisten der richtigen Namen der Länder und Inseln beider Kontinente können in den *Purânas* gefunden werden. Wenn die beiden Kontinente in früheren Schriften nicht korrekt auseinandergehalten wurden, so ist das wohl auf mangelnde Sorgfalt bei der Lektüre und fehlende Reflexion über die Angaben der Schriften zurückzuführen. Wenn in Zukunft Europäer sich als Arier (Âryas) bezeichnen und vielleicht so mancher Leser sie mit den Hindus und die Hindus mit der Vierten Menschheit verwechselt, z.B. weil einige davon im archaischen Lanka lebten – so kann die Autorin nicht dafür verantwortlich gemacht werden.

meridianbezogenen Drifts der infra-arktischen Massen gewöhnlich mehrere vorzeitliche Kontinente – wenn auch nur als Hypothese – erwähnt werden. So wird ein "Maskarenen"-Kontinent postuliert, der sich in nord-südlicher Richtung erstreckte und Madagaskar einschloß, und die Existenz eines weiteren *uralten* Kontinents "von Spitzbergen bis zur Straße von Dover" wird erwähnt, zu Zeiten, "als die meisten der anderen Teile Europas noch Meeresgrund waren." Letzteres würde aber die okkulte Lehre bestätigen, der zufolge die (jetzigen) Polarregionen nicht nur die frühesten von insgesamt sieben Ausgangspunkten der Menschheit, sondern auch das Grab des größten Teils jenes Menschheitszweigs sind, der diese Regionen im Verlauf der Dritten Menschheit bewohnte, als der gigantische Kontinent Lemuria begann, sich als Resultat einer Verlangsamung der Erdrotation – so der Kommentar – in mehrere kleinere Kontinente aufzuteilen:

"Wenn das Rad sich mit normaler Geschwindigkeit dreht, dann stimmen seine Extremitäten (die Pole) *mit seinem Mittelkreis* (dem Äquator) *überein; wenn es langsamer läuft und in alle Richtungen wankt, dann finden große Störungen auf der Erdoberfläche statt. Die Wasser strömen hin zu den beiden Enden, und am mittleren Gürtel tauchen neue Länder* (äquatoriale Länder) *auf, während die Länder an den Enden den Pralayas durch Versinken ausgesetzt sind ..."*

Und weiter:

... *"So ist das Rad* (die Erde) *im Atmen seiner Wasser* (Ebbe und Flut) *abhängig vom Geist des Mondes, der es reguliert. Zum Ende eines Zeitalters* (eines Kalpas) *einer großen Menschheit beginnen die Herrscher des Mondes* (die Pitar-Väter oder Pitris) *kräftiger zu ziehen und verflachen dadurch das Rad an seinem Gürtel, wobei es an manchen Stellen versinkt und an anderen Stellen anschwillt. Und durch die Schwellungen, die in Richtung der Extremitäten* (der Pole) *verlaufen, entstehen neue Länder, und alte werden verschlungen."*

In den *Purânas* wird jeder Hinweis auf den Norden Merus in Verbindung gebracht mit einem urzeitlichen Eldorado – in der heutigen nördlichen Polarregion gelegen –, das damals wieder ein Kontinent mit blühenden Magnolienbäumen war, wo sich heute eine unerforschte endlose Eiswüste erstreckt. Die Wissenschaft erwähnt einen alten Kontinent, der von Spitzbergen bis zur Straße von Dover reichte. Und die Geheimlehre spricht von einem in diesen Regionen während der frühesten geologischen Perioden gelegenen hufeisenörmigen Kontinent, dessen östliches Ende, weit nördlich von Cornwall, Grönland einschloß, und dessen anderes Ende die Beringstraße als ein Stück seines Inlandes enthielt. In seinem natürlichen Verlauf nach Süden reichte dieser Kontinent bis hinab zu den Britischen Inseln, die damals wohl direkt unter der abwärts führenden Biegung des Halbkreises lagen. Dieser Kontinent tauchte gleichzeitig mit dem Versinken der äquatorialen Teile Lemurias auf. Nach langen Zeitaltern tauchten einige Überreste Lemurias wieder bis zur Meeresoberfläche auf. Deshalb entspricht es sicherlich der Wahrheit, wenn man Atlantis zu den sieben großen Inselkontinenten zählt, denn die Atlantier der Vierten Menschheit machten einige der Überreste Lemurias zu Teilen ihrer eigenen Länder und Kontinente, als sie sich auf den Inseln niederließen. Aber man muß hier schon Unterschiede machen, genauere Erklärungen sind nötig. Eine umfassendere, präzisere Behandlung des Themas würde jedoch den Rahmen des vorliegenden Werkes sprengen. Auch die Osterinsel wurde auf diese Art von einigen Atlantiern, die den verheerenden Umwälzungen ihres eigenen Landes entflohen waren, in Besitz genommen. Sie ließen sich auf diesem Überrest Lemurias nieder, kamen dort aber durch Vulkanausbrüche und Lavamassen innerhalb eines Tages um. So manche Geographen und Geologen mögen das als Erfindung abtun – für den Okkultisten handelt es sich um *Geschichte*.

Was kann die Wissenschaft als Gegenargument anführen? Sie weigert sich auch, die "phantastische" Hypothese anzuerkennen, daß es eine Zeit gab, als "der indische Subkontinent und Südamerika durch einen Gürtel von Inseln und Kontinenten verbunden waren. Das prähistorische Indien ... stand in doppelter Verbindung mit den beiden Amerikas. Die Vorfahren der (von dem römischen Geschichtsschreiber Ammianus Marcellinus so genannten) 'Brahmanen Oberindiens' bewohnten ein Gebiet, das von Kaschmir bis weit in die (jetzigen) Wüsten von Shamo reichte. Zu Fuß hätte man damals vom Norden aus über die Mandschurei und weiter quer über den *zukünftigen* Golf von Tatarien, über die Kurilen und die Aleuten die Halbinsel Alaska erreichen können – und hätte dabei kaum nasse Füße gekriegt. Und ein Reisender aus dem Süden hätte – bei gelegentlicher Benutzung eines Kanus – von Siam (Thailand) kommend, zu Fuß die Polynesischen Inseln überqueren und an einem beliebigen Punkt den südamerikanischen Kontinent betreten können."[95]

In der Epoche, die wir hier behandeln, war der Kontinent Lemuria bereits an vielen Stellen auseinandergebrochen, wodurch sich neue, separate Kontinente gebildet hatten. Trotzdem gab es in jener Vorzeit noch kein Afrika, keine Amerikas, und noch viel weniger ein Europa. Sie alle schliefen noch am Grund der Ozeane. Auch vom heutigen Asien war nicht viel zu sehen, denn die Regionen jenseits[96] des Himalaya waren mit Meeren bedeckt, und dahinter erstreckten sich die "Lotusblätter" von *Shveta-dvîpa*, von Gebieten, die jetzt als Grönland, Ost- und Westsibirien usw. bekannt sind. Der immens große Kontinent, der allein einst den Indischen, den Atlantischen und den Pazifischen Ozean beherrschte, bestand nun aus riesigen Inseln, die allmählich alle verschwanden – bis ein letztes Erbeben auch ihre letzten Überreste verschlang. Die Osterinsel z.B. gehört zur frühesten Zivilisationsepoche der Dritten Menschheit. Auch sie fiel dem allgemeinen

---

[95] Dies wurde nach den Worten eines MEISTERS niedergeschrieben – sicherlich eine etwas zweifelhafte Autorität für Materialisten und Skeptiker.

[96] (siehe Fußnote 34 im Kommentar zu Stanze 1, 2. Shloka. H.T.)

Untergang zum Opfer, aber im Verlauf der Champlain-Epoche der nördlichen polaren Versenkung brachte ein plötzliches Aufbäumen des Meeresbodens durch einen vulkanischen Stoß dieses kleine Relikt aus archaischen Zeiten unberührt, mit seinem Vulkan und all seinen Statuen, wieder zum Vorschein: ein greifbares Zeugnis der Existenz Lemurias.

Dies ist die Zeit, auf die sich unsere Aufmerksamkeit bei der Suche nach den Vorfahren jener Völker richten muß, die wir als die älteste Menschheit dieser Welt bezeichnen – jener Völker, die uns als die Hindu-Âryas, die Ägypter, die ältesten Perser, die Chaldäer und Phönizier bekannt sind. Sie standen unter der Herrschaft GÖTTLICHER DYNASTIEN, d.h. sie wurden geführt von Königen und Regenten, die zwar äußerlich wie sterbliche Menschen – *in deren damaliger Form* – aussahen, aber einer Sphäre angehörten, die höher und erhabener ist, als unsere eigene Sphäre selbst nach vielen langen Manvantaras sein wird.

Wenn für uns der zweite Teil der Dritten Menschheit die erste *wirklich menschliche*, mit einem festen Knochenbau versehene Art repräsentiert, dann hat Haeckel weitgehend, wenn nicht sogar vollkommen recht mit seiner Annahme, daß "die Entwicklung der ursprünglichen Menschen *entweder* in Südasien oder ... Lemuria stattfand" – Afrika jedenfalls, egal ob Ost- oder Westafrika, kommt nicht in Frage. Um es ganz korrekt auszudrücken: Die letztendliche Transformation der Dritten Menschheit verlief genauso wie die Entwicklung der Ersten Menschheit (aus den Körpern der *Pitaras*) in sieben deutlich getrennten Regionen der (damals noch) einzigen nordpolaren Landmasse. Diese Transformation nahm ihren Anfang in den gerade beschriebenen Regionen des Nordens, einschließlich der Beringstraße und des damals vorhandenen zentralasiatischen Festlandes, als selbst in den arktischen Bereichen ein den ursprünglichen Bedürfnissen des werdenden körperlichen Menschen am besten entsprechendes subtropisches Klima herrschte. Seit dem Erscheinen des Menschen hat diese Region mehrmals abwechselnd kalte und tropische Perioden durchgemacht. Laut Kommentar hatte die Dritten Menschheit erst die Hälfte ihrer Entwicklung durchgemacht, als

"(d)ie Achse des Rades sich schräg legte. Sonne und Mond schienen nicht mehr über den Köpfen jenes Teils der SCHWEISSGEBORENEN. *Die Menschen mußten Schnee, Eis und Frost ertragen, und das Wachstum von Menschen, Pflanzen und Tieren wurde behindert. Die nicht umkamen,* BEHIELTEN DIE GRÖSSE UND DEN VERSTAND VON HALB GEWACHSENEN KINDERN.[97] *Es war der dritte Pralaya der* Menschheiten."[98]

– Was wiederum bedeutet, daß unsere Erdkugel, gleichlaufend mit den menschlichen Evolutionsperioden, sieben Perioden *vollständiger* Veränderungen durchmachen muß: Die Geheimlehre postuliert für diese Runde sieben terrestrische *Pralayas*,

[97] Halbgewachsene Kinder im Vergleich zu ihren Brüdern, den Riesen, in anderen Gebieten.
[98] Hier ist Lemuria gemeint.

wovon drei durch Veränderungen in der Neigung der Erdachse verursacht werden. Dies entspricht einem *Gesetz*, das zu festgelegten Zeitpunkten aktiv wird; es handelt sich also keineswegs um ein blindes Geschehen, wie die Wissenschaft anzunehmen scheint, sondern um ein Geschehen, das strikt und in voller Harmonie der *karmischen* Gesetzmäßigkeit entspricht. Im Okkultismus wird dieses strenge Gesetz als "der große REGULATOR"[99] bezeichnet.

Seit dem Erscheinen der Menschheit des Vaivasvata Manu auf dieser Erde haben bereits vier derartige Achsenveränderungen stattgefunden. Als die alten Kontinente – außer dem ersten – vom Meer verschlungen wurden, erschien neues Land, und hohe Bergketten erhoben sich, wo zuvor keine gewesen waren. Und jedesmal veränderte sich das Aussehen der Erde vollständig. Das Überleben der ihrer Umwelt am besten angepaßten Völker und Menschheitszweige wurde durch rechtzeitige Hilfe sichergestellt, und die nicht angepaßten verschwanden von der Erde.

Die Menschheitszweige sowie deren kleinere Familienzweige machen denselben Prozeß durch. Wer mit Astronomie und Mathematik vertraut ist, sollte seine geschichtlichen Kenntnisse vom Aufstieg und Fall der Völker und Reiche mit den bekannten astronomischen Zyklen in Zusammenhang bringen – besonders mit dem *siderischen Jahr*, das 25 368 unserer Sonnenjahre entspricht. Wer dies tut und auch nur im geringsten intuitiv veranlagt ist, wird merken, wie eng das Schicksal der Völker mit dem Beginn und Ende dieses siderischen Zyklus verwoben ist. In jedem siderischen Jahr, im Kreisverlauf des Äquators durch die Tierkreiskonstellationen, entfernen sich die Wendekreise in jeder Umdrehung der Äquinoktialpunkte um *vier Grade* vom Pol. Wie aber jeder Astronom weiß, befindet sich der Wendekreis nur dreiundzwanzig und etwas weniger als einen halben Grad entfernt vom Äquator – folglich muß er noch zweieinhalb Grade bis zum Ende des siderischen Jahres durchlaufen. Und für die Menschheit im allgemeinen und unsere Zivilisation im besonderen bedeutet das eine Frist von ungefähr 16 000 Jahren.

Nach der großen Flut der Dritten Menschheit (der Lemurier)

"nahm die Körpergröße der Menschen ab, und ihre Lebensdauer verringerte sich. Sie hatten ihre Rechtschaffenheit aufgegeben, sie ließen sich mit Tierrassen ein und vermählten sich mit Riesen und Zwergen (den im Zwergenzustand verbliebenen Polarvölkern) ... *Viele erlangten* GÖTTLICHES *Wissen, aber mehr erlangten –* UNGESETZLICHES *Wissen und folgten willig dem LINKEN PFAD."*

Und so näherten sich nun auch die Atlantier ihrer Vernichtung. Niemand kann natürlich wissen, über wieviele geologische Perioden sich dieser Untergangsprozeß hinzog, bis die *vierte* Vernichtung beendet war, aber wir erfahren folgendes:

---

[99] (im Sinne von: ausgleichende, regulierende Kraft. H.T.)

44. SIE (die Atlantier) BAUTEN GROSSE BILDNISSE – NEUN YATIS (ca. 9 m) HOCH, IN DER GRÖSSE IHRER KÖRPER (a). UNTERIRDISCHE FEUER HATTEN DAS LAND IHRER VÄTER (der Lemurier) ZERSTÖRT. WASSER BEDROHTE DIE VIERTE (Menschheit).

(a) Wohlgemerkt: Die gigantischen Statuen, die auf der Osterinsel gefunden wurden, also auf dem Überbleibsel eines zweifellos untergegangenen Kontinents, ebenso wie die in den Randgebieten der seit unzähligen Zeitaltern untergegangenen Wüste Gobi gefundenen Statuen – sie alle haben eine Höhe von ca. 7 bis 10 Metern. Die von Cook auf der Osterinsel gefundenen Statuen waren fast alle 9 Meter hoch und hatten eine Schulterbreite von ca. 2,7 Metern.

Nach der Zerstörung Lemurias durch unterirdische Feuer, so wurde uns gesagt, verringerte sich die Körpergröße der Menschen allmählich – eine Entwicklung, die bereits nach ihrem *physischen* Fall begonnen hatte. Und wir erfahren, daß sie nach weiteren Millionen von Jahren auf eine Größe von 2 bis 2,3 Metern reduziert waren, während sie heute eher die 1,7- bis höchstens 2-Meter-Grenze erreichen (wie z.B. die älteren Populationen Asiens). Die Forschungen Pickerings zeigen, daß es unter den Malaien (ein Zweig der Vierten Menschheit) eine bemerkenswerte Vielfalt an Körpergrößen gibt, daß die polynesische Völkerfamilie (die Menschen Tahitis, Samoas und die Tonga-Insulaner) *von größerer Gestalt als die übrige Menschheit* ist und daß die indischen Stämme und die Bewohner Indochinas merklich unter der Durchschnittsgröße bleiben. Diese Unterschiede sind leicht zu erklären, wenn wir bedenken, daß die Polynesier Teile der noch überlebenden frühesten Menschheitszweige sind, während die anderen zu den jüngsten der vorübergehenden Zweige gehören.

(b) Zusammen mit dem nahe dem Polarkreis (Norwegen) beginnenden Versinken und der Transformation Lemurias, beginnt nun das Ende der Dritten Menschheit in Lanka oder, besser: auf dem Kontinent, der für die Atlantier zu Lanka wurde. Der heute als Ceylon[100] bekannte kleine Überrest ist das nördliche Hochland des alten Lanka. In der lemurischen Periode war die Rieseninsel gleichen Namens der gigantische Kontinent, den wir oben beschrieben haben. Dazu äußert sich ein MEISTER folgendermaßen:[101] "Warum sollten Ihre Geologen nicht berücksichtigen, daß tief in dem unerforschlichen, oder besser gesagt: unerforschten Meeresboden, unterhalb der bereits bekannten Kontinente noch mehr und weit ältere Kontinente verborgen liegen, deren Schichten geologisch völlig unbekannt sind – und daß dadurch eines Tages ihre heutigen Theorien völlig überholt sein werden? Warum akzeptieren sie nicht, daß unsere derzeitigen Kontinente bereits mehrmals untergegangen sind – wie Lemuria und Atlantis –, dann beizeiten wieder zur

[100] (1972 umbenannt in Sri Lanka. H.T.)
[101] in Sinnett, *Esoteric Buddhism*, 6. Auflage, S. 107.

Oberfläche kamen und von neuen Zivilisationsstufen und ihren neuen Menschheiten bewohnt waren? Und daß, weiterhin, beim ersten geologischen Aufbäumen zu Beginn der nächsten verheerenden Umwälzung – in der Reihe periodischer, vom Anfang bis zum Ende einer Runde stattfindender Kataklysmen – unsere bereits einer genauen Autopsie unterworfenen Kontinente untergehen, und die lemurischen und atlantischen Kontinente wieder auftauchen werden?"

Natürlich nicht *dieselben*, identischen Kontinente – und dazu ist hier nun eine Erklärung nötig. Die Existenz eines nördlichen "Lemuria" sollte keine Verwirrung stiften – die Verlängerung dieses großen Kontinents bis in den nordatlantischen Ozean widerspricht keineswegs der weitverbreiteten Vermutung über die Position des versunkenen Atlantis, sondern beide Annahmen bestätigen sich vielmehr gegenseitig. Vergessen wir nicht, daß Lemuria, die Wiege der Dritten Menschheit, nicht nur ein riesiges Gebiet im pazifischen und indischen Ozean einnahm, sondern hufeisenförmig über Madagaskar und entlang der Küste "Südafrikas" (damals nicht mehr als ein im Entstehen begriffenes Fragment) über den Atlantik bis hinauf nach Norwegen reichte. *Die große Frischwasserablagerung in der Wealden-Formation im Südosten Englands – Geologen nehmen an, daß es sich um die Mündung eines ehemals großen Flusses handelt – ist das Bett des Hauptstromes, der das nördliche Lemuria im Sekundärzeitalter entwässerte*. Die damalige Existenz dieses Flusses wird von der Wissenschaft bestätigt. Und Prof. Berthold Seemann hat nicht nur die Existenz eines derartigen Riesenkontinents bestätigt, sondern ist auch der Meinung, *Australien und Europa seien die ehemaligen Teile e i n e s Kontinents* und bestätigt damit die bereits erwähnte "Hufeisen"-Theorie. Ein schlagender Beweis für die Richtigkeit dieser Theorie ist die Tatsache, daß im atlantischen Becken eine 2.900 Meter hohe und von ihrem Ausgangspunkt nahe den Britischen Inseln 4.000 bis 5.000 Kilometer in südlicher Richtung verlaufende ERHEBUNG zuerst nach Südamerika abfällt und dann in beinahe rechtem Winkel weiter in einer SÜDÖSTLICHEN *Linie hin zur afrikanischen Küste*, und von dort weiter südlich in Richtung Tristan da Cunha verläuft. Wenn man diese Erhebung oder Bergkette, diesen Überrest eines atlantischen Kontinents, weiterverfolgen könnte, dann hätte man die Bestätigung der Existenz einer hufeisenförmigen Verbindung am Meeresboden mit einem ehemaligen Kontinent im Indischen Ozean.[102]

Was allgemein als Atlantis bekannt ist, hatte seine geologische Basis im *atlantischen Teil von Lemuria*. Deshalb sollte Atlantis als eine Entwicklung der atlantischen Verlängerung Lemurias gesehen werden, und nicht als eine vollständig neue, speziell für die Zwecke der Vierten Menschheit aufgeworfene Landmasse. Weder im Evolutionsverlauf der Menschheiten noch in den wechselhaften Bewegungen der

[102] Vgl. die nach den *Challenger-* und *Dolphin*-Echolotungen gefertigte Karte in I. Donnelly, *Atlantis, The Antediluvian World*, S. 47.

kontinentalen Landmassen können scharfe Trennungslinien zwischen einer jeweils alten und neu entstehenden Ordnung gezogen werden. Die Kontinuität der Naturprozesse wird nie unterbrochen. So entwickelten sich die Atlantier der Vierten Menschheit aus einem Kern der nordlemurischen Menschen der Dritten Menschheit, dessen Zentrum in einem Landgebiet ungefähr dort lag, wo heute die Mitte des Atlantischen Ozeans ist. Durch das Zusammenwachsen vieler Inseln und Halbinseln, die sich nach Bodenbewegungen zur Oberfläche erhoben, entstand im natürlichen Verlauf der Zeit ihr Kontinent, *der schließlich zur wirklichen Heimat der Atlantier wurde.* Nach Vollendung dieser Entwicklung ist nur logisch, daß "Lemuria genauso wenig mit dem Kontinent Atlantis verwechselt werden darf, wie man Europa und Amerika verwechseln sollte."[103]

Es sind noch immer einige Zeugen für die untergegangenen Kontinente und ihre riesenhaften Bewohner vorhanden. Die Statuen der Osterinsel wurden bereits erwähnt, aber aus welcher Epoche stammen die nach wie vor aufrechten und intakten Riesenstatuen in der Nähe von Bamiyan? Nach irrtümlichen archäologischen Schätzungen entstanden sie in den ersten nachchristlichen Jahrhunderten. Archäologen sehen Buddhas in den größten dieser Statuen, und darin irren sie sich, denn die zahllosen riesigen Ruinen, die in unserer Zeit entdeckt wurden, die quer durch Nordamerika, über die Rocky Mountains hinweg gefunden wurden, sind das Werk der Zyklopen, der wirklichen Riesen alter Zeiten. Und zentralasiatische Überlieferungen sagen genau das über die Statuen von Bamiyan. Was bedeuten sie und der Ort, an dem sie seit undenklichen Zeiten stehen und den verheerenden Umwälzungen der Natur, ja sogar zerstörerischer Menschenhand[104] widerstanden haben? Bamiyan ist ein kleiner, unbedeutender und zum Teil verfallener Ort in Zentralasien, auf halbem Wege zwischen Kabul und Balkh am Fuß des hohen Berges Kobhibaba in der Gebirgskette des Hindukusch gelegen, etwa 2 800 m über dem Meeresspiegel. In archaischen Zeiten war Bamiyan ein Teil der uralten Stadt Djuljul, die im 13. Jahrhundert von Dschingis-Khan völlig zerstört wurde. Das ganze Tal ist umgeben von riesigen Felsen voller natürlicher und künstlicher Höhlen und Grotten, die einst buddhistischen Mönchen als *Vihâras* dienten. Am Eingang einiger dieser Höhlen wurden im 19. Jahrhundert fünf als Buddhastatuen bezeichnete Riesenstandbilder entdeckt oder, besser gesagt: wiederentdeckt, denn der berühmte chinesische Reisende Hiuen-Tsang erwähnt, daß er sie sah, als er Bamiyan im 7. Jahrhundert besuchte.

Buddhistische Arhats und Asketen fanden die fünf Standbilder und viele andere, die inzwischen verfallen sind; drei der fünf standen in riesigen Nischen direkt am

[103] Sinnett, *op. cit.*, 6. Auflage, S. 106.

[104] (Laut einem Fernsehbericht des 3. Programms des Südwestfunks vom 24. März 1999 wurden einige der Statuen Ende 1998 oder Anfang 1999 durch Raketenbeschuß der Taliban zerstört bzw. schwer beschädigt. H.T.)

Eingang ihrer zukünftigen Versammlungsräume, deshalb verputzten sie sie mit Mörtel und modellierten neue Statuen über den alten, um so den Tathâgata darzustellen. Die ursprünglichen fünf Statuen aber waren das Werk der Initiierten der Vierten Menschheit, die nach dem Untergang ihres Kontinents in den Weiten und auf den Gipfeln der zentralasiatischen Bergketten Zuflucht fanden. Außerdem sind die fünf Standbilder ein unvergängliches Zeugnis der esoterischen Lehren von der graduellen Evolution der Menschheiten.

Das größte Standbild sollte die Erste Menschheit darstellen, wobei deren ätherische Körper in hartem, unvergänglichem Stein zum Zweck der Unterweisung zukünftiger Generationen verewigt wurden, denn sonst hätte die Erinnerung an sie die atlantische Flut niemals überdauern können. Die zweite, vierzig Meter hohe Statue repräsentiert die Schweißgeborenen, und die dritte, mit einer Höhe von zwanzig Metern, verewigt die Menschheit, deren Fall die erste *physische*, von Vätern und Müttern hervorgebrachte Menschheit entstehen ließ. Die Standbilder der Osterinsel repräsentieren deren letzte Abkömmlinge, die aber in jener Epoche des Untergangs von Lemuria, nach dessen nahezu vollständiger Zerstörung durch Vulkanausbrüche, nur sechs bis acht Meter groß waren. Noch kleiner, aber immer noch riesenhaft verglichen mit unserer heutigen Fünften Menschheit, war die Vierte Menschheit, die dann letztlich in die Fünfte überging.

45. Die ersten grossen Fluten kamen. Sie verschlangen die sieben grossen Inseln (a).

46. Alle Heiligen gerettet, die Unheiligen vernichtet. Und mit ihnen die meisten der aus dem Schweiss der Erde entstandenen Riesentiere (b).

(a) Da dieses Thema – die vierte große Flut auf unserem Globus in dieser Runde – in den der letzten Stanze folgenden Abschnitten ausführlich behandelt wurde, erübrigen sich hier vorerst weitere Ausführungen, die nur wiederholen würden, was schon gesagt wurde. Die sieben großen Inseln *(Dvîpas)* gehörten zum Kontinent Atlantis. Nach den Geheimlehren vernichtete die "Sintflut" die Vierte Menschheit der Riesen nicht etwa wegen deren moralischer Verkommenheit oder weil sie aus "Sündhaftigkeit schwarz" wurde, sondern weil das Schicksal so jeden Kontinent ereilt, der – wie eben alles unter unserer Sonne – geboren wird, lebt, verfällt und stirbt. Das geschah, als die Fünfte Menschheit sich in ihrem Kindheitsstadium befand.

(b) So starben die Riesen aus, aber "alle Heiligen wurden gerettet", nur die "Unheiligen vernichtet". Ihre Rettung verdankten die "Heiligen" aber nicht nur ihrer Fähigkeit des *Vorhersehens*, denn die Wirkung ihres "dritten Auges" war ja nicht verlorengegangen, sondern gleichermaßen ihrem Karma und dem

Naturgesetz. Über die nachfolgenden Menschen (unsere Fünfte Menschheit) berichtet der Kommentar folgendes:

"Nur die Handvoll Auserwählter, deren göttliche Lehrer zu jener Heiligen Insel gezogen waren, um dort zu leben, 'woher der letzte Erlöser kommen wird', verhütete die Vernichtung der halben Menschheit durch deren andere Hälfte (was ja heutzutage geschieht – H.P.B.). *Sie* (die Menschheit) *teilte sich. Zwei Drittel standen unter der Herrschaft von Dynastien niederer, materieller Erdgeister, die sich der leicht zugänglichen Körper bemächtigten; ein Drittel war treu geblieben und vereinte sich mit der entstehenden Fünften Menschheit – den göttlichen Inkarnierten. Als sich die Pole bewegten* (zum vierten Mal), *blieben die Beschützten, die sich von der Vierten Menschheit getrennt hatten, unberührt davon. Wie bei den Lemuriern gingen nur die unheiligen Atlantier zugrunde und 'wurden nie wieder gesehen' ..."*

STANZE 12

DIE FÜNFTE MENSCHHEIT UND IHRE GÖTTLICHEN LEHRMEISTER

47. Die Reste der ersten beiden Menschheiten verschwinden endgültig. Rettung von Teilen der verschiedenen atlantischen Menschheitszweige und der Vorväter der Fünften Menschheit vor der Flut. 48. Der Ursprung der Fünften, heutigen Menschheit. Erste göttliche Dynastien. 49. Erste Anzeichen der Geschichte, heute fest verknüpft mit der allegorischen Chronologie der Bibel, und die ihr blind ergebene "Universal"-Geschichte. Das Wesen der ersten Lehrmeister und Kulturbringer der Menschheit.

47. NUR WENIGE MENSCHEN ÜBERLEBTEN. EIN PAAR GELBE, EIN PAAR BRAUNE UND SCHWARZE, UND EIN PAAR ROTE BLIEBEN ÜBRIG. DIE MONDFARBIGEN (der ursprünglichen göttlichen Art) WAREN VERSCHWUNDEN FÜR IMMER (a).

48. DIE AUS HEILIGEM URSPRUNG STAMMENDE FÜNFTE MENSCHHEIT BLIEB; SIE WURDE BEHERRSCHT VON IHREN ERSTEN GÖTTLICHEN KÖNIGEN,

49. DEN "SCHLANGEN", DIE WIEDER HINABSTIEGEN, DIE FRIEDEN SCHLOSSEN MIT DER FÜNFTEN (Menschheit), UND DIE SIE LEHRTEN UND UNTERWIESEN (b) ...

(a) Dieser Shloka spricht von der Fünften Menschheit. Die Geschichte selbst beginnt zwar nicht mit ihr, wohl aber unsere lebendigen, immer wiederkehrenden Überlieferungen. Die Geschichte – oder was man heute darunter versteht – beginnt erst mit den phantastischen Anfängen unseres Fünften Menschheitszweigs, sie schließt also nur ein paar tausend Jahre ein. Mit dem Satz "Ein paar Gelbe, ein paar Braune und Schwarze, und ein paar Rote blieben übrig" werden die Unterteilungen des ersten Menschheitszweigs der Fünften Menschheit beschrieben. Die "Mondfarbigen", d.h. die Erste und die Zweite Menschheit, waren – ohne die geringsten Spuren zu hinterlassen – für immer vergangen, schon seit der dritten "Flut" der Dritten lemurischen Menschheit, jenem "großen Drachen", der ganze Völker mit einer Bewegung seines Schwanzes blitzartig vernichtet. Das ist auch die wahre Bedeutung einer Stelle im KOMMENTAR, wo es heißt:

"Nur den 'SCHLANGEN' der WEISHEIT gegenüber zeigt der GROSSE DRACHE *Respekt, jenen Schlangen, deren Höhlen jetzt unter den Dreiecksteinen liegen," d.h.* unter "den Pyramiden in allen vier Himmelsrichtungen der Welt."

(b) Dies ist eine eindeutige Bestätigung der mehrmals in den Kommentaren erwähnten Hinweise darauf, daß die Adepten oder "Weisen" der Drei Menschheiten (der Dritten, Vierten und Fünften) in unterirdischen Behausungen lebten, generell unter pyramidenähnlichen Bauten, wenn nicht sogar unter richtigen Pyramiden. Solche "Pyramiden" existierten überall in der Welt, sie waren nie auf das Land der Pharaonen beschränkt, obwohl das so lange allgemein vermutet wurde, bis sie verstreut über ganz Süd- und Nordamerika – über- und unterirdisch, unter und in Urwäldern, in Ebenen und Tälern – entdeckt wurden. Wenn es auch wirkliche, geometrisch exakte Pyramiden in Europa nicht mehr gibt, so sind nichtsdestoweniger doch noch mehr oder weniger plumpe Nachbildungen der Pyramiden vorhanden in vielen der vermeintlichen frühen *neolithischen* Höhlen, in den kolossalen dreieckigen, pyramidalen und konischen *Menhiren* im Département Morbihan und allgemein in der Bretagne, in vielen der Hügelgräber Dänemarks und sogar in den "Riesengräbern" Sardiniens und deren unzertrennlichen Verwandten, den Nuragen.

Die meisten dieser Bauten sind das Werk der ersten Siedler auf dem neugeborenen Kontinent Europa und seinen Inseln – der "paar gelben, braunen und schwarzen und roten" Arten –, die übriggeblieben waren in der Zeit, nachdem die letzten atlantischen Kontinente und Inseln, außer Platons Insel Atlantis, versunken waren (vor 850 000 Jahren), vor der Ankunft der großen Menschheiten der Âryas. Andere Bauten wurden von den ersten Einwanderern aus dem Osten errichtet.

In der Erinnerung und den Überlieferungen der Zweige der Fünften Menschheit wurden *mehrere* Flutkatastrophen durcheinandergebracht. Die erste große "Flut" war astronomisch und kosmisch, mehrere andere *terrestrisch*. Die Pyramiden stehen in enger Verbindung mit zweierlei Vorstellungen: dem Großen Drachen (dem Sternbild), den "Drachen der Weisheit", d.h. den großen Eingeweihten der Dritten und Vierten Menschheit sowie den Überschwemmungen des Nils als göttliche Mahnung an die große atlantische Flut. Die astronomischen Aufzeichnungen der Universalgeschichte sollen mit dem dritten Menschheitszweig der Vierten Menschheit, den Atlantiern, begonnen haben. Wann war das? Okkulte Daten weisen nach, daß selbst seit der allgemeinen Einführung von Berechnungen anhand der Tierkreiszeichen in Ägypten *die Pole sich dreimal umgekehrt haben.*

GRIECHISCHE UND PURÂNISCHE ÜBERLIEFERUNGEN ALS BASIS WESTLICHER SPEKULATIONEN

Wir sind überzeugt von den sieben "Kontinenten" – vier sind bereits vergangen, der fünfte existiert noch, und zwei weitere werden in der Zukunft erscheinen. Wir glauben nicht, daß jeder dieser Kontinente streng genommen ein Kontinent im heute gebräuchlichen Wortsinn ist, sondern vielmehr daß die jeweiligen Namen, von

Jambu bis Pushkara,[105] generell die geographischen Bezeichnungen sind für 1. die Festlandbereiche auf der gesamten Erdoberfläche während der Evolutionsdauer einer Menschheit und, 2., für alles, was von ihnen nach einem geologischen (Menschheits-) *Pralaya* übrigbleibt, wie z.B. Jambu und, 3., für jene Gebiete, welche sich nach den zukünftigen Umwälzungen zu neuen *Universalkontinenten*, Halbinseln oder *Dvîpas*[106] formieren werden. Das heißt ganz einfach, daß jeder Kontinent eine größere oder kleinere, von Wasser umgebene Landmasse ist.

Obwohl zwei der purânischen "Inseln", der *sechste und der siebte* "Kontinent", noch nicht erschienen sind, glauben wir zu *wissen*, daß es nichtsdestoweniger Länder *gab* oder *gibt*, die sich in die Formationen zukünftiger Festlandmassen jener neuen Erden einfügen werden, deren geographisches Bild ebenso wie die Geographie früherer Erden völlig verändert sein wird. Und so entnehmen wir den *Purânas*, daß *Shaka-dvîpa* ein Kontinent ist (oder sein wird), und daß *Shankha-dvîpa* nach dem *Vâyu-Purâna* nur eine "kleinere Insel", einer der neun Teile von Bharata-Varsha ist (dem das *Vâyu* noch sechs weitere hinzufügt).

Es gab eine Zeit, als das ganze Gebiet der Sahara-Wüste ein Meer war, dann ein Kontinent – so fruchtbar wie das Nildelta – und danach, aber erst nach einem nochmaligen vorübergehenden Versinken, zur Wüste wurde, gleich jener anderen Wildnis, der Shamo- oder Gobi-Wüste.

Mit Sicherheit kann gesagt werden, daß nicht nur die letzte, von Platon erwähnte Insel von Atlantis, sondern auch ein großer, anfangs geteilter, dann in sieben Halbinseln und Inseln (*Dvîpas*) zerfallener Kontinent zeitlich vor Europa existierte. Er erstreckte sich über die gesamte Region des Nord- und Südatlantik sowie über Teile des Nord- und Südpazifik, und sogar im Indischen Ozean lagen seine Inseln (Relikte von Lemuria). Und da die *Purânas* der Hindus Kriege auf Inseln und Kontinenten jenseits von Westafrika beschreiben und *Barbaras* und andere Völker, wie z.B. die Araber erwähnen – Völker, von denen nicht bekannt ist, daß sie in der Epoche der phönizischen Schiffahrt die *Kâlâpâni* (die schwarzen Wasser der Ozeane) überqueren konnten –, dann ist einleuchtend, daß die *Purânas* älter als die Phönizier (ca. 2 000 bis 3 000 Jahre v.u.Z.) sein müssen. Jedenfalls muß es sich hier um ältere Überlieferungen handeln, denn, so ein Adept: "In den oben erwähnten Berichten beschreiben die Hindus diese Insel als *existierend* und als sehr mächtig, und deshalb muß es vor über *elftausend Jahren gewesen sein.*"

Aber noch eine weitere Überlegung kann das hohe Alter der Hindu-Âryas einleuchtend und nachweisbar machen. Sie kannten und beschrieben die letzte noch vorhandene Insel von Atlantis (denn sie hatten dort ja einmal gelebt) oder, besser

[105] Jambu, Plaksha, Shâlmala, Kusha, Krauñcha, Shâka und Pushkara.

[106] Wie z.B. Shâka und Pushkara, die noch nicht existieren, die aber einige Teile von Amerika, von Afrika und von Zentralasien, einschließlich der Gobi-Region, aufnehmen und einschließen werden. Wir müssen uns vor Augen halten, daß *Upadvîpas* "Wurzel"-Inseln bzw. generell Festland bedeutet.

gesagt, sie wußten von der Existenz eines Überrestes des östlichen Teils jenes Kontinents, der nicht lange nach dem Auftauchen der beiden Amerikas[107] – der beiden Varshas von Pushkara – versunken war. Auch die astronomischen Berechnungen eines Adepten, der den Orientalisten Wilford kritisiert, unterstützen diese Überlegungen. In seiner Kritik erwähnt dieser Adept Wilfords Aussage über den Berg Asburj, "an dessen Fuß die Sonne untergeht", und wo der Krieg zwischen den Devâtas und den Daityas[108] stattfand, und fährt dann wie folgt fort:

"Wir wollen also die geographische Position der untergegangenen Insel und des übriggebliebenen Berges *Az-burj* bestimmen. Sie befand sich auf der siebten Stufe der Welt, d.h. im *siebten* KLIMA- oder WÄRMEBEREICH, der zwischen 24 und 28 Grad nördlicher Breite liegt. Von dieser Weißen Insel, auch Adbhitanaya oder Tochter des Ozeans genannt, wird häufig gesagt, sie liege im Westen, und von der Sonne gibt es Darstellungen, in denen sie *am Fuße des Berges Az-burj untergeht* (der Name spielt keine Rolle, ob Atlas, Teneriffa oder Nîla) und (mit ihren von oben kommenden Strahlen) den Weißen Teufel, d.h. die Weiße Insel bekämpft."[109]

Da die Insel in den *Purânas* als *noch existent* beschrieben wird, muß es diese Darstellungen schon vor den 11 000 Jahren gegeben haben, die seit dem Untergang von *Shankha-dvîpa*, dem Poseidonis von Atlantis, vergangen sind. Ist es nicht auch möglich, daß die Hindus die Insel noch früher gekannt haben? Schauen wir uns noch einmal die astronomische Beweisführung an, die das ganz eindeutig feststellt, wenn man sich der Annahme des erwähnten Adepten anschließt, daß "*Cor-Leonis* sich über dem Äquator befand, als der sommerliche tropische Kolur die *Plejaden* kreuzte, und daß *Taurus zur Mittagszeit* senkrecht über der Insel *Atlantis* stand, als *Leo* sich bei Sonnenuntergang *senkrecht* über Ceylon befand".[110]

Vielleicht erklärt das, weshalb die Singhalesen, die Erben der Râkshasas und der Riesen von Lanka und die direkten Abkömmlinge *Simhas*, also *Leos*, mit *Shankha-dvîpa* oder Poseidonis (Platons Atlantis) in Verbindung gebracht worden sind. Aber, wie Mackey in seiner *Sphinxiade* nachweist, muß das vor ungefähr 23 000 Jahren *astronomisch* geschehen sein, zu einer Zeit, als die Schieflage der Eklipse doch wohl

---

[107] Die "neue" Welt, Amerika, ist also älter – wenn auch nicht *viel* älter – als Europa, die "alte" Welt.

[108] (In *The Divine Plan*, Adyar, 1980, S. 119, erklärt Geoffrey Barborka: "Das Wort *Devâtas* bezeichnet ein gottähnliches Wesen oder Göttlichkeit (...) und verweist auf eine höhere Daseinswelt – d.h. höher als der Bereich des Menschen." *Daityas* sind lt. *Lexikon der östlichen Weisheitslehren*, München, 1986, S. 87: "Titan(en), Nachkomme(n) der Göttin Diti. Die Daityas waren eine Rasse von Dämonen und Giganten, die gegen die Götter Krieg führten und Opferhandlungen behinderten. Sie wurden besiegt und verschwanden." H.T.)

Div oder Div-Sefids (des Târadaityas) Lebensbereich war auf der *siebten Stufe*, weil er aus Pushkara kam, dem *Pâtâla* (den Antipoden) Indiens, d.h. er kam aus Pushkara oder Amerika, welches sozusagen bis an die Mauern von Atlantis reichte, ehe letzteres endgültig versank. Das Wort *Pâtâla* wurde als Synonym zur Bezeichnung der Länder benutzt, die sich an einem Indien diametral entgegengesetzten Punkt der Erde befanden, und auch für die Regionen der Hölle. Das Wort wurde also synonymisch sowohl für Ideen und Eigenschaften als auch als Name benutzt.

[109] In S. A. Mackey, *Mythological Astronomy*, S. 69.

[110] *ibid.*, S. 70.

mehr als 27 Grad war und infolgedessen Taurus über "Atlantis" oder "*Shankha-dvîpa*" gewesen sein muß. Daß dies tatsächlich so war, wird eindeutig durch die Kommentare bestätigt:

"Der heilige Stier Nandi wurde von Bhârata nach Shankha gebracht, auf daß er in jedem Kalpa Rishabha (Taurus) *begegne. Als sich aber die von der Weißen Insel* (deren Ursprung in Shveta-dvîpa[111] war), *mit den Daityas* (Riesen) *aus dem Land des Bösen eingelassen hatten und aus Sündhaftigkeit schwarz geworden waren, blieb Nandi für immer auf der 'Weißen Insel'* (Shveta-dvîpa) *" – "Die aus der Vierten Welt* (Menschheit) *verloren AUM."*

Asburj (oder Azburj) – es ist unwichtig, ob das nun der Pico de Teide auf Teneriffa ist oder nicht – war zu Beginn des Versinkens des "westlichen Atala" (oder Hölle) ein Vulkan. Die Überlebenden erzählten die Geschichte ihren Kindern. Platons Insel wurde durch Wasser von unten und Feuer von oben vernichtet, der große Berg spie ununterbrochen Flammen aus. "Von den Ruinen der unglückseligen Insel blieb allein das 'feuerspeiende Ungeheuer' übrig."

Kann man den Griechen, denen vorgeworfen wird, eine Dichtung der Hindus (Atala) übernommen und daraus eine eigene (Atlantis) konstruiert zu haben, den zusätzlichen Vorwurf machen, ihre geographischen Vorstellungen ... ebenfalls den Hindus zu verdanken? Proclus schreibt in seinem Kommentar zum *Timäus*, 1. Buch, 55:[112]

> Das berühmte Atlantis existiert nicht mehr, aber es kann schwerlich bezweifelt werden, daß es einst vorhanden war, denn Marcellus, der eine Geschichte der äthiopischen Angelegenheiten geschrieben hat, sagt, eine derartige und so große Insel habe einmal existiert, und das wird bestätigt von jenen, die Geschichten im Zusammenhang mit dem äußeren Meer verfaßt haben, denn sie erzählen, daß es *in dieser Zeit im atlantischen Meer sieben Inseln gegeben hat*, geweiht der Proserpina. Und außer diesen gab es drei weitere von immenser Größe, die Pluto ... Jupiter ... und Neptun geweiht waren. Auch haben die Bewohner der letzten Insel (Poseidonis) *die Erinnerung an den gewaltigen Umfang der atlantischen Insel bewahrt*, so wie ihre Vorfahren es ihnen erzählt hatten, und an ihre beherrschende Stellung in langen

[111] Atlantis und auch *Shankha-dvîpa* wurden nie als "Weiße Insel" bezeichnet. Wenn es in der Überlieferung heißt, die Weiße Insel sei "wegen der von Menschen begangenen Sünden schwarz" geworden, so betrifft das nur jene Bewohner der "Weißen Insel" bzw. *Siddhapuras* bzw. *Shveta-dvîpas*, die sich auf dem Atlantis der Dritten und Vierten Menschheit niedergelassen hatten, "um letztere zu beseelen, und die nach ihrer Inkarnation aus Sündhaftigkeit schwarz" wurden – eine bildliche Ausdrucksweise. Von allen Avatâras Vishnus wird gesagt, sie seien ursprünglich von der Weißen Insel gekommen. In der Überlieferung Tibets ist die Weiße Insel der einzige Ort, dem das Schicksal der anderen *Dvîpas* erspart bleibt, der weder durch Feuer noch durch Wasser zerstört werden kann, denn er ist das "Ewige Land".

[112] Hier nicht im genauen Wortlaut wiedergegeben.

Zeiträumen über alle Inseln im atlantischen Meer. Von dieser Insel aus kann man andere, dahinter liegende große Inseln erreichen, die nicht weit vom Festland sind, in dessen Nähe das wirkliche Meer liegt.

ERGÄNZENDE AUSZÜGE AUS EINEM KOMMENTAR ZU DEN VERSEN DER STANZE 12

Das Manuskript, dem diese Erläuterungen entnommen wurden, ist Teil einer Sammlung mit dem Titel *Ltung-bshags sangs-rgyas smon-lam* oder, *exoterisch*: "Die fünfunddreißig Bekenntnis-Buddhas." Aber diese Persönlichkeiten, obwohl im nördlichen Buddhismus als "Buddhas" bezeichnet, können ebensogut Rishis oder Avatâras, etc., genannt werden, denn nur für die nördlichen Anhänger der von Gautama gepredigten Ethik sind sie "Buddhas, die Shâkyamuni vorausgingen." Diese Mahâtmas oder Buddhas sind ein Allgemeingut, sie gehören der Allgemeinheit, und es handelt sich um *historische* Weise – jedenfalls für alle Okkultisten, die an eine solche Hierarchie von Weisen glauben. Ihre Existenz ist von den Gelehrten der Bruderschaft nachgewiesen worden. Sie werden ausgewählt aus einer Gruppe von siebenundneunzig Buddhas und einer weiteren[113] Gruppe von dreiundfünfzig Buddhas, zumeist imaginären Persönlichkeiten, die in Wirklichkeit Personifizierungen der Kräfte jener obengenannten 35 Bekenntnis-Buddhas sind.[114] Die "Körbe"[115] der ältesten auf "Palmblättern" aufgezeichneten Schriften werden äußerst geheimgehalten. Jedes Manuskript enthält am Ende als Zusatz eine kurze geschichtliche Zusammenfassung über den Menschheitszweig, welcher der jeweilige "Buddha-Lha" angehörte. Das spezielle Manuskript, dem die weiter unten wiedergegebenen, aber in eine etwas verständlichere sprachliche Form gebrachten Auszüge entnommen sind, soll von Steintafeln kopiert worden sein, die, so wird gesagt, im Besitz eines Buddhas der frühesten Fünften Menschheit gewesen seien. Er soll die Flut und den Untergang der Hauptkontinente der atlantischen Menschheit miterlebt haben.

Der Tag ist nicht fern, wenn vieles oder sogar alles hier aus den archaischen Schriften Zitierte als nachweislich richtig erkannt werden wird. Dann werden auch

[113] Gautama Buddha, genannt *Shâkya Thüb-pa*, ist der siebenundzwanzigste aus der letzten Gruppe, denn die meisten dieser Buddhas gehören den *göttlichen Dynastien* an, durch welche die Menschheit unterwiesen wurde.

[114] Diese "Buddhas" oder "Erleuchteten", weit zurückliegende Vorläufer des Buddhas Gautama, repräsentieren, so wurde uns gelehrt, Menschen, die einst gelebt haben und große Adepten und Heilige waren, in denen sich die "Söhne der Weisheit" inkarnierten, und die somit sozusagen kleinere Avatâras der himmlischen Wesen waren. Von ihnen gehörten nur elf zur atlantischen Menschheit und 24 von Anfang an zur Fünften Menschheit. Sie sind identisch mit den Tîrthankaras der Jainas.

[115] (Nikayas = Pâli-Bezeichnung für die Sammlung des buddhistischen Kanons; der Pâli-"Korb der Schriften" besteht aus fünf Nikayas. H.T.)

die modernen Spezialisten der Symbolik Gewißheit erlangen, daß selbst Odin, d.h. Wotan, der höchste Gott der germanischen und skandinavischen Mythologie, einer der fünfunddreißig Buddhas ist – ja sogar einer der frühesten, denn der Kontinent, zu dem er und seine Menschheit gehörten, ist einer der ältesten – so alt, in der Tat, daß sich dort, wo heute ewige Schneemassen liegen, eine tropische Natur ausbreitete und es möglich war, über Festland von Norwegen *über* Island und Grönland in das Gebiet zu kommen, das die Hudson Bay im nordöstlichen Nordamerika umschließt. Und ebenso konnte ein Pilger in der Blütezeit der atlantischen Riesen, jener Söhne der "Riesen aus dem Osten", eine Reise von unserer heutigen Sahara-Wüste zu dem jetzt traumlos am Grund der Gewässer des Golfs von Mexiko und der Karibik schlafenden Land unternehmen. Nie schriftlich festgehaltene Ereignisse, vorhanden nur in der Erinnerung der Menschen und gewissenhaft von einer Generation zur anderen, von einem Menschheitszweig zum nächsten überliefert, können durch die beständige Überlieferung "im Buch des Gedächtnisses" und über unzählige Zeitläufe mit größerer Wahrhaftigkeit und Genauigkeit erhalten geblieben sein, als das in jeder schriftlich festgehaltenen Form möglich wäre. "Was Anteil hat an unserer Seele, ist ewig," sagte Thackeray – und was kann unserer Seele näher stehen als die Ereignisse beim Aufdämmern unserer Leben? Wir haben zahllose Leben, aber die Seele oder der Geist, der uns im Verlauf dieser endlosen Existenzen beseelt, ist immer derselbe. Und mag der Speicher des physischen Gehirns auch die Ereignisse vergessen, die innerhalb der Grenzen einer einzigen irdischen Lebenszeit stattgefunden haben – die Masse kollektiver Erinnerungen kann der in uns wohnenden göttlichen Seele nie verlorengehen. Für den Umfang unserer physischen Sinneswahrnehmungen mag ihr Flüstern zu leise, ihre Stimme zu entfernt sein, mit ihrer eigenen Wahrnehmungsfähigkeit jedoch, vor ihrem eigenen inneren Auge erkennt diese göttliche Seele die Schatten *vergangener* Ereignisse ebenso wie die noch *kommenden*.

Es kann sein, daß es diese Stimme der Seele ist, die den eher an Tradition und Überlieferung als an Geschichtsschreibung glaubenden Menschen die Wahrheit der folgenden Passage über eine prähistorische Wirklichkeit offenbart:

"Voll Zorn haben sich die Könige des Lichts entfernt. Die Sünden der Menschheit sind so schwarz geworden, dass die Erde erbebt in ihrem grossen Schmerz ... Die azurnen Throne bleiben leer. Welche von den Braunen, welche von den Roten oder von den Schwarzen (Menschheitszweigen) kann sitzen auf den Thronen der Heiligen, den Thronen der Erkenntnis und Barmherzigkeit! Wer nimmt die Blume der Macht auf sich, die Pflanze mit goldnem Stiel und azurner Blüte?"

“Könige des Lichts” ist in allen alten Manuskripten die Bezeichnung für die Herrscher der göttlichen Dynastien. In einigen Dokumenten wird “azurne Throne” mit “himmlische Throne” übersetzt. Die “Blume der Macht” ist unser heutiger Lotus – wir wissen nicht, was in jener Periode damit gemeint war. Gleich dem biblischen Jeremias beklagt der Autor in seinen weiteren Aufzeichnungen das Schicksal seines Volkes, das nun seiner “azurnen” (himmlischen) Könige beraubt war. “Die mit der *Deva*-Farbtönung”, mit der mondähnlichen Körperfarbe sowie “die mit dem strahlenden (goldenen) Gesicht” waren in das “Land der Seligkeit, das Land aus Metall und Feuer” gegangen bzw. – in Übereinstimmung mit den Regeln der Symbolik – in die Länder des Nordens und des Ostens, von wo “die großen Wasser fortgeschwemmt, von der Erde aufgesogen und in der Luft aufgelöst” wurden. Die weisen Menschheitszweige hatten “die von den Drachen der Weisheit herabgeholten schwarzen Sturmdrachen” erkannt und waren “unter der Führung der strahlenden Beschützer des erhabensten Landes geflohen” – das heißt wohl: unter der Führung bedeutender Adepten alter Zeiten, die von den Hindus als ihre Manus und Rishis bezeichnet werden. Einer von ihnen war Vaivasvata Manu.

“Die mit der gelben Körperfarbe” sind die Vorfahren der Völker, die heute in ethnologischen Klassifizierungen als uralaltaisch, mongolisch und chinesisch bezeichnet werden. Die Region, in die sie flüchteten, war Zentralasien. Dort wurden vollkommen neue Menschenarten geboren, und dort lebten und starben sie bis zur Trennung der Völker. Fast zwei Drittel von einer Million Jahren sind seit dieser Periode vergangen, die gelbgesichtigen Riesen der nach-atlantischen Periode hatten also Zeit genug, im Verlauf dieser erzwungenen Beschränkung auf einen Weltteil, bei gleichbleibenden ethnischen Merkmalen und ohne Vermischungen mit anderen Ethnien, ohne die Zufuhr neuen Blutes – in immerhin fast 700 000 Jahren – verschiedene Zweige äußerst heterogener und unterschiedlicher Menschheitstypen zu bilden. Dasselbe betrifft Afrika – nirgends gibt es eine solch bemerkenswerte Typenvielfalt wie dort, von schwarzer bis beinahe weißer Hautfarbe, von körperlich besonders großen Menschen bis hin zu zwergwüchsigen –, was ausschließlich auf ihre erzwungene Isolation zurückzuführen ist, denn die Afrikaner konnten mehrere hunderttausend Jahre lang ihren Kontinent nicht verlassen. Wenn morgen der Kontinent Europa unterginge und dafür andere Landmassen wieder auftauchten, und wenn, weiterhin, die afrikanischen Völker sich trennen und über die ganze Welt verteilen würden, dann wären sie es, die in ungefähr hunderttausend Jahren den größten Teil der zivilisierten Welt ausmachen würden. Und es wären die Nachfahren unserer am höchsten kultivierten Völker, die – hätten sie auf einer isolierten Insel überlebt, ohne jede Möglichkeit, die neu entstandenen Meere zu überqueren – in einen Zustand relativer Primitivität zurückfallen würden. Somit sind alle Begründungen, mit denen die Menschheit in *höhere* und *minderwertige* Rassen eingeteilt wird, hinfällig und entlarven sich als Trugschluß.

Soweit die Darstellungen der in den archaischen Aufzeichnungen geschilderten Tatsachen. Stellen wir sie zum Vergleich neben einige der heutigen Evolutionstheorien – allerdings ohne die "natürliche Zuchtwahl" –, so machen diese Ausführungen einen vernünftigen und logischen Eindruck. Während also die Âryas, d.h. die riesige und hochzivilisierte Menschheit der Atlanto-Âryas, die Abkömmlinge des *gelben* Adam sind, so sind die Semiten – einschließlich der Juden – die Abkömmlinge des *roten* Adam. Und das heißt, daß sowohl de Quatrefages[116] als auch die Autoren der *Genesis* recht haben. Könnte man das 5. Kapitel des ersten Buches Mosis mit den in unserer archaischen "Bibel" aufgeführten Genealogien vergleichen, so würde deutlich werden, daß sie die Periode von Adam bis Noah einschließen, aber natürlich unter anderen Namen, daß die Jahre der einzelnen Patriarchen generell die Bedeutung von Perioden haben und daß das Ganze als symbolische und allegorische Darstellung gilt. Das hier behandelte Manuskript enthält zahlreiche Hinweise auf das bedeutende Wissen und die hohe Kultur der atlantischen Völker sowie auf das Staats- und Gemeinwesen einiger dieser Völker und den Stand ihrer Geistes- und Naturwissenschaften. Wenn sogar von den Lemuro-Atlantiern, der Dritten Menschheit, gesagt wird, sie seien "mit ihrer hohen Kultur und ihren Göttern" untergegangen,[117] dann trifft das umso mehr auf die Atlantier zu!

Von der Vierten Menschheit hatten die frühen Âryas ihren Wissensschatz erhalten, die "Fülle wunderbarer Dinge", jene im *Mahâbhârata* als Mayâsuras Geschenk an die Pândavas erwähnten *Sabhâ* und *Mayasabhâ*. Von ihr hatten sie auch ihr aeronautisches Wissen (*Vimâna-vidyâ*, die "Kenntnis des Fliegens in Luftschiffen") und damit auch ihre großen Kenntnisse der Meteorographie und Meteorologie. Und ebenfalls von ihr übernahmen die Âryas ihre höchst bedeutsamen Wissenschaften von den verborgenen Kräften der Edelsteine und anderen Gesteins, der Chemie oder, genauer: der Alchemie, der Mineralogie, Geologie, der Physik und Astronomie.

Verschiedentlich hat sich die Autorin die Frage gestellt, ob die Geschichte des Buches *Exodus*, zumindest in ihren Details, so wie das Alte Testament sie wiedergibt, eine ursprüngliche, eine grundlegend neue Erzählung sei. Ist sie nicht vielmehr wie die Geschichte Mosis und wie viele andere Geschichten einfach nur eine der

---

[116] (Im 19. Jh. ein prominenter Spezialist für Vorgeschichte, Vertreter der Theorie eines monogenetischen Ursprungs der Menschheit. 1879 schrieb er: "Ich bin bereit, den Nachweis zu erbringen, daß die Unterschiede zwischen den verschiedenen Menschenrassen von derselben Art sind wie die Unterschiede, die zwischen den verschiedenen Familien, Genera und Spezies von Affen und anderen Tieren festgestellt wurden" und – so der Soziologe Michael Banton in *Racial Theories*, Cambridge, 1998, S. 56 – "(de Quatrefage) kam zu dem Schluß, daß es für die organische Vielfalt nur zwei mögliche Erklärungen geben kann. Entweder stammt die Menschheit aus einer gemeinsamen Urform, und ihre gegenwärtige Vielfalt ist nach der Schöpfung entstanden, ohne zur Zeit der Schöpfung Teil irgendeines Planes gewesen zu sein. Die einzige andere Möglichkeit wäre, daß die Vielfalt dem Willen des Schöpfers entspricht und daß die gegenwärtige geographische Verteilung der Tiere Teil des göttlichen Planes und ein Beweis für die große Harmonie ist, die in der Natur herrscht." H.T.)

[117] Sinnett, *op.cit.*, S. 65.

vielen Versionen der Legenden über die Atlantier? Denn wer könnte die bemerkenswerte Ähnlichkeit ihrer inhaltlichen Grundzüge mit der Geschichte der Atlantier nicht erkennen, sobald er letztere hört? Da ist z.B. Gottes Zorn über das "verstockte Herz" des Pharaos, sein Befehl an sein "auserwähltes Volk", vor dem Auszug aus dem Land von den Ägyptern "silberne und goldene Schmuckstücke" zu fordern (*Exodus*, Kap. 11) und schließlich der Untergang der Ägypter und ihres Pharaos im Schilfmeer (Kap. 14). Hier zum Vergleich ein dem Kommentar entnommenes Fragment der oben erwähnten Geschichte:

..."Und der 'große König mit blendendem Gesicht', das Oberhaupt aller Gelbgesichtigen, trauerte wegen der Sünden der Dunkelgesichtigen."

"Seine Luftschiffe (Vimânas), *mit frommen Männern darin, sandte er aus zu allen anderen Oberhäuptern* (den Oberhäuptern anderer Völker und Stämme) *mit der Botschaft: 'Seid bereit. Ihr Männer des hohen Gesetzes, erhebt euch und überquert das Land, solange es* (noch) *trocken ist.'*

'Die Herren des Sturms kommen. Ihre Streitwagen nähern sich dem Lande. Nur eine Nacht und zwei Tage werden die Herren des Dunklen Gesichts (die Zauberer) *auf diesem geduldigen Land leben können. Es ist dem Untergang geweiht, mit ihm werden sie untergehen. Die niederen Herren der Feuer* (die Kobolde und Feuer-Elementale) *halten ihre magischen Âgnyâstras* (magisch erzeugte Feuer-Waffen) *bereit. Aber die Herren des dunklen Auges* (des "bösen Blicks") *sind stärker als sie* (als die Elementale) *und sind die Sklaven der Mächtigen. Sie beherrschen Ashtar* (Vidyâ, höchstes magisches Wissen). *Nun kommt und nutzt eure* (magischen Kräfte, um den Kräften der Zauberer Widerstand zu leisten). *Jeder Herr des blendenden Gesichts* (Adept der weißen Magie) *möge erwirken, daß das Vimâna eines jeden Herrn des dunklen Gesichts ihm in die Hände fällt* (sein Besitz wird), *auf daß keiner* (der Zauberer) *durch seine Fähigkeiten den Wassern entfliehe oder die Rute der Vier* (karmischen Gottheiten) *vermeide und so seine Bösen* (seine Gefolgschaft, Menschen) *rette.'*

'Es möge jeder Gelbgesichtige zu jedem Schwarzgesichtigen Schlaf aussenden (hypnotisieren?). *Selbst sie* (die Zauberer) *sollen keine Schmerzen spüren und leiden. Es möge ein jeder den Sonnengöttern ergebene Mensch jeden den Mondgöttern unterstellten Menschen binden* (lähmen, betäuben), *damit er nicht leide oder seiner Bestimmung entkomme.'*

'Und es möge jeder Gelbgesichtige dem sprechenden Tier, das einem Schwarzgesichtigen gehört, sein Lebenswasser (sein Blut) *darbieten, damit er seinen Herrn nicht aufwecke.'*[118]

'Die Zeit ist gekommen, der schwarze Ritter ist bereit, etc., etc.'

---

[118] Diese phantastischen, künstlich erzeugten Tiere, die in gewisser Hinsicht dem von Frankenstein erzeugten Wesen glichen, konnten sprechen und ihre Herren vor drohenden Gefahren warnen. Der Herr war immer ein "Schwarzmagier", und es wird berichtet, daß dieses mechanische Tier durch einen *djinn*, ein Elemental, belebt wurde. Nur durch das Blut eines reinen Menschen konnte es vernichtet werden.

....

'Ihr Schicksal soll sich erfüllen. Wir sind Dienende der großen Vier.[119] *Mögen die Könige des Lichts zurückkehren.'"*

"Der große König schlug die Hände vor sein blendendes Gesicht und weinte ..."

"Als die Könige sich versammelten, waren die Wasser schon in Bewegung geraten ..."

"(Aber) *die Völker hatten das trockene Land bereits überquert. Sie befanden sich oberhalb des Wasserspiegels. Ihre Könige erreichten sie in ihren Vimânas und führten sie hin zu den Ländern aus Feuer und Metall* (Osten und Norden)."

....

Und an anderer Stelle steht:

"... *Sterne* (Meteore) *fielen herab auf die Länder der Schwarzgesichtigen – aber sie schliefen."*

"Die sprechenden Tiere (die magischen Wächter) *blieben still."*

"Die niederen Herren warteten auf Anweisungen, aber es kamen keine, weil ihre Meister schliefen."

"Die Wasser stiegen und füllten die Täler von einem Ende der Erde zum anderen. Hochgelegene Länder blieben erhalten, und der Boden der Erde (die Länder der Antipoden) *blieb trocken. Dort lebten die Entflohenen, die Menschen mit Gelbgesichtern und geradem Blick* (die aufrichtigen, ehrlichen Menschen)."

"Als die Herren mit den dunklen Gesichtern erwachten und sich auf ihre Vimânas besannen, mit denen sie den steigenden Fluten entrinnen wollten, waren die Vimânas verschwunden."

Eine Textstelle erwähnt, daß einige der mächtigeren Magier mit dem "dunklen Gesicht", die vor den anderen erwacht waren, die Verfolgung derjenigen aufnahmen, die sie "beraubt" hatten und die Nachhut bildeten, denn *"die Völkerscharen, die weggeführt wurden, waren so zahlreich wie die Sterne der Milchstraße,"* wie es ein neuerer, im Sanskrit verfaßter Kommentar ausdrückt.

"Gleich dem Schlangenkörper eines Drachens, der sich allmählich entrollt, lockerte sich die Menge der von den Söhnen der Weisheit angeführten Menschensöhne und breitete sich aus wie der fließende Strom süßen Wassers ... Viele der Verzagten unter ihnen starben unterwegs. Aber die meisten wurden gerettet."

Aber die Verfolger – "weit überragten ihre Köpfe und Oberkörper das Wasser" – jagten sie "drei Mondzeiten lang", bis die steigenden Fluten sie schließlich einholten. Bis zum letzten Mann gingen sie unter, als der Boden unter ihren Füßen versank und die von ihnen entweihte Erde sie verschlang.

Das klingt weitgehend wie der ursprüngliche Stoff, auf den die ähnliche, aber viele Hunderttausende von Jahren spätere Geschichte im Buch *Exodus* zurückgeht.

---

[119] Die vier karmischen Götter, die in den Stanzen die vier Mahârâjahs genannt werden.

Wir wissen heute, daß die Biographie Mosis, seine Geburt, Kindheit und Rettung aus den Fluten des Nils durch die Tochter des Pharaos eine Adaptation der chaldäischen Erzählung über Sargon ist. Wenn das so ist, und das assyrische Ziegelbild im Britischen Museum scheint ein überzeugendes Beweisstück dafür zu sein, weshalb sollte dann dasselbe nicht auch auf die Geschichte vom Raub der ägyptischen Juwelen durch die Israeliten und vom Tod des Pharaos und seiner Armee usw. zutreffen? In den späteren Erzählungen können die riesigen Magier von Ruta und Daitya, die "Herren mit dem dunklen Gesicht", zu ägyptischen Magi geworden sein und die gelbgesichtigen Völker der Fünften Menschheit zu den tugendsamen Söhnen Jakobs, dem "auserwählten Volk" ... Eine zusätzliche Bemerkung noch: Es gab mehrere göttliche Dynastien. Für jede Menschheit, beginnend mit der Dritten, gab es eine Reihe dieser Dynastien, die alle auf die Menschheitszweige der jeweiligen Gesamtmenschheit ausgerichtet waren und ihr entsprachen. Die letzten sieben in den ägyptischen und chaldäischen Aufzeichnungen erwähnten Dynastien gehören der Fünften Menschheit an, deren Menschen allgemein Âryas genannt werden. Diese Bezeichnung stimmt allerdings nicht ganz, denn dazu gehörten viele zusätzliche Gruppierungen, denen die Ethnologie andere Namen gibt. Aus Platzgründen ist es uns hier nicht möglich, detaillierter auf die Beschreibung der Atlantier einzugehen, deren Existenz für den gesamten Osten so selbstverständlich ist, wie für uns die Existenz der alten Ägypter. Die atlantische Zivilisation war sogar noch bedeutender als die antike Zivilisation Ägyptens. Es waren die in ihrer Entwicklung regressiven Nachkommen der Atlantier, die Bewohner von Platons Atlantis, die Ägyptens erste Pyramiden bauten, und zwar mit Sicherheit vor dem Erscheinen der "östlichen Äthiopier", wie Herodot die Ägypter nennt. Dieser Schluß ist umso einleuchtender, wenn wir in Ammianus Marcellinus' *Geschichte des römischen Reiches* über die Pyramiden lesen, daß

> es dort auch unterirdische Gänge und gewundene Verstecke gibt, von denen gesagt wird, sie seien von Menschen, die wohlbewandert in den uralten Mysterien waren, durch die sie auch Fluten voraussagen konnten, an verschiedenen Stellen erbaut worden, damit die Erinnerung an ihre religiösen Zeremonien nicht verlorengeht.[120]

Diese Menschen, die "kommende Fluten voraussagen" konnten, waren keine Ägypter, denn denen waren Fluten – außer dem periodischen Ansteigen des Nilwassers – unbekannt. Wer also waren sie? Wir behaupten, daß es die letzten Überlebenden der Atlantier waren.

---

[120] XXII, xv, 29–30.

Anhand grober Berechnungen nehmen Ägyptologen an, daß die große Pyramide um 3350 v.u.Z. erbaut wurde und daß die Dynastie des Menes 750 Jahre vor der vierten Dynastie (die die Pyramiden erbaut haben soll) existierte. Somit hat Menes 4100 Jahre v.u.Z. gelebt. Nun hat aber George Rawlinson erklärt: "...*alle uns vorliegenden Fakten führ*(t)*en zu dem zwingenden Schluß*, daß die Ägypter bereits *vor dem Zeitalter des Menes und vielleicht sogar schon vor ihrer Einwanderung in das Niltal* riesige Fortschritte in allen zivilisatorischen Bereichen gemacht hatten."[121] Diese Feststellung ist äußerst vielsagend und untergräbt die Hypothese der Ägyptologen, denn sie postuliert eine große Zivilisation bereits in *prähistorischen* Zeiten und damit ein viel weiter zurückliegendes Altertum. Es war das Volk der *Shesu-Heru* ("Diener des Horus"), das Ägypten besiedelte, und, wie G. Maspero bestätigt, war es dieses *prähistorische* Volk, "dem die Anerkennung gebührt, das Ägypten gegründet zu haben, das wir seit dem Beginn der Geschichte kennen." Auch Staniland Wake bestätigt, es hätte "die bedeutendsten Städte und die wichtigsten Heiligtümer erbaut." Dies war die Zeit *vor* der Epoche der großen Pyramiden, als Ägypten gerade erst aus den Wassern aufgetaucht war. Aber "es besaß die für Ägypten typische hieroglyphische Schriftform (und) muß zivilisatorisch bereits große Fortschritte gemacht haben."[122] "Es war das Land der großen prähistorischen Tempelbauten, jener Zentren priesterlicher Macht, die für die Anfänge der Zivilisation von größter Wichtigkeit waren."[123] In welcher Zeit lebte dieses Volk? Laut Maspero 4000, höchstens 5000 Jahre v.u.Z. Und es wird gesagt, daß das Baujahr der großen Pyramide anhand des Zyklus von 25 868 Jahren (einem siderischen Jahr) annähernd festgestellt werden kann:

> Astronomen haben vorausgesetzt, daß der lange, vom Eingang abwärts führende enge Gang so angelegt worden ist, daß er in Richtung des Polarsterns der Pyramidenbauer wies, als gleichzeitig die Plejaden, besonders Alcyone im Zentrum der Gruppe, denselben Kulminationspunkt einnahmen ... und haben gezeigt, daß ... Alpha Draconis, der damalige Polarstern, in der entsprechenden Position ca. 3350 v.u.Z. und ebenfalls 2170 v.u.Z. stand (so Richard A. Proctor, zitiert in S. Wake).[124]

Aber dann wird folgendes hinzugefügt:

> Weil diese spezielle Position von Alpha Draconis und Alcyone insofern äußerst ungewöhnlich ist, als sie sich ein ganzes siderisches Jahr lang nicht

---

[121] George Rawlinson, *History of Herodotus*, Bd. 2, S. 345.
[122] S. Wake, *The Great Pyramid*, S. 36–37.
[123] Lenormant, *Ancient History of the East*, Bd. 2, S. 51 et seq.
[124] S. Wake, *op. cit.*, S. 6–7.

wiederholt, wird angenommen, daß sie den Zeitpunkt des Baus der großen Pyramide markiert.[125]

Das bedeutet, daß die große Pyramide vor 78 000 Jahren erbaut worden sein muß, denn der Dendera-Tierkreis schließt den Verlauf von drei siderischen Jahren ein. Zumindest aber sollte dies als Möglichkeit ebenso akzeptabel sein wie das spätere Datum von 3350 v.u.Z.

Da die Tierkreiszeichen eines bestimmten Tempels im hohen Norden Indiens dieselben Merkmale aufweisen wie die Zeichen des Dendera-Tierkreises, können Kenner hinduistischer Symbole und Konstellationen anhand der ägyptischen Zeichen herausfinden, ob die obige Chronologie korrekt ist oder nicht.

Die Lebenszeit der letzten drei Menschheitsfamilien des vierten Menschheitszweigs in der Fünften Evolutionsperiode der Menschheit muß jeweils 25 000 bis 30 000 Jahre betragen haben. Die erste der drei (die "Ârya-Asiaten") war Zeuge des Untergangs der letzten Bevölkerungen der "riesigen Atlantier",[126] die vor ungefähr 850.000 Jahren, gegen Ende der Miozänperiode, zugrunde gingen (die Ruta und Daitya-Inselkontinente). Und der vierte Menschheitszweig sah die Vernichtung des letzten Überrests der Atlantier – der Ârya-Atlantier auf der letzten atlantischen Insel vor ungefähr 11 000 Jahren. Zum besseren Verständnis empfiehlt es sich, einen Blick auf den abgebildeten Stammbaum der Fünften Menschheit zu werfen, jener Menschheit, die oft und fälschlicherweise als Ârya-Menschheit bezeichnet wird, und die dazugehörigen Erklärungen zu studieren.

Auf keinen Fall sollte der Leser vergessen, was in dem vorliegenden Werk über die verschiedenen Teile der Sieben Menschheiten und ihre Evolution gesagt und in Sinnetts *Esoteric Buddhism* so klar und eindeutig erklärt wird:

1. Es gibt sieben RUNDEN in jedem Manvantara. Wir befinden uns gegenwärtig in der vierten Runde und der Evolutionsperiode der Fünften Menschheit.

2. Jede Menschheit hat sieben Menschheitszweige.

3. Jeder Menschheitszweig hat seinerseits sieben Verzweigungen, die man als "Menschheitsfamilien" bezeichnen kann.

---

[125] *ibid.*

[126] Der Leser darf sich durch die Bezeichnung "Atlantier" nicht irreführen lassen. Es handelt sich dabei nicht etwa um eine einzige Menschheit oder um ein Volk. Das wäre z.B. etwa so, als spräche man von "den Asiaten". Die Atlantier, zahlreich, vielgestaltig und unterschiedlich, repräsentierten mehrere *Menschheiten*, zahllose Ethnien und Völker, die größere Unterschiede aufwiesen, als etwa heutzutage "die Europäer", wollte man derartige Bezeichnungen unterschiedslos auf unsere existierenden Erdteile anwenden ... Es gab braune, gelbe, weiße und schwarze Atlantier, Riesen und Zwerge ...

4. Die kleinen Triebe, Schößlinge und Verästelungen der Menschheitsfamilien sind äußerst zahlreich und existieren in Abhängigkeit von karmischen Ereignissen. Wenn wir uns die Genealogie, den abgebildeten "Stammbaum" genau betrachten, wird dies verständlicher werden. Das abgebildete Diagramm soll dem Leser zumindest annähernd eine Vorstellung vermitteln, gerade weil die unterschiedlichen Bezeichnungen, die im Laufe der Zeit für die verschiedenen Einteilungen der Menschheit gebraucht worden sind, viel Verwirrung gestiftet haben. Außerdem versuchen wir, durch Zahlenangaben, aber natürlich nur in Annäherungswerten und zu Vergleichszwecken, zeitliche Umfänge anzugeben, wodurch zumindest die Möglichkeit gegeben ist, die verschiedenen Einteilungen der Menschheit klar zu unterscheiden. Jeder Versuch, einigen dieser Teile exakte Daten zuzuschreiben, würde zu hoffnungsloser Verwirrung führen, denn die Menschheiten, Menschheitszweige etc., etc. bis hin zu ihren kleinsten Verästelungen, überschneiden sich und sind so eng miteinander verwoben, daß es praktisch unmöglich ist, sie als getrennte Einheiten zu sehen.

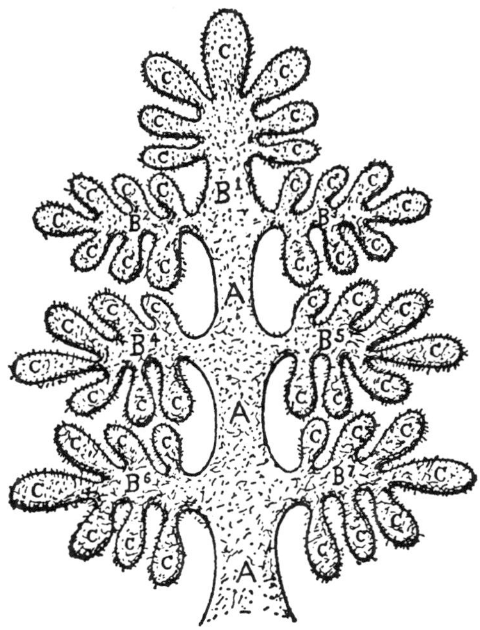

Die menschliche Spezies kann graphisch am besten als Baum dargestellt werden. Dabei stellt der Hauptstamm des Baumes die GESAMTE MENSCHHEIT (A) dar. Die größeren Äste sind die verschiedenen MENSCHHEITSZWEIGE, insgesamt sieben (B1, B2, etc.). An jedem dieser Äste befinden sich sieben weitere Zweige oder MENSCHHEITSFAMILIEN (C). Noch besser entspricht dieser Darstellung eine Kaktuspflanze, denn ihre "Blätter" sind mit spitzen Nadeln bedeckt, von denen eine jede ein Volk oder einen Menschenstamm repräsentiert.

Unsere Fünfte Menschheit existiert nun schon – als eine Menschheit *sui generis* und losgelöst von ihrem ursprünglichen Stamm[127] – seit ungefähr 1 000 000 Jahren.

[127] (Mit "'dem ursprüngliche Stamm' der Fünften Menschheit "ist die Vierte Menschheit gemeint. Trotz der enormen Überschneidungen auf die H.P.B. wiederholt hinweist, sagt sie hier, daß die Fünfte Menschheit, separat von der Vierten, ihrem Ursprungsstamm, bereits ca. 1 000 000 Jahre existiert. So wäre die Vierte Menschheit der Ursprung der Fünften. Die Terminologie ist an dieser Stelle etwas unklar, denn die Autorin vergleicht eine Menschheit mit dem Stamm eines Baumes, und dessen Zweige mit den Menschheitszweigen und weitere Verzweigungen mit den "Menschheitsfamilien". Gemeint sein muß aber, daß die Vierte Menschheit der Ursprungsstamm der Fünften Menschheit ist. - David Reigle in einer Mitteilung vom 7. 7. 1998 an den Herausgeber).

Daraus muß der Schluß gezogen werden, daß jeder der vier bisherigen Menschheitszweige eine Lebensdauer von etwa 210 000 Jahre hatte und daß somit jede Menschheitsfamilie durchschnittlich etwa 30 000 Jahre lebt. Die europäische "Menschheitsfamilie" hat also noch recht viele Tausende von Lebensjahren vor sich, wobei sich aber die Völker, oder die unzähligen Stacheln, mit jeder der im allgemeinen drei- oder viertausend Jahre währenden neuen "Saison" verändern. Interessant und bemerkenswert ist dabei die annähernde Übereinstimmung der Lebenszeit einer Menschheitsfamilie und eines siderischen Jahres.

Das hier aufgeführte Wissen sowie die vollständigen und exakten Zeiteinteilungen waren integraler Bestandteil der Mysterien. Es waren Wissenschaften, die die Initiaten erlernten, und die von einem Eingeweihten zum anderen überliefert wurden.

SCHLUSSBETRACHTUNG

Der zur Verfügung stehende Raum läßt nicht zu, mehr zu sagen und so muß dieser Teil der "Geheimlehre" beendet werden. Außerdem sind die 49 Shlokas und die wenigen hier veröffentlichten Auszüge aus den *Kommentaren* die Gesamtheit des Wissens, das in diesen Bänden veröffentlicht werden darf. Zusammen mit noch älteren Aufzeichnungen, zu denen nur die höchsten Eingeweihten Zugang haben, und einer weiteren großen Sammlung von Kommentaren, Glossaren und Erklärungen bilden unsere Texte eine Übersicht der Ursprungsgeschichte des Menschen.

Die enorme zeitliche und räumliche Ausdehnung jener Perioden, die zwischen der Vierten und der Fünften Menschheit liegen – einschließlich der historischen[128] und auch der legendären Anfänge der letzteren – ist so überwältigend, daß eine detailliertere Beschreibung selbst für theosophisch geschulte Leser nicht möglich wäre. Während der Zeitalter, die der Diluvialzeit folgten, als in gewissen Epochen große und verheerende geologische Umwälzungen stattfanden, wurden so viele ethnische Gruppierungen und Völker geboren und verschwanden fast spurlos wieder, daß selbst der Versuch, sie zu beschreiben praktisch unmöglich bzw. ohne Bedeutung wäre.

Es ist der Verfasserin nicht möglich, mit Sicherheit zu sagen, ob die Meister der Weisheit eine komplette, fortlaufende Geschichte unseres Menschengeschlechts von den Anfängen bis zur Gegenwart aufbewahren, ob sie also im Besitz lückenloser Aufzeichnungen über den Menschen sind, seit er ein vollkommen entwickeltes körperliches Wesen und damit zum König der Tierwelt und Beherrscher dieser Erde wurde. Aber es ist wahrscheinlich und entspricht unserer persönlichen Überzeugung. Stimmt unsere Annahme, so ist dieses Wissen ausschließlich den höchsten Initiierten vorbehalten, die es sicherlich ihren Schülern nicht anvertrauen. Deshalb kann die Autorin nur weitergeben, was sie selbst gelehrt wurde, nicht mehr. Aber sogar das wird dem normalen, nicht spirituell vorbereiteten Leser eher wie ein ausgefallener, phantastischer Traum vorkommen und nicht wie eine mögliche Realität. Denn warum, so könnte man fragen, sollte den Werken der Autorin von *Isis entschleiert* und der *Geheimlehre* eine andere Behandlung zuteil werden, wenn man bedenkt, daß die Realität Trojas ebenso geleugnet wurde, wie Herculaneum und Pompeji als Märchen erklärt und die Reisen Marco Polos belächelt und absurd genannt wurden, ähnlich den Lügengeschichten des Barons von Münchhausen –?

[128] Wir sagen "historisch", weil Ereignisse zur Geschichte gehören, sobald sie bekannt und als geschichtlich akzeptiert sind, obwohl Historiker die Zeiträume, die zwischen gewissen Ereignissen und der heutigen Zeit liegen, in geradezu absurder Weise verkürzt haben. So ist auch der Trojanische Krieg ein historisches Ereignis, fand allerdings nicht zum allgemein angenommenen Datum ca. 1000 v.u.Z. statt, sondern eher 6000 als 5000 Jahre v.u.Z.

Als Leverrier und Adams die durch ihre Kalkulationen errechnete Existenz eines Planeten voraussagten, behaupteten gewisse Kreise im Brustton der Überzeugung, der errechnete Planet sei ein ganz anderer, der den beiden Forschern in die Quere gekommen sei, weil er sich in heimlicher und ungehöriger Weise in der Nähe des errechneten Himmelskörper aufgehalten habe. *Die Neigung zur Verdächtigung des Betrugs ist stärker als die Neigung zum Betrug selbst.*

Nun ja. Kein Zweifler, für den die *Geheimlehre* nichts als "Schwindel" ist, soll gezwungen oder gar aufgefordert werden, unsere Darstellungen ernstzunehmen. Außerdem besteht keine Notwendigkeit, die okkulten Wissenschaften und die alten Lehren ernstzunehmen, solange man nichts über die eigene Seele weiß oder zumindest an sie glaubt. Bisher ist noch nie eine große Wahrheit *a priori* als solche akzeptiert worden. Gewöhnlich dauert es ein bis zwei Jahrhunderte, ehe im menschlichen Bewußtsein Erkenntnisse, die nicht durch sichtbare Entdeckungen sofort nachweisbar sind, als mögliche Wahrheiten aufdämmern. Die Wahrheiten von heute sind die Unwahrheiten und Irrtümer von gestern – und umgekehrt. Erst im 20. Jahrhundert wird dieses Werk teilweise, wenn nicht gar insgesamt, seine Rechtfertigung finden.[129]

In unserem Werk ist in ausreichender Form dargestellt worden, daß die Evolution insgesamt, also Ereignisse ebenso wie die Menschheit und alles andere in der Natur, zyklisch fortschreitet. Wir erwähnten Sieben Menschheiten, d.h. sieben menschliche Evolutionsstufen oder -perioden, von denen fünf ihre irdische Laufbahn fast vollendet haben, und haben jede dieser Menschheiten, samt ihren Menschheitszweigen und deren unzähligen Stammes- und Gruppenzweigen, als vollständig verschieden von der jeweils vorhergegangenen und nachfolgenden dargestellt.

Aber ich glaube, unser Entwurf wird keine Akzeptanz finden. Es wird gesagt werden, daß der Mensch, wie auch immer seine Erscheinungsformen in prähistorischer Zeit gewesen sein mögen, und abgesehen von gewissen in unserem Zeitalter vorkommenden Variationen, in Zukunft keinen Veränderungen unterworfen sein wird. Woraus folgt, daß unsere Sechste und Siebte Menschheit Erfindungen sind. Aber darauf müssen wir zum wiederholten Mal erwidern: *Woher wollt ihr das wissen*? Eure Erfahrungen beschränken sich auf wenige Jahrtausende, auf weniger als einen einzigen Tag im Dasein der Menschheit und auf die heutigen Formen der Kontinente und Inseln unserer Fünften Menschheit. Woher wollt ihr wissen, was kommen oder auch nicht kommen wird? Nun, jedenfalls sind die Prophezeiungen und Darstellungen der geheimen Bücher klar und eindeutig.

---

[129] (Eine bemerkenswerte Voraussage im Hinblick auf die von dem Tibetologen David Reigle vor wenigen Jahren vorgelegten und hier auf S. 540 vom Autor für unsere Studienausgabe aktualisierten, erstmalig veröffentlichten Forschungsergebnisse über die Herkunft der Stanzen des Dzyan. Vgl. D. Reigle, "Die Bücher des Kiu-te und die Stanzen des Dzyan" in: Hank Troemel, Hg., *Theosophie und Buddhismus*, Satteldorf, 1994, S. 78–87. H.T.)

Obwohl seit den Anfängen der Atlantis-Menschheit Millionen von Jahren vergangen sind, waren die letzten der noch mit Ârya-Wesenszügen vermischten Atlantier bis zur Zeit vor 11 000 Jahren vorhanden. Das beweist die weitreichenden Überschneidungen der aufeinanderfolgenden Menschheiten, wobei die älteren ihre Wesensmerkmale und äußeren Erscheinungsformen verlieren und die neuen Charakteristika der jüngeren annehmen. Dies ist nachweislich so in allen vermischten Menschheitstypen. Die okkulte Philosophie lehrt, daß auch in unserer Zeit, vor unseren eigenen Augen, die neue Menschheit und neue Menschheiten im Entstehen sind, und daß sich diese Transformation in Amerika vollziehen wird und im stillen bereits begonnen hat. Die Amerikaner Nordamerikas, noch vor 300 Jahren größtenteils reine Angelsachsen, sind durch das intensive Zusammenleben verschiedener Völker und durch Mischehen bereits ein eigenes Volk und beinahe ein Menschheitszweig *sui generis* geworden, nicht nur geistig, sondern auch physisch.

So wurden die Amerikaner in nur drei Jahrhunderten erstmals ein "primärer" Menschheitszweig, ehe sie nun zu einem eigenen werden, der sich von allen anderen jetzt existierenden Menschheitstypen unterscheiden wird. Sie sind, kurz gesagt, der Keim des *sechsten* Menschheitszweigs. In ein paar hundert Jahren werden sie die Wegbereiter des mit neuen Eigenschaften ausgestatteten Menschheitszweig sein, der dem derzeitigen europäischen bzw. fünften Menschheitszweig folgen muß. Später, in etwa 25 000 Jahren, werden sie mit den Vorbereitungen für den siebten Menschheitszweig beginnen, bis schließlich, als Folge von verheerenden geologischen Umwälzungen, die Sechste Menschheit unserer Runde in Erscheinung treten wird. Diese Umwälzungen werden Teil der ersten Serie von Katastrophen sein, die eines Tages sowohl Europa und in der Folge den gesamten Ârya-Menschheitszweig (mit Auswirkungen auf die beiden Amerikas), als auch den größten Teil der Länder zerstören werden, die an den Grenzen unseres Kontinents und seiner Inseln liegen. Wann wird diese Sechste Menschheit erscheinen? Wer soll das wissen. Vielleicht die großen Meister der Weisheit, aber die sind so schweigsam wie die schneebedeckten Gipfel ihrer Heimat. Wir wissen nur, daß sie in aller Stille kommen wird, so still und unbemerkt, daß ihre Wegbereiter – ungewöhnliche Kinder, die zu ungewöhnlichen Frauen und Männern heranwachsen – Jahrtausende lang in körperlicher und geistiger Hinsicht als Sonderlinge gelten werden. Sie werden aber mit jedem Zeitalter immer zahlreicher und eines Tages die Mehrheit bilden. Dann werden die jetzigen Menschen als ungewöhnliche Mischlinge gelten, bis sie in den zivilisierten Ländern aussterben und nur in kleineren Gruppierungen auf Inseln – den heutigen Bergspitzen – überleben, wo sie aber – vielleicht erst nach Millionen von Jahren – ebenfalls aussterben werden. Die Erinnerung an die Existenz vergangener Menschheiten ist den heutigen Generationen genauso entschwunden, wie wir aus dem Gedächtnis der Menschheit der Sechsten Evolutionsperiode entschwinden werden. Für Hunderte von Jahrtausenden werden die Menschheiten der Fünften und der

Sechsten Evolutionsstufen ineinander übergreifen, wobei die Menschheit der Fünften langsamere Veränderungen durchlaufen wird, als ihre Nachfolgerin. Nichtsdestoweniger aber wird sich ihre Körperbeschaffenheit und Mentalität verändern, gleich der Vierten während des Übergreifens in unsere Ârya-Menschheit und gleich der Dritten im selben Stadium beim Übergang zu den Atlantiern.

Dieser Prozeß der Vorbereitung auf den Beginn der großen Evolutionsperiode der Sechsten Menschheit dauert während des Entwicklungsverlaufs der gesamten sechsten und siebten Menschheitszweige an (*vide supra* das Diagramm des Stammbaumes der Fünften Menschheit). Aber die *letzten* Überreste des fünften Kontinents werden erst einige Zeit nach der Geburt der *neuen* Menschheit untergehen, wenn eine andere, *neue* Heimat, nämlich der sechste Kontinent über den *neuen* Wassern der Erde erscheint und die neuen Fremdlinge aufnimmt. Dorthin werden auch alle auswandern, die das Glück haben, dem allgemeinen Untergang zu entrinnen. Wie schon gesagt weiß die Autorin nicht, wann das sein wird. Aber gerade so wie nichts in der Natur sich sprunghaft entwickelt und auch aus Kindern nicht plötzlich Erwachsene werden, kann mit Sicherheit gesagt werden, daß der endgültigen Katastrophe viele kleinere Untergänge und Zerstörungen durch Überschwemmungen und Vulkanausbrüche vorausgehen werden. Die Herzen werden höher schlagen in dem jetzt in den amerikanischen Gebieten lebenden Menschheitszweig, aber sobald die Sechste Menschheit ihren Anfang nimmt, wird es keine Amerikaner mehr geben – ebenso wenig übrigens wie es dann noch Europäer geben wird –, denn sie werden eine *neue Menschheit mit vielen neuen Völkern* geworden sein. Aber da die Fünfte nicht umgehend aussterben, sondern für einen gewissen Zeitraum überleben wird, wird sie durch ihr viele hundert Jahrtausende währendes Überfließen in die neue Menschheit mit dieser transformiert werden. Ihre Transformation wird allerdings langsamer fortschreiten, als die ihrer Nachfolgerin. Trotzdem wird sich ihre geistige und allgemeine Körperbeschaffenheit und ihre äußere Gestalt völlig verändern. Die Menschheit wird sich nicht nochmals in Körpern von Riesen verwirklichen, wie zu Zeiten der Lemurier und Atlantier. Damals wurde die Vierte Menschheit in ihrer Evolutionsperiode zum tiefsten Punkt dichter Stofflichkeit geführt. Dagegen befindet sich unsere derzeitige Menschheit, die Fünfte, im aufsteigenden Segment ihres Evolutionsbogens. Und die Sechste wird sich ihrer materiellen Fesseln, ja des physischen Körpers zügig entledigen.

Somit ist sie die Menschheit der Neuen Welt (einer Welt übrigens, die viel älter als unsere Alte Welt ist – auch das ist etwas, das die Menschen vergessen hatten), ist also die Menschheit von *Pâtâla*, der Neuen Welt,[130] deren Aufgabe und Karma es ist,

[130] (*Pâtâla*, Antipoden; im Zusammenhang hier: "die beiden Amerikas", cf. *Theosophical Glossary*, London, 1892, S. 251. H.T.)

den Grundstock zu legen für eine zukünftige Menschheit, so großartig, daß sie alle uns bisher bekannten überragen wird. Zyklen der Spiritualität und eines vollkommen entwickelten Geistes werden die Zyklen der Materie ablösen. Der Gesetzmäßigkeit des parallelen Verlaufs von Geschichte und menschheitlichen Evolutionsstufen entsprechend, wird die Menschheit der Zukunft mehrheitlich aus großen Adepten bestehen. Da die Menschheit einer zyklischen Bestimmung unterworfen ist, kann keiner ihrer Teile seiner unbewußt vorhandenen Aufgabe entrinnen oder sich der Pflicht zur Zusammenarbeit mit der Natur entledigen. So wird jeder Zweig der Menschheit die ihm aufgegebene zyklische Pilgerfahrt durchlaufen. Klimatische Zustände sind schon jetzt Veränderungen unterworfen. Fortlaufend wird in jedem tropischen Jahr[131] jeweils ein Menschheitszweig zurückgelassen, aber ein neuer, im aufsteigenden Zyklus höher angesiedelter tritt in Erscheinung. Dabei kommt es vor, daß so manche von der Natur weniger begünstigte Gruppen aus der Menschheitsfamilie verschwinden, ohne eine Spur zu hinterlassen.

Das ist der Verlauf der Natur unter dem KARMISCHEN GESETZ, der immer gegenwärtigen, immer werdenden Natur. In den Worten eines nur wenigen Okkultisten bekannten Weisen: "GEGENWART IST DAS KIND DER VERGANGENHEIT, ZUKUNFT DAS KIND DER GEGENWART. UND DOCH, O AUGENBLICK! WEISST DU NICHT, DASS DU KEINE ELTERN HAST, KEINE KINDER GEBÄREN KANNST, DASS DU IMMER NUR DICH SELBST ERZEUGST? EHE DU AUCH NUR BEGINNEN KANNST ZU SAGEN 'ICH BIN NACHKOMME DES VERGANGENEN AUGENBLICKS, KIND DER VERGANGENHEIT', BIST DU SELBST DIESE VERGANGENHEIT GEWORDEN. EHE DU DIE LETZTE SILBE SPRICHST, SIEHE! DU BIST NICHT MEHR GEGENWART, SONDERN FÜRWAHR JENE ZUKUNFT. SO SIND VERGANGENHEIT, GEGENWART UND ZUKUNFT DIE EWIGE DREIHEIT IN DER EINHEIT – MAHÂMÂYÂ DES ABSOLUTEN IST."

---

[131] (Boris de Zirkoff erläutert: 'H.P.B. benutzt die Ausdrücke *tropisches Jahr* und *siderisches Jahr* als Bezeichnungen für einen Präzessionszyklus von 25 900 normalen Jahren (...)" Siehe *The Secret Doctrine* Bd. II, Adyar, 1993, S. 806, Fußnote 21. H.T.)

H.P. BLAVATSKY

DIE PROTOKOLLE DER LONDONER STUDIENKONFERENZEN ZUR *GEHEIMLEHRE*

Boris de Zirkoff

EINFÜHRUNG
ZU DEN PROTOKOLLEN DER LONDONER STUDIENKONFERENZEN ZUR *GEHEIMLEHRE* MIT H.P. BLAVATSKY

Im März 1890 und im Januar 1891 veröffentlichte der Verlag Theosophical Publishing Society in London jeweils einen dünnen Band unter dem Titel *Transactions of the Blavatsky Lodge of the Theosophical Society,* Teil I und Teil II. Die Bände erschienen gleichzeitig in New York unter der Herausgeberschaft von William Quan Judge. Sie enthielten Diskussionen über einige der Stanzen im ersten Band der *Geheimlehre,* die in Sitzungen der Londoner Blavatsky-Loge stattfanden, und in denen H. P. Blavatsky einige recht abstruse Fragen über die Lehren der Esoterischen Philosophie beantwortete.

Im ersten Teil sind die in der Lansdowne Road Nr. 17, London, abgehaltenen Sitzungen vom 10., 17., 24. und 31. Januar 1889 protokolliert, worin die Stanzen I und II behandelt wurden. In einem Anhang unter dem Titel "Über das Träumen" wurde eine "Zusammenfassung der in mehreren vor den 'Studienkonferenzen zur *Geheimlehre*' veranstalteten Sitzungen diskutierten Lehren" H. P. Blavatskys veröffentlicht.[1]

Der zweite Teil enthält die Protokolle der am 7., 14., 21. und 28. Februar und am 7. und 14. März 1889 abgehaltenen Sitzungen. Bei diesen Treffen wurden die Stanzen II, III und IV behandelt.

In einer den Protokollen vorangestellten Anmerkung wird darauf hingewiesen, daß "alle Antworten den stenographischen Niederschriften entsprechen und die Esoterische Philosophie so wiedergeben, wie H. P. Blavatsky sie persönlich gelehrt hat." In einer Rezension des ersten Teils der "Protokolle" wird in der Zeitschrift *Lucifer* (London, Jahrgang VI, vom April 1890, S. 173-174) unter anderem betont, es gebe "noch genügend Material, um fünf weitere Ausgaben zum selben Thema zu füllen." Hier mag es sich um das Material des zweiten Teils gehandelt haben, das zum Zeitpunkt der Rezension noch nicht veröffentlicht worden war. Aber weitaus schwieriger zu verstehen ist der in der Einführung zu *beiden Teilen* der "Protokolle" enthaltene Hinweis, sie entsprächen der "stenographischen Mitschrift während der Sitzungen der Blavatsky-Loge der Theosophischen Gesellschaft vom 10. Januar bis *20. Juni* 1889..." (Hervorhebungen des Autors).

Somit ist anzunehmen, daß *nach* dem 14. März 1889, dem Datum der letzten veröffentlichten Diskussionsrunde, noch weitere Sitzungen ähnlichen Inhalts statt-

[1] (S. 476 bis 493 in dieser Studienausgabe. H.T.)

fanden. H.P.B. hielt sich bis zur Mitte des Sommers 1889 in London auf; im Juli 1889 reiste sie nach Frankreich, wo sie in Fontainebleau den größten Teil der *Stimme der Stille* schrieb. Von dort reiste sie nach St. Heliers, Jersey, und kehrte erst Mitte August nach London zurück. Es ist also sehr wahrscheinlich, daß die Sitzungen der Blavatsky-Loge bis zur Abreise H.P.B.s nach Frankreich weitergeführt wurden und daß in diesen Sitzungen Diskussionen zu denselben oder ähnlichen Themen stattfanden, die in den veröffentlichten "Protokollen" enthalten sind.

Im November 1889, also vor der Veröffentlichung des ersten Teils der "Protokolle", schrieb George S. Mead, der Sekretär der Blavatsky-Loge, im *Lucifer* (Jahrgang V, S. 178) die folgende "Mitteilung an alle, die ihr Interesse an den 'Protokollen der Londoner Studienkonferenzen zur *Geheimlehre* mit H. P. Blavatsky' bekundet haben":

> Die stenographisch festgehaltenen Diskussionen über den ersten Band der *Geheimlehre* waren von derart schwieriger Natur, daß ein großer Teil der vorliegenden Mitschrift substantiell völlig unbrauchbar ist. Eine Revision und Neuformulierung mußte also unternommen werden, und diese Arbeit, die einer der meistbeschäftigten Mitarbeiter in der Lansdowne Road Nr. 17 übernommen hat, macht gute Fortschritte. Aber eine weitere Revision und Bearbeitung der Texte ist nötig, ehe sie veröffentlicht werden können – und das ist eine Aufgabe, die nur H.P.B. selbst übernehmen kann. Diese Aufarbeitung kommt jedoch wegen H.P.B.s vielen anderen Pflichten nur langsam voran. Wir hoffen, daß diese Erklärung die Ungeduld unserer Freunde etwas besänftigen kann.

Daß ein gewisser Teil des von Mead erwähnten und später unter dem Titel *Transactions* ("Protokolle der Londoner Studienkonferenzen zur *Geheimlehre* mit H. P. Blavatsky") in zwei Teilen herausgegebenen Manuskripts Material enthielt, das in den Sitzungen vom Januar, Februar und Anfang März diskutiert worden war, ist offensichtlich. Weil Meads "Mitteilung" aber erst ziemlich lange *nach* den Sitzungen von Ende März, April, Mai und Juni 1889 erschien, ist die Annahme mit großer Wahrscheinlichkeit richtig, daß ihm auch Material aus diesen späteren Sitzungen vorlag, besonders wenn man die Anmerkungen berücksichtigt, die den beiden Bänden vorangestellt worden waren. Weitere Unterstützung findet diese Annahme durch die Tatsache, daß im *Lucifer* vom Oktober 1890 (Jahrgang VII, S. 165), also nach der Veröffentlichung des ersten Teils und vor dem Erscheinen des zweiten Teils der *Transactions*, mitgeteilt wurde, die Mitschriften der *Transactions* bestünden "aus vierundzwanzig großen, handschriftlichen Folioblättern, wovon vier bereits gedruckt wurden." Wenn *vier* dieser Folioblätter bereits den ersten Teil der *Transactions* ausmachen (veröffentlicht im März 1890) – mit oder ohne den Text

"Über das Träumen" –, und wenn der zweite Teil kürzer als der erste war, dann liegt auf der Hand, daß ein großer Teil der vierundzwanzig Folioblätter niemals in gedruckter Form veröffentlicht worden ist.

Als einen weiteren Beweis für die Richtigkeit dieser These dürfen wir die unzweideutige Aussage von Alice Leighton Cleather nicht übersehen, die im Februar 1891 in einem ihrer regelmäßig aus London versandten Informationsbriefe schrieb: "Der zweite Teil der 'Transactions – Blavatsky-Loge' ist erschienen, und der dritte folgt in Kürze." (*The Theosophist*, Jahrgang XII, April 1891, S. 438).

Knapp zwei Jahre nach H.P.B.s Tod, im Februar und März 1893, wurde im *Lucifer* eine Reihe von hinterlassenen Notizen aus H.P.B.s Feder unter der Überschrift "Anmerkungen zum Johannes-Evangelium" veröffentlicht (Jahrg. XI, Nr. 66 und Jahrg. XII, Nr. 67). In seiner Einführung zu den beiden Teilen schrieb R. S. Mead, diese "Anmerkungen" seien die Diskussionsgrundlage für die im Oktober 1889 abgehaltenen Sitzungen der Blavatsky-Loge gewesen. Da die "Anmerkungen zum Johannes-Evangelium" ein Zitat aus G.R.S. Meads eigener Übersetzung der gnostischen *Pistis-Sophia* enthalten, die 1890 in der April-Ausgabe des *Lucifer* als erster Teil einer Serie erschienen war, und diese Ausgabe der Zeitschrift dafür als Quelle angeben, ist es wahrscheinlich, daß die "Anmerkungen" entweder *nach* dem April 1890 oder vielleicht sogar nach H.P.B.s Tod (Mai 1891) überarbeitet und zur Veröffentlichung vorbereitet wurden.

Das von Mead erwähnte Datum, also der Oktober 1889, läßt die Annahme plausibel erscheinen, daß es sich bei den "Anmerkungen" in der Tat um Material handelt, das als Diskussionsgrundlage für die Studienabende der Blavatsky-Loge diente, die *nach* H.P.B.s Rückkehr von ihrer Frankreichreise abgehalten wurden. Aber selbst wenn man in Erwägung zieht, daß das Manuskript dieses Materials Teil der erwähnten "vierundzwanzig großen handschriftlichen Folioblätter" sein könnte, was wegen der verschiedenen Datumsangaben höchst unwahrscheinlich ist, steht man immer noch vor der Tatsache eines aus welchen Gründen auch immer verschwundenen und mit Sicherheit niemals veröffentlichten Teils der *Transaction*-Dokumente.

Was die Authentizität des gesamten Materials betrifft, so sei die folgende Passage aus einem Brief William Kingslands, eines der engsten Londoner Mitarbeiter H.P.B.s, an Dr. Henry T. Edge, einen ihrer persönlichen Studenten, der später nach Point Loma in Kalifornien übersiedelte, zitiert:

> "... Ich kann mich gut daran erinnern, daß H.P.B. an jeder der Sitzungen teilnahm. Die 'Transactions' wurden zum Teil aus Mitschriften ihrer Antworten zusammengestellt, aber jede einzelne dieser Antworten wurde von H.P.B. überarbeitet, ehe sie in Druck gingen. Es handelt sich nicht einfach um wörtliche Wiedergaben ihrer damaligen Äußerungen; es sind vielmehr in jeder Beziehung ihre eigenen authentischen Antworten."

"TRANSACTIONS OF THE BLAVATSKY LODGE"

DIE PROTOKOLLE DER LONDONER STUDIENKONFERENZEN ZUR *GEHEIMLEHRE* MIT H. P. BLAVATSKY

1. TEIL

1. Konferenz

Thema:

DIE STANZEN DER *GEHEIMLEHRE* – KOSMOGENESIS

STANZE 1

Shloka 1. DIE EWIGE ALLMUTTER (Raum), EINGEHÜLLT IN IHRE IMMER UNSICHTBAREN GEWÄNDER, HATTE WIEDER SIEBEN EWIGKEITEN IN TIEFEM SCHLAF VERBRACHT.

Frage: *Raum als abstrakte Idee wird im Proem wie folgt erklärt:*

> ... (D)ie absolute Einheit (kann nicht) in die Unendlichkeit übergehen, weil Unendlichkeit die grenzenlose Ausbreitung und Dauer von *etwas* voraussetzt. Und ... das eine All (ist) weder Objekt noch Subjekt der Wahrnehmung – gleich dem Raum, der die einzige geistige und physische Repräsentation dieses einen Alls auf dieser Erde, also auf unserer Existenzebene ist. Würde man das Ewige Grenzenlose All, die Allgegenwärtige Einheit als ein durch periodische Manifestation w e r d e n d e s vielfältiges Universum postulieren, sozusagen als eine multiple Persönlichkeit, anstatt als S e i n in Ewigkeit, dann würde diese Einheit aufhören eine solche zu sein. Lockes Idee, "reiner Raum (sei) weder zum Widerstand noch zur Bewegung fähig," ist nicht korrekt. Raum ist weder "grenzenlose Leere" noch "begrenzte Fülle", sondern beides, denn er ist im Bereich absoluter Abstraktion die niemals erkennbare Gottheit, leer nur für den begrenzten Verstand, und im Bereich *mâyâvischer* Wahrnehmung ist er das Gefäß, das alles Seiende enthält, ob manifestiert oder nicht: deshalb ist er das ABSOLUTE ALL. Es besteht kein Unterschied zwischen den Worten des christlichen Apostels: "In Ihm leben, weben und

sind wir" und denen der indischen Rishis: "In Brahman (Brahmâ) lebt das Universum, aus ihm kommt es, und zu ihm kehrt es zurück," denn Brahman (neutrum), das nicht Manifestierte, ist das Universum *in abscondito*, und Brahmâ, das Manifestierte, ist der Logos, männlich-weiblich in der Symbolik orthodoxer Dogmen, während der Gott des initiierten Apostels und des Rishis sowohl der unsichtbare als auch der sichtbare RAUM ist. In der esoterischen Symbolik wird Raum als "siebenhäutiges Ewiges Mutter-Vater"-Prinzip dargestellt. Von seiner Undifferenziertheit bis zu seiner differenzierten Oberfläche besteht es aus sieben Schichten. "Was ist es, das war, ist und sein wird, ob es ein Universum gibt oder nicht, ob es Götter gibt oder nicht?," fragt der esoterische Senzar-Katechismus. Seine Antwort ist: "RAUM".[2]

Aber warum wird die Ewige Allmutter, der Raum, als weiblich dargestellt?

H.P.B.: Das ist nicht immer der Fall. In dem oben zitierten Text wird der Raum als "Ewiges Mutter-Vater"(-Prinzip) bezeichnet. Es ist natürlich unmöglich Parabrahman zu definieren, sobald aber so wie hier von dem ersten Etwas gesprochen wird, das erkannt werden k a n n, dann muß es als weibliches Prinzip bezeichnet werden. In allen Kosmogonien wurde die erste Differenzierung als weiblich betrachtet: Es ist die Mulaprakriti, die Parabrahman verbirgt oder mit einem Schleier umgibt, Sephirah, das *Licht*, das als erste Emanation von Ain-Soph ausgeht, und in Hesiods *Theogonie* entspringt Gäa dem Chaos und kommt vor Eros (*Theog.*, IV, 201–246). Das wiederholt sich in allen weiteren, weniger abstrakten Schöpfungen, wie z.B. in der Erschaffung Evas aus der Rippe Adams. Es ist die Göttin, es sind die Göttinnen, die zuerst kommen. Die erste Emanation wird zur unbefleckten Mutter, die alle Götter bzw. die anthropomorphisierten Schöpfungskräfte hervorbringt. Aus dem ES kann, streng genommen, nichts hervorgehen, weder eine Ausstrahlung noch eine Emanation. Deshalb können wir das Neutrum nicht gebrauchen, wir müssen vielmehr Maskulinum und Femininum benutzen.

Ist diese erste Emanation identisch mit der ägyptischen Göttin Neith?

In Wirklichkeit steht die Emanation über Neith, aber in gewisser Weise ist Neith, als ein tieferer Aspekt, die Emanation.

Dann ist das ES selbst nicht das "Siebenhäutige Mutter-Vater"-Prinzip?

Sicherlich nicht. In der indischen Philosophie ist das ES Parabrahman, das jenseits oder über Brahmâ ist. Es ist das, was in der westlichen Welt heute das "nicht

[2] Proem, S. 76

Ergründbare" genannt wird. Der Raum, von dem wir sprechen, ist der weibliche Aspekt des männlichen Brahmâ. Bei der ersten Regung des Differenzierungsvorgangs beginnt das Subjektive seine Emanation oder seinen Fall – einem Schatten gleich – in das Objektive und wird zur so genannten Mutter-Göttin, aus der der Logos hervorkommt, der gleichzeitig Sohn und Vater-Gott ist, beide unmanifestiert: der eine Potentialität, der andere Potenz. Ersteren dürfen wir aber nicht mit dem manifestierten Logos, der in allen Kosmogonien als "Sohn" bezeichnet wird, verwechseln.

Ist die erste Differenzierung des absoluten ES immer weiblich?

Nur als Redewendung in unserer Alltagssprache. Rein philosophisch gesehen ist sie geschlechtslos. Aber in der menschlichen Vorstellung nimmt sie zuerst die weibliche Form an, wobei aber die spätere Materialisation in allen Philosophien vom Grad der Spiritualität des Volkes abhängt, das das jeweilige System geschaffen hat. Zum Beispiel: In der Kabalah wird ES AIN-SOPH genannt, das Endlose, Grenzenlose, Unendliche (die Eigenschaften sind immer negativ), aber dieses *absolute* Prinzip wird ER genannt!! Aus diesem negativen grenzenlosen Kreis unendlichen Lichts emaniert die erste Sephirah, die Krone, womit die Kabalisten auch ihre heilige Schrift, Thora oder das Gesetz, bezeichnen und erklären, sie, die Thora, sei die Frau von Ain-Soph. Eine bemerkenswerte Anthropomorphisierung.

Gibt es das auch in der indischen Philosophie?

Dort ist das genaue Gegenteil der Fall. In den indischen Kosmogonien wird nur Mulaprakriti erwähnt, Parabrahman dagegen überhaupt nicht. Mulaprakriti ist sozusagen Parabrahmans äußere Grenze oder sein Aspekt im unsichtbaren Universum. Mulaprakriti bezeichnet die Wurzel der Natur oder Materie. Parabrahman dagegen kann nicht "Wurzel" genannt werden, denn es ist die absolut *wurzellose Wurzel* von allem. Deshalb müssen wir mit Mulaprakriti, dem Schleier dieses "nicht Ergründbaren" beginnen. Auch hier wieder sehen wir, daß zuerst die Mutter-Göttin als der Widerschein der subjektiven Wurzel auf der ersten Substanzebene da ist. Dann folgt der unmanifestierte Logos, der aus dieser Mutter-Göttin hervorkommt oder, besser, in ihr vorhanden ist. Er ist gleichzeitig ihr Sohn und ihr Gatte und wird "der verborgene Vater" genannt. Aus diesen beiden tritt der erstmanifestierte Logos oder Geist hervor sowie der Sohn, aus dessen Substanz die sieben Logoi emanieren, und deren Synthese, verstanden als eine kollektive Kraft, zum Architekten des sichtbaren Universums wird. Im Judentum sind sie die Elohim.

Welcher Aspekt des Raumes oder der in den Vedas als "DAS" bezeichneten und später hier erwähnten unerkennbaren Gottheit wird hier als "Ewige Allmutter" bezeichnet?

Es ist die Mulaprakriti des Vedânta und der Svabhâvat des Buddhismus oder das androgyne *Etwas*, das wir erwähnten, das sowohl differenziert als auch undifferenziert ist. In ihrem ersten Prinzip ist diese Mulaprakriti eine reine Abstraktion, und ihre Differenzierung geschieht erst im Lauf der Zeit in ihrer Transformation zu Prakriti. Im Vergleich mit den menschlichen Prinzipien entspricht sie der Buddhi; und Âtman entspricht dann dem Parabrahman, Manas dem Mahat usw.

Welche Bedeutung haben dann die sieben Schichten des Raumes? Das "Proem" spricht ja von dem "siebenhäutigen Mutter-Vater-Prinzip".

Platon und Hermes Trismegistos hätten es als "göttliches Denken" bezeichnet, während Aristoteles dieses "Mutter-Vater" genannte Prinzip als "Form ohne Stoff" gedeutet hätte. Es ist das Prinzip, aus dem sich die sieben Seinsebenen entwickeln werden, von der geistigen über die psychische bis zur materiellen Ebene. Diesen Ebenen entsprechen die sieben Denkebenen oder Bewußtseinszustände. All diese Siebenheiten werden durch die sieben "Häute" symbolisiert.

Göttliche Ideen im göttlichen Bewußtsein? Aber es gibt noch kein göttliches Bewußtsein.

Das göttliche Bewußtsein i s t , und es muß da sein, bevor die Differenzierung beginnt. Es wird göttliche Ideation genannt, die als Potentialität ewig ist und sich als Potenz periodisch auswirkt, indem sie zum *Mahat*, zur *Anima mundi* oder *Universalseele* wird. Aber wie immer wir sie nennen, wir müssen dabei bedenken, daß jedes dieser Konzepte äußerst metaphysische, äußerst materielle und auch dazwischenliegende Aspekte hat.

Was bedeutet der Ausdruck "immer unsichtbare Gewänder"?

Das ist natürlich eine bildliche Darstellung, so wie in jeder Allegorie in den Philosophien des Ostens. Vielleicht handelt es sich um das hypothetische Protyl, das William Crookes sucht, das aber auf unserer Erde oder unserer Existenzebene niemals gefunden werden kann, denn es ist undifferenzierte Substanz oder geistige Materie.

Ist es das, was "Laya" genannt wird?

Die "Gewänder", wie alles andere auch, befinden sich im *Laya*-Zustand; das ist der Punkt, aus dem heraus oder an welchem die ursprüngliche Substanz den Differenzierungsprozeß beginnt und damit das Universum mit allem, was es enthält, hervorbringt.

Werden die "unsichtbaren Gewänder" so genannt, weil sie in keiner Differenzierung von Bewußtsein Objektivität besitzen?

Besser wäre es, zu sagen, daß es sich um etwas handelt, das für das endliche Bewußtsein unsichtbar ist – wenn es ein solches Bewußtsein auf dieser Evolutionsstufe gegeben hätte. Im Vedânta ist selbst für den Logos die Mulaprakriti der Schleier oder das Gewand, das das Absolute verhüllt.[3]

Ist Mulaprakriti eine korrekte Bezeichnung?

Die Mulaprakriti des Vedânta ist die Aditi der Vedas. Vedânta bedeutet wörtlich "Ende oder Synthese allen Wissens". Es gibt sechs verschiedene Schulen in der indischen Philosophie, aber genau betrachtet stimmen sie substantiell vollkommen überein. Im Prinzip sind sie also identisch, nur gibt es eine solche Vielfalt an Namen und Bezeichnungen für zahlreiche untergeordnete Probleme, Einzelheiten und Ausschmückungen – da sind manche Emanationen ihre eigenen Väter, da gibt es Väter, die von ihren eigenen Töchtern zur Welt gebracht wurden –, daß man sich wie in einem Dschungel darin verlieren kann. Läßt man sich mit einem Inder auf irgendeinen esoterischen Standpunkt ein, dann wird er einen, wenn ihm danach zumute ist, anhand seines eigenen speziellen Systems widerlegen oder Widerspruch einlegen. Und jede der sechs Schulen hat ihre eigenen Ausgangspunkte und ihre eigene Terminologie. Wenn man sich also in einer Diskussion nicht auf die Terminologie einer der Schulen einigt, dann besteht die große Gefahr, daß Mißverständnisse aufkommen.

Dann wird ein und derselbe Ausdruck mit unterschiedlichen Bedeutungen von den verschiedenen philosophischen Richtungen gebraucht? Zum Beispiel ist der Sinn des Wortes Buddhi in der Esoterischen Philosophie ein ganz anderer als in der Sânkhya-Philosophie. Stimmt das?

Ja, genau, und ein wiederum ganz anderer in dem *Vishnu Purâna*, wo sieben Prakritis dem Mahat entströmen und Mahat Maha-Buddhi genannt wird. Aber grundsätzlich sind die Vorstellungen dieselben, nur die Bezeichnungen wechseln von Schule zu Schule, wobei der korrekte Sinn aber in der Unzahl von Personifikationen untergeht. Vielleicht wäre es am besten, wenn wir für unsere eigenen Zwecke eine neue Terminologie erfänden, aber das wäre wegen der Armut philosophischer Ausdrucksmöglichkeiten in den europäischen Sprachen, besonders in der englischen, ein mühseliges Unterfangen.

Könnte man mit dem Ausdruck "Protyl" nicht den Laya-Zustand bezeichnen?

Kaum, denn das von Prof. Crookes benutzte Wort Protyl soll wahrscheinlich homogene Materie im Bereich dichtester Materialität bezeichnen, während die durch das Wort "Gewänder" der "Allmutter" symbolisierte *Substanz* sich auf der

[3] siehe Subba Rows vier Vorlesungen über die *Bhagavad-gîtâ*.

siebten Materie-Ebene, von unten nach oben, oder besser: von innen nach außen gerechnet, befindet. Diese Substanz kann auf der tiefsten bzw. der materiellsten oder am weitesten außen liegenden Ebene niemals entdeckt werden.

Gibt es also auf jeder der sieben Ebenen Materie, die eine der einzelnen Ebene angemessene Homogenität besitzt?

Ja. Aber diese Materie ist homogen nur für diejenigen, die sich auf ein und derselben Wahrnehmungsebene befinden. Wenn das Protyl der modernen Wissenschaft also je entdeckt würde, wäre es nur für uns homogen. Diese Illusion könnte ziemlich lange andauern, vielleicht bis hin zur Sechsten Menschheit, denn die Menschheit ist immerwährenden physischen und geistigen Veränderungen unterworfen. Und wir können nur hoffen, auch spirituellen Veränderungen, die sie mit jeder neuen Menschheit und jedem neuen Menschheitszweig immer weiterbringt auf dem Weg ihrer Vervollkommnung.

Wäre es nicht ein großer Fehler, Ausdrücke zu benutzen, die von der Wissenschaft bereits mit anderen Bedeutungen belegt sind? Protoplasma hatte einmal fast dieselbe Bedeutung wie Protyl, hat aber inzwischen einen viel engeren Sinngehalt.

Es wäre sicherlich ein großer Fehler. Aber mit dem Wort *Hyle* meinten die Griechen sicherlich nicht die Materie auf unserer Existenzebene, denn sie hatten es von der Kosmogonie der Chaldäer übernommen, wo es in einem höchst metaphysischen Sinn gebraucht wurde.

Aber die heutigen Materialisten benutzen das Wort Hyle, um ziemlich genau dieselbe Idee auszudrücken, für die wir das Wort Mulaprakriti gebrauchen.

Das mag sein, aber Dr. Lewins und sein halbes Dutzend Hylo-Idealisten würden dem wohl kaum zustimmen, denn in ihrem System wird die metaphysische Bedeutung völlig vernachlässigt und hat keinerlei Wichtigkeit.

Dann ist Laya vielleicht doch die beste Bezeichnung?

Nein. Laya bezieht sich nicht auf irgendeine bestimmte Sache, betrifft auch nicht die eine oder andere Ebene. Das Wort bezeichnet einen Zustand. Es ist ein Sanskritwort, das die Idee eines undifferenzierten und unveränderlichen Zustands ausdrückt, einen Nullpunkt, in dem jede Differenzierung aufhört.

Die erste Differenzierung betrifft Materie auf ihrer siebten Ebene. Müssen wir deshalb nicht annehmen, daß Crookes' Protyl ebenfalls Materie auf ihrer siebten Ebene ist?

Prof. Crookes' Ideal-Protyl ist Materie in einem Zustand, den er "Nullpunkt" nennt.

Heißt das: der Laya-Punkt dieser Ebene?

Es ist völlig unklar, ob Prof. Crookes sich mit anderen Ebenen abgibt oder ihre Existenz überhaupt zugibt. Gegenstand seiner Forschung ist das protylische Atom, das nichts weiter als eine neue wissenschaftliche Arbeitshypothese ist, denn es hat ja noch niemand eins gesehen. Denn was, in Wirklichkeit, ist ein Atom?

Es ist eine handliche Definition für das, was ein Molekül sein soll bzw. ein brauchbarer Ausdruck für dessen Aufspaltung.

Nun sollte man aber annehmen, daß die Wissenschaftler inzwischen zu dem Schluß gekommen sind, daß "Atom" eine ebenso unbrauchbare Bezeichnung ist wie die rund siebzig Elemente. Über die vier oder fünf Elemente der Antike hat man sich lustig gemacht, aber jetzt kommt Prof. Crookes zu dem Schluß, daß es genaugenommen so etwas wie chemische Elemente überhaupt nicht gibt. Ja, man ist noch nicht einmal einem einzigen simplen Molekül auch nur näher gekommen – von der Entdeckung des Atoms ganz zu schweigen.

Wir dürfen nicht vergessen, daß es Dalton war, der sich als erster zu diesem Thema äußerte und von einer "atomaren Theorie" sprach.

Ja, das stimmt, aber wie schon Sir W. Hamilton nachgewiesen hat, wird dieser Bezeichnung von den modernen Wissenschaften eine irreführende Bedeutung unterlegt. Man nimmt die Metaphysik nicht ernst, verwendet aber gleichzeitig in der Physik einen rein metaphysischen Ausdruck. So beginnt heutzutage "Theorie" zu beanspruchen, was richtigerweise der Bezeichnung "Axiom" zusteht.

Was sind "sieben Ewigkeiten", und wie kann es im Pralaya eine solche Einteilung geben, wenn doch niemand da ist, der ein Bewußtsein von Zeit haben kann?

Der moderne Astronom kennt die "Gesetze des Himmels" durchaus nicht besser als sein Kollege im Altertum. Würde er gefragt: "Führst du heraus des Tierkreises Sterne zur richtigen Zeit," oder: "Bist du bei ihm, der die Wolkendecke ausbreitet?", dann müßte er wie Hiob bedauernd verneinen. Aber das hindert ihn durchaus nicht daran, Spekulationen über das Alter der Sonne, des Mondes und der Erde anzustellen und geologische Perioden zu errechnen, die begannen, als es auf der Erde noch keinen Menschen – mit oder ohne Bewußtsein – gab. Sollte man den Alten nicht dasselbe Recht zugestehen?

Warum aber den Ausdruck "sieben Ewigkeiten" benutzen?

Diese Bezeichnung wird benutzt wegen des immerwährenden, unveränderlichen Analogiegesetzes. Wie das Manvantara in sieben Perioden aufgeteilt ist, so auch der Pralaya; wie der Tag hat auch die Nacht zwölf Stunden. Können wir behaupten, die Stunden schlügen nicht, weil wir in der Nacht schlafen und unser Zeitbewußtsein nicht aktiv ist? Pralaya ist die "Nacht", die dem manvantarischen

"Tag" folgt. Es ist niemand da, und das Bewußtsein schläft wie alles andere auch. Aber weil es existiert und im Manvantara vollständig wach und aktiv ist, und weil wir uns der Tatsache vollauf bewußt sind, daß das Gesetz der Analogie und der Periodizität unveränderlich ist und daß es deshalb beiderseits gleichmäßig funktioniert – weshalb sollte der Ausdruck dann nicht benutzt werden?

Aber wie kann eine Ewigkeit gezählt werden?

Diese Frage kommt wahrscheinlich wegen der allgemein herrschenden Unklarheit über die Bedeutung des Ausdrucks "Ewigkeit" auf. In der westlichen Welt sind wir so töricht, Spekulationen über etwas anzustellen, das weder einen Anfang noch ein Ende hat, und darüber hinaus stellen wir uns vor, die Alten hätten das auch getan. Aber genau das taten sie nicht, denn keinem Philosophen des Altertums wäre es jemals eingefallen, unter "Ewigkeit" eine anfangs- und endlose Dauer zu verstehen. Weder die Äonen der Griechen noch die Neroszyklen[4] haben diese Bedeutung. Richtig ist, daß sie kein Wort kannten, das diesen Sinn präzise ausgedrückt hätte. Allein Parabrahman, Ain-Soph und das *Zervana-Akerne* des *Avesta* haben die Bedeutung einer solchen Ewigkeit. Alle anderen Perioden sind begrenzt und astronomisch und haben das tropische Jahr und andere riesengroße Zyklen als Basis. Das in der Bibel mit "Ewigkeit" übersetzte Wort Äon hat nicht nur die Bedeutung einer begrenzten Zeit, sondern bezeichnet auch einen Engel, ein Wesen.

Aber ist es nicht so, daß auch im Pralaya der "große Atem" vorhanden ist?

Sicherlich, denn der "große Atem" existiert unaufhörlich. Er ist sozusagen das universale und ewige *Perpetuum mobile.*

Wenn das stimmt, dann ist aber seine Aufteilung in Perioden unmöglich, weil das die Vorstellung eines absoluten und vollständigen Nichts zerstört. Es scheint irgendwie unpassend, von einer ganzen "Anzahl" von Perioden zu sprechen, eher könnte man vielleicht von einem regelmäßigen Ein- und Ausatmen des "großen Atems" sprechen.

Dadurch würde dann die Idee absoluter Ruhe zerstört, wenn da nicht das Absolutsein der Bewegung wäre, das dem Absolutsein der Ruhe entgegensteht. Deshalb ist ein Ausdruck so gut wie der andere. Von einem uralten Rishi gibt es ein

[4] (Ein Begriff mit zweifacher Bedeutung. Neros oder Saros war das babylonische Wort für die Zahl 3.600 bzw. für eine Periode von 3.600 Jahren. Im 17. Jahrhundert kam die Vorstellung auf, es könne sich nur um 3.600 *Tage* handeln, weil ansonsten die Berichte des Berossus über die Regierungszeiten der vorsintflutlichen babylonischen Könige zu unglaubwürdig schienen. Zweitens bezeichnet das Wort – in der Astronomie – einen "Zeitabschnitt von 18 Jahren und 11 Tagen, nach dem sich Sonnen- und Mondesfinsternisse wiederholen". H.P.B.s detaillierte Angaben u. a. in *H.P. Blavatsky Collected Writings*, Bd. XIV, S. 359–360, Wheaton, 1985. Und vgl. *dtv Brockhaus Lexikon*, Bd. 16, S. 57. H.T.)

großartiges Gedicht über Pralaya, in dem er die Bewegung des Großen Atems im Pralaya mit den rhythmischen Bewegungen des Unbewußten Ozeans vergleicht.

Problematisch wird es, wenn das Wort "Ewigkeit" anstatt "Äon" benutzt wird.

Warum ein griechisches Wort benutzen, wenn es einen geläufigeren Ausdruck gibt, der dazu noch in der *Geheimlehre* ausführlich erklärt wird? Wer will, kann es eine *relative* oder manvantarische und pralayaische Ewigkeit nennen.

Ist das Verhältnis zwischen Pralaya und Manvantara vollständig analog zu dem Verhältnis zwischen Schlaf und Wachsein?

Nur bis zu einem gewissen Punkt. Während der Nacht existieren wir als Person und *haben* Individualität, obwohl wir schlafen und uns unseres Lebendigseins nicht bewußt sein mögen. Aber im Pralaya verschwindet alles Differenzierte, jedes einzelne Ding, aus dem phänomenalen Universum und geht auf in dem Einen Noumenon, oder, besser gesagt: wird in das Eine Noumenon übertragen. *De facto* besteht also ein großer Unterschied.

Der Schlaf wird die "Schattenseite des Lebens" genannt. Kann man Pralaya als die Schattenseite des kosmischen Lebens bezeichnen?

In gewisser Weise schon, denn Pralaya ist die Auflösung des Sichtbaren ins Unsichtbare, des Heterogenen ins Homogene, ist also eine Zeit der Ruhe. Selbst die kosmische Materie, die ja ihrem Wesen nach unzerstörbar ist, braucht eine Ruheperiode und muß in ihren Laya-Zustand zurückkehren. Die Absolutheit der allumfassenden Einen Essenz muß sich gleichermaßen im Zustand der Ruhe und der Aktivität manifestieren.

Shloka 2. ZEIT WAR NICHT, DENN SIE SCHLIEF IM UNENDLICHEN SCHOSS DER DAUER.

Was ist der Unterschied zwischen Zeit und Dauer?

Dauer *ist*, sie hat weder Anfang noch Ende. Wie kann man etwas, das weder Anfang noch Ende hat, als Zeit bezeichnen? Dauer ist ohne Anfang und Ende, Zeit endlich.

Ist Dauer also ein Begriff für Unendlichkeit und Zeit für Endlichkeit?

Zeit kann eingeteilt werden, Dauer – zumindest in unserer Philosophie – nicht. Zeit ist in der Dauer und teilbar, oder, wie es hier ausgedrückt wurde, das eine ist etwas *in* Zeit und Raum, und das andere ist außerhalb von beiden.

Zeit kann nur anhand der Erdbewegung definiert werden.

Aber auch als Idee ist Zeit definierbar.

Nicht eher Dauer?

Nein, Zeit, denn was die Dauer betrifft, so ist es ja unmöglich, sie zu teilen oder in ihr Abgrenzungen zu errichten. Für uns ist Dauer die eine – nicht relative, sondern absolute – Ewigkeit.

Könnte man sagen, daß die wesentliche Idee von Dauer Dasein ist?

Nein. Das Dasein hat begrenzte und festumrissene Zeitspannen, während Dauer, die keinen Anfang und kein Ende hat, eine perfekte Abstraktion ist, in der die Zeit vorhanden ist. Dauer ist wie Raum, der ebenfalls eine Abstraktion und ebenfalls ohne Anfang und Ende ist. Nur in seiner konkreten Beschaffenheit und Begrenzung wird er zur Repräsentation, zu einem Etwas. Natürlich nennen wir die Entfernung zwischen zwei Punkten Raum – die Entfernung mag riesig oder winzig sein, aber immer ist sie räumlich. All solche Angaben sind Einteilungen, sind das Resultat menschlicher Begriffsbildung. In Wirklichkeit ist Raum das, was die Alten die eine unsichtbare und unbekannte (jetzt unerkennbare) Gottheit nannten.

Dann sind Zeit und Raum als Abstraktionen ein und dasselbe?

Als Abstraktionen könnten sie ein und dasselbe sein. Aber richtiger ist, daß Dauer und abstrakter Raum eins sind, nicht Zeit und Raum.

Raum ist die objektive, Zeit die subjektive Seite aller Manifestation. Und sie sind in Wirklichkeit die einzigen Attribute des Unendlichen. Nur ist "Attribut" vielleicht der falsche Ausdruck, denn Raum und Zeit dehnen sich sozusagen in und mit dem Unendlichen aus. Es könnte aber eingewendet werden, sie seien nichts anderes als von unserem Intellekt hervorgebrachte Konzepte, und zwar in Formen, durch die wir, ohne uns dagegen wehren zu können, Dinge gedanklich erfassen.

So würden unsere Freunde, die Hylo-Idealisten, argumentieren. Aber wir sprechen hier vom noumenalen, nicht vom phänomenalen Universum. Im okkulten Katechismus (siehe *Die Geheimlehre*) wird gefragt: "Was ist das, was immer IST, was du dir als *nicht seiend* nicht vorstellen kannst, wie sehr du es auch versuchen magst?" Die Antwort lautet: RAUM. Denn selbst wenn kein einziger Mensch im Universum über ihn nachdenkt, kein einziges Auge ihn sieht und auch kein einziges Gehirn ihn wahrnimmt – trotzdem ist Raum und *war immer* und *wird immer sein*, und du kannst nichts daran ändern.

Vielleicht weil wir nicht verhindern können, über ihn zu denken?

Unser Über-ihn-Denken hat mit der Frage nichts zu tun. Versucht lieber herauszufinden, ob ihr überhaupt irgend etwas denken könntet, das den Raum nicht einschließt, und ihr werdet schnell merken, wie unmöglich eine solche Vorstellung ist. Raum existiert, wo nichts anderes ist, und er muß so existieren, egal ob das Universum ein absolutes Vakuum oder von größter Fülle ist.

Die moderne Philosophie hat Raum und Zeit zu reinen Attributen reduziert, zu Unwesentlichem.

Und sie hätte sogar recht, wenn dieses Reduzieren das Ergebnis einer wahren Wissenschaft wäre und nicht das Resultat von *Avidyâ* und *Mâyâ*. Der Buddha sagte, daß selbst Nirvâna letztendlich Mâyâ oder Illusion ist, aber was er sagte, beruht auf *Wissen*, nicht auf *Spekulation*.

Sind nun "ewiger Raum" und "Dauer" die einzigen Attribute des Unendlichen?

Raum und Dauer sind ewig und können deshalb nicht als Attribute bezeichnet werden, denn sie sind nichts anderes als die *Aspekte* des Unendlichen. Auch kann das Unendliche, wenn damit das Absolute Prinzip gemeint ist, keinerlei Attribute haben, weil nur das Endliche und Bedingte in Beziehung zu etwas anderem steht. Von einem philosophischen Standpunkt aus ist das alles falsch.

Wir können uns nichts Materielles vorstellen, das keine Ausbreitung hat, und keine Ausbreitung, die nicht die Ausbreitung von etwas ist. Betrifft das auch die höheren Ebenen? Wenn ja, was ist dann die Substanz, welche den absoluten Raum ausfüllt? Und ist diese ausfüllende Substanz identisch mit dem Raum?

Wenn ihr euch mit eurem "ausgebildeten Intellekt" keine andere Art von Materie vorstellen könnt, dann gelingt das vielleicht jemandem, der weniger gebildet, dafür aber spirituell empfänglicher ist als ihr. Es ist einfach nicht logisch, daß eine solche Vorstellung des Raumes – selbst auf unserer Erde – die einzig mögliche ist, nur weil ihr das behauptet. Denn selbst auf unserer Existenzebene gibt es außer dem menschlichen Intellekt noch die unterschiedlichen anderen Intellekte von sichtbaren und unsichtbaren Geschöpfen, Intellekte, die dem Geist von höher und weniger hoch entwickelten subjektiven Wesen angehören – bis hin zu den objektiven Tieren und den kleinsten Organismen, kurz, "vom Deva zum Elefanten, vom Elemental bis zur Ameise." Wie wir alle wissen, besitzt z.B. die Ameise in ihrem eigenen Vorstellungs- und Wahrnehmungsbereich einen Intellekt, der dem unseren relativ ebenbürtig ist, ja den unseren noch übertrifft, denn obwohl sie sich nicht in Worten ausdrücken kann, zeigt sie doch – weit über ihre Instinkte hinausgehend – äußerst rationale Fähigkeiten. Weil wir also in unserem eigenen Daseinsbereich, wenn wir den okkulten Lehren Glauben schenken, so viele und so unterschiedliche Intelligenzarten und Bewußtseinszustände vorfinden, haben wir kein Recht, nur mit unserem eigenen Bewußtseins zu rechnen oder nur unser eigenes Bewußtsein gelten zu lassen, so als gäbe es kein anderes. Und wenn wir uns nicht einmal anmaßen können, den Bewußtseinsumfang von Insekten bestimmen zu können, wie könnten wir dann entscheiden, daß Bewußtsein, über das die Wissenschaft nichts weiß, auf unseren Daseinsbereich beschränkt ist!

Aber warum denn nicht? Die Naturwissenschaften können doch sicherlich alles entdecken, was es zu entdecken gibt, selbst in Ameisen.

Das mag Ihre Meinung sein. Für den Okkultisten jedoch ist eine solche Zuversicht, trotz der Forschungen Sir John Lubbocks,[5] unbegründet. Die Wissenschaft muß spekulieren, aber mit ihren derzeitigen Methoden wird es ihr niemals gelingen, Nachweise für die Richtigkeit ihrer Spekulationen zu erbringen. Nur wenn ein Wissenschaftler sich in eine Ameise verwandeln und wie eine Ameise denken könnte und sich seiner so gesammelten Erfahrungen nach seiner Rückkehr in seine eigene Bewußtseinssphäre erinnern würde – nur dann könnte er sichere Erkenntnisse über dieses interessante Insekt besitzen. So wie die Dinge liegen, kann er seine Spekulationen nur anhand von Schlußfolgerungen aus dem Verhalten der Ameisen anstellen.

Heißt das, die Vorstellungen einer Ameise über Zeit und Raum sind nicht wie unsere? Meinen Sie das?

Genau. Die Ameise hat ihre eigenen, nicht unsere Vorstellungen von Zeit und Raum, und das sind Vorstellungen, die einer völlig anderen Ebene angehören. Und somit haben wir kein Recht, die Existenz anderer Ebenen *a priori* zu verneinen, nur weil wir uns keine Vorstellung davon machen können, die aber trotzdem existieren. Es sind Ebenen, die viele Grade höher bzw. tiefer als unsere eigene liegen – siehe die Ameise.

So betrachtet, ist es wohl so, daß der Unterschied zwischen Tier und Mensch darin besteht, daß dem Tier praktisch all seine Fähigkeiten angeboren sind, über die es im allgemeinen kaum in einem bemerkenswerten Umfang hinauswächst, während der Mensch einen Lernprozeß durchläuft und graduell Fortschritte macht. Geht es nicht genau darum?

---

[5] (Der spätere Lord Avebury, 1834–1913, Bankier, Politiker, Anthropologe, Anhänger der Darwinschen Evolutionslehre, der seine archäologischen und anthropologischen Forschungen mit ungewöhnlicher Offenheit für Dinge, die konventionelle Wissenschaftler des 19. Jahrhundert als "unwissenschaftlich" und "unseriös" ablehnten, betrieb und sie gelegentlich sogar in einem "unwissenschaftlichen", feuilletonistischen Stil veröffentlichte. Von ihm stammen die Bezeichnungen "Paläolithikum" und "Neolithikum". Aber in seinen Studien über die Entwicklung der Religiosität entsprach Lubbock ganz dem Geist des 19. Jahrhunderts, indem er eine Theorie aufstellte, nach der die Religion eine Evolution vom Zustand des Atheismus über den Fetischismus, den Totemismus, den Schamanismus, den "Anthropomorphismus", soll heißen die Anbetung von Menschen, bis zum ethischen Monotheismus durchlief. All diese Stufen standen in einer evolutionären, nicht in einer funktionalen Verbindung zueinander. Lubbocks Schlußfolgerung war, daß ein Zusammenhang zwischen Religion und Moral erst auf dem höchsten Punkt der religiösen Entwicklung auftritt. Als diese höchste Stufe sah man – und sieht man in der westlichen Welt weitgehend nach wie vor – natürlich das Christentum. H.T.)

So ist es. Aber man darf nicht vergessen, warum es so ist: nicht etwa deshalb, weil der Mensch ein "Prinzip" mehr hätte als das geringste Insekt, sondern weil der Mensch ein vervollkommnetes Tier ist, weil er eine voll entwickelte *Monade* in sich trägt, die Selbstbewußtsein hat und ganz bewußt ihrem eigenen Weg der Weiterentwicklung folgt, während sich die höhere Prinzipien-Triade im Insekt und sogar in höher entwickelten Tieren in einem Zustand absoluter Inaktivität befindet.

Gibt es ein Bewußtsein oder ein Bewußtsein besitzendes Wesen, das bei der ersten Regung der Manifestation Zeit erkennen und einteilen kann? In seinen "Anmerkungen zur Bhagavad-gîtâ" scheint Subba Row dort, wo er vom Ersten Logos spricht, auf beides hinzuweisen: Bewußtsein und Intelligenz.

Aber er hat nicht erklärt, welchen Logos er meint. Ich glaube, er hat sich ganz allgemein ausgedrückt. In der Esoterischen Philosophie ist der Erste Logos der unmanifestierte, und der Zweite der manifestierte Logos. Îshvara repräsentiert den Zweiten Logos und Nârâyana den unmanifestierten Logos. Subba Row ist ein Anhänger der Advaita-Lehre und ein großer Vedânta-Gelehrter, und als solcher spricht er von seinem Standpunkt aus. Wir vertreten unseren Standpunkt. In der *Geheimlehre* wird das, aus dem der manifestierte Logos geboren wird, als "Ewiges Mutter-Vater"-Prinzip übersetzt, im *Vishnu Purâna* dagegen wird es als das von sieben Häuten, Schichten oder Zonen umgebene Weltenei bezeichnet. Es ist dieses Goldene Ei, in dem der männliche Brahmâ geboren wird und in welchem dieser Brahmâ in Wirklichkeit der Zweite oder sogar der Dritte Logos ist, wobei es darauf ankommt, wo man anfängt zu zählen. Mit Sicherheit ist er nicht der Erste oder höchste Logos, jener Punkt, der überall und nirgendwo ist. Mahat ist in der esoterischen Interpretation in Wirklichkeit der Dritte Logos bzw. die Synthese der sieben schöpferischen Strahlen, der sieben Logoi. Von den sieben sogenannten *Schöpfungen* ist Mahat die dritte, denn es ist die Universale und Intelligente Seele, die als Göttliche Ideation die idealen Pläne und Prototypen aller sowohl in der manifestierten objektiven Welt als auch in der subjektiven Welt vorkommenden Dinge enthält. In den Lehren der Sankhya und der *Purânas* ist Mahat das erste Produkt des von dem Kshetra-jña, d.h. von der "Geist-Substanz" erkannten *Pradhâna*. In der Esoterischen Philosophie ist Kshetra-jña der Name für unsere beseelenden EGOS.

Ist es also die erste Manifestation in unserem objektiven Universum?

Es ist das erste darin enthaltene Prinzip, spür- oder wahrnehmbar geworden für göttliche, nicht aber für menschliche Sinneswahrnehmung. Wenn wir aber mit dem Unerkennbaren beginnen, stellen wir fest, daß es der Dritte, dem Manas oder besser: dem Buddhi-Manas entsprechende Logos ist.

Dann wäre der Erste Logos der erste Punkt innerhalb des Kreises?

Es ist der Punkt innerhalb des Kreises, der weder begrenzt ist, noch Namen oder Attribute haben kann. Dieser Erste, unmanifestierte Logos ist auch gleichzeitig die den Durchmesser des Kreises darstellende Linie. Diese erste Linie, dieser Durchmesser ist Mutter-Vater, aus dem der Zweite Logos hervorgeht, der in sich das Dritte Manifestierte Wort trägt. Auch in den *Purânas* wird z. B. gesagt, daß Âkâsha als erstes Ton erzeugt, und in diesem Fall bedeutet Ton "Wort", als Ausdruck des unausgesprochenen Gedankens, des manifestierten Logos der Griechen, der Platoniker und des Johannes. Dr. Wilson[6] und andere Orientalisten bezeichnen diese Vorstellung der Hindus als Absurdität, weil ihrer Meinung nach Âkâsha und Chaos identisch sind. Wenn sie jedoch wüßten, daß Âkâsha und Pradhâna nur zwei Aspekte ein und derselben Sache sind und nicht vergessen hätten, daß Mahat, die *göttliche Ideation auf unserer Ebene*, dieser manifestierte *Ton* oder Logos ist, dann würden sie über sich selbst und ihre eigene Ignoranz lachen.

Im Hinblick auf das folgende Zitat diese Frage: Welches Bewußtsein ist es, das Zeit erkennt? Beschränkt sich das Bewußtsein von Zeit auf den Bereich des körperlichen Bewußtseins im Wachzustand oder existiert es in höheren Bereichen? Im Kommentar zu Shloka 2 der Stanze 1 der Geheimlehre *steht: "Zeit ist eine Illusion, die durch die Aufeinanderfolge unserer Bewußtseinszustände auf unserer Reise in der ewig währenden Dauer entsteht. Wo kein Bewußtsein existiert, existiert Zeit nicht ..."*

Hier ist nur das Bewußtsein auf unserer Ebene gemeint, nicht das ewige *göttliche* Bewußtsein, das wir das Absolute nennen. Das Bewußtsein von Zeit, so wie wir das Wort hier gebrauchen, existiert nicht einmal im Schlafzustand, um wieviel weniger kann es also in etwas existieren, das essentiell absolut ist. Kann man vom Ozean sagen, er habe durch den Rhythmus der sich an der Küste brechenden Wellen oder durch die Bewegungen seiner Wogen eine Vorstellung von Zeit? Man kann dem Absoluten kein Bewußtsein zuschreiben, zumindest nicht ein Bewußtsein, wie wir es hier meinen. Es hat weder Bewußtsein noch Begehren oder Wunsch oder Gedanken, weil es absolutes Denken, absolutes Begehren, absolutes Bewußtsein, weil es absolut "alles" ist.

---

[6] (H.H. Wilson, 1786–1860, Indologe, Herausgeber wichtiger klassischer Werke des Hinduismus. Einer der von H.P.B. sarkastisch als "hochwürdige" Gelehrte bezeichneten Orientalisten, der "keine Gelegenheit ausgelassen hat", den heiligen Schriften der Hindus gerade im Zusammenhang mit dem hier besprochenen Themenkreis "Ungereimtheiten" vorzuwerfen, z.B. "wenn er in der von ihm edierten Ausgabe des *Vishnu Purâna* schreibt: 'Die Lehren der *Purânas* sind voller Widersprüchlichkeiten ... Ungereimtheiten kommen in den *Vedas* ebenso oft vor wie in den *Purânas* ... '" Er, wie andere Orientalisten jener Zeit, beurteilt, so H.P.B., "eine fremde Religion anhand rein äußerlicher Kriterien, anstatt sie einer tiefschürfenden Analyse zu unterziehen." Ausführlich in *The Secret Doctrine,* Bd. 1, S. 420, Quest Edition, Wheaton. H.T.)

Ist es das, was wir als SEINHEIT (BE-NESS) *oder* SAT *bezeichnen?*

Unsere freundlichen Kritiker haben sich über das Wort "Seinheit" (Be-ness) lustig gemacht, aber es gibt keine bessere Übersetzung des Wortes *Sat*. Es ist nicht Existenz, denn Existenz haben nur die *Phänomene*, nie die *Noumena*. Die Etymologie des lateinischen Wortes widerspricht einer solchen Auslegung, denn *ex* heißt "von" oder "aus" und "sistere" heißt stehen, d.h. etwas erscheint, das vorher nicht da war. Außerdem deutet Existenz auch auf etwas hin, das einen Anfang und ein Ende hat. Man kann also den Ausdruck nicht für etwas benutzen, das immer ist, und von dem nicht gesagt werden kann, es sei jemals aus etwas anderem hervorgekommen.

Das hebräische Wort Jehova bedeutet "Ich bin".

Und das betrifft auch Ormuzd, den Ahura-Mazda des Mazdaismus. In diesem Sinne kann jeder Mensch sowie jeder Gott von sich behaupten zu existieren, indem er sagt: "Ich bin, der ich bin".

Es besteht doch aber sicherlich eine Verbindung zwischen "Seinheit" (Be-ness) und dem unregelmäßigen Verb "sein" (to be)?

Ja, aber "Seinheit" (Be-ness) ist nicht *Sein*, denn gleichermaßen bedeutet es *Nichtsein*. Wir können uns das nicht vorstellen, weil unser Intellekt begrenzt ist – und unsere Sprache ist sogar noch begrenzter und vorgeformter als unser Verstand. Wie also können wir etwas ausdrücken, das wir uns nur durch den Gebrauch von Negationen vorstellen können?

Es würde einem Deutschen leichter fallen, das auszudrücken, denn er kann das Wort "Sein" benutzen. "Das Sein" wäre ein sehr treffendes Wort, von gleicher Bedeutung wie "Seinheit" (Be-ness). Dieser Ausdruck (Be-ness) mag für manche englische Ohren absurd klingen, Deutschen jedoch ist "das Sein" als Ausdruck und als Idee durchaus geläufig. Aber wir diskutieren ja Bewußtsein in Raum und Zeit.

Dieses Bewußtsein ist ein endliches, es hat Anfang und Ende. Aber welches Wort gibt es für ein derartiges Bewußtsein, das sich trotzdem, als Resultat von *Mâyâ*, für unendlich hält? Nicht einmal der Devachani hat ein Zeitbewußtsein. Im Devachan gibt es nur Gegenwart. Vergangenheit gibt es nicht, denn sonst könnte das Ego sich an sie erinnern und sie bedauern, und Zukunft gibt es nicht, weil es sonst ein Verlangen danach hätte. Weil wir somit wissen, daß das Devachan ein Zustand der Seligkeit ist, in welchem alles Gegenwart ist, wird vom Devachani gesagt, er habe keine Vorstellung von Zeit. Ihm erscheint alles, wie in einem sehr bildhaften Traum, als Wirklichkeit.

Wir können aber ein ganzes Leben in einer halben Sekunde träumen, und wir können uns einer Reihe von Bewußtseinszuständen bewußt sein, in denen ein Ereignis dem anderen folgt.

Aber erst nach dem Traum. Kein derartiges Bewußtsein existiert, während wir träumen.

Man könnte die Erinnerung an einen Traum vergleichen mit der Beschreibung eines Bildes, dessen verschiedene Teile und Einzelheiten beschrieben werden müssen, weil das Ganze dem inneren Auge des Zuhörenden nicht anders präsentiert werden kann.

Ein sehr guter Vergleich.

2. Konferenz

Shloka 3. DER UNIVERSALGEIST WAR NICHT, DENN ES GAB KEINE AH-HI (Himmelswesen), IN DENEN ER SEIN (und durch die er so manifestiert werden) KONNTE.

Dieser Shloka scheint zu sagen, daß der Universalgeist Dasein nur in den Ah-hi hat. Aber im Kommentar zum Shloka 3 der Stanze 1 steht doch:

> Ein Noumenon kann nur dann zum Phänomenon in den Daseinsbereichen werden, wenn es sich in diesen Bereichen auf einer passenden Basis, durch ein geeignetes Ausdrucksmittel manifestieren kann. Während der langen Nacht, d.h. in der Ruheperiode des Pralaya, wenn alles Dasein aufgelöst ist, bleibt der "UNIVERSALGEIST" als permanent vorhandene Möglichkeit geistiger Aktivität oder, anders gesagt, als abstrakter, absoluter Gedanke, dessen konkrete, relative Manifestation das Denken ist. AH-HI (Dhyâni-Chohans) ist der Sammelbegriff für spirituelle Wesen ..., für die zur Manifestation des göttlichen oder Universaldenkens und -willens nötigen Vermittler. Sie sind die Intelligenzkräfte, die der Natur "Gesetze" geben und diese durchsetzen, während sie selbst nach den ihnen auf ähnliche Weise von einer noch höheren Macht gegebenen Gesetzen leben ... Diese Hierarchie geistiger Wesen, durch die der Universalgeist aktiv wird, gleicht einer Armee – gleicht wirklich einer "Heerschar" ...

Der Kommentar erklärt, die Ah-hi selbst seien nicht der Universalgeist, sondern nur das Mittel für seine Manifestation.

Die Aussage in diesem Shloka ist sehr klar; unter Berücksichtigung der Tatsache, daß im Pralaya keine endlichen, differenzierten Geister vorhanden sind, so die Aussage, ist es praktisch so, als gäbe es überhaupt keinen Geist, weil nichts existiert, das ihn *enthalten oder wahrnehmen* könnte. Es gibt nichts, das die Ideation des Absoluten Geistes empfangen und reflektieren kann – und das ist der Grund, weshalb diese Ideation des Absoluten Geistes *nicht ist.* Außerhalb des Absoluten und unveränderlichen Sat (Seinheit / Be-ness) ist alles notwendigerweise endlich und bedingt, denn es hat Anfang und Ende. Weil es "keine Ah-hi gab", konnte es also auch keine Manifestation des Universalgeistes geben. Eine Unterscheidung mußte gemacht werden zwischen dem immer gegenwärtigen Absoluten Geist und seiner Spiegelung und Manifestation in den Ah-hi. Weil letztere auf der höchsten Ebene sind, reflektieren sie gemeinsam den Universalgeist bei der ersten Regung des Manvantaras und beginnen dann das Werk der Evolution aller tieferen Kräfte in allen sieben Ebenen, bis hin zur tiefsten – unserer eigenen. Die Ah-hi sind die ursprünglichen sieben Strahlen oder *Logoi*, sind Emanationen des ersten – *dreifachen*, aber in seiner Essenz einen – Logos.

Dann brauchen die Ah-hi und der Universalgeist sich notwendigerweise gegenseitig als Ergänzung?

Nein, überhaupt nicht! Der Universal- oder Absolute Geist ist *immer*, im Pralaya und im Manvantara; er ist unveränderlich. Die Ah-hi sind die höchsten Dhyanis, sind die eben erwähnten Logoi, die die abwärts gerichtete Evolution oder Emanation beginnen. Im Pralaya gibt es keine Ah-hi, denn sie erhalten ihr Dasein erst mit der ersten *Ausstrahlung* des Universalgeistes, der *als solcher* nicht differenzierbar ist, dessen Ausstrahlung aber das erste *Aufdämmern* des Manvantaras ist. Das Absolute ist untätiger, latenter Geist und kann in wahrer metaphysischer Sichtweise nichts anderes sein. Es ist nur Sein Schatten, der in der Kollektivität dieser Dhyanis Differenzierung erfährt.

Bedeutet das, daß es absolutes Bewußtsein war, aber nicht mehr ist?

Es ist immer *absolutes Bewußtsein*, und dieses Bewußtsein wird periodisch, bei jeder "manvantarischen Morgendämmerung", zu *relativem Bewußtsein*. Wir sollten uns dieses latente oder potentielle Bewußtsein als eine Art Vakuum in einem Gefäß vorstellen. Was wird aus dem Vakuum, wenn wir das Gefäß zerbrechen, wo sollen wir es suchen? Es ist verschwunden, es ist überall und es ist nirgendwo. Es ist etwas, ist aber auch *nichts*: ein *Vakuum*, aber auch ein *Plenum*. Was aber ist denn in Wirklichkeit ein Vakuum, so wie es sich die moderne Wissenschaft vorstellt – irgendein homogenes Etwas, oder was? Ist ein absolutes Vakuum nicht eher eine Ausgeburt unserer Phantasie? Eine reine Negation, ein angeblicher Raum, in dem nichts existiert? Wenn das stimmt, dann schlage ich vor, laßt uns unser Gefäß zerbrechen, und dann existiert nichts mehr – jedenfalls für unser Wahrnehmungsvermögen. Die Darstellung unserer Stanze ist also äußerst korrekt: "Der Universalgeist war nicht", weil kein Gefäß vorhanden war, in dem er hätte vorhanden sein können.

Was sind das für höhere Mächte, auf deren Veranlassung die Ah-hi hervortreten?

Sie können nicht als Mächte bezeichnet werden. *Kraft* oder vielleicht Potentialität ist ein besserer Ausdruck. Die Ah-hi werden bedingt durch das Erwachen des periodischen, universalen GESETZES zur Manifestation, das abwechselnd aktiv und inaktiv ist. Dieses Gesetz ist es, durch das sie bedingt oder gestaltet, nicht aber erschaffen werden. In der Philosophie ist "erschaffen" kein akzeptabler Begriff.

Dann ist die den Ah-hi vorausgehende höhere Kraft oder die Potentialität das Gesetz, das Manifestation unumgänglich zur Folge hat?

Richtig, und zwar periodische Manifestation. Wenn die Stunde gekommen ist, dann wird das Gesetz aktiv, und die Ah-hi erscheinen auf der ersten Stufe der Manifestationsleiter.

Aber das ist doch sicherlich DAS *Gesetz, und nicht* EIN *Gesetz.*

Genau, denn es ist absolut und "ohne Zweites". Somit ist es kein Attribut, sondern die Absolutheit selbst.

Die große Schwierigkeit ist, dieses Gesetz zu verstehen.

Versuchen, es zu verstehen würde bedeuten, über die erste Manifestation und höchste Kausalität hinausgelangen zu wollen. Aber wir müssen schon unseren ganzen begrenzten Intellekt einsetzen, um wenigstens eine vage Vorstellung von dem höchsten Kausalitätsprinzip zu haben. So sehr wir es auch versuchen, wir können in unserer Begrenztheit dem Absoluten niemals auch nur nahe kommen, denn es ist für uns, bei dem derzeitigen Entwicklungsstand unserer Intelligenz, nichts weiter als eine Sache spekulativer Logik, die allerdings schon vor Tausenden von Jahren begonnen hat.

Wäre im Hinblick auf diesen Shloka "kosmischer Geist" nicht eine bessere Bezeichnung als "Universalgeist"?

Nein. Kosmischer Geist erscheint auf der dritten Stufe oder dem dritten Grad und ist beschränkt auf – und wird begrenzt durch – das manifestierte Universum. In den *Purânas* erscheint Mahat (das "große" Geistprinzip, der Intellekt) erst in der dritten der sieben "Schöpfungen" oder Evolutionsstufen. Kosmischer Geist ist Mahat oder aktive (kreative) göttliche Ideation, er ist somit nur die periodische Manifestation *in der Zeit* und, als handelndes Prinzip des Universalgeistes, *als Möglichkeit.* Weil Universalgeist nur eine andere Bezeichnung für das *außerhalb von Zeit und Raum* seiende Absolute ist, ist diese kosmische Ideation oder dieser kosmische Geist, genaugenommen, gar keine Entwicklung (noch viel weniger eine "Schöpfung"), sondern einfach einer der Aspekte des Absoluten, das keine Veränderung kennt, immer war, ist und sein wird. Deshalb wiederhole ich noch einmal: Dieser Shloka erklärt uns, daß universale Ideation nicht war, d.h. als Wahrnehmungsmöglichkeit nicht existierte, weil es keinen wahrnehmenden Geist gab, denn der kosmische Geist war noch latent, war noch reine Potentialität. Weil die Stanzen aber von Manifestation sprechen, sind wir gezwungen, sie entsprechend und nicht anders, etwa von irgendeinem anderen Standpunkt aus, zu übersetzen.

So wie wir das Wort "kosmisch" gebrauchen, wird damit Bezug genommen auf das manifestierte Universum in all seinen Ausdrucksformen. Offensichtlich bezieht sich der Shloka aber nicht darauf, sondern meint das erste absolute Bewußtsein oder Nicht-Bewußtsein, und stellt fest, daß das absolute Bewußtsein nicht der Universalgeist sein kann, denn er wurde nicht ausgedrückt bzw. konnte nicht ausgedrückt werden, und deshalb gab es auch keinen Ausdruck dafür. Man könnte aber einwenden, daß er trotz der fehlenden Ausdrucksmöglichkeit durchaus vorhanden war. Kann man sagen, daß er – wie Sat – ist und nicht ist?

Das würde für die Interpretation kaum hilfreich sein.

Wenn gesagt wird, er war nicht, soll dann die Vorstellung vermittelt werden, daß er nicht im Absoluten war?

Überhaupt nicht, sondern einfach: "Er war nicht".

Ja, da muß sicherlich unterschieden werden. Denn sagte man "er war", dann würde man an die Vorstellung von Sat sehr einseitig herangehen. Es wäre dasselbe, wie zu sagen, Sat sei SEIN. *Aber trotzdem könnte jemand behaupten, der Satz "Der Universalgeist war nicht" lege nahe, daß es sich um eine Manifestation handelt. Aber Geist ist keine Manifestation.*

Geist ist eine Manifestation im Vorgang der Ideation. Aber der Universalgeist ist nicht dasselbe, denn kein bedingter und auf irgend etwas Bezug nehmender Vorgang kann mit dem Absoluten in Zusammenhang gebracht werden. Sobald die Ah-hi erschienen, begann die universale Ideation, und sie setzt sich für die Dauer des ganzen Manvantaras fort.

Welcher kosmischen Ebene gehören die Ah-hi an, von denen wir hier sprechen?

Sie gehören zur ersten, zweiten und dritten Ebene, wobei die dritte Ebene der Beginn der uranfänglichen Manifestation, also der Reflexion des Unmanifestierten im objektiven Bereich ist. Der pythagoreischen *Monas* gleich, entschwindet der erste Logos in die Stille und Dunkelheit, nachdem er die erste Triade hervorgebracht hat.

Heißt das, die drei aus der uranfänglichen Strahlung im Makrokosmos hervorgegangenen Logoi entsprechen im Mikrokosmos dem Âtman, der Buddhi und dem Manas?

Genau. Sie entsprechen ihnen, dürfen aber nicht mit ihnen verwechselt werden. Denn hier sprechen wir vom Makrokosmos bei der ersten Regung des manvantarischen Aufdämmerns, wo die Evolution ihren Anfang hat, nicht aber vom Mikrokosmos und vom Menschen.

Sind die drei Ebenen, zu denen die drei Logoi gehören, gleichzeitige Emanationen, oder entwickeln sie sich nacheinander, eine aus der anderen?

Es ist äußerst irreführend, die Gesetze der Mechanik auf die höhere kosmogonische Metaphysik oder auf Raum und Zeit anzuwenden, denn beide haben damals, so wie wir sie kennen, nicht existiert. Die Spiegelung der Triade in Raum und Zeit, d.h. im objektiven Universum, kommt erst später.

Waren die Ah-hi in vergangenen Manvantaras Menschen, oder werden sie zukünftig zu Menschen?

Jede lebende Kreatur, welcher Art auch immer, war, ist oder wird Mensch in dem einen oder anderen Manvantara.

Aber bleiben die Ah-hi in diesem Manvantara während der ganzen Periode des Lebenszyklus permanent auf derselben sehr hohen, erhabenen Ebene?

Wenn unter "Lebenszyklus" eine Zeitspanne zu verstehen ist, die in einer 15stelligen Zahl ausgedrückt wird, dann ist meine Antwort ein ganz entschiedenes Nein. Die "Ah-hi" durchlaufen alle Ebenen und beginnen ihre Manifestation auf der dritten. Es ist wie in allen anderen Hierarchien, auf der höchsten Ebene sind sie *arûpa*, also formlos und körperlos, ohne jegliche Substanz, nicht mehr als ein Hauch. Auf der zweiten Ebene kommen sie zum ersten Mal dem Rupa, der Form nahe. Auf der dritten Ebene werden sie Manasaputras, das sind jene, die sich in Menschen inkarniert haben. Auf jeder Ebene, die sie erreichen, haben sie andere Namen – es findet eine fortwährende Differenzierung ihrer ursprünglich homogenen Substanz statt. Wir nennen es Substanz, obwohl es sich in Wirklichkeit nicht um eine Substanz handelt, die wir uns vorstellen können. Später werden sie Rûpa – ätherische Formen.

Die Ah-hi dieses Manvantaras ...?

... existieren nicht mehr. Sie wurden vor langer Zeit zu planetarischen, solaren, lunaren und, als letztes, inkarnierenden Egos, denn, wie es heißt: "Sie sind die vereinten Heerscharen geistiger Wesen."

Aber vorhin wurde gesagt, die Ah-hi seien in diesem Manvantara nicht zu Menschen geworden.

Und sie werden als formlose Ah-hi auch keine werden. Aber nach ihren eigenen Transformationen werden sie es. Wir dürfen die Manvantaras nicht verwechseln. Der manvantarische Zyklus mit der Dauer einer 15stelligen Zahl von Jahren betrifft nur das Sonnensystem. Aber es gibt auch ein Manvantara, das die Gesamtheit des objektiven Universums, also das "Mutter-Vater"-Universum sowie viele kleinere Manvantaras betrifft. Generell wurden die Shlokas über das erstere ausgewählt, über letzteres aber nur zwei oder drei. Es wurden also viele Shlokas weggelassen, weil sie zu schwierig sind.

Werden dann die Menschen nach dem Wiedererwachen in einem Manvantara ein Stadium durchlaufen, das der Ah-hi-Stufe im darauffolgenden Manvantara entspricht?

Für einige der Manvantaras gilt das Symbol der Schlange, die ihren Schwanz im Mund hält. Denkt über diese Symbolik nach.

Ein Mensch kann entscheiden, was er denken will. Trifft das analog auf die Ah-hi zu?

Nein, denn der Mensch hat Willensfreiheit, die Ah-hi nicht. Sie handeln gezwungenermaßen gleichzeitig, weil der Impuls für ihr Handeln von dem Gesetz ausgeht, das ihr Handeln bestimmt. Freie Willensentscheidung kann nur ein Mensch haben, der sowohl Geist als auch Bewußtsein hat, durch deren Aktivität er in die Lage versetzt wird, Dinge in sich selbst und außerhalb seiner selbst wahrzunehmen. Die Ah-hi sind Kräfte, keine Menschen.

Aber handeln sie nicht mit Bewußtsein beim Vollbringen ihrer Aufgabe?

Sie haben Bewußtsein insofern und weil sie innerhalb des universalen Bewußtseins handeln. Aber das Bewußtsein der Mânasa-putras auf der dritten Ebene ist ein ganz anderes. Erst auf dieser Ebene werden sie zu *denkenden Wesen*. Übrigens lehrt der Okkultismus – im Gegensatz zur modernen Wissenschaft –, daß jedes Atom der Materie *seine eigene* Art von Bewußtsein erhält, sobald es den Differenzierungsvorgang durchgemacht hat. Jede Zelle des menschlichen Körpers (wie auch des tierischen Körpers) besitzt ihr eigenes, spezifisches Unterscheidungsvermögen, ihren eigenen Instinkt und, relativ ausgedrückt, ihre eigene Intelligenz.

Kann man sagen, die Ah-hi können Seligkeit empfinden?

Wie können Seligkeit oder Unglückseligkeit für sie eine Rolle spielen? Seligkeit existiert und kann erst empfunden werden, wenn auch Leid erfahren worden ist.

Aber es besteht ein Unterschied zwischen Glück und Seligkeit.

Zugegeben, daß es diesen Unterschied geben mag, aber es kann weder Glück noch Seligkeit empfunden werden ohne die entgegengesetzte Leidens- oder Schmerzerfahrung.

Wir hatten jedoch den Hinweis so verstanden, daß es sich um Seligkeit, als den Zustand des Absoluten, handelt.

Aber das ist ja noch unlogischer. Wie kann man dem ABSOLUTEN *Gefühle* zuschreiben? Dem Absoluten kann man weder Bedingtheit noch Attribute anhängen. Nur dem Endlichen und Differenzierten können Gefühle oder Verhaltensweisen zugeordnet werden.

Dann kann man also von den Ah-hi nicht sagen, sie seien mit Bewußtsein begabte Intelligenzen, weil Intelligenz eine so komplexe Sache ist?

Vielleicht ist der Ausdruck ja falsch. Aber wegen der Armut unserer westlichen Sprachen haben wir offensichtlich keine andere Wahl.

Vielleicht würde aber eine Wortverbindung die Idee besser wiedergeben? Das Wort soll doch eine Kraft ausdrücken, die eine Einheit ist, nicht aber ein komplexes Agieren und Reagieren mehrerer Kräfte, was ja die Bedeutung des Wortes "Intelligenz" einschließt. Vielleicht wäre es besser, die Idee als den noumenalen Aspekt phänomenaler Kräfte zu bezeichnen.

Oder wir könnten uns die Idee bildlich als eine Flamme vorstellen, die eine Einheit ist, während die Strahlen dieser Flamme komplex sind und jeder einzelne Strahl seiner eigenen geraden Linie folgt.

Aber komplex werden sie erst, wenn sie auf tiefere Formen treffen und dort aufgenommen werden.

Richtig. Jedenfalls sind die Ah-hi die Flamme, die die Strahlen aussendet, welche dann durch ihren immer tiefer in die Materie führenden Fall immer differenzierter werden, bis sie letztendlich unsere Welt mit ihren Millionen von Bewohnern und sinnenhaften Wesen erreichen – und dann werden sie wahrhaftig komplex.

Die Ah-hi, als eine ursprüngliche Wesenhaftigkeit betrachtet, wären dann Einheit? Kann man sie als solche sehen?

Das kann man, aber genau gesagt gehen sie nur aus der Einheit hervor, sind der erste ihrer sieben Strahlen.

Kann man sie dann als die Reflexion der Einheit bezeichnen?

Sind die Strahlen des Farbenspektrums nicht im Grunde ein einziger weißer Strahl? Aus dem einen werden drei, aus den drei sieben, und von den sieben Grundstrahlen fallen sie in die Unendlichkeit. Zurückkommend auf das sogenannte "Bewußtsein" der Ah-hi sei gesagt, daß dieses Bewußtsein nicht anhand menschlicher Wahrnehmungsnormen beurteilt werden kann. Es befindet sich auf einer ganz anderen Ebene.

"Im Tiefschlaf befindet sich der Verstand nicht auf der materiellen Ebene" – kann man daraus schließen, daß er in dieser Zeit auf einer anderen Ebene aktiv ist? Ist bereits definiert worden, wie sich die Eigenschaften des Verstandes im Wachzustand von jenen im körperlichen Schlafzustand unterscheiden?

Ja, diese Definition gibt es natürlich. Aber ich glaube, es ist hier nicht wichtig und wäre auch nicht hilfreich, jetzt darüber eine Diskussion anzufangen. Es muß genügen zu erwähnen, daß die Vernunftstätigkeit des höheren Verstandes oft im

Schlafzustand sein kann, während der Instinktbereich des Verstandes völlig wach ist. Physiologisch handelt es sich um den Unterschied zwischen Groß- und Kleinhirn: Das eine schläft, und das andere ist wach.

Was ist unter der Bezeichnung "Instinktbereich des Verstandes" zu verstehen?

Der Instinktbereich des Verstandes befindet sich im Kleinhirn, seine Funktionsweise findet durch das Kleinhirn seinen Ausdruck, und das betrifft auch den Instinktbereich der Tiere. Beim Menschen ist es so, daß die Funktionen des Großhirns im Schlaf aufhören, während das Kleinhirn ihn zur Astralebene hinleitet, in einen Zustand, der noch unwirklicher ist als die Illusionsebene des Wachzustands – so übrigens nennen wir diesen Zustand, den die meisten von euch für so real halten. Und weil auf der Astralebene Gutes und Schlechtes unterschiedslos reflektiert wird, ist sie chaotisch und sogar noch trügerischer.

Raum und Zeit gelten als grundlegende Konditionierung des Verstandes im Wachzustand. Sind beide für das Denkprinzip (Manas) existent, während der physische Körper schläft?

Nicht in der uns bekannten Form. Außerdem kommt es darauf an, welches Manas gemeint ist – das höhere oder das niedrigere. Nur letzteres ist empfänglich für Halluzinationen über Raum und Zeit. Zum Beispiel kann ein Mensch im Traumzustand in wenigen Sekunden den Ablauf einer ganzen Lebenszeit verfolgen.[7] Für das Wahrnehmungs- und Begriffsvermögen des höheren Egos aber existiert weder Raum noch Zeit.

Man sagt, das Manas sei Träger oder Gefäß für die Buddhi, aber der Universalgeist wird auch als Maha-Buddhi bezeichnet. Worin unterscheidet sich dann die Bedeutung der Ausdrücke Manas und Buddhi, wenn sie einerseits im universalen Sinn benutzt werden, und wenn andererseits von dem Manas und der Buddhi als Manifestationen im Menschen gesprochen wird?

Die kosmische Buddhi, die Emanation des *Alaya*, der Geistseele, ist Träger oder Gefäß des Mahat nur dann, wenn sie der Prakriti entspricht. Dann wird sie Maha-Buddhi genannt. Diese Buddhi differenziert sich auf sieben Ebenen, während die Buddhi im Menschen das Gefäß für den Âtman ist, und als dieses Gefäß ist sie wesensgleich mit der höchsten Âkâsha-Ebene, und das ist der Grund dafür, daß sie der Differenzierung nicht unterliegt. Der Unterschied zwischen dem Manas und der Buddhi im Menschen entspricht dem Unterschied zwischen den Mânasa-putras und den Ah-hi im Kosmos.

---

[7] siehe "Über das Träumen", S. 476 ff.

Manas ist das Denkprinzip, und von den Ah-hi wird gesagt, sie könnten, genauso wenig wie die Buddhi auf dieser Ebene einen individuellen Verstand – oder das, was wir als Verstand bezeichnen – besitzen. Kann es Bewußtsein ohne Verstand geben? [8]

Nicht in unserem Bereich der Materie. Aber warum nicht auf einer anderen, höheren Ebene? Wenn wir einen Universalgeist postulieren, dann muß sowohl das Gehirn, das Gefäß des Geistes, als auch das Bewußtsein, die aktive Eigenschaft des Gehirns, auf einer höheren Ebene weitgehend andere Fähigkeiten als hier bei uns besitzen. Beide sind dem *absoluten* ALL näher, und die Substanz, durch die sie funktionieren, muß eine Homogenität besitzen, die unendlich größer ist – es muß sich um etwas *sui generis* handeln, das vollkommen außerhalb unserer intellektuellen Wahrnehmungsmöglichkeiten liegt. Wir müssen es uns als einen allerersten und unerkennbaren Zustand uranfänglicher Differenzierung vorstellen. In meiner Vorstellung funktioniert auf dieser höheren Ebene das Mahat – das große *manvantarische* Intelligenzprinzip – wie ein Gehirn, durch das die Ah-hi von dem Universalen und Ewigen Geist ausgestrahlt werden, die dann das daraus resultierende Bewußtsein oder die Ideation repräsentieren. Der durch die absteigenden Ebenen immer tiefer fallende Schatten dieses uranfänglichen *Dreiecks* nimmt mit jeder Stufe eine größere Materialität an.

Es erreicht die Ebene, wo Bewußtsein objektive Manifestationen wahrnimmt. Stimmt das?

Ja. Aber hier werden wir direkt mit dem großen Problem des Bewußtseins konfrontiert, und da müssen wir gegen den Materialismus ankämpfen. Denn was ist Bewußtsein? Die moderne Wissenschaft hält es für eine geistige Fähigkeit wie den Willen. Das sagen wir auch, fügen aber hinzu, daß das Bewußtsein kein Ding *per se* ist, daß der Verstand aber sehr wohl – zumindest in seinen manvantarischen Funktionen – ganz eindeutig Dinglichkeit besitzt. Dieser Überzeugung sind alle Idealisten des Ostens.

Jedenfalls ist es heutzutage üblich, abfällig über die Idee zu urteilen, daß der Geist ein eindeutig existierendes Ding ist.

Nichtsdestoweniger ist 'Bewußtsein' (mind) ein perfektes Synonym für 'Seele'. Diejenigen, die die Existenz der Seele bestreiten, behaupten natürlich, es gäbe unabhängig vom Gehirn kein Bewußtsein und daß Bewußtsein mit dem Tod endet. Okkultisten halten dagegen an der Überzeugung fest, daß Bewußtsein den Tod

[8] (Im Original das englische Wort 'mind' oder 'Mind', das wir hier notgedrungen mit 'Denkprinzip' – für Manas – oder mit 'Verstand' übersetzen. Zum besseren Verständnis sei auf H.P.B.s Definition von "Manas" als "Synonym für Mahat", und von "Mahat" als "Ursprung des (höheren und niederen) Denkprinzips Manas" verwiesen, in *Theosophical Glossary*, Los Angeles, 1973, S. 201 und 202. H.T.)

überdauert und daß das wirkliche Bewußtsein und die wirkliche Freiheit des Ego erst nach dem Tod beginnen, denn erst dann wird es nicht mehr durch irdische Materie eingeschränkt.

Vielleicht konnte die materialistische Ansicht aufkommen, weil man die Bedeutung des Begriffs "Bewußtsein" auf den sinnlichen Wahrnehmungsbereich beschränkt.

Wenn das so ist, dann lehnt der Okkultismus eine solche Ansicht ganz ab.

Shloka 4. DIE SIEBEN WEGE ZUR SELIGKEIT (Moksha oder Nirvâna) WAREN NICHT.[9] DIE GROSSEN URSACHEN DES LEIDENS (Nidâna und Mâyâ) WAREN NICHT, DENN NIEMAND WAR DA, SIE HERVORZUBRINGEN UND SICH IN IHNEN ZU VERFANGEN.

Welche Bedeutung haben die sieben Wege zur Seligkeit?

Das sind gewisse Fähigkeiten, über die der Lernende mehr erfährt, wenn er sich ernsthaft mit den Lehren des Okkultismus befaßt.

Sind die Vier Edlen Wahrheiten der Hînayâna-Schule des Buddhismus dieselben, die Sir Edwin Arnold in "Die Leuchte Asiens" erwähnt, nämlich 1. die Wahrheit vom Leiden, 2. die Wahrheit von der Entstehung des Leidens, 3. die Wahrheit von der Aufhebung des Leidens und 4. die Wahrheit vom WEG?[10]

Das ist alles theologisch und exoterisch und kann in allen heiligen Schriften des Buddhismus gefunden werden. Was hier erwähnt wird, könnte aus dem südlichen Buddhismus kommen. Das alles wird jedoch in der buddhistischen Ârya-sangha-Schule viel ausführlicher behandelt. Aber auch dort haben die vier Wahrheiten eine Bedeutung für den einfachen Priester in der gelben Mönchskutte und eine ganz andere für den wirklichen Mystiker.

Sind die Nidânas und Mâyâ (die wahren Ursachen des Leidens) Aspekte des Absoluten?

Nidâna steht für die Kette des bedingten Entstehens (Ursache und Wirkung) oder "Entstehens in Abhängigkeit"; die zwölf Nidânas sind die zwölf Glieder der hauptsächlichen Ursachen für die härtesten Reaktionen oder Wirkungen, die unter dem Karmagesetz auftreten. *A priori* besteht kein Zusammenhang zwischen den Begriffen Nidâna und Mâyâ, weil Mâyâ einfach Illusion bedeutet. Wenn wir aber das Universum als Mâyâ oder Illusion verstehen, dann sind die Nidânas, betrachtet als Kräfte des Moralprinzips im Universum, sicherlich im Begriff der Mâyâ eingeschlossen. Die Mâyâ, also Illusion bzw. Nichtwissen oder falsches Wissen, erweckt

[9] Siehe Fragment III, "Die sieben Pforten", in *Die Stimme der Stille*, Adyar Studienausgabe, Satteldorf, 3. erweiterte und überarbeitete Auflage 1997, S. 67 ff.

[10] (der hinführt zur Aufhebung des Leidens. H.T.)

die Nidânas, und sobald die Ursache oder die Ursachen erzeugt worden sind, folgen, dem Karmagesetz entsprechend, die Auswirkungen. Nehmen wir ein Beispiel: Wir alle betrachten uns als Einzelwesen, obwohl wir im Grunde einer unteilbaren Einheit angehören, in der wir, wie Tropfen im Ozean des Daseins, unmöglich voneinander zu unterscheiden sind. Nachdem wir so die Ursache hervorgebracht haben, folgt sofort die ganze Uneinigkeit des Lebens als Wirkung. In Wirklichkeit handelt es sich aber um das Bestreben der Natur, Harmonie und Gleichgewicht wieder herzustellen und aufrechtzuerhalten. Es ist diese Art des Getrenntseins, die die Wurzel allen Übels ist.

Dann wäre es vielleicht besser, die beiden Begriffe zu trennen und zu fragen, ob die Mâyâ ein Aspekt des Absoluten ist.

Letzteres ist deshalb nicht möglich, weil Mâyâ die Ursache und gleichzeitig – wenn sie überhaupt ein Aspekt von etwas ist –, ein Aspekt des Differenzierungsvorgangs ist. Außerdem kann das Absolute niemals differenziert werden. Und Mâyâ ist eine Manifestation, während das Absolute in keiner Weise manifestiert werden kann, sondern nur reflektiert wird als Schatten, der periodisch *von ihm* ausstrahlt – ohne *von ihm* ausgestrahlt zu werden.

Aber die Mâyâ wird doch als Ursache der Manifestation oder Differenzierung angesehen?

Na und? Natürlich, wenn es keine Mâyâ gäbe, dann gäbe es auch keine Differenzierung bzw. könnte kein objektives Universum wahrgenommen werden. Aber das macht Mâyâ nicht zum Aspekt des Absoluten, sondern sie ist einfach nur etwas, das gleichdauernd und koexistent mit dem manifestierten Universum oder der heterogenen Differenzierung reiner Homogenität ist.

Mit gleicher Logik hieße das also: Gäbe es keine Differenzierung, dann gäbe es auch keine Mâyâ? Aber wir sprechen hier über Mâyâ als URSACHE *des Universums. Gleich nach der Differenzierung müssen wir uns also fragen: Wo ist die Mâyâ?*

Mâyâ ist überall und in jedem *Ding*, das einen Anfang und ein Ende hat. Deshalb ist jedes *Ding* ein *Aspekt* des Ewigen, und in diesem Sinne ist Mâyâ natürlich selbst auch ein Aspekt von SAT, also von etwas, das im Universum ewig präsent *ist*, ob im Manvantara oder Mahapralaya. Wir dürfen aber nicht vergessen, daß selbst vom Nirvâna gesagt wird, es sei im Vergleich zum Absoluten nur Mâyâ.

Ist Mâyâ denn nun ein Allgemeinbegriff für alles Manifestierte?

Ich glaube nicht, daß das der Bedeutung von Mâyâ gerecht wird. Mâyâ ist eine Wahrnehmungseigenschaft all jener Egos, welche sich für Wesenheiten halten, die separat und unabhängig von dem Einen, der "Seinheit" (Be-ness), dem unendlichen und ewigen SAT existieren. In der exoterischen Philosophie und in den *Purânas* wird Mâyâ als personifizierter aktiver Wille des *Schöpfergottes* erklärt, und dieser Schöpfergott ist selbst natürlich nichts anderes als die personifizierte Mâyâ, eine Oberflächlichkeit und Sinnestäuschung des Menschen, der schon gleich am Anfang seiner Spekulationen damit begann, reine Abstraktionen mit menschlichen Zügen zu versehen. In der Vorstellung eines orthodoxen Hindus ist Mâyâ weitgehend etwas anderes als für einen idealistischen Vedânta-Anhänger oder einen Okkultisten. Der Vedânta erklärt, daß Mâyâ den Glauben an die *tatsächliche* Existenz der Materie oder aller differenzierten Dinge darstellt, während sie in Wirklichkeit ja nichts anderes sei, als der Einfluß des Täuschungen hervorbringenden Illusionären. Das *Bhagavata Purâna* identifiziert Mâyâ als Prakriti (die manifestierte Natur und Materie). Und tun das nicht auch die bedeutenden Metaphysiker Europas, wie Kant, Schopenhauer und andere? Sie haben diese Vorstellung natürlich vom Osten, besonders vom Buddhismus übernommen, obwohl sie die Lehre von der Unwirklichkeit des Universums auch selbst ziemlich korrekt erarbeitet haben – jedenfalls in großen Zügen. Wie wir wissen, werden Objekte von den Menschen unterschiedlich wahrgenommen. Die Art, wie der eine etwas sieht, ist nie exakt die gleiche wie das Sehen eines anderen. Jeder hat seine eigene Sichtweise, aber trotzdem leiden mehr oder weniger alle Menschen gleichermaßen unter Illusionen, hauptsächlich aber unter der Großen Illusion (Mâyâ), wenn sie annehmen, sie seien als Personalitäten Wesen, die sich von anderen Wesen unterscheiden, und daß, weiterhin, sogar ihr *Selbst*, also ihre Egos als solche in der Ewigkeit (oder doch zumindest in "unendlicher Dauer") erhalten bleiben. Dabei sind nicht nur wir, sondern ist das ganze sichtbare und unsichtbare Universum nur ein zeitlich begrenzter Teil des einen anfangslosen und endlosen GANZEN – dessen, was immer war, ist und sein wird.

Der Ausdruck betrifft offenbar die komplexen Zusammenhänge der Differenzierung, wobei "Differenzierung" jedes Einzelding individuell betrifft, und mit "Mâyâ" alle Einzeldinge, zum Kollektiv vereint, gemeint sind. Aber wir haben jetzt eine andere Frage, die den vorangegangenen Teil unserer Diskussion betrifft, wo das Großhirn und das Kleinhirn erwähnt und letzteres als Trägerorgan der Instinkte beschrieben wurde. Der Verstand der Tiere soll instinktiv sein, aber es wurde auch festgestellt, daß das Kleinhirn nur das Organ des vegetativen Lebens sei, welches allein die Körperfunktionen regelt, während der Sinnesverstand der Verstand sei, zu dem hin die Sinne sich öffnen, und, ferner, daß es außerhalb des Gehirnteils, der für die Funktionen des Denkens und der Ideation vorgesehenen ist, nämlich das Großhirn, nirgendwo Denken oder Ideenbildung geben kann, daß es also außerhalb des Großhirns nichts gibt, das uns befähigt, etwas über Intellekt oder Instinkt auszusagen.

Wie dem auch sei – dieses Kleinhirn jedenfalls ist das Organ der animalischen Instinktfunktionen, deren Spiegelung in Träumen stattfindet bzw. die die zum größten Teil chaotischen und unlogischen Träume hervorbringen. Träume aber, an die man sich erinnert, und die einen Ereignisablauf beinhalten, sind auf die Visionen des höheren Egos zurückzuführen.

Können wir also das Kleinhirn als das Organ unserer Gewohnheiten bezeichnen?

Da es das Instinktorgan ist, glaube ich, daß man es durchaus so nennen kann.

Abgesehen allerdings davon, daß der Begriff 'Gewohnheit' wohl auf unsere gegenwärtige Existenzstufe zutrifft, Instinkt aber eher auf eine solche Stufe in der Vergangenheit.

Was immer die richtige Bezeichnung sein mag, es ist – wie wir bereits erfahren haben[11] – allein das Kleinhirn, das während des Schlafes aktiv ist, nicht das Großhirn, und die Träume oder Emanationen oder instinktiven Gefühle, welche wir im Zustand des Erwachens haben, sind das Resultat dieser Aktivität.

Das Aufeinanderfolgen wird zwar allein durch das Koordinationsvermögen hervorgerufen, aber das Großhirn ist doch zweifellos und nachweisbar auch aktiv, denn je näher wir der Grenze zwischen dem Schlaf- und Wachzustand kommen, desto lebendiger werden unsere Träume.

Ganz richtig, aber erst *wenn* wir erwachen, nicht vorher. Den Zustand des Kleinhirns können wir mit einem Stück Metall oder etwas ähnlichem vergleichen, das am Tage erwärmt worden ist und während der Nacht diese Wärme ausstrahlt. Ganz ähnlich strahlt das Gehirn unbewußt im Verlauf der Nacht Energie aus.

Man kann aber nicht behaupten, das Gehirn sei nicht in der Lage, Eindrücke festzuhalten, die im Schlafzustand auftauchen. Es passiert oft, daß ein Mensch, der durch ein Geräusch aufgeweckt wird, seinen Traum im Wachzustand bis zu dem Eindruck, den das Geräusch hervorgerufen hat, zurückverfolgen kann. Diese Tatsache ist ja wohl ein eindeutiger Beweis für die Aktivität des Gehirns im Schlafzustand.

Für eine mechanische Aktivität – ja. Wenn in einem solchen Fall auch nur die geringste Wahrnehmung des Traumzustands oder wenigstens ein flüchtiger Einblick in den Traumzustand vorhanden ist, dann setzt die Erinnerung ein, und der Traum kann rekonstruiert werden. In unserer Diskussion über das Träumen haben wir den Übergang vom Traumzustand in den Wachzustand mit der noch schwelenden Glut eines ausgehenden Feuers verglichen, und wenn wir diesen Vergleich weiterführen, dann können wir den Vorgang des Erinnerns mit einem Luftzug vergleichen, der das Feuer neu entfacht. Das bedeutet, daß das Wachbewußtsein die Aktivität des Kleinhirns erneuerte, als diese unterhalb der Bewußtseinsschwelle verblaßte.

---

[11] (in "Über das Träumen", S. 476 ff.)

Hört das Kleinhirn jemals auf zu funktionieren?

Nein, aber es geht unter in den Funktionen des Großhirns.

Das heißt also, daß die Reizsignale, die im Wachzustand vom Kleinhirn ausgehen, unter die Schwelle des Wachbewußtseins absinken und der gesamte Bewußtseinsbereich vom Großhirn beherrscht wird. Diese Situation ändert sich erst, wenn Schlaf aufkommt, wodurch dann die Reizsignale, die das Kleinhirn aussendet, ihrerseits das Bewußtseinsfeld ausfüllen.

Richtig. Die Funktion des Großhirns ist es, Ideen zu verfeinern, zu verbessern, zu koordinieren, wohingegen die Funktionsweise des Kleinhirns bewußtes Verlangen u.ä. hervorbringt.

Offensichtlich müssen wir den Bereich unserer Vorstellungen über das Bewußtsein erweitern. Es gibt z.B. keinen Grund für die Annahme, eine empfindliche Pflanze habe kein Bewußtsein. Du Prel erwähnt in seiner "Philosophie der Mystik" einige sehr bemerkenswerte Experimente, die eine Art von Lokalbewußtsein, vielleicht verbunden mit einer Art von Reflexzonen, aufzeigen. Er geht sogar noch weiter und beweist anhand einer großen Zahl verbürgter Fälle – z.B. von Hellsehern, die im Bereich ihrer Magengrube wahrnehmungsfähig sind –, daß die Grenzen des Bewußtseins zu einem enormen Umfang ausdehnbar sind, sogar viel weiter, sowohl nach unten als auch nach oben, als wir normalerweise annehmen.

Wir können froh sein, in den Experimenten du Prels den Gegenbeweis zu den Theorien Professor Huxleys[12] zu haben, denn die sind absolut unvereinbar mit den Lehren des Okkultismus.

---

[12] (Thomas Henry Huxley, 1825–1895, englischer Biologe, Anhänger der Darwinschen Entwicklungslehre, der besonders durch seine zwischen 1871 und 1894 entstandenen "Sozialen Essays" der Entdeckung Darwins auch außerhalb der Naturwissenschaft Popularität verschafft hat. Für ihn verhalf die mit Darwins Abstammungslehre begonnene neue "Sachlichkeit" den Naturwissenschaften zu ihrer längst überfälligen Unabhängigkeit von der Theologie. In seinem 1893 erschienenen Werk *Ethik und Entwicklung* setzt er sich u.a. mit den gesellschaftlichen Implikationen der Lehre Darwins auseinander und schreibt: "Sozialer Fortschritt bedeutet Außerkraftsetzen des Waltens der Naturmächte und das Dafüreinsetzen von etwas Anderem, das man das Walten der ethischen Mächte nennen kann." (S. 174). Huxley war Agnostiker und vertrat die Auffassung, daß der Mensch von einem Dasein Gottes nichts wissen könne und daß ein absolutes Sein jenseits der dem Menschen zugänglichen physischen und geistigen Erscheinungsformen nicht nachweisbar sei und niemals sein könne. Blavatsky setzt sich in einem in ihrem Todesjahr erschienenen Aufsatz mit Zeitgenossen wie Huxley und den materialistischen Wissenschaften auseinander: "Das moderne Denken lehnt den göttlichen Geist in der Natur und ein in der Menschheit vorhandenes göttliches Element sowie die Unsterblichkeit der Seele und jedes dem Menschen inhärente höhere Prinzip ab. Wir alle wissen, daß Materialisten wie Prof. Huxley (...) nichts unversucht lassen, ihrer seelentötenden Wissenschaft zum Triumph zu verhelfen. (...) Das Negieren von Tatsachen und Vorstellungen, an die Abermillionen von Christen und Nicht-Christen glauben, von Dingen, die *unmöglich zu widerlegen sind*, ist ein folgenschwerer Fehler für eine anerkannte wissenschaftliche Autorität, wenn man das unausbleibliche Resultat dieser Negation bedenkt." In: *H.P. Blavatsky Collected Writings*, Bd. XIII, S. 154, 155. H.T.)

3. Konferenz

Shloka 5. FINSTERNIS ALLEIN WAR IM GRENZENLOSEN ALL, DENN VATER, MUTTER UND SOHN WAREN WIEDER EINS, UND DER SOHN WAR NOCH NICHT ERWACHT ZU SEINER PILGERFAHRT AUF DEM NEUEN LEBENSRAD.

Ist "Finsternis" dasselbe wie die "Ewige Allmutter, der Raum" im 1. Shloka ?

Keineswegs. Hier ist "das grenzenlose All" der "elterliche Raum", und der kosmische Raum ist bereits etwas, das Attribute hat – zumindest potentiell. "Finsternis" ist dagegen besonders in diesem Zusammenhang etwas, dem keine Attribute zugeschrieben werden können: Es ist das den kosmischen Raum füllende Unbekannte Prinzip.

Wird Finsternis dann als Gegenpol zum Licht gesehen?

Ja, insofern das Unmanifestierte und Unbekannte der Gegenpol zum Manifestierten und von all dem ist, das zum Bereich möglicher Spekulation gehört.

Finsternis wird also nicht dem Licht entgegengesetzt, sondern der Differenzierung. Oder wäre es nicht besser, Finsternis als Symbol der Negativität zu verstehen?

Die hier angesprochene "Finsternis" darf weder als Gegensatz zum Licht noch zur Differenzierung verstanden werden, denn beide sind natürliche Auswirkungen der manvantarischen Evolution, des aktiven Zyklus. Es ist die "Finsternis über der Tiefe" (*Genesis*, 1: 2). Tiefe ist hier "der strahlende Sohn des Dunklen Vaters", nämlich: Raum.

Bedeutet das, daß es kein Licht gibt, oder bedeutet es, daß es einfach nichts gibt, das manifestiert werden könnte und daß niemand da ist, der etwas wahrnehmen könnte?

Beides ist der Fall. Vom Standpunkt der Objektivität betrachtet, ist beides, Licht und Finsternis, Illusion – *Mâyâ*. In diesem Fall handelt es sich nicht um Finsternis als ein Nichtvorhandensein von Licht, sondern es ist ein nicht zu verstehendes, uranfängliches Prinzip, das die Absolutheit selbst ist, weshalb es für unsere intellektuellen Wahrnehmungsmöglichkeiten weder Form, Farbe und Substanz, noch etwas anderes hat, das in Worte gefaßt werden könnte.

Wann geht Licht aus dieser Finsternis hervor?

Als nächstes, dann nämlich, wenn die erste Stunde der Manifestation schlägt.

Dann ist Licht die erste Manifestation?

Es ist die erste Manifestation, nachdem der Differenzierungsvorgang begonnen hat, und zwar nur auf der dritten Evolutionsstufe. Es darf dabei nicht vergessen werden, daß wir in der Philosophie dem Wort "Licht" eine doppelte Bedeutung geben, zum einen, um ewiges, absolutes Licht *in potentia* auszudrücken, das immer im Schoß der unbekannten Finsternis vorhanden ist, und das mit letzterer in Ewigkeit koexistent und gleichzeitig ist –, das, in anderen Worten, identisch mit ihr ist; und zum anderen ist damit eine Manifestation von Heterogenität und somit der Kontrast zu jener Finsternis gemeint. Wer das *Vishnu-Purâna* liest und richtig versteht, wird den Unterschied zwischen den beiden Bezeichnungen sehr klar in Vishnu erkennen: Er ist eins mit Brahmâ und doch anders als dieser. In diesem Purâna ist Vishnu das ewige *x* und gleichzeitig jede der Bezeichnungen, die in der Gleichsetzung benutzt werden. Er ist als Brahman (neutrum) im Wesen Materie und Geist, die beiden uranfänglichen Aspekte Brahmans[13] – wobei Geist das abstrakte Licht ist.[14] In den *Vedas* dagegen genießt Vishnu kein hohes Ansehen, und Brahmâ (der männliche) wird überhaupt nicht erwähnt.

Was bedeutet der Satz "Vater, Mutter und Sohn waren wieder eins"?

Er sagt aus, daß die drei Logoi – der unmanifestierte "Vater", die halbmanifestierte "Mutter" und das Universum, welches in unserer Philosophie der dritte *Logos* oder Brahmâ ist – während des (periodischen) *Pralaya* wieder eins waren, daß die differenzierte Essenz wieder undifferenziert geworden war. "Vater, Mutter und Sohn" ist der Gegentypus zum christlichen Typus "Vater, Sohn und heiliger Geist", wobei der heilige Geist im frühen Christentum und im Gnostizismus die weibliche "Sophia" war. Der Satz erklärt also, daß alle schöpferischen und sensitiven Kräfte und deren das Universum bildende Wirkungen in ihren ursprünglichen Zustand

[13] (Zu Brahman als "Materie" oder "Substanz" siehe Mahatma-Brief Nr. 10: "Wir glauben an MATERIE allein ...", S. 536. Die *Purânas* enthalten die frühe Sânkhya-Lehre, daß Prakriti oder Materie das einzig Existierende und deshalb Brahman ist. Purusha oder Geist kann dieser Lehre entsprechend nicht ohne Prakriti / Materie existieren. Ausführlich in David Reigles Essay "Forschungsbericht zur Stanze 2 der Kosmogenesis" in dieser Ausgabe. H.T.).

[14] in Jivananda Vidyasagara (Hg.), *Vishnu-Purâna*, übersetzt von H.H. Wilson, London, 1840, 1. Buch, 2. Kap., S. 13–15 und 17–18. Dort lesen wir: "Parâshara sagte: Lobpreisung dem unveränderlichen, heiligen, ewigen, höchsten Vishnu, dessen Natur universale Einheit ist, der Macht über alles hat: Ihm, der Hiranya-garbha ist, Hari und Shankara, Schöpfer, Erhalter und Zerstörer der Welt: Ihm, Vasudeva, dem Befreier seiner Frommen: Ihm, dessen Essenz sowohl einfach als auch vielfach ist; der sowohl fein(stofflich) als auch körperlich, sowohl undifferenziert als auch differenziert ist: Ihm, Vishnu, dem Ursprung letztendlicher Befreiung. Lobpreisung Vishnu, dem Höchsten, dem Urgrund der Erschaffung, des Daseins und des Endes der Welt, der die Wurzel der Welt ist, und der aus der Welt besteht."

Und weiter: "Wer kann Ihn beschreiben, der durch die Sinne nicht wahrgenommen werden kann, der das beste aller Dinge ist, die höchste und selbstexistente Seele, der ohne alle äußerlichen Merkmale wie Hautfarbe, Kaste und ähnliches ist, und der frei ist von Geburt, Schicksalsschlägen, Tod und Zerfall, der immer ist und allein ist, der überall existiert, und in dem alle Dinge hier existieren, und der deshalb den Namen Vasudeva hat ? Er ist Brahman (neutrum), der Höchste, der Herr, ewig, ungeboren, unvergänglich, ohne Zerfall, der von einer Essenz ist und ewiglich rein und makellos. Er, dieses Brahman, war (ist) alle Dinge, erfassend in seiner eigenen Natur das Undifferenzierte und das Differenzierte."

zurückgekehrt waren: *alles* war zu Einem verschmolzen. In den Mahapralayas existiert nichts anderes als das Absolute.

Was sind die verschiedenen Bedeutungen von Vater, Mutter und Sohn? Im Kommentar werden sie als a) Geist, Substanz und Universum, b) als Geist, Seele und Körper und c) als Universum, Planetenkette und Mensch erklärt.

Ich glaube, das habe ich gerade mit meiner zusätzlich gegebenen Definition vollständig und klar dargestellt. Dieser Erklärung ist nichts mehr hinzuzufügen, es sei denn, wir fangen an, abstrakte Konzepte zu anthropomorphisieren.

Entsprechen bei den zuletzt erwähnten Bezeichnungen für die drei Serien, die Vorstellungen von Sohn, Universum, Mensch und Körper, einander?

Natürlich.

Und sind diese Bezeichnungen hervorgegangen aus dem übriggebliebenen Wortpaar für jede Dreiheit ? Ist z.B. der "Sohn" aus "Vater" und "Mutter", und sind die "Menschen" aus "Kette" und "Universum" entstanden, etc., etc. Und kehrt, letztlich, der Sohn im Pralaya zurück zu den Eltern und wird wieder eins mit ihnen?

Ehe die Frage beantwortet werden kann, müssen wir uns erinnern, daß über die der sogenannten Schöpfung vorausgegangene Periode nichts ausgesagt wird, sondern nur über die Zeit nach dem Beginn des Differenzierungsprozesses der Materie, als diese aber noch keine Formen angenommen hatte. Vater-Mutter ist ein zusammengesetzter Begriff, der die Ursubstanz oder Geist-Materie bezeichnet. Wenn diese Ursubstanz oder Geist-Materie aus ihrem homogenen Zustand über die Differenzierung in die Heterogenität fällt, wird sie positiv und negativ. Damit wird sie aus dem "Null-Zustand" (oder *Laya*) heraus aktiv und passiv, anstatt nur passiv. Und als Konsequenz dieser Differenzierung (aus der die Evolution und das folglich entstehende Universum resultieren), wird der "Sohn" hervorgebracht, und bis zu einem neuen *Mahapralaya* ist dieser Sohn genau dieses Universum, dieser manifestierte Kosmos.

Oder er ist es bis zum ultimativen Laya- oder Nullpunkt-Zustand, dem ursprünglichen Zustand vor der Vater-, Mutter- und Sohn-Stufe?

In der *Geheimlehre* gibt es nur sehr wenige Angaben über das, was vor der Vater-Mutter-Periode war. Sobald die Vater-Mutter-Periode beginnt, kann es natürlich keinen Laya-Zustand mehr geben.

So sind Vater-Mutter also später als der Laya-Zustand?

Ganz richtig. Einzelne Objekte können im Laya sein, das Universum aber nicht, sobald Vater-Mutter erscheint.

Ist Fohat einer der drei – Vater, Mutter oder Sohn?

Fohat ist ein Allgemeinbegriff, dem mehrere Bedeutungen unterliegen. Er ist das *Licht* (Daivî-prakriti) aller drei *Logoi*, also der personifizierten Symbole der drei *geistigen Stufen* der Evolution. Und Fohat ist *oben* die Gesamtheit aller geistig kreativen Ideationen, und ist *unten* die Symbiose aller elektrodynamischen und schöpferischen Kräfte, im Himmel und auf der Erde. Über den ersten und den zweiten Logos scheint es viel Verwirrung und viele Mißverständnisse zu geben. Der erste ist die bereits vorhandene, aber noch unmanifestierte Potentialität im Schoß von Vater-Mutter. Der zweite ist die abstrakte Gesamtheit von Schöpfern, der Erbauer des Universums oder der "Demiurgen", wie die Griechen sie nannten. Der *dritte Logos* ist die abschließende Differenzierung des zweiten Logos sowie die Individualisierung kosmischer Kräfte, von denen Fohat die höchste ist, denn Fohat ist die Synthese der sieben schöpferischen Strahlen oder Dhyan Chohans, welche aus dem dritten Logos hervorgehen.

Im Manvantara, d.h. wenn der Sohn existiert bzw. im Wachzustand ist, existiert dann das Vater-Mutter-Prinzip in Unabhängigkeit oder nur als Manifestation im Sohn?

Wenn wir die Bezeichnungen Vater, Mutter und Sohn benutzen, müssen wir uns davor hüten, diese Vorstellungen zu anthropomorphisieren. Die beiden ersten Begriffe sind ganz einfach zentrifugale und zentripetale Kräfte und ihr Produkt ist der "Sohn"; und außerdem kann man weder den einen noch den anderen dieser Faktoren aus der Begriffswelt der Esoterischen Philosophie ausklammern.

Dann kann man aber fragen, ob es nicht auch möglich ist, daß es zentrifugale und zentripetale Kräfte gibt, die unabhängig von den Wirkungen, die sie hervorbringen, existieren. Wirkungen werden im Vergleich mit der Ursache oder den Ursachen immer als sekundär betrachtet.

Es ist aber sehr zweifelhaft, ob eine solche Vorstellung in unserem Symbolsystem aufrechterhalten und angewendet werden kann. Wenn diese Kräfte existieren, dann müssen sie Wirkungen erzielen, und wenn die Wirkungen aufhören, dann hören die Kräfte mit ihnen auf, denn wer könnte von ihnen wissen?

Aber rein mathematisch existieren sie als separate Entitäten, nicht wahr?

Das ist etwas anderes. Es besteht ein großer Unterschied zwischen Natur und Wissenschaft, zwischen Wirklichkeit und philosophischer Symbolik. Aus demselben Grund teilen wir den Menschen in sieben Prinzipien ein, aber das bedeutet nicht, daß er deshalb sieben Häute, sieben Entitäten oder Seelen besitzt. All diese Prinzipien sind Aspekte eines einzigen Prinzips, und sogar dieses Prinzip ist nicht mehr als ein vorübergehender und periodischer Strahl der Einen ewigen und unendlichen Flamme.

Shloka 6. DIE SIEBEN ERHABENEN HERRSCHER UND DIE SIEBEN WAHRHEITEN HATTEN AUFGEHÖRT ZU SEIN, UND DAS UNIVERSUM, SOHN DER NOTWENDIGKEIT, WAR VERSUNKEN IM PARINISHPANNA (absolute Vollkommenheit, Parinirvâna, d.i. Yong-Grüb), AUF DASS ES AUSGEATMET WERDE DURCH DAS, WAS IST UND DOCH NICHT IST.

Shloka 7. DIE URSACHEN DES DASEINS WAREN BESEITIGT; WAS SICHTBAR WAR UND WAS UNSICHTBAR IST, RUHTE IM EWIGEN NICHTSEIN – DEM EINEN SEIN.

Wenn die Ursachen des Daseins beseitigt waren, wie sind sie dann wieder zur Existenz gekommen? Der Kommentar erklärt, daß die Hauptursache für das Dasein das "Verlangen nach Dasein" sei, aber in dem Shloka wird das Universum "Sohn der Notwendigkeit" genannt.

"Die Ursachen des Daseins waren beseitigt" bezieht sich auf das letzte Manvantara oder Zeitalter des Brahmâ; aber die Ursache für den Lauf des Rades von Zeit und Raum in die Ewigkeit hinein, welche ja außerhalb von Raum und Zeit ist, hat nichts mit endlichen Ursachen oder mit den sogenannten Nidânas zu tun. Ich kann keinen Widerspruch in den Erklärungen erkennen.

Aber bestimmt gibt es hier einen Kontrast. Wenn die Ursachen für das Dasein beseitigt waren, wie konnten sie dann wieder Dasein erlangen? Aber die Antwort hebt den Widerspruch auf, denn es wird ja gesagt, daß ein Manvantara im Pralaya verschwunden war und daß die Ursache für die Existenz des vorherigen Manvantaras sich jetzt jenseits der Begrenzungen von Raum und Zeit befindet und deshalb die Ursache für den Daseinsbeginn eines weiteren Manvantaras ist.

Genauso ist es. Diese eine ewige und somit "ursachenlose Ursache" ist unveränderlich und hat nichts zu tun mit den Ursachen jener Bereiche, die das begrenzte und bedingte Dasein hervorbringen. Die Ursache kann deshalb keinesfalls ein endliches Bewußtsein oder Verlangen sein. Dem Absoluten Verlangen oder Notwendigkeit zuzusprechen ist absurd – der Stundenschlag einer Uhr bedeutet nicht ein Verlangen der Uhr, die Stunden schlagen zu lassen.

Aber die Uhr wird aufgezogen und braucht jemanden, der sie aufzieht.

Dasselbe kann über das Universum und diese Ursache gesagt werden, denn die Uhr und derjenige, der sie aufzieht, sind beide innerhalb des Absoluten, sobald es das Absolute ist. Der einzige Unterschied ist, daß das Universum sozusagen in Raum und Zeit aufgezogen wird, während die Ursache dafür außerhalb von Raum und Zeit, d.h. in der Ewigkeit ist.

Die Frage sucht eigentlich eine Erklärung für die im Absoluten vorhandene Ursache der Differenzierung.

Diese Frage steht außerhalb des Bereichs legitimer Spekulation. Parabrahman ist keine Ursache, und es existiert auch keine Ursache, die es dazu veranlassen könnte auszustrahlen oder zu erschaffen. Genau gesagt ist Parabrahman nicht einmal das Absolute, sondern *Absolutheit*. Parabrahman ist nicht die Ursache, sondern ist die Ursächlichkeit oder treibende Kraft, nicht aber die Willenskraft, in jeder manifestierenden Ursache. Wir können eine vage Vorstellung davon haben, daß es so etwas wie diese ewige ursachenlose Ursache oder Ursächlichkeit gibt, aber wir sind nicht in der Lage, sie zu definieren. Subba Row erklärt in seinen Vorträgen zur *Bhagavad-gîtâ*, daß logischerweise nicht einmal der erste Logos Parabrahman erkennen kann, sondern nur die Mulaprakriti, seinen Schleier. Und wir, die wir noch nicht einmal eine klare Vorstellung von der Mulaprakriti haben, dem ersten Grundaspekt Parabrahmans, wie könnten wir etwas von jener Höchsten Ganzheit wissen, die selbst für den Logos hinter dem Schleier der *Mulaprakriti* (der Wurzel der Natur oder Prakriti) verborgen ist.

Was bedeutet die Bezeichnung, im Shloka 7, "... was sichtbar war und was unsichtbar ist ..."?

"Was sichtbar war" bezeichnet das Universum des vergangenen Manvantaras, das in die Ewigkeit übergegangen war und nicht mehr existierte. "Was unsichtbar ist" meint die ewige, immer präsente und immer unsichtbare Gottheit, der wir viele Namen geben, wie z. B. abstrakter Raum, Absolutes Sat, etc., und über die wir in Wirklichkeit nichts wissen.

Shloka 8. ALLEIN VORHANDEN, ERSTRECKTE SICH DIE EINE FORM DES SEINS GRENZENLOS, UNENDLICH, UNVERURSACHT UND IN TRAUMLOSEM SCHLAF, UND LEBEN PULSIERTE OHNE BEWUSSTSEIN IM UNIVERSALEN RAUM, IN JENER ALLGEGENWART, DIE DAS "GEÖFFNETE AUGE" DES DANGMA[15] WAHRNIMMT.

Öffnet sich das "Auge" gegenüber dem Absoluten, oder sind "die eine Form des Seins" und die "Allgegenwart" etwas anderes als das Absolute, oder handelt es sich um verschiedene Namen für ein und dasselbe Prinzip?

Es ist natürlich alles eins. Hier handelt sich nur um Metaphern. Ich bitte zu beachten, daß nicht gesagt wird, das "Auge" würde "sehen" – es nahm die "Allgegenwart" nur wahr.[16]

Empfangen wir also eine solche Wahrnehmung oder ein solches Gefühl oder Bewußtsein durch dieses "Auge"?

---

[15] (siehe Fußnote auf S. 96. H.T.)

[16] ("It sensed", es empfand oder spürte die Allgegenwart. H.T.)

Ganz richtig, durch dieses "Auge". Aber natürlich muß man ein solches "Auge" erst haben, ehe man "sehen" oder ein *Dangma* oder Seher werden kann.

Es ist anzunehmen, daß das die höchste Fähigkeit des Geistes ist?

Gut, aber wo war in diesem Stadium der glückliche Besitzer des "Auges"? Es gab keinen Dangma, der die "Allgegenwart" hätte spüren können, denn es gab ja noch keine Menschen.

Im Zusammenhang mit Shloka 6 wurde gesagt, Finsternis sei der Ursprung des Lichts?

Auch hier muß Finsternis metaphorisch verstanden werden. Für unseren Intellekt handelt es sich zweifellos um Finsternis, insofern wir nichts darüber wissen können. Ich habe bereits gesagt, daß weder Finsternis noch Licht im Sinne von Gegensätzlichkeit benutzt werden dürfen, so wie in der differenzierten Welt. Finsternis ist der Ausdruck, der am wenigsten zu Mißverständnissen führt. Würde z.B. das Wort "Chaos" benutzt, dann bestünde die Gefahr, daß es mit chaotischer Materie verwechselt würde.

Die Bezeichnung Licht wurde natürlich nie für das physische Licht gebraucht?

Natürlich nicht. Licht ist hier die erste Potentialität, erwachend aus ihrem *Laya*-Zustand, um zur Potenz zu werden. Es ist die erste Regung in der undifferenzierten Materie, welche es in die Objektivität und damit auf eine Stufe wirft, wo die Manifestation beginnt.

An anderer, späterer Stelle in der Geheimlehre *wird gesagt, Licht würde durch Finsternis sichtbar gemacht, oder, besser, daß ursprünglich Finsternis existiert, und daß Licht aus dem Vorhandensein von Objekten resultiert, die es reflektieren, d.h. aus der objektiven Welt. Wenn wir einen elektrischen Lichtstrahl durch ein kugelförmiges Glas leiten, so ist er unsichtbar, es sei denn er trifft auf im Wasser befindliche Teilchen, die für Strahlen undurchlässig sind, in welchem Fall Lichtflecke gesehen werden. Ist das eine zutreffende Analogie?*

Ich halte es für eine gute Illustration.

Ist Licht nicht eine Differenzierung von Schwingungen?

Das sagt die Wissenschaft, und dasselbe gilt auch für Töne. Und so sehen wir, daß die Wahrnehmungseigenschaften der Sinne zu einem gewissen Grad austauschbar sind. Wie kann man sich z.B. erklären, daß ein Hellseher in Trance einen Brief lesen kann, den er sich an die Stirn oder an die Fußsohlen oder an die Magengrube hält?

Das ist eine übersinnliche Wahrnehmung.

Nein, überhaupt nicht, es ist einfach so, daß der Gesichtssinn austauschbar mit dem Tastsinn ist.

Aber ist eine solche Wahrnehmung nicht schon der Anfang des sechsten Sinns?

Das führt über unseren gegenwärtigen Zusammenhang hinaus, hier geht es nur um die Austauschbarkeit der Gesichts- und Tastsinne. Solche Hellseher sind aber nicht in der Lage, den Inhalt eines Briefes zu erkennen, den sie nicht gesehen oder berührt haben. Um das zu erreichen, ist die Anwendung des sechsten Sinns nötig. Ersteres ist die Ausübung unserer Sinne auf der physischen Ebene, letzteres die Anwendung einer Sinneswahrnehmung auf einer höheren Ebene.

Vom Standpunkt der Physiologie erscheint es sehr wahrscheinlich, daß alle Sinne im Tastsinn zusammengeführt werden, der als Koordinationssinn bezeichnet werden kann. Dieser Schluß beruht auf Forschungen in der Embryologie, aus denen hervorgeht, daß der Tastsinn das erste und wichtigste sinnliche Wahrnehmungsvermögen ist und alle anderen aus ihm entwickelt werden. Das hieße, alle Sinneswahrnehmungen sind weiter entwickelte oder differenziertere Formen des Tastsinns.

Das ist nicht die Sichtweise der Philosophie des Ostens. In der *Anugita* gibt es eine Unterhaltung über die Sinne zwischen einem Brahmanen und seiner Frau; sieben werden erwähnt, und zwei davon sind "Verstand" und "Verständnis"[17] in der Übersetzung von Trimbak Telang und Max Müller. Aber diese Wörter übertragen nicht die korrekte Bedeutung der Sanskrit-Ausdrücke.[18] Bei den Hindus ist der erste Sinn mit Ton verbunden – und das kann ja wohl kaum der Tastsinn sein.

Mit Tastsinn ist höchstwahrscheinlich Empfindlichkeit oder eine Art vermittelnder Sinn gemeint?

In der Philosophie des Ostens jedoch wird der Ton-Sinn zuerst manifestiert, dann folgt der Seh-Sinn, wobei Töne sich in Farben verwandeln. Hellseher können Töne *sehen* und jede Note und Modulation viel deutlicher erkennen, als sie es durch den gewöhnlichen Ton-Sinn – durch Schwingungen über ihr Gehör – könnten.

Wird Ton also als eine Art von rhythmischer Bewegung wahrgenommen?

Ja, und derartige Schwingungen können aus größerer Entfernung gesehen als gehört werden.

---

[17] ("mind and understanding". H.T.)

[18] (Nach Paul Deussens Übersetzung handelt es sich um Manas und Buddhi, wobei in der *Anugita* die ersten fünf Sinne "Geruch und Geschmack, Auge, Tastsinn und Ohr" sind. Der sechste und siebte Sinn, ersterer "als Objekt des Manas" und letzterer "als Objekt der Buddhi", sind "die Überlegung" und "die Überzeugung". In P. Deussen, *Vier philosophische Texte des Mahabharata*, Leipzig, 1906, *Anugita*, Adhyaya 20, Verse 618, 619 und 626. H.T.)

Aber angenommen, das physische Hören hörte auf, und ein Mensch würde Töne hellseherisch wahrnehmen, könnte diese Empfindung nicht ins Hellhören übergehen?

Die eine Sinneswahrnehmung muß an einem gewissen Punkt sicherlich mit der anderen verschmelzen. Ton kann also übergehen in Geschmack. Es gibt Töne, die bei einigen Sensitiven einen ausgesprochen bitteren Geschmack hervorbringen, während andere Töne für sie einen süßen Geschmack haben – in der Tat, für Wechselbeziehungen untereinander ist die ganze Skala der Sinne durchaus empfänglich.

Dann muß es dementsprechend auch eine Erweiterung des Geruchssinns geben?

Ja, natürlich, wie wir bereits gezeigt haben. Wenn wir zugeben, daß Wechselbeziehungen existieren, dann sind unsere Sinneswahrnehmungen auch austauschbar. Sie können außerdem beträchtlich intensiviert oder modifiziert werden. Jetzt könnt ihr auch die Hinweise in den *Vedas* und den *Upanischaden* nachvollziehen, wo gesagt wird, Töne könnten wahrgenommen werden.

In "Harper's Magazine" *gab es einen bemerkenswerten Bericht über einen Eingeborenenstamm auf einer Südseeinsel, der die Fähigkeit und Gewohnheit des Sprechens und der verbalen Kommunikation praktisch verloren hat, wo die Menschen sich aber anscheinend trotzdem untereinander verständigen können und wissen, was der andere denkt.*

Ein solches "Reich der Wahrheit" würde der modernen Gesellschaft wohl kaum gefallen. Von den frühen Menschheiten wird jedenfalls gesagt, daß sie gerade auf diese Art miteinander kommunizierten, wobei Gedanken objektive Formen annahmen, ehe das Sprechen sich zu einer definitiven Sprache entwickelt hatte. In diesem Fall muß es in der Evolution der verschiedenen Menschheiten Perioden gegeben haben, in der die gesamte Menschheit aus Sensitiven und Hellsehern bestand.

4. Konferenz

Zurück zum Shloka 6, wo von den "sieben erhabenen Herrschern" gesprochen wird. Da beim Gebrauch der verschiedenen Ausdrücke leicht Verwechslungen auftreten können, hier die Frage, was der Unterschied ist zwischen den Dhyan Chohans, den Planetengeistern, den Erbauern und den Dhyani Buddhas.

Um alle Hierarchien zu erklären, wären zwei weitere Bände der *Geheimlehre* nötig, deshalb wurde vieles über sie in den Stanzen und Kommentaren weggelassen. Aber wir können den Versuch einer kurzen Definition machen. Dhyâni-Chohan ist ein Sammelbegriff für alle Devas oder Himmelswesen. Ein Planetengeist ist der Herrscher über einen Planeten, er ist eine Art endlicher oder persönlicher Gott. Es besteht jedoch ein deutlicher Unterschied zwischen den Herrschern der Heiligen Planeten und den Herrschern einer kleinen "Kette" von Welten wie der unseren. Zu sagen, daß die Erde aber immerhin sechs unsichtbare Begleiter und vier verschiedene Ebenen habe, wie jeder andere Planet, ist hier kein ernstzunehmender Einwand, denn es gibt wesentliche Unterschiede zwischen den beiden. Man kann sagen, was man will, Tatsache ist, daß unsere Erde nie zu den sieben *heiligen* Planeten der Antike gehörte, obwohl sie in der exoterischen, populären Astrologie als Ersatz für einen geheimen Planeten diente, der der Astronomie heute unbekannt ist, den initiierte Spezialisten aber sehr wohl kennen. Auch Sonne und Mond gehörten nicht dazu – obwohl beide von der modernen Astrologie akzeptiert werden –, denn die Sonne ist ein zentraler *Stern* und der Mond ein toter Planet.

Wurden keine der sechs Globen der "terrestrischen" Kette zu den heiligen Planeten gezählt?

Kein einziger. Letztere waren alle Planeten auf *unserer* Ebene, und einige von ihnen wurden erst später entdeckt.

Was können Sie uns über die Planeten sagen, für die die Sonne und der Mond als Ersatz dienten?

Das ist kein Geheimnis, obwohl unsere modernen Astrologen diese Planeten nicht kennen. Einer ist ein innerhalb der Merkurbahn gelegener Planet, den man meint entdeckt zu haben, und dem man vorausschauend den Namen Vulkan gab, und der andere ist ein rückläufiger Planet, der gelegentlich, zu einer gewissen Nachtzeit und scheinbar in der Nähe des Mondes, sichtbar ist. Der okkulte Einfluß dieses Planeten wird vom Mond übermittelt.

Wodurch wurden diese Planeten heilig oder geheim?

Durch ihre okkulten Einflüsse, soweit ich weiß.

Gehören die Planetengeister der Sieben Heiligen Planeten dann also einer anderen Hierarchie an, als derjenigen der Erde?

Offensichtlich, denn der terrestrische Geist der Erde hat keine besonders hohe Stellung. Wir dürfen nicht vergessen, daß der Planetengeist nichts mit dem geistigen Menschen zu tun hat, sondern mit materiellen Dingen und kosmischen Wesen. Die Götter und Herrscher unserer Erde sind kosmische Herrscher, d.h. sie geben kosmischer Materie Form und Gestalt, weshalb sie *Kosmokratoren*[19] genannt wurden. Sie haben sich nie mit Geist beschäftigt. Es sind die Dhyani Buddhas, die zu einer ganz anderen Hierarchie gehören, und die speziell für den Geist zuständig sind.

Diese sieben Planetengeister haben also nur gelegentlich, nicht aber wirklich etwas mit der Erde zu tun?

Im Gegenteil. Die "Planetarischen" – die nicht die Dhyani Buddhas sind – haben alles mit der Erde zu tun, physisch und moralisch. Sie sind es, die die Bestimmung der Erde und das Schicksal der Menschen leiten. Sie sind die Vermittler des Karma.

Haben sie irgend etwas mit dem fünften Prinzip, dem höheren Manas zu tun?

Nein, sie geben sich nicht mit den drei höheren Prinzipien ab. Aber sie haben etwas zu tun mit dem vierten Prinzip. Rekapitulieren wir: Der Ausdruck "Dhyâni-Chohan" ist ein Sammelbegriff für alle Himmelswesen. Es besteht eine geheimnisvolle Verbindung zwischen den "Dhyâni Buddhas" und der höheren Triade des Menschen, aber das muß hier nicht erklärt werden. Die "Erbauer" sind eine Klasse, die, wie gesagt, *Kosmokratoren* oder unsichtbare aber intelligente Maurer genannt werden und Materie nach der idealen Vorlage formen, welche für sie bereitliegt in der von uns so bezeichneten göttlichen und kosmischen Ideation. Die frühen Freimaurer nannten sie *kollektiv* "Der Große Architekt des Universums", aber die modernen Freimaurer machen aus diesem G. A. D. U. eine einzelne, persönliche Gottheit.[20]

Sind sie nicht auch Planetengeister?

In gewisser Weise schon – denn die Erde ist auch ein Planet –, aber sie gehören einer niedrigeren Ordnung an.

Handeln sie unter der Leitung des terrestrischen Planetengeistes?

[19] (Spätgriechisch: "Herrscher der Welt". In der bildenden Kunst zumeist eine Bezeichnung für Christus als Weltbeherrscher, auf einer Weltkugel thronend. H.T.)

[20] (nämlich den "'Grand Architecte de l'Univers', frz., Großer Baumeister aller Welten", in E. Lennhoff, O. Posner, *Internationales Freimaurerlexikon*, Wien, 1932, S. 630. H.T.)

Ich habe doch gerade gesagt, daß sie selbst als Kollektiv dieser Geist sind. Ich möchte, daß ihr versteht, daß sie kein Einzelwesen sind, daß sie nicht so eine Art persönlicher Gott sind, sondern Kräfte der Natur, deren Wirken unter dem einen unveränderlichen Gesetz steht, über dessen Natur sich jede Spekulation erübrigt.

Aber gibt es nicht Erbauer von Universen und Erbauer von Systemen, genauso wie es Erbauer unserer Erde gibt?

Ganz sicher gibt es sie.

Dann sind die terrestrischen Erbauer ein Planeten-"Geist" wie alle anderen, nur von niedrigerem Status?

So ist es.

Bedingt die Größe des Planeten den niedrigeren Status oder ist das qualitativ zu verstehen?

Letzteres, wie wir gelernt haben. Ihr müßt verstehen, daß die Alten nicht unter der heutigen Selbstgefälligkeit, besonders aber unter der heutigen theologischen Überheblichkeit litten, die aus diesem unbedeutenden Brocken Erde etwas unfaßbar Großartigeres als alle uns bekannten Sterne und Planeten macht. Wenn z.B. die Esoterische Philosophie lehrt, daß der "Geist" (wieder im Sinne eines Kollektivs) des Jupiter dem terrestrischen Geist weit überlegen ist, dann nicht deshalb, weil Jupiter um so und so vieles größer ist als die Erde, sondern weil dessen Substanz und strukturelle Beschaffenheit so viel feiner und besser als die unserer Erde ist. Und diesem qualitativen Unterschied entsprechend reflektieren die Hierarchien der jeweiligen "planetarischen Erbauer" die für sie im Universalbewußtsein, dem wirklichen Großen Architekten des Universums, angelegten Ideationen und stellen ihr Wirken darauf ein.

Das Universalbewußtsein: die Seele der Welt, "Anima mundi"?

Wenn ihr wollt, könnt ihr es so nennen. Es ist der Ur- oder Prototyp dieser Hierarchien, und die sind die differenzierten Typen des Prototyps. Der eine *unpersönliche* Große Architekt des Universums ist MAHAT, der Universalgeist. Und Mahat ist ein Symbol, eine Abstraktion, ein Aspekt, der in den alles vergegenständlichenden Vorstellungen des Menschen eine verschwommene wesenhafte Gestalt angenommen hat.

Was ist der wirkliche Unterschied zwischen der orthodoxen und der esoterischen Bedeutung der Dhyâni-Buddhas?

Aus philosophischer Sicht ist der Unterschied sehr groß. Als die höheren Devas werden sie von den Buddhisten Bodhisattvas genannt. Exoterisch gesehen, gibt es fünf von ihnen, in den esoterischen Schulen aber sind es sieben, und zwar nicht Einzelwesen, sondern *Hierarchien.* In der *Geheimlehre* steht, daß fünf Buddhas bereits gekommen sind und daß zwei in der Sechsten und Siebten Menschheit kommen werden. Aus exoterischer Sicht ist ihr Oberhaupt der Vajra-sattva, die "höchste Intelligenz" oder der "höchste Buddha", aber noch transzendenter ist Vajra-dhara, gerade so wie das Parabrahman den (männlichen) Brahmâ oder das Mahat transzendiert. So ist offensichtlich, daß die exoterische Bedeutung der Dhyâni Buddhas eine ganz andere ist als deren okkulte Bedeutung. Exoterisch stellt jeder von ihnen eine Trinität dar, drei in einem, wobei sich jeder der drei gleichzeitig mit den anderen in einer von drei Welten manifestiert – einer als menschlicher Buddha auf der Erde, einer als Dhyani Buddha in der Welt der astralen Formen, und einer als arûpa oder formloser Buddha im höchsten nirvânischen Bereich. Für einen menschlichen Buddha – die Inkarnation eines dieser Dhyânis – ist der Aufenthalt auf der Erde begrenzt auf eine Zeitspanne, die zwischen sieben und siebentausend Jahre (in verschiedenen Körpern) dauert, denn als Menschen sind sie normalen Bedingungen, Unfällen und dem Tod ausgesetzt. In der Esoterischen Philosophie dagegen bedeutet dies, daß erst fünf von den "Sieben Dhyani Buddhas" oder, besser gesagt: von den sieben Hierarchien dieser Dhyanis, die in der buddhistischen Mystik identisch mit den höheren inkarnierenden Intelligenzen oder auch den Kumâras im Hinduismus sind –, daß also bisher erst fünf in einer regelmäßigen Reihenfolge von Inkarnationen erschienen sind; die letzten beiden müssen dann im Verlauf der Sechsten und Siebten Menschheit erscheinen. Aber das ist wieder halb, wenn nicht gar ganz allegorisch zu verstehen, denn beide, die sechste und die siebte Hierarchie, sind bereits zusammen mit den anderen auf dieser Erde inkarniert worden. Aber da sie die sogenannte "Buddhaschaft" schon fast gleichzeitig mit dem Beginn der Evolution der Vierten Menschheit erreicht hatten, wird von ihnen gesagt, sie ruhten seither und bis hin zum Beginn der siebten Runde in bewußter Seligkeit und Freiheit, wenn sie die Menschheit als eine neue Rasse von Buddhas führen werden.[21] Diese Dhyanis sind nur mit der Menschheit verbunden und, präzise ausgedrückt, nur mit den höchsten "Prinzipien" der Menschen.

Gehen auch die Dhyâni Buddhas und die Planetengeister, die über die Globen herrschen, in den Pralayazustand über, wenn ihre Planeten diesen Zustand erreichen?

[21] (Der englische Text ist nicht eindeutig: "...when they will lead Humanity as a new race of Buddhas" kann die sechste und siebte Hierarchie als 'neue Rasse von Buddhas' meinen oder kann die folgende Bedeutung haben: "...wenn sie die Menschheit, die dann eine neue Rasse von Buddhas sein wird, anführen werden." Blavatskys Anwort auf der folgenden Seite: "...denn die gesamte Menschheit wird aus Bodhisattvas bestehen, aus ihren eigenen 'Söhnen', d.h. aus den 'Söhnen' ihres eigenen Geistes und ihrer eigenen Essenz – aus sich selbst" weist hin auf die zweite Version. H.T.)

Erst am Ende der siebten Runde, nicht zwischen jeder kleineren Runde, denn sie müssen die Gesetze während dieser kleineren Pralayas aufrechterhalten. Genauere Einzelheiten über dieses Thema sind bereits im dritten Band der *Geheimlehre* enthalten.[22] Aber all diese Unterschiede sind ausschließlich funktionsbezogen, denn es handelt sich dabei nur um Aspekte ein und derselben Essenz.

Wacht eine Hierarchie von Dhyânis, deren Aufgabe die Überwachung einer Runde ist, in deren aktiver Periode über die ganze Globenkette oder nur über einen bestimmten Globus?

Es gibt inkarnierende Dhyânis und es gibt überwachende Dhyânis. Die Funktionen der inkarnierenden Dhyânis sind gerade beschrieben worden, die Dhyânis mit Überwachungsfunktionen scheinen wie folgt zu wirken:

Jede Klasse oder Hierarchie ist für eine der Runden zuständig, die erste Hierarchie, die mit dem niedrigsten Status, für die erste und weniger entwickelte Runde, die zweite Hierarchie für die zweite Runde, usw. bis zur siebten Runde, welche unter der Aufsicht der höchsten Hierarchie der sieben Dhyânis steht. In dieser letzten Runde werden sie auf der Erde erscheinen, ebenso wie einige der planetaren Geister, denn die gesamte Menschheit wird aus Bodhisattvas bestehen, aus ihren eigenen "Söhnen", d.h. aus den Söhnen ihres eigenen Geistes und ihrer eigenen Essenz – aus sich selbst. Es besteht also nur ein funktionsbezogener Unterschied zwischen den Dhyânis und den Planetengeistern. Die einen sind vollkommen göttlich, die anderen *siderisch*. Nur erstere werden *Anupapâdaka*, "elternlos"[23] genannt, weil sie eine direkte Ausstrahlung nicht aus Vater oder Mutter, sondern aus dem unmanifestierten Logos sind. Tatsächlich sind sie der geistige Aspekt der sieben Logoi, und die Planetengeister sind als Gesamtheit wie die sieben Sephiroth (die drei höheren dieser sieben sind superkosmische Abstraktionen und bewußt verschleiert in der Kabalah) und stellen den himmlischen Menschen oder Adam-Kadmon dar. *Dhyâni* ist ein Sammelbegriff im Buddhismus, ein Ausdruck, der als

[22] (Boris de Zirkoff, der Herausgeber der "Protokolle der Londoner Studienkonferenzen" – "Transactions of the Blavatsky Lodge" –, merkt hier an, daß "von der Existenz eines solchen Materials zu diesem Thema zur Zeit nichts bekannt ist. Das 1897 unter dem Titel *Die Geheimlehre, 3. Band* erschienene Buch enthält nichts, das auch nur annähernd mit diesem generellen Thema zusammenhängt. H.P.B. scheint hier die Annahme zu bestätigen, daß gewisse zusätzliche Manuskripte existiert haben müssen, deren letztendliches Schicksal aber völlig unbestimmt bleibt." In *H.P. Blavatsky Collected Writings*, Bd. X, S. 344. H.T.)

[23] (im Original: *Anupadaka*. Dazu folgende Anmerkung von Boris de Zirkoff: "Dieser Sanskritausdruck erscheint in falsch buchstabierter Form an vielen Stellen in H.P.B.s Schriften. Seine korrekte Form ist *Anupapâdaka*, von *an* = nicht, *upa* = entsprechend, zufolge, und der Kausalform der Verbwurzel *pad* = weitergehen, hervortreten. Das Wort bedeutet also 'einer, der nicht einer regulären Nachfolge entspringt' oder 'durch normale Nachfolge erscheint', d.h.: einer der selbstgeboren oder elternlos ist." *Ibid.* Zur korrekten Schreibweise siehe auch David Reigles Hinweis S. 646 ff. in dieser Ausgabe H.T.)

Abkürzung für alle Götter steht. Aber obwohl sie "Götter" sind, das darf nie vergessen werden, sollen sie nicht angebetet werden.

Warum nicht, wenn sie doch Götter sind?

Weil in der Philosophie des Ostens die Idee einer persönlichen oder außerkosmischen Gottheit verworfen wird. Und jedem, der das als *Atheismus* bezeichnet, muß folgendes entgegengehalten werden: Es ist unlogisch, einen solchen Gott anzubeten, denn, wie uns die Bibel schon sagt: "Es sind viel Götter und viel Herren."[24] *Wenn* also Anbetung gewollt wird, dann müssen wir uns entweder für die Anbetung vieler Götter entscheiden, von denen keiner besser oder weniger unvollkommen ist als der andere, d.h. das wäre dann Vielgötterei oder Götzendienst, oder man müßte wie die Israeliten einen Stammesgott erwählen und, obwohl man die Existenz einer Vielzahl von Göttern nicht leugnet, die anderen ignorieren und verachten und den eigenen als den höchsten, als "Gott der Götter" bezeichnen. Aber das ist rein logisch nicht aufrechtzuerhalten, denn ein solcher Gott kann weder unendlich noch absolut sein, sondern er muß endlich, d.h. begrenzt und abhängig von Raum und Zeit sein. Mit dem Pralaya verschwindet auch der Stammesgott, und Brahmâ sowie alle anderen Devas und Götter gehen ein ins Absolute. Deshalb beten Okkultisten diese Götter nicht an, denn wenn wir beten wollten, dann müßten wir entweder viele Götter anbeten – oder das Absolute, aber das ist ohne Attribute, hat also auch keine Ohren, mit denen es unsere Gebete hören könnte. Aber auch der Fromme, der viele Götter anbetet, muß – ob er will oder nicht – all den anderen Göttern gegenüber ungerecht sein. Wie weit er auch den Umkreis seiner Gebete vergrößert, es ist ihm ganz einfach unmöglich, jeden Gott einzeln anzubeten. Sollte er aber in seiner Ignoranz irgendeinen Gott speziell auswählen, dann kann es durchaus sein, daß er nicht den vollkommensten erwählt. Deshalb wäre es viel besser für ihn, wenn er sich vor Augen führte, daß jeder Mensch einen Gott in sich selbst trägt, einen Strahl, der direkt aus dem Absoluten zu ihm kommt – die himmlische Ausstrahlung des Einen –, daß sein "Gott" *innen*, nicht außerhalb seiner selbst ist.

Gibt es einen Namen für die planetarische Hierarchie, für den Planetengeist, welche(r) die gesamte Evolution unseres eigenen Globus überwacht, wie z.B. Brahmâ?

Nein, es gibt keinen, außer dem Sammelbegriff, denn es handelt sich um eine Siebenheit und eine Hierarchie. Es sei denn, wir würden es den "Geist der Erde" nennen, wie das manche Kabalisten tun.

Es ist schwierig, sich all diese unendlichen Götter-Hierarchien zu merken.

---

[24] (1 *Kor.* 8, 5. H.T.)

Nicht schwieriger, als es für einen Chemiker ist, sich die endlosen Symbole zu merken, die in der Chemie verwendet werden. Allein in Indien gibt es über 300 Millionen Götter und Göttinnen. Auch die Manus und die Rishis sind Planetengötter, denn es wird erzählt, daß sie am Beginn der Menschheiten erschienen, um deren Evolution zu überwachen und daß sie später inkarnierten und zur Erde hinabkamen, um die Menschheit unterrichten zu können. Dann sind da noch die *Sapta Rishis*, die "Sieben Rishis", die aus exoterischer Sichtweise in der Konstellation des Großen Bären beheimatet sein sollen. Auch sie sind Planetengötter.

Sind sie höherstehend als Brahmâ?

Das hängt davon ab, aus welchem Blickwinkel man Brahmâ betrachtet. In der Esoterischen Philosophie ist er die Synthese der sieben *Logoi*. In der exoterischen Theologie ist er für die Vaishnavas ein Aspekt von Vishnu, für andere ist er, wie in dem *Tri-mûrti* – der hinduistischen Trinität – der große Schöpfer, während Vishnu der Bewahrer und Shiva der Zerstörer ist. In der Kabalah ist er sicherlich Adam-Kadmon, der "männlich-weibliche" Mensch des ersten Kapitels im Buch *Genesis*. Denn die Manus gehen aus Brahmâ hervor wie die Sephiroth aus Adam-Kadmon hervorgehen, und, den jeweiligen Umständen entsprechend, sind auch sie *sieben* und *zehn*.

Shloka 9. ABER WO WAR DER DANGMA, ALS DER ALAYA DES UNIVERSUMS (Seele als Basis für alles, Anima mundi) SICH IM ZUSTAND DES PARAMÂRTHA (Absolutes Sein und Bewußtsein, beides auch Absolutes Nicht-Sein und Nicht-Bewußtsein) BEFAND, UND ALS DAS GROSSE RAD ANUPAPÂDAKA (Upapâduka) WAR?

Ist "Alaya" das, was nie manifestiert und aufgelöst wird, und setzt sich das Wort aus der negativen Partikel "a" und "laya" zusammen?

Wenn das etymologisch richtig ist – und ich bin nicht bereit, das als richtig oder falsch zu bezeichnen –, dann würde es das Gegenteil bedeuten, denn *laya* ist selbst das, was nicht manifestiert ist, und dann hätte es ja wohl eher die Bedeutung: *Das was nicht unmanifestiert ist.* Was immer dieses etymologische Sezieren des Wortes hervorbringen mag, *Alaya* ist einfach nur die "Seele der Welt", *Anima mundi*. Das geht schon ganz klar aus der Wortwahl des Shloka hervor, der davon spricht, daß Alaya sich im *Paramârtha*, im Absoluten Nicht-Sein und Nicht-Bewußtsein befindet und gleichzeitig absolute Vollkommenheit oder die Absolutheit selbst ist. Dieses Wort ist aber ein Streitpunkt zwischen der Yogâcharya Schule und den Mâdhyamikas. Beide sind Schulen des nördlichen Buddhismus. Die Scholastiker der Mâdhyamika-Schule machen aus *Paramârtha (Satya)* etwas, das in Abhängigkeit von und damit in Verbundenheit mit anderen

Dingen besteht, und so verfälschen sie die ganze metaphysische Bedeutung, die das Wort Absolutheit hat. Die andere Schule lehnt diese Interpretation richtigerweise ab.

Lehrt denn die Esoterische Philosophie nicht dasselbe wie die Yogâcharya Schule?

Nicht ganz. Aber machen wir weiter.

STANZE 2

Shloka 1. ... WO WAREN DIE ERBAUER, DIE LEUCHTENDEN SÖHNE DES MANVANTARISCHEN ERWACHENS? ... IN UNERGRÜNDLICHER FINSTERNIS IN IHREM AH-HI (chohanischen, dhyâni-buddhischen) PARINISHPANNA. DIE ERZEUGER VON FORM (rupa) AUS DEM FORMLOSEN (arûpa) – DER WURZEL DER WELT –, DIE DEVAMÂTRI UND SVABHÂVAT RUHTEN IN SELIGEM NICHTSEIN.

Sind die "leuchtenden Söhne des manvantarischen Erwachens" vollkommen gewordene menschliche Geistwesen des letzten Manvantaras, oder befinden sie sich erst auf dem Weg zur Menschwerdung in diesem oder einem späteren Manvantara?

In diesem Fall, also in einem *Mahâ-Manvantara*, das einem *Mahâ-Pralaya* folgt, sind sie letzteres. Sie sind die uranfänglichen sieben Strahlen, aus denen dann ihrerseits all die anderen leuchtenden oder nichtleuchtenden Leben ausstrahlen werden, ob Erzengel, Teufel, Menschen oder Affen. Einige sind schon Menschen gewesen, andere werden erst jetzt zu Menschen. Erst nach der Differenzierung der sieben Strahlen, und nachdem die sieben Naturkräfte sich ihrer angenommen und auf sie eingewirkt haben, werden sie zu Eckpfeilern oder ausgestoßenen Lehmstücken. Alles befindet sich also noch in diesen sieben Strahlen, und in dem Stadium ist es unmöglich festzustellen, in welchem von ihnen, weil sie noch nicht differenziert und individualisiert sind.

Ist in der folgenden Textpassage aus der Geheimlehre *unter Planetensystem das Sonnensystem zu versehen oder die Kette, zu der unsere Erde gehört?*

> Die "Baumeister", "Söhne des Manvantarischen Erwachens", sind die wahren Schöpfer des Universums; in dieser Lehre, die sich nur mit unserem Planetensystem beschäftigt, dessen Architekten sie sind, werden sie auch "Wächter" der sieben Sphären genannt. Exoterisch betrachtet sind das die

> sieben Planeten; und esoterisch betrachtet sind sie auch die sieben Erden oder Sphären (Planeten) unserer Kette.[25]

Die Baumeister bauen auf und geben den Dingen Formen. Das Wort bezeichnet die Baumeister des Universums ebenso wie die der kleinen Globen in unserer Kette. Das Wort Planetensystem bezeichnet nur unser Sonnensystem.

Shloka 2. ...WO WAR STILLE? WO OHREN, SIE WAHRZUNEHMEN? NEIN, ES GAB WEDER STILLE NOCH LAUT ...

Unsere Frage betrifft die folgende Textstelle des Kommentars zum Shloka 2 der Stanze 2 der Kosmogenesis in der Geheimlehre:

> Ein grundsätzlicher Gedanke in der Psychologie des Ostens ist die Vorstellung, daß Dinge, die aufhören zu existieren, trotzdem noch DASEIN haben. Hinter diesem offensichtlichen Widerspruch verbirgt sich ein Naturzustand, und es ist wichtig, diesen Zustand geistig zu erfassen, anstatt über die konventionelle Bedeutung der einzelnen Wörter zu streiten. Ähnlich paradox ist ein bekanntes Beispiel aus dem Bereich der chemischen Verbindungen: Hören Wasserstoff und Sauerstoff auf zu existieren, wenn aus ihrer Verbindung Wasser wird? ...

Könnte man sagen, was wir wahrnehmen, ist nur ein anderes "Element" derselben Substanz? Wenn z.B. eine Substanz gasförmig ist, können wir dann sagen, was wir wahrnehmen, ist das Element Luft? Und können wir sagen, daß in der Kombination, die Wasser ergibt, Sauerstoff und Wasserstoff in der Erscheinungsform des Elements Wasser wahrgenommen werden? Daß sie dagegen in festem Zustand, nämlich als Eis, in der Erscheinungsform des Elements Erde wahrgenommen werden?

Ignorante Menschen beurteilen alle Dinge nach ihrem Aussehen und nicht danach, was sie wirklich sind. Auf dieser Erde ist Wasser natürlich ein Element, das ganz anders als jedes andere Element ist, wobei wir aber mit dem Wort "Element" die verschiedenen Erscheinungsformen des einen Elements meinen. Die Wurzelelemente Erde, Wasser, Luft und Feuer sind sehr viel weiter gefaßte Differenzierungszustände. Unter dieser Voraussetzung und wegen der Einsicht, daß nichts, was existiert, in Wirklichkeit auch das ist, wofür wir es halten, wird Transsubstantiation, Stoffumwandlung, nach der okkultistischen Lehre zur Möglichkeit.

Aber Sauerstoff, der normalerweise gasförmig ist, kann verflüssigt und sogar verfestigt werden. Wenn Sauerstoff gasförmig ist, dann ist es das okkulte Element Luft, das

[25] (im Kommentar zum Shloka 2 der 2. Stanze der Kosmogenesis. H.T.)

wahrgenommen wird, im flüssigen Zustand ist es das Element Wasser, und im festen Zustand das Element Erde?

Aber natürlich! Erstens gibt es das Element Feuer, nicht das gewöhnliche Feuer, sondern das Feuer der Rosenkreuzer des Mittelalters, das ist die Eine Flamme, das Feuer des Lebens. Durch die Differenzierung wird es zu Feuer in verschiedenen Aspekten. Mit Leichtigkeit löst der Okkultismus das Rätsel, ob Sauerstoff und Wasserstoff aufhören zu existieren, wenn sie die Verbindung eingehen, die sie zu Wasser macht. Nichts, das im Universum vorhanden ist, kann verschwinden. Solange die beiden Gase in der Form von Wasser verbunden sind, sind sie *in abscondito,* haben aber nicht aufgehört zu *sein*. Denn wenn sie vernichtet worden wären, dann hätte die Wissenschaft, wenn sie das Wasser wieder in Sauerstoff und Wasserstoff auflöst, ja etwas aus nichts erschaffen und hätte also überhaupt keine Probleme mit der Theologie. Somit ist Wasser ein Element, wenn wir es so nennen wollen, nur auf dieser Ebene. Genauso können auch Sauerstoff und Wasserstoff in andere, feinere Elemente aufgeteilt werden – sie alle sind dann weitere Differenzierungen des Einen Elements bzw. der universalen Essenz.

Dann stehen alle Substanzformen im physischen Bereich eigentlich in Wechselbeziehungen mit bzw. sind Kombinationen aus diesen Wurzelelementen oder, letztendlich, dem Einen Element.

Ganz bestimmt. Im Okkultismus geht man immer am besten von den Universalien aus, um zu den Partikularien zu kommen.

Offensichtlich ist also die breite Basis, auf welcher der Okkultismus aufbaut, eine in jedem Menschen latente Kraft, durch die er wahres Wissen erlangen kann, eine Kraft der Wahrheitserkenntnis, die es ihm ermöglicht, sich direkt mit den Universalien auseinanderzusetzen, wenn er rein logisch vorgehen und nur Fakten akzeptieren will. Das heißt, durch diese innere geistige Kraft, die jeder Mensch besitzt, können wir von den Universalien ausgehend zu den Partikularien vordringen.

Richtig. Diese Kraft besitzen alle, sie wird aber durch die Methoden unseres Bildungswesens, unter ihnen besonders durch die aristotelische und die Methode Bacons, unterdrückt. Heutzutage wird nichts höher bewertet als die Hypothese.

Bei der Lektüre Schopenhauers und von Hartmanns[26] *ist bemerkenswert, wie auffällig die beiden Philosophen durch schrittweises, logisches Vorgehen und die Anwendung*

---

[25] (im Kommentar zum Shloka 2 der 2. Stanze der Kosmogenesis. H.T.)

[26] (Eduard von Hartmann, 1842 - 1906, deutscher Philosoph, der "Motive aus den Philosophien Schellings, Hegels und Schopenhauers" verbindet. In seiner *Philosophie des Unbewußten* macht "das Unbewußte ... als Einheit von unendlichem Willen und unendlicher Intelligenz das Wesen der Wirklichkeit aus." Vgl. A. Hügli, P. Lübcke (Hg.), *Philosophielexikon*, Hamburg, 1991, S. 231. H.T.)

reiner Vernunft zu demselben grundsätzlichen Denken gekommen sind, das in Indien schon vor Jahrhunderten entwickelt worden war, besonders im System des Vedânta. Man kann einwenden, daß sie durch die induktive Methode zu diesem Ergebnis gekommen sind, aber zumindest bei Schopenhauer war das nicht der Fall. Er selbst sagt, daß die Idee ihn blitzartig überfiel, und nachdem er so seine grundlegende Idee hatte, begann er, seine Fakten zu ordnen, und dadurch bekommt der Leser den Eindruck, daß eine Idee, die in Wirklichkeit intuitiv war, eine auf Fakten bezogene logische Schlußfolgerung ist.

Das trifft nicht nur auf die Schopenhauersche Philosophie zu, sondern auf alle großen Entdeckungen unserer Zeit. Wie hat Newton z.B. das Gesetz der Schwerkraft entdeckt? Ganz einfach durch das Fallen eines Apfels, nicht anhand von umständlich erarbeiteten Versuchsreihen. Es wird eine Zeit kommen, wenn man die platonische Methode nicht mehr ignorieren wird, und dann wird die Menschheit mit Freude Erziehungsmethoden akzeptieren, die es jedem Menschen ermöglichen, diese äußerst spirituelle Kraft zu entwickeln.

2. TEIL

5. Konferenz

Shloka 3. NOCH HATTE DIE STUNDE NICHT GESCHLAGEN; NOCH WAR DER STRAHL NICHT IN DEN KEIM EINGEDRUNGEN; NOCH WAR MÂTRIPADMA (Mutter-Lotus) NICHT ANGESCHWOLLEN.

"Sobald der Strahl des 'Ewig-Dunklen' erscheint, wird er zu einem glänzenden Licht- oder Lebensstrahl und dringt blitzartig ein in den 'Keim' – an dem Punkt des Welteneis, der durch die Materie im abstrakten Sinn repräsentiert wird."[27]

Ist dieser Punkt des Welteneis derselbe wie der Punkt im Kreis, der Unmanifestierte Logos?

Natürlich nicht: Der Punkt im Kreis ist der Unmanifestierte Logos, der Manifestierte Logos ist das Dreieck. Pythagoras spricht von der nie manifestierten Monade, die in Einsamkeit und Finsternis lebt; und wenn die Stunde schlägt, dann strahlt sie aus sich die EINS heraus, die erste Zahl. Auf ihrem Weg abwärts bringt sie ZWEI, die zweite Zahl hervor, ZWEI bringt darauf DREI hervor, wodurch ein Dreieck entsteht, die erste vollständige geometrische Figur in der Formenwelt. Dieses ideale oder abstrakte Dreieck ist der Punkt im Weltenei, der, aus dem Ei heraus und nach einer Trächtigkeitsperiode, von seiner dritten Stufe[28] aus mit der Formgebung des Dreiecks beginnt. Es handelt sich um das Prinzip Brahmâ-Vâch-Virâj der indischen Philosophie und um Kether-Chokma-Binah des *Sohar*. Der Erste Manifestierte Logos ist Potentia, die nie offenbarte Ursache; der Zweite ist der noch latente Gedanke; der Dritte ist der Demiurg, der aktive Wille, der aus seinem universalen Selbst heraus die aktive Wirkung hervorbringt, und diese aktive Wirkung wird dann zur Ursache auf einer tieferen Ebene.

Welche Bedeutung hat das "Ewig-Dunkle", so wie diese Bezeichnung hier gebraucht wird?

Ich nehme an, das "Ewig-Dunkle" bezeichnet das immer unergründbare und verschleierte Geheimnis – also Parabrahman. Selbst der Logos kann nur Mulaprakriti erkennen, nicht aber das, was hinter dem Schleier verborgen ist: Dort ist die immer unergründbare Dunkelheit.

Und was ist der Strahl in diesem Zusammenhang?

---

[27] (aus dem Kommentar zu Shloka 3 der 2. Stanze, Kosmogenesis. H.T.)

[28] (d.h. nachdem mit der DREI das ideale oder abstrakte Dreieck – die erste Universalie – entstanden war. H.T.)

Ich rekapituliere. Wir haben den Umfang des Kreises, dessen Oberfläche schwarz ist und einen potentiell weißen Mittelpunkt aufweist. Das ist die erste unserem Denken überhaupt mögliche Vorstellung vom unsichtbaren Logos. Das "Ewig-Dunkle" ist ewig, der Strahl periodisch. Der Strahl entspringt diesem Mittelpunkt, durchdringt den Keim und zieht sich in den Mittelpunkt zurück. Der Keim entwickelt sich zum Zweiten Logos, zum Dreieck innerhalb des Welteneis.

Welche Stadien der Manifestation gibt es also?

Das erste Stadium ist das Erscheinen des potentiellen Punktes im Kreis – das ist der unmanifestierte Logos. Das zweite Stadium ist das Hervorbrechen des Strahls aus dem potentiellen weißen Punkt, wodurch der erste Punkt geschaffen wird, den im *Sohar* so genannten Kether oder Sephirah. Das dritte Stadium ist das Entstehen von Chokma und Binah aus dem Kether, wodurch das erste Dreieck geformt ist, und das ist der Dritte oder manifestierte Logos oder, in anderen Worten, das subjektive und objektive Universum. Dann erstrahlen aus diesem manifestierten Logos die Sieben Strahlen, welche im *Sohar* die niederen Sephiroth und im östlichen Okkultismus die ursprünglichen sieben Strahlen genannt werden. Und aus ihnen gehen die unzähligen Serien von Hierarchien hervor.

Ist das Dreieck, von dem hier gesprochen wird, das, was Sie als den Keim im Weltenei bezeichnen?

Ja, genau das ist es. Aber wir dürfen nicht vergessen, daß es sowohl das Universale Ei als auch das Solare Ei (und andere) gibt, und daß es notwendig ist, jede Aussage darüber im einzelnen genau zu definieren. Das Weltenei ist ein Ausdruck von Abstrakter Form.

Kann man "Abstrakte Form" als die erste Manifestation des ewigweiblichen Prinzips bezeichnen?

Es ist die erste Manifestation nicht des weiblichen Prinzips, sondern des aus dem Mittelpunkt hervorkommenden Strahls, und der ist vollkommen geschlechtslos. Es gibt kein ewigweibliches Prinzip, denn dieser Strahl erwirkt die vereinigte Potentialität beider Geschlechter, sie ist in keiner Weise entweder nur männlich oder nur weiblich. Diese Differenzierung tritt aber erst ein, wenn der Strahl auf die Materie fällt, wenn das Dreieck zum Viereck, zur ersten Tetraktys wird.

Dann ist das Weltenei ebenso geschlechtslos wie der Strahl?

Das Weltenei ist einfach nur die erste Manifestationsstufe, ist undifferenzierte uranfängliche Materie, in welcher der schöpferische Lebenskeim seinen ersten geistigen Impuls erhält: aus Potentialität wird Potenz.

Materie ist nur insofern weiblich, als hier eine brauchbare Metapher benutzt wird, denn sie ist empfänglich für die Strahlen der Sonne, die sie befruchten und alles hervorbringen, das auf ihrer Oberfläche wächst, d.h. auf dieser, der niedrigsten Ebene. Andererseits muß die uranfängliche Materie als Substanz begriffen werden, die niemals als geschlechtlich bezeichnet werden kann.

Das Ei – auf welcher Ebene auch immer – ist die immer existente undifferenzierte Materie, welche, genaugenommen, überhaupt nicht Materie ist, sondern das, was wir Atome nennen. Geformte Materie kann zerstört werden, während die Atome absolut unzerstörbar sind, denn sie sind die Quintessenz der Substanzen. Und wenn ich "Atome" sage, dann meine ich hier die uranfänglichen göttlichen Einheiten, nicht die Atome der modernen Wissenschaft.

Ähnlich ist auch "Keim" ein bildlicher Ausdruck; den Keim gibt es überall, er ist der Kreis, dessen Umfang nirgendwo ist, und dessen Zentrum überall ist. Es handelt sich also um alle Keime, das heißt um unmanifestierte Natur oder die ausstrahlende allumfassende schöpferische Kraft. Die Inder nennen sie Brahmâ, aber auf jeder Ebene hat sie einen anderen Namen.

Ist der Mâtripadma das ewige oder das periodische Ei?

Das ewige Ei. Periodisch wird es erst, wenn der aus dem ersten Logos kommende Strahl von dem im Mâtripadma latenten Keim ausgestrahlt worden ist. Der Mâtripadma aber ist das Ei, der Mutterschoß des zukünftigen Universums. In Analogie dazu kann der physische Keim in der weiblichen Zelle nicht ewig genannt werden, andererseits aber kann der latente Geist des Keims, der in der männlichen Zelle in der Natur eingeschlossen ist, als ewig bezeichnet werden.

Shloka 4. IHR HERZ HATTE SICH NOCH NICHT GEÖFFNET, UM DEN EINEN STRAHL EINDRINGEN UND IHN DANN, VON DER DREIHEIT ZUR VIERHEIT WERDEND, IN DEN SCHOSS MÂYÂS FALLEN ZU LASSEN.

"Aber wenn die Zeit reif ist, öffnet sie sich der fohatischen Einprägung des göttlichen Gedankens (d.h. des Logos, des männlichen Aspekts der Anima mundi, des Alaya) – sie öffnet ihr Herz."[29]

Betrifft die Fohatische Einprägung des göttlichen Gedankens nicht ein späteres Stadium der Differenzierung?

Fohat als eine ausgeprägte Kraft oder Wesenheit ist eine spätere Entwicklung. "Fohatisch", das Adjektiv, steht für einen weitergefaßten Bedeutungsbereich. Fohat als Substantiv oder Wesenheit entspringt einem Fohatischen Attribut des Logos. Es kann auch keine Elektrizität aus etwas entstehen, das kein elektrisches Prinzip oder Element enthält. Das göttliche Prinzip ist ewig, die Götter aber sind periodisch.

---

[29] (siehe Kommentar zum Shloka 4 der 2. Stanze, Kosmogenesis. H.T.)

Fohat ist die Shakti oder Kraft des göttlichen Geistes; Brahmâ und Fohat sind Aspekte des göttlichen Geistes.

Der Zweck der Kommentare zu dieser Stanze ist doch, eine bessere Vorstellung über diesen Gegenstand zu vermitteln, indem Entsprechungen mit einer viel späteren Evolutionsstufe angeführt werden?

Genau. Es ist mehrmals erklärt worden, daß die Kommentare des ersten Buches[30] sich fast ausschließlich mit der Evolution des Sonnensystems befassen. Das Schöne und die Weisheit der Stanzen besteht ja darin, daß man sie auf sieben verschiedenen Interpretationsebenen erklären kann. Dem universalen Analogiegesetz entsprechend, reflektiert die letzte dieser Interpretationsebenen anhand des differenziertesten, grobstofflichsten physischen Aspektes den Prozeß, der auf der ersten oder rein geistigen Ebene abläuft. Ich möchte hier noch einmal und endgültig klarstellen, daß die ersten Stanzen das Erwachen aus dem Pralaya behandeln, also nicht nur das Sonnensystem betreffen, während das zweite Buch[31] sich ausschließlich mit unserer Erde befaßt.

Können Sie uns die wirkliche Bedeutung des Wortes Fohat erklären?

Fohat ist ein zusammengesetztes Wort uralaltaischen Ursprungs mit verschiedenen Bedeutungen. Im Chinesischen ist *Pho* oder *Fo* das Wort für "Tierseele" und entspricht dem hebräischen *Nephesch* oder Lebensatem. Es wird auch behauptet, Fohat stamme ab von dem Sanskritwort "Bhu", das soviel wie Existenz oder, besser, das Wesenhafte der Existenz bedeutet. Und Svayambhû bedeutet sowohl Brahmâ als auch Mensch. Es bedeutet Selbstexistenz und selbstexistent, bezeichnet das Immerwährende, den ewigen Atem. Wenn Sat die Potentialität des Daseins ist, dann ist Pho die Potenz des Daseins. Letztendlich ist für die Bedeutung des Wortes jedoch ausschlaggebend, wo die Betonung liegt. Und nochmals sei erwähnt, daß Fohat mit Mahat verwandt ist. Fohat ist die Widerspiegelung des Universalgeistes, die Synthese der "Sieben" und der Intelligenz der sieben schöpferischen Erbauer, die wir Kosmokratoren genannt haben. Daher kommt es, das werdet ihr verstehen, daß Leben und Elektrizität in unserer Philosophie eins sind. Wenn stimmt, was gesagt wird, nämlich daß Leben identisch mit Elektrizität ist, dann ist das Eine Leben die Essenz und Wurzel aller elektrischen und magnetischen Phänomene auf dieser manifestierten Ebene.

Wie ist zu verstehen, daß Horus und die anderen "Sonnengötter" "von einer unbefleckten Mutter" geboren sein sollen?

---

30 (des ersten Buches der *Geheimlehre*, der Kosmogenesis. H.T.)
31 (das zweite Buch der *Geheimlehre*, die Anthropogenesis. H.T.)

Im ersten Differenzierungsstadium gibt es keine Sexualität – um dieses Wort der Einfachheit halber hier zu gebrauchen –, sondern beide Geschlechter existieren potentiell in der ursprünglichen Materie. Materie ist die Wurzel des Wortes "Mutter" und somit weiblich, aber es gibt zwei Sorten von Materie. Die undifferenzierte ursprüngliche Materie wird nicht befruchtet in irgendeiner Aktivität, die sich in Zeit und Raum abspielt, denn ihr sind Fruchtbarkeit und Produktivität inhärent. Deshalb wird das, was diese inhärente "Tugend" ausstrahlt oder *gebiert*, nicht *von* ihr, sondern *durch* sie geboren. Anders gesagt, diese Tugend oder Eigenschaft ist die einzige Ursache, welche dieses Etwas über sein Trägerprinzip manifestiert. Auf der physischen Ebene dagegen ist die Mutter-Materie nicht aktive Ursache, sondern passives Mittel und Werkzeug einer unabhängigen Ursache.

In der christlichen Lehre von der unbefleckten Empfängnis – sie ist eine Verdinglichung dieses metaphysischen, geistigen Konzepts – wird die Mutter zuerst vom heiligen Geist befruchtet, und das Kind wird von ihr, nicht durch sie geboren. "Von" bedeutet, daß mit einem begrenzten und bedingten Ursprung und mit einer Aktivität begonnen wird, die sich in Raum und Zeit abspielen muß. "Durch" aber ist auf die Ewigkeit und Unbegrenztheit ebenso wie auf das Begrenzte anwendbar. Der Große Atem bebt durch den Raum, der grenzenlos ist, und ist *in* der Ewigkeit, nicht *aus* ihr.

Wie wird das Dreieck zum Viereck, und das Viereck zum sechsseitigen Würfel?

Die okkulte und pythagoräische Geometrie lehrt, daß die Tetrade, die Vierzahl, alle Materialien enthält, aus denen der Kosmos erschaffen wurde. Der Punkt oder die Eins wird zur Linie erweitert – zur Zwei; eine Linie zur Oberfläche, zur Drei; und die Oberfläche, Triade oder Dreieck, wird in einen festen Körper, die Tetrade oder die Vier verwandelt, indem der Punkt über ihr angebracht wird. In der Kabalah strahlt Kether bzw. Sephirah oder der Punkt Chokma und Binah aus. Diese beiden sind Synonyme für *Mahat* in den *Purânas* der Inder. Und diese Triade bringt durch ihr Eintauchen in die Materie das Tetragrammaton – die *Tetraktys* – und auch die niedere Tetrade hervor. Diese Zahl enthält sowohl die produktiven, d.h. die herstellenden, als auch die hergestellten Zahlen. Die Verdoppelung der Duade oder Zweizahl ergibt eine Tetrade, und die Verdoppelung der Tetrade ergibt einen Hebdomadar.[32] Aus anderer Sicht handelt es sich um den die vier niederen Prinzipien belebenden Geist – den Willen – und um Intellekt.

Wie wird dann das Viereck zum sechsseitigen Würfel?

---

[32] (Dazu Boris de Zirkoff: "Eine verdoppelte Tetrade würde acht oder eine Achtzahl ergeben, der Hebdomadar dagegen *sieben*. Hier kann es sich um einen Korrekturfehler handeln – es sei denn, eine andere Bedeutung sollte ausgedrückt werden. Wir lassen den Text unkorrigiert." In *H.P. Blavatsky Collected Writings*, Bd. X, S. 356. H.T.)

Aus dem Viereck wird der Würfel, wenn jeder Punkt des Dreiecks männlich und weiblich wird, also Dualität erlangt. Die Pythagoräer sagten: "Einmal Eins, zweimal Zwei, und es entsteht eine Tetrade, die auf ihrer Spitze die höchste Grundeinheit hat: So resultiert eine Pyramide, deren Basis die Fläche einer Tetrade ist; göttliches Licht fällt darauf, läßt den abstrakten Würfel entstehen."

Die Oberfläche des Würfels besteht aus sechs Vierecken, und wenn der Würfel entfaltet wird, haben wir ein Kreuz oder die senkrechte Vier, durchkreuzt von der horizontalen Drei. So werden aus den sechs die Sieben, die sieben Prinzipien oder die pythagoräischen sieben Merkmale des Menschen. Lest dazu die ausgezeichnete Darstellung in J. R. Skinners *Source of Measures*!

> So wird auf Erden das Mysterium wiederholt, das sich nach den Aussagen von Sehern im Bereich des Göttlichen vollzieht. Der "Sohn" der unbefleckten himmlischen Jungfrau (bzw. des undifferenzierten kosmischen Protyls, der Materie in ihrer Unendlichkeit) wird auf Erden nun noch einmal geboren als Sohn der irdischen Eva, unserer Mutter Erde, und wird zur Menschheit insgesamt – in der Vergangenheit, der Gegenwart und der Zukunft –, denn Jehova ist sowohl männlich als auch weiblich. Oben bezeichnet "Sohn" den gesamten Kosmos, unten die Menschheit. Auf Erden wird die Triade oder das Dreieck zur Tetraktys, der heiligen Pythagoräischen Zahl (Vier), zum vollkommenen Quadrat und zum sechsseitigen Würfel. Makroprosopus (das große Gesicht) ist nun Mikroprosopus (das kleine Gesicht); die Kabalisten sagen, der "Alte an Tagen", der zu Adam-Kadmon hinabsteigt, um sich durch diesen zu manifestieren, wird zum Tetragrammaton transformiert. Es befindet sich nun in den Fängen Mâyâs, der großen Illusion, und zwischen ihm und der Wirklichkeit ist das Astrallicht, das die begrenzten Sinne des Menschen täuscht, wovon ihn nur Erkenntnis durch Paramârtha-satya befreien kann.[33]

Das heißt, der Logos wird zum Tetragrammaton, und das Dreieck oder die Drei wird zur Vier.

Ist mit "Astrallicht" hier Mâyâ gemeint?

Genau das. An anderer Stelle in der *Geheimlehre* wird erklärt, daß praktisch nur vier Ebenen zu den Planetenketten gehören. Die drei höheren Ebenen sind absolut *Arupa* und außerhalb jeder menschlichen Erkenntnis.

Dann ist die Tetraktys etwas vollkommen anderes als das Tetragrammaton?

---

[33] (aus dem Kommentar zum Shloka 4 der 2. Stanze, Kosmogenesis. H.T.)

Die Tetraktys, auf die die Pythagoräer schwörten, war nicht das Tetragrammaton, sondern im Gegenteil die höhere oder vollkommenere Tetraktys. Die ersten Kapitel des Buches *Genesis* geben uns einen Hinweis auf die Entdeckung dieses niedrigeren Tetragrammatons. Dort finden wir Adam, Eva und Jehova, der zu Kain wird. Die weitere Verbreitung der Menschheit wird durch Abel symbolisiert als menschliche Vorstellung des höheren Tetragrammatons. Abel ist die Tochter, nicht der Sohn Evas und symbolisiert die Trennung der Geschlechter. Die Ermordung Abels ist ein Symbol für Vermählung. Eine noch menschlichere Vorstellung finden wir am Ende des vierten Kapitels, wo von Seth erzählt wird, dem ein Sohn namens Enos geboren wird. Aber die Menschen begannen danach nicht, wie es im Buch *Genesis* übersetzt wird, "den Namen des Herrn anzurufen", sondern seitdem wurden die Menschen *Jod-He-Vah* genannt, was soviel wie Männer und Frauen bedeutet.

Das Tetragrammaton ist also einfach Malkuth; wenn der Bräutigam zur Braut auf die Erde kommt, dann wird es damit zur Menschheit. Alle sieben niederen Sephiroth müssen durchlaufen werden, wodurch das Tetragrammaton immer materieller wird. Die Astralebene liegt zwischen der *Tetraktys* und dem Tetragrammaton.

"Tetraktys" scheint hier in zwei völlig verschiedenen Bedeutungen gebraucht zu werden?

Die wahre pythagoräische Tetraktys war die Tetraktys der unsichtbaren Monade, welche den ersten, zweiten und dritten Punkt hervorbringt und sich dann in die Dunkelheit und immerwährende Stille zurückzieht. In anderen Worten: Die Tetraktys ist der erste Logos. Auf die materielle Ebene bezogen handelt es sich unter anderem um die niedere Vierheit – den Menschen aus Fleisch oder Materie.

6. Konferenz

STANZE 3

Shloka 1. DIE LETZTE SCHWINGUNG DER SIEBTEN EWIGKEIT DURCHBEBT DIE UNENDLICHKEIT. DIE MUTTER SCHWILLT AN UND ENTFALTET SICH VON INNEN NACH AUSSEN GLEICH DER KNOSPE DES LOTUS.

“Die scheinbar paradoxe Aussage ‘die siebte Ewigkeit’, durch die ja das Unteilbare geteilt wird, wird in der Esoterischen Philosophie als legitim bestätigt. Bezüglich des Begriffs ‘endlose Dauer’ unterscheidet diese Philosophie zwischen bedingungslos ewiger, universaler Zeit und bedingter Zeit (*Khandakâla*). Zum einen also die Abstraktion oder das Noumenon unendlicher Zeit (*Kâla*), zum anderen deren phänomenales, periodisches Erscheinen als Auswirkung von *Mahat* (der universalen, durch die manvantarische Dauer begrenzten Intelligenz).”[34]

Beginnt Zeit – also das von Dauer unterschiedliche Phänomen – mit dem Erscheinen des manifestierten Logos?

Sicherlich, denn sie kann nicht früher beginnen. Aber die “siebte Schwingung” betrifft sowohl den ersten als auch den manifestierten Logos – ersteren außerhalb von Raum und Zeit, und den zweiten, wenn Zeit begonnen hat. Erst wenn die Mutter “anschwillt”, beginnt die Differenzierung, denn solange der erste Logos in ursprüngliche und undifferenzierte Materie hinein ausstrahlt, gibt es noch keine Aktivität im Chaos. “Die letzte Schwingung der siebten Ewigkeit” kündet also erst die Morgendämmerung an und ist ein Synonym für den ersten oder unmanifestierten Logos. In diesem Stadium gibt es keine Zeit. Ganz am Anfang gibt es weder Raum noch Zeit, aber sobald die Differenzierung einsetzt, ist alles in Raum und Zeit. Zur Zeit der uranfänglichen Ausstrahlung, d.h. zur Zeit der Emanation des Zweiten Logos, ist er Vater-Mutter im Zustand der Potentialität, aber wenn der Dritte oder manifestierte Logos erscheint, wird er zur Jungfrau-Mutter. “Vater und Sohn” sind in allen Theogonien der Welt eine Einheit, und daher entspricht diese Bezeichnung dem Erscheinen sowohl des unmanifestierten als auch des manifestierten Logos; der eine erscheint zu Beginn, der andere am Ende der “Siebten Ewigkeit”.

Kann man also sagen, Zeit existiert seit dem Erscheinen des Zweiten oder unmanifestierten-manifestierten Logos?

Nein, bestimmt nicht, sondern sie beginnt mit dem Erscheinen des Dritten Logos. Hier ist der große Unterschied zwischen den beiden, wie gerade erwähnt.

[34] (aus dem Kommentar zum Shloka 1 der 3. Stanze, Kosmogenesis. H.T.)

Die "letzte Schwingung" beginnt außerhalb von Zeit und Raum und endet mit dem dritten Logos, wenn Zeit und Raum beginnen, d.h. periodische Zeit. Der Zweite Logos hat Anteil am Wesen oder der Natur des ersten und des letzten Logos. Im Ersten Logos findet keine Differenzierung statt, sie beginnt erst mit dem Zweiten Logos, im latenten Welt-Denken, und erreicht ihre vollständige Ausdrucksform, d.h. wird zum "Wort", das Fleisch wurde, im Dritten Logos.

Was ist der Unterschied zwischen den Bezeichnungen "Strahlung" und "Emanation" in der Geheimlehre?

Für meine Begriffe handelt es sich um zwei völlig unterschiedliche Vorstellungen. Es sind Wörter, die den Originalbezeichnungen einigermaßen nahekommen, aber alles andere als perfekte Übersetzungen sind, und wenn wir diesen Wörtern nur die uns geläufige Bedeutung geben, dann verfehlen wir den Sinngehalt des Originals. Ich würde sagen, Ausstrahlung ist ein unbewußtes und spontanes Hervordringen, Hervorschießen, d.h. es beschreibt die Aktivität eines Etwas, aus dem heraus dieses Hervorschießen oder Herausdringen geschieht. Emanation dagegen ist etwas, dem etwas anderes in einem fortwährenden, stetigen Ausfluß entströmt, und das diese Emanation bewußt vornimmt. Ein orthodoxer Okkultist würde sogar soweit gehen zu behaupten, daß der Duft einer Blume aus dieser "bewußt" ausströmt oder emaniert – so absurd das für einen weltlich orientierten, spirituell unbedarften Menschen auch klingen mag. Ausstrahlung *kann* vom Absoluten kommen, Emanation jedoch *nicht*. Einer der Unterschiede in dieser Vorstellung besteht darin, daß Ausstrahlung zweifellos früher oder später wieder eingestellt wird, während Emanation in andere Emanationen übergeht und völlig separat, völlig differenziert ist. Natürlich wird auch Emanation am Ende eines Zeitzyklus in das Eine Absolute zurückgezogen; aber bis dahin, d.h. während eines kompletten Zyklus voller Veränderungen, bleibt Emanation bestehen. Ein Ding emaniert aus dem anderen, und von einem bestimmten Gesichtspunkt aus ist Emanation sogar dasselbe wie Evolution. Ausstrahlung ist andererseits – zumindest in meiner Vorstellung – eine spontane Aktivität wie das durch ein Vergrößerungsglas verursachte Brennen eines Stückes Papier – eine Aktivität, von der die Sonne nichts weiß.

Letztlich nochmals: Wir gebrauchen die beiden Wörter, weil es keine passenderen gibt.

Was ist gemeint, wenn gesagt wird, die Ur- oder Prototypen existierten im Astrallicht? [35]

[35] (Kosmogenesis, *op. cit.,* H.T.)

Das Wort "Astrallicht" wird hier einfach deshalb verwendet, weil es zur Erklärung eines weitgehend unverstandenen Begriffs am geeignetsten ist. Es soll folgendes ausdrücken: "der Bereich von Âkâsha oder durch die göttliche Ideation manifestiertes uranfängliches Licht." "Göttliche Ideation" muß in diesem Fall begriffen werden als eine Sammelbezeichnung für den in den Wassern von Raum oder Chaos reflektierten universalen und göttlichen Geist – diese Reflexion ist das wirkliche Astrallicht und ist ein Spiegel, durch den eine höhere Ebene spiegelverkehrt reflektiert wird. Alles existiert im ABSOLUTEN oder göttlichen Denken, und es gab niemals eine Zeit, in der dies nicht so war; die göttliche Ideation jedoch wird durch die Universal-Manvantaras begrenzt. Der Bereich von Âkâsha ist der undifferenzierte noumenale und abstrakte Raum, der mit *Chidakasam,*[36] dem Feld uranfänglichen Bewußtseins, erfüllt wird. In der okkulten Philosophie besteht es aber aus mehreren Graden, nämlich aus "sieben Feldern". Das erste ist das Feld des latenten Bewußtseins, das von gleicher Dauer ist wie der erste und der zweite unmanifestierte Logos. Es ist das Licht, das "scheint in der Finsternis, und die Finsternis hat es nicht erfaßt" im *Johannes-Evangelium.*[37] Wenn die Stunde schlägt für das Erscheinen des dritten Logos, dann strahlt die latente Potentialität ein tieferliegendes Feld differenzierten Bewußtseins aus. Dieses ist Mahat oder die Gesamtheit aller Dhyâni-Chohans des *fühlenden Lebens,* die[38] auf der objektiven Ebene durch Fohat repräsentiert wird, und auf der subjektiven Ebene durch die Manasaputras. Das Astrallicht ist jenes Etwas, durch das die drei höheren Bewußtseinsebenen reflektiert werden. Es befindet sich oberhalb der tiefer liegenden terrestrischen Ebene, weshalb es auch über die vierte Ebene nicht hinausgeht – dort beginnt, so könnte man es ausdrücken, der Âkâsha.

Ein großer Unterschied zwischen dem Astrallicht und dem Âkâsha darf nicht übersehen werden. Âkâsha ist ewig, das Astrallicht aber periodisch. Das Astrallicht unterliegt Veränderungen nicht nur durch die Mahâ-Manvantaras, sondern auch mit jeder Teilperiode und jedem planetarischen Zyklus, also jeder Runde.

---

[36] (In "The Mysteries of the Hebdomad" – Die Mysterien der Siebenzahl – erklärt H.P.B., daß die universale (latente) Ideation im Advaita Vedânta "als höchste Trinität klassifiziert wird, bzw. als trinitarischer Aspekt von Chinmatra (Parabrahman), was die Advaita-Philosophie als 'reine Potentialität der Prajñâ' erklärt, d.h. als die Kraft oder Kapazität, durch welche Wahrnehmung entsteht sowie Chidakasa, das unendliche Feld oder die Ebene des Universalen Bewußtseins und Asat (Mulaprakriti) oder undifferenzierte Materie." T. Subba Row weist in "Personal and Impersonal God", seinem Beitrag zu *Five Years of Theosophy,* darauf hin, daß "kosmische Ideation im *Pralaya* aufhört. Es gibt nur einen permanenten Zustand im Universum, den Zustand vollkommenen Nichtbewußtseins – das ist der reine *Chidakasa* (das Bewußtseinsfeld). Sobald der Leser versteht, daß dieses großartige Universum in Wirklichkeit nichts anderes ist als ein riesiges Aggregat aus verschiedenen Bewußtseinszuständen, wird er kaum überrascht sein, wenn er erfährt, daß der ultimative Unbewußtseinszustand im Advaita Vedânta mit Parabrahman identifiziert wird." Siehe *The Secret Doctrine,* Wheaton, 1993, Bd. 2, S. 597, 598. H.T.)

[37] (*Joh.* 1, 5. H.T.)

[38] (die Gesamtheit aller Dhyâni-Chohans des fühlenden Lebens. H.T.)

Existieren die Prototypen also auf einer Ebene, die höher ist als die Ebene des Astrallichts?

Die Prototypen oder Ideen aller Dinge existieren zuerst auf der Ebene göttlichen, ewigen Bewußtseins; von dort werden sie spiegelverkehrt im Astrallicht reflektiert. Und zusätzlich reflektiert das Astrallicht, in seinem tieferen individuellen Bereich, das Leben unserer Erde, wobei es dieses reflektierte Leben der Erde auf "Tafeln" festhält. Deshalb wird das Astrallicht Illusion genannt. Es ist diese Reflexion, diese Illusion, aus der wir dann unsere Prototypen beziehen. Und so erklärt sich, daß der Hellsichtige oder SEHER niemals die Wahrheit sehen kann und in einem Meer von Selbsttäuschungen und Halluzinationen versinkt, wenn er diese Illusionsebene nicht durchdringen und über sie hinauskommen kann.

Was genau ist denn nun der Âkâsha?

Der Âkâsha ist das ewige göttliche Bewußtsein, das selbst nicht differenzieren kann, keine Eigenschaften hat und nicht handelt. Handeln, Aktivität ist Eigenschaft des Bereichs, der das göttliche Bewußtsein reflektiert. Das Nichtbedingte und Unendliche kann in keiner Beziehung zum Endlichen und Bedingten stehen. Das Astrallicht ist das, was die Gnostiker "mittlerer Himmel" nennen, in dem Sophia Achamoth ist, die Mutter der sieben Erbauer oder Erdgeister. Letztere sind aber nicht unbedingt gut, und zu ihnen zählten die Gnostiker auch Jehova, den sie Ildabaoth nannten. (*Sophia Achamoth darf nicht mit der göttlichen Sophia verwechselt werden.*)

Was die Prototypen betrifft, können wir den Âkâsha und das Astrallicht mit dem in einer Eichel vorhandenen Samen vergleichen. Die Eichel enthält nicht nur die Astralform der zukünftigen Eiche, sondern verbirgt in sich auch den Samen, aus dem ein Baum wächst, der selbst Millionen von Formen in sich birgt. Und diese Formen sind in der Eichel potentiell enthalten. Die Entwicklung einer jeden individuellen Eichel aber hängt natürlich von äußeren, physischen Umständen ab.

Und wie erklärt das die endlose Vielfalt im Pflanzenreich?

Die vielen Abweichungen und Unterschiede unter den Pflanzen sind die gebrochenen Strahlen des Einen Strahls. Auf seiner Bahn durch die sieben Ebenen wird jeder aus dem Einen Strahl entsandte individuelle Strahl auf jeder einzelnen Ebene bis hinab zur Welt der Formen selbst in Tausende und Millionen weitere Strahlen gebrochen, wobei jeder so entstandene Strahl zu einer Intelligenz auf seiner eigenen Ebene wird. So ist erklärlich, daß jede Pflanze Intelligenz besitzt oder sozusagen einen Sinn in ihrem Dasein sieht und bis zu einem gewissen Grad sogar mit Willensfreiheit ausgestattet ist. So zumindest sehe ich das. Eine Pflanze kann rezeptorisch, d.h. empfängnisfähig sein oder nicht, auf jeden Fall aber ist *ausnahmslos jede*

Pflanze ein fühlendes Wesen, das ein eigenes Bewußtsein besitzt. Aber außer diesem Bewußtsein und der Fähigkeit zu fühlen ist in jeder Pflanze – vom riesigen Baum bis hinab zum kleinsten Farn oder Grashalm – eine elementale Entität vorhanden, für die sie auf dieser Ebene das äußere Gewand ist. Deshalb sprachen die Kabalisten und die Rosenkreuzer des Mittelalters andauernd von Elementalen. Sie behaupteten, daß alles einen elementalen Kobold oder ein elementales Feenwesen in sich trage.

Was unterscheidet ein Elemental von einem Dhyâni-Chohan oder einem Dhyâni-Buddha?

Der Unterschied ist ausgesprochen groß. Elementale gibt es nur in Verbindung mit den vier Elementen der Erde, und auch das nur in den zwei niederen Naturreichen, dem Mineral- und dem Pflanzenreich, in denen sie sich sozusagen *metallisieren* und *herbalisieren*. Der Hindu-Begriff *Deva* kann auf sie zutreffen, aber nicht der Begriff *Dhyâni-Chohan*. Jeder der beiden besitzt den seiner Art entsprechenden Intellekt, die Devas eine Art kosmische Intelligenz, Dhyâni- Chohans aber sind mit einem übersinnlichen Intellekt begabt. Und die Dhyâni- Buddhas gehören zu den höchsten göttlichen (oder allwissenden) Intelligenzen – ihnen entsprechen vielleicht am besten die katholischen Erzengel.

Gibt es eine Evolution der Typen, die durch die verschiedenen Ebenen des Astrallichts hindurch verläuft?

Ihr müßt den Vergleich mit der Entwicklung der Eichel logisch zu Ende denken. Aus der Eichel wächst eine Eiche, und diese Eiche, dieser Baum kann tausend Formen haben, die sich alle voneinander unterscheiden. All diese Formen sind innerhalb der Eichel vorhanden, und obwohl die Gestalt, die der Baum letztendlich haben wird, von äußeren Gegebenheiten abhängt, existiert doch das, was Aristoteles "Form ohne Stoff" nannte, bereits vorher in den astralen Wellen. Aber die noumenale Samenzelle der Eiche existiert auf einer Ebene, die über die Ebene des Astrallichts hinausgeht. Nur deren objektives Abbild existiert bereits im Astrallicht, und die Entwicklung der Eiche ist das Resultat des im Astrallicht entwickelten Proto- oder Urtypus. Und dieser Entwicklungsvorgang verläuft von den höheren hin zu den tieferen Ebenen, bis der Baum auf der niedrigsten Ebene seine letzte Festigung und abschließende Formgebung erreicht. Hier haben wir auch die Erklärung für das bemerkenswerte Postulat der Vedânta-Philosophie, wonach jede Pflanze ihr eigenes Karma hat und auch ihr Wachstum das Resultat von Karma ist. Dieses Karma geht von den niederen Dhyâni-Chohans aus – sie entwerfen und planen das Wachsen des Baumes.

Welche wahre Bedeutung hat Manvantara oder, korrekter gesagt: Manu-antara?

Es bedeutet "zwischen zwei Manus", von denen es in jedem "Tag Brahmâs" vierzehn gibt. Ein solcher "Tag" besteht aus 1.000 Zusammenballungen von vier Zeitaltern oder 1.000 "Großen Zeitaltern", den Mahâ-yugas. Die Analyse des Wortes "Manu" durch Indologen ergibt seine Herkunft aus der Wurzel "man", "denken", also "der denkende Mensch". Aber in der esoterischen Interpretation ist jeder Manu, als anthropomorphisierter Schutzherr eines spezifischen Zyklus, also einer Runde, nichts anderes als die personifizierte Idee des "göttlichen Denkens" (vgl. Hermes Trismegistos' *Pymander* [39]). Jeder der Manus ist also der spezielle Gott, Schöpfer und Gestalter, der alles in seinem eigenen Daseinszyklus oder Manvantara Erscheinende hervorbringt.

Ist Manu auch die personifizierte Einheit des menschlichen Bewußtseins, oder handelt es sich – im Zusammenhang mit dem manvantarischen Zustand – um eine Individualisierung des göttlichen Denkens?

Beides, denn "menschliches Bewußtsein" ist nichts anderes als ein Strahl des göttlichen Bewußtseins. Unser *Manas* oder Ego entstammt dem Mahat, es ist, bildlich gesprochen, der Sohn Mahats. Vaivasvata Manu (der Manu unserer eigenen Fünften Menschheit und der Menschheit im allgemeinen[40]) ist die höchste Repräsentation der *denkenden* Menschheit der Fünften Menschheit – deshalb wird er als ältester Sohn der Sonne und *Agnishvâtta-Vorfahr* dargestellt. Weil "*Manu*" von *man*, denken, abgeleitet ist, ist klar, was gemeint ist. Der Einfluß, den das Denken auf menschliche Gehirne ausübt, ist endlos. So enthält Manu – und ist selbst – die Potentialität aller Denkformen, welche auf der Erde aus dieser speziellen Quelle entwickelt werden. In der exoterischen Lehre ist er der Anfang dieser Erde, und von ihm und seiner Tochter Ila wird die Menschheit geboren – er ist eine Einheit, die alle Pluralitäten und deren Modifikationen enthält. So hat jedes Manvantara seinen eigenen Manu, und von diesem Manu kommen die verschiedenen Manus, besser gesagt: alle *Mânasas* der Kalpas hervor. Als Analogie könnte man ihn vergleichen mit dem weißen Licht, in dem all die anderen Strahlen enthalten sind, die durch das Prisma der Differenzierung und Evolution entstehen. Das ist aber Teil der esoterischen, metaphysischen Lehre.

Kann man sagen, daß die Beziehung, die Manu mit jedem Manvantara verbindet, vergleichbar ist mit der Beziehung des Ersten Logos zum Mahâ-Manvantara?

Ja, das kann man so sagen.

Und kann man Manu als eine Individualität bezeichnen?

---

[39] (*The Divine Pymander of Hermes Trismegistus*, 1650 übersetzt von John Everard, Nachdruck London, 1884. H.T.)

[40] (d.h. der Manu der gesamten Menschheit der vierten Runde. H.T.)

Im abstrakten Sinn sicherlich nicht. Man kann aber eine Analogie heranziehen und Manu vielleicht als Synthese der Mânasas bezeichnen und sagen, er ist ein Einzelbewußtsein im selben Sinn, in dem der Mensch eine Bewußtseins-Einheit ist, trotz all der vielen und unterschiedlichen Bewußtseinsformen der verschiedenen Zellen, aus denen der menschliche Körper besteht. Aber diese menschliche Bewußtseins-Einheit ist insofern doch kein richtiges Einzelbewußtsein, weil es eine Reflexion von Tausenden und Millionen von Bewußtseinsformen ist, die der Mensch absorbiert hat.

Aber Manu ist nicht wirklich eine Individualität, sondern die gesamte Menschheit. Man kann Manu als Sammelbegriff für die Pitris, die Vorläufer der Menschheit, bezeichnen. Die Pitris, das habe ich gezeigt, kommen von der lunaren Kette. Sie gebären die Menschheit, denn nachdem sie selbst zu den ersten Menschen geworden waren, brachten sie weitere Menschen dadurch zur Welt, daß sie ihren Schatten, ihr astrales Selbst aus sich selbst heraus entwickelten. Nicht nur die Menschheit, auch die Tiere und alle anderen Kreaturen brachten sie hervor. In diesem Sinn erzählen die *Purânas* von den großen Yogis, daß einer von ihnen die Schlangen zur Welt brachte, ein anderer alle Vögel, usw. Aber so wie der Mond sein Licht von der Sonne erhält, so erhalten die Nachfahren der lunaren Pitris ihr höheres mentales Licht von der Sonne oder dem "Sohn der Sonne". Wer weiß, vielleicht ist Vaivasvata Manu ein *Avatar* oder eine Personifizierung des MAHAT, vom Universalgeist beauftragt, die denkende Menschheit weiterzuführen.

Wir haben gelernt, daß die vollkommen gewordene Menschheit einer Runde die Dhyani Buddhas und wegweisenden Herrscher des nächsten Manvantaras sein werden. Aber in welchem Verhältnis steht Manu zu den Scharen von Dhyâni-Buddhas?

Er hat überhaupt keine Beziehung zu ihnen – in der exoterischen Lehre. Aber ich kann sagen, daß die Dhyâni-Buddhas nichts mit den niederen praktischen Vorgängen auf der Erdenebene zu tun haben. Ich will ein Beispiel nennen: Man kann den Dhyâni-Buddha mit einem großen Herrscher über irgendeinen beliebigen Lebenszusammenhang vergleichen. Nehmen wir an, es handele sich nur um ein Haus. Der Herrscher über dieses Haus hätte z.B. selbst direkt nichts mit den Reinigungsarbeiten einer Küchenhilfe zu tun. Die höheren Dhyânis bringen nacheinander immer tiefer stehende, stofflich immer fester werdende Hierarchien von Dhyânis hervor, bis hinab zu unserer Planetenkette. Einige dieser letztgenannten Dhyânis sind die Manus, Pitris und lunaren Vorfahren. Wie ich in der "Anthropogenesis" der *Geheimlehre* zeige, ist es die Aufgabe dieser Pitris, den Menschen hervorzubringen. Das tun sie, indem sie ihre Schatten auswerfen, und die Erste Menschheit – wenn sie überhaupt als solche bezeichnet werden kann – besteht aus den astralen Chhâyâs der lunaren Vorfahren, welche von der physischen Natur mit anfangs noch formlosen physischen Körpern umgeben werden. Die

Zweite Menschheit nimmt immer mehr Gestalt an und ist geschlechtslos. In der Dritten Menschheit werden sie zweigeschlechtliche, hermaphroditische Wesen, dann folgt die Geschlechtertrennung, und danach die Weiterentwicklung der Menschheit auf unterschiedliche Art und Weise.

Was wollen Sie denn nun mit dem Wort Manvantara oder, wie Sie es erklärten, Manuantara oder "zwischen zwei Manus" ausdrücken?

Das Wort bezeichnet einfach eine Periode der Aktivität und wird nicht in einem eingegrenzten oder bestimmten Sinn gebraucht. Aus dem Zusammenhang des Textes, den ihr studiert, muß euch die Bedeutung des Wortes Manvantara klar werden, wobei auch bedacht werden muß, daß alles, was eine kleinere Periode betrifft, auch auf eine größere zutrifft, und umgekehrt.

Hat das Wort "Wasser", so wie es hier gebraucht wird, eine rein symbolische Bedeutung oder wird damit Bezug genommen auf etwas Entsprechendes in der Evolution der Elemente? [41]

Es ist sehr wichtig, die universalen nicht mit den terrestrischen Elementen zu verwechseln. Auch sind die terrestrischen Elemente nicht dasselbe wie die bekannten chemischen Elemente. Ich würde die kosmischen, universalen Elemente als die Noumena der terrestrischen Elemente bezeichnen und hinzufügen, daß 'kosmisch' nicht nur auf unser kleines Sonnensystem beschränkt ist.

Wasser ist das erste kosmischen Element, und die Wörter "Finsternis" oder "Dunkelheit" und "Chaos" werden benutzt, um dasselbe "Element" zu bezeichnen. Es gibt sieben Zustände der Materie, wovon drei allgemein bekannt sind, nämlich fest, flüssig und gasförmig. Es ist nötig, sich vorzustellen, daß alles Kosmische und Terrestrische in Variationen dieser sieben Zustände existiert.

Aber ich kann keine Ausdrücke gebrauchen, die euch unbekannt und deshalb unverständlich sind; z.B. dient "Wasser", das philosophische "Prinzip der Wärme und Feuchtigkeit", dazu, etwas zu bezeichnen, das noch nicht feste Materie ist bzw. noch nicht die Festigkeit der Materie hat, so wie wir sie kennen. Noch schwieriger wird die Sache durch das der Serie Äther, Feuer und Luft hinzugefügte "Element" "Wasser". Aber der Äther enthält alle anderen Elemente und deren charakteristische Eigenschaften, und es ist dieser Äther, der den Naturwissenschaften als hypothetisches Agens, als deren ausführende Kraft dient. Außerdem ist Äther als geringste Form von Âkâsha dessen alleiniges Agens und Universalelement. Hier bezeichnet der Begriff "Wasser" also Materie in ihrem vorkosmischen Zustand.

Welche Beziehung besteht zwischen den Elementen und den Elementalen?

---

[41] (siehe den Kommentar zum Shloka 2 der 3. Stanze der Kosmogenesis. H.T.)

Dieselbe Beziehung, die Erde und Mensch verbindet. So wie der physische Mensch die Quintessenz der Erde ist, so ist ein Elemental (man nennt es Sylphe, Salamander, Undine, etc.) – Luft oder Feuer oder Wasser – die Quintessenz seines speziellen Elements. Jede Differenzierung von Substanz und Materie läßt eine Art von intelligenter Kraft entstehen, und diese so entstandenen Kräfte wurden von den Rosenkreuzern Elementale oder Naturgeister genannt. Jeder von uns kann an Elementale glauben, die wir für uns selbst auch erschaffen können, aber diese Art von Elementalschöpfung hat keine wirkliche Existenz außerhalb unserer eigenen Phantasie. Es handelt sich dabei um eine Intelligenz, eine gute oder schlechte Kraft, aber ihre Form und ihre Eigenschaften sind unsere eigene Schöpfung, und die Intelligenz, die sie besitzt, kommt ebenfalls von uns.

Sind das "jungfräuliches Ei" und das "ewige Ei" ein und dasselbe, oder handelt es sich um verschiedene Differenzierungsstadien?

Das "ewige Ei" ist eine Vordifferenzierung im Laya- oder Null-Zustand, und weil es vor der Differenzierung besteht, kann es weder Eigenschaften noch Merkmale haben. Das "jungfräuliche Ei" besitzt bereits Merkmale, ist also differenziert, obwohl es in seinem Wesenskern dasselbe (wie das ewige Ei) ist. Kein Ding kann in seiner abstrakten wesentlichen Natur von einem anderen Ding getrennt sein. Nur in der Welt der Illusion, der Formenwelt, in der Differenziertheit, ist alles, auch wir selbst, *scheinbar* getrennt.

7. Konferenz

Shloka 2. DIE SCHWINGUNG JAGT DAHIN, BERÜHRT MIT IHREN SCHNELLEN FLÜGELN (gleichzeitig) DAS GANZE UNIVERSUM UND DEN KEIM, DER IN DER FINSTERNIS WOHNT: IN DER FINSTERNIS, DIE ÜBER DEN RUHENDEN WASSERN DES LEBENS ATMET (sich bewegt).

Wie ist das zu verstehen, wenn gesagt wird, die Schwingung berühre das ganze Universum und auch den Keim?

Zuerst einmal müssen alle Bezeichnungen, die wir hier gebrauchen, so ausführlich wie möglich definiert werden, denn es handelt sich um eine rein bildliche Sprache. "Universum" ist nicht gleichzusetzen mit dem Kosmos oder der Formenwelt, sondern bezeichnet den formlosen Raum, der das zukünftige Gefäß oder der zukünftige Träger des zu manifestierenden Universums ist. Dieser Raum ist gleichbedeutend mit den "Wassern des Raums", mit der für uns ewigen Finsternis, genau gesagt mit Parabrahman. Der ganze Shloka nimmt, kurz gesagt, ausschließlich Bezug auf die vor jeglicher Manifestation liegende "Periode". Ebenso bildet der Keim – der ewig ist, und womit die undifferenzierten Atome zukünftiger Materie gemeint sind – eine Einheit mit dem Raum und ist so unendlich wie unzerstörbar und so ewig wie der Raum selbst. Und ähnlich ist es mit der "Schwingung". Sie ist in Verbindung mit dem Punkt, dem unmanifestierten Logos zu sehen.

Ich möchte hier eine wichtige Erklärung hinzufügen. Wenn man sich, wie in der *Geheimlehre*, einer bildhaften Sprache bedient, dann werden oft Analogien und Vergleiche gebraucht. Finsternis betrifft z.B. in der Regel nur das unbekannte Ganze, die Absolutheit. Wird der erste Logos mit der ewigen Finsternis kontrastiert, so kommt ihm sicherlich die Bedeutung "Licht" zu. Wird er aber mit dem zweiten oder dem dritten, dem manifestierten Logos kontrastiert, dann bedeutet der erste Logos Finsternis, und es sind die beiden anderen, die Licht bedeuten.

Shloka 3. "DUNKELHEIT" VERBREITET LICHT, UND LICHT WIRFT EINEN EINZIGEN STRAHL IN DIE WASSER, IN DIE MUTTER-TIEFE. DER STRAHL DURCHDRINGT DAS JUNGFRÄULICHE EI; DURCH DEN STRAHL ERBEBT DAS EWIGE EI UND LÄSST DEN NICHT-EWIGEN (periodischen) KEIM FALLEN, DER SICH ZUM WELTENEI VERDICHTET.

Warum wird gesagt, das Licht werfe einen einzigen Strahl in die Wasser, und welche Bedeutung hat dieser Strahl im Zusammenhang mit dem Dreieck?

Wie groß die Zahl der auf dieser Ebene vorhandenen Strahlen auch zu sein scheint, wenn sie zu ihrem Ursprung zurückgeführt werden, dann lösen sie sich letztendlich wieder auf und werden zur Einheit, genauso wie die sieben Farben des

Prismas, die alle aus einem einzigen weißen Strahl kommen und in ihm wieder aufgehen. So auch dieser eine, einzige Strahl: Nur auf der Ebene der Illusionen entfächert er sich und wird zu sieben Strahlen (und deren zahllosen Verzweigungen). Er wird deshalb in Verbindung mit dem Dreieck dargestellt, weil das Dreieck die erste vollkommene geometrische Figur ist. Sowohl Pythagoras als auch die Stanzen erklären, daß der aus dem "Nirgendwo" herabkommende Strahl (die pythagoräische Monade) wie ein Meteorit die Ebenen des "Nicht-Daseins" (*Aloka*) durchschießt, dann auf die erste Daseinswelt fällt und so die Zahl Eins gebiert. Dann bringt er, die Richtung nach rechts ändernd, die Zahl Zwei hervor, und indem er durch eine weitere Richtungsänderung die Grundlinie herstellt, wird die Zahl Drei geboren. Und nachdem er von dort nach oben zur Zahl Eins zurückgekehrt ist, entschwindet er, wie Pythagoras es erklärt hat, endgültig in die Bereiche des Nicht-Daseins.

Wie kommt es, daß die Lehren des Pythagoras in den alten Philosophien Indiens auftauchen?

Pythagoras entwickelte seine Lehre aus indischen Quellen; in den alten Schriften wird von ihm als dem Yavanacharya, dem griechischen Lehrer gesprochen. So erfahren wir, daß das Dreieck die erste Differenzierung ist, wobei seine Seitenlinien aber alle von dem einen Strahl gezogen werden.

Was genau bedeutet der Ausdruck "Ebenen des Nicht-Daseins"?

Wenn wir diese Bezeichnung verwenden, müssen wir uns klar darüber sein, daß diese Ebenen nur für uns Sphären des Nicht-Daseins sind, aber für Intelligenzen, die höher stehen als wir, sind es Ebenen des Seins und der Materie. Selbst die höchsten Dhyâni-Chohans des Sonnensystems können sich nicht vorstellen, was in höheren Systemen, d.h. auf der zweiten "siebenfachen" kosmischen Ebene existiert, einer Ebene, die für die Wesen des immer *unsichtbaren* Universums völlig subjektiv ist.

Shloka 4. DANN FALLEN DIE DREI (Dreieck) IN DIE VIER (Vierheit). DER STRAHLENDE WESENSKERN WIRD SIEBEN INNEN, SIEBEN AUSSEN. DAS LEUCHTENDE EI (Hiranya-garbha), DAS IN SICH SELBST DREIHEIT (die dreifache Hypostase von Brahmâ oder Vishnu, die drei Avasthâs) IST, GERINNT UND VERBREITET SICH IN MILCHWEISSEN FLOCKEN DURCH DIE TIEFEN DER MUTTER, ZUR WURZEL, DIE TIEF IM OZEAN DES LEBENS WÄCHST.

Ist der strahlende Wesenskern dasselbe wie das leuchtende Ei? Was ist die Wurzel, die im Ozean des Lebens wächst?

Der strahlende Wesenskern ist identisch mit dem leuchtenden oder goldenen Ei Brahmâs bzw. Hiranya-garbhas. Die Wurzel, die im Ozean des Lebens wächst, ist die Potentialität, welche den universalen, subjektiven, allgegenwärtigen, aber homogenen Keim, der die Potenz der abstrakten Natur in sich trägt, zu objektiver differenzierter Materie transformiert. Und wenn ich mich nicht täusche, ist der Ozean des Lebens eine in der Vedânta-Philosophie gebräuchliche Bezeichnung für das "Eine Leben", Paramâtman, wenn man von der transzendenten höchsten Seele spricht; meint man dagegen den physischen und animalischen "Atem des Lebens", so wird dafür der Ausdruck Jîvâtman gebraucht – also sozusagen um damit die Seele im differenzierten Zustand zu bezeichnen, kurz, um das Leben zu bezeichnen, welches dem Atom und dem Universum, dem Molekül und dem Menschen, dem Tier, der Pflanze und dem Mineral Dasein gibt.

"Der strahlende Wesenskern gerinnt und verbreitet sich in den Tiefen des Raums." Aus astronomischer Sicht ist die Erklärung leicht: Es ist die Milchstraße, der Welten-Stoff oder die uranfängliche Materie in ihrer ersten Formbildung.

Kann der strahlende Wesenskern, die Milchstraße oder der Welten-Stoff in Atome aufgelöst werden, oder ist er nicht atomisch?

Wenn unter Atomen Moleküle verstanden werden, dann ist er in seinem vorkosmischen Zustand natürlich nicht atomisch, denn das hypothetische Atom, das nichts weiter ist als ein mathematischer Punkt, ist nicht materiell bzw. betrifft die Materie nicht, und noch nicht einmal die Substanz. Das wirkliche Atom existiert nicht auf der materiellen Ebene. Die Definition eines Punktes, die besagt, daß er eine Position einnimmt, darf im Okkultismus nicht im normalen Sinn als örtliche Festlegung verstanden werden, denn das *wirkliche* Atom existiert jenseits von Raum und Zeit. Das Wort molekular betrifft in Wirklichkeit nur unseren Globus und seine Ebene. Innerhalb unserer Ebene, selbst auf den anderen Globen unserer Planetenkette, ist Materie in einem ganz anderen Zustand und nicht molekular. In seinem Ewigkeitszustand ist das Atom sogar für das Auge eines Erzengels nicht sichtbar – sichtbar wird es für ihn nur periodisch, d.h. nur während eines Lebenszyklus. Das Partikel oder Molekül *ist nicht*, aber es existiert periodisch und wird deshalb als Illusion bezeichnet.

Der Welten-Stoff belebt sich selbst durch verschiedene Ebenen hindurch, und solange er nicht die Daseinsebene des sichtbaren oder objektiven Universums erreicht hat, kann man von ihm nicht sagen, er sei zu Sternen oder molekular geworden.

Kann Äther im Okkultismus als molekular bezeichnet werden?

Das kommt ganz darauf an, was mit dem Wort Äther gemeint ist. In seinen tiefsten Schichten, wo er sich mit dem Astrallicht verbindet, kann Äther auf seiner eigenen Ebene als molekular bezeichnet werden, für uns ist er jedoch nicht molekular. Aber der Äther, von dem auch die Wissenschaft eine dunkle Ahnung hat, ist die dichteste Manifestation des Âkâsha, obwohl er für uns Sterbliche, auf unserer

Ebene, das siebte Prinzip des Astrallichts und um drei Grade höher als die "strahlende Materie" ist. Wenn er etwas durchdringt oder belebt, dann kann er molekular sein, weil er die Form des von ihm Durchdrungenen annimmt und seine Atome die Partikel dieses "Etwas" beleben. Vielleicht sollten wir Materie als "kristallisierten Äther" bezeichnen.

Aber was ist denn nun ein Atom wirklich?

Ein Atom kann verglichen werden mit dem siebten Prinzip eines Körpers (das ist es für Okkultisten) oder, besser gesagt, eines Moleküls. Das physische oder chemische Molekül setzt sich aus einer endlosen Zahl feinerer Moleküle zusammen, und diese wiederum aus unzähligen noch feineren Molekülen. Wenn wir z.B. ein Eisenmolekül auflösen, bis es nicht-molekular wird, so wird es damit unverzüglich in eins seiner sieben Prinzipien, d.h. in seinen Astralkörper transformiert. Das siebte dieser Prinzipien ist das Atom. Der Vergleich eines Eisenmoleküls vor seiner Auflösung mit demselben Molekül nach der Auflösung entspricht dem Unterschied zwischen einem physischen Körper vor und nach dem Tod. Die Prinzipien bleiben bestehen, aber ohne den Körper. Wir reden hier natürlich von okkulter Alchemie, nicht von moderner Chemie.

Welche Bedeutung hat das allegorische "Umrühren des Ozeans" und die "Kuh des Überflusses" der Hindus, und was verbindet diese beiden Begriffe und den "Krieg im Himmel"?

Ein Prozeß, der mit dem Zustand des "Nicht-Daseins" beginnt und am Ende des Maha-Pralaya aufhört, kann kaum in wenigen Worten, ja nicht einmal in mehreren Bänden erklärt werden. Wir haben hier ganz einfach eine allegorische Darstellung der Gestaltung und Differenzierung des uferlosen Ozeans des ursprünglichen strahlenden Wesenskerns durch die ungesehenen und unkennbaren Intelligenzen, nämlich die Atome der okkulten Wissenschaft – wobei es Brahmâ selbst ist, der *Anu* oder Atom genannt wird. Bei den Beziehungen und Verbindungen zwischen dem "Umrühren des Ozeans" und dem "Krieg im Himmel" handelt es sich um eine sehr involvierte und schwierige Thematik. Unter seinem einfachsten symbolischen Aspekt findet dieser "Krieg im Himmel" unaufhörlich statt. Differenzierung bedeutet Kontrast, das Gleichgewicht von Gegensätzlichkeiten, und solange diese Kontrastsituation besteht, findet "Krieg" oder Kampf statt. Es gibt natürlich unterschiedliche Stadien und Aspekte dieses Krieges, so z.B. den astronomischen und den physischen Aspekt. Für jedermann und für alles, was in einem Manvantara geboren wird, findet "Krieg im Himmel" und auch auf der Erde statt – für die vierzehn über unseren manvantarischen Zyklus wachenden Wurzel- und Samen-Manus genauso wie für die zahllosen menschlichen und anderweitigen *Kräfte*, die ihnen entspringen.

Es besteht ein unaufhörlicher Kampf um Anpassung, weil in allem die Tendenz zu Harmonie und Ausgeglichenheit vorhanden ist. Dies ist in der Tat unausweichlich und die Voraussetzung zur Erlangung von jeglicher Gestalt. Die uns formenden Elemente, die Partikel unseres Körpers, befinden sich in einem fortwährenden Kriegszustand, wobei eines das andere zu verdrängen sucht und sich dabei mit jedem Moment verändert. Als die Götter den Ozean "umrührten", kamen die Nâgas und stahlen vom Amrita, dem Wasser der Unsterblichkeit, und das war der Beginn des Krieges zwischen den Göttern und den Asuras, den *Nicht*-Göttern, wobei den Göttern arg mitgespielt wurde. Hier wird hingewiesen auf die Gestaltung des Universums und die Differenzierung der uranfänglichen, urzeitlichen Materie. Aber wir dürfen nicht vergessen, daß dies nur den kosmogonischen Aspekt betrifft – eine der sieben Bedeutungen. Der Krieg im Himmel hatte auch eine unmittelbare Beziehung zur Entwicklung des intellektuellen Prinzips im Menschen. Das ist die metaphysische Entschlüsselung dieser allegorischen Darstellung.

Warum kommen in den Stanzen so viele Zahlen vor? Und welches Geheimnis steckt hinter dem mannigfaltigen Vorhandensein von Zahlen in den heiligen Schriften der Welt – in der Bibel und in den Purânas, und auch bei Pythagoras und den Weisen der Âryas?

Balzac, der unbewußte Okkultist der französischen Literatur, hat irgendwo gesagt: "Die Zahl ist für den Verstand dasselbe wie für die Materie – ein unfaßbarer Faktor." Darauf würde ich erwidern: Das trifft vielleicht auf den weltlichen, keineswegs aber auf den erleuchteten Verstand zu. Zahl ist, wie der große Dichter glaubte, ein reales Ding und gleichzeitig ein Atem, der von Gott kommt – so nannte er das, was wir das ALL nennen: es ist der Atem, der allein das ordnende Prinzip des physischen Kosmos sein konnte, "wo nichts Form erhält, außer durch die Gottheit, welche eine von Zahl ausgehende Wirkung ist."[42] Platon sagt: "Gott geometrisiert."

Wann und in welchem Sinn können Zahlen als reale Dinge bezeichnet werden?

Wenn Wesenheiten gemeint sind, die Intelligenz besitzen; werden sie dagegen einfach als Ziffern gesehen, dann sind sie natürlich keine Wesenheiten, sondern symbolische Zeichen.

Warum wird von dem strahlenden Wesenskern gesagt, er werde sieben innen und sieben außen?

[42] (siehe den Kommentar zum Shloka 4 der 3. Stanze, Kosmogenesis. H.T.)

Weil er sieben Prinzipien auf der manifestierten und sieben auf der unmanifestierten Ebene hat. Ihr müßt immer analog vorgehen und das alte Axiom des Okkultismus "Wie oben, so unten" anwenden.

Sind denn die Ebenen des "Nicht-Daseins" auch siebenfach?

Selbstverständlich. Was in der *Geheimlehre* als unmanifestierte Ebenen bezeichnet wird, sind unmanifestierte Ebenen des Nicht-Daseins nur aus der Sicht des begrenzten Intellekts; für höhere Intelligenzen sind es manifestierte Ebenen bis hin zur Unendlichkeit, wobei bedacht werden muß, daß es sich, wie immer, auch hier um eine Analogie handelt.

<u>8. Konferenz</u>

Shloka 5. DIE WURZEL BLEIBT, DAS LICHT BLEIBT, DIE FLOCKEN BLEIBEN, ABER NOCH IMMER IST OEAOHOO EINS.

Was bedeutet es, wenn gesagt wird, daß sie alle bleiben?

Es bedeutet einfach, daß alles noch eins ist, wie groß die Pluralität in der Manifestation auch sein mag. Es handelt sich, in anderen Worten, darum, daß sie alle verschiedene Aspekte des einen Elements sind. Es bedeutet nicht, daß sie differenzierungslos bleiben.

> Als erste Differenzierung erscheinen die "Flocken", die wahrscheinlich auch jene kosmische Materie darstellen, aus der die "Milchstraße" entstand. Es ist dies die uns bekannte Materie. Durch die Offenbarungen der ursprünglichen Dhyâni-Buddhas ist bekannt, daß diese "Materie" während der Perioden des schlafenden Universums von einer selbst für das Auge des perfekten Bodhisattva kaum erkennbaren, extremen Feinheit ist. Es ist die Materie, die sich – wurzelhaft und kühl – beim ersten Wiedererwachen kosmischer Bewegung im Raum ausbreitet. Von der Erde aus gesehen, erscheint diese Materie in Anhäufungen und Verdichtungen – wie Flocken in dünner Milch. Sie sind der "Rohstoff der Sterne", der Samen zukünftiger Welten.[43]

Muß angenommen werden, daß die Milchstraße aus einer Materie besteht, die sich in einem anderen als dem uns bekannten Zustand der Differenzierung befindet?

Davon bin ich vollkommen überzeugt. Die Milchstraße ist ein Speicher für die Materialien, aus denen Sterne, Planeten und andere Himmelskörper produziert werden. Materie in diesem Zustand gibt es auf der Erde nicht; aber das, was bereits differenziert und auf der Erde vorhanden ist, gibt es auch auf anderen Planeten und *vice versa*. Aber ehe die Materie aus ihrem Zustand in der Milchstraße die Planeten erreicht, muß sie erst viele Differenzierungsstadien durchlaufen. Zum Beispiel ist die im Sonnensystem vorhandene Materie in einem völlig andersgearteten Zustand als jene außerhalb des Systems.

Besteht ein Unterschied zwischen den Nebelhaufen und der Milchstraße?

Ich denke, es ist derselbe Unterschied wie der zwischen einer ausgebauten Straße und Steinen und Schlamm, die auf einer solchen Straße liegen. Natürlich muß ein Unterschied bestehen zwischen der Materie der Milchstraße und derjeni-

[43] (aus dem Kommentar zum Shloka 5 der 3. Stanze, Kosmogenesis. H.T.)

gen der verschiedenen Nebelhaufen,[44] und diese müssen wiederum Verschiedenheiten untereinander aufweisen. Aber in all den wissenschaftlichen Kalkulationen und Messungen muß berücksichtigt werden, daß das Licht, in welchem Objekte gesehen werden, ein *reflektiertes* Licht ist, und daß die Erdatmosphäre optische Täuschungen verursacht, wodurch Kalkulationen über Entfernungen, etc. unmöglich wirklich korrekt sein können. Außerdem verursachen diese optischen Täuschungen auch völlig fehlerhafte Beobachtungsresultate über die Materie, aus der die Himmelskörper zusammengesetzt sind, was uns dazu verleitet, in ihr eine der Erde ähnliche Zusammensetzung zu vermuten. Das jedenfalls haben uns die MEISTER gelehrt.

Shloka 6. DIE WURZEL DES LEBENS WAR IN JEDEM TROPFEN DES OZEANS DER UNSTERBLICHKEIT (Amrita), UND DER OZEAN WAR STRAHLENDES LICHT, WELCHES FEUER UND WÄRME UND BEWEGUNG WAR. FINSTERNIS SCHWAND DAHIN UND WAR NICHT MEHR, SIE VERSCHWAND IN IHR EIGENES WESEN, DEN KÖRPER AUS FEUER UND WASSER, AUS VATER UND MUTTER.

Welchen Sinn haben die unterschiedlichen Bedeutungen des Begriffs "Feuer" auf den verschiedenen Ebenen des Kosmos?

Feuer ist das mystischste und auch das göttlichste der fünf Elemente. Allein all seine verschiedenen Bedeutungen auf unserer Ebene zu erklären wäre viel zu schwierig, selbst wenn man die anderen Ebenen ganz unberücksichtigt ließe, und außerdem wären solche Erklärungen für die meisten Menschen völlig unverständlich. Feuer ist der Vater des Lichts, das Licht der Ursprung von Wärme und Luft (die für das Leben notwendige Luft). Wenn das absolut Göttliche als Finsternis oder "das dunkle Feuer" bezeichnet werden kann, dann ist das Licht, sein erster Nachkomme, wahrhaftig der erste selbst-bewußte Gott. Denn was ist Licht in seiner uranfänglichen Wurzel anderes als das welterleuchtende und lebenspendende Göttliche? Licht ist etwas, das aus einer Abstraktion zur Wirklichkeit geworden ist. Niemand hat jemals wirkliches oder uranfängliches Licht gesehen; was wir sehen, sind nur dessen gebrochene Strahlen oder Reflexionen, die durch ihren Abstieg und ihr Eindringen in Form und Materie dichter werden und immer schwächer strahlen. Feuer ist deshalb ein Begriff, der ALLES einschließt. Feuer ist das unsichtbare Göttliche, "der Vater", und das sich manifestierende Licht ist Gott, "der Sohn" und auch die Sonne. Feuer ist – im okkulten Sinne – Aether,[45] und Aether wird aus Bewegung geboren, und Bewegung ist das ewig

[44] (siehe hierzu "Do the Adepts Deny the Nebular Theory?" in *H.P. Blavatsky Collected Writings*, Bd. 5, S. 150. H.T.)

[45] (Im englischen Protokolltext dieser Antwort H.P.B.s wird die Schreibweise "aether" gebraucht. Um den Unterschied zwischen "aether" und "ether" hervorzuheben, setzen wir im Deutschen "Aether" für das englische "aether" und "Äther" für "ether" des Originaltextes. Weiter unten erklärt Blavatsky den – wichtigen – Unterschied zwischen den beiden Begriffen. H.T.)

dunkle, unsichtbare Feuer. Licht setzt alles in der Natur in Bewegung und beeinflußt alles, vom höchsten uranfänglichen Aether bis hinab zum winzigsten Molekül im Raum. BEWEGUNG *per se* ist ewig, und im manifestierten Kosmos ist sie das Alpha und Omega dessen, was wir Elektrizität, Galvanismus, Magnetismus, unsere Empfindungen moralischer und physischer Natur, unser Denken und sogar das, was wir Leben auf dieser Ebene nennen. Feuer ist auf unserer Ebene also ganz einfach die Manifestation von Bewegung oder Leben.

Die Rosenkreuzer nannten alle kosmischen Phänomene "belebte Geometrie". Die Feuer-Philosophen sagten, jede polare Funktion sei nichts anderes als eine Wiederholung der uranfänglichen Polarität. Denn Bewegung erzeugt Wärme, und Aether in Bewegung ist Wärme. Läßt seine Bewegung nach, wird Kälte erzeugt, denn "Kälte ist Aether im Stadium der Latenz". So gibt es hauptsächlich drei positive und drei negative Naturzustände, welche das uranfängliche Licht zur Synthese bringt. Die drei negativen Zustände sind 1. Finsternis, 2. Kälte, 3. Vakuum oder Leere. Die drei positiven sind 1. Licht (auf unserer Ebene), 2. Wärme, 3. die Natur als Ganzes. Feuer kann man somit als die Einheit des Universums bezeichnen. Reines kosmisches Feuer (Feuer sozusagen ohne Brennstoff) ist das Göttliche in seiner Universalität, denn kosmisches Feuer oder Wärme, welche es hervorruft, ist jedes Atom der Materie in der manifestierten Natur. Es gibt nichts im Universum, kein Partikel, das nicht latentes Feuer in sich trägt.

Dann kann man Feuer als das erste Element bezeichnen?

Wenn wir sagen, Feuer sei das erste der Elemente, dann bedeutet das, daß es das erste Element nur im sichtbaren Universum ist, und das ist das uns allgemein bekannte Feuer. Selbst auf der höchsten Ebene unseres Universums, auf der Ebene der Globen A oder G, kommt Feuer in einer Hinsicht erst an vierter Stelle. Die Okkultisten, die Rosenkreuzer des Mittelalters und sogar die Kabalisten des Mittelalters betonten, daß für unsere Wahrnehmungsfähigkeit, ja selbst für die Wahrnehmung der höchsten "Engel" das universale Göttliche Finsternis ist, und daß aus dieser Finsternis der Logos in den folgenden Aspekten hervortritt: 1. Gewicht (aus Chaos wird Aether in seinem uranfänglichen Zustand), 2. Licht, 3. Wärme, 4. Feuer.

In welcher Beziehung steht die Sonne, die höchste für uns erkennbare Form von Feuer, zu dem Feuer, wie Sie es uns erklärt haben?

Die Sonne, so wie auf unserer Ebene vorhanden, ist nicht einmal "solares" Feuer. Die Sonne, die wir sehen können, gibt nichts aus sich selbst heraus ab, weil sie nur eine Reflexion, ein Bündel elektromagnetischer Kräfte, nur einer der zahllosen Milliarden von "Knoten des Fohat" ist. Fohat wird als "Faden des ursprünglichen Lichts" bezeichnet, ist in der Tat der "Ariadnefaden" in diesem Labyrinth chaotischer Materie. Dieser Faden verläuft durch die sieben Ebenen und verknotet sich dabei. Weil jede Ebene siebenfach ist, gibt es also 49 mystische und physische Kräfte, wobei die größeren Knoten Sterne, Sonnen und Systeme bilden, die kleineren aber Planeten usw.

In welcher Hinsicht ist die Sonne eine Illusion?

Der elektromagnetische Knoten, der unsere Sonne ist, ist weder greifbar, noch besitzt er Dimensionen, und er ist nicht einmal so molekular, wie die uns bekannte Elektrizität. Die Sonne absorbiert, "psychisiert" und behandelt ihre Abhängigen in ihrem System wie ein Vampir. Mehr noch: Von sich selbst gibt sie nichts ab. Es ist also absurd zu behaupten, die Sonnenfeuer würden aufgezehrt und allmählich verlöschen. Die Sonne hat nur eine einzige Aufgabe: Sie gibt allem, das in ihrem Licht atmet und lebt, den Lebensimpuls. Sie ist das schlagende Herz ihres Systems, und jeder Herzschlag ist ein Impuls. Aber dieses Herz ist unsichtbar, kein Astronom wird es jemals sehen. Was in diesem Herzen verborgen ist und das, was wir fühlen und sehen, nämlich die erkennbaren Flammen und Feuer, können wir vergleichsweise darstellen als die Nerven, die die Muskeln des Sonnensystems beherrschen, Nerven, die darüber hinaus außerhalb des Körpers liegen. Dies ist kein mechanischer, sondern ein rein spiritueller, nervlicher Impuls.

Was hat "Gewicht", wie Sie es nennen, mit Schwerkraft zu tun?

Mit Gewicht ist Schwerkraft im okkulten Sinne von Anziehung und Abstoßung gemeint. Es ist eine der Eigenschaften der Differenzierung, eine universale Verfassung. Die Anziehung und Abstoßung von Materie in ihren verschiedenen Zuständen ermöglicht es in den meisten Fällen, die Relationen zu erklären (wozu das "Gravitationsgesetz" nicht ausreicht), welche die Kometenschweife annehmen, wenn sie sich der Sonne nähern, denn man sieht, daß ihr Verhalten nachweisbar dieser Hypothese widerspricht.

Und welche Bedeutung hat Wasser in diesem Zusammenhang?

Wenn man bedenkt, daß Wasser, seinem Atomgewicht entsprechend, aus einem Neuntel Wasserstoff (ein extrem leicht entzündliches Gas, ohne das, wie ihr wißt, kein organischer Körper existiert) und acht Neunteln Sauerstoff (der einen Verbrennungsprozeß hervorruft, wenn er zu schnell mit einem anderen Körper verbunden wird) zusammengesetzt ist, was kann Wasser dann anderes sein als eine der Formen uranfänglicher Energie, oder Feuer in kalter oder latenter und flüssiger Form? Feuer steht in derselben Beziehung zu Wasser, wie der Geist zur Materie.

Shloka 7. Siehe, o Lanu! Das strahlende Kind der beiden in unvergleichlicher, strahlender Pracht: leuchtender Raum, Sohn Dunklen Raums, der sich erhebt aus den Tiefen der grossen Dunklen Wasser. Es ist Oeaohoo, der Jüngere, der *** (den du jetzt als Kuan-Shi-Yin kennst.). Er erstrahlt als die Sonne; er ist der feurige Göttliche Drache der Weisheit. Eka ist Chatur (vier), und Chatur holt drei zu sich, und ihre Vereinigung bringt die Sapta (sieben) hervor, in welcher die sieben sind, die zu Tridasha (dreimal zehn), den Heerscharen und vielen werden. Siehe, er hebt den Schleier und öffnet ihn von Osten nach Westen. Er verbirgt das oben und lässt das unten sichtbar sein als die grosse Täuschung. Er bezeichnet die Orte für die Strahlenden (Sterne) und verwandelt das oben (den Raum) in ein uferloses Feuermeer und das Eine manifestierte (Element) in die Grossen Wasser.

Kuan-Shi-Yin und Kuan-Yin sind Synonyme für Feuer und Wasser. Die beiden Gottheiten sind in ihrer ursprünglichen Manifestation der zweiteilige oder duale Gott, sind die zweigeschlechtliche Natur, Purusha und Prakriti.

Welche von den Wörtern Oeaohoo, der jüngere, Kuan-Shi-Yin, Kuan-Yin, Vater-Mutter, Strahlender Raum und Dunkler Raum entsprechen den drei Logoi?

"Kuan-Shi-Yin bezeichnet die Orte für die Strahlenden, die Sterne, und verwandelt den oberen Raum in ein uferloses Feuermeer und das eine Manifestierte in die großen Wasser" – das muß sich jeder selbst erarbeiten. Denkt gut darüber nach. Feuer steht hier für den verborgenen Geist. Wasser ist sein Nachkomme oder Feuchtigkeit oder die schöpferischen Elemente hier auf der Erde, ist die äußere Kruste und die sich entwickelnden oder schöpferischen inneren Prinzipien oder die im tiefsten Inneren befindlichen Prinzipien. Illusionisten würden wahrscheinlich von "oben" sprechen.

Was bedeutet der Schleier, den Oeaohoo, der jüngste, von Osten nach Westen anhebt?

Es ist der Schleier der Wirklichkeit. Es ist der Vorhang, der aufgeht, damit dem Zuschauer die Illusionen auf der Bühne des Daseins gezeigt werden können, die Szenen und Schauspieler, kurz: das Universum der Mâyâ.

Welche Bedeutung hat der "obere Raum" und das "uferlose Feuermeer"?

Der "obere Raum" ist der Raum "innen", wie paradox das auch klingen mag, denn in der Unendlichkeit gibt es weder *oben* noch *unten*. Die Ebenen erscheinen und verfestigen sich jedenfalls nacheinander von *innen nach außen*. Es handelt sich in der Tat um das Universum, so wie es zuerst aus seinem *laya-* oder "Null"-Zustand heraus erscheint, nämlich als eine uferlose Weite des Geistes, ein "uferloses Feuermeer".

Sind die "großen Wasser" dieselben wie die Wasser, über denen sich die Finsternis bewegte?

Hier von Finsternis zu sprechen, die sich "bewegt", ist falsch. Absolute Dunkelheit oder das Ewige Unerkennbare kann nicht aktiv sein, Bewegung aber *ist* Aktivität. Auch das Buch *Genesis* sagt, Finsternis *war* über der "Oberfläche der Urtiefe",[46] und das, was sich über der "Oberfläche der Wasser" bewegte oder dort schwebte, war der "Geist[47] Gottes". Am Anfang, so die esoterische Bedeutung dieser Aussage, als die Unendlichkeit ohne Form, und das Chaos oder der äußere Raum noch leer war, *war* allein Finsternis (d.h. *Kâlahamsa Parabrahman*). Dann, beim ersten Erstrahlen der Morgendämmerung, begann der "Geist Gottes" (nachdem der erste und der zweite Logos ausgestrahlt waren) – der dritte Logos oder Nârâyana – über der Oberfläche der großen Wasser der "Urtiefe" zu schweben. Deshalb sollte die Frage korrekterweise lauten: "Sind die großen Wasser dasselbe wie die erwähnte Finsternis?" Dann wäre die Antwort: "Ja". Kâlahamsa hat eine doppelte Bedeutung. Exoterisch ist er Brahmâ, der Schwan, der "große Vogel", das Gefäß, in welchem sich Finsternis für das menschliche Erkenntnisvermögen als Licht und dieses Universum manifestiert. Aber im esoterischen Verständnis ist Kâlahamsa die Finsternis selbst, das unerkennbare Absolute, das zuerst die Quelle der als "erster Logos" bezeichneten Ausstrahlung und dann dessen Reflexion, der Morgendämmerung bzw. des zweiten Logos, und letztendlich auch die Quelle Brahmâs, des manifestierten Lichts oder dritten Logos ist. Vergessen wir nicht, daß diese illusionäre Manifestation, die wir sehen und spüren, die, wie wir meinen, im Bereich unserer Sinnesorgane liegt, in nüchterner Wirklichkeit nichts ist, das wir in irgendeiner Weise hören, sehen, fühlen, schmecken oder berühren können. Es ist eine riesige Illusion und sonst gar nichts.

Zurück zu einer früheren Frage: In welchem Sinn kann Elektrizität als eine "Entität" bezeichnet werden?

Nur dann kann sie so bezeichnet werden, wenn wir damit Fohat meinen, ihre uranfängliche Kraft. In Wirklichkeit gibt es nur eine einzige Kraft, die sich uns auf der Ebene der Manifestation in Abermillionen von Formen zeigt. Wie gesagt, alles entspringt dem einen universalen uranfänglichen Feuer, und Elektrizität ist auf unserer Ebene eine der umfassendsten Ausdrucksformen dieses Feuers. Alles – von der Brennessel, die ein Brennen verursacht, bis zum Blitzschlag, der tötet, von dem Funkeln eines Edelsteins bis zum Blut unseres Körpers – alles enthält und ist Elektrizität. Aber die Elektrizität, die wir z.B. in einer Glühbirne sehen, ist etwas ganz anderes als Fohat. Elektrizität verursacht molekulare Bewegung im physischen

[46] (so, wörtlich, der hebräische Urtext. H.T.)
[47] (wörtlich: "Atem". H.T.)

Universum und damit auch hier auf unserer Erde. Sie ist eines der "Prinzipien" der Materie, denn da sie durch jede Störung des Gleichgewichts entsteht, wird sie sozusagen zum Kâma-Element des Objekts, in dem die Störung stattfindet. So also ist Fohat – die uranfängliche Quelle dieser Kraft in ihren millionenfachen Aspekten und als die Gesamtsumme universaler kosmischer Elektrizität – eine "Entität".

Aber was meinen Sie mit diesem Wort? Ist Elektrizität nicht auch eine Entität?

Ich würde sie nicht so nennen. Das Wort Entität kommt von der lateinischen Wurzel *ens*, "das Seiende", des Verbs *esse*, "sein". Also jedes von anderen Dingen unabhängige Ding ist eine Entität, vom Sandkorn bis hin zu Gott. Aber in unserem Fall ist allein Fohat eine Entität, denn Elektrizität, im normalen wissenschaftlichen Gebrauch des Wortes, hat nur eine relative Bedeutung.

Ist kosmische Elektrizität nicht ein Sohn Fohats, und sind seine "sieben Söhne" nicht auch Entitäten?

Tut mir leid, nein. Wenn wir von der Sonne reden, können wir sie eine Entität nennen, aber einen Sonnenstrahl würden wir wohl kaum als Entität bezeichnen können. Die "Söhne Fohats" sind die verschiedenen Kräfte mit fohatischem oder kosmisch-elektrischem Leben in ihrem Wesenskern oder Dasein und ihren verschiedenen Wirkungen. Ein Beispiel: Wenn wir an einem Stück Bernstein – einer fohatischen Entität – reiben, wird er einen "Sohn" hervorbringen, der Anziehungskraft auf Strohhalme ausübt: Ein scheinbar unbelebtes und anorganisches Objekt zeigt Leben! Jedoch wenn wir eine Brennessel zwischen Daumen und Zeigefinger reiben, dann bringen wir zwar auch einen Sohn Fohats in Form einer Entzündung hervor, aber diese Entzündung ist eine Entität, während die auf den Strohhalm wirkende Anziehungskraft kaum als Entität bezeichnet werden kann.

Ist dann also Fohat kosmische Elektrizität, und der "Sohn" ist ebenfalls Elektrizität?

Elektrizität ist das Wirken Fohats, aber wie ich gerade gesagt habe, Fohat ist *nicht* Elektrizität. Aus okkulter Sichtweise werden elektrische Phänomene zumeist durch den aus dem Gleichgewicht gebrachten Zustand der Moleküle eines Objekts oder der im Raum befindlichen Körper hervorgerufen. Elektrizität bedeutet Leben, und sie bedeutet Tod: Harmonie bringt Leben hervor, Dissonanz Tod. Die zum Leben nötige Elektrizität steht unter denselben Gesetzen wie die kosmische Elektrizität. Veränderungen in der Zusammensetzung von Molekülen, die neue Formen schaffen und das Hervorbringen neuer Korrelationen sowie Störungen des molekularen Gleichgewichts sind normalerweise das Werk von Fohat und bringen Fohat hervor. Das Prinzip der Synthese bzw. die Emanation der sieben kosmischen Logoi ist vorteilhaft nur dort, wo Harmonie vorherrscht.

Shloka 8. WO WAR DER KEIM, UND WO WAR JETZT FINSTERNIS? WO, O LANU, IST DER GEIST DER FLAMME, DIE IN DEINER LAMPE BRENNT? DER KEIM IST *DAS* UND *DAS* IST LICHT, DER WEISS STRAHLENDE SOHN DES DUNKLEN, VERBORGENEN VATERS.

Ist der Geist der Flamme, die in der Lampe eines jeden von uns brennt, unser Himmlischer Vater, unser höheres Selbst?

Weder das eine noch das andere. Der zitierte Satz ist nichts weiter als eine Analogie und bezieht sich auf eine wirkliche Lampe, die auch ein Jünger wahrscheinlich benutzt.

Sind die Elemente die Körper der Dhyan Chohans, und sind Wasserstoff, Sauerstoff, Ozon und Stickstoff die ursprünglichen Elemente auf dieser Ebene der Materie?

Die Antwort auf den ersten Teil der Frage bekommt ihr durch das Studium der Symbolik in der *Geheimlehre*.[48]

Was die vier erwähnten Elemente betrifft: ja, so ist es, aber vergeßt nicht, daß auf einer höheren Ebene selbst der dünnste Äther so kompakt erscheinen würde wie Schlamm bei uns. Jede Ebene hat ihre eigene Dichtheit der Substanz oder Materie, ihre eigenen Farben, Töne, räumlichen Dimensionen, etc., welche uns auf unserer Ebene völlig unbekannt sind. Und ebenso wie es auf unserer Erde Zwischenformen gibt, z.B. die Ameisen, eine Art von Wesen, die zwischen zwei Ebenen existieren, so gibt es auch auf der über uns liegenden Ebene Geschöpfe mit Sinnes- und Wahrnehmungsfähigkeiten, die den Bewohnern jener Ebene unbekannt sind.

Zu Omar Khayyams *Quatrains* gibt es eine bemerkenswerte Illustration von Elihu Vedder, in der die Idee der fohatischen Knoten erkennbar wird. Es handelt sich um die typische japanische Darstellung von Wolken auf Zeichnungen und Schnitzereien: einzelne Linien, die in Knoten enden. Es ist Fohat, der "Knotende", und aus einer bestimmten Sichtweise ist es der "Weltenstoff".

Wenn die Milchstraße eine Manifestation dieses "Weltenstoffs" ist, weshalb sieht man ihn dann nicht überall am Himmel?

Wieso sollte es denn nicht gerade der konzentriertere und damit dichtere Teile sein, der allein sichtbar ist? Er formiert sich zu "Knoten", durchläuft dann das Sonnenstadium sowie die Kometen- und Planetenstadien und wird am Ende ein toter Körper, ein Mond. Es gibt auch verschiedene Arten von Sonnen. Die Sonne des Sonnensystems ist eine Reflexion. Am Ende eines solaren Manvantaras verringert sich ihre Strahlungskraft mehr und mehr, und sie gibt immer weniger Wärme ab, weil in der wirklichen Sonne, von der unsere sichtbare Sonne eine Reflexion ist, eine Veränderung stattfindet. Nach dem solaren Pralaya wird die gegenwärtige

[48] (siehe u.a. "Ursubstanz und göttliches Denken", S. 211. H.T.)

Sonne in einem zukünftigen Manvantara ein Kometenkörper werden, aber sicherlich nicht während der Lebenszeit unserer kleinen Planetenkette. Das Argument, das auf der spektralen Sternenanalyse fußt, ist nicht haltbar, weil es die Reise des Lichts durch den kosmischen Staub nicht berücksichtigt. Damit soll nicht gesagt sein, daß es nicht wirkliche Unterschiede in den Spektren der Sterne gibt, sondern vielmehr, daß das behauptete Vorhandensein von Eisen oder Sodium in einem beliebig herausgegriffenen Stern vielleicht auf die Veränderungen der Strahlen dieses Sterns zurückzuführen ist, auf Veränderungen, die durch den unsere Erde umgebenden kosmischen Staub verursacht werden.

Beruht die Wahrnehmungskraft der Ameise – z.B. die Art, in welcher sich ihre Fähigkeit Farben wahrzunehmen von der unseren unterscheidet – nicht einfach nur auf physiologischen Gegebenheiten?

Die Ameise kann sicherlich die Töne wahrnehmen, die wir hören, und sie kann außerdem auch solche Töne empfangen, die wir nicht hören können. Die Physiologie, d.h. die funktionellen Vorgänge im Organismus haben also offensichtlich mit dieser Sache nichts zu tun. Die Ameise und wir besitzen unterschiedliche Grade von Wahrnehmungsfähigkeit. Wir befinden uns zwar auf einer höheren Stufe der Evolutionsskala als die Ameise, sind vergleichsweise aber selbst die Ameisen der über uns befindlichen Ebene.

Wenn durch Reiben an einem Stück Bernstein Elektrizität entsteht, entsteht dann damit etwas, das einer Emanation des Bernsteins entspricht?

Ja, das tut es, denn die im Bernstein latente Elektrizität ist ebenso latent auch in allen anderen Dingen und tritt hervor, wenn die für ihre Freisetzung nötigen Umstände gegeben sind. Es gibt ganz allgemein einen großen Irrtum – und Okkultisten sind der Meinung, daß es überhaupt der größte aller Irrtümer ist –, nämlich die Unterscheidung zwischen sogenannten belebten und unbelebten Dingen – als ob es auf Erden irgend etwas geben könnte, das unbelebt ist!

In Wirklichkeit ist sogar das, was ihr als einen toten Menschen bezeichnet, lebendiger denn je. Das Unterscheidungsmerkmal bei der Feststellung des Unterschieds zwischen dem sogenannten Organischen und Anorganischen ist der Ernährungsprozeß. Wenn aber keine Ernährung stattfände, wie könnten sich dann Dinge, die als anorganisch bezeichnet werden, verändern? Selbst bei Kristallen erfüllt ein Prozeß des Zuwachsens die Ernährungsfunktion. Die okkulte Philosophie lehrt, daß organisch all das ist, was sich verändert; es trägt das Lebensprinzip in sich und besitzt das gesamte Potential zur Entwicklung zu höheren Lebensformen. Wenn, wie wir behaupten, alles in der Natur Vorkommende ein Aspekt des einen Elements ist, und wenn, weiterhin, das Leben universell ist – wie kann es da so etwas wie ein anorganisches Atom geben!

9. Konferenz

Shloka 10. VATER-MUTTER SPINNEN EIN GEWEBE, DAS OBEN AM GEIST (Purusha) – DEM LICHT DER EINEN FINSTERNIS – BEFESTIGT IST, UND UNTEN AN DES GEISTES SCHATTENHAFTEM ENDE, DER MATERIE (Prakriti). DIESES GEWEBE IST DAS UNIVERSUM, GESPONNEN AUS DEN ZWEI SUBSTANZEN, DIE ZU EINER WURDEN, UND DIE SVABHÂVAT IST.

Geist und Materie sind die gegensätzlichen Seiten ein und desselben Gewebes, und ebenso sind Licht und Dunkelheit, Wärme und Kälte sowie Leere oder Raum und die Fülle alles Existenten Gegensätze. In welchem Sinn sind diese drei Gegensatzpaare mit Geist und Materie verbunden?

In demselben Sinn, in dem alles im Universum entweder mit Geist oder Materie verbunden ist, wobei entweder der Geist oder die Materie als das permanente Element betrachtet wird, oder aber beide zusammen: Reine Materie ist reiner Geist; das ist etwas, das unsere begrenzte Intelligenz zwar postulieren, aber nicht verstehen kann. In ihrer optischen Erscheinungsform sind Licht und Dunkelheit weder Materie noch Geist, haben aber die Eigenschaften der Materie.

Welche Beziehung hat Äther zu Geist und Materie?

Es muß unterschieden werden zwischen "Aether" und "Äther". Ersterer ist göttlich, letzterer physisch und *teuflisch*. Äther steht am tiefsten in der siebenfachen Aufteilung der Urfeuer-Substanz Âkâsha-Pradhâna. Aether-Âkâsha ist das fünfte und sechste Prinzip des Kosmos-Körpers und damit die Entsprechung von Buddhi-Manas im Menschen, *Äther* dagegen ist dessen kosmische Sedimentierung, vermischt mit der obersten Schicht des Astrallichts. Obwohl schon mit der Fünften Menschheit beginnend, wird er sich erst am Anfang der fünften Runde vollständig entwickeln. Aether ist Âkâsha in seinem höchsten Aspekt, Äther in seinem tiefsten Aspekt. In gewisser Weise entspricht Aether dem Vater-Schöpfer, dem Zeus: Pater Aether. Andererseits ist er gleichbedeutend mit der teuflischen Verführer-Schlange, dem Astrallicht der Kabalah. Im letzteren Fall handelt es sich um vollständig differenzierte Materie, im ersteren Fall um Materie, die nur rudimentär differenziert ist. In anderen Worten: Geist wird objektive Materie, die sich zurückverwandelt in subjektiven Geist, wenn sie sich unserer metaphysischen Sinneswahrnehmung entzieht. Aether steht in derselben Beziehung zum Kosmos und unserer kleinen Erde, wie Manas zur Monade und zum Körper. Äther hat also nichts mit Geist zu tun, aber sehr viel mit subjektiver Materie und unserer Erde.

"Brahmâ als 'Keim der unbekannten Finsternis' ist das Material, aus dem alles hervorkommt und sich entwickelt."[49] *Es gehört zu den Axiomen der Logik, daß es dem Verstand nicht möglich ist, etwas zu glauben, das ihm nicht faßbar ist. Wenn nun dieses "Material", das Brahmâ ist, formlos sein soll, dann kann der Verstand auch keine Vorstellung davon haben, denn was keine Form hat, kann der Verstand sich nicht vorstellen. Das äußere Gewand oder die Manifestation in der Form von "Gott" können wir uns vorstellen, und nur dadurch und nicht anders können wir überhaupt etwas von ihm erkennen. Was also ist die erste Form dieses Materials, die das menschliche Bewußtsein wahrnehmen kann?*

Die angeführten Grundsätze der Logik betreffen nur das *niedere* Manas, und eure Argumentationsgrundlage ist ausschließlich der Wahrnehmungsbereich des *Kâma-Manas*. Der Okkultismus lehrt aber nur Dinge, die er aus den Erkenntnissen des höheren Egos oder *Buddhi-Manas* gewinnt. Aber ich will versuchen, mit meiner Antwort auf dem euch vertrauten Boden zu bleiben. Die erste und einzige Form der *Prima materia*, die unser Gehirnbewußtsein erkennen kann, ist ein Kreis. Konzentriert euch gedanklich zuerst auf die Vorstellung eines kleinen Kreises, bis er euch vollkommen vertraut ist. Vergrößert diesen Kreis dann allmählich, und ihr werdet bald an einen Punkt kommen, wo er – auch in eurem inneren Wahrnehmungsbereich – unendlich und grenzenlos wird, ohne jedoch seine Kreisform in eurer gedanklichen Vorstellung zu verlieren. Das ist der Kreis, den wir Brahmâ, Keim, Atom oder *anu* nennen: Ein latentes Atom, das im Pralaya die Unendlichkeit und grenzenlose Ewigkeit umschließt, und das ein aktives Atom während der Lebenszyklen ist – aber ein Atom, das weder Umfang noch Fläche hat, sondern nur grenzenlose Ausdehnung. Deshalb ist der Kreis die erste geometrische Figur, das erste geometrische Symbol in der subjektiven Welt und wird zum Dreieck in der objektiven Welt. Das Dreieck ist die Figur, die nach dem Kreis kommt. Die erste Figur, der Kreis, der einen Punkt enthält, ist aber in Wirklichkeit keine Figur. Er ist ganz einfach nur ein Urkeim, ist das erste, das wir uns als Beginn der Differenzierung vorstellen können. Das Dreieck tritt als Vorstellung auf, sobald diese Materie den Nullpunkt oder *Layam* verlassen hat. Wir bezeichnen Brahmâ als Atom, weil wir ihn uns als einen mathematischen Punkt vorstellen müssen, der allerdings bis zur Absolutheit erweitert werden kann. Nota bene handelt es sich um den göttlichen Keim und nicht um das Atom der Chemie. Wir müssen uns aber vor der Illusion der Formen hüten. Sobald der Gottheit eine menschliche Form gegeben wird, begrenzt und relativiert man sie – und siehe da, so wird ein anthropomorpher Gott erschaffen.

[49] (siehe Kosmogenesis, Kommentar zum Shloka 10 der 3. Stanze. H.T.)

Shloka 11. ES (das Gewebe) DEHNT SICH AUS, WENN DER ATEM DES FEUERS (der Vater) ÜBER IHM IST; ES ZIEHT SICH ZUSAMMEN, WENN DER ATEM DER MUTTER (der Urgrund der Materie) ES BERÜHRT. DANN TRENNEN UND ZERSTREUEN SICH DIE SÖHNE (die Elemente mit ihren verschiedenen Kräften oder die Intelligenzen), UM AM ENDE DES "GROSSEN TAGES" ZURÜCKZUKEHREN IN DEN SCHOSS IHRER MUTTER UND WIEDER EINS MIT IHR ZU WERDEN. BEIM ABKÜHLEN WIRD ES (das Gewebe) LEUCHTEND, UND DIE SÖHNE DEHNEN SICH AUS UND ZIEHEN SICH ZUSAMMEN DURCH IHR EIGENES SELBST UND IHRE EIGENEN HERZEN – SIE UMSCHLINGEN DIE UNENDLICHKEIT.

Wird das Wort "ausdehnen" hier im Sinne von Differenzierung oder Hervortreten gebraucht, und soll das Wort "zusammenziehen" eine Involution ausdrücken, oder bedeuten diese Ausdrücke Manvantara und Pralaya – oder sollen sie eine konstant vibrierende Bewegung des Weltenstoffs oder der Atome bezeichnen? Findet diese Ausdehnung und das Zusammenziehen gleichzeitig oder nacheinander statt?

Das Gewebe ist die ewig existente Ursubstanz – reiner Geist für unser Begriffsvermögen –, es ist das Material, aus dem das objektive Universum oder die Universen sich entwickeln. Wenn der Feueratem oder Vater über ihm ist, dehnt es sich aus, d.h. als subjektives Material ist das Gewebe grenzenlos, ewig und unzerstörbar. Wenn der Atem der Mutter es berührt, d.h. sobald die Zeit zum Manifestieren gekommen ist, zieht es sich zusammen, denn es gibt keine objektive materielle Form, die grenzenlos ist. Newtons Feststellung, daß jedes Materieteilchen Anziehungskraft besitzt, die auf jedes andere Teilchen einwirkt, ist zwar im großen und ganzen korrekt, und auch Leibnitz' Postulat stimmt, daß jedes Atom selbst ein Universum ist und durch seine eigene, ihm innewohnende Energie wirkt. Aber beide Feststellungen sind unvollständig, denn auch der Mensch ist ein Anziehung und Abstoßung besitzendes Atom – und der Mensch ist der Mikrokosmos des Makrokosmos. Aber berechtigt uns auch die Tatsache, daß der Mensch sich durch die ihm innewohnende Kraft und Intelligenz unabhängig von jeder anderen menschlichen Einheit bewegen kann oder sich bewegen und handeln könnte, zu der Behauptung, er sei dazu auch fähig, ohne die Existenz einer ihm überlegenen Kraft und Intelligenz, die es ihm erst ermöglicht, in jenem höheren Element von Kraft und Intelligenz zu leben und sich zu bewegen?

Eines der Ziele der *Geheimlehre* ist der Nachweis, daß die Bewegungen der Planeten nicht allein durch das Gravitationsgesetz zufriedenstellend erklärt werden können. Neben der *in* der Materie wirkenden Kraft gibt es noch eine *auf* die Materie wirkende Kraft.

Wenn wir von den verschiedenen modifizierten Zuständen der Geist-Materie (bei der es sich in Wirklichkeit um eine Energie handelt) sprechen und ihnen unterschiedliche Bezeichnungen wie Wärme, Kälte, Licht und Dunkelheit, Anziehung und Abstoßung, Elektrizität und Magnetismus, etc. geben, so sind das für den Okkultisten nur Namen, Ausdrücke, die die Unterschiede in den Manifestationen von ein und derselben Energie bezeichnen sollen (die in ihrer Differenzierung immer dual ist) und nicht etwa spezifische, unterschiedliche Energien. Denn all diese Unterschiede in der objektiven Welt sind nur die besonderen Merkmale, die bei der Differenzierung der Materie auftreten, wenn die eine freie Energie auf sie einwirkt, wobei diese freie Energie von dem Teil ihres Wesenskerns unterstützt wird, den wir eingeschlossene Energie oder materielle Moleküle nennen. Die inhärente, im Innern arbeitende Energie tendiert außen immer zur Vereinigung mit dem Wesenskern ihres Ursprungs: So veranlaßt die im Inneren wirkende Mutter das Gewebe dazu, sich zusammenzuziehen, und der außen wirkende Vater verursacht seine Ausdehnung. Wissenschaftler nennen das Gravitation, Okkultisten aber bezeichnen es als das Wirken der universalen Lebenskraft, welche von der absoluten und unerkennbaren KRAFT ausgestrahlt wird, die außerhalb jeglichen Raumes und jeglicher Zeit ist. Es ist das Wirken der ewigen Evolution und Involution, Ausdehnung und Zusammenziehung.

Was bedeutet die Bezeichnung "das abkühlende Gewebe", und wann findet diese Abkühlung statt?

Offensichtlich ist es das Gewebe selbst, das abkühlt, und nicht etwas außerhalb des Gewebes. Wann das geschieht? Wie wir erfahren, beginnt die Abkühlung, wenn die eingeschlossene, jedem Atom der differenzierten und der homogenen Materie inhärente Kraft und Intelligenz einen Punkt erreichen, wo beide zu Sklaven einer höheren intelligenten Kraft werden, deren Aufgabe die Führung und Formgebung der Materie ist. Das ist die Kraft, die wir als die göttliche Willensfreiheit bezeichnen, und die durch die Dhyani Buddhas repräsentiert wird. Wenn die zentripetalen und zentrifugalen Kräfte des Lebens und Daseins der einen namenlosen Kraft unterworfen werden, die Unordnung in Ordnung verwandelt und im Chaos Harmonie herstellt – dann beginnt die Abkühlung des Gewebes. In einem Prozeß von unbekannter Dauer ist es aber unmöglich, einen genauen Zeitpunkt dafür anzugeben.

Entstehen Formen durch die Wechselwirkung der zentrifugalen und der zentripetalen Kräfte in der Materie und in der Natur?

Wie uns erklärt wurde, entspricht jede Form einem Modell, das für sie in der Ewigkeit vorgezeichnet ist und im GÖTTLICHEN GEIST reflektiert wird. Es gibt Hierarchien von "Baumeistern der Formen" und Serien von Formen und Rangstufen, von den höchsten bis zu den niedrigsten. Erstere werden unter der Leitung der "Baumeister", der "Kosmokratoren"-Götter gestaltet, letztere von den Elementalen oder Naturgeistern. Schaut euch zum Beispiel die eigenartigen

Insekten und so manche Reptilien und wirbellose Geschöpfe an, die sich Blättern, Blumen, moosbedeckten Zweigen und anderen sogenannten "seelenlosen" Dingen nicht nur farblich, sondern auch in ihrer äußeren Gestalt anpassen können. Können wir die "natürliche Auslese" und die Postulate der Darwinisten als Erklärung dafür akzeptieren? Ich glaube nicht. Die Theorie der natürlichen Auslese ist nicht nur völlig unzulänglich als Erklärung für diese mysteriöse Anpassungsfähigkeit im Bereich des Daseins, sondern sie gibt auch eine absolut falsche Vorstellung von der Bedeutung einer solchen imitativen Fähigkeit als "potente Waffe im Überlebenskampf". Und wenn der Nachweis erst einmal erbracht wird – und das ist problemlos möglich –, daß diese Imitationsfähigkeit überhaupt nicht in das Gesamtbild des Darwinschen Theoriengebäudes paßt, wenn also gezeigt wird, daß die angebliche Bedeutung dieser Fähigkeit in Verbindung mit dem sogenannten "Überleben des Tüchtigsten" reine Spekulation ist, die keiner eingehenden Analyse standhält, wie oder wodurch kann dann das Vorhandensein einer solchen Fähigkeit erklärt werden? Wir alle haben schon Insekten gesehen, die mit geradezu spiegelähnlicher Genauigkeit die Farben und sogar die äußeren Formen von Pflanzen, Blättern, Blumen, verdorrten Zweigen, etc. annehmen können. Es handelt sich hier nicht um eine Gesetzmäßigkeit, sondern vielmehr um eine häufig auftretende Ausnahmeerscheinung. Was, wenn nicht eine unsichtbare, außerhalb des Insekts befindliche Intelligenz besitzt die Fähigkeit, von größeren Originalen mit einer derartigen Genauigkeit zu kopieren?

Aber hat A. R. Wallace [50] nicht gezeigt, daß das Objekt derartiger Imitationen in der Natur liegt? Daß es genau das ist, wodurch die Theorie der natürlichen Zuchtwahl durch Auslese ebenso bewiesen wird wie der in den schwächeren Geschöpfen vorhandene Instinkt, Sicherheit unter dem Schutz der von natürlichen Objekten entliehenen Formen zu suchen? Somit erscheint plausibel, daß insektenfressende Tiere, für die Pflanzen und Blätter keine Nahrung sind, deshalb blätter- oder moosähnliche Insekten nicht angreifen. Das leuchtet doch ein.

Ja, das wäre in der Tat sehr einleuchtend, wenn es, außer anderen negativen Punkten (dieser Theorie), nicht sehr positives Beweismaterial dafür gäbe, daß die Theorie der natürlichen Zuchtwahl durch Auslese als Erklärung der Imitationsphänomene untauglich ist. Was als Faktum gelten soll, muß, wenn schon nicht universell, so doch immer unter gleichen Bedingungen nachweisbar sein, d.h. die farb-

---

[50] (Alfred Russel Wallace, 1823 – 1913; englischer Zoologe, der 1858 seine Theorie der natürlichen Zuchtwahl durch Auslese zeitgleich mit Darwin veröffentlichte. Begründer der hier diskutierten Mimikry-(Nachahmungs-)Lehre. Wallace stimmte mit Darwin darin überein, daß die menschliche Form sich durch den Prozeß natürlicher Auswahl entwickelt hat, bestand aber im Gegensatz zu Darwin darauf, daß die höheren, geistigen Fähigkeiten des Menschen sich nicht durch diesen natürlichen Prozeß entwickelt haben können, sondern auf eine nichtbiologische Ursache zurückzuführen seien. H.T.)

liche Übereinstimmung, die Farbidentität von Tieren in ein und derselben Lokalität mit der dort vorhandenen Erde wäre ein allgemeingültiger Beweis. Aber wie steht es mit dem Kamel in der Wüste, dessen Fell die "schützende" Farbe seiner Umgebung hat, wenn es andererseits die intensiv dunklen Streifen des Zebras gibt, die es in den weiten Steppen Südafrikas *nicht* beschützen können, wie Darwin selbst zugeben mußte.

Die Wissenschaft versichert uns, daß diese Imitation der Erdfarbe ohne Ausnahme bei schwächeren Tieren vorliege, aber nichtsdestoweniger gibt es das Fell des Löwen, eines Tieres, das keinen ihm an Stärke überlegenen Feind kennt, das kaum unterscheidbar ist von den Felsen und Sandebenen, die er bewohnt. Man erwartet von uns, daß wir der Behauptung Glauben schenken, diese "Anpassung an schützende Farben (werde) verursacht durch den Gebrauch und den *Nutzen*, den sie dem Imitator" als eine "potente Waffe im Überlebenskampf bietet". Aber unsere tägliche Erfahrung beweist das genaue Gegenteil. So wissen wir, daß es eine Reihe von Tieren gibt, für die die ausgeprägtesten Formen des Imitationstriebs völlig nutzlos, ja schlimmer noch, geradezu schädlich und oft selbstzerstörerisch sind. Was haben z. B. Elstern und Papageien von ihrer Fähigkeit, die menschliche Sprache zu imitieren – außer dafür in Käfige gesperrt zu werden? Wozu nützen den Affen ihre Mimikry-Fähigkeiten, wenn sie so oft dadurch zu Schaden kommen und sie ihnen gelegentlich sogar große körperliche Schmerzen bis hin zur Selbstzerstörung bringen? Oder was hat eine Herde dummer Schafe davon, die ihrem Leithammel blindlings folgt, selbst wenn der zufällig in einen Abgrund stürzt? Der scheinbar nicht zu unterdrückende Drang (Anführer zu imitieren) hat schon so manchen glücklosen Darwinisten bei dem Versuch, seine Lieblingstheorie zu beweisen, dazu verführt, geradezu absurd widersinnige Behauptungen aufzustellen. So redet unser von Haeckelschen Ideen inspirierter Freund Grant Allen in seinem Werk über das hier diskutierte Thema von einer bestimmten indischen Echse, die drei große Parasiten unterschiedlicher Art ihr eigen nennt. Jeder dieser drei Parasiten imitiert perfekt die Schuppenfarbe des von ihm bewohnten Körperteils: Der Parasit am Bauch der Echse ist genauso gelb wie der Echsenbauch, der zweite, der auf dem Rücken des Tieres heimisch ist, hat so viele Farbvariationen wie die Rückenschuppen, und der dritte, der auf dem braunen Kopf der Echse wohnt, ist kaum von dieser Farbe zu unterscheiden. Diese sorgfältige Anpassung an die jeweiligen Farben, so Grant Allen, diene dem Zweck, die Parasiten vor der Echse selbst zu schützen. Wir gehen davon aus, daß dieser wackere Verfechter der natürlichen Zuchtwahl seinen Lesern nicht weismachen will, die Echse könne den Parasiten auf *ihrem eigenen Kopf* sehen! Wozu, letztlich, soll das leuchtende Rot der inmitten von Korallenriffs lebenden Fische oder sollen all die brillanten Regenbogenfarben des die tropische Fauna und Flora imitierenden Federkleids des winzigen Paradiesvogels, des Kolibris, dienen, wenn nicht, um sie besonders auffällig erscheinen zu lassen?

Wo sieht der Okkultismus die Ursachen für dieses Imitationsgebaren?

In verschiedenen Dingen. Was die seltenen tropischen Vogelarten und blätterförmigen Insekten betrifft, in den früh aufgetretenen Bindegliedern – bei den tropischen Vogelarten solche zwischen der Echse und dem Kolibri, und bei den blätterförmigen Insekten Bindeglieder zwischen bestimmten Vegetationsarten und der Insektenwelt. Es gab eine Zeit vor Millionen von Jahren, als solche "fehlenden Glieder" zahlreich und an jeder Stelle unseres Globus, wo immer es Leben gab, existierten. Nun aber werden sie mit jedem neuen Zyklus und jedem Entwicklungsstadium immer seltener. Heutzutage befinden sie sich nur noch in wenigen Gegenden, denn all diese Verbindungsglieder sind Überreste aus der Vergangenheit.

Bitte erklären Sie uns das sogenannte "Gravitationsgesetz" aus okkulter Sicht.

Die Wissenschaft beharrt darauf, daß die Anziehung zwischen Körpern proportional zur Masse der Körper und umgekehrt proportional zum Quadrat ihrer Entfernung ist.[51] Okkultisten bezweifeln allerdings, daß dieses Gesetz Gültigkeit für die Gesamtheit der Planetenumläufe hat. Betrachten wir einmal das erste und zweite Keplersche Gesetz als Teil des Newtonschen Gesetzes, so wie Herschel es darstellt:

> ...(U)nter dem Einfluß einer solchen Anziehungskraft werden zwei Himmelskörper gezwungen, sich anzunähern, und wenn sie sich nahe gekommen sind, wird jeder von ihnen in eine Kreisbahn abgebogen, die konkav zu der des anderen verläuft, und beide beschreiben nun Kurven – einer um den anderen, der dabei als feststehend angenommen wird, oder beide um ihr gemeinsames Gravitationszentrum –, deren Formen sich auf geometrische Figuren beschränken, die generell als Kegelschnitte bezeichnet werden. Es kommt ... auf die jeweiligen Geschwindigkeits-, Entfernungs- und Richtungsumstände an, *welche* dieser Kurven eingeschlagen wird, ob Ellipse, Kreis, Parabel oder Hyperbel, aber eine davon muß es sein ...[52]

Die Wissenschaft behauptet, die erkennbaren Bewegungen der Planeten seien auf die Auswirkungen von zwei Kräften zurückzuführen, einer zentripetalen und einer zentrifugalen Kraft und daß dem in einer zum Wasserspiegel senkrechten Linie erfolgenden Fall eines Körpers das Gravitationsgesetz oder die Wirkung der zentripetalen Kraft zugrunde liege. Unter anderem können die folgenden Einwände eines gelehrten Okkultisten dagegen vorgebracht werden.

---

[51] (das Newtonsche Gravitationsgesetz: $f \frac{m1 \;\; m2}{r2}$. H.T.)

[52] (J. F. W. Herschel, *Treatise on Astronomy*, Neuausgabe, London, 1851, Kap. 7, S. 237–238. B.d.Z.)

1. Eine Kreisbahn ist in den Planetenbewegungen nicht möglich.

2. Durch das im dritten Keplerschen Gesetz enthaltene Argument, daß "die Quadrate der Umlaufzeiten der Planeten sich proportional zur 3. Potenz ihrer mittleren Entfernung von der Sonne verhalten," stehen wir vor dem kuriosen Resultat einer sogar erlaubten Schwankung im exzentrischen Verhalten der Planeten. Weil aber die erwähnten Kräfte ihrer Natur gemäß unverändert bleiben, gibt es dieses Resultat nur, wie unser Okkultist sagt, "aufgrund des Eingreifens einer von außen kommenden Ursache."

3. Es gibt kein Einzelphänomen Schwerkraft oder des "Fallens", vielmehr handelt es sich um das Resultat einer Konfliktsituation zwischen mehreren Kräften. Nur in einer Analyse oder bewußt vorgenommenen Trennung kann Gravitation als eine isolierte Kraft dargestellt werden. Weiterhin stellt er fest, daß die Planeten, Atome oder Materieteilchen einer gegenseitigen Anziehung nicht entlang der geraden Linien, die ihre Zentren verbinden, unterliegen, sondern daß sie auf den Kurven von in ihren eigenen Mittelpunkten endenden Spiralen zueinander hingezwungen werden. Ebenso sagt er, daß Flutwellen nicht durch Anziehungskraft entstehen. Er zeigt, daß dies alles aus dem Konflikt zwischen eingeschlossenen und freien Kräften resultiert – aus einem scheinbaren Widerstreit, aber in Wirklichkeit durch Affinität und Harmonie.

"... bis Fohat einige der kosmischen Materie-Ansammlungen (Nebel) anhäuft und den Körper durch Impulsgebung erneut in Bewegung setzt, die nötige Wärme entwickelt und ihn dann seinem eigenen Wachstum überläßt."[53]

Soll man Fohat als Synonym für die Kraft bzw. für die Ursache der Veränderungen in der Manifestation der Materie verstehen? Wenn ja, wie kann Fohat dann (einen Himmelskörper) "seinem eigenen Wachstum überlassen", wenn doch jedes Wachstum auf die innewohnende Kraft angewiesen ist?

Jedes Wachstum braucht diese innewohnende Kraft, weil auf unserer Daseinsebene nur sie allein mit Bewußtsein wirkt. Die Universalkraft darf aber nicht als bewußte Kraft, in unserem Sinne des Wortes Bewußtsein, verstanden werden, denn dann würde sie sofort zum persönlichen Gott. Nur das in Formen Gekleidete, das durch Materie formhaft Begrenzte, besitzt Selbstbewußtheit auf dieser Ebene. Von der grenzenlosen und absoluten freien Kraft, der Willensfreiheit, kann man nicht sagen, sie wirke mit Verständnis; aber sie ist das alleinige, unveränderliche Gesetz des Lebens und des Daseins.

Deshalb wird Fohat als Motor oder Antrieb für all die eingeschlossenen Lebenskräfte verstanden sowie als vermittelndes Prinzip zwischen absoluter und begrenzter Kraft. Fohat ist also ein Bindeglied, so wie Manas das Bindeglied zwi-

---

[53] (Kosmogenesis, Kommentar (a) zum Shloka 11 der 3. Stanze. H.T.)

schen der groben Materie des physischen Körpers und der ihn belebenden göttlichen Monade ist; allein besitzt die Monade nicht die Macht, auf den physischen Körper direkt einzuwirken.

Wenn Energie eins oder eine Einheit ist, die sich auf unbegrenzte, mannigfaltige Art und Weise manifestiert, dann fällt es schwer, die Aussage des Kommentars zu verstehen, es gebe "in jedem Atom ... innere Wärme und äußere Wärme,"[54] *d.h. latente und aktive Wärme oder dynamische und kinetische Wärme. Wärme ist das Phänomen einer durch Energie auf eigenartigem Wege hervorgebrachten Wahrnehmung der Materie. Im physischen Bereich ist Wärme also einfach Materie in Bewegung. Wenn es aber Wärme in einer mehr inneren und okkulten als nur der rein physischen Bedeutung gibt, dann muß sie auch durch höhere und tiefer innen vorhandene Sinne wahrnehmbar sein, schon wegen ihres Wirkens in den Bereichen, in denen sie sich manifestiert. Für diese Wahrnehmung gibt es drei Voraussetzungen: Eine bewegende Kraft, eine Form, die bewegt wird und etwas, das die sich bewegende Form wahrnimmt. Die Bezeichnungen "latente", "potentielle" oder "dynamische" Wärme sind falsch, weil Wärme – egal ob auf der ersten oder der siebten Bewußtseinsstufe – die Wahrnehmung von sich bewegender Materie oder Substanz ist.*

Ist die fehlende Übereinstimmung dieser Feststellung mit der in der Geheimlehre *dargestellten Lehre nur scheinbar oder wirklich?*

Warum soll denn Wärme in anderen Lebensbereichen als dem unseren die Wahrnehmung von sich bewegender Materie oder Substanz sein? Warum sollte ein Okkultist 1. eine in Bewegung setzende Kraft, 2. die in Bewegung gesetzte Form und 3. das die bewegte Materie Wahrnehmende als für Wärme gültige Voraussetzungen akzeptieren?

Weil auf jeder ansteigenden Ebene Heterogenität eine Tendenz zur Homogenität aufweist, verschwinden Formen auf der siebten Ebene, denn dort gibt es nichts, was in Bewegung zu setzen wäre, und so befindet sich die aktive Kraft dann in einem Zustand einsamer Größe, ohne irgend etwas, das sie wahrnehmen könnte – außer sich selbst. Anders gesagt, nämlich in den Worten Spencers, ist sie dort beides, "Subjekt und Objekt, Wahrnehmender und Wahrgenommenes." Die Bezeichnungen sind also nicht widersprüchlich, sondern von der Physik übernommene Symbole, damit okkulte Vorgänge und Abläufe Menschen, die physikalisch bewandert sind, verständlicher werden. Tatsache ist, daß jede einzelne der über Wärme und Kraft gemachten Feststellungen einem der Prinzipien entspricht, die im Menschen vorhanden sind.

Die "Wärmezentren" sind vom Standpunkt der Physik aus gesehen Nullpunkte, weil sie geistig sind. Und das Verb "wahrnehmen" (to perceive) ist eher irreführend,

---

[54] (Kosmogenesis, Kommentar (b) zum Shloka 11 der 3. Stanze. H.T.)

es sollte durch "erfühlt" (sensed) ersetzt werden. Fohat steht im Auftrag des Gesetzes, ist dessen Repräsentant, ist Repräsentant der Manasaputras, und die sind gemeinschaftlich – der ewige Geist.

Bleibt ein Himmelskörper, der in den Pralaya-Zustand übergeht, in situ, d.h. ist er nach wie vor Teil einer Planetenkette und behält seine angestammte Position im Kreis der anderen Globen? Spielt die durch Wärme hervorgerufene Absonderung eine Rolle beim Hinüberwechseln eines Himmelskörpers in den Pralaya?

Das wird in *Esoteric Buddhism* erklärt. Wenn der Globus einer Planetenkette in die "Verdunkelung" hinübergeht, verlassen ihn alle Eigenschaften, die er besaß, Wärme eingeschlossen, und er verharrt *in statu quo* wie Dornröschen, und zwar so lange, bis Fohat, der Prinz, ihn mit einem Kuß wieder aufweckt.

Von den Söhnen wird gesagt, sie würden sich trennen und ausbreiten; das widerspricht aber doch wohl ihrer Rückkehr in den "Schoß ihrer Mutter" am Ende des "großen Tages". Ist mit Trennung und Zerstreuung die Formgebung des Globus aus dem überall verbreiteten Weltenstoff gemeint, in anderen Worten das Heraustreten aus dem Pralaya?

Mit diesem Trennen und Ausbreiten ist Nitya-Pralaya gemeint. Das ist ein ewiger, immerwährender Pralaya, der auftritt, seit es Globen und differenzierte Materie gibt. Es handelt sich um nichts weiter als eine atomare Veränderung.

Was bedeutet "(Die Söhne) dehnen sich aus und ziehen sich zusammen durch ihr eigenes Selbst und ihre eigenen Herzen," und welcher Zusammenhang besteht hier mit dem Schluß des Shlokas: "(S)ie umschlingen die Unendlichkeit"?

Das wurde bereits erklärt. Mit ihrer eigenen, ihnen innewohnenden und eingeschlossenen Energie streben sie gemeinsam danach, sich mit der einen universalen oder freien Energie zu verbinden, wollen also die Unendlichkeit umschlingen, denn diese freie Energie ist unendlich.

Welcher Zusammenhang besteht zwischen der Elektrizität und physischem, animalischem Magnetismus und Hypnose?

Wenn unter Elektrizität jene Wissenschaft verstanden wird, die sich auf dieser Ebene entfaltet und in einem Dutzend verschiedener Formen die Phänomene und Gesetze des elektrischen Stroms hervorbringt, dann sage ich: Es besteht überhaupt kein Zusammenhang. Aber wenn die Elektrizität gemeint ist, die wir als *Fohatische* oder *intra*-kosmische Elektrizität bezeichnen, dann ist meine Antwort, daß all diese phänomenalen Formen auf sie zurückgehen.

10. Konferenz

STANZE 4

Shloka 1. HÖRET, IHR SÖHNE DER ERDE, AUF EURE LEHRER, DIE SÖHNE DES FEUERS. LERNET, DASS ES WEDER ERSTES NOCH LETZTES GIBT, DENN ALLES IST EINS: ZAHL, HERVORGEGANGEN AUS NICHT-ZAHL.

Sind die Söhne des Feuers die Strahlen des dritten Logos?

Die "Strahlen" sind die von der *dritten Schöpfung* oder dem dritten Logos hervorgebrachten "Söhne des Feuernebels". Die richtigen "Söhne des Feuers" der Fünften Menschheit mit deren Menschheitszweigen werden einfach deshalb so genannt, weil sie wegen ihrer Weisheit zur Hierarchie der göttlichen "Söhne des Feuernebels", der höchsten der planetarischen Chohans oder Engel, gehören oder dieser Hierarchie zumindest näherstehen. Aber die Söhne des Feuers, von denen hier gesagt wird, daß sie sich an die Söhne der Erde wenden, sind in diesem Fall die königlichen Lehrer, die sich auf dieser Erde inkarniert haben, um die werdende Menschheit zu unterrichten. Als "Könige" gehörten sie zu den göttlichen Dynastien, über die alle Länder – Indien, Chaldäa, Ägypten, das Griechenland Homers, etc. – Überlieferungen oder Aufzeichnungen in dieser oder jener Form bewahrt haben. Auch hochstehende Priester wurden in alten Zeiten "Söhne des Feuernebels" genannt. Mit Sicherheit stellen sie Unterabteilungen des dritten Logos dar. Sie sind die Feuer-Chohans oder -Engel, die Äther-Engel, die Luft- und Wasser-Engel und die Engel der Erde. Die sieben niederen Sephiroth sind die irdischen Engel und entsprechen den sieben Hierarchien der sieben Elemente, von denen fünf bekannt und zwei unbekannt sind.

Entsprechen sie dann also den Menschheiten?

Ja, denn wo wären sonst die intellektbegabten Menschheiten mit Gehirn und Denkfähigkeit, wenn nicht in diesen Hierarchien, die in ihnen inkarnierten?

Welche Unterschiede bestehen zwischen den verschiedenen Hierarchien?

Jeder, der den Schleier der Materie oder Illusion durchdringen kann, weiß, daß diese Feuer, genauso wie die Seelen oder Monaden, in Wirklichkeit nicht getrennt existieren.

Wer Okkultist sein will, darf weder sich selbst noch irgend etwas anderes in der Schöpfung oder *Nichtschöpfung* trennen. Denn selbst wenn er mit einer unehrenhaften Sache nichts zu tun haben will und sich von ihr abwendet, wird er nicht mehr in der Lage sein, sich mit einer ehrenhaften zu verbinden. Wenn er sich selbst nicht als ein verschwindend winziges Etwas erkennt, weniger als ein einzelnes Atom, als nur einen Teil der Gesamtheit der Weltatome, dann wird er selbst zur Illusion, zu einem Niemand, der wie ein vorübergehender Hauch verschwindet, ohne auch nur eine Spur von sich selbst zu hinterlassen. Nur als Täuschungen sind wir getrennt vorhandene, einzelne Körper, unter Maskierungen, die Mâyâ uns zur Verfügung stellt. Können wir auch nur ein einziges Atom unseres Körpers als unser Eigentum betrachten? Alles, vom Geist bis zum winzigsten Partikel, ist Teil des Ganzen, ist bestenfalls ein Bindeglied. Würde ein einziges Glied zerbrochen, dann würde alles vernichtet – das jedoch ist nicht möglich. In einer Reihe von Gefäßen, die immer grobstofflicher werden – vom Geist hinab in die dichteste Materie – mit jedem Schritt abwärts und nach außen, entwickelt sich zunehmend in uns ein Gefühl des Getrenntseins. Und doch ist dieses Gefühl reine Illusion, denn wenn es eine wirkliche, komplette Trennung zwischen Menschen gäbe, dann könnten sie nicht miteinander kommunizieren oder sich gegenseitig verstehen.

Und das betrifft auch die Hierarchien. Warum sollten wir uns deren Klassen getrennt vorstellen, außer für die Zwecke des *praktischen* Okkultismus, der aber die unbedeutendste Form praktizierter Metaphysik ist. Versucht man aber, sie auf unserer Ebene der Illusion zu trennen, dann kann ich nur sagen, daß es zwischen diesen Hierarchien dieselben abgrundtiefen Unterschiede gibt wie zwischen den "Prinzipien" des Universums und denen des Menschen einerseits und, wenn man so will, denselben "Prinzipien" in einem Bazillus andererseits.

"In der *Bhagavad-gîtâ* erklärt Krishna, im 8. Kapitel, symbolisch und *esoterisch*:

> Zu welcher Zeit (unter welchen Bedingungen) aber hinscheidend (aus diesem Leben) die Yogins zur Nichtwiederkehr (Nicht zur Wiedergeburt) oder aber zur Wiederkehr (zur Reinkarnation) gelangen, die Zeit, o Stier der Bharata, will ich dir sagen.
> Das Feuer als Licht, der Tag, die helle (glückbringende) Monatshälfte, die sechs Monate, da die Sonne nach Norden geht, – auf diesem Weg (dem Götterweg) fortziehend (sterbend), gehen die brahmanwissenden Menschen (Yogins) zu Brahman ein.
> Der Rauch, die Nacht, die dunkle (Unglück verheißende) Monatshälfte, die sechs Monate, da die Sonne nach Süden geht, – auf diesem Weg (dem Väterweg) gelangt der Yogin zu dem Lichtreich des Mondes (oder Haus, auch Astrallicht) und muß wieder zurückkehren (wird wiedergeboren).
> Diese beiden Wege, der helle und der dunkle (...) bestehen ewig für die Welt der Lebenden, auf dem einen gelangt man zur Nichtwiederkehr, auf dem andern kehrt man wieder zurück.[55]

[55] (Kosmogenesis, Kommentar (a) zum Shloka 1 der 4. Stanze. Übersetzung von Paul Deussen in *Vier philosophische Texte des Mahabharatam*, Leipzig, 1906, S. 68, 69. Eingeklammerte Hinzufügungen im Protokoll der "Transactions" von Blavatsky. H.T.)

Wie erklären Sie diesen Text?

Er sagt, daß es unter den Frommen zwei Klassen gibt, einmal jene, die Nirvâna auf Erden erlangen und es entweder akzeptieren oder ablehnen (aber dann auch in diesem *Mahâkalpa* oder Brahmâ-Zeitalter nicht wiedergeboren werden), und jene anderen, die diesen Zustand der Seligkeit, den Buddha und andere erlangt haben, nicht erreichen.

"Das Feuer, die Flamme, der Tag, die helle Monatshälfte des Mondes" – all dies sind Symbole für die höchste, absolute Gottheit. Wer in einem solchem Zustand absoluter Reinheit stirbt, geht ein ins Brahman, d.h. er hat ein Recht auf Moksha oder Nirvâna. "Rauch, Nacht, die dunkle Monatshälfte", etc. sind dagegen symbolische Darstellungen der Materie, der Finsternis des Nichtwissens. Wer in einem solch unvollendeten Reinheitszustand stirbt, muß natürlich wiedergeboren werden. Nur ein homogener, absolut gereinigter, geläuterter Geist kann mit der Gottheit wiedervereinigt werden oder Brahman erreichen.

Shloka 2. LERNET, WAS WIR, VON DER URSPRÜNGLICHEN SIEBENHEIT HERKOMMEND UND GEBOREN AUS DER URFLAMME, VON UNSEREN VÄTERN ERFAHREN HABEN.

"Die ersten 'Ursprünglichen' sind die höchsten Wesen im gesamten Existenzbereich ... (D)ie 'Ursprünglichen' gehen aus 'Vater-Mutter' hervor."[56]

Ist Vater-Mutter hier ein Synonym für den dritten Logos?

Die ersten ursprünglichen Sieben werden vom dritten Logos geboren, und zwar ehe seine Differenzierung zur "Mutter" stattfindet, durch welche reine Urmaterie in ihrer anfänglichen, noch unveränderten Essenz entsteht und zum potentiellen "Vater-Mutter" wird. Erst wenn der Differenzierungsprozeß von Geist und Materie abgeschlossen ist, wird aus der "Mutter" die "unbefleckte Mutter". Sonst wäre eine Unterscheidung nicht möglich, denn niemand würde reinen Geist als unbefleckt bezeichnen, weil der ja in keinem anderen Zustand sein kann. Deshalb ist die Mutter unbefleckte Materie, ehe sie durch den Atem des präkosmischen Fohat differenziert wird. Erst dann wird sie zur "unbefleckten Mutter" des "Sohnes", also des manifestierten Universums in dessen Gestaltung. Und mit letzterer beginnt die Hierarchie, welche mit der Menschheit, mit dem Menschen endet.

Shloka 3. DEM HELL STRAHLENDEN GLANZ DES LICHTS – DEM STRAHL DER IMMERWÄHRENDEN DUNKELHEIT – ENTSPRANGEN IM RAUM DIE WIEDERERWACHTEN ENERGIEN (Dhyâni-Chohans): DIE EINS AUS DEM EI, DIE SECHS UND DIE FÜNF. DANN DIE DREI, DIE EINS, DIE VIER, DIE EINS, DIE FÜNF – DIE ZWEIMAL SIEBEN, DIE GESAMTSUMME. UND SIE SIND DIE WESENSKERNE, DIE FLAMMEN, DIE ELEMENTE, DIE

[56] (Kosmogenesis, Kommentar zum Shloka 2 der 4. Stanze. H.T.)

BAUMEISTER, DIE ZAHLEN, DAS ARÛPA (das Formlose), DAS RÛPA (mit Körpern), UND DIE KRAFT DES GÖTTLICHEN MENSCHEN – DIE GESAMTSUMME. UND AUS DEM GÖTTLICHEN MENSCHEN GINGEN HERVOR DIE FORMEN, DIE FUNKEN, DIE HEILIGEN TIERE UND DIE BOTSCHAFTER DER HEILIGEN VÄTER (der Pitris) INNERHALB DER HEILIGEN VIER.

Würden Sie die Zahlen und ihre Bedeutung erklären?

Wie schon im Kommentar zu diesem Shloka erwähnt, befassen wir uns gegenwärtig nicht mit diesen Vorgängen, d.h. sie dürfen jetzt noch nicht veröffentlicht werden. Aber ein paar Andeutungen können gemacht werden. Die Rabbis nennen den Kreis (oder, wie manche es ausdrücken, den ersten darin enthaltenen Punkt) Echad, EINS, oder Ain-Soph. Auf einer tieferen Stufe, der vierten, wird er zu Adam-Kadmon, der manifestierten Sieben und der manifestierten Zehn oder dem vollständige Sephiroth-Baum. Somit sind die Sephiroth dasselbe wie die Elohim. Im Hebräischen wird dieses Wort Alhim geschrieben und hat fünf Buchstaben. Wenn man die Zahlenwerte dieser Buchstaben kreisförmig anordnet, kann man sie beliebig vertauschen, was nicht der Fall wäre, wenn sie einer anderen geometrischen Figur angepaßt würden. Der Kreis ist endlos, d.h. er hat weder Anfang noch Ende. Die schriftlich festgehaltene Kabalah ist dreiteilig bzw. enthält drei Methoden. Der dritte Teil wird "Temura" oder "Umstellung" genannt, dabei werden Buchstaben nach bestimmten Regeln umgetauscht. Das kabalistische Alphabet wird in zwei gleiche Teile getrennt, wobei jeder Buchstabe bzw. jede Zahl des einen Teils mit einem Buchstaben oder einer Zahl des anderen Teils korrespondiert. Wenn die Buchstaben abwechselnd ausgetauscht werden, entstehen 22 Permutationen oder Kombinationen, und dieser Vorgang wird Tsiruph genannt.

> (Von den Sephiroth gibt es) "entweder sieben, nämlich wenn man von der oberen, von der durch Kether gekrönten Triade aus zählt, oder – exoterisch betrachtet – zehn. Im *Mahabharata* gibt es zehn Prajâpatis oder zehn, sechs und fünf (1065), dreimal sieben. In der Kabalah ergeben dieselben Zahlen den Gesamtwert des Wortes Jehova, denn die Zahlenwerte der drei Buchstaben dieses Namens, Jud, Vav und zweimal He, sind, in der gleichen Reihenfolge, 10, 6, und 5, oder auch dreimal sieben, 21. Hermes sagt: "Zehn ist die Mutter der Seele, weil Leben und Licht darin vereint sind, denn die Zahl Eins wurde vom Geist geboren und die Zahl Zehn von der Materie (Chaos, weiblich). Einheit brachte die Zehn hervor, Zehn die Einheit" (*Buch der Schlüssel*). Anhand der Temura, der anagrammatischen Methode der Kabalah, und mit dem Wissen über die Zahl 1065 (21) kann eine Universalwissenschaft des Kosmos und seiner Geheimnisse etabliert

werden (Rabbi Yogel). Für die Rabbis sind 10, 6 und 5 die heiligsten aller Zahlen.[57]

Shloka 4. DAS WAR DAS HEER DER STIMME – DER GÖTTLICHEN SIEBENHEIT. DIE FUNKEN DER SIEBEN SIND ABHÄNGIGE UND DIENENDE DES ERSTEN, DES ZWEITEN, DES DRITTEN, DES VIERTEN, DES FÜNFTEN, DES SECHSTEN UND DES SIEBTEN DER SIEBEN. DIESE ("Funken") WERDEN GENANNT KUGELFORMEN, DREIECKE, WÜRFEL, LINIEN UND GESTALTENDE; DENN SO IST DAS EWIGE NIDÂNA – DAS OI-HA-HOU (die Umwandlung von Oeaohoo).

Was sind die im Kommentar erwähnten "Lebenswinde"? [58]

Lebenswinde sind die verschiedenen Arten des Ein- und Ausatmens, wodurch die Polarität des Körpers und die Bewußtseinszustände verändert werden. Das gehört zur Yogapraxis. Aber hütet euch davor, exoterische Yogabücher wörtlich zu nehmen. Sie alle benötigen einen Schlüssel.

Welche Bedeutung hat der Satz, der mit "Die Funken" beginnt (siehe oben)?

Mit diesen Funken sind sowohl die zur niederen Intelligenz als auch zu den menschlichen Funken oder Monaden ausgesandten Strahlen gemeint. Es wird darin Bezug genommen auf den Kreis und auf die einstelligen Zahlen und besagt soviel wie: die oben erwähnten Zahlen 3, 1, 4, 1, 5 müssen alle im Zusammenhang mit dem Umfang und Durchmesser des Kreises gesehen werden.

Weshalb wird Sarasvati (Göttin der Sprache) auch Göttin der esoterischen Weisheit genannt? Wenn die Erklärung etwas mit der Bedeutung des Wortes Logos zu tun hat, warum wird dann ein Unterschied zwischen dem unbeweglichen Geist und beweglicher Sprache gemacht? Ist Geist gleich Mahat oder dem höheren oder niederen Manas?

Eine komplizierte Frage. Die Hindugöttin Sarasvati ist Vâch, deren Name Sprache bedeutet, und die esoterisch gesehen den weiblichen Logos repräsentiert. Die zweite Frage ist ziemlich schwierig. Ich glaube, der Grund für die Unterscheidung ist die Bezeichnung "inkarnierte Weisheit" oder "Licht, das in der Dunkelheit leuchtet", für den Logos oder das Wort, und da wird unterschieden zwischen dem bewegungslosen oder ewig unveränderlichen ALL und beweglicher Sprache oder Logos, d.h. dem Periodischen und Manifestierten. Das kann den Universalgeist und den individuellen Geist ebenso betreffen wie Mahat oder das höhere Manas und sogar das niedere Kâma-Manas, den Gehirnverstand. Denn was Begierde, instinktiver Impuls im niederen Manas ist, wird zum Denken im höheren

[57] (Wortlaut der im Protokoll der "Transactions" erwähnten, aber nicht zitierten Fußnote, hier wiedergegeben zur näheren Erläuterung der Antwort Blavatskys. In *The Secret Doctrine*, Wheaton, 1993, Bd. 1, S. 90, H.T.)

[58] *Ibid.* S. 96.

Manas. Das Begehren oder der instinktive Impuls findet seine Ausdrucksform im Handeln, das Denken dagegen in Worten. Aus esoterischer Sicht tragen Gedanken mehr Verantwortung und unterliegen strengeren Strafbarkeitskriterien als Taten. Exoterisch gilt das Gegenteil. Körperliche Gewalt gegen Personen wird in der menschlichen Gesetzgebung normalerweise härter bestraft als die Absicht, die Androhung oder der entsprechende Gedanke. *Karmisch* aber ist das genaue Gegenteil der Fall.

Platon sagte "Gott geometrisiert", aber da es keinen persönlichen Gott gibt, fragt man sich, wie es kommt, daß der Formgebungsprozeß mit Punkten, Linien, Dreiecken, Würfeln und, letztlich, Kreisen stattfindet. Und wie verursacht die inhärente Kraft des Atems die Wirbelbewegung des Kreises, sobald dieser seinen statischen Zustand verläßt?

Mit der Bezeichnung "Gott" hat die antike Philosophie immer die Gesamtheit der in der Natur handelnden intelligenten Kräfte gemeint. Das Wort "Wald" ist ja auch Einzahl, drückt aber die Vorstellung von Tausenden oder sogar Millionen von unterschiedlichen Bäumen aus. Wenn sie wollen, können Materialisten sagen "Natur" oder, noch besser, "Gesetz geometrisiert", aber als Platon lebte, konnte der Durchschnittsleser wohl kaum die metaphysischen Unterscheidungen und die wirkliche Bedeutung verstehen. Aber es ist leicht, den Richtigkeitsbeweis zu führen, daß die Natur fortwährend "geometrisiert". Hier ist ein Beispiel: Wärme entsteht durch die Bewegungsenergie von Elementarteilchen der Materie. Ein physikalisches und mechanisches Gesetz besagt, daß Teilchen oder Körper bei Eigenbewegung Kugelform annehmen – vom kugelförmigen Planeten bis hin zum Regentropfen. Oder betrachtet eine Schneeflocke: In ihr findet man neben Kristallformen alle geometrischen Figuren, die es in der Natur gibt. Sobald Bewegung aufhört, verändert sich die sphäroide Gestalt bzw. wird, wie Tyndall lehrt, zur flachen Tropfenform, die sich zum gleichseitigen Dreieck verändert und zum Sechseck usw. Beim Auflösen einer großen Masse von Eispartikeln durch Wärmestrahlung beobachtete er, daß die erste Form, die die Partikel annahmen, dreieckig oder pyramidal war, daraufhin würfelartig, dann sechseckig usw.[59] So bestätigt sogar die heutige Naturwissenschaft die Erkenntnis Platons.

Als Tyndall einen starken Lichtstrahl durch einen großen Eisblock hindurch auf eine Leinwand richtete, konnten auf der Leinwand Farn- und andere Pflanzenformen gesehen werden. Welche Erklärung gibt es dafür?

Diese Frage sollte zuerst an Prof. Tyndall gerichtet werden, der eine wissenschaftlich fundierte Erklärung dafür geben würde und dies vielleicht auch schon

[59] (Der irische Physiker John Tyndall, 1820–1893, erforschte die Eigenschaften von Kristallen sowie die Streuung und Polarisierung von durch Teilchensysteme geführten Lichtstrahlen: Tyndall-Effekt. H.T.)

getan hat. Die Erklärung des Okkultismus aber wäre, daß der Strahl half, Astralformen sichtbar zu machen, die sich im Gestaltungsprozeß zukünftiger Farne und anderer Pflanzen befanden, oder daß das Eis die Reflexion schon vorhandener Farne und Pflanzen bewahrt hatte. Eis besitzt große magische Kräfte, seine okkulten Eigenschaften sind ebenso wenig bekannt wie die des Äthers. Außerdem besteht eine okkulte Verbindung zwischen Eis und Astrallicht, d.h. Eis kann unter bestimmten Voraussetzungen gewisse Bilder aus der Astralregion reflektieren, so wie die Verbindung von Licht und einer lichtempfindlichen Platte Reflexionen von Sternen möglich macht, die selbst durch ein Teleskop nicht erkannt werden können. Das ist eine wohlbekannte Tatsache unter den gelehrten Yogis, die im ewigen Eis, in Badrinath[60] und auf den Gipfeln des Himalaya leben. Jedenfalls besitzt Eis zweifellos die Eigenschaft, Bilder von Dingen zu bewahren, die unter bestimmten Lichtverhältnissen auf seine Oberfläche eingeprägt wurden, Bilder, die unsichtbar erhalten bleiben bis das Eis schmilzt. Feiner Stahl besitzt übrigens dieselbe Eigenschaft, deren okkulte Natur aber schwächer ist. Diese Formen wären nicht zu erkennen, wenn man nur die Eisoberfläche beobachten würde. Aber sobald man es beim Schmelzen durch Wärme mit den Energien und Dingen zu tun bekommt, die auf dem Eis eingeprägt waren, dann stellt man fest, daß es diese Bilder abwirft, worauf die Formen erscheinen. Ein Bindeglied führt zum nächsten Bindeglied. All dies hat natürlich nichts mit moderner Naturwissenschaft zu tun, ist aber nichtsdestoweniger Faktum und Wahrheit.

Repräsentieren Zahlen und geometrische Figuren für das menschliche Bewußtsein die Gesetze der vom göttlichen Geist ausgehenden Aktivitäten?

Ja, ganz bestimmt. Es gibt keine Zufalls-Evolution oder Gestaltung, auch sind die sogenannten anomalen Erscheinungen oder kosmischen Phänomene kein blindes Geschehen.

Shloka 5. “FINSTERNIS”, GRENZENLOS, DIE NICHT-ZAHL, ÂDI-NIDÂNA SVABHÂVAT: DER ○ (FÜR *x*, DIE UNBEKANNTE GRÖSSE):

I. ÂDI-SANAT, DIE ZAHL, DENN ER IST EINS.

II. DIE STIMME DES WORTES, SVABHÂVAT, DIE ZAHLEN, DENN ER IST EINS UND NEUN.

III. DAS “FORMLOSE QUADRAT” (ARÛPA).

[60] (Ein in der Uttarkhand-Region des Himalaya, “wo die Hindugötter wohnen”, im “Tal der Blumen” am Ufer des Bhagirathi gelegener Schrein, einer der ältesten des Himalaya. Im 8. Jh. schrieb Shankarâchârya hier seine berühmten Kommentare zu den Brahmasûtras. Das heutige Tempelgebäude stammt aus dem 15. Jh. H.T.)

UND DIESE DREI, EINGESCHLOSSEN IM ○ (dem grenzenlosen Kreis), SIND DIE HEILIGEN VIER; UND DIE ZEHN SIND DAS ARÛPA- (das subjektive, formlose) UNIVERSUM. DANN KOMMEN DIE "SÖHNE", DIE SIEBEN KÄMPFER, DER EINE, DER ACHTE AUSGELASSEN, UND SEIN ATEM, DER ERZEUGER DES LICHTS (Bhâskara).

Der "eine Ausgestoßene" ist die Sonne unseres Systems. Gibt es eine astronomische Erklärung für Mârtândas[61] *Abweisung?*

Die Sonne ist älter als ihre Planeten, aber jünger als der Mond. Daß sie "zurückgewiesen" wurde, bedeutet, der Sonne mußte Einhalt geboten werden, als die Himmelskörper oder Planeten sich mit Hilfe ihrer Strahlen, ihrer magnetischen Ausstrahlung oder Wärme, besonders aber ihrer magnetischen Anziehungskraft formten, denn sonst hätte sie all die jungen Himmelskörper verschlungen – so wie nach der Legende Saturn seine Nachkommenschaft verschlang. Damit ist nicht gesagt, die Planeten würden aus der Sonne geschleudert, wie es die moderne Wissenschaft lehrt, sondern es bedeutet, daß sie unter den Strahlen der Sonne ihr Wachstum erlangen. Aditi ist die auf der rein geistigen, subjektiven Ebene immer für Gleichgewicht sorgende Mutter-Natur. Sie ist Shakti, die weibliche Kraft oder Potenz des befruchtenden Geistes, und es ist ihre Aufgabe, das Verhalten der aus ihrem Schoß geborenen Söhne zu überwachen. Die vedische Allegorie ist äußerst vielsagend.

Waren alle Planeten unseres Sonnensystems zuerst Kometen und dann Sonnen?

In unserem – ihrem – gegenwärtigen Sonnensystem waren sie keine Sonnen, sondern waren Kometen im Raum. Sie begannen ihr Leben als Wanderer im unendlichen Kosmos. Dann entfernten sie sich von dem bereits vorhandenen und zur Verfügung stehenden Materialbestand, der Milchstraße (die nichts anderes als der schon ziemlich weit entwickelte Weltenstoff ist, während der ganze Rest des im Raum vorhandenen Stoffs für uns bisher noch unsichtbares Rohmaterial ist), begannen ihre lange Reise und ließen sich zuerst dort im Leben nieder, wo Fohat bereits die nötigen Voraussetzungen für sie geschaffen hatte, und wo sie sich nun allmählich zu Sonnen entwickelten. Zu Beginn ihres Pralaya löste sich dann jede dieser Sonnen in Abermillionen Fragmente auf. Nun bewegte sich jedes einzelne dieser Fragmente im Raum hin und her und sammelte dabei in seiner rollenden Fortbewegungsart gleich einer Lawine solange frisches Material an, bis es durch das Wirken der Anziehungs- und Abstoßungsgesetze zum Anhalten veranlaßt wurde und in unserem eigenen System ebenso wie in anderen Systemen, die außerhalb der Reichweite unserer Teleskope liegen, ein Planet wurde. Und nach dem Pralaya der Sonne werden auch die Sonnenfragmente zu solchen Planeten werden. Auch sie war

[61] (cf. *Rigveda*, X, LXXII, 7–9. H.T.)

einst, am Anfang des Brahmâ-Zeitalters, ein Komet. Dann erreichte sie ihre gegenwärtige Position, und dort wird sie auseinanderbersten, und ihre Atome werden in äonenlangen Zeiten ebenso wie alle anderen Kometen und Meteore ins All gewirbelt werden – solange, bis jedes dieser Atome unter karmischer Führung im Wirbel der zwei Kräfte eingefangen wird und in einem höheren und besseren System seine Position erhält.

So wird die Sonne in ihren Kindern weiterleben wie Eltern teilweise in ihrem Nachwuchs weiterleben. Wenn die Zeit gekommen ist, wird erstmals der Schein oder die Reflexion der für unsere Augen sichtbaren Sonne herabfallen wie ein Schleier vom Antlitz der wahren Sonne. Diese wahre Sonne aber wird kein Sterblicher je sehen, weil kein sterbliches Auge ihren Glanz ertragen könnte. Würde dieser Schleier auch nur für eine Sekunde entfernt, dann würden alle Planeten ihres Systems augenblicklich zu Asche zerfallen – gleich den sechzigtausend Söhnen des Königs Sagara, die durch einen einzigen Blick aus den Augen Kapilas *vernichtet wurden.*

Shloka 6. ... DANN DIE DURCH DIE DREI (Wort, Stimme, Geist) HERVORGEBRACHTEN ZWEITEN SIEBEN, DIE LIPIKAS. DER ABGEWIESENE SOHN IST EINER. DIE "SOHN-SONNEN" SIND UNZÄHLIG.

In welcher Beziehung stehen die Lipikas, die "Zweiten Sieben" zu den "uranfänglichen Sieben" und zu den ersten "Heiligen Vier"?

Glaubt nicht, es gäbe – außer unter den höchsten Eingeweihten – jemanden, der das so erklären kann, daß ihr es wirklich versteht. Diese Beziehung kann besser verstanden bzw. als jenseits jeder Verständlichkeit erkannt werden, wenn man zuerst einmal die gnostischen Systeme der Frühzeit des Christentums studiert, von Simon Magus angefangen bis hin zum höchsten und anspruchsvollsten dieser Werke, der sogenannten *Pistis Sophia.* All diese Systeme wurden aus östlichen Quellen gespeist. Was wir als die "ursprünglichen Sieben" und die "zweiten Sieben" bezeichnen, sind die Äonen, nämlich die ursprünglichen und die zweiten und die dritten Syzygien des Simon Magus. Sie sind die abgestuften und fortlaufend tiefer in die Materie absinkenden Emanationen, die von dem Urprinzip ausgehen, das Simon Feuer nennt und wir Svabhâvat. Für ihn wie für uns steht hinter dem Feuer die manifestierte, aber schweigende Gottheit, das "was ist, war und immer sein wird". Vergleichen wir sein System mit dem unseren. In einer von dem Autor der *Philosophumena* aus Simons Werken zitierten Textpassage lesen wir: "Von dieser permanenten Unveränderlichkeit und Unsterblichkeit dieses ersten manifestierten Prinzips 'Feuer' (des dritten Logos), dessen Unveränderlichkeit aber Aktivität insofern nicht ausschließt, als das zweite davon Intelligenz und Vernunft (Mahat) besitzt, ging es (das Feuer) von der Potentialität des Handelns über zum Handeln selbst. Aus dieser Reihe von Evolutionen wurden sechs Wesen oder Emanationen der Unendlichen Potenz geformt. Sie wurden in Syzygien hervorgebracht, d.h. sie strahlten aus der Flamme jeweils zweifach – als aktives und als passives Prinzip." Simon nannte sie Nous und Epinoia oder Geist und Denken, Phone und Onoma oder Stimme und Name sowie Logismos und Enthumesis oder Vernunft und Reflexion. Und weiter: "In einem jeden dieser sechs ursprünglichen Wesen war die Unendliche Potenz zwar als Ganzes enthalten, aber sie war dort Potentialität, nicht Wirklichkeit. Um in ihrem ganzen Wesen, all ihrer Tugend, Größe und Wirkungskraft in Erscheinung treten zu können, mußte sie durch ein Abbild (des Paradigmas) in den sechs ursprünglichen Wesen verwirklicht werden. Denn nur dann konnte sie, gleich der Urpotenz, unendlich und ewig sein. Wenn diese Potentialität dagegen aber durch das Abbild und dessen Vermittlung keine Konformität (mit dem Paradigma) erlangte, dann konnte sie niemals Potenz oder Wirklichkeit werden, sondern ging verloren, weil sie nie genutzt wurde – so wie es einem Menschen gehen würde, der eine Begabung für Grammatik oder Geometrie hat, sie aber nicht nutzt; sie würde verkümmern, so als hätte er sie nie gehabt."[62]

Er zeigt hier, daß diese Äonen, egal ob sie der höheren, mittleren oder niederen Welt angehören, alle eins sind, außer in ihrem materiellen Festigkeitsgrad. Dieser bestimmt nur ihre äußeren Manifestationen und die daraus resultierenden Ergebnisse, nicht aber ihr wahres Wesen, das eins ist, und auch nicht ihre Beziehungen zueinander, die, so sagt er, seit aller Ewigkeit unwandelbaren Gesetzen unterworfen sind.

Die ersten, die zweiten, die dritten oder ursprünglichen Sieben, die Lipikas – sie alle sind eins, und ihre Emanation von einer Ebene zur nächsten manifestiert das Axiom "Wie oben, so unten". Sie alle sind unterschiedlich nur in Materie und Festigkeitsgraden, nicht in Eigenschaften. Es sind immer dieselben Eigenschaften, die sich herabsenken bis zur letzten, nämlich unserer eigenen Ebene, wo der Mensch dasselbe Potential besitzt wie die höchsten Dhyâni Chohans – wenn er es nur verwirklichen könnte.

Simons Äonen-Hierarchien enthalten drei Doppelpaare, wobei das siebte bei ihm das von einer Ebene zur nächsten herabsteigende vierte (Prinzip) ist.

Die Lipikas gehen von Mahat aus und werden in der Kabalah die vier Schreibenden Engel genannt, in Indien die vier Mahârâjas, welche jeden Gedanken

---

[62] *Philosophumena*, S. 250. (In *H.P. Blavatsky Collected Writings*, Bd. X, S. 404 kommentiert Boris de Zirkoff: "Diese Passagen sind aus Buch VI, 12, der *Philosophumena oder Widerlegung aller Heresien*, einer Schrift, als deren Autor heute St. Hippolytus gilt, die früher aber dem Werk Origens zugerechnet wurde. Anscheinend hat H.P.B. entweder den griechischen oder den lateinischen Text übersetzt. Beide Texte sind nacheinander aufgeführt in einer Ausgabe, die nach dem Pariser Codex von Patricius Cruice herausgegeben wurde (Paris, Imprimerie Royale, 1860). Der lateinische Text ist auf S. 249–251 dieser Ausgabe." H.T.)

und jede Tat des Menschen aufzeichnen. Und Johannes bezeichnet sie in der *Offenbarung* als "Buch des Lebens". Sie stehen in direkter Verbindung mit Karma und dem Tag des Gerichts des Christentums, der im Osten als der Tag nach dem Mahâ-Manvantara oder "Tag-sei-bei-uns" bezeichnet wurde. Dann wird alles zu Einem, alle Individualitäten verschmelzen zur Einheit, obwohl eine jede sich selbst erkennt. Eine mysteriöse Lehre in der Tat. Aber – was für uns heute Nichtbewußtsein oder das Unbewußte ist, wird dann absolutes Bewußtsein sein.

In welcher Beziehung stehen die Lipikas zum Mahat?

Sie sind eine Gruppe[63] – vier[64] aus einer der Siebenheiten – die von Mahat emaniert wird. Mahat entspricht dem Feuer des Simon Magus, und das ist die geheime und die manifestierte göttliche Ideation, die Zeugnis von sich selbst ablegt in dem von uns Schöpfung genannten objektiven Universum mit seinen uns umgebenden intelligenten Formen. Die Lipikas sind – wie alle Emanationen – "Räder innerhalb von Rädern". Sie sind auf einer Ebene, die der höchsten Ebene unserer Globenkette entspricht.

Welche Unterschiede bestehen zwischen Geist, Stimme und Wort?

In gewisser Weise dieselben wie die zwischen Âtman, Buddhi und Manas. Geist emaniert aus der unbekannten Finsternis – ein Mysterium, das keiner von uns durchdringen kann. Dieser Geist – wir können ihn auch "Geist Gottes" oder Ursubstanz nennen – spiegelt sich in den Wassern des Raumes bzw. der noch undifferenzierten Materie des zukünftigen Universums, und verursacht damit das erste Erbeben der Differenzierung in der homogenen Urmaterie. Das ist die Stimme, der Wegbereiter des "Wortes" oder der ersten Manifestation, es ist die Stimme, die das Wort oder den Logos ausstrahlt, womit ich sagen will, daß es der definitive und objektive Ausdruck von jenem Etwas ist, das bisher in den Tiefen des Verborgenen Gedankens ruhte. Was sich im Raum spiegelt, ist der dritte Logos. Und wir können diese Trinität auch Farbe, Ton und Zahl nennen.

---

[63] (vgl. Kosmogenesis, Kommentar zum Shloka 5 der 5. Stanze: "Es gibt drei ... Hauptgruppen von ... Lipikas ... unterteilt in sieben Untergruppen." H.T.)

[64] (*Ibid*: "An jeder Ecke ... ein beflügeltes Rad für die vier Heiligen und ihre Heere .... Es sind dies die 'vier Mahârâjahs', d.h. die großen Könige der Dhyâni-Chohans, die Devas ..." H.T.)

H.P. Blavatsky

ÜBER DAS TRÄUMEN

Anhang zu den "Protokollen der Londoner Studienkonferenzen zur *Geheimlehre*"

Welche "Prinzipien" sind beim Träumen aktiv?

Die "Prinzipien", welche in gewöhnlichen Träumen aktiviert werden – d.h. in Träumen, die unbedeutende Visionen sind und von wirklichen Träumen unterschieden werden müssen –, gehören dem Wunschprinzip *Kama* an, dem Bereich des personalen Egos und der Begierde, der durch die im niederen Manas schlummernden Erinnerungen zu chaotischer Aktivität erweckt wird.

Was bedeutet "niederes Manas"?

Normalerweise wird das Manas als animalische oder Tierseele bezeichnet (hebräisch *Nephesch*, in der Kabalah). Es ist der vom höheren Manas oder permanenten EGO ausgehende Strahl und das "Prinzip", das im Menschen den Verstand und im Tier den Instinkt hervorbringt – denn auch Tiere träumen.[65] Die gemeinsamen Aktivitäten von Kama und der "animalischen Seele" sind aber rein mechanische Vorgänge. In ihnen äußert sich Instinkt, nicht Vernunft. Mechanisch empfangen und senden sie im Schlafzustand des Körpers Elektroschocks von und an verschiedene Nervenzentren. Das Gehirn wird kaum davon berührt, und das Erinnerungsvermögen speichert sie natürlich, ohne sie zu ordnen oder ihre Reihenfolge zu berücksichtigen. Beim Aufwachen verschwinden diese Eindrücke allmählich, ähnlich einer schattenhaften Erscheinung, die sich verflüchtigt, weil ihr eine in der Wirklichkeit vorhandene substantielle Grundlage fehlt. Dagegen kann das Gehirn durch seine Merkfähigkeit Eindrücke registrieren und festhalten, sie müssen nur stark genug sein. Aber in der Regel registriert unser Erinnerungsvermögen nur flüchtige und verzerrte Eindrücke, die das Gehirn im Moment des Erwachens empfängt. Aber diese Seite des Träumens wurde bereits zur Genüge beobachtet und in modernen physiologischen und biologischen Werken recht gut beschrieben, und in diesem Aspekt unterscheiden sich auch menschliche und tieri-

---

[65] (Das Wort "träumen" hat eigentlich die Bedeutung von "schlummern", "dremat" im Russischen. B.d.Z.)

sche Träume nicht wesentlich. Was aber eine vollkommene *Terra incognita* für die Wissenschaft ist, das sind die wirklichen Träume und Erfahrungen des höheren EGOS. Auch sie werden Träume genannt, sollten aber nur dann so bezeichnet werden, wenn für die anderen im Schlaf vorkommenden "Visionen" ein anderer Ausdruck verwendet würde.

Wie unterscheiden sie sich?

Nur wenn wir die Existenz eines vom physischen Körper unabhängigen unsterblichen Egos im sterblichen Menschen akzeptieren, können Wesen und Funktion wirklicher Träume verstanden werden, denn das Ganze bleibt völlig unverständlich, solange wir nicht von der Tatsache überzeugt sind, daß im Schlaf nur eine beseelte Form aus Lehm zurückbleibt, deren Fähigkeit zu unabhängigem Denken vollständig paralysiert ist.

Wenn wir aber das Vorhandensein eines höheren oder permanenten *Egos* in uns akzeptieren – eines Egos, das aber nicht mit dem von uns so genannten "höheren Selbst" verwechselt werden darf –, dann werden wir auch verstehen, daß das, was wir oft für Träume halten, also etwas, das allgemein als ein bedeutungsloses Produkt unserer Phantasie gilt, in Wirklichkeit einzelne Seiten aus dem Lebensbuch und den Erfahrungen des *inneren* Menschen sind. Und es ist die im Moment des Erwachens auftretende dunkle Erinnerung daran, die von unserem physischen Gedächtnis mehr oder weniger verfälscht wird. Es fängt mechanisch ein paar Eindrücke von den Gedanken, von den in den Stunden völliger Freiheit verarbeiteten Fakten und ausgeführten Taten des *inneren* Menschen ein. Denn der innere Mensch, unser *Ego*, lebt ein eigenes, unabhängiges Leben in seinem Gefängnis aus Lehm, sobald er sich von den Fesseln der Materie befreien kann, d.h. während des Schlafs des physischen Menschen. Dieses Ego ist der handelnde, wirkliche Mensch, das wahre menschliche Selbst. Der physische Mensch dagegen kann während des Träumens weder etwas fühlen, noch hat er Bewußtsein, weil die Personalität, der äußere Mensch, sein Gehirn und sein Denkapparat praktisch ganz paralysiert sind.

Es ist durchaus sinnvoll, das wirkliche Ego mit einem Gefangenen und die äußere Personalität mit dem Gefängniswärter zu vergleichen. Schläft der Wärter ein, dann kann der Gefangene entkommen oder zumindest die Mauern des Gefängnisses überwinden; während der Wärter einnickt, wirft er im Halbschlaf vielleicht durch ein Fenster ab und zu einen flüchtigen Blick auf seinen Gefangenen und nimmt ihn wie einen Schatten wahr, der sich draußen bewegt. Aber was kann er tatsächlich wahrnehmen, und wie kann er wissen, was der entflohene Häftling wirklich tut und, besonders, was er wirklich denkt?

Prägen sich die Gedanken des einen nicht bei dem anderen ein?

Jedenfalls nicht im Schlafzustand, denn das wirkliche Ego denkt ganz anders als die vergängliche, zeitlich begrenzte Personalität. Im Wachzustand erreichen die Gedanken und die Stimme des höheren Egos den Gefängniswärter, den physischen Menschen – oder auch nicht. Das liegt daran, daß sie die *Stimme seines Gewissens* sind; aber während er schläft, sind sie ausschließlich die "Stimme in der Wüste."[66]

Im Denken des *wahren* Menschen, also der unsterblichen "Individualität", sind die Bilder und Visionen der Vergangenheit und der Zukunft Gegenwart. Auch gleichen seine Gedanken nicht den in unserer Gehirntätigkeit auftretenden subjektiven Bildern, sondern sind lebendige Vorkommnisse und Taten, die Wirklichkeit in der Gegenwart besitzen. Sie sind Realitäten, sind genauso wirklich wie sie es waren, als die durch Töne ermöglichte Sprache noch nicht existierte, als Gedanken Dinge waren und der Mensch Sprache nicht benötigte, um seine Gedanken auszudrükken, denn sie realisierten sich sofort in Handlungen. Das geschah durch die *Kriyâ-Shakti* genannte Kraft, jene mysteriöse Energie, durch die Ideen unmittelbar in sichtbare Formen verwandelt werden. Für die "Menschen" der frühen *Dritten* Menschheit waren diese Formen genau so objektiv vorhanden, wie die uns heute durch unser Sehvermögen erkennbaren Objekte.

Wie soll dann aber laut der Esoterischen Philosophie eine Übertragung selbst weniger kleiner Fragmente dieser Gedanken des Egos in unser physisches Gedächtnis, wo sie gelegentlich vorhanden sind, möglich sein?

Das sind Reflexionen im Gehirn des Schlafenden, ähnlich den von außen auf eine Zeltplane geworfenen Schatten, die der Bewohner des Zeltes sieht, wenn er erwacht. Der Mensch denkt dann, *er* habe geträumt und meint, *er* habe etwas erlebt, aber in Wirklichkeit sind es die *Denkaktivitäten* des wahren Egos, die er vage wahrnimmt. Während er vollständig erwacht, werden seine Erinnerungen mit jeder Minute immer ungenauer und vermischen sich mit den vom physischen Gehirn projizierten Bildern, die durch die Bewegungen oder Vorgänge entstehen, welche den Schlafenden zum Erwachen bringen. Und diese Erinnerungen setzen durch Gedankenassoziationen dann verschiedene Ideenabläufe in Bewegung.

Es ist schwer einzusehen, wie das Ego in der Nacht Dinge ausführen kann, die lange vorher geschehen sind. Wurde nicht gesagt, Träume seien nicht subjektiv?

Wie können sie subjektiv sein, wenn zumindest der auf unserer Ebene stattfindende Traumzustand subjektiv ist? Für den auf seiner eigenen Ebene Träumenden (das Ego) sind die dort vorhandenen Dinge so objektiv wie unsere Taten für uns.

---

[66] (In der jüdischen Bibel, *Jes.* 40. 3, ist dies die Stimme Jahwes, die den Propheten und die Israeliten inmitten des verlockenden äußeren, weltlichen Glanzes des babylonischen Exils zur inneren Umkehr ruft. Ein treffender Begriff für die Stimme des "inneren" Menschen. H.T.)

Welche Sinne sind in Träumen aktiv?

Die Sinne des Schlafenden empfangen gelegentliche Schocks und werden zu mechanischem Handeln geweckt. Was der Schlafende dann sieht und hört, sind, wie schon gesagt, verzerrte Reflexionen der Gedanken des Egos. Das Ego ist hochgeistig und steht in enger Verbindung mit den höheren Prinzipien Buddhi und Âtman. Diese höheren Prinzipien sind völlig inaktiv auf unserer Ebene, und auch das höhere Ego *(Manas)* selbst ist im Wachzustand des Menschen mehr oder weniger untätig. Das ist ganz besonders bei Personen mit sehr materialistischen Überzeugungen der Fall; ihre geistigen Anlagen sind so inaktiv, weil ihr Ego dermaßen in Materie befangen ist, daß Es nicht in der Lage ist, seine ganze Aufmerksamkeit den Taten eines solchen Menschen zu widmen – selbst wenn dieser Mensch Sünden begeht, für die das Ego in der Zukunft, wenn es mit seinem *niederen* Manas wieder vereint ist, mit leiden muß. Wie gesagt nennen wir die Impressionen, die dieses Ego in dem physischen Menschen hinterläßt, "Gewissen", und die Einflußnahme des Egos auf das Leben des sterblichen Menschen verstärkt sich entsprechend dem Umfang, mit dem die Personalität, die niedere Seele (oder *Manas*), sich mit diesem Ego, ihrem höheren Bewußtsein, vereint.

Dieses Ego ist das "höhere Ego"?

Ja, es ist das von Buddhi erleuchtete höhere Manas, das Prinzip "Selbstbewußtsein", kurz, das "Ich bin ich". Es ist der Kârana-Sharîra,[67] der unsterbliche Mensch, das was von einer Inkarnation zur nächsten überwechselt.

Unterscheidet sich das "Register" oder "Erinnerungsfeld" des wahren Traumzustands von dem des Wachzustands?

Da Träume in Wirklichkeit das Handeln des Egos im physischen Schlafzustand sind, werden sie natürlich auf ihrer eigenen Ebene aufgezeichnet und verursachen die ihnen entsprechenden Wirkungen auf unserer Ebene. Wir dürfen dabei aber nicht vergessen, daß die Träume im allgemeinen, so wie wir sie kennen, nur unsere verschwommenen Erinnerungen an diese tatsächlichen Dinge im Wachzustand sind.

Es passiert in der Tat oft, daß wir uns überhaupt nicht erinnern, geträumt zu haben, bis uns später am Tag plötzlich die Erinnerung an unseren Traum überfällt. Dafür gibt es viele Gründe, analog zu Erfahrungen, die wir alle gelegentlich machen. Da ist ein Gefühl, ein Geruch, ein unbestimmter Lärm oder ein Geräusch, Dinge die uns unmittelbar an längst vergessene Vorkommnisse, Szenen und Personen erinnern. Etwas, das der "nächtliche Darsteller" – das Ego – sah, tat oder

[67] (Der Ursachen- oder "Kausalkörper", der die Ursachenaspekte des menschlichen Daseins enthält. H.T.)

dachte, prägte sich im physischen Gehirn ein, als es passierte, wurde aber wegen irgendeines körperlichen Zustands oder Hindernisses nicht in die bewußte Wacherinnerung transportiert. Die Einprägung wird in der richtigen Zelle oder im richtigen Nervenzentrum plaziert, aber durch irgendeinen Zufall hängt sie sozusagen fest, bleibt stecken, bis sie den nötigen Anstoß bekommt. Sobald dieser Anstoß aber kommt, läßt das Gehirn das Eingeprägte augenblicklich in den Bereich der bewußten Erinnerung des wachen Menschen gleiten, d.h. sobald die nötigen Voraussetzungen erfüllt sind, wird das entsprechende Zentrum aktiv und widmet sich seiner Aufgabe, an deren Erfüllung es ja zum richtigen Zeitpunkt gehindert worden war.

Wie spielt sich das ab?

Zwischen dem physischen Gehirn und dem inneren Menschen besteht eine Art von unablässiger, Tag und Nacht aktiver und bewußter telegrafischer Kommunikation. Das Gehirn ist sowohl physisch als auch metaphysisch derart komplex, daß man es mit einem Baum vergleichen kann, dessen Rinde man Schicht für Schicht ablösen kann, und wobei jede Schicht sich von jeder anderen unterscheidet und ihre eigene spezielle Aufgabe, Funktion und Eigenschaften besitzt.

Was unterscheidet das "Traum"-Gedächtnis und die Vorstellungskraft von der Gedächtnis- und Vorstellungskraft des Wachbewußtseins?

Im Schlafzustand sind physisches Gedächtnis und Vorstellungskraft natürlich passiv, weil der Träumende schläft: Sein Gehirn schläft, sein Gedächtnis schläft, all seine Funktionen befinden sich im Ruhezustand. Wie ich schon sagte, bedarf es eines Antriebs, eines Impulses, um sie zu aktivieren. Das Bewußtsein des Schlafenden ist also nicht aktiv, sondern passiv, aber während der Körper schläft, handelt der innere Mensch, das wahre Ego, in völliger Unabhängigkeit. Es ist jedoch zu bezweifeln, daß wir die Art dieses Handelns – ohne eine umfassende Vertrautheit mit der Physiologie des Okkultismus – wirklich verstehen können.

Welche Beziehung haben Astrallicht und Âkâsha zum Gedächtnis?

Das Astrallicht ist das "Erinnerungsfeld" des animalischen Menschen, Âkâsha das des geistigen Egos. Die "Träume" des Egos ebenso wie die Taten des physischen Menschen werden komplett aufgezeichnet, weil beides Aktivitäten sind, die auf Ursachen zurückgehen und Wirkungen nach sich ziehen. Unsere "Träume", die ja nichts anderes sind als der Wachzustand und die Aktivitäten des wahren Selbst, müssen natürlich irgendwo aufgezeichnet werden. Ich empfehle die Lektüre des Artikels "Karmic Visions", wo dem Leser anhand der Beschreibung des wahren Egos als einem Zuschauer im Leben des Helden vielleicht etwas auffällt.[68]

Was ist das Astrallicht wirklich?

Die Esoterische Philosophie lehrt, daß das Astrallicht nichts anderes ist als ein Rückstand, ein Überrest des Âkâsha oder der Universal-Ideation in ihrer metaphysischen Bedeutung. Es ist zwar unsichtbar, ist aber trotzdem sozusagen die von Âkâsha ausgehende phosphoreszierende Strahlung und das Medium zwischen Âkâsha und der Denkfähigkeit des Menschen. Letztere verunreinigt das Astrallicht und macht aus ihm, was es ist, nämlich einen Speicher aller menschlichen, besonders der psychischen Schandtaten. In seinem Ursprung, wenn es entsteht, ist das Astrallicht noch eine saubere Strahlung, aber je tiefer es herabsinkt und sich dabei unserem terrestrischen Umkreis nähert, umso stärker wird es differenziert und damit in seiner eigentlichen Natur unrein. Aber der Mensch ist verantwortlich für einen großen Teil dieser Verunreinigung, er läßt das Astrallicht in einem weitaus schlechteren Zustand zurück, als es seinem Wesen nach war, als er es empfing.

Können Sie uns erklären, in welcher Beziehung das Astrallicht zum Menschen steht, und welche Rolle es in unserem Traumleben spielt?

Differenzierung in der physischen Welt ist endlos. Die Universal-Ideation – oder *Mahat* – sendet ihre homogene Strahlung in die heterogene Welt, wo sie den menschlichen oder *personalen* Geist durch das Astrallicht erreicht.

Aber wird unser Geist nicht vom höheren Manas auf direktem Weg über das niedere Manas erleuchtet? Und ist das höhere Manas nicht die pure Emanation göttlicher Ideation, die "Mânasa-Putras", welche sich in der Menschheit inkarniert haben?

Doch, sie sind diese Emanation. Die einzelnen Mânasa-Putras oder Kumâras sind die Ausstrahlungen der göttlichen Ideation – einzeln im Sinne einer späteren Differenzierung aufgrund der zahllosen Inkarnationen. Summa summarum sind sie als Kollektiv ein Aggregat dieser Ideation, das auf unserer Ebene oder aus unserer Sicht *Mahat* ist, so wie die Dhyâni-Chohans als Aggregat das WORT oder der "Logos" bei der Formgebung der Welt sind. Erhielten die Personalitäten (niederes Manas oder der physische Verstand) Inspiration und Erleuchtung ausschließlich

[68] (Von H.P.B., veröffentlicht unter dem Pseudonym "Sanjna", in *Lucifer*, Nr. 10, Juni 1888, Jg. 2, S. 311–322; Nachdruck in *H.P. Blavatsky Collected Writings*, Bd. IX, S. 318–339. Eine Zusammenfassung dieses bemerkenswerten Essays ist enthalten in Sylvia Cranston, *H. P. B., Leben und Werk der Helena Blavatsky*, Satteldorf, 1993, S. 410-414. Dort wird Lewis Mumford zitiert, der über "Karmic Visions" im Zusammenhang mit Carl Jungs Traumprophezeiung des Ersten Weltkriegs schrieb: "Dieser Traum, im Rückblick so verblüffend, weil er bald durch die Ereignisse bestätigt wurde, könnte der gleichen Kategorie zugeordnet werden wie Madame Blavatskys viel frühere und noch realistischere Vision von der Zerstörung ganzer Städte durch nukleare Explosionen." H.T.)

von ihren höheren *Alter egos*, dann gäbe es wenig Sünde in dieser Welt. Aber das ist nicht der Fall, und weil sie sich im Netz des Astrallichts verfangen, entfernen sie sich immer weiter von ihren elterlichen Egos. Lest, was Éliphas Lévi über das Astrallicht sagt, das er "Satan" und "große Schlange" nennt. Zu wörtlich ist das Astrallicht als eine zweite Art von blauem Himmel verstanden worden. Aber dieser imaginäre Raum, in dem die zahllosen Abbilder von allem, was war, ist und sein wird, festgehalten werden, ist leider nur allzu traurig und wirklich. Er wird im und für den Menschen – soweit er für übersinnliche Einflüsse empfänglich ist, und wer ist das nicht? – zum Dämon, der ihn Versuchungen aussetzt, wird zu seinem "bösen Engel", zur Quelle all unserer schlimmsten Taten. Durch Visionen, die er dem schlafenden Gehirn eingibt, beeinflußt er sogar den Willen des Menschen im Schlaf (aber diese Visionen dürfen nicht mit unseren "Träumen" verwechselt werden), und das sind Samen, die beim Erwachen aufgehen und Früchte tragen.

Welche Rolle spielt der Wille beim Träumen?

Der Wille, das Wollen des äußeren Menschen ruht beim Träumen natürlich, er ist nicht aktiv. Aber eine gewisse Richtung kann dem Willen während seiner Ruheperiode schon gewiesen werden, ebenso wie gewisse Folgeerscheinungen auftreten können, die sich bei einer Vereinigung von zwei oder mehr "Prinzipien" aus deren fast mechanisch erfolgendem Zusammenspiel ergeben, und die dann im Wachzustand des Menschen in perfekter Harmonie, ohne Reibungspunkte und ohne einen einzigen Mißton aktiv werden können. Es handelt sich hier um einen der Mechanismen der "schwarzen Magie", deren Verwendung für gute Zwecke aber zur Ausbildung eines Okkultisten gehört. Um einen Willen zu haben, der im physischen Schlafzustand bewußt wirksam sein kann oder auf den Willen einer anderen Person, die schläft, einwirken zu können, d.h. dessen Träume und damit sein Handeln im Wachzustand zu beherrschen, muß man weit fortgeschritten sein auf dem "Pfad".

Wie wir hören, kann ein Mensch alle seine "Prinzipien" vereinen – was bedeutet das?

Wenn einem Adepten das gelingt, ist er ein *Jîvan-mukta*: Er ist faktisch nicht mehr von dieser Erde und hat Nirvâna erlangt, er erreicht *Samâdhi*, wann immer er will. Adepten werden im allgemeinen nach der Anzahl der "Prinzipien" eingestuft, die sie vollständig unter Kontrolle haben, denn was wir Wille nennen, hat seinen Sitz im höheren EGO, das göttlich und rein ist, wenn es sich von seiner sündenüberladenen Personalität befreit hat.

Welche Rolle spielt Karma in Träumen? In Indien sagt man, daß jeder Mensch für alle seine Taten belohnt oder bestraft wird, und zwar sowohl für die im Wachzustand, als auch für die im Traumzustand begangenen Taten.

Die Inder sagen das mit Recht, denn sie halten die Erinnerung an die Überlieferungen ihrer Vorväter aufrecht und haben sie unverfälscht, in all ihrer Reinheit bewahrt. Sie wissen, daß das Selbst das *wirkliche* Ego ist und daß es – allerdings auf einer anderen Ebene – lebt und handelt. Das äußere Leben ist für dieses Ego ein "Traum", und es weiß, daß das innere Leben oder das Leben auf der von uns so genannten Traumebene das wahre Leben ist. Also sagen die Inder (natürlich nur die weltlich orientierten), weil Karma großmütig sei, belohne es den wahren Menschen in Träumen und zusätzlich die falsche Personalität im physischen Leben.

Was ist, karmisch gesehen, der Unterschied zwischen den beiden?

Der Mensch als physisches Tier kann ebenso wenig zur Verantwortung gezogen werden wie ein Hund oder eine Maus, denn die körperliche Form hört mit dem körperlichen Tod auf zu existieren. Aber das wahre SELBST, das seinen eigenen Schatten, die niedere, denkende Personalität ausgesandt und das Leben dieses physischen Automatons dirigiert hat, und das in dessen Lebenszeit alle Fäden in der Hand hatte, wird in seiner nächsten Inkarnation zusammen mit seinem *Faktotum und Alter ego* zu leiden haben.

Aber die beiden, das höhere und das niedere Ego – sie sind doch eins, nicht wahr?

Ja und nein – das ist das große Mysterium. Das höhere Manas oder Ego ist vom Wesen her göttlich und rein. Kein Makel und keine Bestrafung kann es *per se* beflecken oder beeinträchtigen, um so mehr, als es keinen Anteil hat an den vorsätzlich ausgeführten Taten des niederen Egos, weshalb es sich auch nicht schuldig macht. "Der Vater und der Sohn" sind zwar *eins*, aber während der Lebenszeit sind sie dual, denn das niedere Ego ist getrennt vom höheren Ego. Weil sich aber die niedere Seele bei der Wiedervereinigung mit seinem elterlichen Ego an diesem festmacht und dabei alle ihre schlechten und guten Taten überträgt, müssen beide leiden. Das höhere Ego muß trotz seiner Unschuld und Unbeflecktheit die Strafe für die Untaten des niederen Selbst mit diesem zusammen in der zukünftigen gemeinsamen Inkarnation ertragen.

Die Lehre vom Sühnopfer geht vollständig auf diesen alten esoterischen Grundsatz zurück, denn das höhere Ego ist der Antitypus[69] des irdischen Typus, der Personalität. Für die, die Bescheid wissen, ist dies, praktisch demonstriert, eine Wiederholung der Geschichte des Vishva-karman im *Rigveda*. Vishva-karman, der "allwirkende" Vatergott, der sich dem Begriffsvermögen sterblicher Menschen ent-

[69] (Boris de Zirkoff kommentiert: "Wenn man die höchst metaphysische Natur dieser Lehre berücksichtigt, könnte dies auch im Sinne von 'Prototyp' gemeint sein, dann müßte es aber 'Antetyp' heißen. Weil die Bedeutung nicht ganz klar ist, lassen wir das Wort unverändert." S. *H.P. Blavatsky Collected Writings*, Bd. X, S. 254. H.T.)

zieht, macht sich letztlich, als Sohn Bhuvanas, des heiligen Geistes, *zur Opfergabe seiner selbst*, um die Welten zu retten. In der indischen Philosophie ist *Kshetra-jña* oder "verkörperter Geist" der mystische Name des "höheren Egos" –, Kshetra-jña ist der "Kenner" und Belebende *Kshetras*, des "Körpers". Die Etymologie des Namens weist hin auf die Wörter *aja*, "Erstgeborener" und "Lamm". Wir haben es hier mit einer äußerst vieldeutigen, komplexen Sache zu tun, ganze Bände könnten gefüllt werden über die prägenetische und die postgenetische[70] Typus/Antitypus-Entwicklungsgeschichte – des Christus-Kshetra-jña, des "Gott-Menschen", des im "Lamm" symbolisierten Erstgeborenen.

In der *Geheimlehre* wird dargestellt, daß die Mânasa-Putras oder inkarnierenden EGOS freiwillig und bewußt die Last aller Sünden, die ihre zukünftigen Personalitäten begehen werden, auf sich genommen haben. Es ist also leicht zu verstehen, daß weder Herr A noch Frau B, und auch keine der Personalitäten, die das sich selbstopfernde *Ego* periodisch umhüllen, die wirklichen Leidtragenden sind, sondern der wahrlich schuldlose *Christos* in uns. So bezeichnen die Mystiker unter den Hindus auch das ewige Selbst oder Ego (das Eine in der Drei und die Drei im Einen) als "Wagenlenker" oder Kutscher, die Personalitäten als vorübergehend auftauchende, wieder verschwindende Passagiere, und die Pferde repräsentieren die animalischen Begierden des Menschen. Somit ist wahr, daß wir den Christos in uns jedesmal dann kreuzigen, wenn wir nicht auf die Stimme unseres Gewissens hören. Aber wir sollten zu den Träumen zurückkehren.

Sind sogenannte prophetische Träume Zeichen einer ausgeprägten hellseherischen Begabung des Träumenden?

Man könnte sagen, daß der Grund für wirklich prophetische Träume eine engere Verbindung und größere Gleichgestimmtheit zwischen dem physischen Gehirn und Erinnerungsvermögen hellsichtig begabter Personen und ihrem "höheren Ego" ist, als dies normalerweise beim Menschen der Fall ist. Mehr als bei weniger begabten Personen stehen dem Ego-Selbst bei hellseherischen Menschen mehr Möglichkeiten zur Verfügung, dem physischen Gehäuse und Gedächtnis Dinge einzuprägen, die diesen Menschen wichtig sind. Vergessen wir nicht, daß der einzige Gott, mit dem der Mensch Kontakt hat, sein eigener Gott ist – er wird Geist, Seele und Verstand oder Bewußtsein genannt, und diese drei sind eins.

Aber Unkraut muß entfernt werden, damit die Pflanze wachsen kann. Paulus sagte, wir müssen sterben, damit wir leben können. Durch Zerstörung können wir

---

[70] (Wahrscheinlich steht "prägenetische und postgenetische Entwicklung" hier für die Entwicklung des niederen Egos und des höheren Egos 'vor der Geburt' zum Menschen und 'nach der Geburt' zum Menschen – das höhere Ego, der Antityp, als Gegensatz zum niederen Ego – und ihre gegenseitige Beeinflussung im Verlauf ihrer langen Reihe menschlicher Leben. Ich verdanke David Reigle diesen Hinweis. H.T.)

verbessern; die drei Mächte, die erhaltende, die schöpferische und die zerstörende, sind nichts anderes als Aspekte des göttlichen Funkens im Menschen.

Träumen Adepten?

Kein fortgeschrittener Adept träumt. Ein Adept ist Meister seiner vier niederen Prinzipien, einschließlich seines Körpers, deshalb beherrscht er alles Körperliche und paralysiert ganz einfach sein niederes Selbst. So ist er vollkommen frei. Was wir unter einem Traum verstehen, ist eine Illusion. Soll ein Adept also träumen, wo er sich doch von jeder anderen Illusion befreit hat? Er lebt in seinem Schlaf einfach auf einer anderen, viel realeren Ebene.

Gibt es Menschen, die nie träumen?

Soweit ich weiß, gibt es auf der ganzen Welt keinen Menschen, der noch nie geträumt hat. Jeder träumt – mehr oder weniger. Aber den meisten gehen ihre Träume beim Erwachen verloren. Das liegt an der mal größer, mal geringer aktivierten Empfangsbereitschaft der Gehirnganglien. Menschen, die nicht spirituell veranlagt sind, ebenso wie Menschen, die ihre imaginativen Kräfte nicht nutzen, oder sich durch körperliche Arbeit in Erschöpfungszuständen befinden, in denen die Ganglien selbst beim Ruhen des Körpers nicht einmal mechanisch arbeiten, solche Menschen träumen in den meisten Fällen nur zusammenhangloses Zeug.

Welche Unterschiede gibt es zwischen den Träumen von Menschen und denen der Tiere?

Der Traumzustand ist nicht nur allen Menschen gemeinsam, sondern natürlich auch allen Tieren, von den höchsten Säugetieren bis zu den kleinsten Vögeln und sogar Insekten. Jedes Lebewesen, das ein Gehirn oder gehirnähnliches Organ besitzt, muß träumen. Von den Tieren, ob groß oder klein, sind manche mit mehr, manche mit weniger körperlichen Sinnesorganen ausgestattet. Und obwohl diese Sinnesorgane im Schlaf abgeschwächt sind, ist das Gedächtnis sozusagen mechanisch aktiv und reproduziert frühere Sinneseindrücke. Wir alle wissen, daß Hunde, Pferde, Kühe und auch Kanarienvögel träumen, aber das sind, glaube ich, rein physiologisch bedingte Träume. Die Aktivität des Gehirns beim Einschlafen ähnelt dem unregelmäßigen Flackern und gelegentlichen Aufflammen der noch glühenden Kohle in einem erlöschenden Feuer. Träume sind keine "Zwischenspiele der Phantasie", wie John Dryden[71] meinte, denn damit könnten nur physiologische, durch Verdauungsstörungen hervorgebrachte Träume gemeint sein, oder Träume, welche auf Vorstellungen oder Vorfälle zurückgehen, die sich dem aktiven Gehirn im Wachzustand eingeprägt haben.

[71] (Englischer Lyriker und Dramatiker des 17. Jh. H.T.)

Und wie verläuft der Prozeß des Einschlafens?

Zum Teil erklärt das die Physiologie. Im Okkultismus handelt es sich um die periodisch auftretende, regelmäßige Erschöpfung der Nervenzentren und besonders der sensorischen Gehirnganglien, die ihre Aktivitäten auf dieser Ebene einstellen. Und damit sie nicht untauglich für ihre Arbeit werden, sind sie gezwungen, ihre Leistungskraft auf einer anderen Ebene, einem anderen *Upâdhi*, zu erneuern.

Zuerst tritt der *Svapna-* oder Traumzustand ein, der dann zum *Shushupti*-Zustand hinüberleitet. Dabei muß man sich erinnern, daß unsere Sinne alle dual sind und daß ihre Aktivitäten der Bewußtseinsebene entsprechen, auf der das denkende Wesen sich seine Energie holt. Physischer Schlaf ist die beste Voraussetzung für die Aktivitäten des denkenden Wesens auf den verschiedenen Ebenen, und gleichzeitig ist er eine Notwendigkeit zur Erholung der Sinne von den *Svapna-* und *Shushupti*-Stadien und gibt ihnen neue Lebenszuversicht und -kraft für den *Jâgrat*- oder Wachzustand. Dann folgt das *Turîya*, nach der *Raja Yoga*-Lehre der höchste Zustand. So wie ein von einer bestimmten Lebenssituation erschöpfter Mensch sich eine andere Lebenssituation sucht – ein durch übermäßige Hitze erschöpfter Mensch würde sich z.B. mit kaltem Wasser erfrischen –, so ist Schlaf der schattige Winkel im sonnenüberströmten Tal des Lebens. Schlaf signalisiert, daß das Leben im Wachzustand zu mächtig für den physischen Organismus geworden ist, und daß deshalb die Kraft des Lebensstroms gebrochen werden muß, was durch den Wandel vom Wach- zum Schlafzustand geschieht. Bittet einen guten Hellseher um eine Beschreibung der Aura eines Menschen, der sich gerade im Schlaf erfrischt hat und vergleicht sie mit der Beschreibung des Zustands der Aura eines anderen, der kurz vor dem Einschlafen ist. Die Aura des durch seinen Schlaf erfrischten Menschen ist durchdrungen vom rhythmischen Vibrieren des Lebensstroms – in goldenen, blauen und rosa Farben, den elektrischen Lebenswellen. Die Aura des anderen ist wie in einem Nebel von intensiv gold-orangefarbiger Tönung, der aus Atomen in unvorstellbar schnellen, zuckenden Wirbelbewegungen besteht. Das ist das Anzeichen einer übermäßigen Lebenssättigung in der Person und bedeutet, daß die Lebensessenz zu stark für die physischen Organe geworden ist. Deshalb muß dieser Mensch sich Erleichterung auf der Schattenseite der Lebensessenz verschaffen, und diese Seite ist das Traumelement, der physische Schlaf – einer unserer Bewußtseinszustände.

Aber was ist ein Traum?

Das kommt auf die Bedeutung an, die diesem Wort gegeben wird. Man kann "träumen" oder, wie wir es nennen, Visionen schlafen – im Wach- oder Schlafzustand. Wenn die Willenskraft das Astrallicht in einem Gefäß aus Metall sammelt und der Blick, mit dem festen Willen etwas zu sehen, auf einen bestimmten Punkt in diesem Gefäß fixiert wird, dann ist das Resultat eine Wachvision bzw. ein "Traum", zumindest bei Personen, die sensitiv sind. Die Reflexionen im Astrallicht können mit geschlossenen Augen besser gesehen werden und im Schlaf sogar noch deutlicher. Aus einem luziden Zustand wird die Vision transluzid, und aus einem normalen Zustand organischen Bewußtseins steigt sie auf zu einer transzendenten Bewußtseinsverfassung.

Auf welche Ursachen sind Träume hauptsächlich zurückzuführen?

Wie wir alle wissen, gibt es viele Arten von Träumen. Wenn wir die "Verdauungsträume" einmal beiseite lassen, sind da Gehirnträume und Erinnerungsträume, mechanische und bewußte Visionen. Warn- und Vorahnungsträume bedürfen der aktiven Mitarbeit des inneren Egos. Oft sind sie auch das Resultat eines bewußten oder unbewußten Zusammenspiels zwischen den Gehirnen zweier lebender Personen oder deren Egos.

Aber was ist es denn, das träumt?

Im allgemeinen ist es das physische Gehirn des personalen Egos, Sitz des Erinnerungsvermögens, das strahlt und Funken versprüht wie die glühenden Scheite eines schwelenden Feuers. Die Erinnerung des Schlafenden gleicht einer siebensaitigen Äolsharfe, und seine geistige Verfassung kann mit dem Wind verglichen werden, der über ihre Saiten streicht. Dadurch wird die Saite der Harfe bewegt, die mit einer der sieben Bewußtseinsaktivitäten übereinstimmt, mit der der Schlafende beschäftigt war, ehe er einschlief. Ist es nur eine leichte Brise, so wird die Saite kaum berührt; ist es aber ein Sturm, dann sind ihre Schwingungen entsprechend stark. Wenn das personale Ego in Verbindung mit seinen höheren Prinzipien steht und die Schleier der höheren Ebenen gefallen sind, dann geht alles gut. Wenn es aber im Gegenteil von materialistischer, animalischer Natur ist, dann werden wahrscheinlich keine Träume zustande kommen. Sollte aber das Gedächtnis doch zufällig vom Hauch eines aus einer höheren Ebene kommenden "Windes" berührt werden, so würde dieser Eindruck von den sensorischen Ganglien des Kleinhirns und nicht durch eine direkte Vermittlung des geistigen Egos veranlaßt werden. Dadurch würde das Gedächtnis Bilder und Töne empfangen, die so verzerrt und unharmonisch sind, daß selbst eine devachanische Vision als Alptraum oder groteske Karikatur erscheinen müßte.

Es gibt also keine simple Antwort auf die Frage, was da träumt, denn welches Prinzip hauptsächlich als treibende Kraft fungiert, und ob die Träume im Gedächtnis bleiben oder vergessen werden, liegt ausschließlich an der Verfassung des Individuums.

Ist die scheinbare Objektivität in Träumen echt oder ist sie subjektiv?

Wenn die Objektivität als scheinbar bezeichnet wird, dann ist sie ja wohl subjektiv. Die Frage sollte doch besser lauten: Für wen oder was sind die Bilder oder Darstellungen unserer Träume objektiv, und für wen oder was sind sie subjektiv. Für den physischen Menschen, den *Träumenden*, ist alles, was er bei geschlossenen Augen und in seinem Geist oder durch diesen sieht, natürlich subjektiv. Aber für den in diesem Träumenden vorhandenen *Seher*, der als solcher für unsere materiellen Sinne subjektiv ist, ist alles, was er sieht so objektiv wie er sich selbst als objektiv erkennt und wie er es auch für andere ist, die so sind wie er. Materialisten werden wohl lachen, weil sie meinen, wir machten aus einem Menschen eine ganze Familie von Wesenheiten. Aber das stimmt nicht. Der Okkultismus lehrt, daß der physische Mensch eine Einheit, der denkende Mensch aber eine Siebenheit ist, also in sieben verschiedenen Daseinszuständen bzw. auf sieben verschiedenen Bewußtseinsebenen denkt, handelt, fühlt und lebt, und daß das unvergängliche Ego (nicht aber die falsche Personalität) für jeden dieser Zustände oder Ebenen eine spezielle Zusammensetzung von Sinnen besitzt.

Können diese verschiedenen Sinne denn überhaupt unterschieden werden?

Nur Adepten oder aber Chelas mit einem hohen Ausbildungsgrad können das, denn dazu gehört eine umfassende Kenntnis dieser verschiedenen Zustände. Die Wissenschaften, z.B. die Biologie, die Physiologie und selbst die Psychologie (der Maudsley-, Bain- und Herbert Spencer-Richtungen[72]) ignorieren dieses Gebiet. Die Wissenschaft belehrt uns über die verschiedenen durch Willenskraft, Empfindungsfähigkeit, Intellekt und Instinkt hervorgebrachten Phänomene und sagt, sie alle manifestierten sich über Nervenzentren, von denen unser Gehirn das wichtigste sei. Diese Phänomene äußerten sich, so weiter die Behauptung der Wissenschaft, durch eine eigenartige Vermittlungsstruktur oder Substanz, die sie als Gefäßbündel oder faserartige Gewebeteile bezeichnet und deren Beziehung zueinander sie erklärt. Dabei klassifiziert sie die Nervenzentren als motorische, sensorische und sympathische, bewahrt aber völliges Stillschweigen über die geheimnisvolle Einflußnahme des Intellekts oder des Verstands und dessen Funktionen.

---

[72] (H. Maudsley, englischer Physiologe, 1835–1918. Blavatsky schreibt in ihrer Abhandlung über das Devachan: "Die Wissenschaft behauptet, in Träumen hervorgebrachte Einbildungen beruhten auf einem brachliegenden Erinnerungsvermögen und würden in den meisten Fällen durch die Funktion eines inneren Organs in Bewegung gesetzt und entwickelt, dessen Reiz- oder Reaktionsfähigkeit den Teil des Gehirns aktiviert, mit dem das Organ eine spezifische Sympathie verbindet." Aus Maudsleys Hauptwerk *Body and Mind* zitiert sie: "Je sicherer und vollkommener das Gedächtnis wird, umso unbewußter wird es," was sie als "eines der Paradoxa der modernen Physiologie" bezeichnet. Alexander Bain, schottischer Philosoph, 1818–1903, der das Nervensystem und Denkprozesse erforschte und für eine Reform der Lehrmethoden in Schottland eintrat. Herbert Spencer, englischer Soziologe und Philosoph, 1820–1903, forderte eine Vorrangstellung des Individuums vor der Gesellschaft und der Wissenschaft vor der Religion. Anhänger der Darwinschen Evolutionslehre. H.T.)

Wenn wir träumen, passiert es nun aber oft, daß wir bewußt sind und wissen, daß wir träumen. Und das ist ein sehr schöner Beweis dafür, daß der Mensch auf der Gedankenebene ein vielschichtiges Wesen ist. Nicht nur das Ego, der denkende Mensch, ist also ein Proteus, ein vielförmiges, sich laufend veränderndes Wesen, sondern er ist auch in der Lage, sich auf der Bewußtseins- oder Traumebene sozusagen in zwei oder mehr Wesen aufzuteilen. Und auf der Illusionsebene, die uns bis zur Schwelle des Nirvâna folgt, ist er ein mit sich selbst sprechendes Ain-Soph, er führt einen Dialog mit sich selbst und spricht durch, über und zu sich selbst. Es handelt sich hier um das Mysterium der unergründlichen Gottheit des *Sohar* und der indischen Philosophien, der Kabalah, der *Purânas* und der Metaphysik der *Vedas*, ja sogar um das sogenannte Mysterium der Dreieinigkeit des christlichen Gottes. Der Mensch ist der Mikrokosmos des Makrokosmos, der Gott auf Erden ist der Beschaffenheit des Gottes in der Natur nachempfunden. Aber das universale Bewußtsein des wahren Egos transzendiert millionenfach die Selbstbewußtheit des personalen oder falschen Egos.

Ist der sogenannte "unbewußte Denkprozeß" im Schlaf ein mechanischer Prozeß des physischen Gehirns, oder handelt es sich um eine bewußte Tätigkeit des Egos, deren Resultat dann nur dem normalen Bewußtsein eingeprägt wird?

Letzteres. Könnten wir uns denn in unserem bewußten Zustand an etwas erinnern, das stattfand, als unser Gehirn seine Funktionen bewußtlos ausführte? Das wäre doch ein Widerspruch in sich.

Wie ist es möglich, daß Menschen, die nie Berge in der Natur gesehen haben, sie doch oft in Träumen sehen und sogar ihre besonderen Merkmale beschreiben können?

Höchstwahrscheinlich weil sie Bilder von Bergen gesehen haben. Oder aber jemand oder etwas in uns hat früher schon mal Berge gesehen.

Was verursacht die in Träumen oft gemachte Erfahrung, daß der Träumende etwas zu erreichen versucht, dabei aber sein Ziel immer verfehlt?

Das liegt daran, daß das physische Selbst und sein Gedächtnis keine Möglichkeit haben, zu wissen, welche Aktivitäten das wirkliche Ego unternimmt. Der Träumende erhält nur schwache Signale von der Tätigkeit des Egos, die den sogenannten Traum im physischen Menschen verursacht, aber der Träumende ist nicht in der Lage, diesem Traum ohne Unterbrechungen zu folgen. Ein unter Fieberphantasien leidender Kranker hat nach seiner Genesung dasselbe Verhältnis zur Krankenschwester, die ihn während seiner Krankheitsperiode betreut hat, wie der physische Mensch zu seinem wahren Ego. Das Ego handelt innerhalb und außerhalb des physischen Menschen ebenso bewußt, wie es die Krankenschwester in ihrer Achtsamkeit und Pflege dem Kranken gegenüber tut. Aber der später als gesund entlassene Patient kann sich ebenso wenig an etwas erinnern wie der Träumende beim Erwachen, außer in vagen, bruchstückhaften Überbleibseln.

Worin liegt der Unterschied zwischen Schlaf und Tod?

Obwohl eine gewisse Ähnlichkeit zwischen den beiden Zuständen besteht, sind die Unterschiede doch sehr groß. Im Schlaf besteht eine – allerdings schwache – Verbindung zwischen dem niederen und dem höheren Bewußtsein des Menschen, wobei das höhere im niederen mehr oder weniger stark reflektiert wird, wie sehr dabei seine Strahlen auch verzerrt sein mögen. Ist der Körper aber tot, dann wird der Illusionskörper, das *Mâyâvi-rûpa*, zum *Kâma-rûpa*, zur animalischen Seele, und ist sich selbst überlassen. Deshalb ist der Unterschied zwischen einem Gespenst und dem Menschen so groß wie zwischen einem grobstofflichen, animalischen, aber nüchternen Sterblichen und einem hoffnungslos betrunkenen Menschen, der selbst seine nächste Umgebung nicht mehr wahrnehmen kann, ein Unterschied, nochmals, wie zwischen einem Menschen, der in einem völlig dunklen Raum eingeschlossen ist, und einem anderen, der sich in einem zwar unzureichend beleuchteten, aber doch wenigstens mit einer Lichtquelle versehenen Raum befindet.

Die niederen Prinzipien gleichen wilden Tieren und das Manas dem vernunftbegabten Menschen, der sie mehr oder weniger erfolgreich zähmt und sich unterwirft. Befreit sich das Tier aber von der Macht seines Meisters, hört es seine Stimme nicht mehr und sieht ihn nicht mehr, so macht es sich ohne Zögern auf den Weg zurück in den Dschungel, in seine seit Urzeiten angestammte Umwelt. Während allerdings ein Tier eine gewisse Zeit braucht, um in seinen ursprünglichen und natürlichen Zustand zurückzufinden, kehren diese niederen Prinzipien – der "Spuk" – augenblicklich zurück. Und sobald die höhere Dreiheit den Devachan-Zustand erreicht, wird die niedere Dreiheit wieder das, was sie von Anfang an war, nämlich ein mit reinem tierischen Instinkt ausgestattetes Prinzip, das sich über die stattfindende große Veränderung freut.[73]

[73] (Zum besseren Verständnis mag diese Rekapitulation der Lehre vom "Doppel" hilfreich sein: Es gibt drei Ausdrucksformen des "Doppels", die im Werk Blavatskys unterschiedlich bezeichnet werden: 1. Linga Sharira, Astralkörper, 'plastic body' oder Modell- oder Formkörper, auch proteischer oder Proteus-Körper; 2. Mâyâvi-rûpa, Gedankenkörper, Traumkörper, Illusionskörper, der nach dem Tod Kâma-Rûpa – im damaligen theosophischen Sprachgebrauch auch 'Spuk' oder Gespenst – hervorbringt; 3. das wahre Ego, Kausalkörper, karmischer Körper. In einem Dialog erklärt Blavatsky auf die Frage ob es also drei "Doppel" gebe: "Wenn Sie die christliche oder andere Trinitäten 'drei Götter' nennen, dann gibt es drei Doppel. Aber tatsächlich gibt es nur eins, und zwar unter drei Aspekten oder Phasen: Der materiellste Teil verschwindet mit dem Körper; der mittlere überlebt als unabhängige, aber zeitlich begrenzte Wesenheit; der dritte ist unsterblich während des ganzen Manvantaras, wenn Nirvâna ihn nicht vorher beendet." Auf die Frage des Dialogpartners, ob man nicht den Unterschied zwischen Mâyâvi- und Kâma-rûpa – Traumkörper und Spuk – näher erklären müsse, sagt Blavatsky: "Doch, und zusätzlich zu den bereits gegebenen Erklärungen sagen wir also, daß die 'Gedankenkraft' oder der Mâyâvi-Aspekt oder 'Illusionskörper' nach dem Tod gänzlich mit dem Kausalkörper oder

In welchem Zustand ist das Linga Sharira, der formgebende oder Modellkörper, während des Träumens?

Normalerweise schläft das formgebende Modell zusammen mit seinem Körper, es sei denn es erhält einen Impuls durch irgendein starkes, im höheren Manas entstandenes Begehren. In Träumen spielt es keine aktive Rolle, sondern verhält sich im Gegenteil völlig passiv als ein ungewollt im Halbschlaf versunkener Zeuge der Erfahrungen, die die höheren Prinzipien durchmachen.

Unter welchen Voraussetzungen kann eine solche Geistererscheinung gesehen werden?

Manchmal in Krankheitsfällen oder bei sehr stark entwickelten Leidenschaften seitens der gesehenen oder seitens der sehenden Person – beides ist möglich. Im Traum oder in Visionen sieht ein Kranker, besonders kurz vor Eintritt des Todes, sehr wahrscheinlich Menschen, die er liebt und an die er fortwährend denkt, und dasselbe sieht auch eine Person im Wachzustand, die intensiv an einen zur selben Zeit Schlafenden denkt.

Kann ein Magier eine solche träumende Wesenheit herbeirufen und mit ihr kommunizieren?

In der schwarzen Magie ist es nichts Ungewöhnliches, den "Geist" einer schlafenden Person heraufzubeschwören. Der Zauberer kann dann von einer solchen Erscheinung jedes gewünschte Geheimnis erfahren, ohne daß der Schlafende merkt, was mit ihm geschieht. Die auftretende Erscheinung ist bei diesem Vorgang das *Mâyâvi-rûpa*. Es besteht dabei aber immer die Gefahr, daß im lebenden Menschen eine Erinnerung an die Beschwörung zurückbleibt, die er für die Erinnerung an einen lebhaften Traum hält. Wenn die Entfernung nicht besonders groß ist, ist es auch möglich, daß das Doppel oder das *Linga-sharîra* heraufbeschworen wird, das aber weder sprechen noch Mitteilungen machen kann. Dabei besteht dann die Gefahr, daß der Schlafende durch diese erzwungene Trennung getötet wird. So ist es zu vielen plötzlichen Todesfällen im Schlaf gekommen, deren wahre Ursache die Welt nie erfahren hat.

---

dem bewußten, *denkenden* EGO verschmilzt. Der 'Spuk' oder *Kâma-Rûpa* erhält seine Gestalt oder Form von den animalischen Elementen, also von der Kraft der Begierde des 'Traumkörpers', welcher nach dem Tod alles absorbiert, was er im Verlauf des Lebens, als er im Besitz des Körpers war, in seiner unstillbaren Begierde nach Leben angesammelt hat, d.h. die ganze astrale Lebenskraft sowie alle aus seinen *materiellen* Handlungen und Gedanken resultierenden Eindrücke. Theosophen wissen, daß das *höhere* Manas sich nach dem Tod mit der *Monade* vereint und in das Devachan übergeht, während die Überreste des *niederen Manas* oder der animalischen Empfindungen das Gespenst, den Spuk hervorbringen. Dieses Gespenst hat zwar Leben in sich, aber kaum Bewußtsein – außer wenn es, sozusagen als Stellvertreter, von dem Strom angezogen wird, der von einem Medium ausgeht." Siehe *H.P. Blavatsky Collected Writings*, Bd. X, S. 219–220; H.T.)

Kann es zwischen einem Träumenden und einer Wesenheit im Kama Loka zu Kontakten kommen?

Wer Medium ist und von einer Wesenheit im Kama Loka träumt, oder wenn der von einer solchen Wesenheit Träumende jemand ist, der sich selbst im Wachzustand so passiv gemacht hat, daß sogar sein höheres Selbst ihn nun nicht mehr beschützen kann, der würde wahrscheinlich Alpträume haben oder riskieren, von dem so angezogenen "Spuk" "besessen" zu werden. Deshalb ist mediumistische Passivität so gefährlich; im Lauf der Zeit verursacht sie eine völlige Unfähigkeit des höheren Selbst, der schlafenden oder gebannten Person zu helfen oder sie auch nur zu warnen. Passivität lähmt die Verbindung zwischen den niederen und den höheren Prinzipien. Es gibt nur sehr wenige Medien, die *bewußt* passiv bleiben, weil sie mit einer höheren Intelligenz, einem fremden, *ex-terrestrischen*[74] Geist (der nicht körperlos ist) kommunizieren wollen, dabei aber trotzdem ihren persönlichen Willen so weit beibehalten können, daß die Verbindung mit dem höheren Selbst nicht gänzlich unterbrochen wird.

Kann ein Träumender mit einer Wesenheit im Devachan in Verbindung stehen?

Nur in Träumen oder Visionen während des Schlafs oder in Trance besteht die Möglichkeit zur Kommunikation mit Devachanis. Kein Devachani kann zu unserer Ebene herabkommen; wir, oder besser: unser *inneres Selbst* muß sich zu seiner Ebene erheben.

In welchem Geisteszustand befindet sich ein Alkoholiker im Schlaf?

Bei ihm handelt es sich nicht um wirklichen Schlaf, sondern um eine tiefe Betäubung; der Trinker kommt körperlich nicht zur Ruhe und befindet sich in einem Zustand, der schlimmer als Schlaflosigkeit ist und ihn bald umbringen wird. Während solcher Betäubungen ebenso wie im betrunkenen Wachzustand wirbelt und dreht sich alles im Gehirn, wodurch in der Einbildung schreckliche und groteske Formen in fortwährender Bewegung und unaufhörlichem Durcheinander produziert werden.

Was ist die Ursache von Alpträumen, und wie kommt es, daß die Träume von Menschen, die an fortgeschrittener Schwindsucht leiden, so oft wohltuend sind?

Die Ursache von Alpträumen ist rein physiologischer Natur. Ein Alptraum entsteht durch Beklemmung und Atembeschwerden. Atembeschwerden verursachen immer Gefühle von Beklemmung und drohendem Unheil. Und die Träume Schwindsüchtiger sind deshalb wohltuend, weil der Kranke mit jedem Tag immer

[74] (Im Original "ex-terraneous" anstatt des fast gleichlautenden 'extraneous'; ein Wortspiel, das sowohl 'außen', 'außerhalb' oder 'fremd' als auch 'vormals oder einst irdisch' ausdrücken soll. H.T.)

weiter von seinem physischen Körper getrennt und dementsprechend hellsichtiger wird. Wenn der Tod naht, setzt der Zerfall des Körpers ein, der dann nicht länger ein Hindernis, eine Barriere zwischen dem Gehirn des physischen Menschen und seinem höheren Selbst ist.

Wäre es gut, das Träumen zu schulen?

Durch die Schulung der Kraft, die wir "Träumen" nennen, wird Hellsichtigkeit entwickelt.

Gibt es Methoden, mit denen Träume gedeutet werden können – wie z.B. die Art von Interpretationen in Traumdeutungsbüchern?

Nein, es gibt nur die hellseherischen Fähigkeiten und die geistige Intuition des "Interpreten". Alle träumenden Egos unterscheiden sich voneinander, genauso wie unsere Körper. Wenn es auf der physischen Ebene sieben Schlüssel zur sinnbildlichen Darstellung aller im Universum vorhandenen Dinge gibt, wieviele solcher Schlüssel wird es dann erst auf den höheren Ebenen geben?

Können Träume in Kategorien aufgeteilt werden?

Man kann Träume in sieben allgemeine Kategorien aufteilen, die dann weiter unterteilt werden können. So würden wir die folgende Klassifizierung vornehmen:

1. Prophetische Träume. Sie werden vom höheren Selbst in unser Gedächtnis eingeprägt und sind zumeist einfach und klar: Entweder wird eine Stimme gehört oder ein kommendes Ereignis vorausgesehen.

2. Allegorische Träume. Das sind kurze, verschwommene Einblicke des Gehirns in Wirklichkeiten, die zusätzlich durch unsere Phantasie verfälscht werden.

3. Träume, die übermittelt werden von Adepten, guten oder schlechten, von Hypnotiseuren[75] oder durch die Gedanken von sehr mächtigen Geisteskräften,[76] die uns ihren Willen aufzwingen wollen.

4. Retrospektive Träume. Das sind Träume von Ereignissen, die in früheren Inkarnationen stattfanden.

5. Warnträume, für andere Menschen bestimmt, die selbst keine Einprägungen empfangen können.

6. Konfuse Träume, deren Ursachen bereits erwähnt wurden.

7. Träume, die nichts anderes als reine Einbildung und chaotische Bilderfolgen sind und auf Verdauungsstörungen, mentale Probleme oder ähnliche äußere Ursachen zurückgehen.

---

[75] (orig.: Mesmerisers. H.T.)
[76] (orig.: minds. H.T.)

II.

HINTERGRÜNDE UND QUELLEN

H.P. BLAVATSKY-CHRONIK

Ereignisse der Weltgeschichte, Natur- und Geisteswissenschaften, Kunst, Literatur und Religion	**Ereignisse in H.P. Blavatskys Leben**
1831 Cholera-Pandemie in Europa Griechischer Unabhängigkeitskrieg endet, Gründung des griechischen Königreiches Belgien wird "republikanische Monarchie", Leopold I. wird König der Belgier Giuseppe Mazzini gründet in Marseille den Geheimbund *La Giovine Italia* Faraday entdeckt die elektrische Induktion Ross entdeckt den magnetischen Nordpol Goethe, *Faust II* Hugo, *Der Glöckner von Notre Dame* G. F. W. Hegel † Wilhelm Raabe *	**1831** Helena Petrovna Blavatsky wird am 12. August in Dnepropetrowsk (Ekaterinoslaw), Ukraine geboren. Vater: Oberst Peter von Hahn, Mutter: Helena Andrejewna, geborene Fadejew. Sie besitzt von Kindheit an bemerkenswerte psychische Kräfte.
1832 Parlamentsreform im englischen Unterhaus angenommen Begrenzung der täglichen Arbeitszeit für Kinder über 9 Jahren auf 8 Stunden täglich Gauß' Schrift über den Erdmagnetismus A. v. Feuerbach, *Kaspar Hauser* Puschkin, *Eugen Onegin* J.W. v. Goethe † Walter Scott † Jeremy Bentham † Wilhelm Busch * E. Manet *	**1832–1848** Wegen zahlreicher beruflicher Versetzungen ihres Vaters lebt Helena zumeist kurzfristig, zeitweise auch bei ihren Großeltern, u. a. in Ekaterinoslaw, Romankowo, Odessa, St. Petersburg, Astrachan, Poltawa, Saratow, Semipalatinsk und Tiflis.
1833 Abschaffung der Sklaverei im britischen Empire In Rußland Verbot des Verkaufs von Leibeigenen auf Märkten Elektro-magnetische Telegraphie Herschel, *Treatise on Astronomy* Johannes Brahms *	

1834

Der Deutsche Zollverein: Einheitlicher deutscher Wirtschaftsraum ohne Binnenzölle

Inquisition in Spanien aufgehoben

Erste Großkarte vom Mond

Ranke, *Die römischen Päpste*

Grillparzer, *Der Traum ein Leben*

Friedrich Schleiermacher †

E. Haeckel *

Edgar Degas *

1835

Erste deutsche Eisenbahn von Nürnberg nach Fürth

Strauss, *Das Leben Jesu*

Büchner, *Dantons Tod*

W. v. Humboldt †

1836

Eckermann, *Gespräche mit Goethe*

E.A. Poe, *Kurzgeschichten*

R.W. Emerson, *Nature*

Arthur Schopenhauer, *Über den Willen in der Natur*

1837

Thronbesteigung der Queen Victoria

Flourens entdeckt Atmungszentrum im Zentralnervensystem

Rosenkranz, *Geschichte der Kantischen Philosophie*

Ludwig Börne †

Georg Büchner †

1838

Manchester-Fabrikanten fordern Freihandel

Feuerbach, *Geschichte der neueren Philosophie von Bacon bis Spinoza*

1839

Belgien und Niederlande werden getrennte Königreiche

Kinderarbeit bis zum 9. Lebensjahr in Preußen verboten

Daguerreotypie

Stendhal, *Kartause von Parma*

Dickens, *Oliver Twist*

Paul Cezanne *

1840

Napoleons Leiche im Invalidendom in Paris beigesetzt

Erste Briefmarke in England

Kapitän Wilkes entdeckt die antarktische Küste

Liebig, *Agrikulturchemie*

Proudhon, *Was ist Eigentum?* ("Eigentum ist Diebstahl")

Gogol, *Der Mantel*

Chopin komponiert Walzer und Mazurken

E. Zola *

1841

Feuerbach, *Vom Wesen des Christentums*

Carlyle, *Helden und Heldenverehrung*

Schopenhauer, *Die beiden Grundprobleme der Ethik*

1842

China gezwungen, Opium einzuführen und Hong Kong an England abzutreten

J.R. Meyers Gesetz der Energieerhaltung

Äthernarkose (C. T. Jackson)

Doppler, *Das farbige Licht der Doppelsterne*

Droste-Hülshoff, *Die Judenbuche*

Gogol, *Tote Seelen*

1843

Wagner, *Der fliegende Holländer*

F. Hölderlin †

1844

Weberaufstand in Schlesien niedergeschlagen

Samuel Morse schickt seine erste telegraphische Nachricht von Washington nach Baltimore

Hebbel, *Maria Magdalena*

Heine, *Deutschland, ein Wintermärchen*

Schopenhauer, *Welt als Wille und Vorstellung*, 2. Bd.

F. Nietzsche *

Paul Verlaine *

1845 A. v. Humboldt, *Kosmos* Kierkegaard, *Furcht und Zittern* Stirner, *Der Einzige und sein Eigentum* Merimée, *Carmen* Wagner, *Tannhäuser* A. W. v. Schlegel †	
1846 Krieg USA-Mexiko Freihandel in England Entdeckung des Planeten Neptun	
1847 Ansiedlung heimkehrender Sklaven aus den USA in Liberia, Westafrika Chloroform-Narkose	
1848 Februarrevolution in Frankreich Märzrevolution in Deutschland: Nationalversammlung in der Frankfurter Paulskirche Abdankung Ludwigs I. von Bayern nach Lola-Montez-Skandal Mexiko verliert Kalifornien, Texas, New Mexico an die USA Marx und Engels, *Das kommunistische Manifest* J.S. Mills, *Politische Ökonomie* A.v. Droste-Hülshoff † Paul Gauguin *	
1849 Frankreich besiegt Garibaldi, der aus Rom flieht. Lichtgeschwindigkeit gemessen Thoreau, *Über die Pflicht zum Ungehorsam gegen den Staat* Wagner, *Kunst und Revolution* F. Chopin † E.A. Poe † A. Strindberg *	**1849** Heiratet Nikifor Blavatsky, einen wesentlich älteren Staatsbeamten.

1850 Preußische Verfassung Foucaults Pendelversuch Helmholtz erfindet Augenspiegel und mißt Leitgeschwindigkeit der Nerven I. H. Fichte, *Recht, Staat und Sitte* Balzac † W. Wordsworth †	**1849–1850** Verläßt Nikifor Blavatsky nach wenigen Monaten und reist in die Türkei, nach Griechenland, Ägypten und Frankreich.
1851 Erste Weltausstellung in London Bismarck Gesandter Preußens im Bundestag Schopenhauer, *Parerga und Paralipomena* Melville, *Moby Dick* Clausius: Mechanische Wärmelehre Verdi, *Rigoletto*	**1851** In London erste Begegnung mit ihrem Meister.
1852 Gelungener Staatsstreich Louis Napoleons; wird als Napoleon III. Kaiser der Franzosen Brüder Grimm, *Deutsches Wörterbuch* H. Beecher-Stowe, *Onkel Toms Hütte*	**1852** Reisen nach Kanada, New Orleans, Mexiko, Südamerika, Westindische Inseln, von dort über das Kap der Guten Hoffnung nach Ceylon (Sri Lanka) und Indien.
1853 Krimkrieg zwischen Rußland und der Türkei Rhein-Main-Kanal vollendet Gobineau, *Über die Ungleichheit der Rassen* Verdi, *La Traviata* Ludwig Tieck † Vincent van Gogh *	**1853** Vergeblicher Versuch, nach Tibet einzureisen. Über Java Rückkehr nach England.
1854 Glühlampe (Göbel) Papst verkündet das Dogma von der unbefleckten Empfängnis Marias Assurbanipals Tontafel-Bibliothek ausgegraben Thoreau, *Walden oder das Leben in den Wäldern* Mommsen, *Römische Geschichte* F.W. Schelling † Oscar Wilde *	**1854** Wieder in Amerika, Überquerung der Rocky Mountains mit einem Siedlertreck europäischer Einwanderer. Vermutlich wieder eine Südamerikareise.
1855 Aufhebung der Leibeigenschaft in Rußland unter Zar Alexander II. Livingstone entdeckt die Victoria-Fälle	**1855** Am Jahresende Abreise nach Indien über Japan.

H. Helmholtz, *Über das Sehen des Menschen* Walt Whitman, *Grashalme* Freytag, *Soll und Haben* Kierkegaard †	
1856 Knochen des Urzeitmenschen im Neandertal bei Düsseldorf gefunden I.H. Fichte, *Anthropologie* Busch, *Max und Moritz* H. Heine † Sigmund Freud * George Bernard Shaw *	**1856–1857** Reisen durch Indien, Kashmir, Ladakh, Teile von Tibet, Burma.
1857 Indische Erhebung gegen England gescheitert Flaubert, *Madame Bovary* Baudelaire, *Blumen des Bösen* Joseph Conrad *	
1858 Erstes Atlantik-Unterseekabel Virchow erklärt alle Krankheiten aus Veränderungen der Zellen Schopenhauers 70. Geburtstag Offenbach, *Orpheus in der Unterwelt* Max Planck *	**1858** Rückkehr nach Europa über Java, Aufenthalt in Frankreich und Deutschland. Rückkehr nach Rußland, Ankunft in Pskow am Weihnachtsabend.
1859 Spektralanalyse (Bunsen und Kirchhoff) Maxwells Gastheorie Darwin, *Entstehung der Arten* Marx, *Kritik der politischen Ökonomie* A. von Humboldt † Fürst Metternich Henri Bergson * Knut Hamsun *	
1860 Garibaldi erobert Palermo und Neapel; Mazzini besucht Garibaldi in Neapel China gezwungen, Gebiete an England und Rußland abzutreten Burckhardt, *Die Kultur der Renaissance in Italien* Schopenhauer † Gustav Mahler *	**1860–1865** Unterwegs im Kaukasus, wo sie einheimische Volksstämme besucht. Erfährt in dieser Periode eine starke physische und psychische Krise, wonach sie vollständige Gewalt über ihre okkulten Kräfte erlangt.

1861

Beginn des amerikanischen Bürgerkriegs der Nordstaaten gegen 11 Südstaaten

A. Lincoln Präsident der USA

Aufhebung der Leibeigenschaft in Rußland

Viktor Emanuel wird König von Italien

J.P. Reis erfindet das Telefon

Fechner begründet die Psycho-Physik

Bunsen und Kirchhoff: Spektralanalyse

R. Tagore *

1862

Bismarck wird preußischer Ministerpräsident

N. Otto entwickelt den Viertaktmotor

1863

Polens Erhebung gegen Rußland

Gründung des Allgem. Deutschen Arbeitervereins

Huxley behauptet die Verwandtschaft von Mensch und Menschenaffe nachzuweisen

Maxwells Forschungen über die Ausbreitung elektrischer Ätherwellen

Renan, *Leben Jesu*

1864

Doré illustriert die Bibel

Lombroso, *Genie und Irrsinn*

Richard Strauss *

1865

Ende des amerikanischen Bürgerkriegs; Sieg der Nordstaaten

Ermordung des amerikanischen Präsidenten Lincoln

Sklaverei in den USA aufgehoben; Gründung des Ku Klux Klan

Erste Öl-Pipeline (USA)

Erster Frauenverein entsteht in Berlin; Beginn der deutschen Frauenbewegung

Clausius: Entropiegesetz

J. Verne, *Von der Erde zum Mond*

Carroll, *Alice im Wunderland*

W.B. Yeats *

Sven Hedin *

1866 Allianz Preußens mit Italien gegen Österreich Auf Kreta beginnt der Aufstand gegen die osmanische Herrschaft Mendels Vererbungslehre Dostojewski, *Schuld und Sühne* Ibsen, *Brand* Romain Rolland *	**1866** Unternimmt ausgedehnte Reisen im Balkan, in Ägypten, Syrien.
1867 Garibaldis Freiheitskämpfer werden bei Mentana vom französischen Heer geschlagen Rußland verkauft Alaska und Aleuten an USA für 7,2 Millionen Dollar Bismarck wird Bundeskanzler Ungarn selbständig in der Doppelmonarchie Österreich-Ungarn Mit dem British North American Act erhält das Dominion of Canada Unabhängigkeit A. Nobel entwickelt das Dynamit Marx, *Das Kapital* Ibsen, *Peer Gynt* Wagner, *Meistersinger* M. Faraday †	**1867** Kurzer Aufenthalt in Südrußland und Rückkehr nach Italien. In der Schlacht von Mentana fünf Mal verwundet.
1868 W. E. Gladstone wird Regierungschef in England Gründung der *National Society for Women* in London zum Kampf für das Frauenwahlrecht Haeckels Schöpfungsgeschichte Dostojewski, *Der Idiot* Brahms, *Deutsches Requiem* M. Gorki * **1869** Eröffnung des Suez-Kanals Mendelejews System der Elemente Tolstoi, *Krieg und Frieden* J.S. Mill, *Die Hörigkeit der Frau*	**1868** Reise nach Tibet via Indien. Trifft den Mahatma K. H. und wohnt vorübergehend bei dessen Schwester in Shigatse.
1870 Beginn des Deutsch-Französischen Krieges Rom wird Hauptstadt des geeinten Italien Unfehlbarkeit des Papstes verkündet Heinrich Schliemann beginnt Ausgrabungen in Troja Charles Dickens † Lenin *	**1870** Rückkehr nach Griechenland.

1871 Sieg Deutschlands über Frankreich. Gefangenschaft Napoleons III. Einigung Deutschlands; Wilhelm I deutscher Kaiser Bismarck wird Kanzler des Deutschen Reiches Niederwerfung des Aufstands der Pariser Kommune Darwin, *Die Abstammung des Menschen* Sir John Herschel (Astronom) †	**1871–1872** Einschiffung nach Ägypten, Schiffbruch nahe der Insel Spetsae am 4. Juli. Läßt sich in Kairo nieder.
1872 Der 1. Band des *Kapital* von K. Marx erscheint in russischer Übersetzung Bruckner, *f-Moll-Messe*	**1872** Reisen nach Syrien, Palästina, Libanon, Rückkehr nach Odessa.
1873 Erste Wirtschaftskrise in Europa ("Große Depression") Beginn der Massenauswanderungen aus Europa nach Amerika Drei-Kaiser-Bund Deutschland, Rußland, Österreich Lepra-Bazillus entdeckt Bakunin, *Staat und Anarchie* Tolstoi, *Anna Karenina*	**1873** Nach kurzen Reisen in Osteuropa Aufenthalt in Paris. Im Auftrag ihres Meisters Abreise nach New York, Ankunft am 7. Juli.
1874 B. Disraeli neuer Regierungschef in England Einführung der obligatorischen Zivilehe in Preußen (im Reich 1875) Weltpostverein gegründet Wagner, *Ring des Nibelungen* Mussorgski, *Bilder einer Ausstellung*	**1874** Trifft am 14. Oktober Col. Henry Steel Olcott auf der Farm der Eddys in Chittenden, Vermont. Veröffentlichung ihres ersten Artikels im *Daily Graphic*.
1875 Frankreich erhält republikanische Verfassung Aktienmehrheit Englands am Suezkanal H. J. Michon begründet Graphologie Bizet, *Carmen* in Paris uraufgeführt; Mißerfolg Albert Schweitzer * Thomas Mann * M. Ravel *	**1875** Am 8. September Gründung der Theosophischen Gesellschaft zusammen mit Col. Olcott, William Q. Judge u. a. Eröffnungsrede Col. Olcotts am 17. November.
1876 Queen Victoria wird Kaiserin von Indien Eröffnung des Bayreuther Festspielhauses Papst Pius XII. *	

1877 Kriegserklärung Rußlands an das Osmanische Reich Edison erfindet Phonographen Bild-Telegraphie (Caselli) Erste Luftverflüssigung Ibsen, *Stützen der Gesellschaft* Tschaikovskys Musik zum Ballett *Schwanensee*	**1877** Im September Veröffentlichung ihres ersten großen Werkes, *Isis entschleiert*, in einer Startauflage von 1000 Exemplaren, die in 10 Tagen ausverkauft ist.
1878 Annahme des "Gesetzes gegen die gemeingefährlichen Bestrebungen der Sozialdemokratie" im deutschen Reichstag Der Papst verwirft den Sozialismus Erfindung des Mikrofons Koch erkennt Bakterien als Erreger Gründung der Heilsarmee	**1878** Wird am 8. Juli amerikanische Staatsbürgerin. Am 18. Dezember mit Col. Olcott Abreise nach Indien, nachdem Olcott einen Diplomatenpaß und vom amerikanischen Präsidenten ein Empfehlungsschreiben an alle diplomatischen Vertretungen der USA erhalten hat.
1879 Kaiser Franz Joseph I. von Österreich schließt Geheimbund mit Deutschland gegen Rußland Edisons haltbare Glühbirne Höhlenmalerei von Altamira entdeckt Ibsen, *Nora oder Ein Puppenheim* (wichtiger lit. Beitrag zur Frauenemanzipation) A. Einstein *	**1879** Ab Oktober Herausgabe ihrer ersten Zeitschrift, *The Theosophist*, wodurch bis 1883 ein schnelles Wachstum der theosophischen Bewegung in Indien herbeigeführt wird. Erste Gespräche Col. Olcotts mit H.P.B. über "ihr neues Buch über die Theosophie", das neun Jahre später unter dem von Olcott vorgeschlagenen Titel *Die Geheimlehre* erscheinen wird.
1880 Buren-Erhebung (Südafrika) gegen England Schulpflicht in England Kölner Dom vollendet Duden Wörterbuch Laval erfindet Dampfmaschine Pasteur: Tollwutimpfung entwickelt	**1880** Erstes Zusammentreffen mit Anagarika Dharmapala in Ceylon (Sri Lanka). Sinnett erhält die ersten beiden Mahatma-Briefe. Zu Besuch bei dem Mahârâjah von Benares, dessen Familienmotto aus dem *Mahâbhârata* (Shantiparvan, Kap. 160, Stanze 24) in etwas abgewandelter Form zum Motto der Theosophischen Gesellschaft wird.
1881 Drei-Kaiser-Vertrag Deutschland, Österreich-Ungarn, Rußland Zar Alexander II. von Rußland ermordet; Nachfolger: sein Sohn Alexander III. Tunesien wird französisch Charcot erforscht Hysterie	
1882 Dreibund Deutschland, Österreich-Ungarn, Italien gegen Frankreich England besetzt Ägypten In der Schweiz wird die Gotthardbahn eröffnet	**1882** Verlegung des Hauptsitzes der Theosophischen Gesellschaft nach Adyar, wo Huddlestone's Gardens zu diesem Zweck gekauft worden war.

Koch findet Tuberkelbazillus, 1884 auch den Erreger der Cholera Brugsch, *Hieroglyphen-Wörterbuch* Ignatius Donnelly, *Atlantis: The Antediluvian World* I. Strawinski * James Joyce *	
1883 Fabian Society in England gegründet (G.B. Shaw, H.G. Wells u.a.) Daimlers Benzinmotor A. Gaudi beginnt mit dem Bau der Kathedrale *Sagrada Familia* in Barcelona Nietzsche, *Also sprach Zarathustra* Diltheys *Einleitung in die Geisteswissenschaften* Iwan S. Turgenjew †	**1883** Die ersten Fortsetzungen von H.P.B.s Reisebericht *In den Höhlen und Dschungeln Hindustans* erscheinen in Rußland. Im Juli Arbeit an ihrem ein Jahr später erscheinenden *Die rätselhaften Stämme der Blauen Berge*; im gleichen Monat erscheint ihr wichtiger Artikel "Chelas und Laienchelas" im *Theosophist.*
1884 Deutschland erwirbt Kolonien in Afrika und auf Neuguinea Französisches Protektorat über Vietnam	**1884** In der Januar-Ausgabe des *Journal of the Theosophical Society* erste Ankündigung des Erscheinens der *Geheimlehre*, einer "neuen Version von *Isis entschleiert*", und die Februar-Ausgabe enthält einen erneuten Hinweis auf das zukünftige Erscheinen des Werkes von H.P.B. "unter Mitarbeit von T. Subba Row Garu". Am 20. Februar Abreise nach Europa in Begleitung von Olcott und anderen. Nach einem Aufenthalt in Nizza läßt sie sich für einige Zeit in Paris nieder, um an der *Geheimlehre* zu arbeiten. Kurzer Besuch in London. Im Herbst Übersiedlung nach Elberfeld. Im Oktober Reise nach Indien. Ankunft im Dezember. In Moskau erscheinen die ersten Fortsetzungsteile von *Die rätselhaften Stämme der Blauen Berge.*
1885 Pasteur erprobt erfolgreich Tollwut-Impfstoff Marx, *Das Kapital*, Bd. 2, herausgegeben von F. Engels Otto Klemperer *	**1885** Am 9. Januar erhält sie von dem Mahatma M. den Plan für ihre *Geheimlehre.* Im Februar schwere Erkrankung. Am 31. März verläßt sie Indien für immer. Über Neapel und Torre del Greco (im Juli dort Arbeit am 2. Teil von *In den Höhlen und Dschungeln*) nach Würzburg, Ludwigstraße 6, um an der *Geheimlehre* zu arbeiten. Im September Besuch des Ehepaares Sinnett ("Als meine Frau und ich sie im September 1885 besuchten, hatte sie die Geheimlehre noch nicht angerührt"). Ab Oktober Arbeit am Manuskript der *Geheimlehre.*
1886 König Ludwig II. stirbt im Starnberger See Burma unter englischer Herrschaft	**1886** Reist im Juli über Elberfeld nach Ostende.

Der Papst verbietet Feuerbestattung C. F. Benz baut das erste Automobil der Welt Entdeckung des Elements Germanium Nietzsche, *Jenseits von Gut und Böse*	
1887 Weltsprache Esperanto Elektrische Wellen entdeckt (Hertz) Schallplatte in Berlin erfunden	**1887** Verlegt ihren Wohnsitz im Mai nach London, wo sie die Blavatsky-Loge gründet. Herausgabe ihrer zweiten Zeitschrift *Lucifer*, mit der sie "die im Dunkel verborgen liegenden Dinge ans Licht bringen" will. In der Dezember-Ausgabe der berühmte Offene Brief: "'*Lucifer*' an den Erzbischof von Canterbury".
1888 Kaiser Wilhelm I. stirbt; sein Sohn Friedrich III. besteigt den Thron und stirbt 3 Monate später Sklaverei in Brasilien abgeschafft Bellamy, *Rückblick aus dem Jahr 2000* Knut Hamsun, *Hunger*	**1888** Am 20. Oktober erscheint der erste Band der *Geheimlehre* in einer ersten Auflage von 500 Exemplaren, die am Erscheinungstag durch Vorbestellungen bereits ausverkauft sind. Der zweite Band soll Ende des Jahres erscheinen. Gründung der Esoterischen Schule.
1889 Italienischer Feldzug gegen Abessinien 1. Mai wird Weltfeiertag Mit einer Alters- und Invalidenversicherung Abschluß der Bismarckschen Sozialgesetzgebung Bedeutung des Vitamins entdeckt Eiffelturm erbaut B. Suttner, *Die Waffen nieder!* Bergson, *Zeit und Freiheit*	**1889** Im Juli Reise nach Fontainebleau, wo sie den größten Teil der *Stimme der Stille* schreibt. Besuch von Annie Besant. Ende Juli Veröffentlichung des *Schlüssels zur Theosophie.* Die *Stimme der Stille* erscheint im September. Im Oktober hält H.P.B. Vorträge in der Blavatsky-Loge über Jesus und das Johannes-Evangelium.
1890 Niederschlagung des Eingeborenenaufstandes durch deutsche Truppen in Ostafrika Bismarck entlassen Sozialistengesetz des Deutschen Reiches aufgehoben Lilienthal gelingt der erste Flug Behring findet Heilkraft des Blut-Serums Kleopatras Grabstätte gefunden	**1890** *Transactions (Protokolle der Londoner Studienkonferenzen).* H.P.B. und andere gründen eine soziale Einrichtung zur Unterstützung arbeitender Frauen: "The Working Women's Club". Gründung des europäischen Hauptsitzes der Theosophischen Gesellschaft in London, 19 Avenue Rd., wo sie stirbt.
1891 Weberaufstand in Frankreich niedergeschlagen Rußland beginnt mit dem Bau der Transsibirischen Eisenbahn Tesla empfiehlt Strom-Therapie (Diathermie) Gauguin übersiedelt nach Tahiti Oscar Wilde, *Das Bildnis des Dorian Gray* Charles Bradlaugh †	**1891** Tod am 8. Mai. Einäscherung im Woking Krematorium.

Boris de Zirkoff

"ICH FAND DIE WAHRHEIT": ANNIE BESANT UND *DIE GEHEIMLEHRE*

Die Erstausgabe des ersten Bandes der *Geheimlehre* erschien im Oktober 1888 und verzeichnete drei Verlage bzw. Herausgeber: Die neugegründete Theosophical Publishing Company in London, William Q. Judge in New York und *The Theosophist* in Madras. (Der zweite Band erschien Anfang 1889.) Die bald nötig gewordene sogenannte zweite Auflage des Werkes war eigentlich nur ein Nachdruck der ersten, mit wenigen und nur geringfügigen Korrekturen. Die dritte, überarbeitete Auflage, die schon im Dezember 1891 angekündigt worden war, erschien in der zweiten Hälfte des Jahres 1893 im Verlag Theosophical Publishing Society in London und Benares.[1] Im Vorwort von Annie Besant und G.R.S. Mead wird erklärt, die Herausgeber hätten "sich bemüht, geringfügige Details in der literarischen Ausdrucksweise zu korrigieren, ohne dabei wichtigere Inhalte zu berühren." Außerdem korrigierten sie "umständliche, durch (H.P.B.s) unvollständige Beherrschung der englischen Sprache verursachte Sätze" und führten "ein einheitliches Transliterationssystem für Sanskritwörter" ein. Ein sorgfältig unternommener Vergleich bestätigt diese Aussagen jedoch nicht. Es gibt zahlreiche Änderungen, die an H.P.B.s Sprache, Interpunktion, Großschreibung und Kursivsetzung vorgenommen wurden, und die den Sinn vieler Sätze verändert haben. Viele der Fußnoten in der Originalausgabe wurden in den Text aufgenommen, wodurch sich natürlich die Paginierung beider Bände änderte. Eine der bedauerlichsten Tatsachen ist, daß alle Hinweise H.P.B.'s auf einen dritten und vierten Band ihres Werkes vollständig entfernt wurden.[2]

***

Annie Besants bemerkenswerte, anonym veröffentlichte Besprechung in der *Pall Mall Gazette* vom 25. April 1889 war eine der ersten Rezensionen der *Geheimlehre*. Herausgeber der Zeitschrift war der angesehene Journalist William T. Stead. Die Umstände, die zu dieser Rezension führten, sind weitgehend unbekannt und sollen deshalb hier festgehalten werden.

---

[1] (Die 1899 erschienene, von Annie Besant in Auftrag gegebene erste deutsche Ausgabe in vier Bänden ist eine Übersetzung dieser dritten englischsprachigen Ausgabe von 1893. Sie ist inhaltlich unverändert als leinengebundene Reprint-Ausgabe lieferbar: H.P. Blavatsky, *Die Geheimlehre* in vier Bänden, 1998. H.T.)

[2] (Eine detaillierte historische Betrachtung des Herausgebers der Gesammelten Werke Blavatskys über den kontroversen sogenannten dritten Band der *Geheimlehre* in *H.P. Blavatsky Collected Writings*, Bd. XIV, S. XXV–XLIV. H.T.)

Eine H.P.B. in aufrichtiger und treuer Freundschaft ergebene Persönlichkeit war Olga Alexejewna de Nowikow, geborene Kirejew (1840–1924), aus russischem Adelsgeschlecht und Witwe des Generalleutnants Iwan Petrowitsch de Nowikow, die sich als Autorin politischer und sozialer Themen profiliert hatte. Sie lebte seit mehreren Jahren in England und gehörte zum engsten Freundeskreis von Premierminister Gladstone. Für H.P.B. empfand sie große Bewunderung und, wegen ihres Interesses an metaphysischen Fragen, eine besondere Verbundenheit. Sie war auch mit William T. Stead befreundet, dem ob seiner Originalität und Unparteilichkeit berühmten und einflußreichen Journalisten und Schriftsteller, dessen besonderes Interesse der Friedensbewegung und der Erforschung der menschlichen Psyche galt. Er gründete 1890 die bekannte Zeitschrift *Review of Reviews*. Madame de Nowikow hatte ihm geraten, H.P.B. kennenzulernen, stieß aber anfangs auf wenig Interesse. Nachdem sie ihn jedoch mit Nachdruck ein zweites Mal auf ihren Vorschlag angesprochen hatte, meldete sich Stead zu einem Besuch bei H.P.B. an und verstand sich hervorragend mit ihr. H.P.B. schenkte ihm eine Photographie von sich und sagte, er sei ein guter Theosoph. In Steads eigenen Worten:

> Mein gutes Verhältnis zu Madame Blavatsky hatte ein unerwartetes Ergebnis. Als ein Rezensionsexemplar der *Geheimlehre* in der *Pall Mall*-Redaktion eintraf, fand ich die Aufgabe abschreckend, dieses Werk zu beurteilen und seinem Inhalt gerecht zu werden. Ich reichte das Buch also an Annie Besant weiter, die seit einiger Zeit an Séancen teilnahm und sich für die jenseitige Welt interessierte. Ich bat sie, die Rezension zu übernehmen. Sie befaßte sich intensiv mit dieser Aufgabe, war von dem Werk fasziniert, und als ihre Besprechung fertig war, bat sie mich, sie der Autorin vorzustellen. Ich tat es gern, und es war diese Vorstellung, die den neuesten Evolutionssprung in Mrs. Besants Karriere verursachte ... Aber, rein menschlich gesehen, wenn Madame de Nowikow nicht so nachdrücklich auf meinen Besuch bei Madame Blavatsky bestanden hätte, dann wäre die enge Verbindung zwischen der Theosophischen Gesellschaft und Annie Besant vielleicht nie zustande gekommen.

Erwähnt werden sollte, daß Mrs. Besant selbst einen Brief an H.P.B. schickte, nachdem sie Stead um die Vorstellung gebeten hatte. In diesem Brief bat sie um die Erlaubnis eines Besuchs. H.P.B.s Antwort, datiert vom 15. März 1889, begann mit dem folgenden Satz: "Auch ich wollte Sie schon seit langem kennenlernen, denn nichts in der Welt beeindruckt mich mehr als Unerschrockenheit und der so seltene Mut, mit Aufrichtigkeit hervorzutreten und der ganzen Welt – auch Mrs.

Grundy[3] – gegenüber die eigene Meinung mit Stolz und Überzeugung zu vertreten."

Annie Besants Rezension, die unter dem Titel "Unter Adepten" erschien, wurde 1889 im Augustheft des *Theosophist* nachgedruckt. In der Februar-Ausgabe dieser Zeitschrift schrieb sie 1914 über "unbewußte Erinnerungen an Dinge, die in der Vergangenheit erlernt worden sind" und äußerte sich in diesem Zusammenhang wie folgt über *Die Geheimlehre:*

> Ein Beispiel dafür ist H. P. Blavatskys *Geheimlehre*, ein schwieriges Buch. Man hat es als unverständlich, weitschweifig, streckenweise schlecht geschrieben und inhaltlich sehr schwer nachvollziehbar bezeichnet. Einige meiner Freunde, intelligente und geistig bewegliche Männer und Frauen, haben die Bände Jahr für Jahr studiert. Aber auch nach jahrelangem Studium begreifen sie die zentralen Thesen des Werkes nicht und können seiner unklaren Argumentationsweise nicht folgen. Im Gegensatz dazu möchte ich meine eigene mit diesem Buch gemachte Erfahrung erläutern. Ich hatte bis zu diesem Zeitpunkt noch nichts über die Themen, die dieses Buch von einem theosophischen Standpunkt aus darlegt, gelesen, es war – außer *Die okkulte Welt* – das erste theosophische Buch, das ich je gelesen hatte. Ich erhielt es, scheinbar per Zufall, als Mr. Stead, der damals Herausgeber der *Pall Mall Gazette* war, mich mit der Rezension beauftragte. Ich las das Buch tagtäglich, ohne Unterlaß in einem Zuge durch, und das Ganze war mir so vertraut, daß ich mich unverzüglich hinsetzen und eine Rezension schreiben konnte, die in der *Pall Mall Gazette*, ich glaube, in der Februar oder März-Nummer von 1889, jederzeit nachgelesen werden kann. Jeder, der meine Besprechung liest, wird merken, daß ich die Essenz des Buches herausgeschält und dem durchschnittlichen Zeitungsleser in einer intelligenten Darstellung präsentiert habe, und zwar nicht etwa, weil ich eine besondere Begabung hätte. Wäre es irgendein anderes Buch gewesen, so wäre mir die Lektüre vielleicht schwergefallen, und ich hätte versagt. Aber beim Lesen erinnerte ich mich, und die ganze Philosophie stand sofort klar vor meinen Augen, obwohl ich damit in diesem Körper und mit diesem Gehirn zum ersten Mal in Berührung kam. Ich behaupte, daß wir in solchen Fällen den Beweis für Platons Idee[4] haben, daß alles Wissen Erinnerung ist, d.h. daß wir uns an Dinge, die wir einmal gewußt haben, wirklich erinnern können. So meistern wir ohne Mühe etwas,

[3] (Mrs. Grundy ist ein engstirniger, auf Konventionen versessener Charakter, der jede Vernachlässigung von kleinbürgerlichen Schicklichkeitsregeln heftig kritisiert. Ein besonders prüdes Festhalten an konventionellen Verhaltensweisen wurde als Grundyismus bezeichnet. So benannt nach einer Charakterrolle in dem Theaterstück *Speed the Plough* (1798) von Thomas Morton. H.T.)

[4] (Cf. Platons Dialog "Meno". H.T.)

> das einem anderen, der eine solche Erfahrung nicht gemacht hat, verwirrend, schwierig und dunkel erscheint. Das betrifft jedes neue Wissensgebiet, mit dem sich jeder von uns abgeben mag. Wenn er das betreffende Wissen früher bereits erworben hat, dann wird er sich erinnern und es leicht bewältigen; wenn aber nicht, ist der Gegenstand also neu, dann muß er Schritt für Schritt einen Lernprozeß durchmachen und wird allmählich die Zusammenhänge der Phänomene seines erwählten Wissensgebietes verstehen – er muß sie sich erarbeiten, solange sie unbekannt sind.

Noch direkter drückt Annie Besant sich in ihrer Autobiographie aus. Dort beschreibt sie die intellektuelle Konfliktsituation, die sie durchmachte und ihre ernsthafte Suche nach Antworten auf Fragen, die sie bedrängten:

> Mr. Stead überreicht mir zwei schwere Bücher. "Können Sie eine Rezension darüber schreiben? Alle meine jungen Männer drücken sich davor, aber Sie sind verrückt genug nach solchen Themen und können sicherlich etwas daraus machen." (...)
> Ich schleppte also meine schwere Bürde nach Hause und begann zu lesen. Mit jeder Seite wuchs mein Interesse, und die Lektüre hielt mich gefangen. Wie bekannt mir das alles vorkam, wie mein Verstand weiterdrängte und die Schlußfolgerungen vorwegnahm, wie natürlich, wie zusammenhängend, wie subtil und doch verständlich das alles war. Mir wurde schwindelig, ich war wie geblendet von dem Licht, in dem unzusammenhängende Fakten nun als Teile eines mächtigen Ganzen zu erkennen waren. Alles Rätselhafte, all meine Probleme und Fragen schienen sich zu verflüchtigen. In einem gewissen Sinn war diese Wirkung teilweise illusorisch, denn alles mußte später in einem langsamen Prozeß aufgerollt werden, weil das Gehirn die in jäher Intuition begriffenen Wahrheiten Schritt für Schritt aufnehmen und verarbeiten mußte. Aber ich hatte das Licht gesehen, und in diesem blitzartigen Moment der Erleuchtung wußte ich, daß die frustrierende Suche beendet war, denn ich hatte die Wahrheit gefunden.

Als sie an ihrer Rezension arbeitete, schickte sie Mr. Stead eine Notiz: "Ich versinke in Madame Blavatsky! Falls ich umkomme bei dem Versuch, sie zu rezensieren, dann schreiben Sie bitte auf meinen Grabstein: 'Sie hat uns verlassen, um die *Geheimlehre* vor Ort zu erforschen'.

***

Die entscheidende Rolle, die William Stead spielte, indem er das Zustandekommen des ersten Kontakts zwischen H.P.B. und Annie Besant ermöglichte, ist offensichtlich. Wir sind ihm dankbar für seine großmütige und tolerante Einstellung in einer Zeit, als Vorurteil und Antagonismus oftmals das tägliche Leben bestimmten. Viele wertvolle Ideale verloren einen mutigen, unerschrockenen Vorkämpfer, als William Stead, ein Mensch, der jederzeit bereit war, sich selbst zu opfern, um die Verleumdeten und Unterdrückten dieser Welt zu verteidigen, am 15. April 1912 mit der verhängnisvollen *Titanic* unterging.

H.P. Blavatsky

BRIEF AN A.P. SINNETT

(Folgender Brief gibt Einblick in einen entscheidenden Moment in Blavatskys Leben, als sie *Die Geheimlehre* schrieb. Der Brief beleuchtet die ungewöhnliche Arbeitsmethode H.P.B.s bei der Bewältigung der immensen Materialmenge, die ihr für *Die Geheimlehre* zur Verfügung stand. Ihr angegriffener Gesundheitszustand war ein zusätzlicher Grund dafür, daß H.P.B.s Lage in Würzburg alles andere als zufriedenstellend war, berichtet die Gräfin Wachtmeister in ihren Erinnerungen. Bawaji (ihr Privatsekretär) war keine große Hilfe bei der Korrespondenz, der Betreuung der Gäste, der Gewährleistung der ärztlichen Betreuung. Beim Schreiben der *Geheimlehre* aber durfte es keine Ablenkung geben: "Es verwundert nicht, daß die Arbeit an der *Geheimlehre* während dieser stürmischen Zeit zum Stillstand kam," schreibt Wachtmeister,[1] und daß es schwierig war, die notwendige Distanz und Geistesruhe zu haben, als die Arbeit wieder aufgenommen werden konnte:

> H.P.B. sagte eines Abends zu mir: "Sie können sich nicht vorstellen, wie es ist, so viele ablehnende Gedanken und Gerüchte zu spüren; es ist, als ob einen tausend Nadeln durchbohren, und ich muß ständig einen Schutzwall um mich herum errichten." Ich fragte sie, ob sie wisse, von wem diese unfreundlichen Gedanken kämen, und sie antwortete: "Unglücklicherweise ja, und ich versuche immer, meine Augen zu verschließen, um nichts zu sehen und zu wissen." Und um mir zu beweisen, daß dies der Fall war, erzählte sie mir von Briefen, die geschrieben wurden, zitierte Stellen daraus, und da diese Briefe tatsächlich einen oder zwei Tage später ankamen, konnte ich mich von der Richtigkeit ihrer Angaben überzeugen.
>
> Als ich in dieser Zeit einmal H.P.B.s Arbeitszimmer betrat, lagen überall am Boden Manuskriptseiten. Ich fragte sie, was diese Unordnung bedeute, und sie antwortete: "Ja, ich habe zwölfmal versucht, diese eine Seite richtig zu schreiben, und jedesmal sagte der Meister, sie sei falsch. Ich glaube, ich werde noch verrückt, wenn ich sie so oft schreiben muß; aber überlassen Sie's nur mir; ich werde nicht ruhen, bis ich es geschafft habe, auch wenn ich die ganze Nacht weitermachen muß."
>
> (...) Eine Stunde später hörte ich sie nach mir rufen, und als ich eintrat, hatte sie die Seite endlich zufriedenstellend fertiggebracht; aber die Anstrengung war schrecklich gewesen und das Ergebnis ungewiß.

---

[1] *Reminiscences of HPB and 'The Secret Doctrin'*, London, 1983 und Wheaton, 1976, S. 32–33.

Als sie sich zurücklehnte und eine Zigarette und ein Gefühl der Erleichterung nach anstrengender Arbeit genoß, setzte ich mich auf die Armlehne ihres großen Stuhles und fragt, wieso Fehler möglich waren bei der Niederschrift der ihr übermittelten Inhalte. Sie sagte: "Nun, sehen Sie, in der Luft direkt vor mir schaffe ich etwas, das ich nur als Vakuum beschreiben kann; ich fixiere meinen Blick und meinen Willen darauf, und Szene für Szene rollt vor mir ab wie eine Folge von Schaubildern, oder, wenn ich eine bestimmte Stelle aus einem Buch benötige, konzentriere ich mich intensiv darauf, und das astrale Gegenstück des Buches erscheint, woraus ich dann entnehmen kann, was ich brauche. Je unbelasteter mein Kopf von Ablenkungen und Demütigungen ist, desto mehr Energie und Konzentration ist mir möglich, und umso leichter fällt mir die Arbeit. Heute, nach all dem Ärger, den mir der Brief von X. bereitet hat, konnte ich mich nicht richtig konzentrieren, und so waren die Zitate jedesmal falsch. Der Meister sagte aber, daß jetzt endlich alles stimmt, also trinken wir etwas Tee." – H.T.)

3. März 1886

Mein lieber Mr. Sinnett,

Jeden Morgen entdecke ich neue Entwicklungen und sehe eine neue Landschaft vor mir. *Und wieder lebe ich zwei Leben gleichzeitig*. Mein Meister hat entschieden, daß es zu schwierig für mich ist, wegen meiner GL mit vollem Bewußtsein in das Astrallicht zu schauen, und seit etwa zwei Wochen werde ich deshalb in die Lage versetzt, alles was ich brauche, in einer Art Traum zu sehen. Ich sehe große und lange Papierrollen, auf denen Dinge geschrieben stehen, die ich mir einpräge. So sah ich alle Patriarchen, von Adam bis Noah – parallel zu den Rishis – und mitten zwischen ihnen die Bedeutung ihrer Symbole oder Personifikationen. Zum Beispiel steht Seth neben Bhrigu[2] für den ersten Menschheitszweig, was *anthropologisch* gesehen der erste *sprechende* Menschheitszweig in der Evolutionsperiode der Dritten Menschheit ist, und *astronomisch* (sein Alter 912 Jahre) sowohl die Länge eines Sonnenjahres[3] in jener Zeit als auch die Lebensdauer seines Menschheitszweigs[4] darstellt – und noch viele andere Dinge, die ich Ihnen jetzt nicht erklären kann, sie

[2] (Einer der sieben vedischen Maharishis, Sohn Varunas; gehört zu den sieben Vorvätern der Menschheit im Krita-Yuga, dem ersten, dem "reinen" Zeitalter. H.T.)

[3] (i.e. 912 Tage. H.T.)

[4] (möglicherweise sind hier 91 200 Jahre, also 912 Jahrhunderte als Dauer seines Menschheitszweigs gemeint. H.T.)

sind zu kompliziert. Und letztlich steht Enoch für das Sonnenjahr zur Zeit, als die gegenwärtige Dauer entschieden wurde – 365 Tage ("Daß sein ganzes Alter ward drei hundert fünf und sechzig Jahre, und Gott nahm ihn hinweg"[5]) und so weiter. Das Ganze ist wirklich ausgesprochen kompliziert, aber ich hoffe, es doch einigermaßen klar darstellen zu können. Ich habe gerade ein langes einführendes Kapitel oder Prolog oder Vorrede, nennen Sie es, wie Sie wollen, abgeschlossen, worin dem Leser erklärt wird, daß nichts in meinem Buch fiktiv ist, weder der Inhalt insgesamt, noch die Teile, die mit einer Übersetzung aus dem Buch des Dzyan und dem Geheimen Buch des "Maytreya Buddha", dem *Champai chhos Nga* (die Prosafassung, nicht die fünf in Versform geschriebenen Bücher, die eine absichtliche Irreführung sind) beginnen. Mir war aufgetragen worden, einen knappen Überblick zu geben über alles, was den Philosophen und Initiierten der Welt und sogar den Kirchenvätern, z.B. Klemens Alexandrinus, Origen und anderen, die sich selbst initiiert hatten, über *Magie* und die Existenz einer universalen Geheimlehre vertraut war – so wie dies in den historisch und aus der Literatur bekannten, in weltlichen und religiösen Geschichtsdarstellungen und Schriften der klassischen Periode von 500 v.u.Z. bis 500 u.Z. nachweisbar ist. Ebenso wurde mir aufgetragen, die Mysterien und Riten zu beschreiben, und ich kann Ihnen versichern, daß damit jetzt äußerst bemerkenswerte Dinge freigegeben werden, z.B. über den Hintergrund der Kreuzigung. Es wird gezeigt, daß es sich um einen Ritus handelt, der so alt ist wie die Welt selbst – die Kreuzigung am eigenen *Lathi*[6] des Einweihungskandidaten –, Versuchungen, Höllenfahrten, etc. – alles geht ursprünglich auf die Âryas zurück. Wieso die Orientalisten das alles übersehen haben, ist mir unverständlich. Lieber Mr. Sinnett, ich habe genug *Fakten*, um zwanzig Bücher, jedes so dick wie *Isis*, zu füllen; was mir fehlt, ist das Sprachvermögen, die Geschicklichkeit, das alles zusammenzustellen. Nun ja, bald werden Sie den Prolog zu sehen bekommen, der aber nur ein *kurzer* Überblick über die Mysterien ist, die im darauffolgenden Text mit einem Umfang von 300 großformatigen Druckseiten dargestellt werden.

Immer Ihre
H.P.B.

[5] (*Gen.* 5, 23–24. H.T.)

[6] (Hind.: *Lathi*, Sanskrit: *Yasti*. Ein schwerer, mit Eisenbeschlägen versehener hölzerner Pfosten. H.T.)

DIE BRIEFE DER MAHATMAS

(Die folgenden Mahatma-Briefe wurden speziell für diese Studienausgabe der *Geheimlehre* ausgewählt, weil in ihnen die in Blavatskys Werk dargestellte Esoterische Philosophie sowie die Beweggründe für die Schaffung und das von den Mahatmas beabsichtigte Wirken der Theosophischen Gesellschaft in eindeutigen Äußerungen erklärt werden. In ihrer Gesamtheit sind die Mahatma-Briefe ein unübertroffenes Zeugnis der Ideale der Theosophie. Ihre Lektüre ist auch deshalb interessant, weil sie dem kritischen Leser die Fragwürdigkeit gewisser Entwicklungen in der Theosophischen Gesellschaft, wie die Gründung einer assoziierten Kirche und andere mit der Esoterischen Philosophie nicht zu vereinbarende Entwicklungen, deutlich macht.

Der hier zuerst wiedergegebene sogenannte "Brief des Mahâ-Chohan" ist der wohl wichtigste aller Mahatma-Briefe. Außer Blavatskys poetischer *Stimme der Stille* gibt es z.B. keine andere Aussage in der klassischen, kanonischen Literatur der modernen Theosophie, die eine so unzweideutige Darstellung des Bodhisattva-Ideals enthält. Diesen von C. Jinarajadasa als "Magna Charta" der Theosophischen Gesellschaft bezeichneten Brief führt Norbert Lauppert in seiner deutschen Ausgabe der *Mahatma-Briefe* mit den folgenden Worten ein: "Der Brief umreißt nicht nur eindeutig die Absichten, die die tibetischen Eingeweihten bei der Gründung der Theosophischen Gesellschaft verfolgten, sondern gibt auch einen weit ausschauenden Überblick über die Probleme der Welt und der Menschheit aus dem Gesichtswinkel dieser geistigen Führer der Menschheit, einen Überblick, der auch heute, nach Ablauf eines Jahrhunderts, kaum an Aktualität verloren hat."[1] Last but not least ist dieser Brief eine unmißverständliche Absage an einige der europäischen Persönlichkeiten der frühen Theosophischen Gesellschaft, die zu Beginn des Briefkontaktes mit den Mahatmas wild entschlossen waren, ihren Briefpartnern die Funktionsweisen magischer Kräfte zu entlocken.

Eine ähnlich kategorische, wenn auch in der Form etwas milder ausfallende Ablehnung dieses von dem ansonsten verdienstvollen A.P. Sinnett geäußerten Ansinnens enthält der zweite hier folgende Brief. In ihm erklärt der Mahatma Koot' Hoomi Lal Singh die Voraussetzungen zum Erlangen eines höheren Wissens, die Auswirkungen selbst der subtilsten Formen von Eigennutz auf den geäußerten Wunsch, in dieses höhere Wissen eingeweiht zu werden und die Unabdingbarkeit altruistischer Motivation als Grundvoraussetzung für jeglichen spirituellen Fortschritt. In kürzester Form ist dieser Briefe ein Wegweiser für jeden, der den einzig gangbaren "Pfad" zu höherem Wissen betreten will. Dieser sowie der anschlie-

[1] *Die Mahatma-Briefe*, Bd. 1, S. 213, Hg N. Lauppert, Satteldorf, 2. Auflage, 1994.

ßende dritte Brief setzt sich mit den falschen Vorstellungen über die Grundlehren der geistigen Wissenschaft der Mahatmas auseinander, und beide Briefe stellen klar, daß ihr Lehrsystem insgesamt nicht verstanden werden kann, ehe die aufgeführten Grundlehren zum verinnerlichten, selbstverständlichen Fundament des Lernenden geworden sind.

Klarer und direkter als alle späteren theosophischen Schriften enthalten diese Briefe das ursprüngliche programmatische Fundament der Theosophischen Gesellschaft sowie Erläuterungen der philosophischen Probleme eines Glaubens an Gott, Erklärungen zum Materialismus der Mahatmas ("Wir glauben an MATERIE allein"), ihre Vorstellungen des Prinzips Ewigkeit, etc. – H.T.)

1.

BRIEF DES MAHÂ-CHOHAN

(ca. 1882)

Die von uns verkündete Lehre ist die einzig wahre, und sie wird sich deshalb, und anhand der Beweise, auf deren Veröffentlichung wir uns jetzt vorbereiten, letztendlich durchsetzen und siegreich sein. Dennoch aber ist es notwendig, sie nur schrittweise zu lehren und dabei ihre Theorien – unanfechtbare Tatsachen für alle Wissenden – durch Schlußfolgerungen zu untermauern, die aus dem Beweismaterial abgeleitet und bestätigt werden, das die moderne Naturwissenschaft selbst zur Verfügung stellt. Von Col. Olcott kann deshalb wegen seiner gezielten Arbeit für die Wiederbelebung des Buddhismus mit Recht gesagt werden, er befinde sich auf dem wahren Weg der Theosophie, im Gegensatz zu anderen, deren Ziel die Befriedigung des eigenen gierigen Verlangens nach okkultem Wissen ist. Denn ohne all seine abergläubischen Verunreinigungen ist der Buddhismus ewige Wahrheit, und wer sich für ihn einsetzt, streitet für die Theo-sophia, für die Göttliche Weisheit, und diese ist gleichbedeutend mit Wahrheit.

Wenn unsere Lehren einen praktischen Einfluß auf den sogenannten Moralkodex oder die Vorstellungen von Wahrhaftigkeit, Reinheit, Selbstverleugnung, Barmherzigkeit, etc. haben sollen, dann müssen wir das Wissen der Theosophie lehren und verbreiten. Ein Theosoph ist nicht jemand mit dem individuellen Vorhaben, Nirvâna (den Höhepunkt alles Wissens, absolute Weisheit) für sich selbst zu erlangen, denn das ist ja letztlich nichts anderes, als ein erhabener, verklärter *Egoismus*, sondern den wahren Theosophen zeichnet vielmehr die aufopfernde Suche nach den wirksamsten Mitteln aus, durch die er seinen Nächsten auf den rechten Pfad führen und dafür sorgen kann, daß so viele unserer Mitmenschen wie möglich aus dem Beschreiten dieses Pfades Nutzen ziehen können.

Die intellektuellen Schichten der Menschheit scheinen mehr und mehr in zwei Lager zu zerfallen: Ohne sich darüber im klaren zu sein, was sie tun, begeben sich die einen durch eine vorsätzliche Vernachlässigung ihrer intellektuellen Möglichkeiten in eine bewußt gewählte zeitweilige, aber lange anhaltende Handlungsunfähigkeit bzw. in einen Zustand der Unbewußtheit, indem sie ihren Intellekt in den Fesseln des Aberglaubens und einer engstirnigen Frömmelei belassen – und das ist ein Prozeß, der unaufhaltsam zu einer völligen Mißbildung des Denkprinzips insgesamt führen muß; die anderen geben sich ganz ihren tierhaften Neigungen hin, und zwar mit dem ausdrücklichen Vorsatz, sich im Falle des Scheiterns bedenkenlos der eigenen Vernichtung und damit, nach erfolgter körperlicher Auflösung, einem Jahrtausende währenden Zustand der Erniedrigung preiszugeben. So kommt es, daß diese "intellektuellen Klassen", die einen großen Einfluß auf die unwissenden Massen ausüben und als nachahmenswerte Vorbilder angesehen werden, in Wirklichkeit eine moralisch ruinöse und unwürdige Beeinflussung gerade auf die ausüben, die sie schützen und leiten sollten. Gefangen zwischen entwürdigendem Aberglauben und dem noch tiefer entwürdigenden, brutalen Materialismus, findet die unwillkommene weiße Taube der Wahrheit kaum einen Platz für ihre müden Füße.

Es ist höchste Zeit, daß die Theosophie die Arena betritt. Und dann ist die Wahrscheinlichkeit groß, daß die Kinder von Theosophen ebenfalls Theosophen werden. Denn bisher hat noch kein Künder der Wahrheit, kein Prophet während seiner Lebenszeit eine wirkliche und vollständige Bestätigung und Akzeptanz gefunden, nicht einmal der Buddha. Die Theosophische Gesellschaft ist nun als Grundstein, als das Fundament für eine zukünftige Religion der gesamten Menschheit gegründet worden. Um dieses Ziel zu erreichen, wurde entschieden, daß es eines klügeren, größeren und besonders eines sich durch mehr guten Willen auszeichnenden Zusammenhalts der Gesellschaft bedarf, einer neuen Gemeinschaftlichkeit aller Schichten – das Alpha und Omega jeder Gesellschaft. Zu allererst muß die weiße Menschheit den farbigen Völkern der Welt die Freundschaftshand reichen. Sie muß den armen und verachteten "Nigger" Bruder nennen! Diese Aufforderung mag unbehaglich für so manchen sein, aber wer dieses Prinzip ablehnt, ist kein Theosoph. Wie soll angesichts der zwar immer größer werdenden, aber gleichzeitig auch immer öfter mißbrauchten Gedankenfreiheit und der *Freiheit* überhaupt (Éliphas Lévi hätte von einer weltweiten Hegemonie des Satans gesprochen) der *natürliche* kämpferische Instinkt des Menschen daran gehindert werden, immer neue Grausamkeiten und Abscheulichkeiten, Gewaltherrschaft und Ungerechtigkeiten zu erfinden –, wenn nicht durch den friedfertigen Einfluß, den eine Bruderschaft haben kann, und durch die praktische Anwendung der esoterischen Lehren des Buddha? Jedermann weiß, daß ein vollständiges Lossagen von der Autorität der einen, alles umfassenden Kraft oder Gesetzmäßigkeit, die von Theisten Gott, von den Philosophen aller Zeitalter aber Buddha, göttliche Weisheit und Erleuchtung oder Theosophie genannt wird, zugleich auch die Lossagung von der Autorität weltlicher Gesetze bedeutet. Sobald die grundlegenden Lehren aller Religionen von den Fesseln und der Last dogmatischer Interpretationen, persönlicher Namen, anthropomorpher Vorstellungen und einer bezahlten Priesterschaft befreit sind, wird die Identität der esoterischen Inhalte all dieser Religionen ganz offensichtlich werden. Osiris, Krishna, Buddha, Christus – sie werden als die verschiedenen Möglichkeiten für das Betreten des einen Königsweges zur endgültigen Seligkeit – *Nirvâna* – erkannt werden.

Das mystische Christentum, womit jenes Christentum gemeint ist, das *Selbst*erlösung durch das eigene, das *siebte* menschliche Prinzip lehrt – der Para-Âtman (Augoeides), der von den einen Christus, von den anderen Buddha genannt wird und dasselbe wie Regeneration oder Wiedergeburt im Geiste ist –, diese christliche Lehre enthält dieselbe Wahrheit wie das Nirvâna des mystischen Buddhismus. Nur wenn wir uns unseres eigenen Egos entledigen, wenn wir dieses illusorische, nur scheinbare *Selbst* aufgeben, können wir unser wahres Selbst innerhalb des transzendenten göttlichen Lebens erkennen. Wenn wir aber nicht selbstsüchtig sein wollen, müssen wir danach trachten, auch anderen Menschen die Augen für diese Wahrheit zu öffnen, damit sie die Wirklichkeit dieses transzendenten Selbst erkennen können, nämlich den Buddha, den Christus oder das, was die Prediger Gott nennen. In diesem Sinne ist schon der exoterische Buddhismus der sicherste Weg zur Erkenntnis der einen esoterischen Wahrheit. So wie die Welt jetzt ist, sei es die christliche, muslimische oder heidnische, gibt es weder Gerechtigkeit, noch werden Ehrenhaftigkeit und Barmherzigkeit ernstgenommen.

Wenn schon Menschen, die den festen Willen haben, zu unserer *persönlichen* Gefolgschaft zu gehören, die Hauptziele der Theosophischen Gesellschaft falsch interpretieren, wie sollen wir dann erst mit dem Rest der Menschheit umgehen, wie diesem Fluch entgegenwirken, der "Kampf ums Dasein" genannt wird, und der die wahre und unheilvollste Ursache für die meisten Leiden, die größte Traurigkeit und für alle Verbrechen der Welt ist? Warum ist dieser Kampf zum nahezu alles beherrschenden Gesetz der Welt geworden? Unsere Antwort lautet: Weil keine der Religionen, außer dem Buddhismus, bis jetzt eine praktisch anwendbare Perspektive einer vernünftigen Geringschätzung des eigenen irdischen Lebens gelehrt hat, sondern weil sie alle, wieder mit der einen Ausnahme, vielmehr durch ihr Höllen- und Verdammnisgerede eine maßlose Furcht vor dem Tod verbreitet haben. Konsequenterweise wütet dieser Kampf ums Dasein mit größter Vehemenz in christlichen Gesellschaften, hauptsächlich in Europa und in Amerika. In heidnischen Ländern ist er weniger verbreitet, und unter den buddhistischen Bevölkerungen ist er praktisch unbekannt.

Aber dieser Kampf ums Dasein würde seine Intensität schnell verlieren, wenn die Menschheit gelehrt würde, selbst das glücklichste irdische Leben als die Bürde und Illusion zu erkennen, die es in Wirklichkeit ist, und wenn der Menschheit verständlich gemacht würde, daß es allein unser *Karma* ist, also Ursache, die Wirkung hervorbringt, das unser Richter und unser Retter in zukünftigen Existenzen ist. Es gibt in buddhistischen Ländern keine Strafanstalten, und unter tibetischen Buddhisten sind Verbrechen praktisch unbekannt.

Die seit zweitausend Jahren der Herrschaft eines persönlichen Gottes überlassene Welt im allgemeinen und natürlich das Christentum im besonderen sowie die auf dieser Idee gegründeten politischen und sozialen Systeme stellen sich heute als Fehlschlag heraus. Wenn nun aber die Theosophen behaupten, sie hätten mit all dem nichts zu tun, und die ärmeren gesellschaftlichen Klassen und die "minderwertigen" Rassen (wie es z.B. die Inder in der Vorstellung der Briten sind) gingen sie nichts an, sie müßten halt selber sehen, wie sie mit dem Leben fertig würden –, was sind dann unsere großartigen Bekenntnisse zu Nächstenliebe, Wohltätigkeit und Reformen, etc.? Nur Lippenbekenntnisse und Hohn? Und wenn dahinter nur Hohn steckt, kann unser Weg dann der richtige sein? Sollen wir uns wirklich damit abgeben, einigen wenigen Europäern, die sich durch die Ausbeutung ihrer Umwelt gemästet haben, und denen ihr Reichtum oft in den Schoß gefallen ist, die Rationalität der Grundprinzipien zu erläutern, die hinter klingelnden Glocken, der Materialisation von Gegenständen, der Telepathie oder dem Entstehen astraler Körperformen stehen? Und dabei die zahllosen Millionen von unwissenden, armen und verachteten, im Dunkeln stehenden und unterdrückten Menschen sich selbst überlassen und sagen, sie sollten sich doch um ihr weiteres Schicksal selber kümmern? Niemals. Lieber soll die Theosophische Gesellschaft zusammen mit ihren beiden glücklosen Gründern zugrunde gehen, als daß wir erlauben würden, aus ihr nicht mehr als eine Hochschule für magische Künste oder eine Akademie für Okkultismusforschung zu machen. Daß ausgerechnet *wir*, die ergebenen Anhänger jenes inkarnierten Geistes absoluter Selbstaufopferung und Wohltätigkeit, göttlicher Güte und der höchsten Tugenden, die es auf dieser Welt des Leidens gibt, des Größten aller Menschen, des Gautama Buddha, daß ausgerechnet wir, sage ich, der Theosophischen Gesellschaft erlauben sollten, eine Verkörperung des Egoismus zu werden, eine Zuflucht für wenige, ohne einen Gedanken für die vielen, das, liebe Brüder, ist eine seltsame Vorstellung.

Einer der wenigen Einblicke, die Europäern in das Land Tibet und seine mystische Hierarchie "vollkommener Lamas" gelungen sind, wurde korrekt verstanden und so beschrieben: "Die Inkarnationen des Bodhisattva Padmapâni oder Avalokiteshvara und Tsong-Kha-Pa, die Inkarnation Amitâbhas, weisen beim Sterben das Erlangen ihrer Buddhaschaft zurück – d.h. das *Summum bonum* der Seligkeit und individueller, *persönlicher* Glückseligkeit –, weil sie zum Wohle der

Menschheit immer wieder geboren werden wollen."[2] In anderen Worten, sie wollen sich immer wieder dem Elend, dem Kerker eines Körpers und allem Leid, das das menschliche Leben bedeutet, aussetzen, unter der Voraussetzung, daß sie durch eine solche Selbstaufopferung in langen, tristen Jahrhunderten die Erlösung und Seligkeit des Jenseits für eine Handvoll auserwählter Menschen erwirken würden. Und nun wird von uns, den Jüngern, die diesen vollkommenen Lamas in Demut ergeben sind, erwartet, der Theosophischen Gesellschaft zu erlauben, ihren nobelsten Grundsatz, den der Bruderschaft der Menschheit, aufzugeben, damit sie dann nichts weiter ist, als ein simples psychologisches Ausbildungszentrum? Nein, liebe Brüder, Ihr habt Euch dieser falschen Vorstellung schon viel zu lange hingegeben. Verstehen wir uns richtig. Wer sich die Kompetenz nicht zutraut, diesen edlen Grundsatz soweit zu verstehen, daß er gewillt ist, sich dafür einzusetzen, sollte sich nicht eine Anstrengung aufbürden, der er nicht gewachsen ist. Aber andererseits wird es in der ganzen Gesellschaft kaum einen Theosophen geben, der nicht in der Lage wäre, ihr effektiv zu helfen, indem er die falschen Vorstellungen von Außenseitern richtigstellt, wenn nicht sogar, indem er mithilft, die Ideen der Gesellschaft zu verbreiten. Wo nur ist der edle und selbstlose Mensch, der uns in Indien bei dieser göttlichen Aufgabe wirksam helfen könnte. All unser Wissen aus Vergangenheit und Gegenwart würde nicht ausreichen, um ihn damit zu belohnen. ... Und nun, nachdem ich unsere Anschauungen und Bestrebungen erklärt habe, abschließend noch dies:

Um *wahrhaftig* zu sein, müssen Religion und Philosophie Lösungen für alle Probleme haben. Die Tatsache, daß die Welt sich moralisch in einem derart schlechten Zustand befindet, ist ein durchschlagender Beweis dafür, daß keine ihrer Religionen und Philosophien – die der *zivilisierten* Welt noch weniger als alle anderen – jemals *Wahrheit* besessen hat. Richtige und logisch haltbare Erklärungen für die Probleme des großen Dualitätsprinzips – Recht und Unrecht, Gut und Böse, Freiheit und Despotismus, Freude und Schmerz, Altruismus und Egoismus – sind ihnen heute ebenso fremd wie vor 1881 Jahren. Von Lösungen sind sie so weit entfernt wie eh und je, aber –

Es *muß* dafür eine konsequente Lösung geben, irgendwo, und wenn unsere Lehre ihre Fähigkeit und Kraft beweist, diese Lösung zu sein, dann wird diese Welt die erste sein, die eingesteht, daß dies die wahre Philosophie, die wahre Religion, die wahre Lichtquelle ist, durch welche die Menschheit die Wahrheit, und nichts als die *Wahrheit* erfährt.

---

[2] Rhys Davids

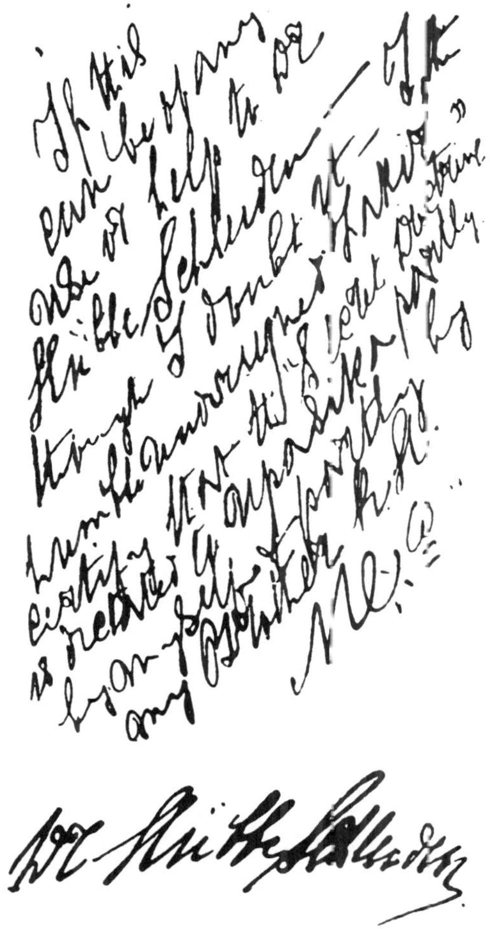

Faksimile eines Briefes des Mahatmas Morya an Dr. Hübbe-Schleiden. Die chinesischen Schriftzeichen schmückten den Briefumschlag: "Möge großes Glück dir zu Diensten sein."

***

(Den Hintergrund für den folgenden ersten Brief des Mahatmas K.H. erläutert Norbert Lauppert in einer Einführung: "Als A.P. Sinnett die Korrespondenz mit seinem tibetischen Lehrer begann, hatte er keine Ahnung von dessen wahrem Wesen und Ziel. Er wünschte vor allem, experimentell-wissenschaftliche Beweise für die übermenschlichen Kräfte zu erhalten und der Welt weitergeben zu können, über welche die Mahatmas offenbar verfügten. So schlug er in seinem ersten Brief dem Mahatma K.H. vor, dieser solle in seiner und seiner Freunde

Gegenwart in Simla ein Exemplar der Londoner *Times* am Tage ihrer Ausgabe materialisieren. Dies würde, so meinte er, ein für jedermann unwiderlegbarer Beweis dafür sein, daß durch okkulte Kräfte physische Resultate erzielt werden können."[3] – H.T.)

2.

BRIEF DES MAHATMAS KOOT' HOOMI LAL SINGH AN A.P. SINNETT

17. Oktober 1880

Geschätzter Bruder und Freund,

gerade weil der Test mit der Londoner Zeitung die Skeptiker zum Schweigen bringen würde, ist er undenkbar. Betrachten Sie die Sache, in welchem Licht Sie wollen – die Welt befindet sich noch im *ersten Stadium* ihres Freiwerdens, ihrer Entwicklung, und ist deshalb – unvorbereitet. Es stimmt zwar, daß wir mit natürlichen und nicht mit übernatürlichen Mitteln und Gesetzen arbeiten. Da aber einerseits die Wissenschaft (in ihrem gegenwärtigen Zustand) nicht einmal imstande ist, die Wunder, die in ihrem eigenen Namen geschehen, zu erklären, und es andererseits den unwissenden Massen dennoch überlassen wäre, das Phänomen als Wunder zu bezeichnen, würden alle Augenzeugen des Vorfalls aus dem Gleichgewicht geworfen, und die Folgen wären schlimm. Glauben Sie mir, genauso würde es sein – besonders für Sie, von dem die Idee stammt, und auch für die hingebungsvolle Frau[4], die sich so unüberlegt durch das weit offene Tor stürzt, das direkt zu notorischer Berühmtheit führt. Dieses Tor, das mit sehr wohlmeinenden Händen von Ihnen geöffnet wurde, würde sich aber sehr bald als Falle erweisen – und zwar als eine verhängnisvolle Falle für sie. Und das ist doch sicherlich nicht Ihre Absicht?

Narren sind diejenigen, die sich nur Gedanken über die Gegenwart machen und bewußt den Blick auf die Vergangenheit meiden, wobei sie schon von Natur aus für die Zukunft blind sind! Es liegt mir fern, Sie zu letzteren zu zählen – ich werde also den Versuch einer Erklärung machen. Sollten wir Ihrem Wunsch nachkommen – wissen Sie wirklich, was dann nach dem erfolgreichen Ausgang eines Experiments geschehen würde? Der unvermeidliche Schatten, der jeder mensch-

---

[3] in *Briefe tibetischer Meister*, Hg. N. Lauppert, Graz, 1954, S. 44
[4] (H.P. Blavatsky. H.T.)

lichen Neuerung folgt, bewegt sich unaufhaltsam vorwärts, doch die wenigsten sind sich seines Herannahens und seiner Gefahren bewußt. Was müssen also diejenigen erwarten, die der Welt eine Neuerung bieten wollen, welche dann, sobald sie als glaubwürdig angesehen wird, wegen der menschlichen Unwissenheit sicherlich jenen dunklen Mächten zugeschrieben wird, an die zwei Drittel der Menschheit noch glauben, und die sie fürchten? Sie sagen: Halb London würde bekehrt werden, wenn Sie ein Exemplar des *Pioneer* am Tag der Veröffentlichung dort vorzeigen könnten. Ich erlaube mir zu sagen, wenn die Leute an die Echtheit dieser Sache glaubten, dann würden sie Sie umbringen, und zwar schneller als Sie brauchen würden, den Hyde Park einmal zu umrunden. Und wenn man es nicht für echt hielte, dann wäre das wenigste, das Ihnen geschehen würde, der Verlust Ihres guten Rufes, weil Sie solche Ideen verbreiten.

Der Erfolg eines Versuches, wie Sie ihn vorschlagen, setzt eine wohlbedachte und genaue Kenntnis der Menschen in Ihrer Umgebung voraus. Er hängt ausschließlich ab von der moralischen und sozialen Beschaffenheit der Menschen, wenn sie mit diesen wohl bedeutendsten und mysteriösesten Fragen konfrontiert werden, die den menschlichen Geist jemals bewegt haben, nämlich mit den dem Menschen eigenen *göttlichen* Kräften und mit den großen in der Natur vorhandenen Möglichkeiten. Wie viele Menschen in Ihrer Umwelt, selbst unter Ihren engsten Freunden, interessieren sich mehr als nur oberflächlich für diese schwierigen, abstrusen Probleme? Sie können sie an den Fingern einer Hand abzählen. Ihre Rasse brüstet sich damit, in der Neuzeit den schöpferischen Geist des Menschen befreit zu haben, der so lange in den Kerkern des Dogmatismus und der Intoleranz gefangen war – den schöpferischen Geist des Wissens, der Erkenntnis und der Gedankenfreiheit. Sie behauptet, durch Unwissenheit hervorgerufene Vorurteile und religiöser Fanatismus seien nun für immer am tiefsten Meeresgrund versenkt worden – gleich bösen Geistern in einer von den Richtern der Wissenschaft fest versiegelten Flasche –, und daß sie deshalb niemals wieder die Welt beherrschen können wie in den dunklen Zeitaltern. Kurz: die öffentliche Meinung sei nun frei und offen für jede nachweisbare Wahrheit. Gut. Aber stimmt das wirklich, mein verehrter Freund? Auf wissenschaftlichen Experimenten beruhende Erkenntnisse gibt es nicht erst seit 1662, als Bacon, Robert Boyle und der Bischof von Rochester ihr sogenanntes "unsichtbares Kollegium" unter königlicher Schirmherrschaft in eine Gesellschaft zur Förderung der Naturwissenschaft umwandelten. Schon lange Zeitalter bevor die Royal Society ein Faktor in dem geplanten "prophetischen Projekt" wurde, hatte die dem Menschen angeborene Neugier nach Verborgenem, seine tiefe Liebe zur Natur und der Drang, sie zu erforschen, jede Generation veranlaßt, ihre Geheimnisse noch tiefer zu ergründen, als andere das schon getan hatten. *Roma ante Romulus fuit*[5] ist ein Axiom, das uns in

[5] ("Rom existierte, ehe Romulus es gründete." H.T.)

Ihren englischen Schulen beigebracht wurde. Die abstrakten Untersuchungen der rätselhaftesten Probleme sind im Gehirn des Archimedes nicht spontan und als etwas bisher Unberührtes aufgetreten, sondern waren Reflexionen von ähnlichen Untersuchungen, die von Menschen unternommen worden waren, die zeitlich mindestens ebenso weit entfernt von dem großen Syrakuser waren wie Sie von ihm. Das *Vril* des "zukünftigen Geschlechts" war das gemeinsame Eigentum von Menschheiten, die jetzt längst ausgestorben sind. Das *Vril* oder, wie wir es nennen: der *Âkâsha*, wird als Unmöglichkeit, als Mythos bezeichnet, genauso wie auch die Existenz unserer riesenhaften Vorfahren bezweifelt wird, obwohl wir in den *Himavats,*[6] also in einem Gebiet, das sogar Euch gehört,[7] eine Höhle kennen, die voller Skelette dieser Riesen ist. Immer dann aber, wenn diese enormen Gestalten gefunden werden, spricht man von isoliert auftretenden Mißgestaltungen der Natur. Aber wie kann die Wissenschaft ohne genaue Erkenntnisse über den Âkâsha, ohne detailliertes Wissen von seinen Verbindungen und Eigenschaften, jemals die Existenz solcher Phänomene erklären? Wir bezweifeln nicht, daß Ihre Wissenschaftler bereit sind, sich überzeugen zu lassen. Aber zuerst müssen die Tatsachen ihnen vorgeführt werden, dann machen sie sie zu ihrem Besitz, und wenn sich die Tatsachen dann noch ihren Untersuchungsmethoden anpassen lassen –, dann sind sie bereit, sie als *Tatsachen* zu akzeptieren. Wenn Sie nur das Vorwort zur "Micrographia" lesen, werden Sie den Vorstellungen des Autors Robert Hooke entnehmen können, daß in seinen Augen die engen inneren Beziehungen, die zwischen Objekten bestehen, weniger wichtig sind, als die äußere Wirkung letzterer auf die Sinne. In ihm fanden Newtons großartige Entdeckungen ihren schärfsten Kritiker. In unserer Zeit gibt es viele Wissenschaftler wie Hooke. So wie dieser gelehrte, aber unwissende Mann in vergangenen Zeiten, sind die modernen Wissenschaftler der westlichen Welt heutzutage kaum bestrebt, ein physikalisches Zusammenspiel von Tatsachen zu erkennen und darzustellen, durch das sie viele der in der Natur wirkenden okkulten Kräfte entschlüsseln könnten. Dafür sorgen sie umso mehr für eine oberflächliche, ihren Ansprüchen entgegenkommende "Klassifizierung wissenschaftlicher Experimente", woraus folgt, daß ihrer Meinung nach das wichtigste Merkmal einer Hypothese nicht der Anspruch ist, *wahr* zu sein, sondern nur, einen *Wahrscheinlichkeitswert* zu haben.

Soviel zur Wissenschaft – soweit wir darüber informiert sind. Was ganz allgemein die Natur des Menschen betrifft, so hat sie sich in einer Million Jahren nicht verändert: durch Selbstsucht verursachte Vorurteile, der Widerwille, alte, einmal etablierte Gewohnheiten durch neue Lebens- und Denkformen zu ersetzen – und gerade das und noch viel mehr verlangen okkulte Studien –, Hochmut und hartnäckiger Widerstand gegen die Wahrheit, sobald sie früheren Vorstellungen von der

---

[6] (wörtlich "Schneegipfel"; in der indischen Mythologie die Personifizierung des Himalaya. H.T.)
[7] (d.h. den Briten. H.T.)

Welt widerspricht – dies alles ist charakteristisch für Ihr Zeitalter, besonders für die unteren Schichten und die Mittelklasse Ihrer Gesellschaft. Was würde also geschehen, wenn wir unsere Zustimmung zur Vorführung von höchst ungewöhnlichen Phänomenen gäben? Die Gefahr würde bei wachsendem Erfolg ebenfalls immer größer, denn schon bald wären Sie gezwungen, gleichsam im Crescendo, immer weitere Phänomene zu produzieren, oder in diesem endlosen Kampf gegen Vorurteil und Ignoranz durch Ihre eigenen Waffen getötet zu werden. Ein Test nach dem anderen würde verlangt und müßte ausgeführt werden, und dabei wäre die Erwartung natürlich, daß jedes neue Phänomen das vorhergegangene übertreffen sollte. Beinahe täglich sagen Sie uns, man könne nicht erwarten, daß die Menschen einem Glauben schenken, ohne als Augenzeugen unsere Phänomene leibhaftig mitzuerleben. Würde die Lebenszeit eines einzigen Menschen ausreichen, alle Skeptiker der Welt zufriedenzustellen? Sicherlich wäre es leicht, die Zahl der Menschen, die in Simla von Anfang an überzeugt waren, um Hunderte oder Tausende zu vergrößern, aber was wäre mit den Hunderten von Millionen, die keine Augenzeugen sein könnten? All die Unwissenden könnten eines Tages ihre Wut an den sichtbaren Ausführenden unserer Phänomene auslassen, weil sie nicht in der Lage sind, sich mit ihren unsichtbaren Urhebern auseinanderzusetzen. Die höheren, gebildeten Gesellschaftsschichten würden genauso ungläubig bleiben, wie sie es immer waren und würden Sie genauso in Stücke reißen, wie es in ähnlichen Fällen seit jeher ihre Gewohnheit ist.

Wie so viele andere, werfen Sie uns unsere große Verschwiegenheit vor. Aber glauben Sie mir, wir kennen die menschliche Natur aus Erfahrungen, die wir in langen Jahrhunderten, ja ganzen Zeitaltern, gemacht haben. Und wir wissen auch, daß die Vorurteile der Welt nicht schlagartig überwunden werden können, sondern daß nur eine schrittweise Vorgehensweise erfolgreich sein kann, solange es für die Wissenschaft noch etwas zu lernen gibt, und solange auch nur ein Rest von religiösem Dogmatismus die Herzen des größten Teils der Menschheit überschattet. Genauso wie es in der Antike nicht nur einen Sokrates gab, wird die weit entfernte Zukunft mehr als einen Märtyrer hervorbringen. Die ihrer Fesseln entledigte Wissenschaft wandte sich verächtlich von der kopernikanischen Überzeugung ab, die – lange bevor die Kirche versucht hatte, Galileo Galilei auf dem Altar der Bibel zu opfern – die Theorien des Aristarchus Samius, daß "die Erde sich kreisförmig um ihren eigenen Mittelpunkt dreht," wieder aufgegriffen hatte. Den fähigsten Mathematiker am Hof Edwards VI., Robert Recorde, ließen seine Kollegen im Kerker verhungern, sie lachten über seine *Festung des Wissens* und erklärten, seine Entdeckungen seien "eitle Hirngespinste". William Gilbert von Colchester, der Leibarzt der Königin Elisabeth, wurde vergiftet, nur weil dieser wirkliche Begründer der experimentellen Wissenschaft in England es gewagt hatte, Galilei vorwegzunehmen und auf den Irrtum des Kopernikus über die "dritte Bewegung" hinzuweisen, von der man allen Ernstes behauptete, auf sie sei der Parallelismus der Rotationsachse der Erde zurückzuführen! Die enorme Gelehrsamkeit eines Paracelsus, eines Agrippa und eines John Dee wurde stets in Frage gestellt. Die Wissenschaft war es, die ihre frevelhafte Hand auf das große Werk "De Magnete", auf "Die himmlische weiße Jungfrau" (Âkâsha) und auf andere Werke legte. Und der erlauchte "Kanzler Englands und der Natur", Lord Verulam Bacon, dem man den Namen "Vater der induktiven Philosophie" gegeben hatte, war es, der sich anmaßte, Menschen wie die oben erwähnten als "Alchemisten der Philosophie des Phantastischen" zu bezeichnen.

Sie werden einwenden, das alles sei längst Vergangenheit. Das stimmt zwar, aber unsere heutigen Zustände unterscheiden sich nicht wesentlich von den damaligen. Wir brauchen nur an die vor kurzem erst geschehenen Verfolgungen von Medien in England zu erinnern, an die Verbrennungen von angeblichen Hexen und Zauberern in Südamerika, Rußland und an den Grenzen Spaniens, um einzusehen, daß die Skepsis der Öffentlichkeit der einzige Schutz der echten Meister der okkulten Wissenschaft ist: Die Scharlatane und Zauberkünstler sind der natürliche Schutzschild der "Adepten". Die öffentliche Sicherheit wird nur dadurch gewährleistet, daß wir die furchtbaren Waffen geheimhalten, die sonst gegen sie verwendet werden könnten und die, wie Sie bereits wissen, in der Vergangenheit in den Händen schlechter und eigennütziger Menschen zu tödlichen Ergebnissen geführt haben.

Abschließend möchte ich Sie daran erinnern, daß die Phänomene, die Sie sich wünschen, denen als Belohnung vorbehalten sind, die ihr Leben dem Dienst der Göttin Sarasvati, der Isis der Âryas, geweiht haben. Was würde für unsere treuen Anhänger übrigbleiben, wenn man sie den Ungläubigen gäbe? Viele Ihrer Vorschläge sind sehr vernünftig und sollen berücksichtigt werden. Ich habe die Unterhaltungen in Mr. Humes Haus aufmerksam verfolgt und muß sagen, daß seine Argumente aus der Sichtweise exoterischer Weisheit einwandfrei sind. Aber erst wenn der Zeitpunkt gekommen ist, daß ihm erlaubt werden kann, einen uneingeschränkten Einblick in die Welt der Esoterik zu haben, mit ihren Gesetzen, die auf mathematisch genauen Berechnungen der Zukunft beruhen, der Zukunft, die das unausweichliche Resultat von Ursachen ist, die wir zwar jederzeit schaffen und frei gestalten können, deren Auswirkungen wir aber im Gegensatz dazu nicht unter unserer Kontrolle haben, weshalb sie zu unserem Meister werden, dem wir unterworfen sind – erst dann also werden Sie und er verstehen, weshalb unser Handeln für Uneingeweihte oft unklug oder sogar töricht erscheinen muß.

Ihren nächsten Brief werde ich ohne die Hilfe von anderen, die normalerweise für europäische Mystiker zuständig sind, nicht umfassend beantworten können. Außerdem sollte dieser Brief Sie bezüglich vieler Fragen aus Ihrem letzten Schreiben zufriedenstellen, aber er wird Sie sicherlich auch enttäuschen. Zu den neuen, noch sensationelleren Phänomenen, die Sie von ihr[8] verlangen, und wobei unsere Hilfe erwartet wird, nur diese Bemerkung: Als jemand, der sich in den Grundsätzen strategischen Handelns auskennt, müssen Sie sich mit der Überlegung zufrieden geben, daß es wenig sinnvoll ist, neue Stellungen zu erobern, ehe die bereits eroberten abgesichert sind, und ehe Ihr Feind Ihren Anspruch auf deren Besitz anerkannt hat. In anderen Worten: Für Sie und Ihre Freunde haben wir mehr Phänomene produziert, als so manche regelrechte Einweihungsnovizen normalerweise in mehreren Jahren sehen. Zuerst sollten Sie die Öffentlichkeit über das Hervorbringen des Zettels, der Tasse und über die verschiedenen Experimente mit dem Zigarettenpapier informieren[9] – das soll die Allgemeinheit erst einmal verdauen und dafür eine Erklärung finden. (...) Sie würden (durch diese Veröffentlichung) der Frau,[10] die dafür angegriffen wird, Gerechtigkeit verschaffen und der Wahrheit einen sehr guten Dienst erweisen.

Ihr aufrichtiger Freund
KOOT' HOOMI LAL SINGH

***

(Die Echtheit des folgenden Briefes ist gelegentlich von christlichen Mitgliedern der Theosophischen Gesellschaft angezweifelt worden, wohl weil sein Inhalt schlecht zu ihren eigenen traditionellen westlich-religiösen Auffassungen paßt. Aber wer seine Augen nicht vor der Tatsache verschließt, daß die von den Mahatmas und Blavatsky begründete Theosophie einer östlich orientierten und weitgehend vom Buddhismus beeinflußten Philosophie folgt, wird kaum Verwunderung empfinden über den Atheismus der Mahatmas, der übrigens aus mehreren ihrer Briefe ersichtlich ist. Nicht nur die Mahatmas, auch die beiden prominentesten Gründungsmitglieder der Theosophischen Gesellschaft, H.P. Blavatsky und Col. Olcott, waren Buddhisten, und heutzutage, da der Buddhismus im religiösen Leben der westlichen Welt eine immer größere Rolle spielt, sollte die Tatsache einer atheistischen Religion und die buddhistische Grundlehre von der Nichtexistenz eines persönlichen Gottes keine Verständnisschwierigkeiten mehr bereiten. Die heftige Kritik an den etablierten Kirchen, das monistische Ideal des Einen Lebens, die vier edlen Wahrheiten, die Verurteilung und erforderliche Destruktion menschlicher Selbstsucht bzw. der immer wieder angemahnte prakti-

[8] (von H.P. Blavatsky. H.T.)

[9] A.P. Sinnett beschreibt diese Phänomene in *The Occult World*, 9. Auflage, London, 1984, S. 54, 58 und 68.

[10] (H.P. Blavatsky. H.T.)

zierte Altruismus in gesellschaftlichen Strukturen und zwischenmenschlichen Beziehungen – für diese und andere in der *Geheimlehre* ausführlich vermittelten theosophischen Grundsätze ist der folgende Brief von nicht zu unterschätzender Relevanz. – H.T.)

3.

BRIEF DES MAHATMAS KOOT' HOOMI LAL SINGH AN A.O. HUME

28. September 1882
(Datum der Abschrift durch A.P. Sinnett)

Weder unsere Philosophie noch wir selbst glauben an einen Gott, am allerwenigsten an einen, dessen Personalpronomen groß geschrieben werden muß. Unsere Philosophie fällt unter die Definition Thomas Hobbes'.[11] Sie ist vorwiegend die Erkenntnis von Wirkungen durch ihre Ursachen und von Ursachen durch ihre Wirkungen, und da sie auch die Erkenntnis ist, daß alle Dinge von einem Urprinzip deduzierbar sind, wie Bacon es definiert, müssen wir ein solches Prinzip erst kennen, ehe wir es anerkennen können, sonst haben wir kein Recht, auch nur seine Möglichkeit in Betracht zu ziehen. Ihre ganze Erklärung stützt sich auf ein einziges Zugeständnis unsererseits, nämlich unser rein methodisches Eingehen auf unseren Diskurs im vergangenen Oktober, als wir Ihnen erklärten, daß sich unser Wissen auf das Sonnensystem beschränkt, in dem wir leben. Da wir auch weiterhin als Philosophen ernstgenommen werden wollten, konnten wir die Existenz eines wie auch immer gearteten, Ihrer Beschreibung nach *über die Grenzen unseres Sonnensystems hinaus* wirkenden höchsten, omnipotenten und intelligenten Wesens weder bejahen noch verneinen. Aber während die Existenz eines solchen Wesens nicht absolut unmöglich ist, bleiben wir doch dabei, daß sie höchst unwahrschein-

[11] (Thomas Hobbes (17. Jh.) war konsequenter Materialist; er postulierte ein Universum in ständiger Bewegung, das nichts als Materie enthält. Hobbes' Metaphysik war von der Galileischen Mechanik beeinflußt, und er entwickelte einen Kausalitätsbegriff, nach dem für ihn alles Geschehen die notwendige Folge von Ursachen ist, auch menschliche Willensäußerungen und menschliches Handeln. Trotzdem besitzt der Mensch Willens- und Handlungsfreiheit – innerhalb der Grenzen einer unendlichen Verkettung von Ursachen. Diese Vereinigung von Determinismus und Freiheit kam offensichtlich dem Karmakonzept der Mahatmas nahe genug, um hier als Illustration herangezogen zu werden. Der herkömmliche Gottesbegriff ist psychologisch begründbar, er drückt für Hobbes nur menschliche Frömmigkeit und Gottesfurcht aus. Es ist dem Menschen nicht möglich, sich in irgendeiner sinnvollen Weise über Gott zu äußern, denn weil Gottes Eigenschaften unendlich sind, ist er gleichbedeutend mit dem Unendlichen, und das übersteigt das menschliche Begriffsvermögen. H.T.)

lich ist, es sei denn, die Einheitlichkeit der Naturgesetze hörte an den Grenzen unseres Sonnensystems auf. Was dieses Sonnensystem betrifft, so lehnen wir nichtsdestoweniger auch die diesbezügliche Haltung des Agnostizismus entschieden ab. Unsere Lehre kennt keine Kompromisse, entweder sie bejaht oder sie verneint, denn sie enthält nur, was sie als Wahrheit erkannt hat. Als Philosophen und als Buddhisten verneinen wir deshalb die Existenz Gottes. Wir wissen, daß Planetengeister und andere spirituelle Lebensformen existieren, aber ebenso wissen wir, daß es in unserem System so etwas wie Gott nicht gibt, weder einen persönlichen noch einen unpersönlichen. Parabrahman ist kein Gott, sondern absolutes und unwandelbares Gesetz, und Îshvara ist das Resultat von Avidyâ und Mâyâ, d.h. von Nichtwissen, hervorgerufen durch die große Illusion. Das Wort "Gott" wurde erfunden, um die unbekannte Ursache all jener Wirkungen zu bezeichnen, die der Mensch entweder bewunderte oder fürchtete, ohne sie zu verstehen. Und weil wir behaupten, etwas zu besitzen, das wir auch beweisen können, nämlich das Wissen über diese Ursache und alle weiteren Ursachen – deshalb bleiben wir dabei: Kein Gott und keine Götter stehen dahinter.

Die Gottesidee ist keine angeborene, sondern eine erworbene Vorstellung, und das einzige, das uns mit den verschiedenen Theologien verbindet, ist dies: Die Enthüllung des Unendlichen. Aber während wir alle aus der unendlichen und grenzenlosen Dreiheit Raum, Dauer und Bewegung hervorgehenden Phänomene auf *materielle, natürliche, sinnlich erfahrbare* und (zumindest uns) *bekannte* Ursachen zurückführen, schreiben ihnen die Theisten *geistige, übernatürliche, nicht erkennbare* und unbekannte Ursachen zu. Der Gott der Theologen ist nichts anderes als ein Produkt der Einbildung, ein *loup garou*, wie d'Holbach es ausdrückte –, er ist eine Macht, die sich noch nie bemerkbar gemacht hat. Unser Hauptanliegen ist die Befreiung des Menschen von diesem Alptraum, und weiterhin, den Menschen zu lehren, Tugendhaftigkeit um ihrer selbst willen zu praktizieren und mit Selbstvertrauen durch das Leben zu gehen, anstatt sich auf eine theologische Krücke zu stützen, die seit zahllosen Zeitaltern die direkte Ursache für nahezu alles menschliche Leid ist. Man mag uns als Pantheisten bezeichnen, aber – Agnostiker? NIEMALS. Wenn die Menschen bereit sind, das in seiner Ewigkeit unwandelbare und unbewußte EINE LEBEN zu akzeptieren und es als Gott betrachten wollen, dann sollen sie das tun – und damit eine weitere gigantische Fehlbezeichnung in die Welt setzen. Aber dann müssen sie mit Spinoza sagen, daß keine andere Substanz außer Gott existiert und vorstellbar ist oder, wie dieser berühmte, aber unglückliche Philosoph es in seinem vierzehnten Lehrsatz ausdrückt: "praeter Deum neque dari neque concipi potest substantia,"[12] nur – dann wären sie Pantheisten ...

[12] ("Außerhalb Gottes kann es eine Substanz weder geben, noch kann man sich eine solche vorstellen". H.T.)

Wer, außer einem von Anfang an mit geheimnisumwitterter Frömmelei und dem absurdesten Wunderglauben gefütterten Theologen, kann sich ein selbstexistentes, notwendig unendliches und allgegenwärtiges Wesen *außerhalb* des manifestierten, *grenzenlosen* Universums vorstellen? Das Wort "unendlich" ist eine Negation und schließt die Vorstellung von Grenzen aus. Ein unabhängiges und allgegenwärtiges Wesen kann ja offensichtlich nicht durch etwas, das außerhalb seiner selbst ist, eingegrenzt sein – es kann nichts geben, das außerhalb von ihm existiert, nicht einmal ein Vakuum, denn wo wäre dann der Raum für Materie, für das manifestierte Universum, selbst wenn dieses Universum begrenzt wäre? Fragen wir die Theisten, ob Gott Vakuum, Raum oder Materie sei, so sagen sie nein. Aber trotzdem behaupten sie, ihr Gott durchdringe alle Materie, ohne selbst Materie zu sein. Wenn wir von unserem Einen Leben sprechen, so sagen auch wir, es durchdringe jedes Atom der Materie, nein, mehr noch, wir sagen, es *ist* das Wesen selbst eines jeden Atoms der Materie, und daß es deshalb nicht nur in einer Beziehung zur Materie steht, sondern zugleich auch all ihre Eigenschaften in sich einschließt, etc., daß es also von materieller *Beschaffenheit* ist, daß das Eine Leben selbst *Materie* ist.

Letztes Jahr fragten Sie uns mehrmals, wie Intelligenz aus Nicht-Intelligenz entstehen oder hervorgehen könne. Sie wollten wissen, wie eine hochintelligente Menschheit, die Krönung der Vernunft, sich aus einer blinden, intelligenzlosen Gesetzmäßigkeit oder Energie entwickelt haben solle. Aber wenn unser Diskurs diese Richtung einschlägt, dann sollte ich nun meinerseits die Frage stellen, wie es möglich sein soll, daß von Geburt an schwachsinnige Menschen, vernunftlose Tiere und der ganze Rest der "Schöpfung" von einer absoluten Weisheit erschaffen oder entwickelt werden konnten, wenn doch diese absolute Weisheit, der Ursprung und Lenker des Universums, ein intelligentes, denkendes Wesen ist? Auf das "Wie" antwortet Dr. Samuel Clarke in seiner Abhandlung über die Beweise für die Existenz Gottes: "Gott, der das Auge geschaffen hat, soll er nicht sehen? Gott, der das Ohr geschaffen hat, soll er nicht hören?" Mit dieser Argumentation müßten die Theologen aber zugeben, daß Gott durch die Erschaffung eines schwachsinnigen Menschen selbst schwachsinnig ist; daß er, der so viele physische und moralische Monstrositäten erschaffen hat, selbst ein vernunftloses Wesen sein muß ...

Wir sind keine Anhänger des Advaita Vedânta, aber unsere Lehre über das Eine Leben ist identisch mit der Advaita-Lehre über Parabrahman. Und kein wirklich philosophisch gebildeter Advaita-Anhänger würde sich jemals als Agnostiker bezeichnen, weil er weiß, daß er selbst Parabrahman und damit identisch mit dem universalen Leben und der Universalseele ist. Er weiß, daß der Makrokosmos der Mikrokosmos ist und daß es außerhalb seiner selbst keinen Gott gibt, keinen Schöpfer und auch kein anderes irgendwie geartetes Wesen. Nachdem wir Gnosis gefunden haben, können wir sie nicht einfach ignorieren und Agnostiker werden.

Wenn wir den höchsten Dhyâni-Chohans zugestehen müßten, daß auch für sie Selbsttäuschung und damit Irrtum möglich ist, dann gäbe es in der Tat keine Realität mehr für uns, und die Wissenschaft des Okkultismus wäre ein ebenso großes Hirngespinst wie dieser Gott. Wenn es absurd sein sollte, daß wir verneinen, was wir nicht kennen, dann wäre es aber noch ausgefallener, wenn wir dieses uns Unbekannte auf uns ebenso unbekannte Gesetze zurückführten.

In der Logik wird "Nichts" dadurch definiert, daß ihm keine Wesensmerkmale oder Attribute zugeschrieben oder aberkannt werden können. Deshalb ist die Vorstellung eines endlichen oder eines unendlichen Nichts ein Widerspruch in sich. Und doch ist nach Ansicht der Theologen "Gott, das selbstexistente Wesen, ein höchst einfaches, unveränderliches, unvergängliches Wesen, ohne Gestalt, Bewegung, Teile oder Teilbarkeit oder irgendwelche der anderen Eigenschaften der Materie. Denn all diese Eigenschaften implizieren schon in ihrer Begrifflichkeit klar und notwendigerweise Endlichkeit und sind völlig unvereinbar mit der Vorstellung vollkommener Unendlichkeit." Somit entbehrt dieser dem 19. Jahrhundert als anbetungswürdig gepriesene Gott all die Merkmale, die für die Kapazität des menschlichen Verstandes im Bereich des Erkennens und der Beurteilung liegen. In Wirklichkeit handelt es sich hier um ein Wesen, von dem *nichts* gesagt werden kann, was sich nicht sofort als widersprüchlich herausstellt. In ihrer eigenen Bibel, ihrer Offenbarung, wird all die moralische Vollkommenheit, mit der die Theologen diesen Gott überhäufen, zunichte, es sei denn, sie nennen Eigenschaften vollkommen, die für die Vernunft und den gesunden Menschenverstand jedes anderen Menschen als Unvollkommenheiten, anrüchige Laster und brutale Bosheiten gelten. Wer dagegen die für die abergläubischen Massen geschriebenen heiligen Schriften des Buddhismus liest, wird ergebnislos darin nach einem *Dämon* suchen, der so rachsüchtig, ungerecht, so grausam und so dumm ist wie der himmlische Tyrann, dem die Christen so verschwenderisch ihre überschwengliche Unterwerfung und Anbetung darbringen, und den ihre Theologen mit diesen Vollkommenheiten überhäufen, die in ihrer eigenen Bibel auf jeder Seite widerlegt werden. Wahrlich, Ihre Theologie hat ihren Gott nur erschaffen, um ihn dann Stück für Stück wieder zu zerstören. Ihre Kirche ist der Saturn der Fabel, der Kinder zeugte und sie dann selbst verschlang.

Der Universalgeist. Jede neue Idee sollte von Argumenten begleitet und unterstützt werden. Ich glaube, daß man uns z.B. diesen scheinbaren Widerspruch vorwerfen wird: 1. Wir verneinen die Existenz eines denkenden, bewußten Gottes mit der Begründung, daß ein solcher Gott entweder bedingt, begrenzt und Veränderungen unterworfen und deshalb nicht unendlich wäre, oder, wenn er uns 2. als ein ewiges, unwandelbares und unabhängiges Wesen ohne auch nur ein einziges Partikel Materie dargestellt wird, dann entgegnen wir, daß es sich dabei nicht um eine Wesenheit handeln kann, sondern um ein unwandelbares, blindes Prinzip, ein Gesetz. Aber gleichzeitig, so wird man uns entgegenhalten, glauben wir an Dhyânis oder Planetengeister (und überhaupt an "Geister") und gestehen ihnen Teilhabe am Universalgeist zu. *Das verlangt nach einer Erklärung.* Unsere Begründungen sind in aller Kürze am besten so zusammengefaßt:

1. Wir lehnen das absurde Postulat der Existenz – selbst in einem grenzenlosen und ewigen Universum – zweier unendlicher, ewiger und allgegenwärtiger Existenzen ab.

2. Wir wissen, daß die Materie ewig ist, d.h. daß sie keinen Anfang hatte, weil (a) Materie die Natur selbst ist und weil (b) etwas, das sich nicht selbst vernichten kann und unzerstörbar ist, notwendig existiert, und deshalb sein Dasein weder beginnen noch enden kann, und weil (c) die gesamten Erfahrungen zahlloser Zeitalter und auch der Naturwissenschaften uns zeigen, daß sich nicht ein einziges Atom der mit einer speziellen, ihr eigenen Energie funktionierenden Materie (bzw. Natur) jemals in einem absoluten Ruhezustand befindet, weshalb sie schon immer existiert haben muß. Dabei unterliegt ihr Material zwar immerwährenden Form-, Zusammensetzungs- und Eigenschaftsveränderungen, aber ihre Prinzipien oder Elemente sind absolut unzerstörbar.

3. Und was nun Gott betrifft – wir können ihn (oder es) weder als ewig oder unendlich noch gar als selbstexistent betrachten, da niemand ihn (oder es) jemals gesehen hat – *es sei denn, man versteht unter der Bezeichnung 'Gott' nichts anderes als das eigentliche Wesen, die Natur dieser grenzenlosen, ewigen Materie, ihre Energie und ihre Bewegung.* Und zwar können wir aus den folgenden Gründen nicht an die Wirklichkeit einer Wesenheit oder Existenz glauben, über die wir absolut nichts wissen: (a) Wo Materie ist, deren Merkmale und Eigenschaften wir sehr genau kennen, ist kein Platz für sie. Und wenn (b) er (oder es) nichts weiter als ein Teil dieser Materie ist, dann wäre die Behauptung lächerlich, er sei der Beweger und Herrscher von etwas, an dem er nur teilhat und von dem er abhängig ist. Und letztlich, wenn (c) behauptet wird, Gott sei ein selbstexistenter und von der Materie unabhängiger reiner Geist, eine außerkosmische Gottheit, dann erwidern wir: Selbst wenn wir die Möglichkeit einer solchen Unmöglichkeit, d.h. die Möglichkeit seiner Existenz zugäben, dann blieben wir trotzdem dabei, daß ein nicht-materieller Geist kein intelligenter und Bewußtsein besitzender Herrscher sein kann, genausowenig wie er all die Eigenschaften haben kann, die die Theologie ihm zuschreibt. Ein solcher Gott wäre also wieder nichts weiter, als eine blinde Kraft. Intelligenz, wie sie in unseren Dhyan Chohans vorhanden ist, ist etwas, das nur in Struktur besitzenden, belebten Daseinsformen auftritt – wie unbestimmbar oder besser *unsichtbar* die stofflichen Bestandteile ihrer Organismen auch sein mögen. Zur Intelligenz gehört notwendigerweise die Fähigkeit des Denkens; zum Denken gehören Vorstellungen; Vorstellungen setzen Sinnesorgane voraus, die physisch, also materiell sind – und wie kann etwas Materielles Bestandteil puren Geistes sein? Auf den Einwand,

Denken könne keine Eigenschaft der Materie sein, erwidern wir: warum nicht? Wir brauchen einen unwiderlegbaren Beweis für eine solche Behauptung, ehe wir sie akzeptieren können. Von den Theologen würden wir wissen wollen, was ihren Gott, den angeblichen Schöpfer alles Daseins, daran hindern sollte, Materie mit der Fähigkeit des Denkens auszustatten. Sollte dann erklärt werden, offensichtlich habe es Ihm nicht gefallen, das zu tun, und daß es sich nicht nur um eine Unmöglichkeit, sondern auch um ein Mysterium handele, dann würden wir aber darauf bestehen, zu erfahren, warum das Entstehen von Geist und Denken aus der Materie eine größere Unmöglichkeit sein soll, als das Hervorbringen, die Schöpfung von Materie durch den Geist oder Gedanken Gottes.

Wir verneigen uns nicht bis zum Erdboden in Ehrerbietung vor dem Mysterium des menschlichen Geistes, denn *wir haben sein Geheimnis bereits vor langen Zeiten gelöst.* Mit Verachtung lehnen wir nicht nur die theistische Theorie ab, sondern auch die des Automatismus, nach der Bewußtseinszustände durch die Anordnung von Gehirnmolekülen hervorgerufen werden. Und der anderen Hypothese, die molekulare Bewegungen auf Bewußtseinszustände zurückführt, bringen wir ebenso wenig Respekt entgegen. Woran glauben wir also? Nun, wir glauben an das vielbelachte *Phlogiston* (siehe den Artikel "What is Force and What is Matter?" in *The Theosophist* [13]) und an etwas, das manche Biologen als Nisus bezeichnen, die unaufhörliche, aber für die normale Sinneswahrnehmung völlig unbemerkbare Bewegung oder Einwirkung, die ein Körper auf den anderen ausübt – es ist das Pulsieren der trägen Materie: es ist ihr Leben. Die Körper der Planetengeister sind aus dem von Priestley und anderen so genannten Phlogiston geformt, wofür wir aber eine andere Bezeichnung haben. In ihrem höchsten, siebten Zustand ist diese Essenz die Materie, aus der die Organismen der höchsten und reinsten Dhyânis bestehen, und in ihrem niedrigsten, dichtesten Zustand (der immer noch so extrem fein ist, daß die Wissenschaft diese Form als Energie oder Kraft bezeichnet) dient sie den Planetengeistern des ersten oder tiefsten Grades als Umhüllung. In anderen Worten, wir glauben an MATERIE allein, an Materie als sichtbare Natur und an Materie in ihrem unsichtbaren Zustand – sie ist der unsichtbare, aber allgegenwärtige und allmächtige Proteus – mit ihrer unaufhörlichen Bewegung, die ihr Leben ist, und welche die Natur aus sich selbst bezieht, denn sie, die Natur, ist das große Ganze, außerhalb dessen nichts existieren kann. Bilfinger hat recht, wenn er sagt, daß "Bewegung eine Existenzform ist, die notwendigerweise dem Wesen der Materie entspringt;" daß "Materie sich aufgrund ihrer eigenen, spezifischen Energien bewegt;" daß "ihre Bewegung durch die ihr innewohnende Kraft zustande kommt;" daß "sich die daraus resultierenden unter-

[13] (nachgedruckt in *H.P. Blavatsky Collected Writings*, Bd. IV, S. 208 ff. Laut H.P.B. ist der Autor der Mahatma K.H. selbst. H.T.)

schiedlichen Bewegungsarten und Phänomene aus der Vielfalt der charakteristischen Merkmale der Eigenschaften und Verbindungen ergeben, welche von Anbeginn in der Urmaterie vorhanden waren," deren Zusammenfassung die Natur ist, und wovon Ihre Wissenschaft weniger weiß, als einer unserer tibetischen Yaktreiber von Kants Metaphysik.

Die Existenz der Materie ist also Tatsache; die Existenz von Bewegung ebenfalls; beider Selbstexistenz und Ewigkeit oder Unzerstörbarkeit ist eine dritte Tatsache. Und die Idee eines reinen Geistes als eine Wesenheit oder eine Existenz, oder wie immer Sie es nennen, ist eine Schimäre, eine gigantische Absurdität.

Zu unseren Vorstellungen über das Böse. Das Böse existiert nicht *per se*, es resultiert einzig aus der Abwesenheit des Guten und existiert nur für denjenigen, der zu seinem Opfer gemacht wird. Es entspringt zwei Quellen und ist genausowenig wie das Gute eine in der Natur vorkommende unabhängige Ursache. Die Natur ist bar jeder Güte und Bosheit. Wenn sie Leben und Freude schenkt oder Leid und Tod bereitet und wieder zerstört, was sie geschaffen hat, dann tut sie das ausschließlich als Folge von und in Übereinstimmung mit unwandelbaren Gesetzen. Für jedes Gift kennt sie ein Gegenmittel, und ihre Gesetze belohnen jede Form von Leid. Der vom Vogel verschlungene Schmetterling wird selbst zu diesem Vogel, und der von einem Tier getötete kleine Vogel geht über in eine höhere Form. Hier operiert das blinde Gesetz der Notwendigkeit und der ewigen Zweckhaftigkeit der Dinge, und deshalb kann es nicht als das Böse in der Natur bezeichnet werden. Das wirklich Böse entspringt der menschlichen Intelligenz, sein Ursprung ist ausschließlich der reflektierende Mensch, der sich von der Natur abwendet. Die wirkliche Quelle des Bösen ist also allein die Menschheit. Das Böse ist die Übertreibung des Guten, das Resultat menschlicher Selbstsucht und Begierde. Wenn Sie es genau bedenken, so werden Sie finden, daß mit Ausnahme des Todes – der aber kein Übel, sondern ein notwendiges Gesetz ausdrückt, und außer Unfällen, die immer ihren Ausgleich in zukünftigen Leben finden – der *Ursprung* alles Bösen, sei es größer oder kleiner, im menschlichen Handeln liegt, im Menschen, dessen Intelligenz ihn zum einzigen mit Willens- und Entscheidungsfreiheit ausgestatteten Wesen in der Natur macht. Und es ist auch nicht die Natur, die Krankheit erschafft, sondern der Mensch. Des Menschen Aufgabe und Bestimmung in der natürlichen Ordnung ist es, eines natürlichen, altersbedingten Todes zu sterben. Abgesehen von Unfällen, stirbt weder ein außerhalb der Zivilisation lebender Mensch noch ein in freier Wildbahn lebendes Tier durch Krankheit. Essen, Trinken und Sexualität – all dies sind naturgemäße Bedürfnisse des Lebens, und nur ihr übermäßiger Genuß resultiert in Krankheit, Elend und psychischen und körperlichen Leiden. Genau dies sind die größten Übel, welche auf zukünftige Generationen, die Nachfahren der Übeltäter, übertragen werden. Menschliche Ambitionen, der Ehrgeiz, geliebten Menschen Glück und Wohlstand zu bescheren, sind lobenswerte und natürliche Verlangen. Wenn diese

Verlangen den Menschen aber zum ehrgeizigen Tyrannen werden lassen, zum geizigen, selbstbesessenen Egoisten, dann bringen sie seinen Mitmenschen nichts als endloses Elend – in staatlichen Strukturen ebenso wie für Individuen. All dies – Nahrung, Reichtum, Ehrgeiz und tausend andere Dinge, zu zahlreich, hier erwähnt zu werden, können durch ihren Überfluß oder ihren Mangel zur Quelle und Ursache des Bösen werden. Wer zum Vielfraß, Wüstling oder Tyrannen wird, wird damit zum Urheber von Krankheit, menschlichem Leid und Elend. Wem es an den erwähnten Dingen aber mangelt, der nagt am Hungertuch und wird als ein *Niemand* verachtet, ja der größte Teil der Gesellschaft, die Herde, sorgt dafür, daß der Zustand des Notleidenden sich lebenslang nicht ändert. Es kann also weder die Natur noch eine erfundene Gottheit dafür verantwortlich gemacht werden, sondern nur die durch *Egoismus* verseuchte menschliche Natur. Vertiefen Sie sich in das hier Gesagte, versuchen Sie, für jedes Übel, das Sie sich vorstellen können, den Grund zu finden, und verfolgen Sie diesen Grund dann zurück bis zu seinem Ursprung – wenn Sie das schaffen, werden Sie damit schon *ein Drittel* des Problems des Bösen in der Welt erkennen und lösen können.

Wenn ich nun von den Übeln absehe, die naturgegeben und unvermeidlich sind – aber es gibt so wenige davon, daß ich sämtliche Metaphysiker der westlichen Welt zu der Frage herausfordere, ob sie überhaupt als Übel bezeichnet werden können oder direkt auf eine als unabhängig zu betrachtende Ursache zurückführbar sind –, will ich nun die verhängnisvollste, die hauptsächliche Ursache für etwa zwei Drittel aller Übel aufzeigen, von denen die Menschheit heimgesucht wird, seit diese Ursache Macht erlangt hat. Es ist die Religion, in welcher Form und in welchem Volk auch immer sie auftritt. Es sind die Kaste der Priester, der Klerus und die Kirchen. In dieser Institution der Illusionen, die der Mensch als geheiligt betrachtet, muß er die Quelle suchen für die Vielfalt von Übeln, die der Fluch der Menschheit sind und sie fast ersticken. Unwissenheit hat Götter erschaffen, und Verschlagenheit hat diese Gelegenheit ausgenutzt. Schauen Sie sich Indien an und das Christentum, den Islam, das Judentum und Formen des Fetischismus. Deren Götter sind nur durch den Betrug der Priester so schrecklich für den Menschen geworden. Die Religion hat ihn zu einem egoistischen, frommen Fanatiker gemacht, der alle Menschen, die nicht zu seiner Sekte gehören, mit Haß überzieht, natürlich ohne ihn selbst dabei zum besseren oder moralischen Menschen zu machen. Es ist nur der Glaube an Gott oder Götter, der zwei Drittel der Menschheit zu Sklaven einer Handvoll von Leuten macht, die sie mit dem falschen Versprechen, ihr Seelenheil zu erwirken, betrügt. Ist der Mensch nicht jederzeit zu jeder Schlechtigkeit bereit, wenn ihm gesagt wird, sein Gott oder seine Götter verlangten diese oder jene verbrecherische Tat von ihm? Ist er nicht das willige Opfer eines illusionären Gottes und der unterwürfige Sklave einer cleveren Priesterkaste? Es gibt in Irland, Italien und anderswo einfache Menschen, die selbst hungern und ihre

Familien darben lassen, um ihre Padres oder Popen füttern zu können. Seit zweitausend Jahren lastet auf Indien das Kastenwesen, und nur die Brahmanen ziehen Nutzen aus dem Reichtum des Landes, die Anhänger Jesu und Mohammeds bringen sich heutzutage gegenseitig um, jeweils im Namen und zum größeren Ruhm ihrer eigenen Mythen. Denken Sie immer daran, daß die Summe allen menschlichen Leidens sich so lange nicht verringern wird, bis der größere Teil der Menschheit die Altäre der falschen Götter im Namen der Wahrheit, der Moral und allumfassender Wohltätigkeit niederreißen wird.

Sollte mir entgegengehalten werden, wir selbst hätten ja auch Tempel und Priester, und Lamas, die von Wohltätigkeit leben, dann sollten Sie erwidern, daß die oben erwähnten Einrichtungen mit ihren vergleichbaren Institutionen in der westlichen Welt nur den Namen gemeinsam haben. In unseren Tempeln verehren wir weder Gott noch Götter, sondern allein die dreimal geheiligte Erinnerung an den größten und heiligsten Menschen, der je gelebt hat. Wenn unsere Lamas sich von der Laiengemeinde Nahrung geben lassen, um die von unserem gesegneten Meister selbst gegründete Bruderschaft der *Bhikkus* in Ehren zu halten, so wird doch auch die Laiengemeinde, manchmal 5.000, manchmal bis zu 25.000 Menschen, von dem *Samgha*, der Bruderschaft der Mönche, genährt und versorgt, und unsere Klöster kümmern sich um die Armen, die Kranken, die Leidenden. Unsere Lamas akzeptieren Speisen, niemals Geld, und in den Tempeln, die ich erwähnte, wird der Ursprung des Bösen gelehrt und dem Volk eingeprägt. Dort werden die vier edlen Wahrheiten – *ârya* sacca – gelehrt sowie die Lehre von der Kette des bedingten Entstehens (die 12 *Nidânas*), die es den Menschen ermöglicht, eine Lösung für das Problem des Ursprungs und der Aufhebung des Leidens zu finden.

Lesen Sie das Mahâvagga und versuchen Sie zu verstehen – nicht mit einem vorurteiligen westlichen Verstand, sondern im Geist von Intuition und Wahrheit –, was der vollkommen Erleuchtete im ersten Khandhaka sagt. Erlauben Sie mir, daß ich es für Sie übersetze:

"Zur Zeit, als der gesegnete Buddha in Uruvela an den Ufern des Neranjara-Flusses war, als er unter dem Bodhi-Baum der Weisheit ruhte, nachdem er Sambuddha geworden war, da sprach er am Ende des siebten Tages, seinen Geist gerichtet auf die Kette des bedingten Entstehens, wie folgt: 'Der Unwissenheit entspringen die Samkharas der dreifachen Natur – Erzeugnisse des Körpers, der Rede, des Denkens. Aus den Samkharas entsteht Bewußtsein, aus Bewußtsein entsteht Name und Form, diesem entspringen die sechs Bereiche (der sechs Sinne, das siebte ist Merkmal nur des Erleuchteten), mit diesen entsteht Kontakt durch die Sinneswahrnehmung, dadurch entsteht Durst (oder Begierde, Kâma, Tanhâ), durch Durst entsteht Anhaftung, Dasein, Geburt, Alter, Tod, Schmerz, Wehklagen, Leiden, Schwermut und Verzweiflung. Aber durch das Vernichten der Unwissenheit werden die Samkharas vernichtet, und ihr Bewußtsein, Name und Form, die sechs

Bereiche, Kontakt, Wahrnehmung, Durst, Anhaftung (Selbstsucht), Dasein, Geburt, Alter, Tod, Schmerz, Wehklagen, Leiden, Schwermut und Verzweiflung werden vernichtet. Das ist das Aufhören all dieser vielen Leiden." Dies erkennend, äußerte der Gesegnete diese feierlichen Worte:

"Wenn die wahre Natur der Dinge dem meditierenden Bhikshu klar wird, dann schwinden alle seine Zweifel, denn er hat gelernt, was diese Natur ist, und was ihre Ursache ist. Der Unwissenheit entspringen alle Übel. Vom Wissen kommt das Aufhören dieser Masse von Elend. Und dann kann der meditierende Brahmane Mâras Heerscharen vertreiben, gleich der Sonne, die den Himmel erleuchtet."

Meditation steht hier für erreichte übermenschliche (nicht übernatürliche) Eigenschaften oder die Arhatschaft in ihrer höchsten Vollendung der Geisteskräfte.

***

(Der folgende Beitrag des Tibetologen David Reigle ist eine gekürzte Fassung der bereits seit 1983 vorliegenden und seit dem Erscheinen der *Geheimlehre* wohl herausragendsten Forschungsarbeit über Blavatskys Hauptwerk, in der Reigle die Identität und Herkunft des den Kern der *Geheimlehre* bildenden "Buches des Dzyan" detailliert und wissenschaftlich fundiert nachweist. – H.T.)

David Reigle

DIE BÜCHER DES KIU-TE

Die Tantras des tibetischen Buddhismus

Eine erste Analyse

1. Identifikation der Bücher des Kiu-te

H.P. Blavatskys beschreibt die Bücher des Kiu-te in der *Geheimlehre* als eine Reihe höchst okkulter Schriften, von denen einige der Öffentlichkeit zugänglich, andere geheim sind. Die ersten kann man angeblich im Besitz jedes buddhistischen Gelugpa-Klosters finden, zu den anderen, geheimen, gehört das *Buch des Dzyan*, aus dem einige Verse übersetzt wurden und die den Kern der *Geheimlehre* bilden. Das *Buch des Dzyan* soll der erste Band der Kommentare zu den geheimen Büchern des Kiu-te sein und zugleich ein Glossar zu den öffentlichen Büchern des Kiu-te.[1]

Obwohl die obige Information schon am Ende des letzten Jahrhunderts bekanntgemacht worden war, ist die tatsächliche Identität der öffentlichen Bücher des Kiu-te bis jetzt ein Geheimnis geblieben. Weder die Gelehrten Tibets noch die des Abendlandes kannten Bücher mit diesem Titel. Sie wurden daher – ebenso wie alles andere in der *Geheimlehre* – als Phantasieprodukte von H.P. Blavatsky bezeichnet. Aber durch ein einfaches Verfolgen des Verweises, den sie in bezug auf diese Bücher gab, wurden sie jetzt ganz sicher identifiziert. Wie sie sagte, kann man sie tatsächlich in der Bibliothek jedes tibetischen Gelugpa-Klosters finden, aber auch in denen anderer Sekten (Karhyudpa, Nyingmapa und Sakyapa). Es handelt sich auch tatsächlich um höchst okkulte Schriften, die alle Traditionen des tibetischen Buddhismus als Verkörperung der Geheimlehren des Buddha betrachten. Wie wir noch sehen werden, hat allein die Rechtschreibung des Titels frühere Versuche, die Schriften zu identifizieren, zunichte gemacht.

In Blavatskys *Geheimlehre* findet man im Abschnitt "Die geheimen Lamrin-Werke und Dzyan"[2] eine Fußnote, in der "bestimmte Aussagen in den Büchern des Kiu-te" über "die großen, 160.000 Meilen hohen Berge" besprochen werden. Die dortigen Aussagen stammen von einem Kapuzinermönch namens Orazio della Penna und sind Auszüge aus den hier zur Diskussion stehenden Büchern. Er lebte Anfang des 17. Jahrhunderts als Missionar in Tibet und wollte mit diesen Aufzeichnungen zeigen, wie absurd diese Bücher sind. Ehe diese Aussagen in der Fußnote in Blavatskys *Geheimlehre* zitiert wurden, wurden sie auch zusammen mit della Pennas höhnischen Anmerkungen vom "Chohan Lama" in einem Artikel mit dem Titel "Tibetan Teachings"[3] kommentiert. In diesem Artikel wird die Bedeutung der 160.000 Meilen [*yojanas*, d.Ü.] hohen Berge erklärt, und es wird darauf verwiesen, daß es sich hier um Auszüge aus dem *Kangyur* handelt, der zum Kanon des tibetischen Buddhismus gehört. Somit wurden also die Bücher des Kiu-te mit dem *Kangyur* in Verbindung gebracht. Da jedoch der *Kangyur* aus hundert und mehr – das hängt von der jeweiligen Ausgabe ab – umfangreichen Bänden besteht, war diese Information für sich nicht ausreichend.

Die oben erwähnte Fußnote in Blavatskys *Geheimlehre* gibt als Stellenangabe für diese Aussagen: "Markham's *Tibet*, p. 309 et seq." Bei näherer Untersuchung fand man heraus, daß kein Buch mit dem Titel *Tibet* von einer Person namens Markham jemals geschrieben worden ist, daß jedoch Clemens Robert Markham ein Buch mit dem Titel *Narratives of the Mission of George Bogle to Tibet, and of the Journey of Thomas Manning to Lhasa* herausgegeben hat, das 1876 in London veröffentlicht wurde. Eine zweite Ausgabe folgte 1879. In diesem Buch bilden "p. 309 et seq.", die Seiten 309 und folgende also, einen Anhang mit dem Titel "*Brief Account of the Kingdom of Tibet*", 1730 von Orazio della Penna verfaßt. Auf Seite 328 dieses Anhangs findet sich die Geschichte von den großen, 160.000 Meilen hohen Bergen, übernommen aus dem *Kangyur*, und dann auf Seite 334 die Information über die Bücher des Kiu-te. Della Penna schreibt:

> "Dieser Shakia Thupba erneuerte die Gesetze, die, wie man sagte, wertlos geworden waren und die jetzt, wie anderswo gesagt, aus 106 Bänden bestehen. In diesen Bänden schrieben die Schüler des Shakia Thupba die Inhalte dieser Bücher nach dem Tod ihres Meisters auf, so wie sie es aus seinem Munde vernommen hatten ... Diese Bände sind in zwei Gesetzesarten unterteilt. Der eine Teil umfaßt 60 Bücher und wird die Gesetze des Dote genannt, und der andere 38 Bände, genannt *Khiute*."[4]

Shakia Thupba, oder richtiger: Shakya Thub-pa, ist natürlich Gautama Buddha, und seine Gesetze bilden den *Kangyur*. Jetzt kann man leicht sehen, worum es sich bei den beiden Unterteilungen handelt: Dote ist mDo-sde und *Khiute* ist *rGyud-sde*, oder die Unterteilungen (*sde*) der Worte des Buddha, des *Kangyur*, in *Sûtra* (*mDo*) und *Tantra* (*rGyud*). *Khiute* (die letzte Silbe reimt sich auf das deutsche Wort "Tee", folgt man der in der Zeit der Romantik gängigen Aussprache des della Penna) bildet eine ziemlich gute Repräsentation der Aussprache von *rGyud-sde*, und damit haben wir die langgesuchte Identifikation der drei Bücher.

Was die Zahlen angeht, so kann man ihnen nicht allzu sehr vertrauen. Abgesehen von der Tatsache, daß die Summe von 60 und 38 nicht 106 ist, gibt es auch noch andere Diskrepanzen im Bericht von della Penna (z.B. schreibt er an anderer Stelle, daß es 36 Bände des *Khiute* gibt, und so weiter). Die folgende Tabelle gibt die jeweilige Anzahl der Bände in jeder dieser Unterteilungen der wohlbekannten Ausgaben des *Kangyur*:

Kangyur Ausgaben	Do-sde (Do-te)	rGyud-sde (Kiu-te)
Cho-ne (Co-ne)	83 Bände	25 Bände
Der-ge (sDe-dge)	76 Bände	26 Bände
Lhasa (Lha-sa)	78 Bände	21 Bände
Narthang (sNar-than)	78 Bände	22 Bände
Peking	81 Bände	25 Bände
Manuskript im Tog-Palast	91 Bände	18 Bände

(Siehe Anmerkung 1)

2. Die geheimen und öffentlichen Bände des Kiu-te

Blavatskys *Geheimlehre* spricht von sieben geheimen Büchern des Kiu-te und vierzehn Geheimbänden mit Kommentaren dazu, von denen der erste das *Buch des Dzyan* ist.[5] Es gibt Grund anzunehmen, daß Zitate aus diesen vierzehn geheimen Kommentaren in bestimmten, der Öffentlichkeit zugänglichen Kommentaren existieren, die man in dem Teil des Kanons des tibetischen Buddhismus findet, der *Tengyur* heißt. Eine weitverbreitete Tradition, die Budon (Bu-ston, 1290–1364) bereits im 14. Jahrhundert in seiner *History of Buddhism (Chos-'byun)*[6] erwähnte und die sogar schon früher in den Kommentaren des Kiu-te (*rGyud-sde*) selber auftaucht,[7] spricht von ausführlichen Originalversionen der Bücher des Kiu-te. Diese kann man heutzutage aber nicht mehr unter den bekannten Texten in Indien oder

Tibet finden, sondern nur noch an Orten wie Shambhala usw. Manche bedeutende Lehrer wie Âryasangha sollen angeblich Zugang zu diesen Büchern gehabt haben, und einige haben in ihren Kommentaren daraus zitiert.

Beispielsweise zitiert der Bodhisattva Vajragarbha in seinem einzigen bekannten Werk, einem Kommentar zum *Hevajra-Tantra* mit dem Titel *Hevajra-pindârtha-tîkâ* die heute verlorene längere Version des *Mûla-Hevajra-Tantra* (*mûla* = "Wurzel"). Dr. D.L. Snellgrove bemerkt:

> "Die Abschnitte, die er zitiert, stammen tatsächlich aus keinem normalen *Tantra;* es handelt sich um Erklärungen und Lehren, und er bezieht sich häufig auf diese Schrift, wenn er nach der übertragenen Bedeutung einer Textstelle sucht."[8]

Sie stammen aus "keinem normalen *Tantra*", denn die enthalten fast nie Erklärungen. Dies ist bedeutsam im Lichte der Aussage in Blavatskys *Geheimlehre*, daß es sich bei den vierzehn geheimen Bänden des Kiu-te um Kommentare und Anmerkungen handelt und daß sie auch ein Glossar der öffentlichen Texte gleichen Namens enthalten. So schreibt der Bodhisattva Vajragarbha in seinem Kommentar:

> "Aus dieser kurzen Version, so wie sie gelehrt wird, lernt man die offensichtliche Bedeutung (neyârtha); die wirkliche Bedeutung (nîtârtha) aber muß man aus dem *Mûla-Tantra* lernen."[9]

Blavatskys *Geheimlehre* vertritt die Auffassung, daß eine universale Weisheitstradition einst das Erbe der gesamten Menschheit war, daß jedoch im weiteren Verlauf des Kali-yuga oder des Zeitalters der Finsternis der größte Teil davon allmählich aus dem Gesichtsfeld der Öffentlichkeit verschwand. Bestimmte esoterische Schriften dürfen aber offenbar der Öffentlichkeit zugänglich bleiben, weil ihre Symbolik so undurchdringlich ist, daß deren Verwendung durch Menschen, die nicht reif dafür sind, ausgeschlossen ist. Blavatskys *Geheimlehre* erklärt:

> "Die Brâhmanas ... sind vor allem okkulte Schriften und wurden daher vorsätzlich als Tarnung benutzt. Sie durften der Öffentlichkeit zugänglich bleiben, weil sie für die Masse vollkommen unverständlich waren und sind. Sonst wären sie schon zu Zeiten Akbars aus dem Verkehr gezogen worden."[10]

In einigen Fällen wurden esoterische Schriften abgekürzt, ohne dabei jedoch die Formulierungen zu verändern:

"... die Brahmanen ... verkürzten die Texte der *Upanischaden*, die ursprünglich dreimal so viel Material enthielten wie die *Vedas* und die *Brâhmanas* zusammen, ohne jedoch auch nur ein einziges Wort dieser Texte zu verändern."[11]

Es ist klar, daß die heute existierenden Kurzfassungen der Bücher des Kiu-te echte esoterische Schriften sind und daß es noch bestimmte Kommentare gibt, die ihren verschleierten Sinn richtig erklären.

In diesem Zusammenhang muß man auf Tsong-Kha-Pas eigenen Bericht über seinen spirituellen Weg verweisen, auf dem er einen hohen Grad an Verwirklichung erreichen konnte. Die Grundlage dieses Weges bildete das *Guhya-samâja-Tantra*, wie es im gegenwärtigen *Kangyur* steht. Um die Symbolik dieses Textes zu verstehen, benutzte man den Kommentar *Charyâmelâpaka-Pradîpa* des Âryadeva, der im *Tengyur* steht. Der folgende Bericht stammt aus seiner *Personal Narration* (Ran-nid-kyi rTogs-brjod), auch als *Auspicious Preparation* (mDun-lega ma) [glückverheißende Vorbereitung, d.Ü.] bekannt:

"Für das Erlangen vollendeter Buddhaschaft gibt es das tiefgründige Diamant-Fahrzeug (*Tantra*, Kiu-te, rGyud) und das Pâramitâ-Fahrzeug (Sûtra, Do-te, mDo). Es ist allgemein bekannt, daß der Weg des Mantra (*Tantra*) dem Weg der Pâramitâ weit überlegen ist – wie die Sonne dem Mond. Manche respektieren dies als die Wahrheit, versuchen aber nicht herauszufinden, was das Diamant-Fahrzeug ist, und treten dennoch als weise Menschen auf. Wenn sie auf diese Art weise sind, wer sind dann die Dümmeren? Es ist äußerst erstaunlich, daß man diese Art von höchstem Weg, den man nur sehr schwer findet, so leicht verwirft. Deshalb habe ich mich sehr bemüht und bin selber in jene Tiefe vorgedrungen, die das höchste Fahrzeug des Jina ist und sogar noch seltener als ein Buddha. Er ist der Schatz der beiden okkulten Errungenschaften.

Die glorreichen Anuttara-Tantras bilden die endgültigen aller wohlformulierten Lehren des Muni. Die tiefgründigste unter diesen Lehren ist das *Shrî-Guhya-samâja-Tantra*. Das wurde auch von einem so gefeierten Redner wie Nâgârjuna bestätigt. Das Wesentliche auf dem Weg des grundlegenden *Tantra* ist versiegelt durch die sechs Alternativen und vier Wege. [Kurz gesagt, die sechs Alternativen sind: Anspielung und offensichtliche Bedeutung, zwielichtige und nicht-zwielichtige Ausdrucksweise, der Norm entsprechende und selbst erfundene Terminologie. Die vier Arten von Erklärung sind: unveränderliche Bedeutung, geteilte Bedeutung, bedeutungsschwangerer Sinn und endgültige Bedeutung.] Daher heißt es, man lernt den Sinn durch die mündlichen Unterweisungen eines Gurus, indem man dem erklärenden

Tantra folgt. Hatte ich einmal diese Methode als grundlegend begriffen, beschäftigte ich mich lange mit so fundamentalen Schriften wie dem *Charyâmelâpaka*, in dem die endgültigen mündlichen Anweisungen zusammengefaßt wurden. Ich beschäftigte mich außerdem auch mit geringeren Angelegenheiten des Ârya-Zyklus des *Samâja*. Da wurde das grundlegende *Tantra* klar und deutlich wie ein helles Licht. Dazu nahm ich Zuflucht und übte mich mit großer Anstrengung und Ausdauer an den fünf erklärenden *Tantras* und an den guten (kommentierenden) Kompositionen. Nach diesen Übungen erlangte ich alles Wesentliche, was das Allgemeine der beiden Stufen ausmacht (Erzeugung und Vollendung), und insbesondere das Wesentliche des Stadiums der Vollendung."[12]

3. Falsche Vorstellungen von den Büchern des Kiu-te

Die Verwendung des Wortes "*Tantra*" wird wahrscheinlich einige Fragen aufwerfen, weil diese Schriften absichtlich unklar verfaßt wurden und besonders, weil falsche Vorstellungen über diese Literaturgattung weitverbreitet sind. Typisch dafür sind folgende Anmerkungen von della Penna:

> "... die 36 Bände des Gesetzes *Khiute* enthalten Vorschriften zur Ausübung von Zauberei und andere üble Sachen des Luxus und der Lust ... Ich habe dieses abscheuliche und schmutzige Gesetz von *Khiute* nicht gelesen, um meinen Geist nicht zu beflecken, und weil es unnötig ist. Denn um es zu widerlegen, muß man nur im großen und ganzen wissen, wovon es handelt, und es gibt dort wenig, das gut oder gleichgültig ist, das nicht vermischt wäre mit noch mehr Hexerei, Zaubersprüchen und Obszönität."[13]

Spätere, auf della Penna folgende Autoren haben weiter zu diesem üblen Bild der Bücher des Kiu-te, des buddhistischen *Tantra* beigetragen. (Wir beschäftigen uns hier nicht mit den Tantras der Hindus.) Besonders vorherrschend heutzutage – und das sieht man auch an vielen neueren Publikationen – ist die Ansicht, *Tantra* bedeute Sex, das heißt, daß sexuelle Beziehungen jeglicher Art ein integraler Bestandteil des tantrischen Weges seien. Es muß hier ganz klar und eindeutig gesagt werden, daß solch eine Ansicht auf einer vollkommen falschen Vorstellung von der buddhistischen tantrischen Tradition beruht. Die Tatsachen sind ganz eindeutig:

1. Die Wurzel-Tantras selber enthalten Stellen, die tatsächlich unmoralisch und obszön wären, wenn man ihren Sinn wörtlich nähme. Das liegt daran, daß sie absichtlich in zwielichtiger oder mehrdeutiger Sprache (samdhâ-bhâshâ) geschrieben wurden, in einer Art verschlüsselter Geheimsprache. Benoytosh Bhattacharyya

entdeckte solch einen Vers im 16. Kapitel des *Guhya-samâja-Tantra* und zitierte ihn in der englischen Einleitung zu seiner Sanskrit-Ausgabe dieses Textes, die 1931 veröffentlicht wurde.[14] Es folgt hier die Übersetzung dieses Verses (nach der englischen Übersetzung von Alex Wayman):

> "Du sollst Lebewesen töten, Lügen sprechen, Dinge nehmen, die nicht gegeben wurden, und zu Frauen Zuflucht nehmen."[15]

2. Die erklärenden Tantras, die man im *Kangyur* findet, und die umfangreichen Kommentare zu diesen Tantras, die man in erster Linie im *Tengyur* findet, weisen diese wörtlichen Interpretationen zurück; sie seien nur für "Dummköpfe" (blun-po) gedacht. Sie geben statt dessen philosophische Erklärungen für die tantrische Terminologie. Alex Wayman stellt fest, daß Chandrakîrtis berühmter Kommentar zum *Guhya-samâja*, der *Pradîpoddyotana*, den oben zitierte Vers nicht kommentiert, da solche Themen schon früher bei seiner Besprechung des 9. Kapitels behandelt wurden. Aus diesem Teil des *Pradîpoddyotana* zitiert Wayman folgende relevante Stellen:

> "Töten von Lebewesen bedeutet lediglich, sie als leer anzusehen; Lügen erzählen bezieht sich auf die Arbeit mit dharmas, die als Illusionen erkannt werden; stehlen heißt, die verschiedenen göttlichen Substanzen der Tathâgatas in sich aufzunehmen; und sich frei mit Frauen vereinigen bedeutet, die phantasievolle Transformation von Mandala-Gottheiten in Göttinnen."[16]

3. Einige der größten religiösen Lehrer Indiens und Tibets haben die Tantras praktiziert und vertreten, und sie demonstrierten mit ihrem eigenen beispielhaften vollkommen makellosen Lebenswandel den wahren Weg des Tantra. Einer von ihnen war Tsong-Kha-Pa (Tson-kha-pa, 1357–1419), der große Reformator und Begründer der Gelugpa-Sekte (dGe-lugs-pa) oder "Gelbmützen" des tibetischen Buddhismus. Er widmete den letzten Teil seines Lebens dem Tantra und schrieb viele Bücher über dieses Thema. Sein *sNags-Rim-Chen-mo* ist das tantrische Gegenstück zu seinem *Lam-Rim-Chen-mo*, und beide sind etwa gleich lang, nämlich 423 beziehungsweise 445 Folios. Von seinen zehn anderen über 100 Folios langen Werken handeln fünf vom *Tantra*. In diesem Zusammenhang sollte man nicht vergessen, daß eine seiner wichtigen Reformen auf dem Gebiet der klösterlichen Disziplin lag: Allen Mönchen wurde das Zölibat auferlegt, und das machte einen sichtbaren Unterschied zwischen seiner Sekte und den Rotmützen. Seine Auffassung von Tantra und Sex kann man an seiner Erklärung der häufig benutzten symbolischen Vereinigung mit einer Partnerin (mudrâ) sehen. Sie stammt aus

einem tantrischen Kommentar mit dem Titel *Rim-pa-lha Rab-tu-gsal-ba'i sGron-me*:

> "Die überlegene mudrâ ist die jñânamudrâ ('Wissensgemahlin'), die im *Charyâmelâpaka(-pradîpa)* erwähnt wird. Dort heißt es: Deswegen vergißt er nie, daß er sehr schnell (den Rang eines) Vajra-dhara erlangen wird, wenn er die äußere Frau verschmäht und sich mit der jñânamudrâ vereint, die in seinem Herzen wohnt. Also muß er in vollständiger Einsamkeit praktizieren."[17]

Es ist bekannt, daß die bedeutenden Asketen Tibets diesem Rat folgten und Tantra in vollkommener Einsamkeit praktizierten (siehe dazu beispielsweise die vielen Berichte in dem historischen Werk *The Blue Annals*, übersetzt von George Roerich).[18] Es stimmt auch, daß gewisse erotische Kulte auf der Basis der wörtlich verstandenen Vorschriften in Indien entstanden, nachdem die wahre Bedeutung der Tantras mit der Zerstörung der buddhistischen Tradition verlorengegangen war. Die Berichte jedoch, die den buddhistischen Tantras Schande brachten, wurden im allgemeinen von Leuten geschrieben, die nur einige Aussagen in den Wurzel-Tantras gelesen und wörtlich verstanden hatten, ohne jegliches Wissen von der hier tatsächlich vorliegenden Tradition und ohne sich die Mühe zu machen, Kommentare heranzuziehen. Diese Berichte waren dann im wesentlichen dafür verantwortlich, daß sich die zuvor erwähnte Auffassung von Tantra im Westen verbreitete, daß nämlich Tantra so viel wie Sex bedeute. Allerdings darf man hier auch nicht übersehen, daß die materialistischen Tendenzen des abendländischen Geistes dabei eine große Rolle gespielt haben. Die Tatsache bleibt jedoch bestehen, daß die Standardliteratur des Tantra solch eine Auffassung als nur für "Dummköpfe" geeignet bezeichnet, und sie besteht darauf, daß diese Texte nicht wörtlich verstanden werden dürfen. Der indische Lehrer Indrabhûti erklärt in seinem tantrischen Werk *Jñâna-siddhi*:

> "Manche widerwärtige Menschen sagen, daß der Genuß, der von den beiden (Sexual-)Organen herrührt, Wirklichkeit (tattva) sei. Doch die Buddhas leugnen, daß es sich dabei um Mahâsukha handelt."[19]

Mahâ-sukha ist die "Große Seligkeit", der Höhepunkt der tantrischen Praktiken.

Lama Govinda vergleicht den tantrischen Rat, daß ein Praktizierender Sexualverkehr mit seiner Mutter, Schwester, Tochter oder mit der Tochter der Schwester haben solle, mit dem berühmten Vers (294), den man im *Theravâda*, im südlichen Buddhismus, im *Dhammapada* findet. Dort heißt es, daß sich ein Brahmane keine Sünde auferlegt, wenn er seinen Vater, seine Mutter und zwei

Könige tötet und ein Königreich mit all seinen Einwohnern zerstört. Nach einer Erklärung der Symbolik in beiden Fällen fährt er fort:

> "Zu behaupten, daß tantrische Buddhisten tatsächlich Inzest und geschlechtliche Ausschweifungen ermutigt hätten, ist ebenso lächerlich, wie den Theravâdins vorzuwerfen, sie hätten Vater- und Muttermord und ähnliche Verbrechen begünstigt. Sofern wir uns nur die Mühe nehmen, die noch lebendige Tradition der Tantras in ihren echten, unverfälschten Formen zu studieren, wie sie bis zum heutigen Tage in Tausenden von Klöstern und Einsiedeleien bestehen, wo selbst die Ideale der Sinnenbeherrschung und des Verzichtes weltlicher Genüsse in höchstem Ansehen stehen, dann nur können wir ermessen, wie unbegründet und wertlos jene Theorien sind, die versuchen, die Tantras in den Bereich grober Sinnlichkeit herabzuziehen."[20]

Die autoritative schriftliche Tradition des buddhistischen Indiens und Tibets sowie die erläuternde Literatur (zusammen machen sie den Heiligen Kanon aus) und die beispielhaften Lebensläufe ihrer größten Lehrer machen es also ganz deutlich, daß die buddhistischen Tantras nichts mit groben physischen Praktiken zu tun haben, sondern mit innerer meditativer Erfahrung.

4. Die Lehren der Bücher des Kiu-te

Es wurde soeben festgestellt, daß die buddhistischen Tantras ein inneres oder meditatives Erleben betreffen. Tantrische Praktiken verwenden vor allem Visualisierungen, und man kann dies sogar *die* charakteristische Eigenschaft des tantrischen Weges nennen. Diese wichtigste Methode wird im allgemeinen "Gottheiten-Yoga" genannt, denn man lernt durch sie die bildliche Vorstellung, man sei eine bestimmte Gottheit, die eine ganz bestimmte Gestalt und Farbe hat und die mit besonderen Klängen in Verbindung steht; und das ist geradezu genial. Stellt man sich zum Beispiel vor, ein bestimmter Teil von sich habe eine bestimmte Farbe (man stellt sich also eine Gedankensubstanz mit einer ganz bestimmten Qualität vor), dann baut man tatsächlich diese Qualität in die subtilen Fahrzeuge ein, und das wirkt sich auch auf das grobe Fahrzeug aus. H.P. Blavatsky schreibt dazu:

> "Diese Linie – Sie mögen sie ein Phantasiegebilde nennen – ist in Wahrheit so gut wie real, wenn Sie es geschafft haben, sie mit ihrem geistigen Auge zu sehen, ihr Form und Farbe zu geben ... Außerdem wird der Einfluß sich entsprechend der Farbe des Prismas, die Sie Ihrer Linie gegeben haben, auswirken."[21]

Man sieht, daß die Verwendung des Begriffs "Gottheit" lediglich eine zweckmäßige Art ist, eine Reihe subtiler Energien zu benennen, indem man ihnen Farben, Formen und Töne verleiht. Abgesehen davon spielen abstrakte Tugenden eine große Rolle. Der Begriff "Gottheit" hat hier also nicht die Bedeutung, an die wir im Abendland gewöhnt sind.

Diese Visualisierungen werden während der Meditationsperioden aufgebaut, müssen aber ständig auch bei allen anderen Aktivitäten aufrechterhalten werden. Außerdem sind sie letztendlich äußerst komplex, da im Laufe der Zeit immer mehr Merkmale hinzugefügt werden. H.P. Blavatsky veranschaulicht in ihrem Bericht über eine ungewöhnliche Methode der Anwendung des berühmten tibetischen Mantras, welchen Nutzen es haben kann, wenn man die Fähigkeit zu komplexen Visualisierungen entwickelt:

> "Wollte ein Schüler also beispielsweise die Buddhi wirksam werden lassen, mußte er die ersten Worte des Mantras auf der Note *mi* sprechen. Er mußte aber die Note *mi* noch weiter hervorheben und im Geiste bei jedem '*m*' in '*om mani padme hum*' die gelbe Farbe erzeugen, die dieser musikalischen Note und diesem Ton entspricht ..."[22]

Es ist wichtig zu wissen, daß diesen tantrischen Visualisierungen in der indo-tibetischen buddhistischen Tradition eine nicht-tantrische Meditation vorausgeht, bei der es zwei Phasen gibt: shamatha und vipashyanâ. Diese sind, kurz gesagt, etwas wie "geistige Stabilisation" und die daraus resultierende "höhere Vision"; aber alle Übersetzungsversuche sind hier irreführend. Da uns dieses tiefgründige Thema aber vom Gegenstand dieses Buches wegführt, müssen wir unsere Leser auf Tsong-Kha-Pas *Lam-Rim-Chen-mo* verweisen. Dort findet man eine meisterhafte Synthese der buddhistischen Schriften zu diesem Thema. Glücklicherweise sind die beiden langen Abschnitte über shamatha und vipashyanâ ins Englische übersetzt und unter dem Titel *Calming the Mind and Discerning the Real* [23] veröffentlicht worden. Für eine kurze Darstellung siehe "Shamatha-vipashyanâyuganaddha: The Two Leading Principles of Buddhist Meditation" von Geshe Sopa.[24]

5. Der Kanon des tibetischen Buddhismus: *Kangyur* und *Tengyur*

Die Bücher des Kiu-te bilden, wie oben gesagt, einen Teil des *Kangyur*, während man die Kommentare dazu im *Tengyur* findet. Zusammen bilden sie den heiligen Kanon des tibetischen Buddhismus. Es folgen einige Anmerkungen zu diesem Kanon vom "Chohan-Lama", dem "Obersten Archivar der Geheimbüchereien der Dalai und Tashi-lhunpo Lamas Rinpoche, der sich besser in der Wissenschaft des esoterischen und exoterischen Buddhismus auskennt, als jeder andere in ganz Tibet:"

> "Zunächst einmal umfaßt der heilige Kanon der Tibeter, *Bkah-hgyur* und *Bstan-hgyur*, 1707 verschiedene Werke. 1083 davon sind der Öffentlichkeit zugänglich (sie bestehen insgesamt aus 350 Foliobänden), 624 sind geheime Bände (sie bestehen insgesamt aus 77 Foliobänden)." (Siehe Anmerkung 2)
> "Jede Beschreibung von Gegenden ist in unserem System bildlich zu verstehen; alle Namen und Worte sind absichtlich verschleiert; und ein Schüler muß, ehe ihm weitere Anweisungen gegeben werden, erst einmal lernen, die Texte zu entschlüsseln. Dann muß er die Methoden lernen, mit denen er das äquivalente geheime Wort oder Synonym für beinahe jedes einzelne Wort unserer religiösen Sprache verstehen und lernen kann. Die ägyptischen Hieroglyphen – das Demotische oder Hieratische – sind ein Kinderspiel verglichen mit der Entzifferung unserer heiligen Puzzles. Selbst in den Bänden, zu denen die Öffentlichkeit Zugang hat, besitzt jeder Satz eine doppelte Bedeutung; die eine ist für die Ungebildeten gedacht, die andere für die, die den Schlüssel zu diesen Schriften empfangen haben."
> "Selbst der Kanon, der für die Öffentlichkeit und unlängst sogar für Gelehrte des Abendlandes zugänglich gemacht wurde, hat also eine doppelte Bedeutung ... Die chinesischen und die tibetischen Schriften, die Standardwerke Chinas und Japans, wurden zum Teil von unseren gebildetsten Gelehrten verfaßt. Viele von ihnen waren zwar wohlmeinende und fromme, aber eben nicht eingeweihte Männer, und so schrieben sie Kommentare zu Sachen, die sie selber nie richtig verstanden hatten. Zweifellos enthalten diese Schriften sehr viel mythologisches und legendäres Material, das sich aber eher für Kinderreime eignet, als für eine Auslegung der Weisheitsreligion, wie sie der Erlöser der Welt gepredigt hat. Nichts von all dem findet man jedoch im Kanon ..."

Und schließlich:

> "Doch die Aufzeichnungen, aus denen unser scholastischer Autor, der Mönch della Penna, zitiert – oder besser gesagt: falsch zitiert, enthalten keine Erfindungen, sondern lediglich Informationen für zukünftige Generationen, die dann möglicherweise den Schlüssel erworben haben, um sie richtig zu verstehen."[25]

So scheint es also, als sei der bekannte *Kangyur* und *Tengyur*, der Kanon des tibetischen Buddhismus, einschließlich der – wie sie della Penna nannte – "abscheulichen und schmutzigen Gesetze des Khiute", außerordentlich wertvoll für Buddhisten und Nicht-Buddhisten gleichermaßen.

Die Tatsache, daß beinahe alle Werke dieses tibetischen Kanons Übersetzungen aus dem Sanskrit sind, macht die Sanskrit-Originalschriften natürlich noch wertvoller. Sanskrit wird die "Sprache der Götter" genannt und ist aus gutem Grund auch als die Sprache von Shambhala bekannt. Die Klarheit des Ausdrucks, die im Sanskrit möglich ist, übertrifft die des Tibetischen bei weitem, und wenn auch die tibetischen Übersetzungen äußerst genau sind, besitzt das Sanskrit-Original doch zweifellos eine größere Präzision und Kraft.

Nun gibt es in der Tat eine ansehnliche Zahl von solchen Sanskrit-Originalen, die – hauptsächlich in Nepal – erhalten geblieben sind. Da diese Texte jedoch im Verlauf der Jahrhunderte immer wieder abgeschrieben wurden, haben sich viele Fehler in diese Manuskripte eingeschlichen, die man auf der Grundlage früher tibetischer Übersetzungen korrigieren muß. Nur wenn ein Gelehrter mit beiden Texten zugleich arbeitet, kann erwartet werden, daß ein insgesamt richtiger Sanskrit-Originaltext erstellt wird. Eine Reihe dieser Sanskritmanuskripte wurde inzwischen herausgegeben und veröffentlicht, viele von ihnen sind als Mikrofilme erhältlich.

Dieser Kanon wurde in Tibet zusammengestellt und geordnet, als keine Texte mehr von Nordindien ins Land kamen, was daran lag, daß die muslimischen Eindringlinge dort am Ende des 12. Jahrhunderts die buddhistische Tradition vernichtet hatten. Die tibetischen Übersetzungen wurden in zwei großen Sammlungen zusammengefaßt: der *Kangyur* mit den Worten des Buddha und der *Tengyur* mit den Auslegungen dieser Worte. In der letzteren Sammlung finden sich Werke berühmter indischer Autoren wie Nâgârjuna und Âryasangha. Diese beiden Manuskriptsammlungen wurden in dem kleinen Kloster von Narthang ungefähr sechs Meilen südwestlich von Shigatse (Heimat der *Mahâtmâs*, die mit der theosophischen Bewegung verbunden sind) aufbewahrt und bildeten die Basis späterer Blockdrucke des Kanons. So kam es auch, daß man sie *"Old Narthang Edition"* – die Alte Narthang-Ausgabe nannte.

Innerhalb des Kanons sind die Texte nach Themen geordnet. Von der allgemeinen Unterteilung in Sûtra (mDo) und Tantra (rGyud) wurde schon oben gesprochen, ebenso von der jeweiligen Anzahl der Bände in den verschiedenen Ausgaben des *Kangyur*. Daraus kann man ersehen, daß die Bücher des Kiu-te ungefähr ein Fünftel des *Kangyur* ausmachen. Der *Tengyur*, der die Kommentare enthält, ist ebenfalls in die beiden allgemeinen Klassen eingeteilt: die Sûtras und die Tantras. Hier im *Tengyur* bildet die *Tantra-* oder *Kiu-te-*Klasse ein Drittel des gesamten Textes (86 von 225 Bänden in der *"New Narthang Edition"* – der Neuen Narthang-Ausgabe), was auf ein überdurchschnittlich hohes Interesse an diesen Werken schließen läßt.

Eine genauere und weitere Unterteilung gestattet uns einen Überblick über den wesentlichen Inhalt des Kanons. In der Neuen Narthang-Ausgabe des *Kangyur* ist die Sûtra-Klasse außerdem in sechs Gruppen unterteilt, wohingegen es in der Tantra-Klasse keine weiteren Unterteilungen gibt:

1. Vinaya ('dul-ba)	13 Bände
2. Prajñâpâramitâ (shes-phyin oder sher-phyin)	21 Bände
3. Avatamsaka (phal-chen)	6 Bände
4. Ratnakûta (dkon-brtsegs)	6 Bände
5. Sûtra (mdo)	30 Bände
6. Nirvâna (myan-'das)	2 Bände
7. Tantra (rgyud)	22 Bände

Die erste Unterteilung Vinaya, "Disziplin", enthält Schriften mit Verhaltensregeln und anschaulichen Geschichten. Dies waren die Lehren Buddhas, als er das Rad des Dharma zum ersten Mal in Bewegung setzte und die Vier Edlen Wahrheiten verkündete. Die Prajñâ-pâramitâ, "Vollkommenheit der Weisheit", umfaßt Schriften, die Nâgârjuna angeblich von den *Nâgas* bekommen hat, in deren Obhut sie sich befanden, seitdem der Buddha sie gelehrt hatte. Auf sie geht die Mâdhyamaka-Philosophie zurück, als nun das Rad des Dharma zum zweiten Mal in Bewegung gesetzt wurde. Das Avatamsaka, das längste Sûtra, auch "Blumengirlanden-Sûtra" genannt, sowie der Ratnakûta, der "Juwelengipfel", sind Teil der Lehre, als das Rad des Dharma zum dritten Mal in Bewegung gesetzt wurde, und daraus entstand die Yogâchâra-Philosophie. Die nächste (fünfte) Gruppe genannt "Sûtra" (obwohl eigentlich ja alle sechs Gruppen Sûtras sind) besteht aus den Sûtras, die nirgendwo anders eingeordnet wurden, da sie sich auf alle Lehren beziehen, auf alle drei Bewegungen des Rades des Dharmas. Die Nirvâna-Unterteilung berichtet von dem Übergang in das Nirvâna, das heißt vom Tod des Buddha. Und die letzte Gruppe, die Tantras, bilden natürlich die Bücher des Kiu-te.

6. Die Esoterischen Schulen Tibets

Schon vor langer Zeit verschwanden nach und nach die Esoterischen Schulen Ägyptens und Griechenlands, dann sogar die indischen, bis Tibet schließlich zum letzten Ort auf diesem Erdball wurde, an dem sie unter Anerkennung der Öffentlichkeit existieren konnten. Dort blieben sie ein Ziel, das den Menschen vor Augen schwebte und das erreicht werden konnte, wenn man sich der langwierigen und anspruchsvollen Ausbildung der Klöster unterwarf. Besonders die Gelugpas legten einen klar definierten Zugang zu den Mysterien dar. Nach erfolgreichem Abschluß einer etwa zwanzigjährigen Ausbildung, die in den Klöstern gegeben wurde, war es möglich, in die Esoterischen Schulen einzutreten. Dabei handelte es sich um die tantrischen Hochschulen Tibets, in denen die Bücher des Kiu-te den Lehrplan bildeten.

Der Weg zu den Mysterien ist nie ein Geheimnis gewesen. Es ist in erster Linie der altruistische Weg, anderen selbstlos zu dienen. Dazu kommt die notwendige geistige Ausbildung, die dem Verstand das nötige Wissen verleiht. Solches Wissen liefert ein symbolisches Gerüst, um das herum die Lehren einer bestimmten Esoterischen Schule aufgebaut werden können. Denn obwohl die Mysterien an sich immer dieselben bleiben, ist doch das Vokabular, das benutzt wird, um diese Vorstellungen zu vermitteln, je nach Zeit und Ort verschieden. Um beispielsweise in die Esoterische Schule des Pythagoras aufgenommen zu werden, mußte man bereits unter anderen Fächern Arithmetik, Geometrie, Musik und Astronomie beherrschen, da all diese Gebiete die Symbolsprache lieferten, die in den Lehren der Mysterien verwendet wurde. Ähnlich war auch ein Wissen auf bestimmten Gebieten Voraussetzung für den Eintritt in die Esoterischen Schulen Tibets, und diese Themenbereiche bildeten den Lehrplan der Klöster.

Die Gelugpa-Klöster lehren im allgemeinen fünf Fachbereiche und benutzen dabei fünf grundlegende Lehrbücher. Dies trifft insbesondere für die drei großen Gelugpa-Klöster der Lhasa-Gegend zu: Ganden, Drepung und Sera sowie für die großen Gelugpa-Klöster, die an Shigatse und Tashi-lhunpo angrenzten. Diese fünf Lehrbücher werden so gründlich studiert, daß das gesamte Studium ungefähr zwanzig Jahre dauert; es kann aber auch wesentlich länger dauern. Die fünf Fachbereiche und ihre grundlegenden Lehrbücher sind:

1. Logik – *Pramâna-vârttika* von Dharmakîrti. Dieser Text beruht auf Dinnâgas *Pramâna-samuchchaya*. Obwohl Logik das erste Studienfach ist, wird der *Pramâna-vârttika* normalerweise erst gegen Ende der 20jährigen Ausbildung studiert, weil dieser Text so komplex ist. Die buddhistische Logik unterscheidet sich von der abendländischen in ihrem Ziel: die Erkenntnis der spirituellen Wahrheit mit Hilfe von Logik. Demzufolge war dort die Kunst der Deduktion oder der Argumentation von den Universalien zu den Partikularien hin so sehr entwickelt, daß induktive Methoden fast gar nicht gelehrt wurden.

2. Die Vollendung der Weisheit – *Abhisamayâlankâra* von Maitreya. Dieser Text systematisiert die Prajñâ-pâramitâ-Lehren und bildet eines der fünf Lehrbücher des Maitreya, überliefert durch Asanga, dessen Bücher schon weiter oben erwähnt wurden. Als Asanga im Tushita-Himmel ankam, berichtete er dem Maitreya, daß die Prajñâ-pâramitâ-Lehren, die Nâgârjuna von den Nâgas empfangen hatte, nur sehr schwer zu verstehen seien. Also lehrte Maitreya ihn den *Abhisamayâlankâra*, der ganz knapp und präzise das Thema dieser umfangreichen und weitschweifigen Literatur unter die Lupe nahm.

3. Der Mittlere Weg – *Madhyamakâvatâra* von Chandrakîrti, ein Text, der auf Nâgârjunas *Mûla-madhyamaka-kârikâ* basiert. Nâgârjuna begründete die Mâdhyamaka-Schule des Mahâyâna-Buddhismus und schrieb Werke wie die *Grundlegende Abhandlung über den Mittleren Weg (Mûla-madhyamaka-kârikâ)*, in

der er die Extreme des Eternalismus und Nihilismus vermied. Chandrakîrti interpretierte in seiner Schrift *Madhyamakâvatâra* die *Mûla-madhyamaka-kârikâ* vom Prasangika-Standpunkt aus. Tsong-Kha-Pa folgte der Interpretation Chandrakîrtis, und so betrachten sich die Anhänger der Gelugpa-Sekte, die er begründete, als Prâsangika-Mâdhyamikas.

4. Disziplin – *Vinaya-sûtra* von Gunaprabha, der Inbegriff der *Vinaya*-Lehren. Gunaprabha, ein Schüler von Vasubandhu, erbrachte eine große Leistung damit, daß er die gesamte Vinaya-Literatur, die im *Kangyur* 13 Bände umfaßt, in einem einzigen Band gewissenhaft zusammenfaßte. Seine Arbeit enthält alle 17 Themenbereiche des Vinaya, der Verhaltensregeln: Der erste Bereich umfaßt die Regeln des Mönchsordens (für Mönche und Nonnen).

5. Metaphysik – *Abhidharma-kosha* von Vasubandhu, der Inbegriff der Abhidharma-Lehrern. Vasubandhu schrieb seinen *Abhidharma-kosha* noch ehe er vom sogenannten Hînayâna- zum Mahâyâna-Buddhismus seines älteren Bruders Asanga, dem Begründer der Yogâchâra-Schule, übertrat. Vasubandhu schrieb später acht der 20 grundlegenden Lehrbücher dieser Schule. Doch obwohl der *Abhidharma-kosha* vom Standpunkt des Hînayâna aus geschrieben wurde, ist ihm kein anderer Text je gleichgekommen, und so ist er auch das Standardwerk aller Länder des Mahâyâna-Buddhismus geblieben – Tibet, Mongolei, China und Japan.

Nach Beendigung dieser Studien ist der Student Anwärter auf den Titel eines "Geshe" in Lhasa oder "Kachen" in Tashi-lhunpo. Um diesen Titel zu bekommen, muß er seine Kenntnisse dieser fünf Texte demonstrieren, indem er sie auswendig vorträgt. Dann muß er sein Verständnis der Texte in einer Debatte unter Beweis stellen. Diese Prüfungsdebatten werden einmal im Jahr bei einer großen Zusammenkunft abgehalten und werden von den höchsten Geshes (oder Kachens) der vorangegangenen Jahre beurteilt. Ein erfolgreicher Kandidat ist dann aufgrund dieser intensiven Vorbereitung berechtigt, die tantrische Hochschule (sNags-pa Grwa-tshan) oder Esoterische Schule zu besuchen.

Absolventen der drei großen Klöster in der Lhasa-Gegend konnten die tantrische Hochschule des oberen oder unteren Lhasa besuchen. Absolventen von Tashi-lhunpo in der Nähe von Shigatse konnten auf ihre eigene tantrische Hochschule gehen. Dies sind die drei berühmtesten tantrischen Hochschulen der Gelugpas, aber es gibt auch noch andere. Von besonderem Interesse für Studenten der Theosophie ist die tantrische Hochschule von Tashi-lhunpo, weil sie in der Nähe der âshramas der Mahâtmas liegt, die am engsten mit der theosophischen Bewegung verbunden sind. Diese Esoterische Schule wurde von dem Ersten Panchen Lama Lozang Chogyi Gyeltsen begründet, der von 1569 bis 1662 lebte. (Die Panchen Lamas werden wegen Tashi-lhunpo häufig auch "Tashi Lamas" genannt.)

7. Kâlachakra, Shambhala und *Die Stimme der Stille*

Über den tantrischen Hochschulen, wie der von Tashi-lhunpo, stehen einige noch höhere Esoterische Schulen der Gelugpas, in die man nur aufgenommen wird, wenn man das Studium in den erwähnten Schulen erfolgreich absolviert hat und vom Abt empfohlen wurde. Dies sind die Kâlachakra-Hochschulen (Dus-'khor Grwa-tshan), die eine Ausbildung in der höchsten aller mystischen Bestrebungen anbieten – in der Ausübung des unvergleichlichen *Kâlachakra-Tantra*.

Das *Kâlachakra-Tantra* ist mit den Worten der *Geheimlehre* Blavatskys "das wichtigste Werk in der Abteilung Gyut (*rGyud*) des *Kangyur*, der Abteilung des mystischen Wissens".[26] Es hat eine interessante Geschichte. Nach dem Text hat Suchandra, der König von Shambhala, den Buddha um diese Lehre gebeten. Es folgt eine Übersetzung der Antwort des Buddhas, die sich im dritten Vers findet:

> "Ich bin zufrieden mit dir, Suchandra! Selbst die besten Götter und Menschen, die Râkshasas, Daityas und Nâgas sowie die leidenschaftslosen traditionellen Linien von Heiligen – keiner von ihnen kennt dieses Wissen, um das du mich gebeten hast."[27]

Nachdem er die Lehren empfangen hatte, kehrte der König Suchandra nach Shambhala zurück und schrieb sie in 12.000 Versen auf. Diese Lehren wurden in Shambhala viele Jahrhunderte lang weitergegeben, ohne daß die übrige Welt etwas davon wußte. In der Zeit des gefeierten Herrschers Mañjushrîkîrti ('Jam-dpal Grags-pa), dem ersten in einer Reihe von 25 Kalkîs oder Rigdens (Rigs-ldan) waren die ursprünglichen 12.000 schwierigen Verse des *Mûla-Kâlachakra-Tantra* selbst für die Bewohner von Shambhala nicht mehr verständlich. (Nicholas Roerich benutzt in seinen Arbeiten die phonetische Umschrift "Jyepo" für "rGyal-po", was König bedeutet; deshalb ist sein Rigden Jyepo ein Kalkî-König.) Mañjushrîkîrti verfaßte also eine abgekürzte Version des *Mûla-Tantra*, und sein Nachfolger, der Kalkî Pundarîka (Rigs-ldan Pad-ma dKar-po), schrieb einen langen Kommentar dazu mit dem Titel *Vimala-prabhâ*.

Im 10. Jahrhundert u.Z. reiste ein indischer Pandit auf wunderbare Weise nach Shambhala und brachte von dort das 1047 Verse lange *Laghu-kâlachakra-Tantra* (laghu = "kurz, abgekürzt") und einen Kommentar dazu mit, die *Vimala-prabhâ*. Beide Texte waren in Sanskrit geschrieben, der Sprache von Shambhala. Im folgenden Jahrhundert wurden sie von Indien nach Tibet gebracht und ins Tibetische übersetzt. Diese Übersetzungen sind uns bis heute im *Kangyur* beziehungsweise *Tengyur* erhalten geblieben, während Kopien des Sanskrit-Originals in Nepal aufbewahrt werden.

Neben dem *Tantra* selbst enthält der *Kangyur* drei (Narthang-Ausgabe), vier (Der-ge- und Peking-Ausgaben) oder auch fünf (Lhasa-Ausgabe) andere kurze

Kâlachakra-Werke, einschließlich Zusammenfassungen des Tantra und klassische Beispiele des Abschnitts über "Initiation" ("Seka").

Nachdem diese Kâlachakra-Schriften von Shambhala nach Nordindien gebracht worden waren, wurden sie zum Gegenstand vieler Studien und Übungen. Buddhistische Meister wie Abhayâkaragupta, der als die vierte und letzte indische Inkarnation des Panchen Lama angesehen wird, verfaßten zahlreiche Kommentare zu diesen Lehren. Ungefähr fünfzig dieser Sanskritschriften wurden ins Tibetische übersetzt und füllen drei Bände des *Tengyur*. Der große Kommentar, die *Vimala-prabhâ*, nimmt zwei weitere Bände des *Tengyur* in Anspruch.

Nachdem diese Lehren fest in Tibet verankert waren, ereignete sich in Indien eine Katastrophe, die die dortige buddhistische Tradition und damit auch die Kâlachakra-Lehren vollständig vernichtete. Diese Katastrophe war natürlich die Invasion der Muslims. Doch im Land des Schnees wurden die Lehren des Kâlachakra bewahrt, und dort blühten sie für beinahe eintausend Jahre so wirksam von der übrigen Welt abgeriegelt, als hätten sie nie die heiligen Bezirke Shambhalas verlassen, bis sich eine weitere Katastrophe ereignete.

1959 wurde Tibet von den chinesischen Kommunisten in Besitz genommen, in deren Ideologie es keinen Platz für Religion gibt. Hunderttausende flohen aus dem Land und nahmen nur ihre wertvollsten Besitztümer mit sich. Darunter befanden sich auch die Kâlachakra-Texte, einschließlich vieler erklärender Schriften, die während dieser eintausend Jahre der Isolation in Tibet geschrieben worden waren.

Im Vordergrund dieser in Tibet entstandenen Kommentare standen wieder die Texte des allwissenden Budon. Er und sein Zeitgenosse Dol-po-pa (1292–1361) werden als die beiden größten Kâlachakra-Meister Tibets angesehen. Die ersten drei Bände der gesammelten Werke von Budon enthalten kommentierte Ausgaben des *Kâlachakra-Tantra* und seines großen Kommentars, der *Vimala-prabhâ*. In den folgenden beiden Bänden erläutert er viele Aspekte der Kâlachakra-Lehren wie beispielsweise die sechs Glieder des Yoga, Kalenderberechnungen, die Mandala-Symbolik und so weiter. Dort findet man auch Informationen aus dem inzwischen verlorengegangenen *Mûla-kâlachakra-Tantra*.

Die Kâlachakra-Werke des Meisters Dol-po-pa sind bis jetzt noch nicht wieder aufgetaucht. Er begründete die Jonangpa-Sekte (Jo-nan-pa) des tibetischen Buddhismus, die aufgrund ihrer "ketzerischen" Lehren im 17. Jahrhundert offiziell geächtet wurde. Damals wurden seine Bücher verboten, und deshalb sind Dol-po-pas Werke nur schwer greifbar. Trotz allem jedoch findet man in dem großartigen Jo-khang-Tempel (mChod-khan) in Lhasa eine Statue von ihm zusammen mit den größten Lehrmeistern Tibets.

Tsong-Kha-Pa (1357–1419) empfing die Kâlachakra-Tradition von den beiden oben genannten Lehrern und studierte sie bei einer Gelegenheit in Jomonang, dem Sitz der Jonangpa-Sekte, und ein anderes Mal mit Chogyi-bel (Chos-kyi-dpal), einem Schüler von Budon. Tsong-Kha-Pas Schüler Kay-drewp-jay (mKhas-grub-rje) folgte den mündlichen Erklärungen seines Lehrers und verfaßte einen sehr ausführlichen, vierbändigen Kommentar zum Kâlachakra. Außerdem schrieb er noch eine ganze Reihe kürzerer Werke zu diesem Thema.

Die Linie der Panchen Lamas – und Kay-drewp-jay wird als eine frühe Inkarnation in dieser Tradition angesehen – setzte die Kâlachakra-Tradition fort. Der Erste Panchen Lama (bLo-bzan Chos-kyi rGyal-mtshan, 1569–1662) schrieb einen Unterkommentar zur *Vimala-prabhâ* und folgte dabei der Arbeit von Kay-drewp-jay. Dieser Panchen Lama war es auch, der die tantrische Hochschule in Tashi-lhunpo gründete.

Der berühmte Jonangpa-Autor Târanâtha (geboren 1575) hinterließ einige Kâlachakra-Werke, die besonders wichtig sind, denn sie bilden unsere einzige direkte Informationsquelle darüber, wie diese Sekte diese Lehren interpretierte. Die Jonangpas studierten vor allem die Kâlachakra- und die Tathâgata-garbha-Lehren. (Tathâgatha-garbha: "Matrix der Tathâgatas = Dhyâni-Buddhas = Dhyâni-Chohans"; man findet den Begriff Tathâgata in buddhistischen Sanskrittexten, Dhyâni-Buddha ist ein gleichbedeutender Ausdruck, den moderne buddhistische Autoren prägten, und Dhyâni-Chohan bedeutet ebenfalls dasselbe und wird in den theosophischen Schriften benutzt. Siehe Anmerkung 3) Die Tathâgata-garbha-Lehren sind im *Ratna-gotra-vibhâga* zusammengefaßt, einer der fünf Abhandlungen des Maitreya. Die Jonangpa-Interpretation dieser Lehren führte dazu, daß sie aus orthodox-buddhistischer Sicht als ketzerisch angesehen wurden. Es ist bemerkenswert, daß diese Lehre so, wie sie von den Jonangpas interpretiert wurde, im Einklang steht mit H.P. Blavatskys *Geheimlehre*; und hier weicht Blavatskys Werk auch vom orthodoxen Buddhismus ab. (Siehe Anmerkung 4.)

Der Dritte Panchen Lama (bLo-bzan dPal-ldan Ye-shes, 1737–1780) schrieb den berühmtesten Führer über Shambhala (Sham-bha-la'i Lam-yig). Sein Führer basiert offensichtlich auf dem Führer des *Tengyur*, *Kalâpâvatâra*, den Târanâtha von einem jetzt verlorenen Sanskrit-Original übersetzte. Der Name Shambhala wurde schon immer mit der zeitlosen Weisheit in Verbindung gebracht, es besteht jedoch – und das mag unter den abendländischen Studenten weniger bekannt sein – eine besondere Beziehung zwischen Shambhala und Kâlachakra. Die historische Grundlage für diese Verbindung wurde hier deutlich gemacht. Es wurde jedoch nicht darauf hingewiesen, daß von den Büchern des Kiu-te nur das *Kâlachakra* aus Shambhala, aus dem Norden kam. Die anderen *Tantras* entstanden in anderen "mythischen" Königreichen im Westen, Süden und Osten. Das Kâlachakra ist also ausdrücklich als die Lehre von Shambhala bekannt.

Mañjushrîkîrti oder Rigden Jyepo, der gefeierte Herrscher von Shambhala, wird als frühere Inkarnation des Panchen Lama angesehen. Deshalb ist der Panchen Lama der besondere Beschützer des Kâlachakra, und sein Kloster, Tashi-lhunpo, ist das wichtigste Zentrum für Kâlachakra-Studien in Tibet gewesen. Der Dritte Panchen Lama gründete die Kâlachakra-Hochschule in Tashi-lhunpo. Die Zahl der Studenten ist dort auf 25 begrenzt, einer für jeden der Kalkîs oder Rigdens von Shambhala. Andere Hochschulen wie beispielsweise Nomgyal Dotsaang (rNam-rgyal Grwa-tshan), die private Tantraschule des Dalai Lama, haben nur 16 Kâlachakra-Studenten. Nomgyal Dotsaangs Kâlachakra-Ritual empfing der Achte Dalai Lama ('Jam-dpal rGya-mtsho, 1758–1805) von der Kâlachakra-Hochschule in Tashi-lhunpo, als er dort zu Besuch war. Der gegenwärtige Dalai Lama gab unter Mithilfe der 16 Nomgyal Kâlachakra-Mönche die Kâlachakra-Initiation in Madison, Wisconsin, USA, im Juli 1981, und das war das erste Mal, daß diese Initiation in der westlichen Welt gegeben wurde.

Informationen über den Lehrplan der Kâlachakra-Hochschule gibt George Roerich, der mit seinen Eltern Nicholas und Helena Roerich zu Anfang dieses Jahrhunderts Expeditionen durch Tibet und Innerasien leitete:

> "Die Studienprogramme dieser Kâlachakra-Hochschulen sind im allgemeinen ähnlich denen anderer tantrischer Schulen oder rGyud-kyi grwa-tshan und bestehen aus drei- bis vierjährigen Kursen. In dieser Zeit erwerben die Mönche ein solides Wissen über die vier grundlegenden tantrischen Systeme (Kriyâ, Charyâ, Yoga und Anuttara-yoga). Zusätzlich zum Studium der verschiedenen tantrischen Systeme müssen die Mönch-Studenten an der Kâlachakra-Hochschule die komplizierten indischen Systeme der Astronomie und Astrologie meistern und ein beträchtliches Wissen von Sanskrit erwerben (heutzutage begegnet man nur noch selten Mönchen, die Sanskrit beherrschen, aber es wäre falsch zu behaupten, es gäbe sie gar nicht mehr).
> Die Mönch-Studenten an der tantrischen Hochschule zeichnen sich durch ihr asketisches Leben und durch ein sehr strenges Noviziat aus. Ehe ein Student in eine tantrische Hochschule aufgenommen wird, muß er viele Jahre in einem Kloster zubringen, häufig auch in einer anderen Schule desselben Klosters, und dann muß er dem Superior der tantrischen Hochschule besonders empfohlen werden."[28]

Besonders an der Kâlachakra-Hochschule in Tashi-lhunpo gehörten zu den wichtigsten Texten des Unterrichts der große Kommentar *Vimala-prabhâ* und der noch umfangreichere Unterkommentar von Tsong-Kha-Pas Schüler Kay-drewp-jay. Mönche aus Tashi-lhunpo haben mich auch dahingehend informiert, daß das Kloster selber zwar mit ungefähr 20 älteren und 50 jüngeren Mönchen in Südindien neu gegründet worden ist, daß sie aber aus Geldmangel bisher weder die *Kâlachakra*-Hochschule noch die ihr vorausgehenden tantrischen Schulen neu gründen konnten. Wer Interesse daran hat, daß dies geschieht, sollte sich an die *Tashi Lhunpo Cultural Society* im südindischen Staat Mysore wenden.[29]

Die Zeit des Sechsten Panchen Lama (Thub-bstan Chos-kyi Ni-ma, 1883–1937) kennzeichnete eine neue Periode des Wachstums für die Kâlachakra-Lehren. Während seiner ausgiebigen Reisen gründete er neue Kâlachakra-Hochschulen in den Klöstern Tibets und der Mongolei und verfaßte kurze, inspirierende Texte wie die Gebete an Shambhala. Während er in Peking lebte, überreichte er den Herausgebern der *Stimme der Stille* eine kleine Kâlachakra-Abhandlung, und ein paar Jahre später, 1932, gab er dort in einer riesigen Versammlung die Kâlachakra-Initiation. Diese großen öffentlichen Initiationen dienen dazu, Kandidaten zu befähigen, mit dem Studium und der Praxis des Kâlachakra-Tantra zu beginnen oder, so der gegenwärtige Dalai Lama, zumindest eine karmische Beziehung zu den Kâlachakra-Lehren herzustellen.[30] Das letztere ist deswegen wichtig, weil in dem Tantra vorhergesagt wird, daß der 25. Kalkî oder Rigden den Thron von Shambhala besteigen wird und daß seine spirituellen Kräfte dann die Kräfte des Materialismus in der Welt besiegen und die Lehren des Kâlachakra neu begründen werden.

Einer der führenden tibetischen religiösen Lehrer unserer Zeit war Tomo Geshe Rinpoche Ngwang Kalzang, den westlichen Lesern bekannt durch Lama Govindas *Weg der weißen Wolke.* (Er war der erste und wichtigste Lehrer des Lamas Govinda.) Er veranlaßte, daß in zahlreichen Orten große Bildnisse des zukünftigen Buddhas Maitreya errichtet wurden und trug viel zur Verbreitung des Wissens über Kâlachakra bei. Während eines Besuches in Darjeeling besuchte er auch das Haus der Familie Roerich. Nicholas Roerich schrieb darüber:

> "Während mehrerer Besuche bei uns sprach der Hohepriester mehr als einmal vom Kâlachakra und schrieb dieser Lehre nicht nur eine religiöse Bedeutung zu, sondern wandte sie auch im täglichen Leben so an, wie einen echten Yoga ... Dies ist der Yoga des Anwendens hoher Energien."[31]

An anderer Stelle schreibt Nicholas Roerich weiter:

> "Diese Lehre des Kâlachakra, diese Anwendung der Urenergie, wurde die Feuer-Lehre genannt. Die Hindus kennen den großen Agni, und wenn es auch eine antike Lehre ist, so wird sie doch die neue Lehre des neuen Zeitalters sein. Wir müssen an die Zukunft denken. Und wir wissen, daß in der Lehre des Kâlachakra all das Material liegt, das zu größtem Nutzen verwendet werden kann."[32]

Helena Roerich, die mit Blavatskys *Geheimlehre* vollkommen vertraut war, machte eine interessante Aussage:

"'*Kâlachakra*' ist die Lehre, die den verschiedenen Herrschern von Shambhala zugeschrieben wird ... Aber in Wirklichkeit ist diese Lehre die Große Offenbarung, die der Menschheit in der Dämmerung ihrer bewußten Evolution in der dritten Menschheit des vierten Zyklus der Erde durch die Herrn des Feuers, die Söhne der Vernunft, gebracht wurde. Sie waren und sind die Herrscher von Shambhala."[33]

Der Begriff Kâlachakra bedeutet Rad (chakra) der Zeit (kâla) oder der endlose Kreislauf der Dauer. Es ist daher angemessen, daß das erste Thema, das im *Kâlachakra-Tantra* behandelt wird, die Kosmologie ist. Die grundlegende Lehre dieser Kosmologie ist die Entsprechung von Makrokosmos und Mikrokosmos, und deswegen handelt der nächste Abschnitt vom Kosmos im Inneren des Menschen. Diese beiden Abschnitte führten zu Systemen esoterischer Astrologie und Medizin. Der dritte Abschnitt behandelt die Initiation. Danach kommt ein Abschnitt mit dem Titel "Sâdhana", eine Art religiöse Praxis, die allen Tantras gemein ist und auf die H.P. Blavatsky in ihrem bekannten Artikel *"Praktischer Okkultismus"* unter der tibetischen Bezeichnung Dubjed (sGrub-byed) verweist.[34] Dieser Abschnitt schließt das sechsgliedrige Kâlachakra-Yoga ein. Das Buch endet mit einem Abschnitt, der "Jñâna" heißt, was "Wissen" oder "Weisheit" bedeutet.

Das Bodhisattva-Ideal des Mahâyâna-Buddhismus besteht darin, seiner eigenen Befreiung zu entsagen, bis alle empfindungsfähigen Wesen befreit sind. Deshalb bezeichnet man die Methode (upâya) des buddhistisch-tantrischen Weges als aktives Mitgefühl und nicht als einfaches Mitleid (karunâ). Dieser Weg der Nächstenliebe wird in der *Stimme der Stille* beschrieben. Diese Schrift wurde unter der Schirmherrschaft und mit einer einleitenden Anmerkung des Sechsten Panchen Lama[35] in Peking nachgedruckt und gilt als die einzig wahre Darstellung in englischer Sprache der zentralen Lehre des Mahâyâna und seines erhabenen Ideals der Selbstaufopferung für die Menschheit. In dem Buch wird die Frage gestellt:

"Willst du ein Yogi des 'Kreislaufs der Zeit' werden?"[36]

Der 'Kreislauf der Zeit' ist natürlich das Kâlachakra. Die Antwort lautet, daß man sich, um ein Kâlachakra-Yogi zu werden, einer kompromißlosen Ethik verpflichtet, die dort so schön zum Ausdruck gebracht wird. Denn die Kenntnis dieser Vorschriften ist verbindlich in der esoterischen Schulung des Ostens, sagt Madame Blavatsky, die sie aus dem Gedächtnis übersetzt hat.

Als der Begriff "Tantriker" in verächtlicher Weise auf den Mahâtma K.H. angewendet wurde, erwiderte er: "Erkenne lieber den Wert dieses Kompliments."[37] H.P. Blavatsky schreibt über bestimmte echte Râja-Yogis, sie seien "vollkommen bewandert in den Lehren der Tantras – als teuflisch bezeichnet von Menschen, die sie entweder nicht verstehen oder ihre Lehrsätze aufgrund einer vorgefaßten Meinung ablehnen.[38] So gehören also die Bücher des Kiu-te, wenn man sie richtig versteht, zu den wichtigsten okkulten Werken und erläutern die zeitlose Weisheitslehre. Insbesondere sind die Lehren von Shambhala im Kâlachakra enthalten, und man kann den Weg nach Shambhala nur finden, wenn man dem Weg der Selbstlosigkeit folgt, wie er in der *Stimme der Stille* gezeigt wird:

> "Möge deine Seele jeden Schmerzensschrei hören gleich dem Lotus, der sein Herz öffnet, um die Morgensonne zu trinken.
>
> Laß die feurige Sonne nicht eine einzige Schmerzensträne trocknen, bevor du selbst sie von des Leidenden Auge genommen hast.
>
> Aber laß jede verzweifelte Menschenträne in dein Herz fallen und behalte sie dort; entferne sie erst, wenn der Schmerz, der sie verursacht hat, beseitigt ist.
>
> O du, dessen Herz voller Erbarmen ist, es sind diese Tränen, die das Feld der unsterblichen Wohltätigkeit bewässern. Auf solchem Boden wächst die Mitternachtsblüte des Buddha, die schwerer zu finden und seltener zu sehen ist als die Blüte des Vogay-Baumes."
>
> "Willst du ein Yogi des 'Kreislaufs der Zeit' werden? Dann, o Lanu: -
>
> Glaube nicht, daß in dunklen Wäldern zu sitzen, in stolzer Abgeschiedenheit und fern von Menschen, – glaube nicht, daß von Wurzeln und Kräutern zu leben, den Durst mit Schnee vom großen Gebirge zu stillen, – glaube nicht, o Ergebener, daß dies dich zum Ziel endgültiger Befreiung bringen wird.
>
> Denke nicht, daß das Brechen deiner Knochen, daß das Verletzen von Fleisch und Muskel dich vereint mit deinem 'stillen Selbst'. Denke nicht, o Opfer deiner Schatten, daß deine Pflichten der Natur und dem Menschen gegenüber erfüllt sind, wenn du die Sünden deiner grobstofflichen Form überwunden hast.
>
> Die Erhabenen haben es verschmäht, so zu handeln. Der Löwe des Gesetzes, der Herr des Erbarmens, verließ, sobald er die wahre Ursache des menschlichen Leids erkannt hatte, die süße, aber selbstsüchtige Ruhe der stillen Wildnis. Aus einem Âranyaka wird Er zum Lehrer der Menschheit. Nachdem Julai ins Nirvâna eingegangen war, predigte Er in Berg und Tal und hielt Zwiesprache in den Städten mit Devas, Menschen und Göttern.
>
> Säe gute Taten, und du wirst ihre Früchte ernten. Untätigkeit in Werken der Barmherzigkeit ist sündhaftes Tun.
>
> So spricht der Weise.
>
> Sollst du dich jeder Tätigkeit enthalten? Nicht auf diese Weise wird deine Seele die Freiheit gewinnen. Um Nirvâna zu erlangen, muß man Selbsterkenntnis haben; und Selbsterkenntnis ist das Kind von Taten der Liebe."[39]

Anmerkungen

1. Seite 542. Moderne Nachdrucke der *Kangyur*-Ausgaben sind:

Peking – photomechanischer Nachdruck, gebundene Bände, enthält *Tengyur*, Tokyo/Kyoto, Japan, 1958. Diese Ausgabe ist berüchtigt wegen ihrer vielen Schreibfehler; außerdem ist sie auch, wegen der starken Verkleinerung, nur schwer zu lesen.

Lhasa – Mikrofiche-Reproduktion, Institute for Advanced Studies of World Religions, Stony Brook, New York, 1977. Diese Ausgabe basiert auf der Narthang-Ausgabe, enthält aber zusätzlich Berichtigungen aufgrund eines Vergleiches mit der Der-ge- und anderen Ausgaben. Dies ist die letzte, in Tibet hergestellte Ausgabe. Sie entstand Anfang dieses Jahrhunderts unter Anleitung des 13. Dalai Lamas. Der Druck ist ausgezeichnet und leicht lesbar.

Der-ge – photographische Reproduktion im Stil der Blockdruckbände in Originalgröße, Delhi, Indien, abgeschlossen 1979. Diese äußerst genaue Ausgabe wurde in roter Farbe nachgedruckt, da dies als verdienstvoll gilt. Beide, *Kangyur* sowie *Tengyur*, wurden 1982 in gebundenen Bänden (in schwarz) von Dharma Publishing, Berkeley, Kalifornien, nachgedruckt. Dies ist der erste amerikanische Nachdruck des Kanons des tibetischen Buddhismus. Leider ist er so teuer, daß er für die meisten Studenten unerschwinglich ist. Außerdem wurde der Druck auch verkleinert und ist daher weniger deutlich als der Peking-Nachdruck; manche Teile sind sogar unleserlich. Der Der-ge *Kangyur* enthält einen Abschnitt mit Tantras, die von der Nyingma-Sekte als autoritativ betrachtet werden aber in anderen Ausgaben nicht enthalten sind.

Tog Palace Manuskript – nachgedruckt im Stil der Blockdruckbände, Leh, Ladakh/Delhi, Indien, abgeschlossen 1979. Dies ist eine Manuskriptausgabe, daher ist die Anordnung der Texte anders als in den Blockdruckausgaben. Der Druck ist in schwarzer Farbe, die Schrift ist schön und sehr leicht lesbar.

Narthang – Mikrofiche-Reproduktion, Institute for Advanced Studies of World Religions, Stony Brook, New York, 1980. Dies ist die Standardausgabe, obwohl sie Schreibfehler und Lakunae enthält, die in der Lhasa-Ausgabe korrigiert wurden. Und da die Druckblöcke ziemlich abgenutzt waren, ist der Druck nicht immer klar.

Wie man sehen kann, sind vier dieser fünf Ausgaben erst seit 1975 erhältlich. Das ist ein interessantes Zeugnis von dem spirituellen Auftrieb im letzten Viertel unseres Jahrhunderts, von dem die theosophischen Schriften sprechen.

2. Seite 550. Bezüglich der Zahlen, die vom Chohan-Lama gegeben wurden: es ist keine Ausgabe des *Kangyur* und *Tengyur* in 350 Bänden bekannt. Es ist allerdings durchaus vorstellbar, daß eine der verlorengegangenen Blockdruck- oder Manuskript-Ausgaben (wie die Alte Narthang-Ausgabe) so viele Bände umfaßte.

Die einzige zugängliche Ausgabe ist die des Tog Palace Manuskripts, die jedoch nur den *Kangyur* enthält und unlängst in 109 Bänden gedruckt wurde. H.P. Blavatsky zitiert 325 Bände und erklärt, daß es "in Wirklichkeit 333 Bände gibt, 108 mit dem *Kangyur* und 225 mit dem *Tengyur*."[40] Die 325 Bände beziehen sich auf die Neue Narthang-Ausgabe (deren Blöcke zwischen 1730 und 1742 gefertigt wurden). Hier umfaßt der *Kangyur* 100 Bände und der *Tengyur* 225, und es ist durchaus möglich, das die alte *Narthang*-Ausgabe 333 Bände umfaßte (der *Kangyur* also 108). Man kann jedoch unmöglich wissen, auf welche Ausgabe sich Madame Blavatsky bezog. Dasselbe Material, daß wir in der *Kangyur*-Ausgabe in 100 Bänden finden, kann auch auf 108 Bände verteilt werden, nur um zu der mystischen Zahl 108 zu gelangen. Zum Beispiel umfaßt der Cho-ne *Kangyur* 108 Bände, enthält aber kein neues Material. (Da der *Tengyur* in dieser Ausgabe 209 Bände umfaßt, kann es sich nicht um die Ausgabe handeln, auf die sie verwiesen hat.)

Zweitens sagt der Chohan-Lama offenbar, daß *Kangyur* und *Tengyur* zusammen 1.083 öffentliche Werke umfassen. Diese Zahl ähnelt der Zahl der Werke, die man in der Peking- und der Der-ge-Ausgabe des *Kangyur* findet, nämlich 1.055 beziehungsweise 1108. Das muß sich deshalb nur auf den *Kangyur* beziehen, da der *Tengyur* weit mehr als 3000 zusätzliche Werke enthält.

3. Seite 557. Einige bedeutsame Informationen zu den Dhyâni-Buddhas gibt H.P. Blavatsky in ihren Anmerkungen zu einer Aussage, in der es um den Ursprung von Akshobhya und Amitâbha geht:

"Es muß sich ganz sicher um einen archaischen Ursprung handeln, da sich beide Namen im *Buch des Dzyan* finden, in derselben Klasse wie die Dhyan-Chohans (Pitris), die 'Väter der Menschen', die den sieben Elohim antworten."[41]

Es ist bemerkenswert, daß Begriffe, die nur im nördlichen Buddhismus benutzt werden, auch im *Buch des Dzyan* auftauchen. Über dieses mysteriöse Buch schreibt sie:

"*Das Buch des Dzyan* (oder 'Dzan') ist unseren Philologen vollkommen unbekannt, oder zumindest haben sie noch nie von ihm unter diesem Titel gehört."[42]

Ob dieses Buch nun jemals mit diesem Titel gefunden wird oder nicht, es mag auf jeden Fall für die, die nach ihm suchen, nützlich sein, den Begriff "Dzyan" zu identifizieren.

H.P. Blavatskys Aussage, "Dzyan" komme "von dem Sanskritwort 'Dhyan' (mystische Meditation)"[43] ist allgemein bekannt geworden, während ihre andere Aussage, "Dzyan" sei "ein tibetisches Wort, Sanskrit Djnyana, okkulte Weisheit, Wissen"[44] anscheinend weniger bekannt ist. Nach der heutigen Umschrift des Sanskrit wird ihr "Dhyan" zu "dhyâna" (Meditation), und ihr "Djnyana" wird zu "jñâna" (Weisheit, Wissen). "Dzyan", das sie auch "Dan", "Jan-na" oder "Janna", "Dzan", "Djan"[45], "Dzyn" oder "Dzen"[46] schreibt, wurde noch mehrere Male definiert:

"Sich durch Meditation und Wissen bessern",[47]

"Wissen aufgrund von Meditation",[48]

"Wissen, Weisheit",[49]

"Eine korrumpierte Form des Sanskrit Dhyan und Jñâna (oder phonetisch gynyâna) – Weisheit, göttliches Wissen."[50] Dort ist es als tibetisches Wort aufgeführt.

"Gñâna-Vidya" wird als Synonym für "Dzyan" erklärt.[51]

Zusammenfassend: "Dzyan" wird als korrumpiertes Sanskritwort im Tibetischen betrachtet, entweder für "dhyâna" (Meditation) oder für "jñâna" (Wissen, Weisheit), da beide Bedeutungen zutreffen. Das tibetische Äquivalent für "dhyâna" ist "bsam-gtan" und für "jñâna" "ye-shes"; "Dzyan" ist also keine Übersetzung. Wenn wir die Frage weiter verfolgen, müssen wir wissen, daß in der nordindischen Phonetik ein auslautendes "-a" bei Sanskritworten ganz regelmäßig wegfällt; also "dhyân" für "dhyâna" und "jñân" für "jñâna". Außerdem war die Konsonantenkombination "jñ" so schwierig auszusprechen, daß daraus in der tatsächlich gesprochenen Sprache "gy" wurde (das "j" wurde zu einem harten "g" und das palatale "ñ" verschwand und hinterließ den Halbvokal "y"); deshalb steht "Gyân" also für "Jñân" ("Jñâna"). Der Schlüssel bei dieser Frage liegt in der Umschrift der Sanskritworte ins tibetische Alphabet, beispielsweise die Titel von Sanskrittexten, die man am Anfang ihrer tibetischen Übersetzungen im *Kangyur* und *Tengyur* findet. Der Sanskritbuchstabe "j" wurde immer mit dem tibetischen Buchstaben "dz" wiedergegeben und auch so ausgesprochen, obwohl es auch im Tibetischen den Buchstaben "j" gibt. So wurde "Jñâna" als "Dzñâna" transliteriert und "Dzyân" ausgesprochen. (Denken Sie an die oben beschriebenen phonetischen Hinweise, daß auslautendes "-a" und das "ñ" verschwinden und nur ein "y" übrigbleibt.)

4. S. 557. Die einzige Quelle über die Jonangpa-Sekte in einer europäischen Sprache ist D.S. Rueggs Artikel "The Jo nan pas: A School of Buddhist Ontologists according to the *Grub mtha' sel gyi me loh,*" in *Journal of the American Oriental Society*, Jg. 83 (1963), Nr. 1, S. 73–91. Das wichtigste Werk über die Jonangpa-Lehre ist Dol-po-pas *Ocean of Direct Meaning*, ergänzt mit seinen Kommentaren zu Maitreyas *Ratnagotravibhaga* und *Abhisamayalamkara*. Unvollständige Kopien dieser äußerst seltenen Werke befinden sich im Reiss-Museum in Mannheim (Beschreibungen in R.O. Meisezahl, *Alttibetische Handschriften der volkskundlichen Sammlung der Stadt Mannheim im Reiss-Museum*, Kopenhagen, 1961).

Quellen

[1] H.P. Blavatsky, *The Secret Doctrine*; 6. Adyar Edition, Madras, 1971, Bd. 5, S. 389; siehe auch die Hinweise auf Kiu-te im Index der *Mahatma Letters to A.P. Sinnett*, 2. Aufl., London, 1926.

[2] *The Sectret Doctrine*, Adyar Ed., Bd. 5, S. 389.

[3] Nachgedruckt in *H.P. Blavatsky Collected Writings*, Band VI, zweite Auflage, Wheaton, III., 1975, S. 94–112.

[4] *Narratives of the Mission of George Bogle in Tibet, and of the Journey of Thomas Manning to Lhasa*, Hg. Clements Robert Markham, 2. Auflage, London, 1879, S. 334.

[5] *The Secret Doctrine*, Adyar Ed., Bd. 5, S. 389.

[6] *History of Buddhism* (Chos-hbyung) by Bu-ston, Part II, übersetzt von E. Obermiller, Heidelberg, 1932, S. 170–171.

[7] Z.B.: *Sekoddeshatîkâ* of *Nadapâda (Nâropâ)*, Hg. Mario E. Carelli, Baroda, 1941, S.5; siehe auch den Kolophon der Vimalaprabhâ, in dem der Text sich selbst als Kommentar zum *Laghu-* ("verkürzten") *Kâlachakra-Tantra* bezeichnet.

[8] *The Hevajra Tantra: A Critical Study*, Part I, von D.L. Snellgrove, London, 1959, S. 17.

[9] *ibid.*

[10] *The Secret Doctrine*, London 1888, Bd. 1, S. 68.

[11] *op. cit.*, Bd I, S. 271.

[12] "Observations on Translation from the Classical Tibetan Language into European Languages" von Alex Wayman, *Indo-Iranian Journal*, Band XIV – Nr. 3/4, 1972, S. 187, 183–184.

[13] Markham, *op. cit.*, S. 338.

[14] *Guhyasamâja Tantra or Tathâgataguhyaka*, Hg. Benoytosh Bhattacharyya, Baroda, 1931, S. xiii.

[15] "You should kill living beings, speak lying words, take things not given, and resort to the ladies." *Yoga of the Guhyasamâjatantra* von Alex Wayman, Delhi, 1977, S. 308.

[16] *op. cit.*, S. 309.

[17] *op. cit.*, S. 267.

[18] *The Blue Annals*, übersetzt von George N. Roerich, Calcutta, 1949.

[19] Wayman, *op. cit.*, S. 266.

[20] Lama Anagarika Govinda, *Grundlagen tibetischer Mystik*, O.W. Barth, München 1956, S. 113.

[21] *The Secret Doctrine*, Adyar Ed., Bd. 5, S. 428.

[22] *op. cit.*, Bd 5, S. 506

[23] *Calming the Mind and Discerning the Real*, übers. von Alex Wayman, New York, 1978.

[24] *Mahâyâna Buddhist Meditation: Theory and Practice*, Hg. Minoru Kiyota, Honolulu, 1978, S. 46.

[25] "Tibetan Teachings", in *H. P. Blavatsky Collected Writings*, Band VI, S. 98, 100.

[26] *The Secret Doctrine*, Adyar Ed., Bd. 5, S. 375.

[27] tushto'ham te suchandra pravara-sura-naraih râkshasair daitya-nâgair na jñâtam vîta-râgaih parama-muni-kulair-yat tvayâ prishtam-etat.

[28] "Studies in the Kâlachakra" von Georges de Roerich, *Urusvati Journal*, Jg. 2, 1932, S. 11.

[29] Chodhi Tashi Lhunpo Cultural Society, P.O. Bylakuppe, Dist. Mysore, Karnataka, Indien

[30] *Concerning the Kâlachakra Initiation in America*, von Seiner Heiligkeit dem Dalai Lama, Madison, Wisconsin, 1981, S. 9.

[31] *Heart of Asia*, von Nicholas Roerich, New York, 1930. S. 103.

[32] *Shambhala* von Nicholas Roerich, New York, 1930, S. 28.

[33] *Letters of Helena Roerich* 1929–1938, Band I, New York, S. 401.

[34] H.P. Blavatsky, *Praktischer Okkultismus*, 4. Auflage, Satteldorf, 1997, S. 43.

[35] Diese Anmerkung (in Form einer Stanze) ist reproduziert in der Adyar-Studienausgabe der *Stimme der Stille*, 3., erweiterte Auflage, Satteldorf, 1997, S. 201.

[36] *Die Stimme der Stille*, Adyar-Studienausgabe mit einem Vorwort des Dalai Lama, 3., erw. Auflage, Satteldorf, 1997, S. 52.

[37] *The Mahatma Letters to A.P. Sinnett*, 2. Auflage, S. 303.

[38] *H.P. Blavatsky Collected Writings*, Band II, Wheaton, Ill., 1967, S. 462.

[39] *Die Stimme der Stille*, S. 37–38, 50–51.

[40] *The Secret Doctrine*, Ausgabe von 1888, Bd. I., S. xxvii.

[41] *H.P. Blavatsky Collected Writings*, Band IX, S. 136.

[42] *The Secret Doctrine*, Ausgabe von 1888, Bd. I, S. xxii.
[43] *ibid.*, Adyar Ed., Bd. 5, S. 389.
[44] *H.P. Blavatsky Collected Writings*, Band VIII, Madras, 1960, S. 361, 380.
[45] *The Secret Doctrine*, Ausgabe von 1888, Bd. I, S. xx.
[46] *The Theosophical Glossary*, von H.P. Blavatsky, London, 1892, S. 107.
[47] *The Secret Doctrine*, 1888, Bd. I, S. xx, Fn.
[48] *ibid.*, Bd. I., S. 434.
[49] *ibid.*, Adyar Ed., Bd. 5, S. 373.
[50] *The Theosophical Glossary*, S. 107.
[51] *H.P. Blavatsky Collected Writings*, Band XI, Wheaton, Ill., 1973, S. 235, 271.

David Reigle

NEUE ERKENNTNISSE ÜBER *DAS BUCH DES DZYAN*

Seit 1981 die Bücher des Kiu-te eindeutig als die tibetisch buddhistischen Tantras (rGyud-sde) identifiziert wurden,[1] besteht meine Vermutung, daß es sich bei dem *Buch des Dzyan*, aus dem die übersetzten Stanzen in H.P. Blavatskys *Geheimlehre* stammen, um das verlorene *Mûla Kâlachakra-Tantra* handelt. Dafür gibt es verschiedene Gründe:

(1) Das noch vorhandene *Laghu-* (gekürzte) *Kâlachakra-Tantra* und die mit ihm verwandten Texte stehen in jeder Ausgabe der Worte des Buddha, dem *Kangyur*, immer an erster Stelle der Bücher des Kiu-te (rGyud-se). Auch H.P. Blavatsky erklärt, daß *Das Buch des Dzyan* "der erste Band der [ebenfalls geheimen] Kommentare zu den sieben geheimen Folios des Kiu-te ist sowie ein Glossar der öffentlichen Werke mit demselben Titel".[2] Es muß hier hinzugefügt werden, daß es sich bei den verlorenen Mûlatantras tatsächlich um doktrinelle Erklärungen handelt, wie D.L. Snellgrove aufgrund von Zitaten aus dem verlorenen *Mûla-Hevajra-Tantra* in der *Hevajra-pindârtha-tîkâ* feststellte.[3]

(2) Die Kâlachakra-Lehre wird als der spezielle Fachbereich des Panchen Lama und seines Klosters Tashi-lhunpo betrachtet, das nahe Shigatse liegt, wodurch das Gebiet zum wichtigsten Zentrum der Kâlachakra-Studien in Tibet wurde. Die Mahâtmas, die H.P. Blavatsky viel von dem Material gaben, das man in ihrer *Geheimlehre* findet, sind bekannt dafür, daß sie in dieser Gegend wohnten.

(3) Nach der indo-tibetischen Tradition kommt die Kâlachakra-Lehre direkt aus Shambhala und ist deswegen auch als "Lehre von Shambhala" bekannt. In der theosophischen Literatur heißt es, Shambhala sei die Quelle der zeitlosen Weisheitslehre, und H.P. Blavatskys *Geheimlehre* ist ein direkter Teil davon.

(4) Die Entstehung des Weltsystems und seiner Bewohner bildet das Thema des ersten Abschnitts des *Kâlachakra-Tantra*, und dies ist der einzige Abschnitt, über den man öffentlich sprechen kann. Ebenso bilden Ursprung von Kosmos und Menschheit das Thema in H.P. Blavatskys *Geheimlehre*. Kosmologische Lehren haben in anderen Büchern des Kiu-te, wie dem *Chakra-samvara-Tantra*, dem *Guhya-samâja-Tantra* und so weiter, nicht dieselbe Stellung.

(5) Der Begriff "Dzyan" ist, wie ich an anderer Stelle[4] gezeigt habe, eine phonetische Übertragung des Sanskritwortes "jñâna" ins Tibetische und bedeutet Weisheit, das Ergebnis von dhyâna oder Meditation. "Jñâna" ist auch der Titel des fünften und letzten Abschnitts des *Kâlachakra-Tantra*, des esoterischsten Teils.

Im Jahr darauf bemerkte ich, daß sich der Verweis auf das "Buch des Dzyan (11)" über dvîpas[5] in H.P. Blavatskys *Geheimlehre* auf keine Stanze mit dieser

Nummer in der *Geheimlehre* bezieht. Es geht dabei um die Kette der Globen unseres Planeten, genannt dvîpas (im exoterischen Sinne: Inseln oder Kontinente), und um deren Plazierung innerhalb der Existenzebenen, die durch die Himmelsrichtungen gekennzeichnet sind. Natürlich fragte ich mich, ob sich das möglicherweise auf das *Kâlachakra-Tantra* bezieht. Da das noch vorhandene *Laghu-Kâlachakra-Tantra* im ursprünglichen Sanskrit mit Übersetzungen ins Tibetische und Mongolische 1966 in Indien veröffentlicht wurde,[6] war ein Vergleich mit dem dortigen elften Vers leicht möglich. Ich übersetze hier den elften Vers des ersten Abschnitts:

> *Vom Ende der Luft bis zur Grenze der Luft; auf der soliden Oberfläche der Erde gibt es dvîpas, Berge und Meere; die Hälfte von vier, zweihunderttausend; der Feuer- und Luft-Ring ist zweihunderttausend Meilen [yojanas, d.Ü.]. In der Mitte befindet sich Meru, darüber drehen sich Tag und Nacht, und der Tierkreis, zusammen mit den Sternen. In sechs Zonen, zweihunderttausend, werden die gesamten drei Welten aus der Verbindung der Zeit geboren.*

Wie man sehen kann, war nie vorgesehen, daß Texte wie dieser ohne Kommentar verständlich sind, ob es sich nun um mündliche oder schriftliche Kommentarversionen handelte. Trotz der richtigen Übersetzung der Worte kennen wir also immer noch nicht die Bedeutung des Verses. Aber die einfache Tatsache, daß in ihm der Begriff "dvîpa" vorkommt, ist Berechtigung genug, weiterzuforschen.

Es gibt einen wunderbaren Kâlachakra-Kommentar von Pundarîka, dem zweiten Kalkî-König von Shambhala. Er besitzt ein so hohes Ansehen in Tibet, daß sein Kommentar der einzige ist, der jemals in eine Ausgabe der Worte des Buddhas, des *Kangyur*, aufgenommen wurde.[7] Alle solche Kommentare gehören ja sonst von Natur aus in den erklärenden Teil des tibetisch-buddhistischen Kanons, in den *Tengyur*. Dieser Kommentar hat den Titel *Vimalaprabhâ*, "Fleckenloses Licht", und war ursprünglich in Sanskrit geschrieben, der Sprache von Shambhala.[8] Es ist bekannt, daß gegenwärtig acht Manuskripte dieses Textes in Sanskrit existieren.[9] Basierend auf den Mikrofilmen von drei dieser Manuskripte[10] und im Vergleich mit den tibetischen Übersetzungen[11] übersetze ich hier den Sanskrittext zu drei Versen, beginnend mit dem elften Vers:

> "Nun wird hier das horizontale Maß [dieses Weltsystems] genannt.
> *Vom Ende der Luft* (vâyu) *bis zur Grenze der Luft* sind es vierhunderttausend Meilen [yojanas]; von einem Ende der [des Bereiches der] Luft bis zum anderen, vom Osten bis zum Ende des Luftrings im Westen, und desgleichen von Süden bis zum Ende im Norden.
> *Auf der soliden Oberfläche der Erde* (dharani) *sind dvîpas, Berge und Meere*: Von dort, innerhalb des Luft-Mandalas, ist das Feuer-Mandala in Gestalt

eines Rings. Desgleichen ist innerhalb des Feuerrings der Wasserring, und innerhalb des Wasserrings der Erdring (prithivî). Nun ist das *die solide Oberfläche der Erde*, und darauf befinden sich sechs dvîpas, sechs Berge und sechs Meere. Zusammen mit dem Wasserring als siebtem sind es sieben Meere; zusammen mit Jambûdvîpa als siebtem sind es sieben dvîpas; zusammen mit dem Vajra-Berg gibt es sieben Berge. Der Vajra-Berg ist das submarine Feuer.[12] Es befindet sich unter dem Ende vom [d.h. unter dem] Salzmeer-Wasserring in horizontaler Aufteilung. Das Salzmeer befindet sich am Ende der Erde (prithivî), dem Großen Jambûdvîpa, in allen Richtungen [d.h., überall um sie herum] und unter ihr.

Von einem Ende des Salzmeeres bis zum [anderen] Ende des Salzmeeres ist es die Hälfte von vierhunderttausend [Meilen, yojanas]. *Die Hälfte von vier, zweihunderttausend*: von der Mitte des Meru bis zum Ende des Salzmeer-Rings sind es nach Süden und Norden hin zweihunderttausend [Meilen, yojanas]; einhunderttausend nach Süden und einhunderttausend nach Norden. Desgleichen nach Osten und Westen, Nordwesten und Südosten, Südwesten und Nordosten.

Der Feuer- und Luftring sind zweihunderttausend Meilen [yojanas]: Von jenem Salzmeerring über den Feuer- und Luftring nach Süden und Norden sind es zweihunderttausend Meilen [yojanas]; einhunderttausend nach Süden und einhunderttausend nach Norden. Desgleichen in allen Richtungen.

In der Mitte befindet sich Meru, darüber drehen sich Tag und Nacht, und der Tierkreis, zusammen mit den Sternen: In der Mitte befindet sich Meru. Was ist das [Meru]? Es ist das, worüber sich der Tierkreis dreht, mit zwölf Speichen, zusammen mit den Sternen, einer endlosen Menge von Sternen sowie Tag und Nacht, zusammen mit den Sternen. Welches Wort ist hier angemessen? Gibt es einen anderen Meru, auf den sich diese Rede [beziehen könnte]? Das wird jetzt gesagt. Nun, unter dem Namen Meru versteht man auch Mandara.[13] Deswegen ist hier das Wort [Meru] angemessen, um ihn von Mandara zu unterscheiden.

In sechs Zonen, zweihunderttausend: hier in Serie gemeint [zwei mal zwei], darunter und darüber, im Osten und im Westen, im Süden und im Norden; in sechs Zonen, von der Mitte des Erdrings aus zweimal zweihunderttausend [Meilen, yojanas].

Die gesamten drei Welten sind die Himmelswelt (svarga), die Welt der Sterblichen (martya) und die Höllenwelt (pâtâla). *Die gesamten drei Welten werden aus der Verbindung der Zeit geboren*: geboren aus der Zerstörungs- und Schöpfungskraft der Zeit, aus der Verbindung der Zeit der Samdhârana-, Manthâna- und Samsthâna-Winde, 14 um die Früchte der guten und schlechten Handlungen der empfindungsfähigen Wesen einzusammeln."

Dieses kosmologische Bild des horizontalen Maßes muß durch die Aussage zum vertikalen Maß des vorherigen Verses ergänzt werden. Pundarîka weist zunächst daraufhin, daß diese Verse 10 ff., die er gleich kommentieren wird, verkürzt sind und aus dem (verlorenen) *Mûla-Kâlachakra-Tantra* stammen. Danach erklärt er ausführlich, daß jedes Maß relativ ist und von den unterschiedlichen Wahrnehmungen der verschiedenen Lebewesen abhängt. Man sollte also, sagt er, nicht denken, daß der Buddha lüge, weil sich die Maße, die er hier lehrte, von denen der Abhidharma-Literatur unterscheiden. Er lehrte unterschiedliche Maße, je nach den Wahrnehmungen und Bedürfnissen der verschiedenen Lebewesen. Es folgt nun eine Übersetzung des zehnten Verses des ersten Abschnitts des *Laghu-Kâlachakra-Tantra* und danach wieder der *Vimalaprabhâ*, von der Stelle, an der der Kommentar zu diesem Vers beginnt:

> *"Vom Ende der Luft bis zur Grenze des Meru sind die Höllen und die Stadt der Schlangen zweihunderttausend Meilen [yojanas, d.Ü.]. Meru mißt einhunderttausend; vom Domizil der Planetenschar aus mißt der Hals fünfundzwanzig Meilen [yojanas, d.Ü.], das Gesicht fünfzig und der feste Ort des Polarsterns fünfundzwanzig. Außerhalb dessen befindet sich allein der Raum ohne die drei Welten, ohne Eigenschaften und ohne die Elemente."*
>
> *Vom Ende der Luft* (vâyu) *bis zur Grenze des Meru*: Unterhalb der Erd-, Wasser- und Feuer-Mandalas liegt das Luft-Mandala im Bereich des âkâsha. Vom Ende dieser Luft [dieses Luft-Mandalas] bis zum *Meru* gibt es sieben Höllen (naraka) und die achte, die Stadt der Schlangen (phani-pura).
>
> *Die Höllen und die Stadt der Schlangen, sind zweihunderttausend Meilen* [von unten nach oben]: Hier ist das Luft-Mandala fünfzigtausend [Meilen hoch]. Darin befindet sich ein Höllenpaar, das Brüllen des Großen Windes (mahâkhara-vâta) und die Große Finsternis (mahândha-kâra),[15] jede eine fünfundzwanzigtausend Meilen große Unterteilung von unten nach oben. Ihr horizontales Maß [Breite] entspricht dem Maß des Erdrings.
>
> Desgleichen ist der Feuerring ein Höllenpaar. Die eine ist die Feuerhölle (agni), und die andere ist die Hölle des heißen Rauches (tîvra-dhûma).
>
> Desgleichen ist der Wasserring ein Höllenpaar. Trübes Wasser (pankhâmbha) – eine Mischung aus Schmutz und Wasser – und sandiges Wasser (vâlukâmbha) – eine Mischung aus Sand und Wasser. Sie sind sehr kalt.
>
> Im Erdring befindet sich die Kieswasserhölle (sharkarâmbha), fünfundzwanzigtausend Meilen [hoch]. Darüber liegt die Stadt der Schlangen, fünfundzwanzigtausend Meilen von unten nach oben. Dieses Maß ist allerdings zweifach. Die Hälfte ist die Welt der Dämonen (asura) und die andere Hälfte die der Schlangen (nâga).

Desgleichen ist [das Maß] im Körper von den Fußsohlen bis zur Taille zwei Hände (hasta-s). Unterteilt man nun diese beiden Hände in acht Abschnitte, dann muß man jeden einzelnen Abschnitt wie in der Serie der Höllen und der Stadt der Schlangen betrachten.

Meru mißt einhunderttausend: Von jenem Erd-Mandala aus mißt Meru von unten nach oben einhunderttausend Meilen [yojanas, d.Ü.]. Im Körper ist es eine Hand von der Taille aufwärts bis zum Halsansatz. Hier kreist die Planetenschar.

Von jenem Domizil der Planetenschar aus ist der Hals des Meru *fünfundzwanzigtausend* [Meilen (yojanas) nach oben]: Im Körper ist [dieses Maß] sechs Finger (angula-s).

Von jenem aus *ist das Gesicht fünfzig* [-tausend Meilen (yojanas)], das Gesicht des Meru vom Hals an bis zum Ende der Stirn. Im Körper sind das zwölf Finger.

Von jenem aus *ist der feste Ort des Polarsterns* (dhruva), die Krone (ushnîsha) *fünfundzwanzig*-tausend [Meilen (yojanas) nach oben]. Im Körper ist das Maß sechs Finger von der Stirn nach oben bis zur Stelle des Haarknotens.

Außerhalb dessen befindet sich allein [oder: unzusammengesetzt] *der Raum* (shûnya) *ohne die drei Welten, ohne Eigenschaften und ohne die Elemente*: [Das Wort] *dessen* [wird erklärt]. Außerhalb, unter dem Luft-Mandala und über der Krone, ist allein der Raum. Die Gestalt eines einzelnen endgültigen Atoms (parama-anu) ist das fünffältige Weltsystem. *Raum allein* [wird erklärt]. Man darf darunter nicht den allgegenwärtigen âkâsha verstehen.

So ist also vierhunderttausend [Meilen, (yojanas)] das Maß des Weltsystems. Im Körper sind es vier Hände. Eine Hand mißt vierundzwanzig Finger."

Beschäftigt man sich mit neuem Material aus einem System, über das erst wenig bekannt ist, dann ist es nicht ungefährlich, einzelne Verse isoliert zu zitieren. Aber man kann es auch nicht immer ganz vermeiden. Von den neun Versen, die den gerade zitierten Versen 10 und 11 vorangehen, beschreiben die ersten drei den Zusammenhang und stellen die beiden Sprecher vor, Suchandra, König von Shambhala, und Buddha. Sie erwähnen auch kurz die Themen des *Kâlachakra-Tantra* insgesamt. Der vierte Vers beschreibt das Thema dieses ersten Abschnitts, und die Verse 5 bis 9 stellen einen Zusammenhang zwischen diesem Material und den Buchstaben des Sanskritalphabetes her, und so weiter. Der vierte Vers ist also überaus nützlich und gibt uns die notwendige Perspektive zum Verständnis der Verse 10 und 11. Es folgt nun dieser vierte Vers mit dem Kommentar aus der *Vimalaprabhâ*. Wir beginnen wieder dort, wo der Kommentar zu diesem Vers anfängt.

Aus der Zeit, in Räumen, Luft, Feuer, Wasser, Erde, dvîpas, Berge, Meere, Sternbilder, der Mond, die Sonne, die Schar der Sterne und Planeten, die Rishis, Götter, Elemente, Schlangen, Tiere (der vier Arten von Geburt), die vielfältige Erde und die Unterwelt, Menschen und Höllengeschöpfe – sie alle werden aus der Zeit in der Mitte des Raumes geboren wie Salz im Wasser, und die aus dem Ei Geborenen in der Mitte des Eies.

"Man sollte den Ursprung und Verfall des Weltsystems (loka-dhâtu) sowie die Zeit seiner periodischen Zerstörung und Schöpfung erkennen.

Nach seiner periodischen Zerstörung [wird nun seine Neuerschaffung] mittels der Kraft *der Zeit* der Schöpfung *in Räumen* (shûnya-s) [erklärt]. In Hinsicht auf die Welten werden Räume durch die Gestalt der endgültigen Atome (parama anu-s) begründet, jenseits des Bereiches der Sinne wie der Sehsinn und so weiter. Erde, Wasser, Feuer, Luft und Geschmack (rasa) sind ihre Substanzen, und ihnen wohnen in dieser Reihenfolge fünf, vier, drei, zwei und eine Eigenschaften (guna) inne.[16] Die sechste Eigenschaft ist dharma-dhâtu, sie existiert überall. So [wurden] also die Räume [erklärt].

Unter diesen endgültigen Raumatomen, die aus der Kraft der Zeit der Schöpfung heraus entstehen, [werden] jetzt die der *Luft* [erklärt]. Unter diesen endgültigen Atomen, in der Mitte [des Raumes], sind zuerst die endgültigen Luftatome, die einander einhüllen. Aus dieser Verbindung [der endgültigen Luftatome untereinander] kommt die Möglichkeit der Bewegung. Auf diese Weise wird Luft erklärt.

Ebenso sind die endgültigen Atome des *Feuers* [von den endgültigen Luftatomen] umhüllt, und ihre Verbindung mit den Atomen der Luft erzeugt Blitze. Auf diese Weise wird Feuer erklärt.

Ebenso sind die endgültigen Atome des *Wassers* [von den endgültigen Luft- und Feueratomen] umhüllt, und ihre Verbindung mit den Atomen von Luft und Feuer erzeugt Regen. Auf diese Weise wird Wasser erklärt.

Ebenso sind die endgültigen Atome der *Erde* [von den endgültigen Luft-, Feuer- und Wasseratomen umhüllt, und ihre Verbindung] verursacht den Regenbogen am Himmel. Auf diese Weise wird Erde erklärt.

Die endgültigen Atome des Geschmacks existieren überall. So gibt es in fünf Räumen Luft, Feuer, Wasser und Erde.

Aufgrund der Gewalt der Samdhârana-, Manthâna- und Samsthâna-Winde entstehen *dvîpas, Berge und Meere*. Es gibt sieben dvîpas, sieben Berge und sieben Meere.

Sternbilder, der Mond, die Sonne, die Schar der Sterne und Planeten, die Rishis: Es gibt siebenundzwanzig Sternbilder [nakshatras oder Mondstationen]. Sie besitzen unzählige Gefährten. Mond und Sonne haben Kugelgestalt. Die Schar der Sterne und Planeten, ebenfalls sternengleich, ist der Mars und so weiter. Die Rishis sind sieben Sterne [der Große Bär oder der Große Wagen].

Götter, Elemente und Schlangen: Die Götter (deva-s) sind die Bewohner der Himmel, angefangen bei dem Himmel der Wächterkönige der vier Himmelsrichtungen [der niederste Himmel]. Die Elemente (bhûta-s) sind aparâjita ["unbesiegbare"], Geister (*preta-s*) und so weiter. Die Schlangen (nâga-s) sind ananta ["unendlich", ein weiterer Name für Shesha, den König der Nâgas] und so weiter.

Tiere (der vier Arten von Geburt): [17] Die aus dem Ei Geborenen, das heißt Garuda [der mythische König der Vögel] und so weiter, stammen aus der Matrix der Luft. Die aus dem Uterus Geborenen, das heißt Gajendra ["Herr der Elefanten"] und so weiter, stammen aus der Matrix des Feuers. Die aus Schweiß Geborenen, d.h. Würmer, Schmetterlinge, Ameisen und so weiter, stammen aus der Matrix des Wassers. Die Selbsterzeugten (upapâduka) [d.h. die Elternlosen], das heißt Bäume und so weiter, stammen aus der Matrix der Erde. Ferner stammen die großen Selbsterzeugten (mahâ-upapâduka) aus der Matrix des Geschmacks.

Die vielfältige Erde (mahî) *und die* [vielfältige] *Unterwelt* (tala): Die Erde [soll man erkennen aufgrund] des Studiums der Schriften. Diese Erde ist vielfältig. Die vielfältige Erde [wird erklärt]. Sie besteht aus sieben dvîpas und zwölf Unterteilungen (*khanda-s*). Ihre Unterwelt ist die vielfältige Erd-Unterwelt, [bestehend aus] der Schlangen-Welt und der siebenfältigen Höllen-Welt.

Auf dieser [Unterwelt], auf der vielfältigen Erde [leben] *Menschen*, und in der Unterwelt, in der Hölle (naraka) [leben] *Höllengeschöpfe*. Das Wort *und* (cha) [in der Zeile, die hier besprochen wird, *Menschen <u>und</u> Höllengeschöpfe*] deutet auf eine Verbindung hin.[18]

In der Mitte des Raumes Geborene wie Salz im Wasser, und die aus dem Ei Geborenen in der Mitte des Eies: Dies ist eine Analogie. Das Entstehen der Unbeweglichen [Pflanzen, Mineralien und so weiter] entspricht dem Salz und das Entstehen der Beweglichen [Tiere, Menschen und so weiter] entspricht dem Ei. Das Wort *und* (cha) ist eine Konjunktion. Wie beim Kontakt mit dem Sonnenschein die endgültigen Atome des Salzwassers zu hartem Salz werden, so [können] *Meru* und so weiter [obwohl sie körperlich sind, in etwas Nicht-Körperlichem entstehen, nämlich im Raum]. Auf diese Weise [kann man] die Unbeweglichen [erkennen]. Wie die endgültigen Atome der Samenflüssigkeit mitten in einem Ei zu Körperteilen werden können wie beispielsweise einem Gesicht, Rüssel und so weiter, so kann man die beweglichen Lebewesen erkennen [so können bewegliche Lebewesen in einem scheinbar leblosen Raum entstehen].

Der Ursprung dieses Weltsystems wird in allen Einzelheiten im fünften Abschnitt [dem letzten Abschnitt des *Kâlachakra-Tantra*] erklärt."

Ich überlasse es den Studenten, diese Materialien selber mit H.P. Blavatskys *Geheimlehre* zu vergleichen, ihre eigenen Übereinstimmungen zu erarbeiten und ihre eigenen Schlüsse daraus zu ziehen, und zwar sowohl hinsichtlich der Frage nach den *dvîpas*, als auch hinsichtlich der anderen Lehren dieser Verse. Zu den letzteren, die die Lehren in H.P. Blavatskys *Geheimlehre* hervorheben und ergänzen, gehören:

(1) Die Entsprechung der Maße des Weltsystems und der des Körpers. Diese Maße von Luft, Feuer, Wasser und Erde stehen, wie der Leser vielleicht bemerkt hat, im Verhältnis 4:3:2:1.

(2) Die Gestalt des fünffachen Weltsystems entspricht der Gestalt eines endgültigen Atoms, und das Weltsystem ist tatsächlich ein einzelnes endgültiges Atom im Raum. Entsprechend ist jedes kleinste Atom unserer Welt selbst ein fünffaches Weltsystem mit seinen eigenen Evolutionen.

(3) Die Matrizen, aus denen die vier Arten der Geburt stammen: die eigeborene entstammt der Luft, die leibgeborene dem Feuer, die schweißgeborene dem Wasser, die elternlose der Erde und eine weitere, die große elternlose, entstammt dem Geschmack (âkâsha).

Es muß aber noch ein weiterer Punkt erwähnt werden. *Die Geheimlehre* wurde oft kritisiert, weil ihre Lehre zur Kosmologie und Evolution voller Fachausdrücke ist und keinen praktischen Wert besitzt. In diesem Zusammenhang sollte man nicht vergessen, daß *Die Geheimlehre* erklärtermaßen nur einen Teil der zeitlosen Weisheitslehren bildet und daß H.P. Blavatsky weitere Bände geplant hatte. Diese wurden wohl deswegen nicht veröffentlicht, weil sie einer Menschheit nicht anvertraut werden konnten, die damals nicht ausreichend altruistisch oder selbstlos genug war.

Im Kâlachakra-System folgen den kosmologischen Daten im ersten Abschnitt detaillierte Entsprechungen zum Mikrokosmos, nämlich zum Menschen, im zweiten Abschnitt. Die nächsten beiden Abschnitte beinhalten Übungen, die unmittelbar auf diesen Entsprechungen beruhen und zur Befreiung führen. Der fünfte und letzte Abschnitt mit dem Titel "jñâna" ist der so erlangten Weisheit und weiteren Anwendungen dieser Lehre gewidmet. Es bleibt jedoch fraglich, ob es angemessen ist, diese traditionsgemäß geheimen Materialien in Übersetzungen zu veröffentlichen.

Anmerkungen

[1] Siehe David Reigle, "Die Bücher des Kiu-te" in dieser Ausgabe.

[2] Siehe "The Secret Books of 'Lam-Rim' and Dzyan" in *H.P. Blavatsky Collected Writings,* Band XIV, Wheaton, Ill., 1985.

[3] D.L. Snellgrove, *The Hevajra Tantra: A Critical Study*, Teil I, London, 1959, S. 17.

[4] In "Die Bücher des Kiu-te".

[5] *The Secret Doctrine,* 1888, Bd. 2, S. 759). Siehe in diesem Zusammenhang auch S. 320 ff. desselben Bandes sowie "Where Was Shâkadvîpa in the Mythical World View of India?" von William Fairfield Warren, in *Journal of the American Oriental Society*, Jg. 40, Teil 5, Dez. 1920, S. 356–358.

[6] *Kâlachakra-Tantra and Other Texts* Teil 1, herausgegeben von Raghu Vira und Lokesh Chandra, New Delhi, 1966. Bisher ist keine englische Übersetzung erschienen.

[7] Die *Der-ge* Ausgabe. Auch im *Der-ge Tengyur* enthalten.

[8] So sagte der Dritte Panchen Lama bLo-bzan dPal-ldan Ye-shes in seinem *Sham-bha-la'i Lam-yig*, Fol. 44a, "de rnams skad sam kr ta'i skad du smra ba ..."

[9] Man findet sie hier:

(1) Asiatic Society of Bengal, Calcutta, #G.10766 (Palmblatt; alt, geschrieben innerhalb von 150 Jahren, nachdem das *Kâlachakra* von Shambhala nach Indien eingeführt wurde; vollständig mit dem fünften *patala*).

(2) Asiatic Society of Bengal, Calcutta, #G.4727 (Palmblatt; unvollständig, nur bis einschließlich dem 31. Vers des ersten *patala*).

(3) Institute for Advanced Studies of World Religions, Stony Brook, New York, #MBB I–24 (Papier; das fünfte *patala* fehlt).

(4) Institut des Hautes Études Indiennes, Collection Sylvain Lévi, Paris (siehe *Central Asiatic Journal*, Band 13, 1969, S. 64, Anm. 33).

(5) Oriental Institute, Baroda, #13218 (das fünfte *patala* fehlt).

(6) Library of the Mahârâja of Nepal, #85 (Palmblatt; bebildert; siehe *Journal of the Asiatic Society of Bengal,* Band 66, 1897, S. 315–316).

(7) Bir Library, Nepal (unvollständig; siehe *Taisho Daigaku Kenkyukiyo*, Band 40, Jan. 1955, S. 66).

(8) Im Besitz von Prof. Jagannatha Upadhyaya, Benares Sanskrit University (das fünfte *patala* fehlt; Quelle: persönliche Mitteilung).

Einem Freund, der jetzt in Indien lebt, verdanke ich die Mitteilung, daß das *Nepal-German Manuscript Preservation Project* Mikrofilme von zwei Manuskripten (Papier) von *Kâlachakra*-Kommentaren erstellt hat, die sich in privaten Manuskriptsammlungen befanden. Diese Mikrofilme sind Rolle Nr. D 46/7 und Rolle Nr. E 618/5–619/1. Sie sind erhältlich von *National Archives of Kathmandu* (ehemals Bir Library).

[10] Nummer (1), (2) und (3) oben, Anm. 9.

[11] Ich habe folgende Ausgaben benutzt: die kommentierte Ausgabe, die sich in *The Collected Works of Bu-ston*, Teil 1, indischer Nachdruck, befindet die Peking Ausgabe des Tengyur, #2064, japanischer Nachdruck; die Derge Kangyur Ausgabe, Toh. #845, Band 102; und die Derge Tengyur Ausgabe, Toh. #1347, Bände 11–12, indischer Nachdruck.

[12] Das submarine Feuer *(vâdavâ-agni)* ist in der indischen Mythologie wohlbekannt als das Feuer, das die Welten am Ende eines Zeitalters verschlingt. Es wird in Gestalt einer Stute (vadvâ) dargestellt, die

unter dem Meer wohnt. Siehe: "The Submarine Fire in the Mythology of Shiva", von Wendy Doniger O'Flaherty, *Journal of the Royal Asiatic Society*, 1971, Nr. 1, S. 9–27, insbesondere S. 13-15.

[13] Mandara ist ein großer Berg, den einst die Devas und Asuras zum Umrühren des Milchmeers benutzten, um den Unsterblichkeitstrank *(amrita)* und dreizehn andere wertvolle Dinge zu gewinnen, die in der großen Flut verlorengegangen waren. Sie benutzten die gewaltige Schlange Vâsuki als Strick und den Schildkröten-*Avatâra* des Vishnu als Grundlage; der Berg Meru diente als Quirl. Siehe *Râmâyana*, I.45 (Ausgabe der Gita Press); *Mahâbhârata*, kritische Ausgabe (Poona) I.16, Bombay Ausgabe I.18; und für weitere Informationen siehe E. Washburn Hopkins, "Mythological Aspects of Trees and Mountains in the Great Epic", in *Journal of the American Oriental Society*, Band 30, 1910, S. 347–374.

[14] *Samdhârana* bedeutet "zusammenhalten", Leben unterstützen, tragen (wie im Uterus); *manthâna* bedeutet Quirlen, Rühren oder Reiben (wie beim Feuermachen durch Reibung); *samsthâna* bedeutet "Zusammenstehen"; formen, gestalten.

[15] Die hier und mit geringen Abweichungen in dem 15. Vers des *Laghu-Kâlachakra-Tantra* aufgeführten Namen der Höllen entsprechen nicht denen, die man in der Standardliteratur des buddhistischen *Abhidharma* findet, wie beispielsweise im *Abhidharma-kosha*, Kapitel 3. Sie entsprechen auch nicht denen, die man in den hinduistischen *Purânas* findet (z.B. *Vishnu-Purâna*, Buch II, Kap. 5 & 6), *Die Gesetze des Manu* (IV.88–90), im *Vyâsa-bhâshya* zu den *Yoga-sûtras* des *Patañjali* (III.26) und so weiter. Man findet jedoch eine sehr große Ähnlichkeit in der Weltanschauung der Jainas. Vergleiche dazu das Standardhandbuch der Jainas, *Tattvârthâdhigama-sûtra*, Kap. 3, Vers 1:

"[Die Wohnstätten der Höllenwesen] sind die sieben Erdarten: Edelstein, Kies, Sand, Schmutz, Rauch, Dunkelheit, Große-Dunkelheit-und-Glanz, eine unter der anderen im âkâsha gelegen, in [den Ringen des] dichten Wassers (oder feuchter Luft) und der Luft [ein Ring aus dichter Luft und ein Ring aus dünner Luft, in Ruhe]."

(Das Material in eckigen Klammern stammt aus dem Kommentar des *Pûjyapâda Sarvârtha-siddhi*]. Für eine esoterische Erklärung der Höllen und Himmel der östlichen Kosmologie sehr aufschlußreich: *The Letters of H.P. Blavatsky to A.P. Sinnett*, S. 245–261.)

[16] Vgl. dazu den indischen Standardbericht, wie man ihn beispielsweise im *Linga-Purâna* I.70.43–47 findet; im *Mahâbhârata*, kritische Ausgabe XII.195, Bombay Ausgabe XII.202; in *Die Gesetze des Manu*, I.20 & 76–78; und so weiter. Zusammenfassende Übersicht:

Element	Eigenschaften
âkâsha	Ton (*shabda*)
Luft	Ton, Berührung (*sparsha*)
Feuer	Ton, Berührung, Farbe (*rûpa*)
Wasser	Ton, Berührung, Farbe, Geschmack (*rasa*)
Erde	Ton, Berührung, Farbe, Geschmack, Geruch (*gandha*)

Später in diesem Vers glossiert Bu-ston "Geschmack" (Skt. *rasa*, Tib. *ro*) als *nam-mkha'*, die tibetische Übersetzung des Sanskritwortes *âkâsha*.

[17] Diese vier Arten von Geburt sind auch auf die Menschen anwendbar. Siehe Vasubandhus *Abhidharma-kosha-bhâshya* III. 9. Dort werden Beispiele von Menschen aller vier Arten von Geburt gegeben. Als Beispiel der vierten Art, der von selbst entstandenen, findet sich dort die Menschheit des ersten *kalpa*. Diese wurde mit den Einwohnern der *Rûpa*-Himmel verknüpft.

[18] Dieser Ausdruck bezieht sich auf eine der vier wichtigsten traditionellen Funktionen der Konjunktionspartikel *cha [ca]*, die man in dem häufig auswendig gelernten Lexikon *Amara-kosha* findet, 3. *kânda*, *nânârtha varga*, Vers 241:

cha-anvâchaya-samâhâra-itaretara-samucchaye /

Die letzte dieser Funktionen, "*samucchaya*", habe ich mit "Verbindung" wiedergegeben, obwohl natürlich alle vier verschiedene Arten von Verbindungen andeuten. Sowohl die Kommentatoren zum *Amara-kosha* als auch Patañjali in seinem *Mahâbhâshya* zur *Ashtâdhyâyî* II.2.29, *vârtika* 15, erklären, daß "*cha*" als "*samucchaya*" verwandte Dinge miteinander verbindet, die nicht dargelegt sind, sondern vom Leser ergänzt werden müssen, fast wie unser "usw". Bu-ston liefert uns hier in seiner Anmerkung, "*ma-smos-ba'i klu'i-srid-pa*", die nicht erwähnte Schlangenwelt [und ihre Bewohner], die man zu den Menschen und Höllenwesen hinzufügen muß.

David Reigle

THEOSOPHIE IN TIBET: JONANGPA ODER DAS GOLDENE ZEITALTER

Vor ungefähr siebenhundert Jahren entstand in Tibet eine philosophische Lehre, die viele Parallelen zur Theosophie aufweist: die Jonangpa-Schule. Wie die Theosophie, deren Ziel es ist, die Lehren der "universal verbreiteten Religion der antiken und prähistorischen Welt" zu erneuern, bemühte sich diese Schule, die Lehren eines früheren Goldenen Zeitalters neu zu beleben. In den Lehrinhalten finden sich klare Parallelen. Die Theosophie lehrt als erste fundamentale Hypothese die Existenz "eines allgegenwärtigen, ewigen, grenzenlosen und unveränderlichen PRINZIPS, das sich jeder Spekulation entzieht, weil es die Kraft des menschlichen Vorstellungsvermögens übersteigt." Die Jonangpa-Schule lehrt ein Prinzip, das dauerhaft, beständig, ruhend und ewig ist, frei von allem, außer sich selbst oder "leer von anderem" *(gzhan stong)*, das deswegen sogar die subtilsten Vorstellungen transzendiert. Und diese Schule wurde ebenso wie die Theosophie von der Orthodoxie verfolgt.

Eine geheime Lehre

Die Lehren der Jonangpa-Schule gehen auf Yumo Mikyo Dorje *(yu mo mi bskyod rdo rje)* zurück, einen Yogi des 11. Jahrhunderts. Er war Schüler des Somanâtha, eines Sanskrit-Pandits und Kâlachakra-Meisters aus Kashmir, der den bedeutenden Kâlachakra-Kommentar *Vimala-prabhâ* ins Tibetische übersetzte. Überliefert ist, daß Yumo die *Jonangpa*-Lehren empfangen hat, als er in der Gegend des Berges Kailâsa im westlichen Tibet den sechsgliedrigen Yoga des Kâlachakra praktizierte. Die *Jonangpa*-Lehren beinhalten in erster Linie die Kâlachakra-Überlieferung und die Lehre des "Leer-von-anderem" oder shen-tong *(gzhan stong)*. Yumo verkündete sie als eine "geheime Lehre" *(lkog pa'i chos)*.[1] Er hat diese Lehren jedoch nicht schriftlich festgehalten. Wir haben von ihm daher, im Unterschied zu H.P. Blavatsky, kein Werk mit dem Titel *Die Geheimlehre*. Die Aufgabe, diese Lehren aufzuschreiben, blieb seinem Nachfolger Dolpopa vorbehalten.

Das Herz der Lehre

Diese Lehren wurden mündlich an Dolpopa (auch Dolbupa geschrieben, 1292–1361) weitergegeben, der das *shen-tong* oder die Lehren vom "Leersein von anderem" dann in seinem berühmten Buch *Das Berg-Dharma – Das Meer definiti-*

ver Bedeutungen (*ri chos nges don rgya mtsho*) aufschrieb. Diese Lehren werden auch als "Lehre des Herzens" (*snying po 'i don*) bezeichnet, und deshalb beschreibt Dolpopa sein Buch als die "Lampe der Herzlehre".[2]

Im Zusammenhang mit der Lehre des Herzens schreibt H.P. Blavatsky:[3]

> Für jeden Schüler buddhistischer esoterischer Lehren würde der Ausdruck "das Geheimnis des Auges" zeigen, daß es sich hier nicht um esoterische Lehren handelt. Stünde dort statt dessen das Wort "Herz", bedeutete es das, was es nur im übertragenen Sinne vermittelt. Die "Lehre des Auges" bedeutet Dogma und leere Worte, kirchliche Rituale, für all jene gedacht, die sich mit exoterischen Formeln zufriedengeben. Die "Lehre des Herzens" oder das "Herzsiegel" (Sin Yin) ist die einzig wahre Lehre.

Die Tradition des Goldenen Zeitalters

Dolpopa verfaßte noch ein anderes berühmtes Buch, *Das vierte Konzil (bka 'bsdus bzhi pa),* in dem die Beziehung zwischen den vier Yugas und dem Niedergang der Lehre dargelegt wird. Im Goldenen Zeitalter *(krita yuga)* hatte man ein richtiges Verständnis von den Lehren des heiligen buddhistischen Kanons, aber dieses Verständnis ging mit dem Fortschreiten des dritten und zweiten und schließlich des finsteren Zeitalters allmählich verloren. So schrieben viele buddhistische Autoren späterer Zeitalter, die kein richtiges Verständnis mehr besaßen, Kommentare, die die Lehren nicht richtig erklären. Es war Dolpopas Absicht, die richtige Bedeutung so wiederherzustellen, wie sie im Goldenen Zeitalter vorhanden war. Deshalb nannte er die Jonangpa-Lehren die "Tradition des Goldenen Zeitalters" *(rdzogs ldan lugs).*[4]

In dem Essay "Tibetan Teachings" stimmt H.P. Blavatskys Korrespondent zu, daß der tibetisch-buddhistische Kanon eine doppelte Bedeutung besitzt und daß viele buddhistische Kommentatoren seine wahre Bedeutung nicht verstanden haben:[5]

> Die chinesischen und tibetischen Schriften, die sogenannten Standardwerke Chinas und Tibets, wurden zum Teil von unseren gebildetsten Gelehrten verfaßt, die überwiegend zwar aufrichtige und fromme Männer, aber keine Eingeweihte waren. Diese Schriften bilden Kommentare zu Texten, die die Autoren selber nicht richtig verstanden haben, und enthalten eine Menge mythologisches und legendäres Material, das sich eher für Kinderlieder und Folklore eignet als für eine Darstellung der Weisheitsreligion, wie sie der Retter der Welt predigte. Doch keine dieser Schriften findet sich im Kanon; ... [die kanonischen Texte] enthalten keine Erfindungen, sondern schlicht

und einfach für zukünftige Generationen gedachte Informationen, die dann möglicherweise den Schlüssel gefunden haben, um sie richtig lesen zu können.

Anmerkung: Dolpopas Bücher wurden im 17. Jahrhundert verboten und wurden deshalb zu einer Seltenheit. In den siebziger und achtziger Jahren unseres Jahrhunderts hat man einige seiner Bücher wiedergefunden und nachgedruckt. 1990 besuchte Matthew Kapstein das damalige östliche Tibet und heutige westliche China. Dort hatten einige Jonangpa-Klöster überlebt, und er erwarb für die U.S. Library of Congress einen vollständigen Satz der gesammelten Werke von Dolpopa. Sie wurden 1992 in Delhi nachgedruckt.

Die Jonangpa-Lehren: Kâlachakra und Maitreya

Die Jonangpa-Lehren beruhen in erster Linie auf dem Kâlachakra und den Werken des Maitreya. Ich habe anderswo Beweise vorgelegt, daß *Das Buch des Dzyan*, die Basis für H.P. Blavatskys *Geheimlehre*, mit dem verlorenen *Mûla-Kâlachakra-Tantra* in Verbindung steht.[6] Eine wichtige Passage aus einem Brief von H.P. Blavatsky an A.P. Sinnett stellt ebenfalls eine Verbindung zwischen dem *Buch des Dzyan* und dem Werk des Maitreya her:[7]

> Ich habe gerade ein langes einführendes Kapitel oder Prolog oder Vorrede, nennen Sie es, wie Sie wollen, abgeschlossen, worin dem Leser erklärt wird, daß nichts in meinem Buch fiktiv ist, weder der Inhalt insgesamt, noch die Teile, die mit einer Übersetzung aus dem Buch des *Dzyan* und dem Geheimen Buch des "Maytreya Buddha", dem *Champai chhos Nga* (die Prosafassung, nicht die fünf in Versform geschriebenen Bücher, die eine absichtliche Irreführung sind) beginnen.

H.P. Blavatsky bezieht sich hier auf ein geheimes Buch von Maitreya im Gegensatz zu seinen fünf bekannten Büchern. Es ist bemerkenswert, daß zwei Interpretationsschulen der Werke des Maitreya von Indien nach Tibet gelangten: eine analytische, die sich an der Doktrin orientierte und deren Textauslegung noch heute vorherrscht, und eine meditative oder praktische Schule, die vermutlich vor einigen Jahrhunderten verschwand. Leonard van der Kuijp ist allerdings der Auffassung, daß diese Schule nicht ausstarb, sondern zur Basis der Jonangpa-Lehren wurde:[8]

> Die Forschung wird in Zukunft möglicherweise zweierlei aufzeigen. Erstens: Der Vorläufer der sogenannten Jo-nang-pa-Position und des 'Großen

Madhyamaka' war eine meditative, praktische Schule, die sich um die Lehren des Maitreya[nâtha] herum bildeten. Im Laufe der Zeit wurden weitere Texte, die ähnliche Ansichten zum Ausdruck brachten oder die in ähnlicher Weise interpretiert wurden, zu dem ursprünglich Textkorpus hinzugefügt, auf den sich diese Tradition beruft. Zweitens: Man könnte möglicherweise einmal aufzeigen, daß Dol-po-pas Bemühungen als ein Versuch charakterisiert werden könnten, die 'Meditative Schule' entsprechend der normativen Methodologie der 'Analytischen Schule' neu darzustellen.

Das spezifische Buch des Maitreya, auf dem die fundamentale Jonangpa-Lehre des *shen-tong* oder "leer von anderem" beruht, ist der *Ratna-gotra-vibhâga*, auch *Uttara-tantra* genannt. Dieses Buch enthält eine Synthese der Lehre vom *tathâgata-garbha* oder die "Buddha-Matrix". Die *tathâgata-garbha*-Lehre von einer universalen Matrix oder Buddhanatur, die alle Menschen besitzen, unterscheidet sich so sehr von anderen buddhistischen Lehren, daß buddhistische Autoren sich über ihre Klassifizierung nicht einig sind. In Tibet wurde sie von einigen Autoren als Madhyamaka-Lehre eingestuft, von anderen aber als Yogâchâra-Lehre, obwohl sie eigentlich in keine der beiden Kategorien paßt. Ein früher chinesischer Autor, Fatsang (643–712), stellte sie in eine Kategorie für sich, die sich von den anderen drei akzeptierten – Hînayâna, Madhyamaka und Yogâchâra – unterscheidet.[9] Analog dazu spricht H.P. Blavatsky von einer siebten, esoterischen Schule indischer Philosophie *(darshana)*, die sich von den akzeptierten sechs Schulen unterscheidet:[10]

> Dies ist die Ansicht jeder einzelnen der sechs großen Schulen indischer Philosophie – die *sechs Prinzipien jenes einheitlichen Weisheitskörpers, von dem die 'Gnosis'*, das *verborgene* Wissen, das siebte bildet.

Die sieben großen Geheimnisse

Der theosophische Mahatma, unter den Initialen K.H. bekannt, spricht von sieben großen Geheimnissen der buddhistischen Metaphysik:[11]

> Im Zusammenhang damit lassen Sie mich zunächst sagen, daß Sie – da Sie an diesem Thema so großes Interesse haben – nichts Besseres tun können, als die beiden Lehren – von Karma und Nirvâna – so tiefgründig wie nur möglich zu studieren. Solange Sie mit den beiden Grundsätzen – dem doppelten Schlüssel zur Metaphysik des Abhidharma – nicht vollständig vertraut sind, werden sie große Schwierigkeiten haben, das Übrige zu verstehen. Wir haben verschiedene Arten von Karma und Nirvâna in ihren unterschiedlichen Anwendungen – auf das Universum, die Welt (einschließlich ihrer sieben

Bereiche), die Devas, Buddhas, Bodhisattvas, Menschen und Tiere. Karma und Nirvâna sind nichts anderes als zwei der sieben großen GEHEIMNISSE der buddhistischen Metaphysik. Und selbst die besten Orientalisten kennen nur vier dieser sieben, und die auch nur sehr unvollständig.

Maitreyas *Ratna-gotra-vibhâga*, das Handbuch der Lehren des *tathâgata-garbha* oder der "Buddha-Matrix", beginnt mit einer Liste von sieben Vajra-Themen. Vajra bedeutet Diamant, und die Analogie findet sich in Âryasanghas Kommentar: Diese Themen sind ebenso schwer zu verstehen, wie einen Diamanten zu durchbohren. Deswegen kann man sie Geheimnisse nennen. Es folgt der einleitende Vers:

> 1. Buddha, Lehre (*dharma*), Gemeinschaft (*gana* = *sangha*), Element (*dhâtu*), Erleuchtung (*bodhi* = *nirvâna*), tugendhafte Eigenschaften (*guna*) und schließlich Buddha-Handlung (*karma*); diese sieben diamantenen Themen (*Vajra-pada*) bilden, kurz gesagt, den Körper des gesamten Textes.
> [Anmerkungen: *Dhâtu* ist vielleicht der Schlüsselbegriff im *Ratna-gotra-vibhâga*. Seine Grundbedeutung ist "Element" (Hookham), auch "der Keim (der Buddhaschaft)" (the Germ [of Buddhahood]; Obermiller), "die Essenz (des Buddha)" (the Essence [of the Buddha]; Takasaki), "Buddhanatur" (buddha-nature; Holmes). Die sieben *Vajra-padas* haben jeder einen konventionellen (*samvriti*) und einen endgültigen (*paramârtha*) Aspekt.[12] *Dhâtu* wird, wenn verschleiert, *tathâgata-garbha* genannt und wenn nicht verschleiert *dharma-kâya.*[13]]

Dieser Text präsentiert die sieben *Vajra*-Themen vom Standpunkt der nichtdualistischen Weisheit (*jñâna*) aus gesehen. Mit anderen Worten, er gibt sie in einer Form wieder, die dem Verstand nicht leicht zugänglich ist. Der Leser sollte also nicht erwarten, daß ihm die sieben Geheimnisse in diesem Text deutlich offenbart werden. Denn – wie H.P. Blavatsky in Bezug auf eine der Stanzen schreibt, die sie aus dem "Buch des Dzyan" übersetzte:[14]

> Die Sprache ist nur für jemanden verständlich, der sich mit den östlichen Allegorien und der absichtlich unklaren Phraseologie genau auskennt.

Doch findet man einige der sieben Themen, beispielsweise Karma, in einer Form, die dem Verstand eher zugänglich ist (d.h. vom Standpunkt der *prajñâ* aus betrachtet), und zwar in einem Text, der auf dem klösterlichen Standardlehrplan steht, nämlich im *Abhidharma-kosha* des Vasubandhu.[15]

Das eine Element

Der Schlüsselbegriff in Maitreyas *Ratna-gotra-vibhâga* heißt *dhâtu* oder Element. Er wird in dem folgenden wichtigen Vers beschrieben:

> 80. Es ist weder geboren, noch stirbt es, es befindet sich nicht in Bedrängnis und es altert nicht, weil es dauerhaft ist (*nitya/rtag-pa*), beständig (*dhruva/brtan-pa*), ruhend (*shiva/zhi-ba*) und ewig (*shâshvata/g.yung-drung*). (*Ratna-gotra-vibhâga* oder *Uttara-tantra* von Maitreya, Vers 80)

Wie schon oben vermerkt kann man dieses eine Ding, *dhâtu* oder Element, *tathâgata-garbha* oder Buddhanatur nennen, wenn es verschleiert ist, und *dharma-kâya* oder Gesetzeskörper, wenn es nicht verschleiert ist.

Das eine Element ist auch ein Schlüsselkonzept in den theosophischen Lehren, die man in den Mahatma-Briefen findet:

> Sie sollten allerdings nicht vergessen, (a) daß wir nur *ein* Element in der Natur anerkennen (sei es nun im spirituellen oder physischen Bereich), außerhalb dessen es keine Natur geben kann, da es die *Natur* selber ist und als âkâsha überall in unserem Sonnensystem vorhanden ist (jedes Atom ist Teil seiner selbst), überall im *Raum* ist und letzten Endes der Raum selber ist, ... (b) daß folglich Geist und Materie *eins* sind, nichts anderes als unterschiedliche Zustände und nicht *Essenzen*, ... (c) und daß unsere Vorstellungen von "kosmischer Materie" denen der modernen Naturwissenschaft genau entgegengesetzt sind. Behalten Sie all das im Sinn, dann werden wir Ihnen vielleicht erfolgreich zumindest die ganz elementaren Axiome unserer Esoterischen Philosophie richtiger als bisher vermitteln können.[16]
>
> Ja, wie in meinem Brief beschrieben: Es gibt nur ein Element, und es ist unmöglich, unser System zu verstehen, ehe nicht eine richtige Vorstellung davon fest im Geist verwurzelt ist. Sie müssen mir deshalb verzeihen, wenn ich bei diesem Thema länger als anscheinend notwendig verweile. Aber solange man diese primäre Tatsache nicht wirklich vollkommen verstanden hat, wird der Rest unverständlich erscheinen. Dieses Element ist also – metaphysisch gesprochen – das eine Substrat oder die eine dauerhafte Ursache aller Manifestationen der Welt der Phänomene.[17]
>
> Wir sagen, daß die Tatsache, daß es existiert und für immer bleiben wird, folgendes deutlich macht: Da Bewegung überall vorhanden und absolute Ruhe unvorstellbar ist, muß alles eine Phase ein und derselben universalen und allmächtigen Kraft sein, egal in welcher Form oder Verkleidung Bewegung erscheint – ob als Licht, Wärme, Magnetismus, chemische Affinität oder

> Elektrizität. Und vor dieser einen Kraft, vor diesem Proteus, verbeugen sie sich als dem großen "Unbekannten" (siehe Herbert Spencer), und wir nennen es schlicht und einfach das "Eine Leben", das "Eine Gesetz" oder das "Eine Element".[18]

Diese letzten drei Beinamen, das "Eine Leben", das "Eine Gesetz" und das "Eine Element", entsprechen sehr gut den drei *Ratna-gotra-vibhâga*-Begriffen *tathâgata-garbha, dharma-kâya* beziehungsweise *dhâtu.*

Tsong-Kha-Pas Kritik der Jonangpa-Lehren

Die Jonangpa-Lehre von einem dauerhaften, beständigen, ruhigen und ewigen *dhâtu* oder *tathâgata-garbha* oder *dharma-kâya,* der "leer von anderem" (*gzhan stong*) und deswegen letzten Endes jenseits des Zugriffs unserer Gedanken ist, wurde offenbar von Tsong-Kha-Pa, dem Begründer des Gelugpa-Ordens ("Gelbmützen"), kritisiert. Eines der berühmtesten Werke des Tsong-Kha-Pa ist *Legs bshad snying po* oder "Die Essenz der wahren Beredsamkeit", das er schrieb, nachdem er einige Zeit vorher seine höchsten Erleuchtungserfahrung gehabt hatte. Man nimmt daher an, daß es seine letzten Einsichten enthält.[19] Darin werden zwar keine Namen erwähnt, doch wird der Gegenstand des größten Teils der darin enthaltenen Kritik von der Gelugpa-Exegese als die Dolpopa- und Jonangpa-Lehren identifiziert. Tsong-Kha-Pa (1357–1419) lebte unmittelbar nach Dolpopa (1292–1361). Diese Kritik ist für Theosophen sehr wichtig, da Dolpopa anscheinend das erste grundsätzliche Postulat in H.P. Blavatskys *Geheimlehre* lehrt und das Tsong-Kha-Pa offensichtlich widerlegt. Trotzdem wird Tsong-Kha-Pa von den Theosophen als "Erneuerer sowohl des esoterischen als auch des gewöhnlichen Lamaismus"[20] angesehen sowie als "Begründer des Gelugpa-Sekte ('Gelbmützen') und der mit ihren Oberhäuptern verknüpften mystischen Bruderschaft",[21] als "Begründer der geheimen Schule in der Nähe von Shigatse, die dem privaten Retreat des Teshu-Lama"[22] angeschlossen war.

Bezüglich dieser Frage können wir zum Vergleich die Bemerkung eines brahmanischen Theosophen über eine etwas ähnliche Situation mit Gautama Buddha und Shankarâchârya anführen, dürfen dabei jedoch nicht vergessen, daß die theosophischen Quellen Buddhas Tod auf das Jahr 543 v.u.Z. festgelegt haben und Shankarâchâryas Geburt kurz nach 510 v.u.Z.:[23]

> Buddhas Bewegung muß eine enorme Verwirrung in diesem Land gestiftet haben, wie Sie sich alle vorstellen können, und der berühmte Philosoph Shankarâchârya hatte sich die Aufgabe gestellt, die Ordnung wiederherzustellen. Er bewahrte das Wesentliche dessen, was Buddha gesagt hatte, und sprach auf eine Art, die den Menschen der damaligen Zeit angemessen war.

Er ersetzte beispielsweise das buddhistische Nichts [Leere, *shûnyatâ*] durch das Parabrahman des Vedanta ... Das Ziel unseres großen Reformators war nicht, irgendeine esoterische Wissenschaft zu lehren, sondern die Ordnung in einem Land wiederherzustellen, das den Mut nicht aufbringen konnte, die Wahrheit, die der Buddha lehrte, anzuerkennen, und das folglich in Verwirrung verfiel. Er hat deshalb nicht die Verfahrensweise der *Purânas* angewandt und hat die Wirkungsweise des kosmischen Gesetzes, das diese wunderbare Vielfalt in der Manifestation hervorgebracht hat, nicht auf das eine, Nicht-Manifeste zurückgeführt. Daß die Welt eine Illusion und allein das Parabrahman Wirklichkeit besitzt, ist eine gute Schutzbehauptung in einer Situation, deren Klärung einer Offenbarung esoterischer Wahrheit bedarf ... Beachten Sie hier, daß der große Philosoph sich der Aufgabe entzog, esoterische Weisheiten offenzulegen, und nur das hätte als einigende Kraft dienen und die offensichtlichen Widersprüche in den antiken Schriften beseitigen können. Der Lehrer wollte dem Geist der Studenten lediglich einprägen, daß das Universum im Wesentlichen eine Einheit ist und in seiner Manifestation nur scheinbar eine Vielfalt. Das hatte seine ganz eigenen schlimmen Auswirkungen auf den Geist der Studenten, zumindest soweit man es jetzt feststellen kann. Die überwiegende Mehrheit der Studenten des Vedanta lernt im Studium nur die Wortklauberei "Parabrahman Wahrheit, alles Illusion." Ich werde jetzt nicht in eine deklamatorisch verzierte Sprache gegen unsere armen Vedantins verfallen, aber ich werde einige Sachen sagen, die Ihnen beim Studium der *Bhagavad-gîtâ* vom Standpunkt der antiken yâjñikas nützlich sind. Für diese Philosophen ist die Natur keine Illusion, sondern die ewige Basis der Evolution, einer unendlichen einen Existenz, die sich in jedem Punkt der Unendlichkeit des Raumes findet; oder sie versucht, indem sie die Stelle des Herzens in allem annimmt, mit Hilfe ihrer eigenen idealen Lebensprozesse ein zunehmend lebendiges Bewußtsein zu entwickeln. Dieses Herz des Universums, das überall im Universum existiert, wird von ihnen yajña-purusha genannt oder der purusha, der allen kosmischen Manifestationen zugrunde liegt.

Tsong-Kha-Pa habe in seiner höchsten Erleuchtungsphase eine vollkommene Einsicht in die Wirkungsweise der zwölfgliedrigen Kausalkette erreicht und die zukünftigen Auswirkungen seiner Lehren vorhergesehen. Für Buddhisten bedeutet Erleuchtung, wie H.P. Blavatsky schreibt:[24]

> ... das Erreichen jener höchsten Vollkommenheit, die den Eingeweihten dazu bringt, sich an die gesamte Serie seiner vergangenen Leben zu erinnern und alle zukünftigen Leben vorherzusehen – und zwar aufgrund der vollkomme-

> nen Entwicklung jenes inneren göttlichen Auges in ihm – und das Wissen zu erkennen, das die Ursachen (die zwölf Nidânas, im Tibetischen Ten-brel Chu-gnyi genannt, die auf den "Vier Wahrheiten" beruhen) der sich ständig wiederholenden Kreisläufe der Existenzen offenbart ...

So mag Tsong-Kha-Pa sich durchaus dazu entschlossen haben, öffentlich Lehren zu verkünden, die seiner eigenen Einsicht nach den spirituellen Bedürfnissen zukünftiger Leser am wirksamsten entgegenkommen. Zugleich jedoch hielt er seine esoterischen Lehren von der Öffentlichkeit fern. Seine öffentlichen Lehren haben den tibetischen Buddhismus tatsächlich radikal verändert, und das kann man zu Recht mit der kopernikanischen Revolution vergleichen, als die Europäer entdeckten, daß sich die Erde um die Sonne dreht und nicht umgekehrt.[25] Seine Einstellung zu esoterischen Lehren beschrieb H.P. Blavatskys tibetischer Korrespondent:[26]

> Unser weltweit geehrter Tsong-Kha-Pa schließt sein fünftes Dam-ngag mit der Ermahnung, daß 'jede heilige Wahrheit, die die Unwissenden nicht in ihrem wahren Licht verstehen können, in einem dreifachen Kasten versteckt werden sollte, in dem sie sich selbst verbirgt, wie eine Schildkröte ihren Kopf in ihrem Panzer; sie sollte ihr Gesicht nur denen zeigen, die danach verlangen, den Zustand von Anuttara Samyak Sambodhi zu erlangen' – das am meisten mitfühlende und erleuchtete Herz.

Wir haben heutzutage eine weitere, etwas ähnliche Situation mit Helena P. Blavatsky (1831–1891), der Mitbegründerin der Theosophischen Gesellschaft, und Jiddu Krishnamurti (1895–1986), der im Jahre 1929 die Theosophische Gesellschaft verließ und den Rest seines Lebens damit verbrachte zu lehren, daß man sich nicht auf eine Autorität verlassen sollte. Was die Theosophen anging, so leugnete er nicht die theosophischen Lehren, sondern wies lediglich die Rolle der Theosophischen Gesellschaft zurück und alle Überzeugungen, die Theosophen aufgrund reiner Autorität als etwas akzeptierten, das zur Wahrheit führte. Er lehrte, daß man aufgrund einer Organisation oder eines Glaubens nicht zur Wahrheit gelangen könne.[27] Die meisten heutigen Anhänger der Lehren des Krishnamurti glauben jedoch, er habe auch die theosophischen Lehren widerlegt, wie beispielsweise die von einem allgegenwärtigen, ewigen, grenzenlosen und unveränderlichen Prinzip, das die menschliche Vorstellungskraft übersteigt. Genauso widerlegte Tsong-Kha-Pa für seine eigenen Gelugpas die Jonangpa-Lehre von einem dauerhaften, beständigen, ruhenden und ewigen *dhâtu* oder *tathâgata-garbha* oder *dharmakâya*, der leer von allem außer sich selbst ist (*gzhan stong*) und damit selbst die subtilsten Vorstellungen transzendiert.

Anmerkungen

[1] siehe: "The Jo nan pas: A School of Buddhist Ontologists According to the *Grub mtha'sel gyi me lon*", von D.S. Ruegg, *Journal of the American Oriental Society*, Band 83, 1963, S. 83.

[2] siehe: S.K. Hookham, *The Buddha Within: Tathagatagarbha Doctrine According to the Shentong Interpretation of the Ratnagotravibhaga*, Albany, New York, 1991, S. 142.

[3] *The Secret Doctrine,* Adyar Ed., Bd. 5, S. 407; *H.P. Blavatsky Collected Writings*, Band XIV, Wheaton, Illinois, 1985, S. 444-445.

[4] siehe M. Kapstein, *The 'Dzam-thang Edition of the Collected Works of Kun-mkhyen Dol-po-pa Shes-rab Rgyal-mtshan: Introduction and Catalogue*, Delhi, 1992, S. 51.

[5] siehe *H.P. Blavatsky Collected Writings*, Bd. VI, S. 100.

[6] siehe "Neue Erkenntnisse über Das Buch des Dzyan" in dieser Ausgabe.

[7] *The Letters of H.P. Blavatsky to A.P. Sinnett*, 1825; Reprint: Pasadena, 1973, S. 195.

[8] *Contributions to the Development of Tibetan Buddhist Epistemology*, von Leonard W.J. van der Kuijp, Wiesbaden: Franz Steiner Verlag, 1983, S. 44.

[9] siehe *The Awakening of Faith*, Übers. Yoshito S. Hakeda, New York & London, 1967, S. 14: "In der Einleitung zu seinem Kommentar zu *The Awakening of Faith* unternimmt Fa-tsang den Versuch, den gesamten indischen Buddhismus in die folgenden vier Kategorien einzuteilen: (1) Hinayana; (2) Madhyamika; (3) Yogacara; und (4) *Tathâgata-garbha*."

[10] *The Secret Doctrine,* 1888, Bd. 1, S. 278).

[11] *The Mahatma Letters to A.P. Sinnett*, 3. Auflage, Adyar, Madras, 1962, S. 107.

[12] siehe E. Obermiller, "The Sublime Science of the Great Vehicle to Salvation", *Acta Orientalia*, Band IX, 1931; Reprint unter dem Titel *Uttaratantra or Ratnagotravibhaga*, Talent, Oregon; Canon Publications, 1984, S. 111.

[13] siehe Asangas Kommentar (*vyakhya*) zu Maitreyas *Ratna-gotra-vibhaga*, 1. Kap., Vers 24.

[14] *The Secret Doctrine,* Bd. 1, S. 106.

[15] Englische Übersetzung von Leo M. Pruden als *Abhidharmakoshabhâshyam*, von der französischen Übersetzung von Louis de La Vallée Poussin, 4 Bände, Berkeley, 1988, 1989, 1990. Enthält einen Kommentar (*bhâshyam*). Karma ist das Thema des vierten Kapitels.

[16] *The Mahatma Letters,* 3. Auflage, S. 63.

[17] *op. cit.*, S. 89.

[18] *op. cit.*, S. 155–156.

[19] Englische Übersetzung von Robert A.F. Thurman als *Tsong Khapa's Speech of Gold in the Essence of True Eloquence: Reason and Enlightenment in the Central Philosophy of Tibet*, Princeton, 1984.

[20] *The Mahatma Letters,* 3, Auflage, S. 44.

[21] H.P. Blavatsky, *Theosophical Glossary*, 1892; Neudruck, Los Angeles, 1971, S. 305.

[22] *H.P. Blavatsky Collected Writings*, Band XIV, S. 425.

[23] Für die Daten siehe: *Five Years of Theosophy*, [hg. von George Robert Stow Mead,] 1885; zweite verbesserte Auflage, London, 1894, S. 195, 236. Das Zitat stammt aus *Thoughts on Bhagavad Gita*, von A Brahmin F.T.S., 1893; Neudruck als *Some Thoughts on the Gita*, Talent, Oregon; Eastern School Press, 1983, S. 100–103.

[24] *The Secret Doctrine,* Adyar Ed., Bd 5, S. 397 und *H.P. Blavatsky Collected Writings*, Band XIV, S. 432.

[25] siehe L.W.J. van der Kuijp, *Contributions to the Development of Tibetan Buddhist Epistemology*, S. 45: "Ich glaube nicht, daß die Annahme übertrieben ist, daß das, was Tsong-kha-pa erfolgreich tat, nichts weniger als eine 'kopernikanische Revolution' für den tibetischen Buddhismus darstellte, und man kann die Bedeutung dieser neuen Interpretation des indischen Buddhismus nicht genug betonen, besonders im Hinblick auf die späteren Entwicklungen des tibetischen Buddhismus."

[26] in: "Tibetan Teachings", *H.P. Blavatsky Collected Writings*, Band VI, S. 99–100.

[27] siehe Mary Lutyens, *Krishnamurti, Die Biographie*, Grafing, 1991: "Die Wahrheit ist ein wegloses Land. Der Mensch kann weder durch irgendeine Organisation, noch durch irgendeinen Glauben, irgendein Dogma, irgendwelche Priester oder Rituale, noch durch philosophisches Wissen oder psychologische Methoden dahin gelangen."

III.

INTERPRETATION UND ANALYSE

Hank Troemel

ZUR SPRACHE DER THEOSOPHIE: Mißverständnis und Mißbrauch

Zur Beurteilung der kanonischen Literatur der modernen Theosophie müssen drei grundsätzliche Sprachprobleme berücksichtigt werden. Erstens ist die Originalsprache dieser Literatur Englisch, deshalb ist sie vielen deutschsprachigen Lesern nur in Übersetzungen zugänglich; zweitens ist nicht nur in den Originalwerken, sondern auch in den frühen Übersetzungen der Stil des 19. Jahrhunderts erkennbar, wozu außerdem zu berücksichtigen ist, wie weitgehend die gesellschaftlichen, kulturellen, technologischen und wissenschaftlichen Ideale und Theorien der viktorianischen Zeit in der persönlichen Ausdrucksweise Blavatskys Niederschlag finden, andererseits aber auch in ihren sachlichen Auseinandersetzungen mit diesen (seitdem weitgehend veränderten) Vorstellungen und Glaubenssätzen, gegen die sie so oft rebellierte. Weiterhin werden naturgemäß zahlreiche Termini aus den Religionen und Philosophien des Ostens, spezifisch Indiens, verwandt, deren Bedeutung im Westen heutzutage zumeist nur oberflächlich und vage verstanden und beschrieben wird. Allein die in der deutschen Vulgäresoterik (C. Bochinger treffend: "Cocktailreligion") so populären Begriffe "Karma", "Yoga", "Meditation" und "Wiedergeburt" – aber nicht nur sie – werden mit großer Beliebigkeit und Ignoranz gebraucht. Notwendig ist also eine Auseinandersetzung mit den aus Fehlübersetzungen resultierenden Verfälschungen ebenso wie mit anderen Mißverständnissen und dem bewußten Mißbrauch von bestimmten Begriffen aus Blavatskys Lehre. Letztlich, drittens, gibt es auch in der modernen Theosophie die Schwierigkeit des Übermittelns, des sprachlichen Mitteilens nichtempirischer, mystischer, intuitiver Erfahrung. Im folgenden können diese drei Grundprobleme nur angeschnitten werden; es soll damit einem Bewußtsein dieser Problematik bei Lektüre und Studium der Theosophie das Wort geredet werden.

1. Kein Übersetzen kann das Original ersetzen

Sprache ist Denk- und Kommunikationsmittel zugleich. Die Sprachphilosophie unternimmt den Versuch, den Sinn der Ausdrucksformen einer gegebenen Sprache zu ermitteln und untersucht u.a. die "inneren Grenzen der Übersetzbarkeit der Sprachen überhaupt," so Gerhard Ebeling in seinem lesenswerten Büchlein über theologische Sprachlehre.[1]

[1] *Einführung in theologische Sprachlehre*, Tübingen, 1971.

Da es die Primärliteratur der modernen Theosophie auf deutsch nur in Übersetzungen aus dem Englischen gibt, sind die Grenzen ihrer Übersetzbarkeit für Studenten der Theosophie von großer Bedeutung. "Kein Übersetzen kann das Original ersetzen. Und Übersetzung ist desto besser gelungen, je originaler das bestimmte Sprachwerk in anderer Sprache neu zur Sprache kommt."[2]

Besonders bei Texten religiöser Natur entstehen Fehlerquellen oft gerade dann, wenn die eigenen, persönlichen Überzeugungen des Übersetzers unbewußt in seine Arbeit einfließen. Die folgenden Beispiele sollen dies verdeutlichen. Es handelt sich um Passagen der Übersetzung und Kommentierung der Stanzen des Dzyan von Franz Hartmann. Dazu muß vorab daran erinnert werden, daß der atheistische Hintergrund der Stanzen sowie der Philosophie der Mahatmas und Blavatskys außer Zweifel steht, was aus etlichen *Mahatma-Briefen* ebenso wie aus der *Geheimlehre* klar ersichtlich ist. Blavatsky sagt dies deutlich, u.a. wenn sie in ihrer "Zusammenfassung" am Ende des ersten Teils der Kosmogenesis ausdrücklich darauf hinweist, daß die Geheimlehre den Glauben an "anthropomorphe Götter" (diese, so R. Safranski, "Kinderkrankheit des menschlichen Denkens und Vorstellens") ablehnt und insofern atheistisch ist; außerdem weist sie "deistische Überzeugungen" als unvereinbar mit der Philosophie der Theosophischen Gesellschaft zurück. Derartige Glaubensinhalte mögen die persönliche Überzeugung einzelner Mitglieder sein, aber mit der in den Lehren der Gesellschaft dargestellten Philosophie haben sie nichts zu tun.[3]

Über die Philosophie der Theosophischen Gesellschaft erklärt Blavatsky: "Unsere Gottheit ist ein universelles, absolutes Prinzip, manifestiert in der Menschheit und in der Natur – die beide aus ein und demselben unteilbaren Geist sind, dem Urquell der *wahren* spirituellen Brüderlichkeit unter den Menschen. Für uns sind die Menschen Kinder der GÖTTER (nicht Gottes), und *im gegenwärtigen Zyklus die Vorfahren der noch höheren Götter zukünftiger Zyklen*." Auch die Freidenkerin Annie Besant, die allerdings später in Indien unter hinduistischem Einfluß zur devotionalen Bhakti-Tradition tendierte, erwiderte auf Vermutungen des christlichen Establishment in England über ihre "Konversion" zur Theosophie: "Wir vertreiben die Gottesidee der Theologie und der Kirchen von dem Boden, den wir gewonnen haben," und erklärte, daß sie "niemals zu dem Glauben an (den Moloch eines persönlichen) Gottes konvertieren" werde. Blavatsky weiter: "Freidenkertum, das nach Ansicht der *monotheistischen* Verfasser von Wörterbüchern nur eine 'die Offenbarung verwerfender Unglaube' und laut Berkeley eine 'ungebührliche spekulative Dreistigkeit' ist, ist nach den Regeln unserer Gesellschaft das *Sine qua non* wahrer Theosophie. Freidenkertum bedeutet Gedankenfreiheit, ungehinderte Wahrheitssuche und -akzeptanz: Wahrheit und nichts als die Wahrheit, das höchste Gut

[2] Ebeling, S. 91.
[3] *Is Theosophy a Religion?*, Adyar, 1947, S. 7.

für jeden, der Weisheit sucht ... Obwohl wir dem Materialismus nicht nahestehen, ihn sogar ablehnen, sollte die Theosophische Gesellschaft nie vergessen, was sie Freidenkern verdankt. Daß es für uns überhaupt möglich ist, in diesem Jahrhundert als Organisation zu bestehen, verdanken wir nur der aufopfernden Mühe einer langen Reihe von Freidenkern – die zumeist durch die Frömmelei, durch den Fanatismus ihrer Zeit zu Märtyrern wurden. Die Tatsache, daß keiner von uns auf dem Trafalgar Square zur höheren Ehre [jenes anthropomorphen] Gottes bei lebendigem Leibe verbrannt werden kann, verdanken wir allein dem langen Kampf des Freidenkertums gegen Aberglauben und tödlichen Fanatismus.[4]

Bei Franz Hartmann andererseits werden nicht nur die im Shloka 5 der 5. Stanze der Kosmogenese genannten "Regenten" (Devas) der vier Himmelsrichtungen zu "Gesalbten", was eine unpassende Bezeichnung ist, weil dies keine Wesen sind, die je so etwas wie einer Salbung unterzogen worden sind, was im Zusammenhang der Kosmogenese auch völlig absurd wäre. Einen (seinen?) persönlichen Gott bringt Hartmann zur Erläuterung des Begriffs Ah-hi in dem Shloka 3 der 1. Stanze der Kosmogenese ins Spiel, ebenso wie in weiteren, gleich noch zur Sprache kommenden Shlokas, oft mit Bezug auf die Bibel, aber ebenso oft auch ohne biblische Zitate. Der Blavatskysche Originaltext jedoch ist anders. Shloka 6 der letzgenannten Stanze in Blavatskys Text lautet: "Die sieben erhabenen Herrscher und die sieben Wahrheiten hatten aufgehört zu sein, und das Universum, Sohn der Notwendigkeit, war versunken im Parinishpanna, auf daß es ausgeatmet werde durch das, was ist und doch nicht ist." Hartmann übersetzt, nein, ersetzt Blavatskys Text "to be outbreathed by that which is and yet is not," indem er für "that" ('es' oder 'das') das maskuline Personalpronomen einführt, welches einen persönlichen Gott bezeichnet, ganz so wie in den drei abrahamischen und anderen theistischen Religionen. Das Personalpronomen verletzt hier in eklatanter Weise die notwendige Bedeutungsäquivalenz und kann kaum Zufall sein, denn der Übersetzer kommentiert: "(...) um wieder ausgeatmet zu werden von DEM, *der* ist und dennoch nicht ist." Hartmann weiter, in seinem Kommentar: "GOTT aber ist und ist nicht, d.h. ER ist in sich selbst. Er ist das ewige Sein alles Seins (...)." In seinem Kommentar zum Shloka 9 ist der Mensch laut Hartmann "in GOTT", und der Mensch erkennt, "was er in GOTT wirklich ist." Stirbt er, "ohne sein wahres Selbstbewußtsein in GOTT erlangt zu haben, so ist allerdings sein Geist immerhin in GOTT." Noch betonter christlich-theistisch der Hartmannsche Kommentar zum Shloka 6 der 2. Stanze, wo Gott denkt und spricht, also das Göttliche vollends anthropomorphisiert und väterlich wird: "(...) Was GOTT will, das denkt ER, und was ER denkt, spricht ER aus durch die Tat. (...) Der VATER hat aus nichts alle Dinge erschaffen (...)" usw.[5] Offensichtlich will Hartmann

[4] *H.P. Blavatsky Collected Writings*, Bd. XI, S. 410, 411
[5] Dr. Franz Hartmann, *Grundriss der Geheimlehre von H.P. Blavatsky*, Leipzig, o.J.

"GOTT" einen guten Mann sein lassen (wie J. Améry gesagt hätte), der alles zum Besten einrichtet. Aber das ist sicherlich nicht die Sprache der Theosophie Blavastkyscher Prägung, vielmehr nimmt H.P.B. kein Blatt vor den Mund und macht deutlich, daß sie "(...) den Gott des menschlichen Dogmas und sein *vermenschlichtes* 'Wort'" ablehnt. Denn: "Der Mensch hat es in seiner grenzenlosen Einbildung, seinem ihm eigenen Hochmut und seiner Eitelkeit mit lästerlicher Hand selbst geschaffen, aus Dingen, die er in seiner kleinen Gehirnmasse vorfand, und die er dann der Menschheit aufzwang als direkte Offenbarung des einen nicht offenbarten RAUMES." Und daß "divine thought" nicht "Gottesgedanke", kein "Gedanke GOTTES", kein "Denken GOTTES" (Hartmann), der Gedanke oder das Denken eines persönlichen Gottes ist, müßte Franz Hartmann gewußt haben. Blavatsky: "'Das göttliche Denken' hat nichts mit der Vorstellung eines göttlichen Denkers zu tun, sondern das Universum ist das (...) Denken selbst." (Kommentar zum Shloka 6 der 2. Stanze der Kosmogenesis).

Blavatsky zur hier auch anklingenden judeo-christlichen Schöpfung *ex nihilo* durch diesen persönlichen Gott: "Wir glauben nicht an eine Schöpfung, oder daß das Universum jemals einen Anfang hatte. Alles unterliegt ständiger Formveränderung – aber das Universum selbst war immer und wird nie vergehen." Und im Kapitel "Elemente und Atome" des 3. Teils der Kosmogenesis: "Gottes Schöpfung aus dem Nichts (...) ist eine sehr unphilosophische Vorstellung, in der das Göttliche erniedrigt und in eine endliche, attributive Verfassung gezwungen wird." Oder: "Der moderne Materialismus lehnt nicht nur die Vorstellung eines persönlichen Schöpfers ab, sondern sogar die Existenz eines intelligenten Prinzips in der Natur. Aber ist es nicht genauso unlogisch, die *Erschaffung* eines grenzenlosen Universums aus *nichts* einer (...) *persönlichen* Gottheit zu unterschieben?"[6] Dazu, im Zusammenhang mit einer Erklärung zur Nirvana-Lehre: "Man kann sie zu recht als 'atheistische Lehre' bezeichnen, denn sie erkennt weder Gott noch Götter an – am allerwenigsten einen Schöpfergott, denn sie lehnt jeglichen Schöpfungsakt ab. Das *fecit ex nihilo* ist dem Wissenschaftler der okkulten Metaphysik genauso unverständlich wie dem wissenschaftlichen Materialisten." Das, übrigens, sei aber auch ihr einziger Berührungspunkt.[7] Hartmanns Wortwahl ist jedenfalls eine bemerkenswerte inhaltliche Verfälschung der Stanzen und der Philosophie Blavatskys.[8]

---

[6] *H.P. Blavatsky Collected Writings*, Bd. IV, S. 167.

[7] *ibid.*, Bd. XIV, S. 415.

[8] Ebenso zweifelhaft, ja unverständlich sind auch so manche andere Kommentierungen und Erklärungen, die Hartmann den Stanzen und den Kommentaren Blavatskys meint hinzufügen zu müssen. Etwa eine im Zusammenhang völlig überflüssige, aber vielleicht für Hartmann bezeichnende Fußnote zum Shloka 7 der 2. Stanze der Anthropogenesis, wonach es "auch heute noch so (ist), daß GOTT einen vertierten Menschen verläßt, weil er findet, daß dessen Seele für ihn keine passende Wohnung ist." (Hartmann, *op. cit.*, S. 127). Man fragt sich, an welche Menschen Hartmann da wohl gedacht hat, denen er ihr Menschsein abspricht, die so "vertiert" sind, daß sie der Gnade des christlichen Gottes, von dem er andauernd redet, nicht würdig sein sollen.

Letztlich diese Erkenntnis Hartmanns über Selbsterkenntnis (S. 64–65): "Wer das Geistige geistig erkennen will, muß selber geistig sein." So kann man es auch sagen, aber Hartmann führt seine Leser verantwortungslos in die Irre, wenn er dann die theosophische Lehre vom Weg, den die Menschheit zurücklegen muß, so erläutert: "Mancher wird fragen, wie es denn möglich sei, daß jemand (zum) Zustand der Göttlichen Selbsterkenntnis kommen kann! Wir haben (bereits gesagt), daß diese Gottähnlichkeit erst nach vielen Millionen von Jahren in der siebenten Runde eintreten wird. Was aber die Natur in Millionen von Jahren zuwege bringt, kann GOTTES Gnade in einem Augenblick vollbringen, vorausgesetzt, daß der Mensch sich IHM öffnet und nicht widerstrebt." Das ist ein Musterbeispiel Hartmannscher Theologie und, mit Verlaub, aus theosophischer Sicht reiner Unsinn. Der erklärten Absicht des Autors, seine Abhandlung solle einen allgemeinen Überblick über Blavatskys *Geheimlehre* gewähren, "ehe man das Studium des Originals unternimmt" (S. IX), kann man, leider nur post factum, die Ermahnung eines Mahatmas entgegenhalten, den Blavatsky in eben diesem Originalwerk zitiert: "Beachten Sie sehr sorgfältig, was diejenigen glauben, die von Ihnen lernen, denn wer irregeführt wird, führt auch andere auf den falschen Weg."[9]

Dr. Robert Froebe, dem deutschen Übersetzer der dritten englischsprachigen Ausgabe der *Geheimlehre*, sind nicht nur gelegentlich nahezu interlinear übersetzte Textpassagen unterlaufen, wobei er sich offensichtlich kaum von den idiomatischen Wendungen und Eigenheiten des Originals stören ließ (so ist z.B. mit dem englischen Wort "nation" in der *Geheimlehre* zumeist "Volk" gemeint und eben nicht "Nation"[10]), sondern auch von ihm ist anzunehmen, daß ihm wahrscheinlich beim Übersetzen seine eigenen vorgeprägten religiösen Vorstellungen im Wege standen, wenn er u.a. Blavatskys "manifestation" im Deutschen als "Offenbarung" wiedergibt. Gemeint ist aber Differenzierung, graduelle Verfestigung, Verdinglichung, die stattfindet, aber niemandem offenbart wird. Und Blavatsky ist eindeutig: Besonders zu den frühen Stadien der Kosmogenese, als nichts und niemand jemandem etwas offenbaren wollte und niemand da war, dem irgend etwas hätte offenbart werden können, sagt sie explizit, "(..) daß universale Ideation nicht war, d.h. als Wahrnehmungsmöglichkeit nicht existierte, weil es keinen wahrnehmenden Geist gab, denn der kosmische Geist war noch latent, war noch reine Potentialität. Weil die

[9] *The Secret Doctrine*, Bd. 1, S. 167, Wheaton Ausgabe.

[10] In einer dem "Capricornus"-Auswahlband der *GL* beigegebenen Übersetzung des Bowen-Textes warnt Blavatsky, wenn wir dem Übersetzer glauben wollen, vor "abgeschnittenen und vertrockneten" Auslegungen der *GL*. Abgeschnitten und vertrocknet –? Verständlich wird H.P.B.'s spöttischer Hinweis natürlich erst, wenn man nachvollziehen kann, daß "cut and dried" eben "vorgefaßt", "altbekannt" oder auch "nichtssagend" ausdrückt. Und daß das "Vorwort der Herausgeber" (die ungenannt bleiben) des "Capricornus"-Nachdrucks (Calw, 1987) auch übersetzte Teile eines Textes von Boris de Zirkoff ohne Autoren- oder Quellenhinweis enthält, illustriert die Sorglosigkeit im Umgang mit theosophischer Literatur in Deutschland.

Stanzen aber von Manifestation sprechen,[11] sind wir gezwungen, sie entsprechend und nicht anders, etwa von irgendeinem anderen Standpunkt aus, zu übersetzen" (siehe Kommentar zum Shloka 3 der 1. Stanze der Kosmogenese in "Protokolle der Londoner Studienkonferenzen zur *Geheimlehre*").

***

Zu den von Kritikern mißverstandenen und mißbrauchten Termini der *Geheimlehre*, so wie sie von Blavatskys Übersetzern Froebe, Hartmann u.a. wortwörtlich ins Deutsche transportiert wurden und werden, gehören die Bezeichnungen "Wurzelrasse", "Unter- oder Nebenrasse" sowie "Arier" und "arisch" und die Erklärungen Blavatskys dazu. (Keiner der Kritiker hat sich ja die Mühe gemacht, etwa das englische Original einzusehen; die Absurdität der Vorwürfe einer Einflußnahme des Blavatskyschen Werkes auf die Rassentheorien des Dritten Reiches wird bei der Lektüre des Originals offenkundig. Aber es werden immer wieder die alten unzulänglichen deutschen Übersetzungen zitiert, ohne Berücksichtigung der im Original so offensichtlich vorliegenden Bedeutung. Um die Quellen und Zusammenhänge aufzuzeigen, die tatsächlich zu der rassistischen Praxis des Nationalsozialismus geführt haben, wurde weiter unten der historische Exkurs über das 19. und frühe 20. Jahrhundert eingefügt).

Am Anfang steht also das Problem unbedachter Übersetzungsmethoden. Gerhard Ebeling bringt dies auf den Punkt:[12]

> Wenn man sich allein daran hält, wie die Sprache sich in Wörterbuch und Grammatik darstellt und dort scheinbar vollständig inventarisiert vorliegt, kann man dem umfassenden Phänomen von Sprache nicht gerecht werden. Man muß die Sprache da aufsuchen, wo sie als Lebensäußerung und Lebensmittel gebraucht und erfahren wird. Dann drängen sich verschiedenen Polaritäten auf, von denen her deutlich wird, daß die Sprache nicht ein abgeschlossenes Ding ist, sondern sich als ein Lebensvorgang vollzieht. (...) Deshalb sollte man nicht durch künstliche Einengung des Wortsinns eine Eindeutigkeit und Klarheit erzwingen wollen, deren Preis eine Verkümmerung und Verarmung des Sachverhalts wäre.

In unserem Zusammenhang heißt das, daß diese Übersetzungen in ihrem Verhältnis zur Wirklichkeit des von Blavatsky intendierten Sinns aus den erwähnten Gründen problematisch sind. Das Wort "Rasse" (race) zum Beispiel wird im

[11] also nicht von "revelation", Offenbarung. H.T.
[12] Ebeling, *op. cit.*, S. 97, 98 und 96.

englischen Sprachraum – abgesehen von seinem Mißbrauch im vergangenen Jahrhundert durch Rassisten wie Chamberlain – generell noch immer verwendet, ohne Rassismus zu implizieren. Aber sobald dieses Wort so, wie es "im Wörterbuch inventarisiert vorliegt", zur Übersetzung der Begriffe "Root Race" und "sub race" ins Deutsche verwendet wird, sind zwei Mißverständnisse vorprogrammiert: Einerseits ist die Darstellung der Anthropogonie in der *Geheimlehre* so neu und komplex und stellt den Versuch dar, ein so extrem schwieriges menschheitliches Entwicklungskonzept zu vermitteln, daß selbst beim besten Willen vieler Theosophiestudenten immer wieder Unklarheiten über die Unterschiede zwischen den "Wurzel"-Menschheiten und den dazugehörigen Unterteilungen und Verästelungen aufgetreten sind. Auch graphische Darstellungen, wie sie in der theosophischen Sekundärliteratur vorliegen und schematische Zusammenfassungen, wie sie in den *Mahatma-Briefen* gegeben werden, schaffen als Verständnishilfen sehr oft erst nach intensivem Studium mehr oder weniger umfassende Klarheit. Diese Schwierigkeiten wurden von den Mahatmas und Blavatsky erkannt und ausgesprochen.

Andererseits macht zwar der Originaltext mehrfach deutlich, daß mit dem englischen Wort "race" Menschheiten und menschheitliche Evolutionsperioden gemeint sind, aber offensichtlich nicht ausgiebig genug, um die durch das Wort 'Rasse' in unserer Zeit beinahe automatisch entstehenden negativen Assoziationen zu vermeiden. Blavatsky benutzt beide Begriffe, 'race' und 'humanity', oft in ein und demselben Satz oder Zusammenhang: " (...) daß in all diesen Jahrmillionen viele Menschheiten ('many humanities') entstanden sind, die unserer gegenwärtigen Menschheit so ähnlich sind, wie eine in zukünftigen Jahrmillionen entstehende Menschheit sich von unseren derzeitigen Menschheitstypen ('our races') unterscheiden wird." Und: "Die frühen Menschheitszweige ('sub races') der Dritten Menschheit ('humanity') ..." In dem Kapitel "Elemente und Atome" (siehe S. 227) wird erläutert, daß die Menschheit ('humanity') aus sieben unterschiedlichen Gruppen ('distinct groups') und deren Unterteilungen ('subdivisions') besteht, wozu in einer Anmerkung zu den Menschheitsgruppen von den "zahllosen Spielarten des *Genus homo*" gesprochen wird.

Im Kommentar zum Shloka 5 der 6. Stanze der Kosmogenesis erklärt Blavatsky, die Anthropogenesis beschreibe das Entstehen der "ersten menschlichen Wesen ('human beings'), denen die Zweite und die Dritte Menschheit ('second and third humanity') folgt, oder, wie man auch sagt, 'die Erste, Zweite und Dritte Wurzelrasse' ('the first, second, and the third Root-Races')." Der Mahatma Koot Hoomi beantwortet entsprechende Fragen in dem Mahatma-Brief Nr. 14[13] wie folgt: "(...) das, was ich Rasse nenne, wenn ich vom Menschen spreche, und was wir ganz allgemein als Klasse (im Sinne von 'Gruppe', H.T.) bezeichnen können (...)";

[13] *Die Mahatma-Briefe*, N. Lauppert, Hg., 2. Auflage, Satteldorf 1994, Bd. 2, S. 111 ff.

und: “(...) ob es nicht sieben Leben in jedem (Menschheits-) Zweig gibt, wie Sie es nennen, bzw. in jeder Subrasse, wie wir auch sagen könnten;” weiterhin: “Es ist möglich, daß meine Bezeichnungen fehlerhaft sind; in diesem Fall steht es Ihnen frei, sie zu ändern. Was ich als ‘Rasse’ bezeichne, würden Sie vielleicht ‘Stamm’ nennen (...).” Und Brief Nr. 62[14] enthält gleich mehrere Hinweise Koot Hoomis zu den Synonymen Rasse / Menschheit, z.B. ganz lapidar: “(...) wo ‘Menschheit’ steht, ist *Menschenrasse* gemeint.” Man kann hinzufügen: und umgekehrt.

Blavatskys Sensibilität über die ihr zur Verfügung stehenden sprachlichen Möglichkeiten zur Wiedergabe des wahren Sinngehalts komplexer Texte war, im Gegensatz zu den genannten und anderen Übersetzern, sehr groß. So erklärt sie zum Beispiel zu dem kürzelhaften, kryptischen Text des 19. Shloka der 5. Stanze des Dzyan in der Anthropogenese, wo der Wechsel von der nichtgeschlechtlichen zur geschlechtlichen Menschheit angedeutet wird: “Nur Idee und Geist dieses Satzes können hier wiedergegeben werden, da eine wörtliche Übersetzung dem Leser kaum etwas sagen würde.” An anderer Stelle erklärt sie zu ihrer englischen Wiedergabe der Stanzen: “Wo eine wörtliche Übersetzung weitgehend unverständlich wäre, wurde paraphrasiert, um Klarheit und eine bessere Verständlichkeit zu erreichen.”[15]

Diese wenigen Beispiele mögen hier vorerst genügen, um dem Leser die durch sprachliche Grenzen, durch zu wörtliche Übersetzungen und durch Einflußnahme der persönlichen Überzeugungen des Übersetzers auftretende Ambivalenz und damit verbundene Mißinterpretationen und Mißverständnisse in den deutschen Versionen des Blavatskyschen Werkes anzudeuten. Mehr dazu in dem weiter unten folgenden Exkurs.

2. Die “Gruppensprache” der Theosophie

Blavatskys eigene Ausdrucksweise reflektiert den Stil, die Gesellschaft und das religiöse Empfinden einer anderen Zeit, einer anderen Kultur. Aber die von ihr übermittelten Lehren sind zeitlos gültig und dürfen nicht durch beliebige, vom jeweiligen Zeitgeist diktierte gesellschaftliche Absprachen (über das, was gerade *politically correct* ist) oder allzu wörtliche, oft auch einer falschen Pietät entspringende Übersetzungen verfälscht werden.

Immer zu berücksichtigen ist, daß ihre Sprache, und damit die Sprache der modernen Theosophie, weitgehend von östlichen Ideen und Formulierungen beeinflußt ist. Aber man darf sich durch die zum Teil etwas bildhaften, metaphori-

[14] der von V. Hao Chin, Jr. herausgegebenen Ausgabe in chronologischer Ordnung, Quezon City 1993, S. 159, 160.

[15] Fußnote zu den Stanzen der Anthropogenesis, siehe S. 51.

schen Ausdrücke nicht irritieren lassen, denn sie bezeichnen durchaus wohldefinierte, festumrissenen Konzepte, was im jeweiligen Textzusammenhang deutlich wird. So ist die Rede vom "Rad" des Lebens, von "Karma" und "Wiedergeburt", von "Wahrheit" und "Wirklichkeit" als Synonymen, vom "Selbst" (auch, unvermeidlich, von "Selbsten"), von "Egos" und dem "Ich", von "Meistern" ("Gurus") und "Mahatmas", von "knowledge", was "Wissen" oder "wahres Wissen" ebenso bedeuten kann wie "Erkenntnis", von "eternity", einem Ewigkeitsbegriff, der ganz andere Konnotationen hat als der herkömmliche, von dem Wort "Äther", das eine andere Bedeutung hat als "Aether", oder auch von "Leben" als einer "Lebenskraft", die der Beschreibung der "Biosphäre" des gerade wiederentdeckten russischen Wissenschaftlers Vladimir I. Vernadsky sehr nahe kommt.[16] Weiterhin gehört zur Terminologie das Wort "Pilgerfahrt", wenn die Menschheitsodyssee durch unvorstellbar große Zeiträume beschrieben wird, oder der "Pfad", der zurückgelegt werden muß, wenn der "Pilger" seinen Weg beginnt, um spirituelle Fortschritte zu machen und zum Ausgangspunkt seiner vorbestimmten Reise zurückzukehren, oder der "rechtshändige" und der "linkshändige", also der richtige und der falsche Pfad oder Weg spiritueller Suche; es gibt "Ozeane" der Weisheit und des Lebens und "das Meer der Theosophie", Gewässer, welche Weisheit, Umfang, Tiefe und Reichweite ausdrücken sollen, und es gibt sogar das kreative "Umrühren des Ozeans" durch hinduistische Götter nach einer "Sintflut", und es wird berichtet von den "Wassern der Unsterblichkeit" und anderen bedrohlichen oder wohltuenden Wassern etc., etc.

Es ist dies eine Sprachgestalt, die von Gerhard Ebeling als sogenannte "Gruppensprache" bezeichnet wird, die gleichzeitig aber fachsprachliche Standardisierungen enthält, wodurch die Verständigung normiert und vereinfacht wird.[17] Diese Gruppen- oder Fachsprache ist ein in den indischen und buddhistischen Religionen seit Jahrhunderten gebräuchliches Kommunikationsmittel, das sich naturgemäß in den vergangenen einhundert Jahren weitgehend auch als theosophisches Verständigungsmittel bewährt hat, leider aber in der westlichen Welt teilweise zu Mißverständnissen führte. Und gerade weil die von Blavatsky gelehrte Esoterische Philosophie sehr weitgehend sowohl atheistisch und buddhistisch als auch hinduistisch orientiert ist und positive Darstellungen des theoretischen und praktischen Okkultismus enthält, stieß sie schon zu ihren Lebzeiten auf den Widerstand der Kirchen.

Man muß die Zeit verstehen: Blavatsky besaß z.B. ein unglaubliches Detailwissen über die Religionen des Ostens, während der Westen sich – trotz eines Schopenhauer – der östlichen Ideenwelt gegenüber noch in einem Zustand ebenso

---

[16] Vladimir I. Vernadsky, *The Biosphere*, Complete Annotated Edition, New York, 1997.
[17] Ebeling, *op. cit.*, S. 93.

einfältiger wie hochmütiger Ignoranz befand. Diese Ignoranz besteht trotz aller Aufklärung auch heute noch unter Schreibern, die immer wieder dieselben zusammenhanglosen Zitate aus Blavatskys Werk voneinander abschreiben und austauschen, anstatt das Werk selbst insgesamt zu prüfen und erst dann zu urteilen. Die postum hervorgebrachten Vorurteile gipfeln wie zu Blavatskys Lebzeiten in mannigfaltigen Versuchen einer Dekonstruktion der modernen Theosophie seitens der etablierten Kirchen in Angriffen insbesondere gegen Gruppierungen, die gnostische Ansatzpunkte vertreten, was auf jede theosophische Strömung seit Jahrhunderten zutrifft. Aber es handelt sich auch um die Vorurteile und Verurteilungen nichtkirchlicher Kritiker.[18]

Dieser Beitrag zur vorliegenden Studienausgabe des wichtigsten Werkes Blavatskys geht deshalb auf die herausragendsten terminologischen Probleme ein, weil die Kritik sich immer wieder auf einzelne theosophische Begriffe kapriziert, die scheinbar nicht ins Konzept der gegenwärtigen *political correctness* passen. Aber weshalb gibt es auch nichtkirchlicherseits kaum intelligente Kritiker der Theosophie in Deutschland? Dazu Professor A. Faivre, der Inhaber des Lehrstuhls für moderne esoterische Strömungen an der Sorbonne im Gespräch mit dem Autor:[19]

> Die Möglichkeit einer unabhängigen, freien Forschung dieser Dinge in absehbarer Zeit in Deutschland ist gering. Meine deutschen Kollegen, in welchem Feld auch immer, haben eine unausgesprochene Abneigung gegen alles, was wir als 'mythisches Denken' bezeichnen können. Und die esoterische Denkform ist ja ein Ausdruck des mythischen Denkens! Diese Abneigung ist erklärbar durch das Unheil, das gewisse mißratene, ins Monströse geführte 'Mythen' gestiftet haben. So wird aber das Kind mit dem Bade ausgeschüttet! Aber die Esoterik, die mein spezielles Forschungsgebiet ist, also die esoterischen Strömungen der westlichen Welt seit der Renaissance, ist ein Forschungsfeld, das in den Augen der meisten Kultur- und Ideenhistoriker zu lange vernachlässigt worden ist.

---

[18] Zu letzteren gehört z.B. eine Elisabeth Höfl-Hielscher, die in der eigentlich seriösen *Süddeutschen Zeitung* vom 8. Oktober 1998, entweder aus einer Novelle von F. von Reventlow schöpfend oder als eigene Zugabe (das bleibt in ihrer Darstellung unklar), schreibt, "(Blavatsky) hatte von ihren Tibet-Reisen (...) die Erkenntnis mitgebracht, daß die Juden eine überholte 'Wurzelrasse' seien." Beinahe unnötig zu erwähnen, daß natürlich nirgendwo in der *Geheimlehre* oder anderen Werken Blavatskys ein solcher Unsinn zu finden ist. Und, so Höfl-Hielscher weiter: "Sie spielte aber auch bei der Geburt eines anderen totalitären Systems als Hebamme mit. Sie brachte später in Zürich den russischen Asylanten Lenin mit Feldmarschall Ludendorff zusammen, und der organisierte dann die Rückkehr des Revolutionärs im plombierten Reichsbahnzug." Lenin war 1895 zum ersten Mal in Westeuropa, Blavatsky war 1891 gestorben. In ihrem Todesjahr war Lenin einundzwanzig und beendete in Samara sein Jura-Studium.

[19] Prof. Faivres Äußerungen in diesem Sinn auch in *Gnostika*, April 1997, Sinzheim.

Dem ist nur die Hoffnung hinzuzufügen, daß unter deutschen Akademikern trotzdem der eine oder andere den Mut zu entsprechenden wissenschaftlichen Forschungsarbeiten aufbringen möge, um damit auch in Deutschland einen ersten Ansatz zu fruchtbaren Auseinandersetzungen mit der Theosophie zu ermöglichen. David Reigles Forschungsarbeiten (siehe "Hintergründe und Quellen" und "Interpretation und Analyse") wären ein solcher Ansatzpunkt.

Exkurs: "Prometheus schmiedet sich selbst an den Felsen"

> Es ist eine gefährliche und folgenschwere Anmaßung – und zeugt obendrein von absurder Dummdreistigkeit –, alles, was unsere Vorstellung übersteigt, für nichts zu achten; denn habt ihr erst einmal nach Maßgabe eures ach so großartigen Verstandes die Grenzen von Wahrheit und Lüge festgelegt, und es findet sich, daß ihr plötzlich an Dinge zu glauben gezwungen seid, die an Befremdlichkeit die von euch geleugneten noch übertreffen, bleibt euch nichts anderes übrig, als eure ganze Grenzziehung wieder aufzugeben. – Montaigne, *Essais* [20]

Wenn Übersetzer oder Interpreten – ob vor einhundert Jahren oder in unserer Zeit – ein Originalwerk so verändern, daß die Folgen Mißverständnisse sind, und darum geht es im Fall Blavatskys, dann ist es an der Zeit, die wesentlichen Fehlinterpretationen über ihr Werk hervorzuheben, um so einer längst überfälligen diesbezüglichen Aufklärung zu dienen. Hilfreich dabei ist die Tatsache, daß sich der geistige Horizont der westlichen Welt seit Blavatskys Jahrhundert erweitert hat. Fremde, d.h. nicht-abendländische Religionen und Philosophien, die einen so großen Platz in der *Geheimlehre* einnehmen, werden heute zumindest in ihren literarischen Zeugnissen zur Kenntnis genommen und sogar gelegentlich neben den heimischen religiös-philosophischen Erzeugnissen als gleichwertig anerkannt. Viel Bestätigung hat das Werk Blavatskys allein durch die inzwischen in guten wissenschaftlichen Ausgaben weitverbreitete buddhistische Primärliteratur gefunden. Noch immer aber ist der größere Teil der "Ersten" Welt der Meinung, das Christentum sei die vollendetste Form menschlicher Religiosität, und nach wie vor versteht diese Welt ihre eigene Lebensweise, ihre eigenen Staatsformen, und ihre wissenschaftlichen Erkenntnisse als Manifestationen der besten aller Welten.

H.P. Blavatsky bediente sich zwar der allgemeinen sprachlichen Ausdrucksformen ihres Jahrhunderts, hatte sich aber dem Zeitgeist ihrer Epoche weit-

[20] in der Übersetzung von Hans Stilett, Frankfurt 1998.

gehend verweigert und war dafür bitteren Anfeindungen ausgesetzt. Betrug und Scharlatanerie wurden ihr zu Lebzeiten vorgeworfen, Rassismus postum.

Wie ist der Zeitgeist dieser beiden Jahrhunderte zu beurteilen? Welche "charakteristische allgemeine Gesinnung" (Duden) war vorherrschend in der europäischen Welt des 19. Jahrhunderts, als die bereits im Jahrhundert davor begonnene Industrielle Revolution und eine schnell eskalierende technologische Entwicklung die traditionellen Werte kultureller und sozio-ökonomischer Natur veränderten, und bis hin zum Beginn des folgenden Jahrhunderts, als der Erste Weltkrieg die Menschheit mit neuen, nie gekannten Horrorszenarien konfrontierte?

"Damals[21] begann das Projekt einer Moderne mit einer Gesinnung, der alles Überspannte und Phantastische zuwider war," schreibt Rüdiger Safranski in einem der Philosophie Schellings gewidmeten Kapitel seines bereits an anderer Stelle dieser Studienausgabe erwähnten Buches Das *Böse oder das Drama der Freiheit*. Das hier folgende Zitat aus diesem Werk ist eine treffende Zusammenfassung der durch Realismus und Materialismus bestimmten geistigen Verfassung dieser Zeit:[22]

> Die Trockenlegung des deutschen Idealismus hatte um die Mitte des 19. Jahrhunderts ein Materialismus von robuster Gestalt besorgt. Breviere der Ernüchterung wurden damals plötzlich bestsellerfähig. Einer dieser Knochenmänner schrieb: 'Es ist eben ein Beweis von ... Anmaßung und Eitelkeit, die erkennbare Welt durch Erfindung einer übersinnlichen verbessern und den Menschen durch Beilegung eines übersinnlichen Teiles zu einem über die Natur erhabenen Wesen machen zu wollen.' Notwendig sei die vielversprechende neue Bescheidenheit: 'Begnüge dich mit der gegebenen Welt.' Aber was war einer solchen Sinnesart nicht alles 'gegeben'! Die Welt des Werdens und des Seins – nichts anderes als das Gestöber von Molekülen und die Umwandlung von Energien. Fichtes 'Ich' und Hegels 'Geist' nichts anderes als Phantome! Der Geist eine Gehirnfunktion. Die Gedanken verhalten sich zum Gehirn wie die Galle zur Leber und der Urin zur Niere.
>
> Der Siegeszug solcher Wissenschaft war durch kluge Einwände nicht aufzuhalten, vor allem deshalb nicht, weil ihm ein besonderes Metaphysicum beigemischt war: der Glaube an den Fortschritt. Wenn wir die Dinge und das Leben bis auf seine elementaren Bestandteile reduzieren, dann werden wir, so lehrt dieser Glaube, das Betriebsgeheimnis der Natur entdecken. Wenn wir herausbekommen, wie alles gemacht ist, sind wir imstande, es

---

[21] Mitte des 19. Jahrhunderts. H.T.

[22] R. Safranski, *Das Böse oder das Drama der Freiheit*, Frankfurt, 1999, Taschenbuchausgabe S. 71–72. Zitiert mit freundlicher Genehmigung des Autors.

nachzumachen. Hier arbeitet ein Bewußtsein, das allem auf die Schliche kommen will, auch der Natur, die man – im Experiment – auf frischer Tat ertappen muß, und der man, wenn man weiß, wie sie läuft, zeigt, wo es langgeht.
Tatsächlich gehört zu den Voraussetzungen des ungeheuren Erfolges der Wissenschaften die spirituelle Enthaltsamkeit und die Neugier für Näherliegendes, für das Unsichtbare nicht jenseits, sondern in der Welt – die Neugier beispielsweise für die Zellen und die elektromagnetischen Wellen. Beide Male dringt die Forschung ins Unsichtbare ein und kommt zu sichtbaren Ergebnissen, zum Beispiel im Kampf gegen die mikrobischen Krankheitserreger oder in Gestalt der weltumspannenden Telegraphie. Manche Träume der Metaphysik – Souveränitätsgewinne gegenüber dem Körper, Überwindung von Zeit und Raum – sind technische Wirklichkeit geworden.
Wenn die Physik das Fliegen lernt, müssen dann die Überflieger der Metaphysik abstürzen und sich fortan auf platter Erde entwickeln? Das ist eine Alternative, die Schelling nicht akzeptiert. In der Einleitung zur *Philosophie der Offenbarung* von 1842 erklärt er: 'Nicht jene Wahrheiten (die metaphysischen), sondern das Bewußtseyn, in dem sie, wie man sagt, keine Stelle mehr finden, ist das Veraltete und soll einem erweiterten Bewußtseyn Platz machen.'
Schellings Programm gegen den Transzendenzverrat und für die Bewußtseinserweiterung bedeutet: zu erkennen, daß der Geist stets in Gefahr ist, sich in seinen Werken zu verlieren und sich mit dem zu verwechseln, was er gemacht hat. Der bewegliche Geist fesselt sich an den in seinen Schöpfungen fest gewordenen Teilen seiner selbst. Der Prometheus schmiedet sich selbst an den Felsen.

Darwins Evolutionstheorie hatte viele Bereiche der Natur- und der Geisteswissenschaften beeinflußt. "Evolution" wurde zu einem weitverbreiteten Begriff, und das Wort spielt naturgemäß auch eine zentrale Rolle in der Beschreibung der Kosmogenese und der Anthropogenese. Ebenso zentral, und aus heutiger wissenschaftlicher Sicht weitgehend falsch, war die Bezeichnung "Rasse" zur Kennzeichnung unterschiedlicher, zumeist in Hautfarben ersichtlicher körperlicher Erscheinungsmerkmale der Menschen, für ethnische Gruppen, für Völker, für "Nationen", ja für Gesellschaftsklassen. Im 19. und frühen 20. Jahrhundert sprach die Wissenschaft von "Wilden" und "Primitiven", und die "Anwendung biologischer Rassevorstellungen in wissenschaftlichen Untersuchungen kultureller Phänomene (war) weitverbreitet. Auch Forschungen in der Anthropologie, der Ethnologie und in religionsgeschichtlichen Studien schlossen diese Vorstellungen ein. Sie dienten als Grundlage für akademische Interpretationen ebenso wie für rassistische, Gobineaus Theorien folgende Ideen."[23]

Die Vertreter der noch jungen vergleichenden Religionswissenschaft klassifizierten die so genannten "niederen" Religionen der "niederen Rassen", z.B. die der Aborigines Australiens, als "Fetischismus", als "das Endprodukt eines langen Degenerationsprozesses, der es kaum wert war, ernsthaft erforscht zu werden. (...) Durch die neue evolutionäre Sichtweise wurde Religion nicht mehr im Sinne von offenbarten Wahrheiten betrachtet, sondern als ein sich entwickelnder Organismus. (...) Die Anthropologie des späten 19. Jahrhunderts (...) und die entstehende Wissenschaft der prähistorischen Archäologie postulierten eine 'Überlebens'-Theorie, wonach primitiv gleich prähistorisch war. So konnten Kulturelemente in gewissen geographischen Gebieten oder unter bestimmten Völkern etwas 'Überlebendes'(...) sein, das sich aus irgendwelchen Gründen nicht entwickelt hatte, und das als lebendes Fossil als wissenschaftliches Forschungsobjekt *in situ* dienen konnte. (...) Man war fest davon überzeugt, daß (...) die Glaubensinhalte und die religiöse Praxis der australischen Aborigines nichts anderes als Ausdruck der 'Religion des Steinzeitmenschen' waren. (...) Die 'Überlebens'-Theorie, so glaubte man, gab der Wissenschaft die Möglichkeit, moderne 'Primitive' zu erforschen und damit wesentliche prähistorische Zustände in Erfahrung zu bringen."[24]

Da dem Rassebegriff, so Werner Conze, "von vornherein durch das ihm zugehörige Kriterium der Abstammungsgemeinschaft ein politischer Wertgehalt innewohnte, drangen Wort und Begriff 'Rasse' in die politisch-soziale Sprache ein (...)", und das "seit den Hochkulturen immer wieder bewußt gemachte Urphänomen (edlen) Bluts (wurde) in Verbindung mit den Fragen seiner Entstehung, Abstammung, Erbfolge und Herrschafts- oder Abhebungsanspruch sprachlich ausgedrückt und damit begrifflich erfaßt."[25] "Die naturwissenschaftliche Anthropologie hat sich mit der Soziologie zur Sozialanthropologie verbunden, bei deren Geburt die Rassenwertung Gobineaus Pate gestanden hat. (...) Anthropologische Befunde, in Bevölkerungsuntersuchungen erhoben, wurden biologisch interpretiert (...), (und) ein Umsturz der Werte, Neuorientierung des ethischen Wertsystems wurde proklamiert, Freiheit, Gleichheit und Brüderlichkeit in Frage gestellt."[26]

Die Protagonisten des Rassismus im 19. und frühen 20. Jahrhundert stechen durch besonders krassen Rassen- und Nationalchauvinismus hervor. Unter ihnen federführend: Arthur Graf Gobineau (1816–1882), Paul de Lagarde (1827–1891), Houston Stewart Chamberlain (1855–1927), Alfred Ploetz (1860–1940), Jörg

[23] *Encyclopedia of Philosophy*, Bd. 2, New York, 1967, S. 72.

[24] Eric J. Sharpe, *Comparative Religion*, London, 1975, S. 47–54.

[25] in O. Brunner, W. Conze, R. Koselleck, Hg., *Geschichtliche Grundbegriffe: Historisches Lexikon zur politisch-sozialen Sprache Deutschlands*, Bd. 5, S. 135, 136.

[26] P.E. Becker, *Zur Geschichte der Rassenhygiene*, Bd. 1, Berlin, S. 502.

Lanz von Liebenfels (1874–1954) und Julius Langbehn (1851–1907). An Universitäten gab es Lehrstühle für Rassenhygiene und Rassenkunde, deren Inhaber weniger im Zusammenhang mit ihren akademischen Posten, umso mehr aber in eigenen Publikationen völkisches Denken, einen alldeutschen Nationalismus und eine national-deutsche Religion propagierten.[27]

Die damalige Vorstellung von Mischrassen und Rassenunterschieden setzte natürlich "reine" Rassen voraus, und schon vor Darwin galt in der Wissenschaft die Theorie unveränderlicher, permanenter Rassetypen. Daran änderte für die Propagandisten des Rassismus auch der Evolutionsgedanke nichts. Diese Annahme einer Permanenz der Unterschiede bzw. festgefügter Kategorien von Menschen bezeichnet Professor Michael Banton als den "Kardinalirrtum" im langen Verlauf der Geschichte des Rassegedankens.[28]

***

Es war dieses Denken, diese Art wissenschaftlicher Erkenntnisse, denen Blavatsky in der *Geheimlehre* nachdrücklich widersprach, obwohl auch ihr nur die Sprache ihrer Zeit zur Verfügung stand. Wir dürfen nicht vergessen, wie schnell sich Ausdrucksgewohnheiten ändern. In unserer Zeit, innerhalb einer Zeitspanne von nur etwa fünfzig Jahren nach Ende des Zweiten Weltkriegs, entsprachen zum Beispiel die Wörter "Neger" (Negroes), "Schwarze" (Blacks), "Farbige" (Coloreds) und "Afro-Amerikaner" (Afro-Americans) als Bezeichnungen eines amerikanischen Bevölkerungsteils durchaus der jeweiligen *political correctness*.

Den Begriff "Root Race" hatte Blavatsky nicht selbst geprägt, sondern höchstwahrscheinlich von Ignatius Donnelly übernommen, der das Wort 1882 in seinem Bestseller *Atlantis, die vorsintflutliche Welt* erstmals gebraucht hatte. Und das Wort "race" verwendete sie ebenso wie die anthropologische Wissenschaft ihrer Zeit, aber eben ohne den Überlegenheitsphantasien zu verfallen, die ein Gobineau oder später ein Chamberlain und deren Nachfolger propagierten. Als Froebe und Hartmann ihre Übersetzungen der *Geheimlehre* bzw. der Stanzen des Dzyan veröffentlichten, war rassistisches, antisemitisches Denken in Deutschland an der Tagesordnung. Deshalb ist bedauerlich, daß beide Übersetzer, von denen anzunehmen ist, daß sie das Werk und damit die Ideen Blavatskys besser kannten als die meisten ihrer Landsleute, nicht mit Vorsicht und Überlegung ans Werk gingen, anstatt sich an das "Inventar von Wörterbüchern" zu halten und so das deutsche Wort "Rasse(n)" beständig einzusetzen, wo doch Blavatskys "race(s)" erklärtermaßen gerade nicht die

[27] P.E. Becker, *op. cit.*, S. 501
[28] Michael Banton, *Racial Theories*, 2. Auflage, Cambridge 1998, S. 6.

Bedeutung zukommt, die das Wort damals in Deutschland weitgehend hatte (und natürlich immer noch hat).

In der Darstellung des riesigen, von Blavatsky ja nicht erfundenen, sondern schon in der indischen Mythologie enthaltenen Evolutionspanoramas von unvorstellbar langen Zeiträumen, wird das durch die Manvantara-Pralaya-Gesetzmäßigkeit bedingte Erscheinen, Wachsen, Blühen und die graduelle Schwächung und Degeneration bis zur allmählichen Überschneidung und Vermischung und dem letztendlichen Untergang der verschiedenen Menschheiten und Menschheitszweige beschrieben. Mit dem Beschreiben des eintretenden Degenerationsprozesses und des Vergehens einer Menschheit in diesem zyklischen Rahmen werden aber keine Werturteile abgegeben, sondern es werden Höhe- und Tiefpunkte der natürlichen Menschheitszyklen dargestellt. Aber das wiederum wird nur verständlich, wenn man den von Blavatsky beschriebenen, sich über Hunderttausende von Jahren erstreckenden Entwicklungsprozeß der Menschheiten und Menschheitszweige oder -familien verstanden hat und berücksichtigt.

Die folgende Zitatenauswahl aus der *Geheimlehre* repräsentiert Blavatskys eigenes, unabhängiges Denken. Oft beklagte sie die mangelhafte Sorgfalt vieler Leser ihrer Schriften, wobei sie den hohen Schwierigkeitsgrad zugab, der einem leichten Verstehen nach oberflächlicher Lektüre nicht entgegenkommt. Zum Beispiel merkte sie zur Anthropogenese an: "Die okkulte Wissenschaft erkennt keine Unterscheidung zwischen 'semitisch' und 'arisch' an (...) Die Semiten sind die späteren Aryas. Zu ihnen gehören alle Juden und Araber."[29] Und weiter, durchaus prophetisch: "Wenn in Zukunft Europäer sich als Arier (Aryas) bezeichnen (...), so kann die Autorin nicht dafür verantwortlich gemacht werden,"[30] denn nichts derartiges kann aus ihrer Anthropogonie geschlossen werden; darüber hinaus machte sie, ebenfalls im Gegensatz zur wissenschaftlichen Erkenntnis ihres Jahrhunderts, zur "Permanenz menschlicher Rassenunterschiede" eindeutig klar:[31]

> "Die mit der gelben Körperfarbe" sind die Vorfahren der Völker, die heute in ethnologischen Klassifizierungen als uraltaisch, mongolisch und chinesisch bezeichnet werden. Die Region, in die sie flüchteten, war Zentralasien. Dort wurden vollkommen neue Menschenarten geboren, und dort lebten und starben sie bis zur Trennung der Völker. Fast zwei Drittel von einer Million Jahren sind seit dieser Periode vergangen, die gelbgesichtigen Riesen der nach-atlantischen Periode hatten also Zeit genug, im Verlauf dieser erzwun-

[29] Fußnote zum Kommentar des Shloka 43 der 11. Stanze der Anthropogenesis in der *Geheimlehre*.

[30] Siehe "Ergänzende Auszüge aus einem Kommentar zu den Versen der Stanze 12 in der Anthropogenesis" der *Geheimlehre*.

[31] *ibid.*

genen Beschränkung auf einen Weltteil, bei gleichbleibenden ethnischen Merkmalen und ohne Vermischungen mit anderen Ethnien – in immerhin fast 700 000 Jahren – verschiedene Zweige äußerst heterogener und unterschiedlicher Menschheitstypen zu bilden. Dasselbe betrifft Afrika – nirgends gibt es eine solch bemerkenswerte Vielfalt wie dort, von schwarzer bis beinahe weißer Hautfarbe, von körperlich besonders großen Menschen bis hin zu zwergwüchsigen –, was ausschließlich auf ihre erzwungene Isolation zurückzuführen ist, denn die Afrikaner konnten mehrere hunderttausend Jahre lang ihren Kontinent nicht verlassen. Wenn morgen der Kontinent Europa unterginge und dafür andere Landmassen wieder auftauchten, und wenn, weiterhin, die afrikanischen Völker sich trennen und über die ganze Welt verteilen würden, dann wären sie es, die in ungefähr hunderttausend Jahren den größten Teil der zivilisierten Welt ausmachen würden. Und es wären die Nachfahren unserer am höchsten kultivierten Völker, die – hätten sie auf einer isolierten Insel überlebt, ohne jede Möglichkeit, die neu entstandenen Meere zu überqueren – in einen Zustand relativer Primitivität zurückfallen würden. Somit sind alle Begründungen, mit denen die Menschheit in höhere und minderwertige Rassen eingeteilt werden, hinfällig und entlarven sich als Trugschluß.

Trotz geographischer Isolation bildete sich also eine "bemerkenswerte Vielfalt" von "äußerst heterogenen und unterschiedlichen Menschheitstypen", Körpergrößen, Hautfarben in ständigem Wandel, kurz: von "Permanenz" äußerer Merkmale oder Charakteristika keine Spur. Nun wird aber Rassismus definiert als Bezeichnung und Be- oder Verurteilung einer menschlichen Gruppe, die wegen ihr zugeschriebener "angeborener und unveränderlicher physischer Charakteristika spezifische kulturelle Eigenschaften hervorbringt", also "auf der Basis physischer Merkmale gesellschaftlich definiert wird".[32] Nach Immanuel Kant ("Die Menschheit ist in ihrer größten Vollkommenheit in der Rasse der Weißen. Die gelben Inder haben schon ein geringeres Talent. Die Neger sind tiefer, und am tiefsten steht ein Teil der amerikanischen Völkerschaften"[33]) und anderen wohl automatisch eurozentristisch veranlagten Denkern des 18. Jahrhunderts,[34] hatte auch Chamberlain Mitte des 19. Jahrhunderts

[32] *Encyclopedia Britannica*, 15. Edition, Bd. 24, S. 336.

[33] *Anthropologie in pragmatischer Absicht*, 2 Teil, §4 (IX 197 ff.), ziziert in R. Eisler, *Kant Lexikon*, Hildesheim und New York, 1972, S. 440.

[34] So wurde z.B. der für die Theosophie so bedeutsame tibetische Buddhismus als "lamaistische Religion" bezeichnet, die "ein Geschöpf menschlicher Halbseelen" sei (Johann Gottfried Herder, *Ideen zur Philosophie der Geschichte der Menschheit* (1787), und noch 100 Jahre später erläuterte *Meyers Konversations-Lexikon*, 4. Auflage, Leipzig, 1889, S. 689), seinen gebildeten Lesern den Gottesdienst der "kriecherischen" Tibeter als "geistverwirrend"; 1895 war für Austine Wadell der "Lamaismus" eine "tiefverwurzelte Teufelsanbetung und Zauberei". (Zitate und Hinweise aus Chökor, Nr. 21, 1996).

die "Überlegenheit der weißen Rasse" verkündet, die "über allen anderen Rassen steht und innerhalb welcher die Arier den Höhepunkt der Zivilisation" darstellten.[35] Chamberlain und Gobineau werden als "die Vorläufer der Rassentheorien der Nazis" bezeichnet, deren Einfluß Adolf Hitler selber bestätigt hatte.[36]

Aus dieser Entwicklung ist bereits klar ersichtlich, woher die Nationalsozialisten ihre rassistische Inspiration bezogen – die unheilvolle Quelle befand sich schon lange vor dem Erscheinen des Werkes von H.P. Blavatsky sozusagen im eigenen deutschen Hinterhof und ist eben nicht, wie auch heutzutage immer wieder behauptet wird, in den Schriften Blavatskys zu finden. Diese als eine der Grundlagen des nationalsozialistischen Rassismus zu bezeichnen, ist, in den Worten eines prominenten amerikanischen Theosophen, so logisch, wie Jesus für die Inquisition verantwortlich zu machen.

Der Religionswissenschaftler Michael von Brück weist in seiner Rezension einer 1999 erschienenen kritischen Studie über den tibetischen Buddhismus darauf hin, wie widersprüchlich nicht nur die rassistischen Vorstellungen der Nazis selbst waren, sondern auch, daß die Argumentation so mancher Kritiker des tibetischen Buddhismus heute "explizit ausgerechnet auf nationalsozialistische Propaganda" zurückzuführen ist, so z.B. auf "die Angst vor der 'gelben Gefahr'":

> Nationalsozialistische Ideologen meinten, in den Religionen männerbündische Gruppierungen der Buddhisten (...), Freimaurer, Jesuiten und Theosophen als Verschwörung gegen die arische Rasse identifizieren zu können, die eine 'Versklavung der Völker' anstrebten; und zu diesen 'Schöpfungen der geheimen Weltleitung' zählte der Okkultismus und (...) der tibetische Buddhismus."[37]

In "Das Tibet-Bild der Nationalsozialisten" erwähnt Reinhard Greve

> die Schriften der Ludendorff-Gesellschaft (...), die in relativ hohen Auflagen im Dritten Reich verbreitet wurden und in denen die bekannte These einer Verschwörung der Juden und Freimaurer um zwei weitere Aspekte (Rom und Tibet) erweitert wurde. Diese Polemik richtete sich vor allem gegen die verbotenen theosophischen oder anthroposophischen Gruppen (...)[38]

---

[35] *Encyclopedia Britannica*, Bd. 9, S. 880.

[36] *ibid.*

[37] In *Tibet und Buddhismus*, Nr. 50, 1999, S. 30. Andererseits, so von Brück, gab es Nazis (z.B. Himmler), die in Tibet "die arische Ur-Rasse" suchten (*ibid.*, S. 31, Fn).

[38] in T. Dodin und H. Räther, Hg., *Mythos Tibet*, Köln, 1997, S. 109, 111. Theosophische "Gruppen" waren in Deutschland bereits 1937 verboten; siehe das Faksimile einer von Heydrich unterzeichneten Verordnung vom 23. Oktober 1937 in S. Cranston, *H.P.B., Leben und Werk der Helena Blavatsky*, Satteldorf, 1995, S. 673.

Zu den wirren Vorstellungen der Nationalsozialisten über eine "arische" Rasse sei im übrigen hingewiesen auf unser Kapitel "Ergänzende Auszüge...", wo Blavatsky beklagt, daß die Fünfte Menschheit, also die derzeitige, "oft und fälschlicherweise als Arya-Menschheit (Aryan race) bezeichnet wird." Dazu die wichtige Anmerkung von Boris de Zirkoff, dem Herausgebers ihrer Werke:[39]

> Diese Wortwahl H.P.B.'s macht überaus deutlich, daß die Notwendigkeit, die Bezeichnung *Arya* in ethnischen Zusammenhängen zu gebrauchen, sie nicht glücklich machte. Der Mangel an adäquaten Bezeichnungen für die verschiedenen Aspekte der Esoterischen Philosophie hat den Studierenden (der Theosophie) oft große Schwierigkeiten bereitet und sie gezwungen, vorhandene Wörter zu benutzen, die mehrere und oft sehr dehnbare Deutungsmöglichkeiten haben. (...) Der große (Indologe) Max Müller, ein Gelehrter, der selbst gezwungen war, in seinen Forschungsarbeiten das Wort Arya zu benutzen, sagte einmal: "Für mich versündigt sich ein Ethnologe, der von einer arischen Rasse, arischem Blut, arischen Augen und Haaren spricht, genauso wie etwa ein Linguist, der von dolichocephalischen Wörterbüchern oder brachycephalischen Grammatiken redet.

Eine weitere unmißverständliche Äußerung Blavatskys:[40] "Die unterschiedlichen Bezeichnungen, die im Laufe der Zeit für die verschiedenen Einteilungen der Menschheit gebraucht worden sind, (haben) viel Verwirrung gestiftet. (...) Jeder Versuch, einigen (...) Teilen (der Menschheit) exakte Daten zuzuschreiben, würde (ebenfalls) zu hoffnungsloser Verwirrung führen, denn die Menschheiten, Menschheitszweige, etc., etc. bis hin zu ihren kleinsten Verästelungen, überschneiden sich und sind so eng miteinander verwoben, daß es praktisch unmöglich ist, sie als getrennte Einheiten zu sehen."

Es ist offensichtlich, daß für Blavatsky in einer Entwicklungsgeschichte, in der die Menschheitszweige unentwirrbar "miteinander verwoben" sind, keine rassischen, und schon garnicht rassistische Wertunterscheidungen gemacht werden können. Es sei hier wiederholt, was sie in den oben erwähnten "Ergänzenden Auszügen..." schreibt: "Somit sind alle Begründungen, mit denen die Menschheit in *höhere* und *minderwertige* Rassen eingeteilt werden, hinfällig und entlarven sich als Trugschluß." Damit hatte Blavatsky nochmals ihre Stimme gegen den unheilvollen Geist ihrer Zeit erhoben. Wie eine beleidigte Antwort darauf klingt, nur sechzehn Jahre später, Houston Stewart Chamberlains larmoyante "heilige" Entrüstung gegen

[39] *The Secret Doctrine*, Wheaton Edition, Band 2, S. 805, 806.
[40] siehe "Ergänzende Auszüge ... zu den Versen der Stanze 12."

"Phrasen (...) über die Gleichheit der Menschenrassen, (...) einem (...) Gewäsch, (...) daß man sich schämt (...), hingehört zu haben."[41]

Im Jahr 1886 – die mythische Verherrlichung der "nordischen Rasse" und der dazugehörige Antisemitismus trieben längst ihre bösen Blüten in Europa – hatte Blavatsky protestiert gegen die christlich-motivierten Verleumdungen, aufgewärmt von einem Marquis de Mirville, wonach "die Juden ihrer uralten, barbarischen nekromantischen Praxis entsprechend," christliche Kinder verschleppten und töteten. Empört warf Blavatsky dem Marquis vor: "Wie weit sollen religiöser Fanatismus und mit dem *Odium theologicum* behaftete Intoleranz demnächst noch getrieben werden?"[42]

Religiösen Fanatismus und Intoleranz hat H.P. Blavatsky lebenslang kompromißlos bekämpft. Sie tat es nicht immer unter Berücksichtigung der konventionellen, sprich: viktorianisch-verklemmten gesellschaftlichen Normen, denen besonders Frauen unterworfen waren. Dementsprechend wurde sie angefeindet und verleumdet. Ihrer mutigen, aber wohl manchmal verletzenden Offenheit entspricht das Diktum Walter Rathenaus: "Wer sein Glauben und Erleben zu Gedanken formt, wer die Gedanken, die ihm auferlegt sind, glaubt und erlebt, der ist in Gefahr, mit einer Zuversicht und Unbeirrbarkeit zu reden, die verletzt."

3. "Wenn im Ausgesagten Ungesagtes und Unsagbares mitschwingt"

> Über die großen Mysterien kann ich nur stammeln wie ein Kind, das gerade das Sprechen lernt; so wenig kann die irdische Sprache ausdrücken, was der Geist erfaßt und versteht.
> – Jakob Böhme, *Drei Prinzipien*, VII, 16 (paraphrasiert)
>
> Was das Menschsein übersteigt, nicht läßt sich's mit Worten sagen.
> – Dante, *Die göttliche Komödie*, Paradiso, I, 72 (paraphrasiert)

Blavatsky und die Mahatmas hatten ein weiteres Sprachproblem. Denn für sie gestaltete sich das Übersetzen subtiler esoterischer Sachverhalte und Zusammenhänge, für die es in den konventionellen westlichen Sprachen keine equivalenten Begriffe gibt, als äußerst schwierig: So sagt Blavatsky in ihrem Kommentar zum Shloka 35 der Anthropogenese: "Es ist praktisch unmöglich, viele dieser alten Kommentare wörtlich zu übersetzen. Oft können wir nichts anderes tun, als den

[41] in *Die Grundlagen des 19. Jahrhunderts*, München 1904, Bd. 1, S. 483.
[42] *H.P. Blavatsky Collected Writings*, Band VII, S. 222.

Sinngehalt der Texte wiederzugeben, also wörtliche Übersetzungen neu zu übersetzen." Und zu Beginn ihrer Übersetzung der Stanzen der Anthropogenese merkt sie an: "Wo eine wörtliche Übersetzung weitgehend unverständlich wäre, wurde paraphrasiert, um Klarheit und eine bessere Verständlichkeit zu erreichen." Oft kann gerade in der Esoterischen Philosophie nur metaphorisch, nur gleichnishaft ausgedrückt werden, was sprachlich nicht anders faßbar ist. Dabei muß aber immer bedacht werden, wozu Jean Améry seine Leser in einem anderen Zusammenhang ermahnte: "Die Gleichnisrede mag brauchbar sein, wenn sie sich ihrer Gleichnishaftigkeit nur ständig bewußt ist." Blavatsky und die Mahatmas waren sich keineswegs immer sicher, die passendsten Ausdrücke zu kennen oder gewählt zu haben, nämlich immer dann, wenn "im Ausgesagten Ungesagtes und Unsagbares mitschwingt" (Ebeling):

Aus den Briefen der Mahatmas: "Zu allererst muß ich nochmals Ihre Aufmerksamkeit auf die ungeheuren Schwierigkeiten lenken, passende englische Ausdrücke zu finden, um dem gebildeten westlichen Verstand einen auch nur annähernd richtigen Begriff von den verschiedenen Gegenständen, die wir behandeln müssen, zu vermitteln."[43] "Unsere mystischen Ausdrücke in ihrer unbeholfenen Rückübersetzung aus dem Sanskrit ins Englische sind für uns ebenso verwirrend wie für Sie".[44] Koot Hoomi beklagt in einem anderen Brief "die althergebrachte und selbst verschuldete Oberflächlichkeit des westlichen Denkens. Und gerade die Sprachformen, die dieses moderne Denken ausdrücken, sind so weitgehend von einem praktischen Materialismus bestimmt, daß es uns jetzt nicht nur nahezu unmöglich ist, den Menschen der westlichen Welt in ihren eigenen Sprachen etwas von dem subtilen, scheinbar idealen Mechanismus des okkulten Kosmos zu vermitteln, sondern daß es für sie ebenso unmöglich zu sein scheint, diese Dinge in ihren eigenen Sprachen zu verstehen."[45] "Ich möchte Sie nicht entmutigen, muß Sie aber auf die großen Schwierigkeiten aufmerksam machen, mit denen wir jedesmal zu kämpfen haben, wenn wir versuchen, unsere Metaphysik selbst den intelligentesten Köpfen des Westens zu erklären. Leider, mein Freund, scheinen Sie ebensowenig in der Lage zu sein, unsere Denkweise nachzuvollziehen, wie unsere Nahrung zu vertragen oder unsere Musik schön zu finden!"[46] Und, last but not least: "Wenn Sie wirklich den Wunsch haben, ein Chela zu werden, weil Sie unsere Mysterien erfahren wollen, dann müssen Sie sich unserer Art anpassen – nicht wir uns der Ihren."[47]

"Glücklicherweise", schreibt David Reigle in einem von seinem Institut entworfenen siebenjährigen *Curriculum* zum Studium der Theosophie, "können wir

[43] Vgl. *Die Mahatma-Briefe*, *op. cit.*, Bd.2, S. 98, 99.
[44] *ibid.*, S. 118.
[45] *ibid.*, Bd. 1, S. 146.
[46] *ibid.*, Bd. 3, S. 165, 166.
[47] *ibid.*, Bd. 2, S. 242.

das zumindest annähernd tun, indem wir Sanskrit lernen." Sanskrit, sagt H.P. Blavatsky in ihrer "Zusammenfassung" zur Kosmogenesis der *Geheimlehre*, ist die Sprache der Götter, ist die einzige Sprache, die dem Studium dieses transzendenten Denkens angemessen ist.

Dazu Gerhard Ebeling: "Der Sinn des Erlernens fremder Sprachen erschöpft sich deshalb keineswegs in dem technischen Nutzen der Verstehens- und Verständigungsmöglichkeit über die Sprachdifferenzen hinweg. Vielmehr soll dadurch etwas von dem Unersetzlichen, weil Unübersetzbaren der betreffenden Sprache vermittelt und somit der eigene Sprachhorizont bereichert und erweitert werden."[48]

***

H.P. Blavatsky beschreibt und analysiert die dynamischen Prozesse der kosmischen und menschlichen Wirklichkeit. Auch wo es dabei um das Mitteilen des Nichtkommunizierbaren geht, hat sie uns ihre Erkenntnisse aus den Wahrheiten übermittelt, welche unter dem Schleier mythologischer Überlieferungen verborgen liegen – soweit Sprache es ihr ermöglichte.

Letztlich bleibt die Frage, ob Blavatskys Anliegen allein die Beschreibung der erfahrenen Wirklichkeit war. Oder ging es ihr auch um die *Gestaltung* der Wirklichkeit dieser Welt, die ja im buddhistischen und theosophischen Denken nur von konventioneller Wirklichkeit oder Wahrheit ist –?[49] Zweifellos letzteres. Beharrlich bestand sie trotz der philosophischen Unwirklichkeit des Hier und Jetzt darauf, jeder Mensch solle täglich dem Ideal des Bodhisattva nacheifern und Altruismus praktizieren. Für die Zukunft erhoffte sie das weltweite Verschwinden von sozialen Gegensätzen, Kriegen und Rassekonflikten.[50]

Diese Forderung nach allumfassender Brüderlichkeit ist logische Folgerung aus den Lehren, die Blavatsky empfangen und weitergegeben hatte, Lehren, die Atman als den "jedes einzelne menschliche Wesen erleuchtenden Geist" in einem göttlichen Universum "zahlloser am Urlicht entfachter Lichter" verkündeten. In wenigen Zeilen, die einem in der *Geheimlehre* wiederholt zitierten uralten "Katechismus" entnommen sind,[51] wird ein Dialog zwischen Lehrer (Gurudeva) und Schüler (Lanu) wiedergegeben, der Blavatskys Philosophie von der Einheit und Gleichheit aller Menschen in poetischer Kürze zusammenfaßt:

---

[48] Ebeling, *op. cit.*, S. 91, 92.

[49] *Samvriti-Satya*, von Blavatsky als "falsche Vorstellung" von der Wirklichkeit der phänomenalen Welt, als illusionäre Welterfahrung erklärt. Das Konzept geht zurück auf die "Zwei Wahrheiten" des Buddhismus, die konventionelle Wahrheit der Phänomene der Welt und die Endgültige Wahrheit (*Paramartha-Satya*).

[50] siehe "Schlußwort" in *Der Schlüssel zur Theosophie*, Satteldorf, 1995, S. 380 ff.

[51] siehe den Kommentar zum Shloka 4 der Stanze 5 der Kosmogenesis.

Schau nach oben, Lanu. Siehst du über dir, am dunklen Himmel der Mitternacht, ein einziges nur oder zahllose Lichter strahlen?

Ich nehme eine Flamme wahr, Gurudeva, und in ihr sehe ich das Leuchten zahlloser miteinander verbundener Funken.

Deine Antwort ist richtig. Und nun schau umher und in dich hinein. Empfindest du das Licht, das in dir brennt, in irgendeiner Weise anders als das Licht, das in deinen Menschenbrüdern leuchtet?

Es ist in keiner Weise anders, wenn auch der vom Karma Gefangene in Fesseln gehalten wird, und obwohl die äußeren Gewänder, in denen es leuchtet, die Unwissenden verführen zu sagen: 'Deine Seele und meine Seele'.

Robert Ellwood und John Algeo

DIE MENSCHHEITSENTWICKLUNG IN DEN LEHREN DER THEOSOPHIE

1. "Rassen" und "Wurzelrassen"

Die Theosophie stellt die Geschichte der Menschheit unseres Planeten in sieben großen Evolutionsstufen dar, von denen wir gegenwärtig die fünfte erreicht haben. Weil diese Evolutionsstufen als Urstamm oder Wurzeln aller in ihnen entwickelten Menschengeschlechter oder ethnischen Gruppen dienen, werden sie u. a. als "Wurzelrassen" bezeichnet. Diese Bezeichnung darf aber nicht mit der alltäglichen Bedeutung des Wortes "Rasse" verwechselt werden: Es gibt keine Übereinstimmung in der Bedeutung der beiden Begriffe.

In der englischsprachigen Welt weist das Wort "race" im allgemeinen Sprachgebrauch auf genetische Gemeinsamkeiten von Bevölkerungsgruppen, ähnliche anatomische Charakteristika, eine gemeinsame Kultur oder eine biologische Spezies hin. Die Bezeichnung "Root Race" (Wurzelrasse) hat dagegen eine ganz spezifische Bedeutung. Es sind die sieben großen, Äonen dauernden Evolutionsperioden der Menschheitsentwicklung, die als sog. "Root Races" bezeichnet werden. In jeder dieser Perioden besitzt die jeweilige Menschheit physische, soziale, psychische, intellektuelle und spirituelle Charakteristika, die sie von den Menschheiten der anderen Evolutionsperioden unterscheiden. Und in jeder einzelnen dieser Stufen entwickelt die Menschheit besondere Fähigkeiten, die als notwendige Voraussetzungen für ihren vollständigen Reifungsprozess gelten. Einigen dieser sieben Stufen sind Bezeichnungen aus der Mythologie, der Wissenschaft und der Linguistik gegeben worden, aber das sind nur beliebige Gebrauchsbegriffe, welche auf Gruppen innerhalb der Entwicklungsstufen angewendet werden, ohne der Bedeutung zu entsprechen, die diese Namen in der Mythologie oder den Wissenschaften haben.

2. Kosmische und individuelle Evolution

Die tatsächliche Bedeutung, die dem Wort "Wurzelrasse" im theosophischen Sprachgebrauch zukommt, kann nur im Zusammenhang und als Teil der gesamten theosophischen Weltanschauung richtig verstanden werden. Ausgangspunkt dieser Weltanschauung oder Betrachtungsweise ist die Vorstellung eines Universums, das sich in immens großen Entstehungs- und Zerstörungszyklen entwickelt, wobei jeder neue Zyklus aus dem jeweils vorangegangenen hervorgeht und dann auf einer neuen Stufe entsteht. Es ist dieser evolutionäre Impuls, der den Fortlauf unserer Menschheitsgeschichte ebenso bestimmt wie die kleineren Zyklen von Kulturen und Völkern sowie die größeren Zyklen von Planeten, Sonnensystemen, Galaxien, Megagalaxien und sogar vom gesamten Kosmos.

Nichts besteht ewig, keine Kulturen, keine "Wurzelrassen" und keine Galaxien – sie alle sind als Aspekte der immensen, endlosen zyklischen Fortbewegung einem unaufhörlichen Entstehen und Vergehen unterworfen. Aber innerhalb dieses beständigen Fließens gibt es einen Zusammenhalt durch den individuellen göttlichen Funken, der "Pilger" oder "Monade" genannt wird (ein griechisches Wort, das "Einheit" bedeutet und als Bezeichnung für das eine, unteilbare und innerste Selbst gilt). Im Verlauf ihrer Pilgerfahrt durchläuft die Monade jede denkbare Existenzform und erfährt alle Daseinszustände durch ihre Wiedergeburt in immer neuen Formen. Zweck dieser enormen Pilgerfahrt ist es, das Bewußtsein, das diese Monade ist, hinzuführen zu einer immer vollständiger werdenden Erkenntnis der eigenen inneren Natur, der eigenen Möglichkeiten und der eigenen Wirklichkeit.

"Wurzelrassen" und ebenso alle Phasen des Weltenprozesses sind nichts weiter als Unterteilungen in einem Entwicklungsprozess, der so immens ist, daß Welten und Galaxien in der Tat zwergenhaft erscheinen. "Wurzelrassen" sind Stationen auf der Pilgerfahrt des sich entwickelnden Bewußtseins der Monade durch die Endlosigkeit von Zeit und Raum. Wir Erdenbewohner haben einst unsere Pilgerfahrt in anderen Welten und anderen, längst vergessenen Existenzbereichen begonnen, und im Lauf der Zeit werden wir diesen Planeten, ja sogar diese Wirklichkeitsebene wieder verlassen und uns anderen Daseinsebenen zuwenden, deren Fülle und Glückseligkeit unsere Vorstellungskraft übersteigt.

Die theosophische Lehre von den "Wurzelrassen" muß als Teil dieses riesigen kosmischen Evolutionsbildes gesehen werden. Diese "Rassen" sind nicht einfach biologische Gebilde, sondern intellektuelle und geistige Entfaltungsstufen. Wir alle durchwandern im Verlauf unserer langen Pilgerschaft jede einzelne dieser "Wurzelrassen" und jede einzelne der dazugehörigen "Zweigrassen"– wir haben Anteil an deren Entwicklung, Blüte und Verfall. Wir gehören nicht einer "Wurzelrasse" an, sondern wirken und verwirklichen uns nur – vorübergehend – in ihr.

3. Die Sieben "Wurzelrassen"

Laut dieser Theorie erschien die Erste "Wurzelrasse" auf Erden, als sich unser Planet noch im Zustand des Werdens befand und in der "Ursuppe" die ersten Regungen des Lebens auftraten. Diese frühe Rasse war nicht mehr als ein Schatten des zukünftigen Erscheinungsbildes und der kommenden Entwicklung der Menschheit. In dieser Periode bestand der menschliche Körper aus einem Stoff, der feiner, ätherischer war als unsere heutige feste organische Substanz. Diese Rasse – oder beginnende Menschheit – auf dieser ersten Stufe war weder richtig körperlich noch menschlich in dem Sinn, den diese Wörter heute für uns haben.

Die Zweite, "hyperboräische Wurzelrasse" wurde nach einem Volk aus der griechischen Mythologie benannt, das in einem jenseits des Nordwindes liegenden Land in ewigem Sommer lebte. Die metaphorisch als "wässrig" beschriebenen Körper sollen in diesem Entwicklungsstadium weniger ätherisch gewesen sein als die der ersten "Wurzelrasse". Zur Zeit der "Hyperboräer" hatten die im hohen Norden unseres Erdballs zentrierten Landmassen gänzlich andere Formen als heute.

Ähnlich der heutigen Theorie der Kontinentalverschiebung postuliert die Theosophie eine Geschichte unseres Planeten mit ständigen Veränderungen in den Positionen der Landmassen der Erde, wobei in jeder der "Wurzelrassen"-Perioden neue "Kontinente" durch die sich ändernde Verteilung des Festlandes auftreten. Teile des heutigen kontinentalen Festlandes befanden sich einst unter der Meeresoberfläche und werden in zukünftigen Zeiten wieder versinken. Diese Veränderungen finden allerdings in Äonen-langen Zeiträumen statt, deren Auftreten und Dauer der Evolutionsgeschichte der "Wurzelrassen" entspricht.

Von der Dritten "Wurzelrasse", nach einer inzwischen überholten wissenschaftlichen Theorie des 19. Jahrhunderts auch die "Lemurische" genannt, wird berichtet, ihr Lebensbereich sei ein im Gebiet des Indischen Ozeans, also südlich von Asien, östlich von Afrika und westlich von Australien gelegener Kontinent gewesen. Vor ca. 18 Millionen Jahren, etwa in der Mitte der Lemurischen Evolutionsperiode, soll dann eine dramatische Verschiebung der Erdachse weitreichende Umgestaltungen im menschlichen Leben auf unserem Planeten verursacht haben. Überliefert ist, daß damals drei einschneidende Veränderungen stattfanden: 1. erreichte der Mensch nun die Stufe vollständiger physischer Körperlichkeit, wodurch seine Evolution in der festen Materie beginnen konnte, wobei 2. die männlich-weibliche Geschlechtertrennung stattfand; letztlich und 3. erschienen hohe, spirituell weit fortgeschrittene Wesen auf der Erde. Sie erweckten den menschlichen Geist und gaben damit der Entwicklung unserer Intellektualität einen Anstoß, einen Impuls, ohne den diese Entwicklung eine enorm lange Zeitspanne gebraucht hätte.

Die Vierte "Wurzelrasse" wurde die "Atlantische" genannt – nach Atlantis, dem berühmten untergegangenen Kontinent Platons. Überlieferungen berichten von verheerenden Umwälzungen und Naturkatastrophen, in denen diese Rasse und ihr Land durch Feuer und Fluten zerstört wurden, und es sind dies zweifellos die Naturkatastrophen, die echogleich in den Erzählungen des Buches *Genesis* und vieler anderer Mythologien über die Geschichte der Menschheit wiedergegeben werden. Seit Platon üben die Mythen und Legenden von Atlantis eine große

Faszination auf die Menschheit aus, und es ist offensichtlich, daß Atlantis – als Mythos oder Geschichte (es ist wohl beides) – einen starken Wiederhall in der menschlichen Vorstellungswelt findet. Aber wir dürfen die zahlreichen phantasievollen Berichte über Atlantis nicht mit der theosophischen Lehre über die Vierte "Wurzelrasse" verwechseln, denn obwohl gewisse Ähnlichkeiten vorliegen (deshald die Bezeichnung "Atlantisch"), sind die Unterschiede doch bemerkenswert.

Die Fünfte "Wurzelrasse" wird gelegentlich auch als die der "Aryas" bezeichnet. Theosophen hatten dieses Sanskritwort im 19. Jahrhundert aus der Philologie übernommen; es bedeutet "nobel" oder "edel" und wurde von den frühen nach Indien und Iran eingedrungenen Völkerstämmen als Eigenbezeichnung benutzt ("Iran" ist eine Variante des Wortes "Arya"). In der Philologie wurde das Wort als Bezeichnung der Sprachen und Kulturen des antiken Persien und der Hindus benutzt und ebenfalls für die meisten europäischen Sprachen, die man heute "indogermanisch" nennt. Auch die Nazis übernahmen das Wort (eingedeutscht als "Arier") von den Philologen, haben seine Bedeutung aber in ihren perversen Rassentheorien völlig verfälscht.

Die Theosophie rechnet den Beginn der Fünften "Wurzelrasse" auf rund eine Million Jahre zurück, auf eine Periode, in der die Evolutionsbiologie gleichzeitig auch den Ursprung der heutigen Menschheitslinie ansetzt. Diese Fünfte "Wurzelrasse" ist also unsere Menschheit. Und wir sind außerdem, in unterschiedlichen Größenordnungen, auch die Nachkommen aller früheren "Wurzelrassen", denn die gesamte Menschheit ist und war zu allen Zeiten und allerorts eine natürliche Einheit.

Heute ist diese Fünfte unserer Sieben großen menschlichen Evolutionsperioden über den ganzen Erdball verteilt und befindet sich immer noch im Prozess der Weiterentwicklung. Jede der Sieben "Wurzelrassen" oder Evolutionsperioden ist unterteilt in sieben Abzweigungen oder Stufen, und auf ihrem Entfaltungsweg durchläuft die Monade sie alle. In unserer Zeit, so wird weiterhin erklärt, nimmt in Amerika und Australasien eine neue Abzweigung oder Stufe innerhalb der Fünften "Wurzelrasse" ihren Anfang, womit im Lauf der Zeit ein neuer Menschentyp, ein neuer geistiger Horizont und eine neue spirituelle Sensibilität entwickeln werden. In der ihr bestimmten Zeit wird dann auch unsere Fünfte "Wurzelrasse" ihre Evolution beendet haben, und weitere Entwicklungsstufen der Menschheit werden folgen: die Sechste und die Siebte "Wurzelrasse". Wir können uns kaum vorstellen, welche Kontinente und welche Eigenschaften sie besitzen werden. Zusammengenommen sind diese Sieben "Wurzelrassen" mit all ihren Varianten das evolutionäre Ziel unseres Planeten. Und in einer unvorstellbar weit entfernten Zukunft, wenn all diese "Wurzelrassen" ihre Evolutionsperioden vollendet haben, wird die Menschheitswelle von diesem Bereich auf andere Welten übergehen, Welten, von denen wir nur eine ganz dunkle, ungenaue Vorstellung haben können.

4. Vielfalt und Einheit der Menschheit

Obwohl diese als "Wurzelrassen" bezeichneten Evolutionsperioden nacheinander erscheinen, gehen sie jedoch so ineinander über, daß weitreichende Überschneidungen in ihrem Erscheinungsbild auftreten. Jede Periode oder Stufe entspringt der vorhergehenden, aber beide, die Ursprungsperioden oder -stufen und ihre Nachkommenschaft, existieren für lange Zeiten – sogar Jahrtausende – nebeneinander. Die gesamte heutige Menschheit befindet sich in der Fünften Periode der menschheitlichen Evolution, aber alle früheren Perioden sind nach wie vor vorhanden, und zwar in zweierlei Hinsicht. Erstens sind wir das Produkt dieser früheren Perioden und tragen ihre Errungenschaften in uns; zweitens sind unter einigen unserer heutigen Bevölkerungen und Kulturen die Merkmale der Vierten und Dritten "Wurzelrasse" in größerem Maß erhalten und sind somit ganz speziell deren Fortbestand.

Alle Menschen der Erde sind Verschmelzungen mehrerer Linien oder Spielarten; es gibt keine "reinen" Rassen. Wir alle sind miteinander vermischt, und wir alle sind uns außerordentlich ähnlich – genetisch, kulturell, intellektuell und spirituell. Ganz besonders die "Wurzelrassen" sind Paradigmen menschlicher Gesellschaftsformen – sind Archetypen unterschiedlicher Arten des Seins und Erkennens – viel mehr, als die Sorte von Ab- und Aufteilungen, die generell in der Geschichtswissenschaft oder der Ethnographie gelehrt werden.

Die äußerst komplexen Evolutionsmuster treten nicht etwa zufällig in Erscheinung, sondern sind das Resultat einer bewußten, intelligenten Führung. Zu jeder der "Wurzelrassen" gehört ein Manu (Urvater oder menschlicher Archetyp), ein Bodhisattva (zukünftiger Buddha oder Erleuchteter) und ein Maha-Chohan (ein Titel, der traditionell dem Kopf, dem personifizierten Höhepunkt der inneren kulturellen und geistigen Entwicklung einer Rasse verliehen wird). In den Innenwelten sind sie die Mentoren der "Wurzelrassen", die deren biologisches, geistiges, spirituelles und kulturelles Leben für den Zeitraum der Existenz der jeweiligen Menschheit führen.

Gewisse Einzelheiten, die über die "Wurzelrassen" und ihre versunkenen Kontinente erzählt werden, mögen mehr Symbolcharakter haben als historische oder geologische Bedeutung, aber ihre Aussage ist eindeutig: Die Zyklen der Menschheitsgeschichte befinden sich in einer unendlichen Fortbewegung, deshalb ist es falsch, irgendein Land, irgendein Volk oder irgendeine Kultur als das absolute Meisterwerk unserer Spezies zu verherrlichen. Sie alle sind vergänglich und an ihre Stelle werden neue Wellen menschlicher Entwicklung treten. Unterschiede zwischen den "Rassen" sind Unterschiede der jeweiligen historischen Funktion und haben nichts mit tatsächlicher Überlegenheit oder Minderwertigkeit zu tun. Die Theosophie sieht die Evolution als den Impuls, den das Bewußtsein des Lebens aussendet, um Formen annehmen zu können, durch die sein inneres Verlangen erfüllt werden kann. Die grundlegende Idee dabei ist, daß die Menschheit, ebenso wie das Universum selbst, sich in einem Zusammenspiel von Vielheit und Einheit auf ein Ganzes hin entwickelt, das nicht nur größer als jeder seiner Teile ist, sondern das größer ist wegen und dank seiner Teile.

5. Grundsätzliches

Das generelle Prinzip der theosophischen Lehre von den "Wurzelrassen" und ihren Unterteilungen kann wie folgt zusammengefaßt werden:

1. Die Menschheit ist eine Einheit, eine Spezies, eine Familie. Die "Wurzelrassen" und Zweigrassen der Theosophie sind nichts anderes als Variationen innerhalb dieser prinzipiellen Einheit. Dieses Prinzip findet Ausdruck im ersten Ziel der Theosophischen Gesellschaft, "den Kern einer allumfassenden Bruderschaft der Menschheit zu bilden, ohne Unterschied von Herkunft, Glaube, Geschlecht oder Hautfarbe."

2. Jede "Wurzelrasse" spielt eine besondere Rolle in der Geschichte und Evolution der Menschheit. Alle Rassen, Zivilisationen und Kulturen sind notwendig für die Evolution unserer Spezies und die Entwicklung des ganzen Menschen.

3. Die Evolution verläuft nicht planlos, sie ist keine Zufallserscheinung, aber sie ist auch nicht völlig determiniert. Sie ist vielmehr das äußere Zeichen eines von innen kommenden und im Innern vorliegenden Plans. Sie ist Ausdruck einer Intelligenz und wird in ihren frühen Stadien von Wesen geleitet, die in ihrer Entwicklung weit fortgeschritten sind.

4. Die Evolution ist sinnvoll; ihr Zweck ist die Entwicklung von Formen, die immer sensibler auf ihre Umwelt reagieren, von Verstandeskräften, die sich ihrer Umgebung immer bewußter werden und eines spirituell bewegten Bewußtseins, welches die grundsätzliche Einheit allen Lebens erkennt.

5. Weil die Erde seit langem unsere angestammte Heimat ist, schulden wir ihr Liebe und Rücksichtnahme. Aber letztendlich kommen wir "woanders" her und werden zu gegebener Zeit auch wieder woanders hingehen. Die Entwicklung unserer körperlichen Natur kommt von und aus dieser Erde; für unsere intellektuelle und geistige Natur aber ist unsere gegenwärtige physische Existenz nur eine kurze Episode in unserer endlosen Pilgerfahrt hin zu einer immer umfassender werdenen Universalität.

6. Lehren, die dem Geist der Wissenschaft widersprechen, werden von der Theosophie abgelehnt, denn für die Theosophie gibt es kein höheres Ziel als die Suche nach der Wahrheit. Die moderne Naturwissenschaft, ganz besonders die Physik, hat ein Weltbild entwickelt, das der theosophischen Weltsicht viel näher

steht als das von der Wissenschaft des 19. Jahrhunderts entworfene Bild eines deterministischen Universums. Auch neuere Entwicklungen auf den Gebieten der Geologie und der Evolutionsbiologie positionieren diese Wissenschaften in immer größerer Nähe zu – und Harmonie mit – den Überlieferungen der Theosophie.

7. Die noch bestehenden Diskrepanzen zwischen Wissenschaft und Theosophie deuten hin auf ein ganz anderes Prinzip: die Relativität der Wahrheit, so wie wir in der Lage sind, sie zu sie erfassen. Die Aufnahme- und Erkenntnisfähigkeiten in den Wissenschaften und in der Theosophie sind Änderungen in dem Maß unterworfen, in dem unser Wissen zunimmt. Wahrheit und "Faktum" sind keineswegs immer Synonyme. Der Physiker Niels Bohr hat das treffend ausgedrückt, als er sagte, daß das Gegenteil der Wahrheit zwar Unwahrheit sein mag, daß es aber auch eine neue und andere Wahrheit sein kann.

Wenn wir uns über die Relativität des menschlichen Wissens im klaren sind, dann dürfen wir schlechterdings nicht einfach die Aussagen früherer Zeitalter als die Produkte reiner Ignoranz bewerten, denn sehr oft verkörpern sie wertvolle Einsichten, die sich in nichtwissenschaftlicher, allegorischer oder mythologischer Sprache äußern. Vergessen wir nicht, daß alle Aussagen über die Vergangenheit (und das betrifft ganz besonders die Vorgeschichte) Interpretationen später lebender Menschen über Geschehen und Vorgänge sind, von denen sie keine direkte Kenntnis aus erster Hand haben, und die deshalb den verschiedensten Irrtümern unterliegen können.

Auch theosophische Autoren früherer Zeiten haben sich notwendigerweise einer Sprache bedienen müssen, die den Ideen ihrer Zeit entsprang und diese reflektierte, einer Sprache also, die auch inzwischen überholte Annahmen und Postulate verkörpert. Aber natürlich betrifft das ebenso die wissenschaftliche und jede andere Literaturform der betreffenden Periode. Da unser Wissen über das Universum immer umfassender wird und unsere Einsichten sich vertiefen, unser Wissen und unsere Einsichten also Veränderungen unterworfen sind, ändern sich, notabene, auch die Ausdrucksformen, in denen wir sie festhalten und weitergeben.

Die unwandelbare, zeitlos gültige Aussage, der zentrale Ausgangspunkt der theosophischen Weltsicht ist die Überzeugung, daß keine Rasse, keine "Wurzelrasse", keine Religion oder Kultur besser als irgendeine andere ist, denn alle sind Teile eines fortwährendes, endlosen Prozesses. Die Menschheit gleicht einem blühenden Baum, dessen sieben Zweige, ein jeder wiederum mit seinen eigenen sieben Blüten, Ausdrucksformen eines ganzen, einheitlichen, lebendigen Organismus sind. Würden einzelne der Blüten fehlen, so wäre die Harmonie und das Gleichgewicht des Ganzen gestört. Jeder einzelne Teil ist einmalig und jeder ist gleich wichtig und unersetzlich.

David Reigle

DIE WEISHEITSTRADITION ALS QUELLE DER *GEHEIMLEHRE*

I. Die ursprüngliche Entstehungsgeschichte von Kosmos und Mensch

Die Geheimlehre wird generell als H.P. Blavatskys größtes und einflußreichstes Werk bezeichnet. Gleichzeitig aber wird es auch als ein äußerst schwieriges Buch eingeschätzt, und zwar als so schwierig, daß nur die wenigsten Theosophen es je gelesen haben. Was macht seine Größe aus, worin liegen die Schwierigkeiten des Textes, und warum hat Blavatsky es geschrieben?

Die Geheimlehre erschien 1888, dreizehn Jahre nach der Gründung der Theosophischen Gesellschaft und drei Jahre vor Blavatskys Tod. Es war eine Zeit der größten technischen und wissenschaftlichen Errungenschaften, die die westliche Zivilisation je gesehen hatte, war aber gleichzeitig auch eine Zeit spiritueller Verelendung. Religion und Wissenschaft befehdeten sich – wo die eine blinden Glauben propagierte, lehnte die andere alles ab, was nicht materiell beweisbar war. Beide waren unfähig, den Menschen Halt oder Leitlinien zu geben, die sie davon abgehalten hätten, sich gegenseitig umzubringen. Der Mahâ-Chohan, angesehen als der größte der hinter der theosophischen Bewegung stehenden tibetischen Lehrer, drückte die Situation in diesen Worten aus: “Gefangen zwischen entwürdigendem Aberglauben und dem noch tiefer entwürdigenden, brutalen Materialismus, findet die unwillkommene weiße Taube der Wahrheit kaum einen Platz für ihre müden Füße.”[1] In dieser Situation betrat H.P. Blavatsky die Bühne des damit treffend beschriebenen 19. Jahrhunderts.

In ihrem ersten großen, 1877 erschienenen Werk *Isis entschleiert* widmete sich Blavatsky ganz ihrer wichtigsten Aufgabe. Sie wies nach, daß weder Religion noch Wissenschaft im Besitz der Wahrheit waren und zeigte, wie die ursprünglichen, von den großen Religionsgründern offenbarten Wahrheiten im Laufe der Jahrhunderte von theologischen Dogmen überwuchert worden waren. Die leblosen Glaubenssysteme, welche die ursprünglichen Wahrheiten verdrängt hatten, konnten der Menschheit nicht einmal annähernd genug von jener spirituellen Nahrung, jener Hoffnung und emotionalen Sicherheit geben, ohne die sie nicht existieren konnte, und so wandte sie sich ganz jenem blendenden neuen Hoffnungsträger, der Naturwissenschaft und Technik, zu. Aber auch die Naturwissenschaften, so Blavatsky, waren nicht in der Lage, der Menschheit zu geben, was sie am meisten brauchte, denn sie waren einseitig, beschränkten sich ausschließlich auf die physische Welt und kümmerten sich nicht um Moral oder Tugendhaftigkeit. Die naturwissenschaftlich-technische Entwicklung war blind gegenüber einer Wirklichkeit, die über den sichtbaren materiellen Realitäten der Welt stand, und die allein der Suche des Menschen nach Sinn und Zweck seines Daseins entgegenkommen und ihm Sicherheit gewähren konnte.

In *Isis entschleiert* zeigte Blavatsky einer durch das Werk sofort aufmerksam gewordenen und faszinierten Öffentlichkeit nicht nur, daß *weder* Religion *noch* Wissenschaft im Besitz der Wahrheit waren, sondern auch, daß es diese Wahrheit oder Wirklichkeit tatsächlich gibt und daß ein Weg vorhanden ist, auf dem sie gefunden werden kann. Damit war H.P.B. der erste Mensch, durch den die moderne Welt von der Existenz eines archaischen und einst universalen, aber jetzt verborgenen Lehrsystems erfuhr, das sie als Weisheitsreligion bezeichnete. Diese einst weltweite Weisheitsreligion, erklärte sie, war die Quelle, in der alle Religionen der Welt ihren Ursprung hatten. Aber im Lauf der Zeit verursachten ein immer weiter um sich greifender, immer größer werdender Materialismus sowie unaufhaltsame separatistische Tendenzen den Glauben in jeder einzelnen der Religionen, daß ihr eigenes Teilstück dieser einen ursprünglichen religiösen Tradition die einzige Wahrheit repräsentiere. Überlieferungen in allen Kulturen berichten von diesem Trennungsvorgang als dem Ende des Goldenen Zeitalters und als Beginn des Eisernen oder Dunklen Zeitalters, eines Zeitalters spiritueller Finsternis. H.P.B. füllte die beiden Bände von *Isis entschleiert* mit einer beeindruckenden Vielzahl von Zeugnissen aus Schriften der antiken Welt, die die frühere Existenz einer Weisheitstradition bestätigten. Die in alten Zeiten weltweit verbreiteten höheren Wahrheiten waren aus den Religionen verschwunden und überschritten bei weitem jegliche Erkenntnismöglichkeit der Naturwissenschaften. Und sie waren einst im Besitz der ganzen Menschheit gewesen. Das ist die Kernaussage von Blavatskys *Isis entschleiert.*

So bereitete *Isis* das Fundament für die Wiederentdeckung vieler der in der Weisheitstradition überlieferten, aber im Verlauf der Jahrtausende verschütteten Wahrheiten. Aber obwohl einige dieser Lehren in *Isis entschleiert* bereits veröffentlicht worden waren, stand eine umfangreichere Darstellung noch aus. *Isis* war so etwas wie ein Versuch, ein Experiment gewesen und entsprach letztlich vielleicht doch nicht all den Erwartungen, die der Veröffentlichung des Werkes vorausgegangen waren. Zwei Gründe führte der Mahatma K. H. dafür an, nämlich daß ein solches Buch aus der Feder einer Frau kam, und weil eine Autorin, die man für eine Spiritistin hielt, "keine Chance hat, ernstgenommen zu werden".[2] Deshalb übernahm A.P. Sinnett, ein angesehener englische Zeitungsherausgeber, die Aufgabe einer ersten Darstellung der Weisheitslehren, die in der Tat ernstgenommen wurde.

Im Gegensatz zu Sinnett, der ein eleganter Stilist war, beherrschte Blavatsky die englische Sprache nur unzureichend, als sie *Isis* schrieb. Später bezeichnete sie die beiden Bände selbst als sprachlich schlecht gelungen.[3] Sinnett hatte 1880 einen regen Briefwechsel mit Blavatskys Lehrern K.H. und M. begonnen,[4] und als

Resultat dieser Korrespondenz erschien 1881 *Die okkulte Welt*, sein erstes Buch. Es belegte die hohe Wahrscheinlichkeit, daß tatsächlich Individuen existierten, die Vollkommenheit in ihrer spirituellen Entwicklung erreicht hatten, und die von den Theosophen Mahatmas genannt wurden. Aber erst sein zweites, 1883 erschienenes Buch *Esoteric Buddhism* enthielt eine einigermaßen systematische Darstellung jener Wahrheiten der Weisheitstradition, welche diese Mahatmas nun erstmals zur Veröffentlichung freigegeben hatten. Mit ihren Briefen als Grundlage gelang Sinnett die Darstellung einer übersichtlich und kohärent strukturierten Annäherung an ihr System. Die Antworten, die dieses System, das in der heutigen Welt unter dem Namen Theosophie bekannt ist, auf alle großen Lebensprobleme gab, waren so befriedigend und zutreffend, daß selbst Kritiker sich beeindruckt zeigten. Ein kritischer Zeitungsbericht jener Zeit kam nicht umhin, das Werk als "großartig, selbst in diesen Zeiten wissenschaftlicher Naturforschung" zu beschreiben und gab zu, daß "das Buch *Esoteric Buddhism* beeindruckend genug ist, um der intellektuellen Welt einen Stoß zu versetzen. Ob wir es gern zugeben oder nicht, (das Buch) enthält eine philosophisch hervorragend untermauerte Methode zum Erlangen von Einsichten über das Leben, den Tod und die Ewigkeit".[5] Aber trotzdem beeindruckte es nur einen kleinen Teil der Intelligenzija jener Tage, und auch das nur für eine gewisse Zeit. Da also selbst Sinnetts Bemühungen kaum von Erfolg gesegnet waren, hieß es nun: Zurück an die Arbeit! Blavatsky nahm deshalb ein Projekt wieder auf, das sie bereits 1879 begonnen hatte,[6] und das ihr größtes Werk werden sollte: *Die Geheimlehre*.

Die Stanzen, die Blavatsky aus einem geheimen "Buch des Dzyan" übersetzt hatte, bilden gleichsam das Gerüst des monumentalen Gedankengebäudes der *Geheimlehre*. Diese Stanzen, eine umfassende Kosmogonie und Anthropogonie, sind der zentrale Ausgangspunkt für das in der *Geheimlehre* enthaltene Material, das ausführliche Erläuterungen zur Symbolik archaischer Zeiten einschließt und erklärt, die Autoren der überlieferten archaischen Schriften sollten nicht wörtlich, sondern ausschließlich symbolisch verstanden werden. Last but not least setzt sich *Die Geheimlehre* umfassend mit der Naturforschung und naturwissenschaftlichen Erkenntnissen der Neuzeit auseinander und führt damit den in *Isis* begonnenen Themenbereich insofern in großer Ausführlichkeit fort, als sie nun die in der Natur vorhandenen, aber von den Wissenschaften ignorierten okkulten Kräfte hervorhebt und detailliert beschreibt. Aber dieses zentrale Werk der Theosophie befaßt sich nur gelegentlich und beinahe zufällig mit dem System, das allgemein als Theosophie bezeichnet wird, also mit Themen wie Karma, Reinkarnation, die siebenfältige Natur des Menschen, die sieben Ebenen des Kosmos, die verschiedenen nachtodlichen Stadien, etc., Themen, die in dem damals bereits veröffentlichten *Esoteric Buddhism* und in Blavatskys später herausgegebenem *Schlüssel zur Theosophie* behandelt werden. Was könnten die Gründe dafür sein, daß in diesem größten

Werk der Theosophie nicht die bekannteren und grundlegenden theosophischen, sondern kosmogonische und anthropogonische Lehren behandelt werden?

Blavatsky bezeichnete *Die Geheimlehre* als den "ersten Teil der Darstellung der esoterischen Lehren".[7] Wir haben hier erstmalig Texte, die eine direkte Übersetzung eines Quellenwerks der Weisheitstradition in seiner Originalfassung sind. In *Isis entschleiert* hatte Blavatsky die Existenz einer Weisheitstradition bekannt gemacht, hatte dort aber, ganz anders als in ihrem neuen Buch, praktisch nichts davon wirklich entschleiert. In *Esoteric Buddhism* waren Informationen zumeist nur bruchstückhaft aus Briefen der Mahatmas zusammengestellt, die wirkliche Struktur des esoterischen Systems war in diesem Buch also nicht enthalten.[8] Hier jedoch haben wir zum ersten Mal die tatsächlichen Lehren vor uns, d.h. den ersten Fortsetzungsteil davon. Und mit diesem Wissen fällt es uns leichter, die Gründe nachzuvollziehen, weshalb mit dem Schöpfungsthema begonnen wurde.

In einer Erklärung zum Inhalt der *Geheimlehre* sagte die Autorin: "Und es war auch nicht möglich, eine Darstellung des gesamten Umfangs der archaischen Wissenschaften in diesen Bänden zu versuchen, ehe wir nicht derart problematische Bereiche wie die kosmische und planetarische Evolution und die Entwicklungsstufen jener mysteriösen Menschheiten, die unserer 'adamischen' Menschheit vorangegangen waren, behandelt hatten."[9] Daß erste Dinge zuerst abgehandelt werden, ist zwar eine sehr logische Begründung, aber ich glaube, es gibt einen tiefergehenden Grund. Die Mahatmas befanden sich damals in derselben problematischen Situation, mit der auch heute wieder der Dalai Lama durch sein Hervorbringen von Dingen, die bisher geheim waren, konfrontiert ist. Das *Kâlachakra Tantra* ist ein gutes Beispiel dafür. Die buddhistischen Tantras Tibets, also die Bücher des Kiu-te, wurden traditionell geheimgehalten. Da aber das erste Kapitel des *Kâlachakra Tantra* eine Kosmologie einschließlich einer Kosmogonie oder Genesis enthält, und deshalb dieser Bereich der einzige war, der öffentlich diskutiert werden durfte, zirkulierten in Tibet Bücher über dieses Kapitel und seine Themen unbehindert, während die Texte der übrigen vier Kapitel der Öffentlichkeit vorenthalten wurden. Dies, glaube ich, ist der wahre Grund, weshalb die in der *Geheimlehre* übersetzten Stanzen der Schöpfungsgeschichte zur Veröffentlichung ausgewählt wurden. Es war der einzige Text, der als ein erstes, direkt aus den bislang geheimen Originalquellen stammendes Teilstück der esoterischen Lehren öffentlich gemacht werden konnte.

Und es handelt sich in der Tat um einen äußerst interessanten Teil, der hier ausgewählt wurde. Nirgendwo in der Welt existieren Lehren, die mit denen der *Geheimlehre* über den Ursprung und die Entwicklung von Kosmos und Menschheit verglichen werden können. Es gibt keine andere Kosmogonie oder Anthropogonie, die umfassender, detaillierter oder konsistenter ist, als die in der *Geheimlehre*. Nichts, das auch nur annähernd vergleichbar wäre. Hält man die größten Schöpfungsgeschichten der Welt dagegen, so erscheinen sie schwach und oberflächlich. Der gelehrte Gnostizismus-Forscher G. R. S. Mead drückte es 1904 so aus: "Die Stanzen präsentieren eine Kosmogenesis und Anthropogenesis, die alle anderen derartigen Darstellungen weit hinter sich zurücklassen. Ganz bewußt bezeichne ich diese in Blavatskys Werk aufgehobenen Texte als wundervolle literarische Schöpfungen. Und ich sage das nicht etwa voller Enthusiasmus als einer, der sich in der Literatur des Ostens oder in den großen kosmogonischen Darstellungen der Vergangenheit oder in den Weltreligionen nicht auskennt, sondern als jemand, der seit über zwanzig Jahren gerade diese Lehren erforscht hat."[10] Ich schließe mich diesen Worten uneingeschränkt an, denn ich kann die Reihe der von Mead erwähnten Forschungsgebiete erweitern durch mein ebenso langes Studium der zahlreichen Sanskritwerke, die in den vergangenen beinahe einhundert Jahren veröffentlicht worden sind.

Die kurze, sogenannte "Schöpfungshymne" des *Rig Veda* wird allgemein als der älteste Schöpfungsbericht des Ostens angesehen,[11] und ähnliche, von dieser Hymne ausgehende Darstellungen finden sich in den *Upanischaden.*[12] Die nächste authentische Quelle ist das *Gesetzbuch Manus.*[13] In den verschiedenen *Purânas*[14] finden wir dann weit ausführlichere Schöpfungsgeschichten. Sie gelten bis zum heutigen Tage als Grundlage für die meisten im hinduistischen Indien bekannten kosmogonischen Vorstellungen. Diese Literatur war zu Blavatskys und Meads Zeit in Übersetzungen vorhanden. Aber die wichtigen Quellen der buddhistischen und der Jaina-Kosmologien waren noch nicht im Druck erschienen.

Die maßgebliche Sammlung der Jainas, das *Tattvârthâdhigama Sûtra*, deren drittes Kapitel eine Kosmologie enthält, wurde erstmalig von 1903 bis 1905 im Sanskrit, 1906 in deutscher und 1920 in englischer Sprache veröffentlicht.[15] Weitere Einzelheiten erschienen 1920 auf deutsch, im Prakrit und Sanskrit in Kundakundas *Pañchâstikâyasâra* oder "Der Aufbau des Kosmos".[16] Die Erschließung der buddhistischen Quellen bereitete einige Schwierigkeiten, denn die ursprünglichen buddhistischen Überlieferungen Indiens waren verlorengegangen. Wegen der großen Bedeutung von Vasubandhus grundlegendem Quellenwerk, dem *Abidharmakosha*, entschlossen sich die führenden Buddhologen Europas, die chinesischen und tibetischen Versionen des Werkes zu übersetzen. Die Aufgabe wurde letztendlich von dem bedeutenden belgischen Gelehrten Louis de La Vallée Poussin übernommen, dessen französische Übersetzung von 1923 bis 1931 in sechs Bänden erschien.[17] Das Sanskrit-Original wurde erst in den dreißiger Jahren von Rahula Sankrityayana auf seinen Reisen durch Tibet entdeckt, wo er auf der Suche nach Sanskrit-Manuskripten war. Es erschien 1947 und wurde 1967 durch den dazugehörigen Eigenkommentar vervollständigt.[18] Erst viel später, vor wenigen Jahren, wurden die Kâlachakra-Texte greifbar, die eine alternative Kosmologie zu der im dritten Kapitel des Abidharmakosha enthaltenen traditionellen buddhistischen Kosmologie enthielten. Ich habe den Sanskrittext bearbeitet und Teile dieses neuen Materials in einer englischen Übersetzung 1984 auf dem ersten *Geheimlehren*-Symposion präsentiert.[19]

Obwohl alle diese Texte äußerst interessantes Material lieferten, war doch ersichtlich, daß sie, ähnlich den bereits erwähnten Hindu- und Jainatexten, nichts enthielten, das auch nur annähernd so umfassend war wie die Kosmogonie der *Geheimlehre.* Der *Abidharmakosha* z.B. spricht, den Worten des Buddha folgend, von den vier Arten der Geburt als schweißgeboren, eigeboren, schoßgeboren und elternlos geboren, gerade so wie *Die Geheimlehre.*[20] Die detaillierten Beschreibungen der früheren Menschheiten, in denen diese Geburtsarten stattfanden und wie sie *Die Geheimlehre* enthält, fehlen jedoch in den derzeitigen Lehren des Buddhismus. Deshalb mußten Vasubandhu in seinem Eigenkommentar und Yasomitra in seinem Unterkommentar sich gehörige Mühe geben, Erklärungen für diese seltsamen Vorstellungen zu finden. Da der Buddha sie erwähnt hatte, mußten sie wahr sein und mußten nun erklärt werden. Also führten die Kommentatoren Beispiele aus der Mythologie an, fanden Geschichten über Menschen, von denen man meinen konnte, sie seien ei- oder schweißgeboren, z.B. Shaila und Upashaila, die aus von Kranichen gelegten Eiern geboren wurden, und Âmrapâlî, der aus dem Stamm eines Bananenbaumes geboren wurde.[21] Als Beispiel für die elternlos Geborenen aber nannten sie die Menschheit des ersten Zeitalters oder Kalpas – in Übereinstimmung mit der *Geheimlehre.*[22] Hier ist offensichtlich ein Fragment der Weisheitstradition erhalten geblieben.

Obwohl also offensichtlich die Schöpfungsgeschichte in existierenden Schriften in ihren groben Umrissen und sogar in gewissen Einzelheiten, wie dem Hinweis des Buddha auf die vier Geburtsarten, erhalten ist, sind die Kommentare, die einmal existierten und die allein die richtigen Erklärungen abgeben könnten, nicht mehr auffindbar. Blavatsky schreibt: "Eine riesige, unschätzbare Anzahl von Manuskripten und selbst von Druckwerken, von denen *bekannt ist, daß es sie gab, können nicht mehr aufgefunden werden.* Sie sind verschwunden und haben nicht die geringste Spur hinterlassen. Wenn es sich nur um bedeutungslose Werke gehandelt hätte, dann könnte man annehmen, daß sie den Weg aller Dinge gegangen sind und die Erinnerung an sie dem Gedächtnis der Menschheit entfallen ist. Aber das ist nicht der Fall, denn wie jetzt gesichert ist, enthielten die meisten dieser Schriften den einzigen Schlüssel zu noch vorhandenen Werken, die für die meisten Leser *ohne jene zusätzlichen Kommentarbände und Erklärungen völlig unverständlich* sind."[23]

Aber diese Werke sind nicht verschwunden. Die esoterischen Schulen, mit denen Blavatskys Lehrer assoziiert sind, behaupten, sie alle zu besitzen.[24] Und es sind diese Werke, denen Blavatsky nichts weniger als die ursprüngliche, vollständige und ungekürzte Fassung der Schöpfungsgeschichte entnommen und für die Menschheit erhalten hat. Der Zweck hinter all diesen Aktivitäten war die Absicht, der Menschheit zu versichern, daß die wahren Lösungen zur Bewältigung der großen Lebensprobleme irgendwo tatsächlich existieren. Denn, wie der Mahâ-Chohan in dem oben zitierten Brief von 1881[25] schrieb:

> Um *wahrhaftig* zu sein, müssen Religion und Philosophie Lösungen für alle Probleme haben. Die Tatsache, daß die Welt sich moralisch in einem derart schlechten Zustand befindet, ist ein unschlagbarer Beweis dafür, daß keine ihrer Religionen und Philosophien – die der *zivilisierten* Welt noch weniger als alle anderen – jemals *Wahrheit* besessen hat. Richtige und logisch haltbare Erklärungen für die Probleme des großen Dualitätsprinzips – Recht und Unrecht, Gut und Böse, Freiheit und Despotismus, Freude und Schmerz, Altruismus und Egoismus – sind ihnen heute ebenso fremd wie vor 1881 Jahren. Von Lösungen sind sie so weit entfernt wie eh und je, aber –
> Es *muß* dafür eine konsequente Lösung geben, irgendwo, und wenn unsere Lehre ihre Fähigkeit und Kraft beweist, diese Lösung zu sein, dann wird diese Welt die erste sein, die eingesteht, daß dies die wahre Philosophie, die wahre Religion, die wahre Lichtquelle ist, durch welche die Menschheit die Wahrheit, und nichts als die Wahrheit, erfährt.

Mit ihrer *Geheimlehre* hatte Blavatsky der Welt die ursprünglichen Schöpfungslehren der Weisheitstradition geschenkt, die eine konsequente Lösung für die großen Probleme kosmischer und planetarischer Evolution enthielten. Die Welt konnte nun selbst erkennen, daß diese Lehren die Fähigkeit und die Kraft besaßen, Wahrheit zu vermitteln. Und trotzdem hat sie das Eingeständnis verweigert, daß hier ein Weg war, auf dem Wahrheit gefunden werden konnte. Ja, in über einem Jahrhundert hat die Menschheit diesen Lehren nicht einmal eine unvoreingenommene Anhörung oder Prüfung gewährt.

Aber auch das kam nicht ganz unerwartet. In ihrer "Einleitung" zur *Geheimlehre* hatte H.P.B. geschrieben: "In Übereinstimmung mit den Gesetzen kritischer Gelehrsamkeit muß der Orientalist solche Beweismittel *a priori* ablehnen, die er nicht selbst verifizieren kann. (...) Deshalb muß mit der Ablehnung dieser Lehren von Anfang an gerechnet werden, und wir akzeptieren das schon im voraus. Niemandem, der sich selbst als 'Wissenschaftler' bezeichnet – in welcher Abteilung der exakten Wissenschaften er auch tätig sein mag – wird man erlauben, diese Lehren ernst zu nehmen."[26] Das hat hauptsächlich damit zu tun, daß noch niemand das "Buch des Dzyan" gesehen hat, aus dem die Stanzen der *Geheimlehre* übersetzt wurden. Der Nachweis, den ein Originalmanuskript des Buches in seiner Sanskrit-tibetischen oder chinesischen Version[27] erbringen würde, war 1888 nicht im Bereich des Möglichen. Das geht zweifelsfrei hervor aus einer Bemerkung im ersten Satz des ersten Mahatma-Briefes von 1880: "Gerade weil der Test mit der Londoner Zeitung die Skeptiker zum Schweigen bringen würde, ist er undenkbar."

Und Blavatsky nimmt den Faden auf in ihrer "Einleitung" zu den Lehren der *Geheimlehre* mit der folgenden Bemerkung: "Die Lehren werden in diesem Jahrhundert *a priori* verhöhnt und abgelehnt werden, aber nur in diesem Jahrhundert. Im 20. Jahrhundert unseres Zeitalters werden Gelehrte am Anfang der Erkenntnis stehen, daß *Die Geheimlehre* weder erfunden noch übertrieben, sondern im Gegenteil ganz einfach nur eine faktische Darstellung ist und, letztlich, daß sie noch vor den Vedas datiert."[28]

Daß der Einfluß und die Größe dieses wichtigsten Werkes H. P. Blavatskys von der Welt bisher noch kaum wahrgenommen worden ist, ist offensichtlich, obwohl es schon vor über einhundert Jahren geschrieben wurde; und erst wenn ein Originalmanuskript des "Buches des Dzyan" der Öffentlichkeit präsentiert werden kann – und das ist jetzt im Bereich des Möglichen – wird das Werk die Anerkennung finden, die ihm gebührt. Dann erst wird Blavatsky die längst überfällige Rechtfertigung zuteil werden und ihr unermüdliches Wirken das Ziel erreicht haben, um das sie gekämpft hat, nämlich den Weg zu bereiten für die Wiederentdeckung der Wahrheiten der Weisheitstradition in unserer Zeit der Vergewaltigung der Umwelt, sozialer Ungerechtigkeit und eines weltweit unbehinderten und brutalen Gewinnstrebens. Aber Blavatsky würde einer persönlichen Rechtfertigung wenig Wert beimessen. Um so größeren Wert würde sie jedoch zweifellos auf die Rechtfertigung der Lehren der *Geheimlehre* legen, von deren Nutzen für die Menschheit sie zutiefst überzeugt war.

II. Auf der Suche nach dem Buch des Dzyan

Das geheimnisvolle "Buch des Dzyan", aus dem die von Blavatsky übersetzten Stanzen in der *Geheimlehre* stammen, wurde bisher von der Außenwelt noch nicht gesehen. Es handelt sich dabei auch nicht um einen individuellen Titel, sondern um einen Gattungsbegriff, der einfach nur "Buch der Weisheit" bedeutet, womit allerdings ein nur durch Meditation[29] zu erreichender höchster Weisheitsgrad gemeint ist. Aber in einer Bemerkung, die auf den ersten Blick vielleicht einen zwar nicht besonders leicht zu erkennenden, aber doch bedeutungsvollen Hinweis gibt, erklärt Blavatsky: "Das *Buch des Dzyan* (oder "Dzan") ist unseren Philologen völlig unbekannt, oder ist ihnen zumindest unter seinem gegenwärtigen Namen kein Begriff."[30] Damit wäre die Möglichkeit gegeben, daß man unter seinem wirklichen Titel von ihm gehört hat und daß es deshalb auch in seiner physischen Form gefunden werden kann. Dieser Umstand ist von nicht zu unterschätzender Bedeutung. Der größte Teil der tibetischen und der Sanskrit-Texte ist erst im Verlauf der letzten hundert Jahre greifbar geworden, also erst nachdem Blavatsky 1888 *Die Geheimlehre* veröffentlicht hatte. Nun ist Tatsache, daß die Entdeckung der Schriftrollen vom Toten Meer (1947) zwar in der westlichen Welt jedermann bekannt ist, daß aber weitaus größere Entdeckungen von Texten in Zentral- und Südindien, wie z.B. die der Gilgit-Manuskripte im Jahr 1931, in der westlichen Presse keine Beachtung gefunden haben.

Hier müssen wir uns mit einer Frage beschäftigen, die bereits von vielen Theosophen geäußert wurde, denen das vorhandene Material genügt. Warum sollte jemand Jahre damit verbringen, schwierige Sprachen wie Sanskrit und Tibetisch zu lernen und ihr oder sein Leben der Suche nach einem in diesen Sprachen verfaßten Manuskript des Buches des Dzyan widmen, wenn uns doch in der *Geheimlehre* bereits die Stanzen des Dzyan vorliegen, die uns Blavatsky und ihre initiierten Lehrer auf englisch gegeben haben? Ehe wir diese Frage beantworten, müssen wir uns bewußt sein, daß Blavatsky gesagt hat, das Original des Buches des Dzyan sei in einer geheimen und heiligen Sprache geschrieben, die sie Senzar nannte.[31] Selbst wenn das Original gefunden würde, stünden wir ihm recht hilflos gegenüber, weil natürlich niemand diese Sprache verstehen würde. Gleichzeitig verweist sie aber auf die "chinesischen, tibetischen und Sanskrit-Übersetzungen der Urfassungen der Senzar-Kommentare und Erläuterungen zu dem Buch des Dzyan" und übersetzt den ersten Vers des Buches, wobei sie "nur die substantivisch gebrauchten Formen und Termini technici benutzt, die in einer der tibetischen und Senzar-Versionen enthalten sind."[32] Diese tibetischen, Sanskrit- und chinesischen Übersetzungen *können* von Nicht-Initiierten gelesen werden. Und in der Tat sind die meisten der Formen, die sie hier wiedergibt, erkennbare Termini technici des Tibetischen.

Aber zurück zur Frage, weshalb irgend jemand den Wunsch verspüren könnte, die schwierige Suche nach einer Sanskrit-, tibetischen oder chinesischen Übersetzung des Buches des Dzyan auf sich zu nehmen, wenn uns doch bereits eine authentische englische Übersetzung in Blavatskys *Geheimlehre* vorliegt. Neben dem von Blavatsky deutlich hervorgehobenen Hinweis, daß der vorliegende englische Text nur Teile des Buches des Dzyan enthält, gibt es einen schwerer wiegenden Grund. Nach einer großzügigen Berechnung existieren zur Zeit weltweit etwa 50 000 Theosophen. Für diese 50 000 Menschen, die überzeugt sind von dem hohen Wert, der Blavatskys Werk zukommt, weil ihr gesamtes Schaffen dazu diente, die Welt über die Existenz einer einst universalen Weisheitstradition aufzuklären – für diese 50 000 wäre ein in einer der östlichen Sprachen verfaßtes Manuskript des Buches des Dzyan in der Tat von geringer Bedeutung. Aber die Weltbevölkerung zählt heute über 6 Milliarden Menschen. Das heißt, für jede einzelne Person, der heute das Wissen der von Blavatsky gelehrten Weisheitstradition zugute kommt, existieren weit mehr als 100 000 andere, die den Vorteil dieses Wissens nicht haben und deshalb nicht nutzen können. Und das ist nicht gut genug.

Das große Problem des menschlichen Leidens und seiner Überwindung wird in einem außergewöhnlichen Brief von K.H., einem der Lehrer Blavatskys, angesprochen. Er thematisiert darin den Ursprung des Bösen in der Welt und schreibt unter anderem:[33]

> Nachdem ich nun die Übel erwähnt habe, die naturgegeben und unvermeidlich sind – aber es gibt so wenige davon, daß ich sämtliche Metaphysiker der westlichen Welt zu der Frage herausfordere, ob sie überhaupt als Übel bezeichnet werden können oder direkt auf eine als unabhängig zu betrachtende Ursache zurückführbar sind –, will ich nun die verhängnisvollste, die hauptsächliche Ursache für etwa zwei Drittel aller Übel aufzeigen, von denen die Menschheit heimgesucht wird, seit diese Ursache Macht erlangt hat. Es ist die Religion, in welcher Form und in welchem Volk auch immer sie auftritt. Es sind die Kaste der Priester, der Klerus und die Kirchen. In dieser Institution der Illusionen, die der Mensch als geheiligt betrachtet, muß er die Quelle suchen für die Vielfalt von Übeln, die der Fluch der Menschheit sind und sie fast ersticken. Unwissenheit hat Götter erschaffen, und Verschlagenheit hat diese Gelegenheit ausgenutzt.

Hier wird – in Übereinstimmung mit den vier edlen Wahrheiten des Buddha – als Ursprung allen Leids in der Welt die Unwissenheit oder Ignoranz der Menschen erkannt, und ganz spezifisch jene Unwissenheit oder Ignoranz, welche die Religionen entstehen ließ. Das ist sicherlich eine schockierende Aussage von einem der hinter der Theosophischen Bewegung stehenden Lehrer, wenn man bedenkt, daß viele Mitglieder der Theosophischen Gesellschaften die Verbreitung sowie das eigene Studium der vergleichenden Religionswissenschaft als eins ihrer Ziele ansehen. Dazu muß aber erklärt werden, daß dieses Ziel in seinem ursprünglichen Wortlaut die Verbreitung und Unterstützung des Studiums der Religionen der Âryas bzw. der antiken Religionen Indiens sein sollte, und nicht das vergleichende Studium der Religionen im allgemeinen.[34] Aussagen in frühen theosophischen Schriften bestätigen, daß der Grund für dieses ursprüngliche Ziel zweifellos die Tatsache war, daß die Weisheitstradition in den archaischen indischen Religionen unverdorbener und umfassender erhalten geblieben ist, als in anderen Traditionen. Aber natürlich haben auch die indischen Religionen ihren Anteil an der Schaffung des Leidens in der Welt. Uns bleibt nur die begründete Annahme, daß die wirkliche Motivation der Lehrer der Theosophische Bewegung die Förderung und Verbreitung der universalen Weisheitstradition war und ist, einer Tradition, die im Lauf der Zeit die Einzelreligionen überflügeln wird. Der oben zitierte Brief bestätigt das im Zusammenhang mit dem "Gott der Theologen",[35] wenn er sagt:

> Unser wichtigstes Ziel ist es, die Menschheit von diesem Alptraum zu befreien und die Menschen zu lehren, Tugendhaftigkeit um ihrer selbst

> willen auszuüben und mit Selbstvertrauen durch das Leben zu gehen, anstatt sich auf eine theologische Krücke zu stützen, die in zahllosen Zeitaltern die direkte Ursache fast allen menschlichen Elends gewesen ist.

Und weiter:[36]

> Denken Sie immer daran, daß die Summe allen menschlichen Leidens sich solange nicht verringern wird, bis der größere Teil der Menschheit die Altäre der falschen Götter im Namen der Wahrheit, der Moral und allumfassender Wohltätigkeit niederreißen wird.

Erst durch die von Blavatsky und ihren Lehrern ins Leben gerufene Theosophische Gesellschaft erfuhr die Welt in unserem Zeitalter von den Lehren der einst universalen Weisheitstradition. Offensichtlich hatte man angenommen, damit dem "Fluch" der etablierten Einzelreligionen entgegentreten zu können und die Menschheit von dieser "direkten Ursache fast allen menschlichen Leidens" zu erlösen. Und genau das ist es, was die Bewahrer der Weisheitstradition motiviert, einen Teil der Lehren über die Theosophische Bewegung öffentlich zu machen. Dabei muß den Schüler der Theosophie, der diese Begründung ernst nimmt, die folgende Frage bewegen: Wie kann diese einstmals universale Weisheitstradition am effektivsten so verbreitet werden, daß die restlichen 5.999,950.000 Menschen dieser Erde von ihr erfahren? Und was verhindert diese Verbreitung auch heutzutage noch?

Es ist diese Fragestellung, die uns direkt zurückführt zum Buch des Dzyan. Seit vielen Jahren wird die Existenz einer vor langen Zeiten universal gültigen Weisheitstradition geleugnet, deren partielle Neuformulierung in unserer Zeit von Blavatsky den Namen "Theosophie" erhielt, und der Hauptgrund für diese allgemeine Ablehnung liegt in dem Umstand, daß niemand das Original des Buches des Dzyan je gesehen hat. Daß nur ein solches Original die Akzeptanz und Verbreitung der theosophischen Lehren sicherstellen würde, hatte Blavatsky vorausgesehen. 1888 schrieb sie in ihrer "Einleitung" zur *Geheimlehre*,[37] daß

> dieser erste Teil der esoterischen Lehren aus Stanzen hervorgeht, welche zu den Zeugnissen eines der Ethnologie völlig unbekannten Volkes gehören. Es heißt, sie seien in einer Sprache verfaßt, die in der philologischen Nomenklatur von Sprachen und Dialekten nicht vorhanden ist und daß sie einer Quelle (dem Okkultismus) entspringen, die von der Wissenschaft abgelehnt wird, und, letztlich, daß sie der Welt von einer Stimme mitgeteilt werden, die von all denen ohne Unterlaß verleumdet wird, die sich unwillkommenen Wahrheiten widersetzen oder meinen, ihre eigenen, genau festgelegten Phantasievorstellungen verteidigen zu müssen.

Wie bereits erwähnt, erwartete Blavatsky von keinem im Wissenschaftsgefüge etablierten Experten Anerkennung. Aber das betraf ja, wie sie sagte, nur ihr eigenes, das 19. Jahrhundert. Für das 20. Jahrhundert erwartete sie die Anerkennung und das Eingeständnis der Wissenschaft, daß *Die Geheimlehre* "weder eine Erfindung noch übertrieben" ist und daß die in ihr enthaltenen Lehren sogar älter als die Vedas sind. Das ist eine unmißverständliche Andeutung, daß in unserer Zeit verifizierbare Beweise in Form eines Manuskripts des Buches des Dzyan auftauchen werden, und zwar in einer bekannten Sprache wie z.B. Sanskrit, Tibetisch oder Chinesisch. Und damit wäre nicht nur der Grundstein gelegt für eine weltweite Akzeptanz der Weisheitstradition, sondern auch für den Beginn der sich aus den Lehren dieser Tradition ergebenden Linderung menschlichen Leids in der ganzen Welt. Als es 1880 um den Versuch ging, durch das Öffnen von lange versiegelten antiken Quellen das wissenschaftliche und philosophische Erbe Indiens zum immensen Vorteil und Nutzen der ganzen Menschheit neu zu beleben, sagte der Mahatma K.H.: "Ist das nicht ein kleines Opfer wert?"[38] Diese Worte haben in unserer Zeit vielleicht eine noch größere Gültigkeit als im letzten Jahrhundert, und es wird wohl kaum jemanden geben, der dem Mahatma nicht zustimmen würde.

Was also können wir tun, um diese Suche zum Wohl der Menschheit zu unterstützen? Ich habe oft versucht, mich in die Lage der Wächter zu versetzen, in deren Obhut diese geheimen Bücher sich befinden, und mir vorzustellen, unter welchen Umständen sie zu ihrer Freigabe bereit wären. Als Blavatsky die Stanzen aus dem Buch des Dzyan erstmalig in ihrer englischen Übersetzung veröffentlichte, sagte sie (im "Proem"): "Die Stanzen (...) werden ausschließlich in einer zeitgemäßen, unserem Sprachgebrauch angepaßten Übersetzung wiedergegeben, denn es wäre schlechterdings unmöglich und würde auch dem Verständnis nicht dienen, die archaische Ausdrucksweise des Originals mit all seinen verwirrenden Wortkonstruktionen einzubringen."[39] Jetzt allerdings, nachdem mehr als ein Jahrhundert vergangen ist, ist es eben diese "archaische Ausdrucksweise des Originals mit seinen verwirrenden Wortkonstruktionen," die in Angriff genommen werden muß, denn sie allein ist es, die uns verifizierbare Beweise liefern kann. Natürlich könnten die Hüter oder Verwahrer das Original einfach hervorbringen und gleich einen Chela mitschicken, der die nötigen Erklärungen zum Text geben könnte. Aber das würde das Problem nicht lösen. Wenn ein solches Originalmanuskript veröffentlicht oder gefunden wird, geht es in den Besitz der Allgemeinheit über und unterliegt wissenschaftlicher Prüfung und Kritik. Keinem Fachmann würde es einfallen, die Erklärungen des Chelas ungeprüft zu akzeptieren, er würde im Gegenteil verpflichtet sein, den methodologischen Prinzipien der Wissenschaft zu folgen und anhand anderer, bereits vorliegender Texte, durch vergleichende und textanalytische Studien eigene Erklärungen und Schlüsse vorzulegen. Blavatsky akzeptierte und wendete diese Prinzipien an, indem sie den größten Teil der *Geheimlehre* durch Bezugnahme auf bekannte Quellen zum Authentizitätsnachweis ihrer Lehren nutzte, denn, so erklärte sie, "selbst wenn in diesem Werk nur solche Teile der esoterischen Lehren veröffentlicht würden, die jetzt erstmalig freigegeben wurden, wäre das alles andere als sinnvoll, wenn nicht vorher zumindest die *Wahrscheinlichkeit* ihrer tatsächlichen Existenz und Authentizität etabliert würde."[40] Und sie tat genau das, indem sie in ihrer Beweisführung ausführliche Textstellen aus zahlreichen Werken von Klassikern der Vergangenheit anführte. Und das ist es auch, was heute unternommen werden muß, aber mit dem Unterschied, daß wir heute die archaische Ausdrucksweise des Originals gewissenhaft analysieren müssen. Dazu müssen parallele Aussagen in den antiken Klassikern des Ostens in ihren Originalsprachen gefunden und zitiert werden. Anscheinend stehen wir heute also vor derselben Aufgabe wie damals Blavatsky, als sie die Stanzen zum ersten Mal der modernen Welt präsentierte. Aber im Gegensatz zum 19. Jahrhundert, als Blavatsky schrieb, stehen uns heute ganze Bibliotheken der klassischen Schriften des Ostens zur Verfügung. Das heißt, heutige Forscher sind nicht mehr auf die hoch entwickelten spirituellen Fähigkeiten angewiesen, die Blavatsky einsetzte, um die Stanzen des Buches des Dzyan zu veröffentlichen. Vielmehr setzt die Forschung nun die Beherrschung der entsprechenden Sprachen ebenso voraus, wie die Kenntnis der Vielzahl von Texten, die in diesen Sprachen verfaßt wurden, und die uns heute zur Verfügung stehen.

Übersetzungen der Originalfassung der Senzar-Kommentare zum Buch des Dzyan sollen in drei Sprachen existieren: im Chinesischen, Tibetischen und Sanskrit, den drei klassischen Sprachen des Kanons der nordbuddhistischen Schriften. Diese ursprünglich im Sanskrit verfaßten Texte wurden in den frühen Jahrhunderten unserer Zeitrechnung ins Chinesische übersetzt, und später, gegen Ende des ersten Jahrtausends, wurden sie nochmals aus dem Sanskrit übersetzt, diesmal ins Tibetische. Und es besteht kein Grund zu der Annahme, daß das nicht auch auf die Senzar-Kommentare zutrifft, so daß deren Sanskrit-Versionen die ältesten und authentischsten Texte in uns zugänglichen Sprachen sind. Dabei ist zu berücksichtigen, daß weder die chinesische noch die tibetische Sprache die Feinheiten des Sanskrit wiedergeben kann, was bei einem vergleichenden Studium der zahlreichen buddhistischen Texte offensichtlich wird, die heute in allen drei Sprachen vorhanden sind. Das kann wegen der einzigartigen Vollkommenheit des Sanskrit, einer für die Vermittlung geistiger Ideen besonders "feinsinnigen" und "vollendeten" Sprache, nicht verwundern. Blavatsky drückte das aus, als sie über ihren Versuch, die Ideen des Buches des Dzyan in eine europäische Sprache zu übertragen, sagte: "(...) denn außer Sanskrit, der *Sprache der Götter*, ist dafür keine menschliche Sprache auch nur annähernd ein adäquates Kommunikationsmittel."[41]

Das Erlernen von Sanskrit, oder auch der chinesischen und tibetischen Sprache, ist nicht mit dem Studium einer der europäischen Sprachen zu vergleichen. Im Englischen, Französischen oder Deutschen drücken wir generell dieselben Dinge mit den jeweiligen Wörtern der betreffenden Sprache aus. Im Sanskrit aber werden ganz andere und neue Ideen vermittelt, denn es ist eine Sprache, die ganz bewußt und speziell entwickelt und verfeinert wurde, um höhere Wirklichkeiten auszudrücken, die offensichtlich bereits früher in der Senzar-Sprache wiedergegeben werden konnten. Aus demselben Grund mußte auch die chinesische und die tibetische Sprache bei Übersetzungen dem metaphysischen Ausdrucksreichtum des Sanskrit besonders angepaßt werden, damit die neuen Ideen und Erkenntnisse überhaupt vermittelt werden konnten. Das geschah, indem man für die beiden Sprachen ein besonderes Vokabular entwickelte, um die Spezialausdrücke des Sanskrit wiederzugeben. Das ist besonders im Tibetischen der Fall, für das standardisierte Sanskrit-Tibetische Wörterverzeichnisse aufgestellt wurden, die man als so wichtig erachtete, daß ein königliches Dekret ihre Anwendung unter Androhung der Todesstrafe verordnete. Seit der Zeit dieser Übersetzungen ist ein großer Teil des buddhistischen Sanskrit-Kanons verloren gegangen, jedoch alle kanonischen Schriften in den chinesischen und tibetischen Übersetzungen sind uns erhalten geblieben. Deshalb müssen Gelehrte des nördlichen Buddhismus heute nicht nur Sanskrit beherrschen, sondern zusätzlich auch mindestens eine dieser beiden anderen klassischen Sprachen des Kanons. Dabei haben sich die tibetischen Übersetzungen viel enger an die Sanskrit-Originale gehalten, entsprechen diesen Originalen also wörtlicher als die chinesischen, und sind deshalb weitaus nützlicher bei der Wiederherstellung des ursprünglichen Sanskrit-Wortlauts. Unter den Fachausdrücken in den von Blavatsky übersetzten Stanzen überwiegt bei weitem die spezielle Terminologie des nördlichen Buddhismus, meistens im Sanskrit, gelegentlich im Tibetischen. Setzen wir also die Notwendigkeit des Studiums des Sanskrit und der tibetischen Sprache voraus, so bleibt als nächstes die Frage, welchen Texten man sich bei der Suche nach dem Buch des Dzyan zuwenden muß.

Von diesem Buch wird gesagt, es sei "der erste Kommentarband zu den sieben geheimen Kiu-te-Folianten und ein Glossar der unter demselben Namen veröffentlichten Werke."[42] Dieser Satz enthält einen wichtigen Hinweis, denn hier wird das Buch des Dzyan mit den Büchern des Kiu-te, also mit öffentlichen, allgemein bekannten Werken in Verbindung gebracht. Aber diese öffentlichen Bücher des Kiu-te entpuppten sich als ebenso schwierig zu definieren wie das geheimnisvolle Buch des Dzyan selbst und konnten lange nicht identifiziert werden. Erst 1975 gelang ihre Identifikation dem niederländischen Forscher H.J. Spierenburg in einem in den Niederlanden erschienenen Artikel,[43] der die englischsprachige Welt jedoch erst 1983 durch eine amerikanische Veröffentlichung Spierenburgs erreichte. Unabhängig davon waren sie deshalb 1981 in den U.S.A. ebenfalls identifiziert und in einem 1983 erschienenen Buch beschrieben worden.[44]

Die Bücher des Kiu-te sind die tibetisch-buddhistischen Tantras, eine Reihe von über einhundert in zwanzig Bänden vereinten Einzelwerken. Diesen Büchern wird in Tibet traditionell ein sehr hoher Wert beigemessen, denn sie sollen die höchsten Lehren Buddhas enthalten. Und das war der Grund, weshalb der Zugang zu ihnen eingeschränkt und ihr Inhalt der Außenwelt kaum bekannt wurde. Im Gegensatz dazu hatten die hinduistischen Tantras einen zweifelhaften Ruf, und die meisten Hindus hatten sich von ihnen distanziert. Trotz gewisser offensichtlicher Ähnlichkeiten zwischen hinduistischen und buddhistischen Tantras, sind ihre Unterschiede jedoch grundlegend. Sie unterscheiden sich hauptsächlich dadurch, daß buddhistische Tantras 1. nicht theistisch sind, also keinen Glauben an Gott oder Götter beinhalten, und 2. daß sie vollständig auf dem Bodhisattva-Ideal gründen, d.h. auf dem Ideal irdischen Wirkens nicht zum Eigennutz, sondern ausschließlich zum Wohl anderer.[45]

Es ist einleuchtend, daß man in der Lage sein muß, die öffentlichen Bücher des Kiu-te zu lesen, wenn man die geheimen Bücher des Kiu-te lesen will. Aber die Lektüre der verfügbaren Bücher des Kiu-te ist alles andere als leicht. Selbst diese sogenannten "öffentlichen" Bände wurden vor jedem, der nicht initiiert war, bis vor kurzem geheimgehalten, und das aus gutem Grund. Als ich den esoterischsten Teil des esoterischsten dieser öffentlichen Werke durchlas, nämlich das "Jñâna-" oder "Dzyan"-Kapitel des *Kâlachakra Tantra*, des ersten der Bücher des Kiu-te, war ich überrascht und etwas erschrocken über die Fremdartigkeit der Welt, in die ich da Einblick erhielt, und auch weil ich so wenig davon verstehen konnte. Das Buch scheint sich hauptsächlich mit den mantrischen Buchstaben des Sanskrit-Alphabets und deren Beziehungen zu den verschiedenen Familien der Gottheiten zu befassen sowie mit der Purifikation dieser die grobstofflichen und feinen Bestandteile der äußeren und der inneren Welten darstellenden Gottheiten. In anderen Worten, es handelt sich hier um etwas, das die meisten Menschen, selbst die wohlwollendsten, heutzutage als unverständlichen mystischen Hokuspokus bezeichnen würden. Mir fiel eine Erwiderung des Mahatmas K.H. auf die Bitten A.P. Sinnetts um immer mehr esoterischen Unterrichtung ein:[46]

> Außerdem kann Wissen nur schrittweise vermittelt werden; und manche der höchsten Geheimnisse würden selbst für Ihre wohlvorbereiteten Ohren wie ein verrücktes Kauderwelsch klingen – trotz aller Aufrichtigkeit Ihrer gegenwärtigen Versicherung, daß "absolutes Vertrauen Mißverständnisse ausschließt."

Wie also sollte man diese Bücher begreifen, deren Texte in der Tat oft wie Kauderwelsch klingen? In der tibetischen Überlieferung gibt es einige Schulen, für die ein gewisses Buch einen besonderen Wert hat, ein Buch, das dem kommenden Buddha Maitreya zugeschrieben wird und als Übergang oder Brücke zu den Tantras oder Büchern des Kiu-te angesehen wird, weil man der Überzeugung ist, es enthalte deren doktrinäre bzw. philosophische Grundlagen. Dieses bedeutende Buch hat den Titel *Ratna-gotra-vibhâga* oder *Uttara-tantra*.[47] Gleichermaßen rät Blavatsky ihren Lesern schon am Anfang der *Geheimlehre*, sich sorgfältig mit drei fundamentalen Grundsätzen zu befassen, von denen sie sagt, sie seien die wichtige doktrinäre bzw. philosophische Voraussetzung zum Verständnis der danach aufgeführten Stanzen aus dem Buch des Dzyan. Und tatsächlich steht die doktrinäre oder philosophische Grundposition des Maitreya-Buches mehr als jedes andere uns bekannte Buch in einer ganz direkten, engen Beziehung zu den fundamentalen Grundsätzen der *Geheimlehre*.[48] Aber eine noch interessantere Dimension erhält dieser Zusammenhang durch einen geheimnisvollen Hinweis Blavatskys, in dem sie ein "geheimes Buch" Maitreya Buddhas mit dem Buch des Dzyan in Verbindung bringt. Er ist enthalten in einem Brief, den sie schrieb, als sie an der *Geheimlehre* arbeitete:[49]

> Ich habe gerade ein langes einführendes Kapitel oder Prolog oder Vorrede – nennen Sie es, wie Sie wollen – abgeschlossen, worin dem Leser erklärt wird, daß nichts in meinem Buch fiktiv ist, weder der Inhalt insgesamt, noch die Teile, die mit einer Übersetzung aus dem Buch des Dzyan und dem Geheimen Buch des "Maitreya Buddha" *Champai chhos Nga* (die Prosafassung, nicht die fünf in Versform geschriebenen Bücher, die eine absichtliche Irreführung sind) beginnen.

Obwohl aus dieser Passage nicht klar ersichtlich ist, welcher Art die Beziehung zwischen dem Buch des Dzyan und dem geheimen Buch Maitreyas ist, liegt die Annahme doch nahe, daß die Übereinstimmung der grundlegenden Lehrposition eines bekannten Buches von Maitreya mit den Fundamentalen Grundsätzen der *Geheimlehre* kein Zufall ist, ebenso wenig, wie die Übereinstimmung der Hinweise zufällig sein kann, daß die Lehren des einen als notwendige Einführung zu den öffentlichen Büchern des Kiu-te, den buddhistischen Tantras, gelten, und die anderen als notwendige Voraussetzung zum Verständnis des ersten Bandes der geheimen Kommentare zu Kiu-te, also zu dem Buch des Dzyan.

Beide Werke, die öffentlichen Bücher des Kiu-te und die veröffentlichten Bücher des Maitreya, sind Teil des buddhistischen Kanons. Bisher unbekannte Informationen über diesen Kanon, sowohl über seine öffentlichen Bücher als auch die dazugehörigen geheimen Werke, kommen von einem hochgestellten tibetischen

Bibliothekar. Sie wurden in dem Artikel "Tibetische Lehren" von Blavatsky veröffentlicht:[50]

> ... (D)er heilige Kanon der Tibeter, das *Bkah-hgyur* und das *Bstan-hgyur*, umfaßt 1.707 einzelne Werke – 1083 öffentliche und 624 geheime Bände –, wovon die ersteren 350 und letztere 77 Folianten umfassen ...
> Selbst in den Bänden, die den Massen zugänglich sind, hat jeder einzelne Satz eine Doppelbedeutung: eine für die ungelernten Leser, und eine für diejenigen, die den Schlüssel zu den Aufzeichnungen erhalten haben ... Dieser doppelte Sinn ist also sogar im für die Öffentlichkeit bestimmten Teil des Kanons enthalten, der seit kurzem nun auch westlichen Akademikern zugänglich ist ...
> (D)ie Aufzeichnungen, aus denen unser gelehrter Autor, der Mönch della Penna, zitiert – oder, besser gesagt, falsch zitiert –, enthalten keine Dichtung, sondern Informationen für zukünftige Generationen, die dann vielleicht den Schlüssel zum korrekten Verständnis der Texte haben werden ...

Als Blavatsky lebte, und bis in unsere Zeit hinein, waren diese tibetischen Bücher praktisch unerreichbar. Aber heute kann jeder die komplette Sammlung für ca. $ 2.000 kaufen! Meine Aktivitäten beim Zusammenstellen einer Sammlung aller bekannten buddhistischen Sanskrittexte haben außerdem ergeben, daß entgegen der allgemein vorherrschenden Annahme, nur ungefähr zehn Prozent des Sanskritkanons seien erhalten geblieben, tatsächlich etwa fünfzig Prozent des ursprünglichen buddhistischen Sanskritkanons wiederentdeckt worden sind. Die Möglichkeiten, die sich uns heute bieten, hat es bisher nicht gegeben, sie sind beispiellos. Ob diese Bücher nun zukünftigen Generationen den Schlüssel zu ersten Zugangsinformationen geben können oder nicht – sie sind schon für uns zweifellos die beste Quelle für das Aufzeigen und Zitieren jener zur Bestätigung des Buches des Dzyan nötigen Paralleltexte. Das ist die Aufgabe, die erfüllt werden muß, um die Existenz einer einst universal gültigen Weisheitstradition zum Nutzen der Menschheit zu beweisen. Erst wenn die nötigen Vorbereitungsarbeiten erledigt sind, kann das Buch des Dzyan erscheinen; solange diese Arbeit nicht getan wird, kann es nicht erscheinen. Soviel liegt in unserer Hand.

Anmerkungen

[1] Margaret Conger, *Combined Chronology,* 1973, S. 44; *The Mahatma Letters to A.P. Sinnett*, zusammengestellt von A.T. Barker, in chronologischer Reihenfolge geordnet von Vicente Hao Chin, Jr., Quezon City, 1993, S. 478.

[2] *The Mahatma Letters to A.P. Sinnett*, 2. Auflage, London, 1926, S. 50; chronologische Ausgabe, 1993, S. 67.

[3] siehe: "My Books", in *H.P. Blavatsky Collected Writings*, Bd. XIII, Wheaton, 1982, S. 191–202; insbesondere S. 191–92: "Von allen Büchern, die meinen Namen tragen, ist dieses das schlechteste und verwirrendste, was die literarische Bearbeitung betrifft."

[4] Diese Korrespondenz wurde in *The Mahatma Letters to A.P. Sinnett* veröffentlicht, 1. Auflage, 1923, und nachfolgende Auflage wie unter Anmerkung 1 und 2 angeführt. Die Originalbriefe werden im Britischen Museum aufbewahrt.

[5] aus: "Our Theosophists", *The Daily Examiner*, San Francisco, 1. Juli 1888, zitiert in Michael Gomes, *The Dawning of the Theosophical Movement*, Wheaton, 1987, S. 150.

[6] siehe Boris de Zirkoffs "Historical Introduction: How 'The Secret Doctrine' Was Written", in der *H.P. Blavatsky Collected Writings*-Ausgabe der *Secret Doctrine*, Adyar, 1978, S. [1–2], wo er Col. H.S. Olcotts *Old Diary Leaves,* 2. Serie, S. 90 zitiert.

[7] *The Secret Doctrine*, Bd. I, S. xxxvii

[8] 1884 spricht der Mahatma K.H. von den "wirklich schlimmen Fehlern in *Esoteric Buddhism*" und erklärt, daß "*Die Geheimlehre* viele Erklärungen enthalten und so manche Verunsicherung vieler Schüler beseitigen wird", in *The Mahatma Letters to A.P. Sinnett*, 2. Aufl., S. 357, chronol. Ausg. S. 428. *Die Geheimlehre* enthält ein Kapitel, in dem diese anfänglichen Mißverständnisse der Theosophen korrigiert werden. Siehe S. 147 in dieser Ausgabe.

[9] *The Secret Doctrine*, Bd. I, S. xlii.

[10] G.R.S. Mead: "Concerning H.P.B. (Stray Thoughts on Theosophy)", *Adyar Pamphlets*, Nr. 111, Adyar, Madras, 1920, S. 16, ein Nachdruck aus *Theosophical Review*, Jg. XXXIV, April 1904, S. 130–144.

[11] *Rig Veda* 10. 129. Auch andere Hymnen aus dem *Rig Veda* können als kosmogonisch bezeichnet werden, z.B. 10. 90, 10. 81, 10. 82 und 10. 121.

[12] z.B. *Aitareya Upanischade*, die mit den Worten beginnt: "Das Selbst, wahrlich, war (all) dieses, eines nur, am Anfang." Blavatsky bezog sich darauf in einem frühen Entwurf der drei grundlegenden Prinzipien der *Geheimlehre* in einem Satz, der in der gedruckten Ausgabe fehlt. Zum ersten Prinzip schrieb sie: "In der Aitareya Upanischade wird dieses Prinzip als das SELBST bezeichnet, als das einzige ..." Siehe das Faksimile dieser Seite in Boris de Zirkoffs "*Einführung*", cf. obige Anmerkung Nr. 6.

[13] Die *Gesetze Manus*, eine Gesetzesammlung, enthält im ersten Kapitel eine Schöpfungsgeschichte. Zu diesem Kapitel s. *The Secret Doctrine*, Bd. I, S. 333, wo Blavatsky schreibt: "Aber etwas, das viel wichtiger für uns ist, folgt unmittelbar auf diese Verse, denn es bestätigt unsere esoterischen Lehren vollständig. Von Vers 14 bis 36 wird die Evolution in der Reihenfolge dargestellt, wie sie die Esoterische Philosophie beschreibt. Das ist eine Bestätigung, die nicht geleugnet werden kann."

[14] Unter den 18 wichtigsten *Purânas* wird das *Vishnu Purâna* oft als das repräsentativste für die traditionellen fünf Themenbereiche eines *Purânas* angesehen, einschließlich der Schöpfungsgeschichte. H.H. Wilsons Überetzung des *Vishnu Purâna* ins Englische, die auch ausführliche Anmerkungen aus den anderen *Purânas* enthält, wurde von Blavatsky in der *Geheimlehre* oft zitiert.

[15] Sanskrit-Ausgabe: *Tattvârthâdhigama by Umâsvâti*, Hg. Mody Keshavlal Premchand, Kalkutta, 1903-1905, Bibliotheca Indica 159; deutsche Übersetzung: "Eine Jaina-Dogmatik. Umâsvâti's Tattvârthâdhigama Sûtra", Übers. Hermann Jacobi, *Zeitschrift der Deutschen Morgenländischen Gesellschaft*, Bd. 60, 1906, S. 287–325, 512–551.

[16] *The Building of the Cosmos, or Pañchâstikâyasâra (the Five Cosmic Constituents)*, Hg. und Übers. A. Chakravartinayanar, Arrah, 1920, Bibliotheca Jainica, Sacred Books of the Jainas 3.

[17] *L'Abhidharmakosha de Vasubandhu,* Übers. Louis de la Vallée Poussin, 6 Bde., Paris, 1923–1931, Société Belge d'Études Orientales. Poussins französische Übersetzung wurde inzwischen von Leo M. Pruden ins Englische übersetzt: *Abhidharmakoshabhâsyam,* 4 Bde., Berkeley, 1988–1990. Poussin hatte

das dritte Kapitel über Kosmologie zuvor separat veröffentlicht: *Bouddhisme: Études et Matériaux – Cosmologie, 1919.*

[18] Das *Abhidharmakosha* wurde im Sanskrit zuerst von V.V. Gokhale herausgegeben und im *Journal of the Bombay Branch of the Royal Asiatic Society*, New Series, Bd. 22, 1946, S. 73–102 veröffentlicht, mit einer Berichtigung im Bd. 23, 1947, S. 12. Sein Eigenkommentar oder *Abhidharmakoshabhâsyam* wurde im Sanskrit von P. Pradhan, Patna, 1967, Tibetan Sanskrit Works, Series 8, mit einer 2. revidierten Auflage 1975 herausgegeben.

[19] David Reigle: "New Light on the Book of Dzyan", siehe "Neue Erkenntnisse über das *Buch des Dzyan*" in dieser Studienausgabe. Inzwischen wurde eine Übersicht über die Abhidharma- und Kâlachakra-Kosmologien sowie die Mahâyâna-Kosmologie des *Flower Ornament Scripture (Avatamsaka Sûtra)* und anderer Sûtras ebenso wie über die Dzog-chen-Kosmologie veröffentlicht: Jamgôn Kongtrul Lodrô Tayé: *Myriad Worlds: Buddhist Cosmology in Abhidharma, Kâlachakra, and Dzog-chen*, Ithaca, New York, 1995. Die Mahâyâna-Kosmologie wurde bereits früher beschrieben, Im Vergleich mit der Abhidharma-Kosmologie und vor dem Hintergrund des *Mahâprajñâpâramitâ Shâstra*, der *Lotus Sûtra (Saddharma-pundarîka Sûtra)* und der Reine Land- oder *Sukhâvatî-vyûha Sûtra*, wurde die Mahâyâna-Kosmologie bereits früher beschrieben, und zwar in: Randy Kloetzli, *Buddhist Cosmology*, Delhi, 1983. Akira Sadakata, *Buddhist Cosmology*, Tokyo, 1997, beschreibt ebenfalls die Mahâyâna-Kosmologie aus dem *Flower Garland Sûtra (Avatamsaka Sûtra)* und dem *Sukhâvatî-vyûha Sûtra* im Vergleich mit der Adhidharma-Kosmologie.

[20] *Abhidharmakosha* und *bhâsyam*, 3. 8–9.

[21] *Abhidharmakoshabhâsyam* und *vyâkhyâ*, 3. 9.

[22] *Abhidharmakoshabhâsyam* 3. 9: "upapâdukâh punah prâthama-kalpikâh."

[23] *The Secret Doctrine*, Bd. I, S. xxv. Ebenso wurde, laut Blavatsky, die Hälfte der *Upanischaden* entfernt, so daß "*sie den Beginn und das Ende allen menschlichen Wissens* BEHALTEN, *aber sie haben nun,* seit Buddha, *aufgehört, es zu* ENTHÜLLEN". *The Secret Doctrine*, Bd. I, S. 270.

[24] "Die Mitglieder mehrerer esoterischer Schulen, deren Zentrum hinter dem Himalaya liegt und deren Einfluß bis nach China, Japan, Indien, Tibet und sogar Syrien und Südamerika reicht, versichern, in ihrem Besitz befände sich die Gesamtheit aller heiligen und philosophischen Schriften in gedruckter oder Manuskriptform...", s. S. 64 in dieser Ausgabe.

[25] *Combined Chronology*, S. 47; *The Mahatma Letters to A. P. Sinnett*, chron. Ausgabe, S. 480.

[26] *The Secret Doctrine*, Bd. I, S. xxxvii.

[27] Auf Kommentare zum Buch des Dzyan in Sanskrit, Tibetisch oder Chinesisch wird auf S. 87 in dieser Studienausgabe hingewiesen sowie in Boris de Zirkoffs "Historical Introduction" in *The Secret Doctrine*, Bd. I, S. [29].

[28] *The Secret Doctrine*, Bd. I, S. xxxvii und s. S. 66 in dieser Studienausgabe.

[29] Siehe "Die Bücher des Kiu-te, die Tantras des tibetischen Buddhismus", S. 546 in dieser Studienausgabe.

[30] siehe S. 64 in dieser Studienausgabe.

[31] siehe S. 67 in dieser Studienausgabe.

[32] *The Secret Doctrine*, Bd. I, S. 23.

[33] *The Mahatma Letters to A.P. Sinnett*, zusammengestellt von A.T. Barker, 1. Auflage 1923, 2. Auflage 1926, Faksimile-Reprint, Pasadena, 1975, S. 57-58; 3. überarb. Auflage, Adyar, 1962, S. 57–58; chronologische Ausgabe, Hg. Vicente Hao Chin, Jr., Quezon City, 1993, S. 274.

[34] Für den Wortlaut der verschiedenen frühen Versionen der drei Ziele der Theosophischen Gesellschaft, siehe Josephine Ransom, *A Short History of the Theosophical Society*.

[35] *The Mahatma Letters to A. P. Sinnett*, 2 u. 3. Auflage, S. 53; chron. Ausgabe S. 270.

[36] *The Mahatma Letters to A. P. Sinnett*, 2. u. 3. Auflage, S. 58; chron. Ausgabe S. 275.

[37] *The Secret Doctrine*, Bd. I, S. xxxvii.

[38] "First Letter of K.H. to A. O Hume", in *The Mahatma Letters to A. P. Sinnett*, chron. Ausgabe, S. 476.

[39] *The Secret Doctrine*, Bd. I, S. 22–23.

[40] *The Secret Doctrine*, Bd. I, S. xxxviii-xxxix.

[41] siehe S. 201 in dieser Studienausgabe

[42] "The Secret Books of 'Lam-Rim' and Dzyan", in *H. P. Blavatsky Collected Writings*, Bd. XIV, S. 422. Zu Kiu-te siehe auch: *The Secret Doctrine*, Bd. I, S. xliii. Für Berichte über die umfangreichen

versteckten Bibliotheken von verlorenen und heute geheimen Büchern siehe: *The Secret Doctrine*, Bd. I, S. xxiii ff.

[43] siehe: H. J. Spierenburg, *The Buddhism of H.P. Blavatsky*, San Diego, 1991, S. 138.

[44] siehe Anmerkung 29.

[45] Weitere Einzelheiten über diese beiden primären Unterschiede zwischen den hinduistischen und buddhistischen Tantras in "What Are the Books of Kiu-te", eine Vorlesung von David Reigle, gehalten anläßlich der *Secret Doctrine*-Konferenz in Culver City, Kalifornien, August 1988. Eine wichtige Erklärung, die meiner Meinung nach die Unterschiede zwischen den hinduistischen und buddhistischen Tantras betrifft, gab T. Subba Row: "...die Kenntnis *der okkulten Kräfte der Natur*, welche die Bewohner des untergegangenen Atlantis besaßen, wurde in archaischen Zeiten von den Adepten Indiens erlernt und von ihnen der esoterischen Lehre hinzugefügt, die die Bewohner der heiligen Insel lehrten. Die tibetischen Adepten haben jedoch diesen Zusatz zu ihrer esoterischen Lehre nicht akzeptiert. Insofern kann man annehmen, daß es einen Unterschied zwischen beiden Lehren gibt." Blavatsky fügt hier folgende Anmerkung hinzu: "Um diese Aussage vollkommen zu verstehen, muß der Leser in *Isis entschleiert*, Bd. 1, S. 589–594 nachlesen." Siehe T. Subba Row, "The Aryan-Arhat Esoteric Tenets on the Sevenfold Principle in Man", in *H. P. Blavatsky Collected Writings*, Bd. III, S. 402–403. Um zu erkennen, wie grundlegend ein bestimmtes buddhistisches Tantra auf dem Bodhisattva-Ideal basiert, siehe David Reigle, *Kâlachakra Sâdhana and Social Responsibility*, Santa Fe, 1996.

[46] *The Mahatma Letters to A. P. Sinnett*, 2. Auflage, S. 283; 3. Auflage, S. 279; chron. Ausgabe, S. 73.

[47] Das *Ratna-gotra-vibhâga* oder *Uttara-tantra* wurde zuerst aus dem Tibetischen von E. Obermiller übersetzt als "The Sublime Science of the Great Vehicle to Salvation", *Acta Orientalia*, Bd. IV, 1931, S. 81-306; Reprint als *Uttaratantra or Ratnagotravibhaga*, Talent, Oregon, 1984. Es folgte eine Übersetzung aus dem Sanskrit von Jikido Takasaki: *A Study on the Ratnagotravibhâga (Uttaratantra), Being a Treatise on the Tathâgatagarbha Theory of Mahâyâna Buddhism*, Rom, 1966, Serie Orientale Roma 33. Es wurde auch von S.K. Hookham paraphrasiert in *The Buddha Within: Tathagatagarbha Doctrine According to the Shentong Interpretation of the Ratnagotravibhaga*, Albany, 1991.

[48] Siehe David Reigle, "Die Svabhâva- oder Svabhâvatâ-Lehre und die Anâtman / Shûnyatâ-Frage" in dieser Ausgabe.

[49] *The Letters of H.P. Balvatsky to A.P. Sinnet*, zusammengestellt von A. T. Barker, 1925; Faksimile-Reprint, Pasadena, 1973, S. 195. Viele Theosophiestudenten waren der Meinung, diese Passage nehme Bezug auf einen nie veröffentlichten und jetzt verlorenen "dritten Band" der *Geheimlehre*. Neueste Forschungen von Daniel Caldwell über den von Blavatsky erwähnten dritten Band zeigen aber, daß der im Jahr 1897 veröffentlichte dritte Band wirklich als solcher von ihr vorgesehen war, so daß sich diese Passage höchstwahrscheinlich auf die Stanzen des Dzyan bezieht, die wir in den beiden 1888 veröffentlichten Bänden der *Secret Doctrine* finden. Siehe Daniel H. Caldwell, "The Myth of the 'Missing' Third Volume of *The Secret Doctrine*", *The American Theosophist*, spätes Frühjahr/Frühsommer 1995, S. 18–25.

[50] *H.P. Blavatsky Collected Writings*, Bd. VI, S. 98, 100. Von den Büchern des tibetisch-buddhistischen Kanons wird hier gesagt, sie enthielten chiffrierte Informationen, zu deren Erschließung mehrere Schlüssel erforderlich seien. Wahrscheinlich wurde einer dieser Schlüssel kürzlich von Doss McDavid entdeckt –, überraschenderweise nicht für Sanskrit oder die tibetische, sondern für die griechische Sprache. Dieser Schlüssel verwendet zwar die numerischen Werte des griechischen Alphabets, aber die Werte können auch für Sanskritwörter und sogar für englische Wörter angewendet werden. Und vom Standpunkt der Geheimlehre kann für die Verbindung zwischen Sanskrit und Griechisch sogar eine Erklärung gefunden werden, denn es hat sich herausgestellt, daß Orpheus, der bei den Griechen als der "Erfinder der Buchstaben" galt, aus Indien kam (siehe "Was Writing Known before Pânini?", in *H.P. Blavatsky Collected Writings*, Bd. V, S. 304–307). Deshalb ist es gut möglich, daß er die wahren numerischen Buchstabenwerte mitgebracht hat, die also sowohl für Sanskrit als auch für die griechische Sprache zutreffend sind, und die in Griechenland erhalten blieben, während sie in Indien durch ein anderes Zahlensystem abgelöst wurden. Siehe Doss McDavid, "Gematria, Senzar, and the Book of Dzyan" in *The Quest*, September 1998, S. 4–12.

David Reigle

FORSCHUNGSBERICHTE ZU DEN FACHAUSDRÜCKEN IM *BUCH DES DZYAN*

I. Zur Stanze 1 der Kosmogenesis

Ernsthafte Studenten der *Geheimlehre* und besonders theosophische Lehrer und Vortragende wird die Frage interessieren, inwiefern die aktuelle Forschung die Fachausdrücke im *Buch des Dzyan* erhellen kann. Zu Lebzeiten von H.P. Blavatsky gab es nur eine Handvoll Bücher über den Buddhismus und nur wenige Übersetzungen buddhistischer Schriften in europäische Sprachen, und die waren noch nicht einmal besonders zuverlässig. Heutzutage gibt es viele Hunderte solcher Bücher und Übersetzungen, und die Forschungsergebnisse der Gelehrten zu Anfang dieses Jahrhunderts konnten in den vergangenen Jahrzehnten mit Hilfe gelehrter Tibeter berichtigt werden. Zu Blavatskys Zeit stand kaum zur Debatte, buddhistische Texte in ihren ursprünglichen Sprachen zu erforschen, da sie weitgehend unzugänglich waren. Seit 1975 jedoch bekamen wir Zugang zu ganzen Bibliotheken von Manuskripten in Sanskrit und solchen mit tibetischen Blockdrucken. Dieses Material haben wir für Forschungszwecke zusammengetragen, um eines Tages eine kommentierte Ausgabe des *Buches des Dzyan* auf der Grundlage von Originalmanuskripten in Sanskrit und Tibetisch zu erstellen, und diesem Material entnehmen wir die folgenden Erkenntnisse.

Es gibt sechs Fachausdrücke in der englischen Übersetzung der ersten Stanze des *Buches des Dzyan* in H.P. Blavatskys *Geheimlehre*. In der Schreibweise der ersten Ausgabe handelt es sich um folgende Begriffe: Ah-hi, Paranishpanna, Dangma, Alaya, Paramârtha und Anupâdaka. Der erste Fachausdruck, Ah-hi, stammt aus dem dritten Vers der ersten Stanze: "Der Universalgeist war nicht, denn es gab keine Ah-hi, in denen er sein konnte." Ah-hi wird in H.P. Blavatskys *Theosophical Glossary* als Senzar-Wort aufgeführt, dessen Äquivalent im Sanskrit – ahi – bedeutet: "Schlangen. Dhyân Chohans. 'Weise Schlangen' oder Drachen der Weisheit." Da die anderen fünf Fachausdrücke der ersten Stanze alle buddhistische Begriffe sind, habe ich nicht den Versuch unternommen, das Sanskritwort *ahi* in hinduistischen Texten zu erforschen, in denen es gewöhnlich in der Bedeutung "Schlange" verwendet wird. In buddhistischen Texten habe ich keine besondere Verwendung festgestellt; ahi kommt nur in Komposita vor und hat dort die gewöhnliche Bedeutung "Schlange", wie beispielsweise *ahi-tundika*, "Schlangenbeschwörer". Wir können jedoch eine Regel anwenden, "um die tiefe Bedeutung der uralten Sanskrit-Nomenklatur aufzustöbern," die T. Subba Row in seinem Artikel "The Twelve Signs of the Zodiac" gibt, nämlich "Synonyme für das benutzte Wort zu finden, die andere Bedeutungen haben." Ein häufig benutztes Synonym für *ahi* ist *nâga*, wie beispielsweise in dem Namen Nâgârjuna, der bekannt dafür ist, daß er die *Prajñâpâramitâ* oder die Schriften zur "Vollkommenheit der Weisheit" von den nâgas, den Schlangen der Weisheit, empfangen hat. Das Wort *nâga* hat zwei grundlegende Bedeutungen: Schlange und Elefant. Der Elefant galt auch als ein Symbol für Weisheit. So gilt zum Beispiel der elefantenköpfige Hindugott Ganesha als Gott der Weisheit, und die Königin Mâyâ, die Mutter des Buddha, träumte von einem weißen Elefanten, der in ihren Körper eindrang, kurz bevor sie schwanger wurde. Die meisten Sûtras des Mahâyâna-Buddhismus beginnen mit einer Standardformel, die die vierzehn Beinamen der Gruppe von Arhats enthält, denen der Buddha jeweils die Lehren vermittelte. Der siebte dieser Beinamen (*shrâvaka-gunas*) lautet *mahânâga*, "Große Schlange" oder "Großer Elefant". Das kann man in den verschiedenen Sûtras der Vollkommenheit der Weisheit finden, wie dem Lotus-Sûtra, dem Vimalakîrti-Sûtra, dem *Sukhâvatî-vyûha* oder "Devachan"-Sûtra, und so weiter. Dieses Symbol wurde also häufig verwendet, um die Empfänger oder Behältnisse von Weisheit darzustellen, wie es ja auch in der Stanze der Fall ist: "Der Universalgeist war nicht, denn es gab keine Ah-hi, in denen er sein konnte."

Der zweite Fachausdruck, "Paranishpanna", enthält einen geringfügigen Schreibfehler. Die Vorsilbe *para-* muß *pari-* lauten; es muß also *parinishpanna* heißen, mit einem zerebralen Sibilanten. Diesen Fehler kann man möglicherweise der bekannten Gewohnheit von H.P. Blavatsky zuschreiben, Hindukollegen zu Rate zu ziehen, um die Schreibweise von Sanskritworten zu berichtigen, sowie der Tatsache, daß dieser Begriff in hinduistischen Texten kaum verwendet wird. Während der Begriff "paranishpanna" vollkommen unbekannt ist und weder in hinduistischen noch in buddhistischen Texten vorkommt, ist die Vorsilbe *para-* ganz geläufig, und das Wort konnte daher als theoretisch möglich angesehen werden. Einen ähnlichen Fehler wie diesen findet man in H.P. Blavatskys *Geheimlehre* in dem Wort "Paranirvâna". Richtig muß es *parinirvâna* heißen, und so findet man es auch richtig in den *Mahatma-Briefen*. *Pari-nishpanna* taucht im sechsten Shloka der ersten Stanze auf: "Die sieben erhabenen Herrscher und die sieben Wahrheiten hatten aufgehört zu sein, und das Universum, Sohn der Notwendigkeit, war versunken im Parinishpanna, auf daß es ausgeatmet werde durch das, was ist und doch nicht ist. Nichts war." Das wird in dem Kommentar-Teil der *Geheimlehre* definiert als "absolute Vollkommenheit, Parinirvâna, d.i. Yong-Grüb [phonetisches Tibetisch, Umschrift: *yongs grub* oder *yons grub*]." Diese Bedeutung, "absolute Vollkommenheit", läßt sich gut in buddhistischen Sanskrittexten belegen, aber so gut wie keiner von diesen war zu der Zeit, als *Die Geheimlehre* geschrieben wurde, veröffentlicht. Der einzige Text, den es meines Wissens damals gab und der diesen Ausdruck enthielt, war der *Sukhâvatî-vyûha*, von F. Max Müller 1883 veröffentlicht. Desgleichen wurden die Standardlexika des Sanskrit wie die von Monier-Williams und V.S. Apte zusammengestellt, ehe eine signifikante Anzahl buddhistischer Texte veröffentlicht war. Man muß also bei diesen buddhistischen Fachausdrücken Franklin Edgertons 1953 erschienenes *Buddhist Hybrid Sanskrit Grammar and Dictionary* konsultieren, und selbst dieses Buch ist äußerst unzulänglich, weil zu der Zeit erst ganz wenige Texte zum buddhistischen Tantra, den *Büchern des Kiu-te*, vorlagen. Edgerton gibt für den Begriff *pari-nishpanna* die wörtliche Bedeutung als Partizip Perfekt Passiv an, "vollkommen vollendet". Das paßt dem Sinn nach zu der Verwendung als Substantiv "absolute Vollkommenheit". Eine verwandte Anwendung findet man in einem charakteristischen Fachausdruck der Yogacharyâ- oder Yogâchâra-Schule des Buddhismus. In diesem Kontext findet man es im ersten Buch der *Geheimlehre*.[1] *Pari-nishpanna* bedeutet zusammen mit *para-tantra* – das "Abhängige" und *pari-kalpita* – das "Trügerische", eine der drei *sva-bhâvas*, "Naturen", oder *lakshanas*, "charakteristische Eigenschaften", die die Yogâchâra-Schule lehrt. Diese zentrale Yogâchâra-Doktrin konnte man autoritativ nicht vor der ersten Veröffentlichung eines grundlegenden Yogâchâra-Quellentextes erforschen, also nicht vor 1907. Denn in dem Jahr wurde der *Mahâyâna-sûtrâlankâra*, "die Zierde der Mahâyâna-Sûtras", veröffentlicht. Der Sanskritausgabe folgte 1911 zwar eine französische Übersetzung, aber erst 1992 eine englische Übersetzung von Surekha Vijay Limaye. Man kann diese englische Übersetzung allerdings nicht empfehlen, da sie geradezu beispielhaft ist für die typischen Fehler, die selbst kompetente indische Sanskritisten machen, wenn sie nicht mit der speziellen Terminologie buddhistischer Texte vertraut sind. Der *Mahâyâna-sûtrâlankâra* ist einer der fünf Texte, die von der tibetischen Tradition dem Maitreya zugeschrieben werden. Die anderen grundlegenden Yogâchâra-Texte stammen von Âryasangha und seinem jüngeren Bruder Vasubandhu, dessen kurze *Vijñapti-mâtratâ-siddhi-trimshikâ* mit nur 30 Versen einem Yogâchâra-Katechismus am nächsten kommt. Vasubandhu hat auch eine kurze Abhandlung speziell über diese drei Termini geschrieben, den *Tri-svabhâva-nirdesha*. Die Definitionen, die man in diesen Texten findet, führten jedoch zu Meinungsverschiedenheiten über ihre genaue Interpretation.

Schüler der Theosophie sollten, wenn sie dieses Material in Übersetzungen studieren, zweierlei bedenken: 1. Übersetzer und Autoren beschreiben die Yogâchâra-Lehren im allgemeinen als "Nur-Geist", das bedeutet, das Universum ist nichts anderes als Geist oder Bewußtsein. Sie sind sich aber oft nicht bewußt, daß es noch eine andere und ältere traditionelle Interpretation gibt, die erklärt, daß die Yogâchâra-Lehren nicht eine Beschreibung des Universums als solches darstellen, sondern, wie der Name schon andeutet, eine Analyse des Universums im Sinne von Bewußtsein zum Gebrauch für Meditationsübungen. Diese beiden Traditionen sind über China zu uns gekommen, wo Yogâchâra noch immer praktiziert wird. Die populäre "Nur-Geist"-Tradition stammt, durch die Arbeiten des chinesischen Übersetzers Hsüang-tsang, von dem späten indischen Kommentator Dharmapâla, während die andere Tradition von einem älteren indischen Kommentator namens Sthiramati stammt, und zwar durch die Übersetzungen des Chinesen Paramârtha. 2. Die Mehrheit der tibetischen Interpreten beschreibt die Yogâchâra-Lehren ebenfalls als "Nur-Geist" und zeigt dann, daß die Mâdhyamaka-Schule die höchsten Lehren gibt und die Yogâchâra-Schule widerlegt. Aber auch sie sind sich oft nicht bewußt, daß es in Tibet noch eine andere traditionelle Interpretation gibt, das "Große Mâdhyamaka", das diese beiden Schulen in Einklang miteinander bringt. Diese Tradition wurde von dem Jonangpa-Autor Dolpopa begründet und lehrt, daß die primären Yogâchâra-Autoren Maitreya, Asanga und Vasubandhu sowie der primäre Yogâchâra-Autor Nâgârjuna alle zu der "Tradition des Goldenen Zeitalters" gehörten und deswegen miteinander übereinstimmten. Doch die späteren buddhistischen Kommentatoren gehörten nicht zu der "Tradition des Goldenen Zeitalters", verstanden diese Autoren nicht richtig und betrachteten sie deshalb als Rivalen. Diese Lehre, die zeigt, daß sich Mâdhyamaka und Yogâchâra nicht widersprechen, ist meiner Meinung nach wesentlich für ein richtiges Verständnis der Stanzen des Dzyan.

Der dritte Begriff ist ein tibetisches Wort in phonetischer Umschrift, Dangma, dessen Transliteration dwangs-ma oder dwans-ma ist, wie Boris de Zirkoff in *Blavatsky Collected Writings*, Band 6, S. 113 richtig angibt. Es taucht zuerst im achten Vers der ersten Stanze auf: "Allein vorhanden, erstreckte sich die eine Form des Seins grenzenlos, unendlich, unverursacht und in traumlosem Schlaf, und Leben pulsierte ohne Bewußtsein im universalen Raum, in jener Allgegenwart, die das geöffnete Auge des Dangma wahrnimmt." Dangma wird in H.P. Blavatskys *Geheimlehre* folgendermaßen definiert: "Ein Dangma ist eine geläuterte Seele, jemand, der zum Jîvanmukta geworden ist, ein Adept der höchsten Stufe, ein sogenannter Mahâtma." Dangma ist ein recht ungewöhnliches Wort in den bekannten tibetischen Schriften. Das Standardwörterbuch *Tibetan-English Dictionary* von Sarat Chandra Das führt nur die obskure und ungeeignete Bedeutung "Saft" [*juice*] usw. auf (S. 617). Doch ein früheres Wörterbuch von 1881, *Tibetan-English Dictionary* von H.A. Jäschke, sagt dazu folgendes (S. 249): "'der Geist; die Seele', eine Bedeutung, die bisher in keinem Buch gefunden wurde. Doch nach Aussage eines Lamas bedeutet das Wort eine Seele, die von allen Sünden gereinigt ist, vergleichbar mit einer klaren und sauberen Flüssigkeit, aus der alle heterogenen Stoffe entfernt wurden." Das Wörterbuch *Tibetan-Sanskrit Dictionary* von Lokesh Chandra gibt es nicht als Substantiv an, sondern nur als Adjektiv (in der Bedeutung "klar" [*clear*]) in einem Kompositum mit *blo* (S. 1089) aus dem *Bhadra-kalpika-Sûtra*, Sanskrit: *prasanna-buddhi*; wir können es also nicht anhand seines Sanskrit-Äquivalents erforschen. Das definitive neue Tibetisch-Tibetisch-Wörterbuch *Bod rgya tshig mdzod chen mo* gibt zwei grundlegende Bedeutungen: *gtso-bo* und *gsal-ba*. Das erste, *gtso-bo*, wird von Das definiert als: Selbst, Seele; Führer, Herr, Meister; das zweite, *gsal-ba*, bedeutet: rein; klar. Obwohl ich nicht glaube, daß diese Quellen neues Licht auf den Ausdruck Dangma werfen, so bestätigen sie doch zumindest die Bedeutung dieses ziemlich seltenen Wortes, das sich in der *Geheimlehre* findet: "gereinigte Seele".

Die übrigen drei Fachausdrücke stammen alle aus dem neunten Vers der ersten Stanze: "Aber wo war der Dangma, als der Âlaya des Universums sich im Zustand des Paramârtha befand, und als das große Rad Anupadaka war?" Das Wort *âlaya* ist, wie *pari-nishpanna*, einer der charakteristischen Begriffe der Yogâchâra-Schule des Buddhismus. Ähnlich wie oben geben die gebräuchlichen Sanskrit-Wörterbücher seine Bedeutung als buddhistischen Fachausdruck nicht an, weil die Yogâchâra-Textbücher noch nicht veröffentlicht waren, als diese Lexika zusammengestellt wurden. Das hat zu der Frage geführt, ob der Begriff in der ersten Stanze *alaya* oder *âlaya* heißen muß, wobei das erstere als *a-laya* verstanden wird, "Nicht-Auflösung". H.P. Blavatsky schreibt dazu jedoch in ihrer *Geheimlehre*: "Der Name gehört zum tibetischen System der kontemplativen *Mahâyâna*-Schule."[2] Diese Aussage bezieht sich zweifellos auf das Wort *âlaya*. Blavatsky definiert *âlaya* als "Seele als Basis von allem", "Anima mundi", die "Überseele" Emersons, die "Universalseele". Wie man aus den jetzt vorliegenden buddhistischen Texten ersehen kann, ist *âlaya* eine verkürzte Form von *âlaya-vijñâna*, und das kann man wörtlich definieren als "Speicherbewußtsein" [container consciousness]. Hierbei handelt es sich um das achte und höchste Bewußtsein nach der Lehre der Yogâchâra-Schule, wo es tatsächlich als universales Bewußtsein oder "Seele" verstanden wird, als Basis von allem. Ein wichtiges buddhistisches Sûtra zum *âlaya-vijñâna* ist das *Lankâvatâra-Sûtra*, das 1932 von D.T. Suzuki ins Englische übersetzt wurde. Der wichtigste Yogâchâra-Quellentext zu *âlaya-vijñâna* ist Asangas *Mahâyâna-samgraha*. Er wurde 1938-39 von Étienne Lamotte ins Französische übersetzt und 1993 von John P. Keenan ins Englische unter dem Titel *Summary of the Great Vehicle*. In dieser Übersetzung wurden auch alle Fachausdrücke ins Englische übersetzt, doch wurden die ursprünglichen Begriffe den Übersetzungen nicht in Klammern hinzugefügt. Wenn also vom Speicherbewußtsein [container consciousness] die Rede ist, muß man wissen, daß es sich um eine Übersetzung des Begriffs *âlaya-vijñâna* handelt. Im Sanskrit suggeriert das Wort *âlaya-vijñâna* eine ganze Reihe von Bedeutungen, wohingegen das deutsche Wort Speicherbewußtsein oder die englische Bezeichnung container *consciousness* so gut wie bedeutungslos sind. Solch eine Art von Übersetzung reduziert meiner Meinung nach einen scharfsinnigen und klaren Text eines der größten geistigen Lehrer aller Zeiten zu kindlichem Gefasel. Eine wesentlich bessere Übersetzung findet man in der Übertragung eines Textes von Tsong-Kha-Pa über *âlaya-vijñâna* von Gareth Sparham, die 1993 unter dem Titel *Ocean of Eloquence;*

Tsong kha pa's Commentary on the Yogâchâra Doctrine of Mind veröffentlicht wurde. Eine wichtige zweibändige Studie über *âlaya-vijñâna* von Lambert Schmithausen, einem der führenden Gelehrten auf dem Gebiet des *Yogâchâra* unserer Zeit, wurde 1987 veröffentlicht: *Âlaya-vijñâna: On the Origin and the Early Development of a Central Concept of Yogâchâra Philosophy*. Alle diese Arbeiten können Studenten der Theosophie mit großem Nutzen zu Rate ziehen, wenn sie die vielleicht wichtigste und charakteristischste Doktrin des Yogâchâra, *âlaya-vijñâna*, eingehender studieren wollen.

Der fünfte Fachausdruck ist Paramârtha. Was *âlaya* für die Yogâchâra-Schule ist, ist *paramârtha* für die Mâdhyamaka-Schule – eine ihrer wichtigsten und charakteristischsten Lehren. In Blavatskys *Geheimlehre* lesen wir: "Die Termini 'Alaya' und 'Paramârtha' waren der Grund für Spaltungen in philosophischen Schulen, und der Wahrheitsbegriff hat durch sie mehr unterschiedliche Aspekte bekommen, als durch jeden anderen mystischen Begriff."[3] *Paramârtha* wird dort so definiert: "Absolutes Sein und Bewußtsein ist gleich Absolutes Nicht-Sein und Nicht-Bewußtsein"[4]; und im *Theosophical Glossary* als "absolute Existenz". Die Mâdhyamaka-Schule lehrt zwei Wahrheiten: die absolute Wahrheit oder *paramârtha-satya* und die konventionelle Wahrheit oder *samvriti-satya*. Der Grund dafür ist Mitgefühl. Wenn die absolute Wahrheit das absolute Leersein (*shûnyatâ*) von allem ist, wenn also niemand letztlich real ist, wozu dann Mitgefühl? Die Antwort darauf findet sich in der Lehre von der konventionellen Wahrheit. Und tatsächlich sind die tibetischen Buddhisten, die so gut wie alle diese Lehre akzeptieren, insgesamt die wohl mitfühlendste Gruppe von Menschen auf diesem Planeten. Nâgârjuna ist zwar der primäre Autor für die Mâdhyamaka-Schule, er hat jedoch keine Arbeit speziell über die beiden Wahrheiten geschrieben; im Gegensatz zu einem späteren indischen Mâdhyamaka-Autor, dessen Werk unter dem Titel *Jñânagarbha's Commentary on the Distinction Between the Two Truths* 1987 von David Malcolm Eckel ins Englische übersetzt wurde. Eine Studie von Guy Newland, basierend auf den Quellen der tibetischen Gelugpas, ist 1992 unter dem Titel *The Two Truths* erschienen. Diese Doktrin ist für Theosophen ebenso wichtig wie für Buddhisten, weil sie der modernen rationalen Menschheit einen auch intellektuell befriedigenden Grund für Mitgefühl gibt.

Der sechste und letzte Begriff ist anupâdaka. So, wie die beiden vorherigen Fachausdrücke zu großen Streitigkeiten innerhalb des Buddhismus führten, war dieser Begriff Anlaß zu Auseinandersetzungen in der Theosophie. Die Tatsachen, die hier vorgelegt werden sollen, müßten diese Streitigkeiten theoretisch beilegen, aber das wird man abwarten müssen. Also Zeit und natürlich die Entdeckung eines Sanskritmanuskriptes des *Buches des Dzyan* werden dabei ausschlaggebend sein. Die Geschichte dieses Begriffs handelt von einem Fehler, der durch weitere Fehler verschlimmert wurde. Es begann ungefähr im Jahre 1828, als dank der Bemühungen von B.H. Hodgson in Nepal buddhistische Sanskrittexte zum ersten Mal dem Abendland zugänglich gemacht wurden. Hodgson knüpfte Beziehungen zu einem der letzten buddhistischen Sanskritpandits in Nepal und überzeugte ihn davon, Zusammenfassungen und Originaltexte des Buddhismus zur Verfügung zu stellen. Er schickte die Texte nach Paris, London und Kalkutta und veröffentlichte Artikel auf der Grundlage der Zusammenfassungen, die dann später in einem Buch gesammelt und unter dem Titel *Essays on the Languages, Literature, and Religion of Nepal and Tibet* veröffentlicht wurden. In einem seiner Artikel, der 1828 in *Asiatic Researches*, Band 16, erschien, taucht der Begriff *anupapâdaka* auf (S. 440). Franklin Edgerton forschte weiter in diesen buddhistischen Sanskrittexten, und das führte zu seinem 1953 veröffentlichten Werk *A Buddhist Hybrid Sanskrit Grammar and Dictionary*. In diesem Buch kommt dieser Begriff nicht vor, sondern nur die beiden Formen *aupapâduka* und *upapâduka*. Hodgsons *anupapâdaka* beruht also offenbar darauf, daß entweder er selber die Zusammenfassungen seines Pandits falsch gelesen hat oder aber der Schriftsetzer Hodgsons Handschrift nicht richtig gelesen hat. Von hier wurde das falsche *anupapâdaka* dann falsch als *anupadaka* abgeschrieben – in Emil Schlagintweits 1863 erschienenem *Buddhism in Tibet*. Dieses Werk wurde von H.P. Blavatsky ausgiebig benutzt, da es sich um das einzige damals existierende Buch über den tibetischen Buddhismus handelte. Viele ihrer Anmerkungen zum neunten Vers der ersten Stanze und die meisten Schreibweisen buddhistischer Fachausdrücke im Sanskrit und in Tibetisch stammen aus diesem Buch. Ich möchte hier noch einmal auf die "Plagiatsvorwürfe" gegen Mahatma K.H. und an seine Antwort in den *Mahatma-Briefen* (*The Mahatma-Letters*, E. Barker, 3. Aufl., Adyar, 1962, S. 358) verweisen: "Wenn Sie über ein Thema schreiben, umgeben Sie sich mit den entsprechenden Nachschlagewerken und so weiter; wenn wir über etwas schreiben, worüber uns die Ansichten der westlichen Welt nicht bekannt sind, umgeben wir uns mit Hunderten von Textpassagen zu diesem bestimmten Thema aus Dutzenden verschiedener Werke – so, wie sie sich in den Âkâsha eingeprägt haben. Was Wunder also, daß nicht nur ein *Chela*, dem diese Arbeit aufgetragen wurde, und der keine Ahnung hat, was das Wort Plagiat bedeutet, einen ganzen Satz verwendet, sondern daß sogar ich selber bisweilen einen Satz verwende, den es bereits gibt, und ihn nur auf eine andere – unsere eigene – Vorstellung anwende? Ich haben Ihnen das bereits früher gesagt, und es ist nicht mein Fehler, wenn ihre Freunde und Feinde mit dieser Erklärung nicht zufrieden sind." Auf diese Weise gelangte also das doppelt falsche *anupadaka* in H.P. Blavatskys *Geheimlehre*. Aber die Geschichte ist hier noch nicht zu Ende. M. Monier-Williams schrieb das falsche *anupapâdaka* ebenfalls von Hodgson ab und fügte es in sein *Sanskrit-English Dictionary* auf S. 34 ein. Das kann man an seiner Definition sehen, die direkt von Hodgson stammt, sowie an der Tatsache, daß keine anderen Quellen für dieses Wort angegeben sind. So findet man also heute das Wort *anupapâdaka* in einem maßgeblichen Wörterbuch, aber natürlich nicht *anupadaka* (oder *anupâdaka*). Dies sowie H.P. Blavatskys Eintrag im *Theosophical Glossary:* "Anupâdaka (Sk.). Anupapâdaka, auch Aupapâduka" hat einige Theosophen zu dem Glauben gebracht, *anupapâdaka* sei die richtige Form für *anupadaka* (oder *anupâdaka*). Aber beide Begriffe sind Ergebnis eines Fehlers, wie wir gerade gesehen haben. Die letztere Schreibweise im *Theosophical Glossary* ist jedoch eine der beiden Formen, die man in vielen buddhistischen Sanskrittexten immer wieder findet (siehe die vielen Hinweise bei Edgerton): *aupapâduka* und *upapâduka.* Beide Ausdrücke werden benutzt und haben dieselbe Bedeutung, die auch H.P. Blavatsky gibt: "elternlos" [*parentless*]. Und diese Schreibweise sollten Theosophen, die die Blavatskysche Form benutzen wollen, daher übernehmen: *aupapâduka.* Besser noch wäre aber die allgemein gebräuchliche Schreibweise *upapâduka.*

II. Zur Stanze 2 der Kosmogenesis

In der zweiten Stanze im *Buch des Dzyan* finden sich entsprechend der Übersetzung von H.P. Blavatskys *Geheimlehre* folgende sieben Fachausdrücke: "ah-hi" (*ahi*) und "paranishpanna" (*parinishpanna);* sie tauchen auch in der ersten Stanze auf und wurden bereits besprochen; *manvantara* und *mâyâ*; sie finden sich auch in ganz gewöhnlichen hinduistischen Sanskrittexten mit derselben Bedeutung und müssen daher nicht weiter behandelt werden; " devamatri" (*deva-mâtri*) und " matripadma" (*mâtri-padma*); sie kommen zwar nur selten in Sanskrittexten vor, stellen aber trotzdem kein besonderes Problem dar; und schließlich "svâbhâvat", ein fundamentales Konzept in H.P. Blavatskys *Geheimlehre,* das grundlegende Probleme aufwirft. Unter den Lehrsätzen, die in der *Geheimlehre* behandelt werden, stellt kein Begriff ein größeres philosophisches Problem dar als svâbhâvat. Theosophen sind sich aber in seliger Ahnungslosigkeit keiner Probleme bewußt, weil sie nur ihre eigenen Bücher lesen. Außenstehende Forscher müssen dagegen erst einmal über die Betrugsanschuldigungen, die immer wieder erhoben werden, hinauskommen, ehe sie mit der Untersuchung der eigentlichen Lehre beginnen können, und dann, nachdem sie historische Fragen beiseite gelassen haben, wirft die Lehre vom svâbhâvat sehr ernste Fragen auf hinsichtlich der Philosophie in H.P. Blavatskys *Geheimlehre.*

In der "Zusammenfassung" im ersten Band der *Geheimlehre,* die unmittelbar auf die sieben Stanzen aus dem *Buch des Dzyan* folgt, faßt Blavatsky das System der Geheimlehre kurz zusammen. Dort schreibt sie:

> Das grundlegende Gesetz dieses kosmogonischen Systems, der zentrale Punkt, aus dem alles entstanden ist, um den alles kreist und dessen Gravitation alles

unterliegt, und von dem, letztlich, alle restlichen Prinzipien des Daseins ausgehen, ist das Eine homogene göttliche SUBSTANZ-PRINZIP, die eine wurzelhafte Ursache. Es heißt "Substanz-Prinzip", weil es im Bereich des manifestierten Universums zur *Substanz*, zur Illusion wird, während es aber im anfangs- und endlosen, im abstrakten, sichtbaren und unsichtbaren RAUM *Prinzip* bleibt. Es ist die allgegenwärtige Wirklichkeit, es ist unpersönlich, weil es alle Dinge enthält. *Seine Unpersönlichkeit ist das grundlegende Konzept* des Systems. Es ist latent in jedem Atom des Universums. Es ist das Universum selbst.[5]

Am Anfang des "Proem", das den sieben Stanzen im ersten Band der *Geheimlehre* vorausgeht, zitiert Blavatsky, was sie schon früher in *Isis entschleiert* schrieb, um zu zeigen, um was es geht, das, "soweit das möglich ist, in unserem Werk erklärt werden wird":

> Ebenso wie der Buddhismus, der Brahmaismus und die Kabalah, postuliert die esoterische Lehre die ewige Existenz des einen, unendlichen und unerkannten absoluten Seins, das in regelmäßiger und harmonischer Folge entweder aktiv oder passiv ist. In der poetischen Sprache Manus werden diese Zustände als "Tage" und "Nächte" Brahmâs bezeichnet. Brahmâ ist entweder "wach" oder er "schläft". Die Svâbhâvikas, die Philosophen der ältesten Schule des Buddhismus (die in Nepal noch existiert), spekulieren ausschließlich über den aktiven Zustand des von ihnen Svâbhâvat genannten "absoluten Seins", denn sie halten es für unsinnig, Theorien über den passiven Zustand dieser abstrakten und "nicht erkennbaren" Macht aufzustellen.[6]

Zuvor hatte Mahatma K.H. in einer ersten Serie von Briefen mit Unterweisungen an A.O. Hume geschrieben:

> Um meine Antworten begreifen zu können, dürfen Sie zunächst einmal die ewige *Essenz*, Swabhâvat, nicht als ein zusammengesetztes Element, genannt Geist-Materie, ansehen, sondern vielmehr als ein Element, für das es im Englischen keine Bezeichnung gibt. Es ist zugleich passiv und aktiv, reine *Geistessenz* in ihrer Absolutheit und Ruhe, reine Materie in ihrem begrenzten und bedingten Zustand, vergleichbar mit einem unwägbaren Gas oder dem großen Unbekannten, das die Naturwissenschaften gerne *Kraft* nennen.[7]

Einige Monate später, nach einem recht erbitterten Briefwechsel, der den Mahatma K.H. zu der Aussage brachte, daß "all dies an ein Ringen erinnert, wer von uns nun die Oberhand gewinnt," riet er A.O. Hume erneut, dieses grundlegende Konzept zu studieren:

> Studieren Sie die Gesetze und Lehren der nepalesischen Swabhavikas, der Hauptschule der buddhistischen Philosophie in Indien, dann werden Sie feststellen, daß die Anhänger dieser Schule nicht nur die gelehrtesten, sondern auch die am wissenschaftlichsten und logischsten vorgehenden Philosophen der Welt sind. Ihr formbares, unsichtbares, ewiges, allgegenwärtiges und unbewußtes Swabhavat ist eine Kraft oder *Bewegung*, die unaufhörlich ihre Elektrizität, das Leben, erzeugt.[8]

Aus welchen Quellen hätte Hume die Gesetze und Lehren der nepalesischen Svâbhâvikas studieren können? Die einzigen damals wie heute verfügbaren Quellen dazu bilden die seit 1828 in *Asiatic Researches* usw. veröffentlichten Aufsätze von Brian H. Hodgson, die später in einem Buch gesammelt und unter dem Titel *Essays on the Languages, Literature and Religion of Nepál und Tibet*, London, 1874, herausgegeben wurden. Hodgson war ein britischer Staatsangehöriger, der von 1821 bis 1843 in Katmandu lebte. Da Nepal sonst für Ausländer nicht zugänglich war, bildeten Hodgsons Schriften beinahe ein Jahrhundert lang die einzige Quelle für Informationen über den nepalesischen Buddhismus. Alle frühen Gelehrten des Buddhismus verließen sich auf diese Schriften, und dazu gehörten Eugène Burnouf, Samuel Beal, Joseph Edkins, Hendrik Kern und so weiter, und die meisten von ihnen wurden von Blavatsky und K.H. zitiert.

Schauen wir uns aber die Aufsätze von Hodgson genauer an, so finden wir bei seiner Beschreibung der nepalesischen Svâbhâvika-Schule des Buddhismus nur den Begriff svabhâva und nicht svâbhâvat, svabhâvat oder svabhavat (die Schreibweisen sva- und swa- sind lediglich zwei unterschiedliche Umschriften). Und tatsächlich wird svabhâva dort mit denselben Wörtern beschrieben, die Blavatsky und K.H. für svâbhâvat benutzten. Warum also der auslautende Buchstabe 't'? Svabhâva ist ein Substantiv (das auch adjektivisch verwendet werden kann); svâbhâvat und svabhâvat sind grammatikalisch unverständlich; und svabhavat, wie G. de Purucker (*Occult Glossary*, S. 167) erklärte, wäre ein Partizip Präsens im Neutrum. Als solches fungierte es als ein Verb in der Bedeutung "selbst-seiend" oder "selbst-werdend". Wir würden dann allerdings erwarten, es auch tatsächlich so in buddhistischen Sanskrittexten zu finden; aber das ist nicht der Fall. Wir finden lediglich svabhâva, wie Hodgson berichtete, und gelegentlich svabhâvatâ oder svabhâvatva. Die Endungen "-tâ" und "-tva" bilden Abstrakta und können oft mit der deutschen Endung "-heit" wiedergegeben werden. So kann man von *shûnya*, "leer", das Wort *shûnyatâ*, "Leerheit" bilden. Svabhâvatâ könnte dann so etwas wie "Selbst-sein-heit" bedeuten. Aber im Fall von Wörtern wie svabhâva, die häufig als Adjektive verwendet werden, dienen diese Suffixe oft nur dazu, die Verwendung als Substantiv anstelle eines Adjektivs anzuzeigen, ohne daß dabei die Bedeutung verändert wird. Fest steht jedoch, daß sie von der exegetischen Tradition Tibets wie Synonyme behandelt werden. Es ist, den Sinn oder die Bedeutung betreffend, möglich, daß Blavatsky svabhâvatâ meinte. Das lange "â" am Ende kann man jedoch nicht einfach auslassen wie ein kurzes "a", das in Nordindien bei der Aussprache häufig wegfällt (zum Beispiel râj yog für râja yoga). Außerdem findet man in allen frühen theosophischen Schriften die Schreibweise mit einem "t" am Ende. Blavatsky sagt in ihrer *Geheimlehre* über svâbhâvat: "… ist ein im Buddhismus gebräuchliches Wort …" und in einer Fußnote: "Und Svâbhâvat wird von den Orientalisten, die dabei wahrscheinlich auch ein wenig an den Äther der Wissenschaft denken, als ein Ausdruck für die im Raum verteilte formbare Materie erklärt."[9] Ich habe die Bücher zum Buddhismus, auf die in Blavatskys Schriften Bezug genommen wird und die zu ihrer Zeit erhältlich waren, überprüft, habe aber nirgendwo svâbhâvat usw. gefunden, sondern nur svabhâva. Obwohl die grammatikalische Form svabhavat theoretisch als Partizip Präsens möglich ist, finden wir sie weder in Hodgsons Aufsätzen, der einzigen im letzten Jahrhundert in einer europäischen Sprache vorhandenen Quelle zum nepalesischen Buddhismus, noch in den buddhistischen Sanskrittexten, in denen man sie nach Blavatsky und K.H. finden müßte. Aber damit fängt unser Problem erst richtig an.

Wurde wirklich nichts über die Gesetze und Lehren der nepalesischen Svâbhâvikas seit den Aufsätzen von Hodgson zu Anfang des 19. Jahrhunderts veröffentlicht? Obwohl Nepal für Ausländer bis zum Jahre 1951 nicht zugänglich war, schafften es einige buddhistische Gelehrte doch, früher dorthin zu gelangen, vor allem Sylvain Lévi und Giuseppe Tucci. Sylvain Lévi kam 1898 nach Nepal und schrieb nach seiner Rückkehr nach Frankreich *Le Népal*, zwei Bände, Paris, 1905. Er hatte in Nepal keine Svâbhâvika-Schule des Buddhismus gefunden. Auch die anderen drei Schulen des Buddhismus, die Hodgson beschrieb (Aiswarika, Yâtnika, Kârmika) und die von Generationen von Buddhologen ganz ernsthaft diskutiert wurden, konnten nicht gefunden werden. Es gab nicht nur keine Svâbhâvikas in Nepal, sondern die gesamte angeblich buddhistische Lehre vom svabhâva wurde in Frage gestellt, da auch Buddhisten anderswo keine solche Lehre kannten. Unlängst wurden von den Buddhisten Nepals, den Newaris, eingehendere Forschungen durchgeführt. Ein Artikel von David N. Gellner im *Journal of the International Association of Buddhist Studies*, Band 12, 1989 mit dem Titel "Hodgson's Blind Alley? On the So-Called Schools of Nepalese Buddhism" zeigt, daß der Newari Pandit und Informant Hodgsons die Bezeichnungen Svâbhâvika usw. nur benutzte, um damit das zu bezeichnen, was seiner Ansicht nach die diagnostischen Lehrsätze der wichtigsten Systeme von Vorstellungen waren, die man in buddhistischen Texten findet. Diese angeblichen Schulen des nepalesischen Buddhismus wurden schon zu der Zeit in Frage gestellt, als Hodgsons Bericht darüber zuerst veröffentlicht wurde, so daß er sich veranlaßt fühlte, später (1836) Auszüge aus buddhistischen Texten zu veröffentlichen, um damit seine Aussagen zu untermauern. Unter den damals veröffentlichten Auszügen zur Unterstützung der Svâbhâvika-Schule befinden sich zwei Zitate aus dem *Buddha-charita*, einer von Ashvaghosha verfaßten Biographie des Buddha. Gellner weist jedoch in seinem oben erwähnten Artikel darauf hin, daß die in Frage stehenden Zitate nicht die Lehren des Buddha wiedergeben, sondern vielmehr nicht-buddhistische Lehren, die dem jungen zukünftigen Buddha vom Ratgeber des Königs, seinem eigenen Vater, gegeben wurden. Damit sollte er veranlaßt werden, seine Askese aufzugeben und zum Palast zurückzukehren. Natürlich lehnte er diese Lehren ab. Andere Zitate zur Unterstützung der Svâbhâvika-Schule stammen aus der *Prajña-pâramitâ*, den Texten zur Vollkommenheit der Weisheit. Es ist allgemein bekannt, daß Nâgârjuna diese Texte von den Nâgas empfangen haben soll, und daß er sein Mâdhyamaka-System auf ihnen errichtete. Es ist ebenfalls allgemein bekannt, daß die grundlegende Lehre dieses Systems die Leerheit, Leere oder das Leersein ist, der Mangel an svabhâva (*nih-svabhâva*) in allen Dingen (*dharma-s*). Die Mâdhyamaka-Schule hat eine lange Geschichte in Indien im ersten Jahrtausend nach der Zeitenwende und wurde von dort aus zuerst nach China und dann nach Tibet gebracht. In Tibet blühte diese Schule richtig auf. Buchstäblich alle tibetischen Buddhisten sehen sich von dem Zeitpunkt an als Mâdhyamikas und lehnen deshalb svabhâva als grundlegenden Lehrsatz ab (siehe zum Beispiel Nâgârjunas *Mûla-madhyamaka-kârikâ*, Kap. 15, "Untersuchung des Svabhâva").

Die theosophische Doktrin ist, was diese Lehre angeht, ganz unmißverständlich. Wenn man keine Svâbhâvika-Schule des Buddhismus finden kann, und wenn keine gegenwärtige buddhistische Schule *svabhâva* lehrt, könnte man diese Lehre vielleicht unter einer anderen Bezeichnung im Buddhismus finden? Wenn Blavatsky H.S. Olcotts *The Buddhist Catechism* in ihrer *Geheimlehre* zitiert, fügt sie svâbhâvat als partielles Synonym für âkâsha ein: "Alles ist aus dem âkâsha (oder aus svabhâvât auf unserer Erde) hervorgegangen, einem ihm inhärenten Gesetz der Bewegung folgend ..."[10] Âkâsha wird dort zusammen mit nirvâna als eines der zwei Dinge erwähnt, die nach der buddhistischen Lehre ewig sind. Diese Lehre kommt von der Theravâda-Schule des Buddhismus, wird aber auch von anderen buddhistischen Schulen geteilt. Die altindische Sarvâstivâda-Schule des Buddhismus lehrt zwei Arten von nirvâna; zusammen mit âkâsha gibt es also drei ewige Dinge. Man könnte sie möglicherweise als "die grundsätzliche buddhistische philosophische Schule Indiens" ansehen, die Mahatma K.H. im Zusammenhang mit den nepalesischen Svâbhâvikas erwähnte; zumindest hätte dies einmal so sein können. Aber natürlich gibt es in Indien schon seit über eintausend Jahren keine buddhistischen philosophischen Schulen mehr, nämlich seit die muslimische Invasion den Buddhismus in Indien zerstörte. Die Lehren der Sarvâstivâda-Schule, "derer, die sagen (*vâda*), daß alles (*sarva*) existiert *(asti)*," werden in Tibet im *Abhidharma-kosha* studiert, einem Text, der in den meisten tibetischen Klöstern auswendig gelernt wird. Dieser Text gibt die Sarvâstivâda-Lehren so, wie sie von den Vaibhâshikas in Kashmir gelehrt wurden. Er umfaßt Vasubandhus eigenen Kommentar, der auch die Gegenargumente der Sautrântika-Buddhisten enthält. Jedoch werden sowohl die Vaibhâshika-Sarvâstivâdins als auch ihre Sautrântika-Gegner als Hînayâna-Schulen oder "Schulen des Kleinen Fahrzeugs" angesehen. Ihre Lehren werden von der Mâdhyamaka-Schule systematisch in den tibetischen Yig-chas oder klösterlichen Lehrbüchern widerlegt. Tibetische Buddhisten betrachten diese Lehren also letztlich nicht als wahr, da der ewige âkâsha zusammen mit allem anderen widerlegt wird (siehe zum Beispiel Nâgârjunas *Mûla-madhyamaka-kârikâ*, Kap. 5, "Untersuchung der Elemente").

Können wir uns noch anderswo hinwenden, um Unterstützung für die Svabhâva-Lehre zu finden? Vielleicht an den Hinduismus, an das altehrwürdige Sânkhya-System, das als die älteste philosophische Schule Indiens angesehen wird. In einem Zitat aus der *Anugîtâ*, das sich in der *Geheimlehre* [11] findet, setzt Blavatsky svabhâva mit prakriti gleich, dem Substanz-Prinzip des *Sânkhya*-Systems: "Götter, Menschen, Gandharvas, Pishâchas, Asuras, Râkshasas, alle wurden von Svabhâva (der Prakriti oder formbaren Natur) erschaffen ..." Der Begriff prakriti wird in Gaudapâdas Kommentar zum achten Vers der *Sânkhya-kârikâs* mit pradhâna erläutert. Zuvor erläuterte er in seinem Kommentar zum dritten Vers mûla-prakriti ebenfalls mit pradhâna. So sind also diese drei Begriffe prakriti, pradhâna und mûla-prakriti in gewissem Sinne Synonyme, und alle drei werden als nicht-manifest (*avyakta*) beschrieben. Aber in der Liste der Synonyme in Gaudapâdas Kommentar zum 22. Vers der *Sânkhya-kârikâs* findet man von diesen dreien nur pradhâna, zusammen mit *brahmâ*, *avyakta*, *bahudhâtmaka* und *mâyâ*. Das legt nahe, daß der Begriff *mûla-prakriti* ausschließlich dazu verwendet wurde, den abstrakteren Aspekt anzuzeigen. Blavatsky schreibt in ihrer *Geheimlehre* : "Svâbhâvat, die das Universum ausfüllende 'formbare Essenz', ist der Ursprung aller Dinge. Im Buddhismus ist Svâbhâvat sozusagen der konkrete Aspekt der im Hinduismus *Mûlaprakriti* genannten Abstraktion."[12] All das paßt nun zusammen und unterstützt die Vorstellung, daß die prakriti des Sânkhya zur Svabhâva-Doktrin paßt, wie sie in der *Geheimlehre* gelehrt wird. Aber leider verliert man schnell wieder die Unterstützung der Lehren in Blavatskys *Geheimlehre*, die man durch diese Übereinstimmung erreicht hat. Die Sânkhya-Schule existiert in Indien schon seit Jahrhunderten praktisch gar nicht mehr. Warum? Weil der Advaita-Vedânta laut der *Geheimlehre* [13] der esoterischen Philosophie am nächsten kommt, und sein führender Lehrer, Shankarâchârya, "der größte Eingeweihte in den historisch nachweisbaren Menschheitsepochen",[14] das Substanz-Prinzip gründlich und wiederholt widerlegt hat (siehe zum Beispiel Shankarâchâryas Kommentar zu *Brahmâ-sûtra* 1.1.5 ff., und besonders seine Zusammenfassung in 1.4.28). So wurden die Sânkhya-Lehren in Indien zwar studiert, wurden aber von der dominierenden Vedânta-Schule widerlegt, ebenso wie die Sarvâstivâda-Lehren in Tibet von der vorherrschenden Mâdhyamaka-Schule widerlegt wurden.

Der Begriff svâbhâvat taucht in den Stanzen siebenmal auf. Es ist angeblich ein buddhistischer Terminus, der in buddhistischen Texten erscheint und den Orientalisten bekannt ist. Doch findet man diesen Terminus weder in buddhistischen Texten, noch in den Arbeiten der Orientalisten; man begegnet lediglich dem Begriff svabhâva. Und dabei soll es sich um die Doktrin der nepalesischen Svâbhâvikas handeln. Allerdings konnte keine solche Schule gefunden werden. Sie soll angeblich vom Buddhismus und Brahmanismus gelehrt worden sein. Doch gibt es zur Zeit keine buddhistische Schule, die das tut. Im Gegenteil! Denn für die Buddhisten Tibets, und dort soll das *Buch des Dzyan* bewahrt worden sein, handelt es sich dabei um genau die Lehre, die sie am stärksten ablehnen. Was den Brahmanismus angeht, so mag man diese Doktrin durchaus in der alten Sânkhya-Schule finden, doch haben Shankarâchâryas Advaita-Vedântins sie und die Sânkhya-Schule widerlegt und damit in Indien so gut wie ausgelöscht. Angesichts dieser Tatsache ist es die Aufgabe der Theosophen, sich nachhaltig um eine Klärung zu bemühen.

Theosophen haben über ein Jahrhundert lang zur Stützung ihrer Lehren Fachausdrücke und Schulen herangezogen, die diese Lehren in Wirklichkeit garnicht unterstützen, und es ist jetzt an der Zeit, das zu korrigieren. Die Lehre von dem einen Substanz-Prinzip findet sich durchgängig in den frühen theosophischen Schriften und besonders deutlich in dem Artikel "What is Matter and What is Force" (*H.P. Blavatsky Collected Writings,* Band 4). Es ist nicht mehr angebracht zu sagen, daß es sich dabei um die mûla-prakriti der Vedântins und das svâbhâvat der Buddhisten handelt.[15] Denn die mûla-prakriti ist ein Konzept des Sânkhya, das die Vedântins widerlegten, und den Begriff svâbhâvat gibt es nicht, während svabhâva von den heutigen Buddhisten abgelehnt wird. Wenn man aber einen Begriff wie svabhâva in den Stanzen findet, so sollte man Unterstützung für diese Doktrin in den buddhistischen Sanskrittexten suchen; und das bedarf der Forschung.

Als ich im Sommer 1995 mit Gautam Vajracharya, einem Newari-Buddhisten aus Nepal, Sanskrit studierte, fragte ich ihn nach der angeblichen Svâbhâvika-Schule. Ich hatte ihm diese Frage schon vorher in einem Brief gestellt, und stellte sie ihm dann persönlich bei zwei verschiedenen Gelegenheiten, um die Möglichkeit eines Mißverständnisses meinerseits gering zu halten. Er war definitiv der Auffassung, daß es eine derartige Interpretationsschule zu Hodgsons Zeiten tatsächlich gegeben hatte, aber er war sich ebenso sicher, daß sie im gegenwärtigen Nepal nicht mehr existiert. Damals wie heute ist die Situation in Nepal die, daß es nur sehr wenige buddhistische Pandits gibt. Sie leben vereinzelt, durch weite Entfernungen getrennt und bewahren vielleicht Traditionen innerhalb ihrer Vajracharya-Familie, die in anderen Vajracharya-Familien nicht bewahrt werden.

Gautam war also der Ansicht, daß Hodgsons Pandit wahrscheinlich eine authentische Svâbhâvika-Tradition bewahrt hatte, die jetzt ausgestorben ist. Gautam selber war ein Vajracharya und mit den anderen heute lebenden Vajracharyas vertraut. Daher war er sich sicher, daß solch eine Tradition nicht mehr existiert. Hodgson hat allerdings vier Seiten mit ins Englische übersetzten Zitaten aus buddhistischen Sanskrittexten geliefert, um diese Doktrin zu belegen. Zu den Texten, aus denen er zitierte, gehörte die umfangreiche *Prajñâ-pâramitâ*, die insgesamt Tausende von Seiten umfaßt. Aufgrund dieses großen Umfangs konnte man bislang nur einige dieser Zitate auffinden, vom *Buddha-charita* einmal abgesehen. Vielleicht kann man doch noch eine gültige Svâbhâvika-Lehre in den buddhistischen Sanskrittexten finden. Aber es ist dies die Aufgabe der Theosophen, denn wahrscheinlich hat niemand sonst Interesse daran.

Anmerkungen

[1] s. S.97 in dieser Studienausgabe.
[2] *ibid.*
[3] *ibid.*
[4] *ibid.*
[5] s. S. 201 in dieser Studienausgabe.
[6] s. S. 72 in dieser Studienausgabe.
[7] s. S. 524
[8] s. S. 530
[9] s. S. 124 in dieser Studienausgabe.
[10] s. S. 234 in dieser Studienausgabe.
[11] siehe *The Secret Doctrine*, Bd. I, S. 571.
[12] s. S. 104 in dieser Studienausgabe.
[13] siehe *The Secret Doctrine*, Bd. I, S. 55.
[14] siehe *The Secret Doctrine*, Bd. I, S. 271
[15] z.B. *The Secret Doctrine*, Bd. I, S. 46; *H.P. Blavatsky Collected Writings*, Bd. X, S. 304, Bd. XIV, S. 234; usw.

David Reigle

DIE SVABHÂVA- ODER SVABHÂVATÂ-LEHRE UND DIE ANÂTMAN / SHÛNYATÂ-FRAGE

Die Svabhâva- oder Svabhâvatâ-Lehre, wie in unserem Forschungsbericht über die Fachausdrücke in der zweiten Stanze des *Buches des Dzyan* dargelegt, ist eine grundlegende Lehre des von H.P. Blavatsky in ihrer *Geheimlehre* vorgestellten *Buches des Dzyan*. Um die Gültigkeit dieser Lehre außerhalb des kleinen Kreises von gläubigen Theosophen zu begründen, muß man sie in den buddhistischen Texten auffinden, in denen sie angeblich zu finden sein soll. Bis dahin hat die ihre Existenz bestätigende Aussage eines nepalesischen buddhistischen Vajracharya für objektive Forscher nicht mehr Gewicht als die Aussagen der theosophischen Mahatmas zu diesem Thema. Um sie in buddhistischen Texten zu finden, müssen wir im Sinne von "dharmas" suchen; dieses Wort wird durchgehend für alle "Elemente des Daseins" benutzt. Dabei müssen wir die universell akzeptierte Lehre, nach der alle dharmas Anâtman oder "ohne Selbst" sind, mit den theosophischen Lehren versöhnen, in denen der Begriff âtman regelmäßig gebraucht wird. Dann kommen wir zu ihrer Lehre von der shûnyatâ, dem "Leersein" aller dharmas. Erst dann kommen wir wieder zum Terminus svabhâva zurück, denn shûnyatâ wird als nih-svabhâva oder "Mangel an svabhâva" aller dharmas definiert.

Es ist schon jetzt offensichtlich, daß wir für unsere Forschungen zunächst herausfinden müssen, ob im Buddhismus irgendetwas gelehrt wird, das kein dharma ist, sondern jenseits der "Elemente des Daseins" existiert. Der Buddhismus-Experte Walpola Rahula erklärt im Zusammenhang mit einer Erläuterung des dhamma, dem Pâliwort für das Sanskritwort dharma, daß es solch einen dharma nicht gibt:[1]

> Es gibt keinen umfassenderen Begriff in der buddhistischen Terminologie als *dhamma*. Er schließt nicht nur die bedingten Sachen und Zustände ein, sondern auch die nicht-bedingten, das Absolute, nirvâna. Es gibt nichts innerhalb oder außerhalb des Universums, sei es gut oder schlecht, bedingt oder nichtbedingt, relativ oder absolut, das nicht von diesem Begriff erfaßt würde.

In der Abteilung "Hintergründe und Quellen" dieser Ausgabe wurde in meinem Beitrag "Theosophie in Tibet: Jonangpa oder Das Goldene Zeitalter" die buddhistische Lehre vom dhâtu, dem "Element", das als dauerhaft, beständig, ruhig und ewig beschrieben wurde, mit der theosophischen Lehre von dem "einen Element" verglichen. Welche Beziehung besteht aber nun zwischen dem einen Element, dem dhâtu, und den vielen Elementen des Daseins, den dharmas? Ein Vers aus dem jetzt verlorenen *Mahâyâna-abhidharma-sûtra*, der in verschiedenen noch vorhandenen buddhistischen Texten zitiert wird, besagt, daß *dhâtu* das Fundament oder die Stütze (*sam-âshraya*) der dharmas ist:[2]

> anâdi-kâliko dhâtuh sarva-dharma-samâshrayah /
> tasmin sati gatih sarvâ nirvânâdhigamo 'pi cha //
>
> Seit anfangloser Zeit ist das Element die Basis aller dharmas. Weil es existiert, gibt es die Bestimmungen [der Lebewesen] und [potentiell] sogar das Erreichen von nirvâna.

Das gibt uns auch eine feste Grundlage dafür, die theosophische svabhâva- oder svabhâvatâ-Lehre in buddhistischen Quellen aufzufinden. Stellt man sich das Element als svabhâva vor, und hat svabhâva in Maitreyas *Ratna-gotra-vibhâga*[3] tatsächlich diese Bedeutung, dann hätten wir es gefunden. Was also geschah mit dieser Lehre?

Der frühe Buddhismus war in viele Schulen aufgeteilt. Obwohl sie die dharmas unterschiedlich klassifizierten und sogar verschiedene Anzahlen von dharmas hatten, waren sich doch generell alle einig, daß jeder dharma etwas wirklich Existierendes (*dravya*) war, seinen eigenen *svabhâva* hatte und vergänglich (*anitya*) war.[4] So bezeichnet der svabhâva eines dharma hier seine individuelle Natur, die vergänglich ist. Eine Ausnahme bildete die Sarvâstivâda-Schule. Die Lehren dieser einstmals vorherrschenden Schule sind uns erhalten geblieben als die Lehre der Vaibhâshikas von Kashmir in Vasubandhus *Abhidharma-kosha*. Dieser Text sagt allerdings nur wenig über die svabhâva-Lehre. Derselbe Autor schrieb jedoch einen Kommentar zu diesem Text, in dem er viele der Lehren vom Standpunkt der Sautrântika-Schule aus kritisierte. Hier findet man die klarste Aussage über diese Lehre, ironischerweise in einem Vers, in dem sie lächerlich gemacht wird:[5]

> svabhâvah sarvadâ câsti bhâvo nityash ca neshyate /
> na ca svabhâvâd bhâvo 'nyo vyaktam îshvara-ceshtitam //
>
> Svabhâva existiert immer, doch ein existierendes Ding wird nicht als dauerhaft angesehen; und doch ist ein existierendes Ding nicht von svabhâva verschieden. Es ist ganz klar [und absurd], daß dies das Tun eines [erfundenen] Gottes ist.

Keine buddhistische Schule hat jemals an Gott geglaubt. Die Sautrântikas sagen hier, dieser Standpunkt sei so unlogisch, daß es sich dabei um das Werk eines allmächtigen Gottes handeln müßte, der die Gesetze der Vernunft transzendieren kann, und daher ist dies für Buddhisten vollkommen absurd. Die Sarvâstivâdins vertreten anscheinend den Standpunkt, daß der svabhâva eines dharma ewig ist, auch wenn ein unabhängig existierendes Ding (*bhâva*) nicht ewig ist. Verstünde man unter diesem svabhâva das eine Element, hätte man eine exakte Darstellung des theosophischen Standpunkts. Es gibt dieses eine Element, nur dieses eine Element, und nichts anderes als dieses eine Element; und das ist ewig. Alle dem Anschein nach existierenden Dinge sind als solche nicht ewig. Und doch können alle dem Anschein nach existierenden Dinge, wenn es nichts anderes als dieses eine Element gibt, nicht von ihm verschieden sein. Aber die Sarvâstivâda-Position wurde nicht in diesem Sinne, sondern vielmehr so verstanden, daß sie, ebenso wie die anderen frühen buddhistischen Schulen, den svabhâva der individuellen dharmas bezeichnete. So steht es auch in dem frühen *Samaya-bhedoparachana-chakra* von Vasumitra, der selber ein Sarvâstivâdin war: "Der svabhâva [eines dharma] verbindet sich nicht mit dem svabhâva [eines anderen dharma]."[6] Vasumitras Abhandlung ist eine gedrängte, kompakte Darstellung und daher zugegebenermaßen nicht leicht zu verstehen, aber meine Zusätze in eckigen Klammern in dem obigen Zitat reflektieren präzise, wie spätere Schulen den Sarvâstivâda-Standpunkt verstanden haben, daß nämlich ihr unvergänglicher svabhâva der svabhava der individuellen dharmas ist.

Die buddhistische Philosophie, wie sie in Tibet in den letzten tausend Jahren gelehrt wurde, geht davon aus, daß die Sarvâstivâdins oder Vaibhâshikas von den Sautrântikas widerlegt wurden; die Sautrântikas ihrerseits wurden von den Yogâchârins oder Chittamâtrins widerlegt; die Yogâchârins wurden von den Svâtantrika-Mâdhyamikas widerlegt; und diese wiederum wurden von den Prâsangika-Mâdhyamikas widerlegt. Deren Lehre wird heute von der Mehrheit der tibetischen Buddhisten als die höchste Lehre auf Erden angesehen. So wurde die alte Sarvâstivâda-Lehre, nach der der svabhâva ewig ist und Bezug hat zu den individuellen dharmas, im Lauf der Jahrhunderte verdrängt.

Die Lehre eines ewigen Elementes oder dhâtu als Fundament aller dharmas mit der Möglichkeit, darin einen einzigen ewigen svabhâva zu sehen, wurde in verschiedenen Schulen unterschiedlich aufgefaßt. Nach dem Verständnis der Yogachârins bezog sich dhâtu auf den *âlaya-vijñâna*, das Substrat für Bewußtsein. Dem Verständnis der Mâdhyamikas zufolge bezeichnete dhâtu den *tathâgata-garbha* oder die Buddhanatur, verstanden als die Leere des Geistes. Buddhistische Schulen bemühten sich in besonderem Maß darum, gerade solche Darstellungen dieser Lehre zu vermeiden, aus denen der Schluß gezogen werden konnte, daß sie einen einheitlichen, ewigen svabhâva postuliert, und zwar wohl deswegen, weil das der hinduistischen Vorstellung vom âtman sehr nahe kommt.

Die Anâtman-Frage

Alle uns bekannten Schulen des Buddhismus haben schon immer gelehrt, daß alle dharmas anâtman oder "ohne Selbst" seien. Das bedeutet, daß der âtman als universales höheres Selbst – die Lehre des Hinduismus und auch der Theosophie – geleugnet wird. Es ist dies die herausragende Lehre, welche für die Buddhisten alles von ihnen Gelehrte als buddhistisch definiert und legitimiert. So glauben die meisten Buddhisten, die Theosophie sei vom Hinduismus und nicht von tibetischen Mahatmas abgeleitet, denn diese könnten ja als Buddhisten nicht die Lehre vom âtman vertreten. Umgekehrt haben einige Theosophen und andere versucht zu zeigen, daß der Buddhismus den âtman nicht wirklich leugnet. Da dies eine so zentrale Doktrin im Buddhismus ist, muß jeder Theosoph, der eine svabhâva- oder svabhâvatâ-Lehre in buddhistischen Texten finden will, zunächst einmal auf die eine oder andere Art die Anâtman-Doktrin mit den theosophischen Lehren abstimmen. Um das zu tun, sollten wir die folgenden Worte von Walpola Rahula bedenken:[7]

> Im allgemeinen wird mit dem Begriff Seele, Selbst, Ego oder, um ein Sanskritwort zu benutzen, âtman die Vorstellung verbunden, daß es im Menschen etwas Bleibendes, Ewiges und Absolutes gibt, das die unveränderliche Substanz hinter den veränderlichen Phänomenen der Welt ist ...
> Der Buddhismus nimmt eine einzigartige Stellung in der Geschichte des menschlichen Denkens ein, indem er die Existenz einer solchen Seele, eines solchen Selbst oder *âtman* leugnet. Nach den Lehren des Buddha ist die Vorstellung eines Selbst ein imaginärer, falscher Glaube, dem keine wirkliche Realität entspricht ...
> Die Negation eines unvergänglichen *âtman* ist die allen dogmatischen Systemen des 'Kleinen' und des 'Großen Fahrzeugs' gemeinsame charakteristische Eigenschaft, und es gibt daher keinen Grund anzunehmen, daß die buddhistische Tradition, die in diesem Punkt vollkommen übereinstimmt, von der ursprünglichen Lehre Buddhas abgewichen ist.
> Es ist deshalb merkwürdig, daß unlängst einige Gelehrte den eitlen Versuch unternommen haben, ganz im Gegensatz zum Geist des Buddhismus die Vorstellung eines Selbst in die Lehren des Buddhas einzuschmuggeln. Diese Gelehrten respektieren, bewundern und verehren den Buddha und seine Lehren. Sie schauen auf zum Buddhismus. Aber sie können sich nicht vorstellen, daß der Buddha, den sie für den klarsten und tiefgründigsten Denker halten, die Existenz eines *âtman* oder Selbst, die sie so sehr benötigen, geleugnet haben könnte. Sie streben unbewußt nach Unterstützung von seiten des Buddha für dieses Bedürfnis nach ewiger Existenz – natürlich nicht im kleinlichen Sinne eines individuellen Ich, sondern im Sinne eines ewigen Selbst.

> Es ist besser, offen zuzugeben, daß man an einen *âtman*, an ein Selbst glaubt. Oder man mag sogar sagen, daß der Buddha vollkommen unrecht hatte, als er die Existenz eines *âtman* leugnete. Aber es ist ganz bestimmt nicht in Ordnung, wenn jemand versucht, eine Vorstellung in den Buddhismus einzuführen, die der Buddha niemals akzeptiert hat, soweit wir das anhand der existierenden Texte sehen können.

Der Begriff âtman wird in der Theosophie für das siebte oder höchste Prinzip im Menschen verwendet. In den "Cosmological Notes" vom Oktober 1881 gibt ein Mahatma in parallelen Spalten die sieben Prinzipien des Menschen und des Universums in Tibetisch, Sanskrit und Englisch.[8] Den Begriff âtman findet man in zwei Formen in der Sanskrit-Spalte für die Prinzipien des Menschen. Die tibetischen Termini dafür sind jedoch keine Übersetzungen der Sanskritworte, sondern repräsentieren vielmehr ein anderes System. Mit anderen Worten, in dem tibetischen System, das die Mahatmas hier benutzten, kommen weder âtman noch Übersetzungen dieses Begriffs vor; sie kommen nur im Sanskritsystem vor, das aus Begriffen besteht, die aus dem Hinduismus stammen. Jeder Leser der *Mahatma-Briefe an A.P. Sinnett* weiß, daß die Mahatmas ihre große Schwierigkeit zum Ausdruck brachten, angemessene Begriffe zu finden, um ihre Lehren darzustellen, und sie borgten häufig von Quellen, in denen sie ähnliche Vorstellungen fanden, und dazu gehört auch die damalige europäische Philosophie. Dieses Vorgehen könnte sogar zufriedenstellend ihren Bezug auf die Svabhâvika-Schule des Buddhismus erklären, deren Existenz in Nepal vermutet wurde, die aber später nicht auffindbar war, gäbe es nicht die Tatsache, daß der Begriff svâbhâvat siebenmal in den Stanzen im *Buch des Dzyan* auftaucht. Da die Mahatmas hinduistische Chelas hatten, stand ihnen bereits ein vollständiges System mit hinduistischen Begriffen zur Verfügung. Aber daraus folgt nicht notwendigerweise, daß die Mahatmas selber Anhänger der Systeme waren, von denen sie gewisse Fachausdrücke borgten. Zum Beispiel: "Wir sind keine Anhänger des Advaita Vedanta [einer nicht-dualistischen hinduistischen Schule], aber unsere Lehre über das Eine Leben ist identisch mit der Advaita-Lehre vom Parabrahman."[9] So folgt also aus ihrer Verwendung von vergleichbaren Begriffen nicht notwendigerweise, daß die Mahatmas alle Implikationen dieser so verwendeten Termini akzeptierten, wie wir aus einem etwa zur gleichen Zeit veröffentlichten Artikel erfahren.

Ein Artikel des Advaiti Hindu Chela T. Subba Row, "The Aryan-Arhat Esoteric Tenets on the Sevenfold Principle in Man," erschien mit Anmerkungen von H.P. Blavatsky im Januar 1882 im *Theosophist*. Diese Anmerkungen wurden geschrieben, ehe A.P. Sinnetts äußerst einflußreicher theosophischer Klassiker *Esoteric Buddhism* 1883 veröffentlicht wurde. Blavatsky fühlte sich deshalb noch nicht verpflichtet, der Ansicht entgegenzutreten, die Theosophie sei ein esoterischer Buddhismus, um ihre

Allgemeingültigkeit zu betonen (wie sie es später in ihrer *Geheimlehre* tat). So spricht sie hier also unverblümt von den Unterschieden zwischen dem esoterischen Buddhismus oder der Arhat-Lehre der tibetischen Mahatmas und der esoterischen brahmanischen oder Ârya-Lehre der initiierten Hindus. Als dieser Artikel drei Jahre später in *Five Years of Theosophy* neugedruckt wurde, waren wesentliche Sätze ausgelassen worden, die diese Unterschiede zum Ausdruck gebracht hatten. In ihren späteren Arbeiten lesen wir dann nur noch von der Identität des hinduistischen parabrahman und des âtman des Vedânta mit den buddhistischen Lehren und denen der Theosophie. Es folgen relevante Auszüge aus ihren Anmerkungen:[10]

> Die Ârya- und die tibetischen Lehren stimmen also im Wesentlichen überein, unterscheiden sich jedoch in der Terminologie und Ausdrucksweise. Diese Unterschiede beruhen auf der Tatsache, daß die Brahmanen des Vedanta an Parabrahman glauben, eine *vergöttlichte* wenn auch unpersönliche Kraft, die die Buddhisten vollkommen ablehnen. [S. 406]
> Das unpersönliche Parabrahman wird so dazu gebracht, sich abzutrennen in einen oder zu verschmelzen mit einem *persönlichen "jîvâtman"* oder persönlichen Gott einer jeden menschlichen Kreatur. Dies ist wiederum ein Unterschied, der deswegen notwendig wird, weil die Brahmanen an einen Gott glauben, sei es nun ein persönlicher oder unpersönlicher Gott, während die buddhistischen Arahats diese Vorstellung vollkommen ablehnen und *keine* vom Menschen getrennte Gottheit anerkennen. [S. 410]
> Wir haben bereits dargelegt, daß unserer Meinung nach der ganze Unterschied zwischen der buddhistischen und der vedantischen Philosophie darin besteht, daß es sich bei ersterer um einen Art *rationalistischen* Vedantismus handelt, während man die letztere als *transzendentalen* Buddhismus ansehen könnte. Die Esoterik der Âryas wendet den Begriff *Jîvâtman* auf das siebte Prinzip an, den reinen und als solchen unbewußten Geist, und zwar deswegen, weil der Vedanta, der drei Arten von Dasein postuliert – 1. *pâramârthika* (das wahre, einzig reale Leben), 2. *vyâvahârika* (das praktische Leben) und 3. *pratibhâsika* (das scheinbare oder illusionäre Leben) – das erste *Leben* oder *jîva* zum einzig wirklich existierenden Leben macht. Brahma oder das EINE SELBST ist sein einziger Repräsentant im Universum, da es *das universale Leben in toto* ist. Die anderen beiden sind nur "seine phänomenalen Erscheinungen", die von Unwissenheit imaginiert und erzeugt werden, vollendete Illusionen, die uns unsere blinden Sinne vorgaukeln. Die Buddhisten dagegen lehnen eine subjektive oder objektive Realität sogar dieser einen Selbst-Existenz ab. Buddha erklärt, daß es weder einen Schöpfer noch ein ABSOLUTES Sein gibt. Der buddhistische Rationalismus war sich der unüberwindlichen Schwierigkeiten, die die Anerkennung eines absoluten

> Bewußtseins mit sich bringt, schon immer nur allzu bewußt; mit den Worten von Flint: 'überall da, wo es Bewußtsein gibt, gibt es auch Beziehung, und überall da, wo es Beziehung gibt, gibt es Dualismus.' Das EINE LEBEN ist entweder "MUKTA" (absolut und unbedingt) und kann keine Beziehung zu irgend etwas oder irgend jemandem haben; oder es ist "BADDHA" (gebunden und bedingt) und kann dann nicht ABSOLUT genannt werden. Außerdem macht die Begrenzung eine andere Gottheit nötig, die ebenso mächtig ist wie die erste, um das Böse in dieser Welt zu erklären. Deshalb anerkennt die geheime Lehre der Arahats über den Ursprung des Kosmos nur ein absolutes, unzerstörbares, ewiges und nicht erschaffenes UNBEWUSSTSEIN (so zu übersetzen), nur ein Element (das Wort wird hier mangels eines besseren Begriffs benutzt), das von allem anderen im Universum absolut unabhängig ist; ... [S. 422–423]

Die zentrale Lehre der Upanischaden und damit des Vedânta besagt, daß es nichts gibt außer brahman oder parabrahman und daß brahman und âtman, das Selbst in allem, eins sind. Der Buddhismus vertrat, aus welchem Grund auch immer, keine Lehre vom a-brahman oder "Nicht-Brahman", sondern vielmehr vom an-âtman oder "Nicht-Selbst". Zur Zeit des Buddha gab es in Indien andere Hindu-Schulen wie Sânkhya, die die Upanischaden anders als die Vedântins interpretierten. Die Sânkhya-Schule verstand unter brahman etwas, das sich auf eine unbewußte Substanz bezog. Das kann man an Shankarâchâryas Polemik gegen diese Schule in seinem Kommentar zum *Brahma-sûtra* sehen, auch *Vedânta-sûtra* genannt. Dabei geht es ausschließlich darum zu beweisen, daß brahman allwissend und deswegen nicht unbewußt ist. Da die Sânkhya-Schule das primäre Ziel der Polemik Shankarâchâryas ist, können wir annehmen, daß diese philosophische Schule einst sehr einflußreich war; und das bestätigt tatsächlich auch die alte epische Literatur Indiens. Es gab also im antiken Indien eine einflußreiche Hindu-Schule mit der Auffassung, daß brahman eine unbewußte Substanz sei (*achetana pradhâna* oder *prakriti*). Doch trotz der Lehre, daß brahman und âtman eins seien, vertrat die Sânkhya-Schule die Ansicht, âtman beziehe sich auf den bewußten *purusha* oder Geist, ganz ähnlich dem âtman der Vedânta-Schule als dem bewußten *jîvâtman* im Menschen. Wenn es dem Buddha also darum ging, ein absolutes Bewußtsein zu widerlegen, hätte er den âtman und nicht das brahman widerlegen müssen. Deshalb würde ich mich dazu entschließen, die theosophischen Lehren an die buddhistische Lehre vom anâtman anzupassen und in Einklang zu bringen, trotz der Verwendung des Begriffs âtman in der Theosophie, der für meine Begriffe eine Parallele, wenn auch keine vollständige Übereinstimmung darstellt.

Wenn es dem Buddha jedoch mit der Anâtman-Lehre nicht darum ging, ein absolutes Bewußtsein zu widerlegen, sondern ein absolutes Substrat welcher Art auch immer, dann kommen die Buddhisten mit einigen ihrer eigenen Sûtras in große Verlegenheit. Dabei handelt es sich um die Tathâgata-garbha-*Sûtras* oder die Sûtras von der Buddhanatur,[11] die nach Aussage der Jonangpas eine definitive Bedeutung haben, die aber nach Aussage der Gelugpas einer Interpretation bedürfen. Zum Beispiel lehrt ein Sûtra, das *Mahâ-parinirvâna-sûtra*:[12]

> Der âtman ist der Tathâgatagarbha. Alle Wesen besitzen eine Buddhanatur: Das ist der âtman. Dieser âtman ist von Anfang an mit unzähligen Begierden (*klesha*) bedeckt: Deshalb können die Wesen ihn nicht sehen.

Es ist bemerkenswert, daß eben dieses Sûtra, das auszugsweise schon 1871, also sehr früh, von Samuel Beal übersetzt worden war, in den *Mahâtma-Briefen* zu eben dieser Frage nach dem âtman zitiert wurde:[13]

> Der Buddha sagt "Du mußt dich vollständig aller Subjekte der Unbeständigkeit, die den Körper ausmachen, entledigen, damit dein Körper beständig werden kann. Das Beständige vermischt sich nie mit dem Unbeständigen, obwohl die beiden eins sind. Aber nur, wenn alle äußeren Erscheinungen vergangen sind, bleibt dieses eine Prinzip des Lebens übrig, das unabhängig von allen äußerlichen Phänomenen existiert ..."

Eine Synthese der Lehren der Tathâgata-garbha-Sûtras findet sich in einem einzigartigen und grundlegenden Text, dem *Ratna-gotra-vibhâga*, der in der tibetischen Tradition als einer der fünf Texte des Maitreya angesehen wird. Dieser Text spricht von den vier Eigenschaften, die nach der Lehre des Buddhismus immer alle dharmas oder Phänomene charakterisieren, nämlich Unbeständigkeit (*anitya*), Leiden (*duhkha*), Nicht-Selbst (*anâtman*) und Unreinheit (*ashubha*). Und ihre Gegenteile charakterisieren den dharma-kâya oder das Absolute, nämlich das Beständige (*nitya*), Freude (*sukha*), Selbst (*âtman*) und Reinheit (*shubha*). Der Kommentar zitiert hier als Erklärung eine Stelle aus dem *Shrî-mâlâ-sûtra*, die ich hier vollständig übersetze:[14]

> Oh Herr, die Menschen haben falsche Ansichten über die fünf vergänglichen Persönlichkeitsgefüge, die die Basis dafür bilden, daß man sich ans Dasein klammert. Sie stellen sich vor, daß das Vergängliche unvergänglich ist, daß Leiden Freude ist, daß etwas ohne das Selbst (*anâtman*) das Selbst (*âtman*) ist und daß das Unreine rein ist. Selbst die Shravakas und Pratyeka-Buddhas, oh Herr, haben aufgrund ihres Wissens von der Leere (*shûnyatâ*) eine falsche Vorstellung vom dharma-kâya des Tathâgata (Buddha), des Bereiches allwissender Weisheit, die nie zuvor erkannt wurde. Die Menschen, oh Herr, die

> die wahren Söhne des Buddha sein werden, haben eine Vorstellung von Beständigkeit, vom Selbst (*âtman*), von Freude und von Reinheit, und diese Menschen, oh Herr, haben die richtigen Ansichten. Sie werden es, oh Herr, richtig erkennen. Warum? Der dharma-kâya des Tathâgata, oh Herr, ist die Vollkommenheit der Beständigkeit, die Vollkommenheit der Freude, die Vollkommenheit des Selbst (*âtman*) und die Vollkommenheit der Reinheit. Die Menschen, oh Herr, die den dharma-kâya auf diese Weise sehen, sehen ihn richtig. Die richtig sehen, sind die wahren Söhne des Buddha.

Begriffe wie tathâgata-garbha und dharma-kâya haben viele Konnotationen, und deswegen habe ich sie hier nicht übersetzt. Wie in "Theosophie in Tibet: Jonangpa oder Das Goldene Zeitalter" erwähnt, bezeichnen *tathâgata-garbha* oder Buddhanatur und *dharma-kâya* oder Gesetzeskörper den dhâtu oder das Element, wenn es verschleiert ist, beziehungsweise wenn es nicht verschleiert ist; und diese drei Begriffe entsprechen gut dem "Einen Leben", dem "Einen Gesetz" und dem "Einen Element" in den *Mahatma-Briefen.* Diese drei Termini für das Absolute werden von den Gelugpas in dem Sinne interpretiert, daß sie sich auf die absolute Wahrheit der Leere aller Dinge beziehen und nicht auf ein absolutes Substrat. Für die Jonangpas jedoch stammen sie aus einem Text mit definitiver Bedeutung und bedürfen keiner Interpretation. Ihnen zufolge beziehen sie sich also auf ein absolutes Substrat, das von allem außer sich selbst leer ist. Die Tathâgata-garbha-Texte leugnen, wie alle buddhistischen Schriften, immer noch den âtman in bezug auf das phänomenale Leben, akzeptieren aber den âtman in bezug auf die endgültige Realität; angewandt auf den tathâgata-garbha und den dharma-kâya, den verschleierten bzw. nicht verschleierten dhâtu, bedeutet dies das Element, das zwar als ewig beschrieben wird, aber nicht als bewußt. Das rechtfertigt zweifellos, daß die Mahatmas diesen Begriff verwenden, selbst von einem buddhistischen Standpunkt aus.

Das Shûnyatâ-Problem

Nachdem wir nun die buddhistische Lehre vom anâtman mit den theosophischen Lehren in Einklang gebracht haben, zumindest zu meiner eigenen Zufriedenheit, können wir nun zur Frage der shûnyatâ oder "Leere" übergehen, die eng mit der svabhâva-Frage verknüpft ist. Die Doktrin vom anâtman wurde im Buddhismus in all seinen Zweigen von Anfang an bis heute gelehrt. Die shûnyatâ-Doktrin jedoch stammt von Sûtras, von denen gesagt wird, sie seien vierzig Jahre nach der Zeit des Buddha aus dem menschlichen Bereich verschwunden und seien erst Jahrhunderte später wieder auftgetaucht. Diese Schriften bilden die Grundlage für den Mahâyâna- oder nördlichen Buddhismus, wurden jedoch nicht vom Hînayâna- oder dem südlichen Buddhismus anerkannt. In erster Linie handelt es sich dabei um die *Prajñâ-*

pâramitâ oder die Sûtras der Vollendung der Weisheit, die von Nâgârjuna aus der Welt der Nâgas, der "Schlangen" der Weisheit, die Blavatsky "Initiierte"[15] nannte, zurükkgebracht worden waren. Im allgemeinen lehrt der Hînayâna-Buddhismus, daß alle dharmas, obwohl sie unbeständig und vorübergehend sind, wirklich existieren; jeder hat also seinen eigenen svabhâva. Die *Prajñâ-pâramitâ*-Texte lehren, daß alle dharmas nicht wirklich existieren, daß sie leer sind von einem eigenen svabhâva. Damit fügen sie der frühen Anâtman-Lehre über Personen (*pudgala-nairâtmya*) eine Anâtman-Lehre bezüglich der dharmas (*dharma-nairâtmya*) hinzu.

Die Lehre der shûnyatâ, die zentrale Doktrin der *Prajñâ-pâramitâ*-Texte, wird als shûnyatâ, als die "Leere" oder das "Nichtigsein" aller dharmas, zum Ausdruck gebracht. Oder ausführlicher: Alle dharmas sind svabhâva-shûnya, "leer" (*shûnya*) von svabhâva. Diese Texte wiederholen unermüdlich diese Lehre:[16] Kein dharma ist jemals entstanden (*anutpâda*); dharmas existieren nicht (*na samvidyate*); sie sind nicht-existent (*abhâva*); sie sind leer (*shûnya*); sie sind leer von svabhâva (*svabhâva-shûnya*); sie sind ohne svabhâva (*nih-svabhâva*); ihr svabhâva existiert nicht (*abhâva-svabhâva*). Wieder habe ich svabhâva nicht übersetzt. Man kann jede der folgenden Übersetzungen verwenden: Essenz, eigenes Sein, inhärente Existenz, Selbst-Existenz oder Selbstsein, Selbst-Natur oder Eigennatur, wesentliche Natur, wirkliche Natur, innere oder wirkliche Realität. Wie man jetzt sehen kann, kommt der Begriff svabhâva meist in Verbindung mit dem Begriff shûnyatâ vor, denn das Wesentliche an dieser Lehre der shûnyatâ ist es ja, die Lehre vom svabhâva zu widerlegen.

Die Lehren der shûnyatâ oder Leere in den *Prajñâ-pâramitâ*-Sûtras wurden zuerst von Nâgârjuna zu einer Philosophie ausformuliert. Diese Mâdhyamaka oder Philosophie des "Mittleren Weges" heißt so, weil sie versucht, die beiden Extreme des Eternalismus und Nihilismus zu vermeiden. Die primäre Schrift ist die *Mûla-madhyamaka-kârikâ* oder die "Ursprünglichen Verse über den Mittleren Weg." In diesem Text betont Nâgârjuna, daß es äußerst wichtig ist, shûnyatâ richtig zu verstehen:[17]

> Eine falsche Auffassung von Leere zerstört schwerfällig Denkende wie eine falsch ergriffene Schlange oder ein falsch verwendeter Zauberspruch.

Doch kamen schon ganz früh verschiedene Schulen auf, die Nâgârjunas Abhandlung unterschiedlich interpretierten. Die Verse oder *Kârikâs* sind knapp und präzise und ohne Kommentar oft kaum zu verstehen. Man nimmt an, daß Nâgârjuna seinen eigenen Kommentar dazu geschrieben hat, den *Akutobhaya*, aber die tibetische Tradition erkennt ihn nicht als Autor eines im tibetischen Kanon existierenden Textes mit diesem Titel an.[18] Zur Zeit des Tsong-Kha-Pa, mehr als eintausend Jahre nachdem der Text geschrieben worden war, gab es zahlreiche Kommentare. Als Tsong-Kha-Pa sie studiert hatte, fragte er sich, welche wohl die richtige Interpretation sei. Auf mystischen Wegen vermittelte ihm der Buddha der Weisheit, Mañjushrî, die Interpretation des Chandrakîrti sei die in jeder Hinsicht zuverlässige.[19] Auf diese Weise kamen Tsong-Kha-Pa und die Gelugpas dazu, sich für Chandrakîrtis Schule, den Prâsangika Mâdhyamaka, einzusetzen, die die Vorherrschaft in Tibet erlangte.

Die Prâsangika- oder "Konsequenz"-Schule verwendet eine Art von Aussage, die *prasanga* genannt wird und in gewisser Weise an die sokratische Dialogmethode erinnert. Durch diese Methode folgen auf positive Aussagen über die Wirklichkeit oder Existenz von Dingen generell unerwartete und oft unerwünschte Resultate deshalb, weil solche Aussagen in der Dialogführung *ad absurdum* geführt werden. Mit dieser Art der Argumentation werden die dharmas analysiert; es wird gezeigt, daß sie nicht auffindbar sind; und es wird auf diese Weise bewiesen, daß sie folglich leer sind. Nicht nur sind alle dharmas leer, sondern die Leere selber ist auch leer. Shûnyatâ selber existiert ebenso wenig wie alles andere. Sie ist nicht eine Leere, in der Dinge existieren könnten. Shûnyatâ ist hier nur in dem Sinne absolut, als sie die absolute Wahrheit von der Leere aller Dinge ist, einschließlich ihrer selbst.

Wäre dies dann aber auch das Verständnis, daß die Theosophen von shûnyatâ haben? Die theosophischen Lehren sollen ja eine esoterische Schule der Interpretation repräsentieren, und deshalb erwartet man kaum, daß sie mit bekannten exoterischen Schulen übereinstimmen wie der "Prasanga-Mâdhyamika-Lehre, deren Dogmen bekannt sind, seit sie sich von den rein esoterischen Schulen abgesondert hatten."[20] Denn, wie Blavatsky darlegt:[21]

> Esoterische Schulen wären ihres Namens nicht mehr würdig, gingen ihre Literatur und Lehren auch noch in den Besitz der profansten Anhänger der jeweiligen Religion über – ganz zu schweigen von der Öffentlichkeit der westlichen Welt. Das sagt uns schon der gesunde Menschenverstand und die Logik. Trotzdem weigern sich unsere Orientalisten seit eh und je, diese Tatsache anzuerkennen.

Nun hat aber Blavatsky selber einige der esoterischen Lehren in der westlichen Welt an die Öffentlichkeit gebracht. Sie folgte damit der Anweisung gewisser tibetischer Mahatmas, die glaubten, daß die Zeit dazu gekommen sei. Wo aber finden wir nun das theosophische Verständnis von shûnyatâ? Kehren wir zu der oben schon zitierten Stelle aus Blavatsky Anmerkungen zu Subba Rows Artikel zurück. Dort lesen wir weiter:[22]

> Deshalb kennt die geheime Lehre der Arahats über den Ursprung des Kosmos nur ein absolutes, unzerstörbares, ewiges und nicht erschaffenes UNBEWUSSTSEIN (so zu übersetzen), nur ein Element (das Wort wird hier

> mangels eines besseren Begriffs benutzt), das von allem anderen im Universum absolut unabhängig ist; etwas, das immer gegenwärtig und überall vorhanden ist, eine Gegenwart, die immer war, ist und sein wird, ob es einen Gott gibt, viele Götter oder gar keine; ob es ein Universum gibt oder nicht; es existiert während der ewigen Zyklen der Maha Yugas, während der *Pralayas* und ebenso während der Perioden des *Manvantaras*: Und das ist RAUM, das Feld der Wirkungen der ewigen Kräfte und Naturgesetze, die *Basis* (wie es unser Korrespondent zu Recht nennt), auf der Âkâsha und Prakriti auf immer miteinander verknüpft und aufeinander bezogen sind, angeleitet von dem unbewußten regelmäßigen Pulsieren der Shakti – die Theisten würden es den Atem oder die Kraft einer bewußten Gottheit nennen und die Buddhisten die ewige Energie eines ewigen, unbewußten Gesetzes. Raum oder *Fan, Bar-nang (Mahâ-Shûnyatâ)* oder, wie Lao-tse es nennt, "Leere", ist also die Natur des buddhistischen Absoluten.

Der Begriff "Raum" [space, d.Ü.] ist Samuel Beals Übertragung von shûnyatâ in seiner 1871 erschienenen Übersetzung des kondensiertesten *Prajñâ-pâramitâ-*Sûtras, des *Herz-Sûtras.*[23] Blavatsky hatte dies früher schon in einer anderen Anmerkung zu Subba Rows Artikel zitiert:[24]

> *Prakriti, Svabhavat* oder *Âkâsha* - Raum, wie die Tibeter sagen; Raum mit irgendeiner oder gar keiner Substanz erfüllt; *das heißt*, mit einer Substanz, die so unbegreiflich ist, daß sie nur metaphysisch vorstellbar ist ... 'Was wir Form (*rûpa*) nennen, ist nicht von dem verschieden, was wir Raum (*Shûnyatâ*) nennen ... Raum ist nicht von Form verschieden ...' (Das Buch des *Sin-king* oder das *Herz-Sûtra* ...)

Beal war einer der ersten, der buddhistische Texte in eine Sprache des Abendlandes übersetzte. Er war von Brian Hodgsons Bericht über die vier Schulen des Buddhismus beeinflußt und glaubte, daß der chinesische Buddhismus der Svâbhâvika-Schule folgte und eine "universelle, diffuse Essenz"[25] akzeptierte. Beals Verständnis zufolge war shûnyatâ oder Raum lediglich eine andere Form des absoluten svabhâva. Einige Jahrzehnte später erschien in Englisch die erste umfassende Studie der Mâdhyamaka-Schule, basierend auf einem gründlichen Studium der ursprünglichen Sanskrittexte des Nâgârjuna: T.R.V. Murti, *The Central Philosophy of Buddhism*, 1955. Murti verstand unter *shûnyatâ* immer noch das buddhistische Absolute, obwohl dieses Verständnis nicht mehr auf einer Svâbhâvika-Vorstellung beruhte. Er betrachtete den Mâdhyamaka also als eine Art absolutistische Philosophie. In den letzten Jahrzehnten seit der Vertreibung der Tibeter sind jedoch durch Zusammenarbeit mit tibetischen Gelugpa-Lamas eine ganze Reihe von

Veröffentlichungen erschienen, die die früheren absolutistischen Interpretationen des Mâdhyamaka scharf kritisieren.[26] Sie weisen darauf hin, daß der Mâdhyamaka *per definitionem* der mittlere Weg ist, der die beiden Extreme von Eternalismus und Nihilismus vermeidet. Keine dieser beiden Formen von Absolutismus kann die richtige Interpretation sein. Die Tibeter sind Erben einer mehr als 1500 Jahre alten ungebrochenen Mâdhyamaka-Tradition. Da diese Tradition von Generationen von Gelehrten sorgfältig untersucht worden ist, haben sie allen Grund zu glauben, ihre Interpretation von shûnyatâ sei die richtige; und diese shûnyatâ existiert selbst nicht in irgendeiner absoluten Weise wie Raum. Haben wir es hier mit einem weiteren Fall zu tun, in dem Blavatsky zitierte, was immer sie finden konnte, das die esoterischen Lehren scheinbar bestätigte, was sich dann aber später doch als falsch herausstellte? Das glaube ich nicht.

In einer der bedeutsamsten Auszüge aus den geheimen Kommentaren, die wir in H.P. Blavatskys *Geheimlehre* finden, lesen wir:[27]

> Da die Substanz anders ist als alles, was wir auf der Erde kennen, glauben die Bewohner der Erde, weil sie durch sie HINDURCHsehen, in ihrer Illusion und Unwissenheit, daß es sich um leeren Raum handele. Es gibt nicht einen Finger breit (ANGULA) leeren Raum im gesamten grenzenlosen (Universum).

Das läßt keinen Zweifel daran, daß shûnyatâ oder Raum in der geheimen Arhat-Lehre wirklich als das absolute, eine Element, als ewige Substanz verstanden wurde. Aber wie kann es auf dem vom Buddha gelehrten Mittleren Weg etwas Absolutes geben?

Auf den Spuren der Absoluten Shûnyatâ und des Absoluten Svabhâva

Es gibt eine Tradition, genannt “Großer Mâdhyamaka”, die vor einigen Jahrhunderten von Dolpopa und den Jonangpas in Tibet eingeführt worden war. Sie stimmt mit der Prâsangika-Mâdhyamaka-Schule vollkommen darin überein, daß die absolutistischen Philosophien des Eternalismus und des Nihilismus Extreme seien, die man vermeiden sollte. Wie alle Mâdhyamaka-Traditionen akzeptiert auch sie die Worte des Nâgârjuna als autoritativ:[28]

> Leere (shûnyatâ) wird von den Buddhas als das Hinter-sich-Lassen aller philosophischen Ansichten erklärt, aber sie verkündeten, daß all jene unheilbar seien, die eine philosophische Ansicht über die Leere (shûnyatâ) haben.

Jede Vorstellung, wie tiefgründig und subtil sie auch sein mag, daß dharmas entweder absolut existieren oder absolut nicht existieren, wird als unrichtig angesehen; aber die Großen Mâdhyamikas sind der Auffassung, daß es etwas jenseits all dessen gibt, was unser Geist postulieren kann. Dieses unvorstellbare Etwas, egal, wie wir es benennen, wird in den Tathâgata-garbha-Sûtras als absolut und ewig beschrieben. Wenn das nicht existierte, könnte es auch keine Buddhaschaft mit all ihren Eigenschaften geben. Da es jenseits des Bereichs und des Zugriffs unserer Gedanken liegt, transzendiert es jede philosophische Ansicht. Die Prâsangikas leugnen jede Form von absoluter Existenz, einschließlich der der shûnyatâ, und weisen mit aller Sorgfalt darauf hin, daß dies keinen Nihilismus impliziert. Ebenso weisen die Mâdhyamikas, die die absolute Existenz sowohl der Buddha-Eigenschaften als auch der shûnyatâ akzeptieren, mit aller Sorgfalt darauf hin, daß dies keinen Eternalismus impliziert.

Es gibt viele Präzedenzfälle für die Lehre einer absoluten shûnyatâ in den Worten des Buddha. Gäbe es sie nicht, hätte niemand diese Lehre ernstgenommen, und keiner würde ohne solche Präzedenzfälle Blavatskys *Geheimlehre* ernstnehmen. An erster Stelle dieser Quellen steht ein Sûtra genannt "Enthüllung des Knotens oder der Geheimlehre" (*Sandhi-nirmochana*), in dem der Buddha sagt, er habe drei Verkündigungen der Lehren gegeben, das Rad des dharma dreimal in Bewegung gesetzt, und er werde nun die wahre Absicht und Bedeutung dieser anscheinend widersprüchlichen Lehren offenbaren. Es folgt die Zusammenfassung dieses Sûtra von Takasaki:[29]

> Die endgültige Doktrin des Mahâyâna wird zweifellos in der *Prajñâ-pâramitâ* gelehrt, aber so, daß ihr 'eine esoterische Bedeutung' zukommt bzw. wird sie 'mit einer verborgenen Absicht' dargestellt. Zum Beispiel gibt die *Prajñâ-pâramitâ* die Lehre von der *nih-svabhâvatâ* [Mangel an svabhâva] in bezug auf den *sarva-dharma* [alle dharmas], doch es ist nicht so klar, was mit *nih-svabhâvatâ* gemeint ist. Der Sinn des *Sandhi-nirmochana* liegt darin, diese Bedeutung der *Nih-svabhâvatâ* 'in klarer Weise' zu erklären, das heißt, den *shûnya-vâda* [die Lehre von der shûnyatâ] zu analysieren und seine Bedeutung zu klären. Gerade wegen dieses Standpunktes wird das Sûtra '*sandhi-nirmochana*' genannt, d.h., die Enthüllung des Knotens oder der Geheimlehre.

In der ersten Verkündigung lehrte der Buddha, daß alle dharmas wirklich existieren. Obwohl sie vergänglich sind, haben sie doch alle ihren eigenen svabhâva. Dies ist die Lehre der Sûtras, die der südliche oder Hînayâna-Buddhismus akzeptiert. In der zweiten Verkündigung lehrte der Buddha, daß alle dharmas in Wirklichkeit nicht existieren. Sie sind leer (*shûnya*) von svabhâva. Dies ist die Lehre der Sûtras, die der nördliche oder Mahâyâna-Buddhismus akzeptiert, besonders die des *Prajñâ-pâramitâ-Sûtras*. In der dritten Verkündigung erklärte der Buddha, in welcher Weise die dharmas existieren und in welcher Weise die dharmas nicht existieren. Dazu verkündete er die Lehre von den drei svabhâvas oder Naturen.[30] Dharmas, insofern sie der begrifflichen Vorstellung zufolge einen eigenen svabhâva besitzen, haben eine imaginäre oder trügerische Natur (*parikalpita-svabhâva*); in dieser Weise existieren sie nicht wirklich. Wenn dharmas in Abhängigkeit von Ursachen und Bedingungen auftreten, haben sie eine abhängige Natur (*paratantra-svabhâva*); in dieser Weise existieren sie nur konventionell. Wenn dharmas in der Realität verwurzelt sind, haben sie eine vollendete Natur (*parinishpanna-svabhâva*); in dieser Weise existieren sie tatsächlich.

Diese Lehre von den drei svabhâvas wurde in den Abhandlungen von Maitreya, Asanga und Vasubandhu erläutert. Obwohl diese Autoren häufig als chitta-mâtra oder "nur Verstand" klassifiziert und deswegen von den Prâsangika-Mâdhyamikas abqualifiziert wurden, betrachtet Dolpopa sie als "Große Mâdhyamikas". Als solche müßten sie an einem Verständnis von shûnyatâ äußerst interessiert sein, und das wird in ihren Werken auch tatsächlich deutlich; und, wie wir schon oben gesehen haben, die Begriffe shûnyatâ und svabhâva tauchen in buddhistischen Texten normalerweise zusammen auf. Vasubandhu zitiert in seinem Kommentar am Anfang von Maitreyas *Madhyânta-vibhâga* eine klassische Definition von shûnyatâ als etwas, das wirklich existiert und nicht lediglich als Leere von allem, einschließlich seiner selbst:[31]

> Deswegen ist 'ein Ort oder eine Stelle leer (*shûnya*) von dem, was dort nicht existiert'; [sieht man das] auf diese Weise, dann sieht man in Wirklichkeit. Weiterhin, 'was hier bleibt, das existiert, weil es hier ist'; [weiß man das] auf diese Weise, dann weiß man in Wirklichkeit. Auf diese Weise entsteht die fehlerlose Definition von shûnyatâ.

Später in demselben Kapitel diskutieren Maitreya und Vasubandhu die 16 Arten von shûnyatâ. Die letzten beiden von diesen heißen *abhâva-shûnyatâ*, die Leere, die Nicht-Sein (*abhâva*) ist, und *abhâva-svabhâva-shûnyatâ*, die Leere, die der svabhâva oder die endgültige Essenz jenes Nicht-Seins ist. Vasubandhu erklärt, daß diese Art von shûnyatâ tatsächlich existiert:[32]

> [Das vorherige ist] die Leere von Personen und dharmas. [Das letztere ist] die wahre Existenz (*sad-bhâva*) jenes Nicht-Seins.

Die Quelle dieser Lehre in den Worten des Buddha mag man in den Tathâgatagarbha-Sûtras dieser dritten Verkündigung finden. Eines von diesen, das *Mahâ-*

parinirvâna-sûtra, formuliert es so – aus dem Tibetischen ins Englische übersetzt von S.K. Hookham:[33]

> So sind sie also der Reihenfolge entsprechend die Leere, die das Nicht-Sein (*abhâva-shûnyatâ*) der zufällig befleckten Form usw. ist, das heißt, jedes ist leer von seiner eigenen Essenz [*svabhâva*], und die Tathâgatagarbha-Form usw., die Leere, die die Essenz [jenes] Nicht-Seins (*abhâva-svabhâva-shûnyatâ*) ist, die Absolute Andere Leere.

Man beachte den Ausdruck "Absolute Andere Leere" (*don dam gzan ston*) in diesem Zitat als Beschreibung der sechzehnten Art von shûnyatâ, *abhâva-svabhâva-shûnyatâ*. Dies ist eines der vielen Zitate, die Dolpopa benutzte, um die Lehre einer absoluten (*paramârtha*) Leere zu begründen. Diese shûnyatâ ist leer von allem außer sich selbst, und deswegen ist sie "leer von anderem" (*gzan ston*), aber sie ist nicht leer von sich selbst. Im Gegensatz dazu ist die shûnyatâ, die von der Prâsangika-Mâdhyamaka-Schule gelehrt wird, leer von allem, einschließlich ihrer selbst. Ihre Leere ist eine svabhâva-shûnyatâ oder eine Leere von jedem endgültigen svabhâva in allem. Die Großen Mâdhyamikas akzeptieren ebenfalls die Lehre, daß alle dharmas oder das uns bekannte manifeste Universum leer sind von jedem eigenen svabhâva, letztlich also nicht existieren. Aber jenseits des Bereichs und des Zugriffs der Gedanken gibt es tatsächlich eine absolute shûnyatâ, die leer ist von allem anderen außer sich selbst, und das ist der wirklich existierende absolute svabhâva des nicht existierenden manifesten Universums.

Diese den Verstand strapazierende Lehre der Großen Mâdhyamikas, die Dolpopa und die Jonangpas im 14. Jahrhundert in Tibet veröffentlichten, wirkte schockierend auf die damalige Orthodoxie. Der spätere Jonangpa-Autor Târanâtha erzählt uns, daß anfangs einige diese Lehre des "Leerseins von anderem" schwer verständlich fanden, während andere über sie hocherfreut waren. Als aber später Anhänger anderer Schulen von dieser Lehre hörten, erlebten sie "Herzanfälle" (*sñin gas*) und "verknotete Gehirne" (*klad pa 'gems pa*).[34] Das führte schließlich dazu, daß die Gelugpas im 17. Jahrhundert die Werke von Dolpopa verboten. Dazu schrieb unlängst jemand, der diese Lehre zu schätzen weiß:[35]

> Dol po pas Werk ... besitzt die glorreiche Auszeichnung, eine der wenigen Schriften zu sein, die jemals in Tibet als ketzerisch verboten wurden.

Dolpopa war in vieler Hinsicht für das Tibet des 14. Jahrhunderts das, was Blavatsky für die Welt des 19. Jahrhunderts war. In ähnlicher Weise schrieb der Londoner Schriftsteller W.T. Stead über Blavatskys Arbeit kurz nach ihrem Tod:[36]

> ... er [der Glaube, den Madame Blavatsky predigte] hat zumindest den Vorteil, ketzerisch zu sein. Die Wahrheit beginnt immer als Ketzerei, in jeder Ketzerei mag es den Keim einer neuen Offenbarung geben.

Während die Gelugpas und die Sakyapas, zwei der vier wichtigsten Schulen des tibetischen Buddhismus, die Lehren des Großen Mâdhyamaka ketzerisch fanden, akzeptierten die Nyingmapas und die Kagyupas, die beiden anderen Schulen, diese Lehren im großen und ganzen. Führende Lehrer dieser beiden Schulen benutzten die Lehren des Großen Mâdhyamaka sogar als einigende Lehrbasis ihrer "nicht-sektiererischen" (*ris med*) Bewegungen. Das begann in Tibet im letzten Teil des 19. Jahrhunderts, zur selben Zeit also, als sich die theosophische Bewegung in der übrigen Welt verbreitete.

Blavatsky widmete einen Großteil ihrer *Geheimlehre* solchen Zitaten und Parallelen aus den Religionen und Philosophien der Welt, die ihre eigene stützen, und ebenso widmete auch Dolpopa einen Großteil seiner Schriften Zitaten aus den buddhistischen Texten, die seine Lehre unterstützen. Heutzutage stellen viele Gelehrte fest, daß Dolpopas Verständnis dieser Quellen weitaus einleuchtender ist als das seiner Kritiker. Ein Grund dafür liegt darin, daß er die Texte so versteht, wie sie dastehen, anstatt davon auszugehen, daß sie interpretiert werden müssen. Es bedurfte eines Genies wie Tsong-Kha-Pa, eine "kopernikanische Revolution" heraufzubeschwören und zu erklären, daß die zweite Verkündigung, als das Rad des dharma also zum zweiten Mal in Bewegung gesetzt worden war, die endgültige und definitive Bedeutung vermittele und daß die dritte Verkündigung eine vorläufige und interpretierbare Bedeutung habe; und damit drehte er die Lehre des *Sandhi-nirmochana-sûtra* um. Der Buddhologe Paul Williams schreibt:[37]

> Bei der Darstellung der *Tathâgatagarbha*-Theorie, wie sie in den *Sûtras* und im *Ratnagotravibhâga* zu finden ist, bin ich davon ausgegangen, daß diese Texte das bedeuten, was dort steht. Soweit es die Kategorien der buddhistischen Hermeneutik angeht, bin ich davon ausgegangen, daß die Tathâgatagarbha-*Sûtras* wörtlich oder als definitive Schriften zu verstehen sind und ihre Bedeutung ganz offensichtlich ist. Die *Tathâgatagarbha*-Lehre scheint jedoch ganz anders zu sein als die des Prâsangika-Mâdhyamaka, und wenn ich ein tibetischer Gelehrter wäre, der glaubte, daß die Prâsangika-Mâdhyamaka-Lehre von der Leere die höchste Lehre des Buddhas sei, dann müßte ich die *Tathâgatagarbha*-Lehre interpretieren, um die offensichtlichen Widersprüche aufzulösen.

Dolpopa ist am bekanntesten für Shentong, seine Lehre von der absoluten shûnyatâ als einem "Leersein von anderem", die seiner Aussage zufolge auf den drei Kâlachakra-Kommentaren aus Shambhala[38] beruhen. Er stützt seine Lehre mit Zitaten aus dem Tathâgata-garbha oder den Sûtras zur Buddhanatur; eine Synthese dieser Lehre findet sich in Maitreyas *Ratna-gotra-vibhâga* und in seinem Kommentar. Trotzdem handelt die Mehrzahl der Werke Dolpopas von den *Prajñâ-pâramitâ*-Texten. Er richtete also ebenso wie Tsong-Kha-Pa seine Aufmerksamkeit auf die Primärtexte der zweiten Verkündigung. Damit berief er sich hauptsächlich auf einen sehr langen Kommentar, der seiner Meinung nach die Texte im Sinne des Großen Mâdhyamaka interpretierte. Es handelt sich dabei um einen kombinierten Kommentar zu den Sûtras der Vollendung der Weisheit in 100 000, 25 000 und 18 000 Zeilen, genannt *Shata-sâhasrikâ-pañcha-vimshati-sâhasrikâshtâdasha-sâhasrikâ-prajñâ-pâramitâ-brihat-tîkâ*, von einigen dem Vasubandhu zugeschrieben. Leider ist dieser Text bisher noch nicht in eine westliche Sprache übersetzt worden. Der unlängst verstorbene Edward Conze, der zu seinen Lebzeiten praktisch der einzige Übersetzer der *Prajñâ-pâramitâ*-Texte war, beklagte sich darüber,[39]

> ... daß das hervorstechendste Merkmal der gegenwärtigen *Prajñâpâramitâ*-Studien in dem Mißverhältnis liegt zwischen den wenigen Menschen, die gewillt sind, auf diesem Gebiet zu arbeiten, und der gewaltigen Anzahl von Dokumenten, die es dazu in Sanskrit, Chinesisch und Tibetisch gibt.

Dolpopa glaubte, daß shûnyatâ in den *Prajñâ-pâramitâ*-Texten in zwei verschiedenen Bedeutungen auftaucht, die man anhand des Kontextes und durch ein Wissen von der absoluten shûnyatâ auseinanderhalten müsse, wie man es beispielsweise in dem oben erwähnten Kommentar findet. Dieser Text wendet bei seiner Erklärung ein Schema von drei Arten von svabhâva an, wie wir in dem *Sandhi-nirmochana-sûtra* gesehen haben. Dolpopa erwähnt häufig, daß die Quelle der Lehre von den drei Arten von svabhâva das Kapitel "Von Maitreya gestellte Fragen" in den *Prajñâ-pâramitâ*-Texten des *Prajñâ-pâramitâ-Sûtra* mit 18 000 und 25 000 Zeilen ist.[40] Dort ist es in verwandten Begriffen gegeben; z.B. *dharmatâ-rûpa*, was Conze mit "dharmische Natur der Form" übersetzt, wird dort für *parinishpanna-svabhâva* angegeben, die "Natur, die in der Realität wurzelt". Dolpopa sieht in diesem Kapitel einen eigenen Kommentar von Buddha, den man zur Interpretation des *Prajñâ-pâramitâ*-Sûtras verwenden muß. Dieses Kapitel, wie auch andere Stellen in diesen Sûtras, sprechen auch von dem unbeschreiblichen dhâtu und erklären, er sei weder anders noch nicht anders als die dharmas. Während die Lehre, alle dharmas seien leer von jedem eigenen svabhâva, immer wieder in den *Prajñâ-pâramitâ*-Sûtras wiederholt wird, findet Dolpopa in ihnen auch die Große Mâdhyamaka-Lehre von einer wirklich existierenden shûnyatâ, die leer von allem außer ihrer selbst ist, aber nicht leer von ihrem eigenen svabhâva, der in der Realität verwurzelt ist (*parinishpanna*).

Alle Mâdhyamaka-Traditionen versuchen, die beiden Extreme des Eternalismus* und Nihilismus zu vermeiden, die beiden grundsätzlichen Lehrirrtümer: Überlagerung (*samâropa*) wirklicher Existenz über das, was keine wirkliche Existenz hat; und Widerlegung (*apavâda*) wirklicher Existenz im Hinblick auf das, was wirkliche Existenz hat. Gemäß dem Großen Mâdhyamaka befassen sich die *Prajñâ-pâramitâ*-Sûtras und Nâgârjunas Schriften über philosophische Argumentationsweisen mit dem Irrtum, wirkliche Existenz auf das, was keine wirkliche Existenz hat, zu projizieren. Das tun sie, indem sie lehren, daß alle dharmas von jeglichem svabhâva leer sind. Dies ist die Prâsangika-Lehre. Man muß jedoch auch den Irrtum ansprechen, der darin besteht, daß man die wirkliche Existenz von etwas, was wirkliche Existenz hat, widerlegt. Das, so sagen die Großen Mâdhyamikas, findet man hauptsächlich in den Tathâgata-garbha-Sûtras der dritten Verkündigung, in ihrer Synthese in Maitreyas *Ratna-gotra-vibhâga* sowie in den Hymnen des Nâgârjuna. Sie tun dies, indem sie lehren, daß der dhâtu oder das Element, auch wenn seine Existenz unvorstellbar ist, trotzdem wirklich existiert, und zwar sowohl in seiner verschleierten Form als tathâgata-garbha, als auch in seiner unverschleierten Form als dharma-kâya. Sie lehren, daß der dhâtu nicht leer von svabhâva sei, daß sein svabhâva dreifach sei und daß er aus folgendem bestehe:[41] dem dharmakâya oder "Körper des Gesetzes"; der *Tathâtâ* oder dem "So-Sein", der "wahren Natur"; und *gotra* oder "Keim", "Abstammung". Dies ist sein wirklich existierender, absoluter, in der Realität verwurzelter svabhâva.

Wie wir oben gesehen haben, wird shûnyatâ in der geheimen Arhat-Lehre zweifellos als etwas Unvorstellbares und Absolutes wie Shentong verstanden, eine Leere von allem außer sich selbst. Man versteht also in der geheimen Arhat-Lehre unter svabhâva zweifellos ein wirklich existierendes Absolutes, wie man an folgender, in Blavatskys *Geheimlehre* vorkommender Bezeichnung sehen kann, die aus den wenigen "Fachausdrücken besteht, die in einer der tibetischen und Senzar-Versionen" des *Buches des Dzyan* Verwendung findet:[42]

> Barnang und Ssa in Ngovonyidj.

Das bedeutet: "Raum (*bar-snang*) und Erde (*sa*) in svabhâva oder svabhâvatâ (*ngo-bo-nyid*)." Das tibetische Wort *ngo-bo-ynid* oder *no-bo-ñid* ist eine von zwei

* (der Glaube an das Vorhandensein einer immerwährenden, unveränderlichen, ungeborenen, unbeschreibbaren, unergründlichen, nicht qualifizierbaren Essenz, aus der alles hervorgeht. H.T.)

Standardübersetzungen des Sanskritwortes svabhâva oder svabhâvatâ. Robert Thurmann schreibt:[43]

> Soll es im ontologischen Sinne in der Bedeutung "eigenes Sein" oder "innere, wirkliche Realität" verwendet werden, ziehen die Tibeter *ngo bo nyid* vor. Soll es im konventionellen Sinne in der einfachen Bedeutung "Natur" verwendet werden, ziehen sie *rang bzhin* vor, obwohl sie es immer dann mit *ngo bo nyid* gleichsetzen, wenn sie es als "Selbst-Natur" benutzen, wenn sie also das Präfix *sva- (rang)* betonen.

Diese Bezeichnung kommt in der ersten Stanze vor und beschreibt dort den Zustand des Kosmos im pralaya, also vor seiner periodischen Manifestation. Wenn Raum und Erde im svabhâva aufgelöst sind, muß es sich um den svabhâva von etwas handeln, das wirklich existiert, auch dann, wenn das Universum nicht existiert.

Schlußbetrachtung

Das Konzept von svabhâva oder svabhâvatâ, das man in allen bekannten Sanskritschriften findet, ist das von der "inhärenten Natur" von etwas. Dabei kann es sich um etwas ganz Alltägliches handeln oder um die absolute Essenz des Universums. Was nun Lehrsysteme betrifft, muß es zunächst die Lehre einer existierenden Essenz geben, ehe es eine Lehre von ihrer inhärenten Natur, ihres svabhâva geben kann. Wenn nun ein Lehrsystem nicht die Existenz einer Essenz postuliert, sei es nun die von individuellen Dingen oder die des Universums als Ganzes, dann kann es auch keine Lehre von einem svabhâva geben. Es gäbe statt dessen die Lehre vom nih-svabhâva: da nichts eine Essenz hat, hat auch nichts eine inhärente Natur. Und das wird tatsächlich im Prâsangika-Mâdhyamaka-Buddhismus gelehrt.

Das Konzept von svabhâva oder svabhâvatâ, das man im *Buch des Dzyan* findet, beruht auf den Stanzen, die sich mit der Kosmogonie beschäftigen, und nicht auf Stanzen, die das Lehrsystem darstellen; die fehlen uns. Aber aus Blavatskys Schriften und aus denen ihrer Mahatma-Lehrer geht deutlich hervor, daß das Lehrsystem des *Buches des Dzyan* und der *Geheimlehre* auf der Existenz eines Elements beruht. Das ist also eine einheitliche Essenz mit einer einheitlichen inhärenten Natur oder einem svabhâva; es handelt sich hier nicht um eine Vielzahl von Essenzen mit einer Vielzahl von svabhâvas, wie es im frühen Abhidharma-Buddhismus gelehrt wurde.

Aus dem oben Gesagten können wir ersehen, daß es sich bei dem svabhâva im *Buch des Dzyan* zweifellos um den svabhâva des dhâtu, des einen Elements handelt. Diese Lehre des Buddhismus findet man in einer einzigen und einzigartigen Abhandlung mit dem Titel *Ratna-gotra-vibhâga*. Die Lehre des *Ratna-gotra-vibhâga*, wie sie von der Tradition des Großen Mâdhyamaka verstanden wird, vertritt einen Standpunkt, der der Lehre in Blavatskys *Geheimlehre* weitaus näherkommt, als alle anderen uns bekannten Texte; ebenso kommt der ethische Standpunkt des *Bodhicharyâvatâra* der Lehre in der *Stimme der Stille* weitaus näher als alle anderen uns bekannten Texte. Diese Tatsachen führen uns weit über den Bereich von Wahrscheinlichkeiten hinaus. Blavatsky hatte tatsächlich Quellen des esoterischen nördlichen Buddhismus.

Wir sprechen hier von dem Lehrsystem und nicht von dem System der Kosmogonie, das der *Ratna-gotra-vibhâga* nicht behandelt. Die meisten Buddhisten haben, anders als die Großen Mâdhyamikas, durch die Jahrhunderte hinweg den Standpunkt der Lehre des *Ratna-gotra-vibhâga* als recht verschieden von den anderen vier Abhandlungen des Maitreya angesehen. Einer der Gründe dafür lag darin, daß dieser Text zum größten Teil andere Fachausdrücke verwendet. In erster Linie handelt der Text von dhâtu, dem Element, während sein Kommentar den tathâgatagarbha behandelt, das verschleierte Element als Buddhanatur, das wir auch das eine Leben nennen könnten.[44] Keiner dieser beiden Begriffe wird in den anderen vier Schriften des Maitreya behandelt. Im Gegensatz zur tibetischen Tradition wird der *Ratna-gotra-vibhâga* nach der älteren chinesischen Tradition nicht einmal dem Maitreya zugeschrieben. Blavatsky verbindet in einem Brief an A.P. Sinnett ihre *Geheimlehre*, die sie damals schrieb, ganz speziell mit einem geheimen Buch des Maitreya:[45]

> Ich habe gerade ein langes einführendes Kapitel oder Prolog oder Vorrede, nennen Sie es, wie Sie wollen, abgeschlossen, worin dem Leser erklärt wird, daß nichts in meinem Buch fiktiv ist, weder der Inhalt insgesamt, noch die Teile, die mit einer Übersetzung aus dem Buch des *Dzyan* und dem Geheimen Buch des "Maytreya Buddha", dem *Champai chhos Nga* (die Prosafassung, nicht die fünf in Versform geschriebenen Bücher, die eine absichtliche Irreführung sind) beginnen.

Bei der Ähnlichkeit der Lehre ist es wahrscheinlich, daß der *Ratna-gotra-vibhâga* oder, genauer gesagt, sein geheimes Original das Buch des Maitreya ist, auf das Blavatsky hier verweist. Der bekannte *Ratna-gotra-vibhâga* mag zwar vieldeutig sein, aber er repräsentiert anscheinend doch denselben Standpunkt wie Blavatskys *Geheimlehre*. Die anderen vier Bücher des "*Champai chhos Nga*" (*byams-pa'i chos lnga*), die fünf (*lnga*) religiösen Bücher (*chos*, Sanskrit: *dharma*) des Maitreya (*byams-pa*, Aussprache: Tschampa),[46] repräsentieren jedoch nach den Großen Mâdhyamikas ebenfalls denselben Standpunkt wie der *Ratna-gotra-vibhâga*. Der *Ratna-gotra-vibhâga* bildet das Herz der Tradition des Großen Mâdhyamaka, die Dolpopa bedeutsamerweise als die "Tradition des Goldenen Zeitalters" repräsentierte. Obwohl diese Tradition eine unvorstellbare absolute shûnyatâ oder Shentong (*gzan ston*) lehrt, die nicht leer von svabhâva ist, werden diese Lehren doch nicht in Hinsicht auf den svabhâva dargestellt; sie gehören damit also nicht zur Svâbhâvika-Tradition.

Die einzigen mir bekannten Hinweise auf eine Svâbhâvika-Schule in buddhistischen Texten sind Erwähnungen in Schriften wie *Buddha-charita*, wo sie aber nicht Bezug nehmen auf eine buddhistische Schule dieses Namens, sondern auf eine nicht-buddhistische Schule.[47] Das *Samaya-bhedoparachana-chakra* von Vasumitra, das nur vierhundert Jahre nach der Zeit des Buddhas geschrieben worden sein soll, gibt eine Beschreibung der 18 Schulen des frühen Buddhismus, und keine von diesen ist die Svâbhâvika-Schule. Lassen wir einmal den längst in Mißkredit gebrachten Bericht von einer Svâbhâvika-Schule des Buddhismus beiseite, den ein nepalesischer buddhistischer Pandit Brian Hodgson gab, so bin ich mir keiner traditionellen Quelle bewußt, die eine buddhistische Schule erwähnt, die sich selbst Svâbhâvikas nennt oder von anderen buddhistischen Schulen so genannt wird.

Die südlichen oder Hînayâna-Schulen akzeptierten im allgemeinen einen svabhâva in ihren zwar vergänglichen, aber realen dharmas. In diesem Sinne könnte man sie Svâbhâvikas nennen, aber offenbar waren sie doch keine. Da dieser svabhâva vergänglich ist, kann es sich nicht um den ewigen svabhâva handeln, den die theosophischen Schriften erwähnen. Wir haben zuvor schon auf die Ausnahme der Sarvâstivâda-Schule verwiesen, die einen ewigen svabhâva lehrte. Aber zum einen ist der Standpunkt dieser Lehre nicht genau bekannt, und zum anderen war dieser svabhâva offenbar immer noch der svabhâva individueller dharmas und nicht eines einzelnen dhâtus. So kann es sich also nicht um den einheitlichen svabhâva handeln, den die theosophischen Schriften beschreiben. Außerdem wurden die Sarvâstivâdins nicht als Svâbhâvikas angesehen, weder von sich selber, noch von anderen.

Die nördlichen oder Mahâyâna-Schulen können als das Gegenteil zur Schule der Svâbhâvikas gesehen werden, da sie lehren, daß alle dharmas leer von svabhâva sind (*nih-svabhâva*). So wie die dharmas letztlich nicht existieren, existiert auch ihr svabhâva letztlich nicht. Mit den Worten des Chandrakîrti, svabhâva ist nicht etwas (*a-kimchit*), es ist lediglich Nicht-Existenz (*abhâva-mâtra*).[48] Die inhärente Natur oder der svabhâva des Feuers beispielsweise bezeichnet hier nicht seine alltäglich Natur des Heißseins oder Brennens, sondern besagt, daß seine Essenz nicht existiert. Mit anderen Worten, die inhärente Natur (*svabhâva*) der *dharmas* besteht darin, daß sie keine inhärente Natur haben (*nih-svabhâva*). Diese Vorstellung ist am weitesten entwickelt in der Prâsangika-Mâdhyamaka-Schule, der vorherrschenden Schule Tibets, die im allgemeinen als der Höhepunkt der Mahâyâna-Schulen angesehen wird.

Die Yogâchâra-Schule des Mahâyâna ist für ihre Lehre von den drei svabhâvas bekannt, die sich aus dem *Sandhi-nirmochana-sûtra* herleitet. Diese svabhâvas oder Naturen, die auch lakshanas oder charakteristische Merkmale genannt werden, werden folgendermaßen auf die dharmas angewandt: Ein dharma hat eine illusorische Natur, eine abhängige Natur und eine vollkommene, in der Realität verwurzelte Natur. Diese werden jedoch im selben Text durch die Lehre von den drei nih-svabhâvas ausgeglichen, die im absoluten Nichtvorhandensein von svabhâva (*paramârtha-nih-svabhâvatâ*) ihren Höhepunkt findet. Das kann man also ganz gewiß nicht als einen Svâbhâvika-Standpunkt gelten lassen.

Die Tradition des Großen Mâdhyamaka akzeptiert eine wirklich existierende, wenn auch unvorstellbare absolute shûnyatâ, die nicht leer von svabhâva ist. Da diese Tradition, wie oben schon angemerkt, ihre Lehren im Sinne von shûnyatâ und nicht svabhâva präsentiert, handelt es sich nicht um Svâbhâvikas. Und doch finden wir nur hier eine Lehre, die zu der Lehre vom svabhâva oder von der svabhâvatâ paßt, der man in der Theosophie begegnet. Sie paßt zu ihrer Lehre vom dhâtu, dem Element, das im Sinne von absoluter shûnyatâ oder Shentong als "leer von allem außer sich selbst" beschrieben wird. Sein svabhâva existiert also tatsächlich im absoluten Sinne. Aber eben diese Lehre wird von den Gelugpas ganz entschieden abgelehnt, die sonst als eine Schule angesehen wird, die der Theosophie am nächsten steht. Allerdings sind sich Theosophen und andere oft nicht darüber im klaren, daß die Gelugpas diese Lehre widerlegen. Den Grund dafür beschrieb Hookham folgendermaßen:[49]

> Leider können alle, die irgendwo hinter den Worten des Buddha intuitiv eine Shentong-Bedeutung ahnen, den Gelugpa-Lehren lange zuhören, ehe sie merken, daß es gerade diese Intuition ist, die geleugnet wird. Die Definitionen und "schwierigen Stellen" der Gelugpa-Schule sind spezifisch dafür gedacht, die Shentong-Ansicht auszuschließen; man braucht eine lange Zeit, um sie zu meistern.

Die Erforschung buddhistischer Texte steckt im Westen noch in ihren Anfängen. Die Tradition des Großen Mâdhyamaka war bis vor kurzem hier so gut wie unbekannt, und erst jetzt kommen die entsprechenden Texte allmählich heraus. Es muß noch viel Vorarbeit geleistet werden, ehe der ursprüngliche Text des *Buches des Dzyan* herausgegeben werden kann.

Das zum Kalachakra-System gehörende Emblem Dashâkâro Vashî, bestehend aus zehn Formen. Durch sieben übereinander stehende, in der alten Lañcha-Schrift wiedergegebene Sanskrit-Buchstaben werden die sieben Ebenen des Universums dargestellt. Die das Ganze krönenden Repräsentationen von Halbmond, Sonne und Flamme sind die restlichen drei Buchstaben. Das Emblem symbolisiert den Kosmos, speziell die Identität von Mikrokosmos und Makrokosmos.

Anmerkungen

[1] Walpola Rahula, *What the Buddha Taught*, 1959; zweite erweiterte Auflage, New York, 1974, S. 58. Es muß beachtet werden, daß viele zeitgenössische buddhistische Autoren "*dharmas*" mit "Phänomene" [*phenomena*] übersetzen.

[2] Alle Übersetzungen stammen, wenn nicht anders gekennzeichnet, vom Autor. Dieser Vers wurde Asangas Kommentar nach 1.152 zum *Ratna-gotra-vibhâga* entnommen. Er erklärt den *tathâgata-garbha* oder die Buddhanatur, den *dhâtu* oder das Element, wenn es verschleiert ist. Deswegen lautet die tibetische Übersetzung von *dhâtu* hier *khams*, Element. Taucht dieser Vers in *Yogâchâra*-Texten auf, wie am Anfang von Asangas *Mahâyâna-samgraha* und in Sthiramatis Kommentar zum 19. Vers der *Vijñapti-mâtratâ-siddhi-trimshikâ* von Vasubandhu, dann erklärt er den *âlaya-vijñâna* oder das Speicherbewußtsein [*substratum consciousness*]. Daher lautet die tibetische Übersetzung für *dhâtu* hier *dbyins* oder Bereich [*realm*]. Dieser Vers wird nicht nur von den Jonangpas und den Yogâchârins akzeptiert, sondern auch von den Prâsangika-Mâdhyamikas, der vorherrschenden Schule in Tibet. Er wurde ferner billigend von Jam-yang-shay-ba in seinem etwas polemischen tibetischen klösterlichen Handbuch zum Studium zitiert mit dem Zusatz: "Die Prâsangikas akzeptieren diese Textstelle im wörtlichen Sinne." Siehe Jeffrey Hopkins' teilweise Übersetzung dieses Handbuches in *Meditation on Emptiness*, London, 1983, S. 623.

[3] *Ratna-gotra-vibhâga* I. 29 gibt zehn Bedeutungen für *dhâtu*; die erste von ihnen ist *svabhâva.*

[4] Siehe: Étienne Lamotte, *History of Indian Buddhism from the Origins to the Shaka Era*, aus dem Französischen übersetzt von Sara Webb-Boin, Louvain-la-Neuve, 1988, S. 600.

[5] Diesen Vers findet man in Vasubandhus *Abhidharma-kosha-bhâshya* zu 5. 27.

[6] "Origin and Doctrines of Early Indian Buddhist Schools: A Translation of the Hsüan-chwang Version of Vasumitra's Treatise", ins Englische übersetzt von Jiryo Masuda, *Asia Major*, Band 2, 1925, S. 48 (Abschnitt 3, Kapitel 5, Vers 29). Siehe auch *Abhidharma-kosha* 1. 18; dort findet sich eine ähnliche Aussage.

[7] *What the Buddha Taught*, S. 51–56.

[8] In *The Letters of H.P. Blavatsky to A.P. Sinnett*, zusammengestellt von A.T. Barker, 1925; Faksimile Nachdruck, Pasadena, Theosophical University Press, 1973, S. 376–386.

[9] Siehe den Brief des Mahatmas K.H. auf S. 532 dieser Ausgabe.

[10] *H.P. Blavatsky Collected Writings*, Band 3.

[11] Es heißt, daß es zehn *Tathâgata-garbha*-Sûtras gibt: *Shrî-mâlâ-devî-simha-nâda-sûtra; Jñânâlokâlamkâra-sûtra; Sandhi-nirmochana-sûtra; Mahâ-parinirvâna-sûtra; Avikalpa-pravesha-dhâranî; Dhâranîshvara-râja-paripricchâ (Tathâgata-mahâ-karunâ-nirdesha-sûtra); Ârya-anguli-mâlîya-sûtra; Mahâbherî-hâraka-sûtra; Tathâgata-garbha-sûtra; Anûnatvâpûrnatva-nirdesha-parivarta.*

[12] Étienne Lamotte, *The Teachings of Vimalakîrti*, engl. Übers. von Sara Boin, London, The Pali Text Society, 1976, Einleitung, S. lxxvii.

[13] *The Mahatma Letters to A.P. Sinnett*, 2. Auflage, S. 455. Vergleiche: Samuel Beal, *A Cetana of Buddhist Scriptures from the Chinese*, London, 1871, S. 184.

[14] *Ratna-gotra-vibhâga-vyâkhyâ* nach 1. 36; in der E.H. Johnston-Ausgabe. S. 30–31; in der Z. Nakamura-Ausgabe S. 59. Eine sehr gute Übersetzung davon aus dem Sanskrit ins Englische gibt es von J. Takasaki, S. 209–210, und auch von E. Obermiller aus dem Tibetischen, S. 166. Ich habe es neu übersetzt, um die Fachausdrücke herauszubringen, insbesondere *âtman*, was Takasaki und Obermiller mit "Einheit" [*unity*] anstatt "Selbst" *[self]* übersetzt haben.

[15] *The Secret Doctrine*, Band I, S. 404; Band II, S. 211, 501.

[16] Diese repräsentativen Beispiele stammen aus den *Prajñâ-pâramitâ-Sûtras* mit 25 000 und mit 18 000 Zeilen. Zur Zeit gibt es noch keine vollständige Sanskrit-Ausgabe der drei großen *Prajñâ-pâramitâ-Sûtras.* Aber, und darauf hat Edward Conze bereits hingewiesen, sie sind vom Inhalt her im wesentlichen identisch. Die Version in 100 000 Zeilen bespricht eingehend die ausführlichen und sich wiederholenden Listen von Kategorien, die in den Versionen mit 18 000 und 25 000 Zeilen nur abgekürzt vorkommen. Jede der drei Versionen kann also ihrem Thema nach in acht stufenweise "Erkenntnisse" (*abhisamaya*) unterteilt werden, dem *Abhisamayâlankâra* von Maitreya folgend. Wenden wir das an, so können wir leicht sehen, welche Themen die vorliegenden Sanskrit-Ausgaben behandeln:

Çatasâhasrikâ-prajñâ-pâramitâ, Hg. Pratâpacandra Ghosa, Band 1 (18 fasc., 1676 Seiten), Band

2 (1 fasc., 71 Seiten, unvollständig), Calcutta, 1902–1914, Bibliotheca Indica 153; enthält 13 *parivartas*, die das meiste des ersten *abhisamaya* behandeln.

The Pañcavimshatisâhasrikâ Prajñâpâramitâ, Hg. Nalinaksha Dutt, London, 1934, Calcutta Oriental Series 28; behandelt den ersten *abhisamaya*.

Pañcavimshatisâhasrikâ Prajñâpâramitâ II, III, Hg. Takayasu Kimura, Tokyo, 1986; behandelt den zweiten und dritten *abhisamaya*.

Pañcavimshatisâhasrikâ Prajñâpâramitâ IV, Takayasu Kimura, Tokyo, 1990; behandelt den vierten *abhisamaya*.

The Gilgit Manuscript of the Astâdashasâhasrikâprajñâpâramitâ, Chapters 55 to 70 corresponding to the 5th Abhisamaya, hg. & übers. von Edward Conze, Roma, 1962, Serie Orientale Roma 26.

The Gilgit Manuscript of the Astâdashasâhasrikâprajñâpâramitâ, Chapters 70 to 82 corresponding to the 6th, 7th and 8th Abhisamaya, hg. & übers. von Edward Conze, Roma, 1974, Serie Orientale Roma 46.

Die Ausgaben mit 25.000 Zeilen von Dutt und Kimura (sie behandeln den ersten bis vierten *abhisamaya*) und die Ausgabe mit 18 000 Zeilen von Conze (sie behandelt den fünften bis achten *abhisamaya*) enthalten zusammen alle Themen dieser Texte. So bekamen wir erst 1990, als Kimuras Ausgabe mit dem letzten der acht *abhisamayas* die Gesamtausgabe vervollständigte, Zugang zu dem vollständigen *Prajñâ-pâramitâ-Sûtra* in gedruckter Form.

[17] *Mûla-madhyamaka-kârikâ* 24. 11:
vinâshayati durdrishtâ shûnyatâ manda-medhasam /
sarpo yathâ durgrihîto vidyâ vâ dushprasâdhitâ //

[18] J. Hopkins, *Meditation on Emptiness*, S. 360.

[19] Geshe Wangyal, *The Door of Liberation*, New York, 1973, S. 66.

[20] *The Secret Doctrine*, Bd. I, S. 43.

[21] *H.P. Blavatsky Collected Writings*, Band 14, S. 433.

[22] *H.P. Blavatsky Collected Writings*, Band 3, S. 423.

[23] Gefunden in S. Beal, *A Catena of Buddhist Scriptures from the Chinese*, London, 1871, S. 282–284. Es war schon früher im *Journal of the Royal Asiatic Society* veröffentlicht worden, n.s. Band 1, 1865, S. 25–28.

[24] *H.P. Blavatsky Collected Writings*, Band 3, S. 405–406.

[25] Beal, *Catena*, S. 11: 'Beide Autoren vertraten die Lehre der *Swâbhâvika*-Schule des Buddhismus, die allgemein in China akzeptiert ist. Diese Schule ist der Ansicht, daß Materie als rohe Masse ewig ist, in der einen Form unendlich geschwächt und in der anderen bis hin zu den zahllosen schönen Varianten der Natur erweitert." Auch auf Seite 14: "Die Lehre von einer universell diffusen und aus sich selbst heraus existierenden Essenz, von der die Materie lediglich eine Form ist, scheint den südlichen Schulen unbekannt zu sein. Es scheint daher, daß es in den südlichen philosophischen Lehren seit der Zeit des Nagasena [d.h. Nâgârjuna], der ein strenger Gegner der *Swâbhâva*-Theorie war, keinen Fortschritt mehr gab."

[26] Siehe beispielsweise: Robert A.F. Thurman, *Tsong Khapa's Speech of Gold in the Essence of the True Eloquence: Reason and Enlightenment in the Central Philosophy of Tibet*, Princeton, 1984; C.W. Huntington, Jr. mit Geshe Namgyal Wangchen, *The Emptiness of Emptiness: An Introduction to Early Indian Mâdhyamika*, Honolulu, 1989; Jay L. Garfield, *The Fundamental Wisdom of the Middle Way: Nâgârjuna's Mûlamadhyamakakârikâ*, New York und Oxford, 1995.

[27] *The Secret Doctrine*, Bd. I, S. 289.

[28] *Mûla-madhyamaka-kârikâ* 13.8:
shûnyatâ sarva-drishtînâm proktâ nihsaranam jinaih /
yeshâm tu shûnyatâ-drishtis tân asâdhyân babhâshire //

[29] Jikido Takasaki, *A Study on Ratnagotravibhâga (Uttaratantra)*, Roma, 1966, Serie Orientale Roma 33, Einleitung, S. 58.

[30] *Sandhi-nirmochana-sûtra*, Kap. 6 und 7. Englische Übersetzung: *Wisdom of Buddha: The Samdhinirmocana Sûtra*, ins Englische übersetzt von John Powers, Berkeley, 1995.

[31] *Madhyânta-vibhâga-bhâshya*, 1. 1 in G. Nagao Hg.; oder 1. 2 in R. Pandeya, Hg.: *evam yad yatra nâsti tat tena shûnyam iti yathâ-bhûtam samanupashyati yat punar atrâvashishtam bhavati tat sad ihâstîti yathâ-bhûtam prajânâtîty aviparîtam shûnyatâ-lakshanam udbhâvitam bhavati*. Das wird auch in Asangas *Ratna-gotra-vibhâga-vyâkhyâ* zu 1. 155 zitiert; in Asangas *Abhidharma-samucchaya*; und in Asangas *Bodhisattva-bhûmi*.

[32] *Madhyânta-vibhâga-bhâsyâ*, 1. 20 in Nagao, Hg.; oder 1.21 in Pandeya, Hg.: *pudgala-dharmâbhâvash-cha shûnyatâ / tad-abhâvasya cha sad-bhâvah.*

[33] S.K. Hookham, *The Buddha Within: Tathâgatagarbha Doctrine According to the Shentong Interpretation of the Ratnagotravibhaga*, Albany, 1991, S. 139.

[34] Cyrus Stearns, "Dol-po-pa Shes-rab Rgyal-mtshan and the Genesis of the *Gzhan-stong* Position in Tibet", in *Asiatische Studien*, Band 49, 1995, S. 836.

[35] Gareth Sparham, "On the Proper Interpretation of Prajna-Paramita", *Dreloma: Drepung Loseling Magazine*, no. XXXII-XXXIII, 1994–95, S. 20.

[36] W.T. Stead, "Madame Blavatsky", in *Review of Reviews*, June 1891 (S. 548–550); Neudruck in *Adyar Library Bulletin*, Band XIV, Teil 2, 8. Mai, 1950, S. 67.

[37] Paul Williams, *Mahâyâna Buddhism: The Doctrinal Foundations*, London and New York, 1989, S. 105–106.

[38] Diese drei Kommentare sind: Pundarîkas *Vimala-prabhâ-tîkâ* zum *Kâlachakra-tantra*, Vajrapânis *Laghu-tantra-tîkâ* zum *Chakra-samvara-tantra*, und Vajragarbhas *Hejavra-pindârtha-tîkâ* zum *Hevajra-tantra*. Die letzten beiden erklären ihre jeweiligen Tantras vom Standpunkt des *Kâlachakra*.

[39] Edward Conze (Übers.), *The Large Sutra on Perfect Wisdom*, Berkeley, Los Angeles, London, 1975, S. x.

[40] Sanskrittext gedruckt in E. Conze und Iida Shotaro, "'Maitreya's Questions' in the Prajnâpâramitâ", in *Mélanges D'Indianisme â la Mémoire de Louis Renou*, Paris, 1968, S. 229–242; englische Übersetzung in *The Large Sutra on Perfect Wisdon*, übers. von Edward Conze, S. 644–652.

[41] *Ratna-gotra-vibhâga* 1. 144. Siehe auch Anmerkung 3.

[42] *The Secret Doctrine*, Bd. 1, S. 23.

[43] *Tsong Khapa's Speech of Gold in the Essence of the True Eloquence*, S. 193, Fn. 11.

[44] Man sollte hier jedoch anmerken, daß die Prâsangika-Mâdhyamikas wie die Gelugpas den *tathâgata-garbha* lieber als Leere interpretieren, insbesondere als die Leere des Geistes. E. Obermiller folgte in seiner 1931 erschienenen bahnbrechenden Übersetzung des *Ratna-gotra-vibhâga* oder *Uttara-tantra* mehr oder weniger dieser Interpretation, da er den Gelugpa-Kommentaren folgte, wenn er auch in Betracht zog, daß es sich um eine monistische Lehre handelt. Auch David Ruegg folgte dieser Interpretation in seiner 1969 erschienenen monumentalen Studie des *tathâgata-garbha*, *La Théorie du Tathâgatagarbha et du Gotra*. Lambert Schmithausen kritisierte diese Interpretation in einer Rezension "Zu D. Seyfort Rueggs Buch 'La théorie du tathâgatagarbha et du gotra' in der *Wiener Zeitschrift für die Kunde Südasiens und Archiv für Indische Philosophie*, 1973. Paul Williams schreibt darüber zusammenfassend: "Schmithausen argumentierte, daß man den Verweis auf *tathâgatagarbha* als Leere im Sinne der spezifischen Bedeutung von Leere in dieser Tradition verstehen muß, daß nämlich Leere ein bestimmter Aspekt des *tathâgatagarbha* ist, d.h., daß der *tathâgatagarbha* leer ist von Verunreinigungen und nicht identisch ist mit der [Prâsangika] Mâdhyamaka-Leere. Dem stimme ich zu." (*Mahâyâna Buddhism: The Doctrinal Foundations*, 1989, S. 281, Anmerkung 11.)

[45] s. H.P.B.-Brief, S. 516 in dieser Studienausgabe.

[46] Die anderen vier Bücher sind: *Mahâyâna-sûtrâlankâra*; *Madhyânta-vibhâga*; *Dharma-dharmatâ-vibhâga*; *Abhisamayâlankâra*. Geoffrey Barborka unterlief ein unglücklicher Irrtum, als er *Champai chhos Nga* mit "die gesamte Lehre in ihrer Wesentlichkeit" [*the whole doctrine in its essentiality*] übersetzte; zitiert in Boris de Zirkoffs "Historical Introduction" zur definitiven Ausgabe der *Secret Doctrine* von 1978, S. [69], Anm. 130. Ich habe deswegen mehrfach Kontakt zum Verlag aufgenommen, aber der Fehler wurde nicht berichtigt.

[47] Ashvaghoshas *Buddha-charita*, 9.58–62. Siehe auch 18.29–41 für eine Widerlegung der *Svabhâva*-Lehre.

[48] *Prasanna-padâ* Kommentar zur *Mûla-madhyamaka-kârikâ* 15.2.

[49] *The Buddha Within*, s. 17.

Sylvia Cranston

DIE NATURWISSENSCHAFTEN UND *DIE GHEIMLEHRE*

1988 fanden in den USA, Europa und Indien anläßlich des 100. Jahrestages des Erscheinens von Helena Blavatskys *Geheimlehre* eine Reihe von Symposien statt. Bei einer Veranstaltung in Culver City, Kalifornien, sagte der prominente amerikanische Theosoph Jerry Hejka-Ekins folgendes:

> Es ist kaum anzunehmen, daß ein Buchrezensent im Jahr 1888 der *Geheimlehre* eine längere Lebensdauer als einige Nachdrucke zugebilligt hätte. Es ist ein schwieriges Werk mit ungefähr 1500 Seiten, voll von fernöstlichen philosophischen und religiösen Ausdrücken, in Gegenüberstellung mit der Wissenschaft des 19. Jahrhunderts und ihren heute längst überholten Theorien. Aber irgendwie, nach hundert Jahren, wird die *Geheimlehre* immer wieder nachgedruckt und noch immer fleißig studiert ...
> Was ist es, das *Die Geheimlehre* überdauern läßt und noch immer unser Denken beeinflußt, während andere Werke längst vergessen sind? Vielleicht liegt es daran, daß das Buch tatsächlich ein Werk für das 20. Jahrhundert ist, 100 Jahre vor seiner Zeit geschrieben ... Wäre die Autorin der *Geheimlehre* nicht in der Lage gewesen, künftige Entdeckungen vorauszusehen, würde das Buch angesichts des wissenschaftlichen Fortschrittes längst veraltet sein. Doch H.P.B prophezeite: "Erst im zwanzigsten Jahrhundert werden Teile des vorliegenden Werkes, wenn nicht das ganze, gerechtfertigt werden." (Bd. 2, S. 455 ff.)[1]

Prophezeiungen werden in der *Geheimlehre* kaum gemacht. Deshalb ist die folgende besonders faszinierend, denn sie nennt genaue Daten für ihre Erfüllung (Bd.I, S. 671):

> Der genaue Umfang, die ganze Tiefe und Größe der Geheimnisse der Natur sind nur in den esoterischen Lehren des Ostens zu finden. So umfangreich und tiefgreifend sind diese Geheimnisse, daß nur sehr wenige unter den höchsten Eingeweihten – *diejenigen nämlich, von deren Existenz nur ein paar Adepten wissen* – , imstande sind, diesem Wissen gerecht zu werden. Aber das Wissen ist vorhanden, und allmählich werden die Gegebenheiten und Vorgänge in der Werkstatt der Natur enthüllt und weitergegeben an die "exakten" Wissenschaften, wobei ausgesuchte, seltene Individuen mit

geheimnisvoller Unterstützung die Rätsel der Natur lösen. Solche Enthüllungen finden gewöhnlich am Ende der großen Zyklen und im Zusammenhang mit der Entwicklung der Menschheit statt. Wir befinden uns am Ende des derzeitigen fünftausendjährigen Zyklus' des Arya-Kaliyuga. In der Zeit von jetzt [1888] bis 1897 wird der Schleier der Natur zerreißen, und die materialistische Wissenschaft tödlich getroffen werden.[2]

Diese Prophezeiung besteht aus zwei Teilen. Der erste wirft die Frage auf, ob es in den angeführten neun Jahren irgenwelche bemerkenswerte Entdeckungen in den Wissenschaften gab. David Deitz entwirft in seinem Werk *The New Outline of Sciene* einen Überblick:

> In der Geschichte der Zivilisation gibt es kaum größere Gegensätze als die unterschiedlichen Gesichtspunkte der Physiker des 19. Jahrhunderts und deren Nachfolger im 20. Jahrhundert. Als sich das 19. Jahrhundert seinem Ende näherte, glaubten die Physiker, sie hätten ihre Aufgabe erfüllt. Im Jahr 1893 sagte ein bedeutender Wissenschaftler, es sei wahrscheinlich, daß alle großen Entdeckungen auf dem Gebiet der Physik bereits gemacht worden seien. Er skizzierte die Geschichte und Entwicklung der Naturwissenschaft und faßte schließlich die gut fundierten und, wie er meinte, vollendeten Theorien des 19. Jahrhunderts zusammen. Der Physiker der Zukunft, sagte er traurig, würde nichts anderes mehr zu tun haben, als die Experimente der Vergangenheit zu wiederholen und zu verfeinern und irgendein atomares Gewicht und eine Naturkonstante um ein oder zwei zusätzliche Dezimalstellen zu erweitern.*
>
> Und dann, zwei Jahre danach, am 28. Dezember 1895, legte Wilhelm Conrad Röntgen dem Sektretär der Physikalisch-Medizinischen Gesellschaft in Würzburg seinen ersten schriftlichen Bericht über seine [zufällige] Entdeckung der Röntgenstrahlen vor. Am ersten Tag des Jahres 1896 sandte er Kopien des veröffentlichten Berichtes an seine wissenschaftlichen Freunde in Berlin und anderswo. Ihnen fügte er einige Abzüge der Röntgenbilder bei, die er gemacht hatte ..., das spektakulärste zeigte die Knochen einer menschlichen Hand. Hier geschah genau das, was der Redner von 1893 für unmöglich gehalten hatte: Man hatte eine neue Entdeckung gemacht ... Röntgen hatte geheimnisvolle Strahlen entdeckt, die lichtundurchlässige Gegenstände genauso leicht durchdrangen wie das Sonnenlicht die Fensterscheibe. Nach

---

* "Der Vorsitzende der Abteilung für Physik an der Harvard Universität riet von einem höheren Universitätsstudium ab, weil nur wenige wichtige Dinge ungelöst geblieben seien." (Gary Zukav, *Die tanzenden Wu-Li-Meister*, Reinbeck, 1981)

der Physik des 19. Jahrhunderts war dieses verblüffende Phänomen nicht zu erklären ... Nicht nur die Wissenschaftler, sondern alle Menschen waren über diese Neuigkeit aufgeregt. Röntgen wurde über Nacht weltberühmt. [1901 wurde er mit dem ersten Nobel-Preis für Physik ausgezeichnet.]
Die nächste große Entdeckung auf dem Gebiet der Atomphysik war die Radioaktivität [1896] durch Antoine Henry Becquerel in Paris, wenige Wochen nach Röntgens Veröffentlichung.[3]

Dazu bemerkt der bekannte Physiker Robert Millikan:

> Radioaktivität bedeutete eine Revolution für das menschliche Denken, denn dies hieß, daß selbst einige der "ewigen Atome", nämlich die des Uranium und Thorium, instabil waren und spontan große Teil von Eigenenergie abgaben und sich dabei in andere Atome verwandelten ... Von allen neuen Entdeckungen war diese für die menschliche Vorstellungskraft die überraschendste und aufregendste, denn sie machte die Idee der Unveränderlichkeit der Elemente zunichte und zeigte, daß die Träume der Alchemisten doch noch wahr werden könnten.[4]

Die nächste 'Enthüllung' innerhalb des in der *Geheimlehre* vorausgesagten Zeitraumes war die wichtigste von allen, nämlich die Entdeckung des Elektrons im Jahr 1897 durch Sir J.J. Thomson. Dr. Karl Compton, der frühere Präsident des Massachusetts Institute of Technology, sagte in seiner Rede, als er 1936 als Präsident der *American Association for the Advancement of Science* verabschiedet wurde, folgendes:

> In der Geschichte der Wissenschaft gibt es viele Beispiele neuer Konzepte und Entdeckungen, die zu enormen Fortschritten in riesige, neue Bereiche geführt haben ... von denen man vorher noch nicht einmal etwas geahnt hat ... Aber ich finde, daß nichts so dramatisch war wie die Entdeckung des Elektrons, des winzigsten Teilchens im Universum, das innerhalb einer Generation eine stagnierende Physik, eine deskriptive Chemie und eine sterile Astronomie in sich dynamisch entwickelnde Wissenschaften verwandelte, voller intellektueller Abenteuer, die den Interpretationen und praktischen Werten einen Zusammenhang gaben.[5]

Thomsons Entdeckung war der Höhepunkt in einer Reihe von Experimenten, die Sir William Crookes eingeleitet hatte, der sich mit der Untersuchung von elektrischen Entladungen in einem hohen Vakuum in der von ihm erfundenen Crookeschen Röhre befaßte. Die Röhre wurde der Prototyp für die Fernseh- und

Leuchtstoffröhren, wie sie heute verwendet werden. Crookes Experimente ließen auf einen vierten Zustand der Materie schließen, den er als strahlende Materie bezeichnete und der sich zwanzig Jahre später als Elektronen herausstellte! Interessant ist, daß H.P.B. 1888 in der *Geheimlehre* voraussagte, daß Crookes "Entdeckung der strahlenden Materie zu einer weiteren Erkenntnis hinsichtlich der wahren Quelle des Lichtes führen und alle gegenwärtigen Spekulationen revolutionieren wird."

Der Physiker Robert Millikan erklärte, die Entdeckung des Elektrons sei "die nützlichste für die Menschheit, mit ihrer Unzahl von Erweiterungs- und Anwendungsmöglichkeiten auf das Radio, auf Kommunikationsmittel aller Art, auf den Film und eine ganze Reihe von anderen Industriezweigen ..." Wissenschaftliche Entdeckungen wurden durch die Anwendung elektronischer Instrumente außerordentlich beschleunigt.

Die Geheimlehre wurde sogar für praktische Zwecke genutzt. Herbert S. Turner, der Erfinder des koaxialen Telefonkabels, das Ende der 40er Jahre quer durch die Vereinigten Staaten verlegt wurde, verwendete bei seiner Erfindung einige Schlüsselpassagen bezüglich des Ringes "Pass-Not"* aus der *Geheimlehre* und wandte ihre tiefgreifenden okkulten Ideen im Bereich der physikalischen Kräfte an.[6]

***

Diese Prophezeiung aus der *Geheimlehre* bestätigt, daß durch den "zerrissenen Schleier der Natur ... die materialistische Wissenschaft tödlich getroffen" wurde. In seinem Werk *Time, Matter and Values* zog Millikan nach Aufzählung der neuen Entdeckungen der Physik den Schluß: "Ergebnis – der dogmatische Materialismus in der Physik ist tot."[7] Raymond S. Yates sagt in *These Amazing Electrons*: "Die alte Schule befand sich im Rückzug. Die Physik wußte nicht mehr weiter. Sie war vorübergehend betäubt von einer Lawine schwieriger Fragen. Der letzte solide Baustein war aus dem Fundament des Materialismus herausgefallen und das kleine ordentliche System aus Kategorien und Schubladen, das man so mühsam aufgebaut hatte, war mit einem entsetzlichen, dumpfen Geräusch in sich zusammengebrochen."[8]

Für David Dietz war es offensichtlich, daß "eine größere Revolution auf dem Gebiet der Physik eingetreten war," als das 19. Jahrhundert zu Ende ging. Er fährt fort:

> Vier bedeutende Entdeckungen – Röntgenstrahlen, Radioaktivität, Radium und das Elektron – haben die Wissenschaftler überzeugt, daß sie mit ihrer Aufgabe erst am Anfang, nicht am Ende stehen. Die Zeit war gekommen, in

* Der „unüberschreitbare Ring" trennt die Welt der Formen von der formlosen Welt.

> das Innere des Atoms vorzudringen. Es ist jedoch zu bezweifeln, ob irgend jemand zu Beginn des 20. Jahrhunderts die enormen Fortschritte, die sich im theoretischen Verständnis oder in den spektakulären Anwendungen aus diesem neuen Wissen ergeben würden, vorhergesehen hat.[9]

Der Zyklus des wissenschaftlichen Erwachens, der die Entdeckung des Elektrons begleitete, führte zu zwei weiteren Entdeckungen, die das Fundament der materialistischen Lehre noch mehr untergruben:

1900 – die *Quantentheorie*. Max Planck begründete die Quantentheorie durch die Feststellung, daß Materie Strahlungen in Quanten abgibt und absorbiert –, Quanten, die Einstein als Photons bezeichnete. Er zeigte, daß Licht sowohl korpuskular als auch wellenförmig ist. (Später wies Louis de Broglie nach, daß auch Materie eine Wellen- und Partikel-Dualität besitzt). 1913 postulierte Niels Bohr Elektronen, die von einer Umlaufbahn eines Atomkerns in eine andere springen, indem sie Quanten von Energie absorbieren oder abgeben, ohne den Zwischenraum zu passieren (mit anderen Worten, einen Quantensprung machen, ein Ausdruck, der heute in vielen anderen Zusammenhängen verwendet wird). Das war ein enormer Schritt fort von der mechanistischen Lehre.

1905 – Einsteins Gleichung $E = mc^2$. Durch Einsteins Theorie "erkannte man, daß Masse oder Substanz gleich Energie ist und Raum und Zeit wesentliche Bestandteile des Substanz-Energie-Kontinuums sind, aus dem das Universum besteht."[10]

Die Geheimlehre enthält viele Lehren, die von der Wissenschaft zu H.P.B.s Zeit bestritten wurden, sich jedoch später als wahr erwiesen, und es ist durchaus möglich, daß sie noch Hinweise auf weitere Wahrheiten enthält, die erst noch akzeptiert werden müssen. Hier folgen drei Beispiele, in denen sie Entdeckungen auf dem Gebiet der Physik vorwegnimmt. Weitere Beispiele finden wir in dem noch nicht veröffentlichten Buch von Reed Carson mit dem Titel: *Blavatsky's Foreknowledge of Twentieth Century Science.*

1. Atome sind teilbar. Sir Isaac Newton schrieb in *Optics*, daß "Gott am Anfang die Materie in feste, harte, undurchdringliche, bewegliche Teilchen formte, in Größen und Formen sowie Eigenschaften und Raumverhältnissen, wie sie am besten dem Zweck entsprachen, für den er sie geschaffen hat".[11] Naturwissenschaftler eliminierten später die Theologie in dieser Aussage, behielten aber die "harten, undurchdringlichen Teilchen" oder Atome als Bausteine des Universums bei. Als 1897 das Elektron entdeckt wurde, begannen die Bausteine zu bröckeln. Das Atom ist teilbar.

H.P.B sagt in der *Geheimlehre* (Bd. I, S. 565-566):

> Das Atom *ist* teilbar und muß aus Teilchen oder Subatomen bestehen ... Auf

der Lehre von der illusorischen Natur der Materie und der unendlichen Teilbarkeit des Atoms ist die ganze Wissenschaft des Okkultismus aufgebaut.

Über die unendliche Teilbarkeit schrieb ein befreundeter Naturwissenschaftler der Autorin: "Die Wissenschaft ist in dieser Richtung nur schrittweise vorangekommen – erst fand man die Elektronen, dann die Protonen, dann die Neutronen, dann die Quarks und andere Teilchen – jedesmal in dem Glauben, endlich das letzte Partikel entdeckt zu haben. Nun ist sie bei reinen Wellen angekommen, bei der String-Theorie, die der Wissenschaft der *Geheimlehre* entspricht."*

Als die Theorie von den Quarks aufkam, sagte Werner Heisenberg dazu:

> Selbst wenn Quarks gefunden werden könnten, kann es gut sein, daß sie in zwei Quarks und ein Anti-Quark etc. aufgeteilt werden könnten, und so wären sie nicht elementarer als ein Proton ... Wir werden die Philosophie des Demokrit und das Konzept der fundamentalen Elementarteilchen aufgeben müssen. Stattdessen sollten wir das Konzept fundamentaler Symmetrien akzeptieren, das ein Konzept aus der Philosophie Platons ist.[12]

2. Atome sind ständig in Bewegung. Zu H.P.B.s Zeiten hielten die Wissenschaftler Atome nicht nur für unteilbar, sondern auch für bewegungslos, außer im gasförmigen Zustand. In der *Geheimlehre* heißt es (*The Secret Doctrine*, Bd. I, S. 507–508, Fn. Diese Fußnote fehlt in der Froebe-Übersetzung. H.T.):

> Der Okkultismus lehrt, daß Materie immer dann, wenn sie träge *erscheint*, am aktivsten ist. Ein Holz- oder Steinblock ist praktisch bewegungslos und undurchdringlich. Trotzdem und *de facto* sind ihre Teilchen in einem Zustand unaufhörlicher, ewiger Schwingung. Die Schwingungen sind so schnell, daß der Gegenstand für unser Auge in völliger Bewegungslosigkeit verharrt. Und der räumliche Abstand zwischen jenen Teilchen bei ihrer Schwingungsbewegung ist – von einer anderen Seins- und Wahrnehmungsebene aus betrachtet – ebenso groß wie der Abstand zwischen Schneeflocken oder Regentropfen. Aber für die Wissenschaft der Physik wird das eine Absurdität sein ...

Heute fällt es schwer zu glauben, daß dies jemals für absurd gehalten wurde.

---

* Stephen Hawking schriebt: "1984 scheint das Interesse an Strings einen plötzlichen Auftrieb erhalten zu haben ... Diese Objekte, die man sich vorher als Teilchen vorstellte, werden in der String-Theorie als Wellen dargestellt, die am String entlangwandern wie die Wellen auf einer vibrierenden Drachenschnur." (Hawking, *Eine kurze Geschichte der Zeit*, S. 202, 204)

Nach der *Geheimlehre* entspricht die unaufhörliche Bewegung der Atome in Dingen, die wir als feste Objekte ansehen, einem Universalgesetz, das dem gesamten Kosmos zugrunde liegt, und nach dem es "in der Natur kein Ruhen oder Ende der Bewegung gibt."[13] Das stimmt mit Einsteins Ansichten überein, wie sie Garrett Service in *Die Relativitätstheorie* darstellt:

> Wissenschaftliche Untersuchungen zeigen, daß in unendlich kleinen ebenso wie in unendlich großen Dingen *alles in Bewegung ist* ... wir stellen fest, daß *nichts ruht*. Da das laut Einstein so ist, muß Bewegung als der natürliche wie auch wirkliche Zustand der Materie betrachtet werden, ein Zustand, der keiner Erklärung von uns bedarf, denn er geht aus der Beschaffenheit des Universums hervor. Sie ist das wahre Wesen allen Seins.[14]

In der *Geheimlehre* betont H.P.B., "absolute abstrakte Bewegung" sei ein Symbol des Absoluten selbst.

3. Materie und Energie sind umwandelbar. Die Wissenschaft des 19. Jahrhunderts glaubte das Gegenteil, was Einstein dann im Jahr 1905 mit seiner berühmten Gleichung $E = mc^2$ widerlegte. Millikan übersetzt diese Gleichung wie folgt:

> ... m ist Masse in Gramm, c ist Lichtgeschwindigkeit in Zentimetern pro Sekunde (30.000.000.000 cm/S) und E ist Energie in absoluten Energieeinheiten, nämlich Ergs. In der technischen Fachsprache besagt Einsteins Formel: Wenn jede Sekunde ein Gramm Masse in Hitze umgewandelt wird, werden unablässig 90 Milliaren Kilowatt Energie erzeugt.

"Dieses Konzept", fügt Millikan hinzu, *"ist von überaus wichtiger Bedeutung: Materie selbst läßt sich in Strahlenenergie umwandeln."*[15] Eine einfachere Erklärung dieser nunmehr erwiesenen Tatsache ist, daß Materie komprimierte Energie ist, Energie hingegen ausgebreitete Materie. In der *Geheimlehre* (Bd I, S. 683) zitiert H.P.B. aus W.Q. Judges Zeitschrift *The Path* (Januar 1887, S. 297):

> Wie ein amerikanischer Theosoph erklärte: "Die Monaden (des Leibniz) können von einem Gesichtspunkt aus Kraft genannt werden, von einem anderen *Stoff*. Für die okkulte Wissenschaft sind *Kraft* und Stoff nur zwei Seiten ein und derselben SUBSTANZ."

Diese Substanz, die aus dem Urstoff hervorgeht, nannte sie *Prakriti* oder *Mulaprakriti* (Wurzel-Stoff). In *Isis entschleiert* (Bd. I, S. 198) spricht H.P.B. über die Umwandelbarkeit von Kraft und Stoff:

> Jede objektive Manifestation, ob die Bewegung eines lebenden Gliedes oder eines anorganischen Körpers, erfordert zwei Voraussetzungen: Wille und Kraft – plus *Stoff*, oder das, was den so bewegten Gegenstand für unser Auge sichtbar macht; und diese drei sind alle umwandelbare Kräfte ...

Besonders interessant ist folgender Hinweis (*Geheimlehre*, Bd. 2, S. 710) nicht nur weil das Wort *Atomenergie* darauf hinweist, daß Atome Energie haben, sondern weil H.P.B. anscheinend als erste diese heute so gebräuchliche Bezeichnung benutzte:

> Die "Wellenbewegung lebender Partikel" wird verständlich durch die Theorie eines von unserer Materie unabhängigen geistigen ... Vital- oder Lebensprinzips, das sich nur in *unserem* Bewußtseinsbereich als *Atomenergie* manifestiert.

Nach der Physik wenden wir uns nun der Biologie zu und beginnen mit der Genetik.

Die Welt der Wissenschaft betrachtete die Entzifferung des genetischen Codes durch James Watson und Francis Crick als die Auflösung aller großen Geheimnisse der Zellbiologie. Watson und Crick erhielten den Nobel-Preis für Physiologie. Heute jedoch ist den Biologen nur zu deutlich bewußt, daß die Rätsel verwirrender sind denn je.

Der Urspung des genetischen Codes ist ein absolutes Geheimnis; die Wissenschaftler wissen nicht, wie die Natur ihn hervorgebracht hat. Sir Fred Hoyle weist darauf hin, daß sich innerhalb des genetischen Materials im Kern einer jeden Zelle 200 000 Aminosäure-Ketten zu einem höchst ungewöhnlichen, komplizierten Muster anordnen (von Watson und Crick in ihrem Doppelhelix-Modell graphisch dargestellt). Hoyle sagt, daß die Chance, durch eine Reihe von Zufällen mittels natürlicher Auswahl und willkürlicher Mutationen zu dieser Anordnung zu gelangen, etwa der Chance entspricht, mit einem Würfel fünf Millionen Mal hintereinander die Sechs zu würfeln.[16]

Ein weiteres Rätsel ist der in den Genen enthalten Ein- und Ausschaltmechanismus. Jede Zelle unseres Körpers beinhaltet in ihrem Kern einen kompletten Satz von Genen und enthält sämtliche, für die Reproduktion eines neuen menschlichen Wesens nötigen Informationen. In jeder einzelnen Zelle sind jedoch nur wenige Gene funktionsfähig. In einer Hautzelle zum Beispiel oder einer Leberzelle oder der Zelle einer Augenlinse werden nur solche Gene "eingeschaltet", die diese spezielle Art von Zellen erzeugen können. Alle anderen Gene werden "abgeschaltet". Würden alle Gene gleichzeitig arbeiten, käme es zu unorganisiertem, undiffernziertem Wachstum – Krebs. So sprechen Biologen heute von noch zu entdeckenden *Operator*-Genen, deren Funktionen von *Aktivierungs*-Genen eingeschaltet und von *Regulator*-Genen ausgeschaltet werden. Unter Genetikern ist der Gen-Auslöser der am meisten gesuchte Schlüssel für die Lösung des Rätsels des Lebens.[17]

Um auf die Probleme in der Zellularbiologie und in der Genetik hinzuweisen, macht Dr. Lewis Thomas auf das Problem der Entstehung des menschlichen Gehirns aufmerksam:

> Das Verblüffende ist, daß ein Kind aus einer einzigen Zelle entsteht, diese teilt sich in zwei, dann in vier, in acht und so fort, und in einem bestimmten Stadium, je mehr sich die Zelle differenziert, bildet sich ein Zellhaufen heraus, aus dem das menschliche Gehirn hervorgeht. Schon allein die Existenz jener speziellen Zellen gehört zum Erstaunlichsten auf der Welt. Eine Zellgruppe wird aktiviert, damit daraus ein massiver Apparat aus drei Millionen Zellen für das Denken und Vorstellen wird. Sämtliche Informationen, die der Mensch braucht, um Lesen, Schreiben, Klavierspielen zu lernen oder auch nur um ganz einfach die Hand auszustrecken und sich gegen einen Baum zu stützen, sind in jener ersten Zelle enthalten: Die ganze Grammatik, Arithmetik, Musik usw.
> Noch ist nicht bekannt, wie diese Aktivierung vor sich geht ... Niemand hat auch nur die geringste Ahnung, auf welche Weise einige der embryonalen Zellen plötzlich die Eigenschaft des Gehirns annehmen.[18]

Zudem ist auch das Gehirn so erstaunlich komplex, so der Wissenschaftsredakteur von *Fortune*, Tom Alexander, daß es "seit jeher ein Rätsel ist, wie Zellen einer so komplizierten und hoch organisierten Struktur untereinander in Verbindung stehen." Er fügt hinzu: „Einfache Berechnungen lassen darauf schließen, daß einfach nicht genügend Informationen in den DNA-Molekülen (aus denen der genetische Bauplan des Körpers besteht) verschlüsselt sind, um festzustellen, wie zwei Neuronen – die primitivsten des Hirncomputers – miteinander verbunden sind." Wissenschaftler berichten, daß „das Gehirn täglich mehr Verbindungen benutzt als alle Telefonsysteme der Welt“ und daß es "fähig ist, im Bruchteil einer Sekunde Millionen von Verbindungen untereinander herzustellen."[20]

In der *Geheimlehre* (Bd. 2, S. 157) sagt H.P.B: "*Der ganze Streit zwischen profaner und esoterischer Wissenschaft dreht sich um den Nachweis der Existenz des postulierten Astralkörpers innerhalb des physischen Körpers,* wobei ersterer von letzterem abhängig ist." Sie erklärt, daß die "innere Seele der physischen Zelle – das 'geistige Plasma', das das Kernplasma beherrscht" darin zu finden sei und daß dies "der Schlüssel ist, der eines Tages die Tore zu der Terra incognita des Biologen, die jetzt das dunkle Geheimnis der Embryologie genannt wird, öffnen muß." (Bd. I, S. 238)

Dieses Thema wird in der *Geheimlehre* für so wichtig gehalten, daß von den drei fundamentalen Lehrsätzen, die dem Band 2 zugrunde liegen, einer lautet: "Die Geburt des astralen Körpers (geschah) vor der des physischen Körpers, wobei ersterer das Vorbild für letzteren ist." In *Das Meer der Theosophie* schreibt W.Q. Judge:

> Der Astralkörper besteht, im Vergleich zu dem sichtbaren Körper, aus sehr fein strukturierter Materie und hat eine große Zugfestigkeit, so daß er sich während des Lebens wenig veändert, während sich der physische Körper jeden Augenblick verändert ... Der Astralkörper ist flexibel, plastisch, dehnbar und stark. Die Materie, aus der er sich zusammensetzt, ist in ihrer Essenz elektrisch und magnetisch und besteht genau aus dem, woraus die ganze Welt in ferner Vergangenheit bestand, als der Prozeß der Evolution den Punkt noch nicht erreicht hatte, den materiellen Körper des Menschen hervorzubringen.

Nach dieser Lehre ist der Astralkörper nicht getrennt vom physischen Körper, sondern durchdringt und unterstützt ihn; ohne ihn hätte der physische Körper keinen Zusammenhalt. Der Astralkörper wächst angeblich mit dem physischen Körper; er wäre also bei der Empfängnis mikroskopisch klein, aber schon von vollendeter Form.

Ein Beweis für seine Existenz ist das bekannte Phänomen des Phantomgliedes nach der Amputation eines Armes oder Beines. In solchen Fällen, sagt Judge, "ist das Körperglied des Astralkörpers unbeeinträchtigt geblieben und der Mensch hat das Gefühl, als besäße er es noch, denn weder Messer noch Säure können den Astralkörper verletzen ..."

Dr. Oliver Sacks, Neurologe und Autor des Bestsellers *Der Mann, der seine Frau mit einem Hut verwechselte,* sagt über Phantomglieder folgendes:

> Alle Amputierten und alle, die mit ihnen zu tun haben, wissen, wie wichtig ein Phantomglied ist, wenn der Amputierte eine Prothese erhalten soll. Bei Dr. Michael Kremer heißt es: "Sein Wert für den Amputierten ist enorm. Ich bin mir sicher, daß kein Beinamputierter wirklich gut gehen kann, ehe nicht sein Körperbild, mit anderen Worten das Phantom, wieder eingegliedert ist"... Einer meiner Patienten beschrieb mir einmal, wie er morgens sein Phantom "aufwecken" muß: Zuerst bewegt er den Schenkelstumpf und gibt ihm Klapse – "wie auf einen Babypo". Beim fünften oder sechsten Klaps schießt plötzlich das Phantom ein, wiederbelebt, wie vom Blitz getroffen von dem peripheren Reiz. Erst dann kann er seine Prothese anlegen und gehen.

Die Literatur über Phantome ist laut Dr. Sacks verwirrend; unklar ist, inwieweit sie pathologisch sind oder real. Aber die Patienten sind sich sicher. Einer von ihnen erzählt:

> Da ist dieses *Ding*, dieser Geisterfuß, der manchmal höllisch wehtut – die Zehen krümmen oder verkrampfen sich. Schlimmer noch ist es nachts oder wenn ich die Prothese nicht trage oder überhaupt nichts tue. Es geht vorüber, sobald ich die Prothese anschnalle und gehe. Ich fühle dann immer noch ganz intensiv das Bein, aber es ist ein gutes Phantom, ein anderes – es belebt die Prothese und ermöglicht mir zu gehen.[21]

Im Juni 1981 verursachte in England die Veröffentlichung von Rupert Sheldrakes Buch *Das schöpferische Universum: Die Theorie der morphogenetischen Felder* heftige Auseinandersetzungen. Großbritanniens führendes Wissenschaftsmagazin, *Nature*, bezeichnete es "als den seit vielen Jahren besten Anwärter darauf, verbrannt zu werden," während der ebenso renommierte *New Scientist* feststellte: "Es ist völlig klar, daß man es hier mit einem wichtigen wissenschaftlichen Vorstoß in die Natur der biologischen und physikalischen Realität zu tun hat." Arthur Koestler nannte Sheldrakes Theorie "... eine immens herausfordernde, stimulierende Hypothese, nüchtern dargestellt, die einen unorthodoxen Zugang zur Evolution anbietet."

In den Vereinigten Staaten erregte es so viel Aufmerksamkeit, daß Sheldrake eingeladen wurde, in Washington vor dem 'Kongreßkomitee für die Zukunft' zu sprechen. Sheldrake ist ein Absolvent des Clare College, Cambridge, wo er Naturwissenschaften studierte. Ein Jahr lang studierte er als Frank-Knox-Stipendiat an der Harvard Universität Philosophie und Wissenschaftsgeschichte, danach kehrte er nach Cambridge zurück und promovierte zum Doktor der Biochemie. Von 1967 bis 1973 war er Mitglied des Clare College und Studienleiter für Biochemie und Zellbiologie. Als Rosenheim Research Fellow der Royal Society führte er in Cambridge Forschungen über die Entwicklung der Pflanzen und das Altern der Zellen durch. Er ist Mitglied der Theosophischen Gesellschaft in England. Am 6. Oktober 1984 leitete er ein eintägiges Seminar in der Theosophischen Gesellschaft in Wheaton, Illinois. In einem Bericht von Professor Ralph H. Hannon (*American Theosophist,* Dezember 1984) heißt es:

> Nachdem er von Dr. Renée Weber, Professorin der Philosophie an der Rutgers Universität, den Zuhörern, darunter vielen Gelehrten und Wissenschaftlern, vorgestellt worden war, erklärte Sheldrake zunächst das Grundkonzept seiner Theorie. Neben den bereits bekannten Bereichen in der Naturwissenschaft wie z.B. die Gravitationsfelder, hat Sheldrake eine

Arbeitshypothese über morphogenetische Felder oder M-Felder aufgestellt. Er sagt, es sind unsichtbare, organisierende Strukturen, die Dinge wie Kristalle, Pflanzen und Tiere gestalten und formen und auch eine organisierende Auswirkung auf das Verhalten haben. In anderen Worten, dieses Feld wirkt wie eine Art Schablone, die nachfolgende Einheiten des gleichen Typus formt. Diese neue Einheiten "stimmen sich daruf ein" (oder "resonieren") und wiederholen den zuvor entwickelten "Archetypen", der durch Raum und Zeit agieren kann. Das heißt, jede neue Einheit, die geformt und gestaltet wird, verstärkt das M-Feld und es entsteht eine "Gewohnheit". Diese Theorie erstreckt sich von den molekularen Kristallen bis hin zu komplexen lebenden Organismen. Wichtig dabei ist, daß nachfolgende Einheiten, gleich welcher Art, die Struktur immer leichter und schneller annehmen. Schließlich wird die Struktur inhärent und so gut wie unveränderlich.

Sheldrake sprach zuerst über die konventionelle genetische Programmierung und die DNA-Doktrin. Demnach ist die Art der Entwicklung von Organismen irgendwie in ihr DNA "einprogrammiert". DNA kodiert tatsächlich die Sequenzen der Aminosäuren, die Proteine bilden. Aber vom Standpunkt der M-Felder wird die Form und Organisation von Zellen, Gewebe, Organen und Organismen als Ganzes von der Hierarchie der morphogenetischen Felder regiert, die nicht auf chemischem Wege vererbt werden, sondern direkt durch "morphische Resonanz" von vorherigen Organismen der gleichen Art weitergegeben werden.

Zur Erläuterung dieser Idee verwendete Sheldrake den Vergleich mit einem Fernsehapparat. Stellen Sie sich eine Person vor, sagte er, die von Elektrizität keine Ahnung hat. Ihr wird zum ersten Mal ein Fernsehgerät gezeigt. Zunächst wird er meinen, daß die Menschen, die auf dem Bildschirm erscheinen, sich im Gerät befinden. Doch nachdem er in das Innere des Apparats gesehen hat und nichts als Drähte und Transistoren entdeckt, wird er wahrscheinlich annehmen, daß die Bilder auf irgendwelche komplizierten Wechselwirkungen im Inneren des Apparats zurückzuführen sind. Angesichts der Tatsache, daß die Bilder sich verzerren oder gar verschwinden, wenn Teile des Apparats entfernt werden, erscheint diese Theorie durchaus plausibel. Wenn er dann erfahren würde, daß die Bilder in Wirklichkeit von unsichtbaren Einflüssen abhängen, die aus weiter Ferne in das Gerät gelangen, würde er das vermutlich nicht glauben. Seine Theorie, daß von außen nichts in den Apparat hineingelangt, würde durch die Entdeckung bestätigt werden, daß das Gerät das gleiche Gewicht behält, egal ob es ein- oder ausgeschaltet ist.

Dieser Standpunkt ähnelt der konventionellen Einstellung der Biologie, wo Drähte, Transistoren usw. dem DNA, den Proteinen, Molekülen usw. entsprechen. Sheldrake stimmt zu, daß genetische Veränderungen sich auf die Vererbung von Form oder Instinkt auswirken können, wenn man den "Ton" anders einstellt oder Störungen in den "Empfang" bringt. Aber genetische Faktoren selbst können nicht allein die Vererbung von Form und Instinkt erklären, nicht mehr als bestimmte Bilder auf dem Bildschirm eines Fernsehers allein durch seinen Schaltplan.

Die Öffentlichkeit war von Sheldrakes Arbeit derart fasziniert, daß der *New Scientist* in seiner Ausgabe vom 28. Oktober 1982 einen Preis von £ 250 für denjenigen aussetzte, der einen Test ausarbeiten würde, durch den Sheldrakes Idee "am kritischsten untersucht werden könnte." Die Tarrytown Gruppe ermutigte noch ehrgeizigere Bestrebungen: Sie versprach demjenigen eine Belohnung in Höhe von $ 10 000, der den "besten Test" entwickelte, um entweder Sheldrakes Hypothese zu bestätigen oder zu widerlegen.

Professor Hannon fährt fort:

> Sheldrake erklärte, daß seine Theorie der Wissenschaft erstmals in den zwanziger Jahren von dem renommierten Harvard-Psychologen William McDougall vorgestellt wurde. Man entdeckte, daß aufeinanderfolgende Generationen von Ratten [sogar dummen Ratten] ihre Fähigkeit, aus einem mit einem Labyrinth ausgestatteten Wassertank zu entkommen, deutlich verbessert hatten. Als die Experimente in Schottland und Australien mit nicht verwandten Rattenarten zur Kontrolle wiederholt wurden, stellte sich heraus, daß es keinen Unterschied machte, welche Ratten man einsetzte: alle Tiere hatten ihre Leistung verbessert.
>
> Wenn nach Sheldrakes Ansicht auch das menschliche Nervensystem von M-Feldern beherrscht wird, würde das gleiche Prinzip auch für die Menschen gelten. Das hätte große Auswirkungen auf unser Verständnis davon, wie und warum Menschen lernen. Das Lernen würde auf diese Weise eine Art Grunderbe der Spezies sein, man erinnert sich mehr oder weniger automatisch. Dieses Erbe würde überhaupt nicht im individuellen Gehirn lokalisiert sein, sondern direkt von der Struktur der Spezies durch morphische Resonanz weitergegeben werden. Die gesamten Erfahrungen der Menschheit würden dann tatsächlich die von Jung beschriebenen archetypischen Formen beinhalten.

Sheldrakes Artikel für die Herbst-Sonderausgabe des *American Theosophist* 1983 schließt mit folgender Aussage:

Einige Aspekte der Hypothese von der prägenden Verursachung erinnern an Elemente verschiedener traditioneller und okkulter Systeme, zum Beispiel an die Vorstellung des ätherischen Körpers, die Idee der Gruppenseele der Tiere sowie die Lehre der Akasha-Chronik. Sie wird jedoch als streng wissenschaftliche Hypothese dargestellt, und als solche wird sie durch empirische Versuche beurteilt werden müssen. Sollten aber die Experimente die Hypothese unterstützen, dann sollte sie eine Basis für eine neue Wissenschaft des Lebens sein, die weit über die begrenzte mechanistische Biologie von heute hinausgeht.

Auf dem Schutzumschlag von Sheldrakes Buch heißt es:

Die Konsequenzen der Hypothese der prägenden Verursachung könnten manche unserer grundlegenden Vorstellungen von der Natur, von der Gehirntätigkeit und vom Bewußtsein umstoßen. Zum Beispiel behauptet Sheldrake, daß Erinnerungen nicht im Gehirn gespeichert werden, sondern "direkt durch morphische Resonanz von seinen vergangenen Zuständen weitergegeben werden." In der Psychologie greift er eine Anzahl lang anstehender Probleme wieder auf, wie zum Beispiel das kollektive Unbewußte und Psi. Sheldrakes Hypothese könnte auch parallele Eingebungen erklären; das intuitive Beherrschen psychomotorischer Fähigkeiten, wie zum Beispiel das Tennisspiel oder graphische Fähigkeiten, das offensichtliche "Körpergedächtnis" von erlebten Traumen, Fütterungs- und Paarungsverhalten, die Macht der Rituale und Symbole, beschleunigtes Lernen und Aufnahme, die akkumulierende Wirkung einer von mehreren Personen vertretenen Idee, Verhaltensweisen, die holographische Realität.

An anderer Stelle (in T*he American Theosophist*, Sonderausgabe, Herbst 1983) sagt Sheldrake:

Die M-Felder kann man sich wie magnetische Felder vorstellen, die eine Form haben, obwohl sie unsichtbar sind [Bei einem Magneten kann diese Form durch das Muster, die ausgestreute Eisenspäne annehmen, sichtbar gemacht werden.] Die morphogenetischen Felder formen durch ihre eigene Struktur Zellen, Gewebe und Organismen. So bildet sich zum Beispiel bei einem menschlichen Embryo ein Ohr durch ein ohrförmiges morphogenetisches Feld und ein Bein durch ein beinförmiges Feld.
Doch was sind das für Felder und woher kommen sie? Seit mehr als fünfzig Jahren sind uns ihre Beschaffenheit und sogar ihre Existenz ein Rätsel. Ich glaube jedoch, daß diese Felder ebenso real sind wie die elektromagnetischen

und die Gravitationsfelder der Physik, aber daß sie eine neue Art von Feldern mit sehr außergewöhnlichen Eigenschaften sind. Wie die bekannten physikalischen Felder verbinden sie einander ähnelnde Dinge quer durch den Raum, mit offensichtlich nichts dazwischen, und außerdem verbinden sie Dinge über unterschiedliche *Zeiträume* hinaus miteinander.

Die Idee ist, daß die morphogenetischen Felder, die einem heranwachsenden Tier oder einer Pflanze Gestalt geben, aus den Formen vorangegangener Organismen der gleichen Spezies abgeleitet werden. Das Embryo "stimmt sich ein" auf die Formen vorheriger Angehöriger der gleichen Art. Dieser Prozeß wird als morphische Resonanz bezeichnet. In ihrem instinktmäßigen Verhalten greifen die Tiere auf eine Art von "Erinnerungsbank" oder "Gedächtnispool" ihrer Spezies zurück.

Es scheint daher, daß in der Natur die Tendenz herrscht, einmal erworbenes Wissen weiterzugeben. Selbst auf Kristalle trifft dies zu. Auch Hannon weist darauf hin: "Neue Chemikalien, die zum ersten Mal zur Synthese gebracht werden, sind normalerweise tatsächlich schwerer zu kristallisieren, je mehr Zeit aber vergeht, desto leichter bilden sich Kristalle."

Vor hundert Jahren bereits lehrte die Theosophie die vielseitigen Nutzungsmöglichkeiten der astralen Welt. In seinem Buch *Echoes from the Orient* (Kapitel 21) sagt W.Q. Judge folgendes darüber:

> Wahrscheinlich gibt es auf dem gesamten Gebiet der theosophischen Forschung nichts Interessanteres als das Astrallicht. Bei den Hindus wird es Akasha genannt, was auch mit Äther übersetzt werden kann. Sie sagen, daß alle Phänomene der Yogis aufgrund der Kenntnisse seiner Eigenschaften hervorgebracht werden können. Es wird auch behauptet, daß Hellsehen, Hellhören, Medialität und Seherschaft, wie sie im Westen bekannt sind, nur dadurch möglich sind. Es ist das Verzeichnis unserer Taten und Gedanken, die große Bildergalerie der Erde, aus der der Seher jederzeit alle Ereignisse ablesen kann, die je stattfanden, und die noch bevorstehen ... Es durchdringt jedes Atom und jedes Molekül auf der Erde. Es gehorcht den Gesetzen der Anziehung und der Abstoßung, es schwingt hin und her und zeigt sich einmal positiv, einmal negativ. Dies verleiht ihm eine kreisende Bewegung, die durch die Schlange symbolisiert wird. Es ist im kosmischen Sinn der große, endgültige Mittler, der erste Verursacher, der nicht nur die Pflanzen wachsen läßt, sondern auch den menschlichen Herzschlag in Gang hält.
>
> Dieses Licht ist der empfindlichen Fotoplatte sehr ähnlich. Es nimmt, wie Flammarion sagt, die Bilder jedes einzelnen Augenblicks auf und hält sie fest. Daher war bei den Ägyptern das Astrallicht der Chronist; es ist der Engel der

Gerechtigkeit der Christen und in einem anderen Aspekt Yama, der Richter der Toten im Pantheon der Hindus, denn nach den Bildern, die wir darin hinterlassen, werden wir vom Karma beurteilt ...

Da es die Bilder aller vergangenen Ereignisse und Dinge bewahrt, und da es nichts Neues unter der Sonne gibt, werden die Mittel, Ideen, Philosophien, Künste und Wissenschaften längst versunkener Zivilisationen und Kulturen kontinuierlich aus dem Astrallicht in das Gehirn der lebenden Menschen projiziert. Dies erklärt nicht nur die häufigen "Zufälle", daß zwei oder mehrere Erfinder oder Wissenschaftler gleichzeitig, aber unabhängig von einander die gleichen Einfälle haben oder gleiche Erfindungen machen, sondern auch andere, seltsame Ereignisse. Einige selbsternannte Wissenschaftler haben sehr klug über Telepathie und andere Phänomene gesprochen, aber keine ausreichende Begründung für Gedankenübertragung, Erscheinungen, Hellsehen oder Hunderte von verschiedenen okkulten Ereignissen gegeben, die Tag für Tag bei allen möglichen Menschen auftreten. Zugegeben, Gedanken können ohne Sprache direkt von einem Gehirn zum anderen übermittelt werden, doch wie kann diese Übertragung ohne Medium stattfinden? Das Medium ist in diesem Fall das Astrallicht. In dem Augenblick, in dem der Gedanke im Gehirn Gestalt annimmt, wird er in diesem Licht abgebildet und von dort von einem anderen Gehirn aufgenommen, das sensibel genug ist, ihn unversehrt zu empfangen ...

Doch alles, was ich hier genannt habe, sind nur einige Beispiele der verschiedenen Eigenschaften des Astrallichts. So weit es unsere Welt betrifft, kann man sagen, daß das Astrallicht überall ist, alle Dinge durchdringt; es besitzt eine fotografische Fähigkeit, durch die es Bilder von Gedanken, Taten, Ereignissen, Tönen, Klängen, Farben und allem möglichen erfaßt ...

Das Astrallicht, von der Wissenschaft nicht anerkannt, ist ein wichtiger Faktor in der Hypnose. Seine Wirkung wird viele Probleme klären, die Binet, Charcot und andere beschäftigten. Es erklärt, wieso sich bei zwei oder mehreren verschiedenen Personen in der gleichen Situation jeder nur an die Dinge erinnern kann, die seiner eigenen, spezifischen Erfahrungsebene entsprechen. Diese eigenartigen Dinge sind auf die Strömungen des Astrallichts zurückzuführen. In jedem dieser Ströme gibt es eine bestimmte Reihe von Reflexionen, und diese werden vom inneren Menschen aufgenommen, der sie durch Rede und Tat auf dieser Ebene wiedergibt, als wären es seine eigenen. Mit Hilfe dieser Ströme lesen Hellsichtige und Hellhörige – wenn auch unbewußt – wahrscheinlich in den verborgenen Seiten des Lebens.

In diesem Licht können sich daher gute und böse Bilder einprägen, und diese werden im Unterbewußtsein jedes Menschen reflektiert ... Wenn wir das Astrallicht mit bösen Bildern versorgen ... wird es unser Teufel und Zerstörer werden. Aber wenn durch das Vorbild von auch nur wenigen guten Menschen neue und bessere Dinge auf diese ewige Leinwand gezeichnet werden, wird sie uns zum Göttlichen erheben.

[Aus der Zeitschrift *Theosophy* vom November 1988]:

> In seinem Buch *The Presence of the Past* befaßt sich Sheldrake mit den Auswirkungen des morphogenen Verursachungsprinzips in den Bereichen der Psychologie, Soziologie und Kultur ... Zum Glück ist die morphische Resonanz eine Funktion, die über einen Zeitraum von Jahren getestet werden kann ... Während die Untersuchungen neuer Fähigkeiten bisher keine Resultate brachten, ist es interessant zu sehen, was die Experimente in bezug auf langfristig entwickelte Anlagen ergeben haben. Alle lassen die Wirkung einer sogenannten morphischen Resonanz erkennen. So wurden zum Beispiel Gruppen in Amerika und Großbritannien gebeten, drei kurze japanische Kinderverse auswendig zu lernen, wovon einer japanischen Kindern seit Generationen gut bekannt war. Die anderen beiden Verse ähnelten dem ersten, waren aber in Japan unbekannt. Der traditionelle Vers war leichter zu lernen. Bei anderen Tests hat man den Versuchspersonen Worte einer fremden Sprache, halb echt, halb nachgeahmt, zum lernen gegeben. Wiederum waren die echten Wörter leichter zu lernen. Ähnliche Experimente machte man mit dem Morsecode und der Schreibmaschinentastatur, Muster, die schon vor mehr als hundert Jahren akzeptiert waren. In beiden Fällen waren die bereits etablierten Zusammenhänge und Abfolgen leichter zu lernen als die künstlich zusammengestellten ...

In seinem Buch *New Age – Die Geburt eines neuen Zeitalters* sagt David Spangler über Sheldrakes Werk:

> Es hat ungeheure Bedeutung für die Übermittlung von Wissen und Verhalten.* Diese und ähnliche Theorien, die aus den Gebieten der Chemie und Biologie kommen, lassen darauf schließen, daß es sehr plötzlich zu einem kulturellen Wandel und zur Übernahme eines neuen Paradigmas kommen kann – durch das Lernen und die Integration des Wesentlichen einer neuen Vision schon durch wenige Menschen. Die Bilder, die aus der Wissenschaft kommen, haben ähnliche Merkmale und Bedeutungen. Sie

* Eine Umfrage des Gallup-Instituts von 1982 (George Gallup jr., *Adventures in Immortality*, New York, S. 198–200) zeigt, daß 8 Millionen Amerikaner bereits eine Art von Nah-Todeserfahrung erlebt haben!

weisen alle auf die holistische Natur des Universums hin. Und auch auf die Kraft und den Einfluß jedes Teiles dieses Universums: kein einziges Individuum ist zu unbedeutend, um nicht einen Beitrag leisten zu können. Daraus ergeben sich weitere Werte des neuen Paradigmas: seine humanistische Orientierung, seine Verpflichtung gegenüber der Ökologie, seine Ermutigung zu einer transzendentalen Weltsicht, seine Förderung der Gemeinschaft und der Verbundenheit und der Stärkung des Individuums, wie z.B. größere Dezentralisierung auf politischem und wirtschaftlichem Gebiet.

Der faszinierendste Beweis für das astrale Muster des Körpers stammt von zwei Wissenschaftlern der Yale Universität; Harold Faxton Burr und S.C. Northrop, die im Körper aller Lebewesen einen sogenannten *elektrischen Architekten* entdeckten – das erinnert an Judges Beschreibung des Astralkörpers als "elektrisch und magnetisch". Ihre Arbeit darüber wurde der Nationalen Akademie der Wissenschaften nach vierjährigen Untersuchungen der organischen Entwicklung von Salamandern und Mäusen vorgelegt. Die Professoren beschreiben die elektrischen Phänomene, die das Wachstum begleiten, deren Muster auf Elektrokardiographen und Elektroenzephalographen festgehalten wurden, die definitive Charakteristika jeder Spezies zeigten. In einem Bericht in der *New York Times* (vom 25. April 1939) schrieb der Wissenschaftsredakteur über die Bedeutung des Experiments von der nicht-technischen Seite:

> Im Körper aller Lebewesen existiert ein elektrischer Architekt, der das Individuum nach einem spezifischen, vorher festgelegten Muster formt und gestaltet. Er verbleibt im Körper vom präembryonalen Stadium bis zum Tod. Alles andere im Körper unterliegt einem ständigen Wandel; die Myriaden von einzelnen Zellen, aus denen er besteht – außer den Gehirnzellen –, altern und sterben ab, um durch andere Zellen ersetzt zu werden. Der elektrische Architekt aber bleibt während des ganzen Lebens unverändert, er baut neue Zellen, organisiert sie nach dem Muster der ursprünglichen Zellen und erschafft so den Körper buchstäblich immer wieder neu. Für das Individuum tritt der Tod ein, wenn der elektrische Architekt in ihm nicht mehr tätig ist. Der elektrische Architekt verspricht einen neuen Zugang zum Verständnis der Natur und der Abläufe des Lebens. Das zeigt, daß jeder lebende Organismus ein elektrodynamisches Kraftfeld besitzt, ähnlich dem magnetischen Kraftfeld des Magneten. Die Experimente zeigen laut Dr. Burr auch, daß jede Tierart und vermutlich auch jedes einzelne Tier innerhalb der verschiedenen Gattungen ein charakteristisches elektrisches Feld besitzt, analog zu den Kraftlinien des Magneten.

> Dieses elektrische Feld formt also jedes Stückchen protoplasmischen Lebensstoff, das in seinen Einflußbereich gerät, nach seinem eigenen Muster und personifiziert somit sich selbst in lebendem Fleisch, so wie der Bildhauer seine Idee im Stein personifiziert.

Dreiunddreißig Jahre später veröffentlichte Burr sein Buch *Blueprint for Immortality: The Electric Patterns of Life.* Er berichtet darin, daß fast ein halbes Jahrhundert lang die logischen Konsequenzen, die sich aus dieser Theorie ergeben, rigoros kontrollierten experimentellen Bedingungen unterworfen wurden und keine Unstimmigkeiten ergaben.[22]

Im *New Scientist* vom 26. Januar 1982 fragte sich ein Autor, der über die neuesten Experimente in der Elektrophysiologie schrieb: "Warum wurde diese Arbeit lediglich von einer Handvoll von Forschern weiterverfolgt, obwohl frühere Resultate so vielversprechend waren?" Er schließt daraus, daß "die Antwort wohl in den Trends und Moden zu finden ist, die jedes Wissenschaftsgebiet beeinflussen." Neue Experimente, bei denen die neuesten elektronischen Geräte eingesetzt wurden, haben vor kurzem bei der Entwicklung befruchteter Eizellen zu Embryos die Existenz bisher unentdeckter elektronischer Felder nachgewiesen. Der Autor weiter:

> Bisher unergründbare Vorgänge in der Morphogenese (dem Ursprung der Formen) müssen nun neu untersucht werden, und zwar zuerst mit elektrischen Studien ... Eines der größten Geheimnisse ist die Entstehung des Nervensystems. Um ihre Zielorgane zu erreichen, kriechen die wandernden Spitzen der Nervenzellen – Wachstumszapfen – durch den ganzen Körper, oft über Entfernungen, die im Vergleich zur Größe der Nervenzellen enorm sind. Was ist es, das dem Wachstumszapfen sagt, wohin er gehen soll?

Vielleicht bewegen sie sich einfach auf den entsprechenden Magnetlinien des astralen Modellkörpers. Ein von Burr und Northrop durchgeführtes Experiment könnte das Rätsel des An- und Abschaltens der Gene lösen. An einem Salamander verpflanzten die beiden Wissenschaftler die Zellen zur Bildung des Auges in seinen Schwanz. In der neuen elektromagnetischen Umgebung verwandelten sich die Gene zu schwanzbildenden Genen.

Ein noch grundlegenderes Problem entsteht nun bezüglich des astralen Modellkörpers. Wer oder was hat ihn entworfen? Und das führt uns direkt zu der theosophischen Auffassung über die Evolution und ihre primären Verursacher, wie in der *Geheimlehre* beschrieben. Als Grundsatz hält diese Lehre fest: "Das Universum wird von *innen nach außen* bewegt und *gelenkt* ... Der ganze Kosmos wird von einer nahezu endlosen Reihe von Hierarchien fühlender Wesen geleitet, gelenkt und belebt, von denen jedes einen Auftrag zu erfüllen hat ... Sie sind in den einzelnen Abstufungen ihres Bewußtseins und ihrer Intelligenz unendlich verschieden."[23] Die am weitesten fortgeschrittenen dieser Wesen könnten als die Baumeister des Universums bezeichnet werden, Wesen, die einst menschlich waren, nun aber in ihrer Macht und Pflichtausübung einen gottähnlichen Status besitzen.

Bald nach H.P.B.'s Tod fand diese Theorie von unerwarteter Seite Unterstützung, und zwar von Thomas Huxley, dem renommierten Biologen und führenden Darwinisten des 19. Jahrhunderts, der nahezu zeitlebens ein Erzskeptiker war. In *Some Essays on Controversial Subjects* schrieb er:

> Streng wissenschaftlich betrachtet erscheint mir die Annahme, es gäbe in den Myriaden von Welten im endlosen Raum keine höhere Intelligenz, die um etwa so viel größer ist, wie die des Menschen verglichen mit einer Küchenschabe, oder daß es dort nicht Wesen gäbe, *deren Fähigkeiten zur Beeinflussung der Vorgänge in der Natur* die des Menschen so übersteigen, wie diese Fähigkeit des Menschen die einer Schnecke übersteigt – eine solche Annahme erscheint mir nicht nur grundlos, sondern auch arrogant. Ohne über die Analogiemöglichkeiten hinauszugehen, die uns durch das uns Bekannte gegeben sind, kann man sich problemlos einen Kosmos vorstellen, der mit immer höher entwickelten Wesen bevölkert ist, bis hin zu etwas, das sich praktisch nicht unterscheidet von Allmacht, Allgegenwart und Allwissen. (Hervorhebung d. Autorin)

Huxley änderte auch seine Einschätzung des Bewußtseins:

> Für mich ist der Hauptgrundsatz des Materialismus der, daß es im Universum nichts anderes gibt als *Energie und Materie* – die als das Alpha und Omega der Existenz gelten ... Wer das nicht glaubt, ist nach Meinung der übereifrigen Anhänger dieser Überzeugung verdammt zum Inferno der Narren und Heuchler. Aber ich glaube das alles nicht ... Es gibt noch etwas Drittes im Universum, das weder Energie noch Materie sein kann, noch eine vorstellbare Modifizierung von beiden.

Alfred Russel Wallace, der die Theorie der natürlichen Auslese unabhängig von Darwin entwicket hatte, gab freimütig die Begrenztheit dieser Theorie zu. Er glaubte, daß die Führung von "höheren Intelligenzen" ein "notwendiger Bestandteil der großen Gesetze ist, die das materielle Universum regieren." Er fügte hinzu, daß die natürliche Auslese nicht erklären könne, wieso es Künstler, Musiker und all die anderen künstlerischen Begabungen gibt, denn diese böten ja keine Wettbewerbsvorteile im Kampf ums Überleben.[24]

In der *Geheimlehre* (Bd. 2, S. 684–685) finden wir dazu folgendes:

> Die natürliche Auslese ist keine Wesenheit; sie ist lediglich ein handlicher Begriff zur Beschreibung der Art und Weise, wie das Überleben des Tauglichen und die Ausmerzung des Untauglichen unter den Organismen durch den Kampf ums Dasein hervorgebracht wird ... Aber natürliche Auslese *als eine Kraft* – ist in Wirklichkeit ein reiner Mythos; namentlich, wenn man sie als Erklärung für den Ursprung der Arten benutzt ... Aus sich selbst kann "sie" – *nichts hervorbringen*, sie bearbeitet nur das "ihr" dargebotene Rohmaterial.
> Die wirkliche Frage, um die es sich dreht, ist die: Welche *Ursache* – in Verbindung mit anderen sekundären Ursachen – bringt die "Variationen" in den Organismen selbst hervor? Viele dieser sekundären Ursachen sind rein physikalisch – klimatisch, naturbedingt usw. Gut. Aber hinter den sekundären Aspekten der organischen Evolution *muß ein tieferes Prinzip gesucht werden*. Die "spontanen Variationen" und *"zufälligen* Divergenzen" des Materialisten sind ... nicht in der Lage, beispielsweise die erstaunliche Komplexität und die Wunder des menschlichen Körpers zu erklären ...
> Die Ursache für die physiologischen Variationen innerhalb der Arten ... ist eine unterbewußte, die Materie durchdringende Intelligenz, die zurückführbar ist auf einen Widerschein der göttlichen und dhyan-chohanischen Weisheit.

Wallace' Ansichten, von Professor Roszak zusammengefaßt, zeigen die natürliche Auslese in ähnlichem Licht: "In seinen Augen war die Anpassung im Grunde konservativ und ohne Initiative. Sie bewegt sich nur in horizontaler Richtung ... Wenn die Evolution nur eine Frage des Überlebens durch Anpassung wäre, wären wir vielleicht noch immer ein Planet aus Bakterien ... Darüberliegend sah Wallace eine kühnere vertikale Bewegung, die die Evolution in höhere Ebenen von Komplexität und Bewußtsein treibt." Und die vertikale Bewegung hatte ihren Impuls aus geistiger Quelle.[25]

Die Geheimlehre weist darauf hin, daß die vertikale Bewegung hauptsächlich an strategischen Punkten der evolutionären Reise auftritt. Dies würde die jüngste Theorie von punktuell, d.h. stoßweise auftretenden Gleichgewichtszuständen unterstützen, die beweist, daß Darwins Theorie der allmählichen Veränderungen nicht durch die fossilen Überreste bestätigt wird. In der Zeitschrift *Newsweek* vom 3. November 1980 heißt es: "Immer mehr Wissenschaftler glauben heute, daß die Arten sich in Millionen Jahren nur wenig ändern, um sich dann plötzlich, in einer Art Quantensprung, zu entwickeln ..." Der angesehene Anthropologe Loren Eiseley schreibt über diese Theorie in bezug auf das menschliche Gehirn in seine Buch *The Immense Journey:*

> Wie die große Forscherin der Paläoneurologie Dr. Tilly Edinger kürzlich bemerkte: "Als der Mensch die Pithecanthropus-Phase durchlief, war die Evolution seines Gehirns einzigartig, nicht nur was das Ergebnis betraf, sondern auch das Tempo ... Es scheint innerhalb eines Augenblicks – in geologischen Zeitbegriffen – eine Vergrößerung der Gehirnhälften um 50 Prozent stattgefunden zu haben, jedoch ohne einen gleichzeitigen Wachstumsschub der Körpergröße."[26]

Das könnte mit der in der *Geheimlehre* besprochenen Periode des "Aufleuchtens" des Geistes durch die Inkarnation menschlicher Seelen aus einer früheren Welt in die bisher geistlosen menschlichen Formen übereinstimmen.[27] Da die Seele das Stadium des Menschen in einer vorhergegangenen Welt schon erreicht hat, wäre es für sie nicht mehr notwendig, noch einmal das tierische Stadium zu durchlaufen.

Blavatskys Ansicht, daß die natürliche Auslese und zufällige Mutationen unmöglich eine so komplexe Welt wie die unsere hervorgerufen haben können, wird unabhängig von ihrer Meinung heute von mehr und mehr Wissenschaftlern akzeptiert, so zum Beispiel von Dr. Freeman Dyson, Professor der Physik am Institute for Advanced Studies in Princeton. Folgender Ausschnitt aus seinem Buch *Infinite in All Directions* wurde vom *Time* Magazin für so wichtig gehalten, daß es ihn in der Aprilnummer von 1988 zitiert:

> Ich glaube nicht, daß dieses Universum durch Zufall entstand. Ich glaube, daß der Geist im Universum in einem sehr realen Sinn existiert. Aber ist er eine primäre oder eine zufällige Konsequenz aus etwas anderem? Die vorherrschende Meinung unter Biologen scheint die zu sein, daß der Geist zufällig aus DNA-Molekülen oder etwas anderem hervorging. Ich halte das für sehr unwahrscheinlich. Viel vernünftiger erscheint mir, daß Geist von Anfang an ein primärer Teil der Natur war und wir im derzeitigen Stadium der Geschichte einfach Manifestationen davon sind. Das soll nicht heißen, daß der Geist ein Eigenleben hat, sondern daß Geist eine im Aufbau des Universums inhärente Größe ist, und daß die Natur dem Geist Leben zur Verfügung stellt, um ihm Möglichkeiten zu verschaffen, die er sonst nicht hätte.[28]

In dem Buch selbst zitiert Dyson einen Vortrag aus dem Jahr 1985 mit dem Titel "Leben und Geist im Universum" von Dr. George Wald, emeritierter Professor der Biologie an der Harvard Universität und Nobelpreisträger für Physiologie:

> Ich und praktisch alle anderen Biologen sowie die meisten Menschen überhaupt hatten angenommen, daß Bewußtsein oder Geist ein spätes Produkt

der tierischen Evolution war. Mir kam die Idee, daß stattdessen die ständige, alles durchdringende Präsenz des Geistes die Materie in diese Richtung führte. Ich erkannte, daß ich mich damit in bester Gesellschaft befand, daß Ideen dieser Wesensart in den östlichen Philosophien schon Tausende Jahre alt waren. Und viele unter den zahlreichen Physikern [der ersten Hälfte des zwanzigsten Jahrhunderts] sind genau zu diesem Schluß gekommen. Eddington sagte einmal, der Stoff der Welt ist der Stoff des Geistes, dem er den ersten Platz vor der Materie einräumte. Von Weizsäcker, ein zum philosophischen Denken neigender Physiker, sprach von einem, wie er es nannte, Identitätsprinzip, d.h., daß Geist und Materie die beiden Aspekte der Wirklichkeit sind.[29]

Solche Spekulationen führen unvermeidlich zu der Überlegung, ob es nicht nur auf der Erde Leben gibt, sondern auch woanders im Universum; ebenso zur Frage, ob die evolutionäre Entwicklung auf der Erde vernichtet würde, wenn der Planet und das Sonnensystem zugrunde gingen.

Ein Professor in Princeton unterhielt sich einmal mit Einstein über seinen Sohn, einen begabten Collegestudenten, der so niedergeschlagen und deprimiert war, daß er sich weigerte, sein Studium fortzusetzen oder irgend etwas anderes zu tun. Er machte sich nicht etwa Sorgen um seinen eigenen Tod, sondern um den Tod des Sonnensystems! Irgendwann, sagte er, würde alles zerfallen und alles, was auf der Welt erreicht worden ist, wäre ebenfalls zunichte. Es wäre dann, als ob hier überhaupt nichts geschehen sei, warum sollte man sich also die Mühe machen, jetzt etwas zu tun?

Darwin beschäftigte das gleiche Problem. In einem Brief an seinen Sohn sprach er von der unvermeidlichen Zerstörung unseres Sonnensystems, wenn "die Sonne und alle Planeten zum Leben zu kalt werden. Da ich glaube, daß der Mensch in ferner Zukunft ein viel vollkommeneres Wesen als heute sein wird, ist es ein unerträglicher Gedanke, daß er und alle anderen fühlenden Wesen nach so langem Fortschritt zur restlosen Vernichtung verdammt sein sollen. Denen, die an die Unsterblichkeit der menschlichen Seele glauben, wird die Zerstörung unserer Welt nicht so entsetzlich erscheinen."[30]

Darwin dürfte nicht von der Unsterblichkeit im allgemein bekannten Sinn gesprochen haben – einem Entkommen in einen für immer himmlischen Zustand nach einem kurzen Aufenthalt in dieser Welt. Er scheint anzudeuten, daß sich die Evolution als Prozeß von einer Welt zur anderen fortsetzen könnte, wenn die Seelen tatsächlich unvergänglich sind, was in diesem Fall heißen würde, daß sie wiedergeboren werden. Die Möglichkeit, daß Welten – und sogar galaktische Universen als Ganzes – reinkarnieren, ist ein Thema, das zur Zeit die ernsthafte Aufmerksamkeit von Astronomen und Physikern erweckt. Vor einigen Jahren berichtete der Essayist Malcolm Browne in der *New York Times:*

Zur Zeit gibt es zwei rivalisiernde Theorien über das endgültige Schicksal des Universums. Diese Rivalität hat Astronomen, Mathematiker, Teilchenphysiker, Chemiker und Theoretiker angespornt, ihre Fachgebiete nach Indikationen zu untersuchen, die zum Resultat beitragen könnten. Die Frage ist, ob das Universum "offen" ist und seine gegenwärtige scheinbare Ausdehnung für immer fortsetzen wird, oder ob es "geschlossen" ist und dazu bestimmt, eines Tages seine Expansion zu beenden und in sich zusammenzufallen, um dann wiedergeboren zu werden. Ist das Universum "offen" und expandiert ununterbrochen weiter, dann würde die für die Erhaltung des Lebens notwendige Energie schließlich so verdünnt sein, daß sie unbrauchbar wäre und alles zugrunde ginge.

> Manche Wissenschaftler entwickeln eine persönliche Vorliebe für die eine oder die andere Art von *Götterdämmerung*. Manche bevorzugen ein offenes, einmaliges Universum, weil es mit der Bibel übereinstimmen würde. Andere wiederum ein geschlossenes, oszillierendes Universum, das ästhetisch dem Rad von Tod und Wiedergeburt der Hindus entspricht.[31]

Sir Stephen Hawking, der an der Universität von Cambridge die Position innehat, die einst Sir Isaac Newton gehörte, wird von vielen als der führende Physiker der heutigen Zeit betrachtet. In seinem erfolgreichen Buch *Eine kurze Geschichte der Zeit* schreibt er von seinem anfänglichen Glauben an ein "offenes Universum", in dem der Kosmos zu permanenter Zerstörung bestimmt war. Aber jetzt betrachten er und seine Kollegen das Universum als sich ständig erweiternd und wieder zusammenziehend, ohne Anfang und ohne Ende. Infolgedessen war der Urknall nicht der erste seiner Art. Dazu sagt er: "Interessant am allgemeinen geistigen Klima vor dem 20. Jahrhundert ist die Einsicht, daß niemand die Möglichkeit eines sich ausdehnenden und zusammenziehenden Universums in Erwägung gezogen hat. Es herrschte die Meinung vor, das Weltall habe entweder seit jeher in unveränderter Form bestanden oder es sei zu einem bestimmten Zeitpunkt mehr oder weniger in seinem derzeitigen Zustand erschaffen worden."[32]

Verständlicherweise hat Hawking niemals die folgende Passage in *Isis entschleiert* (Bd. 2, S. 264-65) gelesen, die H.P.B. für wichtig genug hielt, sie in der *Geheimlehre* (im "Proem") mit einer kleinen Korrektur zu wiederholen:

> Die esoterische Lehre verkündet – gleich dem Buddhismus, dem Brahmanismus und selbst der Kabalah – daß das eine unbegrenzte und unerkannte Sein seit aller Ewigkeit her besteht und daß es in regelmäßiger und harmonischer Aufeinanderfolge entweder passiv oder aktiv ist. In der poetischen Ausdrucksweise des Manu werden diese Zustände die "Tage" und

"Nächte" Brahmas genannt. Dieser Zustand ist entweder "wach" oder "schlafend ..."

Bei der Eröffnung einer neuen aktiven Periode erfolgt eine Ausdehnung des göttlichen Seins von außen nach innen und von innen nach außen, entsprechend ewiger, unabänderlicher Gesetzmäßigkeit, und das phänomenale, sichtbare Universum ist das letzte Ergebnis der langen Reihe kosmischer Kräfte, die dadurch fortschreitend ausgelöst werden. Ebenso erfolgt eine Zusammenziehung des göttlichen Seins, wenn der passive Zustand eintritt, und das vorangegangene Schöpfungswerk löst sich fortschreitend auf. Das sichtbare Universum zerfällt, sein Stoff löst sich auf, und "Finsternis", einsam und allein, ist wieder über der "Tiefe". Um eine Metapher aus den geheimen Schriften zu gebrauchen, die den Gedanken noch klarer vermittelt: Ein Ausatmen des "unerkannten Seins" bringt die Welt zur Entstehung und ein Einatmen läßt sie wieder verschwinden. *Dieser Prozeß ist seit Ewigkeit vor sich gegangen, und unser Universum ist nur eines aus einer unendlichen Reihe, die keinen Anfang gehabt hat und kein Ende haben wird.*

Nach der zentralen Vorstellung der "Urknall-"Theorie begann das Universum mit der Explosion eines "kleinen Funkens" Substanz, aus dem schließlich alle Sterne und Galaxien hervorgingen. In der *Geheimlehre* ("Proem"), in der die Entwicklungsstadien des Kosmos symbolisch dargestellt sind, gibt es eine analoge Aussage, nur mit dem Unterschied, daß das Universum im Geist beginnt, nicht in Materie:

> Vor der Autorin liegt ein uraltes Manuskript, eine Sammlung von Palmblättern, die durch ein unbekanntes spezielles Verfahren gegen Einwirkungen von Wasser, Feuer und Luft geschützt sind. Auf der ersten Seite ist eine makellose weiße, kreisförmige Fläche vor mattschwarzem Hintergrund abgebildet. Auf der nächsten Seite dieselbe Fläche mit einem Punkt in der Mitte. Forscher wissen, daß das erste eine bildliche Darstellung des Kosmos in der Ewigkeit ist – vor dem erneuten Erwachen jener noch ruhenden, in späteren Systemen als "Wort" bezeichneten Energien. Der Punkt bezeichnet den Beginn der Differenzierung in der zuvor makellosen Fläche ... Der Punkt ist der Keim im Welten-Ei, der Keim, der periodisch und abwechselnd latent und aktiv ist und zum Universum, dem ALL, dem grenzenlosen, periodischen Kosmos werden wird.

Später zitiert H.P.B. anerkennend einen französischen Theoretiker, der vermutete, daß der ganze Kosmos "auf einen einzigen Punkt" konzentriert werden kann (*GL* Bd. I, S. 531). Ein andermal spricht sie von "dem Universum, das aus der zentralen Sonne, dem PUNKT, dem ewig verborgenen Keim, hervorgeht" (*GL* Bd. I, S. 407).

Aufgrund neuer Entdeckungen wird die Urknall-Theorie heute ernsthaft in Frage gestellt. Bisher hat man geglaubt, daß sich die explosive Materie ziellos in alle Himmelsrichtungen ergossen hat. Astronomen haben jedoch vor kurzem etwas herausgefunden, das sie als Gitter aus acht Galaxien bezeichnen, die gleich viele Lichtjahre voneinander entfernt sind. Einer der Entdecker dieses Gitters war so entmutigt, daß er meinte, es sähe so aus als hätten wir keine Ahnung, wie das Universum begann, und müßten nun mit unseren Forschungen wieder bei Null anfangen.

Bei der Jahrestagung der Amerikanischen Astronomischen Gesellschaft wurde am 10. Januar 1990 folgendes bekanntgegeben, worüber die *New York Times* am 12. Januar unter der Überschrift "Gefunden: Ein Kontinent von Galaxien, der andere anzieht" berichtet:

> Astronomen meldeten heute, daß sie die Existenz einer der größten Konzentrationen von Galaxien und Materie bestätigen konnten, die jemals entdeckt wurden ... Diese riesige Struktur, die sie "The Great Attractor" nennen, ist 150 Millionen Lichtjahre von der Erde entfernt und übt eine ständige Anziehungskraft auf die Milchstraße und Millionen anderer Galaxien aus ...
>
> Diese Entdeckung bestätigt Theorien, die in der Astronomie in den vergangenen Jahren diskutiert wurden, daß die Hauptobjekte des Universums weit größer und komplizierter sind als die Astronomen es sich vorgestellt hatten. Es handelt sich um riesige, hundertmal größere "Kontinente von Galaxien". Die Galaxien im "Attractor" driften nicht auseinander wie die übrigen Galaxien im Universum, sonder "fallen" in einen Bereich zusammen, der Hunderte von Millionen von Lichtjahren umfaßt. Die Schnelligkeit der Bewegung, 400 Meilen in der Sekunde, war ebenfalls eine Überraschung. Sie ließ vermuten, daß diese Galaxien von irgend etwas angezogen wurden ... Am überzeugendsten war, so sagten die Astronomen, daß sich einige der untersuchten Galaxien auf der entgegengesetzten Seite des 'Attractors', von der Milchstraße aus gesehen, befanden; es stellte sich heraus, daß sie ebenfalls von ihm angezogen wurden ...
>
> Es würde länger dauern, eine Struktur dieser Größe zu bilden, als das Universum aufgrund der gängigen Ansicht existiert. Dr. Schramm meint, es müßten nun Theorien entwickelt werden, um einen neuen Mechanismus am Beginn des Universums zu schaffen, der derart riesigen Strukturen entspricht. Der große 'Attractor' ist nur einer aus einer Anzahl von riesigen Strukturen, über deren Existenz in den vergangenen Jahren Theorien aufge-

stellt wurden, einschließlich der "großen Wand", die man sich als ein großes "Blatt" von Galaxien vorstellt, das sich über eine Milliarde von Lichtjahren erstreckt. [Diese Strukturen sind längst keine Theorien mehr, sondern scheinen Tatsachen zu sein.][33]

***

Diese Entdeckung kann von immenser Bedeutung sein. Bisher war es nur eine Spekulation der Wissenschaft, daß sich die gegenwärtige Ausdehnung der Welten und Galaxien im Urknall-Universum eines Tages umkehren könnte, doch der 'Great Attractor', der Kontinent der Galaxien, verleiht dieser Theorie Gewicht.* Das würde die Theorie der periodischen Wiedergeburt des Universums zusätzlich unterstützen.

In Anbetracht solch weitläufiger Überlegungen scheint die Landung der ersten Astronauten auf dem Mond vor wenigen Jahren von geringerer Bedeutung zu sein, auch wenn es einer der großen Augenblicke in der Geschichte unserer Erde war. Am zwanzigsten Jahrestag dieses Ereignisses bat man den Physiker und Biologen, Dr. Lewis Thomas, um einen Kommentar, der am 15. Juli 1989 in der *New York Times* veröffentlicht wurde. Thomas erzählte zunächst vom Spaziergang auf dem Mond und über die vielfältigen Eindrücke, die er hervorgerufen hatte und fuhr dann fort:

> Der bedeutende Moment kam erst später, nachdem die Fotoausrüstung auf dem Mond aufgestellt worden war. Da, vor unseren Augen – uns stockte der Atem – erschien überall auf den Fernsehschirmen die erste Fotografie von unserer Erde.
> Freischwebend knapp über dem Mondhorizont, hell und rund und schimmernd wie eine Seifenblase, tief blau, mit schneeweißen Wolken über das Antlitz verstreut, war es das Wunderbarste was die Menschen je gesehen hatten: die Erde, unser Zuhause. Und was noch wichtiger war, sie *lebte*, wie jeder deutlich auf dem Foto erkennen konnte. Das erstaunliche runde Ding, das dort einsam hing ... es war ein lebendiges Wesen. Schon allein dieses Foto war das bedeutendste Ereignis im gesamten technischen Ablauf, und es haftet auch noch 20 Jahre danach in der Erinnerung, und seine Bedeutung wird immer größer.
> Die Vorstellung, daß das Leben auf der Erde in allen Einzelheiten dem kohärenten zusammenhängenden Leben gleicht, das wir auch einem Organismus

* Möglicherweise stellt sich heraus, daß diese neu entdeckten enormen Gruppierungen von Galaxien wirklich zu anderen Universen gehören als zu dem sogenannten Urknall-Universum. Schließlich hat man erst vor 70 Jahren erkannt, daß auch *außerhalb* unserer Galaxis, der Milchstraße, andere Galaxien existieren.

zuschreiben, ist heute mehr als nur eine Vorstellung. Dank der Untersuchungen, die in den siebziger Jahren von James Lovelock, Lynn Margulis und ihren Mitarbeitern begonnen wurden, wissen wir nun, daß sich das planetarische Leben auf unserer Erde, die "Biosphäre", selbst reguliert.

Sie hält exakt das Salz- und Säure-Gleichgewicht ihrer Ozeane aufrecht und seit Jahrmillionen die genau ausbalancierten Komponenten ihrer Atmosphäre mit ihren Sauerstoff- und Kohlendioxydschichten im optimalen Zustand für Atmung und Fotosynthese.

Sie lebt von der Sonne, indem sie die Energie, die sie zum Leben braucht, aufnimmt und den Rest in die nie zu füllende Weite des Raums abgibt. Das ist die "Gaia-Hypothese", die neue Idee, daß die Erde selbst lebt ...

Und schließlich gibt es da noch etwas, worüber man nachdenken sollte, das seltsamste aller Paradoxa, die Vorstellung nämlich, daß ein derart riesiger und komplexer Organismus mit so vielen miteinander verbundenen und kommunizierenden zentralen Nervensystemen, von der Grille und dem Glühwürmchen bis zum Philosophen, selbst keinen Geist besitzen sollte. Das kann ich nicht glauben.

Es war das Bild der Erde, vom Mond aus gesehen, auf dem sie wie ein "gesprenkelter Saphier" aussah, das den Chemiker und Biophysiker Lovelock zu den wissenschaftlichen Untersuchungen anregte, die in seinem Buch *Gaia – Die Erde ist ein Lebewesen* beschrieben werden. [Lovelock ist promovierter Chemiker, Mediziner und Biophysiker]. Doch seine "neue Idee" wurde schon hundert Jahre zuvor von H.P.B. und anderen Theosophen formuliert. Judge schrieb eine faszinierende Geschichte mit dem Titel "Die Haut unserer Erde" über dieses Thema.[34] In seinem Buch *Das Meer der Theosophie* sagt er von der Erde, sie sei eine "Wesenheit und nicht bloß ein Klumpen grober Materie." In der *Geheimlehre*, in ihrem Kommentar zum Shloka 9 der ersten Stanze der Kosmogenesis, erklärt H.P.B.:

> Die Idee der Universalität des Lebens gehört zu den philosophischen Konzepten der Antike, die sich unserem Denken in diesem Jahrhundert dank der Befreiung von der anthropomorphen Theologie wieder erschließen. Unsere Wissenschaft jedoch gibt sich damit zufrieden, die Anzeichen für die Universalität des Lebens zu beobachten und zu klassifizieren. Und bisher hat sie noch nicht einmal den Mut gefunden, auch nur ganz leise die Worte "Anima mundi" auszusprechen. Die Behauptung, es könne kristallines Leben geben, wäre noch vor einem halben Jahrhundert unter Hohn und Spott abgelehnt worden ... Es ist unwahrscheinlich, daß es der Wissenschaft noch auf längere Zeit gelingen wird, einfach durch den Gebrauch von Bezeichnungen wie "Kraft" und "Energie" die Augen zu verschließen vor der

Tatsache, daß Dinge, die Leben haben, seien es Atome oder Planeten, auch wirklich lebende Dinge sind.

Der Nobelpreisträger Brian Josephson, Professor für Physik in Cambridge, scheint dieser Ansicht weitgehend zuzustimmen. In einem Interview sagte er:

> In jedem Atom der Materie können Elemente von Intelligenz vorhanden sein, und das Atom kann, gleich den biologischen Formen unserer Welt, eine Evolution zu höheren Ebenen durchlaufen ... Physiker tendieren dazu, die Materie als leblos und mechanisch anzusehen und sind mit dieser Ansicht auf der falschen Spur. Selbst auf der niedrigsten Ebene scheint die Materie sich wie etwas Biologisches und Lebendiges zu verhalten. Hinter den Dingen, die wir sehen können, und selbst hinter den Phänomenen, die in der Physik erforscht werden, könnte es Leben und Intelligenz geben ... Und ebenso scheint alle Materie eine geheimnisvolle Ganzheit oder Einheit zu besitzen, die Wissenschaftler nicht erklären können, die aber in den östlichen Religionen häufig beschrieben wird.[35]

Es mag überraschen, daß auch Sir Isaac Newton die gesamte Natur für etwas Lebendiges hielt. In der *New York Times* vom 10. April 1990 berichtet Malcom Brown in einem Artikel, der das neue Interesse von Naturwissenschaftlern an der Alchemie zum Thema hat:

> Einige der bedeutendsten Wissenschaftler aller Zeiten waren Alchemisten, z.B. Isaac Newton und Robert Boyle. Newtons Ruhm beruht zwar auf seinen wichtigen Entdeckungen in der Physik und der Mathematik, aber er widmete die Hälfte seiner Forschungstätigkeit der Alchemie, eine Tatsache, die für manche seiner heutigen Bewunderer sehr irritierend ist. Aber Dr. Betty Jo Teeter Dobbs, Professorin für Geschichte an der Northwestern Universität, die sich jahrelang mit Newtons Werk beschäftigt hat, betrachtet die Alchemie als Mittelpunkt seiner Arbeit und nicht etwa als eine Nebensache.

In einem neuen Buch[36] stellt Dr. Dobbs Newton als einen Puritaner dar, der einen immer weiter um sich greifenden Atheismus fürchtete.* Er glaubte, so Dobbs,

---

* H.P.B. schreibt: „Die innersten Gedanken und Ideen Newtons wurden verdreht, und von seiner großen mathematischen Gelehrsamkeit wurde bloß die körperliche Schale berücksichtigt ... Wenn der arme Sir Isaac vorausgesehen hätte, zu welchen Zwecken seine Nachfolger und Anhänger seine "Schwerkraft" mißbrauchen würden, hätte dieser fromme und religiöse Mann sicherlich in aller Ruhe seinen Apfel aufgegessen, anstatt dessen Fall auch nur mit einem Wort im Zusammenhang mit mechanischen Vorstellungen zu erwähnen. (*GL*, Bd. I, S. 525)

an die alchemistische Idee eines beseelten Universums, an die von Gott ausgehende Durchdringung aller Dinge mit göttlichem Geist.

Hier haben wir das Beispiel eines großen Wissenschaftlers, der zutiefst religiös war. Und in dieser Hinsicht war Newton nicht der einzige. Das 1984 erschienene Buch *Quantum Questions, Mystical Writings of the World's Great Physicists* untersucht die Schriften von Heisenberg, Schrödinger, Einstein, de Broglie, Jeans, Planck, Pauli und Eddington, die "alle ihre tiefe Überzeugung ausdrücken, daß Physik und Mystik gewissermaßen Zwillinge sind ... Jeder dieser bedeutenden Männer war – ohne Ausnahme – zu einer mystischen oder transzendentalen Sicht gekommen, in der die Welt eher ein geistiges als ein materielles Phänomen ist."[37]

Dies scheint die grundlegende These der *Geheimlehre* zu unterstützen, die eine Synthese von Wissenschaft, Religion und Philosophie postuliert. Die folgenden Auszüge aus Einsteins Schriften lassen erkennen, daß für den Vater der Relativitätstheorie Wissenschaft und Religion alles andere als unvereinbar waren:

> Das Erlebnis des Geheimnisvollen ... das Wissen um die Existenz des für uns Undurchdringlichen, die Manifestationen tiefster Vernunft und leuchtender Schönheit ..., dieses Wissen und Fühlen macht wahre Religiosität aus ...[38] (Ich behaupte), daß die kosmische Religiosität die stärkste und edelste Triebfeder wissenschaftlicher Forschung ist. Nur wer die ungeheuren Anstrengungen und vor allem die Hingabe ermessen kann, ohne welche bahnbrechende wissenschaftliche Gedanken nicht zustande kommen können, vermag die Stärke des Gefühls zu ermessen, aus dem allein solche dem unmittelbaren praktischen Leben abgewandte Arbeit erwachsen kann ... Es ist die kosmische Religiosität, die solche Kräfte spendet. Ein Zeitgenosse hat nicht mit Unrecht gesagt, daß die ernsthaften Forscher in unserer im allgemeinen materialistisch eingestellten Zeit die einzigen tief religiösen Menschen seien.[39]

Die folgenden Worte Einsteins werden in der Autobiographie von Robert A. Millikan zitiert: "Mir genügt, das Mysterium des bewußten Lebens zu betrachten, das sich selbst in alle Ewigkeit aufrecht erhält – über den wunderbaren Aufbau des Universums nachzudenken, den wir nur undeutlich wahrnehmen können – und bescheiden zu versuchen, einen winzigen Teil der *Intelligenz* zu verstehen, die sich in der Natur manifestiert."[40]

Die Idee einer in der Natur manifestierten Intelligenz scheint weit entfernt von den Vorstellungen vieler moderner Wissenschaftler zu sein, wonach Willkür, Zufall und Gesetzlosigkeit sowohl in der subatomaren Welt als auch in den Weiten des Raumes herrschen, wo Welten geboren werden und sterben. Im Juni 1990 behauptete der Wissenschaftler Roger Rees in einer Fernsehsendung: "Die Quantenmechanik hat endgültig alles dem Zufall überlassen. Alles kann in die eine oder in die andere Richtung gehen. Die Mathematik bestreitet Gewißheit, es gibt für sie nur Wahrscheinlichkeit und Zufall."[41]

Der englische Physiker Dr. Roger Penrose erweist sich in seinem Buch *The Emperor's New Mind* als einer der immer zahlreicher werdenden Physiker, die überzeugt sind, daß Einstein keineswegs starrköpfig war, als er behauptete: "Mein kleiner Finger sagt mir, daß die Quantenmechanik unvollständig ist."[42] Penrose fügt hinzu, es gebe „auch heute noch in *jeder* Interpretation der Quantenmechanik Rätselhaftes in dieser oder jener Form.[43] Er glaubt, daß die Quantentheorie in Zukunft "fundamentale Veränderungen erfahren" wird, dann nämlich, wenn höhere Gesetze entdeckt werden, durch die dann sogar das große Mysterium des menschlichen Bewußtseins erklärt werden könnte[44] und auch das Rätsel der scheinbar ziellosen Aktivität atomarer Teilchen.

Dazu ein Zitat aus H.P.B.'s Artikes "Kosmischer Geist": " ... jedes Atom, wie Leibnitz' Monade, ist ein kleines Universum für sich [und zeigt einen Grad von Bewußtsein]." Sie verweist auf ähnliche Ansichten Thomas Edisons: "Ich glaube nicht, daß die Materie träge ist und nur auf äußere Krafte reagiert. Ich denke, daß jedes Atom eine gewisse primitive Intelligenz besitzt: Schauen Sie sich nur die tausend Arten an, in denen sich Wasserstroffatome mit denen anderer Elemente verbinden können ... Glauben Sie, sie täten das ohne Intelligenz?" H.P.B. fügt hinzu, daß "Mr. Edison ein Theosoph ist, obwohl nicht besonders aktiv. Doch allein die Tatsache, daß er unser Diplom besitzt, scheint ihn mit theosophischen Wahrheiten zu inspirieren."[45]

In die Praxis umgesetzt und unter Berücksichtigung des Heisenbergschen Prinzips der Unschärferelation, kann man voraussagen, was eine Masse von Atomen oder atomaren Teilchen tun wird, man kann aber nicht voraussagen, was ein *individuelles Atom* tun wird. Überall in der Natur findet man Beispiele für dieses sogenannte Wahlverhalten.

H.P.B. gibt zu, daß ihre Ansichten über das Vorhandensein von Intelligenz im gesamten Kosmos als eine Wiederbelebung "des Aberglaubens *verrückter* Alchemisten" betrachtet werden würde.[46] Dies erinnert an eine Anekdote, die der Physiker Heinz Pagels in *Der kosmische Code, Quantenmechanik als Sprache der Natur* erzählt: Als Pauli einmal ins Pupin Labor der Columbia Universität kam, um einen Vortrag über Heisenbergs neue, nichtlineare Theorie elementarer Teilchen zu halten, saß auch Niels Bohr im Auditorium. Nach dem Vortrag bemerkte Bohr, die neue Theorie könne nicht richtig sein, weil sie nicht verrückt genug sei. Bald standen sich Bohr und Pauli an einem Tisch gegenüber, wobei Bohr wiederholte: "Sie ist nicht verrückt genug," während Pauli entgegenete: "Sie ist verrückt genug." Für einen Außenstehenden wäre es schwer verständlich gewesen, worum es den beiden Physikern ging, und daß es nicht einfach Verrücktheit war. Sowohl Bohr als auch Pauli wußten, daß die Verrücktheit der Quantentheorie sich als richtig erweist.

In Heinz Pagels Worten:

> Alle großen Schöpfungen des Menschen sind schön, und physikalische Theorien sind da keine Ausnahme. Eine häßliche Theorie besitzt eine Art von begrifflicher Schwerfälligkeit, die man unmöglich lange im Gedächtnis behalten kann ... Neue Ideen wirken am Anfang oft bizarr und seltsam, sind die Ideen aber richtig, wird die Schönheit später erkennbar ... Wenn Physiker tatsächlich die innere Logik des Kosmos erfassen, wird sie schön sein.[47]

Könnte es eine schönere Vorstellung geben, als die der Universalität intelligenten Lebens, von den Galaxien bis zum Atom, und daß es nirgends tote Materie gibt? Wenn das wahr wäre, würde es die große Frage beantworten, ob andere Welten bewohnt sind, denn wenn Minerale mit Leben erfüllt sind, sind natürlich alle Welten bewohnt. In der *Geheimlehre* finden wir die faszinierende Aussage, daß auf allen Welten "Menschen sind, waren oder sein werden."

An anderer Stelle zitiert H.P.B. den kabalistischen Aphorismus: "Ein Stein wird eine Pflanze, eine Pflanze ein Tier, das Tier ein Mensch, der Mensch ein Geist und der Geist ein Gott."[48]

***

Durch die uralte Sichtweise, die in der *Geheimlehre* dargestellt wird, daß Leben universell und in seiner Existenz geistig ist, wird dem Menschen eine große Verantwortung auferlegt, dieses Leben zum Guten zu nutzen. Die furchtbare Verschwendungssucht des Menschen und sein Mißbrauch der Materie bedrohen das Überleben der Erde.

Alarmiert durch diese Bedrohung nahmen mehr als tausend religiöse, politische und wissenschaftliche Führungspersönlichkeiten aus 83 Nationen im Januar 1990 an einer Konferenz in Moskau teil, die das "Weltforum geistiger und parlamentarischer Persönlichkeiten zum Überleben der Menschheit" veranstaltete. Die 23 anwesenden Wissenschaftler, unter ihnen drei Nobelpreisträger, riefen zu einem Bündnis von Religion und Wissenschaft auf. Die Wissenschaftler anerkannten die verhaltensformenden Einflüsse der Religion und äußerten: "Viele von uns empfinden angesichts des Universums tiefe Gefühle der Ehrfurcht." Sie forderten, "alle Anstrengungen, die zum Schutz und zur Bewahrung der Umwelt unternommen werden, müssen mit einer Vision des Heiligen erfüllt werden."

Dieser Appell ist besonders überraschend, weil er von dem Astronomen Carl Sagan formuliert wurde. In seiner populären Fernsehserie "Unser Kosmos" und in seinem Bestseller mit demselben Titel hatte er oft einen gewissen Antagonismus gegenüber der Religion gezeigt, und man hatte ihm vorgeworfen, die Wissenschaft als einzige Quelle der Wahrheit zu betrachten. Als er wegen des Appells interviewt wurde, sagte Sagan, er sei sich zunehmend der Universalität der Religion sowie ihres Potentials als "Macht des Guten" bewußt geworden. Obwohl andere Unterzeichner seines Appells versucht hätten, Äußerungen über die globale Erwärmung oder die Ozonschicht zu ändern, hätte doch keiner die Worte über Religion, Ehrfurcht und das Heilige in Frage gestellt.[49] Der einzige, der nicht zustimmte, war ein Geistlicher. Er meinte, es sei falsch, die Natur und den Menschen für heilig zu halten – nur Gott sei heilig.

Anhänger anderer Religionen äußerten die Befürchtung, durch die Heiligsprechung allen Lebens sei leicht eine Rückkehr zum primitiven Pantheismus möglich, bei dem der Mensch Steine und Bäume verehrt. In der *Geheimlehre* finden wir unter dem Titel "Zusammenfassung" einige Passagen über Anbetung und Verehrung, die einiger Betrachtung wert sind (siehe S. 206–207 in dieser Ausgabe):

> a) Außer in der Bedeutung des hinduistischen *nastika*, d.h. außer der Ablehnung von Götzendienerei und anthropomorphen Göttern, enthält die Geheimlehre keinen *Atheismus*. In diesem Sinne ist jeder Okkultist ein *nastika*.
> b) Dagegen enthält sie die Lehre vom Logos oder kollektiven "Schöpfer" des Universums, einem *Demiurgos*, vergleichbar einem Architekten, den man als "Schöpfer" eines Gebäudes bezeichnen kann, obwohl er keinen einzigen Stein des Bauwerks berührt, denn er erarbeitet die Pläne, überläßt die körperliche Arbeit aber den Maurern. In unserem Fall kam der Plan aus der Ideationskraft des Universums, und die Bauarbeiten wurden Scharen von intelligenten Kräften überlassen. Der *Demiurgos* ist jedoch keine *persönliche* Gottheit, die ja die Bedeutung eines unvollkommenen, *nicht-kosmischen Gottes* hat, sondern nur die Gesamtheit der Dhyani-Chohans und anderer Kräfte. Über letztere folgendes:
> c) Sie haben eine doppelte Eigenart, weil sie aus zweierlei Dingen bestehen, nämlich 1. aus der der Materie innewohnenden irrationalen *rohen Energie* und 2. aus der intelligenten Seele oder dem kosmischen Bewußtsein, das diese Energie leitet und lenkt. Diese Seele, dieses kosmische Bewußtsein ist der *dhyani-chohanische Gedanke, der die Ideation des Universalgeistes reflektiert.* Während der manvantarischen Perioden führt dies auf der Erde zu einer endlosen Serie physischer Manifestationen und *moralischer Auswirkungen,* die alle dem Karmagesetz unterliegen. Weil dieser Prozeß

aber nicht immer fehlerlos abläuft, und weil er trotz aller Beweise einer unsichtbaren, leitenden Intelligenz lückenhaft und unvollkommen bleibt, ja, weil sogar oft Mißerfolge auftreten, deshalb ist weder das Kollektiv der "Scharen", also der Demiurgos, noch irgendeine der aufbauenden Energien als Objekt göttlicher Verehrung oder Anbetung geeignet. Allen aber sollte die Menschheit Dankbarkeit entgegenbringen, und der Mensch sollte immer bemüht sein, die göttliche Evolution der *Ideen* zu unterstützen, indem er nach bestem Können zum *Mitarbeiter der Natur* im Vollbringen ihrer zyklischen Aufgabe wird. Nichts anderem als dem immer unergründlichen, unfaßbaren *Karana, der unverursachten* Ursache aller Ursachen, sollte die heilige und ewig reine Tiefe unseres Herzens als Schrein und Altar dienen –, denn es ist unsichtbar, unberührbar, unbeschreiblich – und wahrzunehmen nur als "Ton eines leisen Wehens"[50] in unserem spirituellen Bewußtsein. Wer es anbetet, tue dies in der Stille und Abgeschiedenheit seiner Seele, und allein der Geist des Betenden sei sein Mittler zum *Universalgeist;* seine guten Taten seien seine Priester, und seine sündhaften Neigungen die einzigen *der göttlichen Allgegenwart* erkennbar und wirklich dargebrachten Opfer.

***

Unsere Betrachtung begann mit den Prophezeiungen der *Geheimlehre* über den Zeitraum zwischen 1888 und 1897, in dem es zu einem entscheidenden Durchbruch, einem Riß im Schleier der Wissenschaft kommen würde. Ein befreundeter Wissenschaftler, der sich eingehender und gründlicher mit dieser Voraussage befaßt hat, als es an dieser Stelle möglich war, kam zu folgendem Schluß: "Tatsächlich erhielt der Schleier der Natur einen unerwarteten, in bisher unvorstellbare Tiefen führenden, die kleinsten Dimensionen der Schöpfung offenlegenden Riß, mit überwältigenden Konsequenzen für die Wissenschaft in allen Bereichen und für das tägliche Leben des Menschen."

Anmerkungen

[1] (Zur leichteren Lokalisierbarkeit beziehen sich alle Seitenangaben zur *Geheimlehre* in Cranstons Essay auf die vierbändige Reprint-Ausgabe in der Übersetzung von Froebe; die Zitate wurden hier allerdings neu übersetzt. H.T.) Siehe auch "*The Secret Doctrine* in the Light of Twentieth Century Thought", *Sunrise*, April–Mai 1989, S. 150, 151.

[2] siehe *"Götter, Monaden, Atome"* im 3. Teil der Kosmogenesis

[3] Dietz, *The New Outline of Science*, New York, 1972, S. 259–263

[4] Robert Millikan, *The Autobiography of Robert A. Millikan*, New York, 1950, S. 272, 271. Millikan spielte selbst eine wichtige Rolle im Jahre 1909, als er die genaue elektrische Ladung des Elektrons bestimmte; 1932 erhielt er den Nobel-Preis für Physik für die Entdeckung kosmischer Strahlung.

[5] *Science*, 8. Januar 1937, S. 598

[6] *Theosophia*, Bd. 4, Nummer 22, November-Dezember 1947, S. 15

[7] Robert Millikan, *Time, Matter and Values*, Chapel Hill, 1932, S. 96

[8] Raymond S. Yates, *These Amazing Electrons*, New York, 1937

[9] Dietz, *op.cit.*, S. 259–63

[10] A. March und I.M. Freeman, *The New World of Physics*, 1963; zitiert in *Sunrise*, November 1975, S. 81

[11] M.R. Crossland, Hg., *The Science of Matter*, New York, 1971, S. 76

[12] Werner Heisenberg, *Science*, 19. März 1976, S. 1165

[13] Blavatsky, *Die Geheimlehre*, Bd. I, S. 124

[14] S. Garrett Service, *The Einstein Theory of Relativity*, New York, 1928, S. 48

[15] Millikan, *The Autobiography of Robert A. Millikan*, S. 273

[16] Fred Hoyle, Vortrag in *The Theosophist*, April 1982, S. 219

[17] *The New York Times*, 29. Mai 1983, Wissenschaftsseite

[18] Lewis Thomas, *The Medusa and the Snail*, S. 156–57; aus einem gekürzten Auszug in *Reader's Digest*, Oktober 1979, S. 98–99

[19] *Fortune*, 24. Januar 1983

[20] "Strange Stories, Amazing Facts", *Reader's Digest*; "Control Room: The Brain and Ist Workings", S. 42-43

[21] Oliver Sacks, *The Man Who Mistook His Wife for a Hat*, New York, 1985, S. 64, 66 (dt. *Der Mann, der seine Frau mit einem Hut verwechselte*, Reinbek, 1990)

[22] Harold Saxton Burr, *Blueprint for Immortality: The Electric Patterns of Life*, Woodstock, n.d.

[23] Blavatsky, *Die Geheimlehre*, Band I., S. 295

[24] Alfred Russel Wallace, *Contributions to the Theory of Natural Selection*, New York, 1870, S. 360

[25] *Manas*, 16. Juni 1982, S. 1

[26] Loren Eiseley, *The Immense Journey*, New York, 1957 S. 94

[27] Blavatsky, *Die Geheimlehre*, Band 2., S. 177; 250 ff.

[28] Freeman Dyson, *Infinite in All Directions*, New York, 1988

[29] *Theosophical Research Journal*, Juni 1986, S. 43; Vortrag anläßlich des jährlichen Wissenschaftsseminars, abgehalten in der Theosophischen Gesellschaft, Wheaton, 19. Oktober 1985

[30] Charles Darwin, *The Life and Letters of Charles Darwin*, herausgegeben von Francis Darwin, New York, 1887, Bad. I, S. 282

[31] *The New York Times*, 10. Februar 1981, C2

[32] Stephen Hawking, *Eine kurze Geschichte der Zeit*, Hamburg, 1988, S. 19

[33] „Galactic Changes Startle Astronomers", *The New York Times*, 26. Februar 1990

[34] in Judge, *Das Meer der Theosophie*

[35] Interview von Barry Rohan, *Detroit Free Press*, 25. Oktober 1983; zitiert in *The Eclectic Theosophist*, San Diego, Mai/Juni 1984, S. 5

[36] Betty Jo Teeter Dobbs, *Alchemical Death and Resurrection: Alchemy in the Age of Newton*, Washington, D.C., 1990

[37] *Quantum Questions: Mystical Writings of the World's Great Physicists*, Hrsg. Ken Wilber, Boston, 1985, S. 102–04, 108–09, 110–11, Umschlag-Rückseite

[38] *The Universe and Dr. Einstein*, Hrsg. Lincoln Barnett, New York, 1950, S. 105

[39] Albert Einstein, *Mein Weltbild*, Frankfurt/Zürich

[40] Millikan, *The Autobiography of Robert A. Millikan*, S. 287

[41] Walter Goodman, "Examining God's Dice with Quantum Mechanics", *The New York Times*, 6. Juni 1990, C20

[42] Roger Penrose, *The Emperor's New Mind*, Oxford, 1989, S. vi

[43] *Ibid.*, Umschlag, S. vi, 226, 280, 298

[44] *Ibid.*, vorderer Klappentext, S. 402 ff.

[45] Blavatsky, "Kosmic Mind", *Lucifer*, April 1890, S. 89; Zitat von Edison in Blavatsky's "The Cycle Moveth", *Lucifer*, März 1890, S. 8; auch in den H.P.B. Pamphlet Series, Los Angeles, erschienen; *Mind in Nature and in Man*, S. 5 und *Cycles and Human Destiny*, S. 11

[46] Blavatsky, "Kosmic Mind"; *Mind in Nature and in Man*, S. 6

[47] Heinz Pagels, *Cosmic Code: Quantum Mechanics as the Language of Nature*, New York, 1982, S. 340; siehe auch Penrose, *op.cit.*, S. 421

[48] Blavatsky, *Die Geheimlehre*, Bd 2., S. 196

[49] Peter Stenfels, "Beliefs", *The New York Times*, 20. Januar 1990

[50] Im Original "a still small voice", aus 1. Kön., 19, 12, King James Version.

Hank Troemel

ZU WELCHEM ZWECK UND ENDE ...

Das Böse in der Welt: Die moralphilosophische Bedeutung der *Geheimlehre*

Diese Studienausgabe ist gleichsam ein Plädoyer für ein ernsthaftes und kontinuierliches Befassen mit dem Werk Blavatskys – nicht nur der *Geheimlehre*, aber doch ganz besonders mit ihr. Aber warum überhaupt dieses – für manche von uns lebenslange – Studium? Ich glaube, daß es zur Natur des Menschen gehört, neugierig, wißbegierig zu sein. Wir wollen wissen, woher wir kommen, wer wir sind und wohin wir gehen, und ob hinter all diesem Kommen und Gehen ein Sinn zu finden ist. Sinnkrise, Angst vor dem Nichts und der Bedeutungslosigkeit – Blaise Pascal drückte seinen traurigen Gedanken so aus: "Ich weiß nicht, wer mich in die Welt gesetzt hat, noch auch, was die Welt ist, noch kenne ich mich selbst; ich lebe in einer entsetzlichen Unkenntnis aller Dinge; ich weiß nicht, was mein Körper ist, was meine Sinne, was meine Seele ist und jener Teil von mir, der das denkt, was ich sage. So wie ich nicht weiß, woher ich komme, weiß ich auch nicht, wohin ich gehe; ich weiß nur, daß, wenn ich diese Welt verlasse, ich auf ewig entweder in das Nichts falle oder in die Hände eines zornigen Gottes, ohne zu wissen, welcher der beiden Bedingungen ich ewig zugeordnet bin." Tausende Jahre früher, in Indien, im Rigveda, klagte Pascals Bruder im Geist, in wesentlich knapperer Form: "Ich weiß nicht, wer ich wirklich bin. Ich wandre umher, auf geheimnisvolle Weise ein Gefangener meiner Gedanken und Gefühle." Könnte ein Grund für die seit nunmehr über einhundert Jahren weltweit ununterbrochene Popularität der *Geheimlehre* von H.P. Blavatsky die Tatsache sein, daß sie für Menschen, die sie wirklich zu lesen verstehen, Antworten auf Fragen bereithält, die sie bewegen, Antworten auf existentielle Fragen nach der Natur von Mensch und Kosmos, die sie sonst nirgendwo finden können?

Aber hat die Esoterische Philosophie, die sich ja aus den Stanzen des Dzyan, der uranfänglichen Weisheitstradition und östlichem Denken entwickelt hat, und die das Gesamtbild der *Geheimlehre* durchdringt, hat diese Philosophie nicht mehr zu bieten, als den möglichen Seelenfrieden des Individuums? Kann sie Grundlage einer Ethik sein, die ja immerhin in dem ersten Ziel der Theosophischen Gesellschaften ausdrücklich gefordert wird? Den Ruf nach Brüderlichkeit, Gleichheit und Gerechtigkeit unter den Menschen hat es in der Geschichte und in den Religionen schon oft gegeben, im Christentum, in der Französischen und der kommunistischen Revolution, in den Grundsätzen der Vereinten Nationen, etc., aber eine praktische, praktikable Ethik ist nie daraus entstanden – hat nicht auch das mit der

Natur des Menschen zu tun? Der in dieser Ausgabe wiedergegebene Brief des Maha Chohan ist Warnung, Forderung und Verzweiflung zugleich, er drückt Gefühle aus, die auch in anderen Mahatma-Briefen, z.B. dem folgenden, hervorgehoben werden: "Die Theosophie darf nicht einfach nur aus einer Ansammlung von moralischen Platitüden bestehen, einem Bündel ethischer Grundsätze, die in theoretischen Dissertationen gipfeln. Die Theosophie muß praktische Anwendung finden, und deshalb muß das nutzlose Herumreden aufhören ... Sie muß in einem allumfassenden System von Regeln für das Leben Ausdruck finden, die vom Geist der Theosophie durchdrungen sind – dem Geist gegenseitiger Toleranz, Wohltätigkeit und Liebe. Ihre Anhänger müssen das Vorbild für eine eindeutig geäußerte und ohne Wenn und Aber praktizierte Moral sein, ehe sie, selbst mit den besten Absichten, das Fehlen einer solchen ethischen Gemeinsamkeit oder ihre mangelhafte Durchsetzungskraft oder -bereitschaft in anderen Organisationen und Individuen kritisieren dürfen ... Das Problem wahrhafter Theosophie und ihre große Aufgabe ist das Erarbeiten klarer, eindeutiger ethischer Konzepte und Pflichten, die so beschaffen sein müssen, daß sie unseren höchsten altruistischen Vorstellungen entsprechen und unser Rechtsempfinden am besten zufriedenstellen. Und diese Konzepte müssen dem täglichen Leben so angepaßt werden, daß sie mit größter Unparteilichkeit praktiziert werden können."[1]

***

Nun haben derartige Forderungen natürlich deshalb Sinn, weil zur Natur des Menschen nicht nur Neugier oder Wißbegier gehört, sondern – der Mensch, das Maß aller Dinge? – auch das Böse. Denn wenn das Böse nicht erklärt und analysiert wird, dann gehen auch die größten Bemühungen um praktikable Ethikprogramme nicht auf die Grundübel der Menschheit ein und können deshalb keine Wirkung erzielen. Und das von den Mahatmas und Blavatsky vorgegebene Ziel ist hochgesteckt: Ehrfurcht vor dem Leben, Barmherzigkeit, Selbstlosigkeit, Rechtschaffenheit und Liebe gegenüber allen Wesen. Das heißt, daß ein pragmatischer Utilitarismus keineswegs genügt. H.P. Blavatsky hat sich ausgiebig mit dem Bösen befaßt, nicht nur in der *Geheimlehre* in ihrer Beschreibung des "Falls" des Menschen in die Materialität, sondern bereits in ihrer früheren Schrift *Der Ursprung des Bösen*. Wir werden auf diese Schrift und ihren Zusammenhang mit der Entwicklung von Kosmos und Mensch in der *Geheimlehre* gleich zurückkommen. Bedeutsam ist aber auch, daß nicht nur die moderne, Blavatskysche Theosophie die Frage nach dem Ursprung des Bösen in der Welt stellt, sondern, so der Sorbonne-Professor Antoine Faivre, daß es sich vielmehr um das Grundproblem auch der

[1] Zitiert in H.P. Blavatsky, "The Organization of the Theosophical Society", (1886), *The Theosophist*, Juni 1924

gnostischen und theosophischen Strömungen des Abendlandes handelt:[2] "Es gehört aber zur inneren Einstellung des Theosophen, bei seiner Suche nach dem Schlüssel zu der wichtigen Frage: *Unde malum?* ('Woher kommt das Böse?') über den Text der Bibel hinauszugehen. Gershom Scholem betrachtet gerade diese Frage als den wirklichen Ausgangspunkt theosophischen Denkens – das jedenfalls war der auslösende Punkt bei Jacob Böhme. Die Theosophie ist immer – in dieser oder jener Form – eine Art Theodizee, und ihr immerwährendes Ziel ist es, Gott freizusprechen." In der zweiten Hälfte des 18. Jahrhunderts, so Prof. Faivre weiter, im "Zweiten Goldenen Zeitalter" der europäischen theosophischen Strömung, "wurde das Geistesleben von einer immer größer werdenden Betonung der Idee einer 'inneren' oder 'unsichtbaren' Kirche bestimmt, d.h. einer Betonung der eigenen, unabhängig und außerhalb von konfessionellen Grenzen gemachten Glaubenserfahrung des Einzelnen: der Mensch findet Gott nicht im Tempel, sondern im eigenen Herzen, einem Organ, das oft als Sitz des Wissens angesehen wurde. (Außerdem) bestand ein vorherrschendes Interesse an dem Problem des Bösen in der Welt, oder, anders gesagt, am Mythos des Falls und der Reintegration – Ausdruck *par excellence* des großen romantischen Mythos."

Das Herz als Sitz des Wissens – zwischen dem Wissen oder der Fähigkeit zu reflektieren und zu unterscheiden und dem Fall des Menschen, der das Böse in die Welt gebracht haben soll, besteht offensichtlich ein enger Zusammenhang, insbesondere in der jüdisch-christlichen Mythologie. In Rüdiger Safranskis exzellenter Studie *Das Böse oder das Drama der Freiheit*[3] wird aber auf "einige Merkwürdigkeiten" in der Sündenfall-Geschichte hingewiesen:

"Im Paradiesgarten steht ein Baum des Lebens sowie ein Baum der Erkenntnis 'des Guten und Bösen'. Von diesem zu essen wird dem Menschen, wie bekannt, verboten. Zuwiderhandlung hat zur Folge, daß der Mensch 'des Todes sterben' wird. Demnach hat man sich den Menschen als ein ursprünglich unsterbliches Wesen zu denken.

Das Merkwürdige an diesem Verbot ist nun, daß es, wie man heute sagen würde, einen pragmatischen Selbstwiderspruch enthält. Das Verbot schafft die Erkenntnis, die es verbietet. Mit dem verbotenen Baum verhält es sich wie mit jenem Hinweisschild, darauf steht: 'Diesen Hinweis bitte nicht beachten!' Diesem Hinweis gegenüber kann man nur 'schuldig' werden, denn hat man ihn beachtet, kann man ihn nicht mehr nicht beachten."[4]

Auch Blavatsky hatte ironisch angemerkt, daß das Böse bereits vor Adam und Eva existiert haben muß, und daß die beiden unschuldig im Sinne der Anklage sind.

[2] in *Accés de l' esotérisme occidental*, Bd. 2, Edition Gallimard, Paris, 1996, S. 45–100

[3] München, 1997

[4] S. 23 der Taschenbuchausgabe, Frankfurt, 1999

Logischer erscheint in der Tat das Postulat der Theosophie. Aus der so umfassend und einleuchtend in der *Geheimlehre* dargestellten Philosophie ergibt sich für den aufmerksamen Leser eine äußerst zwingende ethische Grundlage. Denn dem "Fall in die Materialität" ging der wahre Ursprung und die unausbleibliche Existenz des Bösen voraus. Wieder in Blavatskys eigenen Worten: "Philosophisch kann man sich dem Problem des Bösen nur annähern, wenn die uralte indische Weisheitsformel als Argumentationsgrundlage herangezogen wird. Allein diese uralte Weisheit kann das Vorhandensein des alten Bösewichts (des Bösen) in der Welt in vernünftiger Weise erklären. Demnach ist die Geburt des Kosmos und die Evolution des Lebens zurückzuführen auf das Auseinanderbrechen der ursprünglichen, manifestierten EINHEIT in die Pluralität, in die große Illusion der Formen. Indem HOMOGENITÄT sich zur Heterogenität transformierte, entstanden natürlicherweise Kontraste, Gegensätze, und daraus entsprang das, was wir als das BÖSE bezeichnen, und das seither dieses 'Tal der Tränen' (unsere Welt) beherrscht." Wird die Blavatskysche Philosophie richtig verstanden, so ist klar, daß es sich um eine äußerst logische und positive Weltsicht handelt. Diese und die Philosophie der *Geheimlehre* zusammenfassend, schreibt sie:

> Im selben Maß, in dem sich die Menschheit vermehrt ... intensivieren sich auch ihre Leiden und Schmerzen. Wir leben nur deshalb in einer Atmosphäre der Traurigkeit und Verzweiflung, weil unser Blick nach unten gerichtet und der Erde mit all ihren physischen, grobmateriellen Erscheinungsformen verhaftet ist. Wenn die Menschen aber auf ihrer Lebensreise im Gegenteil ihren Blick zwar nicht gen Himmel, denn das ist nur eine Redewendung, aber auf ihr eigenes Inneres richten würden, und sich auf die Beobachtung des eigenen inneren Menschen konzentrierten, dann würden sie sehr bald den Fängen der großen Schlange namens Illusion entkommen. Von der Wiege bis zur Bahre wäre dann ihr Leben wert, gelebt zu werden, selbst in den schwierigsten Umständen.
>
> Pessimismus – dieser chronische Verdacht, daß an allen Ecken und Enden das Böse lauert – ist also von zweifacher Natur und zeitigt zwei Resultate. Er gehört zu den natürlichen Merkmalen des körperlichen Menschen und ist ein Fluch nur für Ignoranten. Für spirituelle Menschen ist er dagegen eine Wohltat, denn er veranlaßt sie dazu, den richtigen Weg einzuschlagen und so eine weitere, ebenso fundamentale Wahrheit zu entdecken, nämlich daß alles Weltliche nur als Vorbereitung dient, weil es vergänglich ist. Das ist wie ein Spalt in den dunklen Gefängniswänden des Erdenlebens, durch den ein Lichtstrahl aus dem ewigen Urgrund dringt, der unsere inneren Sinne erleuchtet und dem Gefangenen in seinem Lehmgehäuse flüsternd vom Ursprung und dem zweifachen Geheimnis unseres Seins erzählt. Und gleich-

zeitig ist dies der stillschweigende Beweis für das Vorhandensein *eines Wissens* im Menschen, *das ihm nicht vermittelt werden mußte.* Das heißt, das Wissen von einem anderen und besseren Leben, sobald der Fluch der Erdenleben ausgelebt worden ist.
Weil die gegebenen Erklärungen über das Problem und den Ursprung des Bösen rein metaphysischer Natur sind, unterliegen sie keinerlei physischen Gesetzmäßigkeiten. Und gerade weil es sich hier ausschließlich um einen Teil des geistigen Menschen handelt, ist es weitaus gefährlicher, oberflächlich damit umzugehen, als überhaupt nichts davon zu wissen. Denn da dieser Pessimismus zur Wurzel der Ethik des Gautama Buddha gehört, und weil er heutzutage in die spießbürgerlichen Hände unserer modernen Materialisten[5] gefallen ist, kann das Verwechseln dieser beiden Aspekte "pessimistischen" Denkens zu geistigem Selbstmord, wenn nicht zu schlimmerem führen.
In den Weisheitslehren des Ostens muß der Geist zuerst die Zerreißproben von Inkarnationen und Leben bestehen und die "Taufe" mit der Materie erfahren haben, ehe er den Zustand des Erfahrenseins und Wissens erreichen kann. Erst danach erhält er die Seelentaufe, d.h. Selbstbewußtheit, und darf zu seinem ursprünglichen göttlichen Zustand *plus* der gewonnenen Erfahrung zurückkehren und erlangt dann schließlich Allwissenheit. Er kann, in anderen Worten, zum Urzustand der Homogenität der Ursubstanz nur zurückkehren durch die nun hinzugewonnenen Früchte[6] seines Karmas, den einzigen Weg zur Schaffung einer absolut *bewußten* Gottheit, die nur noch einen Grad entfernt vom absoluten ALL ist.

***

Zwei Strömungen hatten sich im europäischen Geistesleben weitgehend vereint, als die materiell orientierten Wissenschaften, insbesondere der Darwinismus, von pessimistischem Denken beeinflußt wurden und die bereits allseits akzeptierte Evolutionstheorie "Modifizierungen" erfuhr, die fatale gesellschaftliche Konsequenzen zeitigten. Keine andere Theorie, so Blavatsky, sei so mißbraucht und ausgenutzt worden wie die ursprüngliche Evolutiontstheorie, indem "ihre grundlegenden Gesetze zur Lösung der kompliziertesten und auch abstrakten Probleme des menschlichen Daseins angewandt wurden." Blavatsky sah und kritisierte als eine der ersten unter den Persönlichkeiten des 19. Jahrhunderts die fatalen Auswirkungen sozialdarwinistischer Ideen: "Wo Psychologie und selbst die Philosophie zurückhaltend reagieren, schwingt die materialistische Biologie den Vorschlaghammer künstlich geschaffener Analogien und vorurteiliger Schlußfolgerungen ..." Den

[5] (Gemeint ist die pessimistische Strömung in der europäischen Philosophie. H.T.)
[6] (d.h. das Erlöschen. H.T.)

Menschen einfach als höheres Tier zu bezeichnen und der Evolutionstheorie zu unterwerfen, resultiere in einer Sturzflut von paradoxen Behauptungen. Der Mensch, betrachtet als "das Maß aller Dinge", werde nun selbst am Tier gemessen und analysiert. Es gehört zur Ironie der Geschichte, daß H.P. Blavatsky, eine der frühesten und mutigsten Stimmen gegen die Darwinsche "Zuchtauswahl" und biologistische Rassentheorien, heute in der deutschen Presse immer wieder von einem ebenso uninformierten wie präpotenten Rezensionskartell des Rassismus beschuldigt wird (siehe "Zur Sprache der Theosophie").

Die pessimistische Wissenschaft des 19. Jahrhunderts wurde schon damals dafür kritisiert, daß sie mit "bedenkenloser Sicherheit behauptet, die Entwicklung und die grundlegenden Gesetze der komplizierten Ordnungsprozesse (in der Natur) seien der eindeutige Beweis für die Transformation von Einheit zur Pluralität," daß aber dieser lineare, irreversible Prozess mit fortlaufendem Verfall und unweigerlicher Auflösung identifiziert wurde. Dazu Blavatsky: "(Die Theorie könnte sogar stimmen), wenn dieses Gesetz der Differenzierung des Homogenen zum Heterogenen wirklich das Grundgesetz der Evolution des Lebens repräsentierte. Aber die Vorstellung unterliegt einem entscheidenden Irrtum – metaphysisch und physisch: Die Evolution verläuft nicht gradlinig – ebenso wenig wie irgendein anderer Prozess in der Natur –, sondern sie ist *zyklisch*, wie alles andere auch. Die zyklischen Schlangen verschlingen ihre Schwänze, so wie es die Schlange der Ewigkeit tut. Und es ist genau dieser Aspekt, durch den die indische Weisheitsformel, die ein Ausdruck der geheimen Lehren des Ostens ist, in der Tat durch die Naturwissenschaften bestätigt wird, und zwar besonders durch die Biologie." Blavatsky weist also den Gedanken eines entropischen Universums zurück. Einer der Sinnfülle des Universums widersprechenden laufenden Entropie-Zunahme, die unweigerlich zum Ende alles Geschehens führen würde, setzt sie den jeder Lebensäußerung inhärenten zyklischen Verlauf entgegen, der einer göttlichen Intelligenz entspringt, und der zuerst in der Kosmogonie der Stanzen des Dzyan Ausdruck findet. Sie zitiert zum Beweis der Unhaltbarkeit der linearen Theorie die Erkenntnisse russischer Biologen: "... abgesehen von dem Übergang der Einheit zur Vielfalt, vom Zustand der Homogenität zur Heterogenität, erkennen wir nach genauesten Beobachtungen der Prozesse progressiver Komplexität eine rückläufige Transformation – die Rückverwandlung vom Heterogenen zum Homogenen ..."

***

Der Teil der Geheimlehre, den Blavatsky veröffentlichen durfte, beginnt mit der Kosmogenese. Warum? Es gibt doch mehrere Teile einer uranfänglichen Weisheitsliteratur, z.B. das gesamte, noch immer geheime Kalachakra Tantra. Aber nicht nur macht es eben einfach Sinn, am Anfang zu beginnen, sondern vielmehr wird mit der Darstellung des Ursprungs des Bösen und des von Anfang an naturgegebenen zyklischen Verlaufs aller Dinge, mit der Lehre einer zielgerichteten Rückkehr, eine von den Mahatmas und Blavatsky so nachhaltig geforderte Ethik als *Sine qua non* unserer irdischen Existenz äußerst einsichtig und sinnvoll. Nur das *Wissen*, daß alles Leben, die Menschheit und der ganze Kosmos eine zyklische Entwicklung durchlaufen, eine Entwicklung also, die nicht nach dem kapriziösen Willen eines persönlichen Gottes oder nach einem linearen Ablauf im Nichts verschwindet, sondern als *natürliche Bestimmung* den Menschen zu seiner wahren Herkunft zurückführt, nur dieses Wissen kann die Basis der geforderten, nicht nur theoretischen, sondern praktisch anwendbaren und längst überfälligen Ethik für die gesamte Menschheit sein: Der Mensch ist keinen übergeordneten Mächten hilflos ausgeliefert, und sein Leben endet nicht im schwarzen Loch eines entropischen Universums. Er kann als Teil seiner natürlichen Bestimmung seinem Leben auf dieser Erde selber Richtung geben, denn er hat die Freiheit, durch seine Erkenntnisfähigkeit den Verlauf dieser naturgegebenen Bestimmung zu unterstützen – oder durch Ignoranz zu unterbrechen, zu stören, zu pervertieren.

Am Ende der bisher einzigen ernstzunehmenden Biographie über Leben und Werk H.P. Blavatskys dokumentiert die Autorin Sylvia Cranston die folgenden Zeilen in Blavatskys Handschrift, die auf ihrem Schreibtisch gefunden wurden, "nachdem ihr Körper am 8. Mai 1891 gestorben war: 'Es gibt einen Weg, steil und dornig, voller Gefahren jeglicher Art – doch immerhin einen Weg. Er führt ins Herz des Universums. Ich kann euch sagen, wie ihr jene findet, die euch das verborgene Tor zeigen, das allein nach innen führt ... Denen, die erfolgreich voranstreben, winkt unbeschreiblicher Lohn: die Macht, der Menschheit Segen zu bringen und sie zu retten. Für diejenigen, die den Weg nicht meistern, gibt es weitere Leben, die ihnen Erfolg bringen mögen.'"

Der Mystiker und Theosoph Karl von Eckartshausen (1752–1803) schrieb: "Als der Mensch sich immer mehr im Materiellen verlor, den Einstrahl (der) reinen Lichtideen durch Zwischenräume des Sinnlichen verhinderte, so wurde er notwendig (des) Commerciums mit der Geisterwelt beraubt. Nur unter wenigen, welche des Lichts empfänglich waren und die Erwählten jeder Zeit ausmachten, pflanzte sich dieses Commercium fort, und diese waren die göttlichen Licht-Agenten jeder Zeit ..., die Seher der Wahrheiten, die Propheten genannt wurden."

Die Mahatmas und H.P. Blavatsky gehörten zweifellos zu den "Sehern der Wahrheiten", die in jedem Jahrhunder ihre Stimmen erheben, um die Menschheit zur Rückkehr zu gerechteren Gesellschaftsstrukturen aufzufordern. H.P. Blavatsky hat sich lebenslang als Sprachrohr der Mahatmas und als Beauftragte zur Verwirklichung der ethischen Grundsätze dieser Menschheitslehrer verstanden. Ihre an den Einzelnen gerichteten Forderungen können in ihrer Universalität als ethische Grundlage ganzer Gesellschaften dienen, sie betreffen nicht nur das Zusammenleben von Individuen, sondern ebenso das von Nationen und Völkern:

“Wer keinen Altruismus praktiziert; wer nicht bereit ist, seinen letzten Bissen mit dem Schwächeren, Ärmeren zu teilen; wer es angesichts von Leid unterläßt, seinem Mitmenschen jederzeit und überall und ohne Rücksicht auf dessen Hautfarbe, Nationalität oder Glauben zu helfen, und wer dem Schrei menschlichen Elends gegenüber taub ist; wer hört, daß ein unschuldiger Mensch verleumdet wird, ohne ihn wie sich selbst zu verteidigen – der ist kein Theosoph.”

Im Menschen ist, in den Worten Schellings, “der tiefste Abgrund und der höchste Himmel”. Des Menschen freiwillige Hinwendung zum “höchsten Himmel” seiner eigenen Möglichkeiten setzt die Erkenntnis dieses Potentials voraus. Diese Erkenntnis – im Sinne von befreiender Gnosis – ist das Wissen, dem Blavatsky so hohen Wert beimaß.

H.P. BLAVATSKY

NACHWORT

H. P. Blavatsky

'DAS HABE ICH GEHÖRT': DIE LEHRE DES HERZENS

Seit dem Erscheinen der *Geheimlehre* haben manche Studenten der Theosophie (außer denen, die zum inneren Zirkel der okkulten Wissenschaften gehören) sich darüber beklagt, daß die Lehren in diesem Werk sie unbefriedigt ließen. Einer dieser Leser des Buches erwähnt die endlosen und wütenden Angriffe eines alten, zwar unbedeutenden aber umso brutaleren Feindes, und wirft mir vor, derartigen Kritikern Tür und Tor geöffnet zu haben, weil ich die modernen Wissenschaften und das neue Denken (!) zu wenig berücksichtigt hätte. Ein anderer beklagt die Unvollständigkeit meiner Erklärungen und sagt:

> Seit zehn Jahren bin ich ein ernsthafter Leser theosophischer Literatur. Ich habe *Die Geheimlehre* und zusammengestellte Passagen daraus wiederholt gelesen, und dabei ist nichts enttäuschender, als auf die bislang besten Erklärungen okkulter Dinge zu stoßen, die aber, sobald sie anfangen interessanter zu werden, plötzlich durch Hinweise auf irgendwelche exoterischen Philosophien oder Religionen in ihrem Argumentationsverlauf unterbrochen werden und die Erläuterungen unvollständig lassen ... Während Teile der Darstellungen zwar verständlich sind, ist es nicht möglich, eine klare Vorstellung von den Lehren über Parabrahman (das Absolute), den ersten und zweiten Logos, Geist, Materie, Fohat, etc., etc. zu bekommen.

Das ist ein unvermeidliches, natürliches Resultat der äußerst falschen Vorstellung, es sei die Absicht des Werkes, dem ich den Titel *Die Geheimlehre* gegeben habe, modernen wissenschaftlichen Erkenntnissen zu entsprechen oder "okkulte Dinge" zu erklären. Ich habe mich schon immer mehr mit *Tatsachen* als mit wissenschaftlichen Hypothesen beschäftigt. Mein wichtigstes, mein einziges Ziel war es, hervorzuheben, daß die grundlegenden Prinzipien aller exoterischen Religionen und Philosophien, ob alt oder neu, nichts anderes sind, als der Wiederhall einer uranfänglichen "Weisheitsreligion". Ich habe zu zeigen versucht, daß der BAUM DER ERKENNTNIS, so wie die Wahrheit selbst, eine *Ein-heit* war, und daß die Blätter an den Zweigen, und der Stamm und seine Äste, obwohl von unterschiedlichen Formen und Farben, doch ein und demselben Baum angehören, in dessen Schatten die (jetzt) esoterische religiöse Philosophie jener Menschheiten wuchs und sich entwickelte, die vor unserer derzeitigen Menschheit auf unserer Erde existierten.

Ich bin der Meinung, dieses Ziel in den ersten beiden Bänden der *Geheimlehre* soweit erreicht zu haben, wie dies möglich ist. Nicht die okkulte Philosophie, die hinter den esoterischen Lehren steht, wollte ich der Welt mitteilen, denn dann wären die Lehren so "geheim" wie die von einer Seitenbühne herübergerufenen "Geheimnisse" eines *Policinelle* [1]; nein, meine Intention war, nur *das zu veröffentlichen, was veröffentlicht werden durfte*, und dieses parallel zu den Glaubensinhalten und Dogmen früherer und heutiger Völker so zu präsentieren, daß der Ursprung und die spätere Verunstaltung dieser Lehren ersichtlich wurden.

Wenn mein Werk in unserer dem Materialismus verhafteten und ikonoklastischen Zeit für die weltlich orientierten Massen zu früh erschienen ist, dann ist das der Schaden dieser Massen. Aber es ist nicht zu früh für ernsthafte Schüler der Theosophie erschienen – außer vielleicht für einige, die erwartet hatten, daß eine Abhandlung, die sich bemüht, die komplizierten Korrespondenzen zwischen den Religionen und Philosophien einer fast vergessenen Vergangenheit und der Neuzeit aufzuzeigen, so simpel sein könnte, wie ein am Bahnhofskiosk gekauftes Groschenheft. Selbst wenn man sich nur ein einziges philosophisches System vornimmt, sei es das von Kant, Herbert Spencer, Spinoza oder von Hartmann, muß man mehrere Jahre des Studiums dafür aufbringen. Ist deshalb nicht einsichtig, daß ein Werk, das mehrere Dutzend Philosophien und über ein halbes Dutzend Weltreligionen vergleichend darstellt, ein Werk, das deren Wurzeln mit größter Vorsicht freilegen muß, weil es nur gelegentlich, mal hier, mal dort, *Andeutungen* über geheime Zweige machen kann, daß ein solches Werk also nicht nach einmaligem Lesen verstanden werden kann, und auch nicht nach wiederholter Lektüre, wenn der Leser nicht bemüht ist, sich ein eigenes System zu erarbeiten, mit dem er an das Studium dieses Werkes geht –?

Es gibt unterschiedliche Wege, auf denen man sich Wissen aneignen kann: 1., indem man den Erklärungen der Kirchen oder der modernen Wissenschaft blind glaubt; und 2., indem man zuerst einmal Distanz zu beiden hält und dann beginnt, die Wahrheit selbst herauszufinden. Die erstgenannte Methode ist leicht zu bewältigen und führt zu gesellschaftlicher Belohnung und Respektabilität; die andere aber ist schwierig und setzt mehr als eine durchschnittliche Wahrheitsliebe, eine Mißachtung persönlicher Vorteile und ein unanfechtbares Durchhaltevermögen voraus. So war es früher, und so ist es noch immer, nur muß man bedenken, daß

[1] (Polichinelle – oder Pulcinella im Italienischen – ist eine Figur der Commedia dell'arte des 17. Jahrhunderts, die sich in England zum Marionettencharakter des Punch, in Rußland zur Petruschka und über den trickreichen Hanswurst im österreichischen Puppentheater später in Deutschland zum Kasperle entwickelt hat. Im 19. Jahrhundert waren die Eigenschaften des Policinelle oder Punch, mit langer Nase und Buckel ausgestattet, zur festen Einrichtung geworden als ein extremer Charakter, der seine Frau verprügelte, sich endloser Tricks und Geheimnisse rühmte und alle Gesetze verachtete. H.T.)

eine solche Wahrheitsliebe in unseren Tagen seltener ist als in vergangenen Zeiten. Es ist in der Tat so, daß der Mangel an unabhängigem Denken unter den Lernenden des Ostens inzwischen ebenso groß ist wie die unreelle Übernahme und Kritik der Gedanken anderer bei uns im Westen. Erwartet wird, daß der eigene "Pfad", die eigene Wegstrecke sozusagen mit der ganzen für den menschlichen Komfort entwickelten Technik geglättet und mit schnellen Fortbewegungsmitteln und telegraphischen Verbindungen versehen wird, ja sogar mit Fernrohren, auf daß man möglichst von seinem bequemen Sessel aus die Arbeit anderer Menschen beobachten kann und, als sei's noch nicht genug und trotz aller Kritik, Ausschau hält nach der mühelosesten Möglichkeit, den Okkultisten und Amateurstudenten der Theosophie zu spielen.

Der wahre "Pfad" zum Erlangen esoterischen Wissens verläuft aber ganz anders. Sein Eingang liegt versteckt hinter dem wilden Gewächs menschlicher Vernachlässigung, er wird seit langen Zeiten von der Verhöhnung der Wahrheit blockiert und ist unkenntlich gemacht worden durch Arroganz und Selbstüberschätzung. Um sich durchzukämpfen zu dieser Schwelle und sie ganz allein zu überschreiten, bedarf es unablässiger und oft jahrelanger Mühe ohne jegliche Anerkennung. Und wenn der erschöpfte Pilger die Schwelle hinter sich gelassen hat, beginnt ein steiler Fußmarsch, denn der schmale Weg führt hinauf zu schwindelerregenden Höhen, unbekannt und unermesslich für jeden, außer für die wenigen, die den wolkenverhangenen Gipfel schon einmal erreicht haben. Schritt für Schritt muß sich der Wanderer jeden Zentimeter des Weges durch seine eigene Kraft erkämpfen. Fremdartige Markierungen, deren Bedeutung er nur ausmachen kann, indem er ihre verwitterten, kaum erkennbaren Inschriften entziffert, weisen ihm den Weg. Aber sein Schicksal ist besiegelt, wenn er nachlässig wird und sie als "nicht entzifferbar" bezeichnet, anstatt sie zu studieren. Maya ist die "Lehre des Auges"; allein die des "Herzens" aber macht ihn zum Auserwählten.

Ist es ein Wunder, daß so wenige das Ziel erreichen, daß so "viele berufen, aber so wenige auserwählt" sind? Steht der Grund dafür nicht in diesen drei Zeilen der *Stimme der Stille* –?: "Die einen sagen voller Stolz: 'Siehe, ich weiß', die anderen, die Demut bewahrt haben, bekennen leise: 'Das habe ich gehört'", und werden so als einzige zu "Auserwählten".

GEOFFREY A. BARBORKA

GLOSSAR

VORWORT

Orientalisten betrachten Sanskrit als die ältere Schwester der griechischen Sprache, weil beide eng miteinander verwandt sind. Sanskrit gilt außerdem als Schlüssel zum Studium der vergleichenden Sprachwissenschaften. Orientalisten sind sich über den Ursprung der Sanskritsprache noch nicht im klaren. Einige Gelehrte sind der Ansicht, daß die frühen Aryas, die Sanskrit gesprochen haben sollen, in einer Gegend gelebt und dort ihre Kultur entwickelt haben, die dem heutigen Gebiet um Baktrien und Sogdiana (Nordiran/Afghanistan) entspricht. Hindu-Gelehrte verlegen den Ursprung der Aryas jedoch in das Hochland Asiens, in die Nähe des Sees Manasarovara in Tibet.

Orientalisten sind der Auffassung, daß der Gelehrte Panini (500 v.u.Z.) für die erste geschriebene Form des Sanskrit verantwortlich ist, weil er eine Sanskritgrammatik mit 3996 Regeln verfaßte. Dabei wurde jedoch etwas Wichtiges übersehen, daß nämlich das Wort Sanskrit selbst "poliert, vollendet" (*samskrita*) bedeutet. Mit anderen Worten, Sprache und Schrift waren schon vor dieser Zeit zur Vollendung gebracht worden. Die Gelehrten stimmen darin überein, daß die Veden mündlich überliefert wurden, ehe sie aufgeschrieben wurden. Diese heiligen Schriften werden auf ungefähr 1500 v.u.Z. datiert, doch schreiben manche Hindu-Gelehrte den Veden ein sehr viel höheres Alter zu und erklären, daß Sanskrit schon vollendet war, ehe sich die Aryas im heutigen Indien niederließen.

H.P. Blavatsky behandelt den Ursprung und die Evolution von Sprachen und hat den Ursprung des Sanskrit in eine Zeit und zu einem Kontinent zurückverfolgt, den es nicht mehr gibt und den man heute im allgemeinen Atlantis nennt. Sie schreibt in ihrer *Geheimlehre:*

> "Sprachen besitzen ihre eigene zyklische Evolution, ihre Kindheit und Reinheit, ihr Wachstum, ihren *Fall in die Materie,* ihre Vermischung mit anderen Sprachen, ihre Reife, ihren Zerfall und schließlich ihren Tod. So erging es auch der primitiven Sprache der zivilisiertesten Menschheit von Atlantis – einer Sprache, die in den alten Sanskritschriften '*Râkshasî-bhâshâ*' genannt wird: sie verfiel und starb beinahe aus. Während die am weitesten entwickelten Menschen der Evolutionsstufe der Vierten Menschheit mehr und mehr zum Gipfel physischer und intellektueller Vollendung hinstrebten und so der entstehenden Fünften Menschheit ihre flektierenden, hochentwickelten Sprachen als Vermächtnis hinterließen, degenerierten die agglutinierenden Sprachen und blieben als ... Fragmente eines fossilen Idioms zurück."[1]

---

[1] s. S. 308 in dieser Ausgabe.

Eine agglutinierende Sprache verbindet zwei oder mehrere bedeutsame Wörter oder Wurzeln miteinander und bildet auf diese Weise ein neues Wort, wobei jeder einzelne Bestandteil seine eigene Bedeutung beibehält. Eine flektierende Sprache benutzt Endungen oder unterschiedliche Kombinationen, wobei die Identität der einzelnen Segmente nicht mehr vorrangig ist.

Sanskrit wurde von den Eingeweihten der Aryas als eine mystische Sprache benutzt, die sie *vâch* nannten. Dieser Begriff bedeutet, daß die pulsierenden oder vibrierenden Töne in den Silben und Worten, die zu diesem Zweck zusammengebracht werden, tatsächlich existieren; das heißt, man muß wissen, wie man sie erzeugt, wenn sie zu einem bestimmten Mantra angeordnet werden, und vor allem muß man mit den Beziehungen zwischen Ton, Zahl und Farbe vertraut sein. H.P. Blavatsky hat zu diesem Thema geschrieben:

> "Das Singen eines Mantras ist kein Beten, sondern vielmehr ein magisches Sprechen oder Singen, in dem sich das Gesetz okkulter Kausalität von selbst mit dem Willen und den Handlungen des Sängers verbindet und von ihm abhängig ist. Es handelt sich um eine Folge von Sanskritlauten, und wenn solch eine Serie von Worten und Sätzen entsprechend den magischen Formeln des *Atharvaveda* ausgesprochen wird, die nur einige wenige verstehen, dann erzeugen einige solcher Mantras auf diese Weise eine unmittelbare und wundersame Wirkung. Im esoterischen Sinne enthält das Mantra vâch (die 'mystische Sprache'), die dem Mantra oder vielmehr seinem Klang eigen ist. Denn die Wirkung wird den Schwingungen des Äthers entsprechend erzeugt. Die 'süßen Sänger' wurden so genannt, weil sie Experten auf dem Gebiet der Mantras waren." [2]

Die Sanskritsprache und besonders die Begriffe, mit denen die Lehren der uralten Weisheit erklärt werden, repräsentieren den Höhepunkt der Weisheit der Vierten Menschheit. Sie wurde an die erhabensten Eingeweihten der Fünften Menschheit weitergegeben. So enthält ein Sanskritwort häufig einen Schlüsselgedanken, der es einem ermöglicht, die Lehren, die dieses Wort zum Ausdruck bringt, besser zu verstehen. Wenn die großen Seher eine Lehre in einen Schlüsselbegriff kleideten, hatten sie dabei drei Aspekte vor Augen: (1) die wörtliche und signifikante Bedeutung des Begriffs, der die gegebene Idee verkörpert; (2) den *svara* oder den mystischen Klangwert des Wortes; (3) die *mântrika-shakti*, die Kraft oder Macht der Buchstaben und Silben, der Sprache und Laute. Kennt man diese drei Aspekte, kann man so etwas wie ein "magisches Resultat" erzeugen.

---

[2] *Die Geheimlehre*, 4 Bände, Bd. III, S. 410 Fn.

Nun stimmt es zwar, daß die *mântrika-shakti* verlorengegangen ist und höchstwahrscheinlich auch der svara, aber trotzdem sollte man Sanskritworte so richtig wie nur möglich aussprechen, um wenigstens den ersten beiden Aspekten gerecht zu werden.

Man darf jedoch nicht vergessen, daß man die richtige Aussprache des Sanskrit auf keinen Fall aus einem Buch lernen kann. Trotzdem sind einige praktische Anmerkungen durchaus angebracht. Es gibt keine unterschiedliche Aussprache gleich geschriebener Konsonanten oder Vokale, und es gibt auch keine stummen oder unausgesprochenen Buchstaben. Auch werden grundsätzlich alle Silben gleich betont, alle Silben sind also gleichwertig. Generell werden die Konsonanten so ausgesprochen, wie sie geschrieben werden. Zum Beispiel wird jeder das velare oder gutturale "*n*" ganz automatisch richtig aussprechen; so wird jeder das "n" in *angâraka* ganz natürlich wie in dem deutschen Wort *Angelegenheit* aussprechen. Beachten Sie den Unterschied zum dentalen "*n*", z.B. in dem deutschen Wort *Andacht*, und zum palatalen "*ñ*", z.B. in dem Namen *Anja*, die beide ebenfalls ganz spontan richtig ausgesprochen werden. Allerdings gibt es für bestimmte Konsonantengruppen (die Retroflexe oder auch Zerebrale) keine Entsprechung im Deutschen, und sie werden hier der Einfachheit halber nicht eigens gekennzeichnet. Die Aussprache der kurzen und langen Vokale werden wie im Deutschen unterschieden, z.B.:

a wie in Dach, aber *â* wie in Lage;
i wie in dich, aber *î* wie in Liebe;
u wie in Luchs, aber *û* wie in Suche.

Zu beachten ist schließlich noch, daß *"c"* und *"ch"* wie *"tsch"*, und *"sh"* wie *"sch"* ausgesprochen werden. Die aspirierten Konsonanten (denen ein *"h"* folgt) werden ebenfalls ganz natürlich richtig ausgesprochen, beispielsweise: *"bh"* wie in abholen, *"dh"* wie in Windhose, und so weiter. *"Ph"* wird nie wie *"f"* ausgesprochen, sondern wie *"ph"* in *Schlapphut*.

Im Unterschied zum Deutschen werden im *Devanâgarî*-Alphabet alle Vokale vor den Konsonanten aufgezählt. Das Glossar folgt jedoch der Reihenfolge des deutschen bzw. lateinischen Alphabets. Da es in der *Devanâgarî*-Schrift keine Unterscheidung zwischen großen und kleinen Buchstaben gibt, werden in der Umschrift alle Worte klein geschrieben. Ausgenommen davon sind eingedeutschte Worte wie Mantra sowie Eigennamen (z.B. *Krishna, Râma, Hanumân, Jñâneshvar* usw.) und Titel (z.B.: *Âranyaka-Upanishad, Bhagavad-gîtâ* usw.). Gegenüber der internationalen Umschrift wurden folgende Änderungen vorgenommen:

Der Einfachheit halber wurden alle diakritischen Zeichen fortgelassen mit Ausnahme der langen Vokale *â, î, û* und dem palatalen *ñ*; das vokalische *r* wurde mit *ri* transkribiert; die Palatale *ch* und *c* mit *ch*, und die palatalen und cerebralen Sibilanten mit *sh*.

GLOSSAR

abhaya	furchtlos
âchârya (m)	Lehrer
adhyâtman (m)	das höchste Selbst
adhyâya (m)	Kapitel eines Buches
Âdi-Buddha (m)	der höchste Buddha
Âdi-bhûta (n)	ursprüngliches Elementprinzip
âdi-buddhi (f)	göttliche, ursprüngliche Weisheit
âdi-nidâna (n)	erstes und höchstes Kausalitätsprinzip
âdi-sanat (m)	buchstäblich "der erste Alte" oder "Vorzeitige"; entspricht dem kabalistischen "Einer, der alt ist an Tagen", gemeint ist *Brahmâ*
âdi-tattva (n)	ursprüngliches Elementprinzip
aditi (f)	Raum
âditya (m)	Sonne
advaita (n)	Nicht-Dualität
agni (m)	Feuer
Agnishvâtta (m)	Name der solaren *pitris* (vgl. *barhishad*)
aham asmi parabrahman	ich bin das Grenzenlose
aham brahmâsmi	ich bin *brahman*
aham eva parabrahman	ich bin wahrlich das Grenzenlose
ahankâra (m)	Ichbewußtsein, Egoismus
Ah-hi	(Senzar?), *Ahi* (Sanskrit) wörtl. "Schlangen" oder Drachen der Weisheit
ahimsâ (f)	Nichtverletzung, Gewaltlosigkeit
âkâsha (m)	uranfängliche Raumsubstanz, Äther
âkâsha-tattava (n)	das Elementprinzip, genannt Äther
akshara (n)	das Unvergängliche
alaya (m)	unauflöslich, d.h. Synonym für *âkâsha*
amânasa	die ersten Menschheiten unseres Planeten, die noch "ohne Verstand" waren
Amitâbha (m)	Name eines *Dhyâni*-Buddha; der Buddha grenzenlosen Lichts
amrita	unsterblich
anâgâmin (m)	nicht-kommend; einer, der nicht wieder inkarniert
anâhata-shabda (m)	ein nicht angeschlagener Klang
ânanda (m)	Seligkeit
ânanda-maya-kosha (m)	die Hülle *(kosha)*, die aus Seligkeit besteht; die Hülle der *buddhi*
anda (n)	ein Ei; in Verbindung mit *Brahmâ*: *brahmânda* – das Ei des *Brahmâ*; das Sonnensystem
Angâraka (m)	Bezeichnung des Planeten Mars
anna-maya-kosha (m)	die Hülle *(kosha)*, die aus Nahrung besteht; der physische Körper

antah-karana (n)	inneres Organ, Zwischeninstrument. H.P. Blavatsky sieht das *antahkarana* als Brücke zwischen dem niederen und dem höheren *manas* an; "jener Pfad, der zwischen deinem Geist und deinem Selbst liegt", wie es in der *Stimme der Stille* heißt
anu (m)	unendlich klein, Atom
an-upapâdaka (n)	siehe *Upapâduka*
apâna (m)	einer der sieben *prânas* oder Lebenskräfte. *Apâna* ist der *prâna*, der die Abfallstoffe aus dem menschlichen Körper eliminiert.
apas-tattva (n)	Elementprinzip Wasser, das sechste Prinzip bei der ausströmenden Entfaltung der Prinzipien
âranyaka (n)	zum Wald gehörig; Schriften, die im Wald verfaßt wurden, besonders die *Âranyaka-Upanishad*
ardha-mâtrâ (f)	eine halbe kurze Silbe oder More; dieser Begriff wird im Zusammenhang mit der heiligen Silbe *aum (om)* verwendet und bezeichnet den Nasal bei der Aussprache
arhat (m)	würdig; einer, der den höchsten Grad von Spiritualität erreicht hat
Arjuna (m)	Name des Helden der *Bhagavad-gîtâ* und Schüler des Krishna
arûpa	formlos; ohne physische Gestalt
ârya (m)	würdig, edel
Âryâvarta (m)	alter Name Nord- und Zentralindiens
âsana (n)	Körperstellung; eine der acht Stufen des Yoga
asat	nicht real, unwirklich; Gegenteil von *sat*
âshrama (m, n)	ein heiliger Ort, Einsiedelei; Wohnort eines spirituellen Meisters und seiner Jünger
ashta	die Zahl acht
ashvattha (m)	der mystische Baum des Lebens, beschrieben in der *Bhagavad-gîtâ*
âstika (m)	ein Gläubiger; einer, der an Gott glaubt
Asura (m)	in den Veden: ein göttlicher Geist; in der späteren Literatur: ein Dämon
Asuramaya (m)	Name eines Astronomen aus Atlantis und angeblicher Autor des *Sûrya-siddhânta*, eines antiken Textes über Astronomie
atala (m)	der höchste der sieben *talas*. Mit *tala* bezeichnet man den materiellen Pol oder Aspekt eines *loka-tala*, wobei *loka* den geistigen Pol repräsentiert.
Atharva-veda (m)	einer der vier Veden oder antiken heiligen Schriften Indiens. Der Veda der Zaubersprüche und Reinigungsformeln.
âtma-jñânin (m)	einer der das Selbst, den *âtman* kennt
âtman (m)	das Selbst; der göttliche Aspekt, das höchste Prinzip in der siebenfältigen Konstitution des Menschen.
âtma-vidyâ	göttliches Wissen

attavâda (m)	ein Pâli-Wort (Sanskrit: *âtmavâda).* Im Buddhismus der falsche Glaube an die Existenz einer ewigen Seele des Menschen. Dieser Glaube trennt einen von den anderen Manifestationen des Einen Lebens.
âtyantika	übermäßig, endlos. Der Begriff wird in Zusammenhang mit einem Individuum verwendet, das vor dem Ende eines planetarischen *manvantaras*, eines Zyklus von 7 Runden, das *nirvâna* erreicht hat. Das Wort wird auch im Zusammenhang mit *pralayas* verwendet, den Zeitperioden der Auflösung oder Zerstörung.
aum (n)	die heilige Mantrasilbe, die zugleich eine Anrufung, Segnung und Bestätigung sowie ein Versprechen ist
avalokiteshvara (m)	(zusammengesetzt aus *ava* – hinunter; *lokita* – gesehen; und *îshvara* – Herrscher) die sich periodisch manifestierende Göttlichkeit, angewandt auf die Spitze einer Hierarchie
avasthâ (f)	Zustand, Bedingung; auch: Bewußtseinszustand; es werden vier *avasthâs* aufgezählt: *jâgrat* - der Wachzustand; *svapna* - der Traumzustand; *sushupti* - Tiefschlaf; *turîya-samâdhi* – der selige Zustand göttlichen Bewußtseins
avatâra (m)	eine göttliche Inkarnation
avîchi (m)	wellenloser Zustand; Zustand ununterbrochener Qualen
avidyâ (f)	Nichtwissen, Ignoranz. Das erste der zwölf *nidânas* des Buddhismus, das heißt der Bindungen oder Fesseln, die das Dasein verursachen.
barhishad (m)	Name der lunaren *pitris* (vgl. *agnishvâtta)* oder der Herrscher des Mondes; solche, die vom Reich der Menschen in die lunare Region aufgestiegen sind
baudha	weise
bhagavat	gefeiert, erhaben, göttlich
Bhagavad-gîtâ (f)	Gesang des Erhabenen
bhakti (f)	liebevolle Hingabe
bhakti-yoga (m)	der Yoga der liebevollen Hingabe
bhaumika	zur Erde gehörig; häufig im Zusammenhang mit *manvantara* benutzt, den 7 Runden-Perioden der Erde
bhaumika-pralaya (m)	Zerstörung der Erde
bhâva (m)	werdend; Sein; im Buddhismus eines der zwölf *nidânas*
bhikshu (m)	Bettelmönch; im Buddhismus einer, der der Welt entsagt hat
bhikshunî (f)	weibliche Form von *bhikshu*
Bhîma (m)	der Mächtige; Name von *Arjunas* Bruder
Bhûmi (f)	Bezeichnung der Erde; Globus D der Erdkette
bhûr-loka (m)	einer der sieben *lokas*; die Ebene oder Sphäre, in der sich der Globus D befindet

bhûta (n)	gewesen; Geist oder Schatten eines Verstorbenen, der im *kâma-loka* wohnt, in der Welt der Wünsche
bhuvar-loka (m)	der *loka*, der unmittelbar höher als der *bhûr-loka* ist. Er wird daher häufig mit der Ebene in Verbindung gebracht, in der sich der Globus C befindet.
bîja (n)	Same, Lebenskeim
bodha (m)	Wissen
bodhi (m)	Erweckung, Erleuchtung, spirituelle Weisheit. Das Wort bezeichnet auch den Baum, den *Bodhi*-Baum, unter dem Gautama Buddha Erleuchtung erlangte.
bodhi-dharma (m)	Weisheitsreligion; auch Name eines buddhistischen Patriarchen
Bodhi-sattva (m)	einer, dessen Wesen Weisheit oder Erleuchtung ist. Im südlichen Buddhismus ein Anwärter auf die Buddhaschaft. Im nördlichen Buddhismus einer, der dem *nirvâna* entsagt, um der Menschheit zu helfen.
Brahmâ (m)	Das Absolute im persönlichen Sinne. Name eines der drei Hauptgottheiten des Hinduismus: *Brahmâ* – der Schöpfer; *Vishnu* – der Erhalter; *Shiva* – der Zerstörer. Diese drei tauchen auch als *trimûrti* auf, eine dreiköpfige Gottheit, bestehend aus *Brahmâ*, *Vishnu* und *Shiva*. *Brahmâ* bezeichnet auch eine Zeitperiode von einhundert göttlichen Jahren, der Lebenszeit des *Brahmâ*. *Brahmâs* Tag bedeutet die Zeitperiode, in der unser Planetensystem existiert. *Brahmâs* Nacht dauert ebenso lange und bedeutet die Zeitperiode der planetarischen Auflösung.
brahmaivedam sarvam	wahrlich dies alles (die manifeste Welt) ist das Absolute. Dieses Mantra besagt also, daß das gesamte Universum von der universalen Gottheit oder dem universalen Geist, *brahman*, durchdrungen ist.
brahman (n)	das Absolute im unpersönlichen Sinne
brâhmana (m)	einer, der dem *brahman* folgt: Angehöriger der Priesterkaste; Sanskrittexte mit Anleitungen zur Anwendung des vedischen Wissens
brahmânda (n)	Ei des *Brahmâ*; Bezeichnung für das Sonnensystem
brahma-pura (n)	*Brahmâs* Wohnstatt, symbolisch im Herzen des Menschen gelegen
brahmâshrama (m, n)	ein Tempel *Brahmâs*
brahma-vidyâ (f)	göttliches Wissen; entspricht also unserem Wort "Theosophie"
brahma-yoga (m)	göttlicher Yoga; der Yoga, der die besten und erhabensten Übungen aller Yogaschulen enthält
Brihaspati (m)	Bezeichnung des Planeten Jupiter

Buddha (m)	der Erweckte, der Erleuchtete; bezeichnet also den Rang des Gautama
buddhi (f)	das sechste Prinzip der siebenfältigen Konstitution des Menschen. Das unterscheidungsfähige Prinzip, Intuition.
Budha (m)	ein Weiser, Heiliger; Bezeichnung des Planeten Merkur
chaitanya (n)	Bewußtsein; steht allerdings meist für das kosmische Bewußtsein oder die kosmische Intelligenz
chakra (m)	Rad, Scheibe. Wie in Indien bedeutet ein *chakra* auch in der Theosophie ein Kraftzentrum, und es gibt sieben solcher *chakras* in verschiedenen Teilen des Körpers. Sie betreffen in erster Linie jedoch den *sûkshmopâdhi und nicht den sthûlopâdhi*, das heißt den subtilen Körper und nicht den physischen Leib.
chakshu (n)	Auge, Licht
chala (m, n)	Betrug, Täuschung
Chandra (m)	einer der Bezeichnungen des Mondes
chatur	die Zahl vier
châyâ (chhâyâ) (f)	Schatten; bezeichnet auch die Erste Menschheit, die *Châyâ*-Menschheit
chela (m)	Schüler
chenresi	(Tibetisch) = Sanskrit: *avalokiteshvara*
chit (f)	normalerweise mit Intelligenz übersetzt; auch: Bewußtsein, reines Denken
chohan	(Tibetisch) Herr, Meister
daiva	göttlich
daivî-prakriti (f)	glänzende uranfängliche Materie. In der Esoterischen Philosophie repräsentiert sie die immer und überall im manifesten Universum gegenwärtige elektrische Energie; die unaufhörlich formende und zerstörende Kraft
dâna (n)	Wohltätigkeit; erste der sieben *pâramitâs*, Tugenden oder Vollkommenheiten
dangma	(Tibetisch) reine Seele; ein Eingeweihter, der Weisheitsstatus erlangt hat
deva (m)	Glänzender, Strahlender; Gott
Devamatri (f)	Mutter der Götter, Aditi oder kosmischer Raum
deva-nâgarî (f)	wörtlich: die in die göttliche Stadt Gehörige; die Schrift, in der die Sprachen Sanksrit, Marâthî und Hindî geschrieben werden
devî (f)	weibliche Form von *deva*. Göttin
Devachan	(Tibetisch) ein glücklicher Ort; bezeichnet den seligen Zustand nach dem Tode, in den keine Sorgen eindringen und die friedliche Ruhe des Verstorbenen stören können
Dhanus (m)	Bezeichnung des Tierkreiszeichens Sagittarius, Schütze

dhâranâ (f) — sechste der acht Stufen des Yoga; vollkommene Konzentration des Geistes

dharma (m) — Pflicht; das Vorgeschriebene; Gesetz. Im Buddhismus bedeutet *dharma* die ethische Regel, Verhaltensnormen. Dazu gehören Gebote wie Gerechtigkeit, Harmonie, Gleichheit und Tugend.

dharma-kâya (m, n) — Körper des Gesetzes; mit diesem *Körpergewand* geht ein vollendeter Mensch ins *nirvâna* ein

Dharma-shâstra (n) — Gesetzbuch, insbesondere das Gesetzbuch des Manu, *Mânava-dharma-shâstra*

Dhruva (m) — Bezeichnung des Polarsterns

dhyâna (n) — Meditation. Die sechste der sieben *pâramitâs*; die siebte der acht Stufen des Yoga

dhyâni-bodhisattva (m) — Meditierender, dessen Wesen die Weisheit ist. Mitglied der göttlichen Hierarchie, einer der sieben Regenten oder Wächter der Globen der Erdkette.

dhyâni-buddha (m) — Regent oder Wächter einer Runde

dhyâni-chohan — (Tibetisch) meditativer Herr; ein himmlisches Wesen, das aus dem Reich der Menschen aufgestiegen ist

dîkshâ (f) — Initiation

dîkshaka (m) — einer, der eine Initiation gibt

dîkshita (m) — einer, der eine Initiation empfangen hat

dondampai den-pa — (Tibetisch; = Sanskrit: *paramârtha-satya*) die absolute Wahrheit

dvaita (m) — Dualität. Der Begriff bezeichnet auch die dualistische Schule des *Vedânta*, nach der *âtman* und *brahman* (die universale Gottheit) für immer getrennte Prinzipien sind. Demgegenüber erklärt der *Advaita-Vedânta*, die nicht-dualistische Schule des *Vedânta*, daß *âtman* und *brahman* eine Einheit bilden. Ein dritte Schule des *Vedânta*, der *Vishishta-advaita-Vedânta* (der qualifizierte Nicht-Dualismus), erklärt, daß *âtman* ein Teil des *brahman* ist. Oder anders ausgedrückt: Die *Dvaita*-Schule erklärt: Göttlichkeit *(brahman)* gibt es irgendwo außerhalb von mir; ich werde versuchen, es zu erreichen. Ein *Vishishtâdvaitin* erklärt: Göttlichkeit manifestiert sich überall, und ich bin ein Teil dieser Göttlichkeit. Ein *Advaita-vâdin* erklärt: Alles ist Göttlichkeit, ich bin die Göttlichkeit; auf Sanskrit: *aham brahmâsmi* – ich bin das *brahman*.

dvâpara-yuga (n) — die zyklische Zeitperiode, die doppelt so lange dauert wie das *kali-yuga*, das gegenwärtige Zeitalter, das die Fünfte Menschheit betrifft. Das vorherige Zeitalter, das *dvâpara-yuga*, ist das zweite der vier zyklischen Zeitperioden.

dvija (m) — zweifach geboren; ein Eingeweihter; in Indien jemand, der die heilige Schnur der brahmanischen Religion empfangen hat

dzyan	(Tibetisch; = Sanskrit: *dhyâna)* Meditation; Weisheit, göttliches Wissen. *Das Buch des Dzyan*, die Grundlage für *Die Geheimlehre*, bedeutet daher: Das Buch der Weisheit, Göttliches Wissen. Es gehört zu der Serie mit der Bezeichnung *Kiu-Te*.
eka	die Zahl eins
eka-chakshu (m)	ein Auge; etwas, das nur ein Auge hat; die Sonne
eka-chitta (n)	ein Gedanke; Fixiertheit der Gedanken
ekâneka-svarûpa	einfach und doch vielfach
eva	wahrlich, so, gerade so
Fohat	nach H.P. Blavatsky ist dieses Wort turanischen Ursprungs und bezeichnet die universale antreibende vitale Kraft (kosmische Elekritzität) oder den kosmischen *prâna*; gleichbedeutend mit *daivî-prakriti*.
gandha (m)	Geruch, Geruchssinn
Gangâ (f)	Bezeichnung des heiligen Flusses Ganges; Name einer Göttin
Gautama (m)	Name des Buddha
gâyatrî (f)	eine heilige, an die Sonne gerichtete Hymne des Rigveda. Sie wird morgens und abends von jedem Brahmanen rezitiert.
ghana	kompakt, solide
gharma (m)	Wärme
ghosha (m)	Tumult; verwirrte Schreie
gotra-bhû-jñâna (n)	Wissen von der Geburt von Familien oder Menschheiten
guhya-vidyâ (f)	Wissen von Mantras und mystischen Beschwörungsformeln
guna (m)	Eigenschaft, Qualität, Charakteristik. Nach der *Sânkhya*-Philosophie ist die gesamte Natur *(prakriti)* von drei Qualitäten *(tri-guna)* durchdrungen: *sattva* - das Gute; *rajas* - Aktivität; *tamas* - Passivität.
gupta-vidyâ (f)	esoterisches Wissen oder esoterische Philosophie; gleichbedeutend mit Geheimlehre
guru (m)	Lehrer, insbesondere ein geistiger oder spiritueller Lehrer
guru-deva (m)	göttlicher Lehrer
guru-paramparâ (f)	einer dem anderen folgend; eine Linie von Lehrern
hamsa (m)	Wildgans, Schwan. *Hamsa* steht auch für die Seele, die von einem zum anderen Körper wandert, so wie die wilden Gänse jedes Jahr durch Indien ziehen. *Hamsa* bedeutet auch 'der universale Geist', und in Verbindung mit *kâla* 'der Schwan der Zeit, die Ewigkeit'. Der *kâla-hamsa* oder 'Schwan der Ewigkeit' existiert immer, ob es sich nun um eine Periode der

Manifestation oder um eine Ruheperiode handelt. Wenn die Zeit für die Manifestation eines Kosmos (eines Weltsystems) kommt, dann legt der Schwan ein Ei, *brahmânda*, aus dem ein Kosmos (sei es nun die Sonne oder die Planeten) entsteht. Ist dann ein Kosmos entstanden, nennt man *Brahmâ*, die kreative Gottheit, *hamsa-vâhana*. Dieselbe Vorstellung findet sich in dem finnischen Gedicht *Kalevala*. Dort wird der mystische Vogel als Ente bezeichnet.

hamsa-vâhana (n)	das Vehikel des ewigen Schwans, des universalen Geistes
Hanumân (m)	Name des Affengottes, einer der Helden des *Râmâyana*, des berühmten Epos, das die Taten des *Râma* und des *Hanumân* beschreibt.
hari (m)	einer, der fortnimmt, der das Böse beseitigt; einer der Namen *Krishnas* in der *Bhagavad-gîtâ*.
Hastinâpura (n)	Bezeichnung einer Stadt, die vom König *Hastin* gegründet wurde. Ein Großteil der Handlungen des *Mahâ-bhârata* spielt in oder in der Umgebung dieser Stadt.
hatha-yoga (m)	forcierter Yoga; eine Art des Yoga, die den Geist zwingt, sich von den Objekten der Außenwelt zurückzuziehen. Manche Anhänger dieses Yoga greifen dabei sogar zu Selbstquälerei und schädlichen Praktiken.
Himâlaya (m)	Der Himalaya; Bezeichnung eines erhabenen Gebirges in Zentralasien
hiranya	golden
hiranya-garbha (n)	goldenes Ei oder goldener Schoß. In der Esoterischen Philosophie wird dieser Begriff gleichbedeutend mit dem *Aura-Ei* verwendet.
hum (n)	eine heilige Silbe, die häufig am Ende von Mantras erscheint, z.B.: *om mani padme hum - om* der Juwel im Lotus *hum*; im Herzen eines jeden Lebewesens ist der *âtman*. Oder: *om vajra-pâni hum - om* der den Donnerkeil in seiner Hand hält *hum*. Eine Beschwörungsformel, mit der man Selbstbeherrschung erreicht; denn nur dann ist man in der Lage, den Donnerkeil in der Hand zu halten.
icchâ-shakti (f)	Willenskraft
idam	dies. In der Philosophie impliziert die Verwendung von *idam* oft eine manifeste Welt (siehe *brahmaivedam sarvam)*
iddhi (f)	(Pâli; = Sanskrit *siddhi*) übernatürliche Kraft oder Fähigkeit; psychische Kräfte
îshvara (m)	Herr, Meister; bezieht sich häufig auf den inneren 'Herrn', den göttlichen Geist

iti mayâ shrutam	so habe ich es gehört; eine Phrase, die ein Schüler benutzt, wenn er die Lehren seines Gurudeva an andere weitergibt
jâgrat (m)	Zustand des Bewußtseins, den man während des Wachseins erlebt; Wachbewußtsein
janar-loka (m)	der fünfte in der Aufzählung der *loka-talas* (aufwärts zählend)
jarâ-mârana (n)	Alter und Tod. Im Buddhismus eines der zwölf *nidânas* oder Ursachen für Dasein; verursacht Wiedergeburt auf der Erde.
jâti (f)	Geburt; eines der *nidânas*
jîva (m)	Lebensprinzip; wenn es sich individualisiert, wie beim Menschen, wird es *prâna* genannt
jîvan-mukta (m)	lebend befreit, d.h., eine befreite Monade. Jemand, der vor seinem Tod von der Notwendigkeit zukünftiger Geburten befreit ist.
jîvânu (n)	Lebensatom
jîvâtman (m)	eine individuelle Monade, im Gegensatz zu *paramâtman*, dem universalen Selbst
jñâna (n)	Wissen
jñâna-darshana-shuddhi (m)	Perfektion *(shuddhi)* beim Erkennen *(darshana)* von Weisheit
jñâna-shakti (f)	die Kraft echter Weisheit oder wahren Wissens
Jñâna-yoga (m)	der Yoga, der auf dem Erwerb wahren Wissens beruht
Jñâneshvarî (f)	Kommentar zur und *Marâthî*-Übersetzung der *Bhagavad-gîtâ* des Dichterheiligen *Jñâneshvar Mahârâj* aus Maharashtra, Indien (1275–1296).
kâla-hamsa (m)	siehe *hamsa*
kali-yuga (n)	Bezeichnung der gegenwärtigen zyklischen Zeitperiode, die zur Fünften Menschheit gehört
kalpa (m)	Zeitperiode. Manchmal identisch mit einem Tag *Brahmâs*, der Zeitperiode eines Planeten. Ein *mahâ-kalpa* bezeichnet im allgemeinen eine solare zyklische Zeitperiode.
kâma (m)	Wunsch, Verlangen; auch Bezeichnung des Motivationsprinzips in der siebenfältigen menschlichen Konstitution
kâma-loka (m)	Wunschwelt. Eine halbmaterielle Ebene, im allgemeinen Astralwelt genannt. Dort bleiben die Schatten der Verstorbenen eine bestimmte Zeit lang.
kâma-rûpa (n)	Wunsch- oder Begierdenkörper; gleichbedeutend mit Schatten oder *eidolon*. Es handelt sich um die subjektive Gestalt, die ein Mensch in seinem Leben mit Gedanken und Wünschen erzeugt. Diese wird nach dem Tod des physischen Körpers als Gestalt in die Astralwelt projiziert.

Kangyur	(Tibetisch) siehe *Tengyur*
Kanyâ (f)	Mädchen, Jungfrau, Tochter; auch Bezeichnung des Tierkreiszeichens Jungfrau oder Virgo
Kapila-vastu (n)	Bezeichnung des Geburtsorts von Gautama Buddha
kârana (n)	Handlung, Ursache; im metaphysischen Sinne die uranfängliche Ursache
kâranopâdhi (m)	das kausale Vehikel, in dem sich die kausalen Aspekte der menschlichen Existenz auf der Erde befinden. Gleichbedeutend mit dem *Buddhi-mânasa*-Aspekt der Konstitution eines Menschen.
Karkataka (m)	Krebs; auch Bezeichnung des Tierkreiszeichens Krebs oder Cancer
karma (n)	Handlung, Tat; Gesetz von Ursache und Wirkung
karma-yoga (m)	der Yoga der Tat; das Ausführen der rechten Handlungen
khe-chara (Adj.)	was sich am Himmel bewegt. *Khecarî* (f) bezeichnet die *siddhi* oder übernatürliche Fähigkeit des Fliegens, das heißt die Fähigkeit, sein Bewußtsein an jeden beliebigen Ort zu projizieren.
klesha (m)	Schmerz; in der Yoga-Philosophie die Liebe für weltliche Freuden. Fünf *kleshas* werden aufgezählt: *avidyâ* - Nichtwissen, Unwissenheit; *asmitâ* - Ich-Bewußtsein, Egoismus; *râga* - Zuneigung, Verlangen; *dvesha* - Abneigung, Haß; *abhinivesha* - hartnäckiges Haften an der weltlichen Existenz.
Krishna (m)	Name eines der berühmtesten geistigen Lehrer Indiens, als *avatâra* eingestuft. Mit seinem Tod im Jahre 3120 v.u.Z. begann der Zeitzyklus genannt *kali-yuga*.
krita	getan, wohl getan, vollendet
krita-yuga (n)	Bezeichnung des ersten der vier zyklischen Zeitperioden oder *yugas*
kriyâ-shakti (f)	Handlungskraft. Die mysteriöse Kraft des Denkens, die so aktiviert wird, daß man aufgrund der ihr inhärenten Energie äußerlich wahrnehmbare phänomenale Resultate erzeugen kann.
Krûra-lochana (m)	grausamer, ungünstiger Blick; Bezeichnung des Planeten Saturn
kshânti (f)	Geduld, Nachsicht, dritte der sieben *pâramitâs*
kshatriya (m)	die zweite der vier Kasten Indiens; Kaste der Verwalter und Soldaten
kshetra (n)	Land, Erde, Feld
kshetra-jña (m)	der das Feld (den Körper) kennt; als philosophischer Begriff: das bewußte Ego
kshetra-jñeshvara (m)	der göttliche Herr, der das Feld der menschlichen Konstitution kennt
kuan-shi-yin	(Chinesisch) = Sanskrit: *avalokiteshvara*

kuan-yin	(Chinesisch) die chinesische Göttin der Barmherzigkeit, genannt die göttliche Stimme
kuan-yin-tien	(Chinesisch) der melodische Himmel der Klänge; Wohnort der *Kuan-Yin*
kumâras (m)	(heilige) Jugendliche. In der *Geheimlehre* werden sie als die Klasse der solaren *pitris* definiert, die der Menschheit unmittelbar beistehen.
Kumbha (m)	Bezeichnung des elften Tierkreiszeichens Wassermann oder Aquarius
Kumuda-pati (m)	Name des Herrn des Mondes. *Kumuda* bedeutet die weiße Wasserlilie (die sich angeblich bei Monadaufgang öffnet) und *pati* der Herr oder Meister. Der Mond wird hier also als Vater der Erde bezeichnet.
kundalinî (f)	die kreisförmige Kraft; so genannt, wegen ihrer spiralförmigen Wirkungsweise im Körper. Sie wird als elektrische, feurige, okkulte oder "*fohatische*" (siehe *Fohat)* Kraft beschrieben.
kundzab-chi-den-pa-a	(Tibetisch; = Sanskrit: *mâyâ)* Illusion erzeugende Erscheinung
kuntag	(Tibetisch) persönliche fehlerhafte Annahme
Kuntî (f)	Name der Frau von Pandu und Mutter des *Arjuna*, des Helden der *Bhagavad-gîtâ*
kusha (m)	das heilige Gras, das in Indien bei bestimmten religiösen Zeremonien verwendet wird
Lakshmî (f)	Wohlstand, Erfolg; Name der Göttin des Reichtums, des Glücks und der Schönheit
Lamrin	(Tibetisch) Bezeichnung eines heiligen Lehrbuchs mit Vorschriften und Regeln für die Erweiterung des Wissens, geschrieben von Gampopa
Lankâ (f)	antike Bezeichnung der Insel *Shrîlankâ*, die zeitweise auch Ceylon genannt wurde
lanu (m)	Schüler, Studierender
laya (m)	Auflösung, Zerstörung. In der *Geheimlehre* heißt es dazu: Der *Laya*-Punkt oder das *Laya*-Zentrum bezeichnet jenen Zustand, in dem Substanz *(prakriti)* homogen wird und nicht mehr in der Lage ist, zu agieren oder zu differenzieren.
lha	(Tibetisch) Gott. In der *Geheimlehre* gleichbedeutend mit dem tibetischen Begriff *dhyâni-chohan*.
Lhagpa	(Tibetisch) Bezeichnung des Planeten Merkur
lha-kang	(Tibetisch) Tempel, Krypta; besonders ein unterirdischer Tempel für mystische Zeremonien
lhamayin	(Tibetisch) Elementargeister der niederen Erdebene; im Volksglauben werden daraus Dämonen und Teufel.

linga-sharîra (n) — bezeichnet den Modellkörper oder Musterleib. Er agiert als kausale Gestalt, von der die Energie ausstrahlt, aufgrund derer der physische Körper Atom für Atom aufgebaut werden kann.

lipikas (m) — "*Karma*-Schreiber"; göttliche Wesen, die dem Astrallicht jede Handlung und jeden Gedanken einprägen

Lohitânga (m) — mit roten Gliedern; Bezeichnung des Planeten Mars. In einem Kommentar zum *Buch des Dzyan* wird auch die Venus so genannt.

loka (m) — Region, Ort; Welt, Universum. In der Metaphysik eine Welt, Sphäre oder Ebene. In Verbindung mit den sieben *loka-talas* sind die Bewußtseinszustände eher angedeutet als tatsächlich lokalisiert.

mâdhyamaka (m) — der Mittlere Weg; eine buddhistische philosophische Schule

mahâ — groß

Mahâ-bhârata (m) — Bezeichnung eines indischen Epos, das den großen Krieg unter den Nachfahren des Bharata, nämlich zwischen den *Kauravas* und den *Pândavas* beschreibt. Die *Bhagavad-gîtâ* ist eine Episode aus diesem Epos.

mahâ-bhûtas (n) — die sieben großen Elementprinzipien

mahâ-buddhi (f) — große Weisheit, großer universaler Geist. Ein Begriff des nördlichen Buddhismus, gleichbedeutend mit dem Ausdruck *mahat*, wie ihn die hinduistische Philosophie definiert.

mahâ-kalpa (m) — eine große Zeitperiode; bezeichnet im allgemeinen ein solares *manvantara*, das dann auch *mahâ-manvantara* heißt

mahâ-mâyâ (f) — die große Illusion

mahâ-rishi (m) — großer Heiliger oder Seher

mahat (m) — der Große; in der hinduistischen Philosophie gleichbedeutend mit göttlicher Intelligenz oder dem kosmischen Geist. In der *Geheimlehre* das Gefüge der göttlichen und spirituellen Intelligenzen unseres Kosmos.

mahâtman (m) — das große Selbst, die große Seele. So werden im allgemeinen Menschen genannt, die sich der Aufgabe der Erleuchtung der Menschheit widmen. Das Oberhaupt der spirituellen Hierarchie, zu denen die *Mahâtmans* gehören, heißt im Tibetischen: *Mahâ-Chohan*.

Mahâyâna (n) — das Große Fahrzeug; Bezeichnung der philosophischen Schule des nördlichen Buddhismus

mahâ-yuga (n) — das große Zeitalter; die Summe der vier zyklischen Zeitperioden oder *yugas*: 4,320.000 Jahre.

Makara (m) — Krokodil; Bezeichnung des zehnten Tierkrieszeichens Steinbock oder Capricornus

Makrokosmos (m)	(Griechisch) ein großes Weltensystem; das Universum im Gegensatz zum Mikrokosmos, dem kleinen Weltsystem oder dem Menschen
manas (n)	das Geistprinzip. Es entzweit sich, wenn es sich in der menschlichen Konstitution manifestiert; daher unterscheidet man ein höheres *manas* von einem niederen.
mânasa-putra (m)	geistiger Sohn; die solaren *pitris*, die großen Wohltäter der Menschheit. Sie handeln als Erwecker des schlafenden Geistprinzips während der Dritten Evolutionsperiode der Menschheit.
mânasika (Adj.)	geistig, spirituell; das Geistprinzip
Mânava-dharma-shâstra (n)	das Gesetzbuch des Manu; es bietet zusätzlich zum Moralkodex auch metaphysische Lehren
manomaya-kosha (m)	die Hülle, die vom Geist gebildet wird; sie repräsentiert *manas* und *kâma* in der siebenfältigen menschlichen Konstitution
mantra (m)	eine poetische Hymne; Gebet; Beschwörungsformel
manus (m)	die großen Herrscher oder Bewacher des Planetensystems
mânushya-buddha (m)	menschlicher Buddha; bezeichnet den Bewacher oder Verwalter einer Menschheit
manvantara (n)	eine zyklische Zeitperiode; auf einen Planeten bezogen bedeutet es die aktive Periode des Lebenszyklus dieses Planeten, im Gegensatz zu *pralaya*, der planetarischen Ruheperiode
mâra (m)	Zerstörer, der Böse; symbolisch auch die Versuchungen, die der Mensch aufgrund seiner Gedanken und Handlungen in seinem Leben erzeugt hat
mârga (m)	Weg, Pfad; im Buddhismus der Weg zur Befreiung
maruts (m)	in der exoterischen Literatur die Sturmgötter; in der esoterischen Literatur die Wesen, die bei der Erleuchtung der Menschheit Hilfe leisten
matripadma	Mutter-Lotus
mâyâ (f)	das, was gemessen werden kann; in der Philosophie das, was Veränderungen durch Verfall und Differenzierung unterworfen ist; daher trügerische Welt, Illusion
mâyâvi-rûpa (n)	trügerische Gestalt; in der Esoterik das Vehikel der Projektion
Meru (m)	Name des heiligen Berges, der als Wohnort der Götter angesehen wird
Mesha (m)	Bezeichnung des ersten Tierkreiszeichens Stier oder Aries
Mîna (m)	Bezeichnung des zwölften Tierkrieszeichens Fische oder Pisces
Mithuna (n)	Bezeichnung des dritten Tierkreiszeichens Zwillinge oder Gemini
moksha (m)	Freiheit, Befreiung; gleichbedeutend mit *nirvâna*: Freiheit vom Kreislauf der Geburten

mudrâ (f) — mystisches Zeichen oder Symbol; Talisman; bezeichnet auch bestimmte Stellungen während der Meditation

mukti (f) — Freiheit; siehe *moksha*

mûla-prakriti (f) — Wurzelmaterie, Urmaterie; ursprüngliche Materie, noch vor der Differenzierung und Manifestation

myalba — (Tibetisch) Hölle

nâda (m) — Klang

nâga (m) — Schlange. Die Schlange ist ein Symbol für Unsterblichkeit (wie im Wappen der Theosophischen Gesellschaft) und Weisheit, und deshalb wurde den Eingeweihten im antiken Indien der Titel *nâga* verliehen. So war beispielsweise *Nâgârjuna* der Name eines bedeutenden buddhistischen *arhat*.

naimittika-pralaya (m) — zeitweilige Auflösung, die in unregelmäßigen Intervallen auftritt. Daher übertragbar auf einen Planeten.

naljor — (Tibetisch) ein heiliger Mann, Meister

nâma-rûpa (n) — Name und Form; Personalität; eine der zwölf *nidânâs*

nâstika (m) — ein Ungläubiger; einer, der nicht an die orthodoxen Gottheiten des Pantheons glaubt

nidânas (n) — im Buddhismus die zwölf Bindungen oder Fesseln, die einen Menschen an das Rad des Lebens binden. Diese Bande sind die Ursachen für das Dasein.

nirmâna-kâya (m, n) — geschaffener Körper, den jemand behält, der dem *nirvâna* entsagt hat; ein Buddha der Barmherzigkeit

nirvâna (n) — Zustand des absoluten Bewußtseins und des absoluten Daseins, in den das Ego eines Menschen eintritt, der den höchsten Grad von Vollkommenheit oder Heiligkeit erreicht hat – normalerweise dann, wenn der Körper stirbt. Dieser Zustand ist im Leben eines Buddha erreichbar oder eines Menschen, der einen vergleichbaren Status erlangt hat.

nirvânin (m) — jemand, der das *nirvâna* erreicht hat; gleichbedeutend mit *jîvanmukta*, der befreiten Monade

nitya-manvantara (n) und *nitya-pralaya* (m) — der kontinuierliche oder ständige *(nitya)* Prozeß von Regeneration und Zerfall im Leben der Zellen eines Körpers, sei es ein Mensch, ein Planet oder ein ganzes Sonnensystem.

nitya-sarga (m) — der Zustand ständiger Schöpfung und Evolution

nivritti (f) — zurückfließend; die Involution im Gegensatz zur Evolution *(pravritti)*

niyama (m) — Zurückhaltung des Geistes, die man dadurch erreicht, daß man seine Gedanken beherrscht

Noumenon	(Griechisch) ein philosophischer Begriff, der das wahre Wesen der Natur des Daseins bezeichnet, im Gegensatz zu den vorgetäuschten Sinnesobjekten der Welt der Phänomene
Nous (m)	(Griechisch) ein platonischer Begriff für den höheren Geist, im Unterschied zu *Psyche*, dem niederen Geist
nyâya (m)	eines der sechs *darshanas* oder philosophischen Schulen Indiens; das System der hinduistischen Logik, begründet von dem *rishi* Gotama
nyima	(Tibetisch) die Sonne
nyingpo	(Tibetisch) die Weltseele, auch *tsang* genannt
Oeaohoo	ein esoterischer Ausdruck für die sechs in einem bzw. die mystischen Sieben; die okkulte Bezeichnung für die "sieben-vokalische", ewig existente Manifestation des Universalprinzips.
om (n)	alternative Form der mystischen Silbe *aum*
om mani padme hum	im Buddhismus gebräuchliches Mantra (Tibetisch: *om mani peme hung*): *om* Juwel im Lotus *hum*
omito-fo	(Chinesisch; Sanskrit: *amita-buddha)* der unsterbliche Erleuchtete; Titel des Gautama Buddha
padma (n)	Lotus
Pâli (f)	die Sprache, in der die grundlegenden Schriften des Buddhismus überliefert sind
pañcha-kosha (m)	die fünf Hüllen, in die der Mensch nach der Philosophie des *Vedânta* aufgeteilt ist. Die Hüllen, die den *âtman*, das göttliche Prinzip des Menschen, umgeben.
pañcha-shîla (n)	(in Pâli: *pansil*) die fünf Gebote des Buddhismus: Barmherzigkeit, Ehrlichkeit, Reinheit, Aufrichtigkeit und Enthaltsamkeit. Jeder Laienschüler des Buddhismus verpflichtet sich, nach Einhaltung dieser Gebote zu streben.
pañchâsya	mit fünf Gesichtern oder Köpfen
Panchen Rinpoche	Juwel der Weisheit; tibetischer Ehrentitel des Tashi Lama
Pândavas (m)	die Söhne des Pandu, die Gegner der *Kauravas* im *Mahâbhârata*-Krieg
para	jeseits, entfernt, fern
para-brahman (n)	jenseits des *brahman*; das grenzenlose All, die Absolutheit; das allgegenwärtige, ewige, grenzenlose und unveränderliche Prinzip
parama (n)	das am weitesten Entfernte; das Höchste
paramârtha (m)	die höchste Realität
paramârtha-satya (n)	die absolute Wahrheit

paramâtman (m)	die höchste Seele oder der höchste Geist des Universums, als Ursprung des *âtman* angesehen
pâramitâ (f)	Tugend, Vollkommenheit
para-shakti (f)	die Große Kraft; eine der sechs Kräfte der Natur; die Kraft von Licht und Wärme
para-tantra (n)	Regeln und Riten; daher in der Philosophie das, was nur aufgrund einer Abhängigkeits- oder Kausalbeziehung existiert
pari-kalpita (n)	etwas Erfundenes oder Erschaffenes; daher in der Philosophie das Trügerischer, Irrtümliche
pari-nirvâna (n)	das höchste *nirvâna*, das am Ende des *mahâ-kalpa* oder solaren Zyklus erreichbar ist
pari-nishpanna (n)	ein Zustand, der dem *pari-nirvâna* entspricht
parna (n)	Blatt; symbolisch in den *Stanzen des Dzyan* im Zusammenhang mit einem Menschen verwendet, der als *sapta-parna* angesehen wird, "eine siebenblättrige Menschenpflanze"
pâtâla (n)	Unterwelt, Hölle; das niedrigste der sieben *talas*
phala (n)	Frucht; in der Philosophie die Frucht oder das Ergebnis, Resultat von Ursachen
phren	ein pythagoräischer Audruck, der dasselbe bedeutet wie *kâma-manas*, d.h. der niedere *manas*
pishâcas (m)	in südindischer Folklore und auch in den Purânas: Geister oder Dämonen; die verblassenden Reste von Astralschatten oder die Bewohner des *kâma-loka*
pitris (m)	Väter; Wesen, die über dem Bereich des Menschen stehen und in zwei Hauptarten unterteilt werden: die lunaren und die solaren *pitris*. Die lunaren *pitris* lieferten die Formen für die Menschen der Ersten Menschheit. Die solaren *pitris* halfen den Menschen, indem sie das inaktive Geistprinzip im Verlauf der Evolutionsperiode der Dritten Menschheit erweckten.
pitri-pati (m)	Herr der Väter; der Herr des Mondes
prabhavâpyaya (n)	das, aus dem alles entsteht und in das sich am Ende eines Lebenszyklus alle Dinge auflösen
pradhâna (n)	was vor einen gestellt ist; das Erste, Wichtigste, Anfängliche. In der Philosophie die ursprüngliche Quelle des sichtbaren oder materiellen Universums; gleichbedeutend mit *âkâsha*.
Prajâpati (m)	Herr der Nachkommen; auch Name des *Brahmâ*, des Herrn der Schöpfung
prajñâ (f)	Weisheit, eine der sieben *pâramitâs*
prakriti (f)	in der Philosophie die Ursprungssubstanz, die als Ursprung und Basis aller Substanzen des manifesten Universums angesehen wird
prâkritika-pralaya (m)	Auflösung der Materie; vollkommene Auflösung des Sonnensystems

pralaya (m)	Auflösung, Zerstörung; die Ruheperiode
prâna (m)	in der theosophischen Literatur das Lebensprinzip im Menschen
prâna-maya-kosha (m)	in der Philosophie des *Vedânta* eine der fünf Hüllen; die Hülle des Lebens
prânâyâma (m)	Zurückhaltung des Atems; eine der Übungen des *Hatha-yoga*
pratyag-âtman (m)	die individuelle Seele
pratyâhâra (m)	in Verbindung mit Yogaübungen Zurückhaltung, Zurückziehen; die fünfte Stufe des Yoga: Das Bewußtsein wird von der Außenwelt zurückgezogen und nach innen auf spirituelle Dinge gerichtet
pratyeka-buddha (m)	da der Begriff *pratyeka* 'allein für sich selbst' bedeutet, bezeichnet dieser Ausdruck einen Buddha, der das *nirvâna* erreicht hat – für sich allein, im Gegensatz zu einem Buddha der Barmherzigkeit, der auf das *nirvâna* verzichtet.
pratyeka-yâna (n)	der Weg für sich allein; bezieht sich auf einen *Pratyeka-Buddha*
pra-vritti (f)	ein Hervorfließen; Entfaltung dessen, was sich im Inneren befindet; Evolution
prithivî (f)	Erde
prithivî-tattva (n)	des kosmische Elementprinzip Erde
purânas (n)	die Antiken; eine Sammlung symbolischer und allegorischer Texte mythologischen Charakters; es gibt achtzehn solche Schriften
purusha (m)	Mensch; das belebende Prinzip im Menschen. In der *Sânkhya*-Philosophie der Geist im Gegensatz zur *prakriti*, Materie.
rajas (n)	einer der drei *gunas* (charakteristische Eigenschaften): die der Aktivität
râja-yoga (m)	königliche Vereinigung; das wahre System zur Entwicklung der spirituellen Kräfte und zur Erlangung der Einheit mit dem höheren Selbst
râkshasa (m)	Dämon, Teufel. Im *Râmâyana* sind die *râkshasas* die riesenhaften Einwohner des antiken Kontinents *Lankâ*. In der Esoterik repräsentieren sie die Einwohner von Atlantis.
Râma (m)	der Held des *Râmâyana*, als *avatâra* des *Vishnu* angesehen
Râmâyana (n)	eines der großen Epen Indiens. Es besteht aus 48.000 Zeilen Dichtung, in denen die Heldentaten und Abenteuer des Râma erzählt werden.
rasa (m)	der Geschmackssinn
râsa (m)	Mysterientanz *Krishnas* und seiner *gopîs*, der Hirtenmädchen
râshi (m)	Tierkreiszeichen
râshi-chakra (n)	Tierkreis

ratna (n)	Juwel, Edelstein
ratnâvabhâsa-kalpa (n)	das Zeitalter, in dem es keine sexuellen Unterschiede mehr gibt und Geburten auf *Upapâduka*-Art stattfinden, wie bei der Zweiten und Dritten Menschheit. Die esoterische Philosophie lehrt, daß dies in der gegenwärtigen Runde, am Ende der Sechsten und in der Evolutionsperiode der Siebten Menschheit stattfinden wird.
râtri (m)	Nacht
Râvana (m)	der Herrscher über die *râkshasas* von *Lankâ*, die *Sîtâ* entführten und damit den großen Krieg heraufbeschworen, der im *Râmâyana* beschrieben wird.
Rig-veda (m)	der Hymnenveda oder der Veda des Lobpreises. Die älteste heilige Schrift der Hindus, die aus 1017 Hymnen besteht. H.P. Blavatsky schreibt, daß es "im Okkultismus aufgezeichnet ist, daß er von großen Heiligen am See *Manasarovara* jenseits des Himâlaya vor Tausenden von Jahren offenbart wurde." *(Theosophical Glossary,* S. 277)
rishi (m)	ein Seher, Heiliger. Die vedischen Hymnen der vier Veden werden den *rishis* des antiken Indien zugeschrieben.
rûpa (n)	Form, Gestalt; bei der Aufzählung der Sinne bedeutet *rûpa* Sehsinn
Ruta (m)	Name des Herrschers einer der letzten Inseln von Atlantis, die Jahrhunderte vor Poseidonis, dem Atlantis Platons, unterging
sakkâya-ditthi (f)	(Pâli) der falsche Glaube *(ditthi)*, daß die Komponenten, die den Körper ausmachen *(sakkâya)*, unvergänglich und unveränderlich sind. Daher auch die Täuschung bezüglich einer unveränderlichen Personalität.
sakrid-âgâmin (m)	ein Mensch, der nur noch einmal wiedergeboren wird, ehe er das *nirvâna* erreicht
sâma (n)	eine bestimmte heilige Strophe zum Singen
Sâma-veda (m)	der Veda der Lieder; einer der vier Veden
samâdhi (m)	vollendete Vereinigung aller Fähigkeiten; die achte Stufe des Yoga. Hat man diese Stufe erreicht, dann kann man in einen Zustand von Ekstase und Trance gelangen, der an das Erreichen des *Nirvâna*-Bewußtseins grenzt.
samâna (m)	Bezeichnung einer der fünf *prânas* oder Lebenskräfte, die den physischen Körper erhalten. *Samâna* beherrscht die Verdauung und Aufnahme, ermöglicht also die chemischen Prozesse im Körper.
samâpatti (f)	im *râja-yoga*: absolute Konzentration; dieser Zustand bildet die letzte Entwicklungsstufe, ehe man die Möglichkeit erlangt, in den *Samâdhi*-Zustand einzugehen

sambhoga-kâya (m, n) der dauerhafte Körper; der zweite der drei Körperhüllen der Herrlichkeit, den die Bodhisattvas aufgeben, um im *nirmâna-kâya* auf der Erde bleiben zu können

samjñâ (f) Bewußtsein; im Buddhismus einer der fünf *skandhas*: Wahrnehmung

samsâra (m) (Tibetisch: *khor-ba)* das Durchwandern; durch eine Folge von Zuständen hindurchgehen, wie beim Kreislauf der weltlichen Existenz; Seelenwanderung

samskâra (m) Zusammenfügung, Ansammlung; Resultat von Handlungen; karmische Konsequenzen. Im Buddhismus das zweite der zwölf *nidânas*, sowie der vierte *skandha*: geistige Gewohnheiten und Tendenzen.

samvriti (f) Versteck; in der Philosophie eine falsche Vorstellung, die dadurch entsteht, daß man *Mâyâ* für die Wirklichkeit hält

samvritti-satya (n) konventionelle Wahrheit

samyak vollkommen

samyak-sambuddha (m) der vollständig Erweckte, der spirituell Erleuchtete; Titel, der dem Gautama Buddha von seinen Schülern verliehen wurde

sandhyâ (f) Zusammentreffen, Verbindung; besonders das Zusammentreffen von Tag und Nacht: die Morgen- und Abenddämmerung. Auch für das Ende eines *yuga* oder *kalpa* verwendet. *Sandhyâ* wird im allgemeinen mit Dämmerung übersetzt.

sandhyâmsha (m) Zeitperiode am Ende eines *yoga* oder *kalpa*

sangha (n) Versammlung; im Buddhismus kollektiv die gesamte Bruderschaft der Mönche

sânkhya (n) ein vom *rishi* Kapila begründetes philosophisches System; eines der sechs *darshanas* oder klassischen philosophischen Schulen. Ein in den Aphorismen des Kapila beschriebenes System analytischer Metaphysik trägt den Titel: *Sânkhya-kârikâ*.

sannyâsa (m) Verzicht auf weltliche Bindungen, um sich ganz der intellektuellen und spirituellen Kultur zu widmen

sannyâsin (m) ein Weltensager, Mönch

Sanskrit (n) abgeleitet von: *samskrita*, poliert, vollendet; Bezeichnung der alten klassischen Sprache der *brâhmanas*, die nur in Tempeln verwendet wurde. Die Veden stellen die ältesten in Sanskrit verfaßten Schriften dar.

sapta die Zahl sieben

saptaparna die "Siebenfältige", eine Pflanze, nach der die berühmte Höhle nahe Buddhagaya benannt wird, wo der Buddha meditierte und lehrte; esoterisch das Symbol für die siebenfältige Menschenpflanze.

sapta-rishi (m) die sieben *rishis* oder Weisen; das Sternbild Der Große Bär oder Große Wagen

sat (n)	die eine allgegenwärtige Realität in der unendlichen Welt; die göttliche Essenz, die zwar existiert, von der man aber nicht sagen kann, daß sie existiert, weil sie als die Absolutheit selber angesehen wird; das Sein an sich
sattva (n)	Essenz, Wesen; in Verbindung mit den *gunas* oder Qualitäten bezeichnet *sattva* die Qualität des Guten, Wahren
satya (n)	Wahrheit; in Verbindung mit *yuga* bedeutet es das Zeitalter der Wahrheit und des Guten, das Goldene Zeitalter, das erste der vier *yugas*
satyân nâsti paro dharmah	keine Religion ist höher als die Wahrheit – das Motto der Theosophischen Gesellschaft
saurya	zur Sonne (*sûrya*) gehörig
saurya-manvantara (n)	die solare Periode der Manifestation
saurya-pralaya (m)	die solare Periode der Ruhe
Senzar	mystische Bezeichnung der auf der ganzen Welt benutzten geheimen Priestersprache oder Mysteriensprache der Eingeweihten
shabda (m)	Wort, Klang; im *Mahâ-bhârata* werden sieben Arten von *shabda* unterschieden
shad-âyatana (n)	die sechs Sinnesorgane; zählen als eines der zwölf *nidânas* des Buddhismus
shakti (f)	Kraft; die aktive weibliche Energie eines Gottes, gewöhnlich als seine Partnerin oder Gemahlin dargestellt, eine Vorstellung, die besonders im Hinduismus populär ist. In der *Geheimlehre*: Kraft und Synthese der sechs Naturkräfte; auch: universale Energie
Shambhala (n)	in den *Purânas* ein Dorf, in dem nach einer Prophezeiung der *Kalki-avatâra* am Ende des *kali-yuga* erscheinen wird. Der Okkultismus verlegt diesen Ort in den Himâlaya.
Shani (m)	Bezeichnung des Planeten Saturn
Shankarâchârya (m)	ein bedeutender religiöser Reformator Indiens und Lehrer der *Vedânta*-Philosophie; er wird als ein *avatâra* angesehen
shîla (n)	Verhalten; im Buddhismus gibt es fünf grundlegende Regeln moralischen Verhaltens, die *pañcha-shîlas*. *Shîla* wird auch als eine der sieben *pâramitâs* angesehen – der Schlüssel zur Harmonie in Worten und Taten
shishtas (n)	Überbleibsel, Rest. In der *Geheimlehre* die himmlischen Sterblichen, die zurückbleiben, wenn die Lebenswelle der Menschheit auf der Erdkette von einem Globus zum nächsten wandert und damit den Samen für die Menschheit der wiederkehrenden Monaden liefert.

Shiva (m)	Bezeichnung des dritten Aspektes der *trimûrti*. Im exoterischen Sinne: der Zerstörer; im esoterischen Sinne: der Erneuerer. Das dritte Auge – die Zirbeldrüse oder auch das Auge des *Dangma* – wird das Auge *Shivas* genannt.
shloka (m)	ein Vers
shrâvaka (m)	Zuhörer, Schüler
Shrîmad-bhâgavatam (n)	Titel des *Bhâgavata-Purâna*, mit der Bedeutung: der Glanz, den Krishna verbreitet
shrutis (f)	das Gehörte; Heilige Schriften: die Vedas und Upanischaden
shûdra (m)	Angehöriger der niedrigsten der vier Kasten Indiens, die der Diener und Arbeiter
Shukra (m)	Bezeichnung des Planeten Venus, auch *Ushanas-shukra* genannt
shûnyatâ (f)	Leere, Leerheit; eine Vorstellung im *Mahâyâna*-Buddhismus, mit der die Aufmerksamkeit darauf gelenkt wird, daß die Welt der Phänomene von Natur aus trügerisch oder eine Illusion ist
shveta-dvîpa (m)	der weiße Kontinent; in den *Purânas* Name des ersten Kontinents auf diesem Globus, auch Land der Götter genannt
Siddhhârtha (m)	einer, der seine Absicht erfüllt hat; Name des Gautama Buddha
siddhi (f)	vollkommene Errungenschaft; übernatürliche Kräfte, von denen acht verschiedene aufgezählt werden
Simha (m)	Bezeichnung des Tierkreiszeichens Löwe oder Leo
skandha (m)	Gruppe von Eigenschaften; im Buddhismus die charakteristischen Eigenschaften, die eine Personalität ausmachen. Fünf *Skandhas* werden aufgezählt: *rûpa* – Form; *vedanâ* – Gefühl; *samjñâ* – Wahrnehmung; *samskâra* – geistige Eindrücke und Tendenzen; *vijñâna* – Bewußtsein.
smriti (f)	das Erinnerte; traditionelle Berichte, die mündlich überliefert wurden. Sie repräsentieren jetzt die zeremoniellen Schriften der Hindus sowie die Rechtsbücher oder *shâstras*.
Soma (m)	einer der Namen des Mondes; auch ein Symbol für Geheimwissen; Bezeichnung eines Getränks, das ursprünglich aus einer sehr seltenen Gebirgspflanze von eingeweihten *brâhmanas* gepreßt wurde
soma-loka (m)	das Reich des Herrn des Mondes
Song-Kha-pa oder *Tsong-Kha-pa*	Name eines berühmten Tibeters des vierzehnten Jahrhunderts, der im tibetischen Buddhismus die Reformen einführte, die zur Gründung des *Gelugpa*-Ordens führten, der sogenannten Gelbmützen
sparsha (m)	Berührung, Kontakt; im Buddhismus das sechste *nidâna*
srotâpanna (m)	einer, der in den Strom gegangen ist
srotâpatti (m)	(Pâli) der Zustand eines, der in den Strom eingetreten ist, den Strom oder Weg nämlich, der zum *nirvâna* führt

sthûla-sharîra (n)	der grobstoffliche oder physische Körper: eines der sieben Prinzipien des Menschen
sthûlopâdhi (m)	das niederste "Gewand" der vier Prinzipien des Menschen
sûkshmopâdhi (m)	das feine oder subtile "Gewand"; der dritte der vier *upâdhis*, in die nach der Philosophie der *brâhmanas* die Konstitution des Menschen aufgeteilt ist
Su-meru (m)	schöner *Meru*; Name des heiligen Berges, der als Wohnstätte der Götter angesehen wird
Sung-Ming-Shu	Bezeichnung des chinesischen Baumes des Wissens und des Lebensbaumes
Sûrya (m)	einer der Namen der Sonne
Sûrya-siddhânta (m)	Titel eines antiken Textes über Astronomie: die vollendete Abhandlung über die solaren Götter
Sushumnâ (f)	Name eines der sieben solaren Strahlen; auch Name eines subtilen Nervs in der Wirbelsäule, der das Herz mit dem *brahmarandhra* verbindet, einer mystischen Stelle am Scheitelpunkt des Kopfes
sushupti (f)	Zustand des Tiefschlafs; dritter der vier *avasthâs* oder Bewußtseinszustände
sûtra (n)	Faden oder Schnur, an der Perlen aufgereiht sind (siehe *sutta)*
sûtrâtman (m)	Schnur des Selbst; das unsterbliche Prinzip im Menschen, das sich auf der Erde als ein Leben nach dem anderen inkarniert und die Individualität repräsentiert, auf der, wie Perlen auf einer Schnur, die zahllosen Personalitäten aufgereiht sind.
sutta (n)	(Pâli; = Sanskrit: *sûtra)* im Buddhismus jener Teil des Kanons, der die Dialoge mit dem Buddha enthält
svabhâva (m)	wesentliches charakteristisches Merkmal; Identität
svabhâvat	von selbst entstanden; ein Begriff des nördlichen Buddhismus, gleichbedeutend mit Vater-Mutter in den *Stanzen des Dzyan*. Er deutet auf die mystische Essenz, die plastische Wurzel der physischen Natur. Aus Svabhâvat kommt die ganze Natur hervor, und dorthin kehrt alles am Ende eines Lebenszyklus zurück.
Svâbhâvika (m)	Name der ältesten existierenden Schule des Buddhismus. Darin wird die Manifestation des Universums und der physischen Phänomene dem *svabhâva* zugeschrieben.
svapna (m)	Traumzustand; ein Bewußtseinszustand, der sich vom Wachzustand oder *jâgrat* unterscheidet
svara (m)	musikalischer Ton, Note; besonders auch der Klangwert eines Mantras
svarga (m)	zur Wohnstätte des Lichtes gehend; Himmel
sva-samvedana (n)	sich ganz genau kennend; Selbst-Erkenntnis, die dann erlangt wird, wenn man *paramârtha* erlangt hat, die höchste Wahrheit

svastika (m)	das Vortreffliche; das mystische Kreuz, dessen vier Enden im rechten Winkel abgeknickt sind und das eine Wirbelbewegung andeutet. Die vier Enden des Kreuzes repräsentieren der Reihe nach Geburt, Leben, Tod und Unsterblichkeit.
svayam-bhû (m)	aus sich selbst existierend; ein metaphysischer Begriff, der etwas spontan Selbsterzeugtes bedeutet und auch für das *brahman* verwendet wird
tala (m, n)	der tiefere Teil, die Basis; im Zusammenhang mit den *lokas* repräsentieren die *talas* den niederen Aspekt. So kann *loka* die spirituelle Seite und *tala* die materielle Seite einer beliebigen Region oder Ebene repräsentieren.
tamas (n)	die Qualität der Trägheit in Verbindung mit den *trigunas*, den drei Qualitäten
tanhâ (f)	(Pâli) Lebensdurst, das Haften am Leben auf der Erde; eines der zwölf *nidânas* des Buddhismus
tanmâtras (n)	die Ursprungselemente der Elementprinzipien, aus denen die groben Elementprinzipien oder *mahâbhûtas* entstehen. Fünf der Elementprinzipien lauten Erde, Wasser, Luft, Feuer und Äther.
tantra (n)	Ritus, Ritual; bei den *Tantras* handelt es sich um religiöse Schriften, die sich mit magischen Riten und Zeremonien befassen
tapas (n)	religiöse Bräuche, gewöhnlich asketischer Natur
târaka-râja-yoga (m)	eine der philosophischen Schulen des Yoga-Systems der *Brâhmanas*. Da *târaka* Befreiung bedeutet, kann man von einem System sprechen, bei dem Befreiung mit Hilfe einer königlichen Vereinigung erreicht wird.
tat	das; im Veda hat *tat* die gleiche Bedeutung wie das Grenzenlose und das *para-brahman* im *Vedânta*
tathâ-gata (m)	so gegangen, so gekommen; ein Titel der Buddhas, weil sie seit Jahrhunderten in linearer Abfolge kommen
tattvas (n)	die sieben Elementprinzipien, von ihrer Kraftseite oder ihrem geistigen Aspekt her gesehen
tattva-jñânin (m)	jemand, der die kosmischen Essenzen oder Prinzipien kennt, von denen alles im Universums abstammt
tejas-tattva (n)	das kosmische Elementprinzip Feuer
Tengyur	(Tibetisch) eine Sammlung buddhistischer Texte, 225 umfangreiche Bände, aus dem Sanskrit ins Tibetische und Mongolische übersetzt. Der *Kangyur* enthält die Gebote der Worte des Buddha und besteht aus 108 Bänden. Gemeinsam bilden der *Tengyur* und *Kangyur* den Kanon des tibetischen Buddhismus.

tien-hoang	(Chinesisch) die zwölf Hierarchien der *dhyânis*
tien-sin	(Chinesisch) der Himmel des Geistes, das Absolute
tîrthika (m)	jemand, der zu einem heiligen Ort, *tîrtha*, gehört. Schändlicherweise wurden mit diesem Begriff jedoch Ungläubige bezeichnet.
titikshâ (f)	Geduld, Ausdauer; bezieht sich auf Praktiken des *Râja*-Yoga, bei denen Gleichgültigkeit gegenüber Freude und Schmerz geübt wird
tretâ-yuga (n)	das Zeitalter der Triaden; dreimal so lang wie das *kali-yuga*.
tri-guna (m)	in der *Sânkhya*-Philosophie die drei Qualitäten, die der *prakriti* inhärieren: *sattva* – das Gute, *rajas* – Aktivität, *tamas* – Trägheit.
tri-kâya (m, n)	drei Körper, die ein Buddha nach der Lehre des *Mahâyâna*-Buddhismus besitzt: *dharma-kâya*, *sambhoga-kâya* und *nirmnakâya*.
tri-mûrti (f)	die drei Manifestationen oder Formen, bestehend aus *Brahmâ* – Schöpfer oder Entwickler; *Vishnu* – Erhalter oder Bewahrer; und *Shiva* – Zerstörer oder Erneuerer. Dies ist eine Dreieinigkeit. H.P. Blavatsky schreibt: "Nach esoterischer Lehre sind sie ein und dieselbe Manifestation von ihm, 'dessen Name so heilig ist, daß man sich ihn nicht vorstellen kann'." *(Isis Unveiled*, II, 278)
trishnâ (f)	Durst, Verlangen; im Pâli: *tanhâ* – das Verlangen nach einem manifesten Leben
Tsim-Tsum	(Hebräisch) ein Begriff aus der Kabbala, der sowohl die Zentrifugal- als auch die Zentripetalkraft bezeichnet, definiert als Ausdehnung und Kontraktion
Tsong-Kha-Pa	siehe *Song-Kha-Pa*
Tulâ (f)	Name des Tierkreiszeichens Waage oder Libra
turîya-avasthâ (f)	der vierte Zustand (von den vier Bewußtseinszuständen)
turîya-samâdhi (m)	der vierte Bewußtseinszustand, den man als einen beinahe erreichten *Nirvâna*-Zustand definieren kann: einen seligen Zustand des kontemplativen Yoga, jenseits der physischen Ebene
udâna (m)	aufwärts atmend; Name einer der fünf "Lebenslüfte" oder Lebenskräfte, etwas das sich in der Kehle befindet und nach oben steigt
Udumbara (m)	Name des *Ficus glomerata.*; ein schnell wachsender, immergrüner Schattenbaum. *Nîla Udumbara* bedeutet: die blaue Lotusblume.
upâdâna (n)	erwerbend; im Buddhismus: jedes Anhaften; besonders: am irdischen Leben festhalten; eines der zwölf *nidânas*

upâdâna-kârana (n)	unmittelbare Ursache; eine Ursache, die unmittelbar einer Wirkung vorausgeht und diese erzeugt
upâdhi (m)	Ersatz, Verkleidung; geistiger Schleier; z.B. ist die *buddhi* ein *upâdhi* für den *âtman*; im allgemeinen mit Vehikel oder Basis übersetzt
upâdhyâya (m)	Lehrer, Gebieter
upanishad (f)	esoterische Lehre; die Upanischaden repräsentieren die Interpretation der Veden mit Hilfe der Methoden des *Vedânta*. Das philosophische System des *Vedânta* wurde aus der dritten Abteilung von Texten, die den Veden hinzugefügt wurden, den *Brâhmanas* nämlich, entwickelt.
upapâduka (n)	nicht in regulärer Folge weitergehend; elternlos; das spirituelle Elementpinzip; das zweite der sieben *tattvas*.
upa-shruti (f)	übernatürliche Orakelstimme. H.P. Blavatsky schreibt: "Nach der Erklärung des Okkultismus die Stimme einer entfernten Person – die sich im allgemeinen in den Mysterien der esoterischen Lehren auskennt oder sogar ein Meister ist – die mit der Gabe versehen ist, ihre Stimme und Astralgestalt auf jede beliebige Person zu projizieren, unabhängig von der Entfernung." *(Theosophical Glossary*, S. 354)
upâsaka (m)	ein Schüler oder *chela*; im Buddhismus heißt ein Laienschüler *upâsaka*.
upâsikâ (f)	eine Schülerin. Da H.P. Blavatsky ein *chela* der *Mahâtmans* war, wurde sie von diesen *Upâsikâ* genannt.
upekshâ (f)	Gleichgültigkeit, Verachtung; im *Yoga* ein Zustand vollkommener Gleichgültigkeit, den man durch Selbstbeherrschung erreicht. Vollendete Beherrschung geistiger und körperlicher Gefühle und Empfindungen.
Ushanas-shukra (m)	Name des Beherrschers des Planeten Venus
ushas (f)	Dämmerung; personifiziert als eine unsterbliche, ewig jugendliche Göttin
ushnîsha (m, n)	Kronjuwel, Krone; im Buddhismus wird das Bild eines Buddha mit einer Feuerzunge auf dem Kopf dargestellt, die die Flamme der Erleuchtung repräsentiert
vâch (f)	Sprache; mystische Personifikation der Sprache. In der Esoterischen Philosophie ist *vâch* die subjektive Schöpfungskraft, die aus der Schöpfungsgottheit hervorgeht und zu einem konkreten Ausdruck eines geistigen Urbildes wird, deshalb bedeutet *vâch* auch Wort oder Logos.
vâhana (n)	Vehikel, Fahrzeug; auch auf Göttinnen und Götter angewandt, die *vâhanas* benutzen, um sich zu manifestieren

vairâjas (m)	in der Esoterischen Philosophie gleichbedeutend mit den *nirmâna-kâyas*
vaishvânara (m)	auf alle Menschen bezogen, universell; in der *Vedânta*-Philosophie: der höchste Geist
vaishya (m)	die dritte der vier Kasten des antiken Indien: Bauern, Kaufleute und Händler
Vaivasvata (m)	Name des *manu* oder Wächters der vierten Runde; auch Name des siebten *manus*
vajra (m, n)	ein Diamant; Donnerkeil; in buddhistischen Ländern als etwas dargestellt, das man in der Hand hält
Vajra-dhara (m)	der den Donnerkeil hält; im nördlichen Buddhismus Name des höchsten Buddhas
vajra-pânin (m)	jemand, der die durch den Donnerkeil symbolisierte Macht besitzt oder ausübt, der *siddhis* oder übernatürliche Kräfte besitzt; auch in dem Mantra *om vajrapâni hum* enthalten
Vajra-sattva (n)	Diamantessenz; im nördlichen Buddhismus Name des sechsten *Dhyâni*-Buddhas
Vâmana-avatâra (m)	Name des fünften *avatâras* von *Vishnu*
Varâha-avatâra (m)	Name des dritten *avatâras* von *Vishnu*
Varuna (m)	Name des vedischen Gottes des Wassers; Symbol für die Wasser des Raumes
Vâsudeva (m)	Vater von *Krishna*, der aus dem *Yâdava*-Zweig des lunaren *somavamsha*, stammte; daher wird *Krishna* auch *Vâsudeva* genannt
vâyu (m)	Luft, Wind; in Verbindung mit den *tattvas* repräsentiert *vâyu* das Elementprinzip der Luft
vedanâ (f)	in Verbindung mit den buddhistischen *skandhas* Symbol für die Empfindungen; auch eines der zwölf *nidânas*
Vedânta (m)	das Ende alles Wissens; eines der sechs *darshanas* oder philosophischen Systeme. *Shankarâchârya* begründete die *Advaita*-Philosophie und gilt als Vater der modernen Schule des *Vedânta*.
vedas (m)	die ältesten und heiligsten Sanskritschriften
vidyâ (f)	Wissen. *Brahma-vidyâ* – heiliges Wissen, d.h., Wissen um die beiden *brahmas*
vihâra (m)	im Buddhismus: ein Tempel oder Kloster
vijñâna (n)	Bewußtsein, Intelligenz; eines der zwölf *nidânas* des Buddhismus
vijñâna-maya-kosha (m)	in der *Vedânta*-Philosophie die Hülle der Intelligenz, gleichbedeutend mit dem höheren *manas*
vimânas (m, n)	die Luftfahrzeuge der Einwohner von Atlantis
vînâ (f)	eine Art Laute mit sieben Saiten und neunzehn Stegen; ihre Erfindung wird dem *Nârada* zugeschrieben

virâga (m) — ohne Verlangen; Gleichgültigkeit gegenüber Freude und Schmerz, die vierte *pâramitâ*

virâj (m) — die maskuline Potenz in der Natur im Gegensatz zur femininen Potenz; in der Esoterik die dualistischen Kräfte von Anziehung und Abstoßung

vîrya (n) — die furchtlose Energie, die sich zur höchsten Wahrheit durchkämpft; eine der sieben *pâramitâs*

Vishnu (m) — die zweite *persona* der hinduistischen Trinität; die erhaltende Kraft des Universums; der Bewahrer

Vishva-karman (m) — der alles erschafft; Name eines vedischen Gottes, die Personifikation der kreativen Kraft, beschrieben als der Eine, alles sehende Gott, der sich jenseits des Fassungsvermögens der Menschen befindet

Vivasvat (m) — der Strahlende; Name der Sonne

Vrishabha (m) — Bezeichnung des Tierkreiszeichens Stier oder Taurus

Vrishchika (m) — Bezeichnung des Tierkreiszeichens Skorpion oder Scorpio

vyâna (m) — die Lebensluft oder der Lebensatem, der die Kreisläufe im Körper regiert und sich überall im Körper befindet

yajña (m) — Opfer

yajña-vidyâ (f) — das Ausführen von religiösen Riten, um bestimmte Resultate zu erzielen

yaksha (m) — in der populären indischen Folklore eine Klasse von Dämonen. In der esoterischen Wissenschaft sind *yakshas* einfach böse elementale Einflüsse.

Yama (m) — in den Vedas der Gott des Todes, mit dem die Schatten der Verstorbenen in der Unterwelt leben

yama-pura (n) — die Wohnstätte der Toten, auch *kâma-loka* genannt

yâna (n) — ein beliebiges Fahrzeug jeder Art; im Buddhismus das Fahrzeug oder die Methode, mit der man zu Wissen gelangt, z. B.: *mahâ-yâna* – "Großes Fahrzeug"; die Große Methode oder Schule des nördlichen Buddhismus, auch Lehre des Herzens genannt (die esoterische Lehre); *hîna-yâna* – "Kleines Fahrzeug"; die geringere Methode des südlichen Buddhismus, die Lehre des Auges (die exoterische im Gegensatz zur esoterischen Lehre, der Lehre des Herzens); *pratyeka-buddha-yâna* – die Methode des *Pratyeka-Buddha*, der danach strebt, nur für sich selber das *nirvâna* zu erreichen.

Yin-Hsin — (Chinesisch) die Eine Kraft, die Eine Form des Daseins

yoga (m) — Vereinigung; die Vereinigung unserer spirituellen, geistigen, moralischen und physischen Fähigkeiten. Die Übung der Meditation als Mittel für spirituelle Befreiung ist dabei ein

	ganz wesentlicher Bestandteil. Wer die acht Stufen des *Yoga* gemeistert hat, kann ekstatische Zustände hervorrufen, die einen in die Lage versetzen, Wahrheiten bezüglich des sichtbaren und unsichtbaren Universums zu erkennen. *Yoga* ist auch die Bezeichnung eines der sechs *darshanas* oder philosophischen Systeme, als dessen Begründer *Patañjali* gilt.
Yogâchâra (m)	Name einer buddhistischen Schule, die im sechsten Jahrhundert v.u.Z. von *Âryasangha*, einem Schüler des *Gautama Buddha*, begründet wurde. Eine zweite Schule wurde im vierten Jahrhundert u.Z. gegründet.
yogî oder auch *yogin* (m)	einer, der *Yoga* praktiziert
Yong-Grüb (*yongs-grüb*)	absolut; ein tibetischer Begriff, der die absolute Ruhe bezeichnet, gleichbedeutend mit *parinirvâna*
yoni (m, f)	Mutterschoß; auch: das weibliche Prinzip
Yudhishthira (m)	einer der Helden des *Mahâ-bhârata*, der älteste Bruder des *Arjuna*
yuga (n)	ein Zyklus, eine Zeitperiode. Besonders die vier Zeitalter: *satya-yuga*, *tretâ-yuga*, *dvâpara-yuga* und *kali-yuga*. Zusammen dauern sie 4,320.000 Jahre, ein sogenanntes *mahâ-yuga*.
Yuh-Kai	(Tibetisch) gleichbedeutend mit *kâma-loka*

Zum Abschluß möchte ich noch eine Sanskritstrophe zitieren, die Yâska zugeschrieben wird:

yad-yad-rûpam kâmayate devatâ / tat-tad-devatâ bhavati //
Welche Gestalt sich ein göttliches Wesen auch wünscht,
diese Gestalt wird es annehmen.

ANHANG

INDEX

DANKSAGUNG

Ohne David Reigles Inspiration und Mitarbeit aus dem fernen Cotopaxi wäre dieses Buch nicht zustande gekommen. Anneliese Stephan in Hamburg war hilfreich zur Stelle, wenn der Übersetzer unausbleibliche Fragen zu spezifischen theosophischen Wortbildungen hatte. Professor Antoine Faivre von der Sorbonne in Paris gebührt der besondere Dank des Herausgebers für die intensiven Gespräche, deren Resultat strukturelle Verbesserungen der Ausgabe waren. Dr. Godabarisha Mishra von der Universität Madras hat das gesamte Material der Studienausgabe kritisch durchgesehen und war mit dem Gesamtbild der Präsentation einverstanden. Erika Krammers in Salzburg sorgfältig erledigtes Copy-editing der diversen Stilelemente in einer anfangs chaotischen Materialsammlung hat der Gesamtheit der Texte Konsistenz verliehen. Robert Bühler hat in Ulm mit fachmännischem Know-how die komplizierten Satzarbeiten erledigt. Last but not least: Geduld, Rat und Tat, wie immer, von C.
Allen Genannten gilt mein herzlicher Dank.

H.T.

QUELLEN

H.P. Blavatsky, *Die Geheimlehre*: H.P. Blavatsky, *The Secret Doctrine*, Vol. 1 and 2, First Quest Edition, The Theosophical Publishing House, Wheaton, 1993; H.P. Blavatsky, *The Secret Doctrine*, 6 Vols., The Theosophical Publishing House, Adyar, Madras, 1938; H.P. Blavatsky, *The Secret Doctrine*, 2 Vols., The Theosophical Publishing Co. Ltd., London, 1888, Facsimile Reprint by Theosophical University Press, Pasadena, 1988; H.P. Blavatsky, *An Abridgement of The Secret Doctrine*, Edited by E. Preston and C. Humphreys, The Theosophical Publishing House, London, 1966.*

H.P. Blavatsky, Über das Träumen: "Dreams" in *H.P.Blavatsky Collected Writings*, Vol. X, The Theosophical Publishing House, Wheaton, 1964, S. 246–264.

H.P. Blavatsky, Die Protokolle der Londoner Studienkonferenzen zur *Geheimlehre*: "Transactions of the Blavatsky Lodge" in *H.P. Blavatsky Collected Writings*, Vol. X, The Theosophical Publishing House, Wheaton, 1964, S. 301–406.

H.P. Blavatsky, Brief an A.P. Sinnett: *The Letters of H.P. Blavatsky to A.P. Sinnett*, Compiled by A.T. Barker, London, 1924, reprinted by Theosophical University Press, Pasadena, 1973, S. 192–195.

H.P. Blavatsky, 'Das habe ich gehört': Die Lehre des Herzens: "Mistaken Notions on *The Secret Doctrine*" in *H.P. Blavatsky Collected Writings*, Vol.XII, The Theosophical Publishing House, Wheaton, 1980, S. 234–237.

Die Briefe der Mahatmas: Brief Nr. 1: "View of the Chohan on the T.S." (1882): *The Mahatma Letters in Chronological Sequence*, edited by V. Hao Chin, Jr., Theosophical Publishing House, Quezon City, 1993, S. 477– 480; vgl. *Briefe tibetischer Weiser*, Hg. Norbert Lauppert, Adyar Verlag, Satteldorf, 1974, S. 123–131. Brief Nr. 2: ML-1 (1880): Brief Nr. 1 in der Hao Chin, Jr.-Ausgabe, S. 1–5; vgl. *Die Mahatma-Briefe*, Band 1, Hg. Norbert Lauppert, Adyar Verlag, Satteldorf, 2. Auflage 1994, S. 29–39. Brief Nr. 3: ML-10 (1882): Brief Nr. 88 in der Hao Chin, Jr.-Ausgabe, S. 269–276; vgl. *Die Mahatma-Briefe*, Band 2, Hg. Norbert Lauppert, Adyar Verlag, Satteldorf, 2. Auflage 1994, S. 204–216.

H.P. Blavatsky-Chronik: Adyar Verlag, Satteldorf, 1999.
Unter Verwendung von K.-J. Matz, *Europa-Chronik*, Beck'sche Reihe, München, 1999.*

B. de Zirkoff, H.P.B. und die geheime Wissenschaft des Okkultismus: in H.P. Blavatsky, *The Secret Doctrine*, Vol. 1, First Quest Edition, The Theosophical Publishing House, Wheaton, 1993, S. 71–76.*

B. de Zirkoff, 'Ich fand die Wahrheit': Annie Besant und *Die Geheimlehre*: in H.P. Blavatsky, *The Secret Doctrine*, Vol. 3, First Quest Edition, The Theosophical Publishing House, Wheaton, 1993, S. 476–480.*

B. de Zirkoff, Einführung zu den Protokollen der Londoner Studienkonferenzen: in *H.P.Blavatsky Collected Writings*, Vol. X, The Theosophical Publishing House, Wheaton, 1964, S. 298–300.*

Sylvia Cranston, Die Naturwissenschaften und *Die Geheimlehre*: in S. Cranston, *H.P.B., Leben und Werk der Helena Blavatsky*, Adyar Verlag, Satteldorf, 1993, S. 506–542.

Geoffrey Barborka, Sanskrit-, Pali-, tibetische, chinesische und griechische Terminologie in der *Geheimlehre*: G. Barborka, *Glossary of Sanskrit Terms*, Point Loma Publications, San Diego, 1972.*
Übersetzung und Bearbeitung: Dr. Hans-Georg Türstig und Hank Troemel.

Robert Ellwood und John Algeo, Die Menschheitsentwicklung in den Lehren der Theosophie: *The Theosophical View of Human Races*, The Theosophical Society in America, o.J.*

Robert Bowen, H.P. Blavatskys Anweisungen zum Studium der *Geheimlehre*: Bowen, "The Secret Doctrine and its Study", in *Theosophy in Ireland*, 2, 1, 1932, S. 2 -7.

David Reigle, Weisheitstradition in der *Geheimlehre*: 1. Die ursprüngliche Entstehungsgeschichte von Kosmos und Mensch; 2. Auf der Suche nach dem Buch des Dzyan: D. Reigle, *The Secret Doctrine: Original Genesis and the Wisdom Tradition*, Edmonton Conference on *The Secret Doctrine*, 1998.* David Reigle, Die Bücher des Kiu-te: D. Reigle, *The Books of Kiu-te or The Tibetan Buddhist Tantras*, Wizard Bookshelf, San Diego, 1983.* (Übersetzung aus dem Englischen: Dr. Hans-Georg Türstig). – Neue Erkenntnisse über das Buch des Dzyan: *New Light on the Book of Dzyan*, Wizard Bookshelf, San Diego, 1984.* (Übersetzung: Dr. Hans-Georg Türstig). – Theosophie in Tibet: Jonangpa oder Das Goldene Zeitalter: *Theosophy in Tibet: The Teachings of the Jonangpa School, Book of Dzyan Research Reports*, Eastern School Press, Cotopaxi, 1996.* (Übersetzung: Dr. Hans-Georg Türstig). – Forschungsberichte zum Buch des Dzyan zu den Stanzen 1und 2, Kosmogenesis: *Technical Terms in Stanza 1* und *Technical Terms in Stanza 2, Book of Dzyan Research Reports*, Eastern School Press, Cotopaxi, 1995 und 1997.* (Übersetzung: Dr. Hans-Georg Türstig). - Die Svabhâva-Lehre oder Svabhâva und die Anâtman / Sunyata-Frage: *The Doctrine of Svabhâva or Svabhâvatâ and the Question of Anâtman and Sûnyatâ, Book of Dzyan Reports*, Eastern School Press, Cotopaxi, 1997.* (Übersetzung Dr. Hans-Georg Türstig).

Abbildung S. 139: Solar Vision, Inc.

* Mit freundlicher Genehmigung

Übersetzungen aus dem Englischen, soweit nicht anders vermerkt: Hank Troemel
Redaktionelle Mitarbeit und Copy Editing: Erika Krammer, Salzburg
Satz und Druck: Ebner Ulm

1. Auflage 1999

ISBN 3-927837-67-9

Beware the Man of One Book – Isaac D'Israeli

DIE WICHTIGSTEN GRUNDLAGENWERKE DER THEOSOPHIE BEI ADYAR

Die Mahatma-Briefe

Vollständige Ausgabe in 3 Bänden • Zusammengestellt von A.T. Barker

In chronologischer Reihenfolge herausgegeben und kommentiert von N. Lauppert

Band 1: 334 Seiten, ISBN 3-927837-26-1

Band 2: 318 Seiten, ISBN 3-927837-27-X

Band 3: 374 Seiten, ISBN 3-927837-28-8

Die Lehren dieser Briefe der Mahatmas K.H. und M. an A.P. Sinnett und A.O. Hume reflektieren den Urquell des Wissens und der geistigen Inspiration, die H.P. Blavatsky in ausführlichen mündlichen, praktischen und schriftlichen Instruktionen von ihrem persönlichen Guru Koot' Hoomi Lal Singh, einem Brahmanen aus Kaschmir, und von Morya, einem Rajput-Prinzen, erhalten hat. Ihr Lebenswerk beruht hauptsächlich auf diesen intensiven Kontakten. Die Originale der in unserer Gesamtausgabe enthaltenen Briefe werden im Britischen Museum in London aufbewahrt und können dort auf Mikrofilm eingesehen werden. Neben der *Geheimlehre* sind diese Bände für jeden ernsthaften Theosophiestudenten unverzichtbar.

H.P. Blavatsky

Die Stimme der Stille

Adyar Studienausgabe

3., erweiterte Auflage • Herausgegeben von Hank Troemel

Mit einem Vorwort des Dalai Lama

ISBN 3-972837-62-8

Das Bodhisattva-Ideal in der klassischen und poetischsten Darstellung der buddhistischen "Lehre des Herzens" – eines der Hauptwerke Blavatskys – in einer kongenialen Neuübersetzung, in der die Unmittelbarkeit und magische Aussagekraft des Originals bewahrt wird. S.H. der Dalai Lama: "Ich begrüße das Erscheinen dieser deutschen Ausgabe sehr und hoffe, daß sie vielen Menschen von Nutzen sein wird."

H.P. Blavatsky

Der Schlüssel zur Theosophie

Adyar Studienausgabe

Erste ungekürzte, völlig neu überarbeitete deutsche Ausgabe

ISBN 3-927837-51-2

Boris de Zirkoff: "*Der Schlüssel zur Theosophie* und *Die Stimme der Stille* krönen H.P. Blavatskys Werk durch Gedanken und Ideale von zeitloser Spiritualität und sind ein zugleich tiefes und großartiges Vermächtnis an die gesamte Menschheit."

Dr. John Algeo, Präsident der Theosophischen Gesellschaft in Amerika: "Die einfachste, umfassendste, grundlegendste, klarste und am besten gegliederte Präsentation der Theosophie, die H.P.B. je geschrieben hat."

Mahatma Gandhi: "Madame Blavatskys *Schlüssel zur Theosophie* befreite mich von der durch Missionare genährten Vorstellung, der Hinduismus sei voller Aberglauben."

H.P. Blavatsky

Praktischer Okkultismus

4., erweiterte und überarbeitete Auflage • Herausgegeben von Hank Troemel

ISBN 3-927837-61-X

Diese Ausgabe enthält Auszüge aus H.P. Blavatskys ursprünglich als "privat streng vertraulich" gekennzeichneten *Esoterischen Instruktionen* sowie eine Sammlung kleinerer Aufsätze, die außerhalb der großen englischsprachigen Gesamtausgabe bisher nur teilweise greifbar waren.

Für Blavatsky ist der Okkultismus eine Aufklärung und Mündigkeit voraussetzende Wissenschaft, die einen rein geistigen Entwicklungsweg des Menschen unter dem Gesichtspunkt moralischer Normen und der Einhaltung strenger ethischer Grundsätze beschreibt. Ihre Schriften sind eine der besten Quellen zum Verständnis der authentischen Lehren des Okkultismus.

H.P. BLAVATSKYS GESAMTWERK IN 20 BÄNDEN

H.P. Blavatsky Collected Writings 1874-1891

Herausgegeben von Boris de Zirkoff
Die umfassendste und vollständigste Ausgabe der Schriften Blavatskys von 1874 bis 1891.
In 15 Bänden, einschl. Registerband, mit festem Einband und Fadenheftung.

The Secret Doctrine

3 Bände im Schuber, einschl. Registerband
2.188 Seiten

Isis Unveiled

2 Bände im Schuber
1.631 Seiten

From the Caves and Jungles of Hindostan

787 Seiten

Zur ergänzenden Lektüre empfohlen:

Theosophie und Buddhismus

112 Seiten, kartoniert
Herausgegeben von Hank Troemel
ISBN 3-927837-50-4

Exklusiv-Interviews mit S.H. dem Dalai Lama und Radha Burnier, der Internationalen Präsidentin der Theosophischen Gesellschaft in Adyar, Indien, und Beiträgen von Prof. Samdhong Rinpoche, Dr. C.V. Agarwal, Arya Asanga, S.H. dem Dalai Lama und David Reigle.

Prof. Samdhong Rinpoche: "Seit langem gibt es einen fruchbaren Austausch von Ideen unter Mitgliedern der Theosophischen Gesellschaft und Buddhisten; diese Ideen entspringen in der Tat den 'Ähnlichkeiten, bis hin zur Identität' der Glaubenssätze des Buddhismus und der modernen Theosophie."

Adyar Theosophische Verlagsgesellschaft mbH
Birkelbacher Straße 4, 74589 Satteldorf
Telefon 0 79 50 / 92 50 10, Telefax 0 79 50 / 92 50 29
e-mail: Adyar.Verlag@t-online.de